ITALIE PITTORESQUE

Par

MM. DE NORVINS, CH. NODIER, ALEX. DUMAS, CH. DIDIER,
WALCKENAER, LEGOUVÉ, AL. ROYER, H. BERLIOZ,
R. DE BEAUVOIR, HAUGER.

Paris.
AMABLE COSTES ÉDITEUR.
1834.

ITALIE PITTORESQUE.

TABLEAU HISTORIQUE ET DESCRIPTIF

DE

L'ITALIE, DU PIÉMONT, DE LA SARDAIGNE, DE LA SICILE, DE MALTE ET DE LA CORSE,

PAR

MM. DE NORVINS, CH. NODIER, ALEX. DUMAS, CH. DIDIER, WALCKENAER, LEGOUVÉ,
AL. ROYER, H. BERLIOZ, ROGER DE BEAUVOIR, H. AUGER;

ORNÉ DE DESSINS INÉDITS
DE Mᵐᵉ HAUDEBOURT-LESCOT, MM. LE COMTE DE FORBIN, GRANET, DAGNAN,
STORELLI, J. COIGNET, GIRARD ET LABROUSTE.

PARIS.
AMABLE COSTES, ÉDITEUR, RUE DES BEAUX-ARTS, 3 ET 5.

M DCCC XXXIV.

PARIS. — IMPRIMERIE DE RIGNOUX ET Cⁱᵉ, RUE DES FRANCS-BOURGEOIS-SAINT-MICHEL, 8.

AVANT-PROPOS.

Encore un ouvrage sur l'Italie! oui, sans doute, et peut-être bientôt encore un sur la Grèce.

Nos théâtres ont été *délivrés* du personnel de l'antiquité; mais son magnifique matériel nous est resté, revêtu de cette auréole éclatante que les grands souvenirs de l'histoire attachent aux monuments qu'elle a laissés à la terre sacrée qui les porte. Également classique et romantique, cette terre des faux dieux et du vrai Dieu, de la liberté et de la tyrannie, de la gloire et de la servitude; cette terre de César, de Charlemagne et de Napoléon; cette terre du soleil et des arts, l'Italie est le rendez-vous de l'Europe. Il semble qu'elle soit un théâtre votif où chacun doive débuter. Au sortir des écoles, l'étudiant vient y recueillir les preuves des récits de Tacite et des chants d'Horace et de Virgile; les jeunes poètes des deux sexes pensent renouveler à son Capitole les triomphes de Pétrarque et de Corinne; les artistes adolescents brûlent d'essayer leurs pinceaux aux bois sacrés de Jupiter, aux marbres de la vieille et de la nouvelle Rome; le philosophe visite l'Italie, jaloux d'y rechercher des volcans si vieux, que ses plus vieux auteurs n'en ont jamais parlé; le littérateur court y saisir les sources de ces conceptions brillantes qui ont fait le charme et l'honneur de sa vie; enfin, les malades de cœur et d'esprit viennent soumettre aux magiques et toutes-puissantes influences du ciel de Parthénope cet incurable spleen moral et intellectuel qui leur font haïr leur patrie elle-même. Cette contrée, qui a conservé le privilége de créer des types, comme les autres l'habitude de produire des copies, offre indifféremment au voyageur ses vieux sénateurs de Rome, de Venise et de Gênes; ses grands écrivains, Tacite et Machiavel, Virgile et Dante, Cicéron et Beccaria; ses César, Tibère et Marc-Aurèle; ses pontifes, Borgia et Sixte-Quint; ses artistes, Michel-Ange, Raphaël, Canova; ses compositeurs, Marcello, Cimarosa, Rossini; ses moines, ses improvisateurs, ses gondoliers, ses lazzaroni, ses grotesques, ses Pasquins et ses brigands, comme elle lui présente ses temples, ses palais, ses arcs de triomphe, ses aqueducs, ses monastères, ses cirques, ses obélisques, ses pompes religieuses et son carnaval. Ainsi, l'Italie a des jouissances pour tous les goûts, des modèles pour tous les arts, des inspirations pour tous les talents, des remèdes pour tous les maux.

Assise sur deux mers, défendue comme le paradis de l'Europe par les cimes et les précipices des Alpes, rafraîchie, fécondée par de grands fleuves et mille ruisseaux, ombragée de superbes forêts, sans cesse vivifiée par une atmosphère délicieuse, sa nature physique suffirait à elle seule pour en faire le pèlerinage du monde. On peut croire qu'elle sortit ainsi des mains du Créateur; mais c'était de l'homme qu'elle devait tenir cette divinité, que les chefs-d'œuvre des arts ont répandue sur presque toutes les parties du sol italique.

Aussi c'est cette nature pittoresque par elle seule, pittoresque par les monuments religieux, politiques et militaires de l'empire romain et de l'empire français, pittoresque par les mœurs, les costumes, les traditions, la langue des peuples, pittoresque au suprême degré par la réunion de ces différents caractères dans une seule contrée, comme toute province de l'Italie, ou sur un seul point, comme l'enceinte de Rome; c'est cette nature, si riche du passé et du présent, que nous voulons aussi offrir à l'intérêt publique.

Plusieurs voyages en Italie ont été publiés par des Allemands, des Anglais, des Français, etc. Leur succès a été assuré par d'habiles artistes, par des écrivains distingués; avec ces ouvrages, sans doute, on doit bien connaître et apprécier l'Italie. Cependant, pourquoi les mêmes voyageurs ou de nouveaux essaims affluent-ils chaque année à ces champs si connus, à ces monuments tant de fois dessinés, gravés, peints, chantés ou décrits, et pourquoi reviennent-ils dans leurs patries chargés d'un nouveau butin de récits et de descriptions? c'est que la société d'aujourd'hui, à la fois dans le mouvement et dans le progrès de la pensée, n'aime pas à croire sur parole et veut vérifier ou s'inspirer par elle-même, et c'est ce qui nous a fait entreprendre nos voyages, ce qui nous met aussi à la main la plume et le crayon. Tout voyageur voit d'ailleurs avec un regard qui lui est propre, et sous un aspect qui est à lui, ce que tant d'autres ont vu et tracé. Il n'y a aucun doute, par exemple, que Saint-Pierre de Rome n'ait frappé diversement les esprits contemplateurs de ses beautés gigantesques. Les uns ont été des architectes, les autres des poètes, d'autres des artistes, quelques autres, en plus petit nombre, des philosophes, des rechercheurs, des observateurs de mœurs, qui ont pu voir sous les piliers de cette immense basilique, ce que le Diable-Boiteux voyait en Espagne, Swift et Addison en Angleterre, et Jouy dans la Chaussée-d'Antin. Nous tâcherons d'être à la fois de ce petit et de ce grand nombre de voyageurs, dont les récits ont rendu, depuis vingt années surtout, l'Italie si populaire. Et d'ailleurs tous tant que nous sommes, déjà connus du public, et réunis pour la publication de l'ITALIE PITTORESQUE, nous l'avons tous habitée, bien parcourue et bien vue, j'ose le dire. Nous l'avons prise sur le fait de toutes ses grandeurs, de toutes ses originalités, de toutes ses jouissances, de toutes ses faveurs; et il n'en est pas un de nous qui ne puisse résumer en deux mots toute sa pensée sur son séjour en Italie :

Je ne m'y suis jamais ni reposé, ni fatigué.

Aussi nous croyons-nous le droit de dire ce qu'on n'a pas dit encore; car le MOI du siècle ne sera pas négligé dans notre œuvre.

Mon voyage dépeint
Vous sera d'un plaisir extrême.
Je dirai : J'étais là. Telle chose m'avint.
Vous y croirez être vous-même.

Nous dirons donc souvent ce qui nous *avint*, et quelquefois le lecteur ne sera pas fâché de croire y être lui-même.

Nous sommes des conteurs, des artistes passionnés, ardents, égoïstes pour tout ce que nous avons vu, fait ou éprouvé. Chacun de nous voudrait en même temps placer son récit, son dessin, sa composition poétique, son pittoresque à lui. L'un arrive avec Venise, l'autre avec le Campo-Santo, un autre avec les catacombes de Saint-Sébastien; un quatrième a son Vésuve, un cinquième son Etna; un autre a sa Sardaigne, un autre sa Sicile, un Bonapartiste enfin a sa Corse toute prête. Tel est notre plan. On voit que l'uniformité n'est point sa devise. Nous prenons l'Italie partout où elle nous a saisis. Notre ITALIE PITTORESQUE sera ce que sont les cartes géographiques découpées dont les enfans rajustent les fractions. Le lecteur voudra bien refaire sa carte d'Italie quand il aura reçu tout notre ouvrage.

Notre devoir à nous est qu'il y trouve peu de lacunes importantes : ce qui l'avertit que nous laissons aux géographes le *pittoresque* des routes de postes en grande partie, ainsi que celui de certains rivages. Un de ceux-ci remarquera sans doute que malgré le traité de 1789 nous osons réunir la Corse à l'Italie; il lui sera répondu qu'il nous a convenu, très contrairement aussi à d'autres traités plus récents, et notamment à ceux qui ont livré à l'Autriche la république de Venise et au Piémont celle de Gênes, d'appeler de ce nom d'Italie toute terre où se parle la langue du Dante et de Boccace. Nous sommes donc des publicistes à notre manière, jetant le réseau d'une patrie pittoresque sur les continents et sur les îles qui parlent la même langue, et nous disons à ces continents, à ces îles où l'on parle italien, vous êtes l'Italie. Il en serait de même pour la Grèce, malgré le respect que nous portons au grand-seigneur, au roi Othon, au vice-roi d'Égypte et aux autres parties prenantes de cette divine et malheureuse contrée.

Un grand idiome est pour nous un puissant organe, que la nature au moins a toujours le droit d'opposer aux oracles de la politique. Cette indépendante déclaration dit suffisamment que nous voulons rester totalement étrangers à cette politique, dont nous respectons peu les convenances. Nous ne sommes que les admirateurs très enthousiastes, mais très capricieux, de ces beaux-arts, de ces beaux sites, de ce beau ciel, qui ont survécu à toutes les gloires de l'Italie pour en être l'éternel ornement.

DE NORVINS.

INTRODUCTION.

Le peuple romain est moderne dans l'histoire des peuples de l'antique Italie. Les Sicules et les Pélasges, ancêtres communs de l'Ausonie et de la Grèce, avaient disparu bien des siècles peut-être avant la fondation de Rome, à laquelle assistèrent les Étrusques, les Latins, les Rutules, les Samnites, les Troyens, les Volsques, etc., formant des états plus ou moins puissants. La civilisation leur était venue nécessairement de l'Orient, qui avait donné à l'Égypte et à la Grèce les lois et la religion. Les Romains furent heureux de placer leur berceau au confluent de toutes ces sociétés, à qui ils empruntèrent tout d'abord leur royauté, leur sénat, leurs dieux, leurs usages et leur origine mythologique. Leur histoire commence aussi par la fable, comme celle de tous les peuples; et il est à remarquer que depuis sa naissance jusqu'à sa chute, Rome n'inventa rien, et se servit habilement, d'abord pour s'établir, ensuite pour conquérir et asservir l'univers, des usages, des arts, des sciences, des armes, des croyances, des vertus et même des vices des peuples vaincus. La violence seule, dès ses premiers pas sur la scène du monde, dévoila tout à coup le génie qui lui était propre; et cette faculté barbare aida puissamment pendant tout le cours de son histoire ce génie de l'imitation, qui n'eût pas suffi pour lui soumettre le monde. Aussi il appartenait à la destinée de Rome, qui devait dire un jour: L'univers, c'est moi, de commencer, comme la société humaine, par un fratricide! Ce crime lui donna ses rois, comme un autre crime, le viol de Lucrèce, lui donna la liberté; et, dans l'intervalle, l'enlèvement des Sabines, la destruction d'Albe, la traîtreuse incorporation des Albains, celle des Latins, les meurtres de plusieurs rois, celui de Servius, conseillé par sa fille, qui fit passer son char sur le corps de son père, l'usurpation de Tarquin, etc., prouvèrent la violence innée du caractère romain.

En effet, d'où sort ce peuple? de brigands ramassés par Romulus, et il ne doit pas démentir cette origine. Quel est ce Romulus? il a pour mère une vestale, pour nourrice une louve, ou une prostituée! Cependant on lui donne pour auteur de sa race, qui s'éteint avec lui, le pieux Énée, échappé des flammes de Troie. Là se confondent l'histoire et la fable: Énée est le fils de Vénus et d'Anchise, Romulus du dieu Mars. Il est exposé sur le fleuve, comme Moïse; il fonde Rome, disparaît et est divinisé sous le nom de Jupiter Indigète. Numa lui succède et fonde la religion et les lois sous l'inspiration de sa mystérieuse épouse la nymphe Égérie. Les boucliers sacrés tombent du ciel. Sous Tullus Hostilius, le combat des Horaces donne l'empire à Rome, et le vainqueur tue sa sœur. Le Corinthien Tarquin se fait nommer roi, élève les remparts de la ville et construit les cloaques. Rome, sous Servius, renferme déjà 300,000 habitants! Ostie devient son port. A l'exemple de celui d'Éphèse, un temple est consacré à Diane. Le second Tarquin, gendre et meurtrier de Servius, reçoit pour sa tyrannie le nom de Superbe, au lieu de celui de parricide; il donne sa fille à un descendant d'Ulysse et de Circé, asservit par trahison les Latins et les Gabiens, et pose les fondations d'un temple à Jupiter sur le Capitole; il veut en chasser les autres dieux à qui Tatius avait jadis élevé des autels: mais les auspices s'opposent au départ du dieu Terme, et ce prodige assure la stabilité de la puissance romaine. Un autre en garantit la grandeur. Une tête humaine, parfaitement conservée, est trouvée dans la terre, et les devins étrusques et romains déclarent que Rome sera la capitale du monde. Cependant un serpent qui s'échappe d'une colonne de bois trouble l'orgueil superstitieux de Tarquin, et il envoie deux de ses fils consulter l'oracle de Delphes. Son neveu Junius Brutus *l'insensé* les accompagne. L'oracle leur répond que le pouvoir suprême est destiné à celui d'entre eux qui embrassera le premier sa mère. Les deux princes partent pour Rome. Dans sa route, Brutus se laisse tomber et embrasse la terre, mère commune des mortels. La mort de Lucrèce accomplit l'oracle. Brutus jure sur le poignard dont elle s'est percé le cœur de chasser les Tarquins. Il fonde la liberté, fait tomber devant lui la tête de ses fils et de ses neveux, et les rois disparaissent à jamais des annales du peuple romain.

Tels furent ses commencements, et, ce qui est prodigieux, c'est, indépendamment des récits des historiens, la preuve matérielle d'une grande partie de ces événements par les monuments que le temps s'est plu à conserver, afin que rien ne pérît de ce qui pourrait attester la grandeur naissante de la ville éternelle. En effet, sous Auguste, on voyait encore sur les bords du Numicius la tombe de Romulus! La fontaine d'Égérie, cette divine compagne de Numa, coule toujours auprès des murs de Rome. Le chemin où l'impie Tullia passa sur le corps de son père s'appelle encore la voie Scélérate. L'immense cloaque dû à Tarquinl'Ancien s'est conservé depuis tant de siècles, sans aucune dégradation. On voit non loin de Rome le tombeau des Horaces, et de plus les antiques cités des Pélasges, des Étrusques, des Marses, si antérieures à la fondation de Rome, sont encore aujourd'hui enceintes de ces murailles, à qui l'on a voulu donner une création mythologique en les attribuant aux Cyclopes. Les rocs monstrueux qui les composent, et qui pavent aujourd'hui les rues de ces villes, sont les témoignages éternels de leur vieille noblesse sociale. Debout sur les escarpements sauvages où ils furent entassés, ces murs contrastent énergiquement par leur forme primitive et barbare avec le style grec des églises, avec les habitations, les costumes gracieux des indigènes. D'autres présentent le sublime du paysage historique. Dans leurs vastes enceintes, elles réunissent toute l'histoire de l'Italie, les masses cyclopéennes, les pavés empreints encore des traces des premiers chars, les ruines des temples païens, celles des chapelles du moyen âge, et l'oratoire moderne où viennent prier leurs rares habitants. D'autres aussi ont une destinée plus heureuse; elles n'ont point de ruines : leurs habitants conservent aux mêmes lieux la vie pastorale des sujets du roi Évandre. Ils n'ont pas d'autres souvenirs de leurs aïeux. Comme eux, ils ont traversé en pasteurs la vie héroïque et triomphale de Rome, ses adversités, le paganisme et le christianisme, la conquête des barbares et les révolutions d'Italie, et conducteurs héréditaires de troupeaux, ils ont vu tranquillement passer entre leurs montagnes et les prairies des Maremmes les enseignes de Napoléon, ainsi que leurs ancêtres avaient vu celles de Mézence, de Turnus, de César : semblables, sans le savoir, à ces Brames de l'Inde, qui, sous la domination anglaise, continuent aujourd'hui l'exercice des doctrines que leurs ancêtres enseignèrent à Pythagore et opposèrent à Alexandre. La philosophie recueille avec bonheur cette existence éternelle peut-être d'un petit peuple pasteur qui ne s'est jamais mêlé au peuple roi. Celui-ci cependant a été le maître du monde; il n'est plus, et les bergers de Filettino lui ont survécu.

Cependant Rome consulaire est la maîtresse du monde. Jupiter, son premier dieu, le Capitole, son premier palais, protégent de leur antique splendeur le despotisme colossal qui, au nom de sa vieille liberté, élève au-dessus des rois son dernier citoyen. Par une merveilleuse prodigalité de la nature, une foule de grands hommes, puissants dans la paix ou dans la guerre, instruments à la fois de sa gloire et de sa tyrannie, s'est succédé sans interruption, depuis le premier Brutus qui tua ses fils jusqu'au dernier qui tua César. Ces Brutus apparaissent sanglants aux deux plus grandes époques de son histoire, comme deux spectres vengeurs sous lesquels sa liberté devait naître et mourir. Aussi un triumvirat est né de la chute de cette liberté que César a entraînée avec lui dans sa tombe. Octave, Antoine et Lépide se disputent le partage du monde et de l'esclavage romain, et de sanglantes proscriptions, dont Cicéron, le père de la patrie, l'ami, le bienfaiteur d'Octave, est la grande victime, renouvellent dans toute l'Italie celles de Marius et de Sylla. Les Romains n'ont plus ces mâles vertus, ces énergiques facultés de leur âge héroïque, qui, au milieu des plus grands désastres de la patrie, leur défendaient de désespérer d'elle et d'eux-mêmes. Le temps des Décius, des Camille, des Scipion est passé : ils foulent avec indifférence la mémoire et la poussière de ces grands citoyens. Ils ont attelé des rois au char de leur triomphe; mais avec les mœurs, les usages, les arts, les plaisirs des peuples efféminés qu'ils ont vaincus, ils ont rapporté les autels, les mystères impudiques des divinités lascives de l'Asie, dépouilles dévorantes qui, comme la robe de Nessus, doivent consumer les vainqueurs.

Le luxe, la tyrannie, la débauche, la superstition ont remplacé depuis long-temps la simplicité, l'indépendance, la pureté et le culte philosophique des enfants de Numa. Rome se débat également sous les cruautés de ses citoyens, et sous les vices des vainqueurs et des vaincus. Débarrassé d'Antoine et de Lépide par la victoire, le proscripteur Octave usurpe soudain le pouvoir impérial. Il est le second César; le troisième, Tibère, est adopté, choisi par lui-même. Octave meurt, et Rome esclave proclame son apothéose. La ville de Jupiter place parmi ses dieux le bourreau des Romains, l'adultère, l'incestueux Octave ! La dégradation religieuse, morale et politique du peuple roi est consommée !

Auguste a régné toutefois, et il a pu faire oublier Octave. Nouveaux Orphées, Virgile, Horace, Tibulle ont adouci la férocité du tyran, et la grandeur romaine s'est relevée comme Thèbes aux accents de leurs lyres poétiques. Mais pendant que Rome et le monde se reposent des fureurs du maître, dans un commun esclavage, loin, bien loin de ses regards, dans un village obscur d'un petit peuple à moitié détruit, naissait sous le chaume le Sauveur du genre humain. Des prophètes inconnus des Romains l'avaient annoncé sous le nom d'Envoyé, de Messie. Leurs sibylles ne leur en avaient jamais parlé; mais déjà une croyance populaire avait rempli les campagnes, qu'une étoile avait guidé des bergers et des rois vers l'étable où il était né d'une vierge, et qu'il n'avait échappé à la proscription d'Hérode l'in-

INTRODUCTION.

fanticide que par la fuite de sa mère en Égypte. Tout à coup ce Messie, se disant issu de David, Christ, fils de Dieu, reparaît sous ce Tibère dont la tyrannie est si puissante, que le monde, décimé par lui chaque jour, n'ose même en secret former un vœu pour un libérateur. Qui peut concevoir quels furent l'étonnement, la stupeur des populations, alors que, sous les yeux des ministres du César de Caprée et des docteurs de la loi judaïque, cet homme simple et doux, d'une race proscrite et esclave, disait dans les carrefours de Jérusalem que les hommes étaient frères; que la charité était le lien du ciel et de la terre; qu'il fallait pardonner à ses ennemis, quitter la loi ancienne pour la nouvelle, payer à César ce qui est à César, à Dieu ce qui est à Dieu; que les prêtres étaient des sycophantes, des sépulcres blanchis; que les riches étaient durs et avares, et que les pauvres auraient le royaume des cieux! Ses vertus, ses actes prouvaient encore mieux que ses paroles la divinité de sa mission, et prêchaient éloquemment cette doctrine qui n'était encore sortie d'aucune bouche humaine. Douze disciples, choisis par lui parmi le peuple qui le suivait sur la montagne, qui venait au-devant de lui sur les chemins, jurent de répandre sa loi dans le monde. Cependant, malgré les licteurs de Tibère et les prêtres de Moïse, Jésus de Nazareth entre triomphant dans le temple de Jérusalem, proclamé prophète par les centeniers eux-mêmes. Quelle scène plus étonnante, plus imprévue, plus pittoresque a jamais brillé sur le théâtre de l'histoire? Aucune, sans doute : et cependant elle fut alors tout-à-fait ignorée du monde romain, excepté dans la ville lointaine où la mort du triomphateur est prononcée. Quelle nation que celle qui n'apercevait pas dans son horizon la venue de cette loi, de cet Évangile qui allait changer l'univers! Quelques mots épars dans le chef-d'œuvre de Tacite, de l'historien immortel de Tibère, apprennent indifféremment à ses contemporains qu'en ce temps-là un Nazaréen fut mis à mort à Jérusalem pour crime de sédition! En effet, le Nazaréen périt du supplice de la croix. Mais l'instrument de cette mort infâme devient tout à coup le phare où se rallient les nations; et un jour viendra que la Croix aura ses Césars comme le Capitole, et que la ville de Romulus sera le temple du novateur qui périt sous Tibère.

Toutefois cette miraculeuse péripétie du monde ancien s'annonce par une foule de prodiges : la foi des nouveaux chrétiens s'en empare; le soleil s'est obscurci; la terre a tremblé; les portes de Janus se sont ouvertes; le feu de Vesta s'est éteint sur l'autel; l'arche sainte est à nu dans le sanctuaire... Mais au moment où le voile du temple se déchire, se déchire aussi la loi du monde esclave. Il revêt alors la robe du martyre, jusqu'à ce que, devenu libre par son sang, il force les Césars eux-mêmes de prendre pour étendard, pour symbole de leur pouvoir, la Croix du Messie. Car plusieurs siècles devaient voir cette grande lutte du génie romain et du génie chrétien, et se continuer l'exercice extraordinaire de cette violence par laquelle Rome, dès son berceau, avait ensanglanté et asservi la terre.

Il est loin de notre sujet de retracer cette longue série d'attentats monstrueux commis par les Romains sur le monde et sur eux-mêmes, car jamais peuple ne fut moins avare de sang humain. Il n'est pas de période importante de son histoire qui ne soit annoncée par une de ces immenses hécatombes qui, sous le nom de guerres civiles ou de proscriptions, ont fait couler à flots la vie des Romains et de leurs sujets pour l'ambition ou pour la vengeance, sous leurs consuls ou sous leurs Césars. Les historiens et les poètes de Rome ont laissé d'impérissables monuments de ces énormes forfaits, dont les artistes grecs ont immortalisé les auteurs et les victimes. Les temples, les cirques, les marbres, dispersés dans toute l'Italie, sont aussi des annales dont le silence fait parler assez haut les siècles de la grandeur, de la corruption, de la férocité romaines. Le Colysée, à lui seul, résume et prouve toute une époque. Il fut construit par trente mille Juifs captifs, restes infortunés d'un million d'habitants égorgés à Jérusalem par ce Titus qui fut les délices du genre humain de cette époque. Digne de son origine, le Cirque colossal vit couler le sang des gladiateurs, des chevaliers romains, des martyrs chrétiens, des esclaves, des captifs, mêlé à celui des monstres de l'Asie et de l'Afrique, en présence des empereurs, du sénat, des vestales et des courtisanes de la Grèce. Les temples rappellent d'autres fêtes, et aussi d'infâmes prostitutions. Ils rappellent du moins la vieille patrie romaine, aux autels de Jupiter Sauveur, Tonnant et Vengeur. Le Panthéon d'Agrippa renfermait toute la mythologie de l'antiquité. Les dieux étrangers des peuples vaincus virent leurs vainqueurs à leurs pieds. Les palais, les thermes ruinés des Césars donnent l'idée de ce luxe effréné qui coûta tant de larmes à la terre. Les tombeaux seuls attestent une religion digne d'un meilleur peuple, tandis que les statues prodiguées aux plus exécrables tyrans, aux êtres les plus dépravés, laissent compter celles élevées par la reconnaissance nationale ou la piété des familles aux bons citoyens. Quant aux autres monuments publics, les aqueducs gigantesques qui traversaient en tous sens la campagne de Rome, ses fontaines, ses ponts, ses obélisques, ses arcs de triomphe, ses portes, les colonnes votées à

Trajan, à Antonin, etc., complèteraient cet immense mobilier de la fortune du peuple roi, si les temples, les autels, les palais, les cirques, les tombeaux, n'attestaient également, depuis les Alpes jusqu'à la mer de Syracuse, le génie romain.

Il n'est pas une ville, pas un village ancien qui n'offre un témoignage de la splendeur de l'Italie. Ici les tombes des antiques Étrusques, si vaillants, si religieux, si puissants, récemment rendues à la lumière, attirent les respects du voyageur, et révèlent l'emplacement de superbes cités. Le luxe des morts atteste celui de leurs patries. Là, au pied du volcan qui ne s'éteint jamais, Herculanum, Pompeï, sont descendues toutes vivantes dans le sein de la terre avec leurs habitants, leurs temples, leurs théâtres et leurs palais. Sélinonte, Catane, Syracuse, Agrigente, etc., conservent, au sud de l'Italie, les miracles du génie grec et romain, ainsi qu'au nord on admire les grandeurs passées de Venise, cette métropole des arts du monde nouveau, de la superbe Gênes, de Milan, de Ravenne, de Pavie, dont Charlemagne fonda l'Université, de Florence, la nouvelle Athènes du XVIe siècle, et de la ville étrusque, qui vit le triomphe d'Annibal aux rives du Trasimène. Les montagnes, les plaines, les fleuves, les ruisseaux, les lacs de l'Italie ont également leurs droits à la mémoire des hommes, depuis les temps antiques jusqu'à nos jours.

J'ai dit ailleurs (1) :

> Rome, le sceptre en main dans une paix profonde,
> Est le sénat, le temple et la prison du monde.

L'Italie entière fut le champ de bataille, le Panthéon et l'Hypogée de l'univers, et ses destins ne sont pas accomplis, pas plus que ne sont éteints les feux des deux plus grands monuments de sa nature superbe et puissante, le Vésuve et l'Etna. Elle vit, elle marche sur tant de souvenirs, et sans se reprendre à ceux de Jupiter-Capitolin, ni à l'attentat du meurtrier chrétien qui transports l'empire aux rives du Bosphore, ni à la conquête du barbare qui détrôna le dernier Romulus et le dernier Auguste, elle peut porter un beau et noble regard sur cette époque où son existence commença à être attachée à la nôtre, où le sceptre impérial de Charlemagne, placé entre l'épée de Brennus et l'épée de Napoléon, divisa en deux l'histoire du monde.

Elle peut aussi s'enorgueillir d'avoir, en garantie de l'éternité de sa grandeur, produit un second âge digne de celui de l'empire romain, et plus digne des respects du monde. Le christianisme, aidé de princes et de pontifes plébéiens, apôtres de la civilisation, des lettres et des arts, enflamma le génie du Dante, de l'Arioste, du Tasse, Virgiles immortels de ce grand siècle qui s'appelle de la Renaissance. Il enfanta aussi Michel-Ange, Raphaël, Bramante, Titien, le Dominiquin, etc., rivaux et vainqueurs des Phidias et des Apelles. Le Capitole chrétien s'éleva sous l'invocation de saint Pierre. Le Vatican fut le palais du nouvel Auguste. Les apôtres, les saints, les pontifes remplacèrent pour les arts, les sénateurs de Rome, les Césars, et Raphaël couronna la poésie religieuse de la Renaissance par l'image pudique et sublime de Marie, reine du ciel et des anges. C'est de cette époque, de cette belle époque des Médicis et de Léon X, que date seulement pour l'Italie ce génie d'invention refusé aux maîtres du monde sous le paganisme. Ceux-ci avaient conquis, leur postérité a créé, et sa gloire est d'autant plus durable, qu'elle a donné au monde en civilisation tout ce que ses ancêtres lui avaient donné en servitude.

On verra dans le cours de cet ouvrage, par quels monuments, par quels chefs-d'œuvre, par quelles pompes magnifiques l'âge de la Renaissance, auteur du type chrétien, comme l'âge Héroïque le fut du type païen, a ouvert et soutenu la lutte avec l'antiquité. C'est à cette grande école que s'est ralliée toute la pensée poétique des arts, dont l'Italie en est restée le sanctuaire, et celle non moins poétique de ce Napoléon qui se proclama l'héritier de Charlemagne et de César, et qui les égala sans doute. Fille de son ciel, l'Italie est l'immortelle vestale du feu sacré qu'il a rallumé. Il vint et lui rendit un moment la gloire de ses aïeux avec l'indépendance de son nom, après avoir repoussé de son sol généreux les descendants de ces barbares sous lesquels elle succomba jadis. Il triompha pour elle et avec elle, lui rendit les légions de Varus et la majesté des lois. De son passage sur cette terre sacrée et historique est né ce pittoresque si neuf imprimé à ses villes et à ses campagnes par de hauts faits d'armes qui ont immortalisé, comme au temps de Marius, de César et de Bélisaire, tant de lieux obscurs ennoblis soudainement par ses triomphes. Montenotte, Millesimo, Arcole, Marengo, etc., jusqu'alors inconnus, vivront à jamais dans l'histoire, et de plus leur souvenir est garanti par ces gigantesques créations qui, rappelant à la fois Pallas et Minerve, apprendront à la postérité la plus reculée que la main qui gagnait les batailles fondait aussi les états; ressuscitait les peuples et les arts, et laissait des bienfaits égaux à ses triomphes. C'est à Napoléon que l'art doit l'étude de ce nouvel aspect sous lequel, depuis environ quarante ans, apparaît la terre de Saturne, le front ceint d'une récente auréole. La victoire avait dompté les Alpes, la conquête les a aplanies, et Napoléon nous ouvre les routes de l'Italie.

J. DE NORVINS.

---

(1) Poëme de l'Immortalité de l'âme, Chant IVe, p. 335.

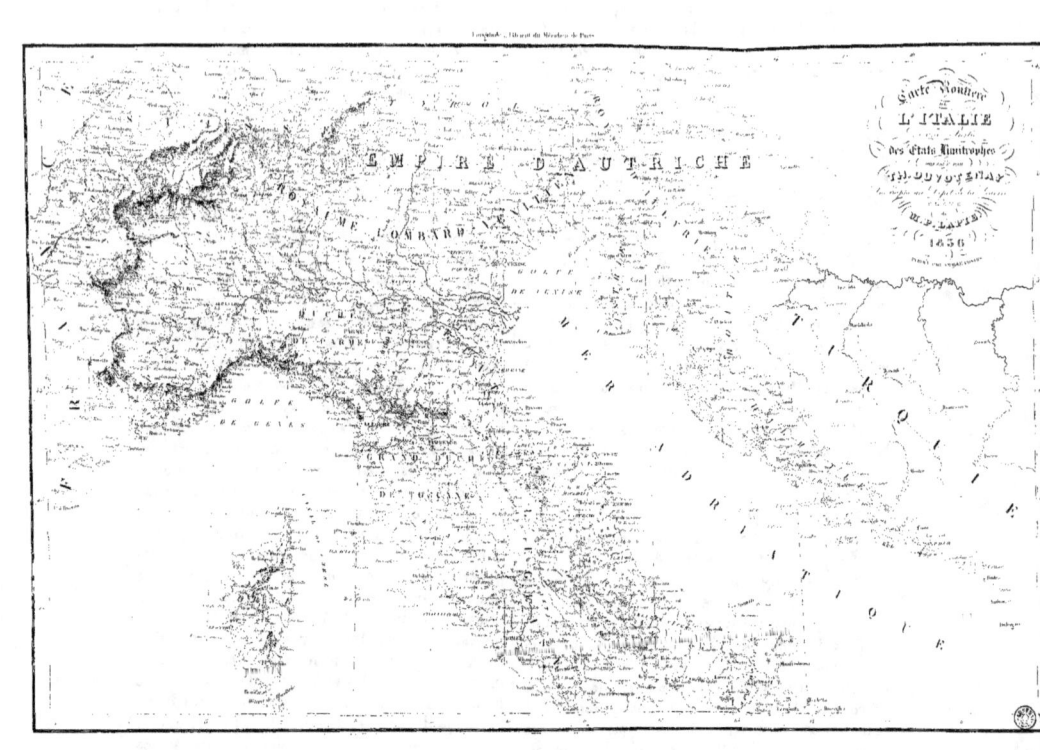

LE SIMPLON.

Les routes alpines vers l'Italie sont toutes empreintes du génie militaire des Romains et des Français, et jalonnées des camps de ces deux grandes nations, entre lesquels ceux de l'Autriche se trouvent gênés et mal à l'aise, bien qu'elle ait recouvré l'enjeu de tant de travaux et de sacrifices entrepris dans un tournoi de plusieurs siècles pour la possession de la belle Italie. Le nom de Napoléon, qui attache à cette dernière adversité de sa conquête chérie une mémoire si glorieuse et si triste, s'est lié irrévocablement à sa destinée par les derniers gages qu'il a laissés à la nationalité impérissable des peuples de l'antique Ausonie. Ces gages sont les grandes et faciles communications destinées à l'union des Français et des Italiens, sur la rivière de Gênes, par la route de la Corniche; dans le Piémont, par les travaux du Mont-Cenis; dans l'Helvétie, par ceux du Saint-Gothard, du Saint-Bernard, et enfin par le plus bel ouvrage de Napoléon, par la route du Simplon. *Annibal*, disait-il après la victoire de Millésimo, *Annibal a franchi les Alpes; nous, nous les avons tournées*. Quatre ans après, sa gigantesque industrie perça les Alpes de la Suisse, pour ouvrir une communication entre les capitales de ses deux couronnes!

La route du Simplon commence à un ancien camp de César, à Genève, d'où partent également les routes de la Faucille et du Mont-Cenis. Mais avant d'aborder les hautes Alpes, [dont] les sommets neigeux et les pics de glace [pr]ojettent leurs merveilleux aspects jusqu'aux [bor]ds tranquilles de la Saône, il faut s'essayer [sur] les degrés du Jura, et contempler des hau[teu]rs de la Dôle et du Monteudre ces enchan[teme]nts gracieux ou imposants, ravissants ou [ter]ribles, qui annoncent de loin ceux de l'Italie. [De] ces contre-forts de la chaîne occidentale [des] Alpes, on voit se déployer, à près de 200 [pieds] au-dessus du niveau de la mer, cette Mé[diterr]anée de 18 lieues de longueur sur 3 et [4 de l]argeur, à qui Genève a donné son nom, [bien] que ce canton helvétique de 30,000 habi[tants n']occupe qu'une faible partie de son ri[vage]; car c'est avec la France, le canton de

ITALIE PITT.

Berne, celui de Vaud, celui du Valais, et avec le Chablais, que Genève partage l'hospitalité de ce beau lac, sous la protection des grandes Alpes qui l'entourent. Parmi elles s'élève le Jorat, qui voit Lausanne descendre à sa base et s'abaisser aussi les hautes montagnes vers cette étroite entrée du Valais que le Rhône s'est ouverte. Déjà rapide et connaissant sa destinée, le fleuve laisse au sein des eaux bleues du Léman le sillage blanchâtre de sa course, le traverse dans toute sa longueur, et en sort pur, transparent, puissant et fougueux: là, orageux torrent, impatient du lit profond et tortueux qu'il s'est creusé, il a brisé les barrières et franchi les cavernes du Jura; plus loin, devenu fleuve majestueux et français, il court se perdre dans la Méditerranée, après avoir baigné les murs antiques de Lyon, de Vienne, de Valence, d'Avignon et d'Arles, non loin de la ville des Phocéens.

Les eaux du Léman reflètent deux natures bien différentes; sur l'un de ses rivages se penche le pays de Vaud, suivant les pentes adoucies de ses coteaux, entre des forêts de sapins, de hêtres et de chênes, et les superbes vignobles, les champs fertiles, les riches prairies, les jardins qui entourent ses petites villes si élégantes et ses nombreux villages. De ce côté est le prix de l'industrie et le charme de la vie agricole et sociale; de l'autre est l'ingratitude du travail, la peine sans salaire, le repos sans plaisirs; c'est la Savoie, austère, âpre paysage, coupée de sombres torrents, élancés de hautes montagnes aux sommets inaccessibles, et habitée par des pâtres et des mendiants; là est l'enfer de la vie, vis-à-vis c'est l'Élysée. La dent d'Oche, ainsi nommée pour sa forme aiguë, sa direction perpendiculaire, son isolement, par le spectre d'une nature ossifiée, préside à cette scène de désolation, au sein de laquelle apparaissent quelques rares chalets, enfants perdus de l'habitation humaine, que rappellent de loin à loin de misérables villages. Au-dessus de cet amphithéâtre sauvage s'élèvent les vastes glaciers de Chamouny, que surplombe de sa masse gigantesque et superbe le roi des Alpes, le Mont-Blanc. Jetées çà et là sur les flancs déchirés de ces différents degrés des Alpes, les chétives habitations des Savoisiens du Chablais seraient encore privées entre elles de toute communication, si la nouvelle route qui conduit de Genève au Simplon et du Simplon à Milan ne côtoyait à la fois les escarpements du lac et les précipices de la montagne, comme un pont immense suspendu entre deux abîmes.

Deux petites villes cependant, Thonon et Evian, partagent avec l'ancien château de Ripaille la féodalité de cette contrée, qui paraissait vouée à un servage éternel. Ripaille est à jamais célèbre par la retraite d'un singulier philosophe qui, d'abord ermite, puis premier duc de Savoie, sous le nom d'Amédée VIII, pape ensuite, sous celui de Félix V, ou d'Amédée *Cerbère*, comme l'appelait le pape Eugène; cardinal enfin, sous le pontificat de Nicolas, abdiqua tout à coup toutes ses grandeurs et se retira dans ce château pour y achever sa vie au sein des plaisirs. De là le proverbe *faire ripaille*, ce que les Italiens expriment par *andar a Rippaglia*. A la mort d'Amédée, par une brusque métamorphose dont il avait donné tant d'exemples, Ripaille devint une Chartreuse; ces deux noms furent étonnés de se trouver réunis. Ce couvent de solitaires, dont l'abstinence, la prière, le silence et le travail composaient toute la vie, les *harmonisait* merveilleusement avec les malheureux habitants de ces déserts, leur offrant le partage et la consolation de leurs peines. L'ermitage était devenu un palais, le palais un monastère; le monastère devint une manufacture, et la manufacture est à présent une ferme exploitée par des Français. Thonon a d'autres souvenirs. Saint François de Sales eut le courage d'y protéger la conversion des habitants contre les dragonades du souverain. Sa piété suffit pour triompher de l'hérésie. Quant à Evian, petite ville placée sur les bords du lac, elle doit tout à son voisinage. Un pavillon élégant, placé au milieu d'une oasis de verdure et d'un bocage enchanté, renferme les eaux minérales d'Amphion, nom poétique égaré dans ce lieu sauvage comme le site auquel il appartient. Là, chaque année, une nombreuse et brillante société vient y guérir ses maux par les plaisirs mêmes qui les ont causés.

Pour arriver à Evian, on a traversé Cologny et vu Ferney. Après Evian, on cherche les affreux rochers de Meillerie, et ce Clarens si célèbre, comme Ferney, par le séjour et les écrits d'un grand homme. Le lac de Genève sépare de toute sa longueur les habitations des deux philosophes, insouciant, ainsi que la génération nouvelle, des combats qu'ils se sont livrés et des chefs-d'œuvre qu'ils ont produits. En effet, la gloire du dix-huitième siècle paraît s'éclipser chaque jour. Ses dieux sont partis. Eux aussi cependant ils avaient créé une ère nouvelle, en donnant le mouvement aux âmes et le progrès à la raison. Ils sont partis et ne sont point remplacés. Aux lieux mêmes que leur génie a tant illustrés, les noms de Rousseau et de Voltaire sont à présent à peine redits par les habitants. Ceux-ci sont heureux, ils oublient: ils ont tout à coup reçu une vie nouvelle. Les paysans de Meillerie et du Chablais ont gagné en aisance, en bien-être, ce que leur pays a perdu en pittoresque. La route du Simplon a promené son niveau impitoyable sur les sites poétiques célébrés par Jean-Jacques. Elle a nivelé ces ravins, comblé ces précipices, aplani ces immenses rochers, qu'il croyait avoir immortalisés. Il est vrai qu'une route telle que celle que nous décrivons, qui traverse un immense pays de déserts, de montagnes et de destruction, n'est pas seulement un bienfait matériel et local. Elle civilise et change les mœurs dans tout son cours, comme ferait une révolution. Elle détruit la tyrannie de la nature et affranchit ses esclaves.

On sait que les montagnards sont plus fortement attachés à leur pays que les habitants des plaines, et sans doute il doit se trouver parmi ceux du Chablais et du Valais des vieillards, qui ne voient dans la route du Simplon qu'une usurpation sur leur sauvage indépendance. Je me souviens d'avoir entendu dans ma jeunesse un vieil avoyer de Fribourg regretter amèrement le temps, où il n'y avait point de chemins dans son canton, et où les habitants seuls pouvaient y circuler, familiarisés qu'ils étaient à franchir les torrents et les abîmes sur des planches mobiles, redoutées de l'étranger. « Depuis qu'on a fait des chemins, disait l'avoyer Verro, les Français et les Anglais osent venir jusque dans nos chalets! » C'était pour ce vieux Suisse une étrange profanation.

Arrêtez-vous, si vous voulez saluer encore le Mont-Blanc, ce chef d'une famille de quatre cents glaciers, qui le regardent dans le Tyrol,

LE SIMPLON.

dans la Suisse, dans la Savoie et dans le Dauphiné. Arrêtez-vous, si vous voulez faire un dernier adieu *au bosquet* de Clarens. La dent de Jaman vous dit que ce village est à ses pieds et que le Valais commence.

Cette vallée de 34 lieues de long sur 10 de large, est resserrée, comme un immense tableau, dans un cadre profond de 70 lieues de montagnes. Elle confine à la fois à la Suisse, au Piémont et à l'Italie, dont elle est le vestibule commun, creusé par le Rhône et le temps au travers de ces portiques de granit, de marbre et de glace, qui forment la chaîne des Hautes-Alpes. Le Valais était autrefois fermé chaque soir par une porte qui s'appelait la porte de Sex. Il formait alors un état républicain dont les mœurs étaient toutes patriarcales. La nature n'y a point varié ses formes; elle est restée immobile auprès des révolutions que cette heureuse contrée n'a pu éviter, et avec elle sont restées aussi, comme son plus beau produit, ces vertus des montagnes, la bonne foi, le travail et l'hospitalité. La ville de Saint-Maurice, qui doit son nom au chef de la légion Thébaine, martyrisée non loin de là par l'ordre de l'empereur Maximien, aurait conservé le privilège de garder l'entrée du Valais, que son pont sur le Rhône occupe dans toute sa largeur, sans la nouvelle route du Simplon.

Au sortir de Saint-Maurice, l'ancien *Acaunum*, le paysage offre le plus brillant aspect par l'étonnant assemblage des plantes de tous les climats, comme si c'était un essai du Créateur avant d'enfanter l'Italie. Sur les rives du Rhône commencent les grenadiers, la vigne, les figuiers, arbres du soleil. Derrière eux s'élèvent, par étages et classés en familles, les châtaigniers, les platanes, les chênes, les hêtres, les bouleaux, les pins, les sapins, les mélèzes, et au-dessus, des touffes fleuries de rhododendron, l'arbuste de la région des neiges, dernier anneau de cette riche végétation, tapissent les remparts de glace, dont les pics transparents terminent l'horizon ; et cette scène admirable est de plus animée incessamment par de nombreux troupeaux et le mouvement d'une laborieuse population. Là, le philosophe, le poète, l'artiste, trouvent de puissantes et douces inspirations ; là, dominés par les brillants contrastes de la nature, ils ne demandent point au Valais quand il fut une république rhodanique, quand il devint un des treize cantons suisses, pourquoi il se reforma en république indépendante, ni s'il regrette de n'être plus le département français du Simplon. De plus en plus attirés par le charme du paysage, ils marchent à une grande voix, qui semble les appeler sur la droite entre Saint-Maurice et Martigny, et ils s'arrêtent émerveillés de ce fleuve jaillissant de 700 pieds, à qui la simplicité rustique des pâtres a donné le nom de Pissevache. Le soleil, qui revêt d'un or diaphane le front des glaciers, fait briller du même rayon ses prismes étincelants sur les nappes flottantes de la cascade, sur les mille ruisseaux qui s'en échappent et sur les eaux bouillonnantes du Rhône grossies de celles de la Dreuze et du Triant, donnant ainsi, par la puissante immersion de ses feux frappant à la fois les objets les plus éloignés, l'idée de l'invasion subite de la création, alors que Dieu dit : « Que la lumière soit, » et la lumière fut.

Bientôt on a traversé dans la plaine, non loin du Rhône, le bourg de Martigny ou Martiny, en allemand Martinach. C'est un village moderne ; il remplace l'ancien *Octodurum*, submergé par la chute du mont Taurus, qui arrêta le cours du Rhône et rejeta ses eaux sur la ville. Là on va visiter avec respect et reconnaissance le couvent qui sert de berceau et de retraite aux religieux hospitaliers du grand Saint-Bernard ; ils en partent jeunes et forts pour aller remplir la mission du salut des voyageurs et y rentrent vieux, vétérans invalides de ce terrible service de la charité chrétienne. Quatre lieues après Martigny on aperçoit deux forts sur deux montagnes, entre lesquelles s'étend, comme une vallée de bâtiments, la jolie ville de Sion, capitale du Valais. Le palais de l'évêque est bâti sur un immense rocher, d'où il domine ses diocésains, autrefois ses sujets. Président né de la diète Valaisane, il avait le titre de prince de Sion, et battait monnaie à son coin : c'était le pape du Valais. Sous le nom de *Sedunum*, cette ville fut célèbre sous les Romains : divers monuments l'attestent encore. Elle fut prise d'assaut par nos troupes en 1796.

C'est à dix lieues de Sion, à Brieg, que commencent les travaux vraiment gigantesques de la route du Simplon, qui, depuis Genève jusqu'à cette dernière ville, a parcouru un espace de 34 lieues. Mais avant d'aborder la description de ce grand ouvrage, ne faut-il pas signaler les puissants auxiliaires que lui avait ménagés la nature? ceux qui, sortis des immenses laboratoires renfermés dans le sein des Alpes, ateliers secrets de la glace et du soleil, s'élancèrent des profondeurs de leurs cavernes, jaillirent de leurs sommets et creusèrent violemment ces vallées où la route du Simplon a pu jeter ses premiers niveaux. C'est le Rhône, qui, sorti des glaciers de la Furca, traverse le Valais dans toute sa longueur, et y tient parmi les rivières et les torrents le sceptre du Mont-Blanc parmi les glaciers et les montagnes. Au nord c'est la Saltine; elle reçoit le Canther, et près de Brieg est reçue par le Rhône. Au sud c'est le Krumbach réuni à la Laquina, devenant ensemble la Doveria, qui, après avoir désolé le val infernal du Gondo, perd à son tour son nom près de Domo d'Ossola dans celui de la Toccia, à qui six lieues plus loin le lac Majeur ouvre l'hospitalité de ses bords enchantés. Tels furent les ouvriers de la nature : ceux de Napoléon ne vinrent qu'après.

L'ingénieur Céard commença en 1801 cette immortelle entreprise. La route reçut 24 pieds de large, avec une déclinaison de 6 pouces par toise. La nature dut subir le joug de ce décret impérial : rien ne devait être, rien ne fut impossible au génie du fondateur. Des massifs de 100 pieds d'élévation soutiendront les rochers eux-mêmes, que le fer et la poudre auront ouverts pour le passage de la voie triomphale. Insensiblement cette voie merveilleuse s'élèvera jusqu'à la hauteur de 4,014 pieds au-dessus de Gliess, et redescendra de 5,255 jusqu'à Domo d'Ossola. Elle construira et traversera vingt-deux ponts, et creusera sept galeries où passeront trois voitures de front : les forêts, les torrents, les abîmes, les montagnes ne devront présenter aucun obstacle. C'est bon pour la nature; l'art ne doit point en connaître sous l'empire d'une volonté devant laquelle s'abaissaient alors toutes les sommités européennes. Ce qui fut écrit fut écrit, ce qui fut écrit fut fait.

De Sion à Brieg la route passe à peu de distance des bains de Leuck, à qui la Gemmi donne ses eaux minérales, ayant sur la tête un glacier et sous ses pieds une fournaise. Du bassin où Brieg s'élève à 360 toises au-dessus du niveau de la mer, le Rhône, dont le cours est si impétueux, si rapide, si destructeur, se trouve tout à coup vaincu par une forêt de roseaux, qui, divisant ses flots, en affaiblissent la course et donnent au fleuve-torrent l'aspect d'un lac sans rivages.

Une masse de frêles roseaux sert donc tout à coup de barrière, non au cours du grand fleuve, mais à son impétuosité ! Image pittoresque de ce que peut la résistance des faibles, quand ils se réunissent contre l'oppression ! Que de despotes, que de conquérants ont été arrêtés, les uns dans leurs volontés par le stationnaire empire des coutumes, les autres dans leurs entreprises par l'union subite d'une nation pour le salut de la patrie! L'histoire est pleine de ces grandes leçons données à la violence par la faiblesse. Mais sorti de ce filtre philosophique, qui vient d'enchaîner sa course, le Rhône reprend sa force, entraîné qu'il est jusqu'au lac de Genève par une pente de 193 toises.

De son côté le voyageur suit sa route de Leuck à Viège au travers de riantes prairies, parsemées de jolies habitations; mais depuis Viège un autre contraste l'accompagne jusqu'à la vue de Brieg. La route devient marécageuse, triste, monotone, improductive; elle se resserre entre d'âpres et infertiles montagnes, où le sapin lui-même répugne à végéter. Cependant apparaissent çà et là sur les pentes, sur les plateaux de ces montagnes si nues, quelques habitations rustiques, partout où l'infatigable industrie des Valaisans a pu y faire arriver les eaux. On les découvre de loin par une culture soignée, par un jardin, par l'ombrage de quelques arbres, qui reposent la vue du spectacle de la stérilité environnante. Mais aussi, après avoir été conduit de Leuck à Viège par une route de verdure, on arrive à la délicieuse vallée de Brieg, oublieux de celle qu'on vient de parcourir, et faisant ainsi un perpétuel échange d'impressions et d'aspects. Brieg s'annonce de loin, comme la métropole de la vallée, dont l'horizon se perd entre deux hautes montagnes. Un vaste château, flanqué de quatre grosses tours, surmontées de globes de fer blanc, lui donne un aspect original. Plusieurs couvents anciens ajoutent encore à la physionomie particulière de ce bourg, qui présente la dernière position importante du Valais. On est frappé de cette couleur de moyen âge, de ce vêtement féodal, conservés au milieu des convulsions politiques par ce chef-lieu d'une vallée de pasteurs. Les souvenirs d'une guerre acharnée entre ceux-ci et les troupes du Directoire en 1798 et 1799 ajoutent encore à l'intérêt du voyageur; car les habitants de Brieg durent céder après des efforts inouïs au nombre et à la tactique de nos soldats. Mais après avoir épuisé tous leurs moyens de défense dans les murailles de leur ville natale, ils se retirèrent sur leurs montagnes, remparts invincibles, où ils transportèrent la patrie : plus tard ils ont dû au général qui renversa le Directoire le passage de cette belle route du Simplon, et leurs ruines ont été réparées.

La situation de Brieg est charmante. Ce bourg semble placé au sein d'un vaste jardin, d'une remarquable fertilité, entouré de toutes parts, avec ses collines boisées, d'un cercle de désolation, qui fait énergiquement ressortir la richesse de son territoire. Quelques hameaux et des chalets dispersés sur les bases des Hautes-Alpes complètent, avec le beau village de Natters sur l'autre rive du Rhône, la suzeraineté et le domaine de Brieg. On s'arrête avec une sorte de bien-être et de reconnaissance dans cette contrée favorisée, à la fois riante et agreste, fertile et montagneuse, asile d'une population dont elle est l'ouvrage et la récompense. L'ancienne route traversait autrefois le bourg de Brieg ; la nouvelle le laisse à gauche à une faible distance : mais elle est devenue pour ses habitants la source d'une industrie nouvelle, celle du commerce, en même temps qu'elle leur offre un débouché facile pour les produits de l'agriculture.

Après avoir quitté Brieg et la riante nature de son paysage, la route vous transporte par une montée presque insensible sur la montagne de Léria, qui ferme la vallée du Rhône et ouvre celle du Ganther. De son sommet, l'œil découvre à la fois la vallée de Brieg et la réunion de celles que se sont creusées les eaux tumultueuses du Ganther et de la Saltine, aidés des affluents vagabonds des montagnes ; celles-ci sont tapissées de sombres et vastes forêts depuis leur base jusqu'aux glaces éternelles qui en forment la cime. Des troupeaux de chamois viennent chercher dans ces forêts inaccessibles la nourriture qui leur manque sur les glaciers qu'ils habitent, et y trouvent aussi la mort. De hardis chasseurs, bravant comme eux les précipices et les flèches des glaciers, osent disputer d'agilité avec ces intrépides et sauvages enfants des hivers. Le chasseur de chamois est passionné pour ce terrible exercice de la force et de l'audace humaine en raison de ses dangers, et non pour le fruit qu'il retire de ses fatigues ; il n'y a pas d'être plus désintéressé de lui-même. C'est une gloire singulière, qui n'est sentie, conçue que par le montagnard des glaciers, afin qu'il soit dit que, dans toutes les situations où il se trouve jeté par le sort, l'homme ait une place toute prête pour l'orgueil à côté de sa misère ; et cet orgueil est bien puissant : car le chasseur de chamois n'a souvent pour témoin de son courage que l'animal qu'il a tué, et de sa propre mort, que lui-même.

Un pont dont l'ouverture est de 74 pieds sert à franchir le précipice creusé par les torrents entre les glaciers qui terminent cette vallée. Ce pont, construit de pierres d'une blancheur éclatante et de la forme la plus élégante, contraste merveilleusement avec la sombre et massive couleur des bois de mélèzes au milieu desquels il est placé. Une galerie y conduisait ; mais formée de rocs entassés par leur propre chute et irrégulièrement amoncelés, elle présentait aux voyageurs plutôt des périls qu'un asile, en raison des ébranlements causés par les eaux et par les orages. Cette galerie a été détruite.

La première est donc celle de Schalbet. Sa longueur est d'environ 100 pieds. Elle forme la limite de la vallée du Ganther et de celle de la Saltine. Au sortir de cette galerie, vos regards sont attirés presque à la fois vers les cimes rayonnantes du Rhosboden, dont les glaces dominent au loin l'horizon, et aussi au fond de l'abîme où se précipitent ensemble le Tavernetto et la Saltine, jaloux de réunir leurs flots et de leur donner un cours plus impétueux. Le paysage est encore dominé au loin par l'immense projection des glaciers de la Suisse, vers lesquels les montagnes plus humbles du Valais élèvent modestement leurs gradins de verdure. Bientôt on se perd sous l'ombrage retentissant des vieux sapins, nés au milieu des orages et des rochers, sur un sol dépouillé par les torrents, et témoins souffrants des jeux et des accidents de cette nature sauvage. En effet, leur aspect languit soudain sous la rigueur d'un autre climat.

C'est celui des glaciers de Tavernetto, vastes domaines d'un hiver éternel. Mais de ces réservoirs d'eaux non moins éternelles, s'élancent sur presque tous les escarpements des montagnes de rapides et bruyantes cascades, qui font fleurir le rhododendron sur des masses éblouissantes de verdure. A côté, et bien au-dessus de ces glaciers, image d'une immense tempête soudain durcie par le froid, le Schonhorn élance vers le ciel son pic majestueux, tandis que, couchée à ses pieds, bien au-dessous de la scène des frimas, une longue colline de verdure, couverte de frais rosiers des Alpes, descend mollement vers l'entrée d'une galerie de 130 pieds; à sa voûte brillent, suspendues en aiguilles transparentes, les congélations subites des eaux infiltrées des cascades supérieures. C'est cette galerie qui mène au village de Simplon élevé de 4,548 pieds au-dessus de la Méditerranée. Pendant plusieurs mois les habitants de Simplon sont privés du soleil; le point le plus élevé de ce paysage d'une étonnante sauvagerie, est de 1033 toises. C'est là que s'étend un plateau indiqué par la nature elle-même comme un repos pour les voyageurs : Napoléon l'avait destiné à devenir leur asile, sous la protection des hospitaliers du Saint-Bernard. Malheureusement ce généreux projet n'a pu être exécuté, et l'emplacement brut de l'hospice du Simplon accroît par sa nudité celle de la solitude stérile, qui annonce soudain au voyageur qu'il ne verra plus ni le Valais, ni le Rhône, ni la Suisse. Une aride vallée le conduit tristement, toujours à la vue des glaciers de Rhosboden et de quelques rares mélèzes épars sur ses roches, à la galerie d'Aigaby, longue de 115 pieds, et dont la vaste ouverture lui présente d'un côté les glaciers de Laqui, et de l'autre l'âpre vallée de Gondo.

Il la côtoie comme un cercle de l'enfer, sous une voûte de rocs déchirés, dont les rares interstices laissent à peine entrevoir le ciel à une faible hauteur. Dans cette vallée maudite, qui semble l'exil d'un ange des ténèbres, tout est aride, mort, même auprès des eaux qui ne roulent que des débris de granit sans produire la moindre végétation. Au-dessous de la route taillée en corniche et à une grande profondeur, gronde le précipice, que les cascades de la Doveria lui ont creusé. L'homme a triomphé de cet abîme, dont la fureur du torrent et l'ébranlement des rochers rendaient le passage insurmontable, et le *ponte Alto* est le trophée élégant de sa victorieuse industrie; mais après ce pont la nature reprend toute son âpreté, le voyageur marche prisonnier entre d'immenses rochers qui lui refusent l'espace et le repos; et c'est par une sorte de fatalité que, précipitant sa course pour fuir cet affreux séjour, il est poussé dans la grande galerie, dont la béante ouverture ajoute l'horreur de son asile à celle du chemin qui y conduit. Ce n'est qu'après avoir marché 200 pas que la chute de la Frascinone, qui semble lui fermer l'issue de ce vaste souterrain, lui rend le magique aspect de la lumière flottante dans ses eaux. La galerie du Gondo a 683 pieds; la masse de granit vif dans lequel elle a été ouverte garantit son éternité : elle n'est éclairée que par deux ouvertures qui ont coûté dix-huit mois d'un travail de jour et de nuit. Les Romains perçaient les montagnes avec leurs esclaves, Napoléon confiait les travaux de sa gloire aux braves qui l'avaient conquise. Ces prodigieux ouvrages, commencés sous les auspices du traité de Lunéville en 1801, furent terminés en 1805 sous ceux de la victoire d'Austerlitz.

Un pont de la plus audacieuse construction sert à franchir la terrible cascade qui ferme le passage. Après ce pont gigantesque, les roches taillées en immenses murailles perpendiculaires semblent dire au voyageur : on ne va pas plus loin. Mais bientôt il les laisse à sa gauche, et une auberge à huit étages lui montre enfin le port de l'hospitalité. Bientôt aussi il a quitté le village de Gondo, et sa vue se récrée de l'enchantement subit de la verdure brillante, que revêt la rive adoucie de la sauvage Doveria, et qui l'accompagne au bruit d'une cascade aérienne jusqu'à la galerie d'Issel.

Est-ce enfin l'Italie qui se révèle? Issel est la première station de cette terre promise. Ici plus de noirs sapins, plus de sombres mélèzes, mais partout de frais châtaigniers, des noyers majestueux marient leur verdure à celle des prairies; plus d'âpres rochers aux formes fantastiques et sinistres, et brisés par les torrents dévastateurs, mais des collines fleuries d'où s'échappent de vives cascatelles où se baignent les rayons du soleil d'Italie. Ce frais paysage se dessine au pied de l'immense amphithéâtre des Alpes que dominent les glaces éternelles du Laqui. Mais, telle que l'illusion d'un rêve d'amour, la scène charmante du vallon d'Issel disparaît tout à coup et fait place aux plus terribles enchantements : le spectre de Gondo un moment conjuré reprend toute sa fureur, et le cours de la Doveria son effrayante dévastation. Dépouillées de toute verdure, les roches s'élancent vers le ciel comme de

muettes imprécations de la nature, et paraissent être à la fois les victimes et les complices des dieux cruels qui gardent la seconde porte de l'Italie.

Enfin le cours paisible de la Cherasca remplace les fureurs de la Doveria, où par un fatal hymen elle porte vainement la douceur de ses eaux; cependant, des parapets de son pont de pierre d'une blancheur éclatante, on salue enfin la vigne suspendue aux rameaux de l'érable et drapant au-dessus des prairies ses festons embaumés. Les formes élégantes des clochers annoncent de loin l'aisance des villages et le bonheur que l'homme reconnaissant reçoit d'une nature bienfaisante et d'un climat plus doux.

Toutefois, dans l'ordre naturel ainsi que dans l'ordre social, rapide est l'alternative des biens et des maux, et bientôt l'implacable Doveria reparaît, rapportant avec elle, comme l'Euménide de l'Italie, les périls, la menace et l'effroi. Aussi hâtez-vous de franchir son rivage inhospitalier. Fuyez et revenez vous consoler sur ces pentes molles des rochers que tapissent les mousses légères; foulez en paix ces gazons sous les arbrisseaux qui les ombragent; allez, ils vous conduisent à la dernière galerie, à celle de Crevola, sous le vaste rocher de 170 pieds qu'elle traverse en ligne droite. Passez ce pont, le plus audacieux peut-être de cette route de miracles, et arrêtez-vous sur les deux arches qui, portées sur un pilier de 100 pieds de hauteur, réunissent le faîte de deux montagnes entre lesquelles le torrent se précipite. Allez, voyageur, soyez heureux, vous ne reverrez plus la Doveria. Par une magique et heureuse métamorphose, la furie du Gondo s'est changée en nymphe d'Italie, et, sous le nom de la Toccia, elle charme tout sur son passage. Voyageur, vous vous êtes levé dans la région des neiges, vous vous couchez dans celle du printemps. Le Simplon n'a été pour vous qu'un mauvais rêve, et ses sombres galeries conduisent des enfers à l'Élysée.

Cependant, au milieu de ces ruines de la nature, qui depuis la première jusqu'à la dernière galerie ont pu effrayer nos regards, avez-vous remarqué, non loin de Gondo, auprès de l'abîme le plus profond, au pied des rocs les plus élevés, ces débris d'une ancienne station humaine? Avez-vous lu sur la roche pendante et noircie mille noms gravés avec le fer, et apprenant à jamais aux pâtres et aux voyageurs que 1,000 soldats français, commandés par le brave général Bethencourt, en 1800, ne furent point arrêtés, même par un de ces obstacles que la nature seule pouvait victorieusement opposer à leur ardeur? Ce qu'ils firent, le voici : chargés de leurs armes et de leurs sacs, ils osèrent se suspendre à une corde entre le ciel et l'abîme, et ils franchirent ainsi l'énorme précipice ouvert sous leurs pas, entre la cime de rochers à pic et le lit profond du torrent. Il est vrai que ces soldats allaient rejoindre le premier consul, et triompher aussi de l'Autriche, à Marengo. Quand on les vit arriver à Domo d'Ossola, l'on fut si émerveillé qu'on n'osa leur demander par où ils avaient passé.

Mais revenons aux doux aspects de Crevola. La route serpente avec grâce sur la droite, se dirigeant vers le beau pont qui l'unit à celle de Domo d'Ossola, et embrassant de sa souplesse un coteau couvert de jardins, de maisons, de cabanes rustiques. A gauche, la route est suspendue au-dessus d'une vallée où serpente la belle rivière qui communique sa fraîcheur féconde à de vastes prairies, coupées d'arbres chargés de fleurs et de fruits, et parées de ces beaux peupliers à qui l'Italie a donné son nom. Une église, une auberge s'élèvent auprès de la route; le voyageur éprouve le sentiment d'une nature toute nouvelle qui s'étend sous ses regards. Au fond du tableau, de belles collines laissent voir d'élégants casins au travers de leurs plantations. Ce spectacle annonce le voisinage de quelque cité. De tous côtés affluent les voyageurs; la route se couvre d'hommes de tous les costumes; les mulets agitent leurs panaches et leurs sonnettes, comme à l'aspect du repos. En effet, à Crevola se réunissent les deux grands passages des Hautes-Alpes, le Simplon et le Gries. Celui-ci pénètre par les gorges les plus âpres des montagnes du Valais jusqu'à celles des glaciers supérieurs de la Suisse; les muletiers qui le parcourent dans la belle saison sont les pourvoyeurs infatigables de l'Helvétie et du Milanais, et sur les coteaux riants de Crevola, passagers philosophes, ils rêvent aux solitudes de la Gemmi, aux frimas du Grimsel.

A Crevola commence donc, pour ne plus vous quitter, même par des apparitions fugitives, le jardin de la Haute-Italie qui mène à sa capitale. Ce jardin, c'est la vallée de Domo d'Ossola. Un pont de six arches annonce cette jolie ville. En l'apercevant de loin au milieu de l'Eden qui l'entoure, vous vous écriez aussi : Italie, Italie ! En y entrant, vous entendez déjà le maillet du sculpteur, vous foulez une poussière de marbre et vous savez que vous êtes dans la patrie des arts. Votre enchantement ne doit plus finir sur cette terre chérie des dieux et des hommes. Voyez : les eaux limpides de la Toccia coulent doucement au milieu des fleurs ; elle baigne à droite les coteaux riants de Villa, bâtie comme une maison de plaisance, dont elle porte le nom. A Feriolo vous attend une autre surprise : un beau bassin de deux lieues et demie de longueur sur une demi-lieue de large, s'élève sous vos yeux a plus de 600 pieds au-dessus de la mer. Les grandes urnes des Alpes lui portent leurs tributs ; c'est la Toccia qui descend du Simplon, c'est le Ticino ou le Tésin qui vient du Saint-Gothard.

Ce bassin si limpide, si frais, si gracieux par l'éclat de sa surface, par le paysage qu'il anime, par la forme de son rivage, c'est le lac Majeur ; les beautés qu'il renferme répondent à celles qui l'entourent.

Sa rive occidentale se creuse au centre en un golfe profond, où apparaissent comme trois grâces de l'onde les îles Borromées. L'une vêtue du costume villageois n'offre à l'œil que les attributs de la pêche. De modestes cabanes où pendent les pampres et les filets disent assez quelle est son unique population. Elle se nomme en raison de sa position géographique l'*Isola Superiore*, ou *dei Pescatori* d'après ses habitants. La simplicité de sa nature contraste philosophiquement avec celle plus brillante de ses sœurs et constitue ainsi le pittoresque du tableau. Celles-ci ont des palais : elle, elle n'a d'autre monument qu'une église au long clocher. L'*Isola Madre* sort du milieu du lac, comme une autre Vénus, couronnée de fleurs, formant un amphithéâtre de quatre terrasses d'orangers et de citronniers, dont un bois de haut sapins et d'arbres verts rend la beauté encore plus vive. Un casin de la plus élégante structure y est placé ; on y aborde sous un portique de pampres. L'*isola Bella* est à elle seule tout un palais Ses jardins sont de marbre, leur base de granit. Ils s'élèvent à 100 pieds de hauteur, comme une vaste pyramide, dont dix terrasses forment les degrés et sur laquelle s'élève la statue équestre du comte Vitalian Borromeo, auteur de ces bizarres merveilles. En 1670 cette île n'était qu'un aride rocher. L'or des Borromées en a fait une féerie, où il manque peut-être une Armide.

On côtoie le lac de Baveno à Stresa avec les enchantements de ce beau paysage ; ils vous conduisent jusqu'à la jolie ville d'Arona, patrie de saint Charles-Borromée, cardinal et archevêque de Milan ; ce prélat est resté à jamais célèbre par la bienfaisance, le courage et le dévouement qui honorent sa vie épiscopale, pendant la peste dont cette grande ville fut la victime. Aussi pour conserver et offrir de loin aux premiers regards du voyageur l'image de ce vénérable prince de l'Église, la piété des Milanais lui a élevé une statue colossale au sommet du monticule qui domine le lieu de sa naissance. Cette belle statue, coulée en cuivre et en fonte, a sur son piédestal 112 pieds d'élévation. Après avoir servi de point de vue au pays, elle lui sert aussi d'observatoire. Un escalier pratiqué dans l'intérieur conduit dans la tête du colosse et livre ainsi aux curieux le brillant panorama de cette délicieuse vallée. On aime à voir le génie d'un homme planer après lui sur les populations et les attacher par une représentation matérielle au souvenir et à l'exemple d'une vie de vertus et de bienfaits. La statue de saint Charles-Borromée n'est pas un des monuments les moins éloquents de ceux que renferme l'Italie. La patrie de la religion chrétienne ne pouvait s'annoncer par une plus noble image de sa première vertu, de la charité.

A l'extrémité méridionale du lac Majeur est le charmant village de Serto ; on passe le Tésin pour y arriver. De la hauteur voisine, on jette un dernier regard sur la haute chaîne des Alpes, au-dessus desquelles s'élève le Mont-Rose, rival heureux du Mont-Blanc, et dont les sommets sont encore vierges. Après avoir contemplé pour la dernière fois les immenses remparts de la Suisse et de l'Italie, vous êtes rapidement entraîné sur la route de Milan, et votre esprit partage encore son admiration entre les ineffables beautés de la nature qui vous ont saisi depuis le lac de Genève et les ineffables merveilles des galeries du Simplon, qui vous ont conduit au lac des Borromées.

De Norvins.

ROUTE DE GENÈVE AU MONT CENIS. — Genève. — Annecy. — Aix. — Les Charmettes — Chambéry. — Montmélian. — Aiguebelle. — Saint-Jean de Maurienne. — Lans-le-Bourg.

Un des plus experts *ciceroni* de l'*Italie pittoresque* a déjà donné à ses lecteurs un séduisant rendez-vous à Genève, d'où il leur a fait voir en perspective les merveilles du Simplon. Essayons à notre tour d'appeler les nôtres dans cette même ville, pour de là leur servir de guide vers le mont Cenis. La docte et industrieuse cité de Calvin est, en effet, le point de départ des deux principales routes qui conduisent de France en Italie à travers les Alpes : aussi la majorité des voyageurs se rend-elle d'abord à Genève, où elle a l'option entre le Simplon et le Cenis.

Cependant, si impatient que l'on soit de toucher le sol italien, il y aurait à conseiller un petit voyage préalable, qui embrasse une portion de la Suisse occidentale et de la Savoie, dans un espace d'environ cinquante lieues, depuis Bienne jusqu'à Chambéry. A la vérité, l'excursion dont il s'agit, consacrée pour ainsi dire exclusivement à la mémoire de Jean-Jacques Rousseau, ne convient guère qu'aux prosélytes fervens du fameux Génevois ; mais les partisans ne lui manquent pas, et l'admiration qu'ils professent pour ses écrits se lie presque nécessairement à une sorte de culte pour sa personne, car il fut du nombre de ces hommes d'élite qu'on ne saurait aimer médiocrement. Partout, sur la route que je vais rapidement esquisser, on est sur la trace de Jean-Jacques ; on voit les lieux qu'il a vus ; on admire les sites qu'il a rendus célèbres : l'imagination se complaît dans cette intéressante recherche ; elle trouve un attrait singulier dans de mélancoliques retours sur le passé. J'ai accompli, j'ai réitéré ce pèlerinage de souvenirs ; j'aimerais à le décrire à mon aise ; malheureusement il n'y en a qu'une partie qui soit ici de mon domaine ; sur celle-là seulement il me sera permis d'insister quelque peu ; je me bornerai à indiquer l'itinéraire de l'autre.

Au lac de Bienne, belle plaine d'eau azurée, charmant miroir ovale encadré dans les monts du Jura, le pèlerin voudrait comme moi aborder à l'île de Saint-Pierre, où Rousseau goûta le court bonheur d'un automne (en 1765), et dont il nous a laissé un tableau de style qu'aucun pinceau ne pourra égaler (*Confessions*, liv. XII, et *Rêveries du promeneur solitaire*, V). Abandonnant, non sans peine, cette calme solitude, traversant Neuchâtel, visitant Colombier, qu'habita le digne lord maréchal Keith, notre piéton (car il doit être entendu que cette excursion est pédestre), notre piéton, dis-je, gagnerait Motiers-Travers, village tiré de l'oubli par le séjour qu'y fit l'auteur d'*Émile*, de 1762 à 1765, et par des persécutions qui eurent alors beaucoup de retentissement ; ensuite, gravissant le Chasseron, montagne où Jean-Jacques se plut à herboriser, il descendrait à Yverdun, où il s'arrêta d'abord, lors de sa fuite hors de France. D'Yverdun, le voyageur, atteignant Lausanne, interrogerait des yeux et du cœur Vevay, Clarens, Chillon, Meillerie, terre classique de l'amour ; puis enfin, heureux navigateur sur le Léman poétisé par la nature et par l'un de ses plus dignes interprètes, il toucherait la rive de Genève, berceau du moderne Socrate.

Ici Rousseau naquit pour l'immortalité ;
Au prix de son repos ce bien fut acheté :
Exemple de grandeur et de misère humaine,
Son existence, hélas ! fut une longue peine.
Au nom de la raison et de la vérité,
Il secoua le joug de la société,
Brisa les préjugés, et d'une bouche pure
Fit entendre aux mortels l'accent de la nature.
Du fond de sa retraite interrogeant les rois,
Des peuples opprimés il reconnut les droits.
Grand homme ! tu fis plus : toujours inimitable,
Tu voulus te montrer, innocent ou coupable ;
Par un aveu sublime étonnant l'univers,
Tu mis ton cœur à nu sans voiler ses travers.
Apôtre séducteur de la mélancolie,
Peintre passionné de Saint-Preux, de Julie,
Ton coloris, empreint d'un idéal amour,
Éblouit notre cœur comme un rayon du jour.
Combien de fois, Rousseau, ton style plein de charmes,
Ami de l'infortune, a fait couler mes larmes !
Tes livres de nos maux retranchent la moitié.
Objet digne à la fois de respect, de pitié,
A l'amour, au malheur, tu dois ton éloquence,
Et de la passion ta flamme était l'essence.
Ton âme usa ton corps ; tu vécus pour souffrir ;
Ton sort fut un long deuil, et ta vie un soupir,
Soupir mélodieux, douloureuse harmonie,
Doux et triste concert, complainte du génie *.

* Extrait d'un poème inédit.

Par un contraste remarquable, c'est non loin du château de Ferney, opulent asile du poète-gentilhomme Voltaire, que se trouve l'humble maison qui vit naître, fils d'un horloger, celui qu'on peut à bon droit nommer le plus grand écrivain de son siècle, parce que s'il eut un peu moins de correction que certains autres prosateurs, il eut de plus qu'eux cette pénétrante chaleur d'âme qui vivifie en éclairant. Toute comparaison est inadmissible entre Voltaire et Rousseau; il n'y a, au contraire, que des différences à faire ressortir de leurs destinées respectives: l'un altier, audacieux, caustique, moqueur sans pitié comme sans retenue, jaloux, insatiable, dévoré de l'esprit de domination, vivant et mourant au milieu des jouissances de l'ambition satisfaite; l'autre fier et modeste tout à la fois, frondeur austère, tantôt hardi jusqu'au cynisme, et tantôt d'une timidité d'enfant, simple dans toutes ses habitudes, ami de la nature et de la retraite, partisan de la gloire sans chercher les honneurs, soumis aux vicissitudes les plus cruelles, vivant isolé, pauvre, et mourant dans l'abandon; tous deux d'ailleurs dignes d'admiration et de respect, tous deux également immortels, quoique par des voies opposées.

Les ouvrages de Jean-Jacques Rousseau, surtout ses *Confessions*, qu'on a tant lues, ses *Dialogues*, qu'on lit si peu, et sa *Correspondance*, donnent la clef de son caractère, qui fut un phénomène social; mais, pour le bien connaître, il faudrait l'étudier soigneusement, dans sa conduite et ses écrits d'abord, ensuite dans le rapport qu'ils ont avec les écrits et la conduite de ses contemporains. Cette étude, qui en vaut bien une autre, car elle est éminemment philosophique, veut du temps, une impartiale attention, et cette ardeur de vérité qui était le génie de Jean-Jacques. On a plutôt fait de décider d'après la parole d'autrui. Rousseau devait être traité sévèrement, parce qu'on a jugé d'après les règles communes un homme tout d'exception. Il ne fut exceptionnel et anormal cependant, que parce qu'il se rapprocha autant qu'il put de la nature dont nous tendons sans cesse à nous éloigner. En général, ses critiques, dans leur violence, et ses amis, dans leur enthousiasme, ne sont, ni les uns ni les autres, dans les conditions nécessaires pour apprécier sainement cet infortuné grand homme. Quoique lui-même il ait pris grand soin de dévoiler son cœur, on n'a pas su ou voulu lire dans ce cœur ouvert, ou bien on s'est révolté contre cette voix ferme, qui, en s'accusant, accusait notre nature, contre cet homme qui démasquait les faiblesses de l'humanité, en mettant à découvert les siennes propres. Des deux côtés il y a eu légèreté ou passion, et la passion et la légèreté sont mauvaises conseillères.

Voudra-t-on me pardonner la digression à laquelle, dès en commençant, je viens de me laisser entraîner? Sera-t-elle regardée comme hors de propos? J'espère, sur ce point, échapper à une opinion sévère. Le nom de Jean-Jacques Rousseau est désormais inséparable de celui de Genève, et l'on ne peut aborder cette ville sans avoir de suite présent à la pensée l'un de ses plus grands citoyens. Je vais avoir encore sur ma route plus d'une occasion de prononcer ce nom glorieux et cher; je ne m'en ferai pas faute. De pareils souvenirs suffiraient pour ajouter un vif intérêt à la contrée que nous allons parcourir, quand bien même la nature n'aurait pas pris le soin de la pourvoir déjà d'un attrait puissant.

Il n'existe pas une capitale qui, proportion gardée de sa population, ait produit autant de savans et d'hommes distingués, où l'industrie ait distribué autant d'aisance, où les lumières soient aussi généralement réparties qu'à Genève. On sait combien est restreint le territoire de ce canton, l'un des plus petits de la Suisse, et pourtant l'opulence des Génevois est partout renommée, la liste de ceux de leurs concitoyens qui ont acquis de la célébrité est aussi digne d'attention par le nombre que par l'élévation des mérites qu'elle rappelle; preuve remarquable que ce n'est pas toujours l'étendue des états qui fait leur importance. La république de Genève occupe topographiquement si peu de place, qu'on n'y fait pas tout-à-fait deux lieues, du côté de Chambéry, sans rencontrer la frontière. Ne la traversons pas avant d'avoir visité, par un léger détour sur la gauche, le hameau de Bossey, ce presbytère modeste, où l'enfance de Jean-Jacques dut sa première éducation aux soins du digne pasteur Lambercier. Quatre lieues plus loin, s'offre la riante petite ville d'Annecy, où il vit pour la première fois madame de Warens. Mais quoiqu'il ait pris soin d'indiquer clairement la maison qu'elle occupait, et de préciser *con amore* le lieu même de leur rencontre (*Confessions*, livre II), on les chercherait en vain; d'autres dispositions ont probablement changé tout cela; on est d'ailleurs médiocrement aidé par les habitans, qui ne paraissent pas se mettre en grand souci de Rousseau ni de madame de Warens. Ce n'est point par eux,

c'est depuis et comme par hasard, que j'ai appris que leur ville avait donné la naissance au célèbre chimiste Berthollet. Elle est, au surplus, agréablement située au bord d'un lac entouré de sites d'une nature douce et champêtre : ce lac peut avoir deux lieues de longueur sur une de largeur; il contient, vers son milieu, une île assez grande pour qu'il y ait une maison et un beau verger.

Une demi-lieue avant d'arriver à Aix, je lus ces mots écrits sur la porte d'une chaumière : *Près d'ici sont des cascades et d'autres curiosités.* Je suis curieux, et notamment des cascades ; cette prévenante inscription semblait donc faite exprès pour moi, et en fait, le site pittoresque des moulins de Grézy mérite bien qu'on se détourne un peu pour le voir. Sans prendre le temps de demander un guide, interrogeant de l'oreille un bruit lointain, je parvins bientôt à un endroit où trois ruisseaux, réunissant leurs ondes, les précipitent parmi des rocs entassés dans un gouffre profond. En allant avec adresse de rochers en rochers, on atteint une espèce de terrasse pratiquée au milieu d'un torrent; là on plane sur la chute, qui n'est d'ailleurs vraiment remarquable que pour ceux qui n'ont pas vu les grandes cataractes de la Suisse. Toutefois, c'est un abîme d'un assez lugubre aspect, et le sentiment pénible qu'il inspire n'est pas prêt à s'effacer, quand on lit cette inscription gravée sur la pierre :

Ici
Madame la baronne de Broc,
âgée de 25 ans,
a péri sous les yeux de son amie,
le 10 juin 1813.
O vous qui visitez ces lieux !
N'avancez qu'avec précaution sur ces abîmes,
Songez à ceux qui vous aiment !

Ces lignes touchantes sont bien faites pour exciter l'intérêt et la pitié ; mais parmi les émotions qu'elles font naître, heureux celui qui, appliquant à son cœur la dernière réflexion, peut se dire : « Fuyons ces abîmes, car on m'aime ! » Loin de blâmer la terreur qu'il éprouve alors, on l'envierait ; il n'appartient qu'aux malheureux qui ne sont pas aimés, d'exposer sans crainte leur vie à un danger inutile.

On m'a raconté la fin tragique de madame de Broc. Jeune, aimable, riche, occupant un rang élevé, possédant tout ce qu'on appelle bonheur, elle était venue à Aix passer la saison des bains. La cascade étant un but d'excursion, par une belle matinée une société choisie entreprit cette promenade. On arrive ; non content du coup d'œil, on s'aventure sur les rochers ; la gaîté communicative qui animait les promeneurs provoque peut-être aussi de l'imprudence. Tout à coup aux éclats de la joie a succédé un cri général d'effroi suivi de stupeur. Madame de Broc venait d'être engloutie dans l'abîme ! La pauvre jeune femme, croyant étourdiment poser le bout de son ombrelle sur un roc, l'avait mis à côté, et, perdant l'équilibre, elle était tombée, sans secours possible, dans un torrent qui roule ses eaux avec la fougue de l'écluse. C'est ainsi qu'elle périt *sous les yeux de son amie.* Or quelle était cette *amie ?* C'était la reine de Hollande, la gracieuse princesse Hortense. Madame de Broc, attachée à sa personne en qualité de dame d'honneur, en était particulièrement chérie ; car la reine Hortense, aussi bonne que spirituelle, a prouvé que l'amitié pouvait ne pas être exclue du trône. Plus tard, déchue d'une grandeur passagère, il lui était réservé de montrer au monde que la force d'âme peut s'allier à la sensibilité du cœur.

Dès l'entrée à Aix, les ruisseaux fumans annoncent l'abondance des eaux sulfureuses. Les bains sont placés sous la protection du roi de Sardaigne, comme l'indique une inscription gravée au portique du bâtiment principal, lequel a une certaine apparence. Il y a deux sources, l'une nommée eau de *soufre*, et l'autre de *Saint-Paul*; elles ont été souvent analysées ; la chaleur de la première, d'après Saussure, est de 35 degrés, et celle de la seconde de $36\frac{1}{4}$. Les eaux d'Aix, anciennement et justement renommées, sont pourvues de propriétés énergiques : elles s'appliquent avec succès, dit-on, au soulagement de plusieurs sortes de maux, et en particulier à la guérison des blessures mal cicatrisées ; mais c'est surtout aux personnes non malades et non blessées qu'elles conviennent, à cette foule de riches désœuvrés et blasés dont tout le mal est l'ennui. Tant que la mode sera aux eaux d'Aix (puisque la mode se mêle aussi de nos santés), on y verra une grande affluence, divisible en trois catégories, savoir : 1° les malades réels, soit susceptibles d'être guéris, soit incurables ; 2° les malades imaginaires, soit de corps, soit d'esprit ; 3° les oisifs non valétudinaires, formant aussi deux classes : les riches qui ne cherchent que le bien-être et la distraction, et certains aventuriers de bonne compagnie que le jeu aide à réparer en été les brèches faites à leur bourse par les plaisirs de l'hiver, ou même qui tâchent de fixer la fortune en spéculant sur les sentimens de quelque riche héritière. Durant les mois de juin, juillet et août, la petite ville d'Aix, remplie d'une population transitoire, est comme livrée à une pacifique armée d'occupation; mais les habitans sans doute ne se plaignent pas de cette invasion prévue qui leur laisse de l'aisance pour le reste de l'année. Pour moi, je ne fis que passer à Aix, et c'était au commencement d'octobre. Habitué à ne parler que de ce que j'ai vu, je n'entre ici dans aucun détail sur les habitudes et les plaisirs des baigneurs. Le peu que j'en dis est par analogie, parce qu'il est aisé de se figurer que ces usages doivent ressembler à ceux qui sont pratiqués dans la plupart des établissemens de bains en vogue, et parce qu'il est notoire que, dans tous ces lieux destinés au public, on rencontre nécessairement une société mêlée d'élémens fort hétérogènes. Je présume d'ailleurs, quant aux plaisirs d'Aix, que la promenade doit être l'un des plus généralement goûtés, car les environs sont tout-à-fait agréables. Non loin de la ville est le charmant lac du Bourget, long de trois lieues sur trois quarts de lieue de largeur. Il communique avec le Rhône par un canal qui, suivant la hauteur relative des eaux du lac et de celles du fleuve, verse tantôt les eaux du Rhône dans celles du lac, tantôt les eaux du lac dans celles du Rhône. On y fait de charmantes promenades en bateau; on va voir l'abbaye de *Haute-Combe* et une fontaine intermittente qui sort d'un rocher auprès de cette abbaye. Les sites sont variés, avec une teinte mélancolique qui ajoute à leur beauté. Le premier poète de nos jours a consacré au lac du Bourget la plus suave peut-être de ses admirables *Méditations*, *le Lac*. Un jour, je n'en doute pas, le souvenir de M. de Lamartine conduira plusieurs de nos descendans au lac du Bourget, comme la mémoire de Jean-Jacques Rousseau amène quelques-uns de nos contemporains au lac de Bienne.

A Chambéry nous nous retrouvons avec l'auteur d'*Émile*: c'est à Chambéry, et surtout aux Charmettes, que s'écoulèrent les plus belles années de sa jeunesse, dans une obscurité qui ne laissait guère pressentir alors qu'il y eût là un grand homme futur. Personne, si ce n'est une femme, n'avait deviné à son parfum cette violette cachée, personne qu'elle n'avait reconnu la modeste pervenche dans le buisson qui la recélait. Si l'on se reporte à cette époque, si l'on se rappelle la fluctuation des idées de Rousseau, le peu de fixité de ses goûts, ses études solitaires, entreprises avec ardeur, mais sans plan, sans direction, et souvent interrompues, on a peine à concevoir qu'il ait jailli tant de lumière d'un chaos si ténébreux. En remontant à ces sources de son talent, on n'en découvre qu'une qui laisse voir au fond: c'est cette sensibilité vive qui s'est répandue sur ses écrits, tantôt avec le sombre coloris d'une âpreté morose, plus souvent sous la forme d'une douce mélancolie, mais toujours en caractères profondément incrustés. Quoi qu'il en soit, le temps de sa vie où il n'avait de malheur réel que celui d'une position non faite, de peine qu'une activité d'imagination sans but déterminé, ce temps bien éloigné maintenant, mais rendu présent par les traces durables qu'il en a laissées, est admirablement curieux à étudier, et les six premiers livres des *Confessions*, d'ailleurs si supérieurs aux autres quant au style, fixeront toujours l'attention de ceux qui observent avec soin le cœur humain. C'est surtout à Chambéry et aux Charmettes que cette lecture présente un attrait indicible, sous le rapport des détails charmans dont elle est pourvue; à Chambéry on se surprend à chercher et l'on croit reconnaître quelques-unes des angéliques figures dont les portraits ont été tracés de la main du maître; on se persuade presque qu'on va revoir les aimables écolières auxquelles il donnait avec tant de distraction de si mauvaises leçons de musique, on se représente la belle journée d'été passée à Toune. Aux Charmettes on se plie non moins facilement à de riantes illusions, on essaie de vivre par la pensée dans ces temps de l'innocence du génie.

La maison des Charmettes se trouve à une demi-lieue au plus de Chambéry; elle est encore à peu près dans l'état où la laissèrent madame de Warens et son immortel ami. J'ai vu le petit oratoire, le modeste jardin, le coteau, le vallon; j'ai vu tout cela, mais je me garde bien de le décrire. Les Charmettes appartenaient, il y a peu d'années, à un littérateur, M. Raymond, qui publia, en 1817, une *notice* sur cette intéressante habitation. Je ne sais s'il en est encore l'heureux possesseur. Pendant la révolution française, un homme fort distingué, qui m'a honoré de quelque amitié dans ses vieux jours, y était venu avec Hérault de Séchelles; ils composèrent ensemble et y laissèrent les vers suivans, tracés au-dessus de la porte d'entrée:

Réduit par Jean-Jacque habité,
Tu me rappelles son génie,
Sa solitude, sa fierté,
Et ses malheurs et sa folie.

A la gloire, à la vérité
Il osa consacrer sa vie,
Et fut toujours persécuté
Ou par lui-même, ou par l'envie.

Je ne veux pas quitter les Charmettes sans mentionner une remarque sur laquelle il me semble qu'on n'a pas suffisamment insisté. On a décidé légèrement, on répète encore, sans plus ample examen, que Rousseau se donna un tort grave en compromettant la réputation d'une foule de ses contemporains : on a jugé (ceci est plus sévère encore) qu'il fut coupable de déshonorer en la nommant madame de Warens, sa bienfaitrice. Il y a ici plus d'un fait oublié qu'il importerait de rappeler, pour que la vérité fût mise dans son jour. Sans reproduire à ce sujet les propres explications de l'auteur des *Confessions*, il faut redire que son intention n'était pas que cet ouvrage fût publié avant la mort des personnes qui s'y trouvaient nécessairement et forcément rattachées; il est juste d'insister sur ce qu'il ne parut d'abord qu'avec des initiales, conformément aux manuscrits (les premières éditions, celle de Neuchâtel et celle dite de Baskerville en portent le témoignage); mais bientôt intervint la malignité, avec ses interprétations et ses commentaires; on chercha, on devina les noms que les initiales désignaient, et depuis lors toutes les éditions subséquentes ont propagé ces noms en toutes lettres. Voilà d'où est venu le scandale, et à qui l'on doit impartialement l'attribuer. Au reste, le temps est maintenant arrivé pour tous, le temps, ce suprême arbitre qui jette dans l'oubli les œuvres des hommes, ou les perpétue en y effaçant les taches passagères.

Il s'en faut que Chambéry soit une jolie ville : ses rues sont étroites, tortueuses, inégalement pavées de cailloux, formées en partie de maisons pauvres, avec quelques galeries à voûtes basses où les promeneurs ont un triste abri contre les mauvais temps : le tout a un aspect sombre et peu engageant. Telle est la physionomie de l'antique cité des Allobroges, de la vieille capitale du duché de *Sabaudie*, du chef-lieu du département supprimé du Mont-Blanc. En outre, Chambéry est située au fond d'une vallée cernée de hautes montagnes, et il résulte de sa position un inconvénient à côté d'un avantage, c'est que non-seulement l'eau y est abondante, mais qu'elle surabonde, à cause de la fréquence des pluies. Avec tout cela, cette ville noire et enfumée, un peu comme les pauvres petits ramoneurs que la Savoie nous députe, cette ville simple et sans coquetterie, à l'instar de ses habitans qui sont de si bonnes gens, Chambéry n'est pas dénuée de tout attrait. Les personnes qui aiment la vie reposée, loin du luxe et du bruit, y trouvent un séjour parfaitement à leur convenance. S'il n'y a point de richesses, il y a de l'aisance commerciale. C'est d'ailleurs l'asile de la noblesse du pays, quand elle ne passe pas les monts pour quêter de l'emploi à la cour de Turin. Ces familles vivent commodément à Chambéry avec un modeste patrimoine, parce qu'il n'y faut pas beaucoup de fortune pour avoir le nécessaire et un honnête superflu. Cette petite gentilhommerie, tout-à-fait sans prétention, compose, à ce qu'on assure, une société fort aimable, où préside un certain goût formé de grâce naturelle et d'aménité. Les hommes ont de la bonhomie dans les manières avec de la culture dans l'esprit, ce qui est peu commun; les femmes, sans être généralement belles, ne sont pas non plus dépourvues d'agrémens : elles ont, dit-on, de la douceur et de la bonté ; enfin elles ne médisent pas trop les unes des autres, ce qui est rare en province. Voilà certainement, si ce qu'on dit est vrai (et pourquoi se refuser à le croire?), voilà de quoi faire aimer Chambéry. La contrée environnante est d'ailleurs remarquable; la vallée est fertile, et les montagnes annoncent déjà la majesté des Alpes, ce qui offre un composé pittoresque de nature sauvage et de nature cultivée. Je me rappelle, aux portes de la ville, une belle promenade plantée de vieux arbres, qu'on nomme, je crois, le *Vernay* : dans les beaux jours, c'est le rendez-vous d'une population heureuse, qui apporte là, non des toilettes et des airs apprêtés, mais du bien-être et du contentement sans façon. Par-delà cette promenade publique du Vernay s'étendent de fraîches prairies entrecoupées de ruisseaux, et mêlées de plantations et de maisonnettes, possessions champêtres où se limite une ambition sage.

Dans ce que je viens de dire des habitans de Chambéry, j'ai l'avantage de me trouver d'accord avec J.-J. Rousseau; voici comment il s'exprime à leur sujet : « S'il est une petite ville au monde où l'on goûte la douceur de la vie dans un commerce agréable et sûr, c'est Chambéry.

La noblesse de la province, qui s'y rassemble, n'a que ce qu'il faut de bien pour vivre; elle n'en a pas assez pour parvenir, et, ne pouvant se livrer à l'ambition, elle suit par nécessité le conseil de Cynéas : elle dévoue sa jeunesse à l'état militaire, puis revient vieillir paisiblement chez soi. L'honneur et la raison président à ce partage. Les femmes sont belles et pourraient se passer de l'être; elles ont tout ce qui peut faire valoir la beauté, et même y suppléer. » Il ajoute, en parlant des Savoyards en général : « C'est dommage que les Savoyards ne soient pas riches, ou peut-être serait-ce dommage qu'ils le fussent, car, tels qu'ils sont, c'est le meilleur et le plus sociable peuple que je connaisse. » Nul doute que cet éloge soit mérité, et l'opinion générale le confirme. Peut-être est-il juste de dire que le Savoyard est un peu trop intéressé; mais s'il a, par ce trait de caractère, de la conformité avec le Suisse, tous deux ont, en compensation de ce défaut, une belle qualité qui les distingue également, je veux parler de ce vif sentiment de patriotisme qui leur fait préférer leurs plus âpres montagnes aux plus riches contrées étrangères. Comme le Suisse, le Savoyard, souvent contraint d'aller chercher au loin les ressources que lui dénie le lieu natal, regrette et pleure, même au sein des prospérités acquises, la pauvreté de sa chaumière; il prend aussi le *Heimweh*, ce mal du pays dont on meurt quand on ne peut le guérir par le retour dans la patrie. Et il est à remarquer que ce touchant amour du sol se retrouve à un degré plus énergique chez les peuples pauvres et d'une civilisation non raffinée que chez les nations opulentes et pourvues de complètes lumières, chez les montagnards que chez les habitans des plaines, chez ceux qui possèdent d'humbles demeures que chez ceux qui vivent dans les cités, sans doute parce que les premiers, plus près placés de la nature, conservent mieux les sentimens naturels.

Parmi les monts élevés qui ceignent la vallée de Chambéry, il en est un dont la configuration singulière frappe particulièrement l'attention. Ce mont est remarquable, en effet, par une grande échancrure qui, selon toute probabilité, et au dire même du savant Saussure, a été produite jadis par un éboulement. Ce pic échancré, formant un cap au milieu des nuages, à 1,400 pieds au-dessus de la ville, se nomme la *dent de Nivolet*. Son angle, qui perce les nues qu'il attire, sert de baromètre, suivant que les vapeurs atmosphériques s'en éloignent ou s'y condensent. La situation profonde de Chambéry lui vaut une température inégale, une alternative souvent trop prompte de chaud et de froid. L'ardeur plongeante du soleil y est extrême quand la neige est encore suspendue aux sommités; mais aussi cette chaleur incommode procure en dédommagement des primeurs excellentes, et toutes sortes de fruits, avant les saisons qui leur sont assignées partout ailleurs. On vit tour à tour sous un climat méridional et sous un climat du nord, avec leurs compensations.

Prêt à quitter Chambéry, j'allais oublier que cette ville s'est mise à la mode depuis quelques années, en admettant dans son sein une élégante salle de spectacle, où l'on joue tant bien que mal nos vaudevilles parisiens. Tout ce qui est français est de mise dans un pays qui, placé entre la France et le Piémont, n'opterait pas pour ce dernier, s'il avait le choix libre. La population notable de la Savoie est française par le langage autant que par les goûts, et le reste ne semble se rattacher au Piémont que par son patois, peu éloigné du mauvais italien qu'on parle au-delà du mont Cenis.

Je ne veux pas non plus omettre de rappeler ici que Chambéry a vu naître Saint-Réal, écrivain si éminemment français par le style, historien sinon toujours véridique dans les faits, au moins toujours vrai dans les principes et les pensées. Sa *Conjuration de Venise* est un roman historique fait pour servir de modèle en ce genre, et ses *Discours sur l'histoire* sont l'œuvre d'un esprit profondément judicieux.

Si l'Italie n'était près de nous, si nous n'avions hâte d'y arriver, nous aurions encore à faire plus d'une excursion intéressante. En effet, nous ne sommes pas à longues distances du curieux passage dit *des Échelles*, où Emmanuel II eut la gloire de compléter, en 1670, une grande entreprise des Romains; de la délicieuse vallée de Grésivaudan, et même de la célèbre Grande-Chartreuse. Mais l'Italie, toute voisine, n'est plus cachée que par un rideau des Alpes, assez compacte, à la vérité; c'est ce dernier obstacle que nous sommes impatiens de franchir. Cependant ne disons pas adieu à Chambéry sans avoir fait une courte promenade sur la route de France, pour contempler une belle cascade qui tombe d'un haut rocher perpendiculaire, et se résout en une pluie fine où se produisent de charmans jeux de lumière. Cette chute d'eau rappelle par sa disposition, mais avec moins de grandeur, l'admirable

Staubbach, de la vallée de Lauterbrunn en Suisse.

La Suisse et la Savoie sont deux sœurs jumelles qui se tiennent et se ressemblent, filles de la nature qui les a dotées d'attraits égaux. Si l'une a plus d'admirateurs que l'autre, il faut s'en prendre au caprice des hommes. Aussi bien que la Suisse, la Savoie offre de grands spectacles, de beaux lacs, des torrens écumeux, des cascades grondantes, d'épaisses forêts, des solitudes tour à tour imposantes et gracieuses, des pics de rochers qui fendent les nues; les montagnes y développent autant de magnificence, avec de pareils abimes et de semblables phénomènes : la Savoie répand l'Isère sur la France, si elle n'y verse pas le Rhône; elle a cela de plus que sa voisine, la Suisse, qu'elle voit s'élever de son sein la plus haute cime de toute la vaste chaîne des Alpes, le majestueux mont Blanc. Cependant, de tous les coins de l'Europe, les curieux viennent continuellement en Suisse par légions; ils s'y arrêtent le plus qu'ils peuvent; ils n'en voudraient perdre aucun détail, tandis qu'ils ne font que traverser la Savoie, si elle se trouve sur leur chemin. On comprend cet enthousiasme pour l'une, mais on ne conçoit pas cette indifférence pour l'autre, et il y a certainement dans une telle partialité un peu d'entraînement irréfléchi. En serait-il de certains pays comme de certains talens qui doivent leur réputation à de favorables chances du sort?

Le voyageur n'a besoin que du seul trajet de Chambéry au mont Cenis pour se convaincre que la Savoie n'est pas au-dessous de sa sœur rivale. Il a vingt lieues à parcourir au milieu des merveilles des Hautes-Alpes. Physicien, géologue, amateur de botanique ou de toute autre branche de l'histoire naturelle, il est à portée de satisfaire sa curiosité, d'éclaircir plus d'un doute; peintre, il ne manque pas d'heureux motifs d'études, car son pinceau n'a que l'embarras du choix parmi des paysages singulièrement variés; poète, il doit rencontrer de nobles inspirations dans une nature grandiose; philosophe, il fera des observations consolantes pour l'humanité, dans son contact avec un bon peuple qui se maintient honnête et pur dans la pauvreté, qui conserve avec candeur la foi simple de ses pères, qui continue de mériter la réputation intègre dont il jouit depuis un temps immémorial.

La première ville qu'on rencontre est Montmélian, pauvre comme tout ce qui est Savoyard, mais qui, assez forte autrefois, soutint plusieurs siéges avec avantage. Un côteau voisin produit en abondance un vin estimé qui a quelque similitude avec le vin de Bordeaux. Les habitans ont l'air heureux et enjoué : si leurs vignobles ne leur procurent pas beaucoup d'argent, ils leur donnent au moins de la gaîté : *Contentement passe richesse.*

Vient ensuite Aiguebelle, dont le nom indique de belles eaux. La rivière d'Arc, qui traverse ce bourg, est, en effet, bien courante et limpide. Ce vieux mot *Aigue*, pour eau, dérivé d'*aqua*, s'est conservé dans nos provinces méridionales: nous avons *Aigues-mortes*, *Aigues-vives*. Le nom d'*Aix*, donné à plusieurs villes des Gaules, provient aussi du mot *Aigue*. A Aiguebelle, on fait du chanvre pour le canton et de la soie pour exporter; les mûriers viennent bien, et la culture est bonne.

Aiguebelle est la clef de la Maurienne. Une poste plus loin est La Chambre, village de structure grossière, et où la vue est péniblement affectée du spectacle de difformes goitreux. Les goitres sont fréquens dans plusieurs vallées de Savoie et de Suisse; on n'est pas d'accord sur la cause qui les produit, ni sur les moyens curatifs. Heureux quand à ces tumeurs ne vient pas se joindre le hideux crétinisme dont le Valais offre de si déplorables exemples!

L'ancienne capitale de cette contrée est Saint-Jean de Maurienne, chétive petite ville, mais en situation agréable, dans une vallée fertile en grains, en fourrages et en diverses sortes de produits. Le roi Charles le Chauve y mourut empoisonné par un médecin juif, en revenant d'Italie. Saint-Jean de Maurienne n'eut pas cette fatalité pour un autre roi de France, pour Henri II, qui y vint en 1548. Son passage, au lieu de devenir tragique, donna lieu à une comédie d'un genre tout local. Les Mémoires de François de Scépaux, sire de Vieilleville, rapportent comme il suit les détails de la singulière réception qu'on fit à ce prince :

« Le roy fut conuié par l'evesque et les habitans de les honorer de quelque forme d'entrée, et l'asseurerent de lui donner le playsir de quelque nouueauté qui le contenterait, et qu'il n'auait encore jamais veue. Sa majesté, pour ne pas perdre sa part de cette nouuelle inuention, à lui toutes fois incogneue, les en voulut bien gratifier, et se presenta le lendemain à la porte de Maurienne en équipaige assez royal pour une telle ville, accompaigné des princes et seigneurs de sa suicte, semblablement de toute sa maison, et entra sous le poisle à lui préparé. Mais comme il eut marché environ deux cents pas en belle ordonnance, voicy une compaignie de cent hommes vestus de peaux d'ours, testes, corps, bras et mains, cuisses, jambes et pieds, si proprement qu'on les eust pris pour ours naturels, qui sortent d'une rue le tambour battant, enseigne déployée, et chacqun l'épieu sur l'espaule, et se vont jetter entre le roy et sa garde des Suisses, marchants quatre par rang, avec un esbahissement très-grand de toute la cour et du peuple qui estoit par les rues, et amenerent le roi, qui estoit merveilleusement raui de veoir des ours si bien contrefaicts, jusques deuant l'église; qui mist pied à terre suyvant la coutume de nos roys pour adorer : auquel lieu l'attendoient l'evesque et le clergé, avec la croix et les reliques en forme de station, où fust chanté un motet en bonne musique, tous en belles chappes et autres ornemens.

« L'adoration faicte, les ours dessusdits remenerent le roy en son logis, deuant lequel ils firent mille gambades, toutes propres et approchantes du naturel des ours, comme de lucter et grimper le long des maisons et des pilliers des halles; et (chose admirable !) ils contrefaysoient si naturellement, par un merueilleux artifice, en leurs cris, les hurlemens des ours, que l'on eust pensé estre parmi les montaignes ; et voyants que le roy, qui desja estoit dans son logis, prenoit ung grandissime plaisir à les regarder, ils s'assemblerent tous cent, et firent une *chimade* ou salut à la mode de *chiorme de galere*, tous ensemble, si espouvantable, qu'un grand nombre de cheuaux sur lesquels estoient varlets et lacquets attendant leurs maistres devant le logis du roy, rompirent resnes, brides, croupieres et sangles, et jetterent avec les selles tout ce qui estoit dessus eux, et passerent (tant fust grande leur fraieur) sur le ventre de tout ce qu'ils rencontrerent. Le roy confessa n'auoir reçu en sa vie autant de playsir pour une drollerie champestre qu'il fist lors, et leur fict donner deux mille escus. »

Entre Saint-Jean de Maurienne et Modane on trouve Saint-Michel, gros village qui n'a rien de remarquable, et le hameau des Fourneaux, où l'on exploite les mines assez riches de plomb et de cuivre que contiennent des montagnes voisines. Pas grand'chose à dire de Modane ; mais vers ce village, et jusqu'à Lans-le-Bourg, la route prend un caractère de plus en plus sérieux. Les monts deviennent plus sourcilleux, les rocs plus escarpés, les précipices plus abruptes ; çà et là des eaux roulent avec impétuosité, on aperçoit des antres profonds, on voit de grandes forêts noires, on admire les vieux sapins du bois de *Bramant*, séjour des loups et des ours, qui rendent le passage dangereux en hiver ; on se sent au centre des Alpes, on reconnaît l'approche de la haute cime qui sert de portique à l'Italie. Qu'ils ont de noblesse, ces tableaux d'une nature austère ! En ces lieux règne un majestueux silence, interrompu seulement de temps à autre par le bruit rapproché d'un torrent, ou par le tintement des sonnettes d'une caravane de muletiers qui viennent d'Italie ou qui s'y rendent. Parfois on rencontre une voiture, et l'on se surprend à envier les voyageurs qu'elle renferme, car ils vont revoir la patrie, tandis que, de leur côté, ils vous portent aussi peut-être le même sentiment d'envie, car vous allez entrer dans le beau pays auxquels ils ont dit adieu. Cette route du mont Cenis n'a pas au même degré la grandeur sauvage qui caractérise le Simplon ; cependant elle offre avec lui des traits de ressemblance : là se trouvaient, comme au Simplon, des obstacles en apparence invincibles, que la puissance de l'homme a su franchir. Il a fallu faire sauter des quartiers de roches, détourner des cours d'eaux rapides, construire des ponts, aplanir des terrains rebelles, surmonter mille difficultés. Çà et là la route est hardiment suspendue sur des gouffres, et l'on aurait les plus grands périls à redouter, si l'on y passait pendant une de ces tourmentes affreuses qui parfois descendent en tourbillonnant dans les hautes vallées alpines.

C'est au milieu de ces merveilles de la nature combinées avec celles du génie humain, qu'on arrive à Lans-le-Bourg, dernier village de la Maurienne. A Lans-le-Bourg, autrement dit Lanebourg, commence la montée proprement dite du mont Cenis ; là on passe la nuit en se disant : « A demain l'Italie ! » Là aussi nous prenons quelque repos au pied de la montagne, avant de gravir sa cime glacée.

H. Lemonnier.

SAVOIE. — PIÉMONT.

LANS-LE-BOURG. — La Poste, ou les Tavernettes. — L'Hospice et la Caserne du mont Cenis. — La Grand'Croix. — La Cenise. — Les Echelles et Saint-Nicolas. — Ferrières. — La Novalèse et le Pénitent. — La Roche-Melon. — Molaretto et Saint-Martin. — Suse. — Fort de la Brunette. — La Doire. — Bussolino. — Saint-Georges. — Vanez. — Saint-Ambroise. — Avigliano. — Rivoli. — TURIN. — Rois de Sardaigne.

Lorsqu'on veut se rendre en Italie par le Piémont, le mont Cenis est l'unique passage du voyageur qui vient de la Savoie, de cette province qui, conquise par nos armées en 1792, forma le département du Mont-Blanc jusqu'en 1815, époque de sa séparation politique de notre territoire!

Le dernier village de cet ancien duché, à l'extrémité du pays de Maurienne, et où se réunissent les voyageurs, est *Lans-le-Bourg*, que quelques auteurs écrivent *Lansbourg* ou *Lanebourg*, car il est assez difficile de déterminer quel est son véritable nom.

Il paraît cependant que le premier de ces noms a prévalu, puisqu'il figure seul sur les itinéraires et sur les cartes nouvelles.

Mais il est bon de remarquer que les géographes ont pris soin d'embrouiller la question, et même de l'embrouiller dans les différents articles de leurs propres ouvrages. Ainsi, à *Lans-le-Bourg*, La Martinière dit : « Bourg de Savoie, dans la Haute-Maurienne, sur la rivière d'Arc. C'est la même chose que Lanebourg. » Et à Lanebourg il ajoute : « Petite ville de Savoie, au comté de Maurienne, sur la rivière d'Arc que l'on passe sur un pont. » Maccarthy fait de *Lans-le-Bourg* un village, et de *Lanebourg* un bourg, tous deux de la Savoie et de la Maurienne, plaçant Lanebourg sur l'*Arne*, rivière des *Ardennes*! Prudhomme, dans son grand dictionnaire, met *Lans-le-Bourg* sur l'Arve, qui est une rivière du Léman! La petite rivière de l'Arc prend sa source au pied du mont Islran ou Iseran, et va se perdre, à quinze lieues de là, dans l'Isère.

A l'époque de notre possession, il y avait dans ce village, indépendamment d'une brigade de gendarmerie, un bureau de sortie par terre, pour les contrées de l'est, des ouvrages d'or et d'argent portés à l'étranger, un bureau de poste et un relais de poste aux chevaux. Sa population ne dépasse pas quinze cents habitants, et a peu varié depuis trente ans; cela tient à sa position. On n'est pas volontiers disposé à s'enfouir dans un pays tellement entouré de montagnes, qu'à peine y voit-on le soleil depuis le mois de novembre jusqu'à la fin de janvier. Il y a quelques bonnes auberges, où il fait très-cher vivre.

Avant 1805, plus de cent personnes et de cent mulets ou chevaux étaient à Lans-le-Bourg, toujours prêts à porter les voyageurs et les équipages jusqu'à La Novalèse. Les porteurs de ce dernier village passaient pour être meilleurs que ceux du premier, mais non les mulets, ce qui avait donné lieu à ce dicton : *Porteurs de la Novalèse, mulets de Lans-le-Bourg*.

Là, autrefois, on démontait les voitures pour en charger les mulets habitués au service de la montée de l'ancienne route. Les voyageurs, hommes et femmes, qui n'étaient point faits à la fatigue de la marche, se plaçaient sur des chaises de paille ajustées à des brancards de sapin, et se faisaient transporter ainsi jusqu'au point le plus élevé de la montée, c'est-à-dire jusqu'à la grange des *ramasses*; le transport des personnes nécessitait quelquefois, selon leur poids, le concours de six à huit porteurs. On estimait à un quart de lieue l'étendue de cette montée, et à une heure le temps qu'on y employait.

Au retour, par ce passage, on se servait des *ramasses*, nom des traîneaux destinés à la descente, qui s'opère encore aujourd'hui de la même manière lorsqu'on veut en user, et que d'ailleurs les neiges ont comblé tous les creux et nivelé toutes les inégalités de la montagne. Cette descente en traîneau n'exige pas plus de quinze à dix-huit minutes, tandis qu'une heure ne suffit pas par la route nouvelle. Les gens du pays appelaient *marons* les conducteurs de ces traîneaux.

Il ne fallait pas moins de cinq heures, par l'ancienne route, pour parcourir les six lieues qui séparent Lans-le-Bourg de La Novalèse; et il convient de dire qu'on ne se *faisait ramasser* que pour la descente du côté de la Savoie, parce que le chemin du côté du Piémont était inégal, et conséquemment peu propre à l'usage du traîneau.

Je ne sais dans quel historien ou dans quel géographe j'ai lu qu'un Anglais était demeuré pendant huit jours à Lans-le-Bourg pour se procurer la jouissance de se faire *ramasser* plusieurs fois par jour. Il n'y a guère que les Anglais qui aient le privilége de l'originalité dans le choix de leurs plaisirs.

En suivant la route nouvelle, ouvrage que Napoléon fit faire en 1805, et qui se compose d'une longue suite de rampes douces et de tournants prolongés, dont l'ensemble formait une des plus belles routes de France, la montée est calculée sur une étendue d'une lieue et demie. On peut gravir cette route sans danger, à cheval ou en voiture, soit en montant, soit en descendant.

Toute cette montée, jusqu'à la pointe des *ramasses*, est nommée le Grand mont Cenis; le Petit mont Cenis est le versant opposé, qui fait face au Piémont, et que quelques auteurs appellent *Jucum Sibenicum*. Tout le Grand mont Cenis appartenait autrefois aux habitants de Lansle-Bourg; ils avaient, comme aujourd'hui, de petites maisons sur ces rochers, y envoyaient des pâtres pour garder leurs troupeaux jusqu'au temps des neiges, et tous les lundis s'y rassemblaient pour une espèce de foire où il se vendait beaucoup de bestiaux. On fait dans ces chalets du fromage estimé, qui a la qualité du sassenage.

Au temps d'Auguste, trente ans avant notre ère, on donnait le nom d'*Alpis Cottia* à cette partie des Alpes qui comprenait les monts Cenis, Genèvre et Viso. Ce nom lui venait d'un petit prince qui s'était formé là un état indépendant, et s'y était maintenu en recherchant la faveur d'Auguste. Pour prouver son attachement à cet empereur et aux Romains, il fit faire de grands travaux dans les montagnes, et parvint à y pratiquer des voies commodes pour le passage des troupes. Pourtant ces travaux n'atteignirent point le Grand mont Cenis; ils s'étendirent, de Suse, vers les monts Genèvre et Viso. Selon Pline, l'état de Cottius, qui avait donné son nom à ces montagnes, s'il ne l'avait pris lui-même d'elles, se composait de douze cantons indépendants des Romains, ce qui explique l'absence de leurs noms dans l'inscription du Trophée des Alpes : Suse était la capitale du roitelet. Un grand nombre d'historiens pensent qu'Annibal passa par le mont Cenis pour se rendre en Italie, ou bien qu'il divisa son armée; qu'une partie suivit ce chemin, tandis que l'autre traversait le Petit Saint-Bernard. Il est probable, et en cela je partage l'opinion du savant Denia, qu'Annibal partagea son armée, et la dirigea par le Saint-Bernard à la fois et par le mont Viso, que Bel-

lovèse avait déjà franchi. Je ne doute pas que les historiens, en plaçant Annibal sur le mont Cenis, n'aient commis une erreur d'interprétation : ils auront vu que le général carthaginois avait conduit son armée devant Turin par les Alpes cottiennes ; que le mont Cenis, plus rapproché du Saint-Bernard que les monts Genèvre et Viso, avait toujours été tenu parmi ceux de ces Alpes, d'où Annibal était descendu dans les plaines des *Taurini*; ils auront conclu qu'il n'avait pu rejeter une des deux fractions de son armée jusqu'aux sources du Pô, alors que l'autre pénétrait dans le val d'Aoste, et ils auront cru pouvoir donner au mont Cenis la préférence sur le mont Viso [1].

Quoique le royaume ou préfecture de Cottius ait été réduit en province sous Néron, vers le milieu du premier siècle de notre ère, on voit que le nom des Alpes cottiennes n'était point encore oublié au xie siècle, puisque Pierre Damien écrivant à Adélaïde, fille de Mainfroy, marquis de Suse, et femme d'Amédée, comte de Maurienne, la qualifie du titre de *ducissa Alpium cottiarum*.

Le mont Cenis, en latin *Cinesius mons*, est ainsi nommé de la petite rivière *Cenise*, qui tombe en cascade devant Ferrières et La Novalèse. Plusieurs écrivains, parmi lesquels Simler, cité par La Martinière, l'ont aussi nommé *mons Sancti-Dionysii*, à cause d'une statue de ce saint qui y était encore en grande vénération au xviie siècle.

De la grange des *ramasses*, on arrive en moins de vingt minutes à la plate-forme du mont Cenis, espèce de plaine d'une lieue et demie de longueur, très-légèrement inclinée vers le Piémont, et pour ainsi dire sans inégalités. Au mois de juin, elle est couverte de grandes re-

[1] M. Rey, membre de plusieurs sociétés savantes, entr'autres de l'*Institut historique*, a publié, en 1829, dans le *Recueil industriel* de M. de Moléon, une *dissertation sur l'emploi du Vinaigre à la guerre*. A la suite de cette dissertation, il a placé un tableau indicatif du nom des quatre-vingt-dix auteurs qui ont traité du passage d'Annibal dans les Alpes, du titre de leurs ouvrages, du n.° du tome et de celui de la page où il est question de ce passage. Il résulte de l'opinion de ces 90 historiens, que 33 se sont prononcés pour le Petit Saint-Bernard, 24 pour le mont Genèvre, 19 pour le Grand Saint-Bernard, 10 pour le mont Cenis, 3 pour le mont Viso et un pour la Roche-Melon ; ce dernier est Albanis-Beaumont, Description des Alpes, t. 1er, p. 98; t. 2e, p. 632. Je doute qu'un homme raisonnable puisse jamais partager le sentiment de cet auteur.

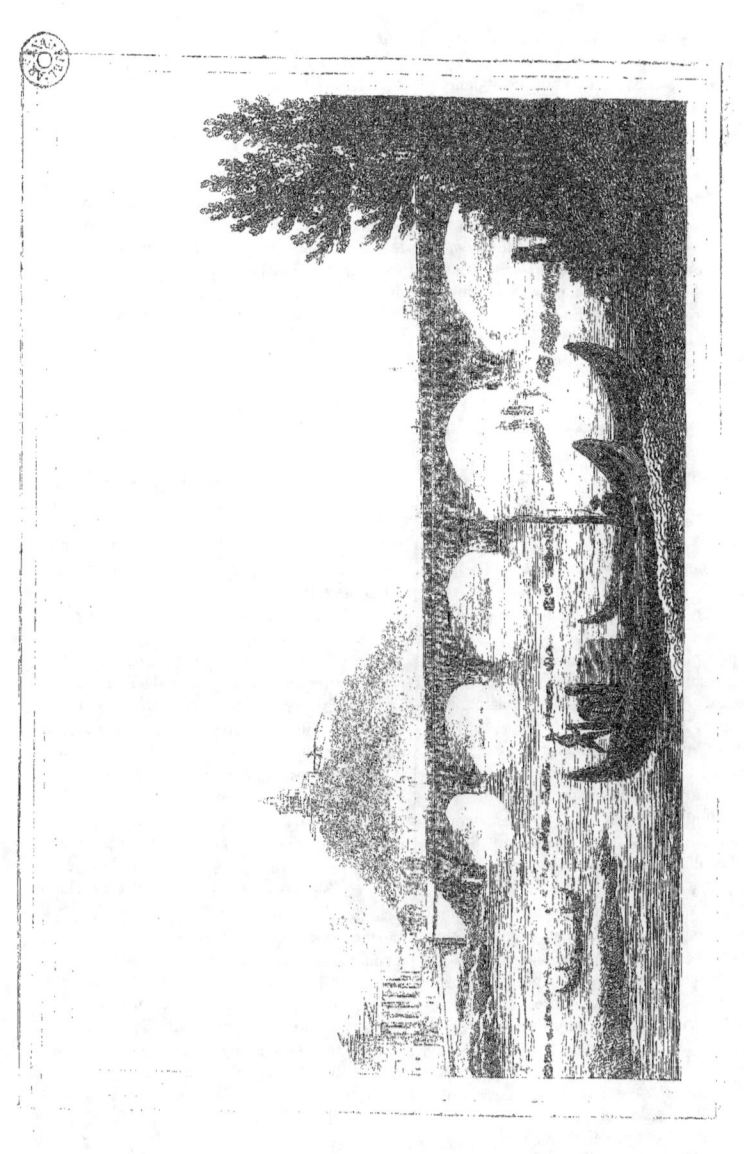

noncules, et d'une verdure épaisse où l'on mène les troupeaux dès la Saint-Jean, quoique les endroits abrités du soleil soient chargés de neige. Cette plaine est bordée latéralement par deux montagnes fort élevées.

On calcule ainsi les hauteurs du mont Cenis : aux *Ramasses*, 10,404 pieds; à la plate-forme, 5,520; aux montagnes latérales, 8,550.

Un petit lac, aux bords fleuris et gazonnés, occupe la moitié environ de la plaine; formé des eaux qui descendent des montagnes fermant les flancs de la plaine, il s'écoule doucement du côté du Piémont, partant de l'auberge de la *Grand'-Croix*, et donnant naissance à la *Cenise*, *Cenisella*, laquelle va se perdre dans la Petite Doire, *Doria Riparia*, auprès de Suse. Ce lac produit des truites excellentes. Un physicien de Turin, Vassali, a vérifié que sa plus grande profondeur est de 93 pieds. Une île parsemée d'arbrisseaux et de fleurs de toute espèce embellit une des extrémités de ce lac, et offre un but agréable de promenade sur l'eau.

En entrant dans la plaine, la route longe le lac à droite, après avoir longé à gauche le hameau des *Tavernettes*, qui se compose de sept ou huit auberges ou tavernes qui lui avaient donné son nom, remplacé depuis 1810 ou 1811 par celui de *Mont-Cenis*. Ce hameau est situé au pied d'un des pics qui dominent le plateau : le relais de poste y est placé.

Un peu plus loin est l'*Hospice des Pélerins*, bâti sur le bord du lac, et au-devant d'une des croupes qui s'élèvent au-dessus de la plaine. Napoléon avait concédé à cet hospice la propriété du lac, et lui avait assigné les domaines des abbayes de La Novalèse et de Saint-Selve en Piémont, ce qui faisait monter ses revenus à environ 25,000 fr. Il avait reçu, au même temps, par un bref du pape, la règle de Saint-Benoît. Fondation de Charlemagne renouvelée par Napoléon, on y montrait la *chapelle des Transis*, destinée à la sépulture de ceux qui mouraient d'accident ou de froid. « Cela arrive quelquefois à de pauvres gens qui entreprennent le passage sur l'apparence d'un beau temps, et qui sont surpris par le froid, ou ensevelis sous les neiges qu'un tourbillon de vent, *tormenta*, précipite du sommet des montagnes. Mais les habitants connaissent les temps où il y a du danger, et il n'y périt que ceux qui négligent de prendre des conseils ou de les suivre. »

L'édifice a été agrandi; il est vaste et commode; des écuries pour 300 chevaux y ont été construites. Il y a une église et des casernes d'infanterie; on peut y loger 2,212 hommes, dont 1,200 au grenier, sur de la paille.

Les religieux exercent l'hospitalité avec beaucoup de noblesse et d'affabilité, et soit qu'ils logent, soit qu'ils nourrissent les voyageurs, ils n'exigent rien d'eux, s'en remettant à leur générosité.

Napoléon avait établi, au profit de l'hospice, et pour l'entretien de la route, sur les chevaux et les voitures de passage, une taxe que les rois de Piémont ont bien voulu conserver jusqu'à ce jour. D'après cette taxe, il est payé pour chaque cheval ou mulet. . . . . 2 fr.
Pour chaque charrette ou voiture non suspendue. 3
Pour chaque voiture suspendue. . . 6

L'auberge de la *Grand'-Croix*, où les voyageurs s'arrêtent souvent pour se réchauffer ou se reposer, est la limite de la plaine, car là commence la descente du côté du Piémont.

Avant de quitter le plateau du mont Cenis, je dois consigner ici quelques détails d'un certain intérêt.

Vingt-cinq maisons, dites de refuge, sont disséminées sur ce plateau, et habitées par des cantonniers.

Les cantonniers sont, si j'ai bonne mémoire, une organisation impériale.

Une des charges qui pesaient de tout leur poids sur les habitants de Lans-le-Bourg et de La Novalèse, était la réparation et l'entretien de tout le chemin du mont Cenis; on les obligeait aussi à rendre ce chemin plus large et plus commode. Pour les dédommager de cette corvée, on les exemptait de la capitation et de la milice; mais, dans les derniers temps, on les avait privés de la dernière de ces exemptions. Ayant enfin changé de maîtres, ils réclamèrent, et ce fut alors qu'on créa plusieurs compagnies de cantonniers occupés, pendant l'hiver, au déblai des neiges et à porter aux voyageurs des secours nécessaires, et pendant l'été, aux ouvrages de réparation et d'entretien de la route. Le prédécesseur du roi de Piémont actuel a conservé l'organisation des cantonniers, les réduisant à cinquante-deux, formant deux compagnies. Malgré leurs efforts, il ne leur est pas possible d'empêcher que la neige ne couvre la route pendant une grande partie de l'année. « Alors les voitures roulent sur la neige même, qui prend la dureté de la glace sans en avoir le glissant. La trace des premières qui passent devient la voie nécessaire des autres; et malheur à celles qui n'ont pas la même voie, lorsque les ornières ont été approfondies par la fréquence du passage, surtout au temps de la fonte des neiges. C'est alors que le secours des hommes qui soutiennent les voitures est essentiel : c'est alors aussi qu'ils éprouvent le plus de peine et de dangers. » Les maisons des cantonniers, et des jalons placés de distance en distance, indiquent la route quand les neiges la dérobent aux yeux des voyageurs.

La prairie qui conduit des Tavernettes au lac repose sur le gypse, roche secondaire remarquable au centre de ces montagnes primitives, où l'on trouve aussi quelques couches de schiste; le fer y est assez abondant. Il y a des papillons particuliers à cette région de l'atmosphère. Les oiseaux qu'on y voit le plus communément sont le pinson de neige, la perdrix blanche, le grand et le petit aigle. Les marmottes y sont communes. Il y a des chamois sur les crêtes supérieures, mais point d'ours.

L'ancien chemin descend si rapidement à La Novalèse, le long du torrent, qu'il semble s'y précipiter avec lui, par une suite de rampes escarpées régnant sur une étendue de deux lieues que l'on comptait autrefois pour quatre. Un quart d'heure après avoir quitté la *Grand'-Croix*, on trouve les Echelles, et l'on descend dans la plaine Saint-Nicolas. Là on voit la belle cascade à deux branches formée par les eaux de la Cenise, qui s'échappent du haut du rocher, et forment ensuite dans la plaine un canal qui sépare la Savoie du Piémont, et que l'on passe sur un pont. A une demi-heure de Saint-Nicolas est le village de *Ferrières*, composé de 20 à 25 chaumines, entre deux rochers escarpés, sur le bord de la Cenise. C'est le village le plus triste de cette route; on n'y voit que des cimes de montagnes, des précipices, et un torrent qui serpente et roule à grand bruit des cailloux au travers d'une vallée stérile et resserrée de tous côtés. Son nom lui vient de *ferire*, frapper, parce que des chrétiens qui s'y étaient réfugiés pendant une persécution y souffrirent le martyre.

La descente ne finit qu'à *La Novalèse, Novalèse*, ou *Novalegge*. Ce bourg du Piémont, à deux lieues de Suse et treize de Turin, était connu des voyageurs, parce qu'on y remontait les voitures pour continuer la route vers Turin, ou qu'on les y démontait pour passer en Savoie, et aussi parce qu'il y existait une abbaye de l'ordre de Saint-Benoît, du nom de *Saint-Pierre de Novalèse*.

Si l'on pouvait en croire Léandre Alberti, *Descrizione di tutta l'Italia*, un prince du *sang de France*, nommé Frodonius, aurait été le fondateur de cette abbaye, considérablement augmentée par Charlemagne. Alberti s'est trompé quant au nom du fondateur, qui fut Abbon, patrice et gouverneur de Suse, vers 739. Ce monastère, ravagé par les Sarrasins, a subi depuis tant de dévastions, que bibliothèque, archives, trésor, reliques, objets précieux, tout a disparu. L'édifice est abandonné et tombe en ruines, à l'exception de l'église, qui n'a rien de remarquable, et de quelques chapelles servant de magasin. Deux sont ornées d'anciennes peintures; les autres ont été reblanchies. On avait représenté, dans l'une, le Père Eternel, entouré d'anges et de chérubins, et dans ses encadrements l'histoire de la vie et des miracles de saint Eldrade, qui a été un des abbés, en 845, et celle de saint Nicolas, évêque de Myre. L'histoire de saint Arnulphe, premier abbé, qu'on dit avoir été martyrisé par les barbares, décore l'autre chapelle; elle est presque entièrement effacée. Ces peintures semblent être du XIe et du XIIe siècles. Plusieurs abbayes d'Italie, de France et d'Espagne dépendaient autrefois de ce monastère. Il y avait tout auprès, au temps d'Alberti, une chartreuse dont il n'existe plus de traces.

Je ne puis m'empêcher de raconter ici quelques traits de l'histoire d'un religieux, que je tiens de lui même.

C'était en 1810, à mon retour d'un voyage en Lombardie et dans les Etats-Vénitiens. J'étais parti de Suse, de grand-matin, à pied, dans l'intention de gagner le plateau du mont Cenis, en suivant l'ancienne route. J'avais à peine fait cent pas sur le chemin pierreux de la rive gauche de la Cenise, lorsque je rencontrai un pénitent blanc, en costume, gras, frais, dispos, paraissant avoir une quarantaine d'années. Nous nous saluâmes. Je me hasardai à lui demander si, se rendant à l'hospice par La Novalèse et Ferrières, il voulait bien m'agréer pour compagnon de voyage; je remarquai quelque hésitation de sa part, cependant il mit bonne grâce à y consentir.

Les voyageurs entre eux font bientôt connaissance.

La conversation s'engagea, quoiqu'un peu réservée d'abord de la part du religieux, sur ce qui avait un rapport personnel à chacun de nous. Tous les ordres ayant été supprimés par un décret impérial, il avait dû quitter son couvent de Brescia pour rentrer dans sa famille, habitant la ville de Dôle.

Je lui racontai comment l'amour de la patrie m'avait fait abandonner l'Italie, où des intérêts assez graves auraient dû me retenir.

Enfin une sorte d'intimité s'établit entre nous tellement qu'étant en vue de La Novalèse, je jouissais de toute sa confiance et qu'il avait reçu toutes les confidences que moi, jeune homme, je pouvais avoir à faire.

Comme nous allions aborder ce bourg, le religieux saisit mon bras, me priant de m'asseoir auprès de lui pour entendre un secret qu'il désirait, disait-il, verser dans mon sein à l'instant même. Sa voix était troublée, son visage pâle, ses lèvres contractées.—J'éprouvai involontairement une émotion pénible, en voyant le changement qui s'était si subitement opéré dans toute sa personne, car ses genoux semblaient plier sous le poids de son corps.

Nous nous assîmes, je lui prêtai la plus curieuse attention, et il me dit :

« Vous voyez auprès de ce pan de mur ruiné de la vieille abbaye, un morceau de rocher s'avançant assez, à vingt pieds du sol, pour servir de refuge au besoin? Eh bien! sous la terre qu'il abrite, j'y déposai, il y a quinze ans, le seul bien que j'eusse envié au monde! »

Il poussa un soupir profond, posa les mains sur ses yeux, cherchant sans doute, dans le silence et dans l'absence des objets qui nous entouraient, à rajeunir sa pensée, ou à reprendre des forces pour continuer son récit.

Il le reprit pour me raconter comment une jeune et belle personne, sa cousine, qu'il accompagnait en Italie, où elle allait rejoindre son père, avait été jetée, de pointe en pointe de rochers, au fond d'un précipice tout auprès des belles cascades de la Cenise ; comment elle avait été inhumée sous la roche de la vieille abbaye ; comment le désespoir l'avait jeté, lui, ainsi que son oncle, dans l'ordre des Pénitens, et enfin comment les événements forçaient son retour à Dôle.

Nous gravîmes ensuite jusqu'au rocher protecteur de la sépulture de Marie. Le religieux s'agenouilla, fit une prière assez longue, tira de dessous sa robe une petite boîte en bois des Indes, l'emplit de quelques poignées de la terre qui recouvrait les restes de la jeune fille, pria de nouveau, se leva en silence et s'éloigna sans paraître songer à moi.

Je le suivis : il ne m'adressa plus la parole que pour me faire des excuses, et pour me dire que, devant passer plusieurs jours à l'hospice, il ne pourrait continuer la route avec moi. Je ne l'ai plus revu.

A peu de distance de La Novalèse, du même côté, s'élève le pic de Roche-Molon ou Melon, fameux par les géographes comme la principale sommité des Alpes, et en vénération parmi les habitants comme ancien lieu de pélerinage. La Roche-Melon est à 10,800 pieds au-dessus du niveau de la mer, et la neige la couronne encore presque entièrement au mois de juillet. Le chevalier Boniface Rotaire, parti d'Asti pour la Terre-Sainte, fut pris par les Musulmans. Il promit à la Vierge, s'il recouvrait sa liberté, de faire bâtir sur le sommet de cette roche une chapelle où l'on dirait tous les ans une messe en son honneur ; il accomplit son vœu. Le 3 août de chaque année, des prêtres y allaient dire l'office de la Vierge et une messe pour laquelle il y avait une fondation considérable. La fatigue et les difficultés du trajet ont fait prendre, en 1812, le parti de transporter à Suse le triptyque que le chevalier Rotaire avait placé dans cette chapelle abandonnée, qu'une chapelle plus rustique a remplacée. On la nommait Notre-Dame-des-Neiges.

Le chemin qui de là conduit à Suse est facile et sans accident grave de terrain.

Quant à la route nouvelle, sa pente est douce à partir du plateau jusqu'à Suse : elle n'est interrompue, vers le milieu de la distance à parcourir, que par la porte de *Molaretto*, et, un quart de lieue plus bas, par le hameau de *Saint-Martin*. Le Molaretto est une maison isolée, bâtie directement au-dessus de La Novalèse, et occupée par une auberge. Saint-Martin fait face à la Roche-Melon. De la porte de Molaretto on découvre les plaines fertiles du Piémont : les hommes et les enfants déguenillés qui demandent l'aumône, et dont on est dès-lors assailli, indiquent assez que l'on entre en Italie.

Une heure et demie après, le voyageur dépasse la *porte de France*, qui donne entrée à Suse, petite ville de deux mille habitants, jadis siége d'un évêché, puis d'une sous-préfecture impériale, située dans le fond de la vallée, au pied de plusieurs rochers, près du confluent de la Cenise et de la Doire, et sur l'embranchement des deux routes du mont Cenis et du mont Genèvre, qui suivent le cours de ces deux rivières.

Suse était la capitale de Cottius et la ville des *Segusini* : elle suivit le sort de l'Italie. Après l'invasion des peuples du Nord, elle eut des marquis qui en firent une souveraineté assez considérable : ils avaient le droit de frapper des monnaies. Le premier de ces princes, Hardouin II, comte de Turin vers 943, acquit la vallée de Suse. Adélaïde, fille de Manfred II, marquis de Suse, comtesse de Maurienne, étant morte, Humbert II, son neveu, réclama son héritage. L'empereur Henri IV favorisa ses prétentions, et le marquisat de Suse passa ainsi dans la maison de Savoie. On voit encore à Suse des restes du palais de ces anciens marquis.

Les Romains, les Goths, les Vandales, les Lombards, les Sarrasins et les Français l'ont successivement ravagée. Les maisons que l'on construit sur la terre nouvelle formeront une seconde ville, préférable à la première, qui est mal bâtie, dont les rues sont sales et étroites. Il n'y existe plus de fontaines : on boit l'eau des puits, et on lave le linge au milieu des rues, dans le ruisseau que forme un torrent qui y cause quelque fois des dégâts. Il n'y a ni jardin cultivé, ni bibliothèque, ni cabinet de curiosité. Le peuple y est superstitieux, et il applaudirait aux curés qui, comme autrefois, s'arrogeraient le droit de faire fouetter les ivrognes et les libertins.

Ce que les voyageurs y recherchent, c'est l'arc d'Auguste, situé au nord de la ville, et l'église de Saint-Just.

Cet arc est de marbre blanc, tiré des carrières de *Foresto*, village voisin de Suse. Sa hauteur est de 48 pieds et demi, sa largeur de 40, et sa profondeur de 25 ; son ouverture a 20 pieds de largeur et 40 de hauteur ; les quatre angles sont soutenus par de belles colonnes cannelées ; les chapiteaux ont deux rangées de feuilles d'acanthe délicatement sculptées ; la frise est décorée d'un bas-relief qui était continué sur les quatre faces. Au-dessus de la frise est un massif qui porte l'inscription ; elle se dégrade tous les jours, et des mots entiers sont devenus illisibles, à ce point qu'ayant voulu la relever à mon dernier passage, j'avais laissé des blancs sur ma copie, et qu'il me serait impossible de la donner ici, quelque curieuse qu'elle soit, si Millin ne l'avait publiée comme la tenant du savant chevalier Napione. La voici :

Imp. Cæsari. Avgvsto. divi. F. pontifici. maxvmo. tribvnic. potestate. XV. imp. XIII. m. ivlivs. regis.

donni F cottivs. praefectvs. ceivitativm. qvae svbscriptae svnt.

Segoviorvm.	Segvsinorvm.	Belacorvm.
Catorigvm.	Medvllorvm.	Tebaviorvm.
Adanatium.	Savincativm.	Egdiniorvm.
Vcaminiorvm.	Venisamorvm.	Emeriorvm.
Esvbianorvm.	Ovadianivm.	

Et. ceivitates. qvae. svb. eo. Praefecto. fvervnt.

Cet arc ne doit donc pas conserver le nom de *triomphal* qu'on lui a communément donné. C'était la porte de la ville, et un monument de l'union des peuples de cette préfecture, dans l'obéissance qu'ils avaient jurée à Auguste et à l'empire. Elle marquait le principal passage de l'Italie dans la Gaule, et se trouve maintenant dans les jardins dépendant du palais du commandant de la province.

Suse a plusieurs églises, parmi lesquelles on distingue celle de Saint-Just. Le campanile ne tient pas à l'édifice ; il y a cinq aiguilles : celle du milieu, qui domine de beaucoup les quatre autres, est d'une forme élégante. Tous les ornements de la tour carrée qui porte ces cinq aiguilles sont en briques. L'architecture intérieure est très-simple ; la boiserie du chœur, d'une sculpture légère et gracieuse, est dans le style gothique. Il y a dans la chapelle de la Vierge une figure de bois doré, agenouillée, qu'une inscription au-dessus de la niche indique être celle de la princesse Adélaïde. On croit que la tombe de cette Adélaïde est au-dessous de la statue, et cependant on en montre une dans la cathédrale de Turin, que l'on prétend être la sienne. La *conque* du baptistère, qui est au fond de l'église, est très-belle et d'une espèce de marbre qui ressemble beaucoup au vert antique, et qu'on appelle *vert de Suse*, quoiqu'on le tire de la montagne de *Faussemagne*, auprès de Busselino ; ce vase, qui est d'un seul bloc, peut contenir 372 pintes françaises. Dans la sacristie est le monument qui décorait la chapelle *Notre-Dame-des-Neiges*, de La Roche-Melon : c'est un triptique de bronze d'un travail très-singulier ; les figures ressortent en relief, de contours profondément gravés, genre de travail qui ressemble à celui des bas-reliefs égyptiens. On y voit au milieu la vierge Marie ayant son fils sur ses genoux ; à droite est un chevalier élevant ses mains jointes au ciel, et qui doit être le fondateur Rotaire. Auprès du triptyque on voit aussi les chaînes de fer que ce chevalier avait portées. Sous l'autel est le corps de saint Just. On ne sait de ce saint autre chose

sinon qu'il était religieux dans le monastère de La Novalèse. Cette église se vante de posséder le corps de saint Maur, disciple de saint Benoît, et celui de saint Etienne. L'église *Saint-François* est aujourd'hui un magasin. Suse a un hôpital qui servait autrefois de séminaire. Cette ville possédait un couvent de bénédictins, qui y avait été fondé en 575. Elle n'avait été érigée en évêché qu'en 1772.

Le fort de la Brunette faisait de Suse une ville importante; formé de huit bastions et d'ouvrages taillés dans le roc même, il défendait le défilé nommé le *pas de Suse*, et dominait les chemins du mont Cenis et du mont Genèvre. Le roi Charles-Emmanuel III, mort en 1773, l'avait fait construire sur les débris de quelques ouvrages faits jadis par les Français, et y avait employé quinze millions. Il fut totalement démoli, conformément au traité de Cherasco, signé en 1796.

Avant de dépasser Suse et de quitter entièrement le mont Cenis, je dois rappeler un fait militaire qui n'est pas sans gloire pour la France, et prouve en même temps le courage des Piémontais.

Le gouvernement républicain projetait une invasion en Piémont par le mont Cenis; afin de s'en garantir, les Piémontais avaient construit des redoutes sur différents points de la montagne. Le comité de salut public ayant donné, au mois de février 1794, l'ordre de s'emparer du passage, nos soldats attaquèrent, mais la vigoureuse défense de leurs adversaires les contraignit à la retraite. Au retour de la belle saison, le général Bagdelone fut chargé de tenter un nouvel effort. Au lieu d'attaquer de front, les colonnes françaises dépassèrent les ouvrages. Les Piémontais, se voyant tournés, harcelés d'ailleurs sur leurs flancs par nos tirailleurs, n'opposèrent plus, intimidés qu'ils devaient être, qu'une faible résistance. Les troupes chargées de l'attaque de front gravirent dès-lors la montagne, et prirent les redoutes des Rivetz et de la Ramasse. Toutes les positions furent successivement enlevées. Le général Bagdelone poussa ses avantages jusqu'à La Novalèse, où il établit ses avant-postes, après avoir tué ou fait prisonniers huit à neuf cents Piémontais, et s'être emparé de vingt pièces de canon, de plusieurs obusiers, d'une grande quantité de vivres et de munitions. Ce beau fait d'armes concourut à rétablir la communication tant désirée entre les armées des Alpes et d'Italie.

La route traverse la vallée de la Doire. Cette vallée, si fertile et si riche, est un moment attristée par la vue des plaines de Bussolino, privées de culture à cause du torrent qui les couvre fréquemment de ses eaux sales et pierreuses. On passe la Doire dans le bourg de Bussolino, vilain, sans aucune ressource, où végète une population de cinq à six cents individus. Ce bourg avait pourtant autrefois le titre de comté; on y voit encore les ruines d'un château gothique.

Près de là est la montagne de *Faussemagne*, d'où l'on tire le beau marbre vert et blanc qu'on nomme *vert de Suse*, et qui a une grande ressemblance avec le *vert antique*.

Le relais se trouve à Saint-Georges, village de cinq cents habitants, situé à une lieue et demie plus loin, et où se voient aussi les restes d'un château gothique.

On dépasse ensuite le bourg *Saint-Antoine*, où il y a enfin une auberge passable; le village de *Vanez*, cité par ses carrières de granit; le bourg de *Saint-Ambroise*, où l'on remarque une église nouvelle, ouvrage d'un simple maître maçon, et que domine l'ancien couvent des Bénédictins dit de Saint-Michel, puis on arrive à la petite ville d'*Avigliano*.

Elle compte douze cents habitants, une poste aux lettres, et un grand nombre de fabriques de soie. Plusieurs souverains l'ont habitée; Humbert III et Amédée VI, comtes de Savoie, y ont reçu la naissance. Cette ville, que le testament d'Abbon indique sous le nom d'*Ovilianum*, était très-forte autrefois, mais Frédéric Barberousse renversa ses bastions; elle fut abîmée lors des guerres entre les Guelfes et les Gibelins, et les Français, qui la prirent plusieurs fois, achevèrent de la ravager. L'ancien château n'offre plus que des ruines.

Rivoli, Ripulæ, petite ville de cinq mille âmes, est à trois lieues d'Avigliano, et à deux de Turin, du côté du couchant. Cette ville est bâtie sur une colline qui produit abondamment toutes sortes de fruits et qu'entourent de fertiles campagnes. Elle a toujours ses trois paroisses, mais ses couvents de Carmes, de Capucins, de Dominicains, que l'on y voyait avant la domination française, n'ont point été réédifiés. Les princes de Savoie, charmés de l'agréable situation de ce lieu, y firent construire une maison de plaisance qui servit long-temps de rendez-vous de chasse. Charles-Emmanuel, onzième duc, qui y était né en 1562, lui donna la forme d'un château et l'orna de peintures belles et curieuses. Ce château, qui n'a rien de remarquable, n'a pourtant atteint, malgré son étendue, que le tiers de la grandeur qu'on devait lui donner. Il est construit en briques, et à trois étages, avec onze croisées de face. Ce fut là que le roi Victor Amédée II donna son acte d'abdication, en 1730.

Les rues de Rivoli sont étroites et peu soignées; mais cette ville est entourée de maisons de campagne appartenant aux plus riches habitants de Turin, ce qui lui donne quelque vie et quelque importance.

Une route, ou plutôt une avenue large et parfaitement alignée, percée au milieu d'une plaine des plus riches, conduit jusqu'à Turin. De cette magnifique allée, on découvre l'église de la *Superga*, qui domine la ville. Cet édifice et le château de Rivoli ont servi, suivant Millin, de base au P. Beccaria pour les calculs du degré du méridien. A droite, à l'entrée de la ville, est un obélisque construit en 1808, pour indiquer le commencement du degré. A cette même entrée, on voit l'aqueduc qui, traversant les anciens fossés et les bastions à présent détruits, va répandre d'abondantes eaux dans les fontaines de Turin, d'où elles se jettent dans les rues pour les nettoyer et les assainir.

On pénètre dans la ville par la *porte de Suse*, au-delà de laquelle est la superbe rue du Mont-Cenis ou de la Doire, dont la longueur excède mille mètres.

Je réunirai les monuments qui portent un nom commun.

Au centre de la *place Royale* est le *Vieux palais*, ou le palais *Madame*, qu'on nommait autrefois le *Château*, bâti par Amédée VIII, duc de Savoie, en 1416, sur le plan de Dominique Juvara, le Perrault du Piémont; il était flanqué de quatre tours; mais les deux tours de la façade donnant sur la rue de la Grande-Doire, ont été dissimulées dans cette façade lors des travaux entrepris, en 1720, pour la décoration du frontispice, un des meilleurs ouvrages de Juvara. L'escalier de ce château est certainement ce qu'il y a de plus remarquable dans ce genre. Les Français y avaient établi la cour impériale; le tribunal civil occupait le grand salon, et la police correctionnelle une salle réservée.

Quelques années après son retour en Piémont, le roi Victor-Emmanuel fit construire au-dessus de ce palais un observatoire dont il confia la direction à l'illustre Plana, élève de notre école polytechnique, grand astronome, grand géomètre, correspondant de l'Institut de France, un des hommes les plus savans de l'époque. Il paraît qu'en faisant élever cet observatoire, Victor-Emmanuel fut moins guidé par le désir d'encourager les observations astronomiques, que par son penchant aux spéculations de l'astrologie.

Le *Palais-Royal*, commencé par Emmanuel II, sous la direction du comte Amédée de Castellamonte, augmenté d'abord par Victor-Amédée, sur les dessins de Juvara, et ensuite par Charles-Emmanuel, est construit en pierres et en briques. Aucun ornement ne décore sa façade. Des portiques réguliers entourent la grande cour, qui est carrée. L'escalier est loin d'indiquer la demeure d'un roi. On voit, sur le premier pallier, une statue équestre de Victor-Amédée, premier roi; le cheval en marbre a été sculpté par Tacca, et la figure du roi a été jetée en bronze par Dupré, sculpteur français. La galerie était riche en tableaux des écoles hollandaise et flamande; mais le roi l'a entièrement vidée en faveur d'une galerie publique ouverte en 1832 dans le palais *Madame*, où vont étudier tous les jeunes gens qui se livrent à l'étude de la peinture et du dessin, et que les étrangers peuvent visiter à toute heure. On attribue au *Palma* un grand tableau représentant la bataille de Saint-Quentin, gagnée par le duc Emmanuel-Philibert en 1557, qui se trouve dans le premier salon, ancienne salle des gardes. L'étage supérieur est occupé par le roi; c'est dans sa chambre que l'on va admirer les *quatre éléments* peints par l'*Albane*, surnommé le *peintre des amours*. Tous les appartemens de ce palais sont enrichis d'un grand nombre de peintures et de sculptures plus ou moins dignes d'attention sous le rapport de l'art, dues au ciseau ou au pinceau de Carle Vanloo, Conca, Monti Pittoni, Rembrandt, Vandick, Collini, Paul Veronèse, Frisio, Valeriani, Sista, etc. L'oratoire mérite d'être vu. Les lambris de cet oratoire sont de bois précieux incrusté de plaques d'ivoire gravées, dans des montures et des ornemens de mauvais goût, mais riches par la matière et singuliers pour le travail. Le jardin du palais est de mince importance.

Le *palais de la Ville*, situé à une des extrémités de la place aux Herbes, a été bâti par Lanfranchi, en 1607. Tout ce qu'il est permis de dire de ce monument, c'est que la façade est de deux ordres et que la cour est entourée de portiques.

La façade du *palais Carignan* est un avant-

SAVOIE. — PIÉMONT.

corps arrondi et couvert, terminé par deux retours concaves qui se joignent à deux pavillons rectilignes et en forment les extrémités. Au-dessus de la porte est une immense tribune. Le tout est décoré d'un double rang de pilastres. L'ensemble de cette construction est de briques que le marbre devait recouvrir. L'escalier est double et fait de telle sorte que ceux qui descendent ne voient pas ceux qui montent.

Turin a un grand nombre d'églises et de chapelles que le cadre de cette notice ne permet pas de décrire ; on en compte cent dix, parmi lesquelles on distingue celles dont les noms suivent : de *Saint-Jean* (la cathédrale), où l'on va voir plus particulièrement la sainte Thérèse de Legros ; du *Corpus-Christi*, bâtie en 1607 par le célèbre Vittozzi ; du *St-Esprit*, élevée, croit-on, sur les ruines d'un temple de Diane ; de *Saint-Laurent*, ouvrage de Guarini ; de *Saint-Philippe de Néri*, où les peintres vont admirer le tableau du maître-autel dû au pinceau de Carlo-Maratta ; de *Sainte-Christine*, de *Saint-Charles Borromée*, de *Saint-Dominique*, de *Saint-Amédée*, de la *Consolata*, de la *Sainte-Trinité*, de *Sainte-Thérèse*, de *Saint-Joseph*, de la *Miséricorde*, de *Saint-Maurice*, de *Sancta-Maria di Piazza*, de *Saint-Solutor*, de *Saint-Aventure* ; de *Saint-Octave*, qui appartenait aux jésuites ; de *Saint-Augustin*, de la *Visitation* ; des *Cordeliers*, dans laquelle on a trouvé, en 1750, une inscription relative à l'empereur Julien ; de *Saint-François de Paul*, de l'*Oratoire de Saint-Paul*, du *monastère de l'Annonciation*. Indépendamment de ces temples des fidèles, il est une église nouvelle dédiée à la *Gran madre di Dio* (la mère de Dieu), copie du Panthéon, que les amateurs des beaux-arts, et particulièrement de la sculpture, avouent être un morceau admirable ; elle fait face au beau pont du Pô.

Cette ville possède quatre théâtres : le *théâtre Royal*, près du palais du roi, presque aussi vaste que la *Scala* de Milan et le *St-Charles* de Naples : il n'est ouvert qu'au temps du carnaval ou lors des fêtes extraordinaires de la cour, et l'on n'y joue que l'opéra sérieux ; le *théâtre de Carignan*, derrière le palais de ce nom ; le *théâtre d'Angennes*, dont l'intérieur est charmant et la façade d'une belle simplicité ; le *théâtre Satera* : brûlé dans la nuit du 21 février 1828, il a été immédiatement reconstruit, mais sur un plan plus riche et plus agréable.

Parmi les établissemens publics affectés aux arts et aux sciences, on distingue :

1° L'*Université*, qui réunit dans son sein tout ce qui peut intéresser l'instruction publique. Le bâtiment qu'elle occupe a été bâti en 1720, et n'a point d'apparence. Le musée et les salles d'enseignement sont au rez-de-chaussée ; la bibliothèque, le cabinet de physique, la chapelle, la salle des assemblées générales, occupent l'étage supérieur. Le musée est très-riche de sculpture. La bibliothèque possède un grand nombre de manuscrits hébreux, grecs, latins, italiens, français, et, parmi ses livres rares, quelques ouvrages en chinois ; on y compte soixante mille volumes. Le roi Victor-Amédée y a fait élever un observatoire en 1789, et les Français y avaient établi, en 1805, une chaire d'astronomie qui a été supprimée. Les colléges relèvent de l'Université. Il y en a deux : le collége *Caccia* et le *collége royal des Jésuites*. Les établissemens particuliers d'éducation et de piété sont très-nombreux.

2°. L'*Académie*. Ce grand corps littéraire doit sa première institution à quelques savans qui se réunirent, en 1759, chez le comte de Saluces, et qui publièrent des mémoires. D'autres savans s'adjoignirent à cette réunion, que Victor-Amédée III honora du titre d'*Académie royale des Sciences*. Napoléon donna à ce corps une organisation à peu près semblable à celle de l'Institut de France ; mais il la perdit et reprit son ancien titre, lors de la restauration piémontaise. Les archives, qui étaient autrefois dans le palais du roi, ont été transportées dans le bâtiment de cette académie. C'est un trésor de chartes et de pièces publiques, politiques et diplomatiques, déposées dans de riches armoiries, parfaitement classées.

Par ordonnance du 20 avril 1833, Charles-Albert a créé, à Turin, une commission royale d'histoire, sous le nom de *députation royale*, chargée de publier la collection des historiens nationaux et un code diplomatique du royaume. Cette commission a pour président actuel le comte Prosper Balbo, et pour secrétaires MM. Louis Cibrario et l'abbé Constance Gazzera, membres de l'*Institut historique de France*.

Il y a encore à Turin une *Académie royale militaire*, une *Société royale d'Agriculture* et une *Académie royale des Beaux-Arts*. Cette dernière Académie siégeait à l'Université ; le roi Charles-Albert lui a abandonné les bâtimens du couvent de Saint-François de Paul, qui avaient appartenu aux Jésuites, et où ces Pères tenaient leur *collége* dit *des Provinces*. On trouve aussi à Turin une *Société de' filodramatici* et une *Académie filarmonica*.

Si les malades de cette ville ne guérissent point, ce n'est pas faute d'hôpitaux ; car on en compte sept, dits de *Saint-Jean*, de la *Charité*, des *chevaliers de Saint-Maurice* et de *Saint-Lazare*, de *Saint-Louis*, des *Fous*, de la *Maternité*, *militaire*, et celui connu sous le nom d'*Albergo di Virtù*.

Cette ville n'a que deux prisons : celle des *femmes* et les *prisons sénatoriales*.

Je ne crois pas devoir parler de l'École militaire, de la citadelle, ni du jardin du roi, qui n'offrent que peu d'attraits à la curiosité des étrangers instruits.

L'histoire de Turin a des commencemens incertains, comme l'histoire de la plupart des grandes villes, des capitales surtout. Cependant, au milieu des fables des écrivains, on croit saisir la vérité, en attribuant à une colonie de *Liguriens* l'origine de cette ville, qu'il faut faire remonter à quinze ou seize siècles avant J.-C. Cette colonie était composée des *Taurini*, ainsi nommés de la figure du taureau que portaient leurs étendards. Les *Taurini* ayant refusé l'alliance d'Annibal, ce général ruina leur cité. Ils servirent utilement les Romains dans la guerre de Catilina, Jules-César fit de Turin une place d'armes, à laquelle il donna le nom de *colonia Julia*, accordant aux habitans le titre de citoyens romains. Auguste changea son nom et l'appela *Taurinorum Augusta*, qu'elle portait encore au temps de Théodose. S'étant déclarée pour Maxence, Constantin marcha contre elle en 312 et s'en empara. Soumise aux Romains, elle subit le sort de l'empire et tomba successivement au pouvoir des Goths, des Huns, des Hérules et des Bourguignons, qui la ravagèrent. Sous les Lombards, elle reprit sa tranquillité et son éclat, et devint un des duchés composant le royaume lombard. Charlemagne détruisit ce royaume, et confia au marquis de Suse la garde de Turin. En 1032, disent quelques auteurs, et en 1108, selon moi, cette ville passa aux comtes de Savoie ; mais elle n'acquit vraiment quelque importance que lorsqu'elle fut devenue, en 1280, leur résidence principale. Depuis cette époque, elle eut plusieurs fois à souffrir des guerres de ses princes. En 1536, François Ier brûla ses faubourgs et détruisit son amphithéâtre : il y a justice à faire ici car François Ier, qu'on a tant dit avoir été l'ami des lettres, anéantit des monumens qui avaient été respectés des Barbares. Les Français la prirent de nouveau en 1640, et l'assiégèrent en 1706. Sous la domination française, qui remonte à 1799, elle devint chef-lieu de la vingt-septième division militaire et du département du Pô. En 1814, elle fit retour à Victor-Emmanuel, de l'ancienne maison royale.

La population de Turin est évaluée à 118,000 habitans, et celle de la province à 316,500. La circonférence de la ville est basée sur une lieue de 2,400 toises.

En général, les Piémontais sont de grande ou de petite taille, et pas aussi bien faits que quelques voyageurs se sont plu à le répandre ; ils sont spirituels, gracieux et flatteurs ; aimant les arts, ils les cultivent avec succès : aussi le monde savant conserve-t-il le souvenir de Jacob et Antonio Bosio, de Paciandi, de l'abbé Cuasco, de Cerutti, Bodoni, Valotti, de l'abbé Denina, de Balbis, Bonelli, Giobers, de l'abbé Galuso, de la marquise de Saluces, de l'abbé Vassalli-Landi, d'Alfieri, de Botta, de Bagetti, de Storelli père, à qui la France doit le goût et l'étude de l'Aquarelle. Les mœurs s'étaient améliorées pendant le séjour des Français ; mais, après le retour de l'ancien roi, le fanatisme religieux vint jeter au cœur des Piémontais des semences d'hypocrisie d'une influence toujours fâcheuse pour la morale d'un peuple. Le commerce et l'industrie commencent à fleurir dans ce pays.

Le climat de Turin est tempéré, mais très-pluvieux, sans être malsain cependant. On se livrait autrefois à la culture de l'olivier ; depuis l'hiver de 1709, force a été de l'abandonner. Tous les genres de graines, surtout le maïs, abondent dans le Piémont.

Les rues de Turin sont alignées et se croisent en angles droits ; elles partagent la ville en cent quarante-sept carrés, plus ou moins grands, appelés *contrade* (contrées). Chacun portait le nom d'un saint, auquel on avait substitué, sous le régime français, ceux des départemens du Piémont et des grandes victoires de nos armées ; les étiquettes étaient en français. Les habitans ne connaissaient cependant les rues que par leurs noms anciens, mais on était obligé d'employer les nouveaux dans les actes. — Presque tous les édifices sont en briques et garnis de portiques. — La Doire entraîne dans son cours des pierres dont les couleurs sont très-variées. On en forme le devant des maisons, et on en fait, sous les portiques, des mosaïques très-agréables. Les

pluies font ressortir les couleurs de ces pierres, qui acquièrent, par le frottement, un beau poli, et on y peut faire une étude de lithologie. Les grandes rues ont des trottoirs peu élevés, pavés en dalles de pierre. Le dessous des portes du palais est pavé en mosaïque comme le sont les trottoirs.

On considère les environs de Turin sous deux aspects différens : à la droite du Pô, sur la colline, la *Vigne de la Reine*, le *couvent des Capucins*, la *Superga*, le *couvent des Chartreux*; de l'autre côté, la paroisse *Saint-Victor* et le village de *Cavoret*, positions militaires à la fois et sites agréables, où se sont élevées des maisons de campagne nommées *Casini*.

En général, les voyageurs vont visiter ces points divers; mais le *couvent des Capucins* et la *Superga* ont le privilége de captiver plus spécialement leur attention.

Le *couvent des Capucins*, communément appelé *il Monte*, semble sortir du milieu d'un bouquet de verdure. Son église, fondée par Charles-Emmanuel-le-Grand, et consacrée en 1656, a une grande coupole et sept autels; elle est ornée de marbres. C'est du *Monte* qu'on a le point de vue complet de Turin, du Pô, de la Doire et de toute la plaine voisine.

Quoique la *Superga* soit à une lieue et demie de Turin, on l'aperçoit très-bien de la ville, et même, comme je l'ai dit, de la route de Rivoli. Le nom de *Superga* a été donné à ce monument et au lieu où il est construit, parce qu'il est sur le dos des montagnes, *super terga montium*.

Victor-Amédée, concertant avec le prince Eugène le plan de défense de Turin, assiégé par les Français, en 1706, fit vœu de consacrer, sur le lieu où ils se trouvaient, un temple à l'*Être suprême*, si l'attaque était heureuse : elle le fut. L'édifice, commencé en 1715, ne put être terminé qu'en 1731. Les chapelles souterraines, plus riches que belles, ont été consacrées à la sépulture des rois; elles sont petites, basses, et mal éclairées, et le lieu où elles se trouvent ressemble plutôt à une salle de bain qu'à une chapelle tumulaire. Cette église, qui a le titre de *Chapelle du roi* est desservie par douze chanoines; l'établissement entier est aux frais du souverain. La reconnaissance des rois aime à se perpétuer dans l'avenir. La façade est imposante. Sur la porte d'entrée, on lit cette inscription :

Virgini genetrici.
Victor. Amedeus. Sardiniæ. rex.
Bello. gallico. vovit.
Pulsis. hostibus. exstruxit. dedicavitque.

Derrière le fronton s'élève majestueusement la coupole. Ce fronton, et deux édifices latéraux, surmontés de campaniles, composent la façade. Un portique carré, soutenu par huit colonnes, d'ordre corinthien, forme le péristyle. Le dôme est d'une ordonnance de seize colonnes composites, et surmonté d'une lanterne qui ressemble beaucoup à celle du dôme des Invalides à Paris. Ces colonnes sont d'un marbre rougeâtre, et elles sont torses jusqu'au tiers de leur hauteur, ce qui détruit l'harmonie. Le corps de l'église s'élève sur un plan circulaire. Les autels sont distribués autour.

Cette notice laisserait à désirer, si l'on ne traçait à grands traits, pour en compléter l'ensemble, la vie des princes qui gouvernèrent, sous le titre de roi, la Savoie, le Piémont et la Sardaigne unis.

La notice sur la Savoie comprendra les princes qui ont précédé ceux-là, et qui ont dirigé ses affaires en qualité de comtes et de ducs.

Ce pays ne compte encore que sept rois, y compris Charles-Albert, aujourd'hui régnant.

Il convient de faire remarquer que la Savoie et le Piémont n'ont jamais été érigés en royaume, et que c'est par ce motif qu'on donne au prince qui les gouverne le nom de roi de Sardaigne, le seul qu'il soit en droit de porter.

Victor-Amé. Amédée II, fils du duc Charles-Emmanuel II, commença cette lignée royale.

Né le 14 mai 1666, il succéda à son père, en 1675, sous la tutelle de sa mère, Marie-Jeanne-Baptiste de Savoie-Nemours.

Peu d'hommes à tête couronnée ont montré autant que lui d'inconstance dans le caractère, et de manque de foi dans les engagemens.

Son mariage avec une infante de Portugal, nièce de sa mère, avait été signé et proclamé à Lisbonne en 1679; le pape avait accordé la dispense nécessaire, les fiançailles avaient eu lieu par procureur, une flotte portugaise était venue le chercher jusqu'à Nice : toujours incertain et capricieux, il invoqua des causes de santé et d'affaires pour justifier ses délais; puis, tout à coup, en 1684, après cinq ans de tergiversations et de promesses, il rompit avec la cour de Lisbonne, pour épouser Anne-Marie, fille de Philippe de France, duc d'Orléans.

Par cette union, il obtint des secours contre les

Vaudois, qui occupaient les vallées de Luzerne et d'Angron.

Mais bientôt il entra dans la ligue d'Augsbourg contre la France, et rappela les Vaudois.

Catinat marcha pour le punir : il lui enleva la Savoie et mit le siége devant Turin ; et quand, deux ans plus tard, il eut osé surprendre quelques places du Dauphiné, Catinat lui reprit ces places, et le battit complètement dans les plaines de Marsaille.

Épuisé par ses pertes, il se décida enfin, en 1696, à demander la paix : Louis XIV la lui accorda, lui rendit ses places, et consentit au mariage de sa fille aînée avec le dauphin.

Une circonstance nouvelle le fera mieux connaître.

Le duc d'Anjou, le second des petits-fils de Louis XIV, avait été appelé à la succession d'Espagne, en 1700, par le testament de Charles II. Quoique reconnu par plusieurs souverains, l'empereur Léopold, qui convoitait cet immense héritage pour l'archiduc Charles, son fils, était parvenu à faire admettre ses prétentions par quelques cabinets, et à former une ligue puissante contre Philippe V, qui, de son côté, chercha des appuis. Le duc de Savoie lui offrit son assistance, à cette condition toutefois, qu'il épouserait la seconde de ses filles. Le traité fut signé. Philippe V et Louis XIV le nommèrent généralissime de leur armée d'Italie.

Il semblait naturel de penser que, pendant cette guerre dite de la Succession, nul prince ne devait être plus fidèle à ses alliés : un traité secret ne tarda point à le lier aux intérêts de l'empereur d'Allemagne.

La vérité arriva bientôt à Versailles. Louis XIV écrivit à Victor-Amédée cette lettre pleine de hauteur, insultante au fond et dans sa forme :

« Monsieur, puisque la religion, l'honneur, l'alliance, les traités, ne sont pas des garans suffisans entre vous et moi, j'ai envoyé mon cousin de Vendôme, qui vous expliquera mes intentions : il vous donnera vingt-quatre heures pour vous déterminer. »

Suivant les ordres du *grand roi*, 3,000 Piémontais et Savoisiens qui se trouvaient à l'armée de Lombardie furent désarmés ; on s'empara de la Savoie, on fit 6,000 prisonniers à Verceil, on prit Ivrée, Chivas, Nice ; on assiégea Turin : mais, par un de ces événemens de la guerre impossibles à expliquer, l'épouvante se mit (1706) dans les troupes françaises, qui se débandèrent et s'enfuirent jusqu'en-deçà des Alpes.

Victor-Amédée rentra dans ses états, et l'empereur le récompensa en lui donnant quelques places de la Lombardie.

Fier des encouragemens qu'il recevait, il crut pouvoir, en 1707, risquer une tentative sur Toulon : il entra en Provence à la tête de 45,000 hommes, secondé par une flotte considérable commandée par un Anglais, et se présenta devant la ville. La défense n'avait eu que quinze jours pour se préparer ; et cependant quand l'ennemi parut, les 500 bouches à feu des remparts et les 200 canons de deux bâtimens qui se trouvaient dans le port, lui apprirent que le succès serait difficile et lui pourrait coûter cher. Il se retira.

La guerre dura pendant les six années qui suivirent avec des chances diverses ; le traité de 1713, signé à Utrecht, y mit fin.

Ce qu'on aura peine à croire, c'est que Victor-Amédée y gagna un accroissement considérable de territoire, et que Philippe lui céda le royaume de Sicile.

Au mois d'octobre de la même année, ce prince se rendit à Palerme avec la reine, et s'y fit sacrer et couronner. Il ne conserva pas ce royaume, qu'il échangea, en 1718, pour celui de Sardaigne, selon le vœu de l'empereur d'Allemagne. C'est ainsi que la royauté passa dans la maison de Savoie ; car il ne peut être question de la royauté de Chypre et de Jérusalem, qu'elle s'honorait depuis long-temps de posséder.

L'Europe jouissait de la paix ; chaque état cherchait dans le calme à se remettre des pertes qu'il avait essuyées au commencement du siècle. Victor-Amédée, qui n'avait dû son élévation qu'à la confusion et aux malheurs publics, souffrait de son repos forcé. Réduit à l'inactivité, cet esprit si ardent, si facile à exalter, tomba dans un excès de dégoût et d'ennui pour le trône : il eut l'idée de chercher dans la retraite un remède au chagrin qu'il éprouvait ; cette idée germa. Le premier pas vers l'exécution de son projet fut son mariage avec une ancienne dame d'honneur de la princesse de Piémont, la comtesse veuve de Saint-Sébastien. Cette dame, par ses agrémens naturels, les charmes de sa conversation, les ressources de son esprit, avait, malgré ses quarante ans, fait naître dans le cœur du prince une passion vive et sincère.

Puis, le 5 septembre 1730, il appela tous les

grands de sa cour au château de Rivoli pour une cérémonie dont il garda le secret, faisant tous ses efforts pour la rendre aussi imposante et aussi solennelle que le fit, en pareille circonstance, Charles-Quint, qu'il s'enorgueillissait de prendre pour modèle. Les grands et les hauts fonctionnaires de son état étant réunis, il les entretint de son âge, de ses infirmités, du besoin de séparer, par quelques années de méditation, son trône de son cercueil; ensuite il fit lire son acte d'abdication en faveur de son fils Charles-Emmanuel, prince de Piémont. On le pressa, on le conjura vainement de conserver les rênes de l'état : il ne réserva pour lui que cinquante mille écus de revenu, et pour sa femme le marquisat de Spino.

Le lendemain il partit pour Chambéry, et se rendit aussitôt dans le séjour charmant qu'il s'était choisi sur les bords du lac de Genève.

Un an passé, sa solitude le fatigua : il regretta la couronne; sa retraite lui devint odieuse; et, prétextant le besoin d'un air plus convenable à sa santé, il alla à Moncalier, ville et château magnifiques situés à cinq lieues de Turin. Le marquis del Borgo avait reçu son acte d'abdication : il le fit venir, le lui réclama, et ne put l'obtenir. N'écoutant plus que le désespoir d'une ambition mécontente, il monta à cheval, se présenta, suivi d'un seul domestique, devant la citadelle de Turin, dont le gouverneur lui refusa l'entrée, et revint à Moncalier, furieux de honte et d'indignation.

Charles-Emmanuel, instruit de ces tentatives, assembla son conseil. Pressé par ses ministres, par le comte d'Ormea surtout, il signa l'ordre de s'assurer de la personne de son père, qui, enlevé pendant la nuit, fut conduit et enfermé au château de Rivoli, d'où il le tira bientôt, tant le remords lui causait d'épouvante et de chagrin.

Victor-Amédée, dans l'amertume de ses plaintes et de ses pleurs continus, avait perdu, avec l'espérance de ressaisir le pouvoir, le repos nécessaire à la vie; sa raison se troubla; et le 31 octobre 1732, il mourut dans les bras de la marquise de Spino, sa femme, qu'il n'avait point cessé d'aimer.

« Mon fils, l'autorité suprême ne souffre point de partage, » avait répondu Victor-Amédée à son fils, qui le priait de conserver le trône ou de ne point rendre son abdication absolue. CHARLES-EMMANUEL III, appliquant ce principe à son père lorsque celui-ci voulut ressaisir la couronne, combattit ses prétentions en le faisant enfermer. Malgré l'éclat de cette mesure, il ne faut pas croire que ce prince fut un mauvais roi ; au contraire, il eut des vertus paisibles qui le firent chérir des peuples qu'il gouverna.

Né à Turin le 27 avril 1701, Charles-Emmanuel III avait moins de trente ans en arrivant aux affaires. Dans son inexpérience, il crut pouvoir adopter la politique cauteleuse et incertaine de son père.

Lorsque Louis XV voulut assurer l'élection de Frédéric-Auguste II comme roi de Pologne, en 1733, Charles-Emmanuel et l'Espagne s'unirent à ce prince contre l'Autriche, alliance qu'ils renouvelèrent en 1741, afin de s'opposer à la reconnaissance de Marie-Thérèse.

Mais, en 1742, Charles-Emmanuel abandonna ses alliés pour Marie-Thérèse, et signa un traité d'union, le 13 septembre 1743, avec cette princesse et l'Angleterre.

Une circonstance malheureuse vint bientôt l'éclairer. Le prince de Conti et don Philippe assiégeaient l'importante forteresse de Coni. Charles-Emmanuel, dans l'intention de forcer les Français et les Espagnols à s'éloigner, présenta le combat aux troupes de siége et laissa cinq mille de ses soldats sur le champ de bataille. A la vue de ce désastre, ses yeux se remplirent de pleurs, et il se promit d'être plus sage. Aussi, tant que dura cette guerre, se borna-t-il à harceler, à fatiguer ses ennemis, de telle sorte qu'il parvint à arrêter leurs progrès sans autre action militaire fâcheuse. Le traité d'Aix-la-Chapelle (18 octobre 1748) mit fin à cette lutte longue et sanglante. La France et l'Angleterre ayant repris les armes en 1756, Charles-Emmanuel refusa son concours aux parties belligérantes ; il eut même l'honneur de la médiation lors de la paix signée au mois de février 1763.

Profitant du repos de l'Europe, ce prince put se livrer entièrement à ses projets d'amélioration intérieure. L'administration de l'état marcha débarrassée des abus qui entravaient son action; la discipline se rétablit dans l'armée ; les arts, les sciences, les lettres, l'industrie, reçurent des encouragemens et des garanties ; l'ordre s'introduisit dans les finances. A la suite des malheurs de la guerre et pour subvenir aux dépenses qu'elle occasionnait, force avait été de surcharger sans cesse le peuple d'impôts. Tous les efforts de Charles-Emmanuel furent dirigés vers une diminution progressive des charges publiques; et lorsque, en 1768, il eut pris les dernières mesures à cet égard, il s'écria : *C'est aujourd'hui le plus beau jour de ma vie, je viens de supprimer le dernier impôt extraordinaire.*

Ce prince mourut le 20 février 1773, sincèrement regretté du peuple.

Ses deux filles épousèrent deux rois de France et ne furent jamais reines. La première, Marie-Joséphine-Louise de Savoie, mariée au comte de Provence (Louis XVIII) le 14 mai 1771, mourut le 25 novembre 1810 ; la seconde, Marie-Thérèse de Savoie, mariée au comte d'Artois (Charles X) le 16 novembre 1773, décéda le 2 juin 1805 : toutes deux ont succombé sur la terre de l'exil.

C'est à ce prince que le royaume dut son premier et unique recueil de législation, publié sous le titre de *Code de Savoie, ou lois et constitution de S. M. le roi de Sardaigne*. N'eut-il que ce titre à la reconnaissance du pays, il suffirait pour y perpétuer son souvenir.

Son fils aîné lui succéda sous le nom de Victor-Amédée III. Né en 1725, Victor-Amédée avait complété sa quarante-septième année en montant sur le trône. « Sa jeunesse, lit-on dans les *Éphémérides universelles*, avait été sans vice et sans orage, son âge mûr sans intrigue et sans ambition : consacrant sa vie calme et grave aux devoirs et aux affections domestiques, il s'était toujours tenu en dehors des affaires publiques, pour ménager l'ombrageuse susceptibilité de son père, qui ne voulait pas imiter Victor-Amédée II, de sorte qu'il n'avait aucune habitude du gouvernement lorsque la mort de Charles-Emmanuel III le fit roi ».

Adoptant ce qui était, il laissa à l'administration sa marche régulière, et resserra les liens qui l'unissaient déjà à la France en obtenant madame Clotilde, sœur de Louis XVI, pour son fils Charles-Emmanuel, prince de Piémont (27 août 1775).

Jusqu'à l'époque de la révolution française, sa vie royale s'écoula doucement, malgré le mécontentement de certaines mesures qu'il prescrivit.

Né avec le goût, mais sans le génie des armes, il voulut réorganiser l'armée piémontaise, habituée à un long repos, et mettre ses états sur un pied de défense respectable. Les économies de Charles-Emmanuel s'épuisèrent dans les travaux militaires qu'il ordonna en Savoie et en Piémont : l'attachement du peuple en reçut quelque atteinte, parce qu'on ne reconnaissait pas l'utilité de ces dépenses extraordinaires.

Les événements de Paris, en 1789, ayant fait pressentir un avenir plus fâcheux encore, Victor-Amédée s'empressa d'offrir un asile à ses beaux-frères, le comte de Provence et le comte d'Artois, ainsi qu'au prince de Condé. Épousant la cause de la cour de France, il appela les émigrés, accéda à la coalition contre la France, fit prendre à ses troupes des positions hostiles en Savoie et sur le Var : il perdit presque aussitôt, et sans coup férir, le comté de Nice et la Savoie, qui furent réunis à la France.

Recourant à son peuple, à l'Autriche, à l'Angleterre, pour se préparer à de nouvelles campagnes, il ne sut ni résister aux forces du gouvernement de France, ni profiter des avantages qu'il eût pu obtenir de ce gouvernement, et pour son pays et pour sa royauté.

Il voulut tenter le sort des combats, confiant dans le secours d'une armée autrichienne unie à ses soldats ; mais le général Bonaparte avait pris le commandement de l'armée française : les deux armées furent séparées ; et, ne pouvant plus rien espérer des Autrichiens qui fuyaient, Victor-Amédée signa avec les vainqueurs l'armistice de Chérasco, le 29 avril 1796.

Au milieu de ses humiliations et de ses inquiétudes, Victor-Amédée fut frappé d'une attaque d'apoplexie, à laquelle il succomba le 15 octobre 1796.

Comme homme privé, ce prince eût été digne d'un sort constamment heureux ; comme roi, n'ayant ni force, ni sagesse, ni habileté, ni même la véritable intelligence des intérêts de son peuple, il ne saurait avoir, dans les annales piémontaises, qu'une place infiniment au-dessous de celle de son aïeul.

Charles-Emmanuel IV succéda à son père, à l'âge de 45 ans, dans des circonstances extrêmement difficiles. Peut-être eût-il pu les maîtriser, les dominer, en cédant à leur empire et s'alliant franchement à la France ; mais faible, incapable, il se livra à de petites intrigues, et consomma lui-même sa propre ruine.

Né le 24 mai 1751, son éducation fut confiée de bonne heure au cardinal de Gerdil. Ce prélat possédait une instruction profonde ; mais, trop zélé pour l'Église, il inspira à son élève des idées religieuses nuisibles à l'art de gouverner les hommes. *I popoli non si governano co' patenostri*, disait Laurent de Médicis.

Ce prince avait de la probité. En arrivant au trône, il trouva les finances de l'État singulière-

SAVOIE. — PIÉMONT.

ment obérées, et se chagrina de l'impuissance où il était d'arrêter un déficit qui croissait chaque jour, tant les ressources du trésor avaient été épuisées par les chances malheureuses des dernières guerres. Conseillé de faire une banqueroute nationale, il s'y refusa nettement, aimant mieux ordonner des réformes considérables dans les emplois publics et dans sa maison.

Les réformés, devenus ses ennemis, se joignirent aux hommes qui se prononçaient de toutes parts pour des idées de liberté, et tous, persécutés par des ministres qui disposaient de l'autorité royale et la dirigeaient vers des actes de colère et de vengeance, animaient contre la royauté une grande partie de la population piémontaise.

D'un autre côté, Charles-Emmanuel témoignait, par des menées obscures, par des dispositions quasi-hostiles, qu'il n'était point résigné à son sort, et que son alliance avec la France était subordonnée aux événemens.

Il est, pour ainsi dire, impossible de tenir un milieu raisonnable entre la nécessité et la volonté contraire. Pour Charles-Emmanuel, la nécessité était de laisser le peuple suivre le mouvement de France, puisque le peuple l'adoptait, mais de le diriger : sa volonté tendait à comprimer violemment un élan qui blessait ses affections particulières.

Que résulta-t-il de ces deux exigences si opposées? Le peuple n'eut plus foi en son prince, le *Directoire* cessa de compter sur lui; lorsque, en 1798, une nouvelle guerre parut devoir s'engager avec l'Autriche, le gouvernement français força Charles-Emmanuel à recevoir garnison dans la citadelle de Turin, lui fit signer un acte de cession du Piémont à la république, et le relégua dans son île de Sardaigne, où il se rendit au commencement de 1799; et, non-seulement le peuple ne murmura pas, mais il applaudit !

Étant à Cagliari, le prince publia une protestation inutile, et rédigée en assez mauvais termes, contre l'acte qu'il venait de signer.

On l'oubliait depuis quelques années, lorsqu'on apprit que, ayant perdu la reine, fatigué du monde, il avait abdiqué, le 4 juin 1802, en faveur de son frère Victor-Emmanuel.

Il alla ensuite à Rome s'ensevelir dans un cloître, et y mourut, sous la robe de jésuite, le 6 octobre 1819.

Son frère, *Victor-Emmanuel*, second fils de Victor-Amédée III, né le 24 juillet 1759,

était connu sous le nom de duc d'Aoste, lors de son avénement au trône. Il avait épousé, le 21 avril 1789, Marie-Thérèse-Jeanne-Josèphe, fille de Ferdinand, archiduc d'Autriche, duc de Modène, de laquelle il n'eut que des princesses.

Ce prince, par son mariage, par ses goûts, ses études militaires, par l'influence des alliances de sa famille avec la famille royale de France, devait adopter les plans de l'Autriche, les desseins secrets de la cour de Louis XVI, et partager tous les projets de guerre de l'époque. Il se distingua plusieurs fois dans les campagnes du temps.

Après la cession que fit son frère de l'état du Piémont à la république Française, il se retira dans l'Italie méridionale; et, lorsque ce frère se fut dépossédé de la couronne, il prit le gouvernement du royaume, réduit alors à la seule île de Sardaigne, où il attendit les événemens de 1814.

Les rois coalisés ayant décidé le rétablissement de l'ancien royaume de Sardaigne, Victor-Emmanuel recouvra la Savoie, le comté de Nice, le Montferrat, la portion de la Lombardie gagnée par son père et par son frère, et obtint le territoire de Gênes, malgré les promesses solennelles que les souverains alliés avaient faites aux Génois d'assurer leur indépendance.

Victor-Emmanuel laissa la reine à Cagliari, et vint aussitôt à Turin prendre possession de ses états reconstitués.

Ce prince s'attacha sans retard à détruire les institutions nouvelles, à ramener le peuple à un passé qui n'était plus ni dans ses mœurs, ni en harmonie avec les lumières qu'il avait acquises. Le fanatisme religieux conduisit à des persécutions coupables : un édit du 1er mars 1816 ordonna aux juifs, qui jouissaient cependant des droits de cité dans le royaume, de vendre leurs biens immeubles dans le délai de cinq années. Un malheureux qui avait volé les ornemens d'une madone fut condamné, en 1819, à être brûlé vif, et subit son supplice à Chambéry.

L'indignation populaire prépara une révolution : elle éclata en 1821 dans les rangs de l'armée. Le premier cri, poussé à Fossano par un régiment de cavalerie, fut répété d'enthousiasme par les garnisons d'Alexandrie, de Pignerol, de Novare, de Verceil, de Tortone; et ces cris de *constitution! guerre aux Autrichiens!* retentirent bientôt dans les rues de Turin. L'insurrection exigeait la proclamation de la constitution des cortès; elle paraissait formidable. Ne voulant pas maintenir cette constitution, le roi refusa de la jurer; et, craignant que la sédition n'étendît ses excès jusque sur sa personne, il abdiqua, le 13 mars, en faveur de son frère Charles-Félix, duc de Genevois.

On a observé que Victor-Emmanuel, en abdiquant, s'était réservé le titre et la dignité de roi, une pension annuelle d'un million, la propriété et disponibilité de ses biens, meubles et immeubles, propriétés alloviales et patrimoniales, et le choix de sa résidence.

Retiré au château de Moncalier, il y mourut le 10 janvier 1824.

Charles-Félix, né le 6 avril 1765, épousa, en 1807, Marie-Christine de Bourbon d'Anjou, infante de Naples.

Il s'était peu fait connaître, quand Victor-Emmanuel se décida à lui abandonner sa couronne. Comme il était alors à Modène, auprès du roi de Naples, son frère nomma le prince de Carignan régent du royaume, quoique ce prince passât pour n'avoir pas été étranger au mouvement insurrectionnel.

Victor-Emmanuel quitta Turin le jour même de son abdication; le lendemain, la constitution fut promulguée, et, le 16, le régent jura sur les saints Évangiles de la faire observer. Cependant tout ce vacarme d'insurrection ne dura que quelques jours : le combat du 8 avril, livré sur les bords de l'Agogna, près de Novare, y mit un terme qui était prévu des gens d'expérience.

Le duc de Genevois n'avait pas voulu accepter la couronne durant les troubles ; il attendait que son frère, devenu plus libre de ses actions, se prononçât de nouveau : c'est ce que fit Victor-Emmanuel le 19 avril.

Charles-Félix prit alors les rênes de l'État. Après avoir prescrit toutes les mesures de précaution et de surveillance de nature à garantir sa personne, il fit son entrée solennelle à Turin, précédé et suivi de plusieurs bataillons autrichiens, dont la présence blessait la vanité nationale.

Dans sa proclamation d'avènement au trône, le nouveau roi déclara « qu'il entendait conserver « l'ancienne forme du gouvernement qui existait « avant l'abdication du roi son frère ». Il établit une délégation royale, ou commission mixte, civile et militaire, chargée de poursuivre criminellement les principaux chefs ou fauteurs de l'insurrection ; il fit mettre le séquestre sur les biens de quarante-trois d'entre eux. Les hommes les plus compromis s'enfuirent en Suisse, en Espagne et en France.

Le calme se rétablit peu à peu, et durait encore en 1830.

Mais Paris fit sa révolution de Juillet, qui eut pour résultat un changement de dynastie ; la commotion s'en fit sentir en Italie. L'Autriche s'effraya ; et, craignant que les Alpes ne fussent des barrières impuissantes contre les principes des enthousiastes français, elle songea à s'assurer du Piémont. L'empereur François fit demander à Charles-Félix la main d'une de ses nièces pour le prince impérial ; et le 12 février 1832, l'archiduc Ferdinand, aujourd'hui empereur, épousa Marie-Anne-Richarde-Marguerite-Pia, née le 19 septembre 1803, fille de Victor-Emmanuel.

Ce que l'Autriche avait craint arriva ; il y eut des mouvemens à Bologne, à Modène, à Parme : elle eut lieu de se féliciter de sa nouvelle alliance.

Charles-Félix touchait au terme de sa vie. Une maladie longue et pénible mit fin à ses jours le 27 avril 1831, à trois heures et demie de l'après-midi. A deux heures du matin, sentant sa position, il se fit réciter les prières des mourans. Ensuite, il dicta une inscription pour mettre sur la tombe qui l'attendait à la célèbre abbaye de Hautecombe, en Savoie ; puis, il envoya chercher le prince de Carignan, lui donna ses derniers conseils, en lui recommandant ses sujets, en le chargeant de leur déclarer que son affection et ses soins pour leur bonheur l'avaient occupé jusqu'au dernier moment de sa vie.

Il faut se rappeler que Victor-Emmanuel et Charles-Emmanuel, n'ayant point eu d'enfant mâle, il avait été stipulé au congrès de Vienne que la succession entière des états sardes serait dévolue au prince de Carignan, chef de l'unique branche qui restât encore de la dynastie régnante.

Par son testament, Charles-Emmanuel laissa l'usufruit de son domaine privé à la reine, et la propriété aux jeunes princes de Carignan ; il institua plusieurs legs, et laissa des souvenirs à toutes les personnes qu'il honorait de sa bienveillance particulière.

Selon son désir, son corps resta exposé pendant quarante-huit heures ; on l'enferma ensuite dans un cercueil, sans être ouvert ni embaumé ; une chapelle ardente fut dressée dans l'appartement où il avait expiré, et où l'on célébra des messes pendant deux jours ; le 30, on le transporta, pour l'exposer à la vue du peuple, dans une des salles du *château*. Deux jours après, il était sur la route de Hautecombe.

St.-Edme.

SAVOIE. — PIÉMONT.

Le mont Saint-Bernard. — Aoste. — Ivrée. — Verceil. — Novare. — Casal. — Vigevano. — Asti. — Alexandrie. — Marengo. — Novi. — La route Neuve. — La Bocchetta. — Route du col de Tende. — Nice. — Monaco. — Vintimille. — Oneille. — Savone. — Portofino. — Rapallo. — Chiavari. — Sestri di Levante. — La Spezia. — Sarzane. — Pietrasanta. — La côte de Lucques. — Piombino.

Route du Saint-Bernard.

Une des entrées les plus pittoresques de l'Italie est, sans contredit, le passage du Grand-Saint-Bernard. La difficulté d'un voyage fait à dos de mulet ou à pied, et en partie au milieu des neiges, ne contribue pas peu à faire naître de vives émotions. La montagne, du côté du Valais, offre une pente assez douce jusqu'au village de Saint-Pierre. Mais à mesure qu'on s'élève, la culture devient plus rare; bientôt les chutes d'eau se mêlent à la Dranse, les gorges prennent un aspect épouvantable, les violettes et les rhododendrons roses disparaissent; et le voyageur, après avoir contemplé les sublimes horreurs du torrent de la Valsorey, s'approche d'un vaste désert, et des neiges du *sommet de Prou*, petite vallée au-dessus de laquelle se présente le mont Vélan, la plus haute sommité du Grand-Saint-Bernard. Alors, plus de troupeaux, plus de ces rians visages de jeunes filles qu'on rencontrait aux environs de Saint-Branchier; mais une roche grisâtre, un morne silence, un froid vif, une pyramide immense à gravir encore, et, à quelque distance, une chapelle où sont conservés les cadavres de ceux qui périssent en traversant la montagne : car toutes les années on trouve des individus morts de froid ou ensevelis dans la neige des avalanches. On range leurs corps, et comme l'air glacial garantit de la putréfaction, les traits du visage se conservent pendant deux ou trois ans.

Après ces scènes et les impressions qu'elles inspirent, la religion vient parler à l'âme un langage dont elle a besoin. On aperçoit l'hospice avec son toit qui semble toucher le ciel, et cet aspect révèle Dieu par le dévouement de quelques cénobites : on se le rappelle alors, cette noble institution fut fondée quand le saint moine de Vézelay prêcha la seconde croisade, et l'idée de la durée des établissemens utiles fait oublier toutes les calamités qui passent sur les nations. Le pieux maître d'un pape, l'émule de Suger, le rude vainqueur d'Abeilard, Bernard offrait un asile aux pèlerins qui traversaient l'Italie pour se rendre à la Terre-Sainte, en même temps que sa voix éloquente commandait aux rois d'aller délivrer le berceau et le sépulcre du Sauveur. Il ouvrait aux peuples asservis un nouvel avenir, la liberté chrétienne; il laissait ainsi respirer la France catholique d'un vasselage impie; et après sept siècles, quand la liberté voulut conquérir le monde, quand du sein de Paris, nouveau pouvoir spirituel, sortit l'armée chargée de rendre à l'Italie son antique indépendance, c'est par le *mont Joux* ou *Jovis*, que Bonaparte fit entrer trente mille républicains; c'est au sommet où saint Bernard fonda sa charitable institution, que se reposèrent et le chef et la phalange, avant d'accomplir leur valeureuse mission. Aussi dans cette habitation, la plus élevée de l'ancien continent, après le sentiment chrétien, première émotion du cœur au milieu des dangers, le souvenir du vainqueur de l'Italie remplit à lui seul la pensée. Là, le nom de Napoléon brillait en lettres d'or, alors que la France et la péninsule le proscrivaient. C'est qu'il n'y rappelait pas seulement la victoire, c'est que la bienfaisance et la charité chassaient jusqu'à la pensée d'une trahison; c'est que la tombe de Desaix y parlait à chaque heure des efforts de l'armée républicaine, et que le malheur trouvait grâce dans un séjour où l'on est toujours au moment d'en être atteint.

Il n'y a rien de plus touchant que l'hospitalité des moines du Saint-Bernard; le clavandier, le père Barras, exerce ses fonctions avec toute la grâce d'un homme du monde et tout le dévouement d'un prêtre. Les soins les plus doux, au sein d'une abondance sans ostentation, font oublier que la tourmente souffle incessamment, et qu'au départ l'avalanche peut engloutir le voyageur et son guide. Si parfois cette pensée arrive soudainement, à la table, ou près du foyer brûlant, ou dans le gracieux salon de l'hospice, c'est accompagnée de l'espérance, quand un de chiens célèbres de cette demeure vient un moment, avec sa face énorme et son regard humain, quêter une caresse et vous promettre son énergie protectrice. On sait avec quel instinct et quelle force ces animaux secourent les voyageurs en péril; rien ne surpasse leur activité, si ce n'est le courage du moine qui suit leurs traces.

De l'hospice on descend, par la Vault-Pennine, dans la vallée d'Aoste, en six ou sept heures.

La route est fatigante parce que la pente de la montagne est plus rapide que du côté de la Suisse; mais on commence à ressentir la douce chaleur de l'Italie, et le désir donne des forces. Après avoir passé quelques pauvres villages, et traversé des défilés qu'on interroge pour y chercher des émotions nouvelles, on arrive à la cité, où d'imposantes ruines romaines attestent quelle était sa prospérité avant la chute de l'empire. Aoste est l'ancienne *Augusta Prætoria*; une colonie de trois cents soldats, que l'empereur Auguste y envoya, la fit nommer ainsi. Les restes du quartier de la garde prétorienne, l'arc de triomphe élevé à Auguste et le pont antique, font naître quelques réflexions sur sa destinée actuelle, avec sa population étiolée et, en partie, affligée de crétinisme. Aujourd'hui, elle n'a d'autre avantage que sa position favorable au commerce. Les souvenirs modernes sont tous éveillés par une croix en pierre, qui fut érigée sur la grande place, lorsque les habitans refusèrent de recevoir les dogmes de Calvin; et en faveur de cet acte de courage, on leur pardonne volontiers la prétention qu'ils ont encore aujourd'hui, sous la domination du roi Charles-Albert, d'être Français, parce qu'ils baragouinent notre langue. Un autre souvenir tout-à-fait analogue à ce qu'on éprouve dans la cité d'Aoste, c'est celui de la longue infortune *du Lépreux*, quand on visite son jardin et cette tour de *Bramafam* qui, d'après le ravissant ouvrage de M. Xavier de Maistre, lui fut assignée pour demeure. Toutes les impressions reçues à la lecture de ce petit livre renaissent à l'aspect des lieux si exactement décrits par l'auteur, qu'on s'étonne de les reconnaître sans les avoir jamais vus.

Au milieu de cette population de gens simples et naïfs, le voyageur éprouve cependant un sentiment qui contraste d'une manière pénible avec la magie de cette belle contrée : c'est la présence des shires de sa majesté sarde. La tenue tudesque des troupes choque la vue, hurle avec les émotions qu'on a reçues sur les hauteurs du mont Saint-Bernard. Cette profonde impression de solitude qu'on ressentait sur les neiges de la cime, on l'a toujours au fond du cœur dans la vallée; mais c'est celle d'une prison : là haut c'était la liberté primitive, ici c'est l'esclavage de la vieille monarchie absolue. En effet, dans cette ville la police piémontaise commence ses sévères investigations. Les passeports sont soumis à un examen scrupuleux : confrontation du signalement, vérification de la signature, lecture d'ordonnance concernant les personnes qui pourraient voyager sous des noms empruntés, rien ne manque à la scène de mélodrame dont on vous rend acteur, comme pour refouler dans l'âme l'épanouissement prématuré qui s'en était emparé. Il faut se dégager bien vite des griffes de ces agens, et pour oublier leurs vexations au sein de la nature, se souvenir que les points de vue les plus délicieux sont à côté des précipices, et que le bonheur s'achète toujours d'une manière ou d'une autre.

La vallée d'Aoste a douze lieues d'étendue. C'est un étroit vallon qui partout présente deux montagnes immenses couvertes de verdure. D'un côté, à droite, la nature, sérieuse, agreste, rappelle les pays qu'on a traversés; de l'autre, des vignes posées sur des colonnes ou des pilastres semblent un merveilleux avant-propos aux pays qu'on va parcourir. Rien de plus gracieux que cet amphithéâtre de treilles, et, pendant douze lieues, il s'offre avec des villages de distance en distance; la route est ombragée, et comme dans un parc il semble qu'on ait ménagé habilement des points de vue. On traverse Castiglione et Bard, où le gouvernement sarde vient de faire construire un fort dans un passage très-resserré. Ce défilé fut, lors de l'entrée des troupes françaises, le théâtre des attaques les plus vives et de la résistance la plus opiniâtre de la part des Autrichiens.

A mesure qu'on marche, les montagnes deviennent moins hautes et la vallée s'élargit. Bientôt on aperçoit Ivrée, ville de 9,000 habitans, située sur la rive gauche de la Doire et bâtie moitié sur le penchant d'une colline, dans une position très-pittoresque. C'est l'antique *Eporedia*, fondée cent ans avant Jésus-Christ. Elle a, dit-on, essuyé plusieurs sièges, et ses fortifications produisent un aspect admirable avec leurs tours crénelées. Ivrée possède une immense quantité d'églises; les maisons y sont grandes et bien construites. On y fait un commerce considérable de fromages. Déjà le langage s'italianise; cependant on peut lire encore en français le nom des rues. Cette circonstance rappelle que cette ville fit partie de la France comme chef-lieu d'un département.

D'Ivrée on se rend directement à Turin par Chivas, et à Milan par Verceil et Novare. Ces deux villes, situées dans la plaine de la Lombardie, méritent d'être vues. La première, bien bâtie sur un terrain élevé et près du confluent de deux rivières, importante dans le moyen âge,

fut souvent visitée par des papes et des empereurs. Aujourd'hui le commerce de riz, de blé, de chanvre, de lin, de vin et de soie, en fait comme le bazar des productions du pays. Justin attribue la fondation de cette ville à Bellovèse, 613 ans avant l'ère vulgaire; Pline la met au nombre des municipes les mieux fortifiés de la Transpadane. C'est près de Verceil que Marius défit les Cimbres en 652 de Rome. Les fortifications furent rasées en 1709 par M. de Vendôme. C'est dans ce château que mourut le bienheureux Amédée de Savoie: une chapelle de la cathédrale lui est dédiée. Les églises n'y possèdent rien de remarquable, si ce n'est un manuscrit du quatrième siècle qui contient l'Évangile de saint Marc en latin; cependant on admire à Sainte-Marie-Majeure un pavé en marbre représentant l'histoire de Judith. C'est aux environs de Verceil qu'on cultive le riz; cette plante croît dans l'eau, et depuis le mois d'avril jusqu'en septembre, la plaine ressemble à un vaste marais. Le système d'irrigation qu'on emploie rend cette contrée très-productive.

Novare est aussi une ville fort ancienne et bien bâtie, sur une hauteur défendue par un vieux château. Les hauts clochers de ses églises la font apercevoir de loin. La place d'Armes, qui se trouve entre le château et le théâtre neuf, est fort grande, et les palais sont beaux: on distingue entre autres celui de la famille Bellini, remarquable par la richesse et la beauté de ses appartemens; dans la galerie se trouvent quelques bons tableaux. La cathédrale est une belle église; la voûte du chœur a été peinte par Saletta; les autres peintures qu'on y voit sont des fresques de Gaudenzio Ferrari. Novare est peu peuplée; mais les femmes y sont très-recherchées dans leur toilette. On y parle le français, et les foires qui s'y tiennent en août et en septembre contribuent à entretenir l'activité dans cette ville.

Avant de revenir à Turin, pour décrire la route qui conduit de cette ville à Gênes, disons quelques mots de Casal et de Vigevano; ces deux villes se trouvent sur une autre route de Milan à Turin.

Casal est peuplée de Juifs en grande partie, et sa population est de 15,000 habitans. Cependant les vins et les grains sont les principaux objets du commerce de la ville, bâtie sur les ruines de l'ancienne *Sedula*. C'était autrefois une place bien fortifiée; les églises sont peu remarquables, et parmi les édifices publics, on peut à la rigueur citer le collège, le théâtre et le magasin des grains, hors de la porte du Pô. Les remparts, plantés de châtaigniers, présentent une promenade fort agréable.

Vigevano (*Vicus Veneris*) est une cité antique, ornée de beaux et somptueux édifices; la cathédrale possède de bons tableaux et des fresques de Saletta; les écoles communales et royales, la caserne de la cavalerie, la maison de travail pour les pauvres, seraient des monumens dignes d'une grande ville: Vigevano est un beau et agréable séjour.

Route de Turin à Gênes.

Quand on quitte Turin pour suivre la route de Gênes, on passe le Pô sur le beau pont dont il a été fait mention dans la description de cette ville; puis à travers un pays assez inégal d'abord, mais gracieux par ses collines, admirable de culture, de maisons de plaisance et de points de vue, on s'avance vers cette immense plaine qui sépare l'Apennin des Alpes et qui forme le plateau du Piémont. Les villages qu'on traverse donnent une idée de la richesse du pays; et l'aspect de l'aisance individuelle, dont on aperçoit partout des traces, contraste avec le souvenir de la Savoie, lorsqu'on est entré en Italie par la route du mont Cenis. Ici le sol répond toujours aux espérances du laboureur: ce ne sont plus, comme sur les montagnes, de rares et petites places, précieusement entourées de quartiers de roche; les sillons tracés à perte de vue, profonds, droits, présentent à l'œil du voyageur une terre grasse et brune, qui donne quatre récoltes et qui se repose d'un produit par un autre. Au froment succède le maïs; les mûriers, deux fois dépouillés de leur verdure destinée aux vers à soie, soutiennent les festons de la vigne, et la campagne, toujours parée, offre de tous côtés, même au milieu de l'hiver, les effets d'une végétation vigoureuse. C'est principalement de Turin à Alexandrie, entre les rives du Pô et celles du Tanaro, qu'on peut apprécier le mode de culture en usage dans le Piémont et la perfection des instrumens aratoires: c'est là que doit se placer tout nouveau chantre de Géorgiques.

La première ville qu'on trouve dans cette plaine est Asti, la patrie d'Alfiéri, regardé comme le plus grand poète tragique de l'Italie; de cet Alfiéri que le dernier rejeton de la race des Stuarts, la comtesse d'Albany, épousa, non parce qu'il était gentilhomme, mais parce qu'il était poète. L'auteur de l'Ode sur la tyrannie est né dans la longue rue qu'on traverse d'un bout à l'autre, dans une de ces maisons qu'on nomme palais, ni plus petite ni plus grande que la plupart de celles qu'on remarque ; mais son tombeau, dans le Panthéon de Florence, devait ne pas ressembler aux autres et les surpasser tous par sa grandeur et par la beauté des sculptures : ce monument est de Canova. Quoi qu'il en soit de la tombe d'Alfiéri, sa ville natale est triste et monotone comme une tragédie classique, avec son terrain plat, sa longue rue, sa place mesquine et sa cathédrale de briques. C'est un de ces séjours qui ne plaisent d'ordinaire qu'aux propriétaires provinciaux, comme les alexandrins conviennent aux esprits calmes. Le territoire d'Asti est riche, les vins qu'il produit sont les plus estimés de l'Italie septentrionale; mais je ne sache pas que les hommes chauds, nerveux et libres par la pensée, y soient plus communs qu'ailleurs: il n'y a pas d'homme de mérite qui n'ait son frère, comme l'auteur de la Métromanie avait le sien. Il n'y a pas de pays qui n'ait son homme de génie, son *Lion*, comme disent les Anglais. Tout est relatif. Alfiéri pouvait naître où il est mort, à Florence, au centre de l'Italie intellectuelle.

Asti était, dans l'antiquité, une des colonies fondées par les Romains dans la Ligurie. Pendant l'anarchie qui devança le moyen âge elle devint le chef-lieu d'une petite république ; puis elle eut des souverains, des ducs. Enfin, vers l'an 1531, elle devint le partage de la maison de Savoie. C'est aujourd'hui une des principales villes du Montferrat.

Sous le point de vue de l'agriculture, les plaines du Piémont sont sans doute d'admirables plaines, ainsi que je viens de le dire ; mais on se fatigue d'un horizon sans bornes, et les beautés qui se reproduisent à tout bout de champ finissent bientôt par devenir insipides. Les longs sillons et les festons de la vigne, qu'on admire tant depuis Turin, prennent en sortant d'Asti le caractère de tristesse et d'ennui si remarquable dans les plaines de la Brie et de la Beauce, fort riches aussi du reste. On éprouve involontairement une vive impatience d'arriver, tant la monotonie du site fait sentir le besoin d'un nouvel aspect : le plus léger accident de terrain, un bouquet de bois, deviennent alors des distractions. Malheureusement on chemine jusqu'aux portes d'Alexandrie, sans avoir remarqué autre chose, sur cette route inexorablement droite,

qu'une légère sinuosité vers quelque village. On éprouve dans ce voyage toutes les anxiétés du navigateur durant un calme plat.

A quelque distance, Alexandrie apparaît comme un grand village. La renommée dont jouit cette place forte fait chercher des yeux la *citadelle imprenable* : masquée par quelques massifs d'arbres, on ne l'aperçoit que lorsqu'on touche pour ainsi dire aux talus ; mais aux détours que l'on fait en y entrant, aux larges fossés qu'on peut emplir d'eau à volonté, à l'étendue du terrain qu'elle occupe, on sent que la réputation de cette place est méritée. Malheureusement à quoi sert aujourd'hui une citadelle, quand on peut la tourner aisément ? le Tanaro n'est pas un fleuve tellement profond et rapide qu'on ne puisse partout y jeter un pont. Celui qu'on passe est un pont couvert d'une construction vraiment remarquable. Les arcades formées par la galerie encadrent pour ainsi dire le paysage ; chaque côté offre des points de vue, mais il faut se hâter d'en jouir, car une fois entré dans la ville, ce ne sont plus que de tristes rues et de chétives maisons. Cependant, il faut le dire, la principale place, grande et carrée, plantée d'acacias, est entourée de quelques beaux édifices, le palais Ghilini, qui maintenant appartient au roi, l'hôtel-de-ville et la salle de spectacle ; c'est là le lieu le plus fréquenté et le plus digne de l'être.

Alexandrie est célèbre dans l'histoire des guerres d'Italie par les nombreux siéges qu'elle a soutenus. Dans le moyen âge les Gibelins lui donnèrent le nom d'*Alexandrie de la paille*, parce qu'à cette époque ses murailles furent construites de paille mêlée de terre ; mais aujourd'hui toutes les fortifications sont de briques, ainsi que la plupart des maisons. Les églises sont peu remarquables. Avant de sortir de la ville, on tourne autour d'une espèce de Champ-de-Mars destiné aux manœuvres de l'école d'artillerie.

C'est dans cette ville qu'éclata, en 1821, la révolution qui compromit si fortement le prince de Carignan, aujourd'hui roi, réintégré dans les bonnes grâces de la sainte alliance. Maîtres de la forteresse d'Alexandrie, les révolutionnaires firent proclamer à Turin la constitution des Cortès espagnoles. Le roi Victor-Emmanuel donna alors un exemple bien rare parmi les monarques, il se montra honnête homme : n'approuvant pas le système qu'on lui imposait de force, il abdiqua en faveur de son frère Charles-Félix. Aucun des rois à constitution, en France, en Espagne, à

SAVOIE. — PIÉMONT.

Naples, n'a fait preuve de tant de franchise et de loyauté. Victor-Emmanuel est mort tranquille et regretté, et maintenant l'ancien page de l'empereur Napoléon, le prince de Carignan, occupe le trône de l'honnête homme! voilà où conduisent la loi salique et le système de l'hérédité : Victor-Emmanuel n'avait pas de fils; son frère Charles-Félix étant mort sans enfans, la branche de Carignan est appelée à régner en dépit qu'on en ait. En vérité il ne serait pas inutile, pour la tranquillité d'un empire, qu'on ajoutât une loi nouvelle sur la conformation de l'individu mâle auquel échoit le droit de trôner. Voyez la bizarrerie ! autrefois l'Église ne recevait comme membres du clergé que des hommes sains, robustes, beaux et bien faits (les lois canoniques l'ordonnent ainsi); le célibat devenait un mérite, un sacrifice; tandis que les rois fainéans, dont l'occupation la plus sérieuse était de faire des héritiers, pouvaient être ce que la nature les avait faits, hideux, contrefaits et impuissans. Qu'on se plaigne après cela des révolutions !

En quittant Alexandrie, c'est encore une plaine qu'on trouve devant soi, plus triste que les autres, s'il est possible : point de bois, point de vergers, point de haies vives, peu de vignes, de tous côtés des champs à perte de vue. Mais elle est peuplée de souvenirs, et le Français la traverse en relevant la tête. C'est la plaine de Marengo! Ainsi depuis Martigny en Valais, nous avons suivi exactement l'itinéraire de l'armée française, en 1800. Partout des combats, partout des victoires : le sol si fertile de la Lombardie et du Piémont arrosé du sang autrichien a fait croître nos lauriers. « Le premier consul, dit M. de Norvins, s'attendait à rencontrer l'armée autrichienne dans les plaines de San-Giuliano. Le 13 (juin 1800), il les traverse sans résistance et fait chasser de Marengo cinq mille hommes par le général Gardanne; le lendemain 14, le premier consul fut étonné de voir, à quatre heures du matin, l'armée autrichienne déboucher au travers du long défilé du pont de la Bormida : elle avait quarante mille hommes, au commencement de l'action. L'armée française ne comptait que vingt-cinq mille hommes, qui étaient des conscrits, pour la plupart; celle de Mélas se composait toute d'anciens soldats. Le corps de Victor vigoureusement attaqué et poussé, celui de Lannes entra en ligne à droite, et, après quelques succès, fut entraîné par la retraite de la gauche ; mais c'était une chose capitale pour Bonaparte de tenir sa droite, et pour Mélas de la forcer. Le premier consul, qui vit le nœud de l'affaire dans la communication que sa droite assurait avec le reste de l'armée, fit avancer tout à-coup, au milieu de la plaine, huit cents grenadiers de cette vieille garde, long-temps la terreur de l'Europe, mais qui, jeune alors, date si heureusement sa gloire de la journée de Marengo. La postérité lui conservera le beau surnom de *redoute de granit* qu'elle reçut du vainqueur. Les assauts les plus terribles de l'ennemi se brisèrent contre son immobilité... L'action se maintint dans cette position jusqu'à l'arrivée de Desaix. Dans les mains de Bonaparte ce renfort va devenir l'instrument de la victoire, et l'armée devine la pensée de son chef. Fatiguée d'une longue et sanglante retraite, elle voit, avec l'instinct d'une attente que son héros n'a jamais trompée, la troupe de Desaix couvrir sa gauche, et elle répète avec joie le cri de l'attaque générale ordonnée sur toute la ligne. Le général Zach, qui dépasse celle des Autrichiens, s'avance avec une colonne de cinq mille grenadiers blanchis dans les combats. Desaix, le brave Desaix, court à sa rencontre avec quinze pièces de canon, et tombe frappé d'une balle qui l'enlève à l'espoir de la France et à l'amour des soldats... Desaix, même après son trépas, est encore redoutable... »

Une seule bataille, gagnée après douze heures d'une retraite offensive, mais périlleuse, a changé le sort de l'Italie, celui de la France et de l'Europe. A l'endroit même où tomba Desaix, on avait élevé une colonne, mais elle fut détruite sous la restauration: pouvait-on faire oublier la victoire ? Le nom de Marengo est un monument historique qui ne périra point, quelque effort que puisse tenter le roi de Sardaigne.

Quand on a traversé la plaine, en suivant, depuis Alexandrie, une route aussi droite et aussi unie que pas une au monde, on tourne un peu, et l'on ne tarde pas à voir la vieille tour qui reste de l'ancien château de Novi, et la ville, au milieu d'un paysage riant et vert, se dessiner sur un fond de montagnes, de ces montagnes qu'on retrouve toujours avec un nouveau plaisir, de ces collines variées dans leur forme et par leurs accidens. Là, dans le feuillage, des habitations, points blancs qui scintillent au soleil comme les étoiles dans une belle nuit d'été; là l'Italie pour l'imagination du voyageur.

Novi est une petite cité de 6,000 habitans, assez commerçante et bien bâtie. Elle appartenait jadis à la république de Gênes, et les riches Génois y possèdent de belles maisons qu'ils viennent habiter pendant l'automne. L'auberge de la poste offre pompeusement dans son escalier *les armoiries des rois, princes et princesses qui l'ont honorée de leur présence*, ainsi qu'on ne manque jamais de le mentionner en gros caractères dans toute l'Italie. En général, la satisfaction, le plaisir, l'honneur ou la vanité de s'asseoir où un potentat s'est assis, de dormir sur le lit où quelque majesté douairière ou régnante s'est bercée de rêves ou effrayée de cauchemars, coûte toujours un peu cher au voyageur sans façon, qui va pour voir, qui voit pour ressentir, et qui ressent pour en tirer profit. Mais il faut toujours des illusions aux petits aristocrates de comptoir, aux riches d'hier, gens prétentieux qui s'endimanchent par une excursion en Italie; là du moins ils sont agréablement flattés de l'idée de trôner aussi dans un cabaret, qu'importe le prix. Les *Jourdain* ne sont pas rares de nos jours, et les noms que nous avons vus inscrits sur le livre des flaneurs par luxe, nous ont peut-être inspiré cette boutade, aussi juste que justifiée dans un pays où, pour un écu, on devient *excellence*. D'ailleurs les Autrichiens nous battirent, en l'an vii, dans la ville de Novi ; le général Joubert y fut tué ; c'est bien le moins qu'on y censure quelque chose par esprit national.

En sortant de Novi, il y a deux routes qui mènent à Gênes : l'ancienne route de la Bocchetta, difficile, mais admirable par points de vue, et la nouvelle route, gracieuse aussi, commode, mais n'étant véritablement pittoresque que par l'art avec lequel elle est construite du côté de Gênes, par la multitude de ses zigzags, la rapidité et la sécurité de sa pente. Les diligences et les voitures de poste ne suivent plus maintenant que celle-ci, et c'est l'autre que les amateurs des belles scènes de la nature doivent parcourir. Par la nouvelle route, les villages qu'on traverse, *Arquata*, *Ronco*, *Ponte-Decimo*, n'ont rien de particulier ; leur situation au milieu de vertes collines est agréable sans doute ; mais par la Bocchetta, le bourg de *Gavi*, avec le fort qui le domine et qui passe pour n'avoir jamais été pris, est très-remarquable, et le bourg de *Voltaggio*, d'un effet fort pittoresque comme position.

Après avoir traversé les vignobles, les vergers et les châtaigneraies de Novi, on pénètre par une suite continuelle de montées et de descentes, de gorges et de ravins, dans le cœur des Apennins ;
le col de la Bocchetta est le point où on les traverse. Sa hauteur perpendiculaire, de 777 mètres au-dessus du niveau de la mer, est peu inférieure à l'élévation générale de toute la chaîne. De là l'œil découvre un horizon sans bornes. Il n'y a point de perspective comparable à celle qui s'offre inopinément : la mer se montre comme un brouillard épais; mais à mesure qu'on approche, il se dissipe, et quelquefois, par un temps clair et un ciel pur, on la voit briller comme une glace derrière un paysage enchanteur. Ce paysage a la forme d'un croissant, et sur sa pointe orientale on aperçoit à une distance de six lieues un faubourg qui promet la superbe Gênes, au bout de la vallée de la Polcevera. La nature avait créé cette vallée sauvage et stérile comme toutes les croupes de l'Apennin ; l'industrie et la magnificence l'ont transformée. Partout une végétation forte, des fleurs, des fruits, et cette douceur de climat qu'on ne trouve nulle autre part à ce point. C'est une sensation délicieuse, quand on parvient au sommet de la Bocchetta, en quittant le revers septentrional, que de sentir un air chaud et balsamique vous caresser mollement. De l'autre côté, le vent soufflait avec furie, maintenant tout est calme; l'hiver est derrière la montagne, ici le printemps éternel, l'olivier partout, le citronnier et l'oranger en pleine terre. Il y a là deux zônes différentes, deux températures bien tranchées. Au nord, entre des mûriers et des noyers, d'un beau vert, il est vrai, on distinguait quelques rares habitations ; maintenant tout est vivant, tout est animé ; c'est comme une ville de maisons de plaisance qui s'étend à l'infini. Ce sont partout des points couronnés de forteresses et d'églises avec leurs clochers, des collines sur des montagnes, et des vallées rivales et voisines qui les séparent; et, au fond, à mesure qu'on descend, le large lit de la Polcevera, comme une grande route blanche qui serpente, en attendant l'orage et la fonte des neiges.

Depuis *Campo-Marone* jusqu'à Ponte-Decimo, où les deux routes se rejoignent, l'œil ne découvre plus que des palais ; on ne traverse que des lieux enchantés ; on n'ose quitter une des côtes, et pourtant on veut voir l'autre. La terre est parfumée ; ce n'est plus la verdure ordinaire des campagnes, mais celle des jardins ; ce ne sont point nos jardins d'Europe, mais ceux de l'Asie, et de l'Archipel. Toutes les plantes exotiques croissent au milieu des figuiers, des pins et des cyprès, comme pour marier l'aspect mélancolique à la vi-

SAVOIE. — PIÉMONT.

vacité des plus riantes couleurs. On avance à regret entre ces palais à portiques variés dans leurs formes et dans les peintures qui les couvrent ; mais on quitte les bords de la Polcevera, on laisse à droite le pont de Cornegliano, on longe la mer, le fameux palais Doria s'offre aux regards : c'est Gênes!

> Ecco! vediam la maestosa, immensa,
> Città, che al mar le sponde, il dorsa ai monti,
> Occupa tutta, e tutta a cerchio adorna.

La ville de Gênes devant être l'objet d'une description à part, pour faire connaître avec exactitude et conscience la partie dont nous nous sommes chargé, il faut encore retourner à Turin afin de décrire la route qui conduit de cette capitale à sa frontière du côté de la France, vers le littoral de la Méditerranée.

Route de Turin à Nice.

La distance de Turin à Nice, par le col de Tende, est de cinquante-cinq lieues ; mais partagée entre une plaine fertile et le passage des Alpes, on la franchit sans ennui. Les villes qu'on traverse sont jolies, bien situées, bien bâties : c'est en premier lieu Carignan, que ses manufactures de soie rendent célèbre ; la grande place, la cathédrale, le tombeau de Blanche de Montferrat, la statue équestre de Jacques Rovana, ne sont des curiosités que relativement à la ville ; cependant elles ont un caractère que Turin, ville d'hier, n'offre pas au voyageur avide d'impressions. Puis c'est Racconis qui ouvre ses portes. Cette ville contient quinze mille habitans. Rien de plus délicieux que son château, rien de plus beau que son parc. Savillian, qu'on trouve plus loin, est encore une cité gracieuse qui possède de beaux édifices. Enfin Coni ou *Cuneo* s'offre bientôt, assise au pied des Alpes dont elle défendait autrefois le passage, comme la sentinelle d'avant-postes qui doit faire feu pour prévenir du danger.

Coni est située dans la plaine, au confluent de deux rivières, le Gesso et la Stura ; c'est une place forte célèbre par le nombre de siéges qu'elle a soutenus et par les batailles qui se sont données aux environs. Après la journée de Marengo, les Français démolirent ses fortifications, et on ne les a pas reconstruites. Aujourd'hui la sécurité du commerce y remplace les alternatives de la guerre, et le canal navigable qui mène à *Carmagnole* contribue aux transactions commerciales du pays. Coni est dépendante du diocèse de Mondovi. Elle appartint à différens princes, et après la mort du duc d'Anjou, en 1284, elle prit une forme républicaine jusqu'en 1347, époque à laquelle elle se donna aux ducs de Savoie. Avant la révolution française, cette ville se vantait d'avoir été assiégée six fois sans avoir été prise. Les environs de Coni sont agréables et bien cultivés ; les châtaignes y sont excellentes, et on les envoie jusqu'en France.

Dans une situation vraiment belle, le bourg de San-Dalmazzo présente sa jolie abbaye de Bénédictins. Puis Limone vient fournir ses muletiers et ses guides pour parcourir les montagnes de l'antique Ligurie. On doit à Amédée IV la belle route par laquelle on arrive à la petite ville de Tende. C'est à une lieue que commence la montagne qui est la plus élevée de cette route. La neige s'y accumule quelquefois jusqu'à vingt pieds d'épaisseur. On monte pendant trois heures pour arriver au sommet.

Dans cette montée, les émotions que fait naître partout le passage des Hautes-Alpes attendent le voyageur. Là de ces grandes scènes qui élèvent l'âme, qui lui redonnent la vie du sentiment par l'oubli momentané du moi humain. Cependant les abîmes, les dangers, le froid, les neiges, la tourmente, exposent l'homme, et lui font une loi de sa conservation. Mais ce n'est d'ordinaire qu'au sein du luxe, au milieu des douceurs du superflu, que le riche oublie ses semblables et se laisse aller à toutes les duretés de l'égoïsme. La nature le réveille aux lieux où tout l'on du monde n'arrêterait pas plus l'avalanche dans sa course qu'il n'apaiserait la fureur du vent. L'égalité chrétienne reprend ici ses droits ; le service que le pauvre lui rend pour un écu, il se sent disposé à le rendre à son tour, et sans que l'appât d'un salaire le stimule en rien. Il apprécie sur le bord d'un torrent le dévouement de l'homme envers l'homme. Les richesses qui lui procurent dans les cités populeuses tant de marques de respect, tant de jouissances de vanité, ne valent pas les courtes heures qu'il passe avec son guide, alors que Dieu lui parle par tout ce qui frappe ses sens, par ce qu'il entend, par le bruit du torrent, par le souffle aigu de la bise, par le précipice et par le pic blanchi de neige. Les grandes émotions qu'on reçoit dans les Alpes ne sont jamais perdues pour la vie sociale, et voyager, quoi qu'on en ait dit, est un des moyens les plus sûrs d'améliorer le cœur de l'homme.

Sur ces hauteurs on rencontre les bourgs de Ghiandola et de Baglio ; ce dernier lieu est fortifié. On retrouve à Sospello une route commode, et toujours à travers la montagne on arrive à Scarena et de Scarena à Nice.

A l'aspect de la mer, aux suaves exhalaisons de la terre, à la douceur de la température, la mémoire se retrace tout ce que le nom de Nice a pu fixer dans l'esprit sur les merveilles de cette côte. Nice, c'est pour le malade la santé, pour le vieillard la force, pour la jeunesse le plaisir; c'est dans l'hiver le soleil et le ciel de l'été, c'est dans l'été la fraîche haleine du printemps, c'est pour le souvenir de rians tableaux, c'est pour l'espérance une certitude de bienfaits. Tout ce que l'imagination a rêvé de berceaux, de fleurs et de fruits, la campagne le réalise, avec sa plaine, ses coteaux, ses trois rangs de montagnes, dont le dernier se confond avec les Alpes. Ce triple rempart abrite la ville, ses terrasses, ses bastides enchantées, ses vignes, ses oliviers; et si là-haut, là-haut, la neige prend toutes les teintes du soleil couchant, c'est pour orner encore ce tableau, c'est pour faire apprécier davantage le bonheur dont on jouit. Le séjour de Nice est en Europe un des plus renommés; les étrangers y accourent, mais il n'en est pas un, quoiqu'il espère beaucoup de la réputation du pays, qui ne se trouve agréablement surpris dans son attente.

La vieille ville, petite, resserrée, aux rues tortueuses, inégales et sombres, occupe en amphithéâtre la pente occidentale d'un rocher, au sommet duquel on voit encore les ruines d'un ancien château. La ville nouvelle, au contraire, s'étend le long de la mer; ses rues sont droites et bien bâties. Elle possède une terrasse superbe, d'où, par un temps clair, on découvre les montagnes de Corse; au pied de cette terrasse est une promenade couverte fort agréable, et près de là une place spacieuse. Le port, qui a dix-sept pieds de profondeur, peut recevoir des bâtimens de trois cents tonneaux; à l'entrée s'élève une statue en marbre du roi Charles-Albert: il y a des gens qui regardent cette statue comme un beau morceau de sculpture.

L'édifice le plus remarquable de la ville vieille est l'église de *Santa Reparata*, et son principal faubourg est celui de Saint-Jean-Baptiste. Le faubourg de la Poudrière et celui de la Croix-de-Marbre appartiennent à la ville neuve. Le quartier de la Croix-de-Marbre est habité, de préférence par les étrangers et notamment par les Anglais; les logemens y sont chers, mais beaux et commodes. Le séjour de Nice, en général, est animé; la société y est très-brillante, et les plaisirs du carnaval y sont presque aussi bruyans que dans les plus grandes villes d'Italie. Nice possède aussi une salle de spectacle fort jolie, où l'on joue l'opéra italien; et chaque semaine, alternativement, il y a bal et concert pendant le séjour des étrangers. De bons hôtels, de beaux cafés, tout le luxe des capitales, des moyens de transport faciles et prompts, les bateaux à vapeur, les diligences, font de ce point intermédiaire, entre la France et l'Italie, un véritable paradis terrestre.

Quand on se trouve dans une situation si délicieuse, il est assez rare qu'on veuille s'en arracher à plaisir; cependant il n'y a point de belle vue qui ne fasse sentir tôt ou tard le désir d'une distraction. Les environs de Nice sont si beaux qu'il n'est pas d'étrangers qui ne les visitent. On fait de fréquentes promenades au château Saint-André, à une lieue de la ville; la grotte de Falicon attire aussi les curieux; la grotte du Château-Neuf, le Laghetto et Mont-Cant sont encore des lieux où l'on se plaît à faire des parties de plaisir. Et si pour l'amateur d'antiquités, Nice n'offre aucun débris des Romains, *Turbia* le dédommage avec ses ruines et le trophée d'Auguste. Cimier surtout, l'antique *Cenemanium*, qui se trouve au nord, à trois quarts de lieue, sur une colline, présente les vestiges d'une ville autrefois très-considérable. Cette ville était en effet la capitale de la province romaine des Alpes-Maritimes: on y voit encore des ruines de bains, de temples et d'un amphithéâtre. De cette colline enchantée, qui surpasse tout ce que l'imagination des poètes a produit de plus séduisant, on jouit de points de vue admirables; aussi est-elle couverte de maisons de campagne très-élégantes qui sont fort recherchées par les étrangers.

Mais il faut s'arracher à cette heureuse plage de Nice, à ses jardins embaumés; d'autres lieux nous appellent. Le vent fraîchit et le matelot veut en vain nous tenter, en nous montrant sa voile et les molles ondulations des flots: nous avons une terre bénie du ciel à parcourir; nous voulons suivre toutes les sinuosités de la montagne; nous voulons jouir des aspects variés qu'elle offre à chaque pas; nous avons tant de villes gracieuses à visiter sur notre route!

Route de Nice à Gênes.—Riviera di Ponente.

A peine a-t-on quitté Nice, car la pensée s'y trouve encore, que pourtant après avoir passé Villefranche, c'est déjà une nouvelle ville qui se présente à si peu de distance! c'est Monaco, petite principauté réunie aux États du Piémont. Le rocher qui la porte tout entière s'avance dans la mer, et semble la montrer comme pour tenter les voyageurs et les inviter à grossir momentanément sa population clair-semée. Mille habitans, c'est tout au plus ce que contient la ville; mais elle a des murailles crénelées, et une forteresse et des souterrains, et une place d'armes, et un port, et une marine. Jadis elle avait un souverain pour elle toute seule, un prince ayant droit de haute et de basse juridiction, battant monnaie, nourrissant des pages, payant des ambassadeurs, se donnant l'illusion de faire poser un factionnaire vivant, dans une guérite, à l'un des côtés de la grande porte de son palais, et de couvrir les mers de son canot. Le titulaire de cette principauté, le prince de Monaco, duc de Valentinois, est un M. Grimaldi, héréditairement pair de France: c'est le dernier degré de la splendeur de sa famille.

Les Anciens appelaient ce lieu, vraiment remarquable par sa position, *templum Herculis Monœci*. Du haut de ce rocher, l'encens fumait pour le fils d'Alcmène; maintenant la cloche tinte en l'honneur des saints du paradis. Ce que le voyageur ne saurait oublier, c'est la vue admirable dont on jouit du haut de Monaco: d'une des fenêtres du château, j'ai vu la Corse!...

La principauté de Monaco fut érigée en souveraineté au dixième siècle en faveur de Grimoald, qui avait bien mérité de l'empereur. Louise de Grimaldi, héritière de Monaco, ayant épousé M. de Matignon, son fils lui succéda en 1751.

Spallanzani observe que les montagnes des environs de Monaco sont toutes formées de coquillages. Quelques villages circonvoisins sont bâtis d'une pierre qui n'est autre chose qu'un amas de petits pétoncles dont l'espèce est inconnue dans la mer.

A deux lieues de Monaco, on trouve, sous le nom de Mentone, un véritable jardin, un pays délicieux par sa fraîcheur et son climat: on voudrait y rester si l'on ne craignait l'ennui d'un village; mais comme on préfère toujours le séjour d'une ville, c'est à Vintimille que nous irons achever notre journée. Nous serons là sur l'ancien territoire de la république de Gênes, que le roi Louis XII donnait à tous les diables. D'ailleurs, c'est l'antique *Albintimilium*, la patrie de Perse: il s'y trouve deux mille habitans; on peut y dormir en toute sécurité.

De Mentone à Vintimille, ce n'est qu'une suite de précipices effrayans. Il y avait autrefois un passage dangereux sous le fort de Tourette; la mer pénétrait avec fracas entre deux rochers sur lesquels on avait jeté un pont sans parapets. Mais aujourd'hui la route est belle, facile, et l'effroi que peut inspirer l'idée du danger se calme bientôt par la certitude où l'on doit être qu'il n'en existe aucun. Quoi qu'il en soit, on quitte avec joie ces lieux; on respire plus librement quand on se trouve sur une route moins périlleuse.

Une chose bizarre et qui tient aux voyages, c'est la facilité avec laquelle on oublie les pays parcourus, les lieux qu'on croyait regretter, pour le pays qu'on parcourt, pour les lieux qui occupent les regards. Les souvenirs se classent peu à peu dans la mémoire; les impressions nouvelles absorbent à elles seules nos facultés: c'est que le présent est toujours un bienfait, quand il occupe entièrement la pensée. A mesure qu'on s'éloigne de cette belle contrée de Nice, qu'on désespérait de remplacer jamais, quand on touche la Corniche ou la rivière de Gênes, le pays semble prendre un caractère plus sévère, bien que toujours gracieux; les teintes sont plus chaudes, les lignes plus fermes, et Vintimille se trouve placé sur sa roche comme une transition, comme un point intermédiaire qui participe de l'une et l'autre partie, qui les annonce ou les rappelle de quelque côté qu'on s'en approche.

Il y a peu de chose à dire de Vintimille: c'est une ville déserte dont la situation fait aujourd'hui le seul attrait. Il en est parlé dans les Lettres familières de Cicéron, et Tacite rapporte le trait courageux de cette mère ligurienne qui périt dans le pillage de la ville plutôt que de livrer son fils aux soldats d'Othon: mise par eux à la torture pour indiquer sa retraite, elle montra son flanc en disant qu'il était là. La cathédrale est un monument fort ancien; on croit qu'il fut un temple de Junon.

Les voyageurs sont exposés à des dangers dans certaines parties de l'Italie, par la nature des localités, dans d'autres par celle des habitans; ici les précipices, là les brigands: il en résulte l'usage de ne marcher que de jour, et cette habitude, tout à l'avantage des étrangers, leur permet de jouir des beautés du pays. Rien de plus merveilleux, pas de spectacle plus imposant que le lever du soleil, du haut d'un des rochers de la côte de Vintimille: une mer rougie, un ciel dont les

teintes changent à chaque instant, un horizon d'or, et les reflets brillans de ce magique aspect, venant étinceler sur les massifs d'orangers et d'oliviers, et sur tous les promontoires que forme la rivière de Gênes. Des palais, de jolies maisons peintes, les clochers des églises, ajoutent à l'effet de cette vaste décoration, mêlée de torrens et de rochers bruns. Quelquefois de belles vallées cultivées s'étendent sur le bord de la mer et forment de rians et paisibles golfes de verdure à côté de l'azur agité des flots; et ces sites se renouvellent, et ces scènes magnifiques se succèdent. Oh! pas de nuit, pas de nuit pour le voyageur, sur cette rive enchantée!

À quatre lieues de Vintimille, on trouve San-Remo. C'est une ville riche, peuplée, ornée de jardins, de beaux bâtimens, et surtout remarquable par les palmiers de l'ermitage de Saint-Romulus, qui couronnent ses hauteurs et développent leur pompe orientale au-dessus de l'abondante végétation italienne. Après s'être long-temps gouvernée elle-même, San-Remo, son podesta, ses consuls et la communauté firent, en 1199, une alliance avec Gênes. En 1361, les Génois voulurent avoir le droit de nommer les magistrats, et quoique les habitans supportassent avec répugnance un tel joug, l'abus prit force de loi. Les empereurs, comptant sur le mécontentement des citoyens de San-Remo, élevèrent alors des prétentions sur cette ville; mais la France s'est opposée à cet envahissement.

On compte seize églises à San-Remo. La partie de la ville qui se trouve sur le coteau est ancienne: les rues en sont étroites, tortueuses et escarpées; mais dans la partie qui est en plaine, les rues sont larges, droites, ornées de belles maisons dont plusieurs figureraient partout, même à Gênes. Le commerce de cette ville maritime est considérable en huiles et en oranges; les habitans sont de bons marins. La famille Bresca jouit encore du juste privilége qui lui fut accordé par Sixte-Quint, de fournir de palmes les églises de Rome le jour des Rameaux. Voici ce qu'on raconte de l'origine de ce privilége. Lorsque le célèbre architecte Fontana, à l'aide du mécanisme qu'il avait inventé, se préparait à élever l'obélisque qui se voit sur la place de Saint-Pierre à Rome, il réclama le plus profond silence, afin que ses ordres pussent être distinctement entendus. L'inflexible Sixte publia un édit par lequel il annonçait que le premier spectateur qui proférerait un cri serait sur-le-champ puni de mort, quels que fussent son rang et sa condition. Au moment où les cordes mises en mouvement avaient comme par magie soulevé l'énorme masse, et qu'elle était presque établie sur sa base; que le pape, par des signes de tête, encourageait les travailleurs, et que Fontana, parlant seul, commandait une dernière et décisive manœuvre, un homme s'écrie tout-à-coup d'une voix retentissante: *Acqua alle corde!* (de l'eau aux cordes!) et, sortant de la foule, il s'avance et va se livrer au bourreau et à ses gens, qui se tenaient près de la potence dressée sur la place. Fontana, regardant avec attention les cordes, voit qu'elles sont en effet si tendues qu'elles vont se rompre; il les fait rapidement mouiller, elles se resserrent aussitôt, et l'obélisque est debout aux applaudissemens unanimes. Fontana court au secourable crieur, l'embrasse, le présente à Sixte-Quint, demande et obtient une grâce déjà accordée; Bresca eut en outre une pension considérable et cette fourniture héréditaire des palmes de Rome. Depuis les fêtes de Pâques de l'année 1587, un navire est parti constamment de San-Remo avec sa sainte cargaison; la Providence elle-même a semblé prendre soin de la bénir d'avance, car, de tous ces navires, pas un seul n'a fait naufrage.

Le cap de San-Remo est un passage assez difficile; mais quand on l'a passé, on suit le chemin montueux, puis la plaine de gravier qui mène au Port-Maurice, ville riche et marchande, et, une demi-lieue plus loin, à la jolie ville d'Oneille, patrie du grand André Doria. Ses ancêtres avaient acheté cette principauté des Génois, qui s'en étaient emparés par surprise et la vendirent avec l'adhésion du pape. Après Oneille on rencontre Alassio, ville abritée par de hautes montagnes, ce qui rend son climat d'une température très-douce et ses rivages admirables. Les habitans sont actifs et industrieux: ils ont figuré dans l'histoire militaire des Deux-Mondes; ils furent cités à la bataille de Lépante; l'Espagne employa leur courage à la conquête du Pérou, et les Génois dans leurs expéditions en Corse.

Albenga s'aperçoit de loin avec ses tours et ses remparts en ruines. C'est une vieille ville noire, insalubre, à cause des eaux stagnantes qui l'entourent; autrefois une colonie romaine, aujourd'hui un évêché. Le Baptistère, petit temple antique d'une architecture simple et de bon goût, remonte, dit-on, à un empereur Proculus, des derniers temps de l'empire et originaire d'Albenga. Le *ponte Longo*, sur le torrent, est

attribué à Adrien ou à Constance, général romain. Quoique soumise à Gênes, Albenga forma jusqu'en 1805 une sorte de république : elle élisait ses consuls, qui pouvaient être pris soit dans la classe des marchands, soit dans celle des ouvriers ; elle nommait ses conseillers, ses magistrats, parmi lesquels on distinguait un magistrat appelé *des vertus*, censeur indépendant, chargé de veiller au maintien et à la pureté des mœurs.

En face d'Albenga, on voit la petite île escarpée de la Galinara, qui servit de retraite à saint Martin de Tours.

Finale, qu'on trouve en continuant sa route, est une jolie ville bien bâtie : sa cathédrale, d'une belle architecture, et peut-être la meilleure de toutes les églises de cette côte, est revêtue de marbres précieux. Industrieuse, peuplée, commerçante, au milieu de plantations d'oliviers et d'orangers, d'une merveilleuse fécondité, sur un territoire parfaitement cultivé, cette ville était autrefois un marquisat puissant et tyrannique, dont le dernier prince, Alphonse Caretto, fut chassé par le peuple vers la moitié du seizième siècle.

Après Finale vient Berzezzi, dont il faut visiter la grotte, qui est remarquable ; la route se fait, dans cette partie, entre des rochers escarpés dont le passage était autrefois fort difficile. Noli, qui se trouve près de là, est une petite ville pittoresque par ses tours et par sa position ; elle resta république depuis le douzième siècle jusqu'à la réunion de la Ligurie à la France, en 1805. Plus loin, près de Leggine, le fort de Vado, au-dessus du golfe, est d'un superbe aspect ; c'est l'antique *Vada Sabatia*. Les Romains eurent un corps d'armée campé sur ces hauteurs, qui semblent convenir à une telle domination. L'empereur Pertinax était vraisemblablement de Vado ; son père y vendait des bois de construction et une espèce de bois brûlé dont on se servait dans le ménage. On a prétendu que cet empereur avait dû son nom de Pertinax à l'opiniâtreté avec laquelle il n'avait pas eu honte, sous la pourpre, de continuer ce métier de marchand de bois et de charbonnier : de nos jours y verrait-on se bornerait à quelques plaisanteries, à quelques caricatures.

Savone est la plus grande cité de la *riviera di Ponente*: on y compte dix mille âmes ; elle est située à dix lieues de Gênes, au fond d'un golfe. On croit qu'elle tire son origine des Gaulois Sénonais ; il en est parlé dans Tite-Live sous le nom de *Savonæ*, dans Strabon sous le nom de *Sabata*, dans Pline sous le nom de *Sabatium*. La voie

Émilienne arrivait jusque là. Il paraît, par une épître de Cicéron, que Marc-Antoine s'y réfugia après la bataille de Modène.

Savone fut prise plusieurs fois par les Vandales, les Goths, les Bourguignons. Elle soutint un siége contre Alaric ; mais, vers l'an 639, elle fut détruite par Lothaire, ainsi que d'autres villes de la Ligurie. Elle se releva cependant, et fut gouvernée par des marquis dont l'autorité était restreinte par celle des consuls et des bourgeois ; c'était un gouvernement composé de trois pouvoirs. En 1176, Savone entra dans la fameuse ligue en faveur de l'empereur Frédéric ; mais elle fut désolée comme Gênes, dans les guerres des Guelfes et des Gibelins, des Maccherati et des Ribelli, des Adorna et des Fregosa ; Savone était d'autant plus exposée qu'elle avait un port commode. C'est dans cette ville que se réunirent en 1507 Louis XII et Ferdinand-le-Catholique, pour couronner le roi de Navarre ; et Louis XII y accorda le droit de naturalité en France à tous les habitans. Charles-Quint y alla plusieurs fois ; mais c'est du temps des papes Sixte IV et Jules II, qui y sont nés, que cette ville eut le plus d'éclat, de considération et de richesses. De nos jours, Pie VII l'habita aussi au temps de sa persécution ; l'appartement qu'il occupa à l'évêché a été religieusement conservé dans le même état, depuis le jour où le successeur de l'apôtre le quitta.

Savone est agréablement située : son fort, bâti sur un rocher au bord de la mer, est le plus beau de cette côte. La ville est petite ; la cathédrale renferme une riche chapelle, un bas-relief représentant la visite de la Vierge, et un tableau attribué au Dominiquin. On voit encore la partie supérieure de la façade du palais de Jules II. A la tour du port est une madone de quinze palmes, de Philippe Parodi. Savone est la patrie de la famille de la Rovère, des princes Riario, seigneurs de Forli, des ducs de Sora et de beaucoup d'autres familles distinguées.

De Savone à Gênes, le voyage se fait pendant cinq lieues par le chemin qu'on appelle la Corniche, et pendant cinq autres, par une route magnifique, promenade des plus agréables, car on a constamment, d'un côté, le spectacle de la mer, et de l'autre, un amphithéâtre de montagnes couvertes de verdure et de maisons de plaisance, dont la forme change à tout moment. Le chemin de la Corniche était autrefois raboteux, haut et bas, n'ayant de largeur que pour un mulet et sa charge, taillé sur le flanc de la montagne, de sorte qu'en y passant, on avait un précipice affreux constamment sous les yeux. Mais aujourd'hui c'est une route commode et sûre sur laquelle on court la poste. Dans le trajet de Savone à Gênes, on traverse successivement Albisso (*Alba Docilia*), Varraggio (*Voragium* ou *Virgium*), Arrizano (*Arentanum*), Cogoleto, qui prétend à l'honneur d'avoir vu naître Christophe Colomb, et où l'on montre sa maison, espèce de cabane dans laquelle on lit beaucoup d'inscriptions, et entre autres ce beau vers improvisé par M. Gagliuffi :

Unus erat mundus; duo sint, ait iste : fuêre!

Puis on trouve Voltri, dont les fabriques de papier font la richesse, puis Prato, puis on n'a plus qu'un jardin à parcourir. Trois délicieuses villas font de Pegli un séjour enchanteur : la villa Lomellini, avec de grands arbres toujours verts, des cascades, des bosquets, un lac, un théâtre et un ermitage chinois; la villa Grimaldi, qui a de beaux tableaux et surtout un riche jardin botanique; la villa Doria, dont les orangers mêlés à des rosiers en fleurs offrent au mois de décembre un aspect ravissant. Sestri di Ponente est aussi remarquable par ses magnificences : c'est un bourg peuplé et riche. L'église est remarquable par la largeur de sa nef et par la construction de sa voûte. La villa Spinosa ne le cède en rien à celles que nous venons de citer. Peu après on entre dans la délicieuse vallée de la Polcevera, dont nous avons déjà donné une description. Cornegliano, avec le grand palais Darazzo, annonce Saint-Pierre d'Arena, et le faubourg de la superbe Gênes est le plus somptueux de tous les faubourgs connus. Le luxe des villas des environs de Gênes n'est pas surprenant, car elles étaient jadis le théâtre des fêtes les plus splendides que la sévérité des lois somptuaires de la république ne permettait point de donner à la ville. Alors c'était à la campagne qu'on portait des diamans. Nous ne saurions quitter ce lieu sans rappeler un des hauts faits de notre armée : c'est au pont de Cornegliano qu'après soixante jours de résistance, après avoir épuisé tout ce qu'il peut entrer de force morale et physique dans le cœur d'un homme, Masséna conclut sa belle capitulation, qu'il intitula glorieusement : *Convention* avec le baron d'Ott et l'amiral Keith. On voyait, il y a quelques années, dans la chapelle située au milieu du pont, quelques vieilles baïonnettes françaises brisées; mais on ne trouve aujourd'hui, des deux côtés de la madone, que des *ex voto*, comme on en voit suspendus partout en Italie, un fusil, un stylet, un cœur en argent et quelques grossières peintures. On trouve sur cette plage un sable noir magnétique. Ramassé après les tempêtes, il produit des effets remarquables.

Côte orientale de Gênes.

La partie orientale des côtes de Gênes, *la riviera di Levante*, aussi variée, aussi riche que la partie occidentale, est moins garnie de maisons de plaisance, quoique plus peuplée, et même très-peuplée de gens qui l'habitent constamment. Bisagna, qui touche à la porte de la ville, semble encore un rendez-vous de palais ; mais à mesure qu'on s'éloigne, s'ils deviennent plus rares, leur situation est de plus en plus pittoresque. Avant d'arriver à Nervi, bourg fort animé, on jouit d'un coup d'œil admirable. La vue s'étend sur tout le golfe, et du haut des rochers sur lesquels passe une belle route, achevée seulement depuis une dizaine d'années, on découvre parfois Gênes et les coupoles de Sainte-Marie-de-Carignan ; mais c'est au spectacle d'une nature à la fois gracieuse et imposante que l'âme se livre tout entière. Le luxe de tant de jardins a donné du prix à la structure des roches grises qu'on voit baignées par la mer et couronnées de verdure. Là, sous des pins parasols, entre des aloès aux pointes aiguës, c'est une vaste plaine bleue, c'est la Méditerranée que le regard trouve encadrée avec les voiles blanches de quelques barques ; le pâle feuillage des oliviers, du haut de quelque pic, la masque rarement assez pour ôter à ces plantations leur magnifique transparence. Sous leur ombrage, c'est le bleu du ciel qu'on distingue comme un admirable fond, et au-dessous d'eux, c'est le bleu des flots qui captive toujours les yeux. Rien de si enchanteur que l'aspect de ces coteaux, rien de plus suave que cet air embaumé par le parfum des fleurs; et Nervi, dans une position riante, avec la douceur de son climat et la beauté de ses fruits, donne une idée du paradis terrestre : c'est dans l'église de ce bourg qu'est le tombeau de M. Corvetto, avocat génois, devenu ministre de France sous Napoléon et sous Louis XVIII, et resté Français alors que l'Italie avait cessé de nous appartenir.

Recco, qu'on rencontre plus loin, est un beau village bien peuplé, dont l'église possède l'un des meilleurs tableaux de Valerio Castelli, très-habile peintre de l'école génoise.

A Ruta l'on jouit encore une fois de la vue de Gênes, de son phare, de ses collines, de ses bastions, et après avoir promené ses regards sur cet admirable tableau, on descend jusqu'à Rapallo, beau bourg situé au fond du golfe qui porte son nom. La descente qui mène à cette rive est d'un effet très-pittoresque. A la partie la plus occidentale du golfe de Rapallo, on aperçoit quelques fortifications; c'est là que se trouve, dans un renfoncement, Portofino (*Portus Delphinus*). De Rapallo, ce lieu apparaît comme un promontoire; mais quand on s'en approche, on découvre un port vaste et sûr, entouré de rochers et surmonté d'un amphithéâtre de verdure. Les pins, les oliviers, les châtaigniers, offrent les caprices de leurs formes; quelques maisons de plaisance, et entre autres le palais Durazzo, animent ce beau demi-cercle, où Portofino et Santa-Margarita, comme deux bouquets d'habitations, semblent se mirer avec complaisance dans l'eau profonde et calme du port. Cet aspect est admirable de grâces.

Sur la montagne on voit le monastère de la Cervera, fondé en 1364 par l'archevêque de Gênes Guido, l'ami d'enfance de Pétrarque. C'est là que François fut prisonnier, avant qu'on ne l'embarquât pour l'Espagne; quelques trapistes persécutés, obscurs successeurs de l'illustre vaincu de Pavie, y furent relégués sous l'empire; aujourd'hui ce monastère est abandonné.

Le bourg de Rapallo est très-pittoresque. Sur le flanc escarpé d'une montagne à triple cime, il est agréablement encadré dans le feuillage de ses jardins. Le campanile blanc de son église s'élève au milieu de ces bosquets comme une sorte de phare; un pont jeté sur le torrent qui descend de la montagne produit beaucoup d'effet et présente un de ces tableaux qui restent dans la mémoire. Entre la seconde et la troisième cime, le sanctuaire de Notre-Dame de Monte-Allegro devient chaque année, le 2 juillet, pendant trois jours, le joyeux théâtre d'une fête populaire; une illumination générale brille sur la montagne et jusque sur la mer; rien n'est plus admirable que ce coup d'œil.

C'est en parcourant cette côte d'une manière commode et sûre, lorsqu'autrefois elle était praticable seulement aux piétons et aux mulets, que l'on comprend tous les bienfaits advenus à la suite de la grande secousse donnée au monde par la révolution française. Il fallut des routes pour les armées, et partout où les armées passèrent, on vit long-temps leurs traces, parfois comme celles d'un fléau dévastateur, souvent comme celles que laisse le Nil, la fécondité. Le commerce profite toujours de la brèche faite par la guerre aux vieilles murailles de l'habitude et de l'apathie; les rapports de ville à ville se doublent à la suite de la confusion inévitable d'une occupation étrangère; les peuples sont plus disposés à s'entendre quand ils en ont compris la nécessité après quelques revers, et les rois eux-mêmes sont plus disposés à faire ce qui convient à leurs sujets, quand ils ont connu les rigueurs de l'exil, ou quand ils ont courbé la tête sous le joug d'un vainqueur. Ainsi les grands travaux entrepris et exécutés par Napoléon au Simplon, au mont Cenis et ailleurs, sont devenus des modèles de routes. Il n'était plus permis de se borner à des sentiers à peine frayés, comme Victor-Amédée l'avait fait au passage des Échelles en Savoie; il fallut de larges chemins, des ponts solides, des pentes insensibles. Des galeries furent percées, des parapets construits, et jamais le voyageur n'a vu le nom d'un prince attaché à ces grands et utiles résultats de la sagesse des gouvernemens sans qu'il ne le prononçât avec respect, fût-ce même celui de Charles-Albert. Ainsi la ville de Gênes a des routes qui, comme deux bras, s'étendent à droite vers la France, à gauche vers la Toscane, pour appeler les étrangers, les commerçans, les artistes et les curieux. Avec le système actuel des routes, il n'y a plus de montagnes, comme bientôt avec le secours de la vapeur, il n'y aura plus de distances.

La route de Gênes à Chiavari est si belle, qu'il s'est établi une diligence avec un service actif et régulier entre ces deux villes. Nous citons ce fait parce qu'il n'est pas commun dans cette partie de l'Italie. Si de pareilles entreprises existaient entre les différens centres de provinces et d'états, il n'est pas à douter que le nombre des voyageurs s'augmenterait, et les voyageurs sont une source de richesse pour ce pays. Leur passage devient une sorte de suppléant à la conquête, c'est l'envahissement lent et naturel des idées; et pour cette Péninsule, avec l'esprit des gouvernans, c'est un espoir pour l'avenir, c'est la seule éducation sociale, européenne, qu'elle puisse recevoir. Le contact des étrangers seul lie encore l'Italie au monde civilisé.

Chiavari est situé dans une plaine aussi fertile

qu'agréable. C'est une ville bien bâtie, très-peuplée, industrieuse, commerçante, dont les produits s'exportent au loin. Ses toiles sont fort estimées, et les chaises *volantes* qu'on y fabrique arrivent jusque dans les salons de Paris et sont envoyées même en Amérique. Chacun connaît ces chaises qui joignent la solidité à la légèreté.

Un phénomène fort commun en Italie, et qui se remarque sur la côte de Gênes plus qu'ailleurs, c'est le lucciole, espèce d'insecte lumineux; dans la nuit il brille comme une petite flamme, se glisse sous l'herbe, voltige sur les arbustes comme des feux follets, et donne lieu à des superstitions qui varient selon les contrées. Les lucioles ont plus d'éclat que nos vers luisans, et leur scintillement s'augmente d'une mobilité continuelle. Au mois de juillet dernier (1835), j'arrivai de nuit à Chiavari; l'obscurité était grande et la chaleur excessive, la terre et le ciel me semblaient étinceler à l'envi des mêmes feux. Si pendant le jour l'aspect de la mer, entre les montagnes ou à travers le feuillage des arbres, me donnait l'idée du ciel même; pendant la nuit, c'étaient des étoiles que je croyais voir briller, et dans l'extase d'une juste admiration, me trouver ainsi entre deux firmamens fut quelques instans le rêve de mon imagination. Mais, descendu dans la plaine, au bruit d'une ville qui semble un reflet de la civilisation de la Toscane, au mouvement des voituriers, aux cris des faquini, à l'obséquieuse politesse des valets d'auberge, à la lueur de leurs lampes, l'illusion disparut, le magique mensonge céda ses sens au positif de la vérité. *La pasta* (le souper) se trouva prête: l'appétit était bon, le corps avait besoin de repos; un de ces vastes lits où l'on peut dormir dans tous les sens reçut le rêveur éveillé, qui dormit d'un sommeil tranquille et doux. Les bonnes nuits font les beaux jours. Le lendemain, je pus visiter la ville, patrie du pape Innocent IV, examiner ses écoles publiques, bouquiner dans sa bibliothèque, méditer les statuts de la société d'encouragement pour les manufactures, établissement bien conçu; je pus donner une heure à la maison de travail pour les pauvres, aller chercher le frais sous les hauts peupliers d'une belle promenade sur les bords de l'Entella, penser à la puissance de l'homme au sein de la nature, soit qu'il la féconde ou qu'il lutte contre elle; après quoi je me remis en route et poursuivis mon voyage.

Lavagna, qu'on trouve à peu de distance de Chiavari, sur la plage, est le lieu d'où l'on tire une ardoise d'un beau noir et d'une grande solidité, appelée *pietra di Lavagna*, et très communément employée à Gênes.

En moins de deux heures de marche, on arrive à Sestri di Levante. Ce lieu charmant forme une péninsule ou langue de terre défendue par une forteresse. Ce petit promontoire vient fermer de ce côté le golfe de Rapallo, comme Portofino à l'autre extrémité. C'est de Sestri que ce ravissant demi-cercle où les vaisseaux sont en sûreté paraît le plus pittoresque avec ses rochers et ses hautes montagnes vertes. Il ne manque à ce golfe, plus gracieux, s'il est possible, que celui de Gênes, qu'une grande ville pour le faire valoir. Les environs de Sestri fournissent de beaux marbres de différentes couleurs. Les Génois y possèdent quelques maisons de campagne agréablement situées. Les cires, les pâtes et les coquillages de ce canton ont une réputation méritée.

De Chiavari à Sestri on a tourné le golfe dans une plaine, sur le bord de la mer, entre des aloès gigantesques, qui, du milieu de leurs larges dards, lancent, comme un jet d'eau, une colonne menue, surmontée d'une touffe de fleurs verdâtres. De Sestri pour aller à La Spezia on retrouve la montagne: là, la nature n'étale pour ainsi dire qu'un luxe d'ostentation, sans aucun but d'utilité; chaque herbe est une fleur, chaque arbuste un laurier, un myrthe. De Gênes on chemine ainsi entre des plantes odoriférantes, dans la splendeur d'une terre stérile: plus de fruits, plus de moissons, des villages rares, et parfois aussi des collines nues et arides; mais après six lieues, durant lesquelles on a joui de beaux aspects, le village de Borghetto promet et annonce un meilleur pays, et on ne tarde pas à s'en convaincre en arrivant à La Spezia. Du haut de la montagne qui protège cette ville on plane sur la mer, et on aperçoit l'île d'Elbe et les îles de Capraia et de la Gorgone, qui, à cette distance, semblent s'unir avec la côte de Livourne et de Piombino.

La Spezia est une ville très-peuplée et fort commerçante, élégamment bâtie dans un vallon fertile, au fond d'un golfe auquel elle donne son nom. Son port, l'ancien port de *Luni*, est un des plus spacieux et des plus sûrs que la nature ait formés, ou plutôt c'est un assemblage de plusieurs ports, capable de contenir une armée navale, fût-elle des plus considérables. Cet admirable golfe était appelé, sous l'administration française, à de hautes destinées. Napoléon avait projeté d'en faire un vaste établissement mili-

faire et maritime : vingt-cinq millions devaient être consacrés à cette entreprise. Mais cet Anvers de la Méditerranée ne put être créé; La Spezia et les autres villes du golfe ont beaucoup perdu à cela. Les villes sont, à la partie occidentale, Porto-Venere, et, à l'autre extrémité, Lerici, lieu où l'on s'embarquait ordinairement pour Gênes en venant de la Toscane, avant que des bateaux à vapeur ne fissent un service régulier pour tout le littoral. Porto-Venere a un château et une église bâtis sur une esplanade assez élevée qui domine le golfe et d'où la vue s'étend au loin ; Lerici a un port large et profond. Entre ces deux points, La Spezia commande en reine. Une petite île, appelée Palmaria, semble là comme la guérite d'une sentinelle chargée de veiller, et destinée par la nature à seconder l'action des deux forts, qui, aux deux embouchures du golfe, en défendent l'entrée. Il y a aussi un vaste lazaret composé de deux bâtimens, l'un pour les marchandises, l'autre pour les hommes qui doivent faire quarantaine.

Une singularité remarquable dans le golfe de La Spezia, près de la côte de Marsola, c'est une fontaine sous-marine d'eau douce, dont l'eau bouillonnante s'élève au-dessus de la mer d'une manière visible dans une circonférence assez large. A la superficie cette eau est salée, quoique moins que celle qu'on goûte un peu plus loin; mais puisée plus avant, avec un tube, elle est douce et légère : il est à remarquer aussi qu'elle est fort trouble.

Sarzane. — Le littoral de l'état de Lucques.

De La Spezia à Sarzane il y a cinq lieues; on les fait sur une route admirable, à travers un pays cultivé, riche et beau.

Sarzane, dont l'origine remonte à la plus haute antiquité, appartenait autrefois au grand-duc de Toscane ; elle fut cédée aux Génois dans le quinzième siècle, en échange de Livourne, qui alors n'était qu'un village. Cette ville, autrefois bien fortifiée, est encore entourée de ses fossés et de ses murailles. Le vieux château, avec ses tourelles crénelées, est maintenant tapissé de lierre et sert de retraite à des habitans paisibles. De là on aperçoit sur la montagne, à une demi-lieue, un autre château avec d'autres tourelles, et qui semble destiné à tenir cette place en respect. Cette forteresse, appelée *Sarzanello*, fut élevée, selon Machiavel, par Castruccio Castracani, tyran de Lucques, lorsqu'il attaquait la ville. Aujourd'hui Sarzanello est un quartier de vétérans qui jouissent, peut-être sans bien l'apprécier, d'une vue admirable, variée, immense, embrassant à la fois des vallées, des collines, le cours des rivières, la plage de Viareggio, la ville de Pise, le port de Livourne et les îles de la Méditerranée.

Sarzane est la patrie du sage, savant et grand pape Nicolas V. Elle fut, au commencement du dix-septième siècle, la résidence de Louis-Marie-Fortuné Buonaparte, passé en Corse l'année 1612, au temps de la guerre contre les Génois, fixé à Ajaccio, et le chef de la famille de Napoléon.

La cathédrale de Sarzane est d'un assez bon style ; la place de l'Hôtel-de-Ville est belle, et quelques rues ont des maisons de bonne apparence.

Le pays qu'on traverse en quittant Sarzane est fort pittoresque ; c'est une forêt d'oliviers, dans laquelle la route tournoie. Le pâle feuillage de ces arbres produit un effet de jour assez singulier : ce n'est plus l'éclat du soleil ; cependant ce n'est pas l'obscurité ordinaire d'une forêt. Les massifs d'oliviers ne dessinent pas une ombre noire comme les autres arbres. Là tout est transparent : c'est comme un beau clair de lune, toujours sans les ombres; la teinte grise de ces plantations se reflète sur toute la nature ; la terre, privée de gazon, est triste et mélancolique sous cet ombrage, et le voyageur lui-même ne tarde pas à ressentir l'effet de cet aspect monotone, mais qui n'est pas sans un charme secret.

Nous passons près de Massa di Carrara, dont il a déjà été fait mention, mais pour nous hâter d'arriver à Pietra-Santa, gros bourg du territoire de la Toscane ; c'est là que nous pouvons faire une pause, avant de rejoindre le bord de la mer, quitté à regret depuis le golfe de La Spezia. Le site où se trouve Pietra-Santa avait autrefois un temple et un bois consacrés à la déesse Féronia. Ce bourg fut bâti par les Lucquois en 1242, afin de servir d'asile à leurs amis exilés de leur patrie ; aujourd'hui on y voit sur une place spacieuse deux églises qui ne manquent pas de caractère. La plus importante serait remarquée même dans une grande ville : des marbres précieux la décorent, et on y voit une chaire en marbre de forme octogone, dont les sculptures ne sont pas sans mérite; les fresques qui s'y trouvent à la voûte du chœur sont modernes et sentent le village. Pietra-Santa, d'un aspect riant et propre, annonce déjà le gouvernement paternel de Florence. Le grand-duc possède aux environs une maison de plaisance; il y a des eaux minérales, des mines de fer et une carrière de marbre d'un grain plus fin et plus serré que celui des marbres de Carrare. C'est la raison de la situation florissante de ce bourg, et ce qui explique comment ce lieu a des maisons bien bâties, des rues dallées, des murailles en bon état, et une population qui respire l'aisance et le bonheur.

Les montagnes qui séparent ce fragment du territoire florentin de l'état de Lucques sont désertes et stériles. Des myrthes aux touffes blanches, des grenadiers en fleurs, des genêts odorans, des lauriers au feuillage foncé, quelques cactus et l'aloès tapissent par buissons les pentes de ces montagnes, du côté de la mer. Ce luxe des jardins pare à nos yeux les routes qu'on parcourt; mais que sont pour l'habitant ces plantes inutiles? On comprend comment les Liguriens de cette partie du littoral s'emparèrent du plateau où les Samnites avaient fondé Lucques, et comment les Étrusques ne purent conserver cette ville long-temps avant la conquête des Romains.

Maintenant laissant à gauche Lucques, nous descendrons jusqu'à la mer, afin de suivre la plage où se trouve Viareggio.

Viareggio a le titre de ville depuis l'année 1823. Au milieu du littoral qui dépend de l'état de Lucques, entre l'Arno et le Serchio, d'un côté, et la Macra, de l'autre, cette ville a dû son accroissement à l'indépendance du duché dont elle est le seul port, bien que l'exhaussement progressif de la plage, par l'effet des matières terreuses que le voisinage des trois fleuves amoncellent sans cesse, lui ait retiré en partie les avantages de sa position maritime. On acquiert la preuve que la mer s'est beaucoup retirée, parce qu'on l'année 1172, les Lucquois construisirent à cet endroit une forteresse dont la mer baignait les murs. Aujourd'hui les ruines qui en restent sont distantes de la rive de deux tiers de mille.

Lorsque Charles-Quint vint de Gênes à Lucques, pour s'aboucher avec le pape Paul III, en 1541, Viareggio était une réunion de quelques misérables cabanes, et l'air y était infect; ce fut seulement en 1740 que l'atmosphère de cette contrée fut améliorée par le moyen d'un canal fait pour établir une communication entre les eaux des marais environnans et la mer. La population subitement accrue se livra à la culture; des manufactures s'établirent, et aujourd'hui on compte plus de cinq mille habitans où l'on en comptait à peine trois cents.

La situation de Viareggio est riante; on y jouit d'une belle vue de la mer. Les petits vaisseaux entrent dans son port par le moyen d'un canal, et c'est un avantage pour la pêche et une commodité pour le commerce. L'air y est maintenant assez sain pendant la plus grande partie de l'année et fort doux en hiver; cette chaleur de température attire beaucoup de riches particuliers de Lucques pendant cette saison. Viareggio est bien bâtie; ses rues sont droites et larges, et chaque année elle gagne en splendeur et en population.

Après avoir passé l'Arno pour se rendre à Livourne, les voyageurs qui désirent visiter l'ancienne principauté de Piombino, qui, sous l'empire de Napoléon, formait, avec le duché de Lucques, l'apanage de la grande-duchesse Élisa, madame Bacciocchi, peuvent s'embarquer ou prendre la voie de terre. C'est une partie de l'Italie peu visitée et qui pourtant mérite de l'être sous le rapport de la beauté des sites, bien que la nature y soit moins prodigue que du côté de Gênes.

Située entre l'ancien territoire de Sienne et celui de Pise, la principauté de Piombino s'étend le long de la mer; elle fut autrefois aux Pisans; mais Jacques Appiano, après avoir été élevé et nourri par Pierre Gambacorti, prince de Pise, auquel il devait toute sa réputation, se souleva contre lui, le dépouilla de ses états, et prit le titre de prince de Piombino. Cette principauté resta dans la maison des Appiani jusqu'en 1603. A cette époque, Jacques Appiano IV étant mort sans enfans mâles, l'empereur Ferdinand II remit la principauté de Piombino à Philippe IV, roi d'Espagne. Ce prince la vendit trois ans plus tard à Nicolas Ludovisi, qui avait épousé une petite-fille de Jacques Appiano, se réservant toutefois le droit de tenir une garnison espagnole dans la forteresse. Le pape Grégoire XV est sorti de la maison Ludovisi.

Le cap de Piombino forme, avec l'île d'Elbe, un passage fort étroit dans la Méditerranée: c'est le détroit connu des marins sous le nom de canal de Piombino. La ville est petite, mais bien peuplée. Les anciennes fortifications la défendraient encore en cas d'attaque. Quelques améliorations sont dues à la sœur de Napoléon. C'est aujourd'hui une ville prospère du grand-duché de Toscane.

H. AUGER.

GÊNES.

§. 1.

Il y a dans les montagnes de la Spezia, près de Gênes, une petite colline que je n'oublierai jamais. Voici pourquoi :

Trois jours avant de quitter Florence je rencontrai dans cette ville un Italien de mes amis, charmant jeune homme de 25 ans, marquis, parce qu'ils sont tous marquis, bien frêle, bien svelte, ayant de grands yeux noirs, une figure pâle, et une forêt de cheveux ondoyans, qui l'amaigrissaient encore; aimant Dante avec fureur, et le jeu bien davantage : comme tous les Italiens qui ont du cœur, il s'ennuyait à en mourir, passait toutes ses journées dans son lit, toutes ses nuits près d'un tapis vert, ou bien, pour se consoler de n'être rien, de ne pouvoir rien être, il était amoureux. Avec son organisation nerveuse et électrique, ses amours étaient des passions, ses passions des désespoirs; souvent, quand j'allais le voir à cinq heures du soir, je le trouvais couché, toutes ses fenêtres fermées (il ne connaissait pas le soleil), une bougie rose allumée près de lui, et écrivant des lettres. Je lui demandai plusieurs fois le nom de celle à qui il écrivait, mais il n'avait pas voulu répondre.

Quatre mois s'étaient écoulés depuis que j'avais quitté la ville où Stephano passait une si triste existence, lorsque je le rencontrai dans les rues de Florence; il était midi. Je ne pouvais en croire mes yeux. Stephano sorti dans le jour! Je m'avançai vers lui en riant, et une plaisanterie à la bouche; mais en m'approchant, je trouvai son visage si défait, si maigre, ses yeux si démesurément grands, que les larmes me gagnèrent, et que je lui serrai la main comme à un ami que l'on revoit pour la première fois, depuis qu'il a perdu son père ou sa mère. Lui, Stephano, il n'avait cependant pas de vêtemens noirs, mais c'était un de ces deuils qui se portent en dedans.

Nous restâmes tous deux quelques instans sans parler et nous tenant la main, lui la tête baissée, moi le regardant.

Enfin, il leva lentement les yeux, et me dit d'une voix faible : Je pars demain pour Gênes, venez avec moi. — A demain, lui dis-je.

Nous partîmes le lendemain. Pendant trente-six heures il n'ouvrit pas la bouche et pleura souvent. Enfin, après un jour et demi de route, nous arrivâmes au pied des montagnes de la Spezia; il était cinq heures du soir, le soleil se couchait, le ciel resplendissait d'une lumière blanche et bleue, l'air était frais, l'atmosphère transparente; je proposai à Stephano de monter la côte à pied, il accepta; nous gravissions lentement et silencieusement cette colline escarpée; rien ne troublait la pureté sereine et muette du soir, que le bruit des cahotemens de notre voiture qui suivait; tout-à-coup, nous nous trouvons sur un plateau, d'où l'on découvrait la mer, dans le fond à gauche, et ou à droite s'élevait un amphithéâtre de montagnes; ces montagnes étaient rousses, pelées, nues comme les montagnes de Toscane; mais derrière elles, pointait une petite colline toute bleue, qui s'emblait regarder par-dessus ces grands et sombres sommets, comme une jeune fille qui se dresse sur ses pieds pour lire par-dessus l'épaule de sa grand'mère; rien de plus ravissant que cette petite colline; Stephano se retourna de ce côté, la vit, la regarda, et il se mit à sourire. Voilà pourquoi je n'oublierai jamais cette colline, parce qu'elle a arraché un sourire à mon ami, qui souffrait depuis long-temps.

Nous arrivâmes à Gênes le lendemain matin. Stephano était Génois; dès qu'il entra dans la première rue, sa figure se contracta. — Il est dur, me dit-il, de revoir, quand on souffre, les lieux où l'on a été heureux.

§. 2.

A peine arrivés chez lui, il me tendit la main, et ajouta : Je voudrais vous servir de guide dans ma chère Gênes, mais je souffre trop encore aujourd'hui; allez seul, parcourez les rues, ouvrez les yeux; n'entrez nulle part, regardez en haut, en bas, à côté de vous, partout; faites comme les grands peintres de portraits, qui, avant de prendre le pinceau, posent leur modèle devant eux, et le contemplent long-temps en silence, jusqu'à ce qu'ils aient compris l'harmonie générale de ce visage, saisi le point qui fait une unité de tous ces traits divers : une ville est comme une figure; allez et cherchez.

Le soir, je revins tard. — Comment va l'âme, lui dis-je? — Mieux. Revoir son pays, c'est retourner au sein de sa nourrice. Causons. L'histoire d'une ville est écrite sur ses murailles. De quoi avez-vous été le plus frappé en courant au hasard dans notre cité?

— De la dimension des rues. Comment se fait-il que dans une ville si opulente, il n'y ait que deux voies où puissent pénétrer les voitures, et que les autres soient étroites et sombres comme des corridors?

— Tout est là. Gênes est la ville des guerres intestines. Nous sommes le plus inconstant de tous les peuples; ardents, aventuriers, passionnés pour les expéditions lointaines, fils de la mer et amoureux de la mer, nous aimons sur la terre et dans la cité les mêmes tempêtes que sur l'eau. Savez-vous que de 1390 à 1394, c'est-à-dire en quatre ans, nous avons eu dix révolutions? Eh bien! voilà pourquoi nos rues sont étroites. C'est le génie de la guerre civile qui a tracé autour de ces immenses palais ces couloirs resserrés, pour qu'on ne pût pas les attaquer. Si vous étiez monté dans les édifices mêmes, vous auriez trouvé au faîte l'image de la discorde comme au pied; chaque palais est couronné d'une terrasse; cette terrasse aujourd'hui est couverte d'une épaisse couche de terre végétale, où croissent des myrtes, des grenadiers, des oléandres; ce sont presque les jardins de Sémiramis; mais autrefois, ces terrasses étaient des plates-formes, d'où l'on se battait.

— Ce que vous me dites là est curieux, et prouve que tout est symbole, et qu'il ne faut qu'ouvrir les yeux pour voir partout de belles choses. J'aime vos ruelles, maintenant que j'ai leur histoire; je vous avouerai même qu'elles me plaisent aussi par leur structure : ce sont bien là les rues d'un pays chaud, inaccessibles au soleil, pavées de larges dalles, impénétrables aux voitures, et par conséquent silencieuses de tout le bruit qui se fait autour d'elles; puis les fleurs dont on les pare sont si belles! Et en levant les yeux en l'air, on est si frappé de voir cette étroite et longue bande de ciel, et ces immenses palais dont les faîtes se rejoignent presque dans les nuages!

— Nos palais! c'est là notre grande gloire. Rome est la ville des tombeaux, Naples la ville du ciel, Florence la ville des quais de marbre, Venise la ville des ruines, mais Gênes, Gênes est la ville des palais. Toutes les autres cités d'Italie vivent du passé, c'est-à-dire qu'elles meurent. Venise, avec ses palais rongés au pied par les flots, retourne à l'Océan d'où elle est sortie; figurez-vous une femme qui serait dans l'eau jusqu'au milieu du corps, et qui enfoncerait d'un pouce par jour, lentement, sans effort, mais inévitablement, fatalement; voilà Venise; Venise se noie pierre à pierre. Mais Gênes est encore jeune comme au siècle des Doria. Tous ces palais éclatants de marbres, de pierres précieuses, de dorures, de tableaux, ne vous racontent-ils pas cette oligarchie brillante et despotique qui pesa sans cesse sur notre république? Nous avons toujours été gouvernés par trois ou quatre familles : nobles ou bourgeois, il nous fallait des maîtres; ce furent d'abord les Spinola, les Doria, les Grimaldi, les Fieschi; puis les bourgeois exclurent les nobles de l'administration; les nobles se retirèrent sur nos montagnes dans leurs châteaux et leurs forteresses, et l'on vit surgir les quatre grandes familles bourgeoises d'Antimolto Adorno, de Pietro Fregozo, d'Antonio de Montalto et de Ludovico Guardo. Les nobles étaient puissants par l'étendue de leurs terres et le nombre de leurs vassaux; la force des familles bourgeoises était dans les ouvriers et les marins qu'ils faisaient travailler, les Génois sont marchands....

— Et même, mon hôte, lui dis-je en riant, des marchands un peu Arabes; car vous savez le proverbe : il faut douze Grecs pour faire un Juif; douze Juifs pour faire un Génois, et douze Génois pour faire un Génevois; ce qui veut dire que vous êtes vingt-quatre fois plus *Turc* qu'un Grec.

— C'est votre Rousseau de Genève qui a fait ce proverbe, et je reconnais bien là ce grand *patriote* qui a passé sa vie à dire du mal de son pays et de l'humanité, quoiqu'il prétendît les adorer. Mais ce qu'il ne dit pas, c'est que ces marchands ont porté et fait respecter leur pavillon aux confins du monde. Nos négociants étaient des souverains et des guerriers. Leurs vaisseaux étaient armés pour le combat; souvent le fils aîné d'une famille nombreuse montait un navire, et il passait des années entières

au milieu des matelots qu'il nourrissait à sa solde, qu'il accoutumait à l'obéissance et au respect; des milliers d'hommes vivaient ainsi aux gages d'un seul; et quand ce marchand revenait dans sa patrie, il y revenait presque roi. Aussi Adorno traitait-il d'égal à égal avec les princes de l'Europe. C'est lui qui, en 1388, alla en Barbarie punir les pirateries des Maures. Il assiégea le roi de Tunis dans sa capitale; il le força à remettre en liberté tous les esclaves chrétiens, à payer une somme d'argent pour les frais de la guerre, et à promettre qu'à l'avenir ses sujets s'abstiendraient du brigandage. Vous voyez que cet Adorno était le frère de votre Ango de Dieppe, qui faisait la guerre à ses frais au roi de Portugal, et recevait François 1er. Ce sont là de ces élévations de fortune et de ces puissances monétaires qui ne se trouvent que dans les villes maritimes; et la mer est l'architecte qui a bâti nos palais de marbre.

— J'ai été voir votre golfe, que Lamartine a chanté en vers si délicieux.

— Eh! bien, qu'en dites-vous?

— Je dis que j'ai vu peu de spectacles aussi admirables dans ma vie, et je ne l'ai pas vu comme tout le monde, car vous savez que j'aime ce qui est singulier. Or, voici ce que j'ai fait : j'ai pris un bateau au port, je suis monté dedans seul avec le batelier, et je lui ai dit d'aller à un quart de lieue en mer; nous sommes partis, mais ne voulant pas gâter mon impression en l'éprouvant par gradation, je me suis mis un bandeau sur les yeux; puis, arrivés à l'endroit convenu, j'ai ôté le bandeau et j'ai regardé. Ah! quel enchantement! Cette baie toute pavoisée de drapeaux, le délicieux cercle qui fait le rivage, cette admirable ville qui s'étage en amphithéâtre, ce phare qui s'élève au centre du port, ces deux môles gigantesques qui s'avancent dans la mer, tout cela m'a enivré : j'y suis resté deux heures, attendant le soir, pour voir toute cette côte s'empourprer des couleurs du couchant, puis, tous les monuments s'effacer un à un dans la brume du soir; c'était un effet magique, et cependant je crois que vous voudriez bien que le golfe de Naples fût en Espagne, pour que l'on pût dire que la baie de Gênes est la plus belle de l'Italie.

— C'est vrai. Comme beauté, le port de Naples est le premier; mais comme puissance, comme souvenirs, comme enseignement historique, quel golfe peut valoir celui de Gênes? Gênes, adossée aux montagnes de la Ligurie, couchée sur le bord de la mer, est une ville unique dans les annales d'Italie. Notre patrie à nous, ce n'est pas l'Italie, c'est la Méditerranée. Lisez l'histoire, et vous voyez que jusqu'au quatorzième siècle nous ne sommes mêlés à aucune de ces guerres dont Milan et Florence sont le centre. Venise et Pise sont les deux seules cités que nous ayons sérieusement combattues; mais les Vénitiens et les Génois allaient vider leurs querelles à trois cents lieues de Gênes et de Venise, et nous épouvantions le Levant du retentissement de nos batailles. Quant à Pise, nous l'avons anéantie. Les Pisans nous avaient refusé satisfaction pour une insulte sanglante. La guerre fut déclarée. Il y avait alors (c'était en 1282) un usage singulier : ni Pisans, ni Génois ne voulaient devoir la victoire à la ruse ou au mystère; aussi les deux républiques s'envoyèrent-elles un notaire, quatre explorateurs, avec la commission d'examiner les forces de l'ennemi, et d'en rendre compte ensuite à la patrie. Tous les apprêts de la guerre terminés, les Pisans s'approchèrent du port de Gênes avec soixante-quatre galères, et aussitôt soixante-dix vaisseaux génois sortirent pour les rencontrer.

N'était-ce pas grand et beau de voir deux villes seules jeter sur la mer plus de navires qu'aucun roi de l'Europe ne pouvait le faire? Mais la première année, les combats furent plutôt des tournois que des batailles. L'année suivante, les Pisans revinrent, et lancèrent contre le port des flèches d'argent pour faire pompe de leurs richesses. Les Génois sortirent; un combat effroyable eut lieu; les Pisans furent vaincus; on leur prit vingt-huit galères, ils perdirent cinq mille hommes, et onze mille furent faits prisonniers. Pendant un an on ne rencontrait plus à Pise que des femmes en deuil; c'était un proverbe en Italie : Si vous voulez voir Pise, allez à Gênes; et, si j'ai la force de parcourir notre belle ville avec vous, je vous montrerai au-dessus de la porte de la douane quelques morceaux de la chaîne de fer qui fermait la porte de Pise. Qu'est-ce que le golfe de Naples peut offrir d'aussi triomphal?

— Rien, sans doute, mais il est le golfe de Naples.

— Qu'est-ce que c'est qu'un golfe sans navire, et un port sans matelots? Notre marine, à nous, a été, pendant plusieurs siècles, la marine de toute l'Europe. N'est-ce pas nous qui avons transporté les croisés ? N'avons-nous pas prêté nos vaisseaux à la France, à l'Espagne, à l'Allemagne, à l'Italie même ? Gênes n'est pas à Gênes, elle est en Europe, elle est en Afrique, elle est à Constantinople. N'avions-nous pas établi dans un faubourg de Constantinople, à Péra, un ville plus forte que la cité Bizantine ? En 1348, l'empereur Catacuzène nous ayant refusé un terrain près de la ville, nous le prîmes. La guerre se déclara ; nous mîmes huit galères à la mer, nous brûlâmes tous les établissements de la côte. Les Grecs se décidèrent à lancer contre nous neuf grands vaisseaux et plusieurs navires à un ou deux rangs de rames, qu'ils avaient construits dans l'Hippodrome ; mais comme ils n'avaient pas assez de matelots, ils enrôlèrent pour les manœuvres un grand nombre de laboureurs et d'artisants. Lorsque cette escadre sortit du port, notre amiral remarqua que les rameurs frappaient inégalement la mer de leurs rames ; il reconnut aisément à ce signe à quels ennemis il aurait à faire, et il sut par là d'avance les succès de la bataille qu'il allait livrer. Il laissa les Grecs s'avancer vers l'Ile-au-Prince, y capturer un vaisseau génois qui arrivait de l'Hellespont, et il se plaça avec neuf galères et plusieurs moindres bâtiments à l'entrée du port pour attendre leur retour.

Le jour était nébuleux et le vent contraire, lorsque les Grecs revinrent de l'Ile-au-Prince. Pour rentrer dans le port, ils devaient tourner la pointe nord de Constantinople ; on assurait qu'un gouffre était caché devant le temple de saint Démétrius, et les galères grecques passaient lentement et timidement tout autour ; leur longue file se serrait contre le rivage, et semblait nous craindre plus encore de l'autre côté du golfe, que le gouffre ou les écueils. Tout-à-coup un léger mouvement de notre flotte glaça d'effroi les paysans qui devaient faire l'office des matelots ; plusieurs d'entre eux s'élancèrent sur le rivage, dès qu'ils s'en virent assez près pour espérer de l'atteindre ; d'autres se jetèrent à la mer pour gagner le bord à la nage. Bientôt la terreur devint contagieuse ; avant que nous fussions à la portée du trait, plus de deux cents Grecs s'étaient noyés en s'efforçant de s'enfuir, et les galères demeurées désertes, furent prises sans combat, et remorquées à Péra.

Pendant le même temps, les trois galères qu'on avait mises en sûreté l'année précédente dans le canal du Barbyssez, descendaient au travers du golfe, avec beaucoup d'autres vaisseaux, pour se joindre à la grande flotte. Lorsque ceux qui les montaient virent la première escadre entre nos mains, ils furent à leur tour frappés de terreur : commandants, soldats et matelots, tous se précipitèrent à la mer pour gagner la côte ; et ces galères, comme les autres, tombèrent au pouvoir de notre amiral. Enfin, la foule qui s'était assemblée sur les murs de Constantinople, moins pour les défendre que pour jouir du spectacle du combat, éprouvèrent la même terreur panique, se précipitèrent du haut des remparts pour s'enfuir dans la ville ; plusieurs se tuèrent dans leur chûte, tandis que nous attribuions cette déroute à quelque châtiment de Dieu. D'anciens amis, d'anciens voisins, que nos marins avaient eu si peu de peine à vaincre, ne leur inspiraient plus que de la compassion ; ils leur criaient de fuir sans se presser, et de ménager leur vie, puisque leurs ennemis n'avaient pas même l'idée de les poursuivre.

Voilà ce que nous sommes, ou plutôt voilà ce que *nous étions* ! car nous ne sommes plus. Tenez, ne parlons plus de gloire, ne parlons plus de rien...... Adieu.

Et il s'éloigna.

§ 3.

— Hé bien ! me servez-vous de guide aujourd'hui, lui dis-je, en l'abordant le lendemain ; voulez-vous me présenter aux beaux édifices de votre belle Gênes ?

— La douleur est comme la fièvre tierce, me répondit-il, elle vous quitte un jour, on se croit libre, et le lendemain elle vous reprend avec plus de violence ; hier j'étais mieux, aujourd'hui j'ai mon accès. Allez encore seul.

— Où irai-je ?

— Traversez les rues *Nuova*, *Balbi*, *Nuovissima*, et *Carlo Felice*, récemment ouverte. Ces quatre rues n'en forment pour ainsi dire qu'une seule, qui aboutit à une place, sur laquelle est élevé le beau théâtre Carlo Felice, aussi nouvellement construit. Ces rues sont bordées de palais magnifiques. — Allez voir la grande salle Saint-Georges ; car la banque Saint-Georges a été le défenseur indirect de toutes nos libertés ; comme elle était administrée seulement par des plébéiens, sa puissance et ses richesses ont contrebalancé l'influence des familles nobles; vous trouverez là les statues de ses fondateurs, vous remarquerez celle de Jean Grillo, qui avait fait un legs destiné à payer la moitié de l'impôt du blé pour soulager le peuple; regardez aussi un griffon en marbre, tenant un aigle impérial et un renard, armes des Pisans, et au-dessus ces mots:

Gryphus ut has angit
Sic hostes Genua frangit.

« Gênes terrasse ses ennemis, comme ce griffon enserre ceux-ci. »

Il ne faut pas oublier l'arsenal, où se trouve un canon en cuir et en bois, que nous avons pris sur les Vénitiens, au siège de Chiozza, et que nous prétendons être le premier canon fabriqué. Orgueil bien pardonnable, car vous savez que l'on compte toujours 10 ou 12 inventeurs pour une invention. Il n'y a pas un peuple en Europe qui ne dise avoir trouvé la poudre, l'imprimerie et la boussole, et je crois que vos Dieppois affirment qu'ils ont découvert l'Amérique 100 ans avant Colomb.

— Et puis?

— La cathédrale, l'église de Carignan, qui possède deux belles statues du Puget, l'église de l'Annunciata, et surtout le pont de Carignan, qui réunit deux montagnes en s'élevant à une hauteur immense par-dessus des rues très-peuplées. On y jouit d'une vue admirable de la mer.

— Et quels palais dois-je visiter?

— Le palais ducal, où étaient jadis les statues de tous les grands hommes qui avaient bien mérité de la patrie, statues qui furent brisées en 1797 par les furieux, et remplacées par je ne sais quelles vertus et quelles sciences, comme si l'image fidèle des hommes héroïques, désintéressés, éloquents, n'était pas cent fois plus électrisante que la froide représentation d'une femme en tunique, qu'on appelle l'Eloquence. — Le palais Serra, fameux par son salon de glaces, de dorures et de marbre. — Le palais Durazzo, qui appartient au roi. — Le palais Doria, où vous trouverez une inscription qui rappelle qu'André Doria fut amiral du pape, de François I.ᵉʳ, de Charles-Quint et de Gênes. Puis, après avoir visité ces trois palais, allez à la cathédrale, qui renferme le fameux *Sacro Catino*.

— Qu'est-ce que c'est que le Sacro Catino?

— Le Sacro Catino est pour Gênes ce que l'oriflamme était pour la France, ce que le sang de saint Janvier est pour Naples, ce que le lion de Saint-Marc est pour Vénise; c'est notre relique, notre patron. *Catino*, comme vous savez, veut dire en Italien bassin, et ce bassin sacré est, dit-on, un plat d'émeraude, qui avait été donné à Salomon par la reine de Saba, et qui avait servi à notre Seigneur pour la cène, avant de tomber dans les mains des Génois. On le gardait jadis dans une armoire de fer, et le doge seul avait la clef de cette armoire; tous les ans, à une fête solennelle, on le tirait de son sanctuaire pour le montrer au peuple; un prélat le tenait dans ses mains par un cordon, et à l'entour veillaient à sa garde les chevaliers appelés Clavigeri ou Porte-Clefs. Il était défendu de toucher au Sacro Catino ni avec les mains, ni avec un métal quelconque, et il y a même une loi qui punissait de mort le contrevenant. On s'est beaucoup moqué, comme vous pensez bien, de notre plat d'émeraude, et on a prétendu que ce n'était que du verre de couleur : qu'importe, s'il a fait faire de grandes choses!

— Voilà mon plan de journée tracé, je pars.

— Pas encore; n'oubliez pas de vous faire montrer le lieu où se tenait, au 12.ᵉ siècle, le parlement C'est là qu'eut lieu une réconciliation qui vous peindra bien par les détails l'esprit du moyen-âge, et qui rappelle votre fameux *Baiser Lamourette*.

— Racontez.

— Ecoutez.

¹ En même temps que nos ancêtres poursuivaient avec ardeur la guerre contre Pise, ils étaient déchirés eux-mêmes par des discordes civiles, dont l'historien public de notre république s'est interdit de nous transmettre les détails, pour ne pas faire déshonneur à la patrie. Nous apprenons de lui seulement que deux familles nobles, les Avogadi et les marquis de Volta, rivales peut-être en pouvoir et en crédit, s'étaient offensées et avaient entraîné leurs amis dans leurs querelles. Un marquis de Volta avait été victime de dissensions en 1165, quoiqu'à cette époque même il exerçât le consulat. L'année suivante, quatre nobles du premier rang, Rubaldo Bazatieri, Sismondo Sismondi, Juscelto et Scotto, furent aussi tués. La haine des deux factions devenait chaque jour plus violente.

¹ Histoire des républiques Italiennes, par Sismondi.

et elles se refusaient à tout accommodement. Les consuls de l'année 1169, pour rétablir la paix dans leur patrie, au milieu de factions sourdes à leur voix et plus puissantes qu'eux, furent obligés d'ourdir en quelque sorte une conspiration. Ils commencèrent par s'assurer secrètement des dispositions pacifiques de plusieurs des citoyens, qui cependant étaient entraînés dans les émeutes par leur parenté avec les chefs de faction; puis, se concertant avec le vénérable vieillard Hugues, leur archevêque, ils firent, long-temps avant le lever du soleil, appeler au son des cloches les citoyens au parlement : ils se flattaient que la surprise et l'alarme de cette convocation inattendue, au milieu de l'obscurité de la nuit, rendrait l'assemblée et plus complète et plus docile. Les citoyens, en accourant au parlement général, virent au milieu de la place publique le vieil archevêque entouré de son clergé en habit de cérémonies, et portant des torches allumées; tandis que les reliques de Saint-Jean-Baptiste, le protecteur de Gênes, étaient exposées devant lui, et que les citoyens les plus respectables portaient à leurs mains des croix suppliantes.

Dès que l'assemblée fut formée, le vieillard se leva, et de sa voix cassée, il conjura les chefs de parti, au nom du Dieu de paix, au nom du salut de leurs âmes, au nom de leur patrie et de la liberté, dont leurs discordes entraînaient la ruine, de jurer sur l'évangile l'oubli de leurs querelles, et la paix à venir. Les hérauts, dès qu'il eut fini de parler, s'avancèrent aussitôt vers Roland Avogado, le chef de l'une des factions, qui était présent à l'assemblée; et secondés par les acclamations de tout le peuple, et par les prières de ses parents eux-mêmes, ils le sommèrent de se conformer au vœu des consuls et de la nation.

Roland à leur approche déchira ses habits; et s'asseyant par terre en versant des larmes, il appela à haute voix les morts qu'il avait juré de venger, et qui ne lui permettaient pas de pardonner leurs vieilles offenses. Comme on ne pouvait le déterminer à s'avancer, les consuls eux-mêmes, l'archevêque et le clergé s'approchèrent de lui, et renouvelant leurs prières, ils l'entraînèrent enfin, et lui firent jurer sur l'évangile l'oubli de ses inimitiés passées.

Les chefs du parti contraire Foulques, de Carmro et Volta, n'étaient pas présents à l'assemblée; mais le peuple et le clergé se portèrent en foule à leurs maisons, et ils les trouvèrent déjà ébranlés par ce qu'ils venaient d'apprendre; et profitant de leurs émotions, ils leur firent jurer une réconciliation sincère, et donner le baiser aux chefs de la faction opposée; alors les cloches de la ville sonnèrent en témoignage d'allégresse, et l'archevêque, de retour sur la place publique, entonna un *Te Deum* avec tout le peuple, en l'honneur du Dieu de paix qui avait sauvé leur patrie. — N'est-ce pas là, dites-moi, une belle et touchante scène, et savez-vous rien de plus beau que ce Roland qui crie à genoux : Et mes vengeances ! mes vengeances !

Je partis avec ces instructions.

§. 4.

— Eh! bien, me dit Stephano, quand je revins le soir, suis-je un bon itinéraire ? êtes-vous content de votre journée?

— Enchanté; mais ce dont vous ne m'aviez pas parlé, ce sont ces admirables collections de Véronèse, de Titien, de Raphaël, devant lesquelles on passerait de longues journées qui sembleraient bien courtes. Il y a surtout un portrait de Vandyck qui m'a bien frappé : c'est une vieille femme habillée de noir, ayant une cornette blanche, assise, avec une figure triste et maussade, et filant sa quenouille. Mon guide me dit que c'était le portrait *de la veuve de Vandyck*. — Comment Vandyck peut-il avoir fait le portrait *de sa veuve* ! — Le voici. Vandyck avait une femme très jeune, très belle, très brillante, mais très coquette; un jour qu'elle l'avait désespéré par ses légèretés, il alla dans son atelier, fit le portrait de sa femme, et, le vieillissant de quarante ans, il le lui apporta, et lui dit : Voilà comme vous serez quand vous serez veuve de moi. Il faut cependant que je vous avoue que j'ai éprouvé un crève-cœur en parcourant ces admirables galeries; à chaque pas que je faisais, les gardiens me disaient : Signore, voici un beau Tintoret, un Léonard de Vinci.... *il était à Paris.*

— Mais à qui Paris l'avait-il pris? s'écrie Stéphano; à nous, à nous, que vous avez pillés, tués, dénationalisés! Vous nous avez enlevé nos tableaux, nos statues, notre or, et, en revanche, que nous avez-vous donné? Votre froc. Le jour où nous avons dépouillé votre Louvre, nous n'avons fait que reprendre notre bien. D'ailleurs, n'était-ce pas un crime de lèze-arts que votre importation? Laissez leur

soleil aux Titiens et aux Tintorets; il les a vu naître, qu'il les éclaire! Un Véronèse en France, c'est un ananas transplanté! Il n'y a plus à côté, pour faire sentir toute sa saveur, ce soleil brûlant qui vous le rend plus frais, ce beau ciel sous lequel vous êtes couchés, ces orangers et ces citronniers, dont les parfums s'harmonisent avec la saveur embaumée de ce fruit divin! Comprendrez-vous Procaccino et Bonifaccio, ces magiciens de couleur, sous votre ciel froid et brumeux! Et puis, pourquoi aller déplumer tous les autres peuples pour se faire des ailes; on n'en vole pas mieux! Paris n'est-il bon qu'à devenir une serre chaude de chefs-d'œuvre, recevant tout, ne produisant rien! Ce n'est pas tout, quel coup porté au cœur de l'humanité! Chose étrange : si on dit à un individu qu'il est égoïste, il se révolte; et un peuple consent au plus affreux égoïsme; il s'en réjouit; il en est fier! Pauvre Italie, comme vous l'avez flétrie en la francisant! Elle a voulu pencher la tête comme Alexandre, et elle s'est déformé le cou! Sa haine pour les Autrichiens la défendait de l'imitation; mais, vous elle vous a aimés (je ne sais pourquoi); elle vous a singés, et la voilà Sosie! C'est effrayant même pour vous! Quand tous les individus d'une nation et toutes les nations d'un continent se ressemblent, mauvais signe; elles tombent dans la vieillesse, âge où nous sommes tous pareils, où il n'y a plus ni blonds, ni bruns, ni roux; mais des têtes blanches et de pauvres êtres qui souffrent, sont tristes et meurent.

Comme je trouvais toutes ces paroles justes, je baissai la tête sans rien dire, et je partis.

§. 5.

Après la conversation un peu vive que j'avais eue la veille avec Stephano, je voulus le voir le lendemain matin; mais il s'était enfermé dans son appartement, et avait défendu que personne le troublât; je partis pour achever mon tour de Gênes; quand je revins le soir, il était tard, et je trouvai Stephano m'attendant; il était fort pâle, son visage me sembla contracté d'une douleur plus profonde que de coutume.

— Racontez-moi ce que vous avez vu, me dit-il.

— J'ai d'abord été voir le palais Doria. Quel homme qu'André Doria!

— Comment! vous! un Français! vous aimez André Doria, lui qui a été cause de votre désastreuse campagne d'Italie en 1528, en abandonnant le parti de François Ier.

— Il était Génois; il eut raison! Nous, Français, nous qui passons pour le peuple le plus civilisé, nous sommes les vainqueurs les plus barbares, et les maîtres les plus impitoyables de l'Europe. François Ier oubliant que Doria et Gênes avaient été ses premiers et ses plus puissans alliés, vous traita en serfs, vous envoya des Verrès pour préposés, refusa à votre grand amiral les récompenses méritées. **Doria** passa du côté de l'empereur, et nous chassa de Gênes; il fit bien!

— Ajoutez que ce n'est pas par ambition personnelle, car Charles-Quint lui offrit la souveraineté de la république, et il la refusa, aimant mieux en être le premier citoyen. Ajoutez aussi que depuis ce jour, où il avait changé les destinées de Gênes, il se regarda comme responsable de la liberté, qu'il nous donna une constitution libre, qu'il fit cesser les dissensions sanglantes en éteignant les noms des Adorni et des Fregosi, et que pour tant de grandes choses il ne voulut d'autre rang que celui de censeur à vie. Aussi on lui a élevé une statue.

— Que nos Jacobins ont renversée; vraiment Gênes doit haïr la France, car nous l'avons toujours insultée ou trahie. En 1746, nous vous avons lâchement abandonnés à la vengeance autrichienne.

— Oh! vous rappelez là un des plus beaux traits de notre histoire. C'est vrai, nous nous étions alliés avec vous et l'Espagne contre Marie-Thérèse; vous fûtes vaincus près de Plaisance, et vous vous retirâtes derrière les Alpes. Les Autrichiens marchèrent contre Gênes, ils entrèrent dans la ville, pillèrent le dépôt sacré de la banque Saint-George, nous imposèrent une taxe de vingt-quatre millions, insultèrent nos femmes; et pour comble d'opprobres, nous forçaient à traîner nos propres canons qu'ils faisaient marcher contre vous. Un de nos ouvriers murmurait, un capitaine autrichien le frappa, l'ouvrier le tua. Tous ses compagnons vinrent à son aide; les soldats autrichiens, assaillis de pierres, se sauvent dans leurs casernes; une armée s'organise dans la ville, et c'est encore un Doria qui la dirige; le peuple seul fait tout, le sénat tremble, et veut réconcilier les insurgés et les vainqueurs; mais les insurgés deviennent les vainqueurs à leur tour; les Autrichiens, réfugiés dans la citadelle, veulent faire une sortie, ils sont complètement battus, perdent quatre mille hommes; le général en chef sauve les restes de son armée par une honteuse capitulation, et Gênes est délivrée. Aussitôt que la nouvelle de notre succès fut répandue, vous Français, vous revîntes à nous avec des troupes et des généraux, le duc de Boufflers, le duc de Richelieu, furent proclamés sauveurs de Gênes, mais Gênes n'avait eu d'autre sauveur qu'elle-même. C'est comme au fameux siège soutenu par Masséna; sans doute il y déploya de grandes qualités, et surtout une ténacité confiante dans la fortune, qui est belle et héroïque; mais croyez-vous que nous ne soyons pour rien dans cette défense!... Laissons là l'histoire, et dites-moi ce que vous avez encore visité.

— J'ai été au palais Saluzzi qu'habita lord Byron. C'est de là qu'il partit pour la Grèce; et le temps calme l'ayant forcé de rentrer à Gênes, il revint dans ce palais avec le comte Gamba, le frère de la comtesse Guiccioli. Il se mit alors à causer tristement; parlant de tous les événements qui avaient agité son existence, et interrogeant mélancoliquement l'avenir : — Où serons-nous dans un an? disait-il. Hélas! au bout d'un an, mois pour mois, jour par jour, il était mort. — J'ai été ensuite visiter l'ancien arsenal d'où furent lancées les premières galères de la république, et près de là, la Darse, dans laquelle tomba Fiesque.

J'ai été ensuite à l'hôpital des Pammatone où il y a des escaliers de marbre blanc et sept cents malades; on y trouve partout le souvenir des fondateurs: et comme le dit spirituellement M. Valery, les donateurs de 25,000 fr. ont une inscription; ceux de 50,000 fr. un buste; il faut 100,000 fr. pour une statue. Enfin, j'ai terminé ma journée par l'Albergo dei Poveri.

— Je ne connais pas cet établissement, quoique je sois Génois; allons, faites les fonctions de cicerone.

— J'ai là un voyage de Simond, qui vous le peindra mieux que moi.

L'*Albergo dei Poveri* est un établissement magnifique, et qui, je l'espère, est aussi utile que beau. Quinze à seize cents individus, enfants, orphelins, vieillards, y trouvent un asile. Ceux-ci couchent seuls dans d'immenses dortoirs, et ne travaillent pas. Les enfants apprennent divers métiers exercés dans la maison; et à un certain âge, on leur donne la moitié du produit de leur travail; avec lequel ils doivent se fournir de vêtements et d'une partie de leur nourriture; ils ne reçoivent que le pain et le logement. On veut par là leur apprendre à pourvoir à leurs propres besoins par leur travail. Ceci est fort bien; mais une objection fondamentale à laquelle tous ces établissements sont sujets, c'est que le travail donné aux pauvres dans l'intérieur est autant d'ôté à ceux de l'extérieur, de sorte que la tendance inévitable est d'envoyer peu à peu toute la classe ouvrière à l'hôpital. En effet, les ouvriers consultent la consommation, et ne font en général que ce que l'on leur commande, ou que ce qu'ils peuvent vendre avec profit; tandis que l'hôpital travaillant à tout hasard, et vendant comme il peut, à quelque prix que ce soit, élève une concurrence trop redoutable, et que l'ouvrier ne peut soutenir long-temps. Si ces établissements ne travaillaient que pour l'ouvrier du dehors, et toujours de commande, l'inconvénient ne serait plus le même. Une autre objection, non moins forte, c'est que les enfants reçus dans l'établissement font place à d'autres à l'extérieur, et qu'il en naît d'autant plus que l'on en reçoit davantage; c'est une véritable prime donnée à la population, déjà trop grande; et l'on ne saurait trop le répéter, toutes les fois que, naturellement, et sans l'artifice des maisons de charité, elle ne trouve pas de l'ouvrage et du pain. Sur un millier d'enfants reçus dans l'établissement, il n'y en avait que quarante ou cinquante qui sussent lire et écrire, attendu, nous dit-on, qu'il aurait fallu trop de maîtres pour donner l'enseignement à un plus grand nombre. Les directeurs ignoraient totalement l'existence de l'enseignement mutuel; ils n'en avaient aucune idée.

Je parlais depuis quelques minutes, et Stephano me regardait d'un air étrange, comme quelqu'un qui n'écoute pas. Puis soudain, il se leva et partit.

Je ne l'ai jamais revu.

Mme D.

LOMBARDIE.

MILAN.

On n'oublie jamais ni la première femme qui vous a appris l'amour, ni la première voix qui vous a appris à aimer la musique. Je n'oublierai jamais Milan, parce que c'est la première ville où j'aie dit.... Italie !

Après avoir traversé une partie de la Suisse, nous étions arrivés au pied du mont Saint-Gothard : c'était le premier juin, à huit heures du matin, par un temps clair, chaud et brillant. Nous attendions dans un petit village, nommé Ospédale, le moment favorable à l'ascension ; enfin arrivèrent les guides et les montures ; ils attachèrent à chacun des compas extérieurs de notre voiture quatre grandes et fortes cordes, comme des cordes à puits, et y attelèrent deux vigoureux bœufs ; nous, nous montâmes sur de petits chevaux du pays, et notre caravane, composée de deux voyageurs et de huit guides, commença à s'élever en serpentant sur les flancs sinueux de la montagne. Les guides avaient les jambes couvertes, jusqu'au milieu des cuisses, d'énormes guêtres de peau ; leur main était armée d'un bâton de cinq pieds. On nous avait proposé, à mon compagnon et à moi, de rester dans la voiture, nous assurant qu'il n'y avait aucun danger ; mais le ciel était si pur, l'atmosphère si douce, que nous avions préféré gravir le vieux Saint-Gothard à cheval, et nous trottions devant la calèche, suivis par un guide qui courait à pied. Comme nos yeux plongeaient dans les abîmes qui nous entouraient de toutes parts, et que nous admirions les mille reflets du ciel éblouissant sur ces roches taillées à pic, nous vîmes au fond d'une espèce de vallée une légère vapeur, semblable à la fumée d'un toit de paysan ; puis cette vapeur grandit, grandit ; puis elle s'étendit sur tout le fond de la vallée ; puis elle alla se répandre et se rouler sur les rochers et les abîmes voisins ; puis elle monta jusqu'à la cime, puis elle se développa largement et impétueusement dans le ciel, comme poussée par un vent terrible ; puis, au bout de cinq minutes, un brouillard immense couvrait toute l'étendue de l'éther, et après cinq autres minutes, la pluie et la neige tombaient avec violence. Nous n'avions pas pris de manteau, séduits par la douceur de la température ; mais le froid devint bientôt si vif et si aigu, que nous grelottions sur nos chevaux ; plus nous nous élevions, plus l'aspect de la montagne devenait terrible et l'atmosphère inclémente. La neige, épaisse et glacée, couvrait tout le chemin. Pas de sentiers frayés ; nous avions pour seuls indices la tête de quelques bornes de bois qui perçaient encore leur manteau blanc. A travers la vapeur dense et grise qui couvrait tout, à travers la neige et la pluie qui me fouettaient le visage, je ne distinguais que la cape brune de notre guide, marchant dans la neige jusqu'au genou ; puis, çà et là, quelque pente de rocher, dont la pierre noirâtre et lavée par la pluie luisait comme une armure ; et devant moi, à quelques pas, la croupe noire et ruisselante du cheval de mon compagnon ; tout le reste, blanc.... blanc ! à mes pieds, au-dessus de moi, autour de moi, toujours du blanc, rien que du blanc !... On ne peut rendre l'effet terrible et oppresseur de cette monotone et pâle couleur !... Je souffrais comme un homme à qui, pendant une heure entière, on ferait à l'oreille un seul son, un seul, inévitable et incessant. Il me semblait que tout l'univers n'était qu'un grand fantôme, l'ombre du père d'Hamlet qui se levait devant mes yeux, et que cette vapeur, cette neige, étaient comme les plis de son immense manteau qu'il jetait sur nous. Puis, parfois, l'obscurité devenait tellement profonde, que je n'apercevais plus ni guide, ni compagnon ; alors, comme nous en étions convenus, je jetais deux cris clairs et aigus, le guide répondait, et je suivais la direction de la voix. Enfin, au bout d'une heure et demie de marche, nous arrivâmes, à travers un chemin pierreux et très-rude, à l'hospice qui est établi au haut du Saint-Gothard, comme un lien entre le ciel et la terre.

Cet hospice est une hôtellerie tenue par de pauvres paysans. L'eau ruisselait sur nos habits, nous mourions de froid, et une chose assez étrange, c'est que la partie du corps où le froid nous faisait le plus souffrir était le genou. Nous nous trouvions dans une de ces grandes salles d'hôtellerie suisse, dont les murs sont tapissés de bois, dont le bois est tout noirci par la fumée de la pipe, et dont le plancher est traversé par d'énormes poutres noires aussi. Il y avait grand feu dans la cheminée, et cependant impossible de réchauffer nos genoux. Pour dernier moyen, nous fîmes chauffer le four, et nous nous enfournâmes dedans comme des pains. Et, à ce propos, il faut que je vous conte une histoire :

« Le général L... traversait les montagnes du Tyrol dans sa voiture ; tout à coup un horrible bruit se fait entendre, c'est une avalanche : elle tombe, elle tombe sur la voiture, le général sent que la vie l'abandonne..... il s'évanouit, il meurt. Au bout de.... comment fixer le temps ? il se réveille.... il se tâte ; c'est bien lui.... il respire ; .... mais où est-il ?... il ouvre les yeux,... une nuit profonde !... il est couché et attaché... Alors une idée terrible lui vient !... « Mais je suis mort, se dit-il ; j'ai été étouffé sous l'avalanche, et je suis, peut-être.... ici en enfer !... »

« Comme il achevait cette pensée, il sent tout à coup une chaleur insensible qui augmente par degrés !... « C'est cela !... c'est cela !... pense-t-il, je brûle !... Eh bien ! moi qui me suis tant moqué là haut du diable et de sa chaudière, m'y voilà cependant. Comment ? c'est vrai !... » Cependant la chaleur augmentait, et l'inquiétude du général aussi, quand, du milieu de cette obscurité, il entend une voix lamentable qui lui dit : « Général ! général !..., » c'était la voix de Régnier, son valet de chambre. — Hé bien, mon pauvre Regnier, tu y es donc aussi ? — Où donc, général ? — Dans l'enfer. — Mais, général, vous êtes dans un four, où l'on vous a mis pour vous faire revenir. — Je ne suis donc pas mort ? — Non, général, on nous a retirés de dessous l'avalanche ; et comme vous étiez évanoui on vous a placé là-dedans. — Au diable leur invention ! Quelle peur ils m'ont faite ! » Et le général se jeta hors du four. »

Nous fîmes comme lui, et quoique deux heures auparavant nous eussions déjeûné avec un appétit de voyageurs, l'air de la montagne était si vif, que nous mangeâmes une immense assiette de saucisson de Bologne, deux livres de fromage de Gruyère, et que nous bûmes trois bouteilles d'un vin lombard aussi généreux que le vin de Roussillon. Les maîtres de l'hôtellerie étaient de pauvres paysans, moitié Italiens et moitié Français ; ils parlaient cependant italien. La femme nous disait que souvent ils restaient enfermés là, par les neiges, des mois entiers, sans voir un visage humain et sans pouvoir sortir ; et comme nous nous étonnions de l'âpreté du froid le premier jour de juin, elle nous répondit que fréquemment, au mois de janvier, il faisait doux et beau comme dans l'été. Notre voiture arriva une heure après nous. Quand il fallut repartir, nous avions tant souffert à cheval pour monter, que nous nous décidâmes à nous mettre dans la calèche pour descendre, quoique notre hôtesse nous dit que les chemins étaient bien mauvais, la neige bien épaisse, et qu'il était peu prudent de partir. On attacha plus fortement les cordes aux compas de la voiture ; on répara quelques avaries faites par l'ascension ; on ajouta un bœuf aux deux autres, et nous nous mîmes en route. Tout était hermétiquement fermé. De chaque côté de la calèche marchaient quatre guides, tenant chacun en main une des cordes, dont nous ne comprenions point l'usage, et dont nous vîmes bientôt l'utilité. Nous descendions pas à pas, et avec d'horribles cahots ; souvent, à travers les vitres mouillées, nous voyions quelques-uns des nôtres qui enfonçaient tellement dans la neige, que leurs compagnons étaient forcés de les aider à sortir. Enfin nous arrivâmes à un passage plus difficile, et les guides s'avertirent par un cri. Comme on nous avait expliqué ce cri, nous éprouvâmes un léger frisson, et, l'œil collé sur les vitres, nous regardâmes. Le chemin était étroit et bordé des deux côtés de précipices sans fond ; sur chacun des bords de la route étaient établies, de dix pas en dix pas, des bornes de pierre, traversées à leur extrémité supérieure et unies entre elles par des pièces de bois transversales qui servaient de parapet ; il y avait, au-delà de ces bornes, un rebord de chemin de deux pieds à peu près. Notre voiture s'engagea dans ce sentier ; les bœufs allaient plus lentement encore ; les mouvemens de la voiture étaient terribles, et les huit guides tiraient violemment, chacun à soi, leurs cordes tendues, pour tenir la calèche en équilibre ; ... mais au bout de cinq minutes, la secousse produite par une inégalité de terrain fut si forte, que la voiture culbuta du côté gauche et tomba sur la barre de bois : la barre craque et faiblit, mais sans se briser ; nous voilà sur le flanc ; on nous propose de descendre ; comme nous étions deux, nous refusâmes. Aussitôt deux guides du côté gauche passent du côté droit ; on attache deux cordes de plus de ce côté ; et ils se pendent tous les six après ces cordes, pour essayer de remettre la voiture d'aplomb ; pendant ce temps,

les deux guides du côté gauche qui y étaient restés passent sous la barre de bois, s'établissent sur le petit rebord du chemin, et avec leurs épaules s'efforcent de toute leur vigueur à soulever la calèche: ces huit hommes tiraient et soufflaient comme des chevaux. Enfin un élan est donné, un cri de joie part, la voiture se soulève; mais la secousse étant un peu forte, au lieu de s'arrêter sur son axe, elle va pencher du côté droit, puis revient pencher sur le côté gauche!... Elle n'était plus qu'à quelques pouces de la barre affaissée; si elle y était retombée, nous étions perdus, la barre se brisait, et nous roulions au fond de l'abîme.... Un profond silence, une immobilité complète se fit chez tous ces hommes, car la force humaine ne pouvait plus rien!... Enfin, après une vacillation légère comme le roulis d'un vaisseau, la voiture se remit tremblant encore sur son assiette... Nous étions sauvés. Nous ouvrîmes la portière, et nous jetâmes deux louis au chef des guides. Et une chose que je n'oublierai jamais, c'est que pendant tout ce temps mon compagnon, qui n'était pas plus Achille qu'un autre, esquissa le portrait de l'un de nos conducteurs. Je ne crois pas qu'il voulût *faire du Pline*; cela n'était pas dans son caractère. Ce jour-là, je formai le projet d'apprendre à peindre.

Nous descendîmes ensuite rapidement, et nous allâmes coucher à Lugano. Le lendemain à cinq heures nous étions en route! Ah! délices! délices! quelle matinée! Je vivrais cent ans, deux cents ans, que je n'oublierais pas les cinq heures qui se sont écoulées jusqu'à dix heures!... La calèche était découverte, nous étions assis au fond, tous les deux jeunes, animés, pleins d'amour pour les belles choses, pleins d'amour pour l'art et la nature. L'air était à la fois piquant et doux, nous le respirions à pleine poitrine!... Notre voiture fendait l'air au grand galop des chevaux de poste, et nous nagions dans la plus enivrante des ivresses, l'ivresse du mouvement! Pas un nuage au ciel! Une atmosphère tiède et embaumée! Autour de nous des milliers de jardins en amphithéâtre! des oliviers, des mûriers, des amandiers! des orangers! une route de fleurs et de fruits! de temps en temps une villa avec un toit plat et un petit portique dont les colonnettes de pierre étaient entourées de vignes! Nous volions sur les bords du plus délicieux lac du monde, un lac tout encadré dans des montagnes fleuries, un lac moitié suisse et moitié italien! Sur la rive, des pêcheurs qui avaient passé la nuit étendaient leurs poissons et leurs filets sur le sable, et nous donnaient la *bona salute* en ôtant leurs bonnets de laine... La veille, neige, montagnes, précipices, hiver, mort!.. Aujourd'hui, printemps, fleurs, lac, soleil, vie!.. L'Italie commençait! Et songez que tous deux nous avions vingt-cinq ans!.. Ah! que de chants, de rires, de paroles!.. car notre bonheur n'était ni silencieux ni intérieur! c'était de la folie, du délire! Moi je lui chantais Mozart, Cimarosa, Rossini, tout le répertoire italien! lui, m'entonnait Désaugiers, Béranger, Collé! jamais de repos, jamais de silence! notre verve ne tarissait pas! Quand nous ne savions plus rien, nous improvisions!.. Un paysan passait : vite un couplet sur ce paysan! et nous faisions un couplet sur ce paysan! paroles, musique, tout était trouvé en même temps! Nous faisions des vers sur les oiseaux, sur le sable, sur notre voiture, sur nos chevaux, sur notre conducteur, sur nous-mêmes! Quels vers, je vous le demande? mais qu'importe, nous étions heureux!. Oh! si j'étais capable de faire une belle ode, je la donnerais bien à l'instant pour me rappeler ces couplets que nous avons improvisés sur le bord du lac de Lugano!.. Ils étaient absurdes et inouïs, mais que de souvenirs de bonheur là-dedans!

Cependant la chaleur commençait à peser, et avec la chaleur notre gaîté s'en allait; nous nous mîmes alors à causer plus tranquillement avec notre conducteur de voleurs et d'assassins. Vous savez que quand on part pour l'Italie, et qu'on a une mère, le jour du départ, elle entre dans votre chambre, vous apporte une paire de pistolets, et vous dit en pleurant : « Tâche de ne pas t'en servir, ne voyage jamais la nuit. » A cela, on se met à rire, et on fait le brave, mais quand on entre en Italie, on y pense. Notre conducteur était un bon Genevois, nommé Daniel, que nous avions pris comme guide pour nous conduire à travers la Suisse jusqu'à Milan. Est-ce qu'il y a beaucoup de voleurs sur la route de Milan? lui demanda mon compagnon d'un air indifférent. — Il y a sept ans que je n'y ai été, mais j'ai bien manqué rester à ce voyage-là. — Comment donc?.. — Voici : j'avais pris deux Anglais à Genève, comme vous, messieurs; et je devais les mener à petites journées jusqu'à Milan avec mes chevaux. Tenez, cette jument grise là en était, dit-il, en alongeant un coup de fouet à la pauvre bête qui se serait bien passée du souvenir. Il y avait trois chevaux, et entre autres un mecklembourgeois qui était une crâne bête, oui... je l'ai vendu à un Piémontais il y a un an, et je l'ai encore vu à Genève il n'y a pas un mois. Enfin, pour en revenir, il était midi, nous sortions, les Anglais et moi, de Côme, et nous allions bravement (je vous montrerai l'endroit tout à l'heure) quand tout à coup trois hommes couchés à plat ventre dans un fossé se lèvent et se précipitent sur la voiture; l'un se met à la tête des chevaux, l'autre sur le derrière de la voiture, et puis le troisième monte sur le marchepied pour me jeter à bas. Mes Anglais, qui avaient toutes sortes d'armes, hurlaient comme des damnés. Les voleurs me criaient d'arrêter. Attends, attends! Je cingle un bon coup de fouet au mecklembourgeois, il part au triple galop, les autres le suivent, et voilà d'abord celui qui était aux chevaux par terre; mais l'autre qui était sur le marchepied se dresse jusqu'à ma poitrine et m'allonge un coup de couteau dans les côtes; moi je n'en fais ni une ni deux, je lève ma savate, et je lui détache un grand coup de pied dans la poitrine : voilà mon homme par terre! et de deux!.. Restait le troisième, qui était toujours cramponné au haut de la calèche, et qui ne pouvait pas descendre, parce que nous allions trop vite; de temps en temps je lui lâchais par derrière quelques cinglades de mon fouet, et je criais à mes Anglais de le tuer!.. Ah! bien oui,... ils étaient cachés au fond de la voiture, les poings sur les yeux et les genoux dans la bouche. Enfin, au bout de dix minutes, il se laisse couler en bas, et nous arrivâmes à Milan.... tenez, voilà l'endroit, nous dit-il en nous montrant un large fossé, et la preuve que je ne vous mens pas, c'est que voilà aussi la cicatrice du coup de couteau. Et en même temps il ouvrit son habit et sa chemise, et nous montra en effet une blessure assez large.

Tout cela vous fait rire, vous, bon lecteur, assis dans votre fauteuil, au coin d'un bon feu; mais si l'on vous parlait ainsi de Côme à Milan, vous ne seriez pas si tranquille. Involontairement nous nous taisions tous, nous regardions par moment de chaque côté de la route; tous les paysans, avec leurs chapeaux pointus et leur mine hâve, me semblaient avoir un air féroce; et quand par hasard il sortait tout à coup de derrière une haie un homme un peu plus maigre que les autres, je tâtais de la main si le ressort de ma canne à épée jouait bien; mais l'homme nous regardait sans rien dire, avec ses grands yeux noirs immobiles, et la voiture roulait. Nous arrivâmes ainsi à la douane.

La douane, comme on sait, est un des épouvantails du voyageur. La douanie italienne, ou plutôt autrichienne, a cent yeux comme Argus, et cent bras comme Briarée. Elle vide les malles, elle ouvre les portefeuilles, elle fouille dans les albums, elle confisque les livres, elle lit vos souvenirs, elle examine les vers surtout!.. La poésie est consignée à l'octroi, c'est de la contrebande, et je me rappelle à ce sujet un mot qu'il faut que je vous conte. Avant de partir de Paris, nous avions fait demander à un Autrichien puissant des lettres de recommandation pour l'Italie. Notre protecteur intermédiaire était lui-même très-haut placé; il fit donc notre demande.

— Pour qui sont ces lettres de recommandation?

— Pour deux jeunes Français de mes amis.

— Qu'est-ce qu'ils font?

— Ils s'occupent d'arts et de poésie.

— Des gens d'esprit?.. Je ne peux pas.

L'illustre étranger avait grand tort sans doute de nous refuser *à ce titre*, et nous n'étions pas si coupables qu'il le pensait; mais le fait est vrai. Et comme, quelque imméritée que soit une louange, on la croit toujours un peu, nous avions grand'peur de la douane en arrivant. Nous avions raturé sur nos albums tout ce qui ressemblait à une idée, et l'orgueil humain est si grand que nos albums étaient chargés de ratures. Je me souviens, entre autres choses, qu'un quart de lieue avant la douane, j'effaçai avec la pointe d'un couteau le mot *république* qui se trouvait en haut d'une page. Les douaniers furent pourtant moins cerbères que nous ne le croyions, et ils nous laissèrent entrer dans Milan sans rien nous enlever.

Me voilà donc en Italie! en Italie! dans ce pays tant rêvé, tant désiré, tant aimé d'avance! le cœur me battait, et il me semblait que toutes les minutes allaient être pétries de joie et de délices. Hé bien! il n'y avait pas deux heures que j'étais dans ma chambre d'auberge, qu'en songeant que dans cette ville pas un cœur ne s'intéressait à moi, que pas une pensée n'était pour moi, que je pouvais y vivre, souffrir, mourir, sans que personne le sût ni le sentît, je tombai en tristesse, et le premier sentiment que j'éprouvai en Italie fut une mélancolie amère et profonde. J'étais si étonné de cet état que je ne songeais pas à sortir pour m'en distraire. La voix de mon compagnon qui m'appelait me tira de toutes ces sombres idées, et nous partîmes. A peine dehors, le plaisir des yeux passa dans notre âme. Il était sept heures du soir, entre la nuit et le jour; la brise du soir commençait à souffler; le soleil, déjà couché, dorait encore la moitié du ciel; toutes les fenêtres étaient ouvertes; les stores roses qui servent de jalousies, levés et tendus, ressemblaient à des auvens qui dominaient les balcons; et sur ces balcons tout couverts de caisses de fleurs, de jeunes femmes assises et de jeunes hommes debout derrière elles causaient en attendant l'heure du spectacle. Dans les rues, nous voyions des femmes d'une classe inférieure sortir doucement des portes basses, et marcher seules à pas pressés sur les trottoirs, avec ce ravissant mouvement de reins des femmes du Midi; elles se rendaient à l'église, car les églises en Italie se ferment à midi et se rouvrent le soir; ces femmes avaient sur la tête, au lieu de chapeau, un voile noir qui tombait en se drapant sur leurs épaules; et comme c'est le premier costume italien que j'aie vu, je n'oublierai jamais ces voiles noirs. Enfin, le pavé était ébranlé sous les pas des chevaux et des voitures qui couraient toutes dans la même direction. Nous demandâmes où elles allaient; on nous répondit : *Au Corso*; nous nous dirigeâmes vers le Corso. Le Corso est une promenade publique assez semblable à nos Champs-Élysées; il y avait ce jour-là trois cents voitures plus élégantes les unes que les autres : la calèche du comte Cicogna avec ses quatre chevaux blancs, le léger briska de la duchesse L...; puis, sur le milieu de la chaussée, une foule de jeunes gens à cheval et penchés aux portières. C'est un véritable Longchamp, mais un Longchamp qui se renouvelle tous les jours; car c'est là que chaque soir toute la classe élégante et riche vient se montrer avant d'aller à l'Opéra; c'est là que se donnent les rendez-vous, les coups d'éventails, et une heure après on se retrouve à la Scala ou à la Cannobiana.

La Scala étant fermée, nous envoyâmes louer une loge à la Cannobiana; au lieu d'un coupon, on nous apporta la clef de la loge, c'est la coutume. On donnait ce soir-là l'*Elisire d'Amore* de Donizetti. La musique me parut faible, et l'exécution aussi; je trouvai là mademoiselle Heinefetter et M. Dabadie jeune (hélas! il a un frère aîné!) et un ténor enroué nommé Gennaro; mais cette salle presque obscure, ces loges éclairées en dedans par des candélabres, et qui ressemblent à des salons, ce mouvement perpétuel des spectateurs qui entrent et sortent sans cesse pendant la représentation même, étaient d'un effet si nouveau pour mes yeux que mes oreilles n'eurent rien à faire. Nous sortîmes du théâtre à minuit pour aller à la place du Dôme admirer l'église qu'on nous disait d'un effet merveilleux au clair de la lune. En passant par une petite rue sombre, nous rencontrâmes un homme assis au coin d'une borne, et qui chantait avec une voix très-pure et très-douce une canzonette que j'ai toujours retenue, la voici :

> Iate, sospire mieje,
> Addò ve manno;
> E no ve 'ntrattenite
> Pe la via.
>
> Iate a posarve
> 'ncoppa a chilli panne
> Addò se spoglia,
> O veste Nenna mia.
>
> Se la trovate
> A tavola oje che magna
> Piglia tence,
> No muorzo e nomme mio.
>
> Se la trovate
> A la licto che dorme
> Ah! la sciatate
> 'mmocca a core mio.

J'ai essayé de la rendre par ces vers :

> Mes soupirs, allez
> Là bas sous la voûte,
> Et surtout en route
> Ne vous amusez.
>
> Vous trouverez là
> La chambre gentille
> Où se déshabille
> Et s'habille Nenna.
>
> Si vous la trouvez
> Faisant sa prière,
> Tout bas, par derrière
> Mon nom murmurez.
>
> Si vous la trouvez
> Dormant sur sa couche,
> Pour moi, sur sa bouche
> Un baiser cueillez.

Je ne sais si je me trompe, mais cette petite mignardise me semble délicieuse de naïveté et de grâce. Et puis, c'était la première canzonetta italienne que nous entendions, c'était le premier baiser musical de cette reine de l'harmonie. Tout à nous, nous nous dirigeâmes vers la place du Dôme... Nous arrivâmes!... grand Dieu! quel spectacle ! le ciel était étincelant et étoilé comme par une gelée de quinze degrés ; la lune, toute pleine, sans un nuage, sans une ternissure, éclatait ainsi qu'une boule de diamant ; il n'y avait pas une demi-teinte sur tout ce que nous voyions ; deux couleurs, deux seulement, tranchées et crues à blesser l'œil ; les ombres noires comme de la suie, les lumières blanches comme de l'argent ; puis, au milieu de cet éther si lumineux, sur cette vaste place déserte, sous ce ciel d'un bleu noir, figurez-vous debout et immense une église qui pour l'aspect rappelle un peu Saint-Germain-l'Auxerrois, sinon qu'au lieu de pierre, elle est bâtie en marbre ; sinon qu'au lieu de trois ou quatre flèches, elle en a trois ou quatre cents qui se détachaient fines et droites dans le ciel ; figurez-vous qu'au bout de chacune de ces flèches est une statue admirablement travaillée ; figurez-vous un bâtiment haut comme une pyramide, large comme trois fois Notre-Dame, et sculpté dans ses plus minces détails, comme un petit vaisseau en ivoire ; figurez-vous le marbre devenant dentelle, rosace, aiguille, voûte, tout ce qu'il y a à la fois de plus élégant et de plus gigantesque ; figurez-vous un édifice où il y a quatre mille statues, et où il en manque encore un tiers ; jetez là-dessus les feux éblouissans, placides, immobiles d'une nuit d'Italie, et dites-moi s'il n'y a pas de quoi devenir fou. Aussi demeurâmes-nous une demi-heure sur cette place, sans *désenthousiasmer* une seconde. Le lendemain, au lever du jour, nous revînmes avec avidité ; hélas ! ce n'était plus cela ! Il y avait du bruit, des hommes, des portes ouvertes, des cloches ; ce n'était plus le palais de fées de la veille, ce n'était qu'une église ; puis, en nous approchant, le jour nous fit voir dans cette église mille défauts, mille anachronismes, un mélange adultère de tous les styles d'architecture, etc., etc. Ah ! maudit jour ! maudites connaissances ! Nous pénétrâmes cependant dans l'intérieur, qui offre plusieurs monumens curieux.

Le Dôme de Milan passe pour une des plus grandes cathédrales de l'Europe, et elle paraît immense quand on entre. Et à ce propos, j'ai entendu faire sur l'église de Saint-Pierre, à Rome, un raisonnement qui me paraît le plus absurde du monde. L'église de Saint-Pierre est au milieu des autres églises, comme Calypso au milieu de ses nymphes : c'est leur reine, leur impératrice. Je ne saurais dire combien elle a de pieds en longueur ; mais on voit gravée sur le pavé la mesure de tous les autres temples du monde, et quand on arrive à la dernière marque, on a parcouru à peine les deux tiers de Saint-Pierre. Eh bien ! par un singulier effet d'optique, ce vaisseau gigantesque paraît au premier regard d'une dimension ordinaire ; vous n'êtes ni émus, ni étonnés ; il vous semble entrer dans une belle église de quatrième ordre ; il faut que vous touchiez les anges qui servent de bénitiers, pour savoir qu'ils sont hauts de dix pieds ; il faut que vous alliez de la porte du temple au maître-autel, pour savoir qu'il a des vingtaines de toises ; c'est un trompe-l'œil perpétuel. Quel art ! quel chef-d'œuvre de combinaison, ai-je toujours entendu dire ; quelle admirable concordance de toutes les parties, que celle qui dissimule si bien la grandeur de l'ensemble ! J'en demande bien pardon au grand homme qui a élevé cette église, mais ce *chef-d'œuvre de combinaison* me paraît une faute immense. Qu'un homme de sept pieds ne semble en avoir que six, et qu'on se récrie sur la parfaite proportion de tous ses membres qui diminue sa taille, je le conçois, parce que pour un homme, c'est un défaut que d'avoir sept pieds ; mais une église, grand Dieu ! une église, le temple de celui qui a fait le monde, elle doit sembler vaste comme la création, vaste comme le créateur ! Voyez, avec ses voûtes et son dôme, ne semble-t-elle pas vouloir rappeler la coupole du ciel ! La majesté n'est-elle pas sa première beauté ? son premier but n'est-il pas d'étonner, de faire trembler, de faire mettre à genoux ? Et vous, architecte, artiste, vous qui devez faire là un portrait de l'univers, par un misérable jeu d'optique, vous me rapetissez votre œuvre, vous donnez à un colosse l'apparence d'un nain ; vous avez tort, cent fois tort, et quand vous seriez Michel-Ange, je vous répéterais que vous avez tort.

L'église de Milan, si inférieure du reste à Saint-Pierre, est plus imposante de premier aspect. On y voit quelques beaux tableaux, des vitraux admirables, et des stalles gothiques d'une rare perfection. Au milieu du temple à peu près, j'aperçus des femmes à genoux autour d'un espace vide ; je m'approchai, c'était une ouverture carrée, entourée d'une balustrade, et fermée par un grillage en fil de fer ; sur ce grillage étaient jetés des pièces de monnaie et d'autres offrandes ; et à travers le treillis, on voyait en bas une sorte de caveau faiblement éclairé, des cierges, des velours, de l'or, des pierreries.

J'appris que c'était la chapelle de saint Charles Borromée; un guide s'offrit à me le montrer; je descends avec lui; nous passons, une torche à la main, sous deux ou trois portes massives, et criardes en roulant sur leurs gonds, comme les portes d'une prison d'état; au bout d'un corridor, nous nous trouvons en face d'une portière de velours rouge, nous soulevons la portière, nous sommes dans la chapelle : c'est une chambre d'une médiocre grandeur ; au plafond brûle éternellement une lampe voilée; tous les murs sont couverts d'immenses tentures de velours rouge sombre, avec des franges en or; et au milieu de la paroi, à droite, broché aussi sur le velours, en longues lettres d'or, le mot : *Humilitas!* C'est la devise de la famille des Borromée. Au fond de la chapelle est une espèce de sarcophage en cristal de roche; ce sarcophage a la forme d'un grand coffre à voûte ; vous vous approchez : à travers ce cristal se voit un homme couché sur un lit; son visage est découvert; il est noir, séché comme les momies, on distingue encore la barbe; ce cadavre a une mitre sur la tête, son corps est couvert d'habits pontificaux, et sa main tient la crosse; c'est saint Charles Borromée ; il a ses doigts chargés d'anneaux et de diamans à acheter un royaume. Tous les souverains de l'Europe ont envoyé des présens à cette châsse ; il y a des couronnes données par des princesses, des croix d'émeraude, des rivières de diamans. Il y a des statues d'argent, des tableaux d'argent; dans tous les coins de cette chapelle à demi-obscure, vous voyez des rayonnemens de pierreries qui brillent comme des yeux d'hyène dans les ténèbres; c'est un luxe effrayant d'aumônes royales. Ce mort a dans son tombeau de quoi nourrir un peuple plusieurs jours. Voici ce qu'était ce saint Charles Borromée pendant sa vie.

Borromée (saint Charles) naquit en 1538, dans le château d'Arona. Il aima de bonne heure la retraite et les lettres. Son oncle maternel, Pie IV, le fit cardinal en 1560, puis archevêque de Milan, et, quoiqu'il n'eût alors que 22 ans, il conduisit les affaires de l'Église avec l'expérience d'un vieux prélat. Mais au milieu d'une cour fastueuse il ne sut pas résister au torrent. Il eut des appartemens et des équipages magnifiques. Sa table était somptueuse, la maison ne désemplissait pas de gens de lettres. Son oncle, charmé de cette magnificence, lui donna de quoi la soutenir. On le vit en peu de temps grand-pénitencier de Rome, archiprêtre de Sainte-Marie-Majeure, protecteur de plusieurs couronnes, et de divers ordres religieux et militaires, légat de Bohême, de la Romagne et de la Marche d'Ancône. Cependant le concile de Trente venait de s'ouvrir : Charles conseilla la réforme du clergé, et donna l'exemple le premier en congédiant tout d'un coup jusqu'à quatre-vingts domestiques de marque, et en quittant les vêtemens de soie. Il s'imposa le jeûne au pain et à l'eau; il fit de sa maison un séminaire d'évêques, et créa des établissemens de charité. Son zèle irrita les méchans: Ferina, frère de l'ordre des humiliés, lui tira un coup d'arquebuse. Charles, qui ne fut que légèrement blessé, demanda grâce pour son meurtrier. Dans la fameuse peste de Milan, il vendit ses meubles pour soulager les malades, et fit des processions auxquelles il assista pieds nus et la corde au cou. Mais aussi rigide et aussi fier qu'il était charitable, il abolit impitoyablement tous les excès du carnaval et résista à une ordonnance du roi d'Espagne, qui voulait lui défendre de faire porter l'épée à ses gens. De là la colère et les calomnies du gouverneur; de là l'irritation des hommes de plaisir. On publia contre lui un manifeste injurieux et outrageant; mais, content du témoignage de sa conscience, il abandonna à Dieu le soin de sa justification. Enfin, consumé de bonne heure par ses travaux, il finit sa carrière le 3 novembre 1594.

Après avoir visité la chapelle nocturne de ce grand homme, je remontai dans l'église : il était dix heures du matin; la chaleur commençait à être accablante, et par la grande porte du temple ouverte, de la place je voyais les dalles et les pavés tout étincelans des rayons du soleil ; j'avais apporté des crayons, j'allai me cacher derrière le maître-autel, à l'abri d'une énorme colonne, et je me mis à dessiner la vieille porte de l'ancienne sacristie. Je n'ai jamais passé dans ma vie deux heures aussi poétiquement délicieuses ; les voûtes s'élevaient immenses au-dessus de ma tête ; j'avais frais; le jour m'arrivait doux et colorié, à travers les vitraux, et je savais qu'il y avait au dehors un soleil insultant et brûlant. Je dessinais un chef-d'œuvre de sculpture gothique; j'étais dans une église d'Italie, et je m'y sentais seul, bien seul, car personne ne pouvait penser à venir me chercher dans mon coin,.... Oh! quel délicieux petit coin! comme je m'y ramassais! Le reste de l'église était presque vide; seulement de temps en temps quelque sacristain, à moitié habillé en prêtre, passait pour aller éteindre un cierge ou préparer un autel; ou bien une femme entrait doucement dans cette église silencieuse, marchait à pas assoupis, la tête couverte d'un voile noir, et elle venait s'agenouiller, le front dans les deux mains, auprès d'une colonne. Il y avait aussi trois ou quatre pauvres vieilles mendiantes, priant çà et là courbées sur la pierre, et encore des voyageurs qui entraient le nez en l'air et le livre à la main ; et moi, je regardais tout cela du coin de l'œil, et puis je me remettais bien vite à dessiner : car l'imagination n'est jamais si active que quand on dessine. Une chose qui m'a frappé, c'est comme les hommes paraissent petits dans une église ; et comme en même temps ce cadre donne de la noblesse et de l'élégance à leur taille. Enfin, pour mettre le comble à ma joie, au bout d'une heure à peu près, s'élève tout à coup la voix, la belle voix de l'orgue ! Ah ! je..., mais j'aime mieux ne pas parler de ce moment : qu'est-ce que je pourrais dire qui rendît le quart de ce que j'ai éprouvé. Après avoir visité la bibliothèque Ambroisienne, le musée Bréra où est le délicieux Sposalizio de Raphaël, et dont M. Roger de Beauvoir nous a fait une peinture si chaude et si artiste ; le tribunal, et plusieurs églises fort belles, telles que Sainte-Marie-de-la-Passion, etc., je fus présenté le soir à Manzoni. Rien ne ressemble moins à un rénovateur que Manzoni : simple, doux, ami des affections de famille, il vit comme un patriarche ; pas de longs et pénibles voyages : il n'est presque jamais allé que de Milan au lac de Côme. Son abord est affectueux et bienveillant ; mais il parle peu, et en parlant il éprouve un léger embarras de langue. Nous le trouvâmes avec sa femme, ses enfans et son gendre Azeglio, Azeglio est le meilleur peintre de paysages historiques de Milan. Nous causâmes poésie, littérature ; et Manzoni nous récita le fameux sonnet de Gianni sur Judas. On sait que Judas, après avoir trahi le Seigneur, se pendit de désespoir. Comme je ne sais rien de plus beau dans aucune langue, le voici :

> Allor che Guida, di furor satollo,
> Piombò dal ramo, rapido si mosse
> L'Instigator suo demone, et scontrollo
> Battendo l'ali come fiamme rosse.
>
> Pel nodo che al fellon rattorse il collo
> Giù nel bollor delle roventi fosse,
> Appena con le scabre ugne rotollo,
> Ch' arser le carni, e sibilaron l'osse.
>
> E in mezzo al vampo della gran bufera

> Con diro ghigno Satan fu visto
> Spianar le rughe della fronte altera.
>
> Poi fra le braccia si recò quel tristo,
> E con la bocca fumigante e nera
> Gli rese il bacio che avea dato à Cristo.

Voici la traduction :

« Judas, soûl de fureur, à son arbre pendait !
L'instigateur démon, à qui revient son âme,
Vole à lui, battant l'air qu'à plein vol il fendait
De ses ailes d'airain rouges comme la flamme !

Il le prit par le nœud qui l'avait étranglé ;
Le balançant long-temps, ses deux mains le lancèrent
Dans l'abîme infernal de bitume brûlé ;
Et soudain os et chairs crièrent et sifflèrent.

Satan, seul et debout dans cette mer de feu,
Le regarda long-temps, long-temps avec délices,
Cherchant dans ses trésors immenses de supplices
Un supplice assez grand pour le vendeur de Dieu.

Enfin le saisissant par-dessous son aisselle,
Il lève jusqu'à lui la face du damné ;
Puis de sa bouche noire et d'où le sang ruisselle,
Il lui rend le baiser qu'au Christ il a donné ! »

E. Legouvé.

Nota. J'ai cité deux courts morceaux de poésie dans cette livraison, et je les ai traduits tous deux en vers ; la poésie étant toujours infidèle, comme traduction, je n'ai pas pu rendre la troisième strophe de la canzonette. La voici littéralement :

> Si vous la trouvez
> A table, et mangeant,
> Prenez-lui
> Une bouchée en mon nom.

Notre langue française est si prude et si bégueule, qu'elle s'est refusée pour moi à rendre cette image en vers.

LOMBARDIE.

Suite de Milan. — L'arc du Simplon. — L'Arena. — Théâtre della Scala. — Les Fantoccini. — Teatro Rè. — Églises. — Bibliothèque Ambrosienne. — Matériaux pour l'Histoire de France. — Marignan et Pavie. — François Ier à la Chartreuse. — Villes fortes et champs de bataille historiques. — Crémone. — Le maréchal de Villeroy. — Monza. — Couronne de Fer. — Lac de Côme. — Lac de Lugano.

L'empereur Napoléon n'eut qu'une passion malheureuse, ce fut la singulière manie de vouloir copier les Romains jusque dans les moindres signes de leur vie extérieure. Cet incomparable guerrier prenait des leçons de *maintien* de notre illustre Talma, et, s'il l'eût osé, il nous aurait tous fait habiller à la César et à la Manlius, continuant en cela les traditions du Directoire. Il est coupable de bien des tragédies *togatæ*, qu'il encourageait par des tabatières ornées de son portrait et par des rentes sur sa cassette. Que Dieu le lui pardonne! Le grand homme ne dut pas être médiocrement satisfait le jour où il vit s'élever le fameux arc de triomphe du Simplon et les arènes contrefaites de l'antique dont il dota la ville de Milan. L'arc, il est vrai, n'est pas encore achevé, et semble destiné au même sort que celui de notre barrière de l'Étoile des Champs-Élysées. Quant à l'Arène, ses dix rangs de gradins, bâtis pour contenir trente mille spectateurs, crouleraient probablement dès la première représentation, si l'on s'avisait de les surcharger d'un tel poids. Disons-le, ces prétendues merveilles impériales sont d'impardonnables enfantillages. Passe encore pour un arc triomphal : les armées françaises en Italie ne l'ont pas moins mérité certainement que celles de César ou de Constantin. Mais ce cirque, ou cette naumachie en plein air, de quatre mille brasses de longueur, quel serait le Franconi ou le directeur nautique assez mal avisé pour vouloir y galoper ou y naviguer à ses frais et périls? N'eût-il pas mieux valu mille fois faire achever les clochers et les statues de la cathédrale de Milan, ou commander quelque tableau historique de plus à Gros et à Girodet? Le gouvernement aurait beau rendre des ordonnances, il n'obtiendrait pas que la société milanaise quittât ses loges drapées de la Scala pour aller jouer les Romains sur les gradins du cirque napoléonien.

C'est que ce beau théâtre de la Scala est bien autrement en rapport avec les habitudes et le goût du siècle! C'est que sa voûte sonore vous renvoie jusqu'aux moindres inflexions de la voix du chanteur et de l'orchestre; plaisir plus noble et plus raffiné que les courses de chars, et qu'Horace aurait célébré, s'il l'avait connu, de préférence à la *poussière olympique*.

La Scala est le rival de San Carlo de Naples. C'est le même chef-d'œuvre d'acoustique, c'est la même profusion d'ornemens; toutefois, la Scala laisse bien loin derrière elle le royal théâtre de Naples pour l'immensité des proportions. La scène de San Carlo n'a que soixante-neuf pieds de longueur, celle de la Scala en compte plus de cent vingt, et tout son édifice s'étend sur une ligne de deux cent soixante-cinq pieds de profondeur, tandis que la profondeur de San Carlo n'est que de cent soixante-trois pieds. Je ne sais pourquoi cependant la Scala m'a toujours semblé avoir un certain aspect de tristesse qui n'existe pas à Saint-Charles; peut-être cela provenait-il des opéras que j'y voyais représenter.

Ce beau théâtre de la Scala, qui a cinq rangs de loges superposées, fut construit aux frais d'une société d'actionnaires, la même qui fit bâtir le théâtre de la Canobiana; la vente des loges les eut bientôt remboursés. A Naples et à Milan, ce serait une honte pour une famille riche que de ne pas avoir sa loge à l'Opéra. La plupart de ces loges s'ouvrent sur des salons que les propriétaires meublent avec beaucoup de richesse. On s'y visite, on y cause, on y prend des sorbets, on y joue même à la bouillotte et au wisth; et, quand l'archet du chef d'orchestre, frappant sur la tôle de sa petite lanterne, vous avertit qu'un morceau va succéder au récitatif, alors chacun revient s'asseoir sur le devant de la loge, et l'on écoute silencieusement pour aller reprendre ensuite la conversation un instant suspendue. C'est l'absence de toute étiquette et de toute morgue. On ne vient pas là pour *juger*, mais pour jouir à son aise. Les directeurs vous mettent d'ailleurs à un régime qui ne conviendrait guère à Paris :

pendant toute une saison ce sont les mêmes chanteurs qui vous reproduisent le même opéra.

Il est vrai que les deux actes sont séparés par un ballet ou par une *farce* que l'on daigne varier quelquefois. La farce, *farza*, est une bouffonnerie commune, pleine de charges de toute espèce, et dont la destination est de distraire le spectateur, et de le préparer à entendre le second acte de l'opéra. M. Scribe a le privilége depuis quelques années de défrayer l'imagination des auteurs de ces comédies. Les compositeurs de farces prennent le vaudeville du *Diplomate*, par exemple, ou quelque autre jolie bagatelle de cette famille; ils râclent ses couplets, dont ils font sans peine une burlesque prose; ils lardent le tout de quelques nouveaux quolibets, et le jettent dans la grande marmite de leur traduction. Des acteurs, assez bons bouffons, servent ensuite sur table ce mets singulier, saupoudré du gros sel que leur prêtent la circonstance et l'improvisation.

Les acteurs du peuple à Milan ne sont point ces beaux chanteurs de la Scala qui réservent leurs gosiers aristocratiques pour les gens à carrosses. Le peuple a besoin, pour se divertir, de jouissances moins dispendieuses; pour quelques sous il trouve place sur les banquettes du théâtre de Girolamo, et là il se gorge à satiété du merveilleux spectacle des Fantoccini. Les Fantoccini sont des marionnettes fort bien apprises, gesticulant à ravir, vêtues comme des princesses, ayant le verbe haut et le quolibet facile. Le Girolamo est le chef de la bande, le bouffon par excellence; il s'exprime en patois milanais, et, comme le Pulcinella de Naples, il obtient un succès populaire et mérité. Il lui suffit de paraître sur la scène, et de lever la jambe ou le bras, pour que toute la salle retentisse d'un long trépignement de plaisir. Il se mêle parfois au drame sérieux, au moins aussi risible que le drame grotesque, et il en varie les agrémens. C'est presque identiquement le même personnage que le *Caragueuze* des Turcs, si ce n'est qu'il gaze un peu plus ses effrontées grivoiseries. Les Fantoccini sont de toute éternité en possession d'amuser le peuple milanais. L'Italie a reçu sans doute des anciens Romains cette tradition avec tant d'autres. Les Romains l'avaient empruntée aux Grecs, car il en est question dans Aristote, et Platon dit que *les passions produisent sur nous ce que les petites cordes opèrent sur les figures de bois.* Ne voilà-t-il pas les marionnettes pourvues d'une belle et bonne généalogie? Il y a peu de noblesses qui remontent aussi haut. Rendons justice aux Fantoccini de Milan, ils n'en sont pas plus fiers pour cela. Quoique Paris ait perdu la pratique de ces jeux populaires, il est bon de rappeler, pour l'honneur national, que Boileau mentionne François Brioché, fils célèbre d'un illustre père, Jean Brioché, qui joignait à la profession de montreur de marionnettes celle d'arracheur de dents.

Je n'ose en vérité parler du Teatro Rè, après la Scala et les Fantoccini. C'est un petit théâtre assez suivi quand la Scala ne joue pas. On y chante des opéras bouffons, et je pourrais ajouter des tragédies, car la récitation dramatique en Italie en est restée à la tradition de 1808. Quant au *Filodrammatico*, c'est un théâtre de société qui n'ouvre qu'une fois par semaine.

Le lecteur ne se scandalisera pas si j'entremêle ici les églises avec les théâtres: la vie italienne se partage ordinairement entre ces deux séjours; les uns et les autres sont également fréquentés par toutes les classes de la population, également riches, également ornés. Milan n'a qu'une église parfaitement belle, comme elle n'a qu'un brillant théâtre. M. Legouvé a fait connaître toutes les magnificences du *Duomo*; il me reste peu de chose à dire sur les églises de second ordre. *Sainte-Marie-des-Grâces* mérite pourtant d'être mentionnée, puisque c'est dans son ancien monastère que se trouve le célèbre *Cénacle* de Léonard de Vinci. Ce morceau capital est considérablement endommagé, d'abord par les injures du temps, et plus encore peut-être par les restaurations qu'il a subies. On doit soi-même reconstruire dans son esprit cette grande composition, telle qu'elle a dû sortir des mains de son auteur.

Il est extraordinaire que le gouvernement autrichien n'ait pas encore eu l'idée de détacher le Cénacle du mur sur lequel il est peint, pour le transporter à Vienne. C'est sans doute à la difficulté matérielle de l'opération que les Milanais sont redevables de cette condescendance, car le musée de la capitale de l'Autriche n'a rien sous ce rapport à reprocher au musée Napoléon. François Iᵉʳ, notre roi chevalier, avait bien eu l'idée dans son temps de s'approprier cette merveille; mais, de peur de gâter l'œuvre, il préféra avec raison emmener l'auteur à Fontainebleau.

Les églises gothiques sont en petit nombre à Milan. Presque toutes ne datent que du seizième siècle, et on les a tant de fois réparées et enjolivées qu'elles ont perdu tout leur style. Joignez à

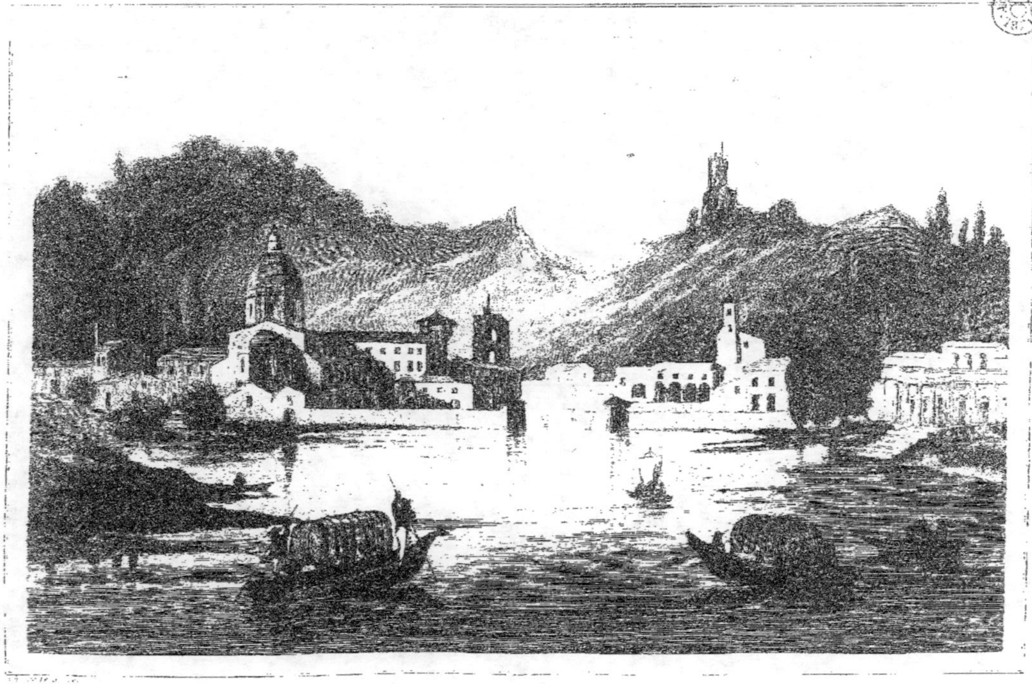

LOMBARDIE.

cela qu'elles ne contiennent aucun tableau de maître : les plus précieux sont de Salmeggia et de Procaccini; et de Salmeggia et Procaccini à Raphaël ou à Véronèse, il y a un monde. *Saint-Ambroise* renferme quelques raretés, parmi lesquelles un serpent d'airain, que les bonnes âmes du pays appellent le serpent de Moïse; un revêtement d'autel en or que l'on croit de travail lombard; un sarcophage en marbre blanc des premiers siècles de l'ère chrétienne; et des mosaïques du neuvième et du onzième siècle. *Sainte-Marie-de-la-Passion* est de l'architecte Gobbo, et la sacristie de Saint-Satyre, du Bramante. Voilà le récit bref et fidèle de ce que l'on rencontrera dans les églises de Milan. Les palais ne sont guère plus dignes d'attention. A peine peut-on citer le palais Marini, bâti en 1525 sous les canons de l'armée française; le palais Bossi, que François Sforce, duc de Milan, fit construire par un architecte florentin; et le palais Cicogna, l'unique reste de l'ère gothique monumentale.

La bibliothèque Ambrosienne est plus remarquable par ses livres et ses manuscrits que par l'enveloppe de pierre dont elle les recouvre. Ce beau dépôt de la pensée humaine, l'un des plus riches de l'Europe en manuscrits historiques et en éditions rares, doit sa fondation à Frédéric Borromée, archevêque de Milan, et neveu de saint Charles. Ses directeurs, d'après les réglemens de l'institution, doivent être ordinés prêtres et reçus docteurs. La plupart des richesses scientifiques de l'Ambrosienne proviennent de divers couvens : les palimpsestes, par exemple, appartenaient jadis au monastère de San Colombano, dans l'Apennin; les fragmens inédits de Cicéron, publiés et traduits à Paris; les lettres de Marc-Aurèle et de Fronton, retrouvées par M. Maio, et traduites en français par M. Cassan, faisaient partie des manuscrits de l'Ambrosienne. Cette précieuse collection, unique au monde, renferme dans ses gouffres, que personne n'a sondés jusqu'au fond, une grande partie inédite de l'histoire du moyen âge. Bien des faits de notre histoire de France, depuis la guerre de Naples du duc d'Anjou jusqu'à François Ier, se trouveraient éclaircis par une fouille intelligente des archives de la bibliothèque Ambrosienne. Mais notre gouvernement, si mal porté pour les gens de lettres, se garderait bien de les employer à ce travail national; il se croit quitte de tout envers les arts, quand il a *commandé* quelques tableaux d'église, et qu'il a suspendu une guirlande de petits cupidons lubriques autour de la frise de la Madeleine.

Dans le voisinage de Milan, on rencontre deux villes qui semblent placées l'une à côté de l'autre pour montrer aux hommes toute la vanité de la gloire : ces deux villes sont Marignan et Pavie. A dix ans de distance, notre grand roi de France, François Ier, y remporta sa plus signalée victoire et y subit sa plus cruelle défaite. A Marignan, en 1515, il inaugura son règne par la conquête du Milanais; à Pavie, en 1525, il vit son armée taillée en pièces, la fleur de sa noblesse égorgée autour de lui, et lui-même il tomba au pouvoir des généraux de Charles-Quint, qui l'emmenèrent prisonnier à Madrid. A Marignan, un prince du sang royal de France, le connétable de Bourbon, se battit pour le roi *comme un sanglier échauffé*, selon l'expression de François Ier, et contribua à lui assurer la victoire; à Pavie, ce fut ce même connétable, devenu lieutenant-général des armées de l'empereur, qui obtint le triste honneur de vaincre ses compatriotes et son roi. Ces deux combats sont les plus illustres qui se soient jamais livrés dans les plaines de la Lombardie. Le maréchal de Trivulce, qui s'était trouvé dans sa vie à dix-sept batailles rangées, disait que Marignan était un *combat de géans*, et les autres des jeux d'enfans. François, le lendemain de ce jour, écrivait à sa mère :

« Et tout bien débattu, depuis deux mille ans
« en çà, n'a point été vue une si fière ni si
« cruelle bataille, ainsi que disent ceux de Ra-
« venne.... Au demourant, madame, faites
« bien remercier Dieu par tout le royaume de la
« victoire qu'il lui a plu nous donner.... »

Quelle différence de cette lettre, datée du camp de Sainte-Brigide, avec cette autre, adressée également à sa mère, et qui contient ces mots mémorables et désespérés : « *Tout est perdu, madame, fors l'honneur!* » Et avec cette autre encore, écrite du champ de bataille de Pavie, et envoyée par François à Charles-Quint, à Madrid, pour lui demander grâce et merci, *le suppliant juger en son propre cœur ce qu'il lui plaira faire de lui*.

L'endroit où François Ier perdit la bataille de Pavie se distingue encore aujourd'hui. A peu de distance de la ville, en y venant par la route de Milan, on rencontre les restes d'une vaste enceinte, construite pour le duc Galéas Visconti. C'étaient le parc et la maison de chasse de Mirebelle, lieu de plaisance où était campée l'arrière-garde des Français, le 24 février 1525, quand le marquis de Pescaire y pénétra par surprise à la tête de son infanterie espagnole, précédé de la cavalerie impériale, commandée par Alfonso d'Avalos, marquis du Guast, et suivi du vice-roi de Naples, Charles de Lannoy, et du connétable de Bourbon, qui conduisait les lansquenets allemands. Le but des Impériaux était de se jeter dans la place de Pavie pour forcer le roi à en lever le siége. François I*er*, voyant passer les ennemis devant lui, lança tout d'abord sa cavalerie à leur poursuite, et de la sorte il empêcha son artillerie de tirer. Cette première faute devint bientôt irréparable. Les cavaliers espagnols étaient entremêlés d'arquebusiers à pied, qui faisaient feu sur les gens d'armes français, et se retiraient ensuite derrière les chevaux de leurs compatriotes pour recharger leurs armes. La gendarmerie française, toute composée de la noblesse du royaume, fut horriblement mutilée dans cet engagement inégal. L'amiral de Bonnivet, le maréchal de Chabannes, le maréchal de Foix, et environ vingt des plus grands seigneurs de France, furent tués à la tête de leurs compagnies. On compta parmi les prisonniers Henri d'Albret, roi de Navarre, Anne de Montmorency, l'amiral de Brion, le comte de Saint-Pol, laissé pour mort sur le champ de bataille, mais qui reprit ses sens quand un soldat espagnol essaya de lui couper le doigt pour s'emparer d'une riche bague qu'il portait. En somme, cette bataille de Pavie décida pour la France la perte totale du Milanais, comme la victoire de Marignan avait décidé de sa conquête.

A une légère distance du parc de Mirebelle, en se rapprochant de Milan, on rencontre la fameuse Chartreuse de Pavie, où François I*er* fut conduit après qu'il eut remis son épée, non au connétable de Bourbon, auquel il ne voulut pas la rendre, mais au vice-roi de Naples, Charles de Lannoy, qui la reçut à genoux et la tête découverte. « Le roi voulut, dit Brantôme, après être
« pansé, faire son oraison dans la Grande-Char-
« treuse, où, étant dans l'église, il vit ce petit
« écriteau d'un vers du psaulme de David qui dit :
« *C'est bien raison, Seigneur, que tu m'aies*
« *abaissé, afin que je puisse désormais mieux*
« *reconnaître et craindre ta justice.* Cela lui
« toucha fort au cœur. Après il s'en alla souper et
« fit souper avec lui M. le Marquis (*le marquis*
« *de Pescaire, général de l'infanterie espagnole*),
« et monsieur de Bourbon lui donna la serviette.

« Les Français disent qu'il ne la voulut prendre
« de sa main, et qu'il lui tourna le... dos (*Le*
« *seigneur de Bourdeilles se sert d'une expres-*
« *sion que je ne puis transcrire ici*), et en prit
« une autre qui était sur la table... »

Cette chartreuse de Pavie n'est pas à beaucoup près aussi imposante par son aspect et par son site que notre Grande-Chartreuse du Dauphiné, le plus ancien de tous les monastères de cet ordre fondé par saint Bruno vers la fin du onzième siècle ; mais elle est plus élégante, plus riche. En dépit de la sévérité de son institution, cette charmante Thébaïde se ressent du génie italien : l'architecture, la sculpture, la peinture, se sont unies pour en faire une royale solitude. Elle contient un parc et des jardins dont les délicieux ombrages appellent la rêverie et la méditation ; elle a des avenues, des fontaines, des tableaux, des mosaïques, tout ce qui constitue le luxe des plus somptueux palais. Joseph II dispersa les religieux qui habitaient le monastère et confisqua le million de revenus qu'ils possédaient. La Chartreuse de Pavie ne jouit plus aujourd'hui que de 5,000 livres de rente qui suffisent à peine à l'entretien des bâtimens. On parle depuis long-temps de donner à ce magnifique local une destination utile.

Le fondateur de la Chartreuse, Jean Galéas Visconti, a dans l'église du monastère un vaste tombeau qui ne contint jamais son cercueil, puisqu'il ne fut achevé que cent soixante ans après la mort de son propriétaire. Derrière le mausolée, on voit la figure en demi-relief de Louis le More, assassin de son pupille Jean-Galéas-Marie Sforce, et qui mourut en 1510 dans une cage de fer où Louis XII, roi de France, l'avait fait enfermer. Près de lui est représentée la figure aussi en demi-relief de sa femme Béatrice d'Este, fille d'Hercule, marquis de Ferrare.

Depuis Joseph II, la Chartreuse fut à diverses reprises dépouillée de ses richesses. Il ne lui reste guère que des fresques et quelques tableaux. C'était bien le moins que ses spoliateurs lui laissassent ses murs et son toit, comme les voleurs de grands chemins vous laissent la chemise, quand ils vous ont dévalisé. Ces peintures, en assez grand nombre, sont de Procaccini, de Ghisolfi, de Fossano et autres artistes du second ordre ; on y remarque pourtant deux *Vierges* du Guerchin et du Perugino.

La ville de Pavie n'est qu'à une lieue de la Chartreuse. Cette ancienne capitale des rois lombards fut tant de fois assiégée, prise, reprise, brûlée et saccagée, qu'elle n'a pas conservé un seul monument remarquable, si ce n'est peut-être l'église gothique de Saint-Michel. On disait autrefois Pavie *aux cent tours*, comme Thèbes *aux cent portes*. Plus heureuse que Thèbes, qui n'a plus de portes, Pavie conserve encore deux tours. Son pont sur le Tésin est soutenu par cent colonnes de granit, ouvrage du quatorzième siècle, qui met la ville en communication avec un grand faubourg entouré de murailles. Ces murailles, ces ruines de tours et de forteresses, ne sont pas de nature à beaucoup égayer l'aspect de la ville, qui ressemblerait à un vaste tombeau, si le silence monotone de ses rues n'était rompu de temps à autre par les jeunes gens de l'université. Cette fondation scientifique, qui rivalise avec celle de Padoue, remonte à Charlemagne. Quatorze cents étudians suivent les cours qui s'y font sur le droit, la médecine et la philosophie.

De ce côté de la Lombardie on ne rencontre que villes fortes et champs de batailles illustrés par l'histoire ancienne et moderne. A trois lieues de Marignan, c'est Lodi, dont le pont emporté en 1796 par 4,000 grenadiers français reste un des beaux faits d'armes de notre histoire contemporaine; plus loin, *Pizzighettone*, où les généraux de Charles-Quint enfermèrent leur royal prisonnier avant de le conduire à Madrid; plus loin encore, entre Pizzighettone et Mantoue, c'est Crémone, fondée, dit-on, par les compagnons de Brennus, et qui, depuis cette époque reculée, n'a point passé peut-être un quart de siècle sans subir un siége meurtrier. On pourrait affirmer que sur ce plateau qu'entrecoupent à de courtes distances le Tésin, le Pô, l'Adda, le Serio et l'Adige, il n'est pas une lieue de terrain qui n'ait coûté à la seule France le sang de vingt-cinq mille de ses braves, sans compter les pertes immenses qu'y firent les Espagnols, les Allemands et les Italiens eux-mêmes. Aussi la Lombardie a-t-elle été justement nommée *le tombeau des Français*. Maudite soit donc cette succession funeste que la fille de Jean Visconti apporta dans la maison d'Orléans! La gloire dont elle a couronné nos armes ne compensera jamais les pleurs qu'elle a fait couler. Une sorte de fatalité sembla de tout temps présider à ces guerres du Milanais. A l'exception de l'échec de Pavie, il n'est pas une ville, pas un village qui n'ait donné son nom à l'une de nos victoires, et cependant l'Autriche, sans cesse battue par nos soldats, s'est toujours trouvée, au bout de chaque campagne, maîtresse de ce pays dont nous avions acheté si chèrement et si magnifiquement la conquête.

Mantua væ miseræ nimiùm vicina Cremonæ! s'écriait Virgile en déplorant ce malheureux voisinage d'une ville si souvent disputée. Crémone vaste et déserte semble encore mal remise des dévastations qu'elle a subies. Sa solitude n'est pas de celles qui jettent dans l'âme un sentiment de vague et douce mélancolie; elle effraie et serre le cœur. On sait que le Romain Octave et le Germain Barberousse y avaient fait tomber leur terrible colère, avant que les Français et les Espagnols s'en arrachassent les lambeaux, pendant quatorze siècles. La fameuse tour gothique qui domine la ville est cependant restée debout sans que les balistes ni les canons aient entamé sa belle et imposante structure ; on l'aperçoit de plusieurs lieues, comme une sentinelle avancée qui guette si les Barbares ne vont pas descendre de nouveau les ravins glacés des Alpes. Cette tour est la plus ancienne et la plus riche que la sculpture du moyen âge ait laissée sur le sol italien ; ses ornemens appartiennent à plusieurs siècles depuis le XIIIe siècle jusqu'à la fin du XVe. Les chambres intérieures représentent le véritable musée national de la ville; en les visitant, on fait connaissance avec la petite école des peintres crémonais, dont le chef principal est Boccaccio-Boccaccino.

On montre encore à Crémone une maison devenue célèbre par une aventure à la fois terrible et grotesque arrivée à l'un des plus illustres personnages de la cour de Louis XIV, pendant la guerre de la succession d'Espagne. Ce petit chevalier de Carignan, appelé par dérision à la cour de France *l'abbé de Savoie*, que les quolibets du roi avaient forcé à se jeter dans les rangs des Impériaux, venait de donner, par ses victoires, un éclatant démenti aux prédictions de son ancien maître. Le jeune homme au rabat et au petit collet, de qui le roi disait : « *Ne trouvez-vous pas que j'ai fait une grande perte*, » était devenu en peu de temps cet intrépide général que l'histoire a illustré sous le nom de prince Eugène. Âgé alors de trente-sept ans, vainqueur des Turcs, il venait d'entrer en Italie par les États de Venise, conduisant trente mille soldats à sa suite. Le brave Catinat s'était vu dépouillé, par les intrigues de Versailles, de son commandement en chef de l'armée française en Lombardie, et le caprice de Louis lui avait envoyé pour supérieur ce maréchal de Villeroy, si spirituellement *satirisé* par le duc de Saint-Simon, dans ses Mémoires. Après avoir attaqué inutilement, et contre l'avis de tous ses officiers, le poste de Chiari, sur l'Oglio, le noble maréchal s'était renfermé dans Crémone, pour y prendre tranquillement ses quartiers d'hiver, laissant son ennemi, qu'il affectait de mépriser, en l'appelant toujours *Mons de Savoie*, battre la campagne à son aise et se proposant bien de le chasser de l'Italie, à la venue des premiers beaux jours.

Un matin, monsieur le maréchal, moitié dormant et moitié éveillé, songeait, sous son édredon, à la mine qu'il ferait à Versailles, quand il rentrerait vainqueur, conduisant, devant lui, l'abbé de Savoie lié et garrotté, pour donner à rire aux dames. Son valet de chambre n'était pas encore venu lui annoncer le lever du soleil, et il attendait patiemment qu'il fût l'heure d'aller faire sa promenade sur les remparts, sans crainte de s'enrhumer à l'humidité du matin. Tout-à-coup, il entend au dehors une grosse rumeur de gens, puis des coups de mousquet, dont il ne s'explique pas bien le motif. Il lève la tête un instant, craignant une tentative contre les premiers retranchemens de la ville; mais il se rassure bientôt, à la pensée que cette ville est Crémone, l'une des plus fortes places de la contrée. Son valet entre cependant chez lui.

— Qu'est ce bruit? demande-t-il:

— Monseigneur, c'est une bataille qui vient de s'engager avec les Impériaux.

— Comment! dit Villeroy stupéfait; ils oseraient tenter une escalade? qu'espèrent-ils donc?

— Mais, monseigneur, l'abbé de Savoie est déjà dans Crémone à la tête de quatre mille hommes, et il a repoussé la garnison; monsieur le gouverneur a été tué presque sous mes yeux.

Le maréchal, marchant de surprise en surprise, saute à bas de son lit, se fait habiller à la hâte, sans oublier pourtant ni sa perruque ni son nœud d'épaule, et il enfourche son cheval de bataille, à tout hasard, puis il se fait ouvrir les portes de la maison.

La première figure qu'il rencontra fut celle du prince Eugène, lequel lui demanda son épée; le maréchal est trop heureux de la rendre, et presque tous ses officiers avec lui. Le lieutenant-général comte de Revel et le marquis de Praslin furent les seuls qui échappèrent. Un prêtre nommé Bazzoli était cause de cette algarade; prévôt d'un des quartiers de la ville, il avait introduit les ennemis par le conduit d'un égout. Le prince Eugène fut, il est vrai, forcé d'évacuer presque aussitôt Crémone, car le chevalier d'Entragues, colonel du régiment des vaisseaux, entrait au même instant dans la ville, par une autre porte, avec des forces respectables; mais l'abbé de Savoie eut la satisfaction bien douce d'emmener avec lui ce monsieur de Villeroy, si fier de ses succès de cour, et que cette aventure venait de couvrir d'un ridicule ineffaçable. Il fit donc retraite avec ses prisonniers, et s'il ne vit pas toute son espérance satisfaite, sa vengeance, du moins, le fut pleinement.

Villeroy fut horriblement chansonné, à son retour à Versailles, ce qui ne l'empêcha pas, quatre ans après, de perdre encore une bataille en Flandre, celle de Ramillies, et de devenir, plus tard, gouverneur du roi Louis XV.

Nous venons de parcourir la partie méridionale de la Lombardie, théâtre principal des guerres que les Français livrèrent en Italie, pendant l'espace de plusieurs siècles. Nous avons vu ce pays de vastes plaines tout sillonné de forteresses à demi démantelées, tout peuplé de grandes villes sombres et désertes. En remontant vers le nord, la scène va changer d'aspect. Les brillans sommets des Alpes apparaissent déjà, mirant leurs aiguilles de glace dans des eaux ombragées par des orangers en fleurs, mélange bizarre de la nature de la Suisse avec la nature de l'Italie. Là le calme et le silence sont au moins égayés par le chant des oiseaux et par le bruissement des feuilles. Le dais velouté du ciel réfléchit ses paillettes d'or sur les fraîches surfaces des lacs Majeur, de Côme et de Lugano. Le voisinage d'un pays libre, où il est permis de penser, de parler, d'écrire, sans craindre les cachots du Spielberg et le sort de Silvio Pellico, ne contribue pas peu à chasser de votre esprit les idées d'oppression et d'esclavage dont la vue de Crémone, de Pizzighettone, de Lodi et de Pavie l'avait attristé un instant.

Avant de dire adieu pour toujours à ces murailles crénelées, à ces donjons entamés par les boulets, à ces fossés qui ont bu peut-être autant de sang que d'eau, le voyageur devra pourtant visiter une dernière ruine qu'il rencontrera sur son chemin, entre Milan et le lac de Côme : c'est l'ancienne basilique des rois lombards à Monza. La fondation de cette église date du vi^e siècle; on l'attribue à la reine Théodelinde, qui épousa Agilulphe, duc de Turin. La couronne d'or de ce roi Lombard se voyait encore dans le trésor de Monza, en 1799. À cette époque, elle fut en-

levée, comme contribution de guerre, par les généraux français, et emportée à Paris au cabinet des médailles de la Bibliothèque nationale, où des voleurs trouvèrent convenable de la reprendre en 1804 et de la fondre en lingots. Le reliquaire de la reine Théodelinde a conservé la couronne de cette princesse, avec sa coupe de saphir, son peigne et son éventail; mais la plus célèbre pièce de cette espèce de collection de couronnes impériales et royales est, sans contredit, la Couronne de fer, à laquelle personne n'avait osé toucher depuis l'empereur Charles-Quint, et que Napoléon mit sur sa tête, comme signe d'investiture de son royaume d'Italie. Elle est renfermée et placée à la sommité d'une croix, dans la cathédrale; mais il est facile d'obtenir le privilége de la voir de plus près. Elle n'a du reste rien de bien extraordinaire, et tout le monde connait sa forme dont on voit le modèle au revers des pièces de monnaie frappées à l'effigie de Napoléon, roi d'Italie; elle contient un cercle de fer forgé, dit-on, d'un des clous de la sainte croix.

En sortant de visiter ce curieux monument de l'histoire d'Italie, ce n'est pas sans une vive sensation de plaisir que l'on va reposer sa vue sur les massifs de verdure qui entourent la maison de Monza. Le palais par lui-même est assez insignifiant; mais le parc a trois lieues de tour, et il est traversé par une rivière, le Lambro, dans toute son étendue. On compte trois lieues de Monza à Milan, et à peu près autant de Monza au lac de Côme. Le lac de Côme se divise en deux branches: celle de droite à Lecco pour bourgade principale, celle de gauche est terminée par la ville de Côme. Ces deux branches offrent une promenade également ravissante; on peut les visiter par terre et par eau, puisque deux bateaux à vapeur sillonnent journellement le lac. Les Alpes Rhétiennes, au nord, à l'horizon, encadrent merveilleusement le paysage qui se déroule sous vos yeux. A chaque instant le point de vue change: ce sont des caps tout habillés de verdure, qui s'avancent sur l'eau, et d'où pendent des grappes de fleurs que le vent fait voltiger çà et là; ou bien des golfes tapissés d'un sable fin, et bordés d'oliviers et de citronniers. Parmi ces arbres, on entend sourdre des ruisseaux qui, plus loin, retombent en bruyantes cascades. D'élégans villages, de splendides maisons de campagne, des chapelles, des couvens, des châteaux historiques, sont semés de côté et d'autre et abrités par les hauts panaches des arbres. La villa Serbelloni, la villa Giulia, la villa d'Este et la villa Melzi attirent surtout les regards par le pittoresque de leur situation et les beaux ombrages qui les environnent.

Il faut s'arrêter quelque temps à la Pliniana, où se trouve la fameuse fontaine qu'a décrite Pline le Jeune, et dont le flux et le reflux n'ont pu encore être expliqués. Le palais de la Pliniana, construction du seizième siècle, fut bâti par Anguinola, l'un des assassins de Pierre-Louis Farnèse, fils du pape Paul III. Après avoir visité le bourg de Vico et la villa Odescalchi, on aperçoit enfin la ville de Côme. Sa position fait presque tout son mérite; sa cathédrale est pourtant un bel édifice de marbre dans le style de la *Renaissance*, et son église *San-Fedele* renferme quelques fresques estimables de Procaccini.

Côme est la patrie de Paul Jove, célèbre historien du seizième siècle, qui de médecin devint évêque de Nocera. C'était, au dire des écrivains de son temps, un homme méprisable qui vendait la satire et l'éloge à qui voulait l'acheter. Le roi François Ier lui avait accordé une pension sur son trésor, laquelle fut supprimée sous Henri II par le connétable de Montmorency, ce qui explique la rancune gardée par l'historien au guerrier, rancune qui se trouve exprimée avec tant de violence dans le trente-unième livre de son Histoire. Paul Jove mourut à Florence le 11 octobre 1552, à l'âge de soixante-neuf ans. Outre son Histoire en quarante-cinq livres, il a laissé, entre autres productions, des *Dialogues sur la guerre d'Allemagne*, une *Histoire des douze Vicomtes et Princes de Milan*, une *Description des Iles Britanniques*, un *Traité des Devises* et une foule d'*Éloges*. J'ai dit que cette dernière branche de commerce littéraire n'était pas la moins productive de son industrie. Benoit Jove, son frère, a écrit une histoire des Suisses, et son petit-neveu, appelé comme lui Paul Jove, fut un poète de quelque renom.

La ville de Côme fait remonter son origine à Brennus, s'appuyant sur un passage de Justin, qui avance que les Gaulois, compagnons de ce conquérant, la bâtirent à leur entrée en Italie. Mais il est peu vraisemblable que les Gaulois, qui avaient en vue la conquête et le pillage de l'Italie, se soient amusés à manier l'équerre et la truelle, quand la tâche que leur ambition s'était imposée demandait toute la force de leurs bras et l'impétuosité de leur marche.

Le lac de Côme, qui a quatorze lieues de longueur, et que l'Adda traverse de l'extrémité nord à l'extrémité sud, est pour les habitants de ses bords, et principalement pour la ville qui lui donne son nom, un moyen commercial très lucratif, qui les met en communication directe avec les cantons suisses du Tésin et des Grisons. Dans cet heureux pays, la douane perd ses droits, et l'on peut vivre à l'aise, sans que le fisc vienne vous dire, sa carte de prohibition à la main : *Tu ne mangeras pas tels fruits, tu ne boiras pas tel vin, tu ne fumeras pas tel tabac, parce que j'ai décidé que ce tabac, ce vin, ces fruits, sont trop bons pour toi, et que j'ai de mauvais fruits, de mauvais vin, de mauvais tabac, que je te vendrai le double de leur valeur, et que je t'ordonne de trouver excellens.* La contrebande est là pour le bonheur de tous, qui fait un véritable el *Dorado* de ce petit coin de terre ; la contrebande, ce correctif ingénieux des sottises administratives, la contrebande, qui achèterait au besoin, si elle savait qu'en faire, toutes les douanes de l'Europe chargées de la surveiller, tant elle est riche, puissante et respectable. Malheureux habitants des pays du centre que nous sommes, ce courrier du bien-être et de la liberté commerciale vient difficilement jusqu'à nous ; il n'appartient qu'aux contrées maritimes et aux provinces frontières de participer au bienfait de sa civilisation.

C'est une faute dont se rendent coupables presque tous les voyageurs en Italie que de négliger la visite des lacs supérieurs. Le lac Majeur est le seul qui échappe à cette espèce de proscription des itinéraires, parce qu'il se trouve directement sur la route de Genève à Milan par le Simplon. Mais le lac de Garda (dont nous avons parlé en son lieu), mais le lac de Côme, mais surtout le lac de Lugano, échappent le plus souvent aux investigations des promeneurs.

Lugano communique avec le Saint-Gothard, comme la ville de Côme avec le Splugen, et il n'est séparé de Côme que par une distance de trois lieues. Quoique Lugano et son lac fassent partie de la confédération suisse, et que les traités les aient rangés sur les cartes parmi les dépendances du canton du Tésin, nous ne les considèrerons pas moins comme parties intégrantes de la Lombardie. En effet, la langue qu'on y parle, les noms des villages et bourgades, les mœurs, l'aspect, la vivacité des esprits, tout cela est italien, et non pas allemand ni français, comme Côme est italien, comme les lacs Majeur et de Garda sont italiens, aussi italiens que peuvent l'être Milan ou Bergame ; pourtant chacune de ces petites populations conserve un certain type local qui rappelle qu'elles ont formé jadis des peuples distincts, envieux les uns des autres et jaloux de leurs priviléges et de leur prédominance mutuelle.

Lorsqu'on vient des montagnes à Lugano, on traverse à quelques lieues de la ville de magnifiques bois de châtaigniers, et, parvenu au moulin d'Osteriata, on aperçoit dans le lointain la cime du San-Salvador qui s'avance sur le bord du lac. Une pente assez brusque, entrecoupée de points de vue toujours changeans, vous amène enfin jusque dans la ville, située sur la rive septentrionale. Il ne faut pas chercher à Lugano des objets d'art, ni monumens de style, ni peintures, ni statues ; c'est une ville commerçante qui fabrique du matin au soir du tabac, des ustensiles de fer et de cuivre, des étoffes de soie et de la poudre à canon. Elle est insouciante et peu coquette, et n'a pas l'air de se douter qu'elle est plus belle encore dans cette simple toilette dont la nature l'a pourvue.

A l'est, le *monte Bre* lui tresse un éventail vert de ses bois d'amandiers et de citronniers, sous lesquels elle sommeille à son aise, protégée contre les premiers feux du soleil, tandis que, vers le sud, un âpre rocher à la mine sauvage et terrible lui sert de cave pour rafraîchir son vin. Ce mont Caprino (appelé ainsi probablement parce que les chèvres seules le peuvent franchir) a pris de cette façon le surnom un peu sybarite de *Cantine de Lugano.* Ses voûtes restent froides dans les temps les plus chauds. Les voluptueux Luganiens utilisent leur *cantine* et la métamorphosent en une promenade charmante où les paysans vont boire le vin, sans lui donner le temps de perdre sa précieuse fraîcheur. Les environs, et généralement presque tous les bords du lac, sont aussi agréables que les campagnes du lac de Côme. On y rencontre peut-être moins de richesses architecturales, moins de villas de marbre aux balcons dorés, moins de chevaux fins et de carrosses milanais, mais des berceaux de vigne, mais des forêts odorantes, des prés fleuris, aucun pays au monde n'en pourrait montrer de plus nombreux ni de plus délicieusement situés.

Alphonse ROYER.

ÉTATS VÉNITIENS.

I.

L'Italie antique et l'Italie gothique.

On chercherait vainement un petit recoin de l'Italie antique qui n'ait pas été piétiné en tous sens par la troupe des oisifs accourus des deux extrémités du monde. Chaque année, chaque mois, chaque semaine, à chaque heure du jour, chaque fût de colonne renversée, chaque fragment de muraille *réticulaire*, se voit lorgné, dessiné, décrit, chanté, toisé, selon que le hasard lui amène un convalescent ou un peintre, ou un poète, ou un architecte. La Société de statistique nous donnera quelque jour le relevé des aquarelles, des dithyrambes et des lithographies que les ruines du Colysée ont fait naître depuis l'irruption des Barbares.

L'Italie gothique est beaucoup moins épuisée, et je ne sache pas qu'il existe dans aucune langue un travail complet sur cette face intéressante de la plus belle partie du monde chrétien. Cependant histoire, mœurs, arts, coutumes, tous ces riches filons de la mine n'ont pas été pollués par les excavateurs-jurés ayant brevets d'archéologues, gens arides et peu compréhensifs pour la plupart, qui croient avoir reproduit une figure quand ils ont assemblé les os d'un squelette. Le coloris, le mouvement, la vie, ne leur demandez rien de cela. Ces hommes sont à l'art et à la philosophie ce que les fossoyeurs sont aux physiologistes et aux médecins.

Au lieu de *restituer* après mille *restitutions* le temple de Jupiter Stator ou les thermes de Dioclétien, je voudrais que nos jeunes architectes comprissent quels utiles secours la science peut emprunter de leurs efforts s'ils travaillaient à mettre en lumière quelques problèmes historiques enfouis peut-être dans les décombres d'un monument du XIIIe ou du XIVe siècle. Car au moyen-âge, tout fait important a gravé son mot symbolique sur la façade d'une église ou sur le donjon d'un château. Une des principales clefs de cette mystérieuse époque est donc entre leurs mains.

Aidés de quelques peintres et de quelques écrivains, qui les empêcherait de relever sur la carte de la Toscane et de la Pouille, par exemple, ces sévères et pittoresques manoirs où la chronique des différents peuples de la péninsule s'est écrite partiellement, avant de s'aller fondre dans le grand livre de la nation italienne? Qui les empêcherait de placer sous les yeux de l'Italie étonnée la vie domestique de ses pères, et de lui rendre pour ainsi dire ses papiers de famille qu'elle avait crus perdus?

Peut-être quelque jour viendra-t-il un ministre des beaux-arts qui sera à la hauteur de sa tâche et qui saura rendre utiles à la science ces banales amplifications d'école où se fourvoie, depuis des générations, le talent des jeunes élèves de Rome. La noble direction donnée aux études par M. Guizot portera son fruit, nous aimons à le croire, et le plan qu'il a si habilement tracé fera loi pour tous. On peut prédire que les études ne seront décidément constituées en France que lorsque toutes les branches du grand arbre artistique auront poussé leurs feuilles nouvelles.

Dans cette glorieuse page de l'art chrétien en Italie, les provinces vénitiennes tiennent à coup sûr le premier rang, autant par l'importance et le nombre de leurs monuments que par l'état de parfaite conservation qui les a menés jusqu'à nous. Aussi, en confrontant les chroniques et les œuvres de ce peuple célèbre, aucun fait de son histoire, aucun détail de ses usages et de ses mœurs ne nous reste-t-il inconnu. Nous le suivons dans les moindres actes de sa vie comme dans ses plus secrètes et plus profondes pensées, qu'il soit armé en guerre ou travesti pour une sérénade, qu'il se ruine au pharaon dans un mauvais lieu, en costume officiel de Sage-grand ou de Procurateur, ou bien qu'il assiste en masque de carnaval aux graves délibérations du sénat. Ses plus singuliers caprices nous paraissent logiques et rationnels. Nous comprenons ses plus bizarres coutumes, et nous sentons que, dans un tel pays, dans de telles circonstances, nous n'aurions pas voulu vivre ni mourir autrement.

II.

Silhouette des États de la République vénitienne.

Au cinquième siècle, Venise est un point sur la carte. De misérables marais habités par des pêcheurs. L'irruption d'Attila et de Théodoric en Italie fait refluer vers ces marais quelques habitants des bords de l'Adriatique qui fuyaient avec leurs familles l'approche des Barbares. L'île de Rialto devient bientôt le siége de leur gouvernement, et ils se nomment des chefs qu'ils appellent *tribuns*. Ces chefs prennent successivement les titres de *ducs* et de *doges*; enfin, au neuvième siècle, ce sont de véritables souverains par la grâce de Dieu, et non par le bon plaisir des empereurs romains à qui cependant ils rendaient foi et hommage, à peu près comme les deys de la côte d'Afrique reconnaissent l'autorité du Grand-Seigneur.

Dès que le nouvel état se trouve constitué dans l'île de Rialto, les travailleurs commencent à joindre entre elles les soixante-dix petites îles sur lesquelles s'asseoit la belle cité que nous admirons aujourd'hui. On bâtit des maisons, on perce des canaux de communication sur lesquels plus tard on jettera des ponts de bois que des ponts de pierre et de marbre remplaceront à leur tour, à mesure que la ville deviendra plus riche et plus puissante.

L'historien Giam-Battista Galliccioli, qui a écrit sur les antiquités de Venise, assure que ces canaux étaient d'abord creusés en partie à mains d'hommes, et qu'on laissait ensuite aux flots de la mer le soin de les achever et de les approfondir. Le beau canal de Mestre fut exécuté par ce moyen. La fange que l'on tirait de ces excavations servait à recouvrir la surface de quelques rochers pour les rendre praticables et plus propres à l'usage qu'on en voulait faire.

Il est à remarquer que dans cette première époque de la grandeur vénitienne, c'est-à-dire jusqu'au quinzième siècle, tout le luxe imaginable était déployé dans l'édification des monuments publics, et qu'au contraire les particuliers mettaient la plus extrême modestie dans l'ornement de leurs propres maisons. Caroldo raconte à ce sujet qu'arrivé à Venise en l'année 1230, l'empereur Frédéric voulut visiter les principales habitations, et entre autres celle des Memmi à San-Marcuola, estimée alors la plus belle et la mieux décorée de toutes les maisons de la ville. Il fut tellement surpris de sa simplicité qu'il pensa qu'on avait voulu se jouer de lui.

Peu à peu la nouvelle république accrut son territoire d'une manière remarquable, tantôt par la force des armes, tantôt par argent ou par négociations. D'abord ce fut l'Istrie qui se soumit à elle en l'année 997 ; puis Trévise et ses dépendances qui lui furent concédées par la Scala, seigneur de Vérone; puis le Vicentin, le Feltrin et le Bellunais, trois riches provinces que le doge acquit en 1404 de Catherine Visconti, régente de Milan; puis encore le Frioul qui fut conquis avec la ville de Cadore sur le patriarche d'Aquilée. Ajoutez à cela la Dalmatie, le Padouan, la Polésine, le Bergamasque et le Brescian, qui vinrent se fondre successivement et s'englober dans le rayon de la domination dogale.

Ce n'est pas tout ; Venise possédait encore dans l'Archipel la Morée, les îles de Chypre et de Candie. Elle occupait Nègrepont, Zante, Céphalonie, Sainte-Maure et Corfou ; elle était maîtresse d'une partie de la côte d'Albanie et disputait aux Génois le monopole du commerce de la Méditerranée. Ses guerres contre la république de Gênes et les Turcs remplissent presque toute son histoire qui grandit à chaque page, et fait de ces pauvres marais, peuplés d'abord par des pêcheurs et des proscrits, l'une des premières puissances de l'Europe.

A la signature du traité de paix de Passarowitz, c'est-à-dire en 1719, la décadence de Venise commence à se faire sentir. On lui arrache la Morée, belle possession que Morosini son général, surnommé le Péloponésien, lui avait gagnée à force de victoires. Depuis ce moment, elle reste stationnaire et ne pense plus qu'à la mort qui vient la saisir soixante-dix-huit ans plus tard. Le général Bonaparte signe à Campo-Formio la dissolution et le partage de cette république célèbre qui comptait quatorze siècles d'existence.

Aujourd'hui les colonies vénitiennes sont retournées, partie sous la domination du Grand-Seigneur, partie sous le joug de l'Angleterre. La Morée a été affranchie et essaie un gouvernement national. La ville de Venise et toutes les provinces de terre-ferme sont incorporées à l'empire d'Autriche et confondues avec le Milanais, dans cette portion de pays qu'on appelle sur les cartes Royaume Lombardo-Vénitien.

VENISE.

PONT DU RIALTO.

PLACE ST MARC.

Avant de passer en revue avec les détails qu'elles exigent les différentes principautés qui constituaient les états de la république vénitienne, au temps de sa splendeur, j'ai cru devoir mettre sous les yeux du lecteur ces quelques lignes qui en tracent au moins le contour général. Nous nous occuperons tout à l'heure de la ville de Venise et de ses lagunes. Nous ferons un autre jour le voyage de Vérone, de Vicence, de Trévise et de Padoue, et nous reviendrons par l'Istrie et par la Dalmatie.

III.

Police autrichienne.

La première fois que j'allai visiter Venise, mon passe-port était resté à Padoue. Un soldat qui s'était chargé de solliciter en mon nom l'indispensable *visa* de la police, avait eu le malheur de s'arrêter dans un cabaret, et comme sans doute il trouvait bon le gros vin rouge que fournissent les coteaux de la province, il remettait au lendemain le soin de me venir remercier du *zwansiger* dont je l'avais gratifié pour sa peine.

La voiture qui devait me conduire partait au milieu de la nuit. Dans mon impatience, j'oubliai mon soldat et le papier important que j'avais laissé entre ses mains. Le jour commençait à poindre lorsque je mis pied à terre sur le bord de la lagune dans le petit village de Fusine.

Je cherchai des yeux à l'horizon cette reine splendide de l'Adriatique, et je fus surpris, je l'avouerai, de ne pas l'apercevoir, à demi penchée sur le miroir de ses canaux, me tendre ses beaux bras de marbre et m'inviter à venir m'asseoir sur les dalles fraîches de ses palais. Mais les reines et les impératrices ne se lèvent pas avec le soleil, et d'ailleurs je me rappelai qu'il fallait naviguer une heure avant d'aborder à la cité des Doges.

Cependant la gondole qui devait nous porter dans la merveilleuse ville était là, parée de ses quatre avirons. Plus heureux qu'Attila, j'allais enfin pénétrer dans ces marais héroïques, et pour trois ou quatre livres vénitiennes mes barcaroli se chargeaient de me déposer sur la place même de Saint-Marc.

Comme je prononçais le nom d'Attila, je sentis une lourde main peser sur mon épaule, au moment où je mettais le pied dans la gondole. Je me retournai en frissonnant, et je vis en effet Attila en personne. Attila, le roi des Huns, en culotte bleu de ciel, les moustaches retroussées et cirées à la chandelle, le corps serré dans un habit blanc fort propre, qui menaçait de l'étouffer. Je regardais cette apparition avec des yeux effarés, la bouche ouverte sans pouvoir prononcer un mot. Le roi des Huns prit la parole en ces termes :

Sacrament! wo sind ihre pässe? Ce qui veut dire en bon allemand : Sacrebleu! où sont vos passe-ports?

Je compris alors que mon énergique interlocuteur n'était pas une ombre vaporeuse, mais un bon gros soldat hongrois, faisant les fonctions de gendarme au nom de son gracieux souverain François II, empereur d'Autriche, roi de Bohême, etc.

N'oubliez jamais vos passe-ports quand vous irez à Venise, sous peine de vous voir arrêté et renvoyé militairement à la ville voisine, comme il m'arriva ce jour-là. Il me fallut rebrousser chemin jusqu'à Padoue et me mettre en quête du *fils de Mars*, comme dirait un académicien, lequel fils de Mars je trouvai encore *dans les bras de Bacchus* (vieux style), car il n'avait pas cuvé son vin, quoiqu'il eût passé la nuit à la caserne. Les Allemands jouissent de deux priviléges incontestables, celui de bâtir des systèmes philosophiques et de porter le vin sans qu'il y paraisse.

Je repris donc mon passe-port *orné* de la signature de l'autorité compétente, et j'allai de nouveau à Fusine affronter le Cerbère de l'Adriatique qui cette fois me laissa m'embarquer.

Pendant que je suis au chapitre des passe-ports, je ne saurais trop recommander aux voyageurs en Italie, et surtout à ceux qui veulent parcourir les états vénitiens, de se mettre toujours scrupuleusement en règle à cet égard. Souvent un *visa* oublié peut vous faire expulser du territoire par une administration inquiète et livrée souvent à des gens qui meurent de faim, et dont les ridicules exigences sont des certificats de bonne conduite auprès du gouvernement qui les emploie. L'Autriche est le gouvernement à bon marché par excellence. Les fonctionnaires subalternes reçoivent à peine le strict nécessaire pour ne pas manquer de pain. C'est pourquoi il faut plaindre ces malheureuses gens plutôt que de s'emporter contre les grands abus qu'ils font de leur petit pouvoir. D'ailleurs, dans tous les bureaux publics, vous pouvez lire une grande pancarte imprimée à deux colonnes, texte allemand et italien, laquelle vous invite *à la patience* en propres termes, ce qui m'a toujours paru assez spirituel pour un règlement de police.

IV.

Aspect de Venise.

Dans un gros livre que j'ai écrit sur Venise (1), voulant donner au lecteur une idée de cette cité unique et inappréciable, je le prie de se transporter sur le clocher ou *Campanile* de Saint-Marc, qui est une haute tour carrée, bâtie sur la place de ce nom.

En effet, de cette position on embrasse non-seulement l'ensemble de la ville, mais encore l'immense perspective des lagunes qui sont un amas de petits îlots peuplés d'une foule d'autres villes de moindre importance.

Du haut de ce belvédère, on voit à ses pieds Venise couchée au milieu de la mer, environnée de rochers et de langues de terre, sur lesquels s'élèvent des églises, des forteresses et des châteaux, les uns rapprochés, les autres plus éloignés, et qui ressemblent à des gardes armés veillant autour du palais de leur reine.

Cette ville bâtie moitié sur pilotis, moitié sur du sable ou des morceaux de roche, s'allonge de l'est à l'ouest, et présente une figure très irrégulière, donnant une superficie de deux milles et demi quarrés, baignés de tous côtés par les flots de l'Adriatique.

Deux grands canaux qui ont assez de fond pour que les gros navires puissent y mouiller, la traversent d'une extrémité à l'autre et la coupent en trois parties inégales. L'un de ces canaux s'appelle la *Giudecca* et l'autre le *Canalazzo* ou Grand-Canal. Ce dernier a précisément la forme d'un ∽ retourné. Les autres plus étroits sont au nombre de 147, sur lesquels sont jetés 306 ponts de marbre. 2,108 petites rues remplissent les intervalles qui ne sont pas occupés par les canaux. Cette séparation se divise en six quartiers ou *sestieri* qui contiennent entre eux 27,918 maisons.

Aperçu des hauteurs du Campanile, cet amalgame de marbres et d'eau offre le panorama le plus magnifique que l'on puisse imaginer. C'est comme une table des matières de toutes les belles choses que l'on verra plus tard. Ici la basilique de Saint-Marc fait étinceler au soleil ses coupoles byzantines recouvertes de lames de plomb. Auprès d'elle, le palais ducal déploie les magnificences de son architecture moresque. Son mur rouge et massif tranche merveilleusement avec le marbre blanc de sa frise et les fins ornements de ses portes et de ses balcons. Ici c'est l'église Saint-Georges-Majeur qui noie ses belles colonnes dans les eaux du Grand-Canal; et là Saint-Sébastien dont Paul Véronèse a peint les murs. Là-bas, c'est l'arsenal d'où sortirent les flottes de Dandolo, de Pisani, de Morosini, et de tant de braves hommes de guerre, les premiers de leur temps. Plus loin, c'est le pont de Rialto; plus loin encore, les palais de Lorédan, de Giustiniani, de Tiepolo. En contemplant ces prodiges, qui pourrait croire que l'homme ici a tout créé, qu'il lui a fallu durcir les flots et remporter autant de victoires pour bâtir un de ces pompeux monuments que pour augmenter d'une province ses possessions en Italie.

Avant de passer au détail de ces chefs-d'œuvre du génie humain, je demanderai la permission, pour mieux faire comprendre la construction de la ville, de traduire ici un fragment d'un livre curieux de Francesco Sansovino, ouvrage qui jouit d'un grand crédit parmi les Vénitiens, et qui fut publié vers la fin du seizième siècle.

« Il n'est pas de ville en Europe, dit cet écrivain, qui ait plus de palais et d'une plus grande étendue, lesquels palais nous appelons maisons, par modestie, ne donnant le nom de *palazzo* qu'à celui de notre doge. Et cependant, si l'on parcourt les principales villes d'Italie, Rome, Naples, Milan, Gênes, Florence, Bologne, etc., on n'en trouvera pas une qui puisse présenter plus de trois ou quatre habitations méritant vraiment le titre de palais, tandis qu'à Venise ils se comptent par centaines. Au bout de la ville, du côté de la terre ferme, quelques maisons, il est vrai, construites dans les premiers temps de la république, font maigre figure et démontrent la parcimonie de leurs antiques propriétaires. Elles sont basses et leurs fenêtres étroites; elles furent ainsi faites afin de ne pas donner trop de prise à l'air qui, dans ce temps, n'était pas encore épuré.

« Nos vieux auteurs assurent qu'autrefois nos

---

(1) *Venezia la Bella*, par Alph. Royer. 2 vol. in-8., chez Renduel.

ancêtres voulant montrer leur union et leur égalité en toutes choses, construisirent leurs maisons (en vertu de la loi Daula) toutes égales en hauteur. Mais le commerce ayant fait croître les richesses, elles furent exhaussées ou baissées selon le caprice de leurs possesseurs.

« Presque tous nos palais s'élèvent dans les meilleures places et aux plus beaux points de vue de la ville. La plus grande partie sont bâtis sur l'eau et bordés par un quai. Outre cela, chacun a sa terrasse sur le toit, faite de pierres ou de bois. Ces terrasses s'appellent *altane*. Toutes sont recouvertes de tuiles sans aucune faîtière. Autour du toit s'étendent des gouttières de pierres taillées, qui conduisent les pluies dans les citernes. Chaque place publique, chaque cour a sa citerne publique. Sous le seul dogat de Foscari, le gouvernement en fit construire plus de trente pour l'usage des pauvres. Les fondements des édifices s'établissent au moyen de très forts pieux de chêne qui se durcissent dans l'eau. Ces pieux sont fixés à force de bras dans la vase, et ensuite arrêtés avec de grosses traverses; les intervalles des pieux, remplis avec du ciment et des fragments de roche, forment par leur coagulation un fond assez ferme pour porter toute espèce de lourde muraille. »

Plus loin, Sansovino poursuit son éloge de la ville de Venise au seizième siècle, en disant :

« Joignez à cela que toutes nos fenêtres sont closes non pas avec de la toile cirée ou du papier, mais bien avec de très blancs et forts verres enchâssés et arrêtés dans du fer et du plomb. Ce luxe ne décore pas seulement les palais et les grandes maisons, mais encore tous les bouges, quelque ignobles qu'ils soient, au grand ébahissement des étrangers qui admirent tant de richesses; et pourtant toutes ces richesses sortent de nos fournaises de Murano! »

Après ce naïf élan d'orgueil national, Sansovino ajoute pour compléter ses rodomontades vénitiennes :

« J'ai vu vendre à l'encan les vieux meubles d'un de nos patriciens qui auraient été trop beaux pour le plus somptueux des grands ducs d'Italie. »

Les places et les rues de Venise sont recouvertes de grandes dalles de pierre. Vers le milieu du treizième siècle, elles étaient pavées de carreaux. Avant ce temps, on marchait sur un sol nu et fangeux, ce qui avait fait adopter par les dames de cette époque l'usage des hauts patins, lesquels depuis furent prohibés par une ordonnance expresse du sénat en l'année 1409. Les rues de moyenne largeur s'appellent à Venise *calli*, expression particulière au pays, et les plus petites se nomment *calleselle*. On désigne encore quelques autres rues sous la dénomination de *rughe* et de *piscine*. Il était permis autrefois d'aller à cheval par ces rues, et aux quatorzième et quinzième siècles, cette coutume restait encore en vigueur. Mais à compter de l'année 1500, les chevauchages disparaissent et les gondoles deviennent le seul moyen de transport autorisé par les règlements de police.

Tout le monde connaît la forme actuelle de ces petits bateaux couverts d'une tenture noire, que l'on appelle gondoles. Une ancienne peinture qui représente le vieux pont de bois de Rialto nous fait voir un noble vénitien dans une de ces embarcations telles qu'on les fabriquait alors. L'homme et la barque sont revêtus d'étoffes de couleur ponceau, et la gondole ne porte pas à son extrémité cette lame de fer dentelée qui la décore aujourd'hui. Une chronique de l'année 890 donne à entendre que la gondole des doges était autrefois ornée de draperies et peintures écarlates. De nos jours, et même pendant tout le cours des siècles passés, la couleur noire est la seule qui soit affectée à cette espèce de voitures d'eau.

Je dépasserais de beaucoup les bornes de cet article si je voulais seulement indiquer toutes les choses curieuses et presque inconnues en France qui sont éparses çà et là dans les vieux chroniqueurs vénitiens, sur la singularité de leurs usages et la construction de leur ville. Les plus importantes viendront à leur place à mesure que j'aurai à parler des principaux monuments que nous aurons soin de reproduire par la gravure et de placer sous les yeux du lecteur.

V.

Place et église de Saint-Marc.

Il est naturel et logique de commencer notre ouvrage par l'inspection de la place de Saint-Marc et des monuments qui l'entourent. La gravure que nous publions aujourd'hui donnera, mieux que des paroles ne le pourraient faire, une idée exacte et précise de son aspect général.

Cette belle place était jadis un champ marécageux où poussaient de hautes herbes et quelques arbres épars; un canal la traversait dans toute sa longueur. Zancaruolo nous apprend que ce fut en 1264 qu'on la pava pour la première fois. Vers la fin du quatorzième siècle, elle fut exhaussée et dallée à peu près comme nous la voyons ici. Une partie des bâtiments qui l'entourent ont été construits d'abord pour servir de logement à des magistrats appelés *procurateurs*, et c'est pour cela qu'on les désigne sous le nom de *procuratie*. La tour carrée qui domine le fond du tableau est le célèbre *Campanile*, qui s'élève à 98 mètres. Trois piliers de bronze représentant des tritons et des syrènes, et qui supportent trois mâts où l'on arborait autrefois les étendards de la Morée, de Chypre, de Candie, sont alignés devant la métropole de Saint-Marc. A gauche, sur le dernier plan, on aperçoit la petite tour de l'horloge; dans la partie opposée, le palais ducal montre quelques arceaux de l'une de ses quatre façades.

L'Italie du moyen-âge n'offre pas de plus magnifique et de plus pittoresque édifice que l'église de Saint-Marc. Au dedans comme au dehors, c'est une merveilleuse confusion de marbres précieux, de mosaïques, d'or et de bronzes. Cette basilique n'est bâtie que des fragments arrachés aux civilisations artistes de tous les pays du monde. Les quatre coupoles sont byzantines. Sa façade, incrustée de plus de cinq cents colonnes de vert antique, de porphyre et de serpentine, s'est recrutée pendant plusieurs siècles des divers trésors de l'art oriental. Chaque victoire remportée par les flottes vénitiennes a fourni sa part dans cet amas de richesses. C'est ainsi que la ville de Saint-Jean-d'Acre, assiégée au douzième siècle, livra aux édificateurs de l'église de Saint-Marc les colonnes du temple de Salomon, et le sac de Constantinople, en l'année 1203, les quatre chevaux de bronze que nous avons admirés sur l'arc de triomphe du Carrousel à Paris, lesquels sont depuis retournés sur la plate-forme qui surmonte la basilique vénitienne.

L'intérieur de l'église présente le plus somptueux aspect. Les murs sont entièrement recouverts de mosaïques à fond d'or, embellies de toutes sortes de dessins et de grandes figures de saints et d'apôtres. Le pavé que l'on foule est une vaste tapisserie de mosaïque, endommagée il est vrai en quelques endroits, mais qui laisse encore un vaste champ à l'admiration. C'est tout cela qui a fait surnommer cette église *la chiesa aurea* (l'église d'or). Tintoret, Titien, Tizianello et une foule d'autres peintres renommés ont dessiné les cartons qui ont servi de modèles à ces mosaïques.

Les sépultures monumentales de quelques doges et des principaux patriciens de Venise, ainsi que les reliques saintes déposées dans un petit caveau qu'on appelle le *trésor de Saint-Marc*, ne sont pas les moindres ornements de ce lieu célèbre. Une ancienne chronique nous apprend que cette manie de se faire enterrer dans l'église de Saint-Marc avait tellement gagné les familles patriciennes, que le pavé du temple était devenu un véritable cimetière. Chaque jour voyait augmenter le nombre des tombeaux, des statues, des bustes qui envahissaient les murs et même le plafond de la nef où l'on pendait en manière d'ex-voto des armes, des drapeaux, des étoffes dont le poids finit par devenir menaçant pour les travées de l'édifice. Cet usage fut depuis aboli, ainsi que le droit qu'avaient les magistrats d'user de l'église comme d'une salle de justice et d'y rendre leurs sentences.

Quant au trésor de Saint-Marc, Sansovino raconte qu'il manqua un jour d'être volé par un Grec appelé Stamatti. Ce malheureux restait dans l'église après que la foule s'était écoulée, et pendant la nuit, caché sous un autel, il creusait une fosse dont il emportait la terre le matin dans ses poches. Il arriva ainsi jusqu'au caveau qui renfermait le trésor, et il fit disparaître un beau matin toutes les précieuses reliques. Mais comme il allait quitter Venise, voulant faire argent de l'un de ces riches joyaux, il fut arrêté et pendu. Depuis la cession faite à l'Autriche par le traité de 1797, la plus grande partie de ces mêmes trésors a été transportée à Vienne et l'on n'a pendu personne. Il est vrai que cette fois le vol s'était fait en plein jour.

Si vous voulez admirer la place et l'église de Saint-Marc dans tout leur éclat, il faut venir au milieu d'une belle nuit d'été respirer l'air frais que la lagune répand sur ces dalles de pierres brûlées tout le jour par le soleil. La lune met en relief la frise de dentelle qui court sur le sommet de la basilique, et les coupoles de l'église vous renvoient leurs rayons d'argent. Toute la nuit les cafés sont ouverts. Vous n'en-

tendez que des rires et des chants; des lumières brillent de tous côtés sur la place, et les gondoliers qui naviguent le long de la Piazzetta, vous offrent le service de leurs avirons.

Montez une de ces gondoles, allez dans la lagune vous enivrer de cette brise marine, ou bien si, rempli des souvenirs de l'histoire, vous aimez mieux évoquer les grands noms des doges et des artistes vénitiens, faites quelques pas et arrêtez-vous sur la Piazzetta, en face du palais ducal.

VI.

Le palais ducal.

Le style arabe domine dans l'édifice que nous avons sous les yeux. Il fallut deux siècles pour le bâtir. Deux hommes d'un haut mérite en ordonnèrent la construction; ce furent les doges Falier et Foscari. Le premier est mort décapité, le second dépouillé de sa couronne ducale. Trois architectes en dressèrent les plans : Calendario, Bartolomeo, Sansovino. Les deux Bellini, Titien, Tintoret, Véronèse le remplirent de leurs magnifiques peintures. Tout cela se fit entre le quatorzième et le quinzième siècle.

Dans ce palais furent conçus tous les projets qui portèrent le nom vénitien au premier rang des nations. Là demeurait le doge; là s'assemblait le sénat; dans cette chambre, le Conseil des Dix, délégué par le grand conseil, exerçait son pouvoir tyrannique. Plus loin, les trois inquisiteurs d'État, c'est-à-dire le despotisme réduit à une expression plus simple, faisait trembler le peuple, les patriciens et le doge lui-même, par la sévérité de leurs arrêts. En haut et en bas de l'édifice, il y avait d'horribles prisons dont les unes étaient appelées *les plombs* (i piombi), et les autres *i pozzi* (les puits). Les punitions et les récompenses, les actions atroces et les actions sublimes, les couronnes et le bourreau partaient de là et venaient frapper celui qui était désigné.

Si vous entrez dans la cour quadrangulaire du palais ducal, vous apercevez deux larges escaliers qui conduisent dans la galerie supérieure de l'édifice. Le premier s'appelle l'*escalier d'or*; le second l'*escalier des géants*. Ce dernier a pris son nom de deux statues de Sansovino représentant Mars et Neptune. C'est là que le doge recevait le *corno-ducale* qui consistait en un bonnet garni d'or et de pierreries; c'est aussi là que le bourreau fit tomber la tête de Marino Falier; et là encore que le malheureux comte Carmagnola, général des armées vénitiennes, fut arrêté et mis à mort au milieu d'une fête triomphale.

Ce merveilleux palais qu'habitait le doge était souvent pour lui une prison, car depuis le treizième siècle on avait étrangement réduit ses prérogatives et son autorité; ce n'était plus qu'un véritable ilote avec 50,000 francs de revenus. La souveraineté effective résidait dans le Grand-Conseil, l'administration dans la Seigneurie, l'autorité judiciaire dans les Quaranties, la police dans le Conseil des Dix. C'était le Grand-Conseil et non le doge qui nommait les sénateurs, les ministres, les membres des tribunaux, les chefs de la police et de toute l'administration civile et militaire. D'un autre côté, pour empêcher les patriciens isolés d'étendre trop leur pouvoir et leur influence, on les obligeait à résider dans la capitale. Ils ne pouvaient posséder aucun fief ni s'allier par mariage à des familles étrangères. Si un noble épousait la fille d'un citadin et que son mariage n'eût pas été approuvé par le Grand-Conseil, ses enfants n'étaient pas reconnus pour nobles vénitiens. Les titres de noblesse étaient exclus du sénat et réservés seulement pour les gens de la province. Il arriva un jour qu'un gouverneur du Frioul fut autorisé à distribuer des titres de *comte* et de *marquis* à qui bon lui semblerait. Aussi ne furent-ils jamais portés que par les nobles de la terre ferme, lesquels étaient exclus du gouvernement des affaires.

Le Grand-Conseil se rassemblait au palais ducal tous les dimanches; on ne pouvait venir à la séance avec des armes, mais la salle voisine contenait toujours une grande quantité de fusils chargés pour prévenir le cas d'émeute. Les membres étaient obligés de s'exprimer en dialecte vénitien. Ils étaient au nombre de douze cents. La présence de deux cents membres était nécessaire dans les délibérations ordinaires; il en fallait huit cents pour les affaires importantes. Le doge lui-même était justiciable du Conseil des Dix, délégué par le Grand-Conseil.

Si toute l'autorité du doge lui avait été arrachée comme une arme dangereuse dont il pouvait abuser, on le laissait en revanche trôner à son aise; on l'appelait *Votre Sérénité*, et on lui présentait les placets à genoux. C'était surtout dans les fêtes publiques, si nombreuses et si brillantes à Venise, qu'il s'entourait de tout le prestige d'un monarque puissant. A le voir ainsi revêtu d'une robe de brocart d'or, la couronne en tête, suivi humblement par le sénat et les grands officiers publics, on l'eût pris volontiers pour un empereur d'Orient. Sa plus luxueuse magnificence se déployait le jour qu'il allait en grande pompe jeter son anneau de fiançailles à la pleine mer. Cette cérémonie mérite que nous en parlions avec quelque détail.

VII.

Fête de l'Ascension.

Chaque année, le jour de l'Ascension, anniversaire de la défaite des Narentins par le doge Orseolo, toutes les cloches de Venise étaient en branle; on suspendait les travaux; une innombrable quantité de gondoles se répandait sur les canaux de la ville; les patriciens, les soldats, les marins, les artisans se revêtaient de leurs meilleurs habits, et tous couraient au Lido pour assister à la fête des épousailles.

Bientôt on voyait sortir de l'arsenal un gros navire étincelant de dorures et peint des plus vives couleurs. Il était long de cent pieds et large de vingt-un; coupé en deux étages dont l'inférieur était occupé par 168 rameurs, et le premier recouvert d'une tenture de velours cramoisi, orné de franges et de galons d'or. Ce premier étage formait un salon qui embrassait toute la longueur du bâtiment. Le salon s'exhaussait vers l'arrière où un trône se trouvait placé sur deux gradins, pour l'usage du doge. Deux figures représentant la Prudence et la Force servaient d'appui au trône. Puis suivaient deux files de sièges magnifiquement ornés pour le Patriarche, les Ambassadeurs, la Seigneurie et les Gouverneurs de l'Arsenal. Cette partie du plafond était recouverte de bas-reliefs dorés, représentant Apollon au milieu des Muses. Plus loin, *les Vertus* et les emblèmes allégoriques de la marine, de la chasse et de la pêche. A la suite de la Seigneurie venaient les principaux étrangers, ainsi que les magistrats de la ville qui remplissaient le reste du bâtiment. On remarquait sur l'avant du navire la statue de la Justice étendant ses bras vers la mer.

Ce somptueux vaisseau s'appelait *le Bucentaure*.

De grosses barques dorées appartenant à la Seigneurie gouvernaient dans le sillage du Bucentaure pour le service du Patriarche et des Ambassadeurs. La foule des gondoles et des canots populaires grossissait le cortège, tout ornée de guirlandes de fleurs et de branches de lauriers. Le doge des Nicolotti, c'est-à-dire des habitants du quartier de Saint-Nicolas, avait une barque particulière dans cette solennité et faisait partie de l'escorte du Bucentaure ainsi que les chefs des fabriques de verres de Murano, lesquels montaient des chaloupes équipées à leurs frais. Des concerts d'instruments accompagnaient cette navigation depuis le quai des Esclavons jusqu'au Lido.

Lorsque le Bucentaure avait dépassé le port du Lido, il virait de bord et tournait sa poupe du côté de la pleine mer. Alors, par une petite fenêtre pratiquée à cet effet, l'évêque bénissait un anneau d'or et versait un vase d'eau bénite sur les flots qui devaient l'engloutir. Puis le doge prononçait en latin ces paroles : « Mer, « nous t'épousons en signe de notre vraie et « perpétuelle suzeraineté. »

Après la cérémonie, le doge rentrait dans le palais ducal où il offrait un splendide repas aux grands et aux magistrats qui s'étaient trouvés dans le Bucentaure.

Ces fêtes brillantes, qui faisaient du jour de l'Ascension, appelé *Sensa* par les Vénitiens, une des plus curieuses solennités de l'Europe, attiraient un grand nombre d'étrangers de distinction. Elles étaient le plus souvent suivies de joyeuses mascarades et de joutes sur l'eau, célèbres sous le nom de *regates*. Ces regates passaient avec raison pour les plus amusantes et les plus nationales de toutes les fêtes vénitiennes. Elles étaient ordonnées par le gouvernement à de certaines époques de l'année, et avaient lieu sur toute la longueur du *Canal-Grande*. Les jouteurs étaient les gondoliers auxquels se joignaient quelques femmes de pêcheurs des lagunes, coquettement vêtues, la tête ombragée d'un petit chapeau de paille. L'espace à parcourir était de quatre milles vénitiens. Nous aurons à décrire ce genre de divertissement tout particulier à Venise, dans une prochaine livraison qui fera connaître quelques autres monuments de la ville, et d'abord les séries de palais qui bordent les deux côtés du Grand-Canal.

ALPH. ROYER.

VIII.

Les palais du Grand-Canal.

Le Grand-Canal, appelé aussi *Canalazzo* ou *Canal-Reggio*, traverse, comme nous l'avons dit, la ville de Venise d'une extrémité à l'autre, et affecte dans sa course la forme d'une ∽ renversée. Il s'étend sur une longueur de deux milles six cent treize pas vénitiens, lesquels équivalent à deux mille et un sixième d'Italie. Sa plus grande largeur est de quarante-cinq pas. Il faut à une gondole bien dirigée plus d'une demi-heure pour le parcourir.

Les plus somptueux édifices s'élèvent sur ses bords et trempent dans son eau calme et silencieuse leurs solides fondations de marbre d'Istrie, que le temps ni les exhalaisons salines de la mer ne sont pas encore parvenus à entamer, malgré l'abandon dans lequel on les laisse depuis que l'Autriche a pris possession de ce malheureux pays.

Il n'y a qu'un pont sur ce canal, celui de Rialto; on n'y voit ni quais ni parapets, seulement quelques escaliers de pierre ou de bois, de distance en distance, qui communiquent à des places publiques; ce sont ces espèces de débarcadères que l'on appelle *traghetti*. Chaque habitation présente devant sa porte trois ou quatre degrés exhaussés au-dessus du niveau de l'eau, pour que les gondoles y puissent aborder.

Ce Grand-Canal était autrefois le lieu le plus animé et le plus fréquenté de la ville. Presque toutes les familles importantes de la république y avaient leurs palais luxueux, magnifiques à l'excès; de vraies demeures royales, où l'or, les tentures et les riches tapisseries de velours et de soie, les meubles les plus rares, étincelaient de toutes parts. Il n'existait pas en Europe une noblesse aussi opulente et aussi vaniteuse que l'était alors la noblesse vénitienne. Les peintres les plus célèbres consacraient les meilleures années de leur talent à décorer les murs et les plafonds de ces palais. Ils y retraçaient de préférence les glorieuses annales de ces familles dont le blason remontait aux premières années de la civilisation chrétienne. Sous ces voûtes splendides, c'était chaque jour de nouvelles fêtes, des concerts de musique, des festins ruineux, des mascarades où toute la population accourait; car, dans chaque palais vénitien, il y avait d'immenses salles pour recevoir le peuple, afin qu'il vît toute la grandeur de ses seigneurs et maîtres et qu'il emportât une haute idée de leur puissance.

Des armées de valets y remplissaient les devoirs de l'hospitalité et distribuaient à profusion aux visiteurs des rafraîchissements de toute espèce. Aucun monarque ne déployait autant de faste qu'un simple patricien de Venise à cette époque, et le roi de France Henri III qui fut témoin de toutes ces magnificences, à son retour de Pologne, essaya vainement d'y atteindre dans les fameuses fêtes qu'il donna en son palais du Louvre lorsqu'il fut revenu au milieu de sa cour. Des papes, des princes souverains, sollicitèrent vainement leur agrégation au patriciat, et notre roi Henri IV tint à grand honneur de se faire inscrire au *livre d'or*.

Le luxe des nobles vénitiens fit craindre souvent aux chefs du gouvernement que de si grandes dépenses n'entraînassent l'appauvrissement du pays: c'est pourquoi, ainsi que le raconte une vieille chronique de l'an 1437, Lorenzo Giustiniani défendit aux dames jusqu'à la fin de la guerre de Milan, de porter *habits de soie et de velours, ni or, ni argent, ni perles sur la tête*, sous peine d'excommunication. Mais plus tard, afin de couper court à tant de scandaleux anathèmes, on remplaça cette punition par de grosses amendes. L'ordonnance permettait aux dames vénitiennes qu'une seule rangée de perles sur leurs habits, du prix de deux cents ducats, et un collier de cinq cents sequins. Les étoffes dont elles se revêtaient ne pouvaient plus être tissues avec de l'or, des perles et des pierres précieuses, non plus que les ornements et courtines de leurs lits, dont la valeur ne devait pas excéder deux cents ducats. Ces singulières réductions indiquent assez combien le luxe était répandu à Venise à cette époque.

Les magnifiques palais du Grand-Canal répondent parfaitement à l'idée que nous pouvons nous faire de cette antique somptuosité. Ils sont élevés de plusieurs étages, carrés pour la plupart, et contiennent une immense quantité d'appartements. Chacun d'eux cependant n'abritait qu'une seule famille; mais cette famille entretenait autour d'elle un nombre considérable de serviteurs et de laquais de toute sorte. Ces habitations sont maintenant presque toutes abandonnées de leurs propriétaires, et dépouillées de leurs plus beaux ornements; mais toutes solitaires qu'elles se trouvent, elles attestent encore la gloire de leurs maîtres.

Le premier palais important que l'on rencontre en remontant le Grand-Canal, par la pointe de Santa-Chiara, en se dirigeant vers Saint-Georges-Majeur, c'est celui de la famille Pesaro, dont la solide façade est mêlée de trois ordres d'architecture, le rustique, l'ionique et le composite. Le dernier membre de cette famille fut un de ceux qui trahirent la cause de la patrie lorsque le traité de Campo-Formio livra les États Vénitiens à l'Autriche. Après avoir fait parade de son patriotisme dans plusieurs assemblées du Conseil, où il déclara qu'il partait pour la Suisse *afin d'aller respirer l'air des hommes libres*, on le vit revenir avec le titre de *commissaire impérial*, et ce fut lui qui reçut, au nom de l'empereur d'Autriche son nouveau maître, le serment de ses collègues. Le vieux doge Luigi Manin en se démettant de son autorité entre les mains de Francesco Pesaro, fut tellement accablé de douleur par l'aspect de cette abominable trahison, qu'il tomba en défaillance, et qu'on fut obligé de le reporter chez lui.

C'est ainsi que le dernier fils de l'illustre maison de Dandolo n'a pas craint d'accepter le grade d'amiral autrichien, oubliant qu'un de ses ancêtres, après la conquête de Constantinople, en l'an 1203, avait refusé la couronne de l'empire d'Orient, pour rester fidèle à sa patrie.

Non loin de là s'élève un palais arabe de la plus belle structure, qui appartenait autrefois à la famille Doro, et tout à côté de la Ca' Doro le palais Michieli, où l'on conserve encore au milieu d'une foule d'armures historiques, celle que le doge Domenico Michieli portait au siège de Tyr pendant la croisade. Madame Giustina Renier Michieli, femme d'un esprit distingué, et auteur de plusieurs ouvrages remarquables, soutient dignement ce beau nom et reçoit chez elle les réunions les plus brillantes.

Les palais Contarini et Grimani n'ont rien de plus précieux que les souvenirs qu'ils rappellent. Le palais Tron avec son mobilier et ses belles fresques a été vendu à un spéculateur, il y a quelques années, pour la modique somme de quatre-vingt mille francs. Un immense bâtiment du XVIe siècle, appelé *Fondaco de' Tedeschi*, lequel a cinq cent douze pieds de circonférence, et dont les deux façades principales sont peintes à fresque par Titien et Giorgione, sert maintenant d'entrepôt à la douane, de même que le palais des Trésoriers, construit par l'architecte Guillaume Bergamasco, est affecté à la direction du domaine. C'est là que le fameux pont de Rialto vient couper le Grand-Canal en deux parties. Nous parlerons plus tard de ce pont célèbre avec quelques détails. Poursuivons la nomenclature des palais qui l'environnent.

C'est d'abord celui de la famille Farsetti. On en a fait l'auberge de la Grande-Bretagne; puis un autre palais, de Grimani, qui a été métamorphosé en poste aux lettres. Les palais de Barbarigo, de Pisani, de Mocenigo, renferment de riches galeries de peintures où l'on admire des toiles du Titien, de Tintoret et de Véronèse; mais ce qui commande surtout l'admiration et le respect du voyageur, c'est le palais Foscari.

Il faut s'y arrêter, quoiqu'il ne présente pas la somptueuse apparence des édifices qui l'avoisinent, quoique ses vieilles murailles tombent en ruines, que sa porte soit fracassée, que l'herbe et la moisissure pendent à ses créneaux, et que l'eau de la mer monte injurieusement les marches usées de son escalier désert. C'est qu'un héros a vécu dans ce palais, un des plus illustres doges dont la république vénitienne puisse se glorifier; un homme de bien s'il en fut jamais, un patriote des anciens temps qui vit tomber la tête de ses deux fils sous la hache de la justice, sans répandre une larme; plus grand que Brutus, puisque ses deux malheureux enfants n'étaient pas coupables; mais, placé sur le trône, Foscari devait donner l'exemple de la soumission aux lois qu'il était chargé de faire exécuter, et lorsque, pour le payer de cette abnégation sublime, un ordre du conseil le dépouilla de sa couronne, il ne trouva pas une plainte contre ses bourreaux, et rendit à Dieu sa belle âme pendant que le son des cloches de Saint-Marc annonçait au peuple l'élection de Pasquale Malipier, successeur inepte du plus vertueux prince de son siècle.

Tout démantelé qu'il soit, le palais de Foscari mérite donc que l'on agite la poussière qui le recouvre, que l'on demande à ses voûtes muettes le secret des dernières pensées de ce grand homme. C'est là qu'il est mort, et le gouvernement autrichien, par un sentiment de pudeur

dont il faut le louer, n'a pas jugé à propos de flétrir ce lieu consacré, par un emploi indigne de la place qu'il occupe dans les annales vénitiennes. Hélas! on revient bien des vanités humaines, lorsqu'on pense que le dernier rejeton de la famille de Foscari court à cette heure les provinces de l'Italie avec une troupe de bateleurs, dans laquelle il remplit les rôles d'Arlequin.

Je ne terminerais pas si je voulais parler de tous les monuments remarquables qui bordent les deux côtés du Grand-Canal jusqu'à son extrémité orientale, bornée par l'île de Saint-Georges-Majeur et la douane de mer. Le couvent de la Charité, édifice du XIVe siècle, et qui est devenu le Musée de la ville de Venise, renferme lui seul des collections de tableaux et de sculptures qui feraient l'orgueil d'un royaume.

Rien n'est plus pittoresque, par exemple, que cette pointe de l'île Saint-Georges, qui forme la tête du Grand-Canal, et dont les monuments se détachent avec tant de grâce et de majesté sur le fond du ciel, lorsque la lune l'éclaire transversalement de ses rayons, réfléchis par les eaux du port. L'église de Saint-Georges est un des meilleurs ouvrages des architectes Palladio et Scamozzi. Elle contient de beaux tableaux de Tintoret et de Léandre Bassano, et des stalles magnifiquement sculptées en bois par le Flamand Albert de Brule. On y compte aussi plusieurs tombeaux de doges.

IX.

Une Regata.

Les célèbres courses de New-Market n'excitèrent jamais parmi le peuple anglais plus d'enthousiasme et d'émulation que les *Régates* ou joûtes sur le Grand-Canal dans la ville de Venise, au temps de sa splendeur et de sa liberté. Rien n'était comparable à la solennité de ces fêtes nationales auxquelles toute la population prenait part, depuis les premiers patriciens de la seigneurie jusqu'au plus pauvre habitant du moindre îlot de la lagune.

Dès que le gouvernement avait fait proclamer une Régate, toutes les cloches des églises se mettaient en mouvement. Les patrons des barques choisissaient leurs champions parmi les pêcheurs et les gondoliers. La veille ils allaient ensemble entendre dévotement une messe qu'ils faisaient dire à leurs frais à l'église de Notre-Dame della Salute. Ensuite le curé de la paroisse se rendait chez chacun des champions désignés, lui donnait sa bénédiction ainsi qu'à son bateau auquel il avait soin d'attacher une image de la sainte Vierge ou de quelque autre saint suivant la dévotion particulière du gondolier.

Le lendemain, au point du jour, le patron et son champion montaient leur embarcation, et ce dernier se jetait aux genoux de son maître pour lui baiser les mains; de là on se rendait sur l'emplacement de la joute. C'était le Grand-Canal qui servait de champ-clos. A son extrémité on enfonçait un pieu dans l'eau; les joûteurs partis de l'extrémité opposée, c'est-à-dire de la tête du canal vers Saint-Georges-Majeur, devaient tourner autour de ce pieu et revenir ensuite sur leurs pas jusqu'à un lieu où se tenaient les juges et où l'on distribuait les prix.

Tous les palais du Grand-Canal étaient ce jour-là parés de draperies de soie, de tapisseries aux vives couleurs, de drapeaux et de banderolles. Les balcons étaient chargés de monde. Les plus riches toilettes, les plus brillantes mascarades se réservaient pour cette solennité.

Un pavillon d'une rare élégance s'élevait vers le milieu du canal; il était occupé par les principaux magistrats, par les étrangers de distinction et par les juges de la Regata. Au pied de ce pavillon on exposait les prix. Ils consistaient en banderolles de diverses couleurs. La première était rouge, et passait pour la plus glorieuse; la seconde bleu céleste; la troisième verte; la quatrième était jaune, et l'on avait soin d'y joindre un petit porc vivant, par dérision pour celui qui remportait ce dernier prix. Ces banderolles étaient accompagnées de bonnes sommes d'argent que les magistrats distribuaient le lendemain de la joute. Des orchestres étaient disposés sur le chemin que les barques devaient à parcourir pour les animer et encourager leurs efforts.

Comme il y avait sur le canal presque autant de foule dans les différentes embarcations qui sillonnaient ses eaux qu'il pouvait s'en trouver aux balcons et aux fenêtres des maisons, une compagnie de jeunes patriciens était chargée de faire ranger les curieux, afin que la Regata ne fût pas troublée. Ces jeunes gens montaient un long bateau en forme de serpent, qu'on appelait *la bissona*, et ils couraient à force de rames en avant des jouteurs pour leur frayer le passage. Plusieurs d'entre eux se tenaient à genoux sur l'avant de leur *bissona*, et, au moyen d'un arc, ils lançaient des petites balles dorées aux récalcitrants qui ne se rangeaient pas assez vite à leur gré.

Une Regata se composait ordinairement de trois joutes, quelquefois de quatre. La première avait lieu entre les bateaux à une et deux rames; venait ensuite la course des gondoles à une rame, et puis celle des gondoles à deux avirons : l'espace à courir était environ de quatre milles. Quelques femmes de gondoliers et de pêcheurs, venues principalement du village de Palestrina, disputaient les prix des Régates, et plusieurs fois elles les ont remportés.

Un coup de canon donnait le signal du départ, et les fanfares des orchestres et les battements de mains de la foule annonçaient l'arrivée des vainqueurs. C'était à ce moment que les gondoles particulières, contenues jusqu'alors pour laisser le champ libre aux jouteurs, se ruaient pêle-mêle au milieu du grand canal et luttaient à leur tour de luxe et de vitesse.

Ces fiers patriciens ne dédaignaient pas, dans cette circonstance, de guider eux-mêmes leurs gondoles, décorées avec toute la pompe imaginable. Il y en avait à quatre rames qu'on appelait *ballotine*, d'autres à six rames nommées *malgherotte*. Toutes étaient tapissées d'étoffes précieuses, garnies de velours, de franges d'or, de plumes d'oiseaux rares; et ceux qui les montaient formaient des mascarades historiques et mythologiques. Aujourd'hui tout ce luxe s'est évanoui; et si quelque Régates apparaissent encore de loin en loin sur le triste *Canalazzo*, c'est pour faire sentir plus vivement le regret de ces anciennes splendeurs.

X.

Le quai des Esclavons et l'Arsenal.

Le quai des Esclavons forme cette demi-lune qui s'étend depuis la façade orientale du palais ducal jusqu'à cette langue de terre ornée d'un beau débarcadère en bois, qu'on appelle le *jardin public*. C'est là que viennent s'amarrer les navires; c'est aussi là que s'ouvrent les ca-

barets les plus en vogue, où les marins de toute nation font élection de domicile et se donnent rendez-vous des deux extrémités du monde.

Les Grecs et les Juifs de l'Archipel, les marchands de l'Istrie et de la Dalmatie, ont établi, dans ces espèces de cafés de bas étage, leur cabinet d'affaires. Ils y traitent, en fumant leur tchibouk et en buvant du punch ou du vin de Chypre, les plus importantes opérations, hors des heures de la bourse, ainsi que nos courtiers de Paris le font chez le glacier Tortoni, sur le boulevart des Italiens; seulement, au lieu d'argenterie et de lambris dorés, on n'y voit que de la poterie commune, des tables de bois tout imprégnées de vin et de liqueurs, des chaises à moitié dépaillées, des troupeaux de mendiants et des chanteurs demi-nus qui viennent, la guitare en main, solliciter un kreutzer pour prix de leurs élucubrations poétiques. Je me rappelle que le jour où nous arriva la nouvelle de la prise d'Alger, j'eus le plaisir de faire improviser, par un de ces Homères ambulants, un poème de trois cents vers, pour la modique somme de trois *lire veneziane* (1 fr. 50 c.). C'était, sauf erreur de calcul, à raison de dix vers pour un sou.

Hélas! hélas! où sont tombées les magnificences vénitiennes! Je vis, une autre fois, dans le même lieu, un homme dégueillé vendant des chaînes de montre en fer de Berlin, lequel appartenait à une famille patricienne, et que l'on appelait *signor Conte* par dérision. On ne peut se faire une idée de la misère où sont réduits les débris de cette antique aristocratie, jadis si fière de ses richesses et de son blason. Le gouvernement autrichien ne manque aucune occasion de l'avilir, et il faut avouer que souvent il n'a pas besoin d'efforts pour cela. On peut citer, il est vrai, quelques éclatantes exceptions, mais elles ne servent qu'à jeter plus de jour sur les plaies honteuses de cette Babylone déchue.

Derrière le quai des Esclavons, le fameux arsenal, l'un des plus beaux de l'Europe, semble se cacher parmi les masures en ruines. On éprouve un véritable serrement de cœur en approchant de ce respectable monument de la puissance vénitienne. Les deux lions du mont Hymette, rapportés d'Athènes par Francesco Morosini, le héros du Péloponèse, et placés à la porte de cet arsenal, sont gardés par un soldat autrichien, la baïonnette au bout du fus*il*.

Tout ce que l'on peut voir ensuite n'est que le commentaire de ce déplorable fait, crime impardonnable du général Bonaparte.

Toutefois, pour se faire une idée de l'ancienne marine de Venise, on doit parcourir cet arsenal, qui n'a pas moins de deux milles de circonférence, et qui est ceint par tous les côtés de fortes murailles et de tours solidement bâties. Des flottes entières y étaient à la fois en construction. Quatre immenses bassins recevaient les vaisseaux à flot, et il n'y avait qu'une porte à ouvrir pour qu'une expédition complète se mît en campagne avec ses armes et ses agrès. Cinq fonderies de canons, renfermées dans ses murs, étaient continuellement en travail. La corderie, pour la fabrication des manœuvres, est une salle de 910 pieds de longueur; le hangar, pour l'équarrissage des bois, a 470 pieds; et la salle des modèles, sur le pavé de laquelle on peut tracer le gabari du plus grand vaisseau, offre une autre enceinte de 180 pieds de long. Le *gouvernement paternel*, nom sous lequel on désigne vulgairement l'administration autrichienne, a doté, en 1817, cette belle salle des modèles, non pas d'une statue de Dandolo, de Pisani ou de Morosini, mais d'un buste de Sa Majesté l'empereur et roi Francesco 1".

Il y a dans cet arsenal cinq salles d'armes assez richement approvisionnées, pour le service de terre et de mer. On y remarque quelques pièces historiques provenant des guerres contre les Turcs, et entre autres le drapeau amiral pris sur la flotte musulmane à la bataille de Lépante. Mais les plus importantes ont disparu et sont allées grossir la belle collection d'armures du musée de Vienne. L'armure du roi de France Henri IV est cependant restée; c'était un don de ce grand homme, pour reconnaître la faveur qu'on lui avait faite en l'admettant au nombre des patriciens du *livre d'or*.

XI.

Les théâtres de Venise.

Les théâtres, comme tous les autres monuments de la civilisation vénitienne, ont perdu la plus belle partie de leur éclat. On n'en saurait citer que trois qui soient dignes d'entrer en comparaison avec nos théâtres de Paris et de Londres. La ville de Venise en a compté autrefois jusqu'à seize. Ces trois théâtres sont:

1° celui de *San-Benedetto*, construit aux frais de la famille Grimani; 2° celui de *San-Luca*, autrefois *San-Salvatore*, le plus ancien de tous les théâtres de Venise et peut-être de l'Italie entière; 3° enfin celui *della Fenice*, le plus moderne et le plus magnifique qui fut bâti en 1791 et qui fit son ouverture par un opéra de Paësiello, intitulé *J. Giuochi d'Agrigento*.

On y joue indistinctement et selon le caprice des directeurs, des opéras, des ballets, des tragédies et des comédies. Comme à Milan et à Naples, toutes les loges y sont louées à l'année; il n'y a ni balcons, ni galeries, ni amphithéâtres, et un spectateur isolé ne peut trouver au bureau que des billets de parterre. Par suite d'un bizarre arrangement, la possession d'une loge n'empêche pas qu'on ne vous fasse payer à la porte un droit d'entrée par personne; ce droit équivaut au prix d'un billet de parterre. La direction fait louer cependant quelques loges dans une boutique ouverte sous les galeries de la place Saint-Marc, mais on n'en est pas moins obligé de prendre la loge entière, car on ne détache pas les coupons. Les prix de ces loges ne sont pas fixes, ils varient selon la saison et selon la composition du spectacle, depuis trente francs environ jusqu'à sept à huit francs.

J'ai vu, à Venise, une troupe de comédie fort bien montée, la plus satisfaisante que j'aie jamais rencontrée pendant plusieurs séjours dans les différentes parties de l'Italie. Elle renfermait surtout deux acteurs d'un grand mérite. Le premier s'appelait Vestri; c'était un comique très plaisant, notamment dans les bouffonneries vénitiennes de Goldoni. L'autre, nommé de Marini, rappelait le jeu de Talma dans les rôles passionnés et sérieux du drame bourgeois. J'ignore ce qu'ils sont devenus, car la vie nomade et aventureuse de ces artistes et le peu de crédit qu'ils obtiennent dans un pays où la musique absorbe tous les succès de théâtre, empêchent que leur réputation ne s'affermisse et qu'ils soient estimés comme ils méritent de l'être.

Les grands ballets d'action, ainsi qu'on les appelle, sont bien loin d'être aussi splendides à Venise qu'à Naples et à Milan. La misère s'aperçoit là comme partout dans cette malheureuse ville, et on y voit des rois, des reines, des princes et des princesses qui auraient besoin souvent de coudre une pièce à leur manteau.

Le fameux théâtre della Fenice reçoit ordinairement le trop-plein des théâtres de Naples et de Milan. Cependant on y entend parfois des opéras assez bien montés. *La Fenice* est, sans contredit, un des plus beaux théâtres de l'Italie; il se ressent encore des anciennes splendeurs de la république. Il peut contenir environ 3,000 spectateurs.

Les Vénitiens furent les premiers qui donnèrent aux représentations théâtrales quelque régularité. Ils connurent, surtout avant les autres villes d'Italie, les drames mêlés de musique. Antonio Groppo et Sansovino nous ont conservé la liste des opéras qui furent chantés dans les banquets publics du palais ducal, durant tout le cours du XVIe siècle, et même dans le XVe. Sous le doge Agostin Barbarigo, une jeune femme, nommée Cassandra Fedele, improvisait des cantates en vers latins, sur le théâtre, en s'accompagnant elle-même avec la lyre. Mais toutes ces compositions étaient sans doute de fort peu de valeur. Le premier opéra qui mérite véritablement ce nom ne remonte qu'au commencement du XVIIe siècle. C'est l'*Andromède* de Manelli qui fut chantée sur le théâtre de San-Cassiano. La comédie est beaucoup plus ancienne à Venise; de temps immémorial il en fut représenté chaque année pendant les fêtes du carnaval.

De même que nous avions en France, pour la composition et la récitation, des mystères, les compagnies des clercs de la Basoche et des Enfants Sans-Souci, il s'était formé à Venise une société de jeunes nobles sous le nom de *Compagnia della Calza*. Comme ce nom l'indique, c'était par les différences et les couleurs de leurs chausses que ces confréries se distinguaient entre elles. Elles portaient les diverses dénominations de *Pavoni*, *Accesi*, *Sempiterni*, *Cortesi*, *Reali*, *Floridi*, etc. En l'année 1400, ces compagnies étaient au nombre de 13. Elles ne s'occupaient pas seulement de représenter et de composer les comédies et les opéras, mais aussi de la direction des Régates et de tous les autres jeux publics. Elles jouissaient de constitutions particulières auxquelles il n'était pas permis de manquer sans encourir des peines pécuniaires dont le produit était appliqué aux compagnons eux-mêmes, pour les couvrir de leurs dépenses. Elles avaient leurs secrétaires, leurs officiers et leur chapelain qui chantait une messe solennelle à chaque réception d'un nouveau venu, et qui recevait son serment d'obéissance.

XII.

Palais de Bianca Capello.

Non loin de l'angle-nord du palais ducal, derrière le pont des Soupirs, sur un petit canal obscur, que les rayons du soleil viennent rarement visiter, on remarque un palais d'une sévère architecture dont la façade noircie par le temps éveille tout d'abord, dans l'esprit de celui qui le contemple, de sombres et mélancoliques pensées.

La porte s'ouvre sur un pont aussi triste que lui. L'eau qui coule sous ce pont semble plus noire qu'en aucun autre lieu. Un silence de mort plane sur ce groupe inhabité, dont l'aspect terrible se rembrunit encore par l'ombre épaisse que lui jette le bâtiment des prisons.

L'air en cet endroit vous pèse et vous brûle; on devine que quelque événement fatal s'y est passé, et on ne s'étonne plus de ses pressentiments quand votre guide vous a nommé le palais de la famille Capello.

Dans les siècles reculés du moyen-âge, une famille patricienne de ce nom habitait ce palais devenu célèbre; et la maison qui lui fait face était occupée par les Salviati, nobles florentins qui y avaient établi les comptoirs de leur commerce. Car à cette époque les Italiens ne partageaient pas le préjugé des autres nations de l'Europe, et les familles les plus nobles s'enrichissaient dans le commerce sans en rougir. Un jeune homme de Florence, appelé Pietro Buonaventuri, venait d'arriver à Venise pour diriger la banque des Salviati; et attendu la grande confiance que ses maîtres avaient dans son intelligence et sa probité, il était chargé lui seul de toutes les opérations de la maison.

Le jeune Pietro était beau comme le jour, d'une taille élégante et bien prise, d'une physionomie charmante, et rien n'égalait la grâce de son maintien et le goût exquis qu'il montrait dans la manière de se vêtir et de s'ajuster. De longs cheveux blonds comme des cheveux d'ange s'étendaient en boucles sur ses épaules; son teint était nuancé de blanc et de rose ainsi que celui d'une jeune fille et dans ses yeux reposait une douceur indicible. On ne pouvait le voir sans l'aimer.

Le soir, il avait coutume de se placer sur son balcon pour goûter la fraîcheur de la brise qui souffle de la lagune, et il demeurait ainsi des heures entières à regarder la lune et les étoiles, égayant l'ennui de la solitude par des chansons de son pays qu'il accompagnait de sa guitare.

Le vieux sénateur vénitien Capello avait une fille sous son toit, qu'on appelait Bianca; une fille unique, le seul espoir de sa vieillesse. Pour préserver cette tendre fleur de la corruption, il la gardait comme un avare son trésor. Elle ne sortait par les rues que le dimanche et jours de grande fête pour aller prier Dieu à l'église, et une vieille nourrice l'accompagnait partout sans la quitter d'un seul instant.

Voici que Bianca vit un jour le jeune Pietro à son balcon. Dès ce moment il n'y eut plus de repos pour elle. Ses nuits si calmes jusqu'à présent devinrent brûlantes et insupportables. Elle pleurait et se consumait appelant en vain la sainte Vierge à son aide, mais elle n'osait confier ses chagrins à son père.

Un jour, comme elle traversait un des jardins de la Zuecca pour se rendre à la paroisse de la Salute, elle aperçut Pietro qui la suivait. Ils entrèrent ensemble dans l'église, et Pietro osa se mettre à genoux à ses côtés.

— Ma bonne nourrice, dit tout bas Bianca à la duègne qui l'accompagnait, voilà celui que j'aime, et je me tuerai si mon père ne consent pas à me marier avec lui.

La nourrice fut fort épouvantée des paroles de sa chère enfant, mais Bianca lui ferma la bouche en lui disant:

— Laisse-nous ensemble, bonne nourrice; il sait que je l'aime et il m'aime; depuis quinze jours il me parle avec ses yeux sans que tu te sois aperçue de rien. Je veux qu'avant ce soir il vienne chez mon père et qu'il lui demande ma main.

Ces paroles avaient été prononcées assez haut pour que Pietro les entendît.

— Bianca, soupira-t-il en levant au ciel ses beaux yeux bleus, ce soir je me rendrai chez votre père.

En prononçant ces mots il disparut. Bianca ivre de joie entraîna sa nourrice vers la gondole qui les attendait, et elles furent bientôt de retour au palais.

Pietro tint sa parole, et demanda la main de Bianca le jour même. Le vieux Capello entra dans une horrible fureur en apprenant que cet homme qui osait aspirer à la main de sa fille n'était que le commis de Salviati et que sa noblesse, quoi qu'il en dît, ne paraissait que du plus bas étage. Il refusa d'écouter davantage ses sollicitations et il le fit chasser de chez lui par ses valets. Pietro écrivit aussitôt à sa bien-aimée et la supplia de se trouver au milieu de la nuit à la porte du palais de son père, qu'il avait d'importantes révélations à lui faire touchant leur amour.

Bianca s'y rendit sans consulter sa nourrice, et pour ne donner aucun soupçon, elle s'échappa la nuit de son lit et vint trouver Buonaventuri sur le pont, sans prendre seulement le soin de se vêtir et sans chaussure à ses pieds, tant étaient grands son empressement et sa joie. En voyant arriver Bianca, Pietro Buonaventuri se jeta à ses genoux et il lui baisa les pieds en lui disant d'espérer, qu'il saurait bien trouver un moyen de faire comprendre la raison à son père, que lui aussi Pietro était noble et que ses parents à Florence étaient riches et puissants.

Pendant qu'ils oubliaient l'heure dans le doux épanchement de leur amour, les premiers rayons de l'aurore commencèrent à paraître, et le boulanger de la maison Capello entra dans le palais sans les apercevoir; mais en sortant il referma la porte que Bianca avait eu soin de laisser entr'ouverte, afin de se ménager une retraite assurée. Quelle fut sa peine lorsqu'elle se vit ainsi dehors, demi-nue, livrée aux regards des passants et à la vengeance de son père! Pietro lui jeta son manteau sur les épaules, et la conjura de le suivre à Florence, où sa mère, riche et noble dame, disait-il, les recevrait dans son palais et leur donnerait sa sainte bénédiction. Bianca entra dans une gondole avec son ravisseur et presque sans argent, accablée de fatigue et de misère; ils arrivèrent enfin en la ville de Florence, où Buonaventuri déposa chez sa mère la noble fille du vieux Capello.

Hélas! la jeune enfant, trop crédule, vit alors dans quel piége elle était tombée. Ce Pietro n'était qu'un misérable, et sa mère, pauvre vieille femme de la plus basse condition, avait grand'peine à subvenir à ses propres besoins. Bianca tomba dans un chagrin violent et elle pencha dans ses mains son visage tout en pleurs en s'écriant:

— Ah! Pietro, vous m'avez trompée!

Cependant Pietro ne tarda pas à se lasser de

l'amour de Bianca. Au bout d'un mois après son arrivée à Florence, il passait toutes les journées dehors à boire et à se divertir avec ses amis, et il enfermait sa maîtresse chez sa mère, et lui défendait de jamais sortir de sa chambre, et même de soulever les jalousies de sa croisée.

Voilà qu'un jour le grand-duc de Florence, revenant d'une partie de plaisir aux Cascines, traversa la place de Santa-Maria-Novella, avec une nombreuse cavalcade de seigneurs et d'officiers de sa cour. Bianca entr'ouvrit les jalousies de sa fenêtre et se haussa sur la pointe du pied pour voir passer la cavalcade. Le grand-duc l'aperçut, quelque peine qu'elle prît de se cacher, et il jura que cette femme mystérieuse serait à lui. Un seigneur espagnol nommé Mondragone, confident zélé des plaisirs du prince, entreprit cette tâche difficile, et dès le lendemain il envoya sa femme chez la mère de Buonaventuri, laquelle accepta de venir visiter le palais de Mondragone avec Bianca pendant l'absence de Pietro.

La Mondragone eut bientôt écarté la vieille, sous un prétexte léger, et laissant Bianca dans un riche salon où toutes sortes de vêtements magnifiques étaient étalés, elle se retira après avoir pris soin d'avertir la jeune fille que tout ce que contenait ce salon était sa propriété, si elle voulait le trouver bon. Dès que Bianca fut seule, elle ouvrit toutes les armoires de ce salon, elle mit des colliers à son cou, des voiles sur sa tête, des boucles à ses oreilles et se regarda fièrement dans les miroirs, car elle en était privée depuis long-temps. Tout à coup un homme s'élança d'un cabinet voisin et se jeta à ses pieds. Il lui jura qu'il était prêt à l'épouser et punir l'insolence de Buonaventuri. C'était le grand-duc Francesco. Bianca eut toutes les peines du monde à s'échapper des bras du prince, et elle retourna chez elle en courant sans seulement regarder en arrière ; cependant elle cacha toute cette aventure à son amant.

Mondragone eut bientôt fait connaissance avec le jeune Pietro, et il fit si bien qu'il le fit consentir à accepter une place à la cour, et à y conduire Bianca, qui était depuis peu devenue sa femme légitime. Pietro, gorgé d'honneurs et de richesses, ne mit plus de bornes à ses déréglements. Il se faisait escorter par une escouade de coupe-jarrets, et la nuit il courait comme un furieux par la ville et livrait bataille à tous les passants. Un matin, comme il rentrait chez lui encore à moitié ivre, il fut assailli au détour d'une rue et percé de vingt-quatre coups d'épée. On ne sut jamais qui lui avait donné la mort, malgré l'enquête que Bianca réclama du grand-duc.

Enfin, après neuf mois de deuil, Bianca consentit enfin à céder aux sollicitations de Francesco, et elle devint grande-duchesse de Toscane. Le vieux Capello, son père, consentit alors à la revoir, et il vint à Florence avec les ambassadeurs que la sérénissime république de Venise envoya au grand-duc à cette occasion. Rien ne manquait plus au bonheur de Bianca. Sa singulière fortune avait effacé complétement de son cœur la mémoire de ses malheurs passés, et jusqu'au souvenir de Pietro. Elle régnait sous le nom de son faible mari, et son orgueil et son faste étaient devenus si révoltants, que le peuple, après avoir applaudi à son élévation, faisait des vœux pour se voir délivrer de sa tyrannie. Le châtiment ne se fit pas attendre.

Le grand-duc avait pour frère un cardinal qui s'était opposé de toutes ses forces à son mariage, parce que cet homme ambitieux regardait déjà la couronne ducale comme une succession qui lui revenait. Le cardinal arriva un jour à Florence, et Bianca qui le redoutait fit préparer à la villa de Poggio à Caïano un festin splendide pour fêter sa bienvenue. Le cardinal fut sombre et silencieux jusqu'à la fin du repas. Enfin, comme les convives allaient se retirer, il se leva tout à coup, et tirant un poignard de dessous sa robe rouge :

— Que personne ne sorte de cette salle, sous peine de la vie, s'écria-t-il d'une voix tonnante. Qu'on prodigue des secours à mon frère Francesco et qu'on s'empare de la Vénitienne Bianca Capello. Elle vient d'empoisonner le grand-duc son mari, avec ce gâteau qu'elle a préparé de ses mains.

Bianca, pâle d'horreur, chercha vainement à se défendre ; elle accusa elle-même le monstre qui essayait de la noircir. Mais ses cris ne furent pas écoutés, et elle rendit le dernier soupir à côté de son mari. Le cardinal prit lui-même la couronne, que ses officiers lui présentèrent à genoux, et il la posa sur sa tête en déclarant qu'il était le seul héritier légitime au grand-duché de Toscane, puisque la mort venait de lui enlever son cher frère Francesco.

XIII.

Les Églises de Venise.

Après Rome, Venise est assurément la ville d'Italie qui possède les plus nombreuses et les plus belles églises. Si la première de ces deux capitales proclame les sévères et incomparables proportions de son Saint-Pierre, l'autre fait reluire au soleil, comme un manteau brodé d'or et de pierreries, les magnificences tout orientales de sa basilique de Saint-Marc. Si l'une a Michel-Ange et les œuvres délicates de la renaissance des arts, la seconde s'enorgueillit de ses architectes gothiques, parmi lesquels Philippe Calendario et Bartolomeo marchent au premier rang. Si Raphaël, peintre du ciel; si Jules Romain, le Dominiquin et tant d'autres ont peuplé de leurs toiles les églises des papes, celles des doges resplendissent des tableaux de Véronèse, de Titien, de Tintoret et des deux Bellini. Si celles-là ont hérité des ruines monumentales de l'ancienne maîtresse du monde, celles-ci ont pillé la Grèce et l'Asie pour se vêtir de leurs précieuses dépouilles. Ajoutez à cela que Rome avait des modèles sous les yeux quand elle éleva ses immortelles basiliques, tandis que Venise ne possédait pas même le terrain sur lequel elle devait bâtir.

Lorsqu'on admire cette élégante église de Saint-Jean-et-Paul, qui date du XIIIe siècle, ou celle du Rédempteur, qui passe pour le chef-d'œuvre de Palladio, on a peine à s'imaginer que quelques centaines d'années auparavant les Vénitiens, occupés d'assurer leur existence, ne sussent construire encore que des églises en bois; le temple de Saint-Marc lui-même fut ainsi érigé. Au commencement du XIVe siècle, beaucoup de ces édifices étaient encore couverts en chaume. Les plus anciens furent bâtis aux frais de quelques particuliers.

Ces églises primitives étaient entourées d'un portique couvert, semblable au *propyleum* des temples grecs. On croit que ce portique servait aux *confessions publiques* que les pénitens, à cette époque, étaient obligés de faire à haute voix au milieu du peuple assemblé. Au XVe siècle ces portiques, qui servaient souvent de repaire aux *coureurs de nuit* et autres malhonnêtes gens, furent fermés de portes par ordre du doge, qui, peu de temps après, en ordonna la complète destruction.

Les magistrats rendaient alors quelquefois leurs sentences dans les églises; lesquelles servaient encore d'hôpitaux pour les malades, et de lieu de dépôt pour les richesses et trésors que les citoyens voulaient y mettre en sûreté. Le droit d'asile des églises n'était pas aussi étendu à Venise que dans les autres pays de l'Europe. En 1310, le conseil défendit aux moines et autres religieux de recevoir chez eux aucun des rebelles qui étaient entrés dans la conspiration des Baiamonte Tiepolo, et, en 1615, il fut pareillement prescrit, par sentence du conseil des Dix, de chasser des églises et monastères les criminels qui viendraient y chercher refuge.

On voit que l'action politique du gouvernement se faisait sentir à Venise par-dessus l'action ecclésiastique. A aucune époque de leur suprématie, les Papes ne purent ranger les Vénitiens à leur obéissance. Ceux-ci leur donnaient volontiers de belles promesses, et faisaient en paroles tous les actes de soumission capables de flatter la vanité du Saint-Siège; mais leur humilité s'arrêtait là. Ainsi, lorsque plus tard on jugea à propos de détruire l'église de San Geminiano, qui apportait obstacle à des projets d'agrandissement pour la place de Saint-Marc, le pape présenta des remontrances qu'il renouvela depuis, chaque année à jour fixe, en faisant demander au doge par son cardinal légat : *Quand rebâtirez-vous notre église?* et chaque année aussi le doge répondait : *L'année prochaine.* Cette burlesque plaisanterie, pourtant très-authentique, donne une idée bien exacte de la situation de Venise par rapport au Saint-Siège.

La paroisse, à Venise, s'appelle *Contrada.* Tous les habitans de la Contrada se réunissaient autrefois pour élire un recteur, qui prenait le titre de *Piovano*; cette qualification s'explique d'elle-même dans une charte de 1291, où elle est traduite par les mots latins *presbyter* et *plebanus.* Ce qu'il y a de singulier, c'est que ce *Piovano*, ce *plebanus*, ce recteur de l'église, pouvait être pris parmi les laïques; il déléguait alors un clerc ordiné pour tous les actes de prêtrise.

Il y avait divers modes d'élection pour ces Piovani. La constitution synodique du patriarche Lorenzo Giustiniani ordonne qu'après l'ensevelissement du défunt Piovano, tous les habitans de la cité soient appelés à l'élection (*omnes in civitate residentes ad electionem vocentur*); que l'on dise ensuite la messe du Saint-Esprit, et que l'on chante l'hymne *Veni, creator Spiritus;* enfin, que l'on procède aux votes, *soit par le scrutin secret, soit par la nomination orale.*

Lorsque le Piovano était nommé, avant qu'il reçût de Rome sa bulle de confirmation, le nonce du pape déléguait deux ou trois autres Piovani pour examiner le nouveau recteur, lesquels avaient droit de le rejeter. Pendant l'élection le peuple avait eu soin de parcourir la ville avec des bannières et des tambours, proclamant la personne qu'il désirait voir élire. Le candidat choisi donnait des fêtes et des banquets magnifiques pour prouver sa reconnaissance, en dépit des ordonnances qui défendaient ces sortes de pompes. *De nos jours*, dit Giambattista Gallicciolli, *nous avons vu ces fêtes et ces banquets continués pendant trois soirées consécutives, comme il arrive à l'élection du Patriarche, du Doge et des Procurateurs de Saint-Marc.*

Aux Piovani appartenait le titre d'honneur de *messer* ou *messier*, qui, dans les anciens temps, ne se donnait qu'à Dieu et à ses saints; et ainsi successivement ils acquirent les qualifications de *révérends* et de *révérendissimes.*

Au-dessous des Piovani, qui étaient, comme on le voit, de très-importans personnages, il y avait dans les églises d'autres dignitaires appelés *procurateurs des pauvres* et *procurateurs de la fabrique*. Ils étaient chargés de défendre les droits et les possessions des églises et des ministres sacrés, et d'agir pour eux dans les affaires contentieuses. En cas de mort ou de maladie du Piovano, on confiait aux procurateurs le mobilier et la caisse de la paroisse.

Telle était l'organisation administrative des églises vénitiennes, qui, pour la hiérarchie ecclésiastique, suivaient la règle ordinaire et relevaient de l'évêque et du patriarche. Quant à la magnificence artistique et aux richesses sans nombre de ces églises, il suffit d'avoir nommé Saint-Marc, Saint-Jean-et-Paul, le Rédempteur, Saint-François de la Vigne, pour éveiller l'idée de la plus noble architecture unie aux chefs-d'œuvre des meilleurs peintres du xvie siècle.

Les chroniques ne nous ont pas conservé le nom de l'architecte habile à qui nous devons les plans de cette belle église gothique de Saint-Jean-et-Paul; on en attribue la construction à quelque père dominicain du milieu du xiiie siècle. L'église est simplement construite en briques rouges, entourée d'une foule d'ornemens sculptés avec la plus grande finesse; une rosace à jour couronne la pointe de l'ogive du portail. On remarque dans l'intérieur plusieurs tombeaux de doges, des sculptures de Campagna et de Vittoria, des tableaux de Tintoret, d'Aliense, de Jean Bellino, de Palma, de Marco Vecellio.

L'église du Rédempteur est un monument de la renaissance disposé en croix latine. Sa façade et ses ailes, mélange des ordres composite et corinthien, se déploient avec grâce sur le bord du canal de la Giudecca. Une armoire de la sacristie contient un tableau précieux de Jean Bellino, représentant la vierge Marie avec l'enfant Jésus et deux anges; c'est aussi dans cette église que l'on montre le baptême de Jésus-Christ, par Paul Véronèse. L'édification du Rédempteur fut l'exécution d'un vœu de la seigneurie de Venise, pour la cessation de la peste de 1575, qui avait enlevé à la ville environ 50,000 habitans.

Saint-François de la Vigne, qui eut pour architectes Sansovino et Palladio, renferme dix-sept chapelles avec autant d'autels. Une de ses plus remarquables peintures est le tableau de la Résurrection, par Paul Véronèse; c'est encore qu'on admirait la fameuse Cène du même peintre, qui fut donnée en présent par la république de Venise à notre roi Louis XIV, et que l'on voit maintenant au musée du Louvre. Il faudrait encore citer les églises de Sainte-Marie des Frères, où sont conservées les cendres de Titien; de Sainte-Marie de Torcello, appelée le Dôme, laquelle date du xie siècle, et nombre d'autres qui contiennent des galeries de peintures et de sculptures de la plus grande beauté.

Nous ne pouvons ici détailler les tableaux épars dans cette foule de temples; mais nous consacrerons plus tard quelques lignes à ces maîtres de l'école vénitienne, dont les œuvres sont peut-être la page la plus pittoresque de cette merveilleuse et attachante histoire.

XIV.

Le supplice de la Chelba[1].

Puisque nous nous occupons de l'organisation des églises vénitiennes, nous ne passerons pas sous silence un genre de supplice tout particulier qui s'appliquait exclusivement, dans ce pays, aux prêtres coupables de quelque grand délit. Pour le faire bien comprendre, nous allons rapporter un événement dont une chronique vénitienne du XVIe siècle nous a conservé le récit.

Parmi les desservans de l'église paroissiale de Saint-Paul il y avait un prêtre appelé le père Francesco. C'était un saint homme s'il en fut, passant ses jours et ses nuits dans l'étude et dans la prière, et faisant honte par sa conduite exemplaire aux autres prêtres et moines de son temps, qui vivaient alors, pour la plupart, au milieu des joies mondaines avec un tel scandale, que, sur la requête de plusieurs prélats, le doge donna plein pouvoir aux visiteurs apostoliques, par un édit de 1581, de poursuivre et de punir rigoureusement et sans pitié les ecclésiastiques qui manqueraient à leur devoir.

Il fallait entendre le père Francesco tonner en chaire contre ces abus avec toute l'éloquence dont il était capable, et dévouer aux flammes infernales ceux de ses confrères qui se laissaient entraîner aux pièges de Satan.

Les femmes surtout aimaient à écouter sa voix pure et sonore qui retentissait sous les voûtes de l'antique église de Saint-Paul; elles suivaient avec un plaisir indicible le mouvement de ses grands yeux noirs qu'il levait au ciel pour le prendre à témoin de la sincérité de ses paroles. Assurément le père Francesco se croyait sûr alors de la béatitude céleste après sa mort; il se fiait à la force de sa volonté, à son dévouement à la foi catholique, et il ne pensait pas même avoir besoin de l'intercession divine pour le préserver des embûches du démon; mais le malin esprit suscita contre lui un ennemi puissant au sein même de son auditoire.

Un jour qu'il venait de prêcher contre les plaisirs du monde, il aperçut une jeune femme tout en larmes, pâle et tremblante, qui se jeta à genoux les mains jointes sur son passage, et le supplia de vouloir bien l'entendre en confession. Il ne put refuser le secours de son ministère à cette brebis égarée qui revenait au bercail; d'autant moins qu'il eut bientôt appris qu'il avait affaire à l'une des plus belles et des plus célèbres courtisanes de Venise.

La belle Tomasa commença à conter au père Francesco tous les détails de sa vie de plaisirs; et le soir était déjà venu qu'elle avait à peine terminé l'histoire de son premier amant.

Le lendemain, au sortir du prêche, Francesco retourna à son confessional. Tomasa ne tarda pas à venir s'agenouiller comme le jour précédent, et elle continua le récit de ses aventures. Tomasa mit tant d'action dans son discours, tant de fascination dans son regard, que le père Francesco, entraîné malgré lui dans ce monde nouveau qu'elle se plaisait à lui peindre avec de si riches couleurs, oublia cette fois d'interrompre sa pénitente; et la lune épanchait déjà ses rayons à travers les vitraux peints de l'église, lorsqu'ils s'aperçurent tous deux de leur isolement.

Les fidèles et le sacristain s'étaient retirés; l'ombre était épaisse derrière les massifs piliers de la nef. Pour gagner la porte, il fallut que le père Francesco prît sa pénitente par la main. En passant devant le maître-autel, le petit pied de Tomasa heurta le degré de marbre de l'autel, et elle tomba rudement en poussant un léger cri. Francesco l'appela; elle ne répondit pas. Il approcha son oreille; le plus faible souffle ne se faisait pas entendre. Il avança la main en tremblant; il rencontra le cou nu et froid de Tomasa. Hors de lui, plein de frayeur, il se hâta de séparer, à l'aide de son couteau, les lacets qui retenaient la robe de la jeune femme, afin que la fraîcheur des dalles la rappelât à la vie; mais elle ne donna pas signe d'existence.

Alors il courut à la sacristie, où il détacha du plafond la lampe de cuivre qui brûlait en face d'une madone, et il revint tout tremblant sur le lieu de l'accident.

La lampe faillit lui tomber des mains lorsqu'il aperçut le beau corps de la courtisane, à demi nu, renversé sur les marches de l'autel. Ses cheveux noirs, dénoués et luisans comme du jais, voltigeaient sur son sein plus blanc et plus poli que l'albâtre des murailles; ses paupières, à demi fermées, semblaient dormir sous l'ombrage

[1] Prononcez *Kébba*.

de ses longs cils. Francesco, immobile et muet, tomba sur ses genoux, et il demeura en contemplation comme si un enchantement l'eût cloué malgré lui à cette place. Son imagination ardente s'était emparée de toutes les facultés de son cœur et de son esprit; et, dans l'extase où il était plongé, il lui semblait que les portes du ciel venaient de s'ouvrir devant ses yeux. Un instant il crut pouvoir s'arracher à cette inspiration de l'enfer, et il passa son bras autour du corps de Tomasa pour la relever. Mais ce contact acheva d'embraser tous ses sens, et un mouvement involontaire pliant sa tête vers le front de la courtisane, il osa y déposer un baiser.

La voûte de la nef s'éclaira aussitôt d'un feu rouge et brillant, et il fut rappelé à lui par la présence de cinq ou six prêtres de Saint-Paul, escortés des sacristains et bedeaux de la paroisse. Alors il se releva brusquement, et se couvrit le visage de ses mains, demandant pardon à Dieu de la faute qu'il avait commise; mais, sur un signe du père supérieur, il fut arrêté et dépouillé de ses insignes sacerdotaux. On le conduisit dans une prison où on lui mit les fers aux pieds, et le lendemain il comparut devant les prélats, qui le condamnèrent sans pitié à être renfermé dans la Chebba pour le reste de ses jours.

Le soir même le père Francesco fut amené sur la place de Saint-Marc, entouré des pénitens masqués, qui marchaient à ses côtés sur deux files, portant des torches de cire, et chantant les prières des morts. On apporta la *Chebba*, qui était une cage de bois, carrée, tout à jour, et scellée avec du fer à ses extrémités. Quand on eut enfermé le coupable dans cette cage avec un pain noir et une cruche d'eau, on le hissa, au moyen d'une forte corde, jusqu'à la moitié environ de la hauteur du clocher de Saint-Marc, où il devait rester ainsi suspendu entre le ciel et la terre au bout d'une longue perche, exposé nuit et jour à l'inclémence des temps et des saisons, jusqu'à ce que la mort vint prendre pitié de sa misère.

Une vieille gravure, conservée à la bibliothèque de Venise, nous retrace ce supplice, imposé à un autre prêtre appelé le père Augustin, à qui l'on fait débiter le *lamento* suivant :

    Prima mi misser fra le due colonne
    Della giustizia ben stretto ligato.
    Imperator senza imperio m'han fatto.
    Sopra del tribunal della giustizia
    Altri con allegrezza, io con mestizia
    Fui coronato senza darmi il scettro.

« D'abord ils m'ont mis entre les deux colonnes de la justice[1] bien étroitement lié. Ils m'ont fait empereur sans empire. Sur le tribunal de la justice, ils m'ont couronné joyeusement malgré ma tristesse et sans me donner de sceptre dans la main. »

Quand le père Francesco se vit dans cette horrible cage il se laissa aller à son désespoir, et ne voulut d'abord prendre aucune nourriture, quoique chaque matin on eût le soin de lui descendre, au bout d'une corde, sa provision de la journée. Mais bientôt, se confiant dans son innocence, il résolut de se reposer sur la justice céleste du soin de sa délivrance. Il n'en continua donc pas moins à faire ses prières et à rendre grâce à Dieu, malgré les souffrances horribles que lui causaient l'excessive chaleur du soleil et la fraîcheur des nuits : car il avait à peine un vêtement sur les épaules.

Un jour enfin, à l'heure où l'on avait coutume de lui descendre sa nourriture, il aperçut au bout de la corde à laquelle étaient attachés son pain noir et sa cruche d'eau, un paquet volumineux qu'il se hâta de déplier à travers les barreaux de sa cage. C'était un caban de matelot, espèce de manteau d'un gros drap aussi fort que du bois, et d'une ampleur excessive; une paire de ciseaux accompagnait ce présent, et sur la lame de ces ciseaux était fraîchement gravé le nom de *Tomasa*, sœur recluse du couvent de Sainte-Zacharie.

Le père Francesco comprit du premier coup que c'était sa délivrance que lui offrait Tomasa, et il rendit grâce au Ciel en même temps de la conversion de la courtisane. Quand la nuit fut venue, il se mit à découper le caban en lanières assez solides pour supporter le poids d'un homme, et, brisant quelques-uns des barreaux de bois de la Chebba, il assujettit aux barreaux supérieurs cette espèce de corde improvisée; puis il se laissa couler en bas, espérant bien poser ses pieds sur les dalles de la place de Saint-Marc avant que la garde de la tour l'eût aperçu.

[1] Les deux colonnes de la justice sont ces deux piliers de granit que l'on voit sur la Piazzetta, en face de la porte du palais Ducal, dite *Porta della Carta*. C'était là qu'autrefois se faisaient les exécutions par la main du bourreau.

Mais hélas! dans son empressement, il avait mal calculé la hauteur qu'il lui fallait franchir, et, parvenu au bout de sa corde, il n'entrevoyait sous ses pieds qu'un vide immense dans lequel il allait être précipité. Il essaya vainement de remonter jusqu'à la chebba; ses forces étaient épuisées, et il allait infailliblement périr.

La garde de nuit accourut à ses cris; on le tira de cette fâcheuse position, mais ce fut pour le jeter dans un cachot. Il obtint cependant la révision de son procès, et il en fut quitte pour quelques années de prison que les soins charitables des sœurs de Sainte-Zacharie lui rendirent moins insupportables.

Ce genre de supplice prit fin à Venise avec l'aventure du père Francesco. Il parut un arrêt de la seigneurie qui défendit que personne ne fût plus mis *in Chebba*.

XV.

Le pont de Rialto[1].

Ce pont célèbre a pris son nom de l'île de Rialto, où, dans le xi⁰ siècle, le gouvernement de Venise commença d'établir le siége de sa puissance. Son étymologie est *Ripa alta* (haute rive), à cause de l'escarpement de cette petite île.

Le pont de Rialto fut d'abord construit en bois, en l'année 1180; il fut refait en 1255, beaucoup plus grand et plus large; on le plaça sur des pieux, et on l'appela *le pont de la Monnaie*, parce qu'avant son établissement on payait une *moneta* pour passer le canal en cet endroit. Il avait une porte à chacune de ses extrémités, et ces portes se fermaient à clé aussitôt que la nuit était venue.

Zancaruolo affirme que ce fut en 1431 qu'on le jeta bas de nouveau pour en construire un troisième, qui coûta deux mille trois cent vingt-trois ducats d'or. En 1444, la foule se rua avec tant de force pour voir passer dans sa gondole la jeune épouse du marquis de Ferrare, qui était la plus belle personne de son temps, que le pont rompit, et plus de deux cents personnes furent grièvement blessées. Enfin, en 1587, le conseil des *Pregadi* délibéra de le faire établir en pierres de taille, et trois ans après il fut livré au public. La chronique de *Berlendis* rapporte que tous les tailleurs de pierre de la ville y travaillèrent sans relâche pendant deux ans, et qu'il coûta à la république deux cent cinquante mille sequins.

Le plan de l'architecte Antonio da Ponte fut choisi au milieu d'une foule de dessins qui avaient été présentés. On creusa le terrain à seize pieds de profondeur, et de chaque côté on enfonça 6,000 pieux d'orme pour soutenir les fondations. Ce pont, d'une seule arche dont la corde a 83 pieds de longueur sur 66 de large, était regardé, au temps où il fut construit, comme un chef-d'œuvre sans pareil, et sa célébrité, répandue dans toute l'Europe, est venue jusqu'à nous. Sa solidité est à toute épreuve; mais il n'offre plus rien maintenant qui puisse étonner. L'Angleterre et la France ont dépassé depuis long-temps le prétendu chef-d'œuvre du Rialto.

Sa superficie présente trois passages parallèles. Celui du milieu est occupé par deux rangées de boutiques comme l'étaient autrefois chez nous le pont Neuf et le pont au Change. Les vieux portiques de Rialto qui bordent le Grand Canal et qui confinent au pont, servaient anciennement d'habitations à la magistrature et au commerce. Ce quartier est à Venise ce qu'est chez nous celui de la Cité. Les Juifs allemands levantins et autres y résidèrent long-temps, jusqu'à ce qu'une ordonnance du grand-conseil les en bannit. Il leur était prescrit de porter une marque particulière, pour éviter qu'on ne les confondît avec les chrétiens. Cette marque consistait en un cercle jaune *de la grandeur d'un pain*, aux termes de l'ordonnance. Elle était disposée dans la forme d'un O; ils la devaient porter sur la poitrine. Cette marque fut changée par la suite en une barrette jaune; puis on lui substitua encore un chapeau recouvert d'une étoffe de couleur rouge; puis enfin un chapeau de toile cirée fut tout leur signe de distinction. Tels étaient autrefois les habitans du quartier de Rialto. Ce quartier n'est plus guère fréquenté que par le petit commerce, et surtout par les vendeurs de légumes et de poisson. Les boutiques établies sur le pont sont éclipsées depuis long-temps par celles de la place de Saint-Marc, dont la distribution rappelle les galeries du Palais-Royal de Paris.

[1] Nous avons donné la gravure du pont de Rialto dans notre première livraison des États vénitiens.

XVI.

Du doge et des *cérémonies* appelées Andate.

J'ai dit ailleurs quelles étaient les attributions du doge; je ne m'occuperai donc ici que de ce qui regarde sa vie particulière, les usages et l'étiquette à laquelle cette dignité était soumise.

Avant l'année 1473, les doges de Venise portaient des vêtemens de couleur cramoisie; ce n'est qu'à cette époque que Nicolo Marcello prit une robe de brocart d'or, qui fut depuis le signe distinctif de la souveraineté dogale. Leurs fils avaient jadis la prééminence; ils portaient l'habit de sénateur avec les chaussures rouges, entraient de droit au conseil des *Pregadi*, et on leur faisait des funérailles comme aux procurateurs de Saint-Marc. Les doges ne pouvaient recevoir en présens que des fleurs, de l'eau de rose, des parfums, du baume et du vin. Ils ne devaient ouvrir les lettres qui leur étaient adressées qu'en la présence de leurs conseillers. S'ils voulaient faire un voyage hors de leurs états, il leur fallait une permission du grand-conseil. On leur donna successivement les titres de *glorieux*, *très-glorieux*, *magnifiques*, *illustres*, *illustrissimes*, *éminentissimes*; et enfin, depuis le XIe siècle, on les nomma votre *sérénité*. Le mode d'élection par lequel ils étaient promus à cette première dignité de la république, est beaucoup trop compliqué pour que nous pensions à l'expliquer ici. Depuis leur avénement jusque même après leur mort, ils ne cessaient d'être environnés d'une foule de cérémonies dont la pompe et le luxe effacent tout ce que les historiens nous racontent des anciens rois de l'Asie.

Dans les temps passés, lorsqu'un doge venait à mourir, on l'ensevelissait le jour suivant dans l'église où était le tombeau commun de sa famille. La plus ancienne cérémonie de ce genre que nous trouvions dans les chroniques, ce sont les funérailles du doge Giovanni Delfino. Il fut porté dans la salle des *seigneurs de nuit*, avec des éperons d'or aux talons, son estoc dans le fourreau, et son écu renversé à ses pieds. Les sénateurs et les nobles désignés par les conseillers l'accompagnèrent en habits de deuil. La dogaresse, sa veuve, alla se mettre en prières dans l'église de Saint-Marc, suivie d'un nombre considérable de dames nobles. Là fut bientôt amené le corps du défunt, escorté des conseillers et des chefs de la Quarantie.

Plus tard on ajouta à ce cérémonial les formalités suivantes. On revêtit le mort de ses habits d'apparat; on le couronna de sa couronne ducale; on ferma les portes du palais, qui furent commises à la garde des hommes de l'arsenal. Le soir même on lui construisit un éminent catafalque éclairé par quatre grandes torches enflammées, et les membres de la seigneurie, vêtus d'écarlate, veillèrent auprès du cercueil pendant trois jours et trois nuits.

On y ajouta une solennelle procession à laquelle assistaient tous les corps de métiers, les hommes de l'arsenal et les patrons de navires, avec chacun une torche de cire dans la main, et au bruit de toutes les cloches de la ville. Lorsque le catafalque arrivait à la porte de Saint-Marc, on l'élevait et on le baissait neuf fois pour lui faire saluer l'église dont le feu doge était le patron et où il avait été proclamé. Tout cela se terminait par une oraison funèbre en présence du peuple assemblé.

Les principales et les plus brillantes des cérémonies auxquelles la loi de l'étiquette soumettait tous les instans de la vie du doge étaient sans contredit les ANDATE. On appelait *andare in trionfo* (aller en triomphe) les visites solennelles qu'à diverses époques de l'année le doge était obligé de faire aux différentes églises et autres lieux de la ville, soit pour l'accomplissement d'un vœu de ses prédécesseurs, soit en vertu d'un décret de la république, soit pour actions de grâces, en mémoire de quelque grand péril évité ou de quelque victoire insigne.

Il s'avançait alors en grande pompe, suivi de toute la noblesse vénitienne, faisant porter devant lui les huit étendards que la république tenait de la munificence des pontifes; puis suivaient les trompettes d'argent que les sonneurs appuyaient sur les épaules de jeunes garçons richement atournés. Venaient après les cinquante commandeurs habillés de bleu céleste, avec une barrette rouge sur la tête et une petite médaille d'or à l'effigie de saint Marc suspendue à leur cou. Derrière eux marchaient les fifres et les trombonnes vêtus de rouge, et les écuyers du doge vêtus de velours noir; puis tous les dignitaires de l'état, depuis les conseillers du doge jusqu'aux secrétaires du conseil.

Il y avait un nombre considérable de ces *andate*, qui formaient autant de spectacles dont le peuple était très-avide. Outre les *andate in trionfo*, le doge devait encore faire chaque année vingt autres visites à l'église ducale de Saint-Marc. Nous ne citerons que les principales de ces premières *andate*.

Celle *Alli due castelli*, qui avait lieu le jour de l'Ascension, et qui consistait principalement dans les épousailles du doge avec la mer, nous est déjà connue[1].

Celle à San Marco fut instituée après la translation du corps de saint Marc, d'Alexandrie à Venise. Avant le ixe siècle, saint Théodore était patron, avocat et gonfalonier de la ville ; mais lorsqu'en 828 Buono de Malamocco et Rustico de Torcello eurent apporté la nouvelle relique, le pauvre saint Théodore tomba entièrement en oubli, et le lion ailé de l'Évangéliste fut arboré sur les drapeaux de la république. On donna, il est vrai, pour excuse, que saint Théodore ressemblait trop à saint Georges, le patron des Génois, avec lesquels on était en guerre ; et on fit savoir que *nonobstant que saint Marc fût révéré comme protecteur, il devait cependant tenir pour son supérieur le bienheureux saint Théodore*, lequel, j'imagine, dut être fort satisfait de cette déférence à son droit d'ancienneté [2].

Cette fête de saint Marc se célébrait avec une grande solennité. Le chœur de l'église patriarcale était préparé pour la seigneurie aux premières vêpres de vigile, et le trésor de l'état déposé sur le maître-autel par le procurateur. Tout le chapitre, la croix en tête, se rendait au pied de l'escalier des géans pour recevoir le doge et sa suite. Aussitôt que celui-ci avait pris place sur un trône élevé dans l'église, on entonnait vêpres, et pendant le Magnificat il était d'usage que le doge tînt dans sa main un candélabre d'argent doré avec un cierge allumé. Toute la journée du lendemain était encore consacrée à la célébration de cette fête.

Bernardo Giorgio, poète de la basse latinité, donne une singulière origine à l'*andata à Saint-Georges-Majeur*. Il raconte que le fils du doge,

[1] Voir la deuxième livraison des États vénitiens.
[2] ..... *Che quantunque San Marco fosse riverito come avocato, si tenesse però per principale San Teodoro.* — Francesco Sansovino. *Venezia città nobilissima e singolare*, lib. xii, pag. 506.

Pietro Ziani, étant allé se baigner dans le canal Saint-Georges, des chiens appartenant aux moines du couvent se jetèrent sur lui et le mirent en pièces ; que le père, saisi d'une horrible douleur, fit périr dans les flammes le monastère et ses habitans ; mais que le pape, ayant appris cette violence, voulut que Ziani fit réédifier le couvent, et que chaque année ses successeurs allassent visiter l'église le jour de la Nativité du Christ.

L'*andata* à Sainte-Marie-Formose se faisait le 2 de février, la veille de la Purification de la Vierge. En voici l'origine. Dans le xe siècle il était d'usage à Venise que chaque année, le dernier jour du mois de janvier, nombre de jeunes filles du peuple se rendissent avec leurs dots en l'église de Saint-Pierre, où l'évêque les mariait. Des pirates, qui occupaient dans l'Adriatique le lieu où s'élève aujourd'hui la ville de Trieste, formèrent le projet, en l'année 943, de s'emparer des jeunes filles et de leurs dots. Donc, ayant armé une galère, ils débarquèrent une nuit et se cachèrent sur le territoire de l'évêché. Aussitôt que la procession se fut mise en mouvement, ils sortirent en armes de leurs retraites et s'emparèrent de la proie qu'ils guettaient. La rumeur fut grande, comme on peut croire. Les hommes de la contrada de Sainte-Marie-Formose sautèrent dans leurs bateaux, et, en poussant des cris de vengeance, ils se mirent à la poursuite des ravisseurs. Ils les rejoignirent le jour même à Caorli, où ces misérables se partageaient leur butin. Ils en firent un grand carnage, et ramenèrent en triomphe à la ville les jeunes épousées avec leurs dots.

Le doge voulut que ces hommes lui fussent présentés en présence de la Seigneurie, et il les pria de lui demander quelque grâce. Ces braves gens alors demandèrent que le prince, avec la Dogaresse et toute la Seigneurie, vînt chaque année visiter leur paroisse. Le doge y consentit, et il ajouta :

— *Mais s'il pleuvait ?*

— *Nous vous enverrons un chapeau pour vous couvrir*, répondirent-ils, *et si vous avez soif nous vous donnerons à boire.*

De là l'usage que le Piovano de Sainte-Marie-Formose présente au doge, au nom du peuple, le jour de son *andata*, deux flacons de Malvoisie avec deux oranges et deux chapeaux dorés aux armes du pape, du doge, et du piovano de la paroisse.

XVII.

Mœurs et usages.

Toutes ces belles cérémonies des anciens temps sont maintenant mortes à Venise, comme les héros et les grandes actions qui y donnaient lieu. Il est juste de dire que d'autres les ont remplacées; et moi, qui vous parle, j'ai vu célébrer sur la place de Saint-Marc l'anniversaire de la bataille de Leipsick!

En vérité, c'était une curieuse et plaisante cérémonie. On voyait flotter dans l'air les drapeaux autrichiens arborés aux trois mâts qui représentaient jadis les souverainetés de la Morée, de Chypre et de Candie. Les grenadiers hongrois, en habit blanc, portaient des bouquets de laurier à leurs bonnets à poils, et les fanfares des régimens proclamaient musicalement la gloire autrichienne au détriment de la France et de l'empereur Napoléon. Ces braves gens, avec leur musique, semblaient vouloir s'étourdir sur l'histoire de leurs malheureuses campagnes militaires en Allemagne et en Italie. A les en croire, il faudrait faire un erratum dans les bulletins de la Grande Armée.

J'ajouterai en passant, et pour appuyer ce que j'avance, que l'*arsenal des bourgeois*, à Vienne, est tout rempli de drapeaux français, et que jamais Rome, aux jours de son antique gloire, n'a étalé dans les salles du Capitole autant de trophées carthaginois. Les Autrichiens ont évidemment appris l'histoire des dernières guerres dans cette fameuse chronique qui a fait tant de bruit sous la Restauration, laquelle nous représente le *marquis Bonaparte, général italien*, agissant au nom et comme chef d'état-major de sa majesté *Louis XVIII, roi de France et de Navarre*.

Comme vous le penserez aisément, la population vénitienne a de la peine à prendre sa part de plaisir dans ces fastueux anniversaires, malgré les ordonnances qui lui enjoignent de se réjouir, comme loyaux sujets de S. M. François II. L'éducation géographique de ce pauvre peuple sera aussi difficile à faire que son éducation historique, et on ne lui persuadera jamais qu'il est Allemand et non Italien, et que les lagunes de l'Adriatique font partie intégrante de l'empire d'Antriche, de par les traités de Léoben et de Campo-Formio, renouvelés en 1815.

Vingt années d'esclavage assidu n'ont pu encore amener la fusion que l'on a tentée, et je ne pense pas que jamais on la puisse opérer, malgré tout le génie du grand homme d'état qui gouverne cette agglomération contre nature.

Le peuple vénitien n'a aucune espèce de contact avec les soldats allemands. Dans la haute société, quelques salons sont ouverts aux officiers; mais on se tient avec eux sur la réserve, et jamais ils ne sont admis dans la vie intérieure. Beaucoup de familles nobles ne les veulent point recevoir.

Dans les villes d'universités, comme à Padoue, par exemple, les étudians sont d'habitude en hostilité avec les militaires des garnisons.

Voici un événement qui arriva dans cette ville il y a quelques années. Un jeune Italien, se croyant insulté par un officier autrichien, lui en demanda raison, et ne put l'obtenir, je ne sais pour quel motif; il se résigna donc à aller attendre son ennemi un soir au coin d'une rue, et, armé d'un énorme bâton, il l'assaillit et le laissa pour mort sur la place. L'autorité supérieure intervint pour éviter une collision entre les militaires et les étudians, et le régiment fut changé de résidence. Il ne faudrait pas conclure de là, cependant, que les employés civils et militaires de l'Autriche soient des tyrans et des bêtes féroces, ainsi que certains écrivains se sont appliqués à le démontrer. Hors de leur service, on trouve chez la plupart d'entre eux beaucoup d'aménité et de savoir-vivre. A l'exception de quelques gentillâtres ignares et brutaux, venus des provinces éloignées de la capitale, les officiers autrichiens sont généralement instruits et au niveau de la civilisation moderne, quoique bien en arrière encore des officiers russes.

Il y a quelques maisons à Venise où se réunit habituellement la bonne société de la ville : je citerai, entre autres, celles de la princesse Michieli et de la comtesse Benzon. Ces réunions, appelées *conversazioni*, ressemblent en effet aux *routs* anglais, et l'on y cause plutôt que l'on n'y joue. On ne se rassemble guère qu'après le spectacle, qui finit ordinairement après minuit : de sorte que l'on peut voir le soleil se lever sur les eaux de la lagune avant de s'aller coucher.

Les Français, pendant leur séjour à Venise, ont créé, vers l'extrémité du quai des Esclavons, une espèce de promenade formée d'une langue de terre qui ne ressemble pas mal, par l'aridité de son sol et par ses étroites proportions, au pont d'un vaisseau de haut bord. Dans ce terrain sablonneux la végétation est maigre, et les arbres, plantés en 1810, n'ont pas acquis plus de hauteur que chez nous un taillis de dix ans. Toutefois dans les grandes chaleurs de l'été cette promenade n'est pas sans charme. Avec un peu de bonne volonté, on y trouve de l'ombrage. Il n'y a guère cependant que les gens du peuple, la classe marchande et les étrangers qui fréquentent le *Jardin public*. La noblesse et les personnes riches ont leurs *casini* sous les *Procuratie* de la place Saint-Marc. On s'y réunit d'habitude pour lire les journaux et attendre l'heure du spectacle ou des *conversazioni*.

Au temps de la république, ces *casini* ou *ridotti* étaient des maisons de jeu où les sénateurs, les Sages, tous les patriciens, ne craignaient pas de se rendre en costume d'apparat pour risquer souvent sur une seule carte le prix de leur vaisselle et de leurs palais.

Les jours de fêtes, les cafés de la place Saint-Marc sont le rendez-vous de la bonne compagnie. Les dames y prennent place dans leurs plus élégantes toilettes, et c'est là que se font les visites et que se nouent les intrigues. La musique des régiments autrichiens, pour récréer le peuple, fait, pendant ce temps, retentir ses bruyantes fanfares. Mais cette *passeggiata* n'est plus égayée comme autrefois par ces bandes de masques qui sont si amusantes encore dans les originales esquisses de Tiepolo. Ce carnaval de Venise, plus triste et plus languissant de nos jours qu'un carnaval allemand ou norvégien, était jadis un des plus aimables fleurons de la couronne des doges. Il y avait le carnaval d'été et le carnaval d'hiver; le dernier commençait le lendemain de Noël, et se prolongeait quelquefois pendant plusieurs mois; l'autre s'ouvrait le jour de l'Ascension, et ne finissait qu'avec la *Fiera franca*.

Pendant sa durée, tous les habitants de la ville, de quelque condition qu'ils fussent, prenaient le masque. Le déguisement national par excellence était un manteau de soie noir, surmonté d'un camail de gaze ou de dentelle, appelé *baüta*. Hommes et femmes portaient des chapeaux à trois cornes, garnis quelquefois d'un plumet : c'étaient alors des plaisirs sans fin, des concerts d'instruments, des promenades et des joûtes sur l'eau, des dépenses folles et des largesses dont le peuple profitait. Tout cela aujourd'hui est remplacé par les bourgeoises allées du petit jardin public et par la musique des régiments hongrois.

XVIII.
Les Lagunes.

Cet amas d'eau et de rochers qui sépare Venise de la terre-ferme et de la pleine mer est peuplé d'un nombre infini de couvents, d'églises et de villages qui n'offrent pas au voyageur un moindre intérêt que la capitale elle-même.

L'île de St.-Michel de Murano est la première qui se présente aux regards. Elle se distingue par une église à la façade de marbre qui date du milieu du xve siècle, et qui est placée sous l'invocation de saint Michel. Ambroise d'Urbino a sculpté les bas-reliefs de la porte d'entrée. Les ornements qui décorent la sépulture du moine Eusèbe méritent surtout d'arrêter l'attention des visiteurs. C'est un travail délicat et plein de goût, où l'on reconnaît au premier coup d'œil le génie gracieux des artistes de la renaissance. Non loin du moine Eusèbe repose le corps du fameux Frà Paolo qui fut retrouvé il y a quelques années dans la démolition d'un autel de l'église des Servites, et que la ville de Venise a fait placer à ses frais dans celle de Saint-Michel. La jolie chapelle éxagone qui attient à l'église, est une œuvre de Guillaume Bergamasco (1530).

De cette île de Saint-Michel on se rend en quelques minutes à Saint-Pierre et Paul de Murano, où l'on admire entre autres belles peintures un Saint Jérôme dans le désert, par Paul Veronèse; une Vierge et un Doge agenouillé, par Giovanni Bellini; un Baptême de Jésus-Christ, par Tintoret. Tout près de Saint-Pierre et Paul s'élève encore une autre église dédiée à saint Donat, et à qui sa beauté et sa richesse ont fait donner le surnom de *Duomo di Murano*. C'est un magnifique échantillon de cette architecture grecque-arabe du xiie siècle qui a laissé en d'autres lieux de si merveilleux chefs-d'œuvre. Les voûtes portent encore les vestiges de fresques à demi-effacées, et le pavé est fait de mosaïques comme celui de l'église de Saint-Marc.

Murano renferme des manufactures de glaces, de perles et de verroteries, que les habitants du lieu vous montrent avec une certaine fierté, comme autrefois le doge Henri Dandolo aux chevaliers de la cour de Philippe-Auguste. Mais le temps de ce monopole de gloire et d'industrie est passé pour Venise comme tant d'autres. En Allemagne, en France, on a laissé en arrière depuis long-temps les miracles des fabriques de Murano.

Vous n'aborderez pas la petite île de Torcello sans visiter le temple de Fosca, bâti dans le IXe siècle avec des débris d'anciens édifices romains, provenant d'Altino. Vous saluerez ensuite de la main le port du Lido, et s'il vous prend fantaisie de sortir en mer avec votre gondole, vous aurez soin de ne débarquer sur la rive extérieure aucun de vos compagnons, sous peine de vous voir le passage interdit, jusqu'à ce que vous ayez retrouvé le promeneur abandonné. Pour les hommes comme pour les marchandises, la douane exige qu'on lui rende exactement son compte.

L'île de Saint-Lazare, que vous rencontrez sur votre chemin en revenant du Lido à Venise, est un rocher où des prêtres arméniens habitent un monastère isolé, loin des hommes et du bruit, et merveilleusement choisi pour l'étude et la méditation.

Ces braves gens renouvellent de nos jours ces laborieuses et monumentales congrégations de bénédictins et de pères jésuites dont les travaux sont les vraies pyramides de la patience humaine. Presque toujours au travail, occupés de publications géantes, dont le seul catalogue ferait reculer de peur vingt académies; ces dignes moines pensent qu'on ne peut mieux servir Dieu qu'en proclamant partout la gloire de son nom et la haute morale de sa parole. Ils écrivent donc, ils impriment eux-mêmes, et ils envoient aux deux extrémités du monde le résultat de leurs saintes veilles, au lieu de perdre leur temps dans de mystiques et égoïstes contemplations. Ils sont persuadés que les vrais soldats de Jésus-Christ, les véritables apôtres de la foi chrétienne ne sont pas ceux qui chantent des cantiques en mauvais latin, avec une voix fausse, au milieu d'un nuage d'encens.

Ce couvent arménien ne date que de 1715. Vers l'année 1700, Méchitar, le chef de cette confrérie, s'était établi à Modon, en Morée, avec plusieurs de ses disciples, sous la protection des Vénitiens. Quinze ans après, ils émigrèrent avec leurs protecteurs; ils vinrent se fixer à Venise, où on leur donna le bâtiment de Saint-Lazare, qui avait été jusque-là un lazaret. Ils ont depuis ce temps publié une immense quantité de livres de piété, dans tous les dialectes de l'Asie, lesquels ont été répandus à profusion par leurs bons soins, et à leurs coûts et dépens parmi les peuplades barbares.

Les religieux arméniens s'occupent en ce moment de publier une collection complète des écrivains de leur nation, depuis le IVe siècle (époque classique de leur littérature) jusqu'au XVe. La bibliothèque du couvent renferme plus de quatre cents manuscrits orientaux. Don Pasquale, attaché à la garde de ce précieux dépôt, enseigna la langue arménienne à lord Byron, pendant le séjour du poète à Venise. On cite même des passages de la grammaire anglo-arménienne qui sont dus à la complaisante facilité de l'illustre écrivain.

A quelques pas de ces religieux, qui combattent avec la plume l'éternel démon de notre monde, c'est-à-dire l'erreur, il existe dans l'île étroite de Saint-Servule un établissement d'un autre genre, non moins louable, non moins digne de notre respect et de notre admiration, et ce sont encore des moines qui le dirigent. Je veux parler de l'hôpital où sont traités, par les soins des pères hospitaliers, deux cent soixante aliénés, et environ cent autres malades. Ces ruines de l'ancienne intelligence vénitienne, valent bien des ruines de pierre ou de marbre.

Pour mon goût, je les préfère à ces morceaux de pouzzolane, si célèbres sous le nom de *murazzi*, que tout étranger se croit obligé d'aller admirer à cinq ou six lieues de Venise, et qu'on vous cite comme le plus beau monument de l'ancienne puissance vénitienne. Je ne nie pas que ce ne soit parfaitement imaginé que de construire une digue contre les envahissements de la mer; mais c'est une idée toute simple qui serait venue à tout marchand jaloux d'abriter ses magasins. C'est une affaire d'arithmétique et non pas une chose d'art; voilà pourquoi je pense qu'il est inutile de se déranger pour aller voir *une grosse muraille*. Il suffit qu'on me dise, en me montrant un point sur la carte des lagunes : « Ici il y a une grosse muraille. » Je me tiendrai pour averti, et, moyennant un calcul bien simple, je saurai au juste ce que représente aux yeux de la postérité ce prodige à tant la toise. Il en est ainsi pourtant de nos monuments d'aujourd'hui !

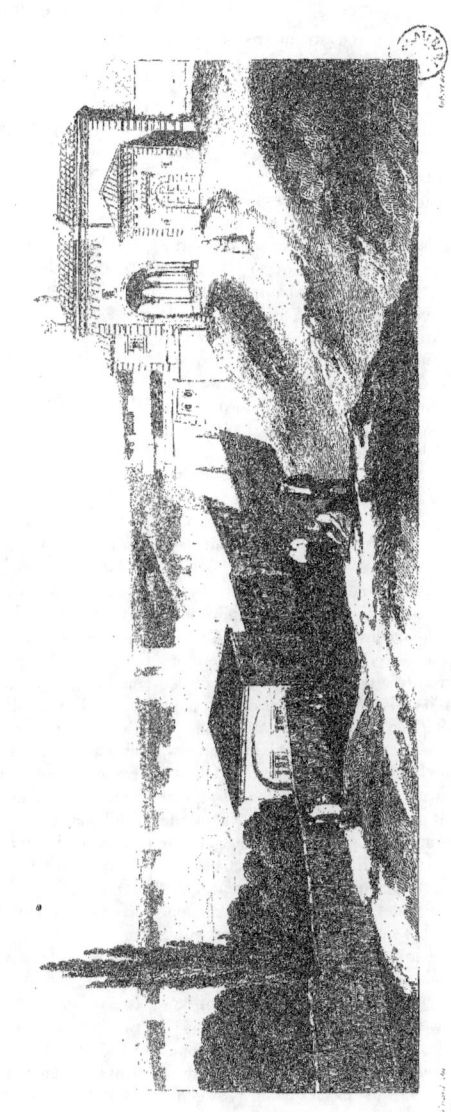

XIX.
Vérone.

Nous nous occuperons une autre fois de Padoue, ville importante de la domination vénitienne. Il faut auparavant nous arrêter à Vérone. C'est une ville armée en guerre, à l'aspect plus terrible que séduisant, et toute parsemée d'un bizarre mélange de monuments romains et gothiques.

La physionomie de Vérone respire encore la guerre civile; ses ponts sont crénelés comme des donjons, ses portes défendues par des tours; ses églises ont l'air de forteresses, et jusqu'à ses maisons de gentilshommes, de bourgeois et d'artisans, tout ce qui est pierre ou marbre chez elle fronce le sourcil et semble prêt à prononcer dans l'ombre des mots de vengeance et de meurtre.

Le génie de Shakspeare a, dans cette touchante et lamentable élégie de Roméo et Juliette, merveilleusement deviné l'impression que produit la vue de Vérone. C'est à Vérone aussi que Dante écrivit les pages les plus amères de sa *Divina Commedia*. On sent encore un léger parfum de ces grandes choses dans l'air pur et piquant qui souffle des Alpes sur cette noble tête de l'Italie.

L'Adige descend des montagnes du Tyrol, roulant dans ses eaux jaunâtres des pins déracinés et des quartiers de rochers; puis il arrête tout à coup ses élans furieux, et fait majestueusement son entrée triomphale dans la ville de Vérone, qu'il divise en deux parts égales, pour aller se précipiter ensuite dans l'Adriatique, à huit lieues au-dessous de Venise. Quatre ponts, d'un bon style, traversent le fleuve. Le plus remarquable est celui de *Castel-Vecchio*, qu'on a la précaution cependant de n'ouvrir qu'une fois par année, de peur d'endommager son vieil et branlant équilibre. Ce respect des ouvrages de l'art ne manquera pas de rencontrer chez nous bien des critiques qui trouveraient sans doute plus simple de faire bâtir un autre passage dans le goût du pont du Louvre, par exemple; mais grâce au ciel, il est un petit coin de l'Europe où *l'utilisme* n'a pu encore entièrement tuer le sentiment du beau.

Nous avons dit qu'il y a deux âges de monuments à Vérone, l'âge romain et l'âge gothique. Le premier est plus spécialement représenté par l'amphithéâtre ou *aréna*, l'autre par les églises et par quelques palais particuliers.

Vérone, sous les Romains, joua un grand rôle parmi les cités de la Lombardie. Marius battit les Cimbres à quelques lieues de ses murs, et fit donner aux habitants le droit de bourgeoisie à Rome, en mémoire de son triomphe. Près de Vérone, fut tué l'empereur Philippe, l'an 249, là aussi les Germains se virent dispersés quelques années plus tard. Au temps de l'invasion des Barbares, Odoacre fit sa résidence à Vérone, d'où Théodoric le chassa. Les Francs et les Lombards eurent aussi leur tour. Charlemagne prit d'assaut la ville, et y installa Pépin, son frère, qui y mourut. Vérone eut ensuite le rang de ville libre. En 1260, la famille *della Scala* fut investie de l'autorité souveraine dans la personne de Martino *della Scala*, qui fut fait *capitaine perpétuel du peuple*. Leur règne dura jusqu'en 1387. Les Visconti leur succédèrent. Enfin, pour se soustraire à ces petits tyrans, Vérone se donna librement à la république de Venise l'an 1405.

XX.
Roméo et Juliette.

Ce fut au milieu de ces guerres que prit naissance la haine si célèbre des *Capelletti* et des *Montecchi*, familles nobles de Vérone, dont nous avons fait, par haine, nous aussi, contre l'harmonie du langage, les noms sourds et décolorés de Capulets et de Montaigus.

Avant de recevoir la vie et la lumière des mains du grand Shakspeare, cette suave et naïve histoire d'amour reposait depuis plus de deux siècles dans les ténébreuses cavernes de la chronologie, comme un diamant au fond d'un ravin fangeux. Corte, dans ses histoires de Vérone, fait remonter à l'année 1303 la mort de Giulietta Capelletti et de Romeo Montecchi. Biancolini, cité par M. Delalande, soutient (*Voyez ses additions aux chroniques de Zagata.*) que le récit n'est pas vrai, et il cherche avec effort dans sa tête sèche et stérile, dans sa tête de critique, à dépouiller notre imagination de ce beau vêtement de poésie et d'amour, de cette croyance au plus héroïque prodige de la passion. Les gens assez mal organisés pour ne pas comprendre le côté céleste de la matière ne souffrent pas volontiers que d'autres jouissent d'un bonheur que leur nature ingrate les condamne à ne jamais éprouver. C'est ainsi que de nos jours, à l'imitation de Biancolini qui blasphème contre Romeo, un soi-disant philosophe, ex-rédacteur du *Globe*, et membre assez incolore de notre chambre des députés, a osé imprimer cet axiôme, que J.-J. Rousseau n'aurait pas manqué d'attribuer à un géomètre : « *La poésie est le privilége des ignorants.* »

Malgré les réfutations du bonhomme Biancolini, et dût même lui venir en aide le *savant* député susmentionné, nous n'en persisterons pas moins à croire à la vérité du récit mis en œuvre par Shakspeare le *poète*. Si vous allez à Vérone, demandez au premier contadino, revenant du marché, des nouvelles des jeunes amants de Shakspeare, et il vous conduira aussitôt, sans se faire prier, dans un jardin écarté, qui servit, dit-on, jadis de cimetière. Là, vous verrez une pierre tumulaire de la plus grande simplicité, sur laquelle parfois les femmes des maisons voisines viennent battre ou étendre leur linge. Cette tombe passe à Vérone pour celle de Juliette, ce qui ne me paraît pas pourtant prouvé jusqu'à l'évidence, quoique madame de Staël tînt la chose pour démontrée. Quoi qu'il en soit, ce tombeau est un lieu de pélerinage pour les cœurs tendres, et pour les âmes de poètes. Un voyageur affirme (*M. Valery. Voyages hist. et litt. en Italie.*) que la veuve de Napoléon, l'archiduchesse Marie-Louise de Parme, a fait monter un collier et des bracelets de la pierre rougeâtre qui compose ce monument de la fidélité amoureuse.

Il y a quelques années, une jeune Anglaise descendit dans le principal hôtel de Vérone ; elle n'était accompagnée que d'une gouvernante âgée, qui payait et parlait pour sa maîtresse ; car la jeune miss avait rabattu son voile vert sur ses yeux, et elle paraissait absorbée dans une contemplation intérieure qui ne lui laissait pas même le loisir de regarder le chemin par lequel on la conduisait.

Lorsque la jolie voyageuse fut entrée dans l'appartement qu'on lui avait réservé, elle s'assit nonchalamment dans un grand fauteuil, et refusa de prendre le repas que sa gouvernante lui fit respectueusement présenter. On n'entendit pas une parole sortir de sa bouche pendant toute la soirée, et d'un signe de sa main blanche, elle congédia les importuns pour se mettre à lire dans un gros livre qu'elle portait recouvert d'un fourreau de velours, sans vouloir souffrir que personne y touchât. Les gens de l'hôtel, étonnés d'abord de ce mutisme absolu, finirent par prendre leur parti sur cette singulière manie anglaise, et la vieille gouvernante elle-même alla se coucher dans une autre chambre, laissant son élève en tête-à-tête avec son gros livre.

Le lendemain matin, le soleil était à peine levé sur Vérone, que des cris aigus retentissaient dans la maison. Une vieille et respectable dame courait par tous les corridors comme une folle, frappant à toutes les portes, et cherchant *monsieur l'auberge*, pour lui raconter l'horrible aventure qui venait de se passer chez lui. Quand on eut fait respirer des sels à la gouvernante, elle se remit un peu, et elle annonça que la jolie miss au voile vert, sa maîtresse, avait disparu de l'hôtel pendant la nuit, sans avoir rien dérangé dans son appartement, si ce n'est qu'elle avait emporté le gros livre qui ne la quittait jamais.

On alla aussitôt déposer une plainte à la police ; on mit des alguazils sur pied, car il était présumable que la jeune fille n'avait pas fui seule, et qu'un enlèvement concerté d'avance était la cause de cette clandestine évasion. La gouvernante avait beau défendre la moralité de son élève, les commentateurs d'anecdotes scandaleuses ne voulaient pas démordre de ce qu'ils avaient avancé. Enfin quelqu'un s'avisa de faire à la gouvernante une question bien simple, qui mit tout à coup sur la trace de la belle fugitive. Cette question fut celle-ci : — « Quel est ce gros livre que la jolie miss porte partout avec elle, et dont la lecture semble absorber toutes ses méditations ? — C'est un Shakspeare, répondit la vieille. — Venez donc visiter le tombeau de Giulietta Capelletti ! »

On courut en foule au jardin dont j'ai parlé, et quel ne fut pas l'étonnement général, lorsqu'on aperçut la fugitive en robe de mousseline blanche et des souliers de satin à ses petits pieds, couchée de toute sa longueur sur la pierre du tombeau de Juliette. Le gros livre reposait tout ouvert à ses côtés. Les mains de la jeune fille étaient glacées comme son visage pâli par le froid de la nuit. Ses cheveux blonds ruisselant de rosée brillaient comme un groupe d'étoiles. Immobile, sans souffle, les paupières closes, elle ressemblait elle-même à l'amante de Roméo dans la sépulture de ses pères.

Mais, grâce au ciel, plus heureuse que le divin modèle dont elle venait d'esquisser une parodie enfantine, la jeune Anglaise se réveilla au premier cri de sa *nourrice*, et ce dévoûment pour une passion idéale n'eut d'autres suites qu'une légère fièvre, qui tint pendant trois jours la romanesque jeune fille entre deux draps. Les tisanes émollientes suppléèrent au poison fatal, et un sommeil bienfaisant, dû au laudanum de l'apothicaire voisin, remplaça convenablement l'éternel sommeil de la mort.

XXI.
La Vérone des anciens.

Si l'on s'en rapporte à la *Verona illustrata* du marquis Maffeï et au livre des antiquités véronaises d'*Onofrio Panvinio*, la ville natale de ces deux écrivains aurait été peuplée autrefois de monuments romains de la plus grande beauté. Il nous reste aujourd'hui peu de pièces de conviction en parfait état, si l'on excepte l'arène qui est demeurée une des plus intéressantes ruines de la civilisation du peuple-roi. Il faut dire aussi que Vérone avait peut-être quelques droits à la bienveillance des empereurs. D'abord par les services rendus dans les guerres, et puis encore pour avoir donné la naissance à plusieurs grands hommes, dont les noms sont encore en honneur parmi nous. Ovide a dit :

> Mantua Virgilio gaudet, Verona Catullo.

Et Martial a ajouté en jouant quelque peu sur les mots :

> Tantùm magna suo debet Verona Catullo
> Quantùm parva suo mantua Virgilio.

Cornelius Nepos et C. Æmilius Macer, poètes du temps d'Auguste, naquirent également à Vérone, qui compte encore, parmi ses fils glorieux, Vitruve et Pline le jeune.

XXII.
L'Arena, la Naumachie et le Théâtre.

C'étaient, il faut l'avouer, de magnifiques constructions dignes de la grandeur du peuple romain que ces amphithéâtres où se pratiquaient les jeux. Le Colysée de Rome semble avoir servi de modèle à toutes ces arènes dont on voit des vestiges plus ou moins conservés dans toutes les villes importantes de l'Italie. Le Colysée de Rome contenait quatre-vingt-quinze mille spectateurs assis sur ses gradins de pierre. L'*Arena* de Vérone, beaucoup moins vaste que le Colysée, pouvait cependant en renfermer vingt-deux mille dans son enceinte.

C'est un édifice de forme ovale, construit en marbre rouge, sous le règne de Domitien ou de Trajan, c'est-à-dire dans le cours du premier siècle de l'ère chrétienne. Il a été tant de fois décrit dans les moindres détails, que nous devons nous borner ici à rappeler pour mémoire ses principales proportions. Il a extérieurement 464 pieds de long sur 367 de large. Les gradins circulaires sont au nombre de quarante-cinq. Les corridors ou *vomitoires*, par où le peuple entrait et sortait, subsistent encore dans leur intégrité. L'enceinte du dehors a été au contraire grièvement endommagée.

Aujourd'hui ce ne sont plus des gladiateurs et des lions de Numidie qui habitent ces voûtes cintrées de l'étage inférieur pour l'amusement du peuple; c'est bien le peuple lui-même qui s'est emparé de ces cages où rugissaient pêlemêle les bêtes féroces et les victimes. Le peuple de Vérone y séjourne avec ses femmes et ses enfants; il y dort tranquille et content; il y exerce une industrie moins chanceuse; et si quelque crieur annonce par la ville une fête dans les arènes, c'est un joueur de gobelets ou un farceur de Bergame qui donne à rire aux spectateurs du Cirque.

Onofrio Panvinio s'est efforcé, dans ses *Antiquités de Vérone*, de fixer le lieu où l'on voyait une Naumachie au temps d'Auguste. Elle était établie, assure-t-il, sur un lac devant le théâtre, entre deux ponts. Il a cité à l'appui de son opinion divers passages d'auteurs latins faisant mention de combats simulés sur l'eau par des navires à deux, trois et quatre rangs de rames. Une planche représentant un combat de galères est jointe à la dissertation. Devant le lac s'élève un gigantesque palais à quatre étages d'ordre dorique, lequel ne ressemble pas mal à une caserne, dont les fenêtres seraient occupées par cinq ou six régiments vêtus du pallium et de la toge. D'autres spectateurs sont aussi représentés en face du palais sur le bord du lac, ainsi que sur deux ponts qui ferment le cercle de la Naumachie.

Le même Onofrio Panvinio se complaît à restaurer dans le livre déjà cité un théâtre antique, dont on peut voir encore les vestiges dans les caves de quelques maisons particulières. Sur ce théâtre on aurait joué (je parle d'après l'auteur véronais) des pantomimes, des comédies, des tragédies, *palliatæ*, *togatæ*, et *atellanæ*. Ce théâtre avait un portique, un orchestre, une scène, un *proscenium*, une *stipoditeria* et toutes les parties assignées par les règles de l'architecture des anciens. Les chrétiens de la primitive église ayant cessé de fréquenter les représentations scéniques, le théâtre de Vérone, abandonné aux injures du temps, croula de lui-même en partie. Le roi Bérenger fit détruire ce qui en était resté debout.

XXIII.
Autres antiquités de Vérone.

Le cintre d'un arc et quatre colonnes cannelées, décoiffées de leurs chapiteaux, sont tout ce qui nous demeure aujourd'hui du monument, appelé l'Arc de Gavius. C'était jadis un arc double, décoré d'élégantes statues, et qui servait de sépulture à une illustre famille romaine de Vérone. Le côté oriental était encore intact du temps de Panvinio qui nous en a laissé le dessin. Il n'y a pas plus de trente ans qu'on le jeta bas, parce qu'il gênait l'alignement de la citadelle. Ceci rappelle le projet d'un de nos maçons modernes qui trouvait tout simple dernièrement d'abattre la tour de Saint-Jacques-la-Boucherie pour fabriquer la grande rue droite qu'il rêve d'établir depuis le Louvre jusqu'à je ne sais plus quelle barrière. Heureusement que le maçon en est resté à gâcher le plâtre de son projet de vandale.

La porte de' Borsari, qui s'appuie sur un ancien mur de la ville, fut construite par l'empereur Galien, vers l'année 265. Elle n'a rien de bien remarquable que son antiquité. J'en dirai autant de la *porta di Leone* ou *foro giustiziale*, dont les débris consistent en des colonnes composites avec un petit ordre attique au-dessus de trois croisées.

Le Musée Lapidario est formé des bas-reliefs grecs et romains, et des inscriptions étrusques, rassemblés par le marquis de Maffei, et légués par lui à Vérone, sa ville natale. Le détail de ces curieux fragments ne peut entrer dans cette rapide esquisse; nous devons nous borner à indiquer la source de ces richesses archéologiques, que tout amateur voudra visiter.

C'est à peu près à ce que nous venons de mentionner que se bornent les monuments romains épars dans la cité de Vérone. L'autre partie de la ville, et c'est la plus belle sans contredit, appartient au moyen âge italien si fécond en grands hommes et en grandes choses.

XXIV.
La Vérone des modernes.

L'architecte San-Micheli avait entouré la Vérone moderne d'un réseau de murs crénelés et de bastions angulaires dont on a fait grand bruit, comme constructions militaires, et qui n'étaient véritablement que de la pierre taillée en pure perte. La position topographique de Vérone la rendait complètement impuissante, malgré sa ceinture hérissée de tourelles, et le petit cours d'eau qui alimentait ses fossés, à se défendre contre une armée bien fournie d'artillerie. Le traité de Lunéville a démantelé une bonne partie de ces travaux; ce qui en reste suffit pour conserver à la ville une teinte guerrière qui sied fort bien à sa mâle figure.

La plupart des maisons, des ponts et des monuments publics, sont bâtis de divers marbres, car on en compte quarante espèces dans les carrières qui avoisinent la ville. On se sert également pour construire d'une pierre toute remplie de pétrifications bizarres, que l'on tire principalement du Monte-Baldo. Tantôt ce sont des végétations ou des animaux tout-à-fait étrangers à nos climats modernes, comme, par exemple, des coraux, des poissons volants des mers du Sud, des morues du banc de Terre-Neuve; tantôt aussi aussi des êtres sans figures et sans noms connus qui rappellent les classifications anté-diluviennes de Cuvier.

Vérone est triste au premier abord, quoique ses principales rues soient bien percées et partout garnies de larges trottoirs. Dans le *Corso*, la rue principale, se font les courses de chevaux. La porte qui termine cette rue prend son nom de *porta del Palio*, de la pièce d'étoffe verte qu'on donnait autrefois à celui qui remportait le prix. Ces courses de Vérone remontent jusqu'à l'année 1207. Elles furent instituées pour célébrer la victoire d'Azzo d'Est, podestat, sur les ennemis de la ville.

En allant visiter les églises et les palais gothiques de Vérone, vous ne passerez pas sans doute près du *casino Gazola*, sans vous arrêter un instant devant cette modeste demeure qui abrita un auguste proscrit. C'est de là que Monsieur (depuis Louis XVIII) pressait la république de Venise de reconnaître, pour roi de France, Louis XVII, alors prisonnier au Temple. C'est sous ce toit, habité aujourd'hui par des jardiniers, que se formaient tant de projets chimériques, depuis réalisés et rentrés dans le néant. C'est aussi non loin du *casino Gazola* que les monarques de l'Europe s'assemblèrent pour décider sur le sort de la France agonisante. Il n'y a pourtant de cela que vingt ans!

Ce qu'on remarque de particulier dans les églises de Vérone, c'est plutôt le style général et l'ensemble de ces monuments que les détails de leur architecture. Vous ne trouverez ni dans Saint-Zénon, ni dans Sainte-Anastasie les myriades de colonnettes précieuses de Saint-Marc de Venise, non plus que les sculptures déliées de *San Giovanni e Paolo*. Saint-Zénon, dont les premières fondations remontent au ixe siècle, est sombre comme un chant de l'Enfer du Dante. La statue du saint patron, en marbre rouge de Vérone, porte dans ses traits une expression d'hilarité satanique qui contraste avec la sévérité du lieu. A la porte de la cathédrale, Roland, le preux de Charlemagne, est sculpté dans un pilier, sa durandale à la main, au milieu d'un cortége de griffons, d'oiseaux, de fruits et de lionceaux. Au-dessus de l'église, se penche Bertrude, mère de Charlemagne, en compagnie d'Ermengarde, femme du roi lombard Didier. Sainte-Anastasie, l'église des Scaliger, renferme de beaux tableaux des maîtres véronais, Carotto, Victor Fisanello, et Giolfino, élève de Mantegna.

Sur la *Piazza de' Signori*, dans le quartier le plus peuplé et le plus fréquenté de la ville, s'élève le palais où *Can Grande della Scala*, seigneur de Vérone, reçut le poète Dante, proscrit et persécuté, qui venait lui demander un asile et du pain. A quelques jours de là, le poète subissait une thèse publique dans l'église de Sainte-Hélène : *de duobus clementis terræ et aquæ*.

Le palais de *Can Grande* était ouvert à tous les artistes de son époque; il les y recevait royalement, les logeait, les nourrissait, les fêtait et les chargeait de présents. « A chacun (*dit Gazata, cité par M. Sismondi*) il avait donné des domestiques et une table servie avec abondance. Leurs divers appartements étaient indiqués par des symboles et des devises : la Victoire pour les guerriers, l'Espérance pour les exilés, les Muses pour les poètes, le Paradis pour les prédicateurs. Pendant le repas, des musiciens, des bouffons et des joueurs de gobelets parcouraient ces appartements; les salles étaient ornées de tableaux (peints par le Giotto) qui rappelaient les vicissitudes de la fortune. Et le seigneur della Scala appelait quelquefois à sa propre table quelques-uns de ses hôtes, surtout Guido de Castello de Reggio, que pour sa sincérité on appelait le simple Lombard, et Dante Alighieri, homme alors très illustre, et qui le charmait par son génie. »

Aussi Dante écrivit-il, en terminant un des plus magnifiques passages de son *Paradiso* :

Lo primo tuo rifugio e l'primo ostello
Sarà la cortesia del gran Lombardo
Che 'n su la Scala porta il santo uccello.

Traduction : « Ton premier séjour et ton » premier refuge sera la courtoisie du grand » Lombard, qui a pour armoiries le saint oi- » seau sur une échelle. »

Les Scaliger, ou della Scala, seigneurs de Vérone, ont laissé un beau monument de leur somptuosité. Je veux parler de ces longues pyramides gothiques, à deux rangs de colonnes superposées, qu'ils se sont fait bâtir en plein air pour leur servir de tombeau. Ces mausolées appartiennent au meilleur style de la gothicité; chacun d'eux est surmonté d'une petite statue équestre, sculptée à l'image de l'illustre mort. Le plus splendide de ces tombeaux est celui de Can Signorio, troisième successeur de Can Grande. Le sarcophage, tout enveloppé de bas-reliefs, se trouve exhaussé sur un premier rang de piliers gothiques. Une seconde rangée de colonnes, travaillées avec beaucoup de soin l'entoure majestueusement, et soutient au-dessus de lui un pavillon de pierre en forme de clocher, hérissé d'une innombrable quantité de petits sujets en saillie.

L'architecte San Micheli, dont nous avons parlé déjà à propos des fortifications de Vérone, a construit une grande partie des palais de la renaissance qui se trouvent dans la ville. Celui de Canossa se fait remarquer par un style surchargé d'ornements, au milieu desquels on voit une multitude de mitres, jetées çà et là comme à plaisir par ordre de l'évêque de Bayeux, Canossa, premier possesseur du lieu. Le palais *Guasta Verza* est encore l'œuvre de San Micheli, ainsi que celui de *Bevilacqua*, assemblage confus et incohérent des enjolivements les plus disparates. Il y a loin, selon nous, de San Micheli et même du célèbre Palladio à notre Jean Goujon, si pur, si naïf, et dont notre France est fière à si bon droit.

XXV.
Bassano et Trévise.

Cette petite partie de l'Italie qui sépare Venise de Vérone a prêté aux illustrations de Napoléon quatre noms de ses villes et villages;

Bassano, Trévise, Montebello et Conegliano. Bassano et Trévise seront seuls remarqués par le voyageur. Et encore est-il certain que la première de ces villes réveillera plutôt dans son esprit le souvenir du grand peintre, émule de Titien et de Corrège, que la gloire du duc impérial, beaucoup moins avérée que celle de l'artiste qui peignit à l'Oratoire de Saint-Joseph la *Naissance de Jésus-Christ*.

Tout près de Bassano, une maison de campagne, bâtie par Palladio, et décorée par la main de Paul Veronèse, attirera aussi l'admiration des amateurs de la grande peinture. Cette villa s'appelle Mazerf.

Quant à Trévise, c'est une cité toute pleine des monuments de son ancienne splendeur. La plupart de ses édifices sont du plus beau style gothique, et ses architectes, comme ceux de Saint-Jean-et-Paul de Venise, comme ceux de Notre-Dame de Paris et de la cathédrale de Cologne, restent inconnus et cachés à la reconnaissance des siècles. L'art gothique est ainsi fait, modelé sur les mystères qu'il représente. L'œil ne peut sonder la profondeur de ses incompréhensibles édifications, au fond desquelles on trouve toujours l'idée de Dieu. Au dôme de Trévise, vous irez voir la *Visitation de la Vierge*, de Titien; et la Procession de Francesco Dominici, cadre qu'estimait Canova, à l'égal des chefs-d'œuvre des maîtres. A l'église Saint-Nicolas, vous examinerez avec attention de magnifiques détails de sculpture gothique; et vous penserez ensuite que Trévise fut un fief militaire de l'empire, s'il vous reste du temps.

XXVI.
Vicence.

Comme Venise est par excellence la ville gothique de l'Italie, Vicence en peut être appelée la ville classique. Non pas qu'elle contienne, ainsi que Vérone, de beaux fragments de la civilisation romaine, non pas qu'elle ait des aqueducs et des temples de Minerve et de Jupiter du temps de Trajan ou de Caracalla, mais elle est toute jonchée de ces imitations de l'antique, que Palladio mit à la mode au XVIe siècle, et que l'Europe, en les adoptant en système, nomma plus tard la *renaissance de l'architecture*. C'est aussi à Vicence que fut représentée la Sophonisbe de Trissino, la première tragédie à unités qui mit au monde au milieu de quelques robustes enfants une si déplorable lignée d'avortons malingres et poussifs.

Palladio est le père et le parrain de toute cette belle couvée. Son ouvrage le plus vanté est une contrefaçon d'un théâtre grec, laquelle contrefaçon fut exécutée sur ses plans après sa mort. Les contemporains de Palladio y récitaient des pièces de Sophocle et d'Euripide, traduites en vers italiens. On y voyait de ce temps un auteur dramatique, appelé Louis Grotto, aveugle, et lettré à ce qu'il paraît, jouer le rôle d'OEdipe, à la satisfaction de l'auditoire. En Angleterre, à peu près à la même époque, Shakspeare faisait représenter HAMLET!

Voilà le progrès de la renaissance en matière de théâtre. Aussi l'Italie, jusqu'au dernier siècle, ne put-elle mettre au jour un seul ouvrage passable en ce genre. Alfieri est le seul nom dont elle se puisse glorifier; encore cet écrivain fut-il obligé de jeter sur la langue polie et efféminée qu'on lui donnait à manier, un peu de cette rouille énergique des temps passés que les *régénérateurs* avaient pris tant de soins à enlever.

Le palais public de Vicence, appelé la Basilique, est une des premières *œuvres* de Palladio. C'était un palais gothique sur lequel il ne craignit pas de porter la main. Dieu sait ce qu'il lui fit subir de tortures et de récrépissage! Par malheur l'original n'est plus là pour permettre la confrontation. Ce palais, avant Palladio, devait être un édifice de la plus haute importance, à en juger par les richesses qu'il contenait. Bassano y peignit les *deux Recteurs de la ville aux pieds de la Vierge*, *sous un pavillon avec saint Marc*.

Les meilleurs artistes du pays, Marescalco, Giulio Carpiani, Maganza, Conegliano, Fogolino, etc., en avaient orné les murs et les plafonds. On peut voir encore leurs toiles dans la Basilique. Si elles n'atteignent pas à la hauteur des princes de l'école vénitienne, elles conservent du moins avec honneur la distance qui sépare Venise de Vicence. La Basilique était sans aucun doute le plus beau monument de style que possédât Vicence. Palladio en fit une contrefaçon de l'antique. Les constructions qui appartiennent en propre à cet artiste, sont le palais Chiericato, le palais Tiene (inachevé); le palais Porto-Barbaran, que les partisans de l'illustre architecte ont toujours désavoué, les palais Trissino-Folco et Valmarano, et au dehors de la ville le célèbre casino Capra. On peut dire que toute la ville de Vicence se résume aujourd'hui dans Palladio.

XXVIII.
Padoue.

Padoue, l'une des plus anciennes et des plus importantes villes de la Haute-Italie jadis soumises à la domination vénitienne, est assise sur la rive droite de la Brenta. Dix lieues de délicieux paysage, semé d'élégantes villas, séparent la sévère Padoue de la métropole. Les villages de Mira, Dolo, Stra et Noventa partagent cette distance en quatre parties à peu près égales, et servent de points de repos au voyageur, à l'artiste, qui veulent connaître les détails dont se compose ce grand jardin de Venise, où chaque patricien autrefois venait respirer et se délasser du tracas des affaires publiques.

L'aspect de Padoue n'offre, au premier abord, rien qui soit de nature à exciter vivement l'intérêt ou la curiosité. Les arcades de pierre qui encadrent chacune de ses rues, et à l'abri desquelles le promeneur peut braver le soleil et la pluie, contribuent plutôt au *comfortable* de la vie qu'à la poésie du coup d'œil. Ses murs, flanqués de bastions et garnis de fossés, embrassent une étendue d'environ deux lieues et demie de circonférence. L'architecture des maisons est assez uniforme et manque généralement de style; mais les édifices publics méritent d'être remarqués; ils sont de deux espèces: les églises d'abord, et ensuite les palais.

XXIX.
Les Églises.

Quoique la ville de Padoue fasse remonter son origine au temps de la guerre de Troie, et que Virgile et Tite-Live soient là pour appuyer ses prétentions, on s'étonnera du peu de traces d'antiquités romaines que l'on rencontre dans son enceinte. Il est vrai qu'Alaric et Attila la mirent à feu et à sang, et que Charlemagne et les Lombards se livrèrent dans ses murs de sanglantes batailles. Le moyen âge, en revanche, la dota de monuments respectables qui font aujourd'hui sa richesse.

Une inscription gravée sur le chapiteau d'une des colonnes de la cathédrale indique l'année 1123 comme l'époque où furent jetées les fondations de cette église. En 1400, l'évêque Étienne de Carrara l'acheva, et mit tous ses soins à l'embellir. Jacques Sansovino, célèbre architecte vénitien, travailla, en 1524, à la restaurer et à l'orner encore. Depuis ce temps jusque vers la moitié du dix-huitième siècle, les évêques et le chapitre ne cessèrent d'ajouter à la beauté de leur cathédrale. Ce fut comme un enfant chéri qu'ils se léguèrent l'un à l'autre pendant trois siècles, et pour lequel ils dépensèrent non-seulement le produit des quêtes publiques pratiquées dans ce but, mais aussi de leurs propres deniers; et l'on sait que les chanoines de la cathédrale de Padoue, qui fournirent trois papes à l'Église, étaient les plus riches de l'Italie, puisqu'on les appelait les *cardinaux de la Lombardie*, de même que leur évêque était surnommé le *petit pape*.

Le nom glorieux de Pétrarque est inscrit sur la liste de ces chanoines; et l'on voit, à droite de la croisée de l'église, une vierge du célèbre Giotto di Bondone que le poète laissa par testament à ses anciens collègues. Le chantre de Laure fit aussi présent à la bibliothèque du chapitre de quelques-uns de ses livres, dont la plus grande partie alla s'engloutir dans la bibliothèque publique de Saint-Marc à Venise, qui ne sut pas les conserver.

Cette cathédrale renferme, entre autres bonnes peintures, une vierge du Titien, un saint Jérôme et un saint François de Jacques Palma. Son architecture se ressent un peu, par malheur, du défaut d'unité qui présida à son édification: le gothique et le style romain s'y heurtent et s'y nuisent mutuellement; la lourdeur est le principal vice qui s'y fait sentir, surtout dans les pilastres composites et la coupole massive de Giovanni da Gloria, architecte du dernier siècle.

C'est peut-être en partie pour cela que la cathédrale de Padoue a perdu sa suprématie, et que l'édifice de Saint-Antoine l'a remplacée dans le respect des fidèles; car, chez les peuples d'Italie, l'idée du beau est toujours inséparable du respect et de l'amour. Cette dernière église offre le plus riche modèle de l'art gothique qui se soit conservé dans la ville; ce sont des sculptures fines et déliées, des dentelles sans fin taillées dans la pierre à la pointe du ciseau; en un mot, une imitation en petit du Saint-Marc vénitien. Six coupoles la couronnent majestueusement. Elle a aussi dans ses chapelles des bas-reliefs en bronze de Donatello; son maître-autel est de Campagna; sa chapelle principale étincelle de marbres fins et de statues, au milieu desquelles Minello de' Bardi, Jérôme Campagna, Sansovino, Cataneo Danese, les Lombardo et Titien Aspetti ont sculpté l'histoire du bienheureux saint Antoine, en neuf bas-reliefs, figures de grandeur naturelle.

Dans le premier, le saint dépose ses habits de

chanoine régulier pour aller à Coïmbre prendre la robe des Frères Mineurs; le second le représente ressuscitant une femme qui vient d'être tuée par son mari; le troisième le montre à Lisbonne, rappelant à la vie un jeune homme dont le père était accusé injustement de l'avoir massacré; dans le quatrième, on le voit rendant le même bon office à une jeune fille qui s'est noyée; le cinquième est encore un sujet à peu près semblable; dans le sixième, saint Antoine montre dans la bourse d'un avare mort le cœur de ce même avare encore palpitant; dans le septième, il remet le pied d'un enfant; dans le huitième, il convertit un hérétique; et dans le neuvième et dernier, c'est un enfant nouveau-né qui justifie sa mère en montrant, par ordre du saint, celui qui ne peut lui refuser le titre de son fils.

La plus grande richesse de cette église est sans contredit le magnifique autel qui renferme, dans une châsse d'argent, le corps du saint : le devant d'autel est d'argent; aux jours de fête on l'enrichit encore d'une couverture semée de pierres précieuses; des lampes d'argent sont suspendues au plafond; les supports des candélabres sont du même métal, et ciselés par Aspetti; une profusion de statues dont les guerres ont diminué le nombre, parce qu'on en a fait des lingots, représentent encore des apôtres et divers emblêmes. La nomenclature de tous les trésors que renferme cette église serait trop longue à consigner ici; le peu que nous en avons dit suffira pour faire juger de son importance.

On ne s'étonnera pas après cela de la vénération du peuple pour ce luxueux patron de la ville. Mort en 1231, il fut canonisé l'année suivante, et, depuis ce temps reculé, il n'a pas cessé d'être la providence de l'Italie et du Portugal. On sait que ce thaumaturge renommé naquit à Lisbonne, et qu'il fut jeté en Italie par une tempête, pendant un voyage qu'il faisait en Afrique pour aller convertir les infidèles. Ce fut en Italie qu'il étudia la théologie : il y prêcha avec beaucoup de succès; il enseigna ensuite à Montpellier, puis à Toulouse, et enfin à Padoue, où il mourut âgé de trente-six ans.

L'église de Sainte-Justine, ouvrage de la Renaissance attribué à Andrea Riccio, architecte de Padoue, mérite d'être citée même après celle de Saint-Antoine, à laquelle cependant on ne saurait la comparer ni pour l'élégance de ses formes, ni pour les richesses qu'elle renferme. Sainte-Justine est bâtie en briques; ses proportions sont belles et sagement dessinées. Huit coupoles en couronnent le faîte. Elle contient plusieurs reliques, et entre autres le corps de l'évangéliste saint Luc et celui de sainte Justine, qui est inhumée sous le maître-autel. Un tableau de Paul Véronèse, représentant le martyre de la patrone, est certainement le plus précieux joyau du trésor de cette église.

L'église de Saint-Laurent possède dans son voisinage un tombeau antique élevé sur quatre colonnes, où l'on prétend que sont contenus les ossemens d'Anténor, compagnon d'Énée et fondateur de la ville. C'est une petite supercherie historique bien innocente, et qui a pour excuse ou pour preuve quatre vers latins, assez médiocres, gravés après coup sur le monument. Cette trouvaille fut faite, au treizième siècle, dans une fouille pratiquée sur l'emplacement où l'on a bâti l'hôpital des Enfans-Trouvés. Au quinzième, on découvrit un second cercueil, qu'on fait passer de nos jours pour la dépouille mortelle de Tite-Live. Ce cercueil, couronné de lauriers, fut porté en grande pompe par la ville et déposé au palais-de-justice, dont nous allons dire quelques mots.

XXX.
Les Palais.

La salle d'audience, appelée *il Salone*, eut pour architecte ce même Pierre de Cozzo qui construisit l'aqueduc et la grande tour de Ségovie. Ce *salone* compte trois cents pieds de longueur sur cent pieds de largeur et cent pieds de hauteur, et n'a d'autres supports que ses quatre murs d'enceinte. Bartolomeo Ferracina en a rebâti le dôme par l'ordre du sénat de Venise vers la moitié du dix-huitième siècle. On voit encore sur ses murs des restes de peinture de Giotto retouchés par Zannoni. C'est dans cette salle qu'est placé le prétendu monument de Tite-Live, qu'on a reconnu depuis avoir appartenu à un affranchi de Livia. Deux statues de bronze, représentant Minerve et l'Éternité, l'accompagnent; au-dessous on remarque les allégories du Tibre et de la Brenta, et dans le milieu la louve romaine.

Le palais du Podestà contient quelques tableaux estimables, parmi lesquels *le Christ bénissant la ville de Padoue*, peinture de Palma le jeune.

Sur *la Piazza de' Signori* s'élève le *Palazzo del Capitanio*, ancienne habitation des Carrara;

seigneurs de Padoue. Cet édifice a été défiguré, comme tant d'autres, à l'époque de la *Renaissance*. Vasari nous apprend que ce fut l'architecte Falconetto qui lui adapta cette espèce de façade à pilastres qu'on lui voit aujourd'hui. La bibliothèque publique est attenante à ce palais : elle est ornée de fresques de Domenico Campagnola.

Sur cette même place de' Signori, est la *Loggia*, où se rassemble le conseil municipal. Un gentilhomme padouan, Annibal Bassano, donna, en 1494, les cartons qui servirent de guide aux architectes de cet édifice. Les murailles de la salle des séances sont peintes à fresque par Antonio Torre, artiste véronais; elles reproduisent quelques traits de l'histoire du pays.

Les monumens que nous venons de nommer ont perdu en partie le style qui faisait leur caractère; ils l'ont perdu sous les nombreuses corrections que le *bon goût*, comme on dit, jugea à propos de leur imposer dans le cours des derniers siècles. Quoi qu'il en soit, ces débris, bien plus mutilés que ceux qui n'ont subi que les atteintes du temps, offrent encore un ample sujet à l'observateur qui cherche les vestiges de l'art gothique en Italie, à travers les déplorables excès des regratteurs, rénovateurs, restaurateurs ou maçons, quelque nom qu'on leur veuille donner.

XXXI.
L'Université.

A côté des monumens des arts, voici un monument de la science qui eut aussi sa part de gloire dans son temps. L'Université de Padoue demeura pendant de longues années la métropole de l'intelligence européenne; tout ce qui appartenait à la science et aux lettres relevait d'elle. Elle faisait déjà autorité lorsqu'en 1222 l'empereur Frédéric transporta dans son sein l'Université de Bologne, frappée d'interdit par plusieurs papes.

Venise, en agglomérant le territoire padouan à ses états de terre ferme, maintint le privilége de cette Université, et se soumit elle-même à l'exclusion qu'elle prononça contre tout autre corps enseignant. Par respect de ce privilége, le sénat supprima le gymnase établi à Trévise et le collége des Jésuites. La dominante institua en outre une magistrature spéciale pour veiller aux intérêts de l'Université de Padoue; elle permit à ses régens de décréter ses réglemens sans contrôle, de nommer ses professeurs, de les rétribuer avec munificence.

Pour chacune des chaires qui venait à vaquer, on créait des professeurs, l'un indigène, l'autre choisi parmi les étrangers. Ce fut ce moyen qui permit aux Padouans de compter au nombre de leurs illustrations l'anatomiste Vésale, le jurisconsulte Pancirole, Sperone-Speroni, et le grand Galilée.

La considération entourait ces professeurs; la plus haute noblesse tenait à honneur d'entrer dans ce corps célèbre. Un ambassadeur de France à Venise, le président Duferrier, fit quelques leçons publiques à Padoue, à l'exemple des seigneurs vénitiens. Brantôme nous apprend que, malheureusement, cela déplut au Roi, « *qui ne le trouva bon, et ne lui en fit bonne chère à son retour.* »

De toutes les parties de l'Europe, du fond de la Grèce et de la Turquie, on voyait accourir des étudians à l'Université de Padoue, qui ne comptait pas alors moins de dix-huit mille élèves. Il ne sortait de médecins renommés que de cette école, qui donnait aussi des magistrats et des jurisconsultes à l'Italie entière. Au quinzième siècle, elle produisit dans la science de la médecine Jean Bagelardo, Jean-Baptiste Monti, Gabriel Zerbi de Vérone; Nicolas Leoniceno de Vienne, son disciple, traduisit Galien; et Mongaio de Bellune alla vivre en Arabie pour se mettre en état d'écrire une traduction d'Avicenne. Au seizième siècle, elle forma Aldrighetti, Jean Aquila, Marconaja, Biondo, Alpini, et une foule d'autres docteurs illustres, dont la liste n'était pas close encore au dernier siècle, qui nous donna l'anatomiste Morgagni.

La théologie et la jurisprudence n'atteignirent pas à un moindre degré de splendeur. On vit plus d'une fois des villes étrangères demander à la ville de Padoue un de ses citoyens pour les gouverner; et, dans ses disputes avec le Saint-Siége, Venise tira un grand parti des lumières des canonistes universitaires. Le poète Torquato Tasso étudia les belles-lettres à l'Université de Padoue; et c'est dans cette ville qu'il écrivit *Rinaldo*, son premier poème. Une femme célèbre du quinzième siècle, qu'Angelo Poliziano appelait *l'honneur de l'Italie* (*decus Italiæ*), Cassandra Fedeli, fit aussi ses études à Padoue, où elle porta souvent la parole en latin pour l'Université. A ces noms il faut joindre celui de Christophe Colomb, qui étudia à Padoue la géographie et la navigation.

Le théâtre anatomique et les collections d'instrumens de physique et d'objets d'histoire naturelle furent long-temps entretenus et pourvus des deniers du sénat vénitien. La collection de fossiles et de pétrifications est des plus complètes. Le jardin botanique est une succursale de l'Université. Sa création est encore un don du sénat, lequel y ajouta, dans les derniers temps de son existence, un observatoire, un laboratoire de chimie et une école vétérinaire.

Telle était l'Université de Padoue, à cette heure bien déchue de sa gloire. Le gouvernement autrichien ne lui a pas continué les bonnes grâces du sénat de Venise, et, sous cette brutale domination, elle a dû subir le sort de ses protecteurs.

XXXII.
Brescia.

Ainsi que Bergame, Brescia faisait partie des anciens États vénitiens.

Brescia était la grande fabrique d'armes à feu de la république vénitienne ; c'est encore aujourd'hui une ville industrieuse, mais la réputation de ses canons de fusil a beaucoup décliné. Presque tous les travaux de ses fabriques sont exécutés par des machines à eau. Son principal commerce consiste actuellement dans les soies qu'elle récolte et qu'elle met en œuvre avec assez de succès, puisque les Anglais viennent chaque jour lui enlever une partie de ses bénéfices, en acquérant d'elle ses matières premières qu'ils revendent ensuite en étoffes, concurremment avec les siennes et souvent à meilleur compte, dans les diverses parties de l'Italie.

Brescia, située au pied des Alpes, au milieu d'une campagne fertile arrosée par trois rivières, offre encore quelques traces de l'attitude guerrière qu'elle avait autrefois. Une haute colline, couronnée d'un ancien château-fort, domine ses rues et ses places. Des fossés, des murs de défense et un rempart planté d'arbres l'entourent majestueusement. Ses maisons, noires et enfumées, semblent avoir gardé l'empreinte des incendies tant de fois allumés dans son sein par les tyrans et les armées étrangères qui se disputèrent sa possession. Les Goths, les Huns, les Lombards, l'avaient déjà saccagée avant que Charlemagne l'eût fait entrer dans le cercle de son vaste empire. Les Guelfes et les Gibelins, les Français, les Espagnols et les Vénitiens se l'arrachèrent tour à tour comme une proie sanglante qu'aucun d'eux ne put cependant conserver. Elle fut en outre dépeuplée par la peste au xve siècle, et au xviiie, le tonnerre fit éclater ses magasins qui renfermaient deux cent trente milliers de livres de poudre.

Peu de villes ont subi plus de désastres. Brescia a gardé pourtant des monuments qui font aujourd'hui l'admiration générale ; je ne parle pas des restes d'antiquités romaines qu'on rencontre sur son territoire. Dans un pays qui renferme à la fois Rome et Pompéia, on serait mal venu de citer quelques débris de temples de second ordre et les aqueducs du val Trompia. Mais ce qui appartient en propre à Brescia, c'est d'abord le palais municipal, connu sous le nom de la Loggia. En 1575, ce palais fut en partie détruit par les flammes, et perdit entre autres objets d'art trois tableaux du Titien, dont l'un représentait la *forge des Cyclopes*. Ces pertes furent réparées et nous valurent ce mélange de style grec et gothique qui distingue l'architecture de la Loggia. Giulio Campi a peint huit fresques dans la salle du conseil de l'Hôtel-de-Ville, et qui représentent entre autres sujets : *Manlius Torquatus condamnant à mort son fils après sa victoire*, *Charondas se tuant pour avoir violé une loi qu'il avait faite lui-même*, le *Jugement du roi Salomon*, l'*Histoire de la chaste Suzanne*, le *Juge écorché de Cambyse*.

Les églises de Brescia sont en grand nombre et renferment presque toutes des tableaux du plus haut mérite. Le *Duomo Vecchio* peut être considéré comme une des plus anciennes églises d'Italie. Cet édifice lombard est décoré de deux statues d'Alessandro Vittoria, *la Foi* et *la Charité*. On y voit en outre trois tableaux du Moretto, et un *saint Martin* peint par Pietro Rosa, l'un des bons élèves de l'école du Titien ; c'est aussi là que l'on montre le labarum de l'empereur Constantin, espèce d'étendard bleu de ciel avec une croix rouge dans le milieu.

Le Duomo-Nuovo est une construction élégante du xvie siècle.

A Sainte-Afra, l'on trouve un des plus admirables tableaux du Titien, célèbre sous le nom de la *Femme Adultère*. Auprès de ce chef-d'œuvre un autre chef-d'œuvre vous attend : c'est le *Martyre de sainte Afra*, par Paul Véronèse. Une angélique expression distingue le visage de la sainte, et ses vêtemens splendides sont traités avec cette magie de couleur dont ce grand maître vénitien avait seul le secret. L'artiste a fait son portrait dans un coin de la toile, sous les traits d'un martyr dont la tête vient d'être coupée. L'église de Saint-Nazaire et Saint-Celse possède un autre Titien, dont la distribution originale est une rareté de plus. Le panneau est divisé en cinq compartimens. A quelques pas de là, est un autre tableau du Moretto. San Pietro in Oliveto, Santa Maria di Calchera, San Barnabà, San Domenico, Santa Eufemia et Santa Maria de' Miracoli renferment aussi de recommandables peintures, la plupart du Moretto et des élèves de Titien.

L'évêché de Brescia est un grand édifice qui n'a rien de bien distingué. A côté de lui, on aperçoit la bibliothèque publique, dont le cardinal Querini gratifia la ville. Cette bibliothèque compte 28,000 volumes; elle possède une grande croix enrichie de camées, qu'on dit avoir été donnée par Didier, roi des Lombards, à sa fille Ansberg, abbesse d'un couvent de Brescia. Les savans du pays prétendent qu'un petit médaillon de la Vierge, inscrit au catalogue de leur bibliothèque, doit être attribué au pinceau de Titien. Selon eux, ce médaillon aurait été suspendu à une chaîne d'or et porté par l'empereur Charles-Quint. A la bibliothèque on a joint un cabinet de physique et une collection de dessins et de gravures.

La ville de Brescia est décorée d'un nombre considérable de fontaines, dont plusieurs sont assez belles; on en compte jusqu'à soixante-douze publiques et quatre cents appartenant à des particuliers. Le théâtre est spacieux et bien construit, comme tous les théâtres d'Italie.

XXXIII.
Lac de Garda.

Le lac de Garda sépare le territoire bressan de la province de Vérone. Il s'étend du nord au sud sur une longueur de onze lieues, depuis le pied des Alpes jusqu'à Peschiera; sa plus grande largeur est de quatre lieues environ. Un bateau à vapeur sillonne les eaux de l'ancien Benacus, dont Virgile a dit:

Fluctibus et fremitu assurgens, Benace, Marino.

La navigation de ce lac est en effet dangereuse, dans les temps d'orage, pour les petites barques qui vont commercer sur le littoral du pays de Trente. Dans les beaux jours de l'été, rien n'est comparable au spectacle ravissant qu'offre le lac de Garda. Le Monte-Baldo, montagne pittoresque, qu'on a surnommée *le jardin des Alpes*, s'appuie aux immenses rochers du Tyrol et se penche sur le bord de l'eau. La rive occidentale ressemble à une couronne de fleurs, tout embaumée qu'elle est des orangers et des citronniers que produisent ses champs fertiles. De ce côté, la ville de Salo étale le panorama de ses maisons blanches aux toits légèrement inclinés. Le paysage est entrecoupé par des usines qui alimentent des forges, des papeteries et diverses autres sortes d'établissemens industriels.

La partie méridionale du lac forme une petite péninsule, appelée Sermione, où l'on vous montre, parmi quelques vestiges romains ombragés d'oliviers en culture, les restes de la maison de Catulle, le gracieux poète latin, qui ressuscita dans ses vers le moineau mort de Lesbie.

Rien ne prouve que ces ruines aient été la maison de Catulle; il est peu probable, au contraire, que Catulle ait jamais possédé un palais comme celui-là, avec des bains magnifiques, des voûtes épaisses et des colonnades luxueuses, lui qui vécut toujours pauvre et traqué par d'impitoyables créanciers. N'importe, le voyageur, en Italie, doit se munir en partant d'une foi robuste, et admirer, sur la foi des *Ciceroni* de l'endroit, la maison du poète Catulle, de même qu'on le priera plus tard de s'extasier sur l'habitation de l'historien Salluste. Pour moi, je le déclare sincèrement, j'ai peu d'amour pour les antiquités romaines et grecques quand elles ne m'offrent pas d'autres mérites que leurs souvenirs et leurs dates, souvent forgés à plaisir.

La ville de Peschiera est bâtie à l'extrémité sud du lac. Sa forteresse, célèbre dans l'histoire des guerres d'Italie, n'offre rien de remarquable comme art; elle fut réparée, pendant la domination française, par M. le général Haxo, qui en était gouverneur. Dans les gros temps, c'est le petit port de Peschiera qui sert d'asile aux barques et les protège contre *le flot marin* du Benacus. On compte cinq lieues de Peschiera à Vérone.

XXXIV.
Bergame.

Le territoire bergamasque est l'un des mieux cultivés de tout le royaume Lombardo-Vénitien; ses champs sont parcourus par des canaux d'irrigation qui combattent l'action du soleil et l'empêchent de dessécher les récoltes. La capitale de cette province s'élève sur une colline entre deux rivières, le Serio et le Brembo; elle est entourée, comme Brescia, de fossés et de remparts, et dominée par une forteresse construite sur le sommet du mont San Vigilio. Ainsi que toutes les villes italiennes, elle a des prétentions à une haute antiquité. Ce que l'on en sait, c'est que sous les Romains elle florissait déjà.

On entre dans Bergame par quatre portes, qui toutes sont désignées par des noms de saints. Entre celles de Saint-Augustin et de Saint-Jacques, le beau monde se réunit le soir pour la promenade. De cette plate-forme, on domine des plaines verdoyantes, semées de bouquets de maisons qui sont les résidences d'été des riches habitants. En montant dans la ville, on découvre les monuments qui la décorent et qui sont échelonnés en amphithéâtre jusqu'au sommet de la colline. C'est d'abord la cathédrale, qui contient les reliques de saint Alexandre, patron et protecteur de la ville; puis Sainte-Marie-Majeure, dont la façade à colonnes est soutenue par des lions de marbre rouge: cette basilique renferme une fresque très-vantée de Cavagna, un tableau de Luca Giordano, le *Passage de la mer Rouge*; une autre fresque de Giovanni Cariani, l'un des meilleurs maîtres de l'école de Bergame. Auprès de la basilique, Bartolomeo Colleoni, général vénitien, né à Bergame, a une chapelle votive, qui contient son mausolée en marbre : le général est représenté monté sur un grand cheval de bois doré, et placé sur le faîte du monument. Une statue équestre lui avait déjà été érigée à Venise, sur la place de Saint-Jean et Paul, où on la voit encore. Ce fut, dit-on, cet homme de guerre qui imagina le premier de conduire de l'artillerie en campagne. La chapelle Colleoni renferme en outre un tableau de l'Espagnolet, qui a pour sujet *Josué arrêtant le Soleil*.

Il faut encore visiter, à Saint-André, des peintures remarquables du Moretto et du Padovanino; à San Bartolomeo, une *Madone*, de Lotto; à l'Oratoire de Saint-Jésus, un *Christ*, sous verre, de Jean-Baptiste Castello; à Saint-Alexandre della Croce, un *Couronnement de la Vierge*, de Moroni, un *saint Nicolas*, de Palma-Vecchio, une *Assomption*, du Bassano, et un *saint Antoine*, de Salmeggia, peintre célèbre de Bergame. Dans la petite église des bénédictines de Santa Grata, on doit aller voir le chef-d'œuvre de Salmeggia, digne de Raphaël, au dire de Vasari: c'est une *Madone dans une gloire*, ayant à ses pieds plusieurs figures de saints. Ce tableau faisait partie autrefois du musée Napoléon.

Bergame possède une bibliothèque de 50,000 volumes, et une espèce de petit musée où l'on vous montre sept portraits de Van Dyck, dont plusieurs pourraient n'être que de bonnes copies; deux autres portraits de Titien, un d'Holbein, un du Pordenone, et quelques autres encore attribués à Albert Durer et à Giorgione. Cette galerie est ornée de quelques pièces non moins importantes, parmi lesquelles je signalerai un *Neptune*, de Rubens, deux *Allégories*, d'Annibal et d'Augustin Carrache, une *sainte Famille*, du Parmigiano. On appelle cette collection l'*école Carrara*.

Plus de six cents boutiques sont disposées entre les faubourgs San Antonio et San Leonardo, pour recevoir les colonies marchandes qui viennent chaque année s'établir à la foire de Bergame, dans les derniers jours d'août; ces boutiques forment un édifice immense, qui fut bâti en pierre de taille en l'année 1740. Cette solennité commerciale attire toujours beaucoup d'étrangers à Bergame, qui, pendant que durent ces fêtes, a l'air d'un vaste camp où bivouaquent des milliers de personnes.

Bergame ne compte guère que deux palais dignes de ce nom : le palais-de-justice, qu'on nomme *Palazzo vecchio della Ragione*, et celui *della Podestatura*. Sous le portique du premier, les Bergamasques ont élevé une statue à la mémoire de Torquato Tasso, le Virgile de l'Italie moderne, le poète de la *Jérusalem délivrée*. Pour comprendre cette effusion d'enthousiasme, il faut savoir que le poète bien-aimé de Sorrente était originaire par son père, Bernardo Tasso, de la ville de Bergame. Bernardo Tasso, misérable et proscrit, quoiqu'il fût lui-même un poète d'un haut mérite, habitait le royaume de Naples lorsque lui naquit son fils Torquato. De là les réclamations des habitants de Bergame, qui soutiennent que le hasard seul a la dépouillé de l'honneur d'avoir donné le jour à l'un des plus grands écrivains du monde. Le palais *della Podestatura* fut construit primitivement par l'architecte vénitien Scamozzi, mais les *arrangeurs* l'ont gâté; il renferme de belles peintures de Salmeggia, de Titien, de François Bassano, et les plans originaux que Scamozzi avait dessinés et qui ont été si mal suivis.

Du temps de la domination vénitienne, Bergame était gouvernée par deux recteurs envoyés de Venise, un podesta et un capitaneo. Le premier s'adjoignait trois assesseurs, avec lesquels il jugeait les affaires civiles et criminelles; le capitaneo gardait la juridiction militaire. Chacun d'eux entretenait à sa solde un nombre de sbires indéterminé. Le conseil de la ville était composé de cent conseillers choisis parmi les nobles; leurs

fonctions duraient deux ans. Le corps des marchands nommait de son côté trois consuls qui connaissaient des questions de commerce entre marchands. Les habitans des campagnes nommaient aussi des syndics pour veiller à leurs intérêts, et cela formait encore une juridiction séparée sous la présidence du capitaneo. Ces ressorts sont maintenant bien simplifiés. L'Autriche n'emploie qu'un seul bâton pour rendre la justice à tous ses fidèles sujets, quelques langues qu'ils parlent et sous quelque latitude qu'ils respirent.

Je ne terminerai pas cet aperçu de Bergame sans dire quelques mots du célèbre personnage par excellence que cette ville eut l'insigne honneur de procréer : je veux parler de l'illustrissime Arlequin, dont la philosophique bouffonnerie fut long-temps le premier livre de morale que l'on donna au peuple à feuilleter. Qui de nous ne reconnaît dans Arlequin son joyeux camarade d'enfance? Que de douces émotions nous rappellent la veste et la culotte bigarrée de ce grand enfant, à la figure de nègre, à la batte malicieuse, au bonnet de poil de lapin? Qui de nous ne sourit encore parfois au souvenir de ses amusantes gambades et de ses propos plaisans? Quoi de plus spirituellement bête, de plus naïvement effronté, de plus habilement maladroit que cet amant fantastique de la belle Colombine? Et pourtant, qui de nous, ingrats que nous sommes, s'est enquis de la généalogie d'Arlequin?

Plusieurs bons esprits ont pourtant essayé de combler cette lacune; ils ont cherché à établir qu'Arlequin était une moquerie des mœurs et du jargon de Bergame, comme son fils *Pantalon* était une satire des ridicules Vénitiens, comme le fameux *Dottor* était un pamphlet vivant de Bologne, et *Scapin* une critique de Naples. Mais comment, je vous prie, ce quolibet en action, décoché contre la petite capitale du Bressan, se serait-il trouvé tout d'un coup nationalisé aux quatre coins de l'Europe? Comment ce frondeur intraitable, qui a nom Arlequin, aurait-il sans le savoir étrillé des horions de sa batte toutes les nations de l'univers, cherchant seulement à divertir ses compatriotes? Ceci doit faire songer.

Prenez-y garde. Cet Arlequin, avec tous ses vices qui lui viennent non de sa mauvaise nature mais de son ignorance, avec ce bon cœur et cette simplicité d'âme qui lui fait tout pardonner, même les injures et les coups; cet Arlequin, qui ne corrige qu'avec un sabre de bois et des lazzis tous ces faux amis qui vivent de sa bourse et qui se moquent de lui; cet Arlequin pourrait bien être le symbole du peuple! Voilà ce qui explique ce cosmopolite bouffon. Depuis que les masses se sont fourré en tête d'utiliser la cervelle que Dieu leur a mise sous le crâne, la mission d'Arlequin devenait dès-lors inutile. Arlequin, après plusieurs siècles de travail, a donc plié bagage, et il a disparu un beau matin comme Romulus au milieu d'une tempête, toujours mystérieux, le masque sur la figure, ne laissant à ses historiographes ni le secret de sa naissance, ni le secret de sa mort.

Ici devrait finir la tâche que j'avais acceptée de rendre compte dans l'*Italie pittoresque* de la partie du royaume Lombardo-Vénitien qui avait appartenu jadis aux états de la république de Venise. J'emploierai cependant le peu d'espace qui me reste à dire quelque chose de Mantoue, espèce de petit état séparé confinant aux provinces vénitiennes, et qui, après avoir été gouverné par des ducs feudataires, est aujourd'hui retourné sous le joug de l'Autriche, comme toute l'Italie du nord. Toutefois le lecteur voudra bien clore ici la liste des États vénitiens.

MANTOUE.

C'est la mémoire d'un poète, mort il y a dix-huit cent cinquante ans, qui fait de Mantoue une ville à jamais célèbre! Que de rois, de ducs et de princes enfermés sous la terre depuis ce temps, avec leurs générations et leurs blasons oubliés! Attila brûle et pille Mantoue; les Lombards et les Grecs de Ravenne se l'arrachent aux Vénitiens; Charlemagne la noie dans l'océan de son empire d'Occident; les Hongrois la ravagent; le tyran Bonacolsi la meurtrit de son sceptre de fer; l'empereur Sigismond la forge en marquisat, de république qu'elle était; Charles-Quint taille dans ce marquisat un duché pour Frédéric de Gonzague, son protégé; l'Autriche découronne le duché de ses fleurons et en fait un canton de plus à son écusson impérial; puis les Français la prennent par la force à l'Autriche, qui la reprend par des traités. Voilà le sort de Mantoue, et pourtant au milieu de ces pillages, de ces incendies, de ces désastres de toutes sortes, il est un trésor que chacun lui envie et que nul ne put lui ravir, ni Attila, ni Sigismond, ni Charles-Quint, ni Napoléon, à savoir l'honneur d'avoir donné le jour à un poète du nom de Virgile!

Quoique Virgile ait écrit : *Mantua me genuit*, ce n'est pas précisément dans l'intérieur de la ville qu'il naquit. Pour aller fouler cet illustre coin de terre, il faut sortir de Mantoue par la porte Virgilienne et passer le Mincio. A deux milles de Mantoue, on trouve le village de Pietola, l'ancien Andès, patrie de Virgile. Comme on le pense bien, les guerres n'ont rien laissé debout de ce qu'elles pouvaient abattre. Il n'y a pas un pan de muraille qu'on puisse décemment faire passer aux voyageurs pour la maison de Virgile. A ceux qui veulent absolument trouver où décharger le poids de leur admiration, on désigne pourtant un treillage qu'on nomme le *berceau de Virgile*, devant lequel les faiseurs d'albums ne manquent pas l'occasion de prendre un croquis. Les peintres sont généralement plus exposés que d'autres à ce genre de mystification, et ils s'y prêtent toujours avec une louable ingénuité.

Après avoir obéi à ce premier mouvement de curiosité qui vous poussait vers Andès, si vous rentrez dans la ville, d'autres souvenirs moins imposans, mais qui ont laissé plus de traces palpables, vous y attendent. Jules Romain, le fils chéri du divin Raphaël, et le peintre Mantegna, maître du Corrège, ont tapissé les beaux palais des Gonzague de fresques et de toiles que vous ne verrez pas sans un vif sentiment de satisfaction. Les Gonzague furent à Mantoue ce que Périclès était à Athènes, Auguste à Rome, François Ier et Louis XIV à Paris, c'est-à-dire de glorieux protecteurs des arts.

Jules Romain était cependant un étranger pour Mantoue. Ce fut le marquis Frédéric de Gonzague qui l'y attira. Ce célèbre artiste, qui de son nom de famille se nommait Giulio Pippi, venait alors d'encourir la colère du pape pour avoir dessiné les sujets de vingt estampes très-licencieuses, gravées par Marc-Antoine, et auxquelles l'Arétin avait joint autant de sonnets, dignes en tout point d'accompagner le texte dont ils étaient le commentaire. Jules Romain, aussi grand peintre qu'habile architecte, paya l'hospitalité généreuse du marquis de Mantoue, en lui bâtissant de somptueux palais, qu'il décorait ensuite de ses peintures. Les principales constructions de Jules Romain, sur le territoire de Mantoue, sont : la *Cathédrale*, le *palais du Té*, et la restauration de l'ancien *palais Ducal*. Ces trois chefs-d'œuvre ont cela de rare qu'ils sont en même temps construits et peints par le même maître, ou du moins sous ses yeux, par ses élèves et d'après ses conseils.

Le palais Ducal, appelé aujourd'hui *Corte imperiale*, tombait en ruines quand Jules Romain entreprit de le réparer. On doit cet éloge à l'artiste qu'il sut conserver à ce vieil édifice sa physionomie native, avec ses irrégularités et même ses imperfections, bien différent en cela de tant d'autres architectes de la Renaissance, qui mettaient toujours leur esprit raffiné à la place de la naïveté gothique. Ce palais était le séjour des Gonzague, qui en avaient chassé les Bonacolsi, usurpateurs de la souveraineté de leur pays. Le dernier duc souverain de cette famille de Gonzague mourut en 1708 à Padoue, dans l'exil et sans postérité mâle.

Dans l'un des appartemens du palais Ducal, Jules Romain et Mantegna avaient représenté des épisodes de la guerre de Troie, qui sont aujourd'hui déplorablement dégradés. Une autre pièce garde encore un reste de peinture du premier de ces maîtres : c'est un petit groupe de *Vénus*, *Vulcain et l'Amour*. La plupart des plafonds sont ornés par les élèves de Jules Romain.

L'intérieur de la cathédrale de Mantoue fut exécuté tout entier sur les plans de ce grand architecte, dans le style demi-antique du XVIe siècle. Ce *Duomo* a cinq nefs et un vaste péristyle. Son principal mérite réside dans l'harmonie de sa proportion. Un illustre élève de Jules, le Primatice, peignit les *Prophètes* et les *Sybilles* dans la nef principale. D'autres élèves moins connus décorèrent les voûtes, la coupole et les chapelles.

C'est là qu'on voit le tombeau de Battista Spagnoli, versificateur du XVIe siècle, plus célèbre sous le nom de *Mantouan*. Ce compatriote de Virgile nous a laissé trois volumes in-folio de vers latins ; ce sont pour la plupart des satires contre l'Église de Rome et contre les ecclésiastiques, quoique lui-même il fût général de l'ordre des Carmes. Voici un échantillon de sa critique :

. . . . . *Venalia nobis*
Templa, sacerdotes, altaria, sacra, coronæ,
Ignis, thura, preces; cœlum est venale Deusque.

C'est-à-dire : « *Tout se vend, les temples, les prêtres, les autels, les sacremens, les couronnes, l'encens, les prières, le ciel et Dieu.* » N'est-on pas fondé à croire, après cette singulière sortie, qu'il en a dû coûter cher au Mantouan pour obtenir dans l'église même un si luxueux tombeau ?

La plus belle œuvre de Jules Romain, comme peintre plutôt que comme architecte, est certainement le palais du Té. Il est situé dans une petite île, à une demi-lieue au sud de Mantoue. Le bâtiment est très-simple : c'est un grand carré, d'ordre dorique, avec une cour au milieu. Un vestibule du même ordre sépare la cour du jardin. Ce vestibule, qu'on appelle la *Loggia*, porte dans sa voûte cinq fresques dessinées par Jules Romain, et dont il a confié l'exécution à ses élèves; elles retracent l'histoire de David. Une salle voisine a été décorée par le Primatice et Gian Battista le Mantouan.

La plus rare merveille de ce palais célèbre est la salle où Jules Romain lui-même représenta le *Combat et la Chute des Géans*. Cette colossale bataille de Jupiter contre les Titans est presque effrayante au premier aspect : on croit entendre les cris de ces monstrueux combattans, qui tombent pêle-mêle avec les rochers qu'ils ont entassés sous les rayons brûlans de la foudre vomie par l'Olympe entr'ouvert. Il semble que tout ce chaos va s'écrouler sur vous, car cette vaste composition embrasse à la fois le plafond et les murs. Les arts ont rarement porté plus loin l'illusion.

Les chambres voisines, également peintes par Jules Romain, représentent les *Noces de Psyché*, *Acis et Galathée fuyant l'approche de Poliphême*, puis des emblêmes de chasse et de Pêche, des déesses et des dieux, et enfin la *Chute de Phaéton*.

En retournant à la ville, encore tout ému de ces vastes imaginations de Jules Romain, le voyageur ira visiter sans doute la maison qui abrita ce grand homme et la petite église où il fut inhumé. Jules avait dessiné lui-même les plans de son habitation; il l'avait placée en face du palais de Gonzague. Son architecture est simple et d'un goût délicat; la porte est surmontée d'une statue de Mercure, antiquité romaine dont il avait lui-même restauré quelques parties. C'est là qu'il vécut, comblé de gloire et d'argent par le duc Frédéric de Gonzague, son auguste protecteur.

En 1546, à l'âge de cinquante-quatre ans, dans toute l'énergie de son talent et dans la plénitude de sa renommée, il mourut, et ce jour fut un jour de deuil pour le duc de Mantoue, qui s'honorait du titre de son ami. La dépouille mortelle de Jules Romain fut déposée à l'antique église de San Barnabà. On y cherche vainement aujourd'hui la place où fut élevé son monument funéraire; les guerres qui ont dévasté la ville et les maçons qui l'ont réparée ont fait disparaître la trace de ce tombeau historique.

Le maître du gracieux Corrége, le peintre Mantegna, était mort bien long-temps avant lui. Plus heureux que Jules, sa sépulture fut épargnée; on la voit encore dans une belle église de la renaissance, qu'on appelle Saint-André. Le buste de cet artiste fut coulé en bronze par Sperandio; par un raffinement d'un assez mauvais goût, on avait enchâssé sous ses paupières des diamans figurant des prunelles. Mantoue est riche en tableaux de Mantegna.

Le château de Mantoue, ses portes et ses ponts sont en grande partie construits ou restaurés par les élèves de Jules Romain. Du haut de la tour de la *Gabbia*, ouvrage du xive siècle, on embrasse d'un coup d'œil le panorama de cette ville forte qui soutint tant de siéges célèbres. Elle s'élève au milieu d'un lac formé par les eaux du Mincio; on n'y arrive que par des chaussées étroites, construites sur des marais. Les rues de Mantoue sont larges et bien alignées; elle a des places assez vastes. Ses fortifications et ses six portes sont entretenues avec soin. La place principale se nomme *place Virgilienne*. La ville comptait, il y a deux siècles, plus de 50,000 habitans; elle est aujourd'hui presque déserte. L'air qu'on y respire n'est pas bon, quoique le gouvernement autrichien y ait fait de nombreux travaux d'assainissement.

DUCHÉ DE PARME.

La ville de Parme. — L'archiduchesse Marie-Louise. — La Cathédrale et le Baptistère. — La Steccata. — Autres églises. — Musée. — Établissemens scientifiques. — Théâtres.

Les duchés de Parme et de Plaisance furent détachés des états de l'Église, en 1545, par le pape Paul III, qui les donna à son fils Pierre-Louis Farnèse. La seigneurie de Guastalla accrut plus tard leur territoire, en cessant de faire partie du Mantouan.

Ces trois petites souverainetés sont aujourd'hui tout l'apanage de l'archiduchesse Marie-Louise, veuve de Napoléon, ex-impératrice des Français, reine d'Italie. On confond ordinairement ces provinces sous la dénomination collective de duché de Parme. Parme est, en effet, la capitale et la plus ancienne ville de tout le duché; les Romains, avant Auguste, l'appelaient *Parma*, comme les Italiens modernes. Elle est située sur l'antique *voie Flaminienne*. Les maîtres du monde la colonisèrent 104 ans avant l'ère chrétienne. Elle passa des Romains aux barbares, puis à Charlemagne. Les Lombards s'en emparèrent, puis le Visconti de Milan, puis le marquis d'Este; après lui, les Sforces, Louis XII, roi de France, et le Saint-Siége. Des Farnèse, elle passa aux infans d'Espagne.

Parme est une ville d'environ 35,000 habitans, bâtie dans une belle plaine, sur une petite rivière qui la coupe en deux parties. La ville est triste et silencieuse. A peine a-t-on visité les objets d'art peu nombreux qu'elle renferme, ce qui peut se faire, à la rigueur, dans le cours d'une journée, qu'on se sent assiégé d'un mortel ennui. Ceux qui voyagent en Italie avec les voituriens, ce qui ne m'a pas toujours paru le meilleur mode pour un artiste qui veut avoir le temps de réfléchir sur ce qu'il voit, ne doivent pas attendre à Parme qu'il se présente une occasion pour partir, car ils pourraient bien y demeurer un mois entier. Ce pays est peu fréquenté. Il faut avoir bonne envie de déterrer partout où ils se peuvent trouver les tableaux de Corrége et du Parmiegiano, pour se déranger ainsi de son chemin. Je passai trois jours à Parme à chercher un voiturin pour Mantoue, et je finis par où j'aurais dû commencer, c'est-à-dire que je louai une voiture et des chevaux de poste.

L'archiduchesse Marie-Louise n'habite le palais ducal de Parme que pendant une partie de l'année; le reste du temps, elle le passe à la cour de Vienne, ce que lui reprochent vivement les habitans, qui voient avec douleur un pays étranger absorber le produit des lourdes taxes dont on les grève. Le déficit de l'État est déjà de vingt millions de francs, et il ne paraît pas que l'on songe à le combler. Les enfans de ces campagnes font aujourd'hui une triste concurrence aux petits malheureux que le Piémont envoie mendier dans toutes les capitales de l'Europe. La plupart des ramoneurs et des *montreurs* de singes et de marmottes qui encombrent les boulevards de Paris sont des compatriotes du grand Alexandre Farnèse.

Malgré ces griefs, la bonté et l'affabilité de l'archiduchesse la font aimer de ses sujets. C'est à ses soins charitables que sa petite capitale doit la fondation de l'hospice de la Maternité; elle a aussi institué des maisons où sont traités les incurables et les fous.

Quelques tableaux de maîtres anciens, le berceau et la toilette en vermeil offerts par la ville de Paris à l'auguste mère du roi de Rome, composent à peu près toute la richesse de ce palais ducal, espèce de long bâtiment bourgeois et sans style; encore, le berceau et la toilette ne sont-ils là que parce qu'on ne put trouver d'acquéreur dans la ville de Milan, où ces dons patriotiques furent mis à l'encan en 1816. Cette toilette d'impératrice dont les fondeurs n'ont pas voulu, ce berceau vide, et planant sur lui avec son aigle d'or du souvenir du fils de Napoléon inhumé dans une terre autrichienne; voilà de ces pensées qui émeuvent et qui attristent profondément! Parme et Vienne sont deux pendans qui vont bien à Paris et à Ste-Hélène! Là le berceau du fils, ici le tombeau du père! Là le trône du moderne Charlemagne, là la ceinture d'un jeune colonel autrichien nommé le duc de Reichstadt! Et le nom de cet empereur, si grand, si magnifique, ce tonnerre qui éclaira l'Europe pendant un quart de siècle, une femme qui renonce à cet héritage pour s'appeler la comtesse de Neipperg! Dieu seul est grand, comme dit l'orateur sacré!

La cathédrale et le baptistère de Parme sont des monumens dignes d'être remarqués; on y a prodigué le marbre et les sculptures. La coupole de l'église est célèbre en Italie; elle fut peinte par Corrége.

Le baptistère est un monument en marbre du xiiie siècle. L'extérieur et l'intérieur sont couverts de sculptures curieuses et de fresques, dans le goût byzantin.

La Renaissance a laissé dans la ville de Parme une élégante et riche église, appelée la *Steccata*, dans le style de Bramante, quoique rien ne prouve qu'elle soit précisément l'œuvre de cet illustre architecte. La Steccata contient diverses figures d'artistes recommandables, entre autres de *Geronimo Mazzola*, d'*Anselmi* et de *Marco-Antonio Franceschini*. L'une des voûtes est peinte par le célèbre *Francesco Mazzuoli*, plus connu sous le nom du *Parmegiano*, ou Parmesan; elle représente *Moïse* et un groupe d'*Adam et Eve*. Cette dernière composition n'est pas achevée; c'est la dernière œuvre de son auteur, qui abandonna ses travaux pour se plonger dans la recherche de la pierre philosophale, l'idée fixe de sa courte existence. Le Parmesan était un enthousiaste de Raphaël; il sacrifia malheureusement son individualité à cette manie d'imitation, la perte de plus d'un haut talent. Ses compositions sont empreintes d'une grâce charmante; il excelle surtout dans les têtes de vierge et d'enfans. Il

mourut à trente-sept ans, comme son divin maître, non pas dans les pompes triomphales du Capitole, mais proscrit, abandonné et misérable.

Près de la Steccata, à l'ancien couvent de Saint-Paul, on voit une chambre que Corrége peignit pour l'abbesse Jeanne, fille d'un noble parmesan. Pour le boudoir d'une abbesse, cette pièce sent furieusement le paganisme : c'est d'abord Diane, traînée dans son char par deux biches; puis des génies et des amours envolés à travers la voûte; puis encore la Fortune, les Grâces, Adonis et Endymion, dans le costume naïf de nos premiers parens, lorsqu'ils foulaient le pudique gazon du paradis terrestre.

A l'église de l'Annunziata, vous trouvez une autre fresque de Corrége, que de maladroits maçons ont détériorée en la transportant du couvent des frères Mineurs où elle était autrefois. La coupole de l'église Saint-Jean est ornée aussi d'une fresque de Corrége : c'est une Assomption inférieure à celle de la cathédrale. L'église des Capucins a été dépouillée des tableaux du Guerchin et des Carrache, que l'on retrouve à la galerie Ducale.

Cette collection est peu nombreuse, mais choisie avec goût. On y remarque principalement six ravissans tableaux de Corrége, en tête desquels il faut citer le superbe saint Jérôme qui fit partie du musée Napoléon, et qui est retourné dans sa ville natale, après avoir dignement tenu sa place parmi cette agglomération des chefs-d'œuvre du monde. Les cinq autres sont connus sous les dénominations suivantes : la *Déposition de croix*, le *Christ portant la croix*, la *Madona della Scala*, le *Martyre de saint Placide et de sainte Flavie*, et la *Madone della Scodella*. Ces tableaux présentent les deux manières de Corrége : la première un peu raide et primitive, la seconde pleine de grâce et de délicieux abandon. Les meilleurs cadres de la galerie qu'on puisse citer avec Corrége, sont d'abord : un *Christ dans une gloire*, par le divin Raphaël, un *saint Jérôme*, du Guerchin, une *Vierge* de Van-Dyck, un *Jésus enfant*, de Jean Bellini, ce beau peintre dont nous avons vu les pages historiques sur les murs du palais ducal de Venise; et puis ensuite plusieurs compositions des trois Carrache, deux toiles du Parmesan, et quelques bons tableaux de leurs élèves.

Parme possède en outre une bibliothèque et un musée lapidaire contenant 20,000 médailles. A l'Université, placée dans l'ancien collége des Jésuites, se trouvent réunis un amphithéâtre d'anatomie, des cabinets de chimie, de physique et d'histoire naturelle, avec un observatoire et un jardin botanique. Cinq cents élèves environ suivent les cours de cette université.

L'imprimerie de Bodoni, à Parme, fut célèbre sous l'Empire, et Napoléon préférait aux éditions de Didot les livres sortis de ces presses parmesanes. Il paraît pourtant qu'un grand nombre de fautes typographiques ont été relevées dans les éditions Bodoni, ce qui a considérablement, depuis quelques années, fait baisser leurs prix. M. Valery affirme, dans une note du second volume de ses *Voyages scientifiques et littéraires*, etc., qu'on fait aujourd'hui la remise de 15 et de 30 p. cent sur les prix annoncés dans le catalogue.

Il y a deux théâtres à Parme : l'un, magnifique et splendide, dont on ne se sert pas; l'autre, ordinaire et mal orné, où l'on joue la comédie, l'opéra, la farce et même la tragédie. Le grand théâtre Farnèse peut être, mis en parallèle, par son luxe et ses proportions, avec San Carlo et la Scala; il peut contenir quatre mille cinq cents spectateurs. Le célèbre et médiocre architecte Bernin passe pour avoir achevé ce vaste édifice. La salle a trois cent cinquante pieds de long sur quatre-vingt-seize pieds de large. Le pourtour a douze rangs de gradins à la manière des amphithéâtres antiques, et il occupe une hauteur de vingt-quatre pieds; devant les gradins sont rangés des génies portant des flambeaux qui servent de lustres. On entre dans cette salle par deux arcs de triomphe, ornés de statues. Enfin des conduits d'eau sont disposés sous le parterre de manière à pouvoir le transformer à l'instant en une naumachie romaine. Cette somptueuse machine fut construite pour recevoir le grand-duc Côme II de Médicis. On y donna long-temps des fêtes de cour, qui occupèrent la curiosité de l'Europe entière; mais les beaux temps du luxe italien sont passés, et les énormes dépenses que nécessite cette exploitation princière empêchent qu'aucun directeur ose hasarder une représentation dans ce local. Il n'y avait guère que le congrès des souverains à Vérone qui pût donner l'idée de remettre en vogue les amusemens royaux; mais dans ce moment les souverains de l'Europe avaient un autre théâtre à exploiter. Il est probable que c'en est fait pour toujours des représentations farnésiennes.

PLAISANCE.—Le palais ducal.—Églises.—Campo Morto. —Velleïa.— Grégoire X.—Ferrante Pallavicini.— Le cardinal Alberoni.

Plaisance, la seconde capitale de l'archiduchesse Marie-Louise, est une grande ville plus triste encore et plus abandonnée que Parme, sa sœur jumelle, qui en est distante de douze lieues. La nature a cependant beaucoup fait pour elle et l'a environnée de collines pittoresques et de plaines fertiles. Tout près de ses murs, un grand fleuve et une rivière se rencontrent, le Pô et la Trebbia, qui versent la fécondité dans ses champs et la fraîcheur dans l'atmosphère qu'elle respire. On retrouve à Plaisance les traces d'une ville qui fut riche et importante dans son temps; ses rues sont larges et bien alignées : celle du Corso passe pour l'une des plus longues de l'Italie. Mais elle souffrit tellement dans les guerres du quinzième et du seizième siècle, qu'elle ne présente plus qu'une ruine vivante de ce qu'elle était jadis. Le palais ducal, situé sur une large place, étend mélancoliquement ses belles arcades grises, où l'on cherche malgré soi les brillans gentilshommes qui accompagnaient les Farnèse dans leurs luxueuses cavalcades. Hélas! on ne vous montrera que le balcon d'où fut précipité, en l'an 1547, Louis, l'aîné de ces ducs, bâtard d'un pape. Au-devant du palais, les statues équestres d'Alexandre Farnèse et de Ranuccio, son fils, sont pourtant demeurées comme si elles voulaient faire aux étrangers les honneurs de cet édifice où ces souverains magnifiques tenaient royalement leur cour autrefois. Ce palais ducal, construit vers la fin du treizième siècle, est un des beaux monumens gothiques de l'Italie; j'en ai peu vu dont la physionomie sombre et caractérisée m'ait frappé plus vivement. L'intérieur, mille fois replâtré et maçonné, n'a rien conservé par malheur de ses anciens ornemens.

Les églises de Plaisance sont en assez grand nombre et répondent au rang que cette petite capitale occupait parmi les villes de l'Italie du nord. La *Cathédrale*, *Saint-François le Grand*, le cloître de *San Giovanni del Canale*, sont des monumens purement gothiques; l'église de *Sant' Antonio* et *San Savin* ont été retouchées, mais la première conserve un beau vestibule gothique qu'on appelle *le Paradis*. *San Agostino* appartient à l'époque de la Renaissance; les autres sont de styles divers plus ou moins mélangés. On regarde généralement *Saint-Sixte* comme la plus élégante; on y voit des tableaux de *Procaccini*, de *Palma le Jeune* et de *Zuccaro*, ainsi qu'un mausolée colossal élevé à Marguerite d'Autriche, fille naturelle de Charles-Quint, et mère d'un héros, du grand Alexandre Farnèse. Le Guerchin a peint dans la cathédrale une coupole et quatre fresques de la voûte; cette église possède aussi plusieurs compositions de Louis Carrache et du *Fiammingo*.

On peut parcourir aux environs de Plaisance le *Campo Morto*, champ de bataille illustré par la victoire d'Annibal sur les Romains; mais il n'y a rien là que le souvenir, et il faut que l'imagination fasse tous les frais de l'enthousiasme. Je pense qu'on emploierait mieux son temps en allant six lieues plus loin, sur la route de Gênes, visiter les ruines de l'antique Velleïa. Ces ruines se trouvent dans le village de Macinasso, au pied de l'Apennin. Des fouilles ont été pratiquées dans quelques endroits de cet emplacement, et on en a tiré de précieux joyaux d'or et d'argent, des vases incrustés, des médailles, des bustes, des fragmens de statues. On distingue facilement le contour de cette ville antique, assise sur le versant d'une colline. Quoique des bancs de rochers opposent de la résistance aux travaux, il n'y a pas de doute qu'avec de l'argent et de la patience on parviendrait à faire sortir de dessous terre une nouvelle Pompeïa. Les nouvelles fouilles ont mis à découvert les vestiges d'une place publique, au milieu de laquelle était un autel consacré à l'empereur Auguste; on y a trouvé aussi des siéges de marbre soutenus par des lions, et des débris de mosaïque.

Plaisance est la patrie de Grégoire X, promu à la papauté par compromis pendant qu'il était en Palestine avec Édouard, fils du roi d'Angleterre. Ce fut lui qui présida le second concile général de Lyon, pour la réunion des Grecs et des Latins et la réforme de la discipline ecclésiastique; ce fut aussi lui qui décréta le premier que les cardinaux resteraient en conclave jusqu'à ce que le nouveau pontife eût été proclamé. Cette ville donna le jour également à un écrivain non moins illustre par ses malheurs et ses dérèglemens que par sa naissance et son esprit, *Ferrante Pallavicini*, l'un des plus mordans pamphlétaires de l'Italie au dix-septième siècle, qui entra d'abord dans une congrégation des chanoines réguliers de Latran. Il fit un voyage dans les États Vénitiens et en Allemagne, et, à son retour, il publia une satire insultante contre la famille des Barberini et contre le pape Urbain VIII, qui en était le chef. Les Barberini députèrent vers lui un misérable, fils d'un libraire de Paris, appelé Charles de Briche, lequel lui conseilla de l'accompagner en France. Dès que le malheureux Ferrante eut quitté le territoire vénitien où ses ennemis n'osaient l'atteindre, il fut arrêté sur les limites du Comtat Venaissin et conduit à Avignon comme un criminel. Un outrage plus sanglant que la satire, et que les Barberini ne lui pardonnaient pas, c'était d'avoir joint au libelle une gravure représentant un Crucifix planté dans des épines ardentes et tout entouré d'abeilles, car les Barberini portaient des abeilles héraldiques dans l'écusson de leurs armes. Au bout d'un an de captivité, Pallavicini fut condamné à mort, et il eut la tête tranchée sur la place publique d'Avignon en l'année 1644. Les œuvres proscrites de Ferrante Pallavicini furent imprimées à Genève en 1660, et réimprimées en Hollande en 1666 et en 1673 : c'est là un assemblage de pamphlets très-spirituels et très-orduriers, dirigés contre la cour de Rome et contre le pape Urbain personnellement. Voici les titres des principaux : la *Pudeur bafouée*, la *Rhétorique des Filles de joie*, la *Trompette pour rassembler les abeilles Barberines*, le *Divorce céleste*. La publication de ce dernier ouvrage date de 1643 ; c'est là sans doute ce qui motiva le sévère jugement du tribunal papal. Jésus-Christ y est représenté s'emportant contre les débauches de son épouse, l'Église romaine, qui a pour amant le pape Urbain, et divorçant avec elle. Dieu le Père envoie saint Paul pour instruire le procès ; l'apôtre parcourt Rome, Venise, Florence et Parme, et il revient épouvanté des turpitudes qu'il y a vues. Tel était l'argument du premier livre de ce fameux factum. La mort empêcha Ferrante de l'achever. Le second livre devait avoir pour matière : *Des bâtards de l'Église romaine*, et le troisième devait traiter des secondes noces de Jésus-Christ.

Assurément cet homme était coupable, mais il ne méritait pas la mort. Il avait écrit ces livres dans l'emportement de la colère et dans toute la fougue de la jeunesse. Sans la trahison qui mit fin à ses jours, il se serait peut-être repenti ; peut-être aurait-il de lui-même supprimé ou désavoué ces livres grossiers qui seraient oubliés aujourd'hui. Loin de là, la cruauté de son châtiment ne fit que répandre ses libelles, et il se trouva des continuateurs qui développèrent les argumens préparés par Ferrante. Le misérable qui l'avait livré mourut lui-même assassiné à Paris, dans un cabaret de la place Maubert.

Le petit territoire du Plaisantin donna au monde, dans le même siècle, le célèbre cardinal Giulio Alberoni, premier ministre d'État du roi d'Espagne. Sa destinée fut assez singulière : ce fut le poète Campistron, secrétaire du duc de Vendôme, qui l'aboucha avec son maître. Alberoni n'était qu'un pauvre abbé, habitant la ville de Firenzuola. Le duc le prit à son service et le chargea de sa correspondance avec la princesse des Ursins, alors toute-puissante à Madrid. La princesse, après la mort de M. de Vendôme, obtint du duc de Parme, pour l'abbé, les fonctions de chargé d'affaires près la cour d'Espagne. Dans cette position, Alberoni fut assez heureux pour faire réussir le mariage de la princesse de Parme avec le roi d'Espagne. Dès-lors il devint l'unique conseil de sa souveraine, qui lui fit donner d'abord le chapeau de cardinal. Alberoni parvint presque aussitôt à la direction suprême des affaires, et son génie d'intrigue remua si bien les cabinets de l'Europe, que le régent de France et le roi d'Angleterre mirent pour condition expresse, à la paix de 1718, l'exil de ce ministre turbulent. Il fut arrêté à Gênes, sous le vain prétexte d'une intelligence avec les Turcs ; à Rome, le pape le mit en jugement, et il demeura une année enfermé dans le couvent des Jésuites. Il mourut en 1752, à l'âge de quatre-vingt-sept ans, ayant reconquis toute son influence sur les affaires politiques de l'Espagne.

DUCHÉ DE MODÈNE.

Le souverain actuel de ce duché, dont le territoire compte vingt lieues de long sur quinze de large depuis qu'on y a joint celui de Reggio, s'est fait récemment une réputation d'entêtement et de petite tyrannie dont on a peine à concevoir le but. Il faut croire que la crainte de se voir dépossédé de son gouvernement par une invasion révolutionnaire en Italie, lui aura tourné la tête dans ces dernières années ; avant 1830, je ne sache pas qu'il eût donné d'autres symptômes de folie. En tous cas, il est à regretter que les rois et les princes ses voisins n'aient pas jugé à propos de lui adjoindre un conseil de famille quand on a vu que sa monomanie allait jusqu'à verser le sang des malheureux soumis au rude empire de son caprice.

Ce duc de Modène, qui se nomme François IV, appartient à l'illustre maison d'Este, qui possédait le marquisat de Ferrare au quatorzième siècle. En 1452, le duché de Modène échut à cette famille, et en 1597, il demeura tout son apanage, le pape ayant réuni Ferrare aux États du Saint-Siége. Depuis ce temps, la maison d'Este resta en possession du duché de Modène, la souveraineté ayant cependant passé deux fois des légitimes aux bâtards. La souche où se rattache le duc actuel ne remonte directement qu'à César d'Este, fils d'un frère naturel d'Hercule II, mort en 1628.

M. Valery, qu'il faut toujours nommer quand on veut citer un voyageur exact et consciencieux, rapporte, dans son *Voyage en Italie*, le texte même du décret de censure que ce singulier duc fait exécuter dans son petit État. On y voit que les livres en circulation doivent être marqués à leurs première et dernière pages du double timbre des censures ecclésiastique et laïque. Des amendes punissent les prêts de livres non timbrés, et la contrefaçon du timbre attire sur son auteur, outre la peine pécuniaire, une détention de six mois à deux ans, et même les galères pour le même temps, *selon la gravité du cas*. C'est ce même duc (selon M. Valery) qui disait, quand on lui citait l'exemple du roi Charles X : « *Ne me parlez pas de pareils jacobins.* »

La ville où trône ce maniaque couronné est une des plus agréables résidences de la Haute-Italie; elle s'élève au milieu d'une belle plaine, entre la Secchia et le Panaro. Un canal fait communiquer cette dernière rivière avec le Pô, qui conduit les marchandises embarquées jusque dans la mer Adriatique. A cent dix pieds au-dessous des maisons se trouve un vaste réservoir que les plus fortes chaleurs ne peuvent tarir, et qui contient des eaux de source aussi limpides que salubres.

Les monumens sont rares à Modène : on ne peut guère appeler de ce nom que la cathédrale et le palais ducal.

La cathédrale est un édifice de la première période gothique, de ce style qu'on a désigné sous le nom de *plein-cintre chrétien*. On remarquera, suspendue au clocher par une chaîne, la fameuse *Secchia* (le seau) chantée par le poëte Tassoni. Quoi qu'on en ait dit, ce seau de bois est réellement historique; il fut le sujet d'une longue querelle entre les *Geminiani* et les *Petronii*, c'est-à-dire entre les Bolonais, qui invoquent saint Pétrone, et les Modenais, qui reconnaissent saint Géminien pour leur patron. L'auteur de la *Secchia rapita* était de Modène. Malgré le peu de déférence qu'il avait montrée à sa patrie en publiant son poème à Paris pour la première fois, il n'en fut pas moins appelé, par le duc son souverain, à faire partie de son conseil, et il mourut dans sa ville natale, en 1635, avec une réputation de poëte qui étouffa sa réputation de théologien; peu de personnes savent aujourd'hui que Tassoni écrivit une histoire ecclésiastique assez estimée dans son temps.

Le palais ducal est un immense édifice, situé sur la plus vaste et la plus belle place de la ville; il a une cour véritablement royale, tout entourée de colonnes. Ses appartemens sont magnifiques, mais les nombreux tableaux qui les décoraient ont malheureusement été vendus ou pillés. Pourtant on trouve encore quelques belles toiles dans la galerie, faibles débris d'un trésor dispersé; je citerai, entre autres, trois tableaux de Louis Carrache, un du Garofolo, trois du Guerchin, un *Christ en croix* et un *saint Roch* du Guide, une *sainte Famille* d'Andrea del Sarto, l'*Aurore et Céphale* par l'Albane. La bibliothèque est riche de quatre-vingt-dix mille volumes et de trois mille manuscrits.

La seconde ville du duché est *Reggio*, patrie de l'Arioste; on la rencontre en venant de Parme à Modène. Le souvenir de l'une des plus belles imaginations de l'Italie suffirait pour faire de cette ville de Reggio un lieu de pèlerinage poétique, si la grâce de son paysage ne vous y appelait pas tout d'abord. Les avenues qui y conduisent sont bordées d'arbres longs et frais, entrelacés de guirlandes de vignes. La campagne est riante et cultivée avec un soin qui rappelle les jolies plaines de Pise, ou les champs du Wurtemberg et du grand-duché de Bade. Peu de monumens à Reggio, si ce n'est peut-être la Madone della Ghiara. On y montre un *Christ ayant à ses pieds la Vierge soutenue par deux femmes*, tableau du Guerchin. Une autre église, Saint-Prosper, contient la fresque célèbre du *Jugement dernier*, par Procaccini.

DUCHÉ DE MASSA.

La mort de l'archiduchesse Marie-Béatrice d'Este, arrivée il y a quelques années, a mis le duc de Modène, son fils, en possession de cette petite souveraineté, qui se compose de la ville de Massa, de celle de Carrara et de quelques villages au milieu desquels se trouvent les fameuses carrières de marbre de Carrara. Massa n'offre rien de remarquable; elle est située près de la mer au milieu d'un aimable paysage. On y passe sans s'y arrêter en se rendant de La Spezzia à Lucques, à

moins qu'on n'ait la fantaisie d'y coucher en revenant de visiter les carrières.

Ces célèbres carrières, bien autrement inépuisables que celles de Paros, fournissent depuis deux mille ans tous les blocs dans lesquels l'Europe entière taille ses temples, ses palais, ses dieux, ses héros et ses saints; et vingt autres siècles d'exploitation ne suffiraient pas à tarir ses richesses. Ces montagnes, toutes de marbre depuis la base jusqu'au sommet, ont deux lieues de longueur sur une hauteur de quatre cents toises. La partie supérieure a seule été fouillée jusqu'ici. Les parties vierges sont d'un gris foncé qui tranche bizarrement avec les fractures cristallines et plus blanches que la neige des endroits excavés. Le chemin, à une très-grande distance, est jonché de débris de marbres qui embarrassent les communications. Carrara exporte annuellement seize mille mètres cubes de cette précieuse matière. Plus de douze cents ouvriers sont uniquement occupés à ces travaux ; ils n'emploient la mine que lorsque les coins de fer dont ils se servent deviennent insuffisans. Ils détachent des blocs immenses pesant quelquefois jusqu'à un millier de quintaux. Ces masses sont descendues au moyen de cabestans; les blocs moins épais sont précipités tout simplement du haut en bas de la montagne : aussi arrive-t-il que souvent ils se rompent. L'intérieur de la carrière contient deux grottes splendides, dont la moins vaste, celle *del Tanone*, a plus d'un mille de longueur ; l'autre s'appelle la *Sala Mattana*. La difficulté de l'ascension empêche presque tous les voyageurs d'aller visiter ces deux grottes, que le petit nombre de curieux qui y ont pénétré assurent être fort belles.

La petite ville de Carrara est le rendez-vous de tous les sculpteurs de l'Italie. Beaucoup y viennent gâcher du marbre à leur aise, et l'on peut y acquérir à bon prix des copies de l'antique qui parfois sont assez exactes : une statue de grandeur naturelle ne coûte guère que 250 francs. Les enfans du pays qui se distinguent reçoivent une éducation gratuite à l'Académie de Carrara. Cataneo Danese, Ghirlanda et les deux Tacca, sculpteurs célèbres, étaient nés dans cette ville. En revenant des carrières on traverse la campagne de Massa, qui n'est séparée que par quelques montagnes arides de la principauté ou du duché de Lucques.

DUCHÉ DE LUCQUES.

Deux heures suffisent pour traverser cet *État* souverain dans sa plus grande longueur. C'était jadis une république aristocratique ayant pour duc ou pour chef suprême un gonfalonier, dont le signe distinctif consistait en un bonnet cramoisi bordé d'or. Après avoir passé par la domination française, voici cette fière république retournée au grand-duc de Toscane, comme le duché de Piombino.

Lucques, que les gastronomes estiment à cause de son huile et de ses marrons, et que les convalescens recherchent pour son air pur et ses eaux thermales, est assise au milieu d'une plaine riante et protégée contre les vents par une ceinture de montagnes. Le *Serchio* coule près de ses murs. Elle n'est distante de Pise que de quatre lieues. Lucques a des remparts, des palais et de belles églises, comme une capitale. Son palais ducal pourrait contenir la cour d'un grand roi ; on y pénètre par un magnifique escalier de marbre de Carrara.

La galerie de ce palais renferme des tableaux des premiers maîtres de l'Italie. On y admire la divine Vierge de Raphaël connue sous le nom de la *Vierge aux candelabres*. Elle possède en outre un *saint Jean* de Corrége ; une *sainte Cécile* et une *sainte Appoline* du Guide ; une *Madone avec l'enfant* de Léonard de Vinci ; un *Christ en croix* de Michel-Ange ; le *massacre des Innocens* de Poussin ; une *madone* en buste, de Sasso-Ferrato ; un *Christ devant Pilate*, de Gherardo dalle Notti, et quelques autres compositions des Carrache, du Dominiquin et d'autres artistes renommés.

La construction de la cathédrale de Lucques remonte au onzième siècle ; la façade à trois étages superposés fut ajoutée au commencement du treizième siècle. Les sculptures intérieures de cette église sont l'ouvrage d'un barbier de Lucques qui vivait à la fin du quinzième siècle ; après avoir exercé pendant quarante ans la profession de son père, il lui prit fantaisie de jeter la trousse pour prendre le ciseau. Matteo Civitali ne tarda pas à se distinguer dans sa nouvelle carrière, et ses enthousiastes compatriotes le mettent encore aujourd'hui en parallèle avec Michel-Ange. Malgré l'exagération de cet éloge, plusieurs ouvrages qu'on voit dans cette cathédrale de Saint-Martin attestent le mérite du barbier de Lucques. Le mausolée d'un secrétaire du pape Nicolas V, deux anges agenouillés, divers bas-reliefs, et surtout une belle statue de saint Sébastien, sont ses titres à l'estime de la postérité.

Si l'on excepte Saint-Michel et Saint-Frédian, les autres églises de Lucques n'ont pas de valeur comme architecture historique. Ce Saint-Michel est un monument intact et complet de la première époque du plein-cintre chrétien, qui précéda, comme on sait, le style ogival. Le voyageur ne doit cependant négliger de visiter aucune de ces églises, qui toutes contiennent des tableaux de maîtres.

A Sainte-Marie (*in corte Landini*), on rencontre un beau Guide, *le Christ en croix ayant deux saints à ses pieds*, et tout auprès une *Assomption* de Lucà Giordano; à l'église du Crucifix, une autre *Assomption* de l'Espagnolet; à Saint-Romain, deux compositions magnifiques de Frà Bartolomeo; à Sainte-Marie (*hors des murs*), deux tableaux du Guerchin.

Saint-Frédian est une basilique lombarde dont on a refait la façade. L'intérieur est orné de plusieurs colonnes antiques munies de leurs bases et de leurs chapiteaux. L'ancien baptistère est un morceau de sculpture de la fin du douzième siècle. Le barbier Matteo Civitali est inhumé à San-Cristoforo; lui qui cisela de ses mains de si beaux monumens funéraires, une simple pierre indique son dernier asile.

Quand on s'est promené pendant deux heures sur les boulevards de Lucques, d'où l'on jouit d'une charmante perspective, il n'y a plus grand'-chose à faire dans la ville pour ceux qui veulent employer leur temps; s'il en reste à perdre, on peut aller reconnaître les restes d'un théâtre et d'un amphithéâtre romains, ce qui a parfois son charme quand on n'a vu ni Pompéïa, ni Rome, ni Vérone, ni les arènes de Nîmes. On trouvera aussi dans la ville deux bibliothèques publiques, dont la plus moderne et la plus curieuse est au palais ducal.

Si l'on arrive à Lucques dans la saison des bains, il est difficile de ne pas rompre son vœu d'artiste; et si l'on ne s'enfuit précipitamment, il est plus que probable qu'on y passera une bonne partie de la saison sans même avoir visité les richesses artistiques que j'ai mentionnées plus haut. On retrouve aux bains de Lucques cette société de jolies femmes qui viennent, en robes de mousseline et les épaules nues, se guérir des maladies qu'elles n'ont pas, et que l'on a déjà rencontrées vingt fois à Aix, à Bagnères, à Spa, à Bade, et dans toutes ces réunions joyeuses auxquelles la médecine sert de prétexte. Les eaux de Lucques ne sont pas moins attrayantes; elles reçoivent aussi des pèlerins de toutes les parties de l'Europe. Les Allemands et les Anglais s'y croisent; les uns arrivent par le paquebot à Livourne, les autres par les voiturins et les berlines de poste. Les blondes dames de Moscou et de Pétersbourg s'y viennent asseoir auprès des Italiennes aux cheveux noirs; on s'y dit des douceurs dans toutes les langues; on y joue, on y boit, on y monte à cheval, on y fait de la musique, on y danse, et l'on a bien du malheur si, après trois mois de ce régime, on ne s'en retourne pas chez soi guéri jusqu'à l'année suivante.

La route qui mène de Lucques à l'établissement des bains est d'une charmante variété; les voitures y roulent comme sur le parquet d'un salon. Tous les sentiers aboutissent à de délicieuses promenades où l'on n'est jamais seul. On gravit une montagne ombragée d'un grand bois de châtaigniers qui vous conduit au *Prato Fiorito*, délicieuse vallée dont l'air piquant et vif vous rappelle qu'au-dessus de votre tête il y a des rochers encore couverts de neige. Là, tous les points de vue de cette montagne sont enchanteurs, et on les parcourt rarement une seule fois. Les habitans de ces rochers sont les fournisseurs de glace de toute la Toscane. Leurs glacières consistent simplement dans des trous assez profonds, revêtus intérieurement de branchages et fermés par des couvercles de gazon. Ils se chargent aussi de transporter à bras les baigneurs dans des espèces de litières à travers les montagnes; ils font quelquefois, de la sorte, soixante et quatre-vingts milles dans l'espace de trois ou quatre jours, à des conditions assez raisonnables.

En somme, ce petit duché de Lucques est le véritable boudoir de la Toscane, qui, elle-même, a été surnommée *le jardin de l'Italie*. Rien n'égale l'industrie des Lucquois, qui sont tous propriétaires de quelque coin du sol; ils font rendre à la terre tout ce qu'elle peut donner par un travail opiniâtre et bien entendu. Les oliviers, les châtaigniers et les mûriers sont leur principale branche de culture. Ils récoltent aussi un petit vin assez agréable qui se vend bien dans le pays. Lorsque les travaux de leurs champs sont terminés, beaucoup d'entre eux vont travailler aux récoltes dans les autres parties de la Toscane et même jusqu'en Corse, d'où ils rapportent intact le salaire de leur peine qui fructifie bien vite entre leurs mains.

Alphonse ROYER.

LES MUSÉES D'ITALIE.

MILAN ET VENISE.

L'Italie, terre classique de la peinture; l'Italie, peuplée de cénotaphes, de ruines et de statues, la plus religieuse gardienne du passé comme la plus insouciante esclave du présent; l'Italie de Raphaël, de Masaccio et de Michel-Ange, sillonnée comme ses voies Appiennes par le soc de tant d'ouvriers sublimes; l'Italie, soumise à l'heure même au bon plaisir autrichien, conserve encore avec plus d'amour ses admirables et fortes études, ses toiles suaves et saintes. A Florence, c'est une galerie unique au monde [1]; à Rome, une église pontificale avec des arcades [2] peintes à jour, découpées et jaspées d'ombres; à Venise, c'est une série de palais qui sont tous autant de Musées. Naples, la folle ville, a compris elle-même qu'elle ne pouvait s'en passer. Son Musée renferme des Salvator, son Musée possède la pâle figure de Masaniello. Dans nos grandes villes de France, c'est une bonne fortune qu'un Musée, une rencontre imprévue, insolite, ce sera tout au plus un grand cadre abandonné dans quelque recoin d'Hôtel-de-ville, un marbre druidique, ou bien le cabinet d'antiquités d'un amateur. La France, ingrate patrie, patrie commerçante, dévorée par l'agiot, n'a pas le temps de se construire des galeries de portraits et de paysages; son portrait c'est Barème, et son paysage la Bourse. Je laisse à mon ami Barbier, ce jeune talent si beau, si nerveux, si envié, le soin de stygmatiser cet oubli; quelque jour il vous dira dans ses vers quelle lacune il a à trouver en France à sa rentrée d'Italie; combien de villes veuves, combien de provinces pauvres d'art et cependant riches d'artistes! Mais le soleil et les Médicis manquent ici. Mais Paris, la ville avare qui garde tout pour elle, engloutit aussi à elle seule et chaque jour les productions les plus belles de nos jeunes peintres! En Italie, c'est tout le contraire. Pas une ville, si mince qu'elle soit, qui n'ait un Musée. Vérone et Sienne, Pise et Bologne, Volterra, Côme, Perouse, peuvent rivaliser et opposer leur école à Gênes, Turin, Rome, Florence et Venise. C'est là un des grands bienfaits de cette terre féconde d'avoir à chaque borne et à chaque limite de son champ des statues et des monuments des plus grands maîtres. C'est, à Venise, un homme presqu'inconnu de la foule chez nous, et cependant aussi complètement organisé que le Titien, — le Tintoret!!! A Bologne, Tiarini, autre Rembrandt-fougueux, illuminé, plein d'éclairs! A Pise, la belle famille des peintres grecs, de ceux j'entends qui se sont faits *Grecs*, d'Italiens qu'ils étaient, en imitant d'une manière si large et si primitive les desseins des peintres venus de Constantinople. Merveilleuse et sainte contrée! contrée qu'il faut voir parce qu'elle s'en va, parce que les Anglais la visitent trop, et que les artistes n'y vont pas assez! Enigme fermée à tout peintre sans génie!

Avant de classer d'une manière exacte les galeries et les Musées d'Italie, il faudrait savoir d'abord par quelle route entrera le voyageur : l'entrée la plus commune est celle du Simplon ou du Saint-Gothard. Du sommet de ce dernier mont, au milieu des neiges et des brouillards, supposez déjà Côme et Lugano dépassés, — les flèches élancées du Dôme, cette admirable cathédrale de Milan, vous apparaissent. C'est la route que j'ai suivie en 1832; me permettrez-vous de vous la faire prendre?

Nous commencerons, si vous le voulez, par Milan.

MILAN.

SON MUSÉE, etc.

Ce n'est pas que la ville de Milan, si fertile en palais, si riche en bibliothèques publiques et particulières, possède elle-même un Musée bien vaste dans ce qu'on appelle le Musée *Brera*.

---

[1] Galerie et palais Pitti.
[2] Le Vatican.

Brera, première galerie italienne que vous rencontrez après les suaves paysages de Côme et du lac Majeur; Brera, Musée de quatre à cinq chambres, n'est précieux que par une chose, son ancienneté en fait de tableaux et de maîtres. Vous y trouverez des *Benozzo Gozzoli*, des *Mantegna*, des *Gaudence Ferrari*, des *Bencovici*, des *Bernardin Luini* et des *Palma*. C'est un avant goût des chefs-d'œuvre florentins et bolonais. Le *Mariage de la Vierge* figure en première ligne au nombre des tableaux remarquables de cette galerie. Les Italiens le désignent du nom de *Lo Sposalizio*. Vous le connaissiez déjà par les admirables gravures qui l'ont reproduit en France. Mais ici, quel nerf et quelle grâce tout à la fois! Quelle couleur fauve et limpide, couleur toute nouvelle à cette époque, couleur trouvée par Raphaël, semée à pleines mains comme une teinte harmonieuse sur toutes les toiles de Raphaël! Chaque tête et chaque figure de personnage est devenue à elle seule un type, la Vierge, le jeune homme, l'homme qui casse la baguette, etc., etc. Et quand on pense que tout ce travail est d'un jeune homme, que ce tableau Raphaël le fit à vingt-deux ans!

Voici les deux apôtres *Saint Pierre et saint Paul*, tableau du Guide. Vous y trouverez déjà le beau modelé de ce maître, Guido Reni, l'homme des évangéliques figures, génie puissant et noble, moelleux au besoin, toujours varié, toujours actif, et comme incertain de lui, jusqu'à ce qu'il arrive à la palme de Raphaël, et de Titien dans le *Crucifiement de saint Pierre!* Le Musée Brera possède aussi, au milieu de vingt autres toiles, un tableau des plus remarquables, comme époque, c'est la *Prédication de saint Marc dans Alexandrie*, par le Bellin (*Bellini*). La couleur incroyable de ce tableau, son énergie de composition et ses portraits, tout concourait peut-être à en faire le tableau le plus précieux de ce Musée, sans le hasard qui a placé près de lui l'*Agar* du Guerchin. Agar renvoyée par Abraham, Agar plaintive et pauvre, humiliée, l'Agar de la Bible enfin est admirable. C'est Byron, Byron le plus froid des septiques en fait de peinture, que nous laisserons parler devant cette magnifique page. Nos éloges d'artistes seraient trop peu; il faut à ce tableau sublime du Guerchin l'éloge d'un homme qui tient lui-même à honneur dans ses lettres de n'avoir jamais *senti* la peinture. Cette exception qui prouve tant en faveur de l'*Agar*, mérite d'être citée.

' « Un jour qu'après dîner, nous causions
» des diverses collections que j'avais visitées le
» matin, je disais qu'en tout temps j'avais eu
» peur de louer une peinture quelconque, de
» crainte d'attirer sur moi le dédain des con-
» naisseurs, que pourtant je m'aventurerais à
» lui dire à *lui*, que j'avais vu un tableau à
» Milan.
» L'*Agar?* s'écria-t-il, l'*Agar*. C'était le ta-
» bleau que j'allais citer, comme ayant éveillé
» en moi, par la vérité de l'expression, plus
» d'émotions réelles que je n'en avais trouvées
» jusque-là. »

Suivent plusieurs tableaux du Dominiquin, de l'Albane, du Garofolo. Le Garofolo, que nous retrouverons à Rome, nous semble, après Raphaël, un des peintres les plus heureusement organisés pour la reproduction des têtes de vierge. Garofola, et non Garofalo, comme quelques biographes l'écrivent à tort, né à Ferrare, et contemporain de Raphaël, avait une singulière signature pour ses toiles. Il peignait un œillet dans tous les tableaux qui étaient de son invention. C'était sans doute par allusion à son nom qui, en italien, signifie œillet. On trouve également cette fleur dans les deux beaux portraits que cet artiste a faits de lui-même. Pour en revenir à ses qualités d'imitation, elles sont toutes de suavité et d'harmonie. Sa *Piété* qui est au Musée Brera en est la preuve. L'*Adoration des Mages*, par le vieux Palma; le portrait des *Ducs d'Urbin*, par Fra Bartolomeo; *Moïse sauvé*, du Giorgione, et quelques cadres épars de Jules Romain, sujets de sainteté pour la plupart, peuvent donner une idée de la composition générale du Musée Brera. Ce Musée renferme aussi, à des époques données, quelques tableaux de l'école actuelle en Italie. MM. Palagi, Migliara, Gozzi, M. Hayez de Venise et M. Azeglio, paysagiste distingué, exposent annuellement leurs toiles dans cette galerie, gardée par un grand soldat hongrois, sur lequel M. Valery s'est égayé dans son livre. Je ne veux pas dire que l'école d'Italie *actuelle* ait jamais élevé la prétention de devenir elle-même *modèle*. Le style rétréci dont elle se fait une loi, sa mesquinerie d'idées et sa faiblesse prouvent assez que toute

' Mémoires de Byron, 2, IV. Ch. 4.

peinture est morte sous ce ciel fécond en grands maîtres, ciel fermé et tout d'airain à l'heure qu'il est. La manne céleste des vieux peintres, *la foi*, tombe à peine quelquefois encore sur des lèvres jeunes, et germe en des consciences d'artistes dévouées à la prière et aux saints livres. Ce serait une trop grave question d'examiner l'avenir ouvert ou interdit présentement à l'école d'Italie; ce que nous pouvons affirmer, c'est que la sculpture seule nous semble jusqu'à ce jour réservée à une voie plus large et plus utile.

Il ne serait peut-être pas inutile de vous conduire encore dans plusieurs palais, et de résumer avec vous une suite d'autres tableaux remarquables. Toutefois, nous devons dire que Milan, à part la *Cène* de Léonard Vinci, ne possède guère que des esquisses ordinaires, le musée Brera excepté. Les cicerone abuseront du reste de votre ignorance en cette ville de Milan française entre toutes les villes françaises d'Italie. Milan compte tant d'églises, que ce ne serait pas trop d'un livre entier sur les différents tableaux qu'elles possèdent. Nous ne parlerons au long que des *églises* de Venise, de Naples et de Rome.

VENISE.
SON MUSÉE, SES ÉGLISES, SES PALAIS.
L'ACADÉMIE.

Mais voici la ville destinée entre toute les autres à vous dédommager de cet accueil stérile en fait de peintures que vient de vous faire Milan. Non pas que Venise étouffe Florence des plis de sa robe écarlate, jaspée des touches si distinctes du Titien, du Tintoret et de Paul Veronèse; mais Venise pareille à ces harmonieuses galeries du Vatican, Venise nuancée d'or et de pourpre, la Venise de Palladio, de Canaletti, de Lombardo et de tant d'autres ouvriers sublimes, cette Venise paisible et mélancolique a compris fort bien qu'elle ne pouvait plus prétendre qu'au nom de musée; elle a étiqueté elle-même ses ruines et ses palais. Dans son Académie, son premier Musée, vous pourrez lire de belles et grandes pages de peinture; dans ses églises et dans ses palais vous en trouverez d'aussi immenses, n'en doutez pas. Nous procéderons en conséquence dans l'ordre suivant :

La Confrérie de la Charité, dite maintenant Académie des beaux-arts, est un bâtiment dont la façade d'ordre corinthien se présente à vous encaissée dans une sorte de ruelle, ou plutôt de *piazetta* si commune à ces quais étroits de Venise. Son architecte était George Massari. Le couvent attenant présente encore quelques beaux restes de celui qui fut construit par Palladio, incendié en 1630. Traversez la cour et dirigez-vous vers la première salle sur la façade vis-à-vis l'escalier.

Tout d'abord vous avez devant vous le plus admirable chef-d'œuvre de ce Musée, collection si utile et si bien entendue par le comte Cicognara, au milieu de toutes les dégradations vénales qui affligent Venise. Je veux parler de l'*Assomption de la Vierge*, par le Titien. Titiano Vescellio se place dans cette étude à la hauteur des plus belles pages de Raphaël. Mystérieuse douceur de conception, limpidité brillante, éclat, harmonie, telles sont les beautés inimitables de ce grand cadre. A votre gauche, une scène terrible, scène d'un plus terrible peintre et d'un plus lugubre poète, le Tintoret! c'est le *Meurtre d'Abel*! A gauche encore, *Saint Thomas qui touche les plaies du Christ*, par Léandre Bassano. Un magnifique tableau plein de couleur, est celui du *Martyre de sainte Christine*, par Paul Veronèse. A votre droite, *Adam et Ève*, par le Tintoret; *Saint Jérôme et saint Marc évangéliste*, par Bonifacio. Toutes ces toiles se distinguent surtout par une couleur puissante, par le pittoresque et l'éclat des fonds; dès l'abord vous vous sentez attiré vers cette école si hardie, si enthousiaste, si chaude. C'est là un des priviléges de l'école vénitienne que de vous saisir à l'instant, et comme par surprise, de vous prendre et de vous entraîner par les yeux. La *Présentation de l'Enfant Jésus au vieux Siméon*, ouvrage de Victor Carpaccio, est une admirable initiation à cette école. Carpaccio, vieux peintre ridé, Carpaccio, au pinceau ferme et sévère, est cependant, quand il le veut, le plus élégant et le plus animé des jeunes hommes; il est voluptueux et coquet dans le choix de ses ajustements. C'est le premier peintre de costumes, le plus beau, le plus délicieux *faiseur* de gondoliers! Je conseillerai à ceux qui visitent cette galerie, s'ils veulent acquérir la preuve de ce que j'avance, d'aller voir un tableau de ce peintre, tableau placé dans cette même galerie, tableau très peu cité dans les nomenclatures et les livres d'album, et que je m'étonne de ne pas trouver mentionné dans le livret même, c'est une *Promenade* ou *Cérémonie sur mer*. A côté de Carpaccio, vous trouvez le célèbre sujet de Gentile Bellino, c'est le *Saint-Sacrement qui tombe dans l'eau*. A Venise, en effet, Venise, la ville des miracles, la ville fervente et lascive tout à la fois, une procession qui passait, je crois, sur la place Saint-Marc, vers 1495 ou 1496, s'arrêta tout d'un coup dans le plus effrayant désordre. Le diacre s'aperçut qu'en élevant l'ostensoire, l'hostie et son cercle d'or venaient de tomber dans l'eau. Vous pouvez aisément vous représenter l'étonnement et la torpeur de la foule; les diacres se jettent à la nage avec leurs étoles, les prêtres et les docteurs leur tendent des perches; il n'y a pas jusqu'aux sénateurs qui ne se mettent à plonger dans ce tableau curieux. Un nègre en jaquette regarde cela d'un air fort indifférent, de l'air stupide et très assuré d'un nègre. Les gondoles à cerceaux dorés, les jaquettes à rubans et à lacets des mariniers, les robes, les étoffes et les figures graves des personnages, tout concourt à placer ce cadre de Gentile Bellino au nombre des sujets les plus précieux de ce Musée. Quand je le vis en 1832, il était placé à quelques pas du San Lorenzo *Giustiniani au milieu de quelques saints*, tableau qui est le chef-d'œuvre du Pordenone (Antonio Licinio)[1].

Les *nus* de ce dernier cadre sont depuis long-temps célèbres : la tête du *Jean-Baptiste* est à elle seule un poëme. Viennent après :

La *Résurrection de Lazare*, par Léandre Bassano[2].

La *Sainte Vierge sur un trône avec l'Enfant Jésus, et quelques saints qui l'entourent*, par Jean Bellino; et près de la fenêtre de cette salle, le *Christ sortant du sépulcre*, par le Tintoret.

Suivent encore :

Le *Portrait d'un doge*, par le chevalier Contarini; le *Sauveur, Saint Jacques*, etc., par Bonifacio; et *Saint François*, par J. Palma. Le *Riche Epulon*, ouvrage de Bonifacio, est d'une rare beauté. La couleur vénitienne du maître y est plus sentie et plus fixée qu'en tout autre, et je ne vois guère qu'un tableau à lui comparer, c'est son *Enfant prodigue*, lequel se trouve, je crois, au palais Borghèse.

L'*Esclave délivré par saint Marc* est généralement regardé comme le chef-d'œuvre de ce grand Tintoretto. Le Tintoret a placé son martyr la tête en bas, tout son corps est en raccourci; saint Marc est véritablement suspendu en l'air. Vous ne pourriez avoir par la description qu'une idée bien incomplète de ce tableau. La lumière s'y étend partout comme un manteau d'or et de flamme. L'auréole du saint embrase la toile, son immense barbe ombre à elle seule sa poitrine[1].

Le *Prophète Isaïe* est un camaïeu de Paul Veronèse. Puis à la façade de gauche, le plus beau tableau de Padovanino, les *Noces de Cana*! La *Femme adultère devant Jésus-Christ*, par Bonifacio, est une admirable scène. Le *Que celui-là lui jette la première pierre* est sublimement rendu. En général, on ne saurait trouver plus de toiles onctueuses et saintes que dans cette galerie de Venise; l'encens du Titien fume partout: quel tableau que celui de la *Présentation au Temple*! Imaginez un escalier majestueux, puis au bas de cet escalier, rempli de juges, de scribes, de docteurs, au bas de ces majestés doctorales, dignes et droites comme la baguette d'un alcade, un tout petit enfant à robe d'azur, un Joas naïf, l'un de ces petits anges accoudés sur des *touffes de fleurs*, comme dit notre poète Barbier, dans un beau sonnet à Raphaël. Et remarquez que ce pieux caractère de sévérité et de grâce tout à la fois, est l'emblème de cette grande école religieuse de Venise. Voici la *Vierge, l'Enfant Jésus et trois sénateurs*, par le Tintoret. Que viennent faire là ces sénateurs? Pourquoi ces portraits? Demandez donc aussi à Jean d'Allemagne et à Antoine de Murano pourquoi ces Vénitiens, docteurs de l'Eglise? pourquoi ces têtes graves qui semblent plutôt sortir du conseil des Dix que des portes fleuries du *Paradiso*?

Vous trouverez ce dernier cadre entre les deux fenêtres. Jean d'Allemagne et Antoine de Murano l'ont peint tous les deux.

Une *Tête de vieille femme*, que l'on croit être le portrait de la mère du Titien, par le Titien lui-même. Admirable étude conçue dans le sentiment de Rambrandt. Voyez aussi la *Femme au panier d'œufs* au bas du tableau de la *Présentation au Temple*.

La *Présentation de l'Enfant Jésus au vieux*

---

[1] Ce tableau a été rapporté de Paris.
[2] Egalement rapporté de notre Musée.

[1] Encore rapporté de Paris.

Siméon est une œuvre fort célèbre; elle est de Victor Carpaccio.

Le *Pêcheur présentant l'anneau du doge*, ouvrage de Pâris Bordone [1], vous frappera pour deux causes : la première, c'est que le talent du peintre y est saisissant; c'est une page d'époque fort belle, les costumes et l'architecture de la salle sont d'une exactitude qui rend l'œuvre très précieuse. La seconde raison, c'est que tous les *cicerone* s'obstinent à vous arrêter devant l'un des personnages du cadre, revêtu comme les autres d'une robe de juge, et vous font observer sa *ressemblance avec Napoléon*. J'avoue que cette figure a quelque rapport avec le profil célèbre de l'empereur. Le front est bombé, l'œil fendu et très ouvert, la bouche mince et pincée. La couleur fauve du visage favorise aussi le rapprochement. Il est curieux de rencontrer Buonaparte au milieu de la police secrète de Venise!

La *Cène du Christ avec les apôtres* est due au pinceau de Benoît Calliari; le *Rédempteur avec saint Pierre et saint Jean* à Roch Marconi.

Levez les yeux, et vous saluerez ensuite le nom de Paul Véronèse. Le morceau du milieu, dans ce plafond, représente le *Peuple de Mirée allant à la rencontre de l'évêque saint Nicolas*. Quatre demi-figures dans les angles, ouvrages de Dominique Campagnola, élève du Titien.

La seconde salle renferme plusieurs morceaux des meilleurs peintres *modernes*, peintres vénitiens, dont quelques-uns vivent encore. J'aurai de vous, n'est-il pas vrai, une absolution bien complète, si je ne vous parle jamais dans ces résumés de la peinture *moderne* en Italie. Cela me fait mal, comme la vue d'un être contrefait. Cette peinture boiteuse trouve bon pourtant de se produire dans cette seconde salle. Constatons le *modèle* d'un monument imaginé par *Canova* à la mémoire du Titien, et n'en parlons plus.

La troisième salle contient de *Petits anges qui voltigent*, délicate rêverie du Pordenone; deux *Têtes* fort belles, par Wandik, et quelques bons tableaux de sainteté, par Bonifacio.

ÉGLISES.

Je placerai en première ligne l'*église du Rédempteur* (del Redemptore), non parce qu'elle me semble la première et plus curieuse église, mais parce qu'au sortir du palais du-

[1] Encore rapporté de Paris.

cal, c'est elle qui vous frappe le plus au milieu de toutes ces merveilles des canaux; elle est posée sur la Giudecca, et regarde à droite la grande fenêtre du malheureux Falieri. Son architecture est de Palladio; elle date, je pense, de 1578. La façade est d'ordre composite, les deux ailes d'ordre corinthien. Entre les colonnes, saint François et saint Marc, statues en marbre sculptées, par Jérôme Campagna.

Après plus de deux siècles, cette belle et suave architecture resplendit encore. Moi, qui, dans ces résumés, ai pris l'engagement de ne pas parler de la statuaire, je n'aurais pu sans cela résister à vous peindre ce temple dont la forme est une croix latine, temple jeune et inébranlable de structure, chaudement éclairé de reflets pourpre, et rayé d'azur comme la mer au soleil couchant. Il est desservi à l'heure qu'il est par les capucins.

A droite d'abord, en entrant par la sacristie, vous verrez un tableau représentant *Notre-Dame et quelques saints*, par J. Palma. Puis la *Sainte Vierge avec saint Jean et sainte Catherine*, par Jean Bellino. Le sacristain, vous prenant alors à part, vous conduira devant une armoire de cette sacristie. Dans cette armoire est un petit cadre de ce même Jean Bellino, représentant la *Vierge avec l'Enfant Jésus et deux anges*. Ce tableau est d'un fini précieux et qui l'a rendu célèbre. Celui qui représente une autre *Vierge avec l'Enfant Jésus et deux saints*, et qui se trouve conservé dans une chapelle du couvent attenant, est un chef-d'œuvre plus sublime encore. Bellini, maître du Titien, on l'a fort bien dit, explique son élève comme le Perugin explique Raphaël; on comprend la fusion du disciple avec le maître, — du génie avec l'étude.

Dans l'église attenant à l'hospice des Incurables, église attribuée à Sansovino, vous remarquerez un *Crucifix* qui passe pour être de Paul Véronèse, et sur lequel on ne vous renouvellera pas j'espère l'histoire du Christ de Donatello; puis un fort beau sujet de Tintoretto, le Venitien de tout à l'heure, celui que vous connaissez par sa grande page des *Bienheureux* au palais ducal, génie admirable et si plein! Ce tableau représente *Sainte Ursule avec ses compagnes*.

Je donnerai le second rang à l'*église de Saint-François de la Vigne* (della Vigna).

Saint-François de la Vigne est une des églises les plus précieuses, bien qu'elle n'ait pas eu l'honneur de voir, comme l'église Saint-Zacharie, sa voisine, le doge Gradenigo attaqué et tué sur ses marches. Saint-François de la Vigne eut pour architecte Sansovino; c'est à Palladio que l'on est redevable de sa façade. On compte dans cette église quelques bons tableaux: le *Sauveur, la Vierge et quelques saints*, par J. Palma; *Saint Jean-Baptiste et saint Jacques*, par Salviati; la *Flagellation* de ce même J. Palma; la *Cène de Jésus-Christ*, par Santa-Croce; et un fort beau tableau de la *Résurrection*, par Paul Veronèse.

La chapelle Giustiniani ou des Prophètes, placée auprès de la grande chapelle, possède un devant d'autel où se trouve sculpté le *Jugement universel*. C'est un des plus célèbres témoignages de l'art au quinzième siècle. Dans la sacristie, autel à droite, vous trouverez un bien singulier caprice, caprice respecté presque par le temps, un tableau que Paul Veronèse a peint à l'huile sur le mur: *Notre-Dame au milieu des anges*.

En revenant pour traverser l'église, vous trouverez au-dessus de l'autel et dans la demi-lune la *Reserructione del Christo*, peinte à fresque par Franco-Joanne-Baptista; et aussi du même la *Résurrection de Lazare*.

Nous passerons Saint-Georges-Majeur, église du rit grec, église de Palladio, et qui a pourtant un Tintoret; nous dirons un mot de la Confrérie de Saint-Georges des Esclavons. Cette dernière renferme un oratoire décoré de quelques bonnes peintures de Carpaccio, exécutées de 1502 à 1511. Les trois *Saints* sur un fond d'or, et qui se trouvent à l'autel de cette église, sont plus anciens et paraissent du quatorzième siècle.

Nous arrivons à l'église *della Salute*. La *Salute* est surtout admirable par les tableaux du Titien; tableaux qui peuvent servir à étudier les diverses époques de sa manière et de sa peinture.

Ces tableaux sont:

Au plafond: la *Mort d'Abel*, le *Sacrifice d'Abraham*, *David vainqueur du géant*, et d'autres ovales où sont représentés les *Evangélistes et les docteurs*, le *Saint Marc au milieu des autres saints* et la *Descente du Saint-Esprit*.

Ce dernier ouvrage, Titien le fit à soixante-quatre ans, ce devait être conséquemment en 1541.

Il est impossible d'imaginer rien de plus grand et de plus merveilleusement conçu que ces huit cadres. La *Présentation*, l'*Assomption* et la *Naissance de Marie*, par Luca Giordano, complètent dignement avec les *Noces de Cana*, par le Tintoret, cette belle église de la Salute.

Au maître-autel de Saint-Luc, on vous montrera le *Saint, écrivant l'Évangile*, par Paul Veronèse. Pour ma part, je ne concevais pas d'abord que Veronèse eût pu jamais peindre des sujets d'église. Veronèse, si beau, si drapé, si élégant! le Veronèse des plafonds et des larges apothéoses! l'homme qui le premier personnifia Venise dans ses grandes déesses blondes, dans toutes les Venises de ce palais ducal qu'il a peuplé de tableaux! Ce magnifique Vénitien d'autrefois, ce seigneur à manteau vert, et dont le petit nain jaune semble envier la belle stature dans la fameuse *Cène*, le voyez-vous religieusement occupé à peindre des toiles d'église? Aura-t-il le front saintement courbé, comme Titien, ou sera-t-il saintement revêtu comme Raphaël? Rien de tout cela. Veronèse vous esquissera des saints; oui, cela est vrai, mais vous reconnaîtrez toujours Veronèse dans sa peinture sainte. Ce sera toujours le Veronèse élégant et bien posé, le jeune homme aux fraises flamandes, le beau, le noble patricien, l'un de ces *Magnifiques* cités jadis à Venise. Ses saints à lui seront droits, l'œil hardi, le front superbe; ils marcheront d'un pas fier, et ne dédaigneront jamais le costume; les uns seront écarlates comme les doges, d'autres agrafés dans leurs tuniques comme des sénateurs qui vont voir une *regatta*.

Par pitié, comme par amour, pour le grand Paul, allez voir Saint-Sébastien. Saint Sébastien vit commencer et grandir la gloire de Paul Veronèse. Il est enterré dans cette église couverte de ses admirables peintures. Le *Premier martyre du saint titulaire* entre autres, tableau de Veronèse, qui date de 1560. Les *Saints martyrs Marc et Marcellin*, à gauche sont aussi de ce grand peintre, dont je vous transcris l'épitaphe:

PAULO CALIARIO
VERONESI PICTORI,
NATURÆ EMULO ARTIS MIRACULO,
SUPERSTITE SATIS FAMA VICTURO;

et plus bas:

PAULO CALIARIO VERON. PICTORI CELEBERRIMO FILII
ET BENEDIC.
FRATER PIENTISS. ET SIBI POSTERIQUE. DECESSIT XII KALEND.
MAII M. DL. XXXVIII.

La dernière inscription indique assez l'hommage domestique de ses fils et de son frère. C'est à leurs soins, en effet, que l'on est redevable de cette épitaphe.

L'église de *Frari* est un magnifique Musée de tombes, presque aussi beau que *Saint-Jean et Paul* dont nous parlerons plus tard. Le monument du Titien, toujours proposé au concours et toujours empêché depuis plus de trente-deux ans, devrait pourtant bien trouver place dans cette église. On ne sait trop pourquoi elle a préféré à ce grand homme, un autre homme fort inférieur, à mon sens, Canova. Son mausolée ou plutôt sa large pyramide de marbre de Carrare (laquelle contient son cœur), fut mise en place, je crois, l'année 1827. Cet ouvrage fut exécuté par Zandomeneghi, Ferrari, Bosa, Fabris, Martini, Rinaldi, tous artistes vénitiens. Quelques livrets soutiennent que le modèle fait par Canova pour le Titien, modèle dont nous vous avons déjà parlé, a servi à Canova lui-même. N'est-ce pas le contraire du fameux *Sic vos non vobis ?*

L'église des Frari est donc plutôt fameuse par ses sculptures et ses monuments que par ses toiles. Quelques peintures s'y font cependant remarquer : Jean Bellini, Vivarini, Palma et Contarini; mais le Titien principalement entre tous les autres. *Ses quelques personnages de la famille Pesaro* sont un ouvrage magnifique.

Ces églises de Venise ont cela de particulier qu'elles renferment, comme certaines églises de Naples, les plus beaux marbres et les plus détestables monuments du mauvais goût. On dirait parfois que la coquetterie prodigue et lourde du Bernin a passé dans ces églises. La façade de Sainte-Moïse, entre autres, contraste fort avec l'élégante église de Saint-Fantin, dont le chœur est de Sansovino. A l'église Santo-Vidale, Carpaccio a peint un *Saint à cheval* qui est superbe. Santa-Maria-Formosa (Sainte-Marie-Formose), jolie église, possède, je crois, la *Vierge des sept douleurs* de Palma. Je n'en finirais pas, si je voulais énumérer seulement les autres églises remarquables de cette ville de canaux et de silence. La riche façade de la Confrérie de Saint-Marc, par Lombardo; l'église si splendide des Jésuites, où se trouve le *Martyre de saint Laurent*, par Titien, ouvrage revenu encore de Paris; l'église de l'Abbazia, et celle plus vaste de Sainte-Mare dell'Orto, humide et triste église à l'heure d'aujourd'hui, église où le grand Tintoret pleura sa fille Marietta Robusti. *La fine di Marietta*, dit un historien de l'époque, *mi ancora duole, quando ricorda Venice quall' vezzoza ragazzina*, etc., etc. Cette fille célèbre du Tintoretto mourut, en effet, dans son printemps, *l'espace d'un matin!*

La *Présentation à la Vierge*, et deux autres immenses tableaux de sa jeunesse; le premier, formidable d'exécution et d'idée, les *Prodiges qui précèderont le jugement dernier*; le second, l'*Adoration du veau d'or*, décorent la grande chapelle. A voir les *Prodiges*, vous croiriez entendre la trompette de saint Jérôme. L'audacieuse page se déroule, la terre tremble, tout le fond du cadre est d'éclairs ! Voilà la peinture de Tintoret, le plus grand peintre de Venise! Pourquoi Shakespeare n'a-t-il pas connu le Tintoret!

Parmi les autres églises de Venise, la plus intéressante de toutes est celle de *Saint-Jean-et-Paul*.

C'est là que se révèle, plus qu'en tout autre endroit, la vaste influence de Venise. Les vitraux mélancoliques de ce temple versent leurs teintes d'élégie sur les statuettes, les monuments, les sépulcres, c'est là que dorment tous les doges et les généraux de la vieille Venise. L'homme détrône Dieu dans ce temple, l'homme est partout immense et petit, petit dans ses concetti d'épitaphe, immense dans son mausolée, tout de marbre et de fer comme un ancien Doria ou un Bradenigo. Familles patriciennes, familles bourgeoises, familles rivales, tout cela dort à l'ombre dans ce grand Campo-Santo, où siffle le vent des lagunes. Les bonnets de doge y sont partout, partout encore les coiffures poudrées des *dogaresses*, ces grandes femmes de doges qui, comme Christine, furent parfois des hommes.

Je laisse de côté la statuaire pour vous parler de la peinture. C'est toujours Jean Bellini, Padovanino, Veronèse et le Tintoret. Admirables maîtres, et plus admirables ici qu'ailleurs, sous cette voûte poudreuse et triste, près de ces caveaux, de ce silence! Le *Grand crucifiement du Tintoret* figure à Saint-Jean-et-Paul, à côté du *Martyre de saint Pierre, dominichino*. C'est là, c'est devant ce tableau, à Venise, à Saint-Jean-et-Paul, que l'on peut seul en parler. Un décret de Venise défendit, dit-on, aux dominicains de Saint-Jean-et-Paul de vendre ce merveilleux tableau ; le décret portait : *Sous peine de mort*. Je connais, pour ma part, un de nos maréchaux, grand voleur de cadres, qui, ce jour-là, y aurait peut-être regardé !

PALAIS.

Je m'aperçois que j'aurai bien peu de marge pour vous parler de quelques tableaux, admirables œuvres éparses dans quelques palais de Venise. Vous longerez sur l'eau les palais Trevisan, Mocenigo, Foscari. C'est à Mocenigo que logeait lord Byron, à Mocenigo que venait Margarita Cogni. Dans ce palais de Mocenigo, on vous montrera le *Modèle de la célèbre gloire du Paradis*, modèle dû au pinceau de Tintoret. C'est une chose étrange que nous ne puissions faire un pas sans rencontrer ce grand nom ! le Tintoret !

La célèbre *Famille de Darius aux pieds de son vainqueur Alexandre* est au palais Pisani. Ce tableau est de Véronèse, vous le savez. Il y a un homme, nommé Lebrun, qui, sous Louis XIV, ayant à traiter le même sujet, trouva bon de mettre sur la tête de ses héros, d'immenses perruques. Il est vrai que Paul Véronèse a mis dans ce cadre même son nain et sa guenon. Faites donc de l'histoire !

Des tapisseries fort citées, *Tapisseries d'après les dessins de Raphaël*, figurent au palais dalle Colonne (palais Micheli, je crois). Il y a dans ce palais de fort belles armures de Dominique Micheli, le doge, et des croisés qui l'accompagnèrent. A Sainte-Marie-Formose (palais Grimani), les portraits de famille sont tous peints par le Titien, Paul Véronèse et autres maîtres. Albert Durer y a retracé la célèbre *Institution du Rosaire*. Le palais Contarini vous donnera, lui, des fresques de Tiepolo.

Mais c'est à Barbarigo et à Manfrini que vous serez bien autrement enthousiastes ! Titien, messieurs, Titien, le vieux peintre, mort de la peste, habitait Barbarigo. Barbarigo, noble et vieux palais, recevait Titien au milieu de sa famille patricienne de grands seigneurs ; l'artiste y a réuni par ses plus belles pages de fraîcheur, sa *Madeleine*, blonde et suave étude ; sa *Vénus* et son *Saint Sébastien*.

Encore le Tintoret ! Et cette fois, il a fait Suzanne ! Rien ne manque à ce délicieux portrait, les parcs, les volières, les lapins eux-mêmes. C'est Hercule filant près d'Omphale. Le Tintoret consent à faire du pastel dans ce tableau.

Manfrini est peut-être la plus célèbre galerie de toute Venise. Là sont rassemblées d'abord et classées diverses écoles, là se trouvent encore les ouvrages des vieux grands peintres *Cimabue*, *Mantegna* et *Giotto*.

Jean Bellini signa cette page du *Christ à Emmaüs* ; Titien y possède une *Descente de Croix*, admirablement élégiaque et belle, puis le *Portrait de la reine Cornaro*, et le portrait plus ardent encore de l'Arioste. L'Arioste plein de verve, l'Arioste heurté, le regard ivre, l'Arioste lui-même enfin ! Giorgione, ce maître énergique et fier, cet Espagnol qu'on a cru Italien, passez-moi ce mot pour traduire ma pensée, Giorgione couvrit cette toile où se trouvent les trois *Portraits*, toile citée, célèbre ! Une *Femme jouant de la guitare* est encore, je crois, de ce maître. Byron pensait à Giorgione quand il écrivit *Beppo* ; il se rappelle l'impression de ce portrait. Voilà bien qui prouve que chez Byron ce n'était pas un système. Le sens de la poésie était peut-être si éveillé et si absorbant chez lui qu'il tuait le sens de la peinture. Quoi qu'il en soit, relisez la stance douzième de Beppo au sujet de ce tableau du Giorgione !

Bassano, ardent coloriste, a représenté *Moïse faisant jaillir l'eau du rocher*. Rubens a fait *Cérès et Bacchus*. Vous le voyez, nous sommes tout-à-fait dans l'école vénitienne, Bassano, copiste de Véronèse, ingénieux, animé ; Rubens, plus Vénitien cent fois par sa couleur que Flamand, Rubens d'Anvers, qui aurait dû naître à Venise !

Ajoutez à cela que le Pordenone s'est peint lui-même, avec une couleur chaleureuse, inimitable, dans ce palais Manfrini, le plus riche de tous ces riches palais de Venise, palais que Carrache, Murillo et Rembrandt, décorent aussi.

Nous allons passer au grand Musée de Florence, de là à Pise, Naples, Bologne et Rome.

ROGER DE BEAUVOIR.

LES MUSÉES D'ITALIE.

FLORENCE. — LA GALERIE. — LE PALAIS PITTI.

Nous arrivons à ce Musée inouï au monde, ce Musée des Raphaël et des Médicis, gardé religieusement par les grands bustes des Côme, des Laurent, des Michel Ange! Il faut le dire, c'est le plus admirable pérystile à ce Musée de Florence que la place du Palazzo-Vecchio, et cette loge des Lanzi où repose le lion de Flaminius Vacca. Cette place du Palazzo prédispose à l'admiration, aux nobles et studieuses rêveries; elle vaut bien mieux qu'un froid livret!

Le Muséum des Uffizi, à cette heure *Galerie de Florence*, témoigne à lui seul comme un dernier monument en faveur de cette noblesse toscane, si grande, si intelligente, émule de ses empereurs marchands qui vendaient leur blé dans la rue; de ces Médicis, bien plus grands que les Romains! Ce sont eux qui, dans leur libérale prévoyance, ont assuré à leur ville cet indestructible avenir; eux qui ont bâti les arcades, ces sœurs du palais Pitti, ce palais musée dont nous parlerons tout à l'heure; eux qui l'ont doté du *Laocoon*, du *Bacchus* de Michel Ange, et de la triste *Niobé*!

Nous ne vous dirons rien de toutes ces choses, et passerons même sous silence la riche collection des gemmes où brille le fameux coffret en cristal de Clément VII, ouvrage de Valerio Vincentino. Ce n'est pas à nous de vous dire les Hercule en or massif, les tasses d'empereurs lapis-lazuli, ou les portraits de Tibère, en pâte de turquoise. Vous trouverez des cicerone italiens au *Stupendo* très-pompeux qui vous raconteront ces merveilles, et vous les feront toucher au doigt. Ce que nous voulons, nous, c'est vous guider, à l'aide de nos impressions, dans ces vastes salles où se trouvent pressées à la fois les écoles vénitiennes et flamandes, les toiles d'Holbein, celles de Denner, du Titien et de Wandick. Pour Raphaël, vous l'y trouverez partout, jusqu'en la galerie des peintres où est son portrait. Dans les armoires d'une chambre, dite la salle *Baroccio*, imaginez qu'il se trouve cent cinquante dessins de Raphaël! Pour procéder avec ordre, nous commencerons ici par la salle où vous conduira tout d'abord votre cicerone; elle est voisine de la Niobé, et vient avant la salle Baroccio. Elle se compose de :

Henri IV à la bataille d'Ivry, grande page de Rubens, composition animée, pleine de feu! Ce n'est pourtant qu'une ébauche, mais une ébauche de Rubens! Les chevaux vous envoient de la poussière du fond de leur cadre, les têtes d'homme ont la noblesse des Wandick;

L'*Entrée de Henri IV à Paris*, encore de Rubens. Magnifique allégorie, mais avec tous les défauts de l'allégorie. Style de plafond racheté par toute la richesse de la couleur. Beau poëme!

De Michel Mirevelt, un *Portrait* d'une femme habillée en noir avec un livre dans la main gauche;

De Wandick, un *Portrait* d'une vieille femme qu'on croit la mère du peintre Rubens.

SALLE DU BAROCCIO.

Philippe IV à cheval (plus grand que nature). Cette toile est de Velasquez. On ne sait trop pourquoi on l'avait d'abord attribuée à Rubens; elle serait tout au plus imitée d'un petit tableau de ce peintre. *Philippe IV* est un tableau de premier ordre, un de ces rois d'Espagne si bien à cheval sur les étriers, disait Horace Walpoole.

Une *Vierge*, d'Aurèle Luini, sujet précieux, peint du ton de la fresque et qui indique, en effet, l'école de Léonard Vinci. A côté, le *Portrait d'Elisabeth Brands*, première femme de Rubens, et peinte par Rubens lui-même. De Carlo Dolci, une *Sainte Marie Madeleine*. Cette demi-figure, les yeux tournés vers le ciel, immobile et douce, a les mains croisées sur sa poitrine où repose le vase du baume. C'est un délicieux petit poëme. Harmonie de touche, de couleurs, d'effets, suavité d'expression et de silence, amour céleste, humain repentir. Tout cela rappelle le divin épisode de l'Écriture.

De Wandick, *Portrait d'une princesse en habit noir*. Cette figure a quelque ressemblance avec Marie Stuart.

Sasso Ferrato, peintre de vierges (peintre que je suis loin d'aimer, en raison de son style et de sa couleur), en a fait ici une fort belle. La *Dispute de Jésus, dans le Temple*, par Caravage, est une composition admirable de clair obscur.

La *Bacchanale*, de Wandick, est peut-être ce que j'ai vu de plus beau de ce maître. Le *Duc de Nemours* (Julien de Médicis), la tête couverte d'un bonnet noir, le col nu, les deux mains l'une sur l'autre avec une lettre dans la droite, est un portrait d'une telle beauté que d'abord on court à sa toile pour y lire le nom du Titien, ou de Giorgione. Ce tableau, copié de Raphaël, est d'Alexandre Allori (l'auteur de la Judith); il mérite une mention particulière, et n'a que le tort de faire oublier ensuite (sauf la Judith) tout ce qu'a pu faire en ces lieux Allori, à commencer par ses *Noces de Cana*, voisines de ce cadre, composition médiocre d'effet et de peinture.

Un *Homme avec un singe sur les épaules*, tableau plein de gaîté et de vie, par Annibal Carrache. Je l'aurais cru de Paul Veronèse, rien qu'à l'esprit et à la force de la touche.

Je ne puis dire que le Barroccio soit dépourvu de qualités, mais c'est un peintre de savoir, un peintre que je ne sens pas. Il a représenté ici la *Sainte Vierge qui fait la charité à des pauvres*. Ce tableau, connu sous le nom de la *Madona del popolo*, me semble une assez mauvaise imitation de la manière du Corrège. Je comprendrai dans la même proscription le cadre où le chevalier Curradi a représenté *Marie Madeleine, pénitente dans le désert*. Cette salle possède de charmants *Portraits* d'Holbein, d'André del Parto, de Francia et de Wandick. Francia a peint, entre autres choses, un *Portrait de vieillard* d'une grande beauté!

SALLE DE L'ÉCOLE FLAMANDE.

Celle-ci n'est pas moins féconde en noms illustres : Tenier, Balthasar Denner, François Frank, Albert Durer.

Vous y toucherez avec convoitise un superbe tableau de *Fruits*, d'Abraham Mignon, peint avec une transparence et une légèreté de tons bien précieuse.

Vénus et Adonis, de Rubens. Toujours de l'allégorie; mais quelle grâce! Les petits Amours qui jouent avec des chiens sont charmants ; l'Envie qui tire Adonis par son vêtement est un marbre antique aux formes rudes, un beau marbre! Balthasar Denner a fait, lui, un buste d'*Homme couvert d'une fourrure* avec un bonnet en tête. C'est une inconcevable patience de pinceau, aussi fini qu'un Guyp. Vous souvenez-vous de l'exposition qui eut lieu il y a quatre ans, près Paris, après le décès de M. Erard? au pavillon de la Muette. Quel Denner! quelle tête de vieillard!

De David Tenier, un *Médecin*, un *Chimiste*. Tous deux fort beaux.

D'Holbein, portrait inconnu d'un *Homme en pourpoint noir* avec un papier dans la main droite. Ce tableau est de la plus rare beauté! De Rubens encore, la *Naissance d'Ericthonius*. Deux jolis *Paysages*, de Paul Brik. Albert Durer a représenté son père sous les traits d'un vieillard; Holbein a fait celui de Zuglio sous les traits d'un *Homme à barbe blanche*, un bonnet noir sur la tête. La *Fuite de la Vierge en Égypte*, par François Frank, est un fort bel épisode. Plusieurs *Portraits* d'Holbein représentent surtout des hommes d'une grande célébrité, Thomas More, Zwingle le réformateur de l'Helvétie, François Ier lui-même, et Richard Southwel, conseiller d'état de Henri VIII, superbe portrait. L'*Intérieur d'une église*, par Peter Neef, est peut-être plus curieux en fait d'illusion et d'optique que tous les Diorama. Les figures de ce cadre sont attribuées à François Frank. Rubens a fait tout à côté un bien beau *Sylène avec des satyres*. Wandik et Porbus ont aussi paré cette salle de petits chefs-d'œuvre, entre autres deux jolis petits *Portraits* ovales. Callot, lui-même y a fait une caricature! Nous passerons à

LA SALLE (dite) L'ÉCOLE HOLLANDAISE.

Les noms de Gérard Dow, d'Ostade, de Rembrandt, d'Antoine Moore, de Mieris et de Vouwerman, recommandent assez cette salle aux amateurs.

Un tableau de Rachel Ruysch, le peintre de fleurs, est d'une vérité et d'une fraîcheur charmante; mais comment le regarder quand il se trouve à côté d'un petit cadre de Gérard Dow, le *Maître d'école montrant à lire à une petite fille?* Il faut avoir étudié l'effet harmonieux de ce tableau éclairé par la seule

chandelle du pédagogue pour s'en faire une juste idée! Sur le pavé de la classe il y a une lanterne, d'autres lumières s'en vont luir encore dans le lointain. La force du clair obscur fait le charme de cette petite étude d'un très grand maître. Vous savez qu'en général les écoles flamandes et hollandaises ne s'embarrassent guère du choix des sujets, une *Servante qui lave un chaudron*, une *Femme qui boit*, un *Fumeur qui casse sa pipe*. Vous ne serez donc pas étonné que Gérard Dow ait employé les minutieuses finesses de son pinceau à rendre une *Vendeuse de beignets*, tableau dont d'Argenville fait le plus grand éloge. Schalken, avec son cadre de la *Pauvre fille parant sa chandelle du vent*, s'est placé aussi haut que Gérard Dow, et ce qui le prouve, c'est que l'on attribuait autrefois à ce dernier maître la toile du même Shalken qui représente une *Femme assise en habit rouge*, la tête entourée d'un mouchoir, occupée à coudre devant une lumière! C'est une chose précieuse que la prédilection de Shalken pour les chandelles!

De Guillaume Mieris, la *Madeleine devant un Crucifix*. Ce Guillaume est le frère du célèbre François Mieris; il a comme lui une grande harmonie de touche et une belle couleur. Gérard Berkenden a fait une *Vue de la cathédrale d'Harlem* d'un magnifique effet. Il n'y a que cette école hollandaise pour cette peinture à la fois tiède et brumeuse, légère et traversée de grandes ombres comme le miroir d'un canal. Un *Arbre dans la plaine* est une magnifique étude, une étude qu'on ne saurait mieux louer que par ce grand nom, Jacques Ruysdaël. La bourrasque est d'un effet morne et lourd; on sent qu'on étouffe dans ce paysage, et que la nuée qui passe au lointain et dans le fond porte la foudre.

De François Douwen, le *Portrait* de Jean Guillaume, électeur palatin, et de la princesse Marie-Louise de Médicis, sa femme, dans un médaillon soutenu par un génie. En haut, les armes des deux maisons en grisaille; en bas, les arts libéraux et un médaillon avec le portrait de Waderwelf qui est le véritable auteur de ce tableau, duquel le présent n'est qu'une copie, mais une copie superbe! L'original doit être, je crois, à Munich.

Après cela, que vous dirais-je des autres portraits de cette école d'Adrien Vandewelde, de Brenberg, de Laer et de Polembourg?

C'est en parcourant la Hollande, la grande patrie des canaux et du brouillard, en visitant Amsterdam et le pays de Luca de Leyde que vous pourrez comprendre le mérite de ces paysages, de ces portraits, de ces fleurs. Les cabarets avec les chevaux de chasse, la boutique du maréchal ferrant, les joueurs de dés, les joueurs de violon, tout cela relève du genre de cette peinture. Heureuse école qui a son style à elle comme son climat, école patiente, harmonieuse, ingénue!

Nous la quitterons pour admirer les produits de l'école *vénitienne* qui se trouve placée dans l'autre salle.

ÉCOLE VÉNITIENNE.

Et d'abord le Giorgione! *Portrait du général Gattamelata*, demi-figure, mais grandiose et sublime d'expression. Quelle belle et noble tête! Rien ne manque à ce seigneur, pas même l'écuyer à l'habit rouge; c'est le regard d'un fier *condottiere*; il lorgne du coin de l'œil un joli portrait de *Jeune homme avec des plumes sur la tête*, par le Paris Bordone (portrait digne de Murillo!)

Dès qu'on entre dans cette salle on éprouve une singulière jouissance de contraste, c'est le ciel chaud de l'Italie, après le brouillard de la Hollande. Titien, Paul Veronèse, Caravage, Tintoret, et Bellino! quels hommes! quelle peinture! Si vous voulez toucher au doigt ce ciel enchanteur, suave, ce ciel d'un bleu pur, qu'on nomme le ciel d'Italie, arrêtez-vous devant ces maîtres de l'école de Venise. C'est là que leur génie de coloriste, leur ardeur d'enthousiaste, leur finesse de style, et leur élégance de formes se révèle vivace et pure. Ce n'est plus là cette école vénitienne du XIIIe et XIVe siècles, allant dans ses œuvres timidement et comme par graditions, sous Honorio, Micheli et Lorenzo de Venise [1], semant les toiles basiliques à fond or, et les petites colonnettes ornées de saints, admirables préludes des Carpaccio et des Bordone. Ici, d'un seul coup, les légions sortent de terre, c'est Titien, si grand et si noble dans le *Portrait du sculpteur Sansovino*, habillé de noir, sa main droite appuyée sur une tête de marbre, la gauche serrant le flanc de son pourpoint. Que c'est bien là l'architecte rêveur et passionné de Venise! A côté de cette toile, voyez le portrait du général Vénitien.

[1] La date des tableaux à fond or, de Lorenzo, porte M. CCC. LVII. (1357).

l'amiral Véinério, la main droite sur son casque. Ne devinez-vous pas la signature de ce tableau à ces larges et belles mains, à cette ampleur, cette force? Comme elle est armée de terreur cette grande figure, comme elle lance l'éclair par ses deux yeux, — que ce Veinério est bien le frère du More, du More ardent de Shakespeare! C'est là une des belles pages du grand Tintoret, cet homme inouï, ce peintre géant dont je vous ai déjà entretenu. Il va toujours, il bout dans sa pâte, sa palette est une fonte; il en sort des généraux, des saintes, des archanges, de beaux jeunes seigneurs, de rudes guerriers, des apôtres. Tintoret vous pose à trois pas de là le Christ sur une ânesse : c'est le dimanche des Rameaux, toute la plaine n'est qu'une jonchée de fleurs. Le Christ a l'air d'un grave sénateur qui sort du conseil des Dix, bien grave, bien rêveur, bien triste. Ne demandez pas de l'onction au Tintoret, l'onction, cet *oleum* sacré des peintres appartient à Raphaël, à Dolci, au Guide et à quelques autres âmes chastes et douces. Tintoret, lui, ne demandera pas mieux que de se montrer Vénitien magnifique et libéral dans tout; les *Noces de Cana en Galilée*, par exemple, où sa perspective, sera magique, ses costumes flottants, ses figures graves et nobles; — il luttera encore avec ce portrait de Sansovino par le Titien, portrait que je viens de mentionner ci-dessus, — Tintoret le fera cassé, dans sa vieillesse, le compas à la main, une main sèche et ridée. Voilà comme Tintoret vous rendra l'architecte Sansovino. Ce portrait, de premier ordre, nuira-t-il à ceux de Pâris Bordone et de Paul Veronèse? Non, pas plus que Jacques, François, et Léandro-Bassano ne se nuisent entre eux. Chacun de ces peintres coloristes a sa couleur, — Jacques da Ponte, dit le Bassan est le roi de cette famille de peintres. Approchez-vous de ce tableau qui représente *sa femme et ses enfans occupés à chanter et à jouer de plusieurs instruments*, — longue phrase française qu'un livre italien traduirait sans gêne par ce mot : *Philarmonici*. Voyez-vous cet homme qui se cache sur le dernier plan de ce tableau? c'est le Titien son maître, le maître de Jacques Bassan; son élève l'a compris dans ce grand tableau de famille, il s'est souvenu de lui, du vieux et triste Titien, il l'a mis là causant au milieu de ses enfants, à lui Léandro, et cette page de coloris est vraiment belle.

En vérité, il n'y a que les Vénitiens pour les portraits. Contemplez celui de Francisco della Rovere par le Titien. *François de la Rovere duc d'Urbain* et la *duchesse sa femme*. Quelle légéreté, quel esprit! Comme tout ce cadre est vaste, harmonieux, transparent! A cette toile, à peine recouverte par la couleur, peut-on demander plus de force et de relief? L'armure de ce duc est brillante comme le fer poli, l'œil peut à peine fixer l'endroit précis où sont les coups de lumière qui semblent varier de place, suivant le mouvement du spectateur. *La Vierge* de Palma-le-vieux est une fort belle chose encore, comme le *Christ mort* du Bellino est à coup sûr l'un de ses plus beaux Christs. Campagnola, Tibère, Tinelli, Paul Veronèse et Pâris Bordone, forment aussi quatre beaux bustes dans cette grande galerie de sujets si variés. Dans la seconde salle, le *Saint-Paul tombant de cheval* de Pordenone est une admirable page; l'armée du saint est en désordre, un rayon du soleil, un simple rayon venu d'en haut le renverse; tout cequi respire dans ce cadre est terrassé de ce contrecoup. *La Bataille de Cadore* par le Titien a cela de particulier (sans parler même de son mérite), que le sujet en est très riche en figures. C'est une esquisse animée et pleine de feu. Barthelemy Aviano, général des Vénitiens, y figure sur le devant, il est dans un coin, la main appuyée sur son bâton, pareil au commandeur du souper de Juan, immobile, superbe! Ce morceau, presqu'entièrement dépéri à cette heure, avait été conçu par Titien, pour le palais ducal à Venise. Ridolfi (tom. 1. p. 148) donne une description minutieuse et savante. Le *Chevalier de Malte* tenant son chapelet, par Giorgione, un *Homme jouant de la guitare*, par Moretto, le portrait de *la Femme en chemise*, du Titien, appelée communément la *Flore* (peinture du meilleur temps de ce maître), sa *Sainte Catherine des Roues*, la *Vierge et saint Antoine*, ermite, et enfin une *Tête de saint Paul*, tableau ébauché de Veronèse, complètent cette admirable collection vénitienne, à la suite de laquelle nous trouvons, hélas! notre pauvre école française, école dont je vous fais grâce bien volontiers, étique et poitrinaire comme elle est dans ce grand Musée, pauvre fille que l'air trop vif de Florence a fait jaunir! Que vous importe, en effet, ce faisceau de noms *Fabre Xavier, Nicolas Loir, Clerisseau, Louis*

Gauffier, Charles Lebrun, Bourdon, Nicolas Perelle, Joseph Parrocel, Didier-Bonguet et tant d'autres? A peine se relève-t-elle ici, cette pauvre école française, par les noms du Poussin, de Simon Vouet, de Valentin, et de Largillière! Quant à Grimoux, Mignard et Vanloo, n'y a-t-il pas des plafonds de France bien désireux de leurs *chefs-d'œuvre*? Comment se fait-il donc qu'il ne vienne pas à l'esprit du grand duc de Toscane de renvoyer en France leurs pauvres toiles?

ÉCOLE TOSCANE.

Je veux aussi vous parler de quelques tableaux de cette école. Andrea del Sarto, Allori, Bartholomeo della Porta, Lippi et Masaccio y ont incrusté leurs noms. Puisque dans cette livraison M*r*. A. Deveria a bien voulu donner le portrait de Masaccio, il m'est impossible de passer sous silence un si grand nom. Dans un livre, encore récent, sur l'Italie [1] quelques lecteurs se souviendront peut-être que j'ai choisi ce jeune peintre pour le héros d'une Nouvelle. Cette Nouvelle porte son nom Masaccio. C'est à Florence et devant son portrait que l'idée me vint d'écrire sa vie. Je ne voulus point la faire avec la sécheresse des dates, je ne vis qu'une élégie, Masaccio, mort à la fleur de l'âge comme Raphaël, Masaccio qui eut peut-être été aussi grand que Raphaël? Ce sont là de rudes coups. Masaccio est élevé saintement chez le vieux Panicale son maître, il étudie avec Ghiberti et Donatello. Côme 1er, le protecteur éclairé des arts, l'homme des créations sublimes, comble de faveurs le jeune peintre, se l'attache, et finit par lui confier les peintures à fresque de l'église del Carmine. Masaccio, le contemporain de Philippe Lippi, et l'élève de Panicale, accepte ce travail. Eh bien, chose étrange! Masaccio a passé entre Panicale et Lippi comme un jeune aigle. Panicale avait commencé les fresques, Masaccio les reprend, Lippi les achève, telle est la destinée bizarre de ces peintures. Masaccio a été pris par la mort *les deux mains sur la toile*, d'après la belle expression d'un poète qui voyait avec nous ces grandes pages de l'église del Carmine. Masaccio, comme tant d'autres jeunes gens de cœur et de génie, a été empoisonné! Oui, *avvelenato* empoisonné, disent les chroniques de Venise. Empoisonné, et par qui? Voilà ce que ne revèle

[1] Les Soirs au Lido, par Roger de Beauvoir.

point l'avare histoire, seulement elle laisse à penser que ce fut par jalousie. A cette époque Florence, gibeline et cruelle dans son égoïsme, n'y regardait pas de si près, un peintre rival avait recours au coup de stylet ou au poison, — malheur à qui avait du génie? Ce *pâle troupeau* de talents *décimés par la mort*, doit compter Masaccio au rang de ses plus tristes et de ses plus jeunes victimes. Il mourut, le pied sur l'échafaudage, il mourut à 25 ans!

Voici l'épitaphe que lui fit Annibal Caro :

» Pinsi, e la mia pittura al ver fu pari
» L'attegiai, l'avvivai, le diedi il moto,
» Le diedi affetto. Insegni il Buonarotto
» A tutti gli altri, e da me solo impari. »

Cette épitaphe donnerait à penser en raison du vers *insegni il Buoronotto*, que Masaccio aurait été le maître de Michel-Ange lui-même; ce qu'il y a de certain, c'est que Vasari, dans la vie de Fra Bartholomeo, parle de lui dans ces termes :

« *Rafaëllo istesso ci ha dimostrato e la stima che avea per quelle pitture e il profitto che ne ha tratto. Noi vedremo in avanti che il suo Adamo ed Eva delle Loggie Vaticane e l'angelo che tiene la spada fiammeggiante sono più assai che simplici ricordanze dello stesso soggetto trattato da Masaccio.* »

De tout cela nous devons conclure, sans crainte d'erreur, que les peintures de Masaccio ont guidé Raphaël et Michel-Ange. — Raphaël dans la loge du Vatican a fait plus que d'imiter la *Chûte d'Adam et d'Eve* par Masaccio, il l'a copiée. C'est là un des plus beaux tributs payés au génie, — Raphaël copiant Masaccio! Les fréquents voyages de Raphaël à Florence, prouvent assez qu'il s'inspirait de la manière large de ce jeune homme, — Masaccio peignait alors l'église del Carmine, où le bourgeois Luc Pitti venait le voir tous les jours!

Masaccio fut un de ces génies beaux et purs, supérieurs à leur siècle. Harmonie de composition, sentiment vrai d'ordonnance, élégance de profils, et sévérité de figures, netteté, simplicité, Masaccio possède tous les trésors de l'art, et les répand à pleines mains sur sa toile. Les critiques pourraient tout au plus reprocher à ce peintre un dessin trop grec et trop primitif, dessin auquel il ne manque qu'une certaine mesure de science et peut-être moins de raideur dans le jeu des draperies. Mais quelle noblesse, quelle âme! L'église del Carmine à Florence, est célèbre par la *Figure qui grelotte*, admirable figure d'expression, figure belle à donner le frisson au spectateur. Les *Soirs au Lido* que j'ai publiés en 1832, offrent dans Masaccio une scène entièrement consacrée à l'explication de cette figure. Elle se trouve comprise dans celles *du Baptême de Saint-Pierre*. La chapelle de *Saint-Clément à Rome* est le triomphe de Masaccio. Les grandes et sévères figures que Benozzo Gozzoli jeta plus tard dans ses grandes fresques de Pise, respirent déjà dans les fresques romaines de Masaccio, perdues et presque flottantes dans ces fonds verdâtres et rosés, tout de fraîcheur et d'harmonie comme ceux du Pérugin. Quand nous en serons à Rome, nous vous les dirons avec d'autant plus de soin, que jusqu'ici personne n'en a parlé.

Les tableaux de l'école de Toscane, dont je veux vous dire un mot, nous serviront à reconnaître les fils de la belle Florence, Taddeo Zuccheri, Lippi, Ghirlandajo, le Cigoli, Bronzino, Masaccio, Léonard Vinci, Christophe Allori, Pierre de Côme, Santi di Tito, Georges Vasari.

Andrea del Sarto est l'auteur d'un fort beau *Saint Jacques* qui vient après avec deux petits enfants de confrérie, revêtus d'un sac de pénitent. La *Peinture* sous la figure d'une femme nue, et un petit Amour tenant ses pinceaux, par Jean Manozzi, est remarquable de dessin et de contours. — Une belle *Epiphanie*, par Dominique Ghirlandajo. C'est celui que nous allons dans peu retrouver à Pise, Ghirlandajo le célèbre peintre de fresques. Frère Jean de Fiezole, auteur du *Couronnement de la Vierge*, a fait là une magnifique traduction de l'écriture, l'expression des têtes et la limpidité de la couleur forment le charme principal de ce tableau. Un *Christ sur la croix*, copie de Michel-Ange, par Allori, et la *Visitation de sainte Elisabeth*, par Marios Albertinelli, attirent surtout les yeux dans la seconde salle de l'école toscane. La tête de Marie, dans ce dernier cadre, ne saurait être rendue avec plus de noblesse et de beauté, celle d'Elisabeth avec plus de vérité et de nature. On croirait entendre les paroles saintes et douces qui sortent de la bouche de ces deux femmes à l'instant de leur rencontre. Fra Bartholomeo, ou François Salviati n'eussent pas mieux fait ! Nous arrivons enfin à ce *sacrosanctum* qu'on nomme la tribune.

LA TRIBUNE DE FLORENCE.

Les peintures dans cette salle charmante sont très dignement logées, — sa coupole est incrustée de nacres de perle (ouvrage de Poccetti), son pavé de marbre est d'un grand prix, son jour mystérieux et recueilli, comme un jour d'atelier. Au milieu du salon, une belle reine de marbre, digne présidente de ce lieu, la Vénus de Cléomenès !

Ses quatre autres statues antiques sont : Le *Rotateur*, le *petit Apollon*, les *Lutteurs* et le *Faune*.

Quant aux peintures, nous ne pouvons mieux les louer que par les noms de leurs auteurs, Guerchin, Albert Durer, Titien, Vandick, Véronèse et Michel-Ange ! Cette surabondance de noms et de trésors gêne l'œil au premier aspect, — la beauté de tous ces chefs-d'œuvre est devenue si classique ! Tout d'abord une *Epiphanie* d'Albert Durer, avec des têtes d'une grandeur de style étonnante, l'*Endymion endormi*, composition admirablement suave du Guerchin. La *Vierge à genoux* qui donne par dessus son épaule l'enfant Jésus à saint Joseph, est un cadre incontestablement acquis à Michel-Ange. Ce tableau est rond, et fut fait pour un gentilhomme florentin, nommé Agnolo Doni. A ceux qui ont étudié le faire de Michel-Ange, il ne peut rester aucun doute sur l'authenticité de ce tableau. La rareté des tableaux de chevalet de ce grand maître fait peut-être ici tout son mérite, son génie fier y respire tout entier. Sa finesse d'exécution en fait peut-être cependant mieux ressortir la rudesse, rudesse imposée à Michel-Ange par son génie. La composition en est simple, mais on y cherche en vain le gracieux des contours et de la chair. Michel-Ange *le grand tailleur de pierres*, le sublime et rude vieillard, n'est pas le peintre des Vierges et des Anges. Il avait reçu de Dieu la mission d'effrayer, et d'être puissant comme lui. La *Vierge en contemplation* par le Guide prouve assez cette différence d'études et d'impressions de génie. Cette demi-figure a toute la douceur de la Noëmi de l'écriture, jeune, brune et belle, extatique, toute d'encens ! Le clair obscur, employé si habilement par le Guerchin, donne un puissant relief à la *Sybille*, voisine de cette Vierge du Guide. Suivent après : les *deux Venus* du Titien, admirables toutes deux (surtout celle qui tient des fleurs), le portrait de *Beccadelli*, nonce de Venise, tenant à la main *un bref de Jules III*, toujours par le Titien. Ce peintre esquissa ce beau portrait à l'âge de

soixante-quinze ans. *Notre-Dame et l'Enfant Jésus sur ses genoux*, tableau qui se trouve au-dessus de la porte, est un des plus beaux ouvrages de Paul Veronèse; c'est de la couleur divinement belle, une pâte brune, inspirée! Le *Saint Jérôme tourné vers une trompette*, et qui se frappe la poitrine, est de Joseph Ribeira, surnommé le *Spagnoletto*. Rien de plus aride, de plus desséché, de plus cave et de plus biblique. Ces grandes roches sombres et chauves de l'Apocalypse, ces âpres vallées sans arbres, et ces ravins sans pluie de Josaphet, semblent composer le fond de ce cadre; le saint Jérôme est un vrai squelette, il a l'air, en écoutant cette trompette, de tomber déjà par lambeau comme le monde.

Des six tableaux de Raphaël, cinq sont des chefs-d'œuvre : *les deux saintes familles*, *le Saint Jean au désert*, *le Pape Jules II*, et l'admirable *Fornarine*. On a parlé tant de fois de ce dernier cadre, et les mots pour les rendre sont tellement pâles et impuissants, que nous ne saurions mieux le célébrer que par le nom si grand de son auteur. Cette Fornarine si belle, si vantée, nous a toujours semblé à nous un grand sacrilège, c'est elle qui a tué Raphaël! cette femme que vous admirez messieurs!

Avendo, un giorno, abusato eccessivamente delle sue forze, nel ritornare a casa sua, fu assalito da una fabre violenta della tacque la causa [1].

Après ceci, douterez-vous et de la beauté de la Fornarine et de cet amour si fatal de Raphaël? Je le répète, ce portrait de femme fait saigner le cœur.

Le *Charles-Quint*, après son abdication (de Wandik); le *Duc François d'Urbin*, ouvrage de Baroccio; et l'*Herodiade recevant la tête de saint Jean*, par le Corrège, forment les dernières branches de cette admirable couronne de la tribune, après laquelle nous devons vous dire un mot du

PALAIS PITTI.

En détaillant cette galerie de Florence, nous n'avons rien dit des *Portraits des peintres*, parce que notre prédécesseur, M. Legouvé, s'en est chargé spirituellement à la fin de son article. Nous allons vous indiquer les trésors de ce grand et admirable palais Pitti, palais bâti par ce gonfalonier de justice, ce simple bourgeois qui eut le génie de devenir Brunellesco.

La grande salle de son rez-de-chaussée est célèbre par les fresques de Jean de S. Giovanni, lequel eut pour élèves Cecco-Bravo, le Vanniro et Furino, qui complétèrent ses fresques inachevées. Sur ces murs, couverts d'allégories et d'apothéoses, est inscrit avant tout le nom de Laurent de Médicis, ce protecteur magnifique des arts. Michel-Ange s'approche de lui et présente au duc sa tête du *Satyre*; Médicis l'accepte dans sa villa de Carrigi, entouré des membres de l'Académie platonicienne, parmi lesquels on reconnaît Marcile Ficin, Pic de la Mirandole, Politien, et quelques autres savants.

La galerie Pitti est peut-être la première de l'Europe. Titien, Salvator Rosa, Caravage, Garofolo, Allori, Carlo Dolci, le Guide, le Tintoret, Raphaël, Annibal Carrache, Rembrandt, Jules Romain, Palma le vieux, le Borgognone, Léonard Vinci, Bronzino, le Dominiquin, Bartholomeo, Guerchin, Schedone, Holbein, Wandik, Rubens, Giordano, le Corrège! C'est avec ces grands noms qu'elle vous attend dès l'entrée; c'est par de tels noms qu'elle restera la plus belle et la plus choisie de toutes les galeries modernes. Entre autres chefs-d'œuvre de premier ordre, elle possède la *Belle maîtresse*, du Titien; l'*Ecce Homo*, d'Andrea del Sarto; les *Parques*, de Léonard de Vinci; la précieuse *Madone*, de Rembrandt; le gigantesque et beau *Saint Marc*, de Fra Bartholomeo; *Adam et Eve, pleurant la mort d'Abel*, par Allessandro Tiarini. La *Vierge* [1] *à la chaise*, de Raphaël, se trouve placée sous verre dans cette admirable collection. Je l'y remarquai en 1832, et m'étonnai fort de la trouver ainsi sous verre. Cette méthode, excellente pour un Carlo Dolci en miniature, ne devrait pas s'étendre, à mon sens, à un Raphaël de cette dimension. La teinte déjà fauve de Raphaël jaunit encore sous ce verre qui lui ôte le jeu de ses ombres. Les admirables *Marines*, de Salvator Rosa, et le fameux *Saint François*, de Cigoli, se font remarquer dans les premières salles; le *Portrait de Léon X*, entre les cardinaux Jules de Médicis et Rossi, attribué à Raphaël, et un autre *Portrait* de Jules II,

---

[1] Proëmio alla vita di Raphaël (da Gugliemo della Valle. vol. 5. p. 234.)

[1] La madone della seggiola (si connue par les gravures de Morghen et de Garavaglia).

peut-être de Jules Romain, méritent aussi notre mention. La *Madone du Baldaquin*, et la sublime *Vision d'Ezéchiel* suffiraient à elles seules pour immortaliser le Musée. La *Vision d'Ezéchiel* est l'œuvre admirable de ce génie, nommé Raphaël; génie si large et si achevé, cependant quand il veut. Ce tableau de chevalet est d'une touche et d'un fini qui n'ôtent rien à sa majestueuse conception d'idées; c'est la rêverie du prophète, rêverie biblique et immense comme le monde.

« 13. *Alors j'entendis une voix qui me dit: Écrivez! Heureux sont les morts qui meurent dans le Seigneur.*

» 14. *Et comme je regardais, il parut une nuée blanche, et sur cette nuée quelqu'un d'assis, qui ressemblait au Fils de l'Homme, et qui avait sur la tête une couronne d'or, et à la main une faulx tranchante.*

» 15. *Et un autre ange sortit du temple, criant d'une voix forte à celui qui était assis sur la nuée : Jetez votre faulx, et moissonnez, car le temps de moissonner est venu* [1]. »

C'est à peu près sur le sens de ces paroles qu'est échafaudée cette grande œuvre, œuvre de mysticité biblique et de terreur qui relève du Dante; œuvre inouïe pour Raphaël lui-même, si chaste, si timide, si retenu! On croirait ici, devant cette toile, à la transformation de l'ange en prophète. Raphaël a sa foudre et ses enseignements comme Michel-Ange!

Les terribles *Parques*, de Léonard de Vinci, rembrunissent encore cette galerie magique, même après les *Ravages de la guerre*, allégorie de Rubens qui est pleine de feu, et ce tableau de la *Vision du prophète*, par Raphaël. Ces trois Parques, hâves et sombres, rappellent tout de suite les vers de Regnier dans la trop fameuse satyre onzième :

« Lors, au flamber du feu, trois vieilles rechignées
» Vinrent à pas comptés, comme des araignées;
» Chacune sur le cul au foyer s'accroupit,
» Et semblaient se plaignant marmoter par dépit.
» L'une comme un fantosme, affreusement hardie,
» Semblait faire l'entrée en quelque tragédie;
» L'autre, une Egyptienne, en qui les rides font
» Contrescarpes, fossés et remparts sur le front, etc. »

En revanche, quelle mélancolie tendre et pensive dans sa *Religieuse*! Une *Forêt avec des philosophes* est une magnifique étude du grand Salvator Rosa. C'est encore lui qui est l'auteur de ce paysage où la *Paix brûle les armes de Mars*. Sa fameuse *Conjuration de Catilina* soulèvera peut-être contre elle beaucoup de critiques, lesquels ne manqueront pas de bonnes raisons pour la déclarer *anti-romaine*. Mais tel était l'amour de Salvator pour l'innovation qu'il faut cette fois, plus qu'en toute autre occasion, admirer encore son respect pour les vieilles règles. Ses Romains ne sont pas tout-à-fait bandits comme il aurait pu le faire; ce sont les Romains de *Cinna* :

« Un tas d'hommes perdus de dettes et de crimes. »

Un superbe portrait, c'est *Daniel Barbaro*, par Christophe Allori; un portrait précieux, celui de *Rembrandt*, par Carle Maratte.

Par son extérieur, ce palais Pitti est à lui seul un Musée. Son grave jardin, ses jets d'eau muets, ses statues et son triste amphithéâtre; toutes ces merveilles de solitude et de silence, rangées, étiquetées comme des marbres de Canova, donnent à son enceinte la majesté de l'ennui. C'est un pacha rassasié d'or et de richesses. Les manuscrits de Galilée, et ceux de Viviani, son élève, composent sa bibliothèque; ceux de Machiavel, renfermés dans six boîtes ayant la forme de volumes in-folio, la complètent. Quand le couchant éclaire au soir ce palais au fier bossage, ses grandes et belles ombres le font ressembler à une prison du temps des Guelfes, ou à ce vieux bâtiment républicain de la Seigneurie, bâti dans ces temps orageux. Peuplez-le de gonfaloniers, de peintres, de bourgeois, de ducs et de belles princesses; donnez-lui des poètes, une jeunesse folle, des musiques, des conspirations et des sonnets; faites ruisseler encore à cette heure sous le feu des torches les colonnes de jaspe et de marqueterie de ses grandes salles; jetez-y Bianca Capello et Pierre Bonaventure, son époux; le Dante en robe rouge, Boccace et Fiametta, Masaccio avec Ghiberti, Raphaël avec la Fornarine; amenez jusqu'à lui, par son vieux pont des Orfèvres, Benvenuto Cellini, le *magister Lapidum*, Ignace Danti le dominicain, Cimabue, Gonelli et Michel-Ange, vous aurez encore le palais Pitti de Côme Ier, le palais des arts, des grandes choses et des grands hommes, la noble, la *gentil citta* de ce fou, nommé l'Arioste !

[1] Apocalypse.

LES MUSÉES D'ITALIE.

PISE. BOLOGNE. GÊNES. NAPLES.

L'aspect de Pise vous frappe d'autant plus à cette heure, que Pise n'est plus qu'un tombeau. Des cent vingt mille âmes qu'elle comptait à l'époque de ses consuls, il ne lui reste guère qu'un cinquième de population. Le silence et la solitude des rues de Pise, ses pans de murs peints de fresques, murs lézardés en vingt endroits ou gercés par le soleil, ses quatre grands monumens, et ses églises dont peu de pas ébranlent les dalles, tout dès l'entrée de la ville vous ramène violemment au contraste de sa vieille histoire. La majesté de ses péristyles et de ses colonnes vous remet en mémoire les grandes batailles de sa République; ses tours, ses créneaux, conservent l'empreinte des guerres civiles qu'elle a soutenues.

Les curieux vulgaires et les commis-voyageurs s'en vont droit à la tour penchée ou *Campanile*; les artistes se font mener au Campo-Santo. Cette république de Pise, si riche de grands hommes, comprit bien vite, aux temps merveilleux de sa splendeur, qu'il lui fallait se perpétuer en confiant son histoire à ses peintres. Le Campo-Santo, ce musée funèbre de tous les siècles, fait glisser devant vous l'ombre solennelle de ses arcades comme un magnifique enseignement du passé. C'est un monument que l'on doit à Jean de Pise. Son architecture légère et svelte se ressent des fables orientales que les vaisseaux pisans rapportaient de Smyrne; elle est merveilleuse comme un conte des Mille et une Nuits. Cinquante galères de la République cinglaient vers Pise en 1228; elles transportaient au Campo-Santo la terre qui devait le recouvrir, terre enlevée des lieux saints de Jérusalem! Alors c'étaient la foi et l'enthousiasme qui créaient; un soleil nouveau rallumait la vie décolorée de tous les peintres; le génie byzantin et le moyen-âge concouraient dans cette lice; l'ancienne peinture grecque servait de flambeau à la jeune école florentine. Vous ne serez donc pas tout d'abord étonnés de trouver dans ce cimetière pisan, où presque tous les morts sont des peintres, les noms de ces vieux et saints ouvriers qui s'en allaient par les villes prêcher comme des apôtres l'évangile de leur croyance. Giotto, Cimabuè, Benozzo Gozzoli et Buffalmacco, ouvrent cette galerie où le grand Andrea Orgagna a peint le *Triomphe de la Mort.* Si nous allons nous arrêter tout d'abord sur cette bizarre et superbe composition, ce ne sera pas à coup sûr pour répéter les critiques dont elle a été souvent l'objet. Nous ne sommes pas de ceux dont la raillerie s'attaque aux choses saintes; pour nous la peinture de d'Orgagna marche à côté de celles de Michel-Ange, du Dante et de Milton. La croyance qui enflammait Orgagna imprimait à son pinceau une crainte salutaire; Orgagna peignit la Mort comme un de ces solitaires de la Thébaïde attendant le jugement : il ne farda rien de la mort, ni ses doigts noueux, ni sa faux, et, comme en ces premiers jeux du théâtre, en ces grossières représentations des Mystères, Orgagna fit voir la mort dans son horrible nudité.

> La douleur aux traits vénéneux,
> Comme d'un habit épineux,
> Me ceint d'une horrible torture.
> Mes beaux jours sont changés en nuits,
> Et mon cœur tout flétri d'ennuis
> N'attend plus que la sépulture.

Ce pieux retour du poète Mathurin Regnier sur lui-même semble avoir dicté ce tableau d'Orgagna : des misérables invoquent la mort, comme l'affranchissement de leurs peines, dans des vers que le peintre a inscrits au-dessous d'eux : ils voudraient que la mort rompît d'un coup les liens de douleur qui les retiennent à la vie; mais la mort, qui se rit de tout et qui a bien autre chose à faire qu'à prendre les infirmes et les souffreteux, vole au-dessus de ce déplorable troupeau qui demande qu'on le décime. Elle ne va frapper que les riches, les amans et les heureux qui se reposent à côté, à l'ombre des bosquets. Ces bosquets sont tout de fleurs et d'orangers; le son des instrumens en fait vibrer chaque feuille; ils sont plantés d'aloès et de sycomores, remplis de gaîté et de musique florentine. La mort s'attaque aux jeunes hommes parce qu'ils ont plus de vie ; elle est jalouse de ces beaux cavaliers de broderie et d'insolence qui, le verre en main, chantent de joyeuses et satiriques chansons contre elle. Dans une de ces chasses seigneuriales qui rappellent *la Chasse infernale* de Burgher, la mort creuse sourdement le terrain qu'ils doivent parcourir, terrain semé d'herbes odorantes, où, par un rapprochement candide, le peintre a mêlé les lapins et les oiseaux du Gange s'éjouissant sur le même serpolet. Tout-à-coup les haquenées ruisselantes d'or et d'écume, lancées à la poursuite du cerf, s'obstinent et ne veulent plus avancer, leurs têtes s'inclinent, leurs naseaux flairent le sol. Une odeur pestilentielle s'est répandue soudain sur cette chasse brillante et parfumée ; les jeunes seigneurs, debout sur leurs étriers, découvrent sous les pieds de leurs montures des bières à demi pourries, qui gardent encore sur une lame de cuivre la date et le nom de leurs hôtes funèbres. Ils reculent d'effroi en reconnaissant les noms de quelques amis, naguère encore complices de leurs plaisirs.

Plusieurs figures de ce tableau sont des portraits : le personnage qui a un faucon sur le poing représente le célèbre Castruccio, tyran de Lucques ; un autre à longue barbe et qui tient un arc, l'empereur Louis de Bavière. Un des plus beaux groupes de ce tableau est celui des religieux, martyrs accablés de souffrances, qui implorent vainement de la mort la fin de leur triste pèlerinage.

La cruelle qu'elle est se bouche les oreilles
Et les laisse crier.

Le *Jugement dernier*, par le même peintre, composition inférieure, selon nous, à ce *Triomphe de la Mort*, renferme cependant deux admirables figures, la Vierge et le Christ, deux têtes qui furent imitées, dit-on, par Michel-Ange. Le dessin *de l'Enfer*, dessiné par Andrea, a le malheur d'avoir été colorié par Bernard son frère : en général, c'est l'élan pieux et fervent du quatorzième siècle qui a toujours guidé le pinceau de ces Orgagna. Orgagna le peintre n'en fut pas moins un très-habile architecte : ce fut lui qui substitua aux ogives gothiques les voûtes à plein cintre, pareilles à celles que l'on voit à la loge de Lanzi à Florence. En société avec son frère, Orgagna peignit encore le paradis dans la chapelle de Strozzi de Santa Maria Novella. Une observation qui ne doit pas échapper en voyant les peintures d'Orcagna, c'est le genre satirique que le quatorzième siècle introduisit dans la peinture. Si Michel-Ange, par une vengeance grotesque, attacha des oreilles d'âne au chapeau d'un cardinal son antagoniste et son ennemi (1), Orgagna, bien avant lui, usa de la renommée de son génie pour martyriser ses envieux : peintre du paradis et de l'enfer, il mit parmi les réprouvés les portraits de ses ennemis, et ceux de ses bienfaiteurs parmi les élus.

La galerie de Bologne, appelée *Pinacoteca*, est une belle et vaste galerie infiniment précieuse par le caractère spécial de son école. Les Carrache, Francia Francesco, le Guerchin, le Dominiquin, Guido Reni, le Pérugin, maître de Raphaël, Sébastien Lorenzo, Tiarini et Albani Francesco, sont les noms les plus éclatans de cette école bolonaise à laquelle se rattache le grand souvenir du Primatice. C'est dans cette ville que se trouve maintenant la *Ste-Cécile* de Raphaël. La gravure a tant de fois reproduit ce tableau qu'il nous semble inutile de le décrire. La couleur brune et limpide de Raphaël éclate surtout dans ce chef-d'œuvre, qui est de sa *seconde manière*, de cette manière empreinte du sentiment de Masaccio, de Léonard de Vinci et de Michel-Ange de Florence, et que les commentateurs ont baptisé, de tout temps, du nom de *manière florentine*. Bartolomeo, et surtout Giorgione, influèrent puissamment sur la *troisième manière de Raphaël*, qu'il échangea enfin avec une merveilleuse souplesse de génie pour les études vigoureuses et choisies de la sculpture antique, qui lui firent donner le nom de *manière romaine*, dernier style de Raphaël, sur lequel les abbés de tout pays ont écrit tant de volumes.

Le tableau de *Ste-Cécile* fut commandé à Raphaël, à Rome même, dans l'an 1513, par le cardinal Lorenzo Pucci. Raphaël était alors en correspondance suivie avec Francia Francesco de Bologne. Les instrumens de musique gravés au bas du tableau sont de Jean d'Udine, élève de Raphaël lui-même. Ce chef-d'œuvre, enlevé du musée de Paris, fut reconquis par Bologne en 1815.

C'est la première fois que les études du Dominiquin occupent une place grandiose et digne d'elles dans ce musée de Bologne. Casanova dit quelque part qu'il vit de lui un *Rosaire* dont les figures d'anges et de femmes le firent pleurer de joie, lui Casanova l'impie ! Ce tableau, qui

(1) Fresque du *Jugement dernier* au Vatican.

existe encore à Bologne, offre en effet des parties d'une fraîcheur et d'une suavité charmantes. Le Dominiquin ou Dominichino Zampieri, le plus grand élève, selon nous, de cette école de Bologne, naquit en 1582. Observateur patient des diverses écoles qui l'entouraient, le Dominiquin s'éprit avant tout de l'idéal de la forme; sa couleur tient le milieu entre celle du Guerchin et du Guide. Appelé à Rome par Annibal Carrache son maître, il grandit bien vite. Il peignit à Rome, à Grotta Ferrata, à Frascati et à Naples, malgré les envieuses cabales qui ne cessèrent d'agiter sa vie. Son *Martyre de sainte Agnès*, admirable d'ordonnance, de décors et de costumes, fut peint à Rome et envoyé à Bologne même, chez Pietro Carli, qui le lui avait commandé en 1596. Ce chef-d'œuvre fut transporté à Paris et restitué ensuite à Bologne en vertu du traité de 1815.

Le Dominiquin, génie flexible, s'était livré quelque temps à l'étude de la sculpture, et avait fait de sa propre main les ornemens en marbre que l'on devait placer sur le tombeau du cardinal Agucci. Ce fut à peu près vers la même époque que, les encouragemens ne manquant pas au Dominiquin, il entreprit *la Communion de St-Jérôme*, production sublime où, en restant fidèle aux singuliers principes de son maître Annibal Carrache, qui n'admettait pas plus de douze figures dans une composition, assez semblable en cela à Cromwell qui ne voulait sur sa cuirasse de guerre que les douze apôtres, il trouva moyen de surpasser l'autre *Communion* d'Augustin Carrache.

L'autorité d'Annibal Carrache, autorité tyrannique qu'il exerçait sur son élève, l'entraîna dans ces complaisances funestes qui faisaient tort à sa fantaisie. Ce fut en combattant l'ignorance et la prévention que le Dominiquin mourut. C'est aux chroniqueurs patiens de cette grande histoire des peintres, que nous laisserons le soin de rechercher si le poison termina les jours de Dominiquin Zampieri, comme il abrégea les jours de Masaccio.

Cette vie du Dominiquin n'est belle que parce que des maîtres obscurs jalousèrent long-temps cet astre sublime de la peinture. Placé au premier rang entre Titien et Raphaël, au-dessus du Corrège par l'éclat de cette couleur vénitienne qui devait plus tard animer les toiles de Van Dick et de Velasquez, le Dominiquin eût peut-être conquis un rang plus élevé, si de misérables conseils n'eussent entravé la marche réfléchie de ce grand talent. Quand on réfléchit que Monsignor Agucci osa guider un maître tel que le Dominiquin, en lui prescrivant ses rêveries extatiques pour sujet de ses peintures, on ne peut que gémir sur ce caractère simple et facile qui se présentait toujours désarmé et sans massue devant l'envie, ignorant à ce point de sa force, que Lanfranc Correnzio et Denis Calvart, son maître, servirent constamment d'épouvantail à son génie.

Le Massacre des Innocens par le Guide répondit dans les temps aux sottes critiques dont on poursuivait Guido Reni, que les envieux jugeaient seulement capable *di colorire mezze figura e non tele di composizione*. Cette fois le Guide s'attaque à toutes les difficultés de la nature : fort, entraînant, plaintif, et faisant crier toutes les têtes de ce merveilleux tableau dans lequel les mères, pareilles aux femmes éplorées de Ninive, pressent contre leur sein les cadavres encore chauds de leurs nouveau-nés.

Francia Francesco, à la fois peintre et orfèvre, vivait en 1480. Presque à la même époque Marco Zoppi dessinait à Bologne ces délicates arabesques, ces achantes et ces figures que Cellini Benvenuto devait reproduire avec tant de force et de grâce.

Francia Francesco, le vieil orfèvre, est le premier qui ait introduit dans l'école bolonaise cette pureté de style et de lignes, cette gradation habile de plans et d'horizons que Jean Bellin avait déjà devinées. La correspondance de Francia Francesco avec Raphaël donnerait sans doute la clef de ces merveilleuses investigations de Francia ; les médailles, l'orfèvrerie et ces précieuses ciselures connues depuis sous le nom de Nielles, ont influé sur la manière de ce peintre; ses airs de têtes, dignes en tout du Pérugin, indiquent assez avec quel amour Francia Francesco aima les anges : il poursuivit leurs formes aériennes et vagues comme plus tard Shakspeare, ce grand poète, cherchait celles de Miranda. Le style de Francia Francesco est beau, sévère, empreint de cette candeur pieuse qui distingue la croyance de tous ces temps primitifs. Francia Francesco nous semble plus curieux mille fois à étudier que les Carrache, chez lesquels la science tue souvent l'inspiration. Tout ce que l'Académie de Bologne possède de régulier et de noble forme l'essence des trois frères, Annibal, Augustin et Ludovic, les trois Carrache; cette grande famille s'est partagé dans toute l'Italie la moisson des peintres grecs ; peut-être pourrait-on seulement les accuser de sécheresse et de rigidité absolue dans leur école.

GÊNES.

Mais voici bien autre chose : voici des vestibules, des chaises à porteurs, des escaliers riches et pompeux, des rues peintes à fresque, du marbre, une forêt de mâts, un peuple paré des étoffes de Tyr ; une ville d'églises, de palais et de tableaux, la ville de Doria et de Carlone, ce peintre assassin de son élève ; une ville de bas-reliefs, d'encens, de soleil, ville que protégent encore l'ombre pontificale de Léon X et le pavillon de son ancienne République ; une ville dans laquelle les femmes se cachent le visage avec des voiles semblables à ceux des harem, des voiles peints de bouquets de fleurs ! Cette ville, amoureusement penchée au bord de son golfe et fière de son vieux palais ducal, c'est Gênes la Superbe. Comme Venise, dont nous n'avons cité que les palais principaux et les églises, Gênes réclamerait par sa peinture seule un cadre moins rétréci.

Le palais du Roi, *strada Balbi*, le plus beau de cette ville, appartenait jadis à la famille Durazzo : le gouvernement génois en a fait l'acquisition. Les deux premiers tableaux de la grande salle vous initient tout de suite à ces splendeurs officielles de l'ancienne république : l'un d'eux représente l'audience donnée par le Grand-Seigneur à un Durazzo, ambassadeur de la république près de la sublime Porte ; ce tableau est signé de Bertolotto. L'autre sujet, par Dominique Piola, reproduit le magnifique festin donné par le Sultan au même ambassadeur. Outre ces deux grands tableaux, Bernard Carlone, élève de Van Dick, s'est attaché à retracer encore la figure de cet Augustin Durazzo ainsi que celle de Philippe II.

Les ornemens du salon dit de Giordano, peints par Aldovrandini, Bolonais, retracent *les quatre Élémens* à côté de tapisseries peintes sur soie et ornées de sujets de l'Ancien Testament dus au pinceau de Romanelli. Le salon du Temps, dont la voûte a été peinte par Parodi, ne renferme guère que quelques batailles du Bourguignon, des animaux du Greghetto, et un charmant cadre de Leandro Bassano représentant un jeune homme qui souffle sur un tison. Dans le salon de la *chaste Suzanne* vous ne remarquerez guère que l'héroïne principale, due à Rubens, et *quatre fleuves* par le mâle et brillant Jordaens. Mais tout cela s'efface devant l'admirable *Madeleine* de Véronèse qui brille dans le salon Paolo. Ce nom de Paolo, donné à l'emplacement du cadre de Paul Véronèse, n'est-il pas une véritable et tardive justice ? La Madeleine aux pieds de Jésus dans la maison du Pharisien, est une étude merveilleuse de clair-obscur. La Madeleine lave les pieds du Christ, comme une de ces Vénitiennes blondes et parfumées dont les chairs ressemblent tant à celles de Rubens. Jamais peut-être l'élévation de la couleur, le génie des groupes, la variété du style, et toutes ces admirables qualités qui faisaient pour ainsi dire l'ampleur du manteau de Véronèse, n'ont été mieux employés que dans cette grande page. La composition en est brillante, les couleurs si fraîches, qu'elles semblent encore dorées par le soleil vif et dur de Venise, qui donne au pinceau de Véronèse tant de relief et d'éclat. Comme dans tous les tableaux de ce maître, vous retrouvez ici ce luxe de draperies, d'étoffes, de costumes, qui font de l'école vénitienne la première école du monde pour l'élégance et la grâce. L'homme drapé, le chien, la guenon, le nain, signature habituelle à Véronèse, ont trouvé leur place dans cette vaste composition à côté des vieillards patriciens, des nobles, des seigneurs, et de tous ces magnifiques et grands festoyeurs de Venise. L'Italien Volpato a gravé une copie de ce tableau, qui place Véronèse au rang des premiers peintres de composition et d'harmonie. C'est la plus belle et la plus complète de ses peintures.

C'est dans ce même palais Durazzo que je rencontrai, en 1832, un tableau de Pellegro Piola, peintre oublié. Ce tableau représente une Sainte famille. Pellegro Piola périt, comme Masaccio, victime de la jalousie : il fut assassiné un soir par son maître Carlone, lequel chercha bien vite après le coup refuge dans l'église des Théatins. (Le droit de refuge existait encore il y a peu de temps dans certaines églises d'Italie.) A peine Carlone le meurtrier s'est-il réfugié dans cette église, que les moines théatins songent à l'employer. — Carlone, lui dit le prieur, voici un chevalet, des toiles, des couleurs et des pinceaux. Carlone, votre crime est grand et la justice des hommes vous réclame : mais vous travaillerez ici le temps que nous mettrons à demander votre grâce. — La grâce de Carlone fut longue à venir. Vous pensez bien que si d'un côté l'énormité du crime était grande, le désir de voir achever en entier les fresques de leur belle église de St-Cyr, où Carlone s'était réfugié, imprimait aux démarches de ces moines une certaine lenteur. Jean Carlone, Génois, mort à Milan en 1630, traita surtout la fresque avec une rare perfection. On peut juger de sa manière par les peintures

de l'église de l'Annonciation del Guastato. Il est difficile de trouver d'aussi vastes compositions exécutées avec plus de facilité et de coloris. Comme Gênes elle-même, Carlone se montra prodigue des étoffes bariolées de l'Orient, avec son rouge de pourpre, son bleu tranché, et le ton cru de son vert d'émeraude qui fait aujourd'hui le désespoir des artistes; Carlone peignit en entier cette charmante église de l'Annonciation, qui doit sa magnificence à la famille Lomeline. La nef de cette église, soutenue par dix colonnes d'ordre ionique en marbre blanc, et dont toutes les cannelures sont incrustées de marbre rouge, possède une admirable *Cène* de notre Seigneur, chef-d'œuvre de Proccacini. L'autel des évêques est en argent. Le ciel bleu de fresques et de peintures rayonne au soleil, la colonnade est en mosaïque, la voûte est richement dorée. Une singularité qui ne peut échapper à l'œil du philosophe et de l'artiste, c'est que le premier tableau à gauche de l'église, tableau que peignit Carlone l'assassin, surmonte un confessionnal au-dessus duquel est écrit : *Ne occidas*.

Si nous revenons un jour aux palais de Gênes, chose que nous interdit le peu de dimension de ce cadre, nous vous les peindrons sous leur point de vue d'affinité avec Venise, grands, bien décorés, somptueux, moins pauvres et moins délabrés que ceux de la reine de l'Adriatique, souvent aussi, il faut le dire, moins larges de pensée et de souvenirs : partout les vieux doges avec leur canne à pomme d'or sculptée, leurs casques, leurs hermines; sous les vestibules, des chaises à porteurs armoriées, chaises nécessaires pour les rues de Gênes, montées étroites où l'on rencontre les mulets ferrés, chargés de pâtes, de paniers et de fruits, que conduisent des Bergamasques aux vestes rayées de fil.

NAPLES.

Peinture du site.—Castellamare.—Paysages.—Amalfi.—Le musée de Naples.—Les Bronzes.

Lorsque Boccace veut peindre Naples, cette folle reine de l'Italie, il a bien soin, dans sa quatrième *novella*, de vanter le ciel de ses peintres ; il l'appelle *il più dilettevole cielo d'Italia*. Comment ne pas comprendre en effet que la peinture a dû sortir comme Vénus du sein de cet océan napolitain, qu'Atrani, la patrie de Masaniello, a été créée en même temps pour le rude pinceau de Salvator, comme Pompéi et Herculanum pour les mosaïques lascives, les arabesques divines et les gracieuses fontaines de l'ancienne Rome ?

Voyez plutôt ! tout prend une couleur nette et tranchée sous ce ciel napolitain. Naples, illuminée, joyeuse, semée de flammes bleues et rouges, percée de fenêtres et de balcons remuans à toutes les heures du jour ; Naples, la ville des cédrats, des tarentelles et des lazzaroni, réunit plus qu'aucune autre ville les conditions de la couleur, tant la mobilité et la variété de ses nuances sont complètes. Ce peuple, qui ne nous semble plus, hélas! destiné qu'à devenir le bateleur de tous les autres peuples de la terre, promène dans les rues de Naples tout l'orgueil de sa misère : il se pavane ; il pose pour le premier peintre parisien ou allemand qui lui demande d'utiliser ses haillons pour sa palette. Nous dirons plus tard quel avenir serait réservé à cette école actuelle de Naples, si elle voulait seulement se restreindre à l'imitation de sa nature et de son site. Au lieu de cela, Naples fourmille de peintres vulgaires, qui forment au premier abord sa seule Académie de peinture : ce sont les peintres de *Vésuves* et de *Grottes Bleues*. Il n'est pas rare, dès votre arrivée dans cette bonne ville de Naples, de vous voir assailli dans votre chambre d'auberge par d'honnêtes pères de famille en bas chinés, en chapeau de paille et en veste de toile blanche, qui vous présentent un portefeuille rempli de toutes les éruptions chronologiques du Vésuve depuis l'an de grâce 1817.

La *Grotte Bleue*, autrement appelée grotte d'*Azur*, découverte par quelques peintres allemands qui allaient prendre des esquisses sous les roches aiguës de Caprée, est devenue depuis quelque temps un autre élément de commerce et de peinture pour ces bons Napolitains. Les divers caprices d'harmonie et de couleur que présente ce phénomène de la Grotte Bleue perdent beaucoup à se trouver traduits sur la toile. Je comparerais cette grotte à un caméléon au soleil, ses nuances, tantôt vertes et bleues, tantôt brunes et jaunes, varient suivant que le soleil balafre de rayons ses belles vagues quelquefois aussi transparentes que le cristal.

Castellamare, cette joyeuse voisine du Vésuve, abonde aussi en prospects dignes de fixer l'attention et les pas du peintre ; à chaque instant sa route verdoyante tourne en spirale jusqu'au casin du roi, appelé *Quisisana* en raison de la salubrité de son air. Ses villa blanchâtres et ses petits châteaux perchés dans ses touffes d'arbres comme des nids d'aigles, ses grandes voiles latines et ses pavillons qui sillonnent son golfe, ses vignes, ses peupliers, ses pins, ses festons de pampre, tout donne à cette côte l'air d'un décor enchanté. Castellamare est d'ordinaire le refuge des peintres français, leur Tivoli d'été, leur villa, leur académie.

Adieu Castellamare! adieu charmante résidence d'été, tente verte du pèlerin fatigué de Naples! Prenons une phalange à six rameurs, et que le vent nous porte à Amalfi ! Trop peu de peintres et de visiteurs se rendent à ces roches si belles. Le golfe d'Amalfi n'est pourtant lui-même qu'un pastiche brillant et harmonieux de Claude Lorrain et de Salvator. Il semble en vérité que ces deux peintres aient fondu leur palette dans ces eaux et ces vapeurs diaprées, ces routes qui tournoient et ces rochers qui penchent sur la mer comme des géans. La grotte d'Amalfi est un grand Calvaire avec des roches, élevé près du couvent des Capucins; sa cour aux piliers sarrasins est encore admirablement conservée. En descendant la côte, les roches pendent comme des lianes sur vos têtes. Cette nature âpre et chaude convient merveilleusement à la peinture.

Le musée de Naples est loin de répondre à ces promesses de site et de nature. Sa galerie, qui est nombreuse, offre cependant quelques tableaux des premiers maîtres, Titien, Van Dyck, Luca Giordano, Carrache, Claude Lorrain, Velasquez et Raphaël. Mais ce n'est guère qu'au pied de quatre ou cinq toiles isolées du Muséum des *Studii* qu'on peut écrire ces grands noms. Que dire de ceux que l'on nomme l'*école napolitaine*, le Calabrese, André de Salerne, le Zingaro, Colautanio del Fiore, Simon Papa, etc., etc., etc. Salvator Rosa et Schedone étincellent comme deux rubis au milieu de tous ces peintres de l'école de Naples, dont un critique a fort bien dit : *le talent de la peinture napolitaine gît beaucoup plus dans le bras que dans le cœur*. A voir en effet ces émeutes populaires, les torches de Masaniello courant après la révolte échevelée dans chacune de ces peintures ; à voir le sévère Philippe II, hôte terrible de ce grand musée, on se demande pourquoi à l'entour d'eux, à l'entour de Titien, de Luca Giordano et de Salvator, l'œil ne rencontre que de maigres tableaux et de tristes toiles, ou encore des *Canaletti*, pages vénitiennes arrachées à leurs tranquilles lagunes. Luca Giordano et Salvator ont d'ailleurs toujours été comptés dans l'école de Rome. Un écrivain distingué, M. de Stendhal, n'a pas hésité, quand il s'est agi d'eux dans son livre, à les placer dans cette école. Un *moine d'Alcantara*, par Rubens; *un portrait de jeune homme avec un chapeau à plumes*, par Holbein ; *un homme assis et en noir*, par Van Dyck ; *une femme parée*, que l'on croit avoir été la maîtresse du Parmesan ; un portrait fort incertain et fort beau de *Christophe Colomb ; le cordonnier du pape Paul III ;* un charmant portrait d'*Anne de Boleyn*, par Sébastien del Piombo ; *un docteur vénitien* du Morrone ; *un homme nu parlant à l'oreille du Christ*, par le Tintoret ; *Erasme vieux* du Titien, *et la Danaé*, par Spagnuoletto, sont les seules belles et grandes pages qui vous frappent en entrant dans ce musée.

Ajoutons-y Paul III entre ses deux neveux, *Armide et Renaud* (scène du miroir magique, par Raphaël) et *la Madonna della Zingarella*, par le Dominiquin, fraîche et délicieuse composition, si bien placée près du *Mariage de sainte Catherine*, par le Corrège.

Quelques Luca de Leyde d'une finesse de ton incontestable vous attireront encore par tous les détails du costume ; même à côté du *saint Jérôme dans une grotte* de Schedone, grande et noble composition à laquelle je ne saurais reprocher que la dureté de pinceau parfois commune à ce maître.

Quoique nous nous abstenions de parler de la statuaire, nous ne pouvons omettre le Musée des bronzes ou des antiques. Le *Mercure haletant qui se repose* est une admirable étude : c'est tout un poème de jeunesse, ainsi que *l'Hercule enfant, l'amour ailé, le petit Bacchus à cheval* et *la Diane d'Éphèse*. La collection de meubles, d'ustensiles et d'instrumens, appelée le *Musée des petits bronzes*, est unique. Elle fait toucher pour ainsi dire au doigt le matériel de la vie des anciens. Ces tables, ces bijoux, ces coupes, ces dés, ces aiguilles, ces fuseaux, tout jusqu'au fard imposteur des dames romaines, conservé bien après celui de Messaline, vengent assez la tragédie *racinienne* de ce reproche de galanterie, de langage tiède et amolli dont certains critiques lui ont fait long-temps le reproche.

Le *Musée des obscènes*, autrement appelé *Camera reservata*, ne peut guère être abordé que par l'artiste. Pendant que les papyrus d'Herculanum, monument de la science, ont à peine échappé aux ravages de la flamme, le Vésuve, par un bizarre contraste, semble avoir épargné tous ces raffinemens du vice.

Si nous n'avons point parlé des peintures de Pompéi, c'est que ces charmantes fresques en plein air avaient été déjà mentionnées par notre aimable et spirituel collaborateur, M. Legouvé, avec lequel nous avons fait le voyage d'Italie.

ROME.

LE VATICAN, LA CHAPELLE SIXTINE, ETC.

Entre tous les Musées de Rome, le Vatican tient le premier rang; ses galeries découpées à jour, décorées de merveilleuses arabesques dues aux loisirs de Raphaël, ses grands escaliers et les appartemens des Borgia commencés sous Alexandre VI, attirent encore votre attention, même à côté de Saint-Pierre de Rome, dont les grands jets d'eau bruissent à votre oreille comme la voix d'une cascade. Bramante a fait tourner en cercle toutes ces merveilleuses spirales de pierre, ces fresques, ces peintures, qui étincellent de mille couleurs au soleil. Voici tout d'abord dans cette première galerie qui précède les *chambres* du Vatican, l'*Adam et Ève*, charmant médaillon que Raphaël imita de Masaccio. Ce sentiment de reproduction se fait surtout remarquer dans la pose de l'ange qui tient l'épée : c'est à l'église del *Carmine* de Florence, dans cette petite chapelle dont Masaccio empoisonné ne put terminer les fresques, que se trouve cette peinture d'Adam et Ève. Eh bien ! ce même tableau, Raphaël l'a copié non certes parce qu'il était impuissant, mais parce que le sentiment de cette peinture est si naïf, qu'il ne put résister sans doute à l'attrait de la copie ! Masaccio était mort à la fleur de l'âge; il était mort par le poison : Raphaël devait mourir aussi jeune que le peintre florentin, mourir par une femme ! De là, peut-être, cette alliance intime de leurs deux styles, j'entends surtout le premier style de Raphaël, style évidemment empreint de la noblesse et de l'élégance grecque. Les arabesques qui entourent ces petits sujets des galeries sont enchanteresses; la gravure de Volpato les a reproduites avec bonheur. Pour la plupart elles se composent de coupes, de grappes de raisins, de fruits et d'oiseaux.

Donnez un coup d'œil à *Joseph*, à *la femme de Loth* qui devient statue en se retournant : le mouvement de cette femme est admirable ; ce corps moitié marbre a déjà froid. Frappez maintenant aux *Camere* du Vatican, essuyez vos larmes, vous qui avez pleuré tout à l'heure en voyant les outrages et les affreuses dégradations qu'ont subies ces galeries, où les soldats allemands du connétable de Bourbon ont percé chaque tableau de leurs épées. Voici d'abord la *prison de saint Pierre*, peinte à fresque par Raphaël ; cette peinture est éclairée par trois effets de jour distincts. Le compartiment du milieu représente l'ange qui délie les deux gardiens. Quoique cette peinture soit à l'opposé du jour, l'admirable lumière qui glisse entre les barreaux de la prison qu'elle représente, l'éclaire et l'illumine, pour ainsi dire, de toute la pluie de ses rayons.

La *Messe miraculeuse*, autre fresque placée vis-à-vis de celle-ci, est admirable d'expression, de noblesse et de costume.

L'homme à genoux, sur le premier plan, sa toque à la main, avec une robe jaune doublée d'hermine, se distingue par un caractère de tête jeune et religieux tout à la fois ; à coup sûr, c'est un grand seigneur qui prie.

La *Dispute du Saint-Sacrement*, par Raphaël, a souvent ameuté contre elle le banc et l'arrière-banc des critiques. Ce concile de docteurs qui argumentent, de savans qui font assaut de subtilités et de minuties, a paru d'abord anti-chrétien à certains commentateurs qui l'ont comparé à un vain tournoi de science dont le peintre aurait dû voiler l'esquisse, comme dangereuse aux intérêts de l'Église. Selon nous, l'idée de Raphaël ne saurait être calomniée : Raphaël a voulu représenter une séance de la foi en grand costume (qu'on nous passe le mot); une de ces assemblées merveilleuses, où les premiers génies de l'Église, les premières lumières du siècle, venaient agiter ou approfondir les hautes questions de la science. Toutes ces figures ridées et creuses, parmi lesquelles se fait reconnaître Dante lui-même, cet autre docteur de la pensée, sont merveilleuses de génie et d'étude : Dante est posé près d'elles comme un avertissement de l'Enfer près de l'Orgueil.

Dans l'*Incendie*, autre fresque, Raphaël s'est attaché surtout aux mouvemens à la fois sévères et passionnés du dessin : voyez les groupes des fuyards, et surtout la *Femme à la cruche* ! Cette femme, belle Italienne de la campagne de Rome, semble crier au secours, ses muscles sont tendus, tout son corps frissonne, peut-être est-elle mère ou voit-elle déjà sa toute petite sœur, *sore 'la mamma*, ainsi que disent les petites filles de Rome, en proie aux embrassemens fougueux de la flamme ! Tout dans ce tableau vous arrache ce cri de douleur : *Linquenda tellus et domus !*

Partout Raphaël, partout ce poète des splendeurs catholiques du Vatican. Raphaël et le siècle de Léon X ne purent se passer l'un de l'autre. Remarquez encore que ce n'est pas à Michel-Ange que Rome se fût alors adressée : la force et la terreur marquaient chaque pas de Michel-Ange dans cette vaste carrière de la peinture ; Michel-Ange, chartreux austère, ne peignait que pour le dogme, Raphaël fut le peintre de l'Église. Ce génie prodigue, admirable, Raphaël le jeta comme une immense tenture au Vatican : ses papes à cheval, ses cardinaux, ses porteurs vêtus de rouge, écrasent le local, qui semble petit sous le poids de tant de pensée. Ces fresques, ces grisailles, toutes ces merveilles enfin dont Raphaël a paré le Vatican, ne l'empêchent pas d'être encore le peintre de la *Transfiguration* et de l'*Apocalypse*. A deux pas de cette salle, appelée, je crois, *Salle Clémentine*, vous vous retrouverez au musée même du Vatican devant la *Vierge de Foligno*, cette autre page si touchante de Raphaël. Les commentateurs ne manqueront pas de vous faire l'éloge de ce cadre par ce seul mot : Cela est de sa *troisième manière ;* mais n'écoutez aucune de leurs dissertations académiques, et devant ce sujet renoncez à l'analyse. Le donateur du tableau est agenouillé au pied de la Vierge pendant qu'un météore ardent et rouge comme une bombe menace son toit. Le petit village de Foligno projette amoureusement le tapis de sa pelouse au bas du tableau, comme pour ne pas blesser les pieds délicats de la Vierge Marie qui va sans doute y descendre. Tous les personnages mystiques ou réels de ce chef-d'œuvre sont d'une inimitable perfection d'étude ; la tête du vieillard qui joint les mains rappelle les belles têtes des doges de Venise conçues dans le sentiment du Tintoret.

Comme pour faire honneur à ce tableau, on a placé près de lui la *Communion de saint Jérôme*, par le Dominiquin. J'ai vu à Anvers, en 1835, un autre sujet de communion traité par Rubens ; cela me donne tout naturellement l'occasion de compléter l'idée que j'ai cherché à donner du Dominiquin, en examinant le musée de Bologne. En disant de ce maître qu'il affectionne à la fois les clairs-obscurs et les tons éclatans dans ses compositions; qu'il est à la fois Bolonais par le dessin, et Vénitien par la couleur, je ne pense pas m'être trompé. La Communion de saint Jérôme, par le Dominiquin, est saisissante par le seul effet de la couleur ; c'est elle qui domine d'abord tout le tableau. La suave résignation du saint, son corps d'agonisant, admirable étude ! l'expression de foi des personnages, et par-dessus tout, le soleil qui inonde cette belle scène comme le seul lustre de la fête, tout concourt à mettre ce tableau du Dominiquin dans la plus parfaite opposition avec celui de Rubens. Le tableau de Rubens est conçu dans la demi-teinte ; il y règne un jour presque mystérieux d'église. Les reliefs et les oppositions bitumineuses en font la force, les têtes sont plutôt des têtes de chartreux que des têtes d'officians splendides et revêtus de leurs plus belles chappes, comme dans la peinture du Dominiquin. Le tableau du Dominiquin est la communion de saint Jérôme ; celui de Rubens, la communion de saint François.

Quoi qu'il en puisse être, il me serait impossible d'assigner la première place à l'un ou à l'autre de ces tableaux ; celui de Rubens a moins de soleil, mais quelle admirable teinte de tristesse ! Celui du Dominiquin est radieux : il représente fort bien, à mon sens, le catholicisme de Rome, catholicisme ardent et splendide, riche de cérémonies et d'encens ; l'harmonie plus sombre de Rubens retracerait assez le catholicisme des Flandres, catholicisme espagnol et inquiet, toujours suivi de proscriptions et de massacres. Ces moines de Rubens sont tous espagnols de la tête aux pieds ; les assistans que le Dominiquin a placés dans son tableau, sont aussi largement drapés que de riches sénateurs de la belle Venise.

Le saint *Pierre en croix*, par le Guide, est justement admiré. Tout, jusqu'au costume du bourreau à toque rouge, est complet dans cette page. — Un tableau du Poussin, large d'effet, mais terne de couleur. — Une Assomption de Raphaël; les anges en sont ravissans d'expression. Andréa Sacchi, dans cette salle, a représenté *saint Grégoire à l'autel*, que vous trouverez reproduit en mosaïque à Saint-Pierre. La couleur de ce tableau d'Andréa Sacchi est digne de Véronèse.

Saint Thomas incrédule, du Guerchin, tableau rempli d'expression douce et mélancolique. Le Christ est plus affligé que l'apôtre lui-même.

Je trouve dans la *Madeleine* du Guerchin un grand choix de style, mais une couleur un peu dure ; une belle tête d'ange cependant.

Un portrait de doge par le Titien, sans doute quelque vieux doge comme Faliero. La robe est brocart or, la tête pleine de bonhomie ; ce doge-là n'en est pas moins coquet d'ajustemens ; il est ganté comme les autres doges, et ressemble assez à Louis Manin, le dernier de tous.

Une magnifique *Déposition du Christ* par le Caravage. Absence complète, et je dirai presque courageuse, du sentiment divin ; le Caravage a laissé le dogme à d'autres maîtres. Dans son tableau, le Christ est un homme, la sainte Vierge une pauvre mère désolée; tout cela est peut-être trop vrai, trop humain, mais cela est admirable! Raphaël eût conçu cette scène autrement, mais le Caravage n'est pas Raphaël. — Une *Assomption* composée par Raphaël et exécutée par Jules Romain. Je préfère l'excellent tableau du Pérugin qui se trouve placé à côté. La *Transfiguration* est un chef-d'œuvre tellement connu, que je m'abstiendrai d'en parler. J'engage seulement les artistes qui admirent dans ce tableau de Raphaël l'admirable torse de l'*Enfant possédé*, à se donner la peine d'aller voir à Grotta-Ferrata, près de Rome, un autre possédé du Dominiquin, dans une fresque qui représente saint Nil.

Une fois que vous avez parcouru toutes ces belles *camere*, vous frappez à la chapelle Sixtine. Dans la chapelle Sixtine est la célèbre fresque du *Jugement dernier*, par Michel-Ange. A l'heure qu'il est, vous y trouveriez sans doute l'un de nos meilleurs artistes, M. Sigallon, chargé par le Gouvernement de reproduire cette œuvre immense. Les idées du Dante nous semblent inséparables de cette peinture. Nous recommandons surtout aux visiteurs le damné, qui descend lentement, et qui, trop certain de l'inclémence de son juge terrible,

> Accroupi sur le plat de ses cuisses arides
> Fait sa damnation avec tranquillité,
> Et comme ayant à soi toute l'éternité.

Ces vers, de M. A. Barbier, rendent admirablement l'idée de Michel-Ange; la gravure de cette fresque par Volpato n'en donne qu'une faible idée.

Au Vatican, nous avons oublié de mentionner les magnifiques appartemens des Borgia. Commencées sous Alexandre VI, ces chambres de luxe furent terminées sous les pontifes qui suivirent; les plafonds y sont décorés d'ornemens en arabesques dus à Raphaël lui-même et à Jean d'Udine, son élève. Partout des caissons bleu et or, des bas-reliefs grecs, des griffons et des amours. La jolie cheminée qui orne la chambre principale est du XVIe siècle; les figures de démons et d'anges sont dans le goût de la vraie et bonne renaissance.

Dans la troisième salle vous remarquerez au plafond de fort belles fresques de Pinturecchio. Sur les bas-côtés, on voit encore des figures de Raphaël, délicieux caprice d'un génie flexible, des faunes, des fruits, des enfans, etc.

Le musée de sculpture du Vatican réclamerait un long examen; mais nous ne nous occupons ici que de la peinture, et c'est déjà beaucoup pour ce cadre rétréci.

PALAIS DE ROME. GALERIES SCIARRA, CHIGI, COLONNA, DORIA, BORGHÈSE, RUSPOLI, RUSPIGLIOSI, ETC.

Les palais de Rome sont tous autant de Musées. Ce qu'ils renferment de chefs-d'œuvre ne peut guère s'expliquer que par les illustrations primitives de la peinture, appliquées à la noblesse; on conçoit fort bien que, pareils aux Médicis de Florence, ces grands seigneurs de Rome aient voulu ambitionner, avant tout, dans chacun de leurs édifices somptueux le nom de *Magnifique* donné à Laurent. Tous ces palais ont en effet non-seulement de vastes cours et des portiques intérieurs, mais encore un suisse inamovible cicérone de leur musée. Les chefs-d'œuvre y sont classés et conservés précieusement comme dans un autre palais Pitti.

A la galerie du palais Sciarra c'est d'abord le *Joueur de violon*, de Raphaël. Qui ne connaît cette suave et belle tête? A côté d'elle vous retrouvez les *Joueurs de dés*, par le Caravage. La figure du pauvre jeune homme que trichent les autres mauvais garçons du tableau, est admirable; les costumes et les airs de tête de ce tableau sont de la plus grande distinction. Un Salvator Rosa, petit cadre. Tout vis-à-vis, un Teniers. *Un homme et une femme dans un cabaret*, étude flamande.

Un peu plus loin un autre tableau, la *Famille du Titien*. Ces compositions vénitiennes, où la peinture rassemble ainsi plusieurs personnages, sont toujours du plus grand effet : la variété des poses et l'individualité des costumes produisent une complète illusion dans ce tableau. Tout cela vit, parle et chante. La *Maîtresse du Titien* a trop souvent exercé le crayon classique du dessinateur pour que je rappelle ici son mérite de jeunesse et de fraîcheur. Avec un Bragani assez curieux, c'est tout ce dont il me souvient dans cette galerie. Bragani était un faiseur de *scènes de démons*, dans le genre de Callot. Ses lointains sont verts et jaunes comme la flamme du soufre; il y avait à Paris un élève de Charlet qui reproduisait à merveille et à la lampe les bacchanales démoniaques de Bragani. Ce jeune peintre est mort; il s'appelait Juhel.

Le palais Doria possède d'abord un beau portrait de Machiavel, par Andrea del Sarto; la tête, qui est fort belle, est traitée comme une vraie tête d'étude. Ce n'est pas là cependant le Machiavel que nous rêvons, ce Machiavel au teint olivâtre, l'auteur du *Prince* et de la *Vie de Castruccio*. L'ambition et les malheurs du secrétaire florentin, sa vie douloureusement active, sa science et sa folie ne percent que faiblement dans ce portrait tracé évidemment par Andrea del Sarto, vers 1513. Quand Nicolas Machiavel écrivait à cette époque même à l'un de ses amis, François Vettori : « Je désirerais que ces seigneurs Médicis commençassent à m'employer, quand ils ne devraient d'abord que me faire rouler une pierre. » Machiavel ne se doutait peut-être guère que toute sa vie serait employée à *rouler cette pierre-là*. Machiavel, père de cinq enfans, mourut en effet très-pauvre; tourmenté durant tout le cours de sa vie, ce ne fut qu'à l'avénement de Léon X qu'il obtint d'être un des élus de l'amnistie pontificale de ce pape. — Une belle *Madone*, par Francesco Mola. A quelques pas de là un Raphaël très-intéressant. Il est conçu dans le sentiment vénitien : je l'avais cru au premier abord du Giorgione. Ce portrait représente *deux hommes en costume de velours*.

Une *Déposition*, de Paul Véronèse. Le caractère de la tête du Christ semble indécis, mais quelle couleur et quelle parfaite élévation de style! Une seule draperie, touchée avec l'art du grand Paolo, ferait reconnaître l'auteur de cette belle œuvre.

Un *Portrait de femme en costume de veuve*, peint par Van Dyck. Les cicérones d'Italie ne se feront pas faute de vous régaler de l'histoire de Van Dyck et de sa femme, au sujet de ce portrait. Van Dyck, disent-ils, peignit sa femme en habit de *veuve*, afin de voir quel air de tristesse risible ou pieuse elle aurait de cette façon-là.

Autre *Portrait de femme*, supérieur, à mon sens, à celui-ci ; ce portrait est de Rubens. Les ajustemens sont admirables d'ampleur et de forme ; les cheveux sont nattés de perles vers le sommet de la coiffure; un seul diamant sur le chignon relevé; grande fraise flamande et manches hautes à jour; gants brodés, etc.

Encore une *Déposition du Christ* : celle-ci, du Carrache. Je la trouve plus dure et plus tourmentée que toutes les autres que j'ai vues déjà de ce maître.

Plusieurs portraits d'Holbein, de Murillo, de Rubens, du Caravage et de Velasquez. — Un beau tableau d'*Abraham*, par le Titien. —Tout à côté de cette page, *Samson se désaltérant à la mâchoire de l'âne*, par le Guerchin.

Un magnifique paysage de Salvator Rosa, *Bélisaire*. La solitude du site est d'une tristesse saisissante. Les reflets sont de toute beauté.

Une ébauche de Parmigiano.

PALAIS BARBERINI.

Les fresques de P. de Cortone, et la *Béatrix Cenci*, cette suave figure peinte par le Guide. Un bel Albert Durer, la *Dispute du Saint-Sacrement*, même sujet que celui traité par Raphaël aux *Camere* du Vatican.

GALERIE BORGHÈSE.

1re SALLE. Un Giacomo Bassano. L'*Adoration des Mages*, couleur vénitienne, mais absence d'élévation et de style.

Une *Bataille*, du Bourguignon, belle page et digne en tout du grand Salvator. Le *David*, du Giorgione, qui se trouve auprès, est surtout éclairé d'une belle manière; la *Sainte Trinité*, de Leandro Bassano, est d'un merveilleux éclat de couleur. Les figures sont meilleures qu'elles ne le sont d'ordinaire dans Bassano, plus épris de la couleur que du dessin. — Un *Saint François pénitent*, par Cigoli, tête pleine d'effet. — La *Madone aux Apôtres*, de Garofalo. J'ai eu, je crois, occasion de vous parler déjà de ce maître; son coloris laisse à désirer, mais quelle aimable pureté de forme et de style! — Une *Sainte Famille*, par Andrea del Sarto. *Saint Jean-Baptiste au désert*, par Paul Véronèse. J'observe ici en passant que tout ce qui se trouve de ce maître à Rome, et à Gênes surtout, est d'un plus haut style : — pourquoi donc nous plaît-il mieux à Venise?

2e SALLE. Une *Madeleine*, d'Augustin Carrache. — Deux *Dépositions*, l'une de Zuccari, l'autre de Garofalo. Dans le tableau de Zuccari la tête du Christ est d'une grande expression.

La fameuse *Chasse de Diane*, par le Dominiquin. Tableau trop connu et trop apprécié pour que nous en reparlions ici.

Le *David tenant la tête de Goliath*, superbe composition, par Michel-Ange du Caravage. — Un *Paysage avec des bœufs*, beau Paul Potter. — Une *Tête de saint François*, par Annibal Carrache.

3e SALLE. Elle ne renferme guère qu'un *Saint Antoine prêchant*, de Paul Véronèse, et les *Trois Grâces*, par le Titien.

4e SALLE. Deux superbes *Dépositions*, la première de Raphaël et la seconde de Van Dyck. Celle de Raphaël est une de ses pages les plus

harmonieuses de composition et de couleur. La tête de l'homme qui soutient le Christ est à elle seule un poème. La manière de ce tableau tient beaucoup de celle de la *Dispute du Saint-Sacrement*, que l'on voit au Vatican.

La *Déposition*, peinte par Van Dyck, est d'autant plus curieuse à étudier, que cette peinture est tout opposée de sentiment à celle de Raphaël. Raphaël, en effet, vient de vous faire toucher au doigt le *Dieu* mis à mort dans sa peinture; chez Van Dyck c'est l'homme qu'on vient de mettre en croix, et que les saintes femmes déposent dans le tombeau. Plusieurs portraits du Titien, de Schedone, deux figures d'apôtres et divers panneaux de Michel-Ange complètent cette salle, où se trouvent encore la *Sibylle*, du Dominiquin, et la *Visitation*, de Rubens, deux chefs-d'œuvre devenus classiques.

5ᵉ SALLE. Une *Vénus*, du Padovanino. La couleur a filé beaucoup; mais je retrouve encore de fort beaux tons de reflet.—Les *Quatre Saisons*, peintes par l'Albane.—Un beau *Portrait d'homme à mouchoir rouge*, de Bellini.—Un Teniers.

6ᵉ SALLE. La *Fornarina*, par Jules Romain. Il en existe une autre au palais Barberini. Celle-ci vaut mieux, malgré sa sécheresse; mais que cette tête est loin de valoir celle du palais Pitti! La maîtresse de Raphaël ne pouvait avoir d'autre peintre que Raphaël. — Une *Suzanne*, attribuée à Rubens, mais qui évidemment n'est que de son école. — Un *Satyre*, auteur inconnu.

7ᵉ ET DERNIÈRE SALLE. Un *Concert*, par Leonello Spada. Belle couleur, charmantes attitudes; l'enfant qui est sur le premier plan surtout.—La *Judith*, du Titien. Couleur fauve, mais pleine d'effet. Comparez cette tête de Judith avec celle de Cristoforo Allori. — Une *Madone*, du Garofalo.—Une autre de Bellini: le saint Joseph en est fort beau. Le *Baiser de Judas*, par Jean Steen. Le peintre flamand a l'air de s'être inspiré pour ce tableau du fameux sonnet italien qui lui est cependant postérieur, autant qu'il nous en souvient,

*E con la bocca fumigante e nera
Gli rese il bacio che avea dato a Cristo.*

(De sa bouche noire et fumante Satan rendit à Judas le baiser qu'il avait donné au Christ.)—Un *Pâtre*, de Pierre Cortone, imitation de Van Dyck. —Un charmant petit portrait de Raphaël, fait par lui-même, et quand il était fort jeune.—*Portrait de Pétrarque*. Ce portrait est de l'école d'Holbein.

Autant que nos souvenirs de Rome nous servent, voici, à peu de cadres près, ce que renferment les sept salles de cette riche et vaste galerie Borghèse. Si des *Amours* d'assez mauvais goût décorent ses grandes glaces, on ne peut que louer les charmans petits jets d'eau qui gazouillent à votre oreille dans chaque salle des tableaux, pendant que vous contemplez ces belles peintures. Au *Cabinetto* du palais, vous remarquerez une *Chasse* de Tempesta et une fort belle mosaïque représentant Marie-Madeleine de Marcello; une *Vue de la villa Borghèse*, par Bagur, offre une curieuse étude de litières et de costumes du temps. Après un Luca d'Olanda et une *Madone* de Palma Vecchio fort remarquable, mentionnons le magnifique *César Borgia*, portrait de Raphaël; le costume en est aussi admirable que le caractère de tête; le pommeau d'épée sur lequel Borgia doit s'appuyer est noir, le pourpoint noir avec une seule manche blanche à crevées. L'*Enfant prodigue* du Guerchin, autre chef-d'œuvre non moins remarquable, est surtout d'une noblesse et d'une distinction de caste admirablement senti; l'Enfant prodigue du Guerchin trahit encore le fils du noble sous les haillons qui le couvrent: le même sujet a été traité dans cette galerie par le Bonifacio. Une *Madone* du Caravage: l'enfant Jésus dans ce tableau met le pied sur un serpent. Le pied de l'enfant est posé par-dessus celui de la Vierge sa mère: idée naïve et charmante. La *Diane*, par le Corrège, et un beau *portrait*, du Morone, complètent, avec une *Christ* de Van Dyck et la *Sainte Famille* de Jules Romain, cette collection de richesses.

GALERIE COLONNA (Palais Colonna).

Ce palais est le palais même de l'ambassade française. Des Van Dyck, des Rubens, et surtout un magnifique *Portrait d'homme* par Véronèse, vous frappent dès l'abord de cette galerie. Remarquez un tableau grotesque, mais curieux, de Nicollo Alluno, la *Vierge chassant le démon*: cela indique l'enfance de l'art, mais en même temps la foi primitive et simple. — Un *paysan qui mange des lentilles*, par Carrache, est remarquable de vérité et de couleur. — De fort beaux Titien.—Un Palma Vecchio, et un Albane remarquable qui rappelle la couleur du Gasp. — Deux Tintoret.—Un Holbein superbe.—Deux *Vierges* encore, l'une du Guerchin, l'autre d'Andrea del Sarto. — Le *Saint Sébastien* de Pâris Bordone est conçu tout-à-fait dans la couleur du Titien. — Un tableau peint par Berghem et Wouwermans; deux artistes d'accord, cela est commun en Flandre : témoin Snyders et Rubens. — Un beau paysage de Bamboche, encore un Flamand ! Les devans de cette composition sont admirables. — La famille du Tintoret. — Une *Assomption* de Rubens : cette peinture fut faite sans doute par Rubens lorsqu'il était en Italie. Nous avons été assez heureux de prouver récemment dans un article de la *Revue de Paris* (1), par le catalogue même trouvé chez la veuve de Rubens, catalogue que nous avons cité, combien Rubens avait profité en étudiant et en copiant souvent les coloristes de Venise. Ici, le dessin du géant de la peinture flamande est châtié ; le jour qui inonde cette scène est admirable.

En se promenant dans cette galerie du palais Colonna où l'on voit de si belles peintures, il n'est guère surprenant que l'on remarque fort peu les buffets d'agate, les pierres précieuses et les beaux portraits de famille des Colonna qui en composent l'ameublement héréditaire. Dans les pièces du bas, de grands flandrins de laquais en livrée rouge jouent aux dés ; c'est presque une scène de Teniers ou du Caravage sous le vestibule.

GALERIE CHIGI (Palais de ce nom).

A part un Garofalo, un Caravage et un Paul Veronèse, peu de belles et bonnes peintures ; quelques portraits du Guerchin et du Titien, voilà tout.

GALERIE RUSPOLI (Palais de ce nom).

Ce palais, d'apparence assez belle, avait pour locataire en 1832 (époque de notre voyage en Italie) madame la duchesse de Saint-Leu, femme de Louis Bonaparte. Sa galerie, hospitalière pour les souvenirs de l'école française, est mesquine et pauvre malheureusement; on y voit tout d'abord un tableau de M. Bouton, les *Petits-Augustins*. — Un tableau représentant la *Grotte du Pausilippe* de M. Cottereau, etc., etc. Ce que madame la duchesse de Saint-Leu possède de véritablement remarquable, ce sont les portraits en tapisserie de Napoléon, d'après Gérard, Gros et autres artistes; les tapisseries sont fort belles de relief et d'éclat. Avant de les avoir vues, jamais je n'aurais pensé que la couleur pût être ainsi rendue par le travail de l'aiguille.

La galerie du cardinal Fesch exigerait un volume entier. Elle renferme de magnifiques Lesueur et autres bons maîtres de l'école française,

(1) *L'Art et les Artistes en Belgique*, § I, § II. *Revue de Paris*, livraison du 22 mars 1835.

mais elle a surtout des Murillo, des Vinci, des Raphaël, des Van Dyck, etc., etc.

Cette galerie occupe tant de place, que les tableaux du cardinal Fesch le mettent littéralement à la porte de chez lui.

Le palais Corsini, ancienne résidence de Christine, n'offre rien de bien remarquable, selon nous. Au palais Aldobrandini ou au Vatican, voyez la fresque de la *Noce Aldobrandini;* c'est le plus beau monument de l'ancienne peinture. On l'a mis sous verre depuis quelque temps; les poses de ses figures surpassent en élégance les plus belles créations de Pompéi.

ÉGLISES DE ROME.

Un mot des églises : celle de *Saint-Louis des Français*, notre église à Rome, renferme la *Conversion de saint Mathieu*, admirable composition du Caravage, et sa plus belle œuvre à notre avis. Saint Mathieu le banquier est assis à sa petite table de changeur ; il a des lunettes sur son nez en bec d'oiseau ; une robe en fourrures, et toute la pose d'un juif honnête ; Jésus-Christ l'appelle au milieu des apôtres ; Mathieu se lève et le suit. L'ordonnance et l'agencement de ces figures sont plein de bonheur ; les têtes de pages et de seigneurs qui regardent le tableau, celle de l'enfant qui compte l'argent, etc., etc., sont du plus grand relief. Ce tableau est indignement exposé, le jour le frappe à faux dans cette petite église française de Rome, et cependant, tel est son mérite, que la couleur trouve moyen de s'y faire voir dans tout son effet. Dans cette même église, il y a deux fresques du Dominiquin : l'une représente *Sainte Cécile donnant sa fortune aux pauvres;* l'autre, la *Mort de cette même sainte*. La composition du premier sujet est délicieuse de détails ; la vérité domine cette page simple : on ne saurait trop louer le mérite d'expression des deux petits enfans qui se battent dans cette peinture, pour ramasser l'argent que jette sainte Cécile ; la mère qui les sépare en les menaçant du doigt est charmante de mouvement et de pose.

Dans la *Mort de sainte Cécile*, la figure angélique de la sainte est un vrai miroir de tristesse et de pieuse résignation : sainte Cécile, mourante, est couchée dans une église, tout le monde s'empresse autour d'elle, un seul homme se retourne : c'est le diacre avec la croix ; son mouvement rétrograde indique que tout est fini : idée admirable d'élévation et de profondeur.

A *Santa Sabina*, autre église, vous verrez une belle peinture de Garofalo.

ROGER DE BEAUVOIR.

TOSCANE.

Aperçu topographique.

Lady Morgan, souvent partiale jusqu'à l'injustice, mais toujours spirituelle dans les écarts mêmes de son jugement, a dit que « l'Italie est une mosaïque d'États. » Le mot est joli, il a de la justesse. Il est aisé, en effet, de compter dans la péninsule italienne une douzaine d'États séparés, royaumes, principautés, grands et petits duchés, voire une république de deux lieues de diamètre (celle de Saint-Marin). L'Italie serait trop forte, si elle était unie; aussi les alliances, saintes ou non, auront-elles constamment grand soin de la tenir partagée. Jamais la maxime « diviser pour régner » ne reçut une plus nette application. L'idée de rassembler en un seul corps tant de membres épars est trop humaine et trop libérale pour ne pas demeurer une belle utopie politique. Malheureusement, la disjonction de fait, passée dans les mœurs, favorise aussi l'esprit dominateur; car en Italie on est Piémontais, Milanais, Vénitien, Parmesan, Modenais, Toscan, Bolonais, Romain, Napolitain, etc., et l'on n'est pas Italien. Il en résulte que le sentiment de nationalité, ainsi restreint, est comme n'existant pas.

La Toscane est l'un des plus beaux compartimens de cette brillante mosaïque de l'Italie.

L'antique Étrurie avait un littoral s'étendant de la Ligurie au Latium, et de ce côté, ses confins atteignaient la Sabine.

La Toscane, qui n'embrasse qu'une partie de l'ancien pays des Étrusques, et comprend le Florentin, le Pisan et le Siennois, autrefois trois républiques indépendantes, est bornée par les États de l'Église, par les duchés de Modène et de Lucques, et par la Méditerranée, où elle possède l'île d'Elbe et plusieurs îlots. Elle a 45 lieues de longueur, et 35 dans sa plus grande largeur. Indépendamment de Florence, capitale et siége du gouvernement, ses principales villes sont Pise, Livourne, Pistoia, Sienne, Arezzo, Volterra. L'Arno, descendu de l'Apennin, la traverse de l'ouest à l'est, et va se jeter dans la mer, au-dessous de Pise. Les ports sont Pise, Livourne, Piombino, Orbitello; celui de Livourne a seul de l'importance. D'après la statistique déterminée par les traités de Vienne et de Paris, la population du grand-duché de Toscane était alors de 1,264,000 habitans, dont 80,000 pour la capitale.

Agriculture. — « La Toscane est le jardin de l'Italie. » C'est une phrase toute faite qu'on aime à répéter; mais, s'il est vrai que cette contrée soit fertile riante, et bien cultivée là où elle est susceptible d'une bonne culture, une grande portion du sol se compose de croupes de l'Apennin, où la terre ne salarie pas suffisamment le labeur, des maremmes étendues de Sienne, d'un littoral ingrat et rebelle. L'Apennin, toutefois, offre çà et là des pâturages suffisans, et les marais fournissent au bétail une nourriture d'hiver très-saine. Ces marais salins entretiennent des troupeaux nombreux de mérinos et de buffles; des porcs vivent des glands des forêts; vers Pise sont utilisés, pour les transports, des chameaux, dont la race a prospéré depuis leur importation d'Afrique par les Médicis. A l'égard des chevaux, les haras, hormis celui du grand-duc, ne donnent guère que des élèves inférieurs.

Les terres cultivables sont bien cultivées, et c'est là véritablement que la Toscane ressemble à un jardin. Quoique le sol soit argileux ou calcaire en beaucoup de localités, il a des propriétés variées qui favorisent plusieurs genres de fertilité. La culture générale est en céréales, telles que le blé, le maïs, le seigle, l'avoine, l'orge, en vignes, oliviers, mûriers, en diverses natures d'arbres fruitiers qui produisent abondamment, en plantes légumineuses de qualités excellentes. La culture étant ainsi mêlée, l'usage a prévalu de prendre pour base des fermages la division du produit en deux parts égales, entre le propriétaire et le fermier, moyennant l'avance faite par le premier, pour les frais préalables de l'exploitation qui lui sont bonifiés sur les récoltes : il existe d'autres coutumes pour les lieux où l'agriculture est plus simple. La paille, si avantageusement employée à la confection des chapeaux, est, comme on peut le croire, d'une ressource importante, car souvent la multiplicité des demandes élève beaucoup le prix de la matière première. Les fruits sont bons; mais là, comme dans tout le reste de l'Italie, on a trop de confiance en la munificence féconde du territoire, et l'on se sert peu ou mal des procédés connus d'amélioration pratique. Ceci s'applique surtout à la vigne, qui souvent, presque livrée à elle-même, produit plutôt spontanément que par le travail de l'homme. Plusieurs vins, et en particulier celui de Monte-Pulciano, sont agréables et sains; mais, soit que la vigne ne fournisse que pour la consommation intérieure, soit qu'on n'apporte pas assez de soin à la fabrication du vin, il n'y a pas d'exportation. Les huiles de Toscane sont justement estimées, principalement celle qui se fait dans le duché de Lucques; elle rivalise avec les meilleures huiles de Provence. Les vers à soie sont aussi d'un produit considérable. Les bois suffisent aux besoins du pays : le charbon minéral et la tourbe n'ayant pas encore été exploités avec assez d'avantage, le charbon de bois est presque le seul combustible employé dans les manufactures.

L'agriculture est favorisée en Toscane par les facilités de l'impôt que le gouvernement cherche à rendre moins onéreux, et par des sociétés agronomiques auxquelles sont dues plusieurs améliorations. Il suffit d'avoir parcouru cette intéressante contrée, pour voir combien la nature l'a traitée avec faveur.

Industrie. — C'était principalement par le commerce des soies et des laines que s'étaient enrichis les Médicis, les Pitti, et d'autres marchands florentins, pour qui l'opulence fut jadis un acheminement à la noblesse et au pouvoir. Ce commerce est déchu; à peine maintenant trouverait-on en Toscane quelques manufactures d'étoffes de laine; les soieries y viennent, pour la plus grande partie, de l'étranger, et le *florence* se fait à Lyon.

Parmi les manufactures qu'on peut citer, celle de porcelaines de la Doccia, exploitée de père en fils depuis près de cent ans par les Ginori, tient le premier rang ; elle fut fondée en 1740 par Carlo Ginori, homme industrieux et actif, tout marquis qu'il était. Pour le bon emploi des matériaux, pour l'élégance des formes et l'excellence de la coloration, les produits de la Doccia peuvent entrer en concurrence avec les porcelaines de Saxe et de France.

C'est à Florence et à Milan qu'on trouve les plus belles voitures de fabrication italienne ; mais l'importation des fers étrangers étant gênée par les lois fiscales, et l'exploitation des fers de l'île d'Elbe rendue coûteuse par l'emploi du charbon de bois dans les forges, les voitures fabriquées à Vienne obtiennent en Italie la préférence, à cause du bon marché. Ainsi se manifeste en tout cette politique abusive de l'Autriche, sans cesse occupée à isoler l'industrie commerciale des États italiens.

Quoique la Toscane ne soit pas dépourvue de substances minérales, les mines si productives de Porto-Ferrajo sont seules exploitées activement. La mine de sel de Volterra est riche; le soufre naturel se recueille en abondance à Pereta, et l'on tire des montagnes une grande variété de marbres, et un albâtre fort transparent qu'on met en œuvre avec habileté.

Florence a des ouvriers qui excellent, à l'instar de ceux de Rome, dans la taille des pierres dures, dans l'ingénieux travail des mosaïques et des camées.

La fabrication des chapeaux de paille est, en Toscane, l'une des branches de commerce les plus considérables; mais la fiscalité l'entrave aussi dans son essor.

L'imprimerie est activée par un goût littéraire répandu parmi les différentes classes du peuple. Les livres imprimés à Parme chez les Bodoni ne sont pas plus beaux que ceux qui sortent actuellement des ateliers de Florence.

En général, dans tout ce qui ennoblit l'industrie et la rapproche de l'art, on peut observer que les Toscans dirigent leur émulation vers l'étude des modèles que le passé a laissés sous leurs yeux.

FLORENCE.

I.

Résumé historique.

Les historiens n'ont pas manqué à Florence. Scipion Ammirato, Malespini Ricordano, Dino Compagni, les trois Villani (Jean, Mathieu et Philippe), Poggio Bracciolini, l'Arétin, Ange Politien, Machiavel, Benedetto Varchi, Guicciardin et Muratori (dans leurs Annales d'Italie); plus récemment, Sismonde de Sismondi (dans son excellente Histoire des républiques italiennes); d'autres chroniqueurs moins renommés, ont retracé les diverses époques de l'histoire florentine. Quoi qu'il en soit, on manque de documens certains sur les temps reculés de la Toscane, l'antique Étrurie ; car on ne saurait admettre comme des preuves les conjectures plus ou moins spécieuses de l'archéologie. L'origine de Florence elle-même n'a point de date qu'on puisse préci-

ser. Si l'on en croit Machiavel, cette cité ne fut d'abord qu'une extension de Fiesole, très-pittoresque ville assise sur une hauteur voisine, et les Fiésolans ne manquent pas d'appuyer cette opinion, qui leur assigne une fort haute antiquité. Quant à la dénomination de Florence, en latin *Florentia*, en italien moderne *Firenze*, elle paraît bien résulter d'une situation délicieuse, dans ce val d'Arno si fleuri, si salubre, si richement doté par la nature.

A l'instar des autres villes de la Toscane, Florence s'était constituée en république dès le xiie siècle, république aristo-démocratique, c'est-à-dire tantôt l'une et tantôt l'autre, et où les deux pouvoirs, mal pondérés, toujours sur l'offensive, et tour-à-tour vainqueurs ou vaincus, engendrèrent les guerres civiles dont fut agité le moyen âge de cette belle contrée. Dès-lors apparurent ces distinctions de partis si connus sous les noms de *Guelfes* et de *Gibelins*, de *blancs* et de *noirs*. Les Guelfes désignaient les partisans de la cause populaire, les Gibelins représentaient l'aristocratie; les blancs se rattachèrent à la faction gibeline, et les noirs appartinrent à la faction guelfe. Il n'existe d'ailleurs pas de données suffisamment authentiques sur la source de ces appellations de partis.

Les désordres inouïs, occasionnés par de telles divisions déterminèrent les Florentins à élire, en 1292, un magistrat suprême qui reçut le nom de Gonfalonier, *Gonfaloniere di giustizia*. Cette magistrature conférait à celui qui en était investi, le droit de rassembler au besoin le peuple sous son étendard, et, quand les voies de conciliation étaient insuffisantes, de mettre par sa haute autorité fin au désordre.

Cependant, même au sein des discordes intestines, Florence devenait riche par son commerce, et puissante par son opulence même. Elle parvint peu à peu à s'assujettir la plupart des autres villes libres de la Toscane, Pise notamment, dont elle fit la conquête. La seule petite république de Lucques eut alors la gloire de conserver son indépendance, malgré les efforts des Florentins pour la subjuguer.

L'histoire de Florence est en grande partie celle de la maison de Médicis, qui, durant un espace de 360 années, exerça une influence considérable sur les affaires publiques. Déjà, au xive siècle, cette illustre famille, profitant avec habileté de l'état florissant du commerce de la Toscane, et particulièrement de celui des laines,

avait acquis d'immenses richesses, et par suite une sorte de suprématie. De 1378 à 1530, des Médicis furent presque successivement gonfaloniers; le premier, Côme, obtint, s'il ne le mérita, le double surnom de Grand et de Père de la patrie; Laurent, dit le Magnifique, et non moins justement appelé le Protecteur des lettres, avait eu le titre de prince de la république; Jean de Médicis était devenu pape, sous le nom désormais immortel de Léon X.

Toutefois, au commencement du xvie siècle, le pouvoir de cette famille ne tenait rien encore de l'usurpation; c'était une possession longue, et non une propriété. Le gouvernement républicain se maintint à Florence jusqu'en 1531, époque où les Médicis s'emparèrent définitivement de la souveraineté, sous le patronage de Charles-Quint. Les cabales de leurs envieux les avaient fait exiler à plusieurs reprises. Charles-Quint se constitua leur protecteur, et, non content de les rétablir de vive force, il déclara l'un d'eux, Alexandre, duc de Florence. Alexandre était présumé fils naturel du pape Clément VII; détesté pour ses cruautés, il fut assassiné en 1537 par Laurencin, l'un de ses proches, qui l'avait attiré dans sa maison, sous prétexte d'une bonne fortune.

Son successeur fut Côme Ier, qui reçut du pape Pie IV le titre de grand-duc, avec l'investiture des honneurs royaux (1569). L'empereur cependant trouva mauvais que le souverain pontife prît sur lui de conférer les dignités séculières dans un pays où il se croyait des droits; mais ce démêlé avec le Saint-Siége fut accommodé, Maximilien II accorda, en 1576, à François de Médicis, frère et héritier de Côme, la dignité grand-ducale, sous la réserve qu'il reconnaîtrait la tenir de l'Empire, et non de la cour de Rome. Ce François, deuxième grand-duc de Toscane, était le père de Marie de Médicis, femme de notre Henri IV, et c'est à son règne que se rattache le romanesque et sombre épisode de Bianca Capello, dont un de nos collaborateurs a donné le récit en style animé. (*Voy.* l'art. *États vénitiens*, page 14.)

La maison de Médicis s'éteignit dans la personne de Jean-Gaston, mort en 1737; elle avait pour souche Jean de Médicis, né en 1360.

C'est assurément un phénomène politique digne de saisir l'attention, qu'une famille de marchands, qui, pendant une si longue succession d'années, s'empare de la domination dans un État libre, et sait la conserver presque non interrompue. Pour qu'un pareil fait historique pût s'accomplir, pour qu'un tel ascendant fût exercé, il fallait que ces marchands fussent pourvus de facultés éminentes : si leurs intentions ne furent pas toujours pures, elles eurent au moins de l'élévation. La règle transmise de leur conduite était probablement de considérer la richesse provenue du négoce, moins comme un résultat obtenu, que comme un moyen d'obtenir davantage ; et cette politique, qu'on peut leur supposer, tout en la blâmant, dénote chez eux une assez haute portée d'intelligence, et la connaissance du cœur humain. C'est que, en effet, malgré le dire de quelques écrivains, certains de ces Médicis étaient des hommes d'action énergique, constamment préoccupés de plus grandes idées que celles qui naissent la plupart du temps de l'esprit mercantile. Il avait du génie, ce Laurent le Magnifique, prince de fortune, qui se fit une cour d'une admirable élite de poètes et d'artistes, qui fut lui-même artiste et poète, qui consacra son pouvoir et son or à décorer sa ville de tant de chefs-d'œuvre, que rien depuis n'a surpassé [1]. Il eut une âme de bonne trempe, ce Léon X, pape à trente-six ans, qui, bien qu'il n'ait porté la tiare que pendant huit années, sut imposer son nom à son siècle [2]. Si alors surgirent en foule les grands artistes, c'est que l'art était fécondé par l'encouragement ; si Florence, dans ces temps, fit renaître les âges brillans de l'antiquité, la gloire de cette renaissance appartient pour une bonne part aux Médicis.

Cette famille ayant pris fin, le grand-duché fut dévolu à François, de la maison de Lorraine, qui devint empereur en 1745, et s'éteignit en 1765.

C'est ici que nous voyons paraître Léopold, ce prince de bienfaisante mémoire, qui gouverna pendant quinze ans avec une sagesse toute paternelle. Une seule action, entre mille, peint d'un trait son amour de la justice et de l'humanité. Il avait acquis la preuve de l'innocence d'un accusé, et promis sa liberté pour le lendemain ; mais, obsédé la nuit par la pensée du prisonnier injustement détenu, il se leva et le fit délivrer sur-le-champ. L'Allemagne ravit à la Toscane son législateur ; mais, en occupant un trône plus élevé, le fils de Marie-Thérèse regretta sans doute plus d'une fois les rives de l'Arno, la belle Italie au doux langage.

Ferdinand III, son fils, obtint dès 1790 la cession du grand-duché ; déposé en 1801, réintégré en 1814, ce prince termina sa carrière en 1821.

De 1801 à 1814, il y a un intervalle rempli par les imposantes volontés de Napoléon.

Le grand-duc régnant, Léopold II, fils de Ferdinand III, est né en 1797 ; en 1817, il a épousé Marie-Anne, princesse de Saxe. Léopold mérite cet éloge, que le nom qu'il porte n'est pas pour lui un trop lourd fardeau. Sans posséder la haute capacité administrative de son aïeul, il a des intentions généreuses. Il est simple et affable, sans faste ni étiquette, imitateur en cela de la cour de Vienne. On peut dire que l'institution despotique en Toscane y est tempérée par le bon vouloir du prince, malheureusement trop subordonné à l'influence de l'Autriche. Sous les Médicis et depuis, ce petit État a souvent joui de la tranquillité que semble avoir voulu lui assigner la nature, et y prodiguant ses largesses. Les Toscans passent d'ailleurs pour être faciles à gouverner ; ils sont aussi calmes et doux qu'ils furent jadis remuans et indociles ; autrefois républicains farouches, ils semblent maintenant façonnés à obéir ; ils ont passé d'un extrême à l'autre : que gagneraient-ils à changer ? Une révolution en Toscane serait un contre-sens.

Nulle part en Italie la presse n'est aussi libre qu'à Florence, la seule ville de la Péninsule où pénètrent les livres étrangers, sans être soumis à une trop sévère douane des idées ; aussi les connaissances humaines y sont-elles en progrès, sous l'abri d'une tolérance qu'il est juste de louer. La belle Florence est encore l'Athènes de l'Italie.

II.

Vue générale de Florence.

C'est une habitude bien entendue pour le voyageur, dès qu'il arrive dans une ville pour

---

[1] Un peintre de nos jours, l'habile Mauzaisse, dans un tableau dont la pensée fut très-heureuse, a parfaitement représenté Laurent le Magnifique avec son savant entourage, et, par des entretiens philosophiques, se délassant, dans son palais de plaisance, des soucis du gouvernement : ce sujet, qui résume en quelque sorte tout un siècle dans une page, est pour la peinture une de ces trouvailles qu'on ne saurait trop approuver.

[2] L'anglais W. Roscoë a écrit l'histoire de Léon X, et aussi celle de Laurent le Magnifique. Ces deux livres sont traduits ; ils attestent chez l'historien une érudition consciencieuse, et des appréciations remplies de sagacité : on voudrait seulement qu'il se fût montré moins partial en faveur de Laurent, dont la mémoire doit compte de quelques fautes.

lui encore inconnue, de gravir quelque point culminant, soit une tour, soit un mont voisin, d'où il peut se rendre compte de la position graphique; puis, de parcourir en divers sens les rues et les places publiques, pour saisir sur le fait la physionomie locale. Cette reconnaissance préalable dispose convenablement à un examen plus approfondi. En procédant ainsi du simple au composé, de l'ensemble aux détails, on juge plus vite et mieux, on met un ordre logique dans le plaisir que donne la nouveauté des objets.

Si nous nous plaçons par la pensée sur la colline de *San-Miniato al Monte* qui domine Florence, de là notre vue embrasse à la fois le val d'Arno, où la noble cité semble une beauté quelque peu sévère, se reposant appuyée sur des coussins de verdure, et se mirant dans les eaux paisibles de son fleuve.

Une multitude de charmans casins, qu'on peut bien justement nommer maisons de plaisance, disséminés sur les coteaux, font comme un cortége à Florence *la belle*, se rapprochent d'elle, l'entourent et la continuent. C'est ce qui faisait dire à l'Arioste avec un peu d'hyperbole :

> Se dentro un mur, sotto il medesmo nome
> Fosser raccolti i tuoi palazzi sparsi,
> Non ti sarian da uguagliar due Rome.

« Si tes palais épars, ô Florence! étaient réunis sous « un même nom, et ceints d'une seule muraille, deux « Rome ne pourraient t'égaler en grandeur. »

Le tout est entremêlé de jardins où croissent ensemble le mûrier, l'olivier, l'oranger, le myrte, l'aloès, des arbres toujours verts, mille plantes et fleurs méridionales. Ce val d'Arno, si privilégié, est tout imprégné de parfums: aussi Florence avait-elle autrefois dans ses armoiries un lys couché sur des roses.

L'Arno, bordé de quais et de palais somptueux, est coupé par trois ponts, celui *della Caraja*, qui joint le quartier de Saint-Esprit au populeux faubourg d'*Ognissanti;* celui de la Trinité, tout entier de marbre blanc; le *Ponte-Vecchio*, qui est couvert, et dont l'aspect est singulièrement pittoresque.

Par-delà le pont de la Caraja, sur la rive droite du fleuve, s'étend l'ondoyante verdure des *Cascine*, délicieuse promenade, chère aux Florentins.

La ville est pavée de larges dalles, ceinte de murs crénelés; ses portes, flanquées de tours, ont la couleur sombre du moyen âge: une seule, plus moderne, celle de *San-Gallo*, ouverte sur la route de Bologne, se présente sous la forme d'un arc de triomphe.

Dans l'enceinte presque ovale surgissent çà et là les campaniles et les dômes des églises, les faîtes élevés des nombreux palais, édifices dont l'architecture mâle impose l'admiration.

Chaque ville d'Italie a son caractère propre, qui la distingue des autres; revêtue d'un sceau particulier, chacune est un type. Gênes ne ressemble pas à Milan, Venise à Bologne, Rome à Florence. Si cette différence marquée provient, à n'en pas douter, de la division du pays en plusieurs nations, il en résulte en même temps un intérêt croissant et varié pour l'observateur attentif. Florence est très-spécialement remarquable par son style à elle, à bon droit appelé style toscan, genre d'architecture caractéristique, dont les qualités constitutives sont la solidité, la régularité, l'unité. Les principales constructions, et notamment les palais de l'ancienne noblesse, *signoria*, appartiennent au temps de la renaissance; mais, quoique se rattachant au moyen âge, elles ne font que participer du gothique ou tudesque; elles sont d'une manière formée de manières diverses, d'un goût choisi entre plusieurs goûts : c'est une architecture en quelque façon éclectique, où le choix a été fait avec un discernement assez exquis pour ne pas perdre le mérite de l'originalité. On sait que les vieux palais florentins ressemblent extérieurement à des châteaux-forts; ils sont, à vrai dire, des citadelles ornées, très-curieuses sous ce rapport qu'elles offrent expressément l'histoire monumentale d'une époque de guerres civiles. Le moyen âge a, ce nous semble, cet intérêt de plus que l'antiquité, qu'il est plus près de nous, et nous retrace des mœurs dont la tradition est moins égarée. Considérée sous le point de vue architectural, Florence a cela de singulier, qu'elle exprime simultanément le moyen âge lié aux âges récens, la renaissance immédiatement rattachée à la civilisation avancée. En effet, les constructions modernes, si différentes des anciennes, quoique dans le même principe, s'entremêlent tellement avec ces dernières, qu'on croit voir deux villes fondues en une seule. Il résulte de cet amalgame, qui n'a pourtant rien d'incohérent, l'avantage de lire à la fois et sans transition dans le présent et dans les siècles passés. Cela donne à l'ensemble de Florence un aspect tout exceptionnel, et à son étude un attrait philosophique que nulle autre ville ne saurait présenter au même degré. C'est non-seulement l'his-

III.

Les palais florentins.

Palazzo Vecchio. — Dans l'énumération des principaux palais qui décorent Florence, celui qu'on nomme le Palais-Vieux tient et doit garder le premier rang. Autrefois habité par les chefs du gouvernement, et devenu ensuite ce que nous appelons l'Hôtel-de-Ville ; précédé d'une place publique et de ce beau portique d'Orcagna, qui furent le Forum de Florence républicaine ; accompagné de la célèbre galerie de Médicis, il est le véritable centre de l'histoire florentine et de sa gloire artistique, il est comme le cœur de la cité que nous allons admirer.

Le Palais-Vieux est une vaste fabrique carrée et couronnée de créneaux, à laquelle la simplicité mâle de sa construction et sa masse même impriment un caractère de sévérité imposante. L'édifice, presque sans ornemens extérieurs, est surmonté d'une haute tour audacieusement bâtie en encorbellement ou en surplomb sur des consoles très-saillantes. L'œil est charmé, dès l'entrée, de l'aspect du *Cortile*, dont les décorations, sculptées et peintes, sont de bon goût, quoique multipliées, et au milieu duquel s'élève une belle fontaine en porphyre, ornée d'une figure d'enfant en bronze par le Verrocchio. La salle du conseil, *sala grande*, où mille citoyens pouvaient s'assembler, est remarquable par son ampleur et sa noble ordonnance, par des sculptures de Baccio-Bandinelli, et des fresques historiques de Giorgio Vasari. Au sujet de ces fresques s'est conservée, vraie ou fausse, la tradition d'une anecdote singulière. On raconte que, tandis que Vasari, monté sur un échafaudage, était occupé à peindre un plafond, Côme Ier survint avec sa fille, et que ces deux personnages, se croyant seuls, dévoilèrent au regard du peintre un mystère bien dangereux. Vasari, devenu leur confident malgré lui, eut assez de présence d'esprit pour faire semblant de dormir. Aperçu enfin par le prince, et interpellé sur l'heure qu'il était, il répondit : « Comment saurais-je l'heure en dormant? » L'à-propos de son sommeil et de sa réponse sauva l'artiste du courroux du grand-duc ; mais ainsi fut connu, dit-on, le secret de la liaison scandaleuse de Côme avec sa fille.

Une autre salle, nommée la *guarda-roba* (garde-meuble), renfermait le trésor domestique des chefs de l'État. C'est dans ce lieu que Côme Ier aimait à se retirer ; c'était son laboratoire. Amateur d'antiquités et de médailles, son plus doux passe-temps était de restaurer, avec l'aide de Benvenuto Cellini, des figurines en bronze couvertes de rouille. Cellini, cet habile statuaire, ce ciseleur étonnant, cet homme si original, était un favori assez indocile, et ne se pliait pas volontiers à quitter ses travaux pour les colifichets du prince.

Œuvre d'Arnolfo di Lapo, qui fut aussi l'architecte de la cathédrale et de l'église de Santa-Croce, le Palais-Vieux compte plus de cinq siècles d'existence, et le temps, en marquant sur lui son empreinte vénérable, n'a point altéré sa solidité.

Tout près de là est la *Loggia de' Lanzi*, plus communément appelée *d'Orcagna*, du nom de son architecte ; elle date de 1355. Suivant la proposition de Michel-Ange, cet élégant portique, borné à trois arcades, devait se prolonger et encadrer la place entière dont rien alors n'eût égalé la magnificence ; mais l'énorme dépense que ce projet grandiose entraînait avec lui, fit renoncer à son exécution. Telle qu'elle est, la Loggia d'Orcagna se distingue par la majesté de ses proportions. Là sans doute se réunissaient jadis les magistrats, et les affaires publiques se traitaient en présence du peuple ; cette Loggia dut servir de tribune aux orateurs populaires ; sa voûte retentit mainte fois des émotions turbulentes de la multitude (car la liberté de Florence était une liberté agitée) ; plus tard, elle servit de dais aux princes dans des fêtes splendides ; et maintenant, *proh pudor!* on y fait le tirage de la loterie!...

La Loggia et les abords du Palais-Vieux sont admirablement ornés de statues en bronze et en marbre, ce qui fait de la place un musée de sculpture, et donne à l'ensemble un aspect monumental qu'on ne rencontre nulle part ailleurs : c'est la Judith du Donatello, le Persée de Benvenuto Cellini ; le groupe de l'Enlèvement d'une Sabine, la fontaine du Neptune, et la statue équestre de Côme Ier, par Jean de Bologne ; c'est, enfin, le David de Michel-Ange, et l'Hercule de Baccio-Bandinelli, deux colosses de marbre. Ces sculptures ne sont pas toutes irréprochables ; mais plusieurs sont des chefs-d'œuvre, et les noms de leurs auteurs appartiennent tous à l'immortalité.

Le monument de la galerie de Médicis est lié au Palais-Vieux ; exécuté vers le milieu du XVIe siècle par Vasari, il occupe trois côtés d'un parallé-

logramme. Une partie du rez-de-chaussée renferme la trésorerie, les archives et une riche bibliothèque; l'autre, composée de boutiques, est une sorte de bazar assez disparate. L'étage de l'attique est entièrement consacré à la somptueuse collection que les premiers Médicis avaient commencée, et qu'ont augmentée leurs successeurs. Les deux grands corridors parallèles ont 430 pieds de longueur, et celui qui les réunit en a 100; mais tout ce vaste espace ne suffisant pas encore à contenir tant de trésors successivement accumulés, force a été d'y adjoindre des salons latéraux, *stanze*, pris sur des maisons voisines. C'est cet ensemble de corridors et de salles qu'on est convenu de comprendre sous le nom générique de la *galerie*.

Il faudrait un gros volume pour la seule nomenclature des œuvres d'art de tous les genres classés là dans un ordre méthodique, et l'on n'attend pas de nous cet ennuyeux catalogue. Indépendamment d'une foule innombrable de groupes et de bas-reliefs, de statues et de bustes, assemblés comme une population de bronze et de marbre, entre la divine Vénus de la Tribune et la touchante tragédie de Niobé; outre des milliers de tableaux des maîtres des écoles diverses, depuis l'école florentine, triomphante sur son propre terrain, jusqu'à l'école française, qui ne compte guère que comme nombre, on contemple dans la galerie de merveilleux assemblages d'antiquités étrusques et romaines, de médailles, de camées, de ciselures, de mosaïques et de pierres précieuses. Il y a de tout cela, quoique beaucoup moins, dans la plupart des musées de l'Europe; mais une collection unique, et dont à ce titre Florence a droit de s'enorgueillir, est celle des portraits des grands artistes, au nombre de plus de deux cents, presque tous peints par eux-mêmes. La fameuse *Stanza della Tribuna*, construite par Buontalenti dans la forme octogone, est l'une des salles contiguës au grand corridor de gauche. L'intention manifeste des ordonnateurs a été de n'admettre que des ouvrages accomplis dans ce sanctuaire privilégié, éclairé et disposé avec beaucoup d'apprêt. Au centre domine la sublime Vénus, comme une reine, ou plutôt comme la divinité de ce petit temple des arts, et les plus rares merveilles que le ciseau et le pinceau aient pu enfanter lui composent un entourage digne d'elle: c'est, en sculpture, ce charmant Apolline, dont on a dit spirituellement: «Si les statues pouvaient se marier, la Vénus ne saurait trouver un « parti plus sortable que cet Apollon;» c'est le rémouleur, l'*arrotino*, objet de tant de dissertations; le groupe des Lutteurs, attribué à Céphisodore, et le Faune jouant du *scabillum* ou crotale: en peinture, sont inscrits là, sur des pages brillantes, les noms glorieux de Raphaël, de Michel-Ange, de Léonard de Vinci, du Titien, du Corrège, de l'Albane, d'André del Sarto, d'Annibal Carrache, du Guerchin, de Daniel de Volterra, du Guide. Cette tribune offre un résumé exquis, et l'on peut dire qu'il y a, dans la galerie renommée des Médicis, de quoi acheter un royaume plus grand que la Toscane.

Palais Pitti. — Lucca Pitti, marchand florentin comme les Médicis, opulent comme eux, et leur compétiteur en plus d'une circonstance, commença, vers le milieu du xve siècle, ce vaste édifice, et ne put le continuer, parce qu'il l'avait entrepris sur une trop grande échelle, ou à cause des revers que la fortune lui fit éprouver. Il avait voulu, simple particulier, faire une œuvre de souverain; son orgueil le perdit. Plus heureux, Côme Ier acquit, en 1549, la *casa Pitti* des héritiers du rival de sa famille; il l'augmenta, l'embellit, et la mit à peu près en l'état où on la voit de nos jours. Il ne s'était cru assuré, dit-on, de conserver le pouvoir, jusque-là regardé par lui-même comme précaire, que lorsqu'il avait pu quitter la casa Medici, demeure de sa famille, et occuper le Palais-Vieux; il était certain de sa puissance, quand il vint habiter la casa Pitti. Il joignit les deux palais par un corridor de 250 toises, qui traverse la ville et l'Arno, en passant à côté du Ponte-Vecchio, à peu près comme les papes ont joint le Vatican au Capitole, afin de pouvoir, en cas de rebellion, se retirer en un lieu plus fortifié. Depuis lors, le palais Pitti a été constamment la résidence des grands-ducs de Toscane. La façade principale, œuvre de Brunelleschi, a une étendue de 90 toises sur la place; elle est toute à bossages et à refends vermiculés; les croisées sont prises dans trois rangs d'arcades superposées, sans l'emploi d'aucun ordre. L'ensemble, d'un style large et sévère, d'une simplicité majestueuse, est le vrai type de l'architecture toscane, et a servi de modèle, au moins pour le caractère, aux autres palais de la même époque. La cour, trop étroite peut-être, est de l'Ammanati. A son pourtour sont des galeries à colonnes engagées, où règnent les trois ordres grecs; mais ces colonnades, chargées de bossages comme la façade extérieure, sont l'objet d'une vive critique fondée à bon droit, ce nous semble, sur ce que la délicatesse de l'architecture grecque ne comporte pas un tel alliage qui l'appesantit. Toutefois il en résulte, peut-on dire, plus d'unité dans la structure générale de l'édifice. Ce sont, au reste, ces refends et ces bossages qui marquent l'analogie qu'on a souvent signalée entre le palais Pitti et celui du Luxembourg à Paris ; c'est principalement et presque seulement par eux que se ressemblent ces deux constructions d'ailleurs fort différentes. Il est pourtant hors de doute que l'architecte du Luxembourg, Jacques Debrosses, eut l'intention de rappeler en quelque manière à Marie de Médicis, princesse de Toscane, la résidence de sa famille.

La ville de Florence a dans son sein même une rivale de la galerie de Médicis, c'est la galerie Pitti. Celle-ci égale presque l'autre, sinon pour la richesse numérique, au moins pour le choix des morceaux. Raphaël, dans son étonnant portrait de Jules II, et surtout dans son incomparable *Madonna della Seggiola*; Michel-Ange, dans son tableau des trois Parques; Fra-Bartolomeo, dans son Saint-Marc ; Salvator Rosa, dans sa fougueuse Conjuration de Catilina; le Titien, le Caravage, André-del-Sarto, Carlo Dolce, Allori, le Guerchin; Pietro da Cortona lui-même, dans ses plafonds, *e tanti altri*, sont à étudier soigneusement dans cette collection magnifique. Là se voit aussi la Vénus que le ciseau de Canova avait osée; tâche bien délicate, puisqu'il s'agissait de remplacer la Vénus de Médicis, quand celle-ci, qui ne semble devoir être enlevée que par un Dieu, devint la proie d'un ravisseur simple mortel, et fut très-prosaïquement transportée à Paris! Ce souvenir, toujours présent, nuit encore à l'œuvre de Canova, et souvent il a rendu la critique sévère jusqu'au point de devenir injuste. Au moins peut-on dire que, si la Vénus de Médicis est une déesse, la Vénus de Canova est plus qu'une femme.

La bibliothèque du palais Pitti, assez mal distribuée à l'étage supérieur, se compose d'environ 45,000 volumes. Parmi les nombreux manuscrits, s'en trouve un des sonnets et des *canzoni* du Tasse, fort curieux à cause des corrections et des ratures faites par l'illustre poète ; plusieurs de Machiavel, et beaucoup de lettres autographes de Galilée ainsi que d'autres hommes célèbres.

Les vastes jardins Pitti, plus ordinairement désignés sous le nom de *Boboli*, sont dans le genre qu'on s'est accordé à nommer français, bien qu'il nous soit venu d'Italie, et que le parc de Versailles, par exemple, devenu type des jardins dits français, ait été visiblement imité par Le Nôtre des jardins Boboli. Ces derniers, plantés par Buontalenti, quoique réguliers, n'ont pas la froide symétrie de Versailles : on y découvre au contraire les plus charmans contrastes de lignes, de riantes perspectives très-adroitement ménagées, d'heureux mouvemens de terrain dont l'architecte sut profiter avec une habileté infinie. A la vérité, l'art se montre à chaque pas dans des amphithéâtres, des gradins à balustres, des obélisques, des bassins, des statues et des vases; mais l'art, en s'emparant de la nature, ne l'a point défigurée; s'il a osé çà et là émonder les arbres et les façonner, partout ailleurs il les a laissés croître et s'élancer en liberté. Ces jardins délicieux sont un exemple de ce que l'homme peut faire de la nature, pour l'approprier à son agrément, pour la civiliser en quelque sorte, et la parer sans la dégrader. Ce qui donne d'ailleurs à ces jardins d'Italie un charme refusé aux nôtres, c'est qu'ils n'ont pour ainsi dire pas de saisons, car la verdure y est éternelle. Le citronnier, l'if, le laurier, le mélèze, le cèdre, le pin maritime, d'autres arbres toujours verts, se détachent merveilleusement sur le bleu du ciel. Parfois, je m'en souviens, errant dans les jardins Boboli, y cherchant l'ombre et oubliant décembre, j'aurais cru que l'Italie n'avait point d'hiver.

Casa Medici ou *Riccardi*, *Casa Strozzi*, etc. — La casa Medici, première demeure des Médicis, construite en 1430 par Michelozzo Michelozzi, acquise en 1659 par la famille Riccardi, et la casa Strozzi, œuvre de Benedetto da Majano et du Cronaca, sont du même style, et les plus remarquables des anciennes habitations fortifiées de Florence. Ce sont des constructions cubiques, dont une cour claustrale occupe le centre. Au dehors, le rez-de-chaussée est d'ordre rustique, flanqué de ces bossages que les Italiens appellent avec raison *bozze di pietra forte*. Deux étages, d'une simplicité mâle, et où se montrent seulement quelques fenêtres cintrées, surmontent cette base solide. La partie supérieure est couronnée par des corniches qui sont en parfait rapport avec l'ordonnance générale. Il résulte de cette large sévérité de plan, non dépourvue d'élégance, un certain accent de noble énergie et de fierté qui résume on ne peut mieux le moyen âge, temps de féodalité, d'anarchie et de dissensions.

Ces forteresses domestiques, et d'autres encore, telles que les *case Ruscellai*, *Niccolini*, *Arnaldi*, *Guadagni*, *Buondelmonte*, *Bartolini*, toutes plus ou moins dans le même goût, furent érigées effectivement à des époques où la noblesse avait souvent à se garantir des soulèvemens populaires : voulant cependant concilier cette nécessité de sa défense personnelle avec son orgueil aristocratique, elle afficha au dehors une attitude simple, mais menaçante, et se ménagea au dedans une somptuosité dont la vue aurait offusqué les plébéiens : aussi les appartemens de plusieurs de ces palais sont-ils aussi riches que les façades sont peu ornées. A la base et aux angles de ces édifices se voient encore de forts anneaux de bronze et de grandes lanternes ciselées : l'usage auquel servaient les anneaux n'est pas bien déterminé ; mais on sait que les lanternes, appelées *lumiere*, étaient l'un des attributs de la noblesse, qui seule avait le droit d'illuminer ainsi dans les fêtes.

La vue de ces vieilles demeures féodales impose une sorte de respect craintif ; leurs murailles, noircies par les ans, sont comme ces médailles rouillées, fragmens historiques des faits de nos ancêtres ; elles paraissent austères, sombres et farouches, comme le furent jadis leurs possesseurs, et forment un contraste bien singulier avec les mœurs efféminées des modernes.

En parcourant les anciens palais, nous devons un coup d'œil à celui du *Podestà* (juge ou bailli dans les temps républicains) : on y trouve encore les tribunaux et les prisons (les uns ne vont pas sans les autres) ; la cour du palais du podestà, décorée d'écussons et d'inscriptions, offre une vue intérieure de l'effet le plus pittoresque. Cet édifice, qui date du milieu du xiii° siècle, est fort curieux à examiner, à cause de son ancienneté rattachée aux premiers âges de la république, et à cause du caractère de son architecture, analogue à celle du palais-vieux, mais peut-être avec plus de gravité encore.

De construction plus récente sont les palais *Capponi* et *Corsini*; ce dernier, en belle situation sur le quai de l'Arno (*lung'Arno*), a des appartemens et une galerie d'un faste royal.

Après avoir contemplé les nobles demeures de la puissance, l'œil aime à se reposer sur les modestes retraites illustrées par des noms chers aux arts et aux lettres. Tout étranger, digne de comprendre la vraie gloire, cherchera avec empressement la *casa di Dante* et la *casa Buonarotti*; il voudra avoir vu la maison de Machiavel, la *villa* de Guicciardini et celle de Boccace ; elles l'entretiendront de hautes renommées conquises par la force du génie. La maison de l'usurpateur Americo Vespucci lui rappellera une célébrité illégitime ; il n'aura pour elle qu'un regard, mais une curiosité respectueuse pour les autres.

IV.

Églises de Florence.

Dans le nord de l'Italie, et jusqu'en Toscane, toute cathédrale est désignée sous le nom parfois assez impropre de Dôme, *Duomo*. *Santa Maria del Fiore* est le dôme de Florence, et sa forme peut lui valoir cette appellation. Il y a peu de temples chrétiens aussi imposans que cette nef gothique, si vaste, si grave et si religieuse. Les plus grands architectes, Arnolfo di Lapo, Giotto, Brunelleschi, Michel-Ange, Orcagna, Taddeo Gaddi, ont appliqué tour à tour leurs puissantes facultés à l'érection de ce monument, digne hommage de l'homme envers la divinité. Lapo le commença sur la fin du xiii° siècle, avec l'aide de Cimabué, son maître ; Brunelleschi entreprit et mit à fin la coupole, œuvre audacieuse, sublime, inspirée du Panthéon de Rome, et qui inspira sans doute à son tour Michel-Ange, quand il eut à exécuter la coupole de Saint-Pierre ; Giotto éleva le campanile, si élégant, si riche de sculptures et d'incrustations de marbres, que Charles-Quint s'écria, dit-on, en le voyant : « Les Florentins devraient renfermer cette tour « dans un étui, et ne la montrer qu'une fois « l'an. » L'intérieur de l'édifice produit d'autant plus d'impression, que la multiplicité des ornemens n'en rapetisse pas l'étendue : rien de superflu n'altère cette noble simplicité qui, en architecture comme en toutes choses, caractérise la vraie grandeur.

Le baptistère est, ainsi que le campanile, détaché du corps de l'église ; ce sont trois parties distinctes d'un même tout : on trouve en Italie beaucoup d'exemples de cette séparation. Le baptistère, placé sous l'invocation de saint Jean, forme donc une petite église à part. On y pénètre par trois portes sculptées en bronze, qui sont des miracles de l'art, et semblent dignes, en effet, *de servir d'entrée au paradis*, suivant l'expression de Michel-Ange. La plus belle de ces portes, celle qui fait face au Dôme, est l'ouvrage de Lorenzo Ghiberti ; elle tient sans contredit son rang parmi les principaux chefs-d'œuvre d'un temps qui fut l'âge d'or de la sculpture.

C'est dans l'église de Sainte-Marie des Fleurs, appelée alors *Santa Reparata*, qu'eut lieu, en 1478, l'attentat des Pazzi contre Julien et Laurent de Médicis. Un pape (Sixte IV), un cardinal (Riario), un archevêque (Francesco Salviati) et plusieurs prêtres trempaient dans cette conspiration, et le moment de l'élévation de l'hostie avait été choisi pour l'exécution sacrilége du complot. Julien y périt poignardé, et Laurent, atteint d'un coup mal assuré, fut sauvé par le dévouement de ses amis. C'est aussi dans cette cathédrale que vingt ans après, en 1498, tonnait en chaire contre ces mêmes Médicis le fougueux dominicain Jérôme Savonarole : ce prédicateur fanatique périt dans les flammes que lui et deux autres moines, ses partisans, avaient prétendu affronter l'évangile à la main. La conjuration des Pazzi et la catastrophe de Savonarole sont des épisodes fort dramatiques de l'histoire florentine.

Santa Croce (Sainte-Croix) est le panthéon florentin. Tout ami fervent des lettres et des arts devra un pélerinage à ce temple qui a donné l'hospitalité des tombeaux à Galilée, à Machiavel, à Michel-Ange, à Leonardo Bruni Aretino[1], à Alfieri, à Felicaja, et à d'autres morts immortels. L'expression de pélerinage convient ici, car, au dire de Byron, Santa Croce est La Mecque de l'Italie. Mais l'œil y cherche vainement les sépultures du Dante, de Pétrarque et de Boccace, noble triumvirat des réformateurs de la langue italienne. La vieille ville de Ravenne, le bourg d'Arqua, s'enorgueillissent de posséder les reliques des chantres de Béatrix et de Laure; elles ne les ont pas rendues à Florence jalouse. Certaldo retient les cendres de l'auteur du *Décaméron*, envers qui un moment ses habitans se montrèrent ingrats[2]. Que de mânes illustres on aimerait encore à visiter à Sainte-Croix! On voudrait y lire sur des marbres dignes d'eux les noms

[1] Je saisis volontiers l'occasion de rectifier une erreur que j'ai commise dans mes *Souvenirs d'Italie*. A grand tort j'avais pris pour la tombe du licencieux Arétin, celle de Leonardo Aretino, savant et vertueux chancelier de la république de Florence. Au reste, j'ai commis cette erreur grave avec madame de Staël et avec d'autres voyageurs accrédités : j'en expie ici ma part.
H. L.

[2] Un zèle fanatique avait tiré le tombeau de Boccace de l'église où il était placé : ce fut une femme, la marquise Lenzoni, qui le vengea de cette injure et lui donna asile dans son palais.

glorieux des peintres Léonard de Vinci, Bartolomeo di San Marco, Daniel de Volterre, Giorgio Vasari, Antonio Tempesta, Cigoli, Allori, Ghirlandajo; des sculpteurs Benvenuto Cellini, Donatello, Baccio Bandinelli ; des architectes Léon-Baptiste Alberti, Brunelleschi, Servandoni; du poète Pulci; des historiens Guicciardini, Paul Jove; du musicien Lulli ; du savant Accurse; du pape Léon X, et de tant d'autres hommes célèbres qui eurent pour terre natale cette belle Toscane, aussi féconde autrefois en génies, qu'elle l'est encore en fruits et en fleurs. Là on aurait alors, résumée en épitaphes, une portion notable de l'histoire de l'esprit humain. Toutefois, et malgré de telles lacunes, vivement senties, Corinne a eu raison de dire que « cette église de « Santa Croce contient la plus brillante assem- « blée de morts qui soit peut-être en Europe. » Ajoutons qu'elle semble faite pour eux, par la majesté un peu sombre de l'édifice, et par le goût sculptural de la plupart des mausolées. Celui de Michel-Ange est remarquable par trois statues figurant la peinture, la sculpture et l'architecture, dans l'attitude d'une douleur méditative; celui de Vittorio Alfieri est dû au ciseau de Canova. Les Toscans se plaisent à dire de ce monument : « C'est le tombeau de Sophocle sculpté « par Phidias. »

Qui pourrait sans émotion fouler les dalles retentissantes de l'église de Sainte-Croix, errer sous ces arceaux brunis, sous ces voûtes, où le bruit mesuré des pas produit un religieux murmure! Comment, sans un tressaillement de vénération profonde, se sentir si près des dépouilles mortelles de ces demi-dieux immortalisés par le génie! En parcourant seul, vers le déclin du jour, cette voie des tombeaux que forment les longues nefs, on n'est plus de ce monde; l'imagination, comme suspendue entre les deux vies, se croit dans la patrie des âmes.

Après avoir accompli ce pélerinage mélancolique de Santa Croce, pour éviter de retomber de trop haut dans le monde réel, il faudrait se faire transporter les yeux fermés à l'église collégiale de *San Lorenzo*; car là aussi se retrouvent les graves enseignemens de la tombe. On irait ainsi, presque sans transition, du Panthéon à Westminster. San Lorenzo est le Westminster de Florence, comme Santa Croce en est le Panthéon. Mais ce sont d'autres tombeaux, d'autres morts et d'autres gloires : à Sainte-Croix, des monumens sans autre luxe que celui de l'art ; à

Saint-Laurent, des mausolées de jaspe, de porphyre et de granit, où s'étalent le lapis, l'or et le bronze, avec le faste des inscriptions; là, des personnages qui durent leur élévation à la seule grandeur de leur pensée; ici, des princes qui atteignirent la renommée à l'aide de la puissance. Les gloires de Sainte-Croix sont aussi durables que le granit et le porphyre de Saint-Laurent.

La magnificence funéraire qui éclate à San Lorenzo, dans la chapelle ducale des Médicis, *capella de' depositi*, est de ces choses dont la description ne saurait donner qu'une incomplète idée; il serait même hors de propos de la décrire, attendu que le bon goût n'est pas d'accord avec elle, et que, après tout, une telle somptuosité intéresse peu, presque toujours obtenue aux dépens des peuples.

Il est mieux de nous arrêter devant les tombes qui décorent la sacristie de cette même église, parce que la matière y est surpassée par le travail, et que ce travail est de Michel-Ange. Cet inimitable artiste a imprimé sa main de maître sur les sarcophages de deux des Médicis, l'un Julien, frère de Léon X, et l'autre Laurent, duc d'Urbin, et père de l'odieuse Catherine. Le premier de ces monuments est surmonté de deux statues représentant le *Jour* et la *Nuit*; le jour est vraiment animé de toute l'expression de la vie; la nuit sommeille, et endormie semble respirer; on dirait qu'elle va parler, si on l'éveille :

    Destala, se no'l credi, e parlerati,

disait un contemporain de Michel-Ange : « Le « sommeil lui est doux, répondit le sculpteur-« poëte, ne point voir, ne point sentir, est pour « elle un bien; ne l'éveille donc pas; silence! »

    Non veder, non sentir, e gran ventura;
    Però non *la* destar; deh! parla basso.

Sur l'autre tombeau est la statue de Laurent, avec deux figures emblématiques de l'*Aurore* et du *Soir*. Laurent est représenté en habit guerrier, le casque en tête, assis, et plongé dans la méditation. Cette figure, dont la pose est d'un naturel exquis, produit une incroyable illusion de vérité; involontairement on se tait devant elle, car on s'attend qu'elle va dresser la tête, si on la distrait de ses réflexions. Il est beau, il est grand, cet art qui a le pouvoir de communiquer ainsi la pensée à la pierre.

La bibliothèque *Laurentienne*, à bon droit célèbre, est très-riche en manuscrits, au nombre desquels tout homme studieux, tout curieux, connaisseur ou non, voudra se faire montrer les fameuses *Pandectes* d'Amalfi; un *Plutarque* et un *Tacite* très-anciens; les *Lettres familières de Cicéron*, copiées de la main de Pétrarque; lo *Longus* maculé d'encre, dont la réputation s'est augmentée depuis la spirituelle polémique de Paul-Louis Courier; le plus ancien manuscrit que l'on connaisse de *Virgile*, la *Vie de Benvenuto Cellini*, écrite par ce singulier artiste; les *tragédies d'Alfieri*; enfin, une foule de trésors littéraires. Le local qui les renferme est on ne peut mieux approprié à sa destination : son air de simplicité, de vétusté, le demi-jour mystérieux que laissent pénétrer les vitraux coloriés, les siéges gothiques et les pupitres de chêne sculpté, tout cela est en parfait accord avec les vieux parchemins à fermoirs de cuivre. Il règne là une tranquillité, une harmonie sérieuse, une certaine odeur d'érudition, qui invitent à l'étude et au recueillement.

Michel-Ange, qu'on retrouve à chaque pas dans Florence, et qu'il faut citer à chaque instant (car son esprit semble errer partout), Michel-Ange avait une prédilection marquée pour l'église de *Santa Maria Novella*, qu'il se plaisait, dit-on, à nommer *la sposa* (l'épouse). Elle est très-remarquable, en effet, par l'élégante simplicité de son architecture, intéressante surtout par les peintures dont elle est décorée, et qui exposent l'histoire de l'école florentine, ses commencemens, ses progrès, ses triomphes. Toutefois, en payant un tribut mérité d'admiration à ce bel édifice du xive siècle, on ne se rend pas nettement compte de la préférence que lui aurait accordée Michel-Ange. Ce mot de *la sposa* pourrait être de ces propos qu'on attribue souvent à tort aux hommes célèbres, et qu'on a consacrés à force de les répéter.

Comme édifice gothique, et en même temps comme collection de peintures anciennes, nous oserions penser que l'église du Saint-Esprit, *lo Spirito Santo*, sur la rive droite de l'Arno, offre peut-être un double intérêt, plus réel encore que Sainte-Marie-Nouvelle. Brunelleschi fut l'architecte du Saint-Esprit. Le vaisseau de ce temple chrétien, en forme de croix latine, a de la grandeur et de la majesté; ses colonnades corinthiennes sont dans les meilleures proportions : les vieux maîtres de la peinture y méritent l'attention la plus spéciale des vrais *dilettanti*. Là se montrent avec leur naïveté souvent raide et sans grâce, mais souvent aussi remplie d'un charme indicible, les Giotto, les Masaccio, les Cimabué, les Pérugin, et toute cette école de renaissance trop peu généralement appréciée, qui a devancé le messie des arts, le divin Raphaël.

Mais voulez-vous de la naïveté avec de la grâce, de l'expression naturelle, du sentiment accentué, sans recherche d'effets; voulez-vous de la peinture qui vous arrête immobile, qui vous aille au cœur, et vous fasse penser profondément : allez voir André del Sarto à l'*Annunziata*. Dans le cloître vous pourrez contempler à votre aise la fameuse *Madona del Sacco*, que le temps malheureusement altère de plus en plus tous les jours. Cette fresque peut-être a été trop vantée; ce qui ne l'a pas été assez, ce sont les peintures qui ornent le péristyle de cette même église, au dedans si brillante et si parée. Le Sarto a représenté sur les murs divers sujets tirés du Nouveau-Testament, la Nativité de la Sainte-Vierge, l'Annonciation, l'Adoration des Mages, etc. La simplicité de ces compositions, celle même de l'exécution, toucheraient le plus insensible. C'est de la peinture qui se comprend de suite, et qui, pour être en quelque sorte populaire, n'en atteste pas moins une habileté infinie; c'est le beau idéal de cet art appliqué à l'expression des croyances chrétiennes.

Pour signaler au voyageur toutes les plus belles églises de Florence, il faudrait encore lui servir de *cicerone* à *San Marco*, qui contient les tombeaux d'Ange Politien et de Pic de La Mirandole; il faudrait aussi l'entretenir du monastère *della Maddalena de' Pazzi*, *del Carmine*, etc. Nous ne nous sommes peut-être déjà que trop oublié dans les églises, et pourtant nous nous attachons à être sobre des détails qui se présentent en foule. Notre prolixité trouverait au besoin son excuse dans l'abondance des objets; nous l'avons déjà dit ailleurs, à propos de Sainte-Croix :

« Les églises sont si multipliées en Italie, si généralement remarquables comme œuvres d'art, d'une importance morale si marquée dans un pays où aucune idée n'a long-temps germé que sous l'immédiate influence du catholicisme, qu'il est impossible de se taire sur ce qui constitue à ce point une nation, sur ce qui la fait être ce qu'elle est. Cette belle Italie n'a plus guère de renommée un peu moderne, que la gloire de quelques poètes, celle que lui ont léguée des architectes, des sculpteurs, des peintres, et les monumens religieux y sont des archives qui, consacrées à Dieu, honorent l'humanité. »

Mais hélas! il est pénible d'ajouter que les arts, si brillans jadis en Toscane, ne sont plus guère qu'une tradition qui fait honte au présent. Appauvri, le siècle actuel nous offre jusqu'ici un seul peintre digne de ce nom, Benvenuti; un sculpteur, Bartolini; un graveur, Raphaël Morghen (encore était-il Irlandais d'origine); un poète, l'auteur d'*Aristodème*, Niccolini. Quant aux sciences, elles ont présentement trois hommes à citer en première ligne, Nobili, Mustoxidi, Libri. Ce que produit l'Académie *delle Belle-Arti* est d'une médiocrité qui étonne l'étranger, et doit mettre la rougeur sur le front de tout vrai Toscan. L'Académie *della Crusca* ne vit plus que sur son ancienne réputation, et, pour être *Cruscante*, il n'en résulte pas qu'on soit bon écrivain. Animés d'une ardeur juvénile, quelques littérateurs nouveaux, à Florence, à Pise, et même dans l'exil, ont l'ambition patriotique d'honorer la jeune Italie; mais on connaît plus leurs efforts que leurs succès. C'est là une bien insuffisante représentation du passé, un pâle reflet de la gloire d'autrefois.

V.

Mœurs florentines.

Pourquoi cet appauvrissement que nous signalons à regret dans les arts et dans les lettres ne proviendrait-il pas du changement introduit dans les mœurs? Le climat imprime à une nation son caractère spécial, en même temps qu'il détermine sa constitution physique : les mœurs sont l'expression de ce caractère donné; la littérature et les arts se formulent d'après les mœurs; mais les mœurs et le caractère se modifient avec les institutions. Ainsi peuvent s'expliquer les réactions qui se manifestent dans l'esprit national, et ses phases diverses. Le climat en Italie n'a pas sensiblement changé; mais il n'en a pas été de même à l'égard des institutions politiques : c'est à ces dernières qu'il faut recourir, pour se rendre compte des modifications qu'ont éprouvées le caractère, les mœurs et l'esprit des Toscans. Sans cette manière de procéder, on ne concevrait pas nettement, ce nous semble, comment un peuple ardent, fier et indocile au joug, est devenu patient et calme, pourquoi s'est trouvé comme frappé de stérilité le sol fécond des arts.

Long-temps la liberté communiquait aux Toscans cette énergie dont on ne retrouve les traces que dans leurs annales et qui ne survit que dans leurs monumens : altière, impétueuse, si elle ne produisait pas le bien public, elle enfantait de nobles choses. Concurremment avec la liberté, la religion faisait opérer les œuvres d'art du xv° et du xvi° siècle, car elles sont presque toutes empreintes du sentiment et de l'esprit religieux. Ces œuvres se ressentent plus ou moins du mysticisme, parce que la religion était alors mystique ; elles participent de l'audace, parce que la religion tenait aussi de la liberté, qui était audacieuse. Dante et Michel-Ange résolvent en eux cette époque. Autour de ces deux génies, conjoints et solidaires, qui conçurent l'*Enfer* et le *Jugement dernier*, se groupe l'illustre foule d'artistes et de poètes dont la gloire se rattache à l'ère de la liberté florentine.

Cependant les Médicis s'emparèrent par degrés du pouvoir ; le gouvernement monarchique s'assit et se consolida ; sa force peu à peu réagit contre la force populaire, et les volontés, auparavant éparses, se fondirent en lui. Dès-lors les idées suivirent un autre cours ; les mœurs changèrent ; le caractère, cette physionomie morale, s'altéra, comme s'efface l'empreinte originaire d'une monnaie.

Admettons, sans les outrer, les conséquences : si là, comme ailleurs, la monarchie n'a pas suffisamment secondé la vigoureuse impulsion que la pensée avait reçue, elle a substitué le repos à la liberté ; elle a adouci, amolli même le peuple ; mais, en l'amollissant, elle l'a civilisé. Si le génie ne germe plus en Toscane, au défaut de l'indépendance qui le développe, l'éducation répartit généralement ses bienfaits. Il est à observer que dans ces temps que nous admirons, à côté de ces talens éminens qui prenaient d'eux-mêmes leur essor, le reste, plèbe misérable, était submergé dans une profonde ignorance : la lumière n'était que l'éblouissante clarté des éclairs perçant la nuit ; elle est maintenant répandue partout, comme un jour doux et continu. Et, dans ce que nous venons de dire, il n'y a pas contradiction avec ce que nous disions plus haut. Quoique déchue, à certains égards, Florence est encore l'Athènes de l'Italie : seulement, ce n'est pas Athènes des Aristide, c'est Athènes des Alcibiade.

Or, voyons maintenant quelles sont présentement les mœurs de Florence ; ou du moins, au défaut d'une étude approfondie que la position d'étranger rend toujours si difficile, observons quelques coutumes caractéristiques, et contentons-nous d'un examen qui soit à peu près pareil à ces croquis légers où le crayon saisit la ressemblance par le simple jet de plusieurs traits distinctifs. Le voile sous lequel se dérobent les mœurs de ce pays est assez transparent pour qu'on les pénètre ; toutefois, les nuances échappent à la vue ; il y a plus à deviner qu'à voir, ce qui impose une certaine réserve dans la description.

Un peintre de genre pourrait, dans un seul petit tableau, nous retracer d'un coup d'œil ce qui singularise la capitale de la Toscane, et nous en donner à la fois une idée générale et fidèle. Ce tableau à faire, imaginons-le exécuté. Il représente une rue de Florence, et, dans cette rue, l'un des sombres palais-forteresses que nous avons essayé de décrire. Sous le porche, au lieu d'un grave magistrat des anciens temps, ou d'un noble paladin de tournure hautaine, nous apercevons un élégant moderne, à la démarche quelque peu molle et efféminée, avec la mise apprêtée de nos jours ; ses cheveux bruns luisans sont bouclés de côté ; il porte des gants de couleur paille : ce *fashionable* d'Italie présente la main à une jeune et jolie Florentine, habillée, sans beaucoup de goût, à l'avant-dernière mode parisienne. Ce tableau supposé, curieux par son contraste, montre ce qui se voit sans cesse en réalité dans Florence : c'est jadis et aujourd'hui.

Maintenant vous êtes curieux de savoir quelle est cette noble dame, quel est ce cavalier ; votre sagacité a pour s'exercer le champ libre des conjectures : vous demander où ils vont ; ils se rendent là où s'assemble invariablement ce qui se nomme en Italie *la gente di garbo*, ce qui s'intitule, en France, *les gens comme il faut*. La *gentil-donna* et le *cavaliere* se retrouveront aux allées du *Prato*, autrement dit les *Cascine* (les laiteries), elle dans sa calèche, lui dans son tilbury. A l'endroit convenu où le bon ton veut que stationnent les équipages, ils échangeront encore quelques discours, que nous n'entendrons pas, mais que nous jugerons devoir être de doux propos, d'après certains coups d'œil caressans qui leur servent d'interprètes.

C'est une bien gracieuse promenade que celle des Cascine, entrecoupée de prairies et de bois : les bois peuplés de faisans ; les prairies, où sont pittoresquement éparses des vaches qui ruminent ou qui paissent ; au milieu de cette nature, tout à la fois coquette et champêtre, un joli casin, qui sert au prince de rendez-vous de chasse ; çà et là de larges allées où les heureux de Florence courent étaler le luxe de leurs voitures et de leurs coursiers ; plus loin, de la solitude ombragée pour le piéton modeste qui n'aime pas la foule ; ailleurs, des clairières, avec un doux repos de gazon pour des amans : et puis, le riant Arno, qui coule lentement, et qui semble à regret quitter ces beaux lieux, véritables Champs-Élysées !

L'agrément de la promenade nous a fait perdre de vue les deux personnes que nous y avions suivies. De retour en ville, nous entrons au café du pont de la Trinité, ou, mieux encore, à celui du Bottegone, fréquentés à cette heure par la bonne compagnie. Nous devons y rencontrer nécessairement notre Florentin, dégustant son sorbet, et devisant avec ses amis de la nouvelle du jour et des importantes affaires qui, en tout pays, préoccupent la classe élégante. N'est-ce pas en effet partout une catégorie de gens qui se ressemblent, copiés les uns des autres, désœuvrés ou occupés de riens ? Mais nous ne pensons pas que le commerce des futilités soit en aucun lieu si fort en crédit qu'en Italie. Sauf un bon nombre d'honorables exceptions, les idées sérieuses y sont généralement mises à l'index. Pays sensuel de Papimanie, où la principale fonction est d'obéir à la loi naturelle du bien-être !

On y fait plus, on n'y fait nulle chose.

Les Florentins dînent de bonne heure, et soupent fort tard, souvent à minuit, après le spectacle. Ainsi s'est établie, pour les hommes, et même pour quelques femmes, la coutume d'aller au café en revenant de la promenade.

Les affiches des spectacles sont suspendues en travers des rues, à l'instar des réverbères, et toutes cherchent à se dépasser par l'ampleur de leurs annonces ; c'est à qui saura le mieux attirer l'œil et capter l'attention. Selon l'attrait dominant, nous allons, soit au théâtre *della Pergola*, entendre un opéra sérieux et voir un ballet, soit au théâtre *del Cocomero*, où nous appelle un opéra bouffon ; ou bien une comédie de *Nota*, jouée par une société d'amateurs, nous invite au *teatro Goldoni* ; nous ne craindrons pas, au besoin, de déroger, en allant à une pantomime du théâtre de *Borgo d'Ognissanti*, où à un vaudeville imité du français, et récité au *teatrino della piazza Vecchia*. Toutefois, c'est plus probablement à la Pergola que nous donnerons l'option. Nous y voici : le grand-duc s'y trouve avec sa famille, car Léopold aime les jeux de la scène, et les encourage volontiers par sa présence. L'élite de la société florentine est réunie ; les femmes sont en parure ; modes de Paris, toujours un peu arriérées, et subordonnées toujours aux couleurs éclatantes que les Italiennes ne quittent guère. La beauté des Florentines consiste principalement dans la fraîcheur et l'embonpoint ; elles sont en général plus blanches, et ont les traits plus délicats et plus doux que dans le reste de l'Italie. La *platea*, le parterre, est semé aussi de toilettes féminines en sous-ordre, dont la variété nuance heureusement la triste monotonie des habits noirs. L'*introduzione* est exécutée vaille que vaille au milieu du tumulte : l'opéra commence, mal écouté d'abord, et fréquemment troublé par le murmure des conversations ; mais le silence renaît aux morceaux favoris. La *prima-donna* est vivement applaudie dans une brillante cavatine ; elle remercie le public par une révérence, avec accompagnement obligé de modestie ; on applaudit le *basso*, le *tenore*, ils saluent à leur tour ; ces guerriers, cette princesse, laissent là leurs rôles pour s'incliner respectueusement aux cris de *brava*, *bravi* ; autant de battemens de mains, autant de profondes salutations. Après le premier acte vient le ballet, car c'est l'habitude assez bizarre de couper ainsi un opéra en deux parties. Il s'entend de reste que de tels usages proscrivent toute illusion scénique : aussi n'est-ce pas ce genre d'illusion qu'il faut réclamer de l'opéra italien.

Cependant à une loge de *secondo ordine* (nos premières), dont des rideaux frangés forment l'encadrement, j'ai reconnu la belle de ce matin ; auprès d'elle est assise une autre dame ; derrière sont deux hommes, dont l'un, presque caché dans l'ombre, ressemble à un abbé : c'en est un. Quelle maison à Florence n'a pas son abbé ? c'est le précepteur des enfans, l'ami, le conseil privé, le dépositaire des secrets de la famille, l'âme de ses projets ; que n'est-il pas ? Les abbés ont de grandes prérogatives. Le spectacle ne leur est pas positivement permis, pas interdit non plus ; il est de tolérance ; quelques-uns sont assez rigoristes pour se le défendre ; d'autres se l'accordent ; mais aucun, il faut le dire, n'en abuse jusque-là de ne pas y garder au moins le décorum d'un demi-incognito.

La loge s'ouvre, on s'y attendait, c'est l'élégant des Cascine qui se présente; il est dans sa tournée habituelle de loges en loges; on peut présumer qu'il restera dans celle-ci plus longtemps que dans les autres.

Quel est donc ce monsieur? Un mari n'est pas si assidu à Florence, et un semblable zèle y serait de mauvais goût. D'ailleurs, l'époux de la dame est là-bas dans cette loge de côté, et ses distractions, s'il en a, ne lui viennent pas de sa femme. Nous ne voudrions pas médire; ce sont ici les faits qui médisent, bien entendu encore sauf exceptions. Sur cet article délicat, de singuliers détails ne feraient pas faute, si, en voulant être historien véridique, on ne tenait essentiellement à être narrateur discret. Le sigisbéisme, puisqu'il faut l'appeler par son nom, n'est pas déraciné des mœurs italiennes; souvent combattu, à demi-vaincu, mais jamais expulsé, ou flatteur, il s'insinue, ou audacieux, il tient bon sans rougir; il laisse dire, et va son train; il se rit de la réforme, il se moquerait peut-être même d'une révolution.

En dépit du midi, les Florentins ont peu de vivacité; ils sont calmes en apparence, extérieurement graves, et l'on peut dire méthodiques. Mais vienne le carnaval, avec ses folles mascarades aux *Uffizi* et à la place de Sainte-Croix, avec ses courses de chevaux libres, avec ses bals masqués, alors ce peuple si posé, si peu passionné en dehors, tout Italien qu'il est, devient une foule joyeuse qui s'agite, qui se précipite, qui tourbillonne, emportée par une sorte d'ivresse; alors se nouent ou se rompent les liens souvent mal serrés des cœurs : cette époque est pour la volupté, sinon pour l'amour, celle du renouvellement des baux : qu'on nous passe cette expression, parce qu'elle sert à peindre des nœuds formés par le caprice. Une liaison de cœur paraît fortement cimentée, si elle résiste à l'épreuve du carnaval. Vienne *la primavera*, le printemps, ce seront des plaisirs moins vifs et plus doucement sentis, de riantes promenades à *Poggio Cajano*, à *Pratolino*, palais de plaisance, jardins charmans, dont la jouissance appartient autant au peuple qu'à son prince. Viennent l'été et l'automne, c'est le temps des *villeggiature* dans les casins qui avoisinent Florence, sur les monts que domine la ville aérienne de Fiesole, dans les vallées ombreuses, dans les campagnes fertiles de la Toscane, aux bains de Pise, à ceux de Lucques.

Ainsi s'écoule la vie des heureux Florentins, vie au jour le jour, non exempte d'égoïsme, mais précisément pour cela quitte de bien des soucis, dégagée surtout de la sombre *politicomanie* qui nous absorbe. Cette existence molle et insoucieuse n'est pas le privilége exclusif des classes favorisées de la fortune; les autres y participent proportionnellement, et le peuvent jusqu'à un certain point, parce qu'il n'est pas nécessaire d'être riche à Florence pour donner quelque chose au superflu. L'opulence est rare et l'aisance assez commune. Sans doute il y a de la pauvreté, mais peu de misère, attendu que, d'un côté, les ressources essentielles sont abondantes et à fort bon compte, et que, de l'autre, la bienfaisance publique n'est nullement avare de ses dons.

Si l'amour, ou ce qui en tient lieu, occupe une grande place dans la vie qu'on mène à Florence, la religion, ou ce qui en tient lieu, la lui dispute avec constance; tous deux sont associés à la souveraineté, ils en sont les agens. La religion et l'amour ont survécu à la liberté : vrais pouvoirs de l'État, jadis ils étaient dominans de concert ou tour à tour, et se contre-balançaient réciproquement; il n'en existe plus que deux, qui se sont partagé les dépouilles du troisième. Ceux-là ne périront pas, ils sont vivaces, indissolublement inhérens au cœur humain. L'amour, nous l'avons dit, assez positif et réel, ne s'égare pas dans les abstractions psychologiques; la foi est de même, point raisonneuse, livrant l'âme avec abandon, comme l'autre livre les sens. Pour tout dire en un mot, l'amour, c'est la volupté, et la religion, c'est la dévotion. En Italie ces sentimens, quels qu'ils soient, sont inséparables, et cela est conséquent : l'un, en effet, tient de l'autre; l'amour est une dévotion, et la dévotion est aussi de l'amour. De là ce culte si fervent de la *Madone*. La divine Vierge est la reine des femmes par droit d'excellence, le type exquis du sexe féminin, et la plus pure essence de son cœur. Il n'est donc pas hors de sens que tout ce qu'il y a d'émotion tendre se rapporte à elle qui est la tendresse personnifiée; seulement à côté du bien est l'abus. La Madone est vénérée en Toscane et dans toute l'Italie d'une manière trop exclusive. Sur les routes, sur les ponts, dans les rues, à chaque carrefour, dans des boutiques, dans des cafés, dans les chambres, au chevet du lit, partout se retrouvent ses images. C'est elle qu'on intercède dans la douleur, c'est elle qu'on invoque dans la joie; à elle les actions de grâces, les tributs, les *ex-voto*. Nos fidèles de France sont loin de cette exaltation de zèle, et leur culte de la Sainte-Vierge est froid, en comparaison de l'ardeur que les Italiens apportent au culte de la Madone. Tels sont les honneurs qu'on lui rend, que le reste du catholicisme en paraît négligé. L'Italie est bien ici-bas le royaume de la Madone; la Toscane est une province de ce royaume.

Quoi qu'il en soit, s'il est vrai que la foi ne soit pas exempte de momeries, et que, mal éclairée, elle fasse trop consister l'exercice de la croyance en des dehors minutieux, une des pratiques principales de la religion, bien entendue et mise en œuvre, commande à elle seule plus de respect que les autres ne peuvent mériter de censure. Nous voulons parler de la charité, vertu si éminemment évangélique. Les Florentins passent pour être charitables et compatissans. Acquitter scrupuleusement la dette que celui qui a contracté tacitement envers celui qui n'a pas, est un acte pieux qui rachète amplement le blâme qui peut s'attacher à quelques faiblesses.

C'est en généralisant, ainsi qu'il convient de le faire, quand on traite de ce qui concerne un peuple, c'est en dirigeant sur son ensemble notre observation impartiale, que nous avons montré les Florentins adonnés à une vie oisive, amenant à sa suite plusieurs désordres moraux et des superstitions. Nous devions établir notre jugement sur l'opinion que nous nous sommes faite de la masse. En pareil cas, ce n'est que sur des généralités que doit se poser la critique, et à cet égard nous avons la persuasion de n'avoir pas isolé des faits. Nous nous sommes attaché soigneusement à nous garantir de l'erreur et du manque de mesure. Sur le premier chef, l'erreur, s'il s'en trouvait, serait de bonne foi; quant au second, nous croyons fermement n'avoir pas dérogé aux règles de la prudence. Nous avons parlé en passant d'exceptions; elles sont innombrables : le voyageur qui prolongera son séjour dans cet intéressant pays, est assuré de rencontrer, sans beaucoup chercher, une multitude d'hommes honorables, secondant par l'activité de leur esprit le mouvement social et le progrès des lumières, distingués par leur sagesse, une piété solide et des vertus éminentes.

L'esquisse que nous venons de tracer des mœurs florentines, toute imparfaite et insuffisante qu'elle est, sert à montrer combien cette nation diffère de ce qu'elle fut. C'est principalement dans l'absence de force et d'action que se marque la différence; car, du reste, on se tromperait fort en imaginant que les Florentins d'autrefois étaient préservés des défauts que nous observons chez leurs descendans. Il ne faut pas professer tant de respect pour le temps passé, ni l'exalter plus que de raison. Les siècles de production, éclos de la barbarie, en avaient les vices. La renaissance garda long-temps la rouille de la décadence; le frottement des idées n'avait poli qu'une partie de la surface. La liberté, qui venait en aide, a toujours, comme on dit vulgairement, les défauts de ses qualités : c'est un beau et fertile principe; mais ce sont les hommes qui en déduisent les conséquences, et leur logique est d'ordinaire au service de leurs passions. Profitable ou dangereuse, selon son application, la liberté est, comme la langue, ce qu'il y a de meilleur et de pire. Les Florentins, avec la privation de la liberté, ont perdu ce qu'elle a de bon; mais, en revanche, ils sont à l'abri de ce qu'elle a de mauvais. Somme toute, c'est un peuple humain, poli, hospitalier, et dont le sort a de quoi faire envie à d'autres; c'est probablement la plus saine population de l'Italie, et certainement la moins malheureuse.

Toscane riante, l'étranger qui sait voir et qui t'a vue, n'oubliera de sa vie tes charmes et la courtoisie de tes habitans : Florence au nom si doux, celui qui a pu passer des jours de jeunesse au milieu de tes monumens, en gardera toujours l'empreinte dans son imagination. Ses souvenirs seront des regrets. Telle est l'Italie en général, et la Toscane en particulier, patrie de tous les hommes qui vivent par la pensée. L'Italie a cela de spécial, qu'on ne saurait en rapporter de l'indifférence. Il n'est, que nous sachions, aucune contrée qui laisse d'aussi durables impressions. Nous avons vu des artistes, des poètes, soupirer après elle, comme on soupire après une maîtresse perdue, la redemander en se lamentant, ne parler que d'elle, n'exister qu'en elle, pour ainsi dire, et ne plus se plaire même sur le sol natal. Plusieurs entreprennent de nouveau le voyage, et puis voudraient le recommencer encore. Rome, Naples, Venise, Florence, laissent dans l'âme un sentiment inquiet qui ressemble à ce qu'on nomme le mal du pays.

H. Lemonnier.

TOSCANE.

FLORENCE. — VOLTERRA. — VALLOMBREUSE.

Tombeaux. — Vases. — Bas-reliefs. — L'âme et le corps. — Lucioles. — Palazzo-Vecchio. — Statues. — Fontaines. — Persée. — Uffizi. — Galerie des empereurs. — Tribune. — Dix salles. — Galerie des peintres.

Que nous sommes étranges avec notre prétention à enfermer tout le caractère d'un peuple dans un adjectif! Les Allemands sont nuageux, les Anglais graves, les Italiens passionnés. Une épithète, pour quinze millions d'hommes, et voilà une nation peinte. Quant à nous, Français, nous sommes *le peuple le plus spirituel de toute la terre*, ce qui me fait bien de la peine pour toute la terre; car si nous sommes spirituels en masse, nous en dédommageons bien individuellement. De même pour les contrées : il y a toujours un mot par lequel on résume l'aspect géologique d'un pays : l'Allemagne, c'est une vieille forêt; l'Espagne, un bois d'orangers; les Colonies, un champ de cannes à sucre; si bien que vous êtes tout surpris, en arrivant dans ces contrées, d'y trouver des rivières, des montagnes et du sel. Par exemple, quand vous entendez prononcer ce mot de Toscane, soudain, devant vos yeux, ne voyez-vous pas des fleuves fertiles, des vallons avec des bergères qui tressent des pailles, des chapeaux couverts de fleurs, des flûtes qui jouent sous le feuillage, etc. Allez donc de Rome à Florence, et vous jugerez.

Je faisais ces réflexions en me dirigeant vers Volterra. J'étais parti de Livourne le matin au lever de l'aube; le mois de juillet finissait, et j'arrivai à midi à Cappannoli, petit village de quelques vingtaines d'âmes, et situé à trois heures de marche de Volterra. Malgré la chaleur du jour, je me remis en route, et je fus vraiment effrayé de ce chemin. Barége et ses montagnes décharnées n'ont rien de plus âpre et de plus sombre. Imaginez-vous un terrain sillonné d'enfoncemens et de hauteurs, comme la mer quand elle houle, mais sans aspect grandiose et terrible : pas de montagnes, des monticules, des monticules de terre-glaise séchée et crevassée au soleil; pour végétation, une herbe courte, rare et rousse, comme les cheveux d'un homme dont la tête est presque rasée; un soleil insultant et tombant d'aplomb sur ce sol brûlé; pour ombrage, l'ombre portée sur les enfoncemens par les élévations, et çà et là, perdus sur les hauteurs, quelques petits oliviers rabougris, dont la verdure poudreuse rappelle la chevelure d'un sei-

gneur de la régence, au sortir du lit; car, s'il y a quelque chose de laid au monde, c'est le grand soleil et les oliviers. Pendant les trois heures de la route, je n'entendis pas une voix humaine, je ne trouvai pas un oiseau, je ne vis pas un filet d'eau; pour tout murmure, j'avais le bourdonnement sourd des mille insectes qui bruissent en plein midi, et pour charmer les yeux, s'apercevait parfois, de loin, à rares intervalles, un pâtre enfant, à moitié nu, conduisant une douzaine de moutons maigres, sales, qui arrachaient à grand'peine quelques brins d'herbe cachés dans des trous; enfin, et c'était là le complément du tableau, je rencontrais tous les cinq cents pas, à droite et à gauche de la route, de petits monticules de terre, hauts d'un pied, et surmontés d'une croix de bois noir, avec une sorte de lanterne où il y avait des os; ce qui veut dire : *Ici un homme a été assassiné*. Pendant la première demi-heure, j'étais ravi : désert, solitude, dévastation, tout cela est admirable à vingt-cinq ans, quand on a du bonheur de reste; j'éprouvais même une espèce de légère peur tout-à-fait charmante; mais après deux heures de marche, j'avais assez des beautés du laid, et quand j'entrai dans Volterra, je fus sur le point d'aller embrasser le premier homme que je rencontrai, et de lui dire : mon ami.

Volterra est situé tout en haut d'une montagne, comme un nid d'aigle ou de vautour; on y arrive par une pente très-rude et très-pierreuse; elle est entourée d'une couronne de petits oliviers, au-dessus desquels la ville s'élève toute blanche; on dirait un crâne chauve au milieu d'une forêt de cheveux qui ceignent les tempes et le front. En arrivant dans Volterra, je courus d'abord, non aux murs cyclopéens, mais à l'auberge; les Étrusques avaient certainement déjeûné quand ils construisirent ces belles murailles; j'allai en faire autant; d'ailleurs l'admiration est comme tout le reste, il faut qu'on la nourrisse pour qu'elle vive. Je me croyais très-habile en langue italienne, et, en entrant dans l'auberge, je dis à l'hôte d'un air capable, *date mi costeletta*. Je ne savais pas trop comment se disait côtelettes, mais en ajoutant un *s*, pensai-je, cela doit être juste. L'hôte me regarda comme un homme qui ne comprend pas. Je supprimai mon *s*, il ne comprit pas davantage; un peu honteux, je me retournai comme pour regarder derrière moi, puis, tirant discrètement mon petit dictionnaire de ma poche, je cherchai *côtelettes* sans qu'il s'en aperçût, et je le prononçai cette fois avec assurance; mais il secoua la tête en me faisant signe qu'il n'entendait pas encore. Quelle honte! j'aurais bien voulu penser que je parlais trop bien pour que ce rustre me comprît; mais j'étais en Toscane, là où Alfieri était venu apprendre l'italien; impossible! J'aurais aussi voulu croire qu'il ne savait pas ce que c'était que des côtelettes; mais hélas! en entrant à la cuisine, j'en trouvai de superbes pendues au croc; je les lui montrai; il comprit, je déjeûnai, je déjeûnai même très-bien, mais j'étais fort humilié.

Quand j'arrive dans un cercle de gens que je connais peu, et que la conversation s'engage, après les premières paroles échangées, et les visages reconnus, je me dis toujours : Mon Dieu! que je voudrais pouvoir entrer dans toutes les têtes et tous les cœurs, et m'y promener seulement une demi-heure, pour voir ce qu'il y a au dedans. Que de haines, de souffrances, d'ambitions sous ces visages polis et ces paroles mielleuses, ces fronts monotones! Hé bien, j'éprouve la même chose en entrant dans une ville inconnue. Tout en me promenant, le nez en l'air, dans les rues, et en admirant les édifices, il me prend des envies folles de percer cette croûte de pierre, de briser ces fronts de plâtre, qui sont comme le visage de la ville, et de lui entrer au cœur. Derrière ces jalousies immobiles et baissées, derrière ces portes et sous ces toits calmes et insensibles, il y a, me dis-je à moi-même, il y a à cette heure, à cette minute, des femmes qui deviennent mères, des enfans qui expirent, des êtres qui s'adorent, des pères qui maudissent; il y a aussi des individus qui dansent, et d'autres qui vont à cloche-pied, et d'autres dans des positions plus ridicules encore; et moi, je ne vois que les murs de cette prison où s'agitent et fermentent cette vie et ces passions humaines, sans frein, sans fard, sans voile; et si je renversais ces murailles de pierre, à mon entrée tout ce mouvement s'immobiliserait, et ces passions se retireraient derrière le front et les regards, comme derrière d'autres murs, et je n'en saurais pas davantage; on ne peut jamais forcer la dernière barrière du cœur humain.

Aucune cité n'était plus propre que Volterra à me jeter dans ces réflexions, car elle a une monotonie de silence qui attriste profondément : on n'y entend pas de bruit, on n'y rencontre presque personne; on dirait que, comme la *belle au bois dormant*, elle dort depuis cent ans, et qu'elle commence seulement à agiter ses bras et à ouvrir ses yeux. Volterra est la collection la plus curieuse et la plus complète des monumens d'Étrurie; c'est une vraie ville étrusque : jadis peuplée de 80,000 âmes, aujourd'hui de 4,000; elle ressemble à un tombeau; ses murailles sont d'énormes blocs de pierre posés l'un sur l'autre sans ciment, et se soutenant par leur seul poids en équilibre. Les Étrusques étaient un peuple de potiers; et quand on descend dans les caveaux qui leur servaient de sépulcres, on croit errer dans une ville de terre cuite. La cité n'est qu'un amas immense de mausolées; le musée, les cabinets des particuliers, autant de collections d'urnes, de sarcophages; ce sont partout des vases funèbres où l'on a laissé des os pour la montre; on se croit dans les catacombes; sur l'urne est toujours sculptée l'image du mort couchée, et cela dans des proportions ridicules et grotesques : une tête colossale et un corps de nain; mais à côté de ces monumens sans goût et sans art, se trouvent, au musée, des bas-reliefs, et des vases d'une élégance exquise comme dessin et comme peinture. Je ne sais rien de plus charmant que les vases étrusques avec leurs génies rouges sur des fonds noirs, et leurs génies noirs sur des fonds jaunâtres; je remarquai des bas-reliefs dont l'idée et l'exécution étaient ravissantes de naïveté; un surtout me frappa; c'étaient un homme et une femme debout, se donnant la main et se disant adieu. « Quel est donc ce sujet? demandai-je à notre guide. — Signore, c'est l'âme et le corps qui se séparent. » Puis à côté, sur un autre bas-relief, se trouvait l'âme qui montait à cheval pour s'en aller en paradis; le bon ange tenait la bride du cheval, et le mauvais ange suivait par derrière, comme un esclave vaincu, baissant la tête, et portant un marteau pour cogner à la porte du paradis. Ces deux représentations me donnèrent l'idée de quelques stances; les voici :

> Un jour, l'âme et le corps d'un sage,
> Tirant chacun de son côté,
> Se souhaitaient un bon voyage
> Aux portes de l'éternité.
> Par un fil se tenant à peine,
> En bons époux, sous l'œil de Dieu,

Ils disputaient à perdre haleine.
—Adieu mon corps!—Mon âme, adieu!

—O mon corps, dans notre ménage
Tu fus plus despote que roi.
Voulais-je chanter dans ma cage,
Monsieur était goutteux.... Tais-toi!
Bonne âme, voulais-je une messe,
Tu me menais loin du saint lieu,
Fêter, Dieu sait quelle déesse...
Adieu, mon corps!—Mon âme, adieu!

Et tous vos caprices, ma chère,
Pouvez-vous donc les oublier?
Soupçons, désir, amour, colère,
Faisaient un forçat du geôlier.
Dans la maison toujours la guerre;
Mais le bail se rompt, grâce à Dieu:
Déménagez, ma locataire.
—Adieu, mon corps!—Mon âme, adieu!

—Et pour le doux péché du diable,
Ingrat, qui répondra là-haut?
Je n'eus jamais part à la table
Et je vais payer tout l'écot.
—Hé bien, ma chère, je te prie,
Si Dieu te damne, dis à Dieu,
Pour enfer, qu'il nous remarie.
—Adieu, mon corps!—Mon âme, adieu!

—Ah! pourtant j'ai connu, mon maître,
De bons jours dans ces jours maudits,
Et je regretterai peut-être
Notre enfer dans mon paradis.
Tiens, mon corps, que la paix se fasse,
Ah! pardonnons-nous devant Dieu.
Jour de divorce est jour de grâce.
Adieu, mon corps!—Mon âme, adieu!

Près d'une femme, oh! que de charmes
Tu savais prêter à mes yeux;
A ma voix tu donnais des larmes:
Que nous aimions bien à nous deux!
Je m'épurais à ta lumière,
Et tu t'embrasais de mon feu;
Ah! c'était le ciel et la terre!
—Adieu, mon corps!—Mon âme, adieu!

—Après trente ans passés ensemble,
Il faut nous quitter à jamais.
Ah! je sens à ma voix qui tremble,
Mon compagnon, que je t'aimais.
Nous reverrons-nous? je l'ignore.
Tu tombes; je remonte à Dieu,
Ah! serrons-nous la main encore.
Adieu, mon corps!—Mon âme, adieu!

Une des plus précieuses collections particulières de Volterra est celle de M. Ricciarelli, qui possède un tableau du fameux Daniel Volterra, de charmantes statues d'albâtre, et même des manuscrits forts précieux. Il me montra entre autres une page curieuse sur un des passages les plus controversés du Dante: tout le monde connaît ces fameux vers, dans l'épisode de Françoise de Rimini:

La bocca mi baciò tutto tremante,
E fu Galeotto il libro e chi lo scrisse.

Il me baisa la bouche, tout tremblant, et le livre et l'auteur fut notre Galeotto.

Les commentateurs ont voulu voir dans ce mot Galeotto un vieux mot italien qui rappelle les fonctions de Mercure dans la mythologie; mais voici une petite chronique, pleine de grâce et de délicieuse simplicité, qui tranche la question d'une manière décisive.

« Comment la reine connut Lancilotto, et comment le premier rapprochement (*congiunzione*) fut fait entre Lancilotto et Ginevra, par le moyen de Galeotto.

« La reine Ginevra dit à Lancilotto:—Hé, de quand est-ce que vous m'aimez tant?

« —Depuis le jour que je fus votre cavalier.

« —Par la foi que vous me devez, dites-moi d'où vient cet amour que vous avez placé en moi?

« —Dame, il vient de vous qui avez fait de moi votre ami, si votre bouche n'a pas menti.

« —Mon ami? comment?

« —Dame, je vins devant vous quand je pris congé du roi; et je vous recommandai à Dieu, et je dis que j'étais votre cavalier en tous lieux; et vous me dîtes que vous vouliez que je fusse votre ami. Et je vous dis: Adieu, dame; et vous me dîtes: Adieu mon beau et doux ami. Ce fut ce mot qui me rendit un vaillant homme, si j'en suis un; et depuis, je ne fus jamais en si grand péril que je ne m'en souvinsse; ce mot m'a soutenu contre tous mes ennemis; ce mot m'a guéri de toutes mes souffrances; ce mot m'a rendu riche au milieu de la pauvreté.

« —Par ma foi! dit la reine, ce mot a été dit à propos; mais je ne le prends pas pour chose si expressive comme vous le faites, car je l'ai dit à beaucoup de vaillans hommes; et de plus, la coutume des cavaliers est de faire ainsi semblant d'estimer de telles choses près de beaucoup de dames qui pourtant ne leur sont pas à cœur.

« Elle disait cela pour voir comment elle pourrait le tourmenter, car elle savait bien qu'il ne prétendait pas à autre amour que le sien, mais elle se plaisait à le travailler. Et lui, il en eut si grande angoisse, que peu s'en fallut qu'il ne se trouvât mal. Alors la reine, craignant qu'il ne tombât, appela Galeotto, et Galeotto vint en courant. Quand il vit que son compagnon était ainsi travaillé, il fut pris de telle douleur, qu'il n'en pouvait plus.

« — Oh dame! dit-il, vous pouvez le sauver; c'est un grand dommage. Dame, que Dieu nous soit en aide; car, comme il est le plus vaillant de tous les hommes, son cœur est le plus vrai de tous les autres cœurs. O Dieu! dame, ayez pitié! et faites pour moi ce que je ferais si vous m'en priiez.

« — Mais, quelle pitié voulez-vous que j'aie?

« — Dame, vous savez qu'il vous aime au-dessus de toutes les femmes, et qu'il a plus fait pour vous que jamais cavalier pour une dame.

« — Certainement, il a plus fait que je n'ai mérité; et il ne pourrait rien me demander que je lui refusasse; mais il ne demande rien.

« — Dame, dit Galeotto, ayez pitié! il est tel qu'il vous aime plus que lui-même.

« — Hé bien, j'aurai de lui toute pitié que vous voudrez. Mais s'il ne demande rien?

« — Il n'ose pas, et il ne vous demandera rien pour l'amour, parce qu'il a peur. Mais moi je vous prie pour lui; et si je ne vous priais pas, vous devriez aller au-devant, car vous ne pourriez jamais acquérir un plus riche trésor.

« — Je ferai tout ce que vous me commanderez.

« — Dame, grand merci. Je vous prie donc de lui donner votre amour, de le retenir pour votre cavalier, d'être sa dame toute votre vie, et vous le ferez plus riche que si vous lui aviez donné le monde entier.

« — Je le promets, dit la reine : qu'il soit tout mien, je serai toute sienne; et vous, arrangez toutes les choses mal faites.

« — Dame, il convient de donner un petit commencement. Baisez-le devant moi pour entrer en vrai amour.

« — Le baiser? je n'en vois ni le lieu, ni le temps. Ne doutez pas que je le fisse, je le ferais même volontiers, mais ces dames qui sont là nous verraient. Cependant, si vous voulez, je le baiserai.

« Lancilotto qui écoutait tout cela en fut si allègre au cœur, qu'il put dire seulement : Dame, grand merci.

« Alors Galeotto reprit :

« — Dame, ne doutez pas de son vouloir, car il est tout vôtre. Venez, personne ne s'en apercevra; nous nous mettrons tous trois ensemble, comme si nous confèrions.

« — Pourquoi me ferais-je prier, dit-elle, puisque je le veux comme vous.

« Alors ils allèrent tous trois à l'écart en souriant, et firent semblant de conférer. La reine voyant que le cavalier n'ose pas, le prend, et le baise devant Galeotto, et même très-longuement. La dame de Malhéaut vit qu'elle le baisait. Ensuite ils se levèrent tous trois. Cependant la nuit était venue, et la lune, se levant, éclaira la prairie. »

J'espère qu'on ne peut pas avoir un ami plus complaisant que Galeotto; et quand je vous ai dit que Jupiter l'aurait pris pour son Mercure, je ne crois pas m'être trop avancé.

Je remerciai M. Ricciarelli de sa précieuse communication; je retournai à mon auberge, et une sorte de gendarme vint me rapporter mon passeport, en me demandant pour boire, selon l'habitude du pays; habitude étrange de la part d'hommes d'épée.

Je partis, il était presque nuit; la chaleur était toujours accablante, et tout en descendant la côte de Volterra, je vis peu à peu briller dans l'herbe et dans l'air des milliers de mouches luisantes que les Italiens appellent *lucioli;* on eût dit une illumination; et à la clarté phosphorescente de ces petites comètes vivantes, s'épanouirent dans mon esprit, ainsi que des fleurs des champs, les stances que je vais vous dire :

*

En Italie on voit dans l'ombre
Des étoiles de diamant,
Qui sous l'herbe éclosent sans nombre,
Et font du gazon triste et sombre
 Un firmament.

Feux follets, seriez-vous, de grâce,
De ces esprits, frères des morts,
Qui la nuit errent dans l'espace,
En attendant que Dieu leur fasse
 Présent d'un corps.

Comme un œil volant qui scintille,
J'en vois là-bas un plus doré
S'approcher de mon front qui brille :
Serait-ce l'âme de la fille
 Qu'un jour j'aurai?

Sylphe d'amour et de lumière
Qui voltiges en m'effleurant,
Serais-tu l'âme de ma mère,
Qui chaque soir vient sur la terre
 Voir son enfant?

Si je meurs, je veux t'apparaître,
O toi que je ne nomme pas,
Comme un luciole à ta fenêtre,
Et sous cette forme peut-être
 Tu m'aimeras.

Le lendemain j'étais à Florence.

Florence est la capitale du moyen âge. Il y a là trois ou quatre édifices qui disent toute l'histoire de cette sanglante république. Les palais Strozzi, Ricardi, sentent le Dante et la guerre civile; carrés, hauts, en larges pierres de taille d'un brun vert, sans ornemens, sans arabesques, hachés à grands coups de hache comme les blocs de Michel-Ange, garnis d'anneaux de fer, de lanternes de fer, de barres de fer pour colonnes, ils ressemblent à d'immenses armures bosselées. Voilà bien les palais de ces terribles barons dont la vie était une vie de fêtes et de sang. Au milieu d'un bal, le cri de guerre résonnait sous leurs sombres fenêtres; ils dansaient au bruit du glaive, et leurs palais sont des forteresses où ils se barricadaient pour le plaisir. Mais le grand-duc de tous ces palais, c'est le palazzo Vecchio. Le palazzo Vecchio servait de résidence à la Seigneurie. Bâti à la fin du XIIIe siècle, sa construction même est un trait de mœurs. Au moment où l'on en jetait les fondations, le peuple s'étant aperçu qu'il s'étendait sur le terrain de la famille des Uberti, chassée de la ville comme gibeline, fit reculer les fondations, pour que ce vaste palais ne posât pas sur un sol souillé, et l'édifice resta mutilé et difforme. Étrange et sublime mutilation! ne dirait-on pas un guerrier qui a perdu un membre en se battant pour le pays? A l'un des angles s'élève une campanille qui ressemble à une aigrette surmontant un casque. Entrez dans le palais; la première cour, avec son amour en bronze et sa fontaine, est fraîche, élégante, petite, *homely*, comme on dirait en anglais. Montez les degrés, et vous trouverez la vaste salle du conseil, où mille citoyens délibéraient sur les affaires publiques. Telle fut la rapidité avec laquelle elle fut construite, que Savonarole disait que les anges avaient servi de maçons. Un des tableaux placés aux quatre angles rappelle un fait bien caractéristique sur la puissance de Florence : la France, l'Angleterre, le roi de Bohême, l'empereur d'Allemagne, la république de Raguse, le seigneur de Vérone, le grand khan de Tartarie, et cinq autres puissances, avaient envoyé des ambassadeurs à Boniface VIII, pour le jubilé de 1300. Eh bien, tous ces ambassadeurs se trouvèrent être des Florentins; de sorte que le pape, tout frappé de cette rencontre, s'écria que les Florentins étaient un cinquième élément de l'univers! Après cette vaste salle, il ne faut pas oublier d'aller visiter l'endroit de la tour nommé la Barberia; ce fut dans cette chambre que messire Rinaldo d'Albizzi, en 1433, fit renfermer Cosimo di Medici, sous la garde de Federico Malavolti. Medici entendant de ce lieu le peuple se réunir, le bruit des armes, les fréquens appels à la Balìa, commença à craindre qu'on ne le tuât, et surtout que ses ennemis personnels n'employassent des moyens extraordinaires pour le faire périr. Il s'abstenait donc de tous les mets qui lui étaient présentés, et, pendant quatre jours, il n'avait voulu prendre qu'un peu de pain. Malavolti s'étant aperçu de ses soupçons : « Cosimo, lui dit-il, vous vous laissez mourir de faim par la crainte d'être empoisonné; c'est me faire outrage de croire que je veuille prêter les mains à une pareille infamie. Vous avez tant d'amis dans le palais et dans toute la ville, que je ne crois pas que votre vie soit en danger; mais si vous aviez à la perdre, soyez sûr qu'ils s'adresseraient à tout autre que moi pour commettre ce crime. Jamais je ne me souillerai du sang de personne, et bien moins encore du vôtre, qui ne m'avez jamais offensé. Ne perdez donc pas courage; prenez la nourriture qui vous est offerte; conservez votre vie pour vos amis et votre patrie; et afin de bannir toute défiance de votre cœur, je veux que nous mangions des mets ensemble. » Ces paroles ranimèrent Medici; il se jeta, les larmes aux yeux, dans les bras de Malavolti; il le remercia de cette marque si touchante de compassion et de bonté, lui promettant une éclatante reconnaissance, si jamais la fortune lui en rendait les moyens.

On remarque encore dans le vieux palais les portes de la salle d'audience, où sont les portraits de Pétrarque et du Dante; mais tout s'efface devant les beautés artistiques de la place, à qui le palazzo Vecchio a donné son nom. Vous trouvez d'abord à la porte du palais, comme deux immenses gardiens, l'Hercule de Bandinelli et le David de Michel-Ange; puis, à côté d'eux, la superbe fontaine de l'Ammanato. Au milieu s'élève la statue de Côme Ier, par Jean de Bologne, et à gauche s'étend la loggia dei Lanzi. Cette loggia est un admirable portique divisé en quelques arcades, d'où l'on haranguait le peuple, et qui servait comme de rostres à Florence; arcades ornées de la Judith de Donatello, de l'enlèvement d'une Sabine, par Jean de Bologne, et enfin du Persée de Benvenuto Cellini. C'est tout un drame que la création et l'exécution de cette statue. Après plusieurs mois de préparations, Benvenuto était enfin arrivé au grand jour de la fonte; il se met à l'œuvre, mais la pluie éteint ses fourneaux, le feu prend à sa maison, il combat la flamme et l'eau, et enfin, épuisé après plusieurs heures de travail, il va se jeter sur son lit, tout frissonnant de fièvre, et laissant à ses élèves le soin d'achever son Persée. « Je m'éloignai donc, dit-il, fort mal content; à peine couché, j'envoyai à mes hommes de quoi boire et manger, en leur faisant dire que je serais mort le lendemain; et la fièvre redoublait, et je disais toujours : Je me sens mourir. Ma servante, qui s'appelait Monafiore, la plus vaillante femme que j'aie jamais connue, essayait de me redonner de l'espoir, et cependant, me voyant si désespéré, avec tout son brave cœur, elle ne pouvait s'empêcher de verser une grande abondance de larmes qu'elle me cachait tant qu'elle pouvait. Tout à coup entre dans la chambre un homme tortu comme un S majuscule; et il se mit à dire, avec le ton pitoyable de ceux qui réconfortent l'âme des patiens : « O pauvre Benvenuto ! votre ouvrage est perdu ; il n'y a pas de remède! » A ces mots, je poussai un cri si terrible, qu'on l'aurait entendu du paradis de feu, et me jetai à bas du lit; je pris mes vêtemens, et je me mis à m'habiller. Ma servante et mon garçon ayant voulu m'aider, je leur donnai des coups de pied et des coups de poing, et je me lamentais, disant : « O traîtres ! je saurai qui m'a fait ce mal, et je jure par Dieu que, avant que je meure, je laisserai une telle trace de moi dans le monde, que plus d'un en sera émerveillé. » J'arrive à la boutique ; alors, d'une voix effrayante : « Obéissez, m'écriai-je ; obéissez! » Le métal était refroidi ; je fais prendre tous mes plats, toutes mes assiettes, toute ma vaisselle en argent, en airain, en or, et un à un (il y en avait deux cents), je les jette dans ma fournaise ; une partie dans les conduits, une partie dans le moule. Tout fond, pétille, se liquéfie. Pleins de joie et d'admiration, tous mes aides m'entouraient, m'applaudissaient, et chacun travaillait pour trois ; et moi j'étais si heureux, que je ne sentais plus ni fièvre ni peur de mourir avant mon œuvre finie. « Porte ceci là ; et toi, souffle ; et toi, jette ce vase dans le feu ; » et tout entier à tout, je m'écriais : « O mon Dieu! toi dont l'immense pouvoir a su vaincre la mort, et qui es monté au ciel, fais que mon moule se remplisse! « Et j'étais à genoux, et j'avais les mains jointes, et je pleurais ! Enfin la forme est pleine : alors je me précipitai sur un plat que je trouvai là ; et comme mes compagnons avaient faim aussi, et que je n'avais plus de vaisselle, j'envoyai acheter des plats de terre, et je ne me souviens pas d'avoir jamais dîné avec plus de joie et d'appétit. »

Puis il ajoute : « Ce fut un jeudi, dit-il, que je la finis entièrement et que je l'exposai ; il faisait à peine jour, et cependant il se rassembla une telle quantité de monde, qu'il est impossible de le dire, et il fut affiché sur la statue plus de vingt sonnets en vers grecs et en vers latins ; car c'était le temps des vacances de Pise, et docteurs abondaient ainsi qu'écoliers. Le duc était à une fenêtre basse de son palais, et, caché là à moitié, il entendait tout ce qui se disait sur cette grande œuvre. Après quelques heures, il se leva et dit, qu'il dit à messire Sforza : — Va, et dis à Benvenuto qu'il m'a plus contenté que je ne l'espérais... Sforza remplit cette ambassade glorieuse pour moi, ce qui me réconforta beaucoup, et dans ce jour tout le monde me montrait au doigt sur la place comme une chose merveilleuse. Enfin, deux gentilshommes siciliens, me voyant passer, vinrent à moi, et aussitôt, le bonnet à la main, me firent un discours le plus cérémonieux du monde, et tel qu'il l'aurait été trop pour un pape. Pendant deux jours les éloges allèrent croissans, et je me déterminai enfin à me présenter devant le grand-duc. — Benvenuto, me dit-il, je veux te faire si content, que tu en seras tout émerveillé. » Alors je m'approchai de mon seigneur, et, pleurant d'allégresse, je lui baisai son vêtement et je lui dis : — O mon glorieux seigneur, vrai patron de la vertu et de ces hommes qui se fatiguent à la rechercher, je prie votre excellence illustrissime qu'elle me fasse la faveur de me laisser aller pendant huit jours rendre grâce à Dieu, lequel aide toujours celui qui, en vérité, l'implore... Alors le duc me demanda où je voulais aller ; je lui répondis : — Demain matin je partirai, et j'irai à Vallombrosa[1], ensuite à Camaldoli et à l'Éremo, puis jus-

[1] L'abbaye de Vallombreuse est une des positions les plus pittoresques de la Toscane; elle est située à dix lieues de Florence. Nous partîmes, le 20 juillet, par trente-deux degrés de chaleur, pour aller la visiter; notre caravane était nombreuse. Arrivés à un petit village qui est à trois heures de marche de l'abbaye, les hommes montèrent sur de gros ânes du pays, et les femmes se placèrent dans des tregghia. Un tregghia est une sorte de traîneau fort grossier dans lequel on vous hisse jusqu'aux hauteurs de Vallombreuse, car les chemins sont impraticables pour les voitures. Nous gravîmes fort longtemps à travers des forêts de châtaigniers et des quartiers de rocs tout environnés de hautes et arides montagnes qui pendaient sur nos têtes avec d'énormes

qu'aux bains de Santa Maria, et peut-être enfin à Sestile, parce que j'ai entendu dire qu'il y avait là de belles antiquités ; puis je me dirigerai après à Francesco della Vernia, toujours grâce à Dieu, et je reviendrai content pour vous servir. »

Enfin, pour que cette place soit le résumé de Florence tout entière, sang et fêtes, arts et guerres, peinture et statuaire, à gauche du palazzo Vecchio vous trouvez les Uffizi.

Les Uffizi sont le musée de Florence. Montez les degrés ; voici d'abord à la porte, et pour vous servir d'introducteurs, les quatre bustes des Médicis. Entrez ; une longue et étroite galerie se déroule devant vous ; vous passez entre deux haies de statues d'empereurs romains, qui portent l'histoire de leur règne écrite sur leurs fronts de marbre. Regardez bien cette tête de Néron à cinq ans ; quelle figure d'ange ! comme il est frais, bouffi ! comme ses yeux sourient ! Oui, mais approchez-vous davantage, et examinez le coin de sa bouche... que de fausseté ! Tout l'homme n'est-il pas dans ce pli ? Ne voit-on pas que cet enfant de cinq ans sera un assassin mielleux, qui dira... Mon frère... à Britannicus en l'empoisonnant ? Mais cette galerie n'est que l'antichambre des rois de la sculpture et de la peinture ; antichambre de souverains, comme en avait notre Napoléon.

Oh ! comme, en parcourant ce palais de fées, j'ai remercié le Ciel de m'avoir donné deux yeux et une âme ! Voici le cabinet des bronzes modernes, avec le merveilleux Mercure de Jean de Bologne, qui déploie ses ailes ! Fermez les portes, gardiens, il va s'envoler ! Puis les bronzes antiques, têtes de cheval, idoles, statue de Sérapis ; plus loin, la collection des plus admirables vases du monde ; vases d'Arezzo en terre rouge, vases de Chiusi. Ici c'est la salle de Niobé ; là, le cabinet des pierres précieuses, étincelant de rubis, de diamans, de saphirs ; riche à repeupler les mines des *Mille et une Nuits;* quatre cents pierres dures, des chefs-d'œuvre de Benvenuto, le plus beau médailler du monde ; des ébauches de têtes admirables de Michel-Ange. Voyez-vous ce masque en marbre, si ridé, si riant, si empreint de cynisme et de malice ; c'est une figure de satyre : Michel-Ange avait quatorze ans, et il travaillait dans les jardins de Laurent le Magnifique. Laurent passe et voit l'enfant sculptant un morceau de marbre. « Qu'est ce masque ? lui dit-il. — Celui d'un vieux faune qui rit. — C'est beau ; mais pourquoi voit-on toutes les dents quand il rit. Tu devrais savoir qu'il en manque toujours quelques-unes aux vieux. » L'enfant, frappé, casse deux dents à son satyre, lui déforme la gencive, et Laurent garde le masque, qui reste en chef-d'œuvre.

A la peinture maintenant. Ce n'est pas une galerie que vous allez voir ; ce sont dix salles : une salle pour l'école flamande ; une salle pour l'école florentine ; une salle pour les Napolitains ; une salle pour les Vénitiens ; une salle pour les Français (c'est la plus mauvaise ; nous avons là de pauvres ambassadeurs représentans) ; une pour les Allemands ; une pour les Espagnols.... Mais, silence !... ôtez votre chapeau, parlez bas, et marchez doucement : nous sommes ici dans un temple, temple de polythéistes, car il y a bien de dieux ! c'est une salle que l'on appelle la Tribune ; elle est ronde ; au lieu de plafond c'est une coupole, et une coupole incrustée de nacre de perle ; le pavé est un marbre précieux ; le jour n'arrive que mystérieusement et à travers des stores de soie, que l'on élève et que l'on abaisse selon la lumière que l'on veut distribuer ; c'est le paradis des paradis, c'est le lieu le plus reculé de l'Olympe, c'est le sanctuaire des chefs-d'œuvre choisis parmi tous les chefs-d'œu-

---

bouquets de sapins ; plus nous montions, plus le lieu devenait sauvage et plus l'air fraîchissait ; enfin nous arrivâmes à l'abbaye. Le moine servant nous reçut fort bien et nous conduisit partout ; mais les femmes ne purent pas entrer. L'abbaye est un vaste édifice tout silencieux, où l'on baisse involontairement la voix, où l'on assoupit le bruit de ses pas ; à rares intervalles nous voyions passer dans la cour un moine, la tête baissée et son livre à la main, ou bien, dans quelque coin reculé du bâtiment, à une fenêtre étroite et grillée, paraissait quelque barbe blanche qui se retirait aussitôt ; nous allâmes dans la bibliothèque, et nous feuilletâmes de vieux manuscrits ; nous entrâmes dans l'église qui était sombre et fraîche comme une cave, et l'un de nous monta dans l'orgue et en joua ; c'était vraiment admirable. Je me mis dans une vieille stalle de bois sculpté, et je passai là une heure délicieuse. Toute l'abbaye visitée, nous retournâmes près de nos dames ; elles étaient dans un bâtiment contigu au couvent, où les moines donnent l'hospitalité ; ils nous préparèrent un dîner dont ils ne voulurent pas recevoir le prix ; et après le récit de notre visite à l'église, une des dames ayant témoigné le regret de ne pas pouvoir faire de musique dans cette admirable solitude, le frère alla chercher un piano dans sa chambre, et nous le fit apporter ; le piano était bien petit, bien vieux, les notes bien jaunes, le son bien sourd ; mais jamais le divin Litz n'a produit de plus enivrantes émotions que cette vieille épinette au fond de ce vieux cloître des Apennins ; et puis ce bon moine qui nous l'avait apportée !

vre de la galerie : il y a là deux Titien, six Raphaël, deux Michel-Ange, un Paul Véronèse, un Léonard de Vinci, quatre statues antiques, et au milieu, comme reine de ce conseil de dieux, s'élève la voluptueuse Vénus de Cléomène. Je connais à Paris un grand artiste musicien qui souvent, en écrivant une lettre, s'arrête au milieu d'une phrase, et, pour rendre sa pensée, au lieu de mots il écrit un chant de Beethoven... hé bien, il n'y a que la musique qui pourrait rendre le sentiment de respect, de recueillement, d'enthousiasme intérieur et vivifiant qui vous remplit tout entier quand vous pénétrez dans cette salle ! Ce n'est que là que j'ai compris tout le génie de Raphaël. A gauche de la porte, en entrant, se trouve une Vierge de ce grand maître, et, pour pendant, qu'a-t-il mis? la Fornarina! Jamais le contraste, ce sorcier qui fait vivre les choses inanimées de l'art, n'a été plus puissant et plus incisif. Rien n'est pur, transparent, délicat, velouté, comme cette Vierge; toutes les lignes se fondent harmonieusement; les contours moelleux de sa bouche, de ses yeux, se perdent dans l'ensemble angélique de sa figure; pas d'ombre, pas de traits arrêtés; ses lèvres ne s'ouvrent que pour bénir; il n'y a rien de sensuel; on voit que le modèle posait dans le paradis!... La Fornarina, au contraire, est vigoureuse, brune, colorée; on dirait un portrait du Giorgone. Rien d'idéal dans les traits du visage; c'est un être qui vit... on voit le sang affluer sous ces épaules rondes et brunes; ces lèvres, accentuées et rouges, ont embrassé; ces yeux petits, mais étincelans, ont dit à un homme... Viens!... c'est la terre; la Vierge, c'est le ciel!

Mais les merveilles des Uffizi ne sont pas épuisées : en sortant de la tribune, tournez à gauche, et vous verrez, au bout d'une galerie, un homme assis à un bureau; allez à lui, et demandez lui à visiter la galerie des peintres. Ce sont les portraits de tous les plus grands artistes de toutes les parties du monde, faits par eux-mêmes, et envoyés par eux au musée de Florence : depuis Masaccio jusqu'à Canova, aucun n'y manque. Vous voilà en présence de trois cents hommes de génie; cela vaut bien un congrès de rois! ouvrez les yeux, ouvrez, et cherchez sur ces fronts divins la trace de tant de chefs-d'œuvre enfantés par eux. Et d'abord, calme, grave, solennel, avec une longue barbe blanche, comme un sénateur sous le glaive des Gaulois, Léonard de Vinci semble un prophète et un apôtre au milieu de ses disciples! Puis c'est le Titien, vieux aussi, blanc aussi, noble aussi, mais la tête déjà un peu plus relevée; il rappellerait plus un Luther qu'un saint Pierre. Maintenant, à tous ces jeunes hommes, hardis, puissans, rénovateurs... Antonio Vandyck, moustache et royale rousses, cheveux longs et violemment rejetés en arrière, le front découvert, l'œil bleu et clair, la bouche entr'ouverte, la figure maigre et fine, posée de trois quarts, et disant : Qu'est-ce que je ne ferais pas? Salvator Rosa, le nez au vent, l'œil pétillant, espèce de Michel-Ange et de Scapin, qui fait le signor Formica, se bat pour la liberté, et crée le Prométhée... Ah! j'aperçois ce bonhomme Rembrandt, bourgeois d'Amsterdam, gros, gras, brun, rouge, les joues pendantes, la moustache mangée à moitié par la petite vérole...

Pas de railleries; regardez bien ses prunelles et la structure de sa mâchoire; ne vous rappelle-t-il pas Cromwell? Que Vélasquez est étrange avec ses yeux rapprochés, la tête penchée, la peau noire comme un cyclope; comme il est grave! comme il est sombre! l'inquisition a passé par là! Paul Véronèse, au long nez, au teint cuivré, à l'œil long, fendu et triste, pas de royale, mais une petite barbe rousse à la Guiche... Ah! mon cher Raphaël, que tu es doux, simple, jeune et triste, avec le bas de ta figure légèrement avancé, tes longs cheveux pendans, ton beau cou de femme, et ce vêtement noir qui t'emprisonne! Masacio a l'air fatal; il aurait commis un crime, s'il n'eût pas été victime. Et puis comme ils sont tous beaux ces peintres! Carlo Dolci a bien la figure comme le nom de son talent; enfin, le plus touchant de tous est le portrait de ce pauvre menuisier qui s'éprit jusqu'à la fureur d'une noble et riche fille; il la demanda en mariage, on lui répondit qu'elle n'épouserait qu'un homme de génie; il partit, s'enferma six ans : il revint grand homme. Son portrait est pénétrant comme son histoire, et, par une admirable pensée d'amour, il a peint le portrait de sa maîtresse derrière le sien; c'est que cette femme était son démon familier, son génie!... Toujours derrière son oreille, c'est elle qui, quand il était épuisé de fatigue, lui disait courage; c'est elle qui lui soufflait les grandes idées; c'est elle qui se plaçait à son chevet la nuit, et l'appelait grand homme quand il n'était que menuisier.... N'est-ce pas que c'est bien beau au peintre, d'avoir placé le portrait de cette femme derrière le sien?

Ern. Legouvé.

FIESOLE.

Après avoir vu Florence dans son ensemble et dans ses principaux détails, nous allons maintenant examiner plus rapidement plusieurs villes de la Toscane; nous visiterons Fiesole, Pise, Livourne, Pistoia, Sienne, Arezzo, Cortone. Pise semble réclamer la priorité, eu égard à son importance; mais nous la donnerons à Fiesole, à cause de sa proximité.

Fiesole n'est en effet qu'à une lieue de Florence : de la hauteur sur laquelle elle est assise, la vue embrasse toute la vallée où règne la métropole de la Toscane. Fiesole, l'ancienne *Fesula*, très-antérieure à Florence, fut jadis sa rivale; mais la ville étrusque, qui se targue encore du nom de cité, bien qu'elle ne soit plus qu'un bourg, fut conquise, en l'an 1010, par les Florentins, qui la détruisirent, employèrent ses débris à leurs édifices, et contraignirent les Fiesules à se confondre dans leur population.

L'origine de Fiesole n'ayant pas de date connue par les traditions écrites, les chroniqueurs toscans se sont égarés à son sujet en des conjectures qui méritent peu de confiance, et nous ne suivrons pas sérieusement dans leurs investigations ceux qui la font remonter immédiatement après le déluge. La fondation de Fiesole, toute fabuleuse, n'a de certain que son antiquité véritablement très-reculée, constatée par les anciens historiens, notamment par Polybe, Tite-Live, Salluste, Procope, Florus, et même par Hésiode, qui, avant tous, avait déjà fait mention de Fesula. De sa grandeur passée, n'ont survécu que des pans de murs indestructiblement construits à la manière cyclopéenne, des colonnes de cipolin, qui soutiennent une petite église consacrée à Saint-Alexandre, et quelques fragmens informes parmi lesquels on chercherait en vain les monumens d'une gloire absolument effacée.

Personne n'a mieux vu Fiesole et n'en a mieux rendu compte que M. Castellan, tout à la fois savant architecte, paysagiste habile, écrivain judicieux. Ses *Lettres sur l'Italie* font preuve qu'un style plein d'émotion et de goût peut s'allier au sérieux de l'érudition. M. Castellan a fait à Fiesole des recherches étendues et instructives. Nous y renvoyons le lecteur qui voudrait obtenir à cet égard des notions que nous ne pourrions donner que d'une manière trop imparfaite.

Fiesole n'a plus qu'un nom et de vagues souvenirs; elle a perdu ce que le sort ou les hommes peuvent ravir, la puissance; mais elle a gardé ce que donne la nature, un site enchanteur, empreint de beauté, de grâce et de mélancolie. Ma mémoire m'y rappela un passage touchant, une phrase vivement sentie, qu'un Anglais, John Bell, a consignée dans ses remarques sur l'Italie : *Observations on Italy* :

« Assis sur les ruines de Fiesole, rafraîchi par la brise embaumée du soir, j'ai contemplé le déclin du soleil, et au milieu de toutes les beautés qui concourent à enrichir un paysage italien, j'ai compris avec un sentiment profond, que rien n'éveille plus fortement dans notre cœur les souvenirs du foyer domestique, que rien ne nous fait plus ardemment regretter les années heureuses qui ont fui loin de nous, que la vue du soleil couchant dans une terre étrangère. »

PISE.

De Florence à Pise on compte une vingtaine de lieues qui se font promptement sur une route unie et tout-à-fait riante. On suit, on perd et l'on retrouve l'Arno arrosant et vivifiant de vertes campagnes. En traversant les villages de Pontormo, de la Scala, de San-Romano, de Fornasette, on a le plaisir de voir des jeunes filles, souvent jolies, presque toujours avenantes et fraîches, assises au seuil de leurs maisons, et occupées à tresser ces légers chapeaux de paille, coiffure charmante, la plus charmante de toutes, lorsque, simplement ornée d'un ruban ou d'une fleur, elle est posée sur un front virginal et ombrage des yeux au regard candide. Ces chapeaux d'Italie sont bien appréciés par toutes les jolies femmes de l'Europe, devenue tributaire de la Toscane. Les prix en sont fort inégaux, puisqu'ils varient, dit-on, entre six francs et six cents, suivant l'égalité du tissu, sa finesse, et la dextérité des ouvrières. Il est assez singulier que celles-ci n'adoptent pas pour elles-mêmes ce qu'elles savent si recherché au loin : elles portent au contraire presque toutes des chapeaux d'homme en feutre noir, ajustés de deux plumes retombantes de même couleur, ce qui n'est que bizarre et parfois ridicule sur certaines têtes, mais sur d'autres d'un effet agaçant et coquet. Tant il est vrai que la femme embellit ou dépare ce qu'elle porte, adapté ou non à la physionomie, cette expression morale de la figure! ce qui est uniforme ne sied pas à toutes; sentiment de la convenance, le goût discerne et choisit. Quoi qu'il en soit, il est fort agréable de suivre des groupes de paysannes de la Toscane, quand, le dimanche, vêtues avec une assez grande recherche de propreté, le cou orné de colliers de perles de Rome, elles vont se tenant par les mains et chantant sur les routes. Une ouvrière active et habile gagne aisément un *francescone* (cinq francs cinquante centimes) par jour, et même plus : aussi trouve-t-on de l'aisance et du bien-être dans les maisons où il y a de l'économie.

Nous voici à Pise, jadis l'une des douze cités florissantes de l'Étrurie, maintenant la seconde de la Toscane. Sa haute antiquité n'est pas mise en doute, établie qu'elle est sur plus d'un témoignage des temps reculés : Denys d'Halycarnasse et Tite-Live lui assignent plus d'une mention honorable dans l'histoire ancienne; au dire de Strabon, la Pise d'Italie fut fondée, après la guerre de Troie, par une colonie venue de la Pise de Grèce, située sur l'Alphée, dans le Péloponèse; Virgile dit au chant X de l'*Énéide*:

Mille rapit densos acie atque horrentibus hastis ;
Hos parere jubent Alpheæ ab origine Pisæ,
Urbs Etrusca solo.

« Pour lui mille guerriers, armés de javelots,
D'une moisson de fer ont hérissé les flots ;
Toscane par son sol, grecque par sa naissance,
Fille heureuse d'Élis, Pise arma leur vaillance ;
Son nom atteste encor le lieu de son berceau. »

DELILLE.

Pise, autrefois populeuse et puissante, est de nos jours dépeuplée, dénuée; elle n'a plus guère que seize mille habitants, et son étendue en comporterait cinq ou six fois davantage; long-temps avant et sous les premiers Médicis, elle en contenait plus de cent mille, et jouissait d'une certaine prépondérance maritime. Au moyen âge, les Pisans faisaient des conquêtes et enrichissaient leur république des trésors de l'Orient; étendant leur domination jusqu'en Judée, ils parlaient en maîtres dans la cité sainte, où une porte et une tour conservent encore le nom de porte et tour des Pisans.

Dans l'état actuel de Pise, ses beaux quais sur l'Arno, son pont et ses palais de marbre blanc, sa cathédrale remarquable, divers autres édifices importans, annoncent ce qu'elle dut être comme puissance, et contrastent péniblement avec l'abandon où elle est tombée. Pise, avec ses larges rues désertes, donne l'idée du calme, mais aussi de la tristesse; par cela même elle inspire l'intérêt qui s'attache à l'infortune. Byron y demeura quelque temps, et s'y affectionna; le sombre poète anglais aimait les villes mortes ou mourantes, car Venise, Ravenne et Pise sont les cités d'Italie où il prolongea le plus volontiers son séjour. Les imaginations lassées et mélancoliques, les esprits méditatifs et recueillis, se plaisent aux lieux qui offrent l'image du repos qu'ils recherchent, au défaut du bonheur qu'ils ont reconnu impossible ici-bas.

Puisque Pise est une solitude, sans nous occuper d'une foule absente, content même de perdre un instant de vue la foule, bornons-nous à une promenade parmi ses monumens, qui par bonheur ne sont pas encore devenus des ruines.

Le dôme, église du XIe siècle, son baptistère, la fameuse tour inclinée, *il campanile torto*, et son cimetière non moins célèbre, *il Campo Santo*, bel ensemble en quatre parties distinctes, occupent un vaste emplacement où ils sont largement distribués et produisent un effet grandiose. L'église proprement dite fut commencée en l'an 1063 par les architectes Boschetto et Rainaldo; le baptistère, communément appelé l'église de Saint-Jean, s'éleva 90 ans après, sous la direction du Pisan Diotisalvi ; Bonanno, autre architecte de Pise, érigea le campanile vers 1174, et le campo Santo, dû au génie de Giovanni Pisano, fut achevé avant la fin du XIIIe siècle. On voit par là que ces quatre monumens précédèrent ceux de Florence. L'école de Pise, en effet, devança l'école florentine; elle entra de bonne heure dans la carrière de la renaissance, contribua la première à rétablir en Italie le goût des arts, et donna l'impulsion aux grandes entreprises architecturales : cette gloire est la sienne.

Trois portes de bronze donnent accès dans l'église, dont le vaisseau, un peu sombre, a du caractère, bien qu'il prête à la critique; 74 colonnes, la plupart de granit oriental, qui ont très-probablement appartenu à des édifices plus anciens, soutiennent un plafond doré, dont la décoration n'est pas exempte de lourdeur, et une coupole où se signale le même défaut. Les peintures, les unes d'André del Sarto, de Benedetto Lutti, et de Corrado, artiste plus moderne, les autres, attribuées à Raphaël et aux Zuccari, ont des beautés inégales. C'est plutôt par la profusion des marbres et la richesse des pierres dures, façonnés en colonnes, en applications, en pavés de mosaïques, que se distingue l'intérieur de ce monument demi antique et demi gothique.

Le baptistère, placé en avant de l'église, est une rotonde de belle forme, soutenue par une rangée circulaire de colonnes doubles ou superposées, portant arcades, et laissant un bas-côté tournant. Une ample cuve octogone occupe le milieu ; elle est flanquée de quatre cuvettes ; on y donnait autrefois le baptême par immersion. La voûte, élastique et sonore, produit cette sorte d'écho qui se rencontre à un degré plus ou moins notable dans plusieurs autres constructions elliptiques.

La tour, ou clocher, doit sa célébrité à son inclinaison, autant et plus qu'au mérite de l'architecte. Figurez-vous un cylindre de marbre blanc, haut de 56 mètres, avec 17 mètres d'épaisseur diamétrale, tout cerné de huit rangs de colonnes, au nombre de 207, étagées les unes sur les autres, et où alternent les divers ordres, mais avec un certain goût qui a su proportionner les dimensions et sauver la diffusion des styles ; faites pencher d'une douzaine de pieds hors de la verticale cette haute colonne composée de colonnes : telle est la tour de Pise. Or, cette pente singulière est-elle le résultat d'un affaissement du sol, ou bien est-elle due à l'intention primitive de l'architecte? Cette question a été souvent débattue ; nous n'entrerons point ici de nouveau dans la discussion à laquelle les deux tours penchées de Bologne ont déjà donné lieu. Nous nous rangeons du côté de ceux qui sont pour la cause accidentelle ; car cette opinion nous a toujours paru réunir en sa faveur plus de vraisemblance que l'autre. La tour de Pise a un beau souvenir, c'est celui des expériences et de la grande découverte de Galilée sur la chute des corps et leur gradation de vitesse. Déjà ce grand homme, en observant le mouvement de la lampe suspendue à la voûte de la cathédrale de Pise, avait, jeune encore, découvert les principes de la composition du mouvement. Ainsi la mémoire d'un seul homme, plus durable que deux monumens, est venue ajouter son illustration à la leur, et la consolide pour toujours. Du sommet de la tour de Pise le génie de Galilée découvrait la vérité ; mais alors la vérité était dangereuse à dire ; Galilée la dit pour l'avenir, sachant bien que son temps n'était pas mûr pour elle.

Le Campo Santo a la forme d'un parallélogramme non tout-à-fait rectangle : sa longueur est d'environ 450 pieds sur 140 de largeur. C'est un vaste cloître, au pourtour intérieur duquel 66 grands pilastres soutiennent 62 arcades à plein cintre ; chacune des arcades a dans son vide un mince pilier et deux colonnettes supportant des arcs ogives dont les ornemens sont taillés à jour avec une rare délicatesse ; il est à présumer qu'il entrait dans le projet primitif de garnir ces arcades de vitraux. Il règne dans l'effet général une élégance et une légèreté dont le coup d'œil est enchanteur. Les murs qui encadrent le tout sont revêtus de peintures à la détrempe qui datent du premier âge de la renaissance. Aussi cette époque de l'art, précieuse pour l'étude, s'y dévoile entière, avec son inexpérience, comme avec son intéressante naïveté. Les sujets de ces peintures, malheureusement très-endommagées par le temps, sont empruntés à l'histoire sainte. Simon Memmi de Sienne, Spinello Aretino, Buffamalco, les deux Orcagna (Andrea et Bernardo), Benozzo Gozzoli, Giotto, d'autres moins connus, avaient coopéré à la décoration pittoresque de ce monument, vrai musée du moyen âge. Les longs corridors du cloître sont ornés en outre de sarcophages fort anciens et de tombeaux plus modernes. Le sol qui occupe le centre fut formé originairement d'une couche de terre apportée de Palestine : c'est cette terre sainte qui a fait donner à ce cimetière le nom de Campo Santo. Ce lieu est sans contredit en son genre un des plus curieux de l'Italie.

Le voyageur qui ne se borne pas à de simples aperçus voudra voir les églises de *San Matteo*, de *San Stefano*, et celles des Cordeliers et des Carmes, où sont des tableaux de Giotto, de Masaccio, de Cimabuè, du Bronzino, de Melani, de Pietro di Cortona ; il visitera la jolie église-miniature ou chapelle de *Santa Maria della Spina*, sur le quai de l'Arno ; il devra surtout, pour peu qu'il ait lu le Dante, se faire conduire sur l'emplacement de la *Tour de la faim*, qui vit la scène lamentable d'Ugolin.

Pise, belle ville, célèbre par ses conciles, son université, ses souvenirs historiques, jouissant d'un climat salubre, quoiqu'un peu humide, possédant près d'elle des bains d'une eau thermale excellente, semble pourvue d'assez de charmes pour retenir l'étranger ; mais sa solitude la fait délaisser de plus en plus. Il vient cependant une époque, bien fugitive à la vérité, où elle se remplit tout-à-coup d'une foule inaccoutumée. Tous les trois ans, au mois de juin, un combat simulé sur son pont de marbre, une fête brillante, semblable aux jeux antiques de la Grèce, attirent un grand concours des états voisins. Pise alors semble renaître; mais ce bruit, cet éclat, sont éphémères comme l'illumination qui termine la fête, et peu de jours après Pise retombe dans son silence et dans son isolement.

LIVOURNE.

Depuis la décadence de Pise, depuis la destruction de son port, au XIII° siècle, par les Florentins et les Génois, Livourne, d'abord simple bourgade, s'est changée en une cité opulente. Le port de Pise, *porto Pisano*, abandonné maintenant par la mer comme par la fortune, est à 5 milles, et celui de Livourne à 4 lieues; un canal fort navigable sert de communication entre les deux villes.

Livourne, de construction moderne, est bien bâtie, sans avoir aucun monument qui mérite une sérieuse attention. Une place spacieuse, carré long régulier, en occupe le milieu, où viennent aboutir des rues larges et tirées au cordeau. La rue *Ferdinanda*, notamment, centre du commerce et du mouvement des affaires, est très-espacée, toujours remplie de monde, brillante des richesses de tous genres étalées dans les boutiques. Un quartier entrecoupé de canaux qui amènent les marchandises jusqu'aux portes des magasins, a reçu le nom de *Nouvelle Venise*. Parmi les édifices publics on ne peut guère citer qu'un assez beau théâtre, et une synagogue non moins remarquable que celle de Trieste. Les juifs sont nombreux à Livourne, car ils forment à peu près le cinquième de la population, laquelle peut s'évaluer à 50,000 âmes; population d'ailleurs dont une portion est flottante et mêlée, composée de milliers de gens de passage, marchands de toutes sortes de nations, colporteurs, agioteurs, banqueroutiers même, dont Livourne est le réceptacle, ce qui en fait un séjour peu désirable, outre que l'air y est malsain, trop chaud en été, constamment humide, à cause des eaux stagnantes. L'eau potable y est rare; la vie, déjà chère pour les habitants, l'est beaucoup plus pour les étrangers, que l'on dupe à qui mieux mieux.

Celui qui ne recherche en Italie que les traditions de l'histoire et les œuvres artistiques ne donnera pas plus d'un jour à Livourne, s'il y vient. Cette ville récente et sans souvenirs, toute commerciale et positive, n'offre à l'ami des arts aucune belle composition des peintres toscans : en sculpture, un seul groupe de bronze, placé à l'entrée du port, est digne de quelque examen; encore représente-t-il quatre esclaves enchaînés aux pieds du grand-duc Ferdinand Ier (sujet peu honorable pour un Médicis), et ces esclaves, deux vieillards et deux jeunes gens, quoique traités d'une manière vive et sentie, sont fort incorrects dans les détails.

Le port de Livourne, port franc, est protégé par une citadelle et de bonnes fortifications; il est sûr, mais peu profond dans quelques-unes de ses parties, et sujet à des atterrissemens. La Lanterne est très-avant dans la mer : trois lazarets, pour les quarantaines, sont situés aussi à d'assez grandes distances. La marine commerçante et militaire de la Toscane n'a que ce port qui soit en première ligne, ceux de l'île d'Elbe étant petits, et ceux de Piombino et d'Orbitello tout-à-fait secondaires; mais Livourne est certainement l'une des meilleures places maritimes de l'Europe, et l'une des plus fréquentées de la Méditerranée. Les forces navales du grand-duc y sont bien abritées. La vue est offusquée dans ce port par le triste spectacle de forçats chargés de fer; il n'y a pas long-temps qu'on remarquait, sur les chantiers, des navires en construction pour le vice-roi d'Égypte.

Les collines qui s'élèvent au midi et au nord de Livourne sont couvertes d'oliviers. On côtoie la mer à gauche pour se rendre à celle de *Montenero*, pèlerinage des Livournais fervens, et promenade des mondains. Du couvent de Notre-Dame de Montenero, la vue se prolonge à l'infini sur la Méditerranée bleuâtre : elle y rencontre les récifs de Capraja et de la Gorgone; elle reconnaît l'île d'Elbe, et, par un temps très-serein, elle distingue même la Corse, deux îles à jamais fameuses, l'une témoin de la naissance de Napoléon, l'autre de ses revers; une troisième île devait lui servir de tombeau!

Le cimetière protestant, dit *des Anglais*, situé hors de la ville, est un autre but de pèlerinage d'un intérêt différent. Toutes les tombes, fort nombreuses, y sont de marbre blanc : plusieurs ont des sculptures de bon goût; d'autres ne sont que fastueuses; au défaut de ce luxe de la mort, quelques-unes portent des inscriptions touchantes : il en est qui ont plus de cent ans de date. Ce lieu funèbre non loin de la mer; ce champ du repos près de la continuelle agitation; tant de fortunes diverses, d'existences passagères, qui de si loin sont venues se confondre sur cette plage; ce commun naufrage de la vie en terre étrangère; toute cette fatalité éveille dans l'âme des idées qui oppressent.

En quittant le cimetière des Anglais, dans ma distraction mélancolique je m'égarai. Ayant rencontré un paysan de bonne mine et bien vêtu, je lui demandai mon chemin, qu'il m'indiqua poliment; je le remerciais, quand, à son humble geste, je reconnus que le remerciment qu'il attendait de moi était une aumône : cela me rappela ce peuple qui, dit-on, se faisait payer pour dire l'heure.

Le lendemain, assez durement étrillé par mon aubergiste, j'abandonnai sans regret Livourne, *urbem venalem*.

PISTOIA.

Ne quittons pas Livourne et Pise, pour nous rendre à Sienne, sans mentionner Pistoia, ville totalement négligée par les voyageurs, sans mériter ce dédain ou cet oubli. Pistoia est assise dans une plaine fertile, et entourée comme d'une ceinture de jardins remplis d'arbres fruitiers, ce qui lui donne de l'agrément, et procure à ses habitans des promenades délicieusement ombragées. Il y a peu de villes qui aient des rues aussi larges; malheureusement ces belles rues ne sont pas moins dépeuplées que celles de Pise. Pistoia renfermait beaucoup de noblesse; aussi les palais y sont-ils nombreux. La cathédrale, dédiée à Sainte-Marie, et l'église de Saint-Jean, sont des édifices remarquables; le dôme de la cathédrale est particulièrement d'une bonne architecture; mais, à l'instar de quantité d'églises de la Toscane, le portail en est resté inachevé. On a prétendu que l'arme du pistolet avait pris son nom de celui de Pistoia; le fait est que cette ville a eu des fabriques importantes de cette sorte d'armes.

Pistoia est sur la route de Florence à Lucques. Cette dernière est en quelque façon toscane par la nature du sol, par son style et ses mœurs; mais elle est la capitale d'un petit état séparé; à ce titre, il ne nous appartient pas d'en présenter ici la description.

SIENNE.

La route de Pise à Sienne n'étant ni commode ni fréquentée, les voyageurs reviennent ordinairement à Florence, d'où ils ont dix ou onze lieues à faire pour gagner Sienne. Il en est qui ne craindront pas un détour sur la gauche, afin de visiter Certaldo, simple village, mais rendu célèbre par la naissance et le tombeau de Boccace. (Voyez ce que nous avons dit ci-dessus, page 10.) Observons toutefois en passant que les biographes ne sont pas d'accord sur le lieu natal de l'auteur des *Cent nouvelles* : les uns assurent qu'il naquit à Certaldo, d'où sa famille était originaire; d'autres à Florence; d'autres enfin le font naître à Paris, où son père, commerçant florentin, se trouvait, disent-il, en 1313, pour ses affaires. Laissant Certaldo à notre gauche, et à notre droite Volterra, cité antique déjà décrite dans cet ouvrage, de manière qu'il ne nous reste plus rien à en dire, nous arrivons à Sienne, à travers un pays aride et montagneux. Cette portion de la Toscane a peu de sites qui flattent la vue.

Sienne est bâtie sur le penchant d'une haute colline qui, au dire de plusieurs naturalistes, dut jadis appartenir à un cratère. La nature du sol, sa configuration et de fréquens tremblemens de terre ont pu, jusqu'à un certain point, servir d'autorité à cette opinion. Quoi qu'il en soit, Sienne repose en partie sur des souterrains, ou formés par des accidens naturels, ou creusés par la main des hommes à des époques de guerre. La position élevée de cette ville est cause que les rues y sont irrégulières et montueuses; mais il en résulte en même temps que l'air y est pur et salubre; elle a une lieue de circuit, et sa population est égale à celle de Pise : des jardins entremêlés aux maisons l'entourent et rendent ses abords fort pittoresques.

Résumant en peu de mots l'histoire de Sienne, nous trouvons que cette ville eut pour fondateurs les Gaulois, après la prise de Rome. Devenue colonie romaine sous le règne d'Auguste, elle reçut le nom de *Sena Julia*, en mémoire de Jules César. Lors de la décadence de l'empire elle subit plus d'une révolution. Alternativement soumise à divers conquérans, elle parvint cependant, vers la moitié du XIIe siècle, à s'ériger en république indépendante; mais cette république, comme toutes celles de l'Italie, fut déchirée par les factions. Les Florentins jaloux, qui avaient fomenté les dissensions des Siennois pour en profiter, vaincus d'abord par eux, puis vainqueurs, parvinrent à les subjuguer, et leur imposèrent, en la personne de Pandolfo Petrucci, un gouverneur, ou plutôt un astucieux despote qui les accablait de sa tyrannie. C'est ce Petrucci que Machiavel a désigné comme le type de l'usurpation artificieuse. La mort de cet homme cruel devint le signal de la révolte : au cri de liberté, les Siennois, par un heureux effort, chassèrent les descendans de leur oppresseur ; mais, plus capables de vaincre que de se gouverner, leur désunion leur rendit des maîtres ; ils tombèrent tour à tour au pouvoir des Français et des Espagnols ; enfin Philippe II ayant cédé Sienne au grand duc Cosme Ier, sa destinée fut dès-lors et est demeurée depuis liée à celle de la Toscane.

A Sienne comme à Florence, l'architecture a laissé écrite à grands caractères l'orageuse histoire des temps passés : même sévérité de style, même solidité de construction : les anciennes maisons sont crénelées ; les demeures des nobles sont flanquées de tours : la grande place, *piazza del Campo*, ovale et creusée, semblable à un bassin disposé pour des naumachies, est toute environnée de ces vieux édifices fortifiés que les ans ont noircis et rendus plus sérieux encore.

« On dirait que Florence est bâtie pour la guerre civile. » Cette observation de madame de Staël est aussi parfaitement applicable à Sienne. L'illustre auteur de *Corinne* écrivait avec non moins de raison :

« A Sienne, la place publique où le peuple se « rassemblait, le balcon d'où son magistrat le « haranguait, frappent les voyageurs les moins « capables de réfléchir ; on sent qu'il a existé là « un gouvernement démocratique. »

Le plus beau monument de Sienne, ou pour mieux dire, le seul qu'on puisse à bon droit nommer ainsi, est la cathédrale, qui véritablement est une église gothique digne de l'ancienne magnificence des Italiens. A l'extérieur et au dedans l'édifice est revêtu de marbres blanc et noir qui alternent symétriquement par bandes horizontales, ce qui est somptueux, mais bizarre, et d'un effet qui manque peut-être de la gravité nécessaire. La partie supérieure du portail est surchargée de statues de saints et de papes siennois, d'aiguilles et d'ornemens variés. On entre par trois portes exhaussées sur des marches qui règnent au front et sur les flancs de l'édifice. La nef et la coupole ont quelque majesté. Le pourtour de la nef porte au-dessus d'une galerie deux longues files de cent soixante-dix bustes coloriés de papes : à voir toutes ces têtes penchées, paraissant sortir d'autant d'ouvertures, on dirait, ainsi qu'un écrivain en a déjà fait l'observation, des gens placés à des fenêtres, et regardant ce qui se passe : le coup d'œil en est tout-à-fait singulier. La voûte, pour figurer le ciel, est peinte en bleu d'azur parsemé d'étoiles d'or. Ce qu'on admire à meilleur titre, c'est le pavé formé de mosaïques de marbres, exécutées en manière de clair obscur, et représentant des sujets de l'Ancien Testament : cela est fort beau ; par malheur on ne peut examiner que partiellement ces mosaïques, attendu que le précieux pavé est recouvert d'un parquet à compartimens qu'on ne lève en son entier qu'en faveur d'étrangers de marque, ou de ceux qui se donnent pour tels à l'aide de leur opulence. Une chapelle qui fut décorée par la famille Chigi, et qui en garde le nom, est éblouissante de lapis lazuli et de bronze doré ; elle fut exécutée sur les dessins du Bernin, architecte-sculpteur trop exalté de son temps, et trop déprécié de nos jours. Car tel est le sort des artistes, lorsqu'ils ne s'élèvent pas jusqu'au génie, dont les œuvres sont seules à l'abri du changement de goût. Ce qui n'est que talent peut obtenir une faveur éclatante, mais elle est éphémère. Il n'est rien de plus perfide que la vogue ; le dénigrement la suit d'assez près : l'un et l'autre sont extrêmes ; aucun d'eux n'étant l'expression du vrai, on ne sait bientôt où le saisir, et la réputation du malheureux artiste, tiraillée en sens inverse, est d'autant plus sacrifiée, qu'elle avait excité plus d'enthousiasme.

Les peintures de la cathédrale de Sienne ont droit à l'attention des connaisseurs ; elles sont dues aux habiles pinceaux de Pérugin, du Calabrese, du Trevisan, de Salimbeni, de Carle Maratte ; mais celles de la sacristie sont plus curieuses encore : on s'est plu à les attribuer à Raphaël ; il est assez avéré maintenant que ces fresques, admirablement conservées, sont du Pinturicchio, et que Raphaël y a seulement fait des retouches : pourtant l'une de ces belles compositions pourrait bien être entièrement de la main du grand maître. Au milieu de cette sacristie, qu'on nomme *la libreria*, parce qu'elle renferme une collection d'anciens missels, s'élève sur un piédestal un groupe des *trois Grâces*, morceau de sculpture antique très-recommandable, quoique fruste, mais bien étrangement placé là où les prêtres du Christ se préparent au service divin.

Nous avons dit que des statues de papes siennois figurent au fronton de la cathédrale. Sienne, en effet, a vu naître sept souverains pontifes, entre autres Grégoire VII, fameux par son ambitieux orgueil, et Alexandre III qui eut le triste

honneur d'humilier à Saint-Marc de Venise l'empereur Frédéric Barberousse. Sienne a aussi donné le jour à sainte Catherine, la patronne des jeunes filles. Sainte Catherine de Sienne naquit en 1347; son père était teinturier; elle mourut à Avignon, âgée seulement de trente-trois ans. Sa maison natale a été convertie en une chapelle. Il est à supposer que cette aimable sainte, protectrice du sexe féminin, emploie son influence à garantir particulièrement la vertu des jeunes Siennoises ses compatriotes.

Tout le monde convient en Italie, en dépit de la jalousie réciproque des divers états, que la vie est douce et agréable à Sienne; que le climat est sain, le terroir fertile et abondant; que les habitans sont hospitaliers, spirituels, amis des arts et surtout de la poésie; que les femmes sont belles et aimables; que toutes les conditions requises semblent se réunir pour composer une société pleine de charmes. Le voyageur qui aurait du temps devant lui, et voudrait apprendre commodément et bien la langue italienne, ne se repentirait pas de s'être arrêté dans cette ville qu'on ne fait ordinairement que traverser. Toutefois il aurait à se défier de la prononciation défectueuse des Toscans. L'idiome qu'on parle en ce pays passe avec raison pour être le plus pur des nombreux dialectes usités en Italie; mais il est articulé avec un accent guttural singulièrement désagréable. La belle langue italienne est, sans contredit, ainsi qu'on le répète proverbialement, l'idiome de Toscane prononcé par des Romains, *lingua toscana in bocca romana*. Or, les Romains dont l'éducation a été soignée, s'expriment en toscan avec une prononciation plus nette et mieux accentuée : c'est donc, en effet, à Rome, et dans les hautes classes, qu'on entend le meilleur langage italien, de même que c'est à Paris, siége de l'Académie française et de la littérature, centre de civilisation, que notre langue est parlée avec le plus de pureté. Cette objection pourtant n'est pas tellement sérieuse qu'elle doive préjudicier essentiellement au conseil donné ci-dessus : en le suivant on aurait un double avantage, celui d'étudier un dialecte dont la correction, généralement répandue parmi le peuple, n'est pas un privilége de la seule bonne compagnie; puis celui de connaître une ville toute italienne, de mœurs caractéristiques, pourvue d'agrémens divers, et qui, mieux que tant d'autres, a conservé sa physionomie et son originalité.

AREZZO.

Voici encore une ville toscane qui n'a que peu de contact avec ces légions de cosmopolites dont les grandes cités de l'Italie sont envahies continuellement; si elle est d'une moindre importance que Sienne, n'étant peuplée que de huit à dix mille habitans, elle se recommande par des souvenirs littéraires qui la rendent intéressante. Arezzo vit naître jadis Mécène, le protégé d'Auguste, et ce qui était mieux, le protecteur des muses latines, si noblement représentées alors par Virgile et Horace. En des temps plus rapprochés, cette ville a donné le jour au peintre Vasari, au pape Jules III, au trop fameux maréchal d'Ancre, *Concino Concini*; à Rhedi et à Cesalpin, tous deux médecins très-savans. Ce dernier conçut, dit-on, le premier l'idée de la circulation du sang, et jeta les fondemens de la botanique par une première classification des plantes. Arezzo est aussi la patrie des trois Arétins, célèbres à bien des titres divers qu'on a plus d'une fois confondus; l'un (Léonard-Bruni) dont nous ayons déjà parlé (voir ci-dessus, page 10), historien de Florence et secrétaire de cette république, homme plein de science et de vertu; l'autre, (Guy, *Guido*), bénédictin, qui inventa la manière moderne de noter la musique (voyez J.-J. Rousseau, *Dictionnaire de musique*, au mot *notes*); le troisième (Pierre), qui s'est acquis, par ses écrits satiriques, une renommée scandaleuse dont Jules Romain fut malheureusement complice, en composant seize dessins qui donnèrent lieu à autant de sonnets obscènes. Enfin, ce qui est pour Arezzo une gloire moins contestable, Pétrarque naquit dans son sein, Pétrarque dont on peut dire ce que les Florentins ont tracé sur le tombeau de Machiavel à Santa Croce : *Tanto nomini nullum par elogium*. La maison natale de Pétrarque n'existe plus; un bâtiment neuf s'est élevé sur ses ruines; une inscription constate seule l'emplacement de la *casa di Petrarca*. Les cendres du chantre de *Laure* reposent à Arqua : ainsi donc la Toscane n'a pu garder le berceau de son poète, et n'a pas su lui ménager une tombe!

Arezzo est en jolie situation sur un coteau fertile; pavée de larges dalles comme Florence, elle a, en quelque façon, une bonne tenue. Il est présumable que lady Morgan était fatiguée où de mauvaise humeur quand elle trouva les rues d'Arezzo *malpropres, remplies de mendians*, encombrées de marchands de fruits et de maccaroni.

Un édifice de bon goût, qu'on nomme la *Loggia*, et dont Vasari fut l'architecte, décore une place publique. Cette loggia et une assez belle église où se voient des fresques médiocres et un grand tableau passable de Benvenuti, sont à peu près les seuls monumens que possède Arezzo.

CORTONE.

Nous avons commencé ce chapitre par une très-antique ville d'Étrurie, Fiesole; nous finirons de même, et par la plus antique de toutes peut-être, par celle du moins qui fut la métropole d'un état dont on ne sait plus l'histoire: il s'agit de Cortone. Cette ville, en effet, n'a aucune tradition certaine de son origine égarée dans la nuit des temps. Au dire de quelques érudits, plus ou moins appuyé sur des textes d'historiens et de poètes, Cortone est le *Corytum* des anciens, et, suivant eux, Corytum aurait été fondé long-temps avant la guerre de Troie. De telles opinions sont toujours trop conjecturales pour être acceptées sans restriction. Néanmoins, des portions de murs cyclopéens, encore subsistans à Cortone, témoignent une extrême vétusté. Les ouvrages cyclopéens sont ainsi appelés, parce qu'ils exigèrent l'emploi d'une grande puissance motrice, et plus de force que d'art: ils sont devenus rares. Ces épaisses murailles, formées de blocs massifs de pierres, non taillés, et assemblés sans chaux ni ciment, sans autre soin que d'éviter les vides dans la jonction, appartiennent toutes à des époques qui se confondent dans les temps fabuleux.

Cortone garde encore quelques autres débris de sa grandeur oubliée, les restes d'un temple de Bacchus, d'une nymphée ou de bains, d'une citerne ou conserve d'eau, et des sarcophages.

Cette ville, curieuse pour les antiquaires, et si importante jadis, n'est plus peuplée que de trois à quatre mille habitans malaisés, qui végètent là dans des maisons tristes et sombres. Elle est située à cinq lieues d'Arezzo, sur une hauteur escarpée qui rend ses abords difficiles; mais elle domine la belle et riche vallée de Chiana, d'où elle s'offre sous un aspect fort pittoresque.

A Cortone, on se trouve sur la frontière de l'État Romain, non loin du lac fameux de Trasimène. Au fond de la vallée se dessine un chemin; c'est la route de Rome. Du haut de Cortone, portant tour à tour sa vue au midi et au nord, le voyageur salue à la fois le sol romain et le pays des Toscans. Là nous disons un dernier adieu à cette Toscane attrayante qu'on ne saurait voir sans bonheur ni quitter sans regret.

Quelle contrée que l'Italie! Comme l'intérêt qu'elle inspire est bien gradué! A la descente des Alpes, dont les rochers forment le plus majestueux des portiques, vous naviguez sur des lacs délicieux, encadrés dans des paysages qui marquent la transition avec ceux de la Suisse; puis les nombreuses villes situées au nord, entre Venise et Gênes, entre Milan et Bologne, prédisposent votre imagination pour la Toscane; Florence la belle, à son tour, vous sert de degré vers Rome la grande. A Rome, vous croiriez qu'il n'est plus rien au-delà qui puisse ajouter encore à ce *crescendo* de merveilles; mais la nature, toujours plus puissante que les œuvres humaines, vous attend au golfe de Naples, son *non plus ultrà* de beauté. Quelle admirable variété! quel voyage enchanteur! La Toscane, région intermédiaire, a des charmes qui lui sont particuliers, ou plutôt elle réunit en elle la plupart des avantages que les autres possèdent partiellement: la nature est féconde et riche en aspects; le climat, tempéré, ne fait subir ni la chaleur ni le froid dans leur intensité; les institutions sont aussi douces que l'atmosphère, et les hommes participent de cette modération; l'antiquité a laissé un précieux héritage, le moyen âge des souvenirs pour l'histoire, tous les arts des monumens, des ouvrages et des noms dont la gloire ne saurait périr: que de nobles priviléges pour un si petit pays! Enfin, la Toscane a possédé des phalanges de grands hommes qui ont conquis l'immortalité, avec Dante et Michel-Ange à leur tête. Michel-Ange et le Dante, deux inséparables génies que les siècles vanteront jusqu'au jour de *Jugement dernier*, qu'ils ont pressenti dans leurs chefs-d'œuvre!

H. LEMONNIER.

TOSCANE.

COUP D'OEIL HISTORIQUE SUR FLORENCE.

Florence est fille de Fiesole. Fiesole était une ville située sur la cime de la montagne qui domine aujourd'hui Florence. Fiesole, pour rendre ses marchés plus fréquentés, les avait placés dans la plaine, entre le pied de la montagne et l'Arno. De là les premières constructions faites par les commerçans; de là Florence. Au temps de Tacite, c'était déjà une ville importante qui envoyait des députés à Rome.

L'histoire florentine, jusqu'en 1215, est peu intéressante et caractéristique. Se soumettant toujours au vainqueur, elle ne prend parti pour personne dans les grandes divisions de l'Italie, et les noms de Guelfes et Gibelins n'y allument encore aucune guerre civile.

Voici l'origine des premières dissensions : quatre des familles les plus puissantes étaient celles des Buondelmonti, des Uberti, des Donati et des Amidei. Dans celle des Donati une dame veuve et riche avait une fille d'une grande beauté; et secrètement, dans sa pensée, elle la destinait au jeune Buondelmonti : tout à coup elle apprend que ce cavalier allait épouser une fille des Amidei ; grand chagrin. A quelques jours de là, voyant Buondelmonti, elle descend suivie de sa fille, se présente à lui au moment où il passait, et lui dit : « Je suis vraiment fort aise du choix que vous avez fait d'une femme, quoique je vous eusse réservé ma fille; » et, entr'ouvrant la porte, elle la lui fit voir. Ce jeune homme, frappé de sa rare beauté, et considérant que du côté de la fortune et de la naissance, elle ne le cédait en rien à celle qu'il avait choisie, s'enflamma d'une telle passion pour elle, qu'il répondit aussitôt, sans penser à la parole qu'il avait donnée, à l'affront qu'il ferait en la rompant, et aux fâcheuses suites que cette rupture pouvait entraîner : « Puisque vous me l'avez réservée, je serais un ingrat en ne l'acceptant pas, lorsqu'il en est temps encore. » Et il l'épousa effectivement sans délai [1].

A cette nouvelle, les familles des Amidei et des Uberti, remplies d'indignation, jurèrent de se venger par la mort de Buondelmonti. Quatre d'entre eux s'enfermèrent, le jour de Pâques, dans une maison située entre le vieux pont et l'église Saint-Étienne, et Buondelmonti étant passé sur le pont, ils l'assaillirent et le tuèrent. Cet assassinat divisa toute la ville; et en 1246 l'empereur Frédéric II ayant aidé les Uberti à chasser les Buondelmonti, Florence se partagea comme le reste de l'Italie en Guelfes et en Gibelins.

Les Guelfes sont les partisans des papes, les Gibelins ceux de l'empereur.

Les Guelfes, en 1250, rentrèrent dans la ville, et établirent un gouvernement nouveau. La ville fut divisée en six quartiers; dans chaque quartier on prit deux citoyens que l'on chargea du gouvernement : ils se nommaient *anciens*, et étaient annuels. On établit un capitaine du peuple et un podesta, chargés de juger dans toutes les affaires civiles ou militaires. Vingt compagnies dans la ville, soixante-six dans les campagnes, formèrent l'armée. A la guerre, pour avoir un lieu où se rallier, ils construisirent un char traîné par deux bœufs couverts de rouge, sur lequel on plaçait un étendard rouge et blanc : lorsqu'ils voulaient mettre leur armée en campagne, ils conduisaient ce char dans le Marché-Neuf, et le consignaient avec beaucoup de solennité entre les mains des chefs du peuple. De plus, ils avaient une cloche appelée à Florence *Martinella*, dont le son se faisait entendre sans interruption pendant un mois avant que les armées sortissent de la ville : leur but était d'avertir l'ennemi de se préparer à la défense. Quelle grandeur d'âme! Ils emportaient aussi cette cloche à l'armée, et s'en servaient pour régler les gardes et les services usités en temps de guerre.

Ceci se passait en 1256.

La noblesse était toute puissante à Florence. Les Guelfes et les Gibelins étaient du parti des nobles; et quoique les Guelfes fussent au dehors pour le pape, c'est-à-dire pour l'unité italienne, et au-dedans pour l'amélioration du sort du plus grand nombre, leur cause était cependant celle de l'aristocratie. Sur ces factions vinrent se greffer celles des noirs et des blancs. En voici l'origine. La famille des Cancellieri était une des premières de Pistoie. Loré, fils de Guillaume, et Geri, fils de Bertaccio, tous deux de cette maison, jouant ensemble, disputèrent; il arriva même que Geri fut blessé légèrement par Loré. Cet accident fit de la peine à Guillaume; mais il augmenta le mal en croyant y remédier, par un témoignage de regret et de soumission. Il

[1] Les hommes de génie devinent ce qu'ils ne savent pas; sans aucun doute, Shakespeare ignorait cette anecdote, et cependant n'est-ce pas exactement la scène de *Roméo au bal*, scène si souvent accusée d'invraisemblance?

commanda à son fils d'aller trouver le père du blessé pour lui faire ses excuses. Loré obéit. Cette démarche honnête n'adoucit point l'esprit inflexible de Bertaccio. Il fait saisir Loré par ses gens; et, pour preuve de haine et de mépris, il lui fait couper la main sur une mangeoire, en lui disant : « Va retrouver ton père, et dis-lui que les blessures se guérissent par le fer, et non par des paroles. » Les Cancellieri avaient des parens à Florence qui prirent parti pour eux, et les guerres intestines se renouvelèrent; mais c'étaient toujours des querelles de grands.

Cependant sous toutes ces factions se mouvait et surgissait lentement un parti qui devait finir par renverser les autres, le parti populaire. Toutes les fois qu'une des factions des nobles était vaincue, elle se ralliait au peuple pour renverser le vainqueur; et le peuple, recevant ainsi des deux côtés, gagnait peu à peu du terrain sans que l'aristocratie s'en aperçût. En 1266, les Gibelins, pour lui plaire, distribuèrent la ville en douze corps de métiers, qui avaient leur capitaine, leur drapeau et leurs troupes. En 1280, les chefs des corps et métiers cassèrent le conseil des Quatorze qui servait de gouvernement, et y substituèrent trois prieurs qui devaient être choisis dans la classe des artisans : ces prieurs eurent un palais. En 1293, les nobles insultant et vexant le peuple, et se dérobant aux arrêts de la justice par la violence, on nomma un gonfalonnier choisi parmi le peuple, et qui avait sous ses ordres mille hommes pour faire exécuter les lois; et cela ne suffisant pas encore, Giano de la Bella fit décréter que le gonfalonnier aurait quatre mille hommes, que les nobles ne pourraient pas être prieurs, et, comme on n'osait jamais les accuser de peur de leur ressentiment, on décréta aussi que la voix publique suffirait pour juger.

De 1300 à 1342 la querelle s'agita donc entre la noblesse et le peuple. Pendant ce temps, Florence, toute déchirée de dissensions, se mit ou sous la protection du pape, qui lui envoya des légats pour la pacifier, ou sous celle du roi Robert, qui fut chargé de la défendre pendant cinq années. Ce fut le temps des exils : dès qu'un parti triomphait, il chassait tous ses ennemis; l'Italie était pleine de Florentins; et les Gibelins, au nombre desquels étaient le Dante, errèrent pendant plusieurs années dans toutes les cours, demandant à tous les souverains des armes et des troupes pour rentrer dans leur patrie, venant frapper aux portes de la ville avec les mains jointes et des sanglots, et toujours repoussés, armés ou suppliants. Ce fut aussi dans ce temps, temps de détresse et d'instabilité, que Florence se livra à un misérable nommé Lando, et ensuite au duc d'Athènes, tant cette malheureuse cité avait besoin de quelqu'un qui la gouvernât, tant sa voix lamentable s'en allait criant au premier venu : Guérissez-moi! guérissez-moi!

En 1343, cette grande querelle se résuma par un combat décisif. La noblesse, voulant ravoir les charges de l'état et ses priviléges, fit des provisions d'armes et se fortifia dans trois endroits : aux maisons des Cavicciulli, à celle des Donati et et celle des Cavalcanti. Le peuple, de son côté, se rassembla sous les ordres du gonfalonnier de justice et sous les drapeaux de ses compagnies.

Les Médicis et les Nondinelli s'ébranlèrent les premiers, et attaquèrent les Cavicciulli du côté qui conduit dans leurs maisons, par la place Saint-Jean. L'action fut vive : on lançait du haut des tours des pierres sur les assaillans, et du bas on les perçait avec des flèches. On se battit pendant trois heures : les Cavicciulli, se voyant à la fin accablés par le nombre et dépourvus de secours, se remirent au pouvoir du peuple, qui leur conserva leurs maisons, leurs propriétés, et se contenta de les désarmer et de les disperser chez des bourgeois leurs parens ou leurs amis. Les Donati et les Puzzi, moins forts qu'eux, furent facilement vaincus : il ne restait plus en-deçà de l'Arno que les Cavalcanti, formidables par leur nombre et leur position. Mais lorsqu'ils virent qu'ils étaient, eux, attaqués par tous les gonfalonniers, et que trois avaient suffi pour vaincre les autres, ils se rendirent sans se défendre beaucoup. Ainsi le peuple était déjà maître des trois quarts de la ville; mais la partie qu'occupaient encore les grands était la plus difficile à enlever : le fleuve servait de barrière, et il fallait se rendre maître des ponts, qui étaient vigoureusement gardés. On attaqua le vieux pont le premier : il fut défendu vaillamment, parce que les tours étaient bien armées et les avenues barricadées. Le peuple fut repoussé après avoir beaucoup souffert; il tenta alors de passer le Rubaconte : mêmes obstacles. Laissant donc pour la garde de ces deux ponts quatre gonfalonniers, il alla avec les autres attaquer le pont de la Carruja. Quoique les Nerli s'y défendissent avec bravoure, ils ne purent soutenir la fureur impétueuse de la Plèbe, soit parce que ce pont était plus faible, n'étant défendu par aucune tour, soit parce qu'ils furent assaillis en même

temps par les Capponi et les autres familles populaires qui demeuraient de leur côté. Accablés de toutes parts, ils abandonnèrent donc les barricades, et laissèrent un passage libre au peuple, qui défit ensuite les Rossi et les Frescobaldi. Restaient encore les Bardi, que ni la défaite totale des autres, ni la réunion du peuple entier contre eux, ni le peu d'espoir d'être secourus ne purent effrayer : ils aimaient mieux périr les armes à la main, ou voir leurs maisons livrées au pillage et aux flammes, que de se remettre volontairement à la discrétion de leurs ennemis. Ils se défendirent avec tant d'intrépidité que les assiégeans essayèrent plusieurs fois, mais inutilement, de les forcer sur le vieux pont et sur celui du Rubaconte : ils furent toujours repoussés, laissant sur le terrain beaucoup de morts et de blessés. Mais on avait fait autrefois un chemin qui pouvait, en passant entre les maisons des Pitti, conduire de celui de Rome aux murailles placées sur la colline de Saint-Georges. Ce fut par là que le peuple envoya six gonfaloniers, avec ordre d'attaquer les maisons des Bardi par derrière. Cet assaut leur fit perdre courage, et donna enfin l'avantage à leurs ennemis; ceux qui gardaient les barricades de la rue ne se furent pas plus tôt aperçus de l'attaque livrée à leurs maisons, qu'ils abandonnèrent la bataille pour voler à leur défense : aussitôt la barricade du vieux pont fut forcée, les Bardi mis en fuite de toutes parts tombèrent entre les mains des Quarati, des Pauzanesi et des Mozzi; le peuple, et surtout la vile populace, affamés de butin, livrèrent au pillage et saccagèrent toutes leurs maisons, détruisirent et brûlèrent leurs palais et leurs tours, avec un tel accès de rage, que l'ennemi le plus cruel du nom florentin eût rougi de commettre de si horribles ravages. (*Machiavel, Garaudet*.)

Ainsi fut abaissée la noblesse à Florence ; jamais elle ne put se relever de ce coup ; et la cité, tendant toujours davantage au gouvernement démocratique, finit par aboutir au gouvernement d'un seul, aux Médicis, comme nous allons le voir.

Le lendemain d'une révolution, les vainqueurs se divisent. L'aristocratie tuée dans ce combat, vingt-quatre heures après il en surgit une nouvelle : il y eut comme auparavant parti de la noblesse et parti populaire; cependant le peuple avait encore grandi, car on lit dans une chronique du temps que les nobles changeaient leurs armoiries pour des armoiries plébéiennes, et qu'un Uberti noble fut jugé digne, *à cause de ses services, d'être incorporé au peuple*.

Les Albizzi représentaient le parti conservateur, comme on dit aujourd'hui ;
Les Médicis, le parti populaire.

La lutte s'établit donc de 1345 à 1434 entre ces deux partis, ou plutôt ces deux principes : la bourgeoisie — le peuple.

Les Albizzi, dans le partage qui se fit après la révolution, eurent presque toutes les charges de l'État ; craignant leurs ennemis, ils les admonestèrent. Admonester un citoyen, c'était l'exclure des emplois publics pour un certain temps.

Les Médicis étaient une famille de commerçans sortis du sein du peuple. Le premier de ses membres dont parle l'histoire est Salvestre de Médicis, créé gonfalonier en 1378, et qui donna sa démission parce qu'on ne voulait pas faire rentrer les admonestés en place. Puis, en 1390, Veri Médicis, qui, dans un jour de révolte, supplié par le peuple de se charger du gouvernement, répondit qu'il ne croyait pas avoir donné lieu par sa vie passée de le traiter comme un ambitieux, refusa la souveraineté, calma la multitude, et obtint pour elle des concessions de la seigneurie. C'est là que se déploie pour la première fois le singulier esprit de modération et de gravité prudente qui se transmit dans cette famille comme la fortune. Vient ensuite Giovanni de Médicis, d'un caractère si doux et si conciliant, que les Albizzi même le rappelèrent au pouvoir. Ils voulurent alors le gagner à leur cause, et lui demandèrent de les aider à remettre la seigneurie aux mains des nobles; mais il s'y refusa énergiquement ; et quand, d'un autre côté, son cousin Antoine et son fils Côme l'engageaient à se servir du peuple pour ravir le pouvoir, il les fit rougir d'eux-mêmes. Il mourut en 1429, en disant à son fils : « Je meurs heureux, car je n'ai jamais offensé personne ; fais comme moi, et ne prends dans le gouvernement que la part que te donneront tes concitoyens et la loi. »

Jusqu'en 1429 le parti des Albizzi avait été triomphant. Le peuple s'était révolté, des palais avaient été brûlés, des nobles égorgés ; mais cependant la victoire était restée au parti conservateur. En 1429, la lutte se dessina d'une manière plus énergique et plus décisive.

Le chef des Albizzi était Rinaldo d'Albizzi, jeune homme plein de feu et d'audace, actif, entreprenant, résolu à écraser le parti populaire, et à tout employer pour y parvenir. Il avait pour conseiller le vieux Nicolo d'Uzano, esprit fin et sagace, le Nestor du parti.

Le parti populaire était représenté par Côme de Médicis. Grave comme son père, mais plus animé et plus ambitieux, sentant qu'il avait l'avenir pour lui, Côme donnait de terribles inquiétudes à la faction Albizzi. Rinaldo, accusé par lui de malversation, avait été forcé de quitter l'armée qu'il commandait près de Lucques, et de venir se défendre devant la seigneurie. Jeune et fougueux comme il était, il résolut, pour en finir, de tuer Côme, et envoya Barbadoro au vieil Uzano pour lui demander son appui. Barbadoro trouva le vieillard seul, la tête dans ses deux mains, et plongé dans d'amères pensées. Dès que Barbadoro lui eut dit l'objet de sa mission, Uzano lui fit une réponse fort curieuse, comme monument de la puissance de Médicis et de la situation de Florence.

« Il vaudrait bien mieux pour toi, pour ta famille et la république, que vous eussiez, vous tous qui avez formé un pareil projet, une *barbe d'argent* au lieu d'une *barbe d'or* [1], comme on t'appelle; car vos desseins, conçus par des têtes blanchies et instruites par l'expérience, seraient bien plus sages et plus utiles à chacun de nous. Ceux qui voudraient chasser Médicis devraient, avant tout, mesurer leurs forces et les siennes. Vous avez appelé notre parti celui des nobles, et le parti opposé celui du peuple. Si la réalité répondait à ces noms respectifs, la victoire à tout événement serait encore douteuse, quoique nous dussions avoir plus de sujets de crainte que d'espérance, en nous rappelant l'exemple de l'ancienne noblesse de Florence, qui a été renversée. Mais notre position est encore plus critique, puisque notre parti est désuni, tandis que le parti opposé reste toujours entier. Neri di Gino et Nerone di Nigi, deux de nos plus puissans citoyens, ne se sont jamais déclarés : il est impossible de savoir pour quel parti ils se détermineraient; et dans beaucoup de maisons, un grand nombre de nobles sont déclarés contre nous : je ne te citerai pas les deux fils de messire Maso d'Albizzi, Luca Piero Guicciardini, Tomaso et Nicolo Soderini. Si nous voulons donc réfléchir sur l'état des choses actuelles, je ne sais pourquoi nous nous appelons le parti des nobles; est-ce parce qu'ils ont pour eux tout le peuple? Mais voilà ce qui rend notre position plus dangereuse et ce qui nous mettrait hors d'état de résister si l'on en venait aux mains. Si nous conservons encore nos dignités, nous ne le devons qu'à l'ancienne considération de notre gouvernement, qui s'est honorablement maintenue depuis cinquante ans; mais, si l'on examinait nos forces de plus près, on découvrirait notre faiblesse, et nous serions perdus.

« Tu me diras peut-être que la justice de notre entreprise doublerait nos forces et affaiblirait celles de nos ennemis; mais il faudrait que cette entreprise parût aussi juste à leurs yeux qu'aux nôtres, et voilà ce qui n'est pas. Notre seul motif à nous est la crainte que Médicis ne se rende souverain de la république; mais cette crainte, le peuple ne l'a pas; il nous accuse au contraire de ce même crime dont nous l'accusons. Ce qui nous rend Médicis suspect, c'est qu'il aide de sa fortune non-seulement les particuliers, mais le peuple; non-seulement les Florentins, mais les Condottieri; c'est qu'il appuie auprès des magistrats les réclamations de chaque citoyen; c'est qu'il élève ses amis aux plus hautes dignités. Il faudra donc dire que nous n'avons d'autre raison de le chasser que parce qu'il est libéral, obligeant, compatissant et chéri de tous; mais quelle est la loi qui condamne la commisération, la libéralité et la bienveillance, quoique ce soient là les moyens ordinaires de tout homme qui aspire à la tyrannie?

« Je suppose, au reste, que vous parveniez à le chasser, ce qui n'est pas impossible si vous avez pour vous la seigneurie : mais comment espérez-vous empêcher son retour? le nombre de ses partisans et la bienveillance qu'on lui porte est telle que jamais vous ne pourrez vous garantir de ce danger; il sera rappelé malgré vous: tout ce que vous auriez gagné, ce sera de l'avoir chassé bon citoyen, et de le voir revenir entièrement changé, parce que les auteurs de son rappel voudront des vengeances, et la reconnaissance l'empêchera d'arrêter leurs excès. Voulez-vous le faire mourir? cela sera impossible par les lois légales, il serait sauvé par ses grandes richesses. Mais je suppose encore que vous le fassiez mourir, ou que vous empêchiez son retour, qu'aura gagné la république? Délivrée de Médicis, elle sera asservie à Rinaldo. Je désire ardemment qu'aucun citoyen ne s'élève au-dessus des autres par sa puissance et son autorité; mais, si l'un des deux doit nous dominer, je ne vois pas de raison pour préférer l'un à l'autre, et je prie Dieu de préserver la république d'obéir à Rinaldo surtout.

---

[1] On voit qu'il joue sur le mot *Barbadoro* (ou Barbe d'or), qui était le nom de son ami.

… « Ne poursuis donc pas un projet qui, de toutes parts, n'offre que des dangers, et ne crois pas avec un petit nombre de partisans l'emporter sur la volonté de la multitude. Tous nos citoyens, soit par ignorance ou par corruption, sont prêts à vendre la république, et la Fortune leur a été tellement propice, qu'ils ont trouvé un acheteur. Suis plutôt mon conseil : qu'une sage modération règle ta conduite, et si tu aimes la liberté, ne redoute pas moins notre parti que le parti de nos ennemis ; s'ils arrivent à une rupture ouverte, reste neutre, tu n'en seras que plus agréable à chacun, et tu ne pourras rien faire de mieux pour toi-même et pour la république. » (*Machiavel, id.*)

Ces paroles calmèrent un peu l'ardeur de Barbadoro et de Rinaldo ; mais la guerre de Lucques ayant été terminée et Uzano étant mort, Albizzi devint plus acharné à la perte de son rival, et tenta un dernier coup désespéré : Bernardo Guadagni ayant été nommé gonfalonnier, Rinaldo paya toutes ses dettes à condition qu'il ferait tomber Côme. Guadagni à peine entré en fonctions, Médicis reçoit l'ordre de comparaître devant lui ; plusieurs de ses amis le détournaient d'obéir ; mais il avait toujours été dans la politique de sa famille d'affecter la sécurité de l'innocence. Côme se rend donc au palais des Seigneurs, on l'arrête, et messire Rinaldo sort de sa maison suivi d'un grand nombre d'hommes armés, et, bientôt après, de tout son parti. Il se rend dans la place publique où la Seigneurie convoque le peuple et nomme deux cents membres de Balia[1] pour réformer le gouvernement. Les uns voulaient envoyer Médicis en exil, les autres le condamner à mort, un plus grand nombre gardait le silence, soit pitié, soit crainte de ses ennemis ; cette diversité d'opinions ne permettait d'arriver à aucun résultat.

Médicis, comme nous l'avons dit dans un premier article sur Florence, était enfermé dans la chambre du palais nommé Alberghettino, d'où il entendait tout cela, et l'on se rappelle le touchant discours que lui fit son gardien Malavolti pour calmer ses craintes d'être empoisonné. Côme rassuré par ce discours, et l'assemblée restant toujours occupée à discuter son affaire, Malavolti, pour le divertir, engagea à souper un ami du gonfalonnier, nommé Fargugnaccio, homme gai et facétieux. Le repas était presque achevé, lorsque Médicis, qui avait pensé à profiter de la visite de cet homme qu'il connaissait parfaitement, fit signe à Malavolti de s'éloigner. Celui-ci feignit d'aller chercher ce qui pouvait manquer au repas, et les laissa tête à tête. Médicis, après quelques paroles affectueuses, donna un billet à Fargugnaccio, et le chargea de le porter au directeur de l'hôpital Santa-Maria-Nuova qui lui donnerait onze cents ducats. Il lui dit d'en garder cent pour lui, et de porter le reste au gonfalonnier, en le priant de prendre un prétexte honnête pour venir lui parler. Fargugnaccio accepta la commission. L'argent fut livré, et inspira au gonfalonnier des sentimens plus humains. Médicis fut donc seulement condamné à l'exil, malgré la résistance de messire Rinaldo, qui demandait sa mort.

Après cette délibération, Côme de Médicis comparut devant la Seigneurie, le 3 octobre 1433. Là, on lui signifia son bannissement, et on l'exhorta à s'y soumettre, s'il ne voulait qu'on procédât avec plus de rigueur contre sa personne et contre ses biens. Médicis reçut cet ordre d'un air satisfait ; il assura la Seigneurie que partout où elle croyait devoir l'envoyer, il était prêt à obéir. Il la suppliait seulement que, puisqu'elle lui avait conservé la vie, elle voulût bien la défendre, parce qu'il ne doutait pas qu'il n'y eût sur la place un grand nombre de citoyens avides de son sang. Il finit par assurer que, dans quelque lieu qu'il dût habiter, sa personne, ses biens, seraient toujours au service de la république, du peuple et de la Seigneurie. Le gonfalonnier le rassura et le retint au palais jusqu'à la nuit ; de là, il le conduisit dans sa propre maison, le fit souper avec lui et mener jusqu'aux frontières sous l'escorte d'un nombreux corps de troupes. Partout où passa Médicis, il fut honorablement accueilli ; Venise lui fit rendre une visite au nom de l'État, et il fut constamment traité non comme un banni, mais comme un homme d'un rang supérieur. Cet exil n'était pas ce que voulait Rinaldo : « Il faut ne jamais attaquer les grands, disait-il, ou les écraser du coup ; cette demi-mesure nous perd : nous n'avons qu'un moyen, c'est de rendre les magistratures aux nobles pour contrebalancer le parti de Médicis. » Ses amis ne le crurent pas, et dix mois après, un gonfalonnier attaché à la faction de Côme, ayant remplacé Guadagni, Rinaldo et ses amis furent cités devant le tribunal. A cette nouvelle, le fier Albizzi assembla une troupe d'hommes armés et se rendit à la place de San-Pulinari ; de là, il envoya chez quelques amis pour les presser de venir le joindre : Guic-

---

[1] La Balia est une espèce d'assemblée extraordinaire qui ressemblait à la dictature romaine.

ciardini répondit qu'il nuirait assez au parti ennemi, si, en restant dans sa maison, il empêchait Piero son frère d'aller au secours de la Seigneurie, et Palla Strozzi arriva sur la place, mais sans armes et accompagné seulement de deux hommes, à pied; messire Rinaldo alla au-devant de lui, lui reprocha amèrement sa lâcheté, ajoutant : « qu'il se trompait fort, s'il croyait qu'en manquant ainsi à ses engagemens, ses ennemis, après leur victoire, lui feraient grâce de la mort ou de l'exil; que quant à lui, quelque malheur qui pût arriver, il aurait du moins la satisfaction de penser qu'il avait constamment opposé aux dangers à venir l'énergie de ses conseils, et aux dangers présens l'activité de son courage; mais que lui Strozzi, et que tous les autres de son caractère sentiraient redoubler leurs regrets, en étant forcés de s'avouer que trois fois ils avaient trahi la patrie : l'une, quand ils sauvèrent la vie de Médicis; l'autre, quand ils rejetèrent les mesures qu'il leur avait proposées; la troisième enfin, quand dans ce moment ils ne voulaient pas l'aider de leurs armes. » Messire Palla, pour réponse, tourna bride et regagna sa maison.

Seul avec quelques amis, Rinaldo, malgré toutes les promesses de la Seigneurie, resta en armes sur la place pendant plusieurs jours. Enfin, voyant tous ses partisans le quitter un à un, il accepta l'intermédiaire du pape Eugène, qui se trouvait à Florence, et consentit à la paix. Quelques jours après, un arrêt de la Seigneurie le bannissait, et Côme revenait en triomphe : il partit l'indignation dans le cœur, et s'en alla dans toutes les cours d'Italie, éveillant la colère des souverains contre Florence ; quand on lui reprochait de vouloir porter les armes contre sa patrie, il répondait qu'il lui rendrait service en la purgeant des Médicis, et que, quand on avait un fils ou un père qui se cassait la jambe, on la lui coupait pour qu'il ne mourût pas : homme inflexible, et ne s'arrêtant devant aucune des conséquences de ses principes, croyant sans restriction à toutes ses croyances, et faisant sans concession tout ce qu'il faisait. Ne pouvant rentrer par force dans sa patrie, il s'établit à Ancône et de là s'en alla visiter le tombeau de Jésus-Christ, puis, au retour de ce voyage, comme il assistait aux noces d'une de ses filles, il mourut subitement au milieu du repas, heureux du moins dans sa mort, sinon dans sa vie.

L'exil des Albizzi consolida le pouvoir des Médicis à Florence. De 1434 à 1457, Côme vit grandir chaque jour son autorité; il conduisit les guerres de la république contre Milan, Rome et Naples, et, comme tous les gouvernans, eut soin de faire bannir ses ennemis; mais, tout roi qu'il était en réalité, il sut conserver à Florence l'apparence de la liberté, et en 1455, quelques-uns l'ayant accusé d'affecter la dictature, il remit le pouvoir au peuple, bien sûr de se le faire rendre aussitôt. C'est à cette époque que Lucas Pitti, nommé gonfalonnier, fit bâtir cet admirable palais qui porte son nom, et qu'il décora de chefs-d'œuvre, en forçant tous les citoyens à lui faire des cadeaux. Côme mourut en 1464 : il était savant, éloquent; il y avait peu de citoyens à Florence qui ne lui dussent des sommes considérables. On le nomma le *Père de la patrie*.

Son fils Pierre lui succéda : faible et valétudinaire, ses ennemis se liguèrent souvent contre lui pour lui arracher le pouvoir; et ses partisans, toujours vainqueurs, abusèrent de la victoire pour commettre mille excès dans la république. Perclus, et n'ayant même plus l'usage de sa langue, il passa sa vie à sortir de son lit pour aller combattre ses rivaux ou réprimer les fureurs de ses partisans. Il mourut en 1469, laissant deux enfans jeunes encore, Julien et Laurent.

Laurent était fier, ferme, brave, inflexible; Julien, doux, ami des arts. Au bout de plusieurs années, ils devinrent plus puissans encore que leurs pères. En 1476, leur autorité était tellement affermie, qu'il n'y avait plus dans Florence de famille qui pût leur résister ouvertement : la seule ressource de la haine contre eux était une conjuration.

Ils avaient cependant deux ennemis terribles et acharnés : à Florence, les Pazzi; à Rome, le pape. Le pape se ligua avec les Pazzi, et l'assassinat de Laurent et de Julien fut résolu.

Après plusieurs vaines tentatives, on décida que l'on porterait le coup à la cathédrale de Santa-Reparata, où les Médicis se rendraient sûrement tous deux. François Pazzi et Bernard Bandini se chargèrent de Julien; Antoine de Volterre et un prêtre nommé Étienne, de Laurent. Le signal était le moment de la communion; pendant ce temps, l'archevêque Salviati et Jacques de Poggie devaient s'emparer de la Seigneurie.

Le complot ainsi arrêté, ils allèrent à l'église où le cardinal s'était déjà rendu avec Laurent de Médicis. Le peuple remplissait le temple, et l'office divin était commencé; mais Julien de Médicis

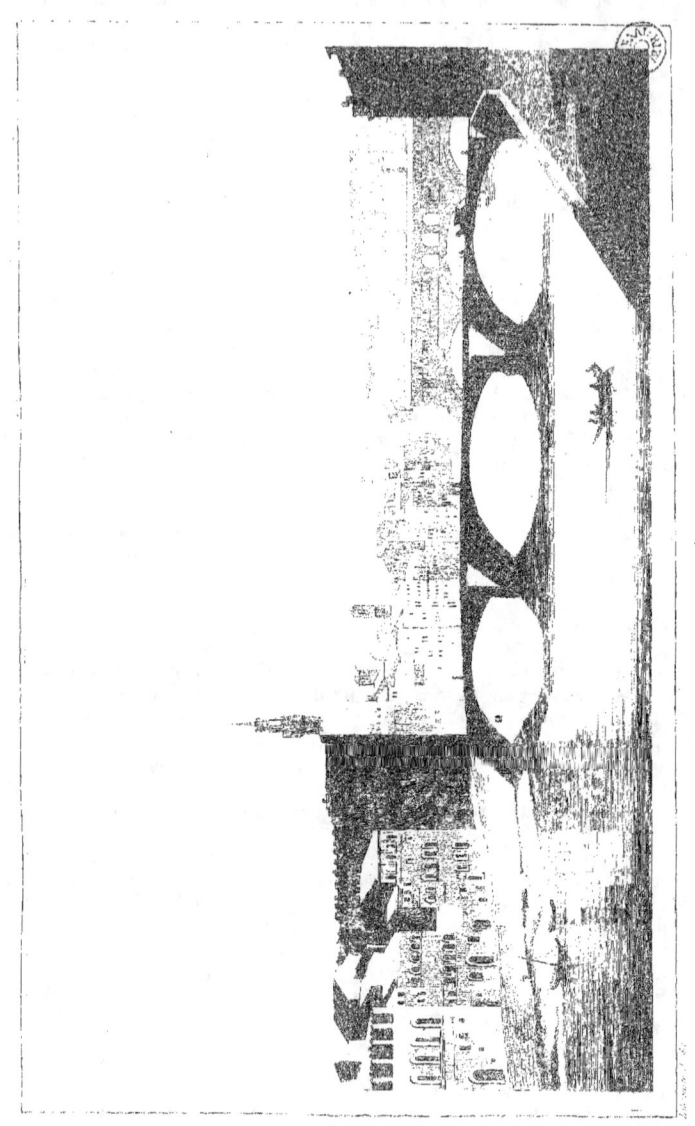

n'était pas encore arrivé. Alors François Pazzi et Bernard Bandini, qui s'étaient chargés de le frapper, vont chez lui, et emploient la ruse pour l'amener à l'église. La fermeté avec laquelle François et Bernard surent dissimuler un aussi effroyable dessein passe toute croyance. En l'accompagnant à l'église, ils l'entretinrent de plaisanteries et de propos de jeunes gens ; François porta même la dissimulation jusqu'à lui faire des caresses et à le serrer dans ses bras, pour sentir s'il n'avait pas sous ses habits une cuirasse ou quelque autre moyen de défense.

Julien et Laurent étaient instruits du ressentiment des Pazzi à leur égard : ils savaient bien qu'ils désiraient leur enlever le gouvernement de l'État, mais ils ne craignaient pas pour leur vie, pensant que si les Pazzi faisaient quelques tentatives contre eux, ce ne serait jamais par un semblable attentat. Cependant les meurtriers s'étaient placés derrière les deux Médicis. Au moment marqué, Bernard Bandini frappe Julien dans la poitrine avec un poignard court et tranchant : après avoir fait quelques pas, Julien tombe à terre ; François Pazzi se jette sur lui et le crible de coups : il le frappait avec une rage si aveugle, qu'il se blessa lui-même grièvement à la jambe. De leur côté, Antoine et Étienne portent plusieurs coups à Laurent ; mais ils ne lui firent qu'une légère blessure à la gorge, tant Laurent se jeta vivement sur ses armes et se défendit avec courage. Les deux assassins prennent la fuite et se cachent ; bientôt découverts, ils subirent une mort ignominieuse. Cependant Laurent s'était enfermé dans la sacristie de l'église avec les amis qui l'environnaient : Bernard Bandini voyant Julien mort, et ayant tué aussi François Nori, intime ami des Médicis, soit par suite d'une ancienne haine, soit parce qu'il avait voulu secourir Julien, courut encore chercher Laurent, afin de suppléer par son courage et sa promptitude à la lenteur et à la lâcheté de ses complices ; mais il ne put l'atteindre dans le lieu où il s'était réfugié. Au milieu de ce tumulte épouvantable, qui faisait croire que le temple s'écroulait, le cardinal se cacha auprès de l'autel, et les prêtres eurent beaucoup de peine à le défendre jusqu'à l'instant où la cessation des troubles permit à la Seigneurie de le conduire dans son palais ; là il attendit sa délivrance, agité des plus vives inquiétudes ; son effroi fut tel qu'il en resta pâle toute sa vie.

Voilà ce qui se passait au temple ; mais dans la ville, le trouble n'était pas moindre.

Quelques citoyens de Pérouse, chassés par les factions, se trouvaient en ce temps à Florence ; les Pazzi les firent entrer dans le complot, en leur promettant de les rétablir dans leur patrie. Lorsque l'archevêque Salviati, escorté de ses parens, de ses amis, ainsi que de Jacques, fils de Poggio, se rendit au palais pour s'en emparer, il emmena avec lui les Pérousins. Arrivé au seuil, ce prélat laisse une partie des siens dans le bas, avec ordre de se saisir de la porte au premier bruit qu'ils entendraient, et monte avec la plus grande partie de ses Pérousins. Comme il était déjà tard, il trouva les seigneurs à dîner ; mais il fut bientôt introduit par César Petrucci, gonfalonnier de justice : il n'entra qu'avec quelques-uns de ceux qui l'accompagnaient ; les autres restèrent en dehors, et le plus grand nombre d'entre eux s'enferma sans le vouloir dans la chancellerie, dont la porte, une fois poussée, ne pouvait plus s'ouvrir ni en dedans ni en dehors sans la clef. L'archevêque, parvenu dans l'appartement du gonfalonnier, fit semblant d'avoir quelque chose à lui communiquer de la part du souverain pontife ; mais il commença à proférer d'une voix si troublée, et avec tant d'altération dans les traits, des mots entrecoupés, que le gonfalonnier en conçut de la méfiance, sortit brusquement de sa chambre, poussa un cri, et rencontrant Jacques Poggio, le saisit par les cheveux, et le mit entre les mains de ses huissiers. L'alarme, répandue parmi les seigneurs, leur fait prendre au hasard les armes qu'ils trouvent. De ceux qui étaient montés avec l'archevêque, les uns enfermés, les autres frappés de terreur, sont ou tués sur-le-champ, ou jetés vivans par les fenêtres du palais : l'archevêque, les deux Jacques Salviati et Jacques Poggio sont pendus à ces mêmes fenêtres ; mais ceux qui étaient dans le bas s'étaient rendus maîtres de cette partie du palais, après avoir forcé la garde et la porte, et les citoyens accourus au bruit ne pouvaient d'aucune manière porter du secours à la Seigneurie.

Revenons à l'église. La crainte s'empara de François Pazzi et de Bernard Bandini, quand ils virent que Laurent de Médicis leur avait échappé, et que celui d'entre eux sur lequel ils comptaient le plus était dangereusement blessé. Bernard alors pensa à se mettre en sûreté ; et, avec cette présence d'esprit qu'il avait montrée dans l'assassinat des Médicis, il s'enfuit sain et sauf, bien convaincu qu'il n'y avait plus rien à espérer. Quant à François, il se sauva aussi dans sa maison, et arrivé là, il essaya s'il pourrait se tenir à cheval avec sa blessure, parce qu'on était convenu d'investir la ville de gens armés, et d'appeler le peuple à la liberté et aux armes; mais il ne put même se tenir debout, tant sa blessure était profonde, et tant il était affaibli par la quantité de sang qu'il perdait. Après s'être entièrement dépouillé de ses habits, il se jeta sur son lit, et pria Jacques de se charger de ce qu'il ne pouvait faire lui-même : celui-ci, quoique vieux et peu exercé à de pareils tumultes, voulant faire encore cette dernière tentative, monte à cheval avec environ cent hommes armés, disposés auparavant à cet effet, et se rend sur la place, criant à haute voix : *Le peuple et la liberté!* Mais la fortune et les libéralités des Médicis avaient rendu le peuple sourd, et la liberté n'était plus connue à Florence : aussi personne ne répondit; seulement les seigneurs qui étaient maîtres de la partie supérieure du palais lancèrent des pierres sur lui, et l'effrayèrent autant qu'ils le purent par leurs menaces. Jacques, incertain sur le parti qu'il prendrait, rencontre son cousin Jean Serristore, qui lui reproche d'abord les désordres qui viennent d'avoir lieu, et l'engage ensuite à retourner à sa maison, l'assurant que les autres citoyens n'aimaient pas moins que lui le peuple et la liberté. Voyant le palais déclaré contre lui, Laurent en vie et François blessé, Jacques perdit tout espoir : ses provocations avaient été inutiles ; personne ne le suivait : il pensa qu'il ne lui restait plus d'autre parti que de chercher son salut dans la fuite. Il sortit donc de Florence avec les troupes qui l'avaient accompagné sur la place, et prit le chemin de la Romagne, où il projetait de se retirer.

Cependant toute la ville avait pris les armes, et Laurent de Médicis, escorté de beaucoup de gens armés, était revenu dans sa maison. Le peuple avait délivré le palais et mis à mort ceux qui s'en étaient emparés. Le nom des Médicis retentissait déjà de toutes parts dans Florence. Les membres épars de ceux que l'on avait tués étaient portés sur la pointe des armes ou traînés dans les rues. On poursuivit les Pazzi avec une cruauté qui tenait de la fureur. Le peuple s'était déjà emparé de leur maison. François Pazzi, à qui sa blessure avait fait quitter tous ses vêtemens pour se jeter dans son lit, fut enlevé dans cet état, conduit au palais et pendu à côté de l'archevêque et des autres qui avaient ainsi péri. Quelque mauvais traitement qu'on lui ait fait essuyer en route et au palais, il ne fut pas possible de lui arracher une seule parole. Fixant ses regards sur ceux qui l'entouraient, il n'exprima sa douleur qu'en poussant des soupirs à demi-étouffés. L'innocence de Guillaume Pazzi, le secours de Blanche, son épouse, lui firent trouver son salut dans la maison de Laurent, dont il était le parent. Il n'y eut pas de citoyen armé ou non armé qui ne se rendît chez ce dernier dans cette circonstance orageuse. Chacun lui offrait sa personne et ses biens, tant étaient grandes la puissance et la faveur que cette maison s'était acquises par ses mérites et ses libéralités ! A l'instant où cet événement éclata, René Pazzi se retira à sa maison de campagne. Informé de ses suites, il voulut fuir déguisé; mais il fut reconnu en chemin, arrêté et conduit à Florence. Jacques fut pris aussi au passage des Alpes. Les habitans de ces montagnes ayant appris ce qui s'était passé dans cette ville, et le voyant fuir, se jetèrent sur lui, le saisirent et l'y ramenèrent. Malgré les instances les plus pressantes, il ne put obtenir d'eux qu'ils le tuassent en route. Quatre jours après, Jacques et René furent condamnés à mort.

Parmi tant de gens qui périrent alors, et dont les cadavres étaient dispersés par lambeaux dans les rues, René excita seul la commisération, parce qu'il passait pour un homme doué de sagesse et de bonté, auquel on ne reprochait point cette hauteur dont les autres membres de cette famille étaient accusés. Afin que tout fût extraordinaire dans ce tragique événement, Jacques, inhumé d'abord dans la sépulture de ses ancêtres, en fut ensuite retiré comme frappé d'excommunication ; on l'enterra le long des murs de la ville. Arraché encore à cet asile, son cadavre nu fut traîné dans les rues avec la corde qui avait servi à le faire périr, et fut jeté dans le fleuve de l'Arno. Jacques était orgueilleux, joueur et cruel ; mais il rachetait ses fautes par d'abondantes aumônes. Il faut dire encore que le samedi, veille du jour où le complot devait s'exécuter, il paya toutes ses dettes, et remit à leurs propriétaires celles des marchandises qu'il avait aux douanes et dans sa maison, ne voulant exposer personne à partager sa disgrâce. Jean-Baptiste de Montesacco, après avoir subi un long examen, eut la tête tranchée. Guillaume Pazzi fut exilé. Ceux de ses cousins qui étaient encore en vie furent enfermés dans les cachots de la citadelle de Volterre. Après la fin des troubles et la punition des conjurés, on célébra les funérailles de Julien de Médicis.

Nous avons décrit la conjuration des Pazzi; voyons-en les effets.

C'était le pape qui avait tramé cette conjuration. Les coupables punis, Laurent de Médicis envoya à tous les princes de la chrétienté un récit exact du crime, et avec ce récit la preuve de la complicité de Sixte. Sixte ne s'en défendit pas, et répondit par une bulle d'excommunication, en appelant Médicis et les prieurs de la liberté des chiens et des impies, et en leur déclarant la guerre de concert avec le roi de Naples, Ferdinand. Aussitôt Médicis alla offrir au grand-conseil de se soumettre à l'exil ou à la mort, parce qu'il savait qu'on le refuserait, et en effet, il fut nommé, avec neuf autres citoyens, décemvir de la guerre. Cette guerre fut ruineuse pour Florence. Enfin, après un an de défaites, Laurent voyant que la république était lasse de soutenir pour lui une lutte aussi funeste (car le pape et Ferdinand avaient dit hautement que c'était à Médicis et non à l'état de Florence qu'ils faisaient la guerre), se rendit auprès du roi de Naples, signa une trêve avec lui, et le pape ayant eu en ce moment une grande peur de l'invasion des Turcs, consentit à pardonner aux Florentins le crime que, lui, il avait commis, à condition que douze ambassadeurs viendraient lui demander pardon, tête nue et à genoux, à la porte de Saint-Pierre, et que la république armerait à ses frais quinze galères pour faire la guerre aux Turcs.

Après cette paix, la puissance des Médicis à Florence s'accrut chaque jour; un membre de leur famille monta sur le trône pontifical sous le nom d'Innocent VIII; le fils de Laurent fut nommé cardinal avant seize ans, au mépris de toutes les règles: Laurent ayant, par une mauvaise administration, laissé déchoir une à une les maisons de commerce qu'avait élevées son père dans toutes les capitales de l'Europe, et étant sur le point de tomber en faillite, on fit faire banqueroute à l'État pour sauver la fortune de Laurent. On commença à l'appeler prince, et quand il mourut, en 1492, il avait détruit la liberté de son pays; il avait réuni dans les mains de ses partisans toutes les magistratures; il avait énervé, vicié et démoralisé, par un despotisme brillant et luxueux, la plus ardente de toutes les républiques italiennes. Disons-le bien, parce que ce n'est pas assez connu: Les Médicis furent les corrupteurs et les destructeurs de Florence: sortis du peuple, et combattant long-temps pour le peuple, représentans et résumé du pouvoir populaire, ils finirent

par tuer ce pouvoir; et à mesure que leur grandeur s'accrut, les vertus républicaines s'éteignirent dans l'État. Quand une nation en est là, elle décline; mais chez quelques peuples cette décadence morale s'opère jour par jour, sans s'arrêter jamais, et sans autre retour vers le bien que les protestations isolées de quelque grand satirique comme Juvénal; mais, chez d'autres, le déclin ne suit pas une pente aussi douce et aussi continue: il y a des momens de réaction, des luttes violentes et vigoureuses contre l'égoïsme qui envahit et menace d'étouffer la république. C'est ce qui arriva à Florence, et nous allons voir, de 1492 à 1498, un homme qui se disait inspiré de Dieu, et qui l'était en effet (car toutes les grandes pensées viennent du Ciel): un homme sans soldats, sans pouvoir, sans titres, sans argent, tenter la régénération de la république, et par la seule force de sa parole, pendant six ans entiers, résister à un pape aussi terrible qu'Alexandre VI, diriger toutes les délibérations de l'État, refaire une république, donner à ses concitoyens la force de supporter tous les maux, et mourir enfin entraîné par le flot des mauvaises passions qu'il avait voulu contenir. Cet homme est le moine Jérôme Savonarola.

Pierre de Médicis, fils de Laurent, régnait à Florence, Alexandre VI régnait à Rome. Pierre était passionné pour les plaisirs, pour les femmes, pour les fêtes, le premier joueur de paume et le premier écuyer de la république, beau parleur, assez lettré, mais d'un orgueil et d'une vanité inénarrables, que sa mère Clarisse et sa femme Alphonsine, toutes deux de la famille des Orsini, nourrissaient encore: il lui semblait que Florence, c'était lui; et à toute la hauteur des despotes nés, il ajoutait l'insolence des despotes parvenus.

Quant à Alexandre VI, le nommer c'est le peindre.

Entre un pape sanguinairement débauché et un prince destructeur de l'indépendance, il y avait une belle place pour les sermons de Savonarola, qui voulait la vertu et la liberté.

Jérôme-François Savonarola était d'une illustre famille originaire de Padoue; il naquit à Ferrare le 21 septembre 1452. Après de brillantes études qui avaient eu surtout la théologie pour objet, il quitta sa famille à vingt-trois ans, entra dans le cloître des dominicains de Bologne, et y fit profession le 23 avril 1475. Sa ferveur, son humilité, ses longs et pénibles travaux, déterminèrent ses supérieurs à lui confier, malgré sa jeunesse, une chaire de philosophie ; mais son organe était si défectueux, et l'épuisement de ses forces abattues par l'abstinence donnait à son débit un tel caractère de langueur et de mollesse, que ses leçons furent bientôt abandonnées, quoique l'on rendît justice à l'érudition du professeur. Qui eût dit à ce moment que sept ans plus tard cet homme régnerait par la parole dans toute l'Italie? C'est que cet homme était un homme de génie ; c'est qu'il se sentait une mission ; c'est que les obstacles deviennent un point d'appui pour les êtres forts comme ils sont un écueil pour les êtres faibles ; et Démosthène n'aurait peut-être pas été un si grand orateur, s'il n'était pas né avec un embarras dans la langue. Savonarola fit comme lui, il assouplit sa voix rebelle, et après s'être exercé pendant quelques années dans les villes moins importantes, après avoir prêché à Brescia, il se rendit à pied à Florence en 1489, et y fixa sa résidence dans le couvent de son ordre, bâti sous l'invocation de saint Marc. C'est de là que, pendant huit ans, sa parole convaincue et puissante battit, comme un bélier, les murs de l'église corrompue. Ce n'était pas un Luther qui voulait changer le dogme; il n'attaquait que la dépravation des ministres de Jésus-Christ; il criait à haute voix que tant d'iniquité ne pouvait pas rester impunie; que si l'on ne se hâtait de faire pénitence, il faudrait une grande calamité publique pour châtier et régénérer l'Italie par le déluge du sang ; il disait encore ; que la liberté était aussi sacrée que la religion, et que c'était un bien mal acquis que le pouvoir usurpé par un prince dans le sein d'une république. Laurent de Médicis était à ses yeux le détenteur illégitime de la propriété des Florentins; et, malgré les instances de ce prince, il ne voulut jamais aller le visiter, pour ne pas reconnaître son autorité. Quand Laurent fut sur le point de mourir, il fit appeler Savonarola pour se confesser et recevoir de lui l'absolution ; mais le moine, avant de la lui donner, lui posa trois demandes : Vous repentez-vous du mal que vous avez fait? — Oui. — Voulez-vous restituer ce que vous avez illégitimement acquis?— Oui. — Voulez-vous rendre le gouvernement populaire à Florence? — Non. — Alors je ne vous absous pas, et il s'en alla.

Si Savonarola ne voulait pas du despotisme de Laurent, il devait s'accommoder encore bien moins de la tyrannie niaisement vaniteuse de Pierre. Aussi ses sermons publics, qui remuaient toute la ville, prêchaient-ils hautement la réforme de l'État, la réforme de l'Église et la réforme des mœurs ; les mœurs changèrent et l'État devait bientôt changer ; les femmes avaient renoncé à leurs parures, les hommes au plaisir; et comme on se prépare à la communion par le jeûne et la pénitence, les Florentins se purifiaient pour essayer de remonter à la liberté, tant était puissant l'effet de ces discours où Michel-Ange, bien jeune alors, allait s'instruire, et dont il parlait encore dans son extrême vieillesse.

Cependant cette calamité publique, que Savonarola annonçait toujours, s'approchait à grands pas : c'était le plus horrible de tous les malheurs, l'invasion! c'était Charles VIII, c'était la France qui se précipitait sur l'Italie; c'était un nouveau flot de barbares, car les Italiens appelaient barbares tout ce qui venait du Nord.

Dès que le premier bruit de l'arrivée de Charles se répandit, la terreur s'empara de tous les princes italiens, et Louis le Maure, qui était duc de Milan à la place de Jean Galéas, son neveu, pensa qu'une ligue de tous les états d'Italie pourait seule arrêter la marche de Charles VIII. L'élévation d'Alexandre VI au pontificat lui parut une circonstance favorable pour fixer les bases de cette union, parce qu'à l'élection d'un nouveau pape, tous les états chrétiens envoyaient à Rome une ambassade solennelle pour lui rendre l'obédience. Il proposa donc à ses alliés, le roi de Naples, le duc de Ferrare et la seigneurie florentine, de faire partir en même temps les ambassadeurs des quatre puissances, d'ordonner pour le même jour leur entrée à Rome, et de charger celui du roi de Naples de proposer solennellement à sa Sainteté une confédération générale de tous les états d'Italie. Mais Pierre de Médicis était un des ambassadeurs nommés par Florence pour se rendre à Rome ; il voulait, dans cette grande circonstance, étaler à son aise tout le luxe de ses équipages et ses trésors de pierreries. Depuis deux mois sa maison avait été remplie de tailleurs, de brodeurs, de décorateurs, et les habits de ses pages étaient parsemés de joyaux. Or, si les quatre ambassades étaient entrées à la fois, Pierre de Médicis aurait manqué son effet : il fit donc avorter le projet national de Louis le Maure ; mais Louis, irrité de ce refus et voyant d'ailleurs que Médicis et Alexandre VI semblaient vouloir se détacher de lui, se tourna vers celui que d'abord il voulait arrêter, et envoya à Charles VIII des ambassadeurs pour l'engager à entrer en Italie, en lui offrant de lui ouvrir la Lombardie et

de lui apporter secours d'hommes et d'argent.

Charles VIII, dont nos historiens menteurs et vaniteux veulent faire un pendant d'Alexandre, était et fut toujours l'homme le plus médiocre ; il n'avait d'autre droit au royaume de Naples que les titres fort incertains de la maison d'Anjou, et pour soutenir cette misérable prétention, il n'avait aucune des qualités ni d'un conquérant, ni d'un fondateur : petit de corps, laid de visage, aimant la gloire comme on l'aime quand on est vain au lieu d'être orgueilleux, obstiné comme tous les hommes faibles, toujours prêt à se lancer dans les nouvelles entreprises et à y sacrifier tout sans savoir prendre un moyen ni pour exécuter, ni pour assurer sa conquête, il n'avait pas l'ambition de gagner le royaume de Naples, non : ce mot *ambition* est trop beau et trop noble pour lui ; il en avait *envie*, envie comme une femme a envie d'une parure, comme un enfant a envie d'un hochet, et, de même qu'un enfant se dépite et pleure si on ne le lui donne pas, et jetterait tout au feu pour l'avoir, de même Charles VIII, dans son impatience puérile de jouer au conquérant et voulant avoir les mains libres, fit les traités les plus absurdement onéreux avec le roi d'Aragon, le roi des Romains et le roi d'Angleterre ; et quand il passa les Alpes, il avait déjà dépensé plus des trois quarts de l'argent destiné à l'expédition.

Le roi de Naples, le pape, la république de Florence et Venise s'étaient ligués pour s'opposer à son passage ; mais l'alliance de Louis le Maure, et la faiblesse des autres états de la Lombardie, lui ouvrit tout d'abord les portes de l'Italie. Il s'avança de triomphe en triomphe, c'est-à-dire sans tirer un coup de fusil, jusqu'à la bourgade de Fivizzano, qui appartenait aux Florentins. C'était le premier pays ennemi dont l'armée se fût approchée ; la forteresse fut attaquée et emportée d'assaut, tous les soldats et une grande partie des habitants furent massacrés, toutes les maisons furent pillées, et cette première exécution militaire fit connaître à l'Italie la différence de cette guerre d'invasion aux clémentes luttes intestines qu'elle avait soutenues jusqu'alors.

A la nouvelle de ce saccagement, une terreur extrême éclata dans Florence, et, avec cette terreur, le mécontentement contre les Médicis longtemps comprimé. Les Florentins avaient toujours été attachés au roi de France, qui protégeait le parti guelfe. Savonarola désignait le roi comme l'envoyé de Dieu qui devait régénérer l'Italie, et l'on murmurait hautement de ces hostilités entreprises par Pierre de Médicis contre un ami aussi puissant que Charles VIII. Pierre, effrayé de cette sourde fermentation, demanda à aller en ambassade auprès du roi de France, avec les plus considérables des citoyens de la ville. Il partit, et, arrivé près de Charles, il crut ne pouvoir mieux réparer son imprudente résistance que par les justifications les plus plates et les concessions les plus honteuses. Le roi lui demanda que les portes de Sarzane lui fussent ouvertes. Pierre les fit ouvrir sans consulter ses compagnons d'ambassade ; le roi lui demanda que Pietra-Sancta, Librafatta, Pise et Livourne lui fussent livrées comme garantie du traité, Pierre les livra, toujours de son autorité privée ; mais à peine cette stipulation fut-elle connue à Florence, que des clameurs d'indignation éclatèrent partout contre l'ineptie de Pierre, et les jeunes hommes, excités par les prédications républicaines de Savonarola, s'en allaient criant hautement : qu'il fallait profiter de l'absence du prince et du passage de l'armée française pour renverser la tyrannie. Pierre, averti de ces dispositions, arriva en toute hâte à Florence, le 8 novembre au soir. Le lendemain, il se rendit au palais de la seigneurie ; mais la seigneurie refusa de le recevoir, et le lui envoya signifier par Jacob de Nerli, gonfalonnier de compagnie, tandis que Lucas Corsini, l'un des prieurs, s'arrêta à la porte pour lui en disputer le passage si cela devenait nécessaire. Pierre, stupéfait et épouvanté, n'essaya ni menace, ni prière, et se retira chez lui pour appeler à son aide Orsini, son beau-frère, avec les gendarmes qu'il commandait ; mais son message ayant été surpris, tous les citoyens se rassemblèrent en armes sur la place. En vain le cardinal Jean de Médicis parcourait la ville en répétant le cri de sa maison : *Palle! Palle!* Ce cri autrefois si cher au peuple ne trouva pas d'écho. En vain Pierre et Julien, son frère, essayèrent, en se retirant vers la porte San-Gallo, de jeter de l'argent au peuple ; le peuple ne voulut pas de leur argent ; le tocsin sonna ; ils sortirent de Florence, chassés non pas comme on chasse des princes, mais sans combat, sans contestation, ainsi que l'on renvoie des valets.

Après la fuite des Médicis, la seigneurie rendit un décret qui les déclarait rebelles, rappela de l'exil toutes les familles proscrites par eux, et envoya à Charles VIII une ambassade à la tête de laquelle était Jérôme Savonarola, pour désavouer toutes les hostilités commencées par Pierre. Savonarola, arrivé près de Charles VIII, lui parla non pas comme un orateur, mais comme un prophète inspiré qui avait prédit sa venue; il lui donna des conseils sur sa mission céleste; il lui prêcha la clémence au nom du Ciel qui les dirigeait tous les deux : lui, Savonarola, quand il parlait; lui, Charles VIII, quand il combattait. Il traita avec le monarque, d'envoyé de Dieu à envoyé de Dieu. Charles VIII, qui ne connaissait rien, ne connaissait point Savonarola ; il prit son discours pour un sermon, le moine réformateur pour un prédicateur; il répondit vaguement comme il répondait toujours : qu'à son arrivée à Florence il arrangerait toutes choses à la satisfaction du peuple. Puis, pour commencer, il porta la plus grave atteinte au droit des Florentins en rendant la liberté à Pise qui était sous leur domination depuis quatre-vingt-sept ans, lia quelques intrigues avec Pierre de Médicis, et entra enfin à Florence, fort incertain de ce qu'il devait faire, le 17 novembre au soir, par la porte de San-Friano. Il fut reçu sous un baldaquin doré, que portait la jeune noblesse florentine, le clergé l'entourait en chantant des hymnes ; ce n'étaient que cris de joie et d'amour. Charles cependant, sévère et menaçant, portant la lance sur la cuisse, marchait suivi de toutes ses troupes, qui s'avançaient les armes hautes, et l'impétuosité des Français, les longues hallebardes des Suisses, l'artillerie mobile, changèrent bientôt l'espoir en terreur. Les chefs du gouvernement populaire s'apprêtaient à résister s'il y avait lieu; chaque citoyen fut invité à réunir tous ses paysans dans sa maison pour marcher et combattre si la cloche d'alarme sonnait, et les condottieri à la solde de la république furent aussi appelés dans la ville avec tous leurs soldats. Dès que le roi fut établi dans le palais des Médicis, il commença à dire que, puisqu'il était entré dans la ville la lance sur la cuisse, Florence était sa conquête, et qu'il allait décider s'il rappellerait les Médicis pour régner en son nom ou s'il déléguerait son autorité à la seigneurie. Les seigneurs répondirent que le roi était leur hôte et non leur vainqueur ; qu'il était entré dans leur ville non par force mais de leur plein gré, et que, quant à leur liberté, ils n'y renonceraient jamais. Les Français, étonnés de la population de Florence, des dispositions hostiles des habitans, de ces hauts palais qui ressemblaient à autant de citadelles, ne se souciaient pas d'engager dans ses rues un combat qui pouvait leur être funeste : Charles réduisit donc ses prétentions à une demande d'argent; mais elle était tellement exorbitante, que, quand le secrétaire royal eut déclaré l'*ultimatum* de son maître, Pierre Capponi, le premier des secrétaires florentins, lui arracha son papier des mains, et, le déchirant, s'écria : Eh bien ! s'il en est ainsi, vous sonnerez vos trompettes et nous sonnerons nos cloches, et en même temps il sortit de la chambre. Cette impétuosité, ce courage, intimidèrent le roi et sa cour; la demande d'argent fut réduite à 120,000 florins, moyennant lesquels le roi s'engagea à restituer les forteresses consignées entre ses mains, et à rendre aux Florentins tous les priviléges de commerce dont ils jouissaient autrefois en France; puis, le traité signé et publié, il partit le 28 novembre 1494 et se dirigea sur Naples.

Depuis son entrée à Sarzane jusqu'à sa sortie de Sienne, Charles VIII n'était pas resté plus d'un mois en Toscane ; mais pendant ce mois tout avait été bouleversé à Florence et tout était à refaire. Trois partis divisaient la ville : les républicains austères, dont Savonarola était le chef, et qui voulaient liberté et vertu ; on les appelait frateschi : 2° les jeunes gens nobles, qui désiraient ardemment une aristocratie puissante : on les appelait compagnacci, et à eux se joignaient les politiques de l'époque, tels que Machiavel, qui désiraient construire le gouvernement florentin sur le modèle de celui de Venise; enfin le parti des Médicis, qui espérait leur retour et y travaillait. Après un essai d'oligarchie, on revint à la forme républicaine populaire, et grâce aux prédications de Savonarola, on nomma un conseil de dix-huit cents citoyens chargés d'élire la seigneurie. Le moine fit encore voter une amnistie générale pour tous les crimes passés. Son influence fut immense pendant toutes ces années. Malgré la révolte de Pise, de Lucques et de Sienne, qui avait privé les Florentins de tributs considérables et du commerce de la mer ; malgré toutes les inconséquences de Charles VIII, malgré la ligue de tous les autres états de l'Italie qui se réunirent pour accabler les Français, Florence, soutenue par les prédications de Savonarola, leur resta fidèle : car Savonarola disait que Charles VIII était l'envoyé de Dieu, et que, quoiqu'il eût mal compris et exécuté sa mission, son caractère était auguste et sa personne sacrée. Aussi quand Charles, abandonnant la conquête du royaume de Naples aussi promptement qu'il l'avait faite, traversa en fugitif cette Italie qu'il avait parcourue triomphant, la ville de Florence protégea seule sa retraite.

Cette crise de vertu et de républicanisme ne

pouvait durer long-temps, et un événement qui semblait devoir affermir le parti démocratique le renversa tout à coup. Pierre de Médicis s'étant présenté aux portes de Florence le 29 avril 1497, et en ayant été repoussé, ses complices furent arrêtés, et, malgré l'éclat de leur rang et leur nombre, condamnés à mort et exécutés. Or, cette sentence et cette exécution, faites par le gouvernement seul, violaient une loi qu'avait fait porter Savonarola, et qui donnait à tout condamné à mort le droit d'en appeler au grand-conseil. Mais comme Savonarola voyait tous ses partisans à la tête de l'État, il n'osa pas s'élever en chaire contre cette iniquité, et les amis de Médicis ne manquèrent pas d'accuser amèrement son silence en l'appelant vénalité et complaisance lâche.

On descend plus vite du Capitole qu'on n'y monte, et le premier coup étant porté à l'ascendant de Savonarola, sa puissance déclina rapidement. Il avait contre lui d'abord tous les hommes vicieux ou despotes, c'est-à-dire la majorité, et puis le plus invincible de tous les ennemis, le temps, qui poussait Florence à la servitude et non à la liberté. Qu'on joigne à cela la fougueuse colère de l'infâme Alexandre VI, et l'on prévoira pour Savonarola le martyre au bout de l'apostolat. L'éloquent prédicateur dénonçait à toute la chrétienté le pape incestueux et assassin, et le pape désignait le prédicateur au bourreau; il l'avait d'abord accusé comme hérétique et lui avait fait interdire la chaire; il s'était allié contre lui aux Médicis et au parti aristocratique; il le faisait attaquer dans sa propre église d'une manière grossière, et un jour que le moine venait pour prêcher à la fête de l'Ascension, il trouva sa chaire occupée par un âne empaillé. A tous ces ennemis se joignirent encore les moines de Saint-Augustin, animés d'une jalousie de corps contre l'ordre de Saint-Dominique, qu'immortalisait Savonarola; mais le prédicateur résista : il déclara injuste l'excommunication qui le frappait, le jour de Noël il célébra publiquement la messe dans son église de Saint-Marc, et recommença ses prêches devant une assemblée plus nombreuse que jamais. Le dernier jour du carnaval, voulant changer cette fête mondaine en un jour de charité religieuse, il ordonna à un grand nombre d'enfans de se diviser par bandes et d'aller de maison en maison demander qu'on leur remît tous les livres déshonnêtes, toutes les peintures indécentes, toutes les cartes et les dés à jouer, les luths, les harpes, les instrumens de musique,

les faux cheveux et les parfums; puis il les fit porter sur la place publique, on en forma un immense bûcher et on les brûla en chantant des psaumes. Le pape, irrité de voir croître l'influence du prédicateur, ordonna à la seigneurie, sous peine d'anathème, d'imposer silence à Savonarola, et comme les Florentins depuis l'abandon de Charles VIII n'avaient plus aucun allié, ils craignaient le pape et firent taire Savonarola. Enfin le pape envoya, pour tenir tête à l'hérésiarque, un prédicateur nommé frère François de Pouille : ce moine, après les plus fougueuses accusations, déclara qu'il avait appris que Savonarola parlait de prouver ses doctrines par un miracle, et qu'il lui proposait, lui, d'entrer ensemble dans un bûcher ardent : Je suis sûr d'y périr, disait-il, mais l'imposteur y mourra aussi. Aussitôt que la populace apprit ce bizarre et terrible défi, elle en demanda la réalisation avec une férocité curieuse; les magistrats embrassèrent avec joie l'occasion de sortir de la position critique où ils se trouvaient, et comme Savonarola hésitait à tenter si étrangement la puissance et la faveur de Dieu, un grand nombre de ses partisans, sûrs du miracle, briguèrent avidement l'honneur de monter à sa place sur le bûcher; l'ardeur gagna les autres, et l'on eut bientôt des deux côtés plus de cent concurrens de tout âge pour cette épreuve inouïe. La seigneurie n'admit cependant que le frère Dominique Bonvicini, disciple de Savonarola, et André Rondinelli; elle nomma dix citoyens pour régler les détails de cette cérémonie célèbre : elle eut lieu le 7 avril 1498, à la place du Palais. Un échafaud de cinq pieds de hauteur, de dix pieds de largeur et de quatre-vingts pieds de longueur fut dressé au milieu de la place. Sur cet échafaud, couvert de briques, étaient élevées deux piles de grosses pièces de bois séparées par un passage de deux pieds de large; on arrivait à ce passage par la loggia dei Lanzi, qui avaient été partagées en deux par une cloison pour en donner une moitié aux Dominicains et une moitié aux Franciscains. Les deux moines devaient sortir de ce portique pour traverser le bûcher enflammé : les Franciscains arrivèrent sans bruit dans leur partie de la loge, tandis que Savonarola se rendit à la sienne couvert des habits sacerdotaux et tenant le Saint-Sacrement dans un tabernacle de cristal. Tous les moines le suivaient en psalmodiant et des croix rouges à la main. Après eux marchait une foule de citoyens portant des torches enflammées; les fenêtres et les toits des maisons étaient remplis de monde; il était venu des spectateurs de plus de quarante lieues à la ronde; mais après cinq heures de discussions entre les Franciscains et les Dominicains, pour savoir si le remplaçant de Savonarola devait ou ne devait pas entrer dans le bûcher avec l'hostie à la main, une pluie violente vint séparer les spectateurs et arracher à la foule le plaisir si long-temps attendu. La fureur s'empara de toute cette populace désappointée : en vain Savonarola monta immédiatement en chaire pour raconter ce qui s'était passé, on l'insulta, on ne voulut pas l'entendre, on se précipita vers son couvent avec des armes, des haches et des torches enflammées; on brûla les portes, on mit le siège, et, après une vigoureuse défense, les moines furent obligés de capituler et de remettre aux mains des insurgés Savonarola, Bonvicini et Maruffi; ils furent tous trois conduits en prison. Tous ceux qui avaient montré de l'attachement au réformateur furent poursuivis et leurs maisons pillées, et dès le jour même l'autorité passa entre les mains de l'aristocratie, qui prit à tâche, pour signaler sa haine contre Savonarola, d'encourager les jeux, les divertissemens et même les vices qu'il avait, lui, si sévèrement réprimés. Le pape Alexandre envoya deux juges ecclésiastiques pour assister les juges séculiers qui devaient faire le procès de Savonarola. On commença par le torturer, et comme il était faible et d'une organisation nerveuse très-irritable, il ne put supporter les douleurs et avoua tout ce qu'on voulut lui faire avouer; mais une fois revenu à lui il démentit toutes ses dépositions arrachées par la violence des tourmens, déclarant qu'il se reconnaissait incapable de soutenir la torture, mais que la vérité n'était pas dans sa bouche quand il s'accusait.

Il passa un mois en prison et y composa un commentaire du *Miserere*; puis, le 23 mai, il monta sur un nouveau bûcher élevé à cette même place où son ami avait dû subir l'épreuve pour lui, et mourut en protestant de son innocence; il avait quarante-sept ans et huit mois.

De 1498 à 1527, trois grands événemens se passèrent à Florence : la prise de la ville de Pise, la rentrée des Médicis, en 1516, leur dernière expulsion, en 1527. Les Florentins furent obligés de payer à Louis XII et à Ferdinand le Catholique cent cinquante mille ducats pour qu'il leur fût permis de reprendre ce qui leur appartenait. Rien ne constate mieux, ce me semble, la servitude de l'Italie depuis l'invasion; l'Italie n'était plus l'Italie,

c'était un champ de bataille pour toute l'Europe. Ce fut une position assez étrange que celle de Florence au milieu de ces terribles guerres : placée entre le Milanais sans cesse conquis et reconquis, entre le royaume de Naples, où affluaient toutes les armées de l'Europe, entre Venise toujours attaquée et Rome toujours guerroyante; elle s'effaça par sa politique au milieu de ces luttes, et n'intervint activement ni dans les guerres de Louis XII, ni dans la ligue de Cambray. Sa neutralité, un peu égoïste, tâchait de se mettre à l'abri en payant des tributs pour qu'on la laissât tranquille; fidèle à la France en secret, mais ne prenant pas de parti ouvert dans la querelle générale de la patrie, et ne s'apercevant pas que c'était de sa cause aussi qu'il s'agissait; mais comme elle n'avait défendu personne, dès qu'il y eut un vainqueur, tout le monde fut contre elle; elle était restée pacifique dans la guerre commune, elle était restée libre dans l'asservissement de tous; mais aussitôt que les Espagnols, aidés du pape, eurent triomphé de la France, ils tournèrent leurs armes contre la république florentine, et les Médicis rentrèrent à Florence en 1516, ramenés par l'armée étrangère.

De 1516 à 1527, Florence ne fut que la vassale de Rome. Léon X et Clément VII étant à la fois papes et maîtres de Florence, épuisèrent la république florentine pour les querelles du Saint-Siège. Aussi quand, après la bataille de Pavie, Rome fut assiégée et prise par le duc de Bourbon, les Florentins profitèrent de la captivité de Clément VII pour se débarrasser du joug de sa famille.

Cette révolution fut quelque chose de fort étrange : pacifique, faite à l'amiable, sans effusion de sang, sans discussion. Les principaux citoyens de Florence allèrent trouver les Médicis; ils leur dirent : Allez-vous-en, et les Médicis s'en allèrent, ne faisant pas plus de résistance qu'un écolier devant son maître, tant ils se sentaient détestés universellement et n'ayant pas un appui à Florence. Puis les portes de la ville s'étant fermées sur eux, on rétablit l'ancienne république de Savonarola. La salle du grand-conseil avait été changée en caserne : le peuple tout entier se mit à l'œuvre, et en quelques jours les murs intérieurs furent démolis; la salle fut nettoyée, arrosée d'eau bénite, et le 21 mai, s'assembla le grand-conseil, composé de 2,270 citoyens. Nicolas Capponi fut nommé grand-gonfalonnier; on élut les décemvirs de la guerre, les huit de la liberté. Puis, pour consacrer ce grand ouvrage, le 2 juin une

procession solennelle de tous les membres du gouvernement et de tout le clergé, suivie par la foule des citoyens, alla dans tous les temples rendre grâces à Dieu.

Ce n'était rien d'avoir rétabli la liberté, il fallait la défendre; et avec la république arrivèrent aux Florentins de terribles occasions d'exercer les vertus républicaines. La peste et la guerre vinrent assiéger Florence; Florence fut héroïque contre la guerre comme contre la peste. Il mourait trois et quatre cents personnes par jour des suites de l'épidémie; et telle était la grandeur du mal, que le gonfalonnier Nicolas Capponi, homme mystique et religieux, élève de Savonarola, termina un jour son discours dans une des premières séances du grand-conseil, en se jetant à genoux et en implorant à haute voix la miséricorde de Dieu. Le conseil, entraîné par son exemple, répéta aussi à genoux le cri de miséricorde. Il décréta ensuite, sur la proposition de Capponi, que le Christ serait déclaré roi perpétuel de Florence, et il fit placer sur la place principale du palais public une inscription qui constatait cette nomination. On ne se contenta pas de prier; cependant l'administration de la justice et la levée des impôts furent établis d'après un nouveau système; et enfin on constitua une armée intérieure et extérieure. Les armes furent rendues au peuple; une garde urbaine de quatre mille citoyens fut créée, et le grand Michel-Ange reçut l'ordre de fortifier la ville. Puis alors commencèrent pour les Florentins quelques mois qui sont plus beaux dans son histoire que des siècles de conquêtes.

Après la bataille de Pavie, en 1525, les armées impériales répandues sur toute l'Italie l'avaient dévorée; il n'y a pas de paroles pour rendre les infâmes dévastations de ces barbares à Milan et à Rome. Le pape Clément VII, qui avait voulu un moment s'opposer au débordement de puissance de Charles-Quint, eut bientôt peur de son courage et demanda grâce; et l'empereur annonça qu'il allait descendre en Italie pour recevoir la couronne des mains du pontife et tout pacifier. François Ier venait de signer le traité de Cambray, qui le mettait en liberté; mais, par ce traité, il avait lâchement abandonné tous ses alliés à la colère de l'empereur, et entre autres, les Vénitiens et les Florentins. Aussi quand Charles-Quint aborda à Gênes, tout plein de sa toute-puissance, les états d'Italie tremblèrent. L'empereur s'arrangea avec le pape (les souverains s'arrangent toujours entre eux); Venise offrit un énorme tribut et reçut sa grâce : Milan, épuisée par les exactions de l'armée impériale, fut amnistiée moyennant plusieurs milliers de ducats; le duc de Ferrare sut s'insinuer dans l'esprit de Charles-Quint, et fut réintégré dans ses états; les Florentins seuls furent exclus du pardon général. Clément VII, qui avait toute l'irritabilité cruelle des hommes faibles, ne pouvait pardonner aux Florentins d'avoir chassé sa famille et d'avoir renversé ses statues, et il consentit, avec Charles-Quint, aux plus humilians sacrifices, pourvu que Charles lui promît aide et secours pour reprendre et punir Florence. Ainsi quand Charles-Quint, en 1530, après s'être fait sacrer à Bologne roi de Lombardie et empereur, repartit, il n'y avait plus d'Italie, tous les états étaient vassaux de l'Empire, et Florence seule restait debout comme un monument des brillantes républiques du moyen âge, et s'armant, ainsi qu'un chevalier, pour défendre un jour encore la liberté. Elle ne la défendit en effet qu'un jour.

Charles-Quint avait chargé le prince d'Orange, qui avait saccagé Rome, de marcher contre Florence; et le pape pardonnait à l'armée impériale toutes les horreurs qu'elle avait fait subir à la ville de saint Pierre, pourvu qu'elle traitât de même sa patrie. On rappela donc de toutes les parties de l'Italie ces bandes féroces qui avaient ensanglanté le Milanais et l'état Romain, et on les dirigea sur la Toscane, et telles étaient les effroyables espérances de ces brigands, que l'on vit des soldats espagnols retenus devant les tribunaux pour quelque cause civile protester contre leur partie adverse, à raison des dommages et intérêts qu'ils pouvaient réclamer pour n'avoir pas assisté au sac de Florence.

La sainte et noble république ne s'épouvanta pas cependant. Les mesures les plus énergiques furent prises; on leva des taxes extraordinaires, on mit sur pied plusieurs milliers de soldats; les hommes qui avaient toujours soldé des troupes étrangères pour faire la guerre, prirent les armes eux-mêmes pour défendre leur liberté : toutes les pierreries, tous les ornemens des églises, tous les trésors des particuliers, furent portés à la monnaie, et tous les bourgs, toutes les maisons, tous les jardins situés à un mille de distance des murs de Florence, furent rasés par les propriétaires eux-mêmes, que l'on vit rentrer à la ville chargés de fagots qu'ils avaient coupés parmi leurs oliviers, et des pierres qu'ils avaient arrachées de leurs palais pour les faire servir aux fortifications. Toute occupation était suspendue dans Florence, excepté le service militaire et les travaux mécaniques.

Le 14 octobre, le prince d'Orange vint établir son logement au Piano, à Ripoli, devant Florence, et les travaux du siége commencèrent.

Quoique l'armée espagnole fût beaucoup plus forte que l'armée florentine, et qu'elle se grossît tous les jours des troupes éparses dans l'état de l'Église, et qui arrivaient au camp, l'avantage resta presque toujours aux assiégés. Ils firent plusieurs fois des sorties nocturnes, qu'on appelait *incaniciate* (chemisades), parce que les soldats se couvraient d'une chemise blanche afin de pouvoir se reconnaître, et tuèrent beaucoup de monde aux Espagnols. Malatesta Baglioni était leur capitaine-général, et Ferrucci, d'une famille pauvre mais noble, fut nommé commissaire du dehors. Ce Ferrucci se conduisit héroïquement : il fortifia Empoli et Pise ; il enleva plus de cent convois aux Espagnols, et entretint toujours l'abondance dans Florence. Le conseil des Huit de la guerre lui ayant fait dire d'aller s'emparer de Volterra, il partit et s'empara de Volterra. Les Espagnols, ayant voulu reprendre cette ville, quoique frappé de deux grandes blessures, Ferrucci se fit porter sur le rempart et chassa les Espagnols. Enfin les Florentins surent que la disette et la peste étaient dans le camp ennemi, et pour terminer la guerre d'un seul coup, ils firent dire à Ferrucci d'attaquer les Espagnols, tel jour, à telle heure, et qu'ils le seconderaient par une sortie vigoureuse. Ferrucci se mit en marche, mais Malatesta Baglioni, le capitaine-général, était un traître, et quand le gonfalonnier lui donna ordre de tout disposer pour une attaque générale, déclarant qu'il se mettrait lui-même à la tête de la milice florentine, Malatesta refusa ; car il était entré secrètement en association avec le prince d'Orange et avec Clément VII. Il avait reçu la promesse de nombreuses faveurs ecclésiastiques ; et ayant instruit le prince d'Orange de la marche de Ferrucci, il s'était engagé à ne pas attaquer le camp des assiégeans pour laisser au prince le temps de surprendre Ferrucci dans sa marche. Le prince d'Orange partit en effet de son camp le soir du 1er août, et il arriva à un village nommé Gavinana en même temps que Ferrucci. L'infanterie des deux armées se rencontra sur la place du château, autour d'un châtaignier élevé qui en occupait le milieu.

On combattit et long-temps et avec acharnement. Mazamaldo commandait l'infanterie espagnole ; Ferrucci, après des efforts inouïs, le chassa de la ville. Le prince d'Orange, qui combattait hors des murs, à la tête de sa cavalerie, fut tué ; la victoire semblait assurée aux Florentins, mais Jean-Paul Orsini, qui commandait l'arrière-garde, avait été mis en fuite par Alexandre Vitelli, et contraint de se retirer à pied dans Gavinana, où il avait rejoint Ferrucci (1). Celui-ci, après avoir combattu trois heures sous l'ardeur du soleil du mois d'août, se reposait appuyé sur sa pique. Sur ces entrefaites, une nouvelle troupe de landsoknechts, qui n'avait pas encore donné, vint l'attaquer. Ferrucci et Jean-Paul n'avaient plus dans ce moment autour d'eux qu'un petit nombre d'officiers ; leurs soldats s'étaient écartés pour prendre quelques instans de repos. Avec ce peloton d'élite, Orsini et Ferrucci se défendirent long-temps encore. Cependant Jean-Paul, blessé et couvert de poussière, ne voyant plus aucune espérance de salut, se retourna vers Ferrucci et lui dit : Seigneur commissaire, ne voulons-nous pas nous rendre ? — Non, s'écria Ferrucci, et il s'élança sur un nouveau bataillon d'ennemis qui venaient l'attaquer. En effet, il les repoussa hors des portes ; mais, en les poursuivant, il vit ces portes se refermer sur lui. Le bourg était pris, tous les soldats étaient morts, blessés ou en fuite ; Ferrucci lui-même était frappé de plusieurs coups mortels, et il restait à peine sur son corps une place intacte. Enfin il se rendit à un Espagnol, qui, pour gagner une rançon, s'efforçait de lui sauver la vie ; mais Mazamaldo le fit amener devant lui dans la place du château, et là, après l'avoir fait désarmer, il le poignarda de ses mains. Ferrucci se contenta de lui dire : Tu tues un homme déjà mort !

Ce fut là le dernier soupir de la liberté en Italie. Avec Ferrucci et avec Florence moururent les belles et héroïques républiques italiennes qui avaient tout enseigné au monde moderne. Les Médicis rentrèrent à Florence comme les despotes rentrent toujours, à la queue des armées étrangères ; ils furent ce que sont toujours les princes qui reviennent, cruels, sanguinaires et spoliateurs. Quelques années plus tard, on fit une tentative de délivrance : Lorenzino, espèce de Brutus moderne, tua le grand-duc Alexandre, son cousin ; mais Florence n'était pas propre à la liberté, et elle alla bien vite chercher un autre Médicis pour la gouverner : ce fut Côme Ier. Depuis, la Toscane a toujours été régie par ses grands-ducs, c'est-à-dire effacée de la liste des nations. F. A.

(1) *Histoire des républiques italiennes*, par Sismondi.

VOYAGE MUSICAL
EN ITALIE.

Je dirai : J'étais là, telle chose m'advint.

Il faut dire aussi pourquoi *j'étais là*, car on ne s'en douterait guère. En effet, que peut aller chercher aujourd'hui un musicien en Italie? Irait-il y entendre les chefs-d'œuvre de l'ancienne école? on ne les exécute nulle part. Ceux de l'école moderne? on les représente habituellement à Paris. Nous y admirons même une grande et belle partition de Rossini inconnue aux trois quarts de l'Italie, *Guillaume Tell*. Se proposerait-il d'y étudier l'art du chant? C'est bien, il est vrai, la terre classique des chanteurs; mais ceux-ci n'ont pas plutôt acquis un talent un peu remarquable que nous les voyons accourir en France. Les Rubini, Tamburini, Grisi, Malibran, Sontag, Pisaroni, Ivanoff, ont fondé leur réputation à Paris et y passent en général une bonne partie de leur vie d'artiste. Se livre-t-il à l'étude de la musique instrumentale? c'est le Rhin qu'il faut passer et non les Alpes. Toutes ces raisons sont excellentes sans doute; je me bornerai à répondre que, si je suis allé en Italie sous prétexte de musique, c'est par arrêt de l'Académie. J'ai obtenu, moi qui vous parle, le grand prix de composition musicale au concours annuel de l'Institut; et si vous êtes curieux de savoir comment se fait ce concours, je puis vous l'apprendre.

Une cantate composée de trois récitatifs et de trois airs, presque toujours pour un seul personnage, commençant par un lever de l'aurore et finissant par un air de désespoir, le tout avec orchestre, est depuis un temps immémorial le thème proposé aux candidats. Quand la partition *complète* est écrite, on assemble des *peintres*, des *sculpteurs*, des *architectes*, des *graveurs en médaille* et en *taille douce*, auxquels, par faveur spéciale sans doute, les cinq membres de la section de musique sont adjoints, les hommes de lettres et les poètes seuls étant exclus de l'aréopage. *Un pianiste* et *un chanteur* se présentent et font entendre *à deux*, au jury qui souvent doit décider de l'existence entière d'un compositeur, l'ouvrage écrit pour *quatre-vingts* musiciens. Puis les *graveurs en taille*

douce, les *sculpteurs*, les *architectes* et les *peintres* décident, à la majorité des voix, du mérite de l'*œuvre musicale*, composée pour *l'orchestre* et exécutée sur un *piano*.... C'est abominablement absurde, n'est-ce pas? mais cela est. Le voyage du lauréat en Italie ne doit donc plus vous étonner, et vous concevez qu'il n'est pas indispensable que la *fin* soit raisonnable quand les *moyens* le sont si peu. Au reste, malgré tout ce qu'on m'avait dit à l'avance, j'étais loin de m'attendre au résultat réel de mon voyage et aux observations dont je vais vous faire part, si vous voulez bien me suivre.

A Gênes on donnait, lorsque j'y passai, l'*Agnese* de Paër; c'est un opéra dans le style de Cimarosa, à formes arrondies, trop arrondies peut-être, toutefois abondant en mélodies heureuses et expressives. L'impression de froid ennui dont il m'accabla tenait sans doute à la détestable exécution qui en paralysait les beautés. Je remarquai d'abord que, suivant la louable habitude de certaines gens, qui bien qu'incapables de rien *faire* se croient appelés à tout *refaire* ou retoucher, et qui de leur coup d'œil d'aigle aperçoivent tout de suite ce qui manque dans un ouvrage, on avait renforcé d'une grosse caisse l'instrumentation sage et modérée de Paër; de sorte qu'écrasé sous le tampon du maudit instrument, cet orchestre, qui n'avait pas été écrit de manière à lui résister, disparaissait tout-à-fait. Mme Ferlotti chantait (elle se gardait bien de le jouer) le rôle d'Agnèse. En cantatrice qui sait; à un franc près, ce que son gosier lui rapporte par an, elle répondait à la douloureuse folie de son père par le plus imperturbable sang-froid, la plus complète insensibilité; on eût dit qu'elle ne faisait qu'une répétition de son rôle, indiquant à peine les gestes et chantant sans expression pour ne pas se fatiguer.

L'orchestre m'a paru passable. C'est une petite troupe fort inoffensive; mais les violons jouent juste et les instrumens à vent suivent assez bien la mesure. A propos de violon..., pendant que je m'ennuyais dans sa ville natale, Paganini enthousiasmait tout Paris. Maudissant le mau vais destin qui me privait du bonheur de l'entendre, je cherchais au moins à obtenir de ses compatriotes quelques renseignemens sur lui; mais les Génois sont, comme les habitans de toutes les villes de commerce, fort indifférens pour les beaux-arts. Ils me parlèrent très froidement de l'homme extraordinaire que l'Allemagne, la France et l'Angleterre ont accueilli avec acclamations. Je demandai la maison de son père; on ne put me l'indiquer. A la vérité, je cherchai aussi dans Gênes le temple, la pyramide, enfin le monument que je pensais avoir été élevé à la mémoire de Colomb, et le buste du grand homme qui découvrit le Nouveau-Monde n'a pas même frappé une fois mes regards pendant que j'errais dans les rues de l'ingrate cité qui lui donna naissance et dont il fit la gloire.

De toutes les capitales d'Italie aucune ne m'a laissé d'aussi gracieux souvenirs que Florence. Loin de m'y sentir dévoré de spleen, comme je le fus plus tard à Rome et à Naples, complètement inconnu, ne connaissant personne, avec quelques poignées de piastres à ma disposition, jouissant en conséquence de la plus entière liberté, j'y ai passé de bien heureuses journées, soit à parcourir ses nombreux monumens en rêvant de Dante et de Michel-Ange, soit à lire Shakespeare dans les bois délicieux qui bordent la rive gauche de l'Arno et dont la solitude profonde me permettait de rugir à mon aise d'admiration. Sachant bien que je ne trouverais pas dans la capitale de la Toscane ce que Naples et Milan me faisaient tout au plus espérer, j'avais fini, au bout de quelque temps, par ne plus penser à la musique, quand les conversations de table d'hôte m'apprirent que le nouvel opéra de Bellini (*I Montecchi ed i Capuletti*) allait être représenté. On disait beaucoup de bien de la musique, mais aussi beaucoup du libretto, ce qui, eu égard au peu de cas que les Italiens font pour l'ordinaire des paroles d'un opéra, me surprenait étrangement. Ah! ah! c'est une innovation!!! Je vais donc, après tant de misérables essais lyriques sur ce beau drame, entendre un véritable opéra de Roméo, digne du génie de Shakespeare! Dieu! quel sujet! comme tout y est dessiné pour la musique!... D'abord, le bal éblouissant dans la maison de Capulet, où, au milieu d'un essaim tourbillonnant de beautés, le jeune Montaigu aperçoit pour la première fois la *sweetest Juliet*, dont la fidélité doit lui coûter la vie; puis ces combats furieux dans les rues de Vérone, auxquels le *bouillant Tybald* semble présider comme le génie de la colère et de la vengeance; cette inexprimable scène de nuit au balcon de Juliette, où les deux amans murmurent un concert d'amour tendre, doux et pur comme les rayons de l'astre des nuits qui les regarde en souriant amicalement; les piquantes bouffonneries de l'insouciant Mercatio, le naïf caquet de la vieille nourrice, le grave caractère de l'ermite, cherchant inutilement à ramener un peu de calme sur ces flots d'amour et de haine dont le choc tumultueux retentit jusque dans sa modeste cellule....; puis l'affreuse catastrophe, l'ivresse du bonheur aux prises avec celle du désespoir, de voluptueux soupirs changés en râle de mort, et enfin le serment solennel des deux familles ennemies jurant, trop tard, sur le cadavre de leurs malheureux enfans, d'éteindre la haine qui fit verser tant de sang et de larmes.—Les miennes coulaient en y songeant. Je courus donc au théâtre de la Pergola. Les chœurs nombreux qui couvraient la scène me parurent assez bons, les voix sonores et mordantes; il y avait surtout une douzaine de petits garçons de quatorze à quinze ans dont les *contralti* étaient d'un excellent effet. Les personnages se présentèrent successivement et chantèrent presque tous faux, à l'exception de deux femmes, dont l'une *grande et forte* remplissait le rôle de *Juliette*, et l'autre *petite et grêle* celui de Roméo.—Pour la troisième ou quatrième fois après, Zingarelli et Vaccaï, écrire encore Roméo pour une femme!... Mais, au nom de Dieu, est-il donc décidé que l'amant de Juliette doit paraître dépourvu des attributs de la virilité? Est-il un enfant, celui qui en trois passes perce le cœur du *furieux Tybalo, le héros de l'escrime*, et qui, plus tard, après avoir brisé les portes du tombeau de sa maîtresse, d'un bras dédaigneux étend mort sur les degrés du monument le comte Pâris qui l'a provoqué?... Et son désespoir au moment de l'exil, sa sombre et terrible résignation en apprenant la mort de Juliette, son délire convulsif après avoir bu le poison, toutes ces passions volcaniques germent-elles d'ordinaire dans l'ame d'un eunuque?...

Trouverait-on que l'effet musical de deux voix féminines est le meilleur?... Alors, à quoi bon des ténors, des basses, des barytons? Faites donc jouer tous les rôles par des soprani ou des contralti, Moïse et Otello ne seront pas beaucoup plus étranges avec une voix flûtée que ne l'est Roméo. Mais il faut en prendre son parti; la composition de l'ouvrage va me dédommager......

Quel désappointement!!! Dans le libretto il n'y a point de bal chez Capulet, point de Mercatio, point de nourrice babillarde, point d'ermite grave et calme, point de scène au balcon, point de sublime monologue pour Juliette recevant la fiole de l'ermite, point de duo dans la cellule entre Roméo banni et l'ermite désolé; point de Shakespeare, rien; un ouvrage manqué, mutilé, défiguré, *arrangé*. Le musicien, cependant, a su rendre fort belle une situation de ce pauvre libretto. A la fin d'un acte, les deux amans, séparés de force par leurs parens furieux, s'échappent un instant des bras qui les retenaient et s'écrient en s'embrassant: « Nous nous reverrons aux cieux. » Bellini a mis, sur les paroles qui expriment cette idée, une phrase d'un mouvement vif, passionnée, pleine d'élan, et *chantée à l'unisson* par les deux personnages. Ces deux voix, vibrant ensemble comme une seule, symbole d'une union parfaite, donnent à la mélodie une force d'impulsion extraordinaire; et, soit par l'encadrement de la phrase mélodique et la manière dont elle est ramenée, soit par l'étrangeté bien motivée de cet unisson, auquel on est loin de s'attendre, soit enfin par la mélodie elle-même, j'avoue que j'ai été remué à l'improviste et que j'ai applaudi avec transport. — Décidé à boire le calice jusqu'à la lie, je voulus, quelques jours après, entendre la *Vestale* de Paccini. Quoique, ce que j'en connaissais déjà m'eût bien prouvé qu'elle n'avait de commun avec l'héroïque et sublime conception de Spontini que le titre, je ne m'attendais à rien de pareil... Licinius était encore joué par une femme... Après quelques instans d'une pénible attention, j'ai dû m'écrier comme Hamlet: « Ceci est de « l'absynthe! » et ne me sentant pas capable d'en avaler davantage, je suis parti au milieu du second acte, donnant un terrible coup de pied dans le parquet, qui m'a si fort endommagé le gros orteil, que je m'en suis ressenti pendant plusieurs jours. — Pauvre Italie!... Au moins, va-t-on me dire, dans les églises, la pompe musicale doit être digne des cérémonies auxquelles elle se rattache. Pauvre Italie!... on verra plus tard quelle musique on fait à Rome, dans la capitale du monde chrétien; en attendant, voilà ce que j'ai entendu de mes propres oreilles pendant mon séjour à Florence.

C'était peu après l'explosion de Modène et de Bologne; les deux fils de Louis Bonaparte y avaient pris part; leur mère, la reine Hortense, fuyait avec l'un d'eux, et l'autre, le jeune Napoléon, venait d'expirer dans les bras de son père. On célébrait le service funèbre; toute l'église, tendue de noir, un immense appareil funéraire de prêtres, de catafalques, de flambeaux, invitaient moins aux tristes et grandes pensées que les souvenirs éveillés dans l'âme par le nom de celui pour qui l'on priait.... Napoléon Bonaparte!... Il s'appelait ainsi!... c'était *son* neveu!... presque *son* petit-fils!... mort à vingt ans... Et sa mère, arrachant le dernier de ses fils à la hache des réactions, fuit en Angleterre... La France lui est interdite... la France, où luirent pour elle tant de glorieux jours........ Mon esprit, remontant le cours du temps, me la représentait, joyeuse enfant créole, dansant sur le pont du vaisseau qui l'amenait sur le vieux continent, simple fille de Mme Beauharnais, plus tard fille adoptive du maître de l'Europe, reine de Hollande, et enfin exilée, oubliée, orpheline, mère éperdue, mère fugitive et sans États......... Oh! Beethoven!.... où était la grande ame, l'esprit profond et homérique qui conçut la *Symphonie héroïque*, la *Marche funèbre pour la mort d'un héros*, et tant d'autres miraculeuses poésies musicales qui arrachent des larmes et oppressent le cœur?.... L'organiste avait tiré les registres de *petites flûtes* et folâtrait dans le haut du clavier en sifflottant de *petits airs gais*, comme font les roitelets quand, perchés sur le mur d'un jardin, ils s'ébattent aux pâles rayons d'un soleil d'hiver......... La fête *del Corpus Domini* (la Fête-Dieu) devait être célébrée prochainement à Rome; j'entendais constamment parler autour de moi depuis quelques jours comme d'une chose extraordinaire. Je m'empressai donc de m'acheminer vers la capitale des États pontificaux avec plusieurs Florentins que le même motif y attirait. Il ne fut question, pendant tout le voyage, que des merveilles qui allaient être offertes à notre admiration. Ces messieurs me déroulaient un tableau tout resplendissant de thiare, mitres, chasubles, croix brillantes, vêtemens d'or, nuages d'encens, etc. — *Ma la musica?...* — *Oh! signore, lei sentira un coro immenso*. Puis ils retombaient sur les nuages d'encens, les vêtemens dorés, les brillantes croix, le tumulte des cloches et des canons. Mais Robin en revient toujours à... — *La musica?* demandais-je encore, *la musica di questa ceremonia?* — *Oh! signore, lei sentira un coro immenso.* — Allons, il paraît que ce sera... un chœur immense, après tout. Je pensais déjà à la pompe musicale des cérémonies religieuses dans le temple de Salomon; mon imagination, s'enflammant de plus en plus, j'allais jusqu'à espérer quelque chose de comparable au luxe gigantesque de l'ancienne Egypte... Faculté maudite, qui ne fait de notre vie qu'un mirage continuel!... Sans elle, j'eusse peut-être été ravi de l'aigre et discordant fausset des *castrati* qui me firent entendre un sot et insipide contrepoint; sans elle, je n'aurais point été surpris, sans doute, de ne pas trouver à la procession *del Corpus Domini* un essaim de jeunes vierges, aux vêtemens blancs, à la voix pure et fraîche, aux traits empreints de sentimens religieux, exhalant vers le ciel de pieux cantiques, harmonieux parfums de ces roses vivantes; sans cette fatale imagination, ces deux groupes de clarinettes canardes, de trombonnes rugissans, de grosses caisses furibondes, de trompettes saltimbanques, ne m'eussent pas révolté par leur impie et brutale cacophonie. Il est vrai que, dans ce cas, il eût aussi fallu supprimer l'organe de l'ouïe. On appelle cela à Rome *musique militaire*. Que le vieux Silène, monté sur un âne, suivi d'une troupe de grossiers satyres et d'impures Bacchantes soit escorté d'un pareil concert, rien de mieux; mais le Saint-Sacrement, le pape, les images de la Vierge!!! Ce n'était pourtant que le prélude des mystifications qui m'attendaient. Je ne fus pas long-temps à reconnaître que, de toutes les existences d'artiste, il n'en est pas de plus triste que celle d'un musicien étranger condamné à habiter Rome, si l'amour de l'art est dans son cœur. Il éprouvera un supplice de tous les instans dans les premiers temps en voyant ses illusions poétiques tomber une à une, et le bel édifice musical, élevé par son imagination, s'écrouler devant la plus désespérante des réalités; ce seront chaque jour de nouvelles expériences qui amèneront constamment de nouvelles déceptions. Au milieu de tous les autres arts, pleins de vie, de grandeur, de majesté, éblouissans de l'éclat du génie, étalant fièrement leurs merveilles diverses, il verra la musique réduite au rôle d'une esclave dégradée, hébétée par la misère et chantant d'une voix usée de stupides poèmes pour lesquels le peuple lui jette à peine un morceau de pain. C'est ce que je reconnus facilement au bout de quelques semaines. A peine arrivé, je cours à Saint-Pierre... Immense! sublime! écrasant!... Voilà Michel-Ange, voilà Raphaël, voilà Canova; je marche sur les marbres les plus précieux, les mosaïques les plus rares... Ce silence solennel... cette fraîche atmosphère... ces tons lumineux si riches et si harmonieusement fondus... ce vieux pèlerin, agenouillé seul dans la vaste enceinte... Un léger bruit, parti du coin le plus obscur du temple, et roulant sous ces voûtes colossales comme un tonnerre lointain... j'eus peur... Il me sembla que c'était là réellement la maison de Dieu et que je n'avais pas le droit d'y entrer. Réfléchissant que de faibles créatures comme moi étaient parvenues cependant à élever un pareil monument de grandeur et d'audace, je sentis un mouvement de fierté; puis, songeant au rôle magnifique que devait y jouer l'art que je chéris, mon cœur commença à battre à coups redoublés. Oh! oui, sans doute, me dis-je aussitôt, ces tableaux, ces statues, ces colonnes, cette architecture de géans, tout cela n'est que le corps du monument; la musique en est l'âme; c'est par elle qu'il manifeste son existence, c'est elle qui résume l'hymne incessant des autres arts et de sa voix puissante le porte brûlant aux pieds de l'Éternel. Où donc est l'orgue?... L'orgue, un peu plus grand que celui de l'opéra de Paris, était *sur des roulettes;* un pilastre le dérobait à ma vue. N'importe, ce chétif instrument ne sert peut-être qu'à donner le ton aux voix, et tout effet instrumental étant proscrit, il doit suffire. Quel est le nombre des chanteurs?... Me rappelant alors la petite salle du Conservatoire que l'église de Saint-Pierre contiendrait cinquante ou soixante fois au moins, je pensai que si un chœur de *quatre-vingt-dix* voix y était employé journellement, les choristes de Saint-Pierre ne devaient se compter que par milliers.

Ils sont au nombre de *dix-huit* pour les jours ordinaires, et de *trente-deux* pour les fêtes solennelles. J'ai même entendu un *Miserere* à la chapelle Sixtine, chanté par *cinq voix*. M. Joseph Mainzer, critique allemand de beaucoup de mérite, s'est constitué tout récemment le défenseur de la chapelle Sixtine.

« La plupart des voyageurs, dit-il, s'attendent,
« en y entrant, à une musique bien plus entraî-
« nante, je dirai même, bien plus amusante que
« celle des opéras qui les avaient charmés dans

« leur patrie. Au lieu de cela, les chanteurs du pape
« leur font entendre un plain-chant séculaire, sim-
« ple, pieux et sans le moindre accompagnement.
« Ces dilettanti désappointés ne manquent pas
« alors de jurer à leur tour, que la chapelle Sixtine
« n'offre aucun intérêt musical, et que tous les
« beaux récits qu'on en fait sont autant de contes. »

Nous ne dirons pas à ce sujet, absolument comme les observateurs superficiels dont parle M. Mainzer. Bien au contraire, cette harmonie des siècles passés, venue jusqu'à nous sans la moindre altération de style ni de formes, offre aux musiciens le même intérêt que présentent aux peintres les fresques de Pompeï. Loin de regretter, sous ces accords, l'accompagnement de trompettes et de grosse caisse, aujourd'hui tellement mis à la mode par les compositeurs italiens, que chanteurs et danseurs ne croiraient pas, sans lui, pouvoir obtenir les applaudissemens qu'ils méritent, nous avouerons que la chapelle Sixtine étant le seul lieu musical de l'Italie où cet abus déplorable n'ait point pénétré, on est heureux de pouvoir y trouver un refuge contre l'artillerie des fabricans de cavatines. Nous accorderons au critique allemand que les *trente-deux* chanteurs du pape, incapables de produire le moindre effet, et même de se faire entendre dans la plus vaste église du monde, suffisent à l'exécution des œuvres de Palestrina dans l'enceinte bornée de la chapelle pontificale; nous dirons avec lui que cette harmonie, pure et calme, jette dans une rêverie qui n'est pas sans charme. Mais ce charme est le propre de l'harmonie elle-même, et le prétendu génie des compositeurs n'en est point la cause, si toutefois on peut donner le nom de compositeurs à des musiciens qui passaient leur vie à compiler des successions d'accords comme celle-ci :

Dans ces psalmodies à quatre parties, où la *mélodie* et le *rhythme* ne sont point employés, et dont l'*harmonie* se borne à l'emploi des *accords parfaits* entremêlés de quelques *suspensions*, on peut bien admettre que le goût et une certaine science aient guidé le musicien qui les écrivit ; mais le génie ! allons donc, c'est une plaisanterie. Je ne nie pas que Palestrina n'ait pu être doué, à un degré fort élevé, de toutes les qualités qui constituent le génie musical, mais je soutiens que rien n'en atteste la présence dans les chœurs qu'il nous a laissés; les conditions imposées au musicien en rendaient le développement impossible. Si Beethoven lui-même s'était trouvé dans le cas d'écrire pour la chapelle du pape, force lui eût bien été de se conformer aux traditions, et nous aurions quelques centaines de groupes *d'accords parfaits* de plus, écrits par le grand homme, il est vrai, mais dans lesquels Palestrina, Baïni, Allegri et mille autres auraient eu autant de part que lui. M. Mainzer, cependant, n'hésite pas à appeler *sublimes* les *improperia* (reproches) de Palestrina.

« Toute cette cérémonie, dit-il encore, le sujet en lui-même, la présence du pape au milieu du corps des cardinaux, le mérite d'exécution des chanteurs qui déclament avec une précision et une intelligence admirables, tout cela forme de ce spectacle un des plus imposans et des plus touchans de la Semaine-Sainte. » — Oui, certes ; mais tout cela ne fait pas de cette musique un œuvre de génie et d'inspiration.

Par une de ces journées sombres qui attristent la fin de l'année, et que rend encore plus mélancoliques le souffle glacé du vent du Nord, écoutez, en lisant Ossian, la fantastique harmonie d'une harpe éolienne balancée au sommet d'un arbre dépouillé de verdure, et je vous défie de ne pas éprouver un sentiment profond d'isolement, d'abandon, un désir vague et infini d'une autre existence, un dégoût immense de celle-ci; en un mot, une forte atteinte de spleen joint à une tentation de suicide. Cet effet est encore plus prononcé que celui des harmonies vocales de la chapelle Sixtine ; on n'a jamais songé cependant à mettre les facteurs de harpes éoliennes au nombre des grands compositeurs.

Mais au moins, le service musical de la chapelle Sixtine a-t-il conservé sa dignité et le caractère religieux qui lui convient, tandis que, infidèles aux anciennes traditions, les autres églises de Rome sont tombées, sous ce rapport, dans un état de dégradation, je dirai même de démoralisation, qui passe toute croyance. L'opinion de M. Mainzer à ce sujet est loin d'être plus favorable que la nôtre. Plusieurs prêtres français, témoins de ce scandaleux abaissement de l'art religieux, en ont été indignés.

J'assistai le jour de la fête du roi à une messe solennelle à grands chœurs et à grand orchestre, pour laquelle notre ambassadeur, M. de Saint-Aulaire, avait demandé les meilleurs artistes de Rome. Un amphithéâtre assez vaste, élevé devant l'orgue, était occupé par une soixantaine d'exécutans. Ils commencèrent par s'accorder à grand bruit, comme ils l'eussent fait dans un foyer de théâtre ; mais le diapason de l'orgue, beaucoup plus bas que celui de l'orchestre, rendait, à cause des instrumens à vent, tout accord impossible. Un seul parti restait à prendre, se passer de l'orgue. L'organiste ne l'entendait pas ainsi; il voulait faire sa partie, dussent les oreilles des auditeurs en être torturées jusqu'au sang; il voulait gagner son argent le brave homme, et il le gagna bien, je le jure, car de ma vie je n'ai ri d'aussi bon cœur. Suivant la louable coutume des organistes italiens, il n'employa, pendant toute la durée de la cérémonie, que les jeux aigus. L'orchestre, plus fort que cette harmonie de petites flûtes, la couvrait assez bien dans les *tutti*, mais quand la masse instrumentale venait à frapper un accord sec, suivi d'un silence, l'orgue, dont le son traîne un peu, comme on sait, et ne peut se couper aussi bref que celui des autres instrumens, demeurait alors un instant à découvert et laissait entendre un accord plus bas d'un quart de ton que celui de l'orchestre, produisant ainsi le gémissement le plus atrocement comique qu'on puisse imaginer. Pendant les intervalles remplis par le plain-chant des prêtres, les concertans, incapables de contenir leur démon musical, préludaient hautement tous à la fois, avec un incroyable sang-froid ; la flûte faisait des gammes en *ré ;* le cor sonnait une fanfare en *mi* ♭ ; les violons faisaient d'aimables cadences, des gruppetti charmans ; le basson, tout bouffi d'importance, soufflait ses notes graves en faisant claquer ses grandes clefs, pendant que les gazouillemens de l'orgue achevaient de brillanter l'harmonie de ce concert inouï, digne de Callot. Et tout cela se passait en présence d'une assemblée d'hommes civilisés, de l'ambassadeur de France, du directeur de l'Académie, d'un corps nombreux de prêtres et de cardinaux, devant une réunion d'artistes de toutes les nations. Pour la musique, elle était digne de tels exécutans. Cavatines avec crescendo, cabalettes, points-d'orgue et roulades ; œuvre sans nom, monstre de l'ordre composite dont une phrase de Vaccaï formait la tête, des bribes de Pacini les membres, et un ballet de Gallemberg, le corps et la queue. Qu'on se figure, pour couronner l'œuvre, les *soli* de cette étrange musique sacrée, chantés *en voix de soprano* par un gros gaillard dont la face rubiconde était ornée d'une énorme paire de favoris noirs. « Mais « mon Dieu, dis-je à mon voisin qui étouffait, « tout est donc miracle dans ce bienheureux « pays ! Avez-vous jamais vu un *castrat* barbu « comme celui-ci ? — Castrato !... répliqua vive-« ment en se retournant une dame italienne, in-« dignée de nos rires et de nos observations, « davvero non e castrato. — Vous le connaissez, « madame ? — Per Bacco ! non burlate. Impa-« rate, pezzi d'asino che siete, che quello vir-« tuoso maraviglioso e il marito mio. » J'ai entendu fréquemment dans d'autres églises les ouvertures du *Barbier de Séville*, de la *Cenerentola* et d'*Otello*. Ces morceaux paraissaient former le répertoire favori des organistes, ils en assaisonnaient fort agréablement le service divin. — La musique des théâtres, aussi *dramatique* que celle des églises est *religieuse*, est dans le même état de splendeur. Même invention, même pureté de formes, même élévation, même charme dans le style, même profondeur de pensée. Les chanteurs que j'ai entendus pendant la saison théâtrale avaient en général la voix bien timbrée, et cette facilité de vocalisation qui caractérise spécialement les Italiens; mais à l'exception de Mme Ungher, prima dona allemande, que nous avons applaudie cet hiver à Paris, et de Salvator, assez bon Figaro, ils ne sortaient pas de la ligne des médiocrités. Les chœurs sont d'un degré au-dessous de ceux de notre Opéra-Comique, pour l'ensemble, la justesse et la chaleur. L'orchestre, imposant et formidable à peu près comme l'armée du prince de Monaco, possède, sans exception, toutes les qualités qu'on appelle ordinairement des défauts. Au théâtre *Valle*, ainsi qu'à celui d'Apollon, dont les dimensions égalent celles du Grand-Opéra de Paris, les violoncelles sont au nombre de..... *un*, lequel *un* exerce l'état d'orfèvre, plus heureux qu'un de ses confrères, obligé, pour vivre, de *rempailler des chaises*. A Rome, le mot symphonie, comme celui d'ouverture, n'est employé que pour désigner un *certain bruit* que font les orchestres de théâtre avant le lever de la toile, et auquel personne ne fait attention. Weber et Beethoven sont là des noms à peu près inconnus. Un savant abbé de la chapelle Sixtine disait un jour à M. Mendelsohn *qu'on lui avait parlé d'un jeune homme de grande espérance, nommé Mozart*. Il est vrai que ce digne ecclésiastique communique fort rarement avec les gens du monde et ne s'est occupé toute sa vie que des œuvres de Palestrina. C'est donc un être que sa conduite privée et ses opinions mettent à part. Quoiqu'on n'y exécute jamais la musique de Mozart, il est pourtant juste de dire que dans Rome bon nombre de personnes ont entendu parler de lui autrement que comme *un jeune homme de grande espérance*. Les dilettanti érudits savent même qu'il est mort, et que, sans approcher toutefois de Donizetti, il a écrit quelques partitions remarquables. J'en ai connu un qui s'était procuré le Don Juan. Après l'avoir longuement étudié au piano, il fut assez franc pour m'avouer en confidence que cette *vieille musique* lui paraissait supérieure au Zadig et Astartea de M. Vaccaï, récemment mis en scène au théâtre d'Apollon. La musique instrumentale est lettre close pour eux. Tout ce que la ville du pape possède en ce genre, consiste en une coutume populaire que je penche fort à regarder comme un reste de l'antiquité; je veux parler des *pifferari*; on appelle ainsi des musiciens ambulans qui, aux approches de Noël, descendent des montagnes par groupes de quatre ou cinq et viennent, armés de musettes et de *pifferi* (espèce de hautbois), donner de pieux concerts devant les images de la madone. Ils sont, pour l'ordinaire, couverts d'amples manteaux de drap brun, portent le chapeau pointu dont se coiffent les brigands, et tout leur extérieur est empreint d'une certaine sauvagerie mystique pleine d'originalité. J'ai passé des heures entières à les contempler dans les rues de Rome, la tête légèrement penchée sur l'épaule, les yeux brillans de la foi la plus vive, fixant un regard de pieux amour sur la sainte madone, presque aussi immobiles que l'image qu'ils adoraient. La musette, secondée d'un grand *piffero* soufflant la basse, fait entendre une harmonie ténue de deux ou trois notes, sur laquelle un double *piffero* de moyenne longueur [1] exécute la mélodie; puis au-dessus de tout cela deux petits *pifferi* très courts, joués par des enfans de douze à quinze ans, tremblottent trilles et cadences, et inondent la rustique chanson d'une pluie de bizarres ornemens. Après de gais et réjouissans refrains, fort long-temps répétés, une prière lente, grave, d'une onction toute patriarcale, vient dignement terminer la naïve symphonie. Cet air a été gravé dans plusieurs recueils napolitains, nous nous abstenons en conséquence de le reproduire ici. De près, le son est si fort qu'on peut à peine le supporter, mais à un certain éloignement ce singulier orchestre produit un effet délicieux, touchant, poétique, auquel les personnes, même les moins susceptibles de pareilles impressions, ne peuvent rester insensibles. J'ai entendu, depuis, les *pifferari* chez eux, et si je les avais trouvés si remarquables à Rome, combien l'émotion que j'en reçus fut plus vive dans les montagnes sauvages des Abbruzzes, où mon humeur vagabonde m'avait conduit! Des roches volcaniques, des noires forêts de sapins, formaient la décoration naturelle et le complément de cette musique primitive. Quand à cela venait se joindre encore l'aspect d'un de ces monumens mystérieux d'un autre âge, connus sous le nom de murs cyclopéens, et quelque berger revêtu d'une peau de

---

(1) Cet instrument ne serait-il pas celui qu'indique Virgile?

..... Ite per alta
Dindyma, ubi assuetis biforem dat tibia cantum.

mouton brute, avec la toison entière en dehors (costume des pâtres de la Sabine), je pouvais me croire contemporain des anciens peuples au milieu desquels l'Arcadien *Evandre* transporta jadis ses pénates. Comme pour préluder à de plus longues courses dans cette partie de l'Italie, visitée seulement par les paysagistes, j'avais fait plusieurs fois le voyage de *Subiaco*, grand village des États du pape, à dix-huit lieues de Tivoli. Quand l'ennui me tourmentait trop à Rome, cette excursion était mon remède habituel. Une mauvaise veste de toile grise et un chapeau de paille formaient tout mon équipement, six piastres toute ma bourse. Puis, prenant un fusil ou une guitare, je m'acheminais ainsi chassant ou chantant, insoucieux de mon gîte du soir, certain d'en trouver un, si besoin était, dans les grottes innombrables ou les *madones* qui bordent toutes les routes, tantôt marchant au pas de course, tantôt m'arrêtant pour examiner quelque vieux tombeau, ou, du haut d'un de ces tristes monticules dont l'aride plaine de Rome est couverte, écouter avec recueillement le grave chant des cloches de Saint-Pierre, dont la croix d'or étincelait à l'horizon ; tantôt interrompant la poursuite d'un vol de vanneaux pour écrire dans mon album une idée symphonique qui venait de poindre dans ma tête ; et toujours savourant à longs traits le bonheur suprême de la vraie liberté. Quelquefois, quand au lieu du fusil j'avais apporté ma guitare, me postant au centre d'un passage en harmonie avec mes pensées, je m'enivrais à dessein avec de l'eau-de-vie ; un chant de l'Enéide, enfoui dans ma mémoire depuis mon enfance, se réveillait à l'aspect des lieux où je m'étais égaré ; improvisant alors un étrange récitatif sur une harmonie plus étrange encore, je me chantais la mort de Pallas, le désespoir du bon Évandre, le convoi du jeune guerrier qu'accompagnait son cheval Ethon sans harnais, la crinière pendante, et versant de grosses larmes ; l'effroi du bon roi Latinus, le siége du Latium dont je foulais la terre, la triste fin d'Amata et la mort cruelle du noble fiancé de Lavinie. Ainsi, sous les influences combinées de la liqueur enivrante, des souvenirs, de la poésie et de la musique, j'atteignais le plus incroyable degré d'exaltation. Cette quadruple ivresse se résolvait toujours en torrens de larmes versés avec des sanglots convulsifs. Et, ce qu'il y a de plus singulier, c'est que je commentais mes larmes. Je pleurais ce pauvre Turnus, auquel le cagot Énée était venu enlever ses États, sa maîtresse et la vie ; je pleurais la belle et touchante Lavinie obligée d'épouser le brigand étranger couvert du sang de son amant ; je regrettais ces temps poétiques où les héros, fils des dieux, portaient de si belles armures et lançaient de gracieux javelots à la pointe étincelante, ornée d'un cercle d'or ; quittant ensuite le passé pour le présent, je pleurais sur mes chagrins personnels, mon avenir douteux, ma carrière interrompue ; et, tombant affaissé au milieu de ce chaos de poésie, murmurant des vers de Shakespeare, de Virgile et de Dante : *Nessun maggior dolore..... che ricordarsi........ O poor Ophelia!... Good night, sweet Ladies.... Vitaque cum gemitu... fugit indignata... sub umbras....* Je m'endormais.

. . . .

Quelle folie ! diront bien des gens. Oui, mais quel bonheur ! Les gens raisonnables ne savent pas à quel degré d'intensité peut atteindre ainsi le sentiment de l'existence ; le cœur se dilate, l'imagination prend une envergure immense, on vit avec fureur ; le corps même, participant de l'exhaliration de l'esprit, semble devenir de fer. Je faisais alors mille imprudences qui peut-être aujourd'hui me coûteraient la vie. Je dormais au grand soleil, au milieu d'une prairie marécageuse, malgré les avertissemens des paysans qui me menaçaient de la fièvre. Il m'est arrivé souvent, dans les grandes chaleurs de l'été, de me coucher en quelque endroit escarpé des rives de l'Anio, et de me laisser rouler tout habillé dans ses eaux glacées, sans aucun accident. Je partis un jour de Tivoli par une pluie battante, mon fusil *à pistons* me permettant de chasser, malgré l'humidité ; j'arrivai le soir à Subiaco, mouillé jusqu'aux os dès le matin, ayant fait mes dix-huit lieues et tué quinze pièces de gibier. Subiaco est un petit bourg de quatre mille habitans, bizarrement bâti autour d'une montagne en pain de sucre. L'Anio, qui plus bas va former les cascades de Tivoli, en fait toute la richesse, en alimentant quelques usines assez mal entretenues.

Cette rivière coule en certains endroits dans une vallée resserrée ; Néron la fit barrer par une énorme muraille dont on voit encore quelques débris, et qui, en retenant les eaux, formait au-dessus du village un lac d'une grande profondeur. De là le nom *Sub-Laco*. Le couvent de *San-Benedetto*, situé une lieue plus haut, sur le bord d'un immense précipice, est à peu près le seul monument curieux des environs. Aussi les visites y abondent, encouragées par l'accueil plein de cordialité que les moines y font ordinairement aux étrangers. L'autel de la chapelle est élevé devant l'entrée d'une petite grotte qui servit jadis de retraite au saint fondateur de l'ordre des Bénédictins. La forme intérieure de l'église est d'une bizarrerie extrême; un escalier d'une trentaine de marches unit les deux étages dont elle est composée. Après vous avoir fait admirer la *santa spelunca* de saint Benoît et les grotesques peintures dont les murailles sont couvertes, les moines vous conduisent à l'étage inférieur. Des monceaux de feuilles de roses, provenant d'un bosquet de rosiers planté dans le jardin du couvent, y sont entassés. Ces fleurs ont la propriété miraculeuse de *guérir les convulsions*, et les moines en font un débit considérable. Trois vieilles carabines, brisées, tordues et rongées de rouille, sont appendues auprès de l'odorant spécifique comme preuves irréfragables de miracles non moins éclatans. Des chasseurs, ayant imprudemment chargé leur arme, *s'aperçurent, en faisant feu*, du danger qu'ils couraient; saint Benoît, *invoqué* (fort laconiquement sans doute) *pendant que le fusil éclatait*, les préserva non-seulement de la mort, mais même de la plus légère égratignure. En gravissant la montagne l'espace de deux milles au-dessus de San-Benedetto, on arrive à l'ermitage *del Beato Lorenzo*, aujourd'hui inhabité. C'est une solitude horrible, environnée de roches rouges et nues, que l'abandon à peu près complet où elle est restée depuis la mort de l'ermite rend plus effrayante encore. Un énorme chien en était le gardien unique lorsque je la visitai; couché au soleil dans une attitude d'observation soupçonneuse et sans faire le moindre mouvement, il suivit tous les miens d'un œil sévère. Sans armes, au bord d'un précipice, la présence de cet argus silencieux, qui pouvait au moindre geste douteux étrangler ou précipiter l'inconnu qui excitait sa méfiance, contribua un peu, je l'avoue, à abréger le cours de mes méditations. Subiaco n'est pas tellement reculé dans les montagnes que la civilisation n'y ait déjà pénétré. Il y a un café pour les politiques du pays, voire même une *société* philharmonique. Le maître de musique qui la dirige remplit en même temps les fonctions d'organiste de la paroisse. A la messe du dimanche des Rameaux, l'ouverture de *la Cenerentola* dont il nous régala me découragea tellement, que je n'osai pas me faire présenter à l'académie chantante, dans la crainte de laisser trop voir mes antipathies et de blesser par-là ces bons dilettanti. Je m'en tins à la musique des paysans; au moins a-t-elle, celle-là, de la naïveté et du caractère. Une nuit, la plus singulière sérénade que j'eusse encore entendue vint me réveiller. Un *ragazzo* aux vigoureux poumons criait de toute sa force une chanson d'amour sous les fenêtres de sa *ragazza*, avec accompagnement d'une énorme mandoline, d'une musette et d'un petit instrument de fer de la nature du triangle, qu'ils appellent dans le pays *stimbalo*. Son chant, ou plutôt son cri, consistait en quatre ou cinq notes d'une progression descendante, et se terminait en remontant par un long gémissement de la note sensible à la tonique, sans reprendre haleine. La musette, la mandoline et le stimbalo, sur un mouvement de walse continu, bruissaient deux accords en succession régulière et uniforme, dont l'harmonie remplissait les instans de silence placés par le chanteur entre chacun de ses couplets; suivant son caprice, celui-ci repartait ensuite à plein gosier, sans s'inquiéter si le son qu'il attaquait si bravement discordait ou non avec l'accord frappé dans le moment par les accompagnateurs, et sans que ceux-ci s'en inquiétassent davantage. On eût dit qu'il chantait au bruit de la mer ou d'une cascade. Malgré la rusticité de ce concert, je ne puis dire combien j'en fus agréablement affecté. L'éloignement que le son devait traverser pour venir jusqu'à moi, en affaiblissant les discordances, adoucissaient les rudes éclats de cette voix montagnarde... Peu à peu, la monotone succession de ces petits couplets, terminés si douloureusement et suivis de silences, me plongea dans une espèce de demi-sommeil plein d'agréables rêveries; et quand le galant ragazzo, n'ayant plus rien à dire à sa belle, eut mis fin brusquement à sa chanson, il me sembla qu'il me manquait tout à coup quelque chose d'essentiel... J'écoutais toujours... mes idées flottaient si douces sur ce bruit auquel elles s'étaient amoureusement unies!... L'un cessant, le fil des autres fut rompu... et je demeurai jusqu'au matin sans sommeil, sans rêves, sans idées....

Cette phrase mélodique est répandue dans toutes les Abbruzzes; je l'ai entendue depuis Subiaco jusqu'à *Arcé*, dans le royaume de Naples, plus ou moins modifiée par le sentiment des chanteurs et le mouvement qu'ils lui imprimaient. Je puis assurer qu'elle me parut délicieuse une nuit à Alatri, chantée lentement, avec douceur et sans accompagnement. Elle prenait alors une couleur religieuse, fort différente de celle que je lui connaissais. La voici, à peu près telle que la chantait le paysan de Subiaco :

tout ce qu'ils diraient dans une conversation ordinaire.

Un mauvais drôle, nommé Crispino, qui avait l'insolence de prétendre avoir été brigand, parce qu'il avait fait deux ans de galères, ne manquait jamais, à mon arrivée à Subiaco, de me saluer de cette phrase de bienvenue qu'il criait comme un voleur :

Le redoublement de la dernière voyelle, en arrivant à la mesure marquée du signe ⟶, est de rigueur. Il résulte d'un coup de gosier, assez semblable à un sanglot, dont l'effet est fort singulier. Dans les autres villages environnans, dont Subiaco semble être la capitale, je n'ai pas recueilli la moindre bribe musicale. Civitella, le plus intéressant de tous, est un véritable nid d'aigle, perché sur la pointe d'un rocher d'un accès fort difficile, misérable, sale et puant. On y jouit d'une vue magnifique, seul dédommagement à la fatigue d'une telle escalade, et les rochers y ont une physionomie étrange dans leurs fantastiques amoncellemens, qui charme assez les yeux des artistes pour qu'un peintre de mes amis y ait séjourné six mois entiers. L'un des flancs du village repose sur des dalles de pierre superposées, tellement énormes, qu'il est absolument impossible de concevoir comment des hommes ont pu jamais exercer la moindre action locomotive sur de pareilles masses. Ce mur de Titans, par sa grossièreté et ses dimensions, est aux constructions cyclopéennes, comme celles-ci sont aux murailles ordinaires des monumens contemporains. Il ne jouit cependant d'aucune renommée, et quoique vivant habituellement avec des architectes, je n'en avais jamais entendu parler. Civitella offre en outre aux vagabonds un précieux avantage dont les autres villages semblables sont totalement dépourvus; c'est une auberge ou quelque chose d'approchant. On peut y loger et y vivre passablement. L'homme riche du pays, *il signor Vincenzo*, reçoit et héberge de son mieux les étrangers, les Français surtout, pour lesquels il professe la

Le nombre des mesures n'est pas toujours exactement le même à chaque couplet; il varie suivant les paroles *improvisées* par le chanteur et les accompagnateurs le suivent alors comme ils peuvent. Cette improvisation n'exige pas des Orphées montagnards de grands frais de poésie; c'est tout simplement de la prose, dans laquelle ils font entrer

plus honorable sympathie, mais qu'il assassine de questions sur la politique. Assez modéré dans ses autres prétentions, le brave homme est insatiable sur ce point. Enveloppé dans une redingote qu'il n'a pas quittée depuis dix ans, accroupi sous sa cheminée enfumée, il commence, en vous voyant entrer, son interrogatoire; et, fussiez-vous exténué, mourant de soif, de faim, de froid et de fatigue, vous n'obtiendrez pas un verre de vin avant de lui avoir répondu sur Lafayette, Louis-Philippe et la garde nationale. Vico-Var, Olevano, Arsoli, Genesano et vingt autres villages dont le nom m'échappe, se présentent presque uniformément sous le même aspect. Ce sont toujours des agglomérations de maisons grisâtres appliquées, comme des nids d'hirondelles, contre les pics stériles presque inabordables; toujours de pauvres enfans demi-nus poursuivent les étrangers en criant: *Pittore! pittore! Ingrese*[1]*! mezzo baocco*[2]*!* (Pour eux, tout étranger qui vient les visiter est *peintre* ou *Anglais*.) Les chemins, quand il y en a, ne sont que des gradins informes à peine indiqués dans le rocher. On rencontre des hommes oisifs, qui vous regardent d'un air singulier; des femmes conduisant des cochons qui, avec le maïs, forment toute la richesse du pays; de jeunes filles, la tête chargée d'une lourde cruche de cuivre ou d'un fagot de bois mort; et tout cela si misérable, si triste, si délabré, si dégoûtant de saleté que, malgré la beauté naturelle de la race et la coupe des vêtemens, il est difficile d'éprouver à leur aspect autre chose qu'un sentiment de pitié.

Le dessin suivant de M. de Boisricheux en donne une idée fort exacte. En revenant de Naples, dans un voyage qui suivit de près les explorations que je viens d'indiquer, il me fut permis d'examiner sur une échelle plus étendue et les montagnes et leurs sauvages habitans; mes observations cependant ne m'apprirent rien de neuf; Subiaco et Civitella sont les deux types qu'on retrouve à peu près partout.

Naples!!! quel ciel! quelle mer! quelle riche terre! quel air limpide et pur! quel soleil!..... Et toute cette population bigarrée des îles du golfe! Et ces pêcheurs qui vous arrêtent dans la rue, fussiez-vous en costume de bal, pour vous vendre leur poisson! Et ces marchands de fruits

(1) *Inglese.*
(2) *Baiocco*, monnaie romaine de la valeur d'un sou.

qui, dès que leur panier est vide, le jettent au coin d'une borne et s'y accroupissent comme des chiens, pour y dormir jusqu'au soir!! Et le Vésuve! et Pompeï!! et Capri! et... Mais ce n'est pas mon affaire; restons dans le cercle de nos attributions.
— En entrant à Saint-Charles je respirai pour la première fois, depuis que j'étais en Italie, un air parfumé de musique. L'orchestre, comparé à ceux que j'avais entendus jusqu'alors, me parut excellent. Les instrumens à vent peuvent être écoutés en sécurité, on n'a rien à craindre de leur part; les violons sont assez habiles, et les violoncelles chantent bien, mais ils sont en trop petit nombre. Le système généralement adopté en Italie, de mettre toujours moins de violoncelles que de contre-basses, me paraît absolument faux et ne peut être justifié que par le genre de musique, sans basses dessinées, que les orchestres italiens exécutent habituellement. Je reprocherais bien aussi au maestro di capella le bruit souverainement désagréable de son archet dont il frappe un peu rudement son pupitre; mais on m'a assuré que sans cela les *musiciens* qu'il dirige seraient quelquefois embarrassés pour *suivre la mesure*.... A cela il n'y a rien à répondre; car enfin, dans un pays où la musique instrumentale est tout-à-fait inconnue, on ne doit pas exiger des orchestres comme ceux de Berlin, de Dresde ou de Paris. Les chœurs sont d'une faiblesse extrême; je tiens d'un compositeur qui a écrit pour le théâtre Saint-Charles, qu'il est fort difficile, pour ne pas dire impossible, d'obtenir une bonne exécution des chœurs écrits à *quatre parties*. Les soprani ont beaucoup de peine à marcher isolés des ténors, et on est pour ainsi dire obligé de les leur faire continuellement doubler à l'octave. Mesdames Ronzi-Debegnis et Boccabadati ne sont pas de ces talens qui excitent à un bien haut degré l'enthousiasme; mais Tamburini! qui remplissait en même temps que ces dames les pincipaux rôles; Tamburini, voilà un homme! Belles manières, jeu spirituel, admirable voix, méthode parfaite, facilité incroyable, force et douceur, il a tout; c'est superbe.

Au *Fondo* on joue l'opera buffa avec une verve, un feu, un *brio* qui lui assurent une supériorité incontestable sur la plupart des théâtres d'opéra-comique. On y représentait pendant mon séjour une farce de Donizetti, *les Convenances et les Inconvenances du théâtre*. C'est un tissu de lieux communs, un pillage continuel de Rossini; mais la partition, très bien arrangée sur le libretto, est on ne peut plus divertissante.

Je me trouvais un jour à Castellamare, déjeunant avec un peintre de marines. — « Que faisons-« nous? me dit-il en jetant sa serviette, Naples « m'ennuie, n'y retournons pas. — Allons en Si-« cile. — C'est ça, allons en Sicile ; laissez-moi « seulement finir une *étude* que j'ai commencée, « et à cinq heures nous irons retenir notre place « au bateau à vapeur. — Volontiers; quelle est « notre fortune? » Notre bourse visitée, il se trouva que nous avions bien assez pour aller jusqu'à Palerme, mais que, pour en revenir, il eût fallu, comme disent les moines, *compter sur la Providence*; et, en Français totalement dépourvus de la vertu qui *transporte des montagnes*, jugeant qu'il ne fallait pas tenter Dieu, nous nous séparâmes, lui pour aller portraire la mer, moi pour retourner pédestrement à Rome. Ce projet était arrêté dans ma tête depuis quelques jours. Rentré à Naples le même soir, le hasard me fit rencontrer deux officiers suédois de ma connaissance, qui me firent part de leur intention de se rendre à Rome à pied. — « Parbleu, leur dis-je, je pars demain pour Subiaco ; je veux y aller en droite ligne, à travers les montagnes, *franchissant rocs et torrens* comme le chasseur de chamois; nous devrions faire le trajet ensemble. » Malgré l'extravagance d'une pareille idée ces messieurs l'adoptèrent. Nos effets furent aussitôt expédiés par un *vetturino*; nous convînmes de nous diriger sur Subiaco à vol d'oiseau, et, après nous y être reposés un jour, de retourner à Rome par la grande route. Ainsi fut fait. Nous avions endossé tous les trois le costume obligé de toile grise; M. B***t portait son album et ses crayons; deux cannes étaient toutes nos armes. On vendangeait alors. D'excellens raisins (qui n'approchent pourtant pas de ceux du Vésuve) firent à peu près toute notre nourriture pendant la première journée; les paysans n'acceptaient pas toujours notre argent et nous nous abstenions quelquefois de nous enquérir des propriétaires. L'un deux cependant nous entendit abattant des poires à coups de pierres dans son champ. J'avais franchi la haie pour les ramasser, et j'étais fort tranquillement occupé à en remplir mon chapeau, quand je vis accourir mon homme criant au voleur. Impossible de refranchir la clôture, chargé de butin comme je l'étais; un excès d'effronterie me tira d'affaire. Au moment où le maître des poires s'apprêtait à me traiter selon mes mérites : « Comment, s......canaille! lui dis-je d'un air fu-« rieux, il y a une demi-heure que nous vous ap-« pelons pour vous acheter des fruits, et vous ne « répondez pas?... Croyez-vous donc que nous « ayons le temps de vous attendre? Tenez, voilà « six grains pour vos poires qui ne valent pas le « diable, et tâchez une autre fois de ne pas vous « moquer ainsi des voyageurs, ou pardieu! il vous « arrivera malheur. » Là-dessus un de mes compagnons de maraude, étouffant de rire, me tend la main pour m'aider à sortir du champ, et nous laissons notre homme immobile d'étonnement, la bouche ouverte, regardant d'un air stupide la monnaie de cuivre que je lui laissais, et se consultant pour savoir s'il nous ferait des excuses.... Le soir, à Capoue, nous trouvâmes *bon souper, bon gîte et*..... un improvisateur.

Ce brave homme, après quelques préludes brillans sur sa grande mandoline, s'informa de quelle nation nous étions. — « Français, répondit M. Kl.....rn. »

J'avais entendu un mois auparavant les *improvisations* du Tyrtée campanien; il avait fait la même question à mes compagnons de voyage, qui répondirent : « — Polonais. » A quoi, plein d'enthousiasme, il avait répliqué : — « J'ai parcouru « le monde entier, l'Italie, l'Espagne, la France, « l'Allemagne, l'Angleterre, la Pologne, la Rus-« sie; mais les plus beaux, mais les plus braves, « sont les Polonais, sont les Polonais. »

Voici la cantate qu'il adressa, en musique également *improvisée*, et *sans la moindre hésitation*, aux trois prétendus Français :

Ho gi—ra-to per tutto il mun-do, Ho gi-ra-to per tutto il mun-do, Per l'I-ta-lia, per l'His-pa-nia, Per la Fran-cia, per la Ger-ma-nia, Per l'In-ghil-ter-ra; Ma gli più bra-vi, Ma gli più bel-li, Sono i Fran-ce-si, Sono i Fran-ce-si.

On conçoit combien je dus être flatté, et quelle fut la mortification des deux Suédois.

Avant de nous engager tout-à-fait dans les Abbruzzes, nous nous arrêtâmes une journée à San-Germano pour visiter le fameux couvent du *Monte Cassino*. Ce monastère de Bénédictins, situé, comme celui de Subiaco, sur une montagne, est loin de lui ressembler sous aucun rapport. Au lieu de cette simplicité naïve et originale qui charme à San-Benedetto, vous trouvez ici le luxe et les proportions d'un palais. L'imagination recule devant l'énormité des sommes qu'ont coûtées tous les objets précieux rassemblés dans la seule église. Il y a un orgue avec de petits anges fort ridicules, jouant de la trompette et des cymbales quand l'instrument est mis en action. Le parvis est des marbres les plus rares, et les amateurs peuvent admirer dans le chœur des stalles en bois, sculptées avec un art infini, représentant différentes scènes de la vie monacale.

Une marche forcée nous fit parvenir en un jour de San-Germano à Isola di Sora, village situé sur la frontière du royaume de Naples, et remarquable par une petite rivière qui forme une assez belle cascade après avoir mis en jeu plusieurs établissemens industriels. Une mystification d'un singulier genre nous y attendait. M. Kl......rn et moi avions les pieds en sang, et tous les trois furieux de soif, harassés, couverts d'une poussière brûlante; notre premier mot, en entrant dans la ville, fut pour demander la locanda (auberge). « E locanda... non ce n'è », nous répondaient les paysans avec un air de pitié railleuse. « Ma però per la notte dove si va ? — E...... chi lo sa ?..... » Nous demandons à passer la nuit dans une mauvaise remise ; il n'y avait pas un brin de paille , et d'ailleurs le propriétaire s'y refusait. On n'a pas d'idée de notre impatience, augmentée encore par le sang-froid et les ricanemens de ces manans. Se trouver dans un petit bourg commerçant comme celui-là, obligés de coucher dans la rue, faute d'une auberge ou d'une maison hospitalière..... C'eût été fort, mais c'est pourtant ce qui nous serait arrivé indubitablement sans un souvenir qui me frappa très à propos. J'avais déjà passé, de jour, une fois à Isola di Sora ; je me rappelai heureusement le nom de M. Courrier, Français, propriétaire d'une papeterie. On nous montre son frère dans un groupe ; je lui expose notre embarras, et après un instant de réflexion il me répond tranquillement en français, je pourrais même dire en dauphinois, car l'accent en fait presque un idiome : « Pardi ! on vous couchera « ben. » Ah ! nous sommes sauvés !

M. Courrier est Dauphinois, je suis Dauphinois, et entre Dauphinois, comme dit Charlet, l'*affaire peut s'arranger*. En effet, le papetier, qui me reconnut, exerça à notre égard la plus franche hospitalité. Après un souper très confortable, un lit *monstre*, comme je n'en ai vu qu'en Italie, nous reçut tous les trois ; nous y reposâmes fort à l'aise, en réfléchissant qu'il serait bon pour le reste de notre voyage de connaître les villages qui ne sont pas sans *locanda*, pour ne pas courir une seconde fois le danger auquel nous venions d'échapper. Notre hôte nous tranquillisa un peu le lendemain par l'assurance qu'en deux jours de marche nous pourrions arriver à Subiaco ; il n'y avait donc plus qu'une nuit chanceuse à passer. Un petit garçon nous guida à travers les vignes et les bois pendant une heure, après quoi, sur quelques indications assez vagues qu'il nous donna, nous poursuivîmes seuls notre route. *Veroli* est un grand village qui de loin a l'air d'une ville et couvre tout le sommet d'une montagne. Nous y trouvâmes un mauvais dîner de pain et de jambon cru, à l'aide duquel nous parvînmes avant la nuit à un autre rocher habité, plus âpre et plus sauvage : c'était Alatri. A peine parvenus à l'entrée de la rue principale, un groupe de femmes et d'enfans se forma derrière nous et nous suivit jusqu'à la place avec toutes les marques de la plus vive curiosité. On nous indiqua une maison, ou plutôt un chenil, qu'un vieil écriteau désignait comme la locanda ; malgré tout notre dégoût ce fut là qu'il fallut passer la nuit. Dieu ! quelle nuit ! elle ne fut pas employée à dormir, je puis l'assurer ; les insectes de *toute espèce*, qui foisonnaient dans nos draps, rendaient tout repos impossible. Pour mon compte, ces myriades me tourmentèrent si cruellement que je fus pris au matin d'un violent accès de fièvre. Que faire ?... Ces messieurs ne voulaient pas me laisser à Alatri..... Il fallait arriver au plus tôt à Subiaco... Séjourner dans cette bicoque était une triste perspective.... Cependant, je tremblais tellement qu'on ne savait comment me réchauffer, et que je ne me croyais guère capable de faire un pas. Mes compagnons d'infortune, pendant que je grelottais, se consultaient en langue suédoise, mais leur physionomie exprimait trop bien l'embarras extrême que je leur causais pour qu'il fût possible de s'y méprendre. Un effort de ma part était indispensable ; je le fis, et, après deux heures de marche au pas de course, la fièvre avait disparu.

Avant de quitter Alatri, un conseil des géographes du pays fut tenu sur la place pour nous indiquer notre route. Bien des opinions émises et débattues, celle qui nous dirigeait sur Subiaco par Arcino et Anticoli ayant prévalu, nous l'adoptâmes. Cette journée fut la plus pénible que nous eussions encore faite depuis le commencement du voyage. Il n'y avait plus de chemins frayés ; nous suivions des lits de torrens, enjambant à grand'peine les quartiers de rochers dont ils sont à chaque instant encombrés. Plusieurs fois nous nous sommes égarés dans ce labyrinthe ; il fallait alors gravir de nouveau la colline que nous venions de descendre, ou, du fond d'un ravin, crier à quelque paysan : « *Ohe !!! la strada d'Anticoli ?*... » A quoi il répondait pour l'ordinaire par un éclat de rire, ou par : « *Via ! via !* » ce qui nous rassurait beaucoup comme on peut le penser. Nous y parvînmes cependant ; je me rappelle même avoir trouvé à Anticoli grande abondance d'œufs, de jambon et d'épis de maïs, que nous fîmes rôtir à l'exemple des pauvres habitans de ces terres stériles, et dont la saveur sauvage n'est pas désagréable. Le chirurgien d'Anticoli, gros homme rouge qui avait l'air d'un boucher, vint nous honorer de ses questions sur la *garde nationale de Paris* et nous offrir de lui acheter un *livre imprimé*...

D'immenses pâturages restaient à traverser avant la nuit, un guide fut indispensable. Celui que nous prîmes ne paraissait pas très sûr de la route, il hésitait souvent ; un vieux berger, assis au bord d'un étang, et qui n'avait peut-être pas entendu de voix humaine depuis un mois, n'étant pas prévenu de notre approche par le bruit de nos pas, que le gazon touffu rendait presque imperceptible, faillit tomber à l'eau quand nous lui demandâmes brusquement la direction d'Arcinasso, joli village (au dire de notre guide) où nous devions trouver *toutes sortes de rafraîchissemens*. Il se remit pourtant un peu de sa terreur, grace à quelques baïochi qui lui prouvèrent nos dispositions amicales ; mais il fut presque impossible de comprendre sa réponse, qu'une voix gutturale, plus semblable à un gloussement qu'à un langage humain, rendait inintelligible. Le *joli village d'Arcinasso* n'est qu'une osteria (cabaret) au milieu de ces vastes et silencieuses *stepes* ; une vieille femme y vendait du vin et de l'eau fraîche dont nous avions grand besoin. L'album de M. B....t ayant excité son attention, nous lui dîmes que c'était une Bible ; là-dessus, se levant pleine de joie, elle examina chaque dessin l'un après l'autre, et, après avoir embrassé cordialement M. B....t, nous donna à tous les trois sa bénédiction.

Rien ne peut donner une idée du silence qui règne dans ces interminables prairies. Nous n'y trouvâmes d'autres habitans que le vieux berger avec son troupeau et un corbeau qui se promenait plein d'une gravité triste.... A notre approche il prit son vol vers le Nord.......... Je le suivis longtemps des yeux....... puis.... des rêves sans fin... Mais il s'agissait bien de *bâiller aux corbeaux*, il fallait absolument arriver cette nuit même à Subiaco. Le guide d'Anticoli était reparti, la nuit approchait rapidement ; nous marchions depuis trois heures, silencieux comme des spectres, quand un buisson, sur lequel j'avais tué une grive sept mois auparavant, me fit reconnaître notre position. « Allons, Messieurs, dis-je aux deux Suédois, « encore un effort ; je me retrouve en pays de « connaissance, dans deux heures nous sommes «arrivés.» Effectivement, quarante minutes étaient à peine écoulées quand nous aperçûmes, à une grande profondeur sous nos pieds, briller des lumières : c'était Subiaco. Deux jours après nous étions à Rome........ A mon retour en France je passai à Milan. L'état dans lequel j'y trouvai la musique ne me parut ni meilleur ni pire que celui où je l'avais laissée à Naples. La musique, pour les Milanais comme pour les Napolitains, les Romains, les Florentins et les Génois, c'est un air, un duo, un trio, bien chantés ; hors de là ils n'ont plus que de l'aversion ou de l'indifférence. Peut-être ces antipathies ne sont-elles que des préjugés et tiennent-elles surtout à ce que la faiblesse des masses d'exécution, chœurs ou orchestres, ne leur permet pas de connaître les chefs-d'œuvre placés en dehors de l'ornière circulaire qu'ils creusent depuis si long-temps. Peut-être aussi peuvent-ils suivre encore jusqu'à une certaine hauteur l'essor des hommes de génie, si ces derniers ont soin de ne pas choquer trop brusquement leurs habitudes enracinées. Le grand succès de Guillaume Tell à Florence viendrait à l'appui

de cette opinion. La Vestale même, la sublime création de Spontini, obtint il y a neuf ou dix ans, à Naples, une suite de représentations brillantes. En outre, si l'on observe le peuple dans les villes soumises à la domination autrichienne, on le verra se ruer sur les pas des musiques militaires pour écouter avidement ces belles harmonies allemandes, si différentes des fades cavatines dont on le gorge habituellement. Mais en général cependant, il est impossible de se dissimuler que le peuple italien n'apprécie de la musique que son effet matériel, ne distingue que ses formes extérieures.

De tous les peuples de l'Europe, je penche fort à le regarder comme le plus inaccessible à la partie poétique de l'art ainsi qu'à toute conception excentrique un peu élevée. La musique n'est pour les Italiens qu'un plaisir des sens, rien autre. Ils n'ont guère pour cette belle manifestation de la pensée plus de respect que pour l'art culinaire. Ils veulent des partitions dont ils puissent du premier coup, sans réflexions, sans attention même, s'assimiler la substance, comme ils feraient d'un plat de macaroni.

Nous autres Français si petits, si mesquins, si étroits en musique, nous pourrons bien, comme les Italiens, faire retentir le théâtre d'applaudissemens furieux pour une cadence, une gamme chromatique de la cantatrice à la mode, pendant qu'un *chœur* d'action, un *récitatif obligé* du plus grand style passeront inaperçus, mais au moins nous écoutons, et si nous ne comprenons pas les idées du compositeur, ce n'est jamais notre faute. Au-delà des Alpes, au contraire, on parle tout haut pendant la représentation, on bat la mesure sur le parquet avec les pieds, les cannes, les parapluies; on tourne le dos au théâtre, on joue, on soupe dans les loges; on s'y comporte enfin d'une manière si humiliante pour l'art et les artistes, que j'aimerais autant, je l'avoue, être obligé de vendre du poivre et de la cannelle chez un épicier de la rue Saint-Denis, que d'écrire un opéra pour des Italiens. Ajoutez à cela qu'ils sont routiniers et fanatiques comme on ne l'est plus, même à l'Académie, que la moindre innovation imprévue dans le style mélodique, dans l'harmonie, le rhythme ou l'instrumentation, les met en fureur; au point que les dilettanti de Rome à l'apparition du *Barbiere di Siviglia* de Rossini, si complètement italien cependant, voulurent assommer le jeune maëstro pour avoir eu l'insolence de faire autrement que Païsiello. Mais ce qui rend tout espoir d'amélioration chimérique, ce qui peut faire considérer le sentiment musical particulier aux Italiens comme un résultat *nécessaire* de leur organisation, ainsi que l'ont pensé Gall et Spuzzeïm, c'est leur amour exclusif pour tout ce qui est dansant, chatoyant, brillanté, gai, en dépit de la situation dramatique, en dépit des passions diverses qui animent les personnages, en dépit des temps et des lieux, en un mot en dépit du bon sens. Leur musique rit toujours, et quand par hasard dominé par le drame, le compositeur se permet un instant de n'être pas absurde, vite il s'empresse de revenir au style obligé, aux roulades, aux gruppetti, aux cadences qui, succédant immédiatement à quelques accens vrais, ont l'air d'une raillerie et donnent à *l'opera seria* toutes les allures de la parodie et de la charge.

Si je voulais citer, *les exemples fameux ne me manqueraient pas;* mais pour ne raisonner qu'en thèse générale et abstraction faite des hautes questions d'art, n'est-ce pas d'Italie que sont venues les *formes conventionnelles et invariables* adoptées depuis par quelques compositeurs français, que Chérubini et Spontini, seuls entre tous leurs compatriotes, ont repoussées, et dont l'école allemande est restée pure? Pouvait-il entrer dans les habitudes d'êtres bien organisés et *sensibles à l'expression musicale* de voir dans un morceau d'ensemble quatre personnages, animés de *passions entièrement opposées*, chanter successivement tous les quatre la *même phrase mélodique* avec des paroles différentes et employer le même chant pour dire : « O toi que j'adore... — Quelle terreur me glace... — Mon cœur bat de plaisir... — La fureur me transporte. » Supposer, comme le font certaines gens, que la musique est une langue assez vague pour que les inflexions de la *fureur* puissent convenir également à la *crainte*, à la *joie* et à *l'amour*, c'est prouver seulement qu'on est dépourvu du sens qui rend perceptibles à d'autres différens caractères de musique expressive, dont la réalité est pour ces derniers aussi incontestable que l'existence du soleil. Mais cette discussion, quoique déjà mille fois soulevée, m'entraînerait trop loin. Pour en finir, je dirai seulement qu'après avoir étudié longuement, sans la moindre prévention, le caractère musical de la nation italienne, je regarde la route suivie par ses compositeurs comme une conséquence de la disposition naturelle du public. Disposition qui existait à l'époque de Pergolèse, et qui dans le fameux *Stabat* lui a fait écrire un air du *Bravira* sur le verset :

> *Et mœrebat,*
> *Et tremebat,*
> *Quum videbat,*
> *Nati pœnas inclyti*,

disposition dont se plaignaient le savant Martini, Beccaria, Calzabigi et beaucoup d'autres esprits élevés; disposition dont Gluck, avec son génie herculéen et malgré le succès colossal d'*Orfeo* n'a pu triompher; disposition qu'entretiennent les chanteurs et que certains compositeurs qui la partagent eux-mêmes ont développée à leur tour dans le public jusqu'au point incroyable où nous la voyons aujourd'hui; disposition, enfin, qu'on ne détruira pas plus chez les Italiens que chez les Français la passion innée du vaudeville. Quant à l'instinct harmonique des ultramontains dont on parle beaucoup, je puis assurer que les récits qu'on en a faits sont au moins exagérés. J'ai entendu, il est vrai, à Tivoli et à Subiaco, des gens du peuple chantant assez purement à deux voix; dans le midi de la France, qui n'a aucune réputation en ce genre, la chose est fort commune. A Rome, au contraire, il ne m'est pas arrivé de surprendre une intonation harmonieuse dans la bouche du peuple; les *pecorari* (gardiens de troupeaux) de la plaine, ont une espèce de grognement étrange qui n'appartient à aucune échelle musicale et dont la notation est absolument impossible. On prétend que ce chant barbare offre beaucoup d'analogie avec celui des Turcs. C'est à Turin que, pour la première fois, j'ai entendu chanter en chœur dans les rues. Mais ces choristes en plein vent sont pour l'ordinaire des amateurs pourvus d'une certaine éducation développée par la fréquentation des théâtres. Sous ce rapport, Paris est aussi riche que la capitale du Piémont, car il m'est arrivé maintes fois d'entendre au milieu de la nuit la rue de Richelieu retentir d'accords assez supportables. Je dois dire d'ailleurs que les choristes piémontais entremêlaient leurs harmonies de quintes successives qui, *présentées de la sorte*, sont odieuses à toute oreille exercée.

Pour les villages d'Italie, dont l'église est dépourvue d'orgue et dont les habitants n'ont pas de relation avec les grandes villes, c'est folie d'y chercher ces harmonies tant vantées, il n'y en a pas la moindre trace. A Tivoli même, si deux jeunes gens me parurent avoir le sentiment des tierces et des sixtes en chantant de jolis couplets, le peuple réuni quelques mois après m'étonna par la manière burlesque dont il criait *à l'unisson* les litanies de la Vierge.

Sans vouloir faire en ce genre une réputation aux Dauphinois, que je tiens au contraire pour les plus *innocens* hommes du monde en tout ce qui se rattache à l'art musical, cependant je dois dire que chez eux la mélodie de ces mêmes litanies est douce, suppliante et triste, comme il convient à une prière adressée à la mère de Dieu; tandis qu'à Tivoli elle a l'air d'une chanson de corps-de-garde. Voici l'une et l'autre; on en jugera :

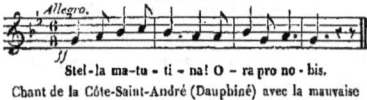

Chant de Tivoli.
Stel-la ma-tu - ti - na! O - ra pro no - bis.

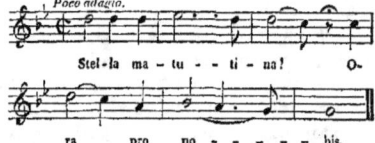

Chant de la Côte-Saint-André (Dauphiné) avec la mauvaise prosodie latine adoptée en France
Stel-la ma-tu - ti - na! O- ra pro no - bis.

Ce qui est incontestablement plus commun en Italie que partout ailleurs, ce sont les belles voix ; les voix non-seulement sonores et mordantes, mais souples et agiles, qui, en facilitant la vocalisation, ont dû, aidées de cet amour naturel du public pour le clinquant dont j'ai déjà parlé, faire naître, et cette fureur de *fioriture* qui dénature les plus belles mélodies ; et les formules de chant commodes qui font que toutes les phrases italiennes se ressemblent ; et ces cadences finales sur lesquelles le chanteur peut broder à son aise, mais qui torturent bien des gens par leur insipide et opiniâtre uniformité; et cette tendance incessante au genre bouffe, qui se fait sentir dans les scènes même les plus pathétiques ; et tous ces abus enfin qui ont rendu la mélodie, l'harmonie, le mouvement, le rhythme, l'instrumentation, les modulations, le drame, la mise en scène de la poésie, le poète et le compositeur, esclaves humiliés des chanteurs.   HECTOR BERLIOZ.

ACADÉMIE DE FRANCE
A ROME.

Cette institution, fondée en 1666, eut sans doute dans le principe un but d'utilité pour l'art et pour les artistes. Il ne m'appartient pas de juger jusqu'à quel point les intentions du fondateur ont été remplies à l'égard des peintres, sculpteurs, graveurs et architectes; quant aux musiciens, je crois avoir démontré ailleurs que le voyage d'Italie, favorable au développement de leur imagination, par le trésor de poésie que la nature, l'art et les souvenirs, étalent à l'envi sous leurs pas, était au moins inutile sous le rapport des études spéciales qu'ils y pouvaient faire. Mais le fait ressortira plus évident du tableau fidèle de la vie que mènent à Rome les artistes français. Avant de s'y rendre, les cinq ou six élèves auxquels l'Institut de Paris décerne chaque année les grands prix de peinture, de sculpture, d'architecture, de gravure et de musique, doivent subir le ridicule d'une ovation publique et solennelle. C'est le premier samedi d'octobre, devant une assemblée composée, en grande partie, des parents et amis des lauréats, que ceux-ci viennent entendre proclamer leurs noms, toujours accueillis par les acclamations du *public*, et recevoir en outre une médaille d'or, accompagnée du brevet d'une pension de mille écus, qui durera cinq ans: après que les triomphateurs, bien et dûment couronnés de lauriers, ont essuyé l'accolade et le discours de M. le secrétaire perpétuel, ils se réunissent dans un dîner d'artistes pour combiner ensemble les arrangements du grand voyage qui se fait d'ordinaire en commun. Un *voiturin* se charge, moyennant une somme assez modique, de faire parvenir à Rome sa cargaison de grands hommes, en les entassant dans une lourde cariole, ni plus ni moins que des bourgeois du Marais. Comme il ne change jamais de chevaux, on conçoit qu'il faut du temps pour traverser la France, passer les Alpes, et parvenir dans les Etats-Romains; mais ce voyage à petites journées doit être fécond en joyeux incidents pour une demi-douzaine de jeunes voyageurs, dont l'esprit, à cette époque, est fort loin d'être tourné à la mélancolie. Si j'en parle sous la forme dubitative, c'est que je ne l'ai pas fait ainsi moi-même; diverses circonstances me retinrent à Paris, après la *cérémonie auguste de mon couronnement*, jusqu'au milieu de janvier, et je fis la traversée tout seul et assez triste.

La saison était trop mauvaise pour que le passage des Alpes pût offrir quelque agrément; je me déterminai donc à les tourner, et me rendis à Marseille. C'était ma première entrevue avec la mer. Je cherchai assez long-temps un vaisseau un peu propre qui fit voile pour l'Italie; mais je ne trouvais toujours que d'ignobles petits navires, chargés de laines, ou de barriques d'huile, ou de monceaux d'ossements à faire du noir, qui exhalaient une odeur insupportable. Du reste, pas un endroit où un honnête homme pût se nicher; on ne m'offrait ni le vivre ni le couvert; je devais apporter des provisions et me faire un chenil pour la nuit dans le coin du vaisseau qu'on voulait bien m'octroyer. Pour toute compagnie, quatre matelots à face de boule-dogue, dont la probité ne m'était rien moins que garantie. Je reculai. Pendant plusieurs jours il me fallut tuer le temps à parcourir les rochers voisins de Notre-Dame de la Garde, genre d'occupation pour lequel j'ai toujours eu un goût particulier. Le soir je venais *savourer* au théâtre les *fraîches mélodies* du *Tableau Parlant* de Grétry, admirer la *magnificence* de l'orchestre marseillais, et applaudir avec plus ou moins de sérieux à *l'agile vocalisation* de la Colombine à la mode.

Enfin j'entendis annoncer le prochain départ d'un brick Sarde qui se rendait à Livourne. Quelques jeunes gens de bonne mine, que je rencontrai à la Cannebière, m'apprirent qu'ils étaient passagers sur ce bâtiment, et que nous y serions assez bien en nous concertant ensemble pour l'approvisionnement. Le capitaine ne voulait en aucune façon se charger du soin de notre table. En conséquence, il fallut y pourvoir. Nous prîmes des vivres pour une semaine, comptant en avoir de reste, la traversée de Marseille à Livourne, par un temps favorable, ne prenant guère plus de trois ou quatre jours. C'est une délicieuse chose qu'un premier voyage sur la Méditerranée, quand on est favorisé d'un beau temps, d'un navire passable, d'une agréable société, et qu'on n'a pas le mal de mer. Les deux premiers jours, je ne pouvais assez admirer la bonne étoile qui m'avait fait si bien tomber et m'exemptait complètement du malaise dont les autres voyageurs étaient cruellement tourmentés. Nos dîners sur le pont, par un soleil superbe, en vue des côtes de Sardaigne, étaient, comme on le pense bien, de joyeuses réunions. Tous ces messieurs étaient Italiens, et avaient la mémoire bien garnie d'anecdotes plus ou moins vraisemblables, mais fort intéressantes. L'un avait servi la cause de la liberté en Grèce, où il s'était lié avec Canaris; et nous ne nous lassions pas de lui demander des détails sur l'héroïque incendiaire, dont la gloire semblait prête à s'éteindre, après avoir brillé d'un éclat subit et terrible comme l'explosion de ses brûlots. Un Vénitien, homme d'assez mauvais ton, et parlant fort mal français, prétendait avoir commandé la corvette de Byron pendant les excursions aventureuses du poète dans l'Adriatique et l'Archipel grec. Il nous décrivait fort minutieusement le brillant uniforme dont Byron avait exigé qu'il fût revêtu, les orgies qu'ils faisaient ensemble; il n'oubliait pas non plus les éloges que le noble voyageur avait accordés à son courage. Au milieu d'une tempête, Byron ayant engagé le capitaine à venir dans sa chambre, faire avec lui une partie d'écarté, celui-ci accepta l'invitation au lieu de rester sur le pont à surveiller la manœuvre; la partie commencée, les mouvements du vaisseau devinrent si violents que la table et les joueurs furent rudement renversés. « Ramassez les cartes, et » continuons, s'écria Byron. — Volontiers, » milord ! — Commandant, vous êtes un » brave ! » Il se peut qu'il n'y ait pas un mot de vrai dans tout cela, mais il faut convenir que l'uniforme galonné et la partie d'écarté sont bien dans le caractère de l'auteur de Lara; en outre le narrateur n'avait pas assez d'esprit pour donner à des contes ce parfum de couleur locale, et le plaisir que j'éprouvais à me trouver ainsi côte à côte avec un compagnon du pèlerinage de Childe-Harold, achevait de me persuader. Mais notre traversée ne paraissait pas approcher sensiblement de son terme ; un calme plat nous avait arrêté en vue de Nice ; il nous y retint quatre jours entiers. La brise légère qui s'élevait chaque soir nous faisait avancer de quelques lieues, mais elle tombait au bout de trois heures, et la direction contraire d'un courant qui règne le long de ces côtes, nous ramenait tout doucement pendant la nuit au point d'où nous étions partis. Tous les matins, en montant sur le pont, ma première question aux matelots était pour connaître le nom de la ville qu'on distinguait sur le rivage, et tous les matins je recevais pour réponse : « E Nizza, signore. Ancora Nizza. E sempre » Nizza. » Je commençais à croire la gracieuse ville de Nice douée d'une puissance magnétique, qui, si elle n'arrachait pièce à pièce tous les ferrements de notre brick, ainsi qu'il arrive, au dire des matelots, quand on approche trop des pôles, exerçait au moins sur le bâtiment une irrésistible attraction. Un vent furieux du nord, qui nous tomba des Alpes comme une avalanche, vint nous tirer d'erreur. Le capitaine n'eut garde de manquer une si belle occasion pour réparer le temps perdu, et se *couvrit de toile*. Le vaisseau pris en flanc inclinait horriblement. Toutefois je fus bien vite accoutumé à cet aspect qui m'avait alarmé dans les premiers moments; mais vers minuit, comme nous entrions dans le golfe de la Spezzia, la frénésie de cette *tramontana* devint telle, que les matelots eux-mêmes commencèrent à trembler en voyant l'obstination du capitaine à laisser toutes les voiles dehors. C'était une tempête véritable, dont je vous ferai la description en beau style académique... une autre fois. Cramponné à une barre de fer du tillac, j'admirais avec un sourd battement de cœur cet étrange spectacle, pendant que le commandant vénitien, dont j'ai parlé plus haut, examinait d'un œil sévère le capitaine, occupé à tenir la barre, et laissait échapper de temps en temps de sinistres exclamations : « C'est de la » folie ! disait-il..... Quel entêtement !...... Cet » imbécile va nous faire sombrer !.... Un temps » pareil, et quinze voiles étendues ! » L'autre ne disait mot, et se contentait de rester au gouvernail, quand un effroyable coup de vent vint le renverser, et coucher presque entièrement le navire sur le flanc. Ce fut un instant terrible..... Pendant que notre malencontreux capitaine roulait au milieu des tonneaux que la secousse avait jetés sur le pont dans toutes les directions, le Vénitien, s'élançant à la barre, prit le commandement de la manœuvre avec une autorité illégale, il est vrai, mais bien justifiée par l'événement, et que l'instinct des matelots, joint à l'imminence du danger, les empêcha de méconnaître. Plusieurs d'entre eux, se croyant perdus, appelaient déjà la madone à leur aide. « Il ne s'agit pas de la madone, » sacredieu ! s'écrie le commandant, au perro- » quet ! au perroquet ! tous au perroquet ! » En un instant, à la voix de ce chef improvisé, les mâts furent couverts de monde, les principales voiles carguées ; le vaisseau, se relevant à demi, permit alors d'exécuter les manœuvres de détails, et nous fûmes sauvés.

Le lendemain nous arrivâmes à Livourne à l'aide d'une seule voile, tant était grande la violence du vent. Quelques heures après notre installation à l'hôtel de l'Aquila Nera, nos matelots vinrent en corps nous faire une visite, intéressée en apparence, mais qui n'avait pour but cependant que de se réjouir avec nous du danger auquel nous venions d'échapper. Ces pauvres diables, qui gagnent à peine le morceau de morue sèche et le biscuit dont se compose leur nourriture habituelle, ne voulurent jamais accepter notre argent, et ce fut à grand peine que nous parvînmes à les faire rester pour prendre leur part d'un vaste bowl de punch. Une pareille délicatesse est chose rare, surtout en Italie ; elle mérite d'être consignée.

Mes compagnons de voyage m'avaient confié pendant la traversée, qu'ils accourraient pour prendre part au mouvement qui venait d'éclater contre le duc de Modène. Ils étaient animés d'un très vif enthousiasme ; ils croyaient toucher déjà au jour de l'affranchissement de leur patrie. Modène prise, la Toscane entière se soulèverait ; sans perdre de temps, on marcherait sur Rome ; la France d'ailleurs ne manquerait pas de les aider dans leur noble entreprise, etc., etc. Hélas ! avant d'arriver à Florence, deux d'entre eux furent arrêtés par la police du grand-duc et jetés dans un cachot, où ils croupissent peut-être encore ; pour les autres, j'ai appris plus tard qu'ils s'étaient distingués dans les rangs des patriotes de Modène et de Bologne, mais qu'attachés au brave et malheureux Menotti, ils avaient suivi toutes ses vicissitudes, et partagé son sort. Telle fut la fin tragique de ces beaux rêves de liberté.

Resté seul à Florence, après des adieux que je ne croyais pas devoir être éternels, je m'occupai de mon départ pour Rome. Le moment était fort inopportun, et ma qualité de Français, arrivant de Paris, me rendait encore plus difficile l'entrée des Etats pontificaux. On refusa de viser mon passeport pour cette destination ; les pensionnaires de l'Académie étaient véhémentement soupçonnés d'avoir fomenté le mouvement insurrectionnel de la place Colonne, et l'on conçoit que le pape ne vit pas avec empressement s'accroître cette petite colonie de révolutionnaires. J'écrivis à notre directeur, M. Horace Vernet, qui, après d'énergiques réclamations, obtint enfin du cardinal Bernetti l'autorisation dont j'avais besoin.

Par une singularité bien remarquable, j'étais parti seul de Paris, je m'étais trouvé seul Français dans la traversée de Marseille à Livourne, je fus encore l'unique voyageur que le voiturin de Florence trouva disposé à s'acheminer vers Rome, et c'est dans cet isolement complet que j'y arrivai. Deux volumes de Mémoires sur l'impératrice Joséphine, que le hasard m'avait fait rencontrer chez un bouquiniste de Sienne, m'aidèrent à tuer le temps pendant que ma vieille berline cheminait paisiblement. Mon Phaéton ne savait pas un mot de français ; pour moi, je ne possédais de la langue italienne que des phrases comme celles-ci : « Fa molto caldo. Piove. Quando lo pranzo ? » Il était difficile que notre conversation fût d'un grand intérêt. L'aspect du pays était assez peu pittoresque, et le manque absolu de confortable dans les bourgs ou villages où nous nous arrêtions, achevait de me faire pester contre l'Italie, et la nécessité absurde qui m'y amenait. Mais un jour, sur les dix heures du matin, comme nous venions d'atteindre un petit groupe de maisons, appelé la Storta, le vetturino me dit tout à coup d'un air nonchalant, en se versant un verre de vin : « Ecco Roma, signore ! » Et, sans se retourner, il me montrait du doigt la croix de Saint-Pierre. Ce peu de mots opéra en moi une révolution complète ; je ne saurais exprimer le trouble, le saisissement que me causa l'aspect lointain de la ville immortelle, au milieu de cette immense plaine nue et désolée..... Tout à mes yeux devint grand, poétique, sublime, l'imposante majesté de la *Piazza del popolo*, par laquelle on entre dans Rome en venant de France, vint encore quelque temps après augmenter ma religieuse émotion; et j'étais tout rêveur, quand les chevaux, dont j'avais cessé de maudire la lenteur, s'arrêtèrent devant un palais de noble et sévère apparence; c'était l'Académie.

La *villa Medici*, qu'habitent les pensionnaires et le directeur de l'Académie de France, fut bâtie en 1557 par Annibal Lippi; Michel-Ange ensuite y ajouta une aile et quelques embellissements; elle est située sur cette portion du *monte Pincio* qui domine la ville, et de laquelle on jouit d'une des plus belles vues qu'il soit au monde. A droite, s'étend la promenade du Pincio; c'est l'avenue des Champs-Élysées de Rome. Chaque soir, au moment où la chaleur commence à baisser, elle est inondée de promeneurs à pied, à cheval, et surtout en calèche découverte, qui, après avoir animé pendant quelque temps la solitude de ce magnifique plateau, en descendent précipitamment au coup de sept heures, et se dispersent comme un essaim de moucherons emporté par le vent. Telle est la crainte presque superstitieuse qu'inspire aux Romains le *mauvais air*, que si un petit nombre de promeneurs attardés, narguant l'influence pernicieuse de l'*aria cattiva*, s'arrête encore après la disparition de la foule, pour admirer la pompe du majestueux paysage déployé par le soleil couchant, derrière le *monte Mario*, qui borne l'horizon de ce côté, vous pouvez en être sûrs, ces imprudents rêveurs sont étrangers.

A gauche de la Villa, l'avenue du Pincio aboutit sur la petite place de la Trinita del Monte, ornée d'un obélisque, d'où un large escalier de marbre descend dans Rome, et sert de communication directe entre le haut de la colline et la place d'Espagne.

Du côté opposé, le palais s'ouvre sur de beaux jardins, dessinés dans le goût de Lenôtre, comme doivent l'être les jardins de toute honnête Académie. Un bois de lauriers et de chênes verts, élevé sur une terrasse, en fait partie, borné d'un côté par les remparts de Rome, et de l'autre par le couvent des Urselines-Françaises, attenant aux terrains de la villa Medici.

En face on aperçoit, au milieu des champs incultes de la villa Borghèse, la triste et désolée maison de campagne qu'habita Raphaël; et, comme pour attrister encore ce mélancolique tableau, une ceinture de *pins-parasols* en tout temps couverte d'une noire armée de corbeaux, l'encadre à l'horizon.

Telle est à peu près la topographie de l'habitation vraiment royale, dont la munificence du gouvernement français a doté ses artistes pendant le temps de leur séjour à Rome. Les appartements du directeur y sont d'une somptuosité remarquable; bien des ambassadeurs seraient heureux d'en posséder de pareils. Les chambres des pensionnaires, à l'exception de deux ou trois, sont au contraire petites, incommodes, et surtout excessivement mal meublées. Je parie qu'un maréchal-des-logis de la caserne Popincour, à Paris, est mieux partagé, sous ce rapport, que je ne l'étais au palais de l'Accademia di Francia. Dans le jardin sont la plupart des ateliers des peintres et sculpteurs; les autres sont disséminés dans l'intérieur de la maison et sur un petit balcon élevé donnant sur le jardin des Urselines, d'où l'on aperçoit la chaîne de la Sabine, le monte Cavo et le camp d'Annibal. De plus, une bibliothèque totalement dépourvue d'ouvrages nouveaux, mais assez bien fournie en livres classiques, est ouverte jusqu'à trois heures aux investigations des pensionnaires laborieux, et présente au désœuvrement de ceux qui ne le sont pas une ressource contre l'ennui. Car il faut vous dire que la liberté dont on jouit est à peu près illimitée. Les pensionnaires sont bien tenus d'envoyer tous les ans à l'Académie de Paris, un tableau, un dessin, une statue, une médaille ou une partition, mais ce travail une fois fait, ils peuvent employer leur temps comme bon leur semble, ou même ne pas l'employer du tout, sans que personne ait rien à y voir. La tâche du directeur se borne à administrer l'établissement, et à surveiller l'exécution du règlement qui le régit. Quant à la direction des études, il n'exerce sur elle aucune influence. Cela se conçoit; les vingt-deux élèves pensionnés, s'occupant de cinq arts, frères si l'on veut, mais différents, il n'est pas possible à un seul homme de les posséder tous, et il serait mal venu de donner son avis sur ceux qui lui sont étrangers.

A présent que le lecteur a un aperçu du lieu de la scène, je crois que le meilleur moyen de

lui faire connaître les acteurs est de reprendre mon auto-biographie au point où je l'avais interrompue.

L'Ave Maria venait de sonner, quand je descendis de voiture à la porte de l'Académie ; cette heure étant celle du dîner, je m'empressai de me faire conduire au réfectoire, où l'on venait de m'apprendre que tous mes nouveaux camarades étaient réunis. Mon arrivée à Rome ayant été retardée par diverses circonstances, comme je l'ai dit plus haut, on n'attendait plus que moi; et, à peine eus-je mis le pied dans la vaste salle où siégeaient bruyamment autour d'une table bien garnie une vingtaine de joyeux convives, qu'un hourra à faire tomber les vitres, s'il y en avait eu, s'éleva à mon aspect. « Oh! Berlioz! Berlioz! Oh! cette tête! Oh! ces cheveux! Oh! ce nez! Dis-donc, Jalay, il t'enfonce joliment pour le nez! — Et toi, il te *recale* fièrement pour les cheveux! — Mille dieux! quel toupet! — Eh! Berlioz! tu ne me reconnais pas? Te rappelles-tu la séance de l'Institut? Tes sacrées timbales qui ne sont pas parties à l'incendie de Sardanapale? Etait-il furieux! Mais ma foi, il y avait de quoi! Voyons donc, tu ne me reconnais pas? — Je vous reconnais bien ; mais votre nom?... — Ah! tiens, il me dit *vous*; tu *manières*, mon vieux : on se tutoie tout de suite ici. — Eh bien! comment t'appelles-tu? — Il s'appelle Signol. — Mieux que ça, Rossignol. — Mauvais! mauvais! le calembourg! — Absurde! — Laissez-le donc s'asseoir! — Qui? le calembourg? — Non, Berlioz. — Ohé! Fleury, apportez-nous du punch, et du fameux; ça vaudra mieux que de dire des bêtises, comme cet autre qui veut faire le malin. — Enfin, voilà notre section de musique au complet! — Eh! Montfort! voilà ton collègue. — Eh! Berlioz! voilà ton *ton-fort*. — C'est *mon-fort*. — C'est *son-fort*. — C'est *notre-fort*. — Embrassez-vous! — Embrassons-nous! — Ils ne s'embrasseront pas! — Ils s'embrasseront! — Ils ne s'embrasseront pas! — Si! — Non! — Ah ça! mais, pendant qu'ils crient, tu manges tout le macaroni, toi; aurais-tu la bonté de m'en laisser un peu? — Eh bien! embrassons-le tous, et que ça finisse. — Non, que ça commence; voilà le punch! Ne bois pas ton vin. — Non, plus de vin! — A bas le vin! — Cassons les bouteilles! Gare, Fleury! — Pinck! panck! — Messieurs, ne cassez pas les verres, au moins; il en faut pour le punch; je ne pense pas que vous veuilliez le boire dans de petits verres. — Ah! les petits verres! Fi donc! — Pas mal, Fleury! ce n'est pas maladroit; sans ça tout y passait. »

Fleury est le nom du factotum de la maison ; ce brave homme, si digne, à tous égards, de la confiance que lui accordent les directeurs de l'Académie, est en possession, depuis longues années, de servir à table les pensionnaires ; il a vu tant de scènes semblables à celle que je viens de décrire, qu'il n'y fait plus attention, et garde en pareil cas un sérieux de glace, dont le contraste est des plus plaisants. Quand je fus un peu revenu de l'étourdissement que devait me causer un tel accueil, je m'aperçus que le salon où je me trouvais offrait l'aspect le plus bizarre. Sur l'un des murs, sont encadrés les portraits des anciens pensionnaires, au nombre de cinquante environ ; sur l'autre, qu'on ne peut regarder sans rire, d'effroyables fresques, de grandeur naturelle, étalent une suite de caricatures, dont la monstruosité grotesque ne peut se décrire, et dont les originaux ont tous habité l'Académie. Malheureusement l'espace manque aujourd'hui pour continuer cette curieuse galerie, et les nouveaux venus, dont l'extérieur prête à la charge, ne peuvent plus être admis aux honneurs du grand *salon*.

Le soir même, après avoir salué M. Vernet, je suivis mes camarades au lieu habituel de leurs réunions, le fameux café Greco. C'est bien la plus détestable taverne qu'on puisse trouver, sale, obscure et humide ; rien ne peut justifier la préférence que lui accordent les artistes de toutes les nations fixés à Rome. Mais son voisinage de la place d'Espagne et du restaurant Lepri qui est en face, lui amène un nombre considérable de chalans. On y tue le temps à fumer d'exécrables cigares, en buvant du café qui n'est guère meilleur, qu'on vous sert, non point sur des tables de marbre comme partout ailleurs, mais sur de petits guéridons de bois, larges comme la calotte d'un chapeau et noirs et gluants comme les murs de cet aimable lieu. Le *café Greco* cependant, est tellement fréquenté par les artistes étrangers, que la plupart s'y font adresser leurs lettres, et que les nouveaux débarqués n'ont rien de mieux à faire que de s'y rendre s'ils veulent trouver des compatriotes. Cette tabagie se compose de trois pièces; la première est réservée aux Français, la seconde aux Anglais, la troisième aux Allemands; tous vivent ensemble dans la plus parfaite harmonie; mais les Français étant les plus nombreux et les plus bruyants, peuvent être considérés comme les maîtres de la place.

En peu de jours je fus au fait des habitudes du dedans et du dehors de l'Académie. Une cloche parcourant les divers corridors et les allées du jardin, annonce l'heure des repas. Chacun d'accourir alors dans le costume où il se trouve; en chapeau de paille, en blouse déchirée ou couverte de terre glaise, les pieds en pantoufles, sans cravate, enfin dans le délabrement complet d'une parure d'atelier. Après le déjeûner, nous perdions ordinairement une ou deux heures dans le jardin, à jouer au disque, à la paume, à tirer le pistolet, à fusiller les malheureux merles qui habitent le bois de lauriers, ou à dresser de jeunes chiens. Tous exercices auxquels M. Horace Vernet, dont les rapports avec nous étaient plutôt un excellent camarade que d'un sévère directeur, prenait part fort souvent. Le soir, c'était la visite obligée au café Greco, où les artistes français non attachés à l'Académie, que nous appelions *les hommes d'en bas*, fumaient avec nous le *cigare de l'amitié*, en buvant le *punch du patriotisme*. Après quoi chacun se dispersait..... Ceux qui rentraient vertueusement à la caserne académique, se réunissaient quelquefois sous le grand vestibule qui donne sur le jardin. Quand je m'y trouvais, ma mauvaise voix et ma misérable guitare étaient mises à contribution, et assis tous ensemble autour d'un petit jet d'eau qui, en retombant dans une coupe de marbre, rafraîchit ce portique retentissant, nous chantions au clair de lune les rêveuses mélodies du Freyschutz, d'Oberon, les chœurs énergiques d'Euryanthe, ou des actes entiers d'Iphigénie en Tauride, de la Vestale ou de Don Juan; car je dois dire à la louange de mes commensaux de l'Académie, que le goût musical de la majorité était des moins vulgaires.

Le jeudi était le jour de grande réception chez le directeur. La plus brillante société de Rome se réunissait alors aux soirées fashionables que madame et mademoiselle Vernet présidaient avec tant de goût. On pense bien que les pensionnaires n'avaient garde d'y manquer. La journée du dimanche, au contraire, était presque toujours consacrée à des courses plus ou moins longues dans les environs de Rome.

C'étaient *Ponte Molle*, où l'on va boire une sorte de drogue douceâtre et huileuse, liqueur favorite des Romains, qu'on appelle vin d'Orvieto; la villa Pamphili, Saint-Laurent hors les murs, et surtout le magnifique tombeau de Cecilia Metella, dont il est de rigueur d'interroger longuement le curieux écho, pour s'enrouer et avoir ainsi le prétexte d'aller se rafraîchir à une misérable osteria, qu'on trouve à quelques pas de là, avec un gros vin noir, rempli de moucherons.

Avec la permission du directeur, les pensionnaires peuvent entreprendre de plus longs voyages, d'une durée indéterminée, à la condition seulement de ne pas sortir des Etats-Romains jusqu'au moment où le règlement les autorise à visiter toutes les parties de l'Italie. Voilà pourquoi le nombre des habitants de l'Académie n'est que fort rarement au complet. Il y en a presque toujours au moins deux en tournée à Naples, à Venise, à Florence, à Palerme ou à Milan. Les peintres et les sculpteurs, trouvant Michel-Ange et Raphaël à Rome, sont ordinairement les moins pressés d'en sortir; les temples de Pestum, Pompéi, la Sicile, excitent vivement au contraire la curiosité des architectes; les paysagistes passent la plus grande partie de leur temps dans les montagnes; pour les musiciens, comme les différentes capitales d'Italie leur offrent à peu près le même degré d'intérêt, ils n'ont pour quitter Rome d'autres motifs que *le désir de voir et l'humeur inquiète*, et rien que leurs sympathies personnelles ne peut influer sur la direction ou la durée de leurs voyages. Aussi, usant de cette liberté, je cédais à mon penchant pour les explorations aventureuses et me sauvais aux Abruzzes quand l'ennui de Rome me desséchait le sang. Sans cela je ne sais trop comment j'aurais pu résister à la monotonie d'une pareille existence. On conçoit, en effet, que la gaîté de nos réunions d'artistes, les bals élégants de l'Académie et de l'ambassade, le laisser-aller de l'estaminet, n'aient guère pu me faire oublier que j'arrivais de Paris, du centre de la civilisation, et que je me trouvais tout d'un coup sevré de musique, de théâtre [1], de littérature [2],

---

[1] J'ai dit ailleurs ce que sont les théâtres lyriques à Rome; d'ailleurs, ils ne sont ouverts que quatre mois de l'année.

[2] Il est fort difficile de se procurer les chefs d'œuvres de la littérature moderne; la police du S. P. les ayant presque tous mis à l'index.

d'agitations, de tout enfin ce qui composait ma vie. Il ne faut pas s'étonner que la grande ombre de la Rome antique, qui seule poètise la nouvelle, n'ait pas suffi pour me dédommager de tout ce qui me manquait. On se familiarise bien vite avec les objets qu'on a sans cesse sous les yeux, et ils finissent par ne plus éveiller dans l'âme que des impressions et des idées ordinaires. Je dois pourtant en excepter le Colysée; le jour ou la nuit je ne le voyais jamais de sang-froid. Saint-Pierre me faisait aussi toujours éprouver un frisson d'admiration. C'est si grand! si noble! si beau! si majestueusement calme!!! J'aimais à y passer la journée pendant les intolérables chaleurs de l'été. Je portais avec moi un volume de Byron, et m'établissant commodément dans un confessionnal, jouissant d'une fraîche atmosphère, d'un silence religieux, interrompu seulement à de longs intervalles par l'harmonieux murmure des deux fontaines de la grande place de Saint-Pierre, que des bouffées de vent apportaient jusqu'à mon oreille, je dévorais à loisir cette ardente poésie; je suivais sur les ondes les courses audacieuses du Corsaire; j'adorais profondément ce caractère à la fois inexorable et tendre, impitoyable et généreux, composé bizarre de deux sentiments, opposés en apparence, la haine de l'espèce, et l'amour d'une femme. Parfois quittant mon livre pour réfléchir, je promenais mes regards autour de moi; mes yeux, attirés par la lumière, se levaient vers la sublime coupole de Michel-Ange. Quelle brusque transition d'idées!!! Des cris de rage des pirates, de leurs orgies sanglantes, je passais tout à coup au concert des séraphins, à la paix de la vertu, à la quiétude infinie du ciel..... Puis ma pensée, abaissant son vol, se plaisait à chercher sur le parvis du temple la trace des pas du noble poète..... — Il a dû venir contempler ce groupe de Canova, me disais-je; ses pieds ont foulé ce marbre, ses mains se sont promenées sur les contours de ce bronze; il a respiré cet air, ces échos ont répété ses paroles..... Paroles de tendresse et d'amour peut-être..... Eh oui! ne peut-il pas être venu visiter le monument avec son amie, madame Guiccioli?..... ¹ Femme admirable et rare, dont il a été si complètement compris, si profondément aimé!!! Aimé!!!... poète!.... libre!.... riche!.... Il a été tout cela, lui!... Et le confessionnal retentissait d'un grincement de dents à faire frémir les damnés.

Un jour, en de telles dispositions, je me levai spontanément, comme pour prendre ma course, et, après quelques pas précipités, m'arrêtant tout à coup au milieu de l'église, je demeurai silencieux et immobile. Un paysan entra, et vint tranquillement baiser l'orteil de saint Pierre. — Heureux bipède! murmurai-je avec amertume, que te manque-t-il? Tu crois et espère; ce bronze que tu adores, et dont la main droite tient aujourd'hui, au lieu de foudres, les clefs du paradis, était jadis un Jupiter tonnant. Tu l'ignores; point de désenchantement. En sortant, que vas-tu chercher? De l'ombre et du sommeil; les madones des champs te sont ouvertes, tu y trouveras l'un et l'autre. Quelles richesses rêves-tu?..... la poignée de piastres nécessaires pour acheter un âne ou te marier; tes économies de trois ans y suffiront. Qu'est une femme pour toi?..... un autre sexe. Que cherches-tu dans l'art?... un moyen de matérialiser les objets de ton culte ou de t'exciter au rire ou à la danse. A toi, la Vierge enluminée de rouge et de vert, c'est la peinture; à toi, les marionnettes et polichinelle, c'est le drame; à toi, la musette et le tambour de basque, c'est la musique; à moi le désespoir et la haine, car je manque de tout ce que je cherche, et n'espère plus l'obtenir.

Après avoir quelque temps écouté rugir ma tempête intérieure, je m'aperçus que le jour baissait. Le paysan était parti; j'étais seul dans Saint-Pierre..... Je sortis. Je rencontrai des peintres allemands qui m'entraînèrent dans une *osteria*, hors des portes de la ville, où nous bûmes je ne sais combien de bouteilles d'orvieto, en disant des absurdités, fumant, et mangeant crus de petits oiseaux que nous avions achetés d'un chasseur. Ces messieurs trouvaient ce mets sauvage très bon, et je fus bientôt de leur avis, malgré le dégoût que j'en avais ressenti d'abord. Nous rentrâmes à Rome, en chantant des chœurs de Weber, qui nous rappelèrent des jouissances musicales, auxquelles il ne fallait plus songer de long-temps...... A minuit, j'allai au bal de l'ambassadeur; j'y vis une Anglaise, belle comme Diane, qu'on me dit avoir cinquante mille livres sterling de rentes, une

¹ Je l'ai vue un soir chez M. Vernet, avec ses longs cheveux blonds tombant autour de sa figure mélancolique, comme les branches d'un saule pleureur : trois jours après je vis sa charge en terre dans l'atelier de Dantan.

voix superbe et un admirable talent sur le piano; ce qui me fit grand plaisir. La providence est juste; elle a soin de répartir également ses faveurs! Je rencontrai d'horribles visages de vieilles, les yeux fixés sur une table d'écarté, flamboyants de cupidité. Sorcières de Macbeth!! Je vis minauder des coquettes; on me montra deux gracieuses jeunes filles, faisant ce que les mères appellent *leur entrée dans le monde*; délicates et précieuses fleurs que son souffle desséchant aura bientôt flétries! J'en fus ravi. Trois dandies discoururent devant moi sur l'enthousiasme, la poésie, la musique; ils comparèrent ensemble Beethoven et M. Vaccaï, Shakespeare et M. Ducis; me demandèrent *si j'avais lu Goëthe*, si Faust m'avait *amusé*, que sais-je encore? mille autres belles choses. Tout cela m'enchanta tellement, que je quittai le salon en souhaitant qu'un aerolithe, grand comme une montagne, pût tomber sur le palais de l'ambassade et l'écraser avec tout ce qu'il contenait.

En remontant l'escalier de la Trinita del Monte, pour rentrer à l'Académie, il fallut dégaîner le grand couteau romain. Des malheureux étaient en ambuscade sur la plate-forme pour demander aux passants la bourse ou la vie. Mais nous étions deux, et ils n'étaient que trois; le craquement de nos couteaux que nous ouvrîmes avec bruit suffit pour les rendre momentanément à la vertu.

Souvent, au retour de ces insipides réunions, où de plates cavatines, platement chantées au piano, n'avaient fait qu'irriter ma soif de musique et aigrir ma mauvaise humeur, le sommeil m'était impossible. Alors je descendais au jardin et, couvert d'un grand manteau à capuchon, assis sur un bloc de marbre, écoutant dans de noires et misantropiques rêveries les cris des hiboux de la villa Borghèse, j'attendais immobile le retour du soleil. Si mes camarades avaient connu ces veilles oisives à la belle étoile, ils n'auraient pas manqué de m'accuser de *manière* (c'est le terme consacré), et les charges de toute espèce ne se seraient pas fait attendre; mais je ne m'en vantais pas.

Voilà, avec la chasse et les promenades à cheval, le gracieux cercle d'actions et d'idées dans lequel je tournais incessamment pendant mon séjour à Rome. Qu'on y joigne l'influence accablante du Sirocco, le besoin impérieux et toujours renaissant des jouissances de mon art, de pénibles souvenirs, un ancien amour que le temps m'avait rivé au cœur, le chagrin de me voir pendant deux ans [1] exilé du monde musical, une impossibilité inexplicable mais réelle de travailler à l'Académie, et l'on comprendra ce que pouvait avoir d'intensité le spleen qui me dévorait. J'étais méchant comme un dogue à la chaîne. Aussi ne manquais-je aucune occasion de vagabondage, en attendant le moment où il me serait permis de retourner en France. Car franchement, malgré le charme très vif de la vie errante, malgré les relations agréables que j'entretenais avec plusieurs pensionnaires, et l'accueil affectueux que je recevais toujours de M. Vernet et de sa famille, quand le jour du départ fut venu, j'eus bien un instant de tristesse profonde, en songeant que je quittais cette poétique contrée peut-être pour ne plus la revoir; mais l'idée de retrouver mon monde, et d'y recommencer la vie qui seule pouvait alors me satisfaire complètement, absorba toutes les autres, et je n'eus plus qu'un nom dans la tête, Paris, plus qu'un désir, y arriver le plus tôt possible.

En conséquence, je pris congé de mes chères montagnes par une dernière tournée; et, après avoir bu l'orviéto avec les *hommes d'en bas*, le punch avec *ceux d'en haut*; après m'être rendu à la cordiale invitation du directeur pour un dîner d'adieux, après avoir chanté une dernière fois le trio de Don Juan, écrit sur l'album de mademoiselle Vernet, posé pour mon portrait qui, suivant l'usage, fut fait par le plus ancien de nos peintres et prit rang dans la galerie du réfectoire dont j'ai déjà parlé, après avoir bien caressé les deux chiens de M. Horace, compagnons ordinaires de mes chasses, et vendu mon fusil, je montai dans une cariole plus lourde et plus délabrée encore que celle qui m'avait amené; et dix-huit ou vingt jours après, en descendant les Alpes, quand j'aperçus, parée de ses plus beaux atours de printemps, la magnifique vallée de Grésivaudan où serpente l'Isère, je m'écriai avec une joie pleine d'orgueil national : Il n'y a rien de plus beau en Italie! HECTOR BERLIOZ.

[1] Le séjour des musiciens en Italie n'est que de deux ans, les autres artistes sont obligés d'y passer tout le temps de leur pension, qui est de cinq ans.
[2] Le lecteur fera sans doute l'observation qu'adresse Hamlet à Horatio : « *Vous n'appreniez donc qu'à bien boire*, à Rome, puisque vous en parlez si souvent? » Ma foi, avec l'art de fumer une demi-douzaine de cigarres dans une heure, c'est en effet à peu près tout ce que j'y ai appris.

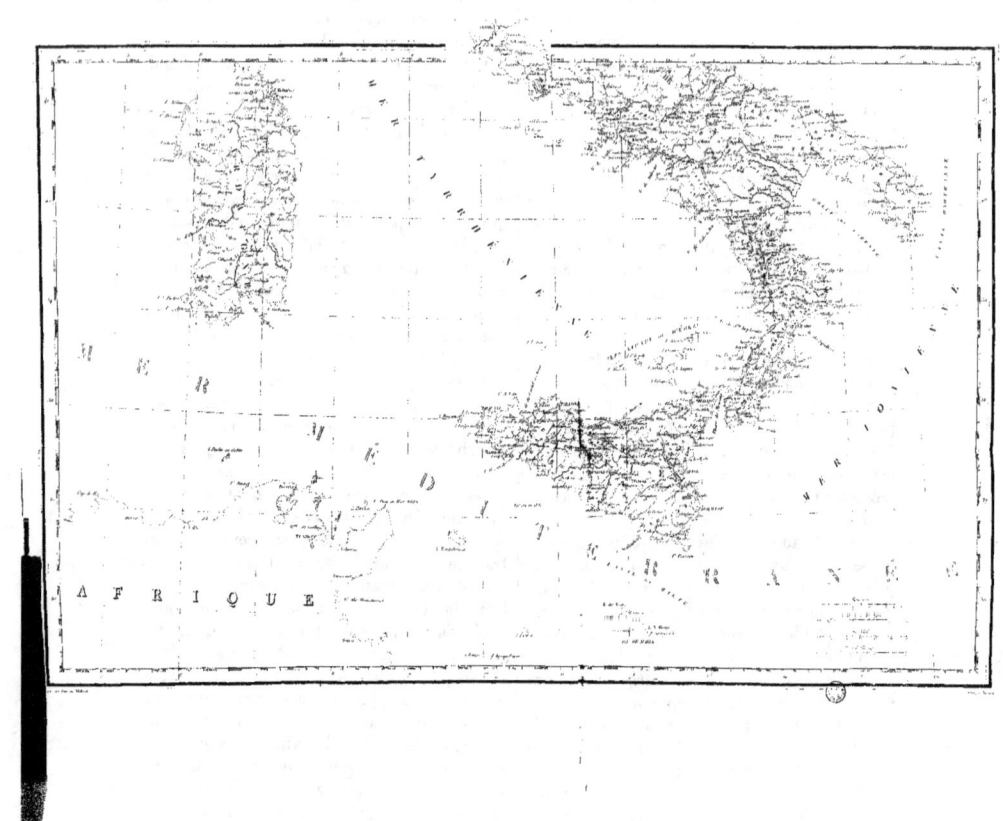

ÉTAT ROMAIN.

L'État Romain, moins les Légations, est situé entre la Toscane, le royaume de Naples et la Méditerranée. Quarante-huit lieues de longueur sur vingt-cinq de large délimitent la puissance romaine. C'est l'île d'Elbe de la maîtresse du monde. Placée au centre de ce territoire borné, Rome semble entourée d'une ceinture magique qui en défend les approches; au nord, c'est le désert toscan de Radicofani à Acquapendente; au nord-est, à l'est et au sud-est, c'est la terre sauvage et inhospitalière des Abruzzes, et la route funeste d'Itri à Terracine; au sud et au sud-ouest, c'est la mer avec ses orages et les corsaires barbaresques; tandis que la *malaria* des Maremmes et celle des Marais-Pontins, bien plus meurtrières que les brigands et les tempêtes, l'une sur tout le littoral romain, l'autre depuis Terracine jusqu'au-delà des portes de Rome, forment une seconde enceinte de périls autour de la cité des rois, des consuls, des Césars, des papes et des dieux.

Ces dangers de toute nature pourraient bien remonter, soit à la translation aussi impie qu'impolitique du siége de l'empire romain à Byzance, quand Rome resta tout à coup sans Césars et sans dieux, devenue la vassale de la conquête de ses consuls, soit au moins à l'établissement du gouvernement pontifical, de tout temps plus soucieux du pouvoir que de l'administration. Cependant, malgré ces obstacles, le pèlerinage de la ville trois fois sainte n'est pas interrompu, tant est vive et courageuse la foi des fidèles de notre âge, et c'est surtout depuis la grande agitation que la chute de Napoléon a léguée à la France et à l'Europe, que Rome semble être devenue le lazareth nécessaire de la maladie qui tourmente en sens différens les esprits et les ames. Il faut donc aller à Rome, et c'est vraiment au travers des cercles de l'enfer peuplé de tous les monstres si bien décrit par Virgile et Dante, que pénètre journellement à l'Élysée du Tibre, devenu fleuve d'oubli, l'Europe intelligente des académies, des ateliers et de la politique, et plus nombreuse encore l'Europe désœuvrée des salons.

Les brigands de la Storta, d'Arezzo, de l'Aquila, de Sora, de Vallecorsa, de Terracine, de Fondi, peuvent bien arrêter ses voitures, mais n'arrêtent point son ardeur. Pour cette Europe choisie, qui court à Rome, *l'aria cattiva* des Marais-Pontins n'est qu'un mauvais quart-d'heure à passer; elle ferme ses glaces, ne s'endort point sur la route, et, insoucianto du fléau, elle va sans cesse de Rome à Naples et de Naples à Rome. Il en est de même pour les périls de la navigation. D'élégans bateaux à vapeur sillonnent chaque jour avec sécurité la Mer Tyrrhénienne, en dépit des forbans de Maroc, que Naples enfin s'apprête à punir, et transportent mollement à Civita-Vecchia leurs cargaisons de Sybarites voyageurs.

Rome gagne donc à ce grand malaise de l'Europe impatiente de venir respirer les parfums de ses autels, de sa gloire et de son climat, ainsi que la Mecque, autre capitale sacrée, gagne aux pèlerinages nombreux, qui aussi, malgré les périls de la terre et des mers, malgré les Arabes et les ouragans du désert, viennent chaque année par caravanes, des parties les plus reculées de l'Afrique et de l'Asie, adorer la Maison-Sainte et payer le tribut à la ville du prophète.

Mais ce qu'il y a de bien remarquable dans cette chute du trône du monde, c'est que sa reine antique a conservé intact, comme un apanage inaliénable, le domaine de ses premiers triomphes; c'est qu'elle porte sa tiare sur la couronne de ses rois. Elle a eu beau mourir sous la vengeance ou sous l'ambition de tant de nations; renaissant sans cesse, et héritière d'elle-même, elle continue depuis 2,600 ans sa domination sur ces mêmes contrées, sur ces mêmes peuples, dont la conquête coûta à ses fondateurs cinq siècles de combats. Les Umbriens, les Etrusques, les Osques, les Latins, les Samnites, les Sabins, les Eques, les Marses, les Herniques, sont encore aux mêmes lieux où leurs aïeux furent domptés et successivement incorporés dans la famille romaine; mais le nom de Rome était déjà si puissant, si magique, sur ces valeureux habitans de la terre ausonienne, qu'une fois associés à la fortune et aux lauriers de leurs vainqueurs, ils oublièrent leur origine, se crurent Romains eux-mêmes, et le furent en effet sous les aigles et sous les lois du Capitole. C'était ainsi naguère que les Allemands de la rive gauche du Rhin, les Belges, les Savoisiens, les Piémontais, les Génois, les Toscans, et ces mêmes enfans du territoire romain, réunis soit à la république, soit à l'empire, étaient devenus Français, sous nos lois et sous nos drapeaux. La nationalité d'un peuple ne se perd jamais quand il reste sous le joug de la conquête, parce qu'elle est pour lui le seul espoir, le seul moyen de sa délivrance, tandis qu'elle se perd entièrement quand le peuple conquérant admet aux droits de la famille le peuple conquis. Celui-ci, en effet, a relevé sa fortune en recevant l'adoption, quand celui-là ne voit à jamais que son esclavage. Demandez-le aux Génois, aux Lombards, aux Vénitiens, peut-être aux Romains eux-mêmes.

Mais je reviens à ce cadre antique et pittoresque, au milieu duquel s'élève la grande figure de Rome, souriant comme dans ses premiers jours au berceau de sa naissance et de sa gloire. Le voyageur français, qui y retourne après une longue absence, aime aussi à recomposer des provinces qui l'annoncent et qui l'environnent, les deux départemens de Rome et du Trasimène, comme à ressusciter la pensée de Napoléon, donnant à Rome et à son fils la couronne de l'Italie. Que sera-ce, lorsque dans les murs de la grande cité il y reconnaîtra conservés et respectés les travaux de l'administration de l'empire et les souvenirs de ses lois? Plus heureux encore, s'il peut dire avec le poète romain :

Et quorum pars fui.

PATRIMOINE DE SAINT-PIERRE.

Acquapendente. — Bolsena. — Lac de Bolsena. — Vulsinii. — Monte-Fiascone. — Viterbe. — Toscanella. — Montalto. — Corneto. — Tarquinii. — Bullicame. — Bagnaja. — Soriano. — Vittorchiano. — Lac de Vico. — Caprarola. — Mont Soracte. — Temple de Féronia. — Civita-Castellana. — Nepi. — Sutri. — Lac de Bracciano. — Veies. — Allumière. — Civita-Vecchia. — Ostia. — Fiumicino.

La transition est moins brusque des glaciers des Hautes-Alpes aux plaines de Lombardie, d'un Albane à un Salvator, de l'Apollon du Belvédère à un ermite des Calabres, que celle de la frontière toscane à la frontière romaine. Il semble qu'en quittant Radicofani vous soyez jeté tout à coup sur un autre continent, ainsi qu'un ouragan vous transporterait soudain des rives embaumées du Portugal aux grèves abruptes de la Bretagne. Vous tombez dans l'exil, dans le désert de la nature et de la société; le souvenir de la Toscane vous poursuit comme un mirage trompeur, du moment où vous vous voyez perdu dans cet immense ravin qui la sépare de la première ville pontificale. Vous avez alors l'idée de la douleur de notre premier père quand, chassé d'Éden, il se trouva sur la terre, difforme, âpre, stérile, hideuse comme lui de sa nudité. Satan, sans doute, le jour de la création, s'écria : *Cette terre est à moi*, et frappa de sa malédiction ce passage entre deux paradis, pour en faire à jamais le tourment des voyageurs. Là, par une loi, qui toutefois n'est pas sans harmonie, la civilisation disparaît où cesse la végétation. Arrivés sur les terres de l'Église et passés le Ponte-Centino sur la Pescia et le Ponte Gregoriano sur la Paglia, la forme des vêtemens, des visages, des habitudes, celle même des besoins de la vie, tout vous est étranger. Plus de verdure, plus d'arts, plus de fleurs, plus de marbres, plus de gaîté aussi, et plus de bien-être. Les haillons de la plus sale misère, qui est celle des mendians du pape et de ceux du grand-turc, ont remplacé les gracieux costumes de l'Étrurie. Une terreur involontaire vous saisit au milieu de cette population de bedouins catholiques qui vous assiége. Sont-ils ou mendians, ou voleurs, ou tous les deux à la fois? Par quelle fiction étrange les clefs du patrimoine de Saint-Pierre sont-elles confiées à ces damnés de la société qui habitent Acquapendente? Le matin même, à Radicofani, vous avez déjeuné avec du pain éblouissant de blancheur, de la viande fraîche, du laitage parfumé, des vins odorans, des fruits savoureux, servi que vous avez été par de jolies villageoises, aux mains propres, aux fins chapeaux de paille, aux tresses ondoyantes, aux douces paroles. A Acquapendente le pain est noir et mauvais, signe infaillible de la dégradation d'un pays, l'hôtesse est noire aussi et aussi mauvaise, sa mine est repoussante, sa parole dure, saccadée; le vin est fangeux, l'huile infecte; tout est grossier, malsain, inhospitalier. Vous êtes dans la geôle du voyage et les adieux que l'on vous fait sont souvent des

menaces, auxquelles votre courage devra bientôt répondre; car après avoir été empoisonné dans l'Osteria, parfois le fils de la maison vous attend sur la route avec un long fusil, en compagnie de ceux qui ont remisé votre voiture. Cela arrive, et sans doute le pape n'y peut rien, car rien ne lui est inconnu. Aussi n'allez pas vous plaindre; prenez plutôt exemple de ce peintre, de ce poète, de ce philosophe, qui passent auprès de vous dans leur voiturin. Au lieu de blâmer ce que vous avez si justement trouvé mauvais, indigne de toute civilisation, criminel de lèse-humanité, ceux-ci admirent cette puissance, ce charme des contrastes, qui font si énergiquement ressortir les plaisirs de leur mémoire et ceux non moins vifs de leurs espérances.

LE PHILOSOPHE.

Nous savons à présent qu'il faut passer par la maison du diable pour entrer dans celle du Seigneur. D'ailleurs, quelle est la vie politique ou domestique un peu longue, où le désert et ses mauvais jours n'aient pas quelquefois apparu? Un bon citoyen ne se voit-il pas tout à coup déshérité du prix d'une vie entière consacrée à son pays, soit par la méchanceté d'un ministre, soit par la calomnie d'un obscur intrigant? Mais l'honneur de sa disgrâce lui reste, et, comme nous, il continue courageusement sa route vers le Capitole.

LE PEINTRE.

Quant à moi, je serais bien fâché que tout ne fût pas ainsi. Le désert a ici sa capitale; ils *s'harmonisent* ensemble. Bâtie de noirs rochers qui la sillonnent, perchée sur un tertre aride, escarpé, peuplée d'habitans hâves comme ses sables, menacée elle-même par la noire cascade qui sans cesse fait trembler ses fondations, la ville, telle qu'elle est, complète son paysage. Elle en est la fabrique nécessaire. Que ferions-nous au milieu de ce deuil de la nature, sur l'amoncellement de ces rocs sauvages, d'un temple à Vénus, d'un bois de lauriers, et des nymphes de l'Arno?

LE POÈTE.

Bravo, nous sommes frères; je le savais déjà. Salvator Rosa ne plaçait pas des nymphes sur le terrain des Euménides. Les solitudes et les Furies sont également parfaites dans leur nature; elles n'ont rien à envier aux bocages fleuris ni aux gracieuses hamadryades. L'Elysée vit en paix non loin du Tartare et le Tartare n'en est pas jaloux. De plus, remarquez bien, et cette observation appuie le système du peintre, que cette ville ne doit son nom qu'à la nature. C'est cette cascade qui la fait frémir jour et nuit; c'est cette eau qui tombe, qui *pend*, c'est elle seule qui l'a nommée de tout temps. Car Acquapendente est l'Aquula, la *Petite-Eau* des anciens Romains. Ce nom a un caractère essentiellement poétique.....

LE PEINTRE.

Et pittoresque; car si, au lieu de s'appeler ainsi, on l'avait baptisée du nom d'un saint, cela ne dirait rien en faveur de la vérité....

LE POÈTE.

Ni de l'imagination. Mais aussi, si la cascade venait à tarir, le nom de la ville ne serait plus qu'un sobriquet.

LE PEINTRE.

Je nie la conséquence. Est-ce que les tombes antiques, bien qu'elles soient dépouillées de leurs cendres, ne sont plus des monumens qui parlent éloquemment de la mort?

LE PHILOSOPHE.

Ah! ah! vous voici sur mon domaine. Vous voyez bien que la poésie, la peinture et la philosophie sont sœurs. Raphaël est poète, comme Dante est peintre. Cependant Jean-Jacques, qui était l'un et l'autre, avait encore quelque chose de plus.

Au sortir d'Acquapendente s'étend un vaste plateau élevé de 400 mètres au-dessus du niveau de la mer, d'où l'œil, se portant alternativement du nord à l'est et de l'est au sud, découvre la cime du Soriano, à la hauteur de 1,070 mètres, et celle du Monte-Cavo de 950, points culminans des deux chaînes volcaniques du Cimino et du Monte-Albano, et enfin le sommet du Terminillo, élevé de 2,600 mètres, qui domine et termine la grande chaîne calcaire de l'Apennin. Cet immense panorama de la charpente osseuse de l'Italie pontificale annonce grandement les monumens de la nature.

L'Apennin, dont les contreforts, séparés par la vallée du Sacco, prennent le nom de Monts Lepini, court avec eux du nord au sud, posant la limite de l'Etat de l'Eglise et de celui de Naples. Le Velino, la Nera, l'Anio ou le Teverone, le Sacco ont leurs sources dans ces affreuses montagnes, aux pieds desquelles leurs eaux rapides et transparentes ont creusé de délicieuses vallées. Voisins des hautes régions de l'air, privés de toute végétation par les frimas et par les feux du soleil, chauves et sillonnés comme des fronts de vieillards, les sommets de l'Apennin élancent vers le ciel leurs pics décharnés et leurs hideux créneaux, refuges des aigles qu'a perdus le Capitole, tandis qu'ils reposent sur des bases verdoyantes et fleuries, riches des trésors de la plus brillante fécondité, offrant ainsi, dans leur vaste nature alpine, à leurs pieds le séjour des nymphes, à leurs cimes celui des Euménides. Voyez le front éclatant de blancheur du Terminillo : à l'aspect du nord sa neige est éternelle, et l'oranger, le myrte, les cactus, le laurier rose fleurissent sur ses coteaux aux doux rivages de Terracine.

Quant aux chaînes volcaniques, elles courent dans un autre sens; elles sortent de la mer pour se porter à l'est, où elles brisent l'horizon des chaînes calcaires. D'abord, c'est la chaîne du Cimino avant Rome, après Rome c'est celle des Monts Albanes. Ces directions si tranchées des montagnes romaines forment ces immenses bassins, ces longues et larges vallées qui divisent les Etats du souverain-pontife d'une manière si variée ; car tout le terrain volcanique, sol, vallons, montagnes, est de la plus merveilleuse fertilité. La mer qui le baigne dans toute son étendue n'a point de grèves, de dunes arides; ses bords sont ou des prairies ou des forêts. Les montagnes ont bien leurs roches ardues, leurs colonnes de basalte noires et sonores, leurs cavernes profondes, sombres et effrayantes; mais ces roches basaltiques, ces cavernes sont revêtues de plantes, de pampres, d'oliviers, de chênes blancs et verts, d'arbres fruitiers, et mille ruisseaux, naissant sur cette terre de feu, y entretiennent à la fois, malgré les ardeurs de la canicule, une fraîcheur et une végétation dont malheureusement la jouissance présente à peu près aux habitans le supplice de Tantale.

La peste, puisqu'il faut l'appeler par son nom, la peste de la *malaria* empoisonne l'air parfumé, qui baigne traitreusement ces fertiles contrées.

Avant d'arriver au lac de Bolsena, où l'on descend par des pentes cultivées sous de frais ombrages, vous voyez un joli village, dont la construction, élégante et récente, révèle en même temps le péril de cette terre poétique et le bienfait du pape Braschi. San-Lorenzo-Nuovo fut bâti par son ordre pour y recevoir les habitans de San-Lorenzo Vecchio, moissonnés chaque année par la fièvre estivale, au fond d'un ravin, où l'insouciance des pontifes antérieurs avait laissé s'éteindre tant de générations. Le trésor particulier de Pie VI créa cette généreuse fondation dont l'Europe voyageuse publiera à jamais le bienfait. On ne peut entrer par un plus noble monument sur les Etats d'aucun souverain.

Cependant il faut voir de près le lac de Bolsena, changé, par une antique métamorphose, de cratère d'un volcan en bassin d'eau limpide de 15,792 hectares. Là, si cette partie de l'histoire de la nature est ensevelie sous la profondeur presque incommensurable des eaux de ce beau lac, une partie au moins de l'histoire des hommes s'y retrouve avec ses monumens anciens et modernes.

Remontons les siècles en descendant les escarpemens du rivage, et d'abord se présentent à la pensée ces anguilles que Dante a immortalisées dans son Purgatoire, où il dit que le pape Martin IV expie, par le jeûne, les matelottes d'anguilles de Bolsena, cuites au vin blanc.

............*Purga per digiuno*
L'anguilla di Bolsena in la vernaccia.

Voici les îles Bisentina et Martana, où le célèbre Léon X, sans doute en commémoration des premiers apôtres, allait chaque année prendre solennellement le plaisir de la pêche. L'île Martana retrace un souvenir plus grave. Elle fut le lieu de l'exil et du supplice de la belle Amalasonte, reine des Goths, fille unique du grand Théodoric, mère d'Athalric, barbarement condamnée par Théodat, son second mari. Cette île paraît recevoir son nom de la rivière de Marta, par laquelle, pendant un cours de quinze lieues, le lac écoule ses eaux vers la mer.

Au fond d'un étroit vallon vous avez traversé les ruines pestiférées de San-Lorenzo Vecchio, qui, après avoir servi d'hypogée à ses habitans, offrent encore aux brigands leur funeste asile. Mais sur ce coteau coupé à pic sur le lac, admirez les restes de l'antique Vulsinii, où s'est assise la moderne Bolsena, retraçant aussi les ruines de son nom. Cette cité, la plus grande et la plus forte des douze villes étrusques, ne vit que 445 ans après la fondation de Rome les armes du nouveau peuple menacer ses murailles. Une contribution la racheta. Peu d'années après, attaquée de nouveau, elle dut payer une nouvelle rançon en blés, vêtemens et 500,000 livres d'airain. Enfin, en 488, prise de vive force par Fulvius, cette magnifique métropole de la ligue étrusque offrit entre autres richesses à la jalousie romaine deux mille statues, cinq cents de plus que la moderne Bolsena ne compte aujourd'hui d'habitans. Aussi, ce témoignage de sa splendeur coûta la vie à Vulsinii; elle fut détruite et ses citoyens dispersés. La politique romaine avait les caractères les plus implacables de la tyrannie, l'avidité et la jalousie. Le bourg de Bolsena présente, au lieu des ruines de Vulsinii, une confusion pittoresque d'habitations et de débris volcaniques dont les prismes hexagones se groupent autour des maisons avec les accidens les plus variés. Révolutions politiques, révolutions de la nature, tout est là, produit par le fer des Romains et par les feux de la terre.

De tous côtés s'élèvent, au sein des vastes plaines, des monumens volcaniques, tels que le tertre conique autour duquel s'enlace Monte-Fiascone, surmonté de sa grosse cathédrale, image parlante de la domination du clergé sur sa population, la plus fanatique de l'État Romain. Elle était de plus, sous le régime impérial, habituellement entretenue par ses prêtres dans la haine de *Napoléon l'excommunié et de ses adhérens.*

Vers le milieu du mois de janvier 1814, époque si voisine de la chute de l'empire, les habitans de Monte-Fiascone, apprenant que le général Miollis s'était renfermé dans le fort Saint-Ange et que les autorités françaises étaient rappelées, se soulevèrent et prirent les armes, dans le dessein de leur fermer, de la manière la plus tragique, tout retour vers leur patrie. Ce complot était à la fois politique et religieux. Cependant, malgré leur vigilance, le préfet de Rome et d'autres fonctionnaires étaient parvenus à les tromper et gagner la Toscane. Furieux d'avoir laissé échapper d'aussi bonnes proies, les habitans se décidèrent à garder jour et nuit la grande route, afin de ne pas manquer au moins le directeur général de la police des États Romains, resté le dernier à Rome.

J'ignorais complètement ces dispositions, et le 21 janvier, après avoir été au fort Saint-Ange prendre les ordres du gouverneur général comte Miollis, ayant quitté Rome à deux heures de l'après-midi, au milieu des témoignages les plus honorables de l'estime et de l'affection de l'excellente population de cette grande cité que j'habitais depuis trois années, j'arrivai à Viterbe en pleine nuit. Je trouvai cette ville dans un état inquiétant d'agitation pour ma sûreté. Des hommes armés, au milieu d'une population qui avait spontanément choisi ses rues pour domicile, malgré le froid de la saison, les parcouraient avec des torches enflammées et des cris de sédition et d'alarmes, si effrayans dans ces contrées, où l'on passe si rapidement à la frénésie des passions les plus violentes. Ma voiture fut soudain entourée de cette population tumultueuse, qui cependant, à l'ordre que j'articulai au postillon d'une voix forte et en bonne langue romaine, de me conduire à la caserne de la gendarmerie, m'y laissa arriver au pas, par un reste de sa soumission de la veille. Les portes en furent fermées après moi. J'y fus reçu par le major de Filippi, qui me devait son avancement, et qui, dans ce moment critique, se montra courageusement fidèle à la reconnaissance. Depuis la veille, ses gendarmes étaient désarmés; leurs chevaux étaient dans leurs écuries au pouvoir des agitateurs. Ils ne pouvaient, sans être déguisés, sortir de la caserne. Mon arrivée à Viterbe était d'autant moins rassurante pour lui que les malveillans de la ville s'entendaient avec ceux de Monte-Fiascone, et que j'étais venu me précipiter dans un danger qui lui serait commun; car, dût-il, lui et ses gendarmes, soutenir un siège dans la caserne, ils étaient décidés à me défendre jusqu'au dernier moment. « Cependant, « me dit-il, il faudrait profiter de cette nuit pour « vous mettre, ainsi que moi, hors de péril. Je « suis encore assez respecté ici et extérieurement; « pour sauver mes gendarmes, j'ai dû, depuis « hier, changer de langage. Il ne faut donc pas « songer à partir d'ici comme un magistrat de « l'empereur, et je vais m'occuper de vous trouver une autre escorte que celle de la gendarmerie. » Au bout d'une heure le major revint en redingote bourgeoise et fut bientôt suivi de cinq hommes que je reconnus facilement à ce type original qui caractérise la profession, si connue de moi, de sbirre ou de brigand. En voyant ces cinq hommes je compris à l'instant que je devais être en sûreté avec eux, puisque le major y était. « Voici votre escorte, me dit-il ; ce sont des braves. Vous m'entendez. Vous autres, vous jurez « de conduire mon cousin Giacomo au-delà de la « forêt de Monte-Fiascone. Il vient de Naples et « retourne à Turin. » Mon escorte répondit par un serment sur le *sangue di Dio*, et une copieuse libation le consacra.

Un de ces hommes toutefois me regardait de temps en temps avec un sourire d'intelligence, et, par la connaissance que j'avais de ces physionomies remarquables, je jugeai que mon secret serait bien gardé par lui à l'égard de ses compagnons. Il les avait choisis, et c'était en sa qualité improvisée de *capo di banda* qu'il entrait pour quelques heures à mon service. Il en prit sur-le-champ les fonctions en donnant ordre à un des siens d'aller chercher quatre chevaux de poste et des postillons qu'il lui nomma; car en Italie tout ce qui appartient à la grande route, voituriers, postes, cabarets, est dans une dépendance quelconque de ceux qui sont connus pour l'exploiter. Au surplus rien ne manquait au costume de mes cinq *bravi* : résille à glands rouges sous un feutre conique à larges bords, orné de rubans; veste à manches de velours; culottes pareilles à boutons de cuivre dorés; ceinture garnie d'un poignard, deux pistolets, l'espingole en bandoulière, un sabre au côté; un ou deux mouchoirs de soie de couleur tranchante tombant du cou sur l'estomac; des fronts cuivrés, des yeux ardens, de larges poitrines, et un vaste manteau brun dégagé du côté du bras droit, complétaient, avec un chapelet béni passé dans la ceinture entre les deux pistolets, la description de l'escorte de l'ex-directeur général de la police des États Romains. Ces deux ou trois heures à Viterbe me parurent, je l'avoue, un peu longues, à cause des conversations bruyantes qui accompagnaient dans la rue la causerie mystérieuse de la caserne, et aussi en raison de ce besoin d'invincible curiosité qui en temps ordinaire tourmente le peuple en Italie, à l'arrivée d'un personnage quelconque arrivant soudain dans une petite ville en bel équipage. Mais on y avait pourvu, et Cappuccio, le chef de mon escorte, avait dit tout haut que j'étais un Piémontais proche parent du major, et dont il connaissait la famille.

Après avoir pris congé du major de Filippi, je m'abandonnai en toute confiance à Cappuccio et à ses amis. Je sortis de la ville au bruit des coups de fusil que tirait la populace en signe de réjouissance ou de mort. Les bons habitans, les propriétaires et la haute classe de la ville, renfermés soigneusement dans leurs maisons, y étaient ou s'y croyaient moins en sûreté que moi dans ma voiture, accompagné de brigands de profession, et courant à toutes brides à la rencontre d'un complot dirigé contre moi. Aussi, à peine sortis de Viterbe, Cappuccio qui, comme les hommes du pays et les chefs d'entreprises, connaissait l'emploi du temps, fit prendre le galop aux postillons, et se portant devant eux sur un cheval de gendarme, dont ses compagnons s'étaient également pourvus, éclaira la route. Il voulait arriver à Monte-Fiascone à la petite pointe du jour, heure où il ne fait pas assez clair pour réveiller tout-à-fait ceux qui dorment, mais assez pour guider ceux qui veillent. Cappuccio avait tant d'expérience sur les propriétés des heures! Et en effet, il fit un peu ralentir la marche aux approches du pont, dont la direction porte la route sous les murailles et devant la porte de Monte-Fiascone. Ce n'était pas pour attendre la clarté du jour; le feu du bivouac des Monte-Fiasconais la remplaçait; mais c'était d'abord pour n'avoir pas l'air d'une suite, ensuite pour aller en parlementaire préparer la tranquillité de mon passage. Il fit plus, et je trouvai qu'il faisait trop, en faisant d'abord mettre au pas, ensuite arrêter ma voiture en face de la porte, au milieu des hommes armés qui s'étaient levés à son approche. Je les trouvai déjà presque séduits par les paroles de Cappuccio, dont le nom et la figure leur étaient bien connus. Les brigands d'Italie sont des enchanteurs qui fascinent les gens du pays aussi facilement qu'ils les dépouillent; de plus, ils étaient tous sur des chevaux de gendarmes, et c'était une garantie. *Questo signore*, leur disait-il en me montrant, *e un galant uomo, un amico, che non h'a niente da fare con voi altri, m'a noi dobbiamo accompagnar lo al di là della Macchia per la paura dei briganti.* « Ce seigneur est un galant « homme, un ami, qui n'a rien à faire avec vous « autres; mais nous devons l'accompagner au-« delà du bois à cause des brigands. » Ce fut donc sous ses auspices que nous échangeâmes quelques paroles les habitans et moi, bien que leurs gestes et leurs voix sinistres ne fussent pas favorables à une conversation. Enfin ces hommes me souhaitèrent bon voyage, et moi bonne garde, et j'eus le bonheur de traverser aussi facilement leurs avant-postes, placés de distance en distance aux issues du bois, pour intercepter toute communication aux gendarmes de la station prochaine. A la sortie de la *Macchia*, je remerciai mes sauveurs, comme il convenait, avec quelques poignées de piastres, et

Cappuccio mettant sa tête dans ma voiture, me dit : *Bon viaggio , eccellenza ; e viva Napoleone il grande !* Les gendarmes crièrent au miracle à Bolsena, en me voyant arriver sain et sauf.

Quelle que fût toutefois ma présence d'esprit pendant la conférence de Monte-Fiascone, je conviens que j'oubliai alors que cette petite ville était célèbre par trois raisons, la naissance de l'ingénieux abbé Casti, auteur du poème des *Animaux parlans*, l'épiscopat du cardinal Maury, et la fertilité de ses vignobles. Quant à moi je le remerciais d'une autre célébrité, c'était d'être bâtie en pyramide ; car si la route, au lieu de la tourner, avait dû la traverser, la négociation de Cappuccio aurait bien pu ne pas réussir. Mais je remerciai aussi ce *brave* d'avoir précisément choisi pour mon passage dans ce dangereux défilé l'heure où nécessairement dormaient encore les gens *comme il faut,* prêtres ou laïcs, qui auraient pu me reconnaître et me livrer. Il faut convenir que c'était terminer d'une manière assez piquante la mission de Directeur général de la police des Etats Romains, que de devoir son salut, en de telles circonstances, à des hommes qui en étaient les justiciables.

J'aurai occasion de parler encore, soit dans mes courses sur le territoire romain, soit quand je traiterai de la ville de Rome, de ces beaux brigands immortalisés depuis quelques années par tant de tableaux français, dont je serai l'historien. Mais avant d'y revenir, et pour ne plus parler de mon départ de Rome en 1814, je dois citer un trait qui honorerait au moins tout prolétaire en Europe. J'avais oublié sur mon secrétaire avant de monter en voiture, un sac de mille francs destiné en partie aux frais de mon voyage. Déjà j'avais passé cette grande ferme que l'on laisse à droite en sortant de la ville, et qui s'appelle *Papa Giulio*, quand des cris répétés : *Fermate ! fermate!* obligèrent mes postillons à s'arrêter. C'était un de mes sbirres, ancien brigand par conséquent, qui, à toute course, me rapportait ce sac qu'il aurait bien pu garder, sans que personne s'en doutât ! ! Le lecteur doit croire qu'en parlant ainsi des brigands et des sbirres, je me ménage d'utiles intelligences pour mon retour en Italie. — *Ah! lo volesse il cielo!*

Mais, en attendant, je dois achever de faire connaître cette belle province qui, sous le nom singulier de *patrimoine de Saint-Pierre*, renferme une des contrées les plus historiques et les plus importantes des états du Saint-Père.

En Italie, c'est la monnaie courante des villes modernes d'être assises sur les villes antiques, comme pour la plupart de ses lacs d'avoir été des cratères. Toutefois l'ancienneté de la noblesse est sans contredit en faveur des lacs, qui peuvent prouver leur origine volcanique. Mais quand on a vu un lac baignant paisiblement son cadre de roches basaltiques, on sait toute son histoire, sauf la date de cette étrange métamorphose, dont aucun homme, que je sache, ne fut le témoin oculaire. L'histoire et la tradition sont muettes sur ce fait important. Les villes, au contraire, telles que celles de l'Etrurie romaine, nous racontent à peu près toute leur vie par leurs monumens de tous les âges.

Aussi, j'admirais à Viterbe tant de pièces différentes qui composent son blason, auprès duquel celui de Rome elle-même n'est qu'un blason de conquérant. Là de grands tombeaux étrusques, dont l'âge sera à jamais inconnu, magnifiques produits de la première industrie humaine. Ici un immense sarcophage romain, où, par une galante profanation, fut ensevelie l'Hélène du douzième siècle, la célèbre Galiana, dont la beauté arma Rome contre Viterbe. Rome fut vaincue ; mais son armée obtint de voir encore une fois la cause de sa défaite, et la belle Galiana ne se fit pas prier pour paraître à la fenêtre de la tour de la porte Saint-Antoine.

Non loin de là le monastère de Santa-Rosa (quel joli nom de sainte!) rappelle le souvenir d'une jeune fille plus héroïque, canonisée de son vivant, après avoir, aussi par l'empire de sa beauté, soulevé Viterbe, sa patrie, contre la domination de l'empereur Frédéric II, après avoir subi la peine de l'exil et reçu les honneurs du triomphe à Viterbe, aussitôt la mort du tyran, et tout cela avant l'âge de dix-huit ans, qui fut le terme de sa vie. La fête de cette jeune sainte est l'une des plus brillantes de cette catholique Italie, que le paganisme n'a jamais voulu quitter tout entier : il a laissé à la religion du Christ son lit de fleurs, ses chants harmonieux, ses parfums, ses vierges, ses ravissantes théories.

Le couvent des dominicains renferme des cendres moins poétiques, dans le tombeau d'un seigneur *di Vico*, village et lac voisins de Viterbe. Cet homme légua tous ses biens au couvent, à condition que son corps serait divisé en autant de parties qu'il y a de péchés mortels, dont il se déclarait coupable et repentant. Ce qui fut exécuté par les pieux héritiers.

Viterbe compte à peine 12,000 habitans ; mais comme elle a été plusieurs fois la résidence ou l'asile de plusieurs papes, elle possède de cinquante à soixante églises plus ou moins remarquables, soit par leur architecture gothique ou romaine, soit par les chefs-d'œuvre de peinture qu'elles renferment. Près de la cathédrale on voit la salle encore découverte où, après trente-trois mois, fut élu pape Martin IV. Les Viterbois perdirent patience et n'imaginèrent rien de mieux pour hâter cette laborieuse élection, que d'enlever le toit de la salle du Conclave. Ils pouvaient s'en aviser plus tôt ; car l'Italie, surtout au treizième siècle, était réellement en mal d'enfant depuis la mort d'un pape jusqu'à l'élection d'un autre. De nos jours elle paraît y attacher moins d'importance, en raison du peu d'influence de la cour de Rome sur l'état de l'Europe ; et je ne pense pas qu'un Conclave aussi long que celui qui proclama Martin IV osât se reproduire ; car les Romains, et j'en sais quelque chose, sont gens à se déshabituer encore de la tiare. Je dis encore, parce qu'à la naissance du roi de Rome, des princes des premières familles papales demandaient hautement, non que l'État Romain demeurât province française, mais qu'il fût gouverné au nom du nouveau souverain : et en cela, ces grands seigneurs étaient les interprètes distingués de l'universelle opinion populaire, qui attachait la fin du règne pontifical à l'impossibilité physique de placer le portrait d'un nouveau pape à la suite de ceux qui depuis saint Pierre décoraient le pourtour intérieur de la vaste basilique de Saint-Paul hors les murs. Il est de fait qu'il ne restait plus de place après l'effigie de Pie VII, mais depuis ce temps l'empire français est tombé, la basilique a été incendiée, et trois papes ont succédé à Pie VII, comme trois rois à Napoléon. Je ne sais ce que le peuple de Rome a fait de sa prophétie ; mais je sais qu'il est toujours le peuple le plus philosophe et le plus hospitalier de l'Europe. Quant à ses princes, ils ont repris, ainsi que nos barons de la royauté et de l'empire, leurs habitudes et leurs emplois au palais du souverain, comme si Napoléon n'avait pas passé par-là : et effectivement, ils n'avaient rien de mieux à faire ; surtout à présent que le roi de Rome, qui le 20 mars 1811 fut leur espoir et le nôtre, a cessé de vivre.

A l'ouest de Viterbe, trois villes placées chacune à la pointe d'un vaste triangle sont devenues malgré l'influence de l'*aria cattiva* les chefs-lieux des plus grandes exploitations agricoles de l'État Romain. Ce sont les villes de Toscanella et de Corneto sur la Marta, et celle de Montalto sur la Fiora ; l'état inflexible de l'atmosphère les peuple et les dépeuple régulièrement chaque année. C'est un spectacle très curieux que de voir revenir dans ces villes, à la saison des travaux, aux approches de l'hiver, plus de 3,000 habitans qui, suivis de troupes de montagnards, viennent redemander leurs habitations aux courageux gardiens qu'ils leur ont laissés ! Il arrive souvent que ces gardiens ont succombé au fléau et les maisons entièrement vides d'habitans restent sous la sauvegarde publique. Ainsi, ce n'est point l'hospitalité qui manquerait aux voyageurs pendant l'été, ce seraient les hôtes, dont les montagnes voisines deviennent pendant six mois de l'année l'asile nécessaire. Les propriétaires de ces laborieuses communes sont donc tous obligés d'avoir un second domicile légal hors de leurs villes natales. Mais afin de conserver à celles-ci le nom de patrie, la plupart des femmes viennent y accoucher d'enfans conçus dans la montagne. L'intérêt de la conservation des familles le veut ainsi.

Certainement en traversant ces villes à peu près désertes pendant la moitié de l'année, en portant ses regards sur les récoltes à perte de vue qui couvrent leur territoire, et aussi sur les immenses troupeaux qui les parcourent jusqu'aux bords de la mer, ne voyant l'homme nulle part, mais partout la plus étonnante reproduction, on ne pourrait croire qu'à un enchantement ou à une puissance de végétation spontanée hors de la nature. Rien n'égale dans aucune partie de l'Europe l'activité de ces immenses travaux, dont les produits répandent tant d'abondance dans ces contrées que la main de l'homme se hâte de disputer à la mort. La fièvre et la production arrivent ensemble ; singulière alliance de la mort et de la vie ! et l'habitant ne peut faire sa moisson que parce que, par sa fuite, la mort n'a pas pu faire la sienne.

Cette terre dont la destinée est de nourrir les habitans qui la fuient, c'est elle qui a su garder jusqu'à nos jours ces monumens monolithes, creusés dans son sein, à l'instar des hypogées de l'Inde, de l'Amérique et de l'Égypte, que la piété des Étrusques avait consacrés au culte des morts. Pendant de longs siècles les Romains ont foulé ces enceintes sacrées, sans se douter, sans s'inquiéter qu'ils avaient sous leurs pieds de conquérans les plus beaux trophées de leur victoire, les témoignages irrécusables de la grandeur et de la dignité du peuple qu'ils avaient vaincu.

Cette précieuse et inappréciable découverte fut en 1780 l'ouvrage du cardinal Garampi; non loin de Corneto, il fit fouiller les ruines de l'antique *Tarquinii*, dans un champ qui continue encore de s'appeler *Tarquinia*. On y trouva un squelette couché sur un lit de bronze : image pittoresque de la croyance philosophique de ces peuples, que la mort est l'éternel sommeil. En parcourant les salles sépulcrales qui composent cette ville souterraine, le cardinal fut frappé de l'intérêt et de la beauté des peintures dont leurs murailles étaient couvertes. Ces fresques, d'une étonnante conservation et d'une grandeur de style remarquable, lui montrèrent les symboles de la religion étrusque, de l'immortalité de l'ame, les combats du bon et du mauvais génie, caractères du culte des peuples les plus élevés en civilisation dans les temps antiques.

Récemment M. Lucien Bonaparte, prince de Canino, domaine voisin de Toscanella, réuni à d'autres savans antiquaires, a retrouvé toute une nécropole étrusque ornée de mosaïques, d'inscriptions, de vastes tombes enrichies de peintures, avec une grande quantité de vases précieux par la forme, les sujets, les ornemens et les couleurs. On doit à cette importante découverte, véritable révolution archéologique, une connaissance entièrement neuve des usages et des mœurs privées de cette nation, dont le nom à lui seul semblait être un mystère, qui, indépendamment d'une foule de villes, comptait douze métropoles, et répandit dans toute l'Ausonie les lois, les arts et le culte qu'elle semble avoir reçus de la Grèce, si, ainsi que les Grecs, elle ne les devait pas aux puissantes inspirations de son climat.

En effet, l'aspect de ces fresques de ces marbres mortuaires, a fait penser les savans que des artistes de Corinthe, patrie de Tarquin l'Ancien, appelés par ce prince, en sont les auteurs. Ces peintures sont donc les plus anciennes qui existent, et, d'après l'époque présumée de l'arrivée du Corinthien Démarate à Tarquinii, Numa, le père de la religion et de la loi romaines, a pu les voir.

Une vieille Italie dort encore sous les villes, sous les champs des Romains anciens et modernes, tout comme on a vu, en 1812, les salles inférieures du Capitole et les constructions souterraines du colysée, rendues à la lumière par l'administration française. Ainsi descendu dans ces cryptes, où sont entassés les aïeux d'un peuple déjà vieux et illustre bien avant Romulus, dans ces palais funéraires habités par la poussière de tant de siècles, l'on se sent encore moins frappé d'un deuil religieux que d'admiration pour le génie de l'homme antique qui sembla n'avoir inventé les arts que pour honorer les dieux et les morts, et pour le génie de l'homme moderne dont la courageuse industrie, bravant les fléaux de la nature, a couvert de ses plus riches trésors les vastes souterrains où reposent ceux qu'ils nourrissaient jadis.

En revenant de Toscanella à Viterbe, et à une demi-lieue de cette dernière ville, on s'arrête devant un phénomène extraordinaire au milieu d'un sol dont les volcans sont éteints depuis plus de trente siècles. C'est un petit lac, dont le nom *Bullicame* exprime énergiquement la nature; car il bouillonne continuellement, et la fumée qui s'en exhale répand au loin une forte odeur de soufre. Un peu au-dessus sont trois sources, dont deux sulfureuses et l'autre ferrugineuse, donnant cinquante degrés de Réaumur, nommées par les anciens *aquæ Cajæ*, et par les modernes *Bagni degli asinelli*. Ces thermes sont fréquentés seulement par les gens de la campagne. Quant aux eaux du *Bullicame*, que, du temps du Dante, *se partageaient les courtisanes*, elles ont reçu une meilleure destinée en rouissant en vingt-quatre heures ces chanvres qui fournirent pour la seconde guerre punique des voiles à la flotte romaine, à la charge des Tarquiniens. On aime à retrouver aux mêmes lieux cet héritage des cultures, qui donne un air de famille aux peuples qui s'y sont succédés.

Viterbe, malgré ses monumens, ses fêtes, ses belles filles et ses belles fontaines, sa prétention d'être bâtie sur les ruines du *fanum Voltumnæ*, ce temple célèbre des Étrusques, comme l'est réellement Palestrine sur celles du temple de la Fortune, Viterbe est toutefois une ville que l'on quitte sans regret pour aller parcourir les pentes romantiques du Cimino, revêtues de la plus brillante végétation. Là s'élève dans le joli village de Bagnaja, sur des terrasses plantées en jardins, la villa Lante, rafraîchie par les sources les plus limpides, et dont les casins renferment les peintures des meilleurs maîtres. Les villas, asiles délicieux inconnus en Europe à toutes les contrées qui ne sont ni italiennes ni espagnoles, doivent à la beauté du ciel, à la fertilité du sol, à la chaleur de l'atmosphère, à la variété et au luxe des plantes méridionales, et aussi à l'abondance de leurs eaux, leur incontestable supériorité. Ces dons du climat sont les mêmes pour l'Espagne et l'Italie; mais celle-ci a l'avantage sur sa rivale de marier aux beautés de la nature les beautés des arts, et d'avoir conservé de nos jours les types des anciens palais de la campagne d'Athènes, en continuant de prendre pour modèles ceux que les noms d'Horace, de Cicéron, de Mécènes, de Catulle ont immortalisés. Leurs ruines à jamais poétiques n'inspirent plus depuis long-temps que les muses voyageuses; celles de l'Anio et du Tibre sont parties, et l'on ne trouve plus ni poètes, ni Mécènes parmi les maîtres des villas modernes.

En quittant Bagnaja une route d'arbres séculaires conduit à une magnifique résidence des princes Albani, dont le château couronne le sommet d'un mont isolé aux pieds duquel s'étend le bourg de Soriano. Des vastes terrasses de cette noble habitation la vue embrasse, soit les pentes verdoyantes du Cimino, soit la riche plaine que borne le Tibre, et plus loin les montagnes de la Sabine et de l'Ombrie; mais on cherche vainement l'emplacement de ce lac Vadimon qui vit tomber au cinquième siècle de Rome, dans deux sanglantes batailles, les derniers défenseurs de l'indépendance de l'Italie. Il ne reste même plus une solfatara qui marque la place de ce grand bassin, dont Pline raconte que les eaux sulfureuses portaient des îles flottantes; mais parmi les nombreux villages de cette belle contrée, celui de Vittorchiano, en reconnaissance du siége qu'il soutint contre Viterbe dans le treizième siècle, comme vassal de Rome, conserve le singulier privilége de lui fournir ses neuf valets de ville, connus sous le nom de *fedeli del Campidoglio*. Rome antique n'eût pas mieux fait aux temps de sa plus insolente tyrannie, que de donner des places de valets aux braves qui avaient vaincu pour elle.

Aux pieds du mont Fogliano, qui termine au sud la chaîne de Cimino, le lac volcanique de Vico, autrefois *Ciminus*, présente au sein d'une végétation colossale un miroir de sept cents hectares, dont les eaux industrielles, resserrées dans un canal souterrain, vont de cascade en cascade donner la vie et le mouvement à plusieurs usines. La fraîcheur, l'activité de ce vallon dont on est loin de soupçonner l'existence dans cette portion du sol italique, transportent soudain le voyageur à ses souvenirs des vallées travailleuses et pittoresques de la Suisse, des Vosges, du Jura et des Pyrénées. Mais le beau ciel qui colore ces eaux, qui vivifie ces ombrages, mais le *négligé* galant et voluptueux qui revêt cette nature sauvage, et les chansons harmonieuses et vives de ses habitans, détruisent bientôt ces souvenirs d'un autre ciel, et l'avantage reste au vallon de Vico.

Ce n'est pas à Caprarola, à cette féerie du célèbre Vignole, à ce palais-modèle des Farneses, que cessera l'enchantement. Après avoir franchi l'étroite coulée de lave qui mène à la petite ville de Ronciglione, avoir salué sa grande rue, sa grande église et son industrieuse population, deux lieues d'une route péniblement tracée au milieu des forêts, au travers des rochers, et bordée de précipices, conduisent au beau village de Caprarola, et à ce château d'une architecture si hardie et si gracieuse à la fois qui présente un pentagone régulier, brisant ses angles à l'intérieur autour d'une cour circulaire. Plusieurs étages de rampes, plusieurs étages de portiques pour le palais, et plusieurs étages de terrasses pour les jardins, taillés sur le coteau qui les domine, donnent à cette étonnante construction le caractère présumé des palais et des jardins pyramidaux de Babylone. On y admire le mélange du génie fantastique de l'Asie et du génie poétique de la Grèce. Les Farnèses, dont le berceau est dans le village du même nom, assez voisin du lac de Bolsena, employèrent le brillant pinceau des frères Zuccheri à remplir des faits mémorables de leur histoire les vastes appartemens de leur résidence. Caprarola est leur musée de famille. Au milieu de ses jardins aériens, sous de majestueuses futaies, se cache *Palazzuolo*, le casin du palais, fabrique élégante, voluptueuse peut-être au temps de ses fondateurs. Saint Charles-Borromée visita Caprarola en 1580. Il fut scandalisé de sa magnificence et dit au cardinal Farnèse : « Que

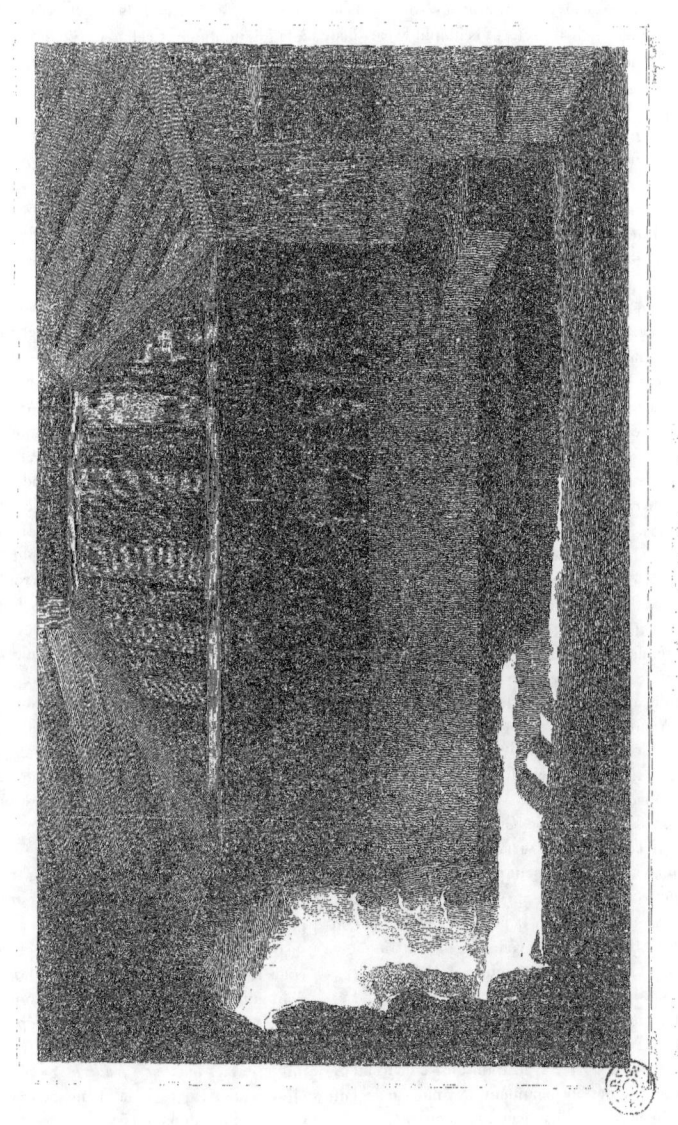

« sera donc le paradis? N'aurait-il pas mieux valu
« donner aux pauvres tout l'or que vous avez dé-
« pensé ici? » — J'ai préféré, répondit le cardinal,
« le donner aux pauvres petit à petit et le leur
« faire gagner. » Cette réponse était toute évangélique. Et qu'aurait dit saint Charles s'il eût pu
prévoir qu'on lui élèverait, sur le coteau d'Arona,
une statue de cent trente pieds, en fonte et en
cuivre, et que ses parens bâtiraient en marbre,
tailleraient en palais et en jardins infiniment plus
dispendieux et moins beaux que les palais et les
jardins de Caprarola, les deux grandes îles du
lac qui portent son nom? Les Farnèses et les
Borromées ont eu raison. Les palais donnent des
chaumières aux pauvres qui les bâtissent. C'est la
vraie charité. Le travail est le trésor et la condition de l'homme.

Au sein de cette plaine toute volcanique, où le
regard se perd des hauteurs du paradis Farnèse,
s'élève, par une volonté singulière de la nature,
une montagne immense toute calcaire, dont il
faut chercher la famille dans l'Ombrie et dans la
Sabine. Ses sommets décharnés et crénelés, ses
pentes abruptes, ses flancs dépouillés, l'annoncent de loin comme un géant redoutable, comme
l'ennemi de ce Cimiro si boisé, si parfumé, qui
couvre de ses ombrages et nourrit de sa fertilité
des populations industrieuses et agricoles. Ce
géant, cet étranger, ce vieux mont égaré de la
chaîne apennine, c'est le Soracte, gardé jadis
par Apollon, à présent par saint Oreste; celui-ci
lui a donné son nom légendaire en échange
de son nom poétique. Cet antique habitant du
territoire des Capénates, vit autrefois naître à ses
pieds, dans la cité de Cures, Tatius et Numa.
Malgré l'étrangeté de sa nature, il domine au loin,
comme un vieux seigneur dans son donjon, toute
la contrée vassale, et après avoir servi du côté
de l'est de rempart à la puissance étrusque contre les Sabins, il est réduit à présent à n'être
plus que la limite du patrimoine de Saint-Pierre et
de la Sabine, comme à porter sur sa cime l'ermitage de Saint-Oreste au lieu du temple d'A-
pollon. Nous verrons bientôt quels triomphateurs
montent aujourd'hui au Capitole! L'écureuil ne
plante-t-il pas insolemment son nid sur le faîte
du chêne où l'aigle aimait à se reposer?

Mais au pied de la pente orientale du Soracte,
quelques vestiges indiquent encore l'emplacement de ce fameux temple de la déesse Féronia,
dont le culte, commun aux Étrusques et aux Latins, les réunissait dans ce lieu sacré par un lien
à la fois politique et religieuse. Le temple de Saint-
Thomas, à Strasbourg, entend aussi, aux jours de
fête, retentir sous sa voûte les chants chrétiens des
catholiques et des enfans de Luther. Les hommes
ont instinctivement et puissamment un esprit de
famille que les législateurs et les fondateurs de
religion peuvent égarer, mais non détruire. C'est
que la société est un besoin plus impérieux, plus
réel que les dogmes et les formes de gouvernement. Il faut à chacun le pain quotidien; c'est la
grande loi de la nature et de l'état social. Ce
pain quotidien, c'est la paix de la famille. Quand
élèvera-t-on des autels à la déesse Féronia sur les
limites de tous les États?

A l'ouest du mont Soracte s'élèvent, comme
deux bastions parallèles, deux grosses masses coniques de roches basaltiques. Sur l'une repose au
milieu des broussailles l'ombre oubliée de l'antique *Umbricum*: sur l'autre, où fut jadis *Fescennia*,
cité des Falisques de la confédération étrusque,
est assise, avec sa forteresse et sa prison d'état, la
petite ville de Civita-Castellana. Pour y arriver,
la voie Flaminia, brisée par un torrent devenu
ravin large et profond, passe depuis le pontificat
de Pie VI sur un majestueux pont aqueduc à deux
étages, à l'instar de celui du Gard. A une faible distance de Ronciglione, et presque en regard de *Fescennia* et d'*Umbricum*, du côté du Nord, sont enfouis les restes à peu près disparus de *Fescennium*,
métropole étrusque, et vers le Sud subsiste l'enceinte encore debout de *Fallerii*, fondée ainsi que
Fescennia par les Osques ou Opiques, bien avant
l'invasion des Falisques et des Umbriens. L'un de
ces vallons si frais et si pittoresques qui descendent de Civita-Castellana conduit au travers des
rochers, sous de vieux ombrages, par une montée
insensible, à un vaste plateau où la forêt, en partie
suspendue sur d'affreux précipices, prend tout à
coup le plus magique aspect. Pendant l'espace
d'un mille, elle se dérobe et se montre tour à
tour, soit derrière de hautes et d'épaisses murailles, soit au travers de larges et hardis arceaux
qui furent les portes de *Fallerii*. Semblable à ces
oliviers homériques de la plaine de Troie, dont il
ne reste que l'immense écorce ouverte en forme
d'ogives, *Fallerii* n'a plus que cette enceinte silencieuse d'où elle a disparu, et pour habitans
que les chênes, les châtaigniers et des fragmens

de briques et de marbre. Cependant, au sein de cette solitude de débris apparaît, comme une ombre chrétienne, sur la poussière des dieux falisques et romains, une église également détruite et vide de son culte. Il y reste un autel où le ciseau de la renaissance a gravé de gracieuses guirlandes, mais son Dieu vous est inconnu, et sans l'enfant qui garde ses chèvres dans cette enceinte sacrée, vous ne sauriez pas que cette église s'appelle *Santa Maria di Faleri*. Deux noms seuls survivent dans ce désert et rappellent deux ruines sans date, totalement étrangères l'une à l'autre, et qui n'ont pour lien de famille que leur commune destruction!

En revenant de Civita-Castellana pour reprendre la voie Flaminia, on aperçoit de ses remparts le village de Borghetto, près duquel le 4 décembre 1798 le général Macdonald battit, avec 8,000 hommes, 40,000 Napolitains qui lui disputaient le passage du Tibre; exploit sans doute inconnu jusqu'alors à ce fleuve, qui vit par tant de combats se décider la lutte du génie romain contre celui de l'antique Ausonie.

Plusieurs monticules à l'horizon annoncent sur les voies Flaminia et Cassia des villages, tels que Castel-san-Elio, autrefois *Suppentonia*, ou de petites villes, telles que Nepi, l'ancienne *Nepete*, conquise et colonisée par les Romains et dont l'importance n'est plus que dans ses souvenirs et sa petite forteresse ducale. Plus loin, dernier contrefort du Cimino, paraît le mont *Eroso*, *Mont-Rongé*, au pied duquel est le village de Monterosi.

La vue de cette contrée historique se déploie avec des enchantemens divers du belvéder de Monterosi, soit qu'elle embrasse d'un dernier adieu la grande scène du Cimino dont les antiques forêts, ainsi que celles d'Hercynie et du Tasse, opposaient par leur terreur magique un rempart invincible au superstitieux Romain, et dont à présent les rians ombrages abritent de délicieuses villas; soit qu'elle s'arrête encore aux sommets majestueux du Soracte; soit enfin qu'elle s'égare avec un délire poétique au-dessus des vapeurs du lac de Bracciano et de la poussière de la ville éternelle, jusqu'aux cimes bleuâtres des monts Albanes et Tusculans, qui se confondent avec l'azur du ciel.

Mais vers le nord-ouest, à deux lieues de Monterosi, un monument, ou une ville peut-être, se découvre sur un de ces coteaux, où finit et commence le Cimino. C'est l'un et l'autre à la fois. La ville, c'est Sutri, la patrie du fabuleux Roland, l'antique Sutrium, poste avancé de la guerre étrusque, et qui trois fois le même jour changea de maître. Le monument, c'est son amphithéâtre, creusé tout entier dans le roc par des géans, immense monolithe dont encore six rangées de gradins attestent l'éternité. A l'entour, des grottes profondément taillées dans la pierre volcanique servirent d'asile aux gladiateurs et aux animaux féroces réservés aux plaisirs des Sutriens. Quinze cents habitans groupés autour d'un clocher épiscopal ont remplacé les valeureux champions de l'Etrurie; ceux-ci en 369, après avoir fatigué sous leurs murailles la fortune de l'implacable Capitole, succombèrent enfin sous le fer destiné à subjuguer le monde, et leur ville, qui pendant trois siècles avait servi de boulevard à l'indépendance étrusque, devint tout à coup contre elle le rempart de la conquête romaine. L'arène de Sutri, les murs de Fallerii et les tombes de Tarquinii sont les plus imposans témoignages de la civilisation et de la puissance de la nation étrusque, nation modèle, fondue avec les Pélasges qui éclairaient la Grèce pendant qu'elle éclairait l'Italie. Les vases dits étrusques, trouvés dans les tombes des rois d'Argos et de Mycènes, comme dans celles de Tarquinii et de Parthenope, prouvent l'antique affinité du génie des Grecs et du génie des Ausoniens.

Cette belle et riche contrée, au lieu de se couvrir d'élégantes villas, comme sur les coteaux de Tivoli, de Frascati et d'Albano, continue d'offrir les résidences importantes des grandes familles de Rome. C'est le pays des châteaux. Ils y conservent encore les formes de leur souveraineté passée et l'extérieur de leur importance militaire pendant les interminables guerres du moyen-âge. Ces fabriques massives et noires donnent au paysage une couleur grave et historique, digne de la majesté romaine. Ainsi, à Bassano di Sutri, le beau château des Justiniani, à Oriolo, qui rappelle grotesquement le nom d'Aurélien, le château de la famille Altieri, représentent dignement les palais de campagne des empereurs et des patriciens. Mais en voyant ces monumens des familles pontificales qui, ainsi qu'à Caprarola et à Bagnaja, ont l'air de peser sur les riches campagnes et sur les habitans, on se console de leur aspect féodal et menaçant par l'insouciance des cultivateurs et par cette morgue d'indépendance qui semble vous dire : *Si nous labourons pour eux, nous travaillons pour nous.* C'est avec une légitime et véritable fierté que, du sommet du Monte Virginio, debout sous les voûtes séculaires de pins et de mélèses gigantesques, l'habitant contemple les vastes ondulations de ses cultures qui, de ce dernier contrefort du Cimino, vont, dans les intervalles d'épaisses forêts dont le soufre natif entretient la puissante végétation, confondre avec les flots de la mer les moissons de maïs, de froment, les vignobles et les prairies. L'histoire de la nature étale ses fastes avec autant d'orgueil dans les Etats Romains, que l'histoire du grand peuple. Calomniés sous le rapport de leur agriculture, les Romains modernes n'ont point laissé tomber en quenouille le soc de Cincinnatus, et l'homme de la plaine qui, au péril de sa vie, a conquis la fertilité de ses champs, peut comparer ses nobles et utiles travaux aux exploits de ses aïeux. Il en a de fait conservé la rude indépendance; et presque ignoré des lois qui gouvernent l'Etat, l'agriculteur ne connaît de puissance que la nature dont il triomphe et la religion qu'il aime. Il n'y a pas d'homme plus libre que le paysan romain; aussi cette liberté porte ses fruits. Voyez, non loin du lac de Bracciano, du côté de l'est, voyez la Manziana; c'est un village bâti par des cultivateurs. Sa beauté ne cède à aucun des beaux villages de l'Europe. Il prouve la prospérité du pays, qui ne s'annonce pas seulement par la richesse des produits, mais encore par l'étendue, la commodité et la forme des habitations rurales. La Manziana réunit toutes ces conditions; elle voit tout autour de ses murailles s'étendre les trésors de ses cultures variées, et au loin ses vignes courir avec leur capricieuse élégance d'érable en érable et balancer leurs pampres pesans au-dessus des eaux du lac des Cérites.

Avant de se nommer *Lacus Sabatinus* le lac de Bracciano s'appelait *Vulcanus Sabatinus*. Il a vingt-deux milles de tour. Cette surface d'environ dix mille arpens représente sans doute l'un des plus vastes cratères qui ait existé. Quelle masse de feu a précédé cette masse d'eau! Sur la plus grande partie de sa circonférence s'élèvent de hautes collines, revêtues d'épaisses forêts; et leurs ombrages protégent les ruines les plus magnifiques peut-être de la grandeur romaine. C'est cet immense aqueduc qui, sous le règne de Tibère,

recueillant tous les affluens des montagnes et des forêts, portait pendant l'espace de trente-cinq milles une rivière entière, au travers des collines et au-dessus des vallées, sur le sommet du Janicule. A mi-côte du rivage, Lucius Verus avait une maison de plaisance; un hameau, Vicarello, s'est élevé sur son emplacement. Il en est de même du bourg de Bracciano et de son magnifique château.

La ville nommée *Sebate* était une colonie des Cérites. Le château appartenait à ce fameux Orsini, qui l'avait fortifié pour dominer le nord de la campagne de Rome, et qui sut le défendre contre César Borgia. Devenu depuis avec son duché la propriété des princes Odescalchi, neveux d'Innocent X, ce noble château, dont l'enceinte est encore protégée par six grosses tours et surmontée d'une galerie qui règne sur ses hautes murailles, appartient depuis une quarantaine d'années au banquier Torlonia qui a payé deux millions deux cent mille francs le titre et le domaine de Bracciano. Mais du haut de ces superbes murs, d'où retentirent pendant si long-temps les cris de guerre et le bruit des armes, on aime à écouter la voix régulière de l'industrie sortant d'une grande forge et d'une belle papeterie, et à voir les flammes du haut-fourneau se refléter le soir dans le lac dont les eaux servent de moteur aux usines. Sans doute la population, enrichie par les constans travaux de la campagne et de l'industrie, préfère l'humble et moderne écusson des Torlonia à la bannière antique et féodale des Orsini.

Cependant, à la fin de 1804, cette prospérité commune des riverains de Bracciano fut tout à coup troublée par un étrange événement. Le 17 septembre, au coucher du soleil, un astre inconnu parut dans les airs. Soudain les champs, les ateliers se dépeuplèrent, et la foule, invoquant Dieu et les saints réunis, entraînée par cette apparition merveilleuse, se précipita vers la rive d'Anguillara, au-dessus de laquelle planait par une déclinaison rapide l'objet de la terreur et de la curiosité générales. Bientôt des cris unanimes de joie ont frappé les échos et averti les habitans des hautes collines. Enfans, femmes, vieillards, prêtres, ermites, ouvriers, laboureurs, c'est à qui entrera le premier dans le lac pour toucher le premier l'énorme aérostat qui vient d'y terminer sa course. L'entrée du cheval de Troie, si bien décrite par Virgile, n'excita pas dans la population de cette malheureuse cité une plus grande ardeur que celle qui saisissait les descendans des Cérites. Aucun d'eux, probablement, ne connaissait, même par ouï-dire, l'invention de Montgolfier, tandis que tous étaient portés à mettre sur le compte du démon la machine aérienne. Enfin les pêcheurs s'en approchèrent. Le ballon, déchiré soit par la violence de sa course, soit par les arbres des hautes montagnes, fut bientôt tiré à terre, et une grande inscription frappa les regards. Comme elle était en français, ce fut un prêtre qui l'expliqua à l'impatience silencieuse de la multitude, et quand il lui eut appris que ce ballon, lancé en l'honneur du couronnement de Napoléon et de Joséphine, fait par le Souverain Pontife, avait opéré le trajet de Paris à Bracciano en vingt-trois heures, le cri mille fois répété, *Miracolo! Miracolo!* si énergique dans les bouches italiennes, retentit sur tout le rivage, et tout l'honneur du prodige fut pour le Pape, bien que l'aéronaute Garnerin pût en réclamer une bonne part. Cet événement imprima naturellement alors dans l'esprit de la population romaine une sorte de respect religieux pour la destinée de Napoléon, dont le couronnement lui était annoncé par un prodige. Le lendemain le ballon fut transporté à Rome, où il est placé dans la Bibliothèque Vaticane. La descente de l'aérostat à Rome manqua à la fortune de Napoléon d'une demi-heure peut-être; mais ce léger mécompte dans une si grande vie n'était-il pas un reflet de la destinée, qui n'avait pas permis et ne devait pas permettre au vainqueur, au conquérant, au roi de l'Italie, de fouler le sol de la ville des Césars?

Plusieurs petits lacs se groupent à l'est de celui de Bracciano, sur ce sol volcanique et fiévreux qui s'étend jusqu'aux portes de Rome. Le lac de Baccano, dont les vapeurs étaient mortelles, fut desséché par Alexandre VII, de la famille Chigi, et son limon pestilentiel qui fermente sur un fond de lave produit les plus riches moissons. C'est la compensation des contrées empestées de l'Aria Cattiva; car, sauf les stations de poste de Baccano et de la Storta et quelques fermes isolées, c'est absolument au travers d'un désert maudit de Dieu et des hommes que l'on arrive à la capitale du monde chrétien. La nature elle-même est en ruines et semble être tombée avec la grandeur romaine; car alors elle était, comme elle, orgueilleuse et florissante. Le peuple roi, la couvrant de son immense population, ne lui laissait pas plus de repos qu'au reste du monde et la sommeillait incessamment à ses besoins et à ses plaisirs. Elle languit aujourd'hui profondément ensevelie sous ses bancs de pouzzolane, étalant ses vastes misères autour de cet immense oasis de palais et de coupoles, où sont toujours captifs les monumens mystérieux d'une autre Thébaïde.

Cependant un grand intérêt historique s'attache à cette plaine désolée, jadis si populeuse, et une découverte récente, qui fait époque pour l'administration française, attira sur elle les regards de l'Europe savante.

Jusqu'en 1811 il avait été impossible de retrouver les moindres traces de cette fameuse cité de Veïes, dont les enfans guerriers avaient souvent campé sur le Janicule et défendirent son indépendance pendant trois cent cinquante-sept ans contre l'ambition romaine.

De tous les peuples de la république des lettres, les savans, les archéologues surtout, sont les moins traitables et les plus divisés; et ceux-ci l'étaient à tel point depuis des siècles sur la position de Veïes, qu'ils en eussent volontiers contesté l'existence, sans les témoignages nombreux des anciens historiens de Rome. Ainsi les uns disaient : « Veïes doit être entre Sutri et le mont Soracte; « or on n'a rien découvert; donc Veïes n'existe « plus. » D'autres procédaient autrement: « Veïes, « disaient-ils, est certainement la ville que l'on « croit être ou Ferentinum, ou Nepete; car elle « n'a pu disparaître entièrement. Elle a servi « d'asile aux Romains, après la prise de Rome « par les Gaulois. Ce fut dans ses murailles que « Camille médita la délivrance de sa patrie Sans « Veïes c'en était fait du nom romain et *dernière-* « *ment* l'impératrice Livie y avait envoyé une co- « lonie. Il y a donc deux villes de Veïes à retrou- « ver pour une, l'une du temps de Romulus, « l'autre du temps d'Auguste. »

Cette contestation savante et héréditaire durait encore en 1811, quand on vint m'avertir que M. Giorgi, qui n'était pas un antiquaire, mais un très riche fermier, venait de découvrir à une demi-lieue de la Storta, à quatre petites lieues de Rome, le palladium de l'archéologie romaine, la ville de Veïes. Ce fut un grand bruit dans la capitale. En effet, un de ses laboureurs, et tous ils ont cet instinct remarquable en leur qualité obligée de fossoyeurs de l'antiquité, un de ses labou-

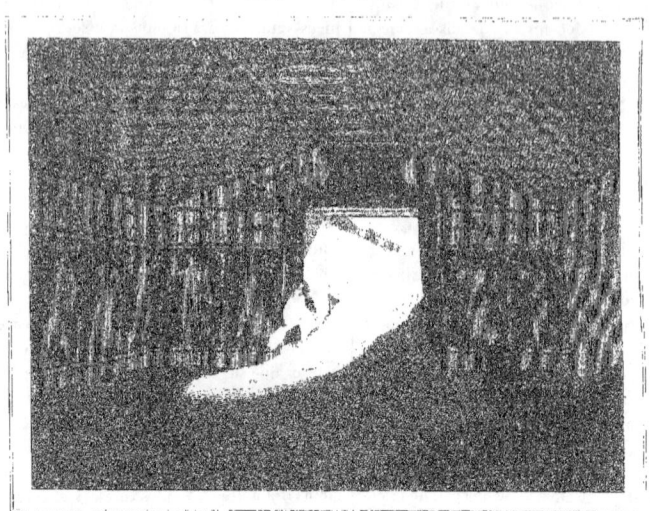

reurs donc, ayant trouvé une forte résistance sous le soc de sa charrue, avait fait légèrement déblayer le sol avec des pioches et découvert insensiblement plusieurs degrés circulaires en marbre blanc. Instruit de cette trouvaille, M. Giorgi s'était mis avec une rare intelligence à la tête des travaux de cette exploitation anti-rurale, et successivement il découvrit un amphithéâtre, une quantité considérable de petites colonnettes de marbre, portant des chapiteaux délicats, d'un ordre tout-à-fait inconnu, surmontés de plus de petites figurines gracieuses, et présentant par leur ensemble les restes précieux d'une maison de plaisance ou de plaisir, d'une architecture élégante et capricieuse. Il ne s'agissait plus que de connaître le maître de ce joli *palazzuolo*. M. Giorgi le chercha, et bientôt la plus belle statue connue de Tibère, représenté de taille héroïque, nu et assis, et d'une conservation complète que ne possède nulle statue antique, lui apprit en présence de quel demi-dieu se célébraient les fêtes voluptueuses de la Veïes de Livie. Rien ne manqua à la solution de la question si long-temps débattue, pas même la confusion des savans, qui tous avaient placé ailleurs la rivale de Rome, ni la joie des Romains dont la rieuse et spirituelle causticité poursuivait de ses sarcasmes la déconvenue des antiquaires. M. Giorgi trouva les deux Veïes; inscriptions, tombeaux, débris importans, colonnes, larges voies convergentes à la cité, et une enceinte de deux mille toises appuyée sur la ferme de l'Isola-Farnèse, tout retraça aux yeux de tous cette splendeur qui avait tellement surpris les Romains, que, sans des motifs de religion, ils eussent abandonné leur patrie pour leur conquête. Tibère fit bientôt son entrée dans Rome, suivi des dépouilles opimes des deux âges de Veïes. Cette précieuse collection, déposée dans la maison de M. Giorgi, *via del Babbuino*, satisfit pleinement la curiosité des habitans et des étrangers; car, après avoir vu le Tibère de Veïes, on ne pouvait plus voir celui du Capitole, tant il lui est supérieur par le travail, la beauté et la franchise de la pose, la conservation et la finesse du marbre.

Un peu au-dessus de Veïes, à qui Sickler s'empressa de rendre sa place dans son beau plan topographique de la Campagne de Rome, publié en 1811, on est attiré vers un tertre escarpé, au pied duquel bouillonnent des eaux sulfureuses, comme en tant d'endroits de l'Agro Romano. Là on cherche, on se plait à retrouver, sur l'emplacement de l'antique *Aremutiæ*, les vestiges de la première forteresse romaine sur la rive droite du Tibre, construite par cette grande famille des Fabius, l'an de Rome 275, détendue par cinq mille de ses cliens et arrosée du sang de trois cent cinq Fabius. Sans doute il n'existe pas de plus bel exploit dans les annales de la chevalerie du moyen-âge, et elle pouvait prendre pour modèles, en fait de bravoure, les illustres patriciens des premiers siècles de Rome, tandis que ceux-ci eurent constamment sur nos preux l'incontestable avantage du patriotisme, qui seul arma long-temps leurs bras invincibles.

Non loin de là un autre respect appelle à ce champ à jamais sacré que Quintus Cincinnatus revenait labourer de ses mains victorieuses. La pieuse tradition lui a conservé le nom de *prati di Quinzio*.

A l'est de Bracciano, au sein et aux pieds de vastes forêts échelonnées sur plusieurs étages de montagnes dans le vallon des *Allumiere*, existe une grande exploitation où environ mille ouvriers sont occupés à l'extraction et à la cristallisation de l'alun. Le site, l'usine, la condition de son travail, le dépouillement des forêts, les flammes qui s'élèvent autour des chaudières, l'action, le costume, les chants, la figure des ouvriers, l'épaisse et forte vapeur qui s'exhale du minerai, la nature âpre et primitive qui semble ceindre d'une barrière insurmontable et mystérieuse ce théâtre caché de l'industrie, tout donne à cet établissement une couleur pittoresque, neuve et presque fabuleuse. Ce centre d'une laborieuse existence est en même temps, ainsi qu'un vaisseau, le centre commun de la famille du travail. Autour de l'habitation du directeur se groupent celles des ouvriers; près d'eux sont leurs ateliers, près des ateliers les magasins. Le cercle de la vie industrielle, comme dans les grandes usines de la France et de l'Angleterre, est là dans toutes ses phases, tel que dans un monastère celui de la vie religieuse, sans en excepter les superstitions naturelles à toute association dans les États du Midi. Je crois même me rappeler qu'il existait parfois une autre affinité avec les exploiteurs d'alun, de la part de cette confrérie nomade des exploiteurs de grands chemins. Ceux-ci trouvaient, si j'ai bonne mémoire, un asile sûr contre la gendarmerie dans les cavernes des *Allumiere* et, au besoin, des recrues parmi les ouvriers. Mais tout va ensemble en Italie : le travail, le poignard et le chapelet. La station des *Allumiere* offre un contraste plein d'intérêt entre les usines de Bracciano et le bagne, le port et le commerce de Civita-Vecchia, où un tout autre spectacle saisit tout à coup et ravit la pensée.

Avec quel plaisir, en remontant la creuse et sombre vallée des *Allumiere*, l'on respire l'air libre, frais et vital de la montagne! La route qui conduit à Civita-Vecchia se déroule insensiblement en spirale sur un escarpement boisé dont le tracé et la solidité ont quelque chose de gigantesque; chaque pas que l'on fait sur cette belle corniche dilate à la fois les poumons et enchante les yeux. Quel brillant horizon se déploie soudain de ce dernier promontoire qui domine la Méditerranée! Est-il en Italie jouissance plus grande au voyageur que se sentir au-dessus de la tête un ombrage impénétrable au soleil, voir autour de soi les espaces infinis de l'air, et sous ses pieds l'immensité des flots qui s'y confondent par une atmosphère vaporeuse, insaisissable au regard, image trompeuse d'un nouvel éther, tel que celui dont la pudeur des cieux et des mers voila Vénus naissante! Plus près du rivage les airs et les flots reflètent dans leurs prismes mobiles des rayons brisés de nacre et d'opale, sur lesquels se dessinent fortement les fronts brunis des rochers et la chevelure ondoyante des forêts. Mais si tout à coup, mollement couché sous sa colonne de fumée noire et jaillissante, apparaît à l'horizon le bateau à vapeur de Naples ou de Marseille; si, lancée par sa voile latine, la parencelle du pêcheur s'échappe de ce massif de tours, de créneaux, de maisons, de ce croissant de marbre qui défie la tempête; si encore, comme deux familles rentrant au toit paternel, deux flottilles marchandes, pavoisées de mille banderoles, rasent au plus près, l'une le littoral du nord, l'autre celui du sud, à qui saluera le premier le port désiré, alors la mer vous aura présenté l'un de ses plus beaux spectacles. Animée qu'elle se montre elle-même de toute l'espérance, de toute la joie qu'elle porte sur ses eaux; souriant ainsi que la jeune épouse aux plaisirs, au bonheur de ses enfans, elle caresse de ses vagues bleues et dorées les proues étincelantes ; elle fait jaillir avec amour de ses longs sillages des gerbes d'argent et de flammes, et brisant ses ondes contre ses bords elle se plaît à joindre la bruyante harmonie de leur choc aux cris d'allégresse, aux chœurs joyeux des navires et du port.

Bientôt ce phare élégant, semblable au dieu du rivage, cette digue de blocs noircis par tant de flots de la mer et du temps, ce double môle, cet aqueduc, ouvrage du meilleur des Césars, et ces bastions épais, cette enceinte régulière d'une forteresse, ces vastes prisons sur la terre, ces longues prisons sur la rade, tout vous dit que vous voyez Civita-Vecchia, dressant son pavillon militaire et commercial sur l'emplacement des *Centum Cellæ* de Trajan, entre les cachots d'un bagne et les marbres d'un palais.

Quand je fis la visite du bagne de Civita-Vecchia, j'y fus reçu par un galérien de la plus belle tournure, qui s'attacha à m'en faire les honneurs comme de son propre palais. En effet, il en avait un à Naples, sa patrie, et depuis un an qu'il habitait le bagne il n'avait pas oublié les traditions de sa première existence. Mais ce qu'il y avait d'extraordinaire, c'était que tous les forçats, également fidèles à la leur dans ce séjour de rude égalité, le reconnaissaient toujours comme leur supérieur et ne l'appelaient jamais que *signor principe*. Celui-ci, doté d'un petit traitement par sa noble famille, avait de plus sur eux l'avantage qui se fait si bien sentir même dans les rangs de la société libre, celui d'avoir plus d'argent, et il s'était de plus établi le fournisseur de la chiourme, pour ne pas perdre le talent qui l'en avait rendu le commensal. Il faisait donc figure au bagne, réunissant toutes les supériorités désirables sur la société prisonnière à laquelle il appartenait. Au milieu d'elle il marchait le front haut, fier de cette nouvelle espèce d'aristocratie, dernier degré de la dépravation humaine, tyrannisant ses compagnons par la promesse ou le refus du crédit, leur imposant des conditions usuraires pour le paiement du tabac, de l'huile, de l'eau-de-vie, des cartes, des dés, qu'il leur vendait, spéculant ainsi à la fois sur leur misère, sur leurs besoins, sur leurs passions, exploitant leurs vices et leur pécule, et méritant chaque jour davantage la peine à laquelle l'avait condamné la justice française. La fatuité dans l'opprobre distinguait encore cette étrange créature, non moins que l'orgueil d'un nom que son ignorance de toute pudeur ne croyait pas avoir flétri. « Vous voyez, me dit-il d'un air

« dégagé, vous voyez un prince napolitain : « c'était à moi que revenait la *barette* de la « famille (le chapeau de cardinal)... » A cette phrase de son discours, tenu en présence de sa chambrée, un sourire singulier grimaça tout à coup sur les figures haves et sombres des forçats, en même temps qu'un regard expressif se portait sur leur costume rouge, couleur de celui des cardinaux; il ne me fut pas difficile de traduire ce sourire et ce regard ; mais l'un d'eux, plus hardi, crut devoir venir au secours de mon intelligence, et s'écria : *Noi anche, tutti quanti, non siamo cardinali?* (Et nous aussi, tous tant que nous sommes, ne sommes-nous pas des cardinaux?) Cette saillie dérida entièrement les assistans ; l'orateur lui-même partagea l'allégresse générale, et reprenant son allocution, il ajouta : « Vraiment, nous sommes ici dix-huit « cents peut-être, qui ne méritons pas d'y être. « Avant vous autres Français, pas un de nous « n'aurait été emprisonné pour de semblables pec- « cadilles. Moi, par exemple, n'est-il pas honteux « que, pour un simple vol, un prince tel que « moi, d'une des premières familles de l'Italie, je « sois confondu avec de telles gens ! » Ici le front des camarades, qui d'abord s'était éclairci, se rembrunit de nouveau, et certainement, dans un bagne français, l'orateur aurait passé un mauvais moment ; mais il n'en fut point ainsi, il était resté prince pour le bagne, de plus il était fournisseur : il régnait. « Je vous prie donc instam- « ment, me dit-il, de faire connaître ma position « à l'empereur Napoléon ; sa gloire est intéressée « à ce qu'un homme de mon sang ne soit pas « galérien : je lui ai déjà écrit, mais j'attends « encore sa réponse. » Le prince *** ne se souvenait que de son dernier vol ; il avait oublié que c'était une quatrième récidive avec une complication criminelle, qui l'avait fait galérien. L'Empereur toutefois persista dans son silence, et le prince dans son commerce. Je n'ai pas su si la chute de l'empire avait fait tomber ses fers, ni si, depuis sa liberté, il avait réclamé la barette, en sa qualité de *victime de la tyrannie de Napoléon* : calomnie alors très en usage auprès des *restaurations*, dans les états repris de la France, et aussi, car il faut le dire, dans la France elle-même.

Depuis 1,700 ans l'œuvre de Trajan, immortelle comme lui, protége le port de Civita-Vecchia, qui reçoit les plus grands navires du commerce et même de petites frégates. Les Romains avaient habilement conçu ce système de jetées décrivant de grands arcs inégaux, ainsi que celui d'une île factice de rochers énormes, destinée à briser l'impétuosité des flots. Cherbourg et Plymouth ont imité et agrandi l'exemple que leur donnaient, depuis des siècles, tous les ports de la vieille Italie. Placé à l'occident du port, le môle, qui a conservé le nom de Trajan, sert de base au phare, tandis que, pour compléter cette œuvre admirable, le plus grand génie de l'Italie moderne, Michel Ange, éleva la jetée orientale. Ainsi une ville forte et commerçante, peuplée de 10 à 12,000 âmes, n'est point à l'étroit sur les fondations de ce palais de Trajan, nommé *les cent chambres*, et sur l'emplacement de ses jardins. Cet excellent César n'avait pas prévu pour sa villa une aussi belle destinée.

Au nord et au sud de Civita-Vecchia, le littoral de la Méditerranée est défendu par une suite de tours, entremêlées de quelques hameaux, qui languissent sous leur abri, et protègent faiblement avec elles leur plage pestilentielle contre les corsaires de l'Afrique. Jadis, sur ces mêmes bords, Carthage vint menacer Rome, et Rome y revint traînant après elle Carthage captive et détruite! Là aussi, où fut le *Castrum novum* des Romains est le village de Santa-Marinella ; où fut l'opulente *Pyrgos*, ville grecque, port de *Cerevetus*, aujourd'hui Cervetri, et capitale des Cérites, est le hameau de Santa-Severa ; Palo et sa petite forteresse, entourée d'élégantes villas de la seigneurie romaine, occupe l'emplacement de l'antique *Alesium*, ainsi que le château de Maccarese, à la famille Rospigliosi, celui de la *Fregennæ* des Véiens, et ses pieds s'étend le long d'un bois marécageux un lac infect de plus de 1,300 hectares. Il semble que la nature ait voulu rendre plus cruels les arrêts de la fortune. Le petit évêché suburbicaire de Porto rappelle-t-il, à plus de 2,000 mètres de la mer, ce fameux *Portus Trajani*, qui vit arriver sur les trirèmes des Césars les obélisques de l'Égypte et les tributs du commerce et de la conquête du monde !

Entre les deux bouches du Tibre, dont l'une était le port de Trajan, et l'autre *Ostia*, celui d'Ancus Martius, qu'est devenue cette grande île sacrée, habitée par Apollon et les Dioscures? Quelques pâtres entassés dans des huttes coniques, quelques hordes de bœufs farouches, sauvages descendans des pasteurs et des troupeaux d'Évandre, peuplent depuis des siècles sa triste solitude! Mais au sein de ce désert, où l'histoire n'a plus d'échos, *Fiumicino*, nom pittoresque du canal du Tibre, Fiumicino, village si poétique, si animé, qui a des fleurs, des danses, des chansons, des matelots, des guitares, des cabarets, Fiumicino s'est assis sur les deux rives comme un riant oasis. Sous ses treilles parfumées expire le silence, s'éteint la contagion de la forêt et de la mer morte de Maccarèse. Chaque jour cent barques légères, sous leurs longues antennes, où flottent la bannière de la madone et les couleurs des patrons, remontent et redescendent le vieux Tibre, que Rome nommait son père et son dieu. C'est lui qui, navigable seulement jusqu'à sa ville chérie, ne porte encore que pour elle au sein de la mer Tyrrhénienne ses ondes jaunes et tumultueuses. Depuis Romulus le destin de Rome est devenu le sien. Si la grande cité venait à tomber, le Tibre périrait dans ses sables. Refluant sur lui-même, un immense marais baignerait le pied du Janicule. Où est la tour Alexandrine, à peine vieille de deux siècles? Elle est à plus de 500 mètres de la mer, qui battait ses fondations! Le canal de Fiumicino conserve à Rome le Tibre et la Méditerranée, et donne la vie à ce port de Ripa-Grande, dont le mouvement réjouit ses vieilles murailles. J. DE NORVINS.

CAMPAGNE DE ROME.

N° 1.

Ostie. — Patrica. — Ardea. — Antium. — Nettuno. — Astura. — Monte Circeo. — Terracine. — Epitafio. — Feronia. — Marais Pontins. — Brigands de Vallecorsa.

La rive droite du Tibre, à sa sortie de l'Ombrie jusqu'à *Capo due Rami* à son embouchure, forme complètement la limite orientale du *Patrimoine de Saint-Pierre;* la rive gauche du fleuve ne borne au contraire que la partie nord-ouest de la province dite *Campagne de Rome*, au confluent de l'Anio. Le Tibre séparait donc les deux grandes confédérations de l'Italie centrale, celle des Étrusques et celle des Latins, dont faisaient partie les Rutules, les Albains, les Volsques et les Sabins. Ce Latium, où nous entrons par les ruines d'*Ostia*, fondée par Ancus Martius, était un état si vieux, que l'antiquité le nommait la Terre de Saturne ses habitans, ses rois, étaient pasteurs; les noms d'Évandre, de Pallante, de Latinus, de sa fille Lavinia, se confondent pour nous avec ceux d'Abraham, de Jacob, de Josué, de Rachel, par le tendre respect qu'ils ont imprimé à notre première enfance. Les récits, les traditions du *Latium antiquissimum*, c'est comme l'Ancien Testament de l'Histoire Romaine. Le pieux Énée avec sa poignée de Troyens, son vieux père et son jeune fils, si miraculeusement échappé des flammes de Troie, des orages de la mer et des bras de la malheureuse reine de Carthage, trouvant tout à coup sur la terre hospitalière du Latium une patrie pour ses compagnons, pour lui une épouse royale, et un trône qu'il laissera à son fils Ascagne, vainqueur de son rival et des ennemis de son beau-père, continue dramatiquement avec Turnus et Mézence cet intérêt commencé sous les chaumières de son hôte. Enfin quelques générations après Énée, Romulus, qui en descend en ligne assez peu directe, Romulus, à la tête de quelques bannis, que l'on appelle *fuorusciti* dans les états du pape, Romulus se jette sur le Latium, sur le berceau de la royauté de son ancêtre maternel, met tout à feu et à sang; et, au bout d'un siècle seulement, ses successeurs ont achevé complètement son ouvrage. Le Latium tout entier et sa confédération sont sous le joug romain, même *Alba-Longa*, fondée par Ascagne: tant il fut vrai alors, comme il l'est aujourd'hui, que, chez les peuples du Latium, le naturel pasteur l'emportait sur le naturel guerrier.

Témoins des commencemens de cette poétique conquête, les rivages de la Méditerranée, si bien décrits par les historiens et par le prince des poètes romains, ont conservé de plus des traces encore palpitantes de cette violente origine des maîtres du monde. Quelque impétueuse, quelque dévorante qu'ait été la tempête romaine sur le vieux sol latin, tout n'a pas péri dans ce grand naufrage de l'histoire; et pourquoi ne retrouverait-on pas, à l'aide des noms qui ont survécu, les villages des Latins, quand on sait si bien, après tant de siècles, où étaient dressées, dans le désert, les tentes d'Israël? La différence des habitations est d'ailleurs tout en faveur des ancêtres de Rome, qui étaient domiciliés et non campés comme ceux de Jérusalem : et partant les premiers pas du peuple-roi sont plus faciles à retrouver que ceux du peuple de Dieu.

En traversant Ostie, l'on regrette d'y enten-

ÉTATS ROMAINS.

ITALIE PITTsque. BRIGANDS.

dre des voix à peine humaines, d'y voir des êtres dont la fièvre, la misère ou le crime ont fait une exception naturelle et sociale. Quel besoin d'habitans avait cette cité, dégradée depuis tant de siècles de son port, malgré les Césars et les papes? Ne lui suffisait-il pas d'être une ruine silencieuse et vénérable? N'était-elle pas assez habitée par les débris d'un temple, par une de ses portes, par ces beaux fragmens couchés dans son enceinte, comme des pierres sépulcrales couvrant des mânes héroïques? Les trente ou quarante misérables qui troublent le repos de cette vieille métropole de la mer romaine, et infestent ses abords, y continuent sans relâche l'œuvre du grand dévastateur Totila, et réduisent en chaux ces corniches, ces chapiteaux, ces marbres, restes des portiques de Claude.

Mais, au sortir d'Ostie, l'on se console de ses débris mutilés, de ses parias malsains, mendians et voleurs, sous les voûtes magnifiques de ces bois sacrés de la nature qui ombragent à Castel-Fusano les délices de la villa Chigi, et dont les douces harmonies semblent évoquer et récréer les mânes illustres de Lælius, de Scipion et du divin Hortensius : c'était là que, chaque année, ils allaient goûter dans ces retraites riantes et philosophiques l'oubli du tumulte et des grandeurs de Rome. Plus près de la mer, la piété patriotique de Pline le jeune avait nommé *Laurentina* sa maison de campagne; et, sur le rivage, la tour Paterno s'élève au sein des ruines de l'antique *Laurentum*, où régnait Latinus, où aborda Énée. Non loin de la rive gauche de la petite rivière, qui conserve encore, ainsi que le lac d'où elle sort, le nom de Turnus, du rival d'Énée, on trouve le hameau de *Patrica* ou *Pratica*, sur l'emplacement même de la ville fondée par l'époux de Lavinie, et qu'il nomma *Lavinium*. Un village plus à l'est s'appelle aussi *Civita-Lavinia*, jadis *Lanuvium*, fondé par Diomède et conquis par Énée sur les Rutules. Les bois qui couvrent la plaine de *Lavinium* étaient consacrés au héros troyen, qui, avant Romulus, fut honoré sous le nom de Jupiter Indigète. Tout retentit de témoignages comme de souvenirs sur cette terre classique du Latium. Le *Numicus*, où périt Romulus, borne la forêt d'Énée, sous le nom bizarre de *Rio Torto*. Ce ruisseau séparait le territoire des Laurentins de celui des Rutules, dont *Ardea* était la métropole. Bâtie sur un plateau volcanique très-escarpé, cette ville, si célèbre, avant l'arrivée des Troyens, par son temple de Junon, la magnificence de ses édifices, ses arts, sa splendeur; cette puissante cité, dont une colonie fonda en Espagne l'héroïque Sagonte, est à présent un hameau qui ne compte pas deux cents habitans. Mais l'escarpement sur lequel il est assis témoigne encore de la grandeur d'Ardea, par les vastes et profondes galeries qui le traversent et les grands débris de fortifications qui le protégeaient. Ninive, Suse, Ecbatane, Babylone, Carthage, ont perdu jusqu'à leur nom. Ardéa, devenue rustique et mendiante, a conservé le sien, et offre à la fois au philosophe, au peintre et au poète le pittoresque si dramatique des ruines de la nature et de l'histoire. Voyez la *Rome souterraine* de M. Didier, l'un de nos collaborateurs.

Il en est de même pour *Antium*, immortalisée par Horace dans son Ode à la Fortune. Sa fondation remonte aussi à la fin de la guerre de Troie, comme celle des principales villes maritimes des côtes d'Italie. Son commerce avait établi sa prospérité, bien avant la fondation de Rome. L'on ne peut s'empêcher de remarquer à cet égard l'importance de l'époque, qui commence à la chute de la plus puissante ville de l'Asie, et finit à la fondation de celle qui s'appela la Reine du Monde. Les vaincus et les vainqueurs de la guerre de Troie semblent avoir été prédestinés par leurs émigrations et leurs colonies à parer d'avance le berceau de la grandeur romaine, en important sur la terre d'Ausonie, soit chez les Étrusques, soit chez les Latins et leurs alliés maritimes, les arts et le commerce de la Grèce et de l'Asie. Ainsi que Tarquinii, Sutri, Veies, Lavinium, la ville d'Antium tenta la cupidité jalouse des Romains; elle succomba l'an 417. Sa marine formidable fut détruite, et les proues d'airain de ses nombreux navires devinrent à Rome le trophée de la tribune aux harangues, qui en prit le nom de *Rostra*. Antium avait vu naître Néron : il fit recreuser son port et l'embellit de toutes les magnificences impériales. Le chef-d'œuvre de la statuaire grecque, l'Apollon du Belvéder fut trouvé dans les ruines du palais de Néron et de Poppée. De tant de grandeurs il ne reste à Antium qu'un village nommé *Porto d'Anzo* ou *d'Anzio*, et environ 300 habitans, matelots, pêcheurs et forçats, qui n'ont rien conservé de leur origine grecque. Le bourg de Nettuno, à une demi-lieue de Porto d'Anzo, et quatre fois plus peuplé, célèbre autrefois sous le nom de *Cœnoportus*, et par son temple au dieu des mers, semble avoir voulu consacrer à jamais le culte de ses fondateurs, en prenant le nom de leur divinité! Les Nettuniennes ont mieux fait : leur costume d'étoffes de soie, d'or et d'argent atteste visiblement leur descendance d'une colonie grecque. Le dieu et le costume sont sans doute venus ensemble sur la terre des Volsques, et ils y sont restés au milieu d'une population de navigateurs héréditaires, comme un des témoignages les plus pittoresques et les plus certains de l'antique histoire de l'Italie.

Astura a gardé aussi son nom. Cette petite ville et Porto d'Anzo encadrent par leurs promontoires le golfe de Nettuno. Mais elle a d'autres souvenirs : Astura vit partir Cicéron, fuyant la proscription d'Octave, pour aller recevoir la mort à Formies, et bien des siècles après, Astura, à qui le destin avait refusé le droit d'asile, vit arriver et livrer le malheureux Conradin vaincu par le duc d'Anjou, pour aller, ainsi que Cicéron, perdre la vie sur la terre Parthénopéenne.

L'immense forêt qui semble s'arrêter aux abords de Nettuno se prolonge jusqu'au delà d'Astura, n'offrant d'intervalles que quelques lacs et quelques marais, où, sous ses gigantesques abris, de nombreux troupeaux de buffles, quadrupèdes amphibies, vont se plonger jusqu'aux naseaux, et se tiennent immobiles, ruminant leur pâture. Les sangliers, qui s'y mêlent avec eux, ajoutent leur horreur à cette farouche association. Quelques pâtres presque nus, noircis par le soleil des Abbruzzes ou des Calabres, armés de lances, et montés sur de petits chevaux d'un aspect aussi sauvage que les buffles et les sangliers, osent seuls parcourir avec sécurité ces effrayantes solitudes. De loin en loin seulement s'élèvent, comme des ruches immenses, des huttes pyramidales, construites de branchages, de paille, de mousse et de roseaux, d'où s'échappent, par la porte qui est leur seule ouverture, d'épais tourbillons de fumée. Ces huttes servent à la fois, et à la demeure des pâtres et de leurs valets, et à la fabrication de ces fromages que leur forme fait nommer œufs de buffles, *ova di buffola*. On est réellement en Afrique; on voit les kraals des Hottentots. D'immondes reptiles et des myriades d'insectes altérés de sang complètent cette hideuse ressemblance.

Ces forêts vierges ont toute la majesté et toute l'horreur d'une nature primitive, dont elles conservent la sauvage indépendance. Nuit et jour elles retentissent du bruit des vents et des tempêtes, mêlé aux rugissemens des animaux et aux cris farouches des pâtres, comme aussi des douces et vives mélodies des oiseaux, qui, à l'abri de l'homme, sous leurs impénétrables ombrages, y célèbrent la paix et les douceurs d'un tel asile; mais, ainsi que dans les bois consacrés aux divinités du Styx, les échos de ces forêts n'ont jamais répété des chants de joie, de poésie ou d'amour.

A Nettuno finit le terrain des fables historiques de Virgile; au-delà d'Astura l'on retrouve l'une des histoires fabuleuses d'Homère. Le rivage italique aura vu Énée et Ulysse. Ainsi que le Soracte, le mont Circé tout calcaire semble égaré sur un sol tout volcanique; il élève ses blancs sommets au milieu d'une terre d'alluvion, comme une île captive, dont la mer ne baigne plus que la base occidentale. Les murs d'une antique citadelle sont encore assis sur sa cime à 1.600 pieds au-dessus de la Méditerranée, avec les vestiges d'un temple du Soleil. Au-dessous est le village de San-Felice, autrefois *Circéi*. Le prince Poniatowski, neveu du roi de Pologne et oncle du héros de Leipsick, ce véritable Mécène des beaux-arts, a bâti, sur les flancs du Circeo, une belle habitation, comme en plusieurs autres sites remarquables des États romains. La montagne, à sa base, a 1,400 mètres de circonférence; deux vastes cavernes s'ouvrent sur la mer : l'une sert d'asile aux pêcheurs contre les orages; l'autre, dans ce pays de traditions poétiques, s'appelle encore la grotte de la Magicienne, *Grotta della Maga*: elle a 120 pieds de profondeur sur 60 de large, et 12 de hauteur, et se termine au fond par une galerie qui plonge dans le sein de la montagne, et dont on n'a pu constater l'étendue. Cette galerie conduisait sans doute à la demeure mystérieuse de l'enchanteresse; le nom de Circé exerce seul à présent un pouvoir magique sur la curiosité classique des voyageurs. En joignant à la terre ferme la fameuse île de Circé, la nature a détruit tout l'enchantement; mais les marbres et l'albâtre qui forment ce grand promontoire, au milieu d'une mer de sable et d'eau, et leurs blocs assis en murailles sur son sommet; mais l'aspect merveilleux qui de cette enceinte cyclopéenne embrasse tout l'horizon romain par la chaine de ses montagnes, celle de ses lacs, et celle de ses tours littorales, et ne s'arrête au-dessus de l'archipel Parthénopéen, qu'au double front du Vésuve, et livre ainsi aux regards l'un des plus vastes et des plus brillans spectacles de l'univers, achèvent à jamais pour le mont de Circé l'immortalité commencée par Homère.

Depuis les murs Saturniens, citadelle du temps, qui couronnent le mont Circé, jusqu'aux jardins et au palais Poniatowski et au village de San-Felice, l'air est pur, léger, vital, embaumé, exhalant l'éther des tropiques; en le respirant après celui des Maremmes, on sent qu'il a sa source dans la haute région du ciel, à laquelle ne peuvent atteindre les pesantes et méphitiques vapeurs de la terre. Aussi environ mille habitans vivent dans cette zône aérienne, comme la peuplade de la féerie homérique, recevant toute leur vie d'en haut, et paraissant ignorer que la maladie et la mort, tels que les monstres des Hespérides, gardent nuit et jour les approches de leur montagne. Et en effet toute la contrée qui s'étend du pied du Circeo aux blanches murailles de la vieille *Anxur*, de la moderne Terracine, n'est qu'un vaste marais de 16,000 mètres de long, coupé de bois et de ravins, inhabité et borné par une chaîne de dunes qui empêchent son écoulement vers la mer. Un seul courant de soixante-dix pieds de large interrompt à une demi-lieue de Terracine la monotone stagnation de ces étangs pestilentiels : c'est l'unique débouché, le seul émissaire des marais Pontins dans la Méditerranée. Il se nomme *Portatore di Badino*. Une tour du même nom, plantée à son embouchure, protège le mouillage des barques contre les tempêtes.

Placée sur son amphithéâtre calcaire, d'où elle domine la mer et cette immense voie Appia qui joignait Rome et Naples, Terracine, seule peut-être de toutes les cités antiques, présente le singulier spectacle de trois âges de ruines, attestant des constructions qui n'ont pas été achevées : à chaque pas l'on peut dire avec Virgile *pendent opera interrupta*. De ce nombre sont : le port d'Antonin le Pieux, d'un périmètre de plus de 3,000 pieds; au sommet de la montagne, le soubassement d'un palais de Théodoric, formé d'arceaux de 50 mètres de large; au-dessous, un grand château féodal; sur la dernière pente de la montagne et sur le littoral, de vastes fondations, qui attendent encore les palais des empereurs et des patriciens, et parmi elles quelques édifices publics à peine terminés, tels que la douane, des greniers, des auberges et la poste. Immense ébauche d'une ville jadis superbe, à qui le destin refusa depuis sa chute l'orgueil des monumens, et ne permit que la condition d'une vulgaire existence! Cependant du sein des noires habitations de la vieille *Anxur*, qui se pressent sur les plus âpres escarpemens, se détache la façade élégante du palais Braschi, que le pape Pie vi fit construire pour y diriger lui-même les *bonifications* des marais Pontins ; s'élève aussi entre les deux villes, comme un monument conciliateur du passé et du présent, la tour de la cathédrale, dont les voûtes sont portées par les colonnes du temple d'Apollon.

Ainsi cette cité, qui, florissante bien avant la fondation de Rome, dont elle ne subit le joug que trois siècles après, avait été dès son origine destinée à être la clef de l'Italie méridionale, n'a jamais pu, malgré les constans efforts des Césars et des papes, prendre le rang que lui assignait la fortune. Les ruines de tant de travaux commencés à de longs intervalles et toujours inachevés témoignent de cette étrange vérité. Agrandie sans cesse par d'inutiles fondations, Terracine voit sa faible population de 4,000 âmes se trouver à l'étroit dans sa vaste enceinte et s'entasser dans le labyrinthe des rues étroites et sinueuses de l'antique *Anxur*, où elle espère échapper aux influences mortelles de l'Aria Cattiva. Mais, et telle est sans doute la cause funeste de cet avortement successif dont sa vie est frappée, Terracine est placée à peu près au point de jonction des deux plus grands réceptacles d'insalubrité de tout l'État romain : l'un est cette sombre et infecte lagune qui s'étend du canal Badino jusqu'au mont Circeo; l'autre est cette vaste étendue de prairies riantes et fertiles qui, sous le nom de marais Pontins, exhalent la fièvre et la mort jusqu'au relais de *Tortreponti*. Autour d'elle cependant, et dans son enceinte elle-même, la nature prodigue à Terracine tout le luxe de la fécondité atlantique : pour elle il n'y a point d'hiver. Ses primeurs servent encore comme jadis à la délicatesse des tables romaines. Le coton, l'indigo, mûrissent dans ses champs. De toutes parts les palmiers balancent leurs tiges élégantes au-dessus des citronniers, des orangers et des plantes africaines. Hélas! leurs parfums sont impuissans contre les vapeurs du désert Pontin, et leurs ombrages, si enviés de la froide Europe, voient se rouvrir sans cesse les tombes de ses habitans.

C'est à Terracine pour l'Italie, comme à Barcelone pour l'Espagne, que commence cette terre fleurie et enchantée dont le climat voluptueux rappelle et défie les douceurs de l'Orient. Le héros de Carthage y retrouva partout les bosquets embaumés de sa patrie, et aussi des délices perfides qui lui étaient inconnus : ce ne furent pas les armes, mais les voluptés de l'Italie, qui vainquirent le vainqueur des Romains.

Cependant les productions pontines n'ont d'autre débouché que Terracine, où affluent également celles des rivages et de la mer de Naples, et sans doute, malgré son insalubrité, son petit port moderne et son antique voie Appienne suffiraient pour l'enrichir, si celle-ci n'était incessamment infestée par les bandes napolitaines. Que de fois, de ses hauteurs, l'on a pu voir, et sans pouvoir les secourir, les voyageurs de Rome et de Naples attaqués, dépouillés, assassinés par les brigands, sur le territoire de Fondi, non loin de la dernière station romaine, dont le nom funèbre et religieux caractérise, comme une expiation publique, ce dangereux passage! Cette station, qui sépare les états de Naples de ceux de l'Eglise, se nomme Epitavio!

A l'entrée des marais Pontins, on est attiré par le murmure d'une fontaine limpide, dont leur influence contagieuse n'a jamais altéré la pureté; cette eau salutaire a gardé le nom de la nymphe *Feronia*. Pour peu que l'on soit classique, on ne néglige pas, à l'exemple d'Horace, de s'y laver le visage et les mains. On cherche vainement, il est vrai, le bois sacré dont parle Virgile; mais l'on gravit la roche *Feronia*, et de là l'œil se perd dans les quatre rangées d'arbres qui bordent la voie Appienne, et sur les nombreux canaux de desséchement qui longent et qui traversent ces immenses pâturages. L'un, vers l'occident, portait les noms d'Auguste et de Néron; l'autre a reçu le nom de Pie VI, *Linea Pia*: il est tracé le long de la route éternelle qu'Auguste, Nerva, Trajan, le grand Théodoric et les souverains pontifes ont conservée à la postérité. Cinq relais de poste sont pour ainsi dire les stations funéraires de cette contrée, si éclatante de verdure, si fatale aux malheureux qui l'habitent. Aussi la parcourt-on avec la rapidité de l'éclair : condamnés à y mourir ou pour leurs crimes, ou pour leur misère, les postillons ressemblent aux spectres de la fameuse Danse des morts. Mais autant ils sont languissans, maigres, jaunis, dévorés par la fièvre, insoucians de courir après la mort un jour plus tôt ou un jour plus tard, autant leurs chevaux, élevés et nourris sur cette terre puissante qui tue les hommes, sont vifs, vigoureux et impatiens de fournir en une heure une carrière de 10 à 12 milles romains. Au sein des pâtures à perte de vue qui s'étendent des deux côtés de la route, les unes vers les montagnes des Volsques, les autres vers les forêts de Cisterna et de Terracine, s'agitent d'innombrables troupeaux de bœufs et de buffles, ceux-là parcourant les prairies, ceux-ci foulant les canaux. De loin en loin quelques huttes de paille indiquent l'habitation des pâtres, que nourrit le laitage des troupeaux.

C'est dans ces misérables demeures, semblables à celles des forêts des Maremmes, mais enfoncées dans des tourbières dont la profondeur est inconnue, et saturées surtout pendant la nuit de miasmes vraiment mortels, que le savant Prony, inspecteur-général des ponts et chaussées, a eu pendant plusieurs mois de l'année 1812 le courage de vivre de la vie et de la nourriture de ces pâtres, pour y étudier les travaux d'assainissement qu'il avait conçus, et qu'il aurait eu la gloire d'exécuter sans la chute de l'Empire français. Mais l'important ouvrage de M. de Prony, publié par Didot sous le titre modeste de *Description hydrographique et historique des marais Pontins*, n'est pas le seul témoignage du génie infatigable de son auteur. Les plans immenses de leur état actuel et des travaux à exécuter pour leur entier desséchement, donnés par Louis XVIII au gouvernement pontifical, sont un des plus utiles monumens de l'administration impériale. Ce grand ouvrage doit influer nécessairement un jour sur la destinée de cette importante partie du territoire romain, et le nom français devra à M. de Prony un hommage peut-être éternel.

La longueur des marais Pontins est de 42,000 mètres; leur largeur, de 18,000. D'après les sondages faits par M. de Prony à vingt-deux mètres de profondeur, et la découverte d'un banc de coquillages et de débris marins, il n'est pas douteux que la mer ne baignât autrefois les pentes des monts Artémisiens et les rochers sur lesquels sont assises les villes de Sezza et de Sonnino. Une immense alluvion, résultante d'atterrissemens produits par la succession des siècles, combla insensiblement le golfe Pontin, et la terre ferme et végétale remplaça les flots de la mer. L'existence de ces deux conditions cesse d'être incertaine, quand on sait qu'avant l'époque de la guerre de Troie, la puissante et nombreuse nation Volsque comptait vingt-trois villes sur le territoire récemment formé, et parmi lesquelles était sa métropole, *Suessa Pometia*. Ce grand

fait historique constate et prouve également la salubrité de la contrée avant la domination romaine.

Sous celle-ci, les terres pontines étaient encore si fertiles, que le peuple en demanda le partage; et malgré les guerres civiles et lointaines qui depuis firent négliger l'entretien des canaux, il fallait toutefois que le sol pontin ne fût pas frappé d'une véritable insalubrité, puisque sous Auguste les pentes des montagnes qui le bordent à l'est étaient couvertes de maisons de plaisance des plus nobles familles de Rome. L'état de l'Italie dans le moyen âge justifie suffisamment l'abandon total dans lequel languit ensuite cette contrée artificielle, devenue un immense cloaque d'infection et de mortalité.

De tous les papes qui essayèrent de combattre ce fléau, dont l'influence s'étendait jusqu'à Rome, aucun, sans contredit, n'a mieux mérité de la tiare, sous le rapport de la salubrité de ses états, que le pape Braschi, Pie VI. Non-seulement il a conservé, rétabli et redressé la voie Appia dans tout son passage sur les marais Pontins, et ouvert un canal latéral sur une longueur de 21,539 mètres et une largeur de 12 à 15, employant à la fois, et seulement pendant l'hiver, où l'air est moins malsain si les eaux sont plus élevées, de 7 à 8,000 ouvriers; mais l'impulsion donnée à de tels travaux par sa présence fut telle, que, bien que l'on eût reconnu la surface submersible de plus de 30,000 hectares, plus des quatre cinquièmes de la surface totale des marais, totalement desséchés, purent être cultivés en froment, en maïs, et en excellentes prairies.

C'était ce grand ouvrage que M. de Prony était appelé à terminer. Plusieurs commissions formées des principaux ingénieurs de France et d'Italie avaient été nommées par l'empereur, et d'importantes études avaient répondu à sa confiance. Les travaux furent entrepris en 1810, et une somme annuelle de 200,000 francs leur fut affectée. Un nouveau canal s'ouvrit entre la *Linea Pia* et les montagnes, et l'on peut croire facilement que, sans les événemens de 1813 et de 1814, la main puissante qui avait suspendu des routes sur la corniche de Gênes et sur les escarpemens et les sommets des Alpes, aurait su en ouvrir vers la mer aux eaux pestilentielles d'un marais. Dix années de plus du régime impérial en Italie et de l'admirable administration qui le distinguait, et la face des États Romains était changée; la santé, la sécurité, l'agriculture, le commerce, auraient pris la place de la maladie, de la terreur, de la misère et de l'incurie générales. La sagacité naturelle aux habitans, aidée, encouragée par ce grand nom de Napoléon, qui vivra à jamais dans leur mémoire, eût accepté toutes les promesses du gouvernement français, et le brigandage, ainsi que le mauvais air, auraient totalement disparu du sol romain.

Les monts Artémisiens, où étaient placées, dans les sites les plus abrupts, plusieurs des cités Volsques, forment une opposition très-pittoresque, par leurs formes âpres, ardues et sauvages, avec la monotone étendue des marais Pontins. Ces villes subsistent encore, aux mêmes lieux et presque avec les mêmes noms : ainsi *Sonnino* est l'antique *Somnina*; *Piperno*, *Privernum*; *Sezza*, *Setia* ou *Setinum*; et *Sermonetta*, *Sulmo*. En y ajoutant *Prossedi*, petite ville un peu plus à l'est, on connaît, non le théâtre exclusif, mais le camp retranché du brigandage dans le midi de l'État de l'Église. On sait alors que la guerre des Volsques contre Rome continua toujours, et que si Coriolan la détruisit dans les plaines pontines, elle se réfugia sur les montagnes.

L'extirpation de ce fléau était d'autant plus difficile, que la chaîne artémisienne vis-à-vis de Terracine embrasse par un vaste croissant la frontière napolitaine. Aussi *Vallecorsa*, dernier village romain, était le point intermédiaire entre les bandes des deux états. Elles l'avaient pour ainsi dire neutralisé, pour leur servir de rendez-vous ou de refuge, soit que réunies par une confédération temporaire elles se fussent engagées à partager la complicité et le produit des crimes, soit que par le sentiment de la confraternité, se constituant peuple nomade destiné à vivre du peuple habitant, et dès-lors faisant cause commune, les brigands de Naples et de Rome voulussent être liés comme leurs ancêtres par le devoir d'une commune hospitalité.

Différens actes ayant, dans le courant de 1811 et 1812, signalé l'union des bandes voisines sur la route d'Itri à Fondi, le gouvernement de Rome dut craindre que cette exploitation combinée, après avoir rendu si périlleuse la route de Naples, ne vînt porter la même désolation sur celle de Rome. Également protégée par la nature, qui leur offrait des asiles inabordables, et par les descendans des Volsques, dont la crainte ou l'intérêt enchaînait le courage, les brigands alternaient avec sécurité sur les deux territoires, où la force chargée de leur répression ne croyait pas avoir indistinctement pour la poursuite le droit qu'ils s'étaient arrogé pour s'y soustraire. Tout l'avantage était donc en faveur des brigands, qui, abrités par une double hospitalité, ne pouvaient craindre, ou les gendarmes de Rome, ou ceux de Naples.

Quelque chose de politique semblait encore, comme aux époques de notre révolution, ou à la réunion des États Romains à l'empire, s'attacher à cette funeste complicité. Les circonstances devenaient plus graves de jour en jour pour la France. Il n'était pas resté cinq mille hommes dans le gouvernement de Rome. La guerre de Russie avait aspiré aussi, et probablement pour ne plus les rendre à leur patrie, les contingens des deux états. Il était donc devenu tout-à-fait impossible à quelques escouades de gendarmerie, clairsemées sur toute l'étendue du pays romain, de parvenir à la destruction d'un brigandage qui se présentait sous une organisation si redoutable : car la même alliance qui avait lieu sur les montagnes pontines existait aussi dans la vallée du Sacco, entre les brigands du territoire d'Alatri et de Frosinone et ceux de l'Abbruzze. Les gendarmes d'ailleurs, malgré leurs déguisemens, et presque tous Français, avaient des allures si connues des malfaiteurs et des paysans, qu'ils ne gagnaient à ce terrible métier que des fatigues excessives et sans résultat, incapables qu'ils étaient d'obtenir aucun avis sur la marche des brigands, de la part des habitans plus dévoués à ceux qu'ils pouvaient craindre qu'à ceux qui ne pouvaient les protéger ; ils n'apprenaient presque toujours leur présence que par leurs crimes. Bien que réunis par un intérêt commun, les gouvernemens de Naples et de Rome ne pouvaient toutefois opérer ensemble avec quelque avantage, en raison de la surveillance singulière que les voleurs et leurs adhérens exerçaient sur les moindres mouvemens de la force armée respective. D'ailleurs la gendarmerie napolitaine, exclusivement composée de nationaux, n'était pas sans être suspecte d'une sorte d'intelligence avec ses frères de la montagne.

Il faut dire aussi que généralement en Italie, et de temps immémorial, le brigandage était une véritable profession, et passait dans l'esprit de la population pour être un emploi assez naturel de la force et du courage. L'opinion même des classes élevées, ce qui était bien généreux, ne flétrissait pas, comme dans le reste de l'Europe, ses exécrables attentats. La multitude au moins était fondée dans son indulgence, en ce que le brigandage ne s'exerçait sur les masses qu'au défaut de ceux qu'elle appelle des exceptions sociales. Elle se croyait heureuse d'être ménagée par les brigands et d'acheter sa tranquillité par les vivres et les provisions qu'elle leur fournissait dans leurs retraites les plus inaccessibles. C'était ordinairement un enfant, un petit berger de la montagne, qui était chargé par les voleurs, devenus maîtres de son troupeau, d'aller porter à tel habitant de son village, ou bien au maire lui-même, à défaut d'amis ou de parens, la demande des objets dont ils avaient besoin : tels que du pain, du vin, de la viande, de la poudre, des balles, des vêtemens. Quelquefois, au lieu d'un enfant, ils envoyaient un capucin, probablement à cause du rapport qui existe entre tous ceux qui vivent du bien d'autrui, soit qu'ils mendient, soit qu'ils volent. La commission était toujours fidèlement exécutée : fidèlement aussi à l'heure et au lieu indiqués, et surtout la nuit, les provisions étaient apportées par des enfans ou des femmes qui jamais ne trahissaient ces dangereux alliés, et devenaient pour eux, dans chaque commune honorée de leurs réquisitions, des espions excellens, dont la gendarmerie ne pouvait se méfier. Les femmes, car les voleurs sont toujours heureux en amour, jouaient surtout un rôle très-actif dans ces mélodrames de montagnes : elles attendaient dans les bois, dans les cavernes, dans les ravins, l'arrivée de la bande favorite, y séjournaient avec elle, rentraient dans leurs villages, et remplissaient, avec une constance et une ardeur que la frénésie d'un tel amour peut seule sans doute rendre excusables, toutes les conditions de la plus exécrable complicité : informant leurs amans ou leurs maris du départ des voyageurs à surprendre, à dépouiller, à assassiner ; assistant, soit comme témoins, soit aussi comme acteurs à ces horribles scènes, et, ce qui était moins criminel, les informant, ou par elles ou par leurs enfans, des mouvemens de la force armée dirigée contre eux.

Je reviendrai plus tard sur ce qu'on peut appeler en Italie *l'indifférence en matière de brigandage*, et même sur cette étrange faveur qui s'y attache aux attentats les plus monstrueux, quand ils ont pu opposer à l'action de la justice une audacieuse impunité. Le crime heureux a eu de tout temps sa célébrité et son absolution !

Telles étaient donc, à la fin de 1811 et dans le courant de 1812, les circonstances du brigandage dans le midi du département de Rome, quand je fus averti que la bande romaine, qui avait tenu la campagne avec la bande napolitaine, venait de rentrer dans ses foyers sur le territoire de Vallecorsa. Elles étaient composées chacune de sept à huit brigands, dont quelques-uns, et notamment les deux chefs, étaient déjà fameux. Je chargeai le bargel, chef des sbires de police, de s'informer si, parmi eux, il ne se trouvait pas quelques amis des bandits de Vallecorsa; c'était d'autant plus probable, que, parmi les sbires, ou soldats de police, ou *brigade de sûreté*, il y en avait qui étaient déserteurs de la montagne : ce qui se rencontre aussi dans d'autres états que l'État Romain. En effet, le bargel, ou barigel, m'amena un sbire qui connaissait toute la bande, d'autant mieux, me dit-il, que deux ans plus tôt, il avait couru la campagne avec elle. L'état de sbire est le baptême de celui de brigand; il purifie tout le passé. Mais le sbire qui redevient brigand, le relaps, perd à la fois son innocence et son amnistie. Je demandai à cet homme, s'il oserait, bien que soldat du bargel, aller s'aboucher avec ses anciens amis, et leur proposer, moyennant l'espoir de redevenir ses camarades, de défendre notre frontière contre la bande napolitaine. Le sbire m'assura qu'il n'avait aucune crainte, qu'il croyait ses amis fatigués de la vie pénible et dangereuse qu'ils menaient depuis tant d'années, et qu'il se faisait fort de leur faire accepter une proposition aussi avantageuse. Il partit, et au bout d'une semaine, car il lui avait fallu deux jours pour les retrouver et les réunir tous, il revint, disant que la bande tout entière se mettait à ma disposition. Je m'avisai alors, pour mieux prendre mes sûretés, d'exiger qu'en garantie de leur soumission, et sous celle seulement de ma parole verbale, le chef et deux de ses hommes se rendissent à Rome pour recevoir mes instructions. Je fus très-étonné quand le sbire accepta sans hésiter cette mission tant soit peu délicate, et qui, aux yeux de ces brigands, pouvait friser la trahison; il ajouta hardiment qu'il les amènerait lui-même. Ceci me prouva que, par cette pénétration habituelle des gens de ce pays, mon envoyé avait de lui-même, et pour mieux me servir, poussé la négociation un peu au-delà de ses pouvoirs.

Huit jours après, les trois brigands, conduits par le sbire, arrivèrent à Rome, et me furent annoncés dans ce beau palais à présent habité par Madame, mère de l'empereur Napoléon. Ils avaient, pour n'être pas inquiétés, déposé toutes leurs armes dans une mauvaise auberge sur la route d'Albano, et avec elles toute leur intrépidité : car, en entrant dans le vaste salon au fond duquel j'avais mon bureau, ils se jetèrent à genoux, tête nue, et, malgré moi, se traînèrent à mes pieds dans cette humble posture, confessant leurs crimes, disant qu'ils méritaient la mort, criant merci, et s'abandonnant, disaient-ils, à ma clémence, comme ils s'étaient livrés à ma parole. Il est impossible de décrire une pareille scène. Ces hommes étaient hideux à voir : la fatigue et la terreur avaient complètement dégradé leurs figures, d'ordinaire si expressives. Ils venaient de faire, non en trois jours, mais en trois nuits, de peur des gendarmes, qui n'étaient pas dans notre confidence, la route de Vallecorsa à Rome, par ces chemins qui n'en sont pas, mais qui leur étaient si connus. Ils n'avaient pris la grande route qu'à la hauteur de l'auberge où ils avaient confié leurs armes à l'hôtelier, ancien brigand retiré. J'avais eu beau leur dire de se lever, ils s'y étaient constamment refusés : ce qui me fit craindre qu'ils n'eussent, à Rome, un peu moins de confiance à ma parole que je n'en avais eu à leur soumission, datée de Vallecorsa. Ne voulant pas alors rester en arrière avec eux en fait de procédés, je me hâtai de leur dire qu'ils n'avaient rien à craindre, que je leur pardonnais tout le passé, et que, dès ce moment, ils toucheraient la solde des sbires.

Soudain, par un intraduisible coup de théâtre, par un changement total de physionomie à vue, ces hommes se retrouvèrent sur leurs pieds; ces fronts soucieux et déprimés devinrent rayonnans, ces regards inquiets pétillèrent de joie, et ces accens traînards et plaintifs se changèrent en voix rapides et sonores. J'eus alors une idée de ce que devait être un jour la résurrection. Je ne fus plus embarrassé que de me soustraire à cet inévitable *baise-main* dont l'ancien usage dégradait et dégrade encore toute la classe moyenne de la société, sans en excepter les prêtres qui n'étaient ni chanoines ni prélats, et je ne fus occupé que de tenir ces brigands à distance : tant ce mot de pardon, prononcé par moi-même, les avait rendus familiers à force de les rendre heureux. Mais j'étais bien loin de me douter jusqu'où ils porteraient la reconnaissance.

Je savais bien que ma justice était toute exceptionnelle, au détriment de celle du code, et que j'empiétais rudement sur les droits du tribunal criminel en amnistiant des hommes couverts de crimes; mais dans les circonstances où nous étions, ne valait-il pas mieux tourner la loi que de la rendre ouvertement inutile au repos public, et même se servir de ces malfaiteurs, ce qui d'ailleurs était dans les mœurs du pays, au lieu de se rendre responsable des attentats qu'ils devaient commettre encore? Et je dois dire que le gouverneur Miollis et le respectable procureur-général Legonidec approuvèrent ma conduite, soit pour la négociation, soit pour son dénouement. Nous ne vivions à Rome, à cette époque, que par la puissance morale. Si j'avais manqué de foi aux brigands de Vallecorsa, cette puissance eût été perdue pour nous dans toutes les classes de la population.

Fort heureusement ces brigands étaient peu versés dans la connaissance de nos lois. Leur élément social était uniquement la force, et ils n'avaient compris de notre législation que la peine des galères et celle de la mort. Ils ignoraient entièrement mes attributions, et me voyant assis à la place du *Governatore di Roma*, ayant moi chargé de la police générale, et à qui le gouvernement pontifical laissait la main plus large, ils m'en avaient supposé tous les pouvoirs. Mais s'ils avaient su que j'usurpais le droit de leur faire grâce, au lieu de se rendre à Rome sur ma parole, ils auraient regardé mon sbire comme un traître et l'auraient tué sans rémission, comme il arriva, après mon départ, à l'un de mes commissaires de police, qui, un an auparavant, avait, par séduction, livré à la justice un voleur de grands chemins.

Cependant j'avais eu affaire à des gens qui avaient pris leurs engagemens un peu plus au sérieux que moi-même. Je leur avais donné pour instruction d'agir en dedans et au dehors de Vallecorsa et sur toute la frontière voisine, sous la direction de la gendarmerie, et de repousser par la force toute tentative des brigands napolitains pour la franchir. La gendarmerie avait reçu des ordres en conséquence, et je croyais les nouveaux sbires paisiblement retournés à Vallecorsa, où leur service devait être organisé par le brigadier. Mais ils avaient préféré faire du zèle à leur manière, et, au lieu de tourner la difficulté par rapport à leurs anciens complices de Naples, comme j'avais tourné la loi en leur faveur, ces hommes de proie et de sang résolurent de la trancher d'un seul coup. En conséquence, au lieu de faire publiquement leur rentrée à Vallecorsa, ce qui eût été bientôt connu de leurs complices de Fondi, ils évitèrent leur village et se rendirent auprès d'eux comme des amis fatigués d'une séparation de quinze jours. Une semaine après leur départ, un enfant de la montagne se rendit seul à Rome, et me fit remettre par le bargel un petit papier bien sale, sur lequel était écrit, en patois de paysan : *Son excellence sera bien contente de nous*. L'enfant suppléa au défaut des signatures : il n'en savait pas davantage. Le lendemain, un rapport de la gendarmerie m'apprit que mes amnistiés, après avoir bien soupé avec les Napolitains, au nombre de sept, les avoir enivrés, puis endormis, les avaient tous tués pendant leur sommeil ; puis leur avaient coupé la tête, dont ils avaient élevé l'horrible trophée sur un rocher à l'entrée de leur caverne, et avaient jeté leurs corps dans les flammes!!!

Cette exécrable trahison délivra tout à coup les territoires romain et napolitain de deux bandes redoutables. Mais il ne fallut pas en rechercher l'exemple ailleurs que dans la propre histoire pontificale. C'était, disait-on, une tradition de Sixte-Quint, qui ne parvint à détruire le brigandage qu'en faisant tuer les brigands les uns par les autres. Il soldait leur guerre intestine, mettait entre eux leurs têtes à prix, payait *religieusement* la prime du sang, et il fit pendre enfin le dernier qui survécut à cette horrible exécution. Ayant la double faculté de condamner les brigands et de s'absoudre lui-même, ce pape célèbre, ce pape *spregiudicato* au plus haut degré, fit périr de cette manière plusieurs milliers de ses sujets, et rendit ainsi la sécurité à ses États. Un évêque, aussi sans préjugés, qui me donna ces détails, trouvait très-plaisante la trahison de ses diocésains. « *Pour vous autres*, me dit-il, *c'est une grande affaire; pour nous, c'est à peine une peccadille.* »

J. DE NORVINS.

ÉTAT ROMAIN.

N° 2.

Piperno. — Cisterna. — Velletri. — Scène du labourage. — Scène de la moisson. — Genzano. — Lac de Nemi. — Larricia. — Château du prince Chigi. — Le chêne de Virgile. — Tombeau des Horaces et des Curiaces.

Je n'étais point étonné à Rome, où le prince Santa Croce descend en droite ligne de Valerius Publicola, et où les monumens antiques ont presque tous conservé leurs noms, malgré leurs baptêmes et leurs usages chrétiens, tels que le Colysée, le Panthéon, le Capitole lui-même, le mausolée d'Adrien, etc.; je n'étais pas étonné, dis-je, d'entendre nommer beaucoup de jeunes personnes des noms historiques et païens de Faustina, Fausta, Fulvia, Flavia, Livia, Valeria, Cornelia, etc.; mais j'avoue qu'en traversant la petite ville de Piperno, je ne fus pas médiocrement surpris d'entendre des enfans des deux sexes s'appeler *Metabo* et *Camilla*, quand *Privernum* se cachait sous le nom de Piperno. Il fallut donc bien encore me rappeler mon Virgile. Je me représentai cette ville révoltée contre son roi Metabo. Je voyais fuir celui-ci portant son arc et sa fille Camilla, et tout à coup, après l'avoir liée à sa flèche, la lançant au-delà de l'Amazène, qu'il franchit à la nage; et enfin, se réfugiant avec elle dans ce ravin appelé *Fossa Nuova* (Nouvelle-Fosse), nom très-pittoresque d'une communauté de trappistes, dont la première règle est de creuser la sienne. Ce *Privernum* cependant, qui chassait les rois, se défendait aussi contre les Romains. Ceux-ci, l'ayant pris de vive force, demandèrent à ses sénateurs quelle peine méritait leur résistance. « Celle, répondirent-ils, que méritent ceux « qui se croient dignes de la liberté. Cependant, si vous nous donnez une bonne paix, elle « durera; si elle est rude, elle ne sera que passagère. » Quels hommes que ces sénateurs privernates! il est vrai que ceci se passait l'an de Rome 425. Il y a loin de là aux trappistes de *Fossa Nuova*.

Je fus moins heureux sur le territoire de Cisterna, où j'arrivai après avoir foulé à Sezza, comme jadis les Privernates, les vestiges du temple de Saturne. A Cisterna, l'habitant ne se doute pas que, dans les temps modernes, il y a tout au plus 1800 ans, son village se nommait les Trois Cabarets, *Tres Tabernæ*, et que saint Paul, disent les Actes des Apôtres, s'y arrêta en se rendant à Rome. Le Cisternois ignore également que le territoire de sa patrie s'étendait jusqu'à la mer, et était consacré à *Vénus Aphrodise*, dans ces champs qui s'appellent aujourd'hui *Campo Morto* et *Campo di Carne*. Mais ce sol est devenu si désert, si dépouillé, si méphitique par les alluvions de la Tépia, n'étant plus habité que par des troupeaux de porcs et de buffles, qu'il a eu la pudeur d'oublier sa poétique consécration.

Il n'en est pas de même à Velletri, où chacun sait que c'est l'ancienne *Velitræ* des Volsques, et qu'elle vit naître Auguste. Elle est bâtie sur une coulée de lave artémisienne. L'intérieur de la ville se sent de sa réédification sous le moyen âge, et aussi de l'influence du climat: celui-là a voulu des rues tortueuses, bonnes pour la défense; celui-ci, des rues étroites, bonnes contre la chaleur. Mais la position de la ville est délicieuse, et quelques monumens modernes, tels que le palais Lancellotti et le musée Borgia, la rendaient recommandable. Sa population de 9,000 âmes l'était moins, et la plaçait plus immédiatement que toute autre ville de l'État Romain sous l'action de la police, parce qu'il s'y commettait plus de délits et plus de crimes. Le cardinal qui était évêque et gouverneur de Velletri avant l'occupation française devint, sans le savoir sans doute, la cause de ce surcroît de démoralisation, qui faisait appliquer à ses diocésains ce vers d'Horace:

Degeneres in progeniem vitiosorem,

c'est-à-dire dégénérés en postérité plus vicieuse encore. Son Éminence, comme tous les cardinaux qui n'ont pas de maîtresse, était menée par son valet de chambre. Celui-ci, suivant l'usage, abusait de la faiblesse de son maître; il vendait tout simplement aux brigands le droit de cité, en même temps qu'il les couvrait de la soutane rouge de son Richelieu contre les recherches de la justice. Une telle spéculation, travaillée en grand, avait donné à la ville une foule de bourgeois plus que suspects, qui transmettaient aussi à leurs enfans leur héritage moral. Or, il n'y a pas, que je sache, de corruption égale à celle d'une famille de brigands retirée du service.

J'ai dit ailleurs que la condition de sbire était leur purgatoire naturel, pour rentrer après dans une sorte de vie sociale. Il y en avait encore une autre, et qui subsiste toujours; c'est celle de gardien des châteaux ou des fermes perdus dans les vastes solitudes des campagnes. Les grands seigneurs, les propriétaires, qui n'habitent jamais ni ces châteaux ni ces fermes isolées, les placent sous la sauvegarde des brigands les plus redoutés, devenus leurs concierges. Leur criminelle célébrité est alors la garantie certaine de la confiance de leurs maîtres, qui les paient bien, sans compter ce qu'ils savent prélever eux-mêmes sur les produits. Jamais les voleurs de grands chemins, connus sous le nom de *crassatori di strada*, c'est-à-dire voleurs et assassins, n'osent approcher, même pendant l'hiver où la campagne est totalement déserte, d'aucune de ces fermes, gardées par un seul homme, bien que leurs immenses dépendances soient remplies de grains et de provisions de toute espèce. Ils savent tous que Simone, gardien de la *tenuta Borghese* (de la ferme), n'a jamais manqué un sbire, ni un voyageur, à cent cinquante pas, avec son fusil; que dans un jour, lui troisième, il arrêta et dépouilla sept voitures d'Anglais, et autres faits d'armes. Et ce qu'il y a de remarquable, c'est que ces hommes qui ont cent fois mérité la mort qu'ils ont donnée, infidèles à leur profession par intérêt, restent fidèles à son costume par vanité, et, ainsi vêtus, et toujours armés, se rendent le dimanche à l'église voisine, où ils reçoivent, non pas toujours des simples paysans seulement, mais encore des *benestanti* de la paroisse, des témoignages publics d'une sorte de considération! Je dois dire que, sous mon administration, où cette espèce de brigands convertis fut soigneusement surveillée, il n'exista aucun soupçon de connivence entre eux et les bandes qui désolèrent souvent le territoire. Ils restaient neutres, ne donnant ni asile aux voleurs, ni main-forte à la gendarmerie.

J'ai regret de le dire, le brigandage est dans les mœurs de l'Italie, et il n'y est pas sans honneur, quand il a été assez redoutable pour rester impuni, puisque c'est lui qui fournit des gardiens aux grands seigneurs romains, propriétaires presque exclusifs du sol comme ceux de l'Angleterre, et qui, par cela seul, ont le plus souffert de ses attentats. Dans toute l'Europe on voit de vieux soldats, de vieux sous-officiers remplir ces fonctions de gardiens, de concierges, chez leurs anciens chefs; ils ont bien défendu le pays, ils garderont bien les domaines. Dans l'État Romain, au contraire, le thème est différent: les brigands ont bien ravagé le pays, ils défendront bien la propriété. Et malheureusement, à la honte de la probité, le résultat est le même : aussi je crois que la langue italienne est la seule qui possède ce mot énergique d'homme sans préjugé, *spregiudicato*. Ce monogramme explique et prouve ce que l'on entend, ce que l'on voit en Italie, et surtout dans l'Italie de Rome et de Naples, à qui il manque une éducation morale.

Ce n'est pas le lieu de traiter cette grave question; j'en suis détourné d'ailleurs par les gardiens de campagne, dont la *prepotenza* (l'omnipotence) pittoresque se dessine si dramatiquement aux deux grandes époques de la culture et des moissons. Autant, avant et après ces travaux, sont solitaires, muets, effrayans par leur silence et par leur gardien, les vastes bâtimens ruraux qui offrent au loin dans la plaine, par l'élévation de leurs murailles et de leurs portes crénelées, l'enceinte d'un bourg fortifié, abandonné de ses habitans; autant deviennent-ils soudain populeux, vivans, retentissans d'une joyeuse résurrection, aussitôt que le signal des travaux leur est donné de la montagne. Alors on a vu descendre de grands troupeaux de bœufs, gris de lin, à longues cornes, de la race antique des taureaux du Clitumne. Ils sont conduits par des hommes à cheval, armés de longues piques; les plus beaux de ces bœufs portent sur la tête des couronnes de fleurs et des rubans, ainsi que leurs conducteurs. Leurs longues files sont bientôt aperçues du donjon ou de la tour carrée qui surmonte la ferme. Aussitôt s'ouvrent les portes extérieures et intérieures de la forteresse rustique, dont le gardien et sa famille sont la seule garnison; sous sa main puissante ont cédé les verrous massifs et rouillés du grand portail, fermé depuis la moisson, ainsi que les barreaux de fer qui contiennent ses battans, et la grosse clef de la grande serrure a tourné. Dans la cour s'ouvrent à la fois les vastes étables pleines de fourrage, les vastes granges où vont coucher les bouviers, et l'immense arsenal où sont déposés les instrumens du labour, charrues, herses, rouleaux, harnais, etc. Dès le matin, une épaisse fumée, qui annonce au loin l'arrivée de la caravane des laboureurs, s'est élancée des deux longues cheminées de la boulangerie et de la cuisine. A la vue de tous ces hôtes, le gardien, vêtu de son plus beau costume, est allé au-devant sur son cheval entier, dont la selle à hauts quartiers espagnols le porte presque debout comme sur un char triomphal.

Devant lui s'abaissent les feutres coniques et les lances des montagnards; et c'est à leur tête, que, semblable à un ancien roi Sabin, il rentre dans le manoir rustique. A présent il a des sujets; mais comme sa royauté ne dépassera pas quelques soleils, il n'a rien négligé de ce qui peut leur rendre plus agréable le travail du jour et le repos du soir.

Le surlendemain de l'arrivée des montagnards et de leur troupeau à l'une des fermes du prince Borghèse, je me mis en route de grand matin pour assister à l'opération du labourage. De loin il me semblait voir dans la plaine un régiment d'artillerie à cheval en bataille, avec ses pièces et ses caissons. Ce ne fut qu'en approchant que je reconnus l'attirail rural le plus étonnant, le plus beau que j'eusse vu de ma vie. Tout est grandiose, gigantesque, presque sublime dans ce pays romain. Quatre-vingts charrues, attelées chacune de deux bœufs énormes, étaient en ligne, à intervalles égaux. Chacun de ces intervalles, en avant du front, était occupé par un conducteur à cheval, armé de sa lance, et dirigeant deux charrues. Il y avait donc en première ligne quarante cavaliers; en seconde, quatre-vingts paires de bœufs, et en troisième, quatre-vingts laboureurs tenant le soc. Les jougs, placés sur le front de chaque couple de bœufs, figuraient un grand arc massif, et au-dessus de leurs têtes s'élevaient les timons des charrues, décrivant une courbe en forme de crosse, terminée par un gros bouquet de fleurs des champs au milieu desquelles brillait une image de la Vierge. Dans cette espèce de théorie rurale, Marie était à la fois la reine du ciel et de la terre. Cette ligne de madones étincelantes d'or et d'argent, planant au-dessus des fronts larges et couverts de feuillage de ces colosses du labourage, produisait l'effet le plus merveilleux. Au signal donné par le gardien, qui, à la tête et au centre de cette troupe d'hommes, de chevaux et de bœufs, paradait comme un général en chef, la masse s'ébranla au milieu des cris des montagnards, et le chaume jaunâtre qui couvrait le sol depuis la moisson, jachère de deux mois, disparut au loin sous de profonds et noirs sillons.

Dans l'Agro-Romano ce sont des Romains qui labourent, mais ce sont des Napolitains qui récoltent. Un grand propriétaire, et il y en a qui possèdent plus de cent mille hectares, dont plus de moitié reste inculte, afferme ses biens ruraux à un *mercante di campagna*. Celui-ci, tel que M. Giorgi, l'inventeur de la ville de Veies, dont j'ai parlé dans le chapitre du Patrimoine de Saint-Pierre, celui-ci possède sur la montagne d'immenses troupeaux de chevaux, de bœufs et de moutons. Il s'est engagé avec plusieurs seigneurs à labourer et à moissonner; et c'est afin de remplir envers eux ses obligations, qu'il arrive sur leurs domaines avec d'immenses moyens d'exploitation. J'ai dit ce que le *mercante di campagna* fait pour le labour. Voici ce que j'ai vu aussi pour la moisson.

Pour cette dernière opération, encore plus poétique que la première, ce ne sont point des troupeaux de bœufs qui descendent des montagnes, ce sont des troupes de sauvages des Abruzzes ou des Calabres, esclaves nés de la terre romaine. Ceux-ci n'arrivent pas par centaines, mais par milliers, conduits par des caporaux qui les ont loués au *mercante di campagna* pour toute la saison des moissons, afin que pendant cette époque, comme pour celle du labour, il puisse faire la récolte dans toutes les propriétés qu'il a affermées. Ainsi, de même que les bœufs et les bouviers, les moissonneurs napolitains passent d'un domaine à un autre, et après avoir exploité l'*agro romano*, ils retournent dans leurs montagnes vivre pendant l'hiver de ce qu'ils ont gagné l'été. Je les ai vus arriver au nombre de quinze cents, non loin de Velletri, dans un vaste domaine de la princesse Caëtani. Rien n'était plus effrayant que cette réunion d'hommes caniculaires, presque nus, bronzés par le soleil, d'une taille gigantesque, présentant la race mêlée du sauvage et du brigand, portant des faucilles et des fourches, véritable pandæmonium rural; ils étaient précédés d'un prêtre de leurs montagnes, escortés de leurs caporaux armés de gros bâtons, ayant à leur suite quelques ânes chargés de marmites, quelques autres traînant de petits chariots où, parmi les ustensiles et les guenilles de leur ménage nomade, étaient accroupies plusieurs femmes, les plus hideuses que j'aie vues de ma vie : il semblait voir un convoi d'esclaves vendus par un roi d'Afrique.

On sait que les montagnards des Abruzzes et des Calabres recrutent, de temps immémorial, toutes les bandes de brigands du royaume de Naples; et je sus, à n'en pouvoir douter, que la plupart de ces moissonneurs avaient *exploité* leur pays, les uns sous le terrible *Fra' Diavolo*, d'autres sous des chefs non moins barbares; et il était facile de voir par les stigmates des nerfs de bœuf et des fers empreintes sur leurs membres, qu'une partie venait d'achever son temps au bagne. J'étais à cheval, en uniforme, escorté de deux gendarmes, quand arriva cette horrible phalange. Mais ayant passé quelques heures au milieu des troupeaux de buffles de la princesse Gaëtani, je me rassurai, tout en étant bien convaincu que la comparaison était en faveur des animaux. J'avais naturellement fixé les regards de ces hommes de proie, et je suivais avec attention la manœuvre que le gardien de la ferme dirigeait à cheval, quand, à un signal donné par le prêtre calabrois, il se trouva au milieu de son peuple, qui, formant un vaste cercle, se mit à genoux et écouta silencieusement la prière. Je pensai alors que, pour le moment, il valait mieux se trouver au milieu des Napolitains que des buffles.

Cependant le gardien vint me proposer de visiter sa ferme. Il faisait ce jour-là, à la fin de juillet, en rase campagne, une chaleur de trente degrés, dont les Calabrois s'inquiétaient peu. Après la prière, d'agenouillés qu'ils étaient, ils se trouvèrent couchés, et ce fut un repos général, excepté pour les ânes et les femmes, qui entrèrent après moi dans la cour de la ferme, où ils prirent la direction qui leur était connue de l'année précédente. Le gardien me mena à la boulangerie, où un étrange spectacle frappa mes regards, en même temps que l'excès de la chaleur combinée des fours et de l'atmosphère en rendait le séjour insupportable. Une douzaine de boulangers complètement nus, armés de longues pelles de bois ou de fer, enfournaient la pâte; d'autres retiraient les pains; d'autres enfin disposaient. le long des murs de la tour carrée qui servait à la boulangerie, des *régimes de pagnottes* brûlantes, destinées au premier repas des moissonneurs. Or ces *pagnottes*, ou petits pains ronds, ne pesant chacune qu'un sixième de livre, sont faites avec la fleur de la farine ; ce sont les mêmes que les dames romaines trempent dans leur café. On peut juger de l'immense quantité qu'il en fallait pour chaque repas à quinze cents moissonneurs; le fait est que les parois des murailles en étaient couvertes à une hauteur de plus de vingt pieds : les boulangers avaient travaillé toute la nuit. Je dis au gardien qu'en France, où l'on moissonnait aussi, et où l'on nourrissait les moissonneurs, le fermier faisait cuire d'avance de gros pains ronds pesant six à huit livres, et pétris de froment et de seigle, que les travailleurs mangeaient rassis. Mon observation excita soudain une indignation générale, où ne furent pas ménagés mes compatriotes les moissonneurs français, qui furent traités d'esclaves, de sauvages, par ces gens qui n'avaient pas de culottes. Le gardien me dit que ces Calabrois, qui ne vivent que de poisson sec et d'huile rance, se révolteraient et mettraient tout à feu et à sang, malgré le prêtre, s'ils ne trouvaient pas la pagnotte brûlante. Il convenait bien avec moi que le pain rassis serait d'une grande économie d'argent pour son maître, et de travail pour ses valets : *Mais vraiment*, ajouta-t-il en saluant mon excellence, *il n'y a que les damnés qui peuvent manger du pain dur*.

On ne peut se figurer quel était chaque jour le résultat véritablement magique du travail simultané de tant d'hommes moissonnant des champs à perte de vue, et dont les blés dépassaient une hauteur de cinq pieds. Avant la moisson il n'y avait plus d'horizon ; insensiblement on le voyait renaître. Ce n'était plus une plaine monotone et dorée, triste par sa propre richesse, fatigante par l'aspect de sa mobile immobilité ; chaque jour faisait retrouver dans ces larges plis du terrain qui dessinent si fièrement la Campagne de Rome, la petite chapelle, le moulin, la vieille tour, les grandes ruines, perdus dans son immensité. Enfin, du pied de la ferme, on revoyait la mer et les pêcheurs de Nettuno. C'était le sol romain rendu à toute sa majesté. La moisson fut terminée un samedi ; les granges étaient pleines jusqu'au faîte ; les champs, totalement dépouillés, qui avaient servi de lit aux moissonneurs, ne présentaient plus qu'une réserve de gerbes énormes. Le lendemain, jour de fête et de repos, ces gerbes, couchées, et disposées en gradins, supportaient un autel rustique ; quelques-unes debout, à l'entour, figuraient des colonnes tronquées, du milieu desquelles s'élevaient de grands rameaux arrondis en dôme au-dessus de l'autel, pour abriter le prêtre de la chaleur. Deux lampes y étaient suspendues ; elles éclairaient une madone au visage noir, à la robe dorée, venue de la montagne avec les moissonneurs, et placée entre deux touffes de fleurs répandues également sur la nappe du sacrifice. Vêtu d'un vieux surplis, orné d'une simple étole, le prêtre célébra le saint mystère. Les moissonneurs assistaient à genoux et nu-tête à cette solennité champêtre ; leur silence n'était interrompu que par les *meâ culpâ* redoublés qui retentissaient sur leurs larges poitrines. C'était une véritable scène des premiers chrétiens, quand, en plein air, sous le même cli-

mat, un apôtre simple et grossier appelait au baptême, au repentir, à la prière, des hommes ardens, esclaves, presque sauvages, tels que lui-même avait été au milieu d'eux. Un missionnaire de l'Abyssinie aurait cru retrouver ses néophytes dans ces enfans de la barbarie et du soleil.

On voit en France, chaque année, des émigrations semblables de travailleurs et de montagnards qui, n'ayant chez eux ni moissons ni vendanges, vont en troupe faire ces deux récoltes dans d'autres provinces. Dans l'État Romain, où tout porte un cachet singulier, original, ce sont des recruteurs du pays même qui s'engagent avec un *mercante di campagna* à lui amener l'année suivante tant de moissonneurs. Ce contrat se fait, se conclut, pour un prix arrêté, avec des signes taillés sur de petits morceaux de bois tels que les marques de nos boulangers : l'écriture étant inconnue dans les sauvageries de l'Abruzze et de la Calabre, cette espèce d'hiéroglyphe de ménage suffit à tous les besoins. Il arrive souvent que ces recruteurs ou caporaux demandent au fermier romain, après la moisson et le paiement de la solde, une avance sur les travaux de l'année suivante, ce qui leur est toujours accordé ; et alors le reçu de cette nouvelle somme est ajouté et représenté par une autre entaille sur la marque où a été spécifiée la force du contingent prochain. Jamais ces caporaux étrangers ne manquent à un tel engagement, soit pour le nombre des moissonneurs, soit pour le jour de leur arrivée ; mais ils s'abstiennent de répondre de leurs gens autrement que sous le rapport du travail ; c'est au gardien à tenir soigneusement fermées les portes de sa ferme contre ses hôtes extérieurs. Sans cette précaution indispensable, il serait bientôt dévalisé de tous ses vêtemens et de toutes ses provisions. Toutefois, malgré sa vigilance, comme il a chez lui en hospitalité, dans une de ses granges, les femmes qui ont suivi la horde nomade, il est bien rare qu'il n'ait pas de sérieuses réclamations à faire aux caporaux. Ce fut ce qui arriva au gardien. Mais ceux-ci lui répondirent : « Nos gens « ne sont pas engagés pour ne pas voler, mais « seulement pour moissonner. Votre moisson « n'est-elle pas faite ? C'est à vous à vous garder « chez vous. Hé, hé, sor Antonio, seriez-vous « où vous êtes vous-même, si l'on s'était toujours « gardé chez soi ?... » et un rire satanique mit fin des deux côtés à l'explication.

Le soir même, après avoir dîné en poste à Velletri, je couchai à Genzano, où m'attendaient de plus riantes images. Je me vis réellement transporté de l'enfer au paradis. J'avais soif d'ombrage et de fraîcheur, et aussi de revoir des êtres complètement humains. Les fiévreux d'Ostie et de Terracine, les brigands de Fondi, les postillons spectres des marais Pontins, les buffles, les sangliers, les Calabrois de la princesse Caëtani, et la canicule de la moisson et celle de la messe, me poursuivaient comme d'insupportables vampires, et me tenaient, tout éveillé que j'étais, sous la torture d'un véritable cauchemar. Aussi, à peine arrivé à Genzano, au lieu d'entrer dans l'auberge, je me hâtai d'aller renouveler mes poumons, mes idées, mes sensations, sous ces immenses platanes qui baignent leurs rameaux vierges dans les ondes limpides du lac de Nemi. C'était bien ce soir-là le *miroir de Diane*, le *speculum Dianæ* des anciens Romains, *lo specchio di Diana* des modernes, nom poétique et naturel que la mythologie lui a laissé. Ce lac balançait en effet mollement sur ses eaux doucement agitées le disque de sa déesse, dont les pâles rayons répandaient leur lumière pudique sous les voûtes colossales de la forêt sacrée. Insensiblement je cédai à l'empire de la douce et suave nature qui m'environnait ; je sentis mon cœur se dilater, mes esprits renaître, et s'évanouir, comme un rêve fatal au sein d'une hospitalité désirée, le souvenir d'un pénible voyage. La jouissance que je ressentais était d'autant plus vive, plus profonde, qu'elle agissait à la fois sur mes sens et sur mon âme, et les renouvelait ensemble par une égale puissance. Dans l'espèce de ravissement, de délire même où j'étais plongé, l'exaltation de mon esprit se représentait le bonheur de l'Arabe voyageur qui, perdu dans le désert, épuisé de soif et de fatigue, trouve dans un oasis une source et un ombrage ; ou bien même la félicité inespérée d'un exilé, qui se revoit soudain dans les bras de l'ami de son enfance. Hélas pauvre nature humaine ! Je n'avais éprouvé, comme tant de voyageurs, que de la fatigue, du dégoût et de la chaleur ; et je comparais ces maux faibles et passagers aux supplices du désert et de l'adversité !

Le lendemain, guéri de moi-même, reposé de ce que j'avais appelé mon repos, je me levai avec des idées plus saines ; je donnai un sourire de pitié à toutes mes consolations de la veille, et j'allai demander au soleil justice de mes lunatiques inspirations.

J'étais dans une petite ville d'environ quatre

mille âmes, duché de la maison Sforza Césarini, sortie des Sforza et des Médicis, c'est-à-dire des deux familles qui ont le plus illustré leur nom, leur patrie et les arts. Genzano est bâti à mi-côte et traversé par une large rue qui annonce le domaine d'un souverain. En effet, sur le point le plus élevé, est placé le casin ducal, dominant d'un côté la ville et les aspects d'une riche campagne que termine la Méditerranée, et de l'autre le lac de Nemi, son village et la belle forêt qui le couronne; en face est une longue avenue de beaux tilleuls, qui se perd dans un horizon de verdure. Je m'attendais à trouver ce casin, si bien situé, au moins bien entretenu, bien que je susse qu'en raison de l'invincible horreur qu'ont les seigneurs et les dames de Rome pour la campagne, il ne serait pas habité. Mais quel fut mon étonnement quand le concierge m'avertit de ne pas poser le pied indifféremment dans l'intérieur de ce petit palais. Sa recommandation ne fut que trop tôt justifiée. Il ouvrit avec précaution une grande porte vermoulue. Deux grandes poutres debout soutenaient intérieurement la maçonnerie de cette porte et la façade du casin; il fallait se glisser rapidement entre elles, en évitant de les toucher, au risque d'être écrasé par la chute du couronnement qu'elles supportaient à peine. Plusieurs pièces pleines de plâtras formaient le rez-de-chaussée; il était clair que la maison tombait un peu tous les jours. L'escalier répondait à cette ruine; il y manquait plusieurs marches. Enfin j'arrivai avec assez de peine dans un vaste salon en galerie, orné de plus de cent portraits des personnages les plus distingués et des femmes les plus belles des cours magnifiques et voluptueuses de Milan et de Florence; c'était un véritable musée de famille. Mais, oserai-je le dire? l'étage supérieur était dépouillé de sa toiture; le plafond de ce beau salon avait été enfoncé par la chute de ses débris; il y pleuvait, et ces beaux visages de femmes célèbres étaient voilés d'une couche épaisse de poussière et de plâtre qui avait totalement dégradé les portraits placés dans le milieu de la galerie. Ceux qui décoraient les angles étaient plus à l'abri de la destruction, et leur conservation apparente n'accusait que plus hautement l'incurie impie de leur descendant. Une telle sauvagerie me causa une horreur bien plus grande que tout ce que j'avais vu dans ma tournée, et je redescendis de nouveau me consoler, sur ce rivage dont Diane était toujours la déesse, du dégoût que me causait cette dernière scène de barbarie.

En récapitulant toutes celles qui depuis plusieurs jours m'avaient passé sous les yeux, je me ressouvins des parias d'Ostie, qui, pour avoir du pain, faisaient de la chaux avec des marbres antiques; et bien certainement le duc de Genzano me parut cent fois plus Vandale.

Comme je suivais avec son concierge les bords enchantés du lac, il me fit remarquer un endroit très-profond où était submergée une maison de plaisance de Tibère. On en voyait, dit-il, encore les restes il y a trois cents ans; mais la vase les avait totalement recouverts. Cette invention de bâtir un palais sur un bateau, qui m'eût paru simplement originale de la part de Trajan ou d'Adrien, me sembla plus que suspecte de la part de Tibère. Le bateau avait 140 mètres de long sur 70 de large; par conséquent il pouvait contenir un bâtiment en bois de 300 pieds de longueur sur 150 de largeur, et, en supposant même, ce qui est plus que probable, une galerie ouverte tout à l'entour.

Ce ne sont pas les bois, les eaux, la fraîcheur, les beautés naturelles de ce site ravissant, qui auront charmé Tibère; sa solitude seule l'aura frappé : ce lac tout entier caché par son rivage; à l'entour le rempart impénétrable de la forêt sacrée; au-delà un camp! Soudain aussi il conçut le dessein de faire de son palais nautique, inaccessible à tous les yeux, le théâtre ignoré de ses horribles passions. Et comment douter, d'après Tacite, que ce monstre de débauches et de cruautés ait souillé de ses infâmes profanations le miroir de la chaste déesse, et fait servir encore à ses barbaries le silence de ses eaux? Là sans doute, dans ces lieux si chéris des dieux et de la nature, Tibère ébaucha l'essai de l'infernal séjour de Caprée. L'île factice le conduisit à l'île véritable, où il devait tout faire en grand. Cette image de Tibère, ce vandalisme du duc Césarini, gâtèrent pour moi l'élysée de Nemi, et je courus l'oublier à Larricia.

L'immense colonnade de verdure qui partage la forêt de Diane n'est interrompue que par le temple d'une plus sainte protectrice. Au milieu de cette vaste solitude, l'église élégante de Notre-Dame-de-Galloro semble offrir au voyageur sa divine hospitalité. Les intervalles des grands arbres laissent voir de temps en temps, au-dessus des pentes cultivées et boisées sur lesquelles ils sont suspendus, le beau spectacle de la mer brillant à l'horizon. Quelques maisons, cachées dans des groupes de chênes et de hêtres, annoncent

ÉTAT ROMAIN.

bientôt le joli village de Larricia, élevé, dit la fable ou l'histoire, sur les ruines de la ville nommée par Hippolyte du nom de sa chère Aricie.

A Larricia, la résurrection du fils de Thésée est toute populaire, tandis que ses esprits forts, qui croient à l'amour incestueux de Phèdre, ne croient pas à l'*indomptable taureau, dragon impétueux;* ils se contentent d'affirmer qu'après une scène de famille un peu vive entre Thésée, Phèdre et Hippolyte, celui-ci quitta le palais de son père avec la jeune Aricie, prit un vaisseau dans le port d'Athènes, et débarqua, après la plus heureuse navigation, dans celui de Laurentum, où l'hospitalité latine accueillit les nobles fugitifs, et leur concéda en toute propriété le monticule, le bois et la vallée qui portent encore le nom d'Aricie.

Habitué que l'on est, dans les États du Saint-Père, à rencontrer sur son chemin des villes fondées, soit par le Corinthien Démarate, soit par Diomède, soit par un fils d'Ulysse et de Circé, soit par celui de Vénus et d'Anchise, soit Rome, enfin, par le fils de Mars et d'une vestale, on n'éprouve plus la moindre répugnance à partager l'opinion des esprits forts de Larricia. Il y a en Italie tant de témoignages païens et chrétiens, tant de monuments de l'histoire antique et moderne, qu'involontairement, à force d'habiter cette belle partie de l'Europe, on finit par confondre dans son respect le Panthéon et Saint-Pierre, comme on confond dans son amour ou dans sa haine Adrien et Léon X, Tibère et Borgia. Voyez quel piége tend au voyageur chrétien la forêt consacrée à Diane, en lui offrant tout à coup sous son ombrage païen l'église de la Vierge Marie!

On est moins étonné de trouver sur les ruines de l'antique citadelle du château seigneurial du prince Chigi, près duquel s'élève la coupole d'un temple du Bernin. Un grand parc descend de ses vieilles murailles; il en couvre les débris tant de fois séculaires sous des arbres énormes dont l'âge aussi est inconnu. Le noble aspect de cette grande fabrique ajoute à la beauté du paysage, qui étale autour de lui et déroule à ses pieds les richesses de l'horizon que nous venons de parcourir.

Élevée en partie sur les substructions colossales de la voie Appia, qui a vu passer l'histoire de tant de siècles fameux, Larricia semble être le caravansérail où le monde fatigué a dû se reposer souvent. La profondeur, la paix de ses ombrages, auront été hospitalières aux tributaires du Capitole. La sagesse, ou l'étude, ou l'amour, pourraient également y choisir un asile. J'y connais telle retraite où l'homme dont la vie a été la plus pleine, la plus agitée, aimerait à abriter ses souvenirs, ainsi que l'histoire des antiques Albains y conserve les siens. Voyez ce bassin fertile, brillant de toutes les productions de la nature : il fut un cirque où coula le sang des hommes; plus tôt, il avait été un lac à qui Columelle donne le nom de Turnus, et ce lac avait été le cratère d'un volcan!

Avant d'arriver à Albano, la tradition poétique avait consacré un chêne immense, sous lequel Virgile venait s'asseoir et méditer son grand poëme national. Le site était bien choisi. Assis sur la terre des Albains, le poëte avait sous les yeux les champs et les plages maritimes des Latins et des Rutules; derrière lui s'élevait, à près de 3,000 pieds au-dessus de la mer, le mont Albane, nouvel Ida, sur les sommets duquel il devait, à l'exemple d'Homère, placer les célestes témoins des combats de son héros.

Ce vieux chêne, dont la longévité sur ce sol si puissant pouvait accréditer cette croyance populaire, aussi bien que celle qui est attachée aux antiques oliviers de la plaine de Troie, était réellement l'objet de la vénération des habitans, une espèce de dieu domestique, dont ils protégeaient la conservation. Il y avait quelque chose d'antique, de filial, de mythologique peut-être, dans ce culte rendu par les laboureurs de Larricia et d'Albano à l'arbre le plus vieux de leur pays. Cette piété si naïve avait placé, sous ce chêne déifié par elle, un homme aussi déifié par son génie, afin que la mémoire de l'un protégeât la vieillesse de l'autre.

On avait vu cependant à de longs intervalles, dont aussi le souvenir était resté, tomber sous la cognée des conservateurs du chêne de Virgile, d'immenses rameaux desséchés par les années, nuisibles par leur poids au tronc paternel, incapables de recevoir et de transmettre la sève précieuse qui lui restait. Ainsi soulagé de ses membres inutiles, le vieux athlète présentait les glorieuses mutilations de son long combat avec le temps, et semblait se complaire à cacher chaque année, sous un épais feuillage, son héroïque difformité.

Mais, il y a peu d'années, le chêne sacré donna sa dernière feuille, dont la beauté, fruit d'un dernier effort et de ce violent amour pour la vie qui saisit tout être mourant, semblait lui assurer encore une bien longue carrière. Au printemps suivant, son spectre apparut seul, immense, dépouillé, menaçant de ses bras flétris la route dont il avait été l'asile et la gloire. Alors vous eussiez vu toute la contrée se lever et honorer par ses regrets l'hôte superbe qui avait vu naître ses aïeux.

Cependant un vieillard français, le doyen, le maître de nos paysagistes, le vénérable Boguet, à qui, depuis longues années, la terre romaine était hospitalière, s'attacha au chêne expiré, comme l'hiérophante des funérailles. Jaloux de saisir les derniers momens, de recueillir, pour ainsi dire, le dernier soupir de cet ancien ami, dont tant de fois son pinceau avait retracé la beauté, chaque jour le voyait revenir avec son album et son crayon, et dessiner ce que la mort épargnait encore; chaque jour aussi le soleil, dépouillant le roi des forêts de l'épais tissu de son antique manteau, desséchait ses membres nus, livrait au bûcheron leurs masses livides, et, rendant plus pittoresque le squelette du vieux chêne, offrait au pieux et habile artiste des études plus savantes; jusqu'à ce qu'enfin, entièrement détruit par la chaleur et la cognée, entièrement dessiné jusqu'au moindre débris par le peintre, il ne restât plus du grand chêne de Larricia que le monument ruiné de son tronc gigantesque brisé sur ses énormes racines.

Aujourd'hui vous chercheriez en vain sa place sous les innombrables touffes de plantes et d'arbustes vivaces que depuis tant de siècles son ombrage tyrannique empêcha d'éclore. La nature est si jalouse de son éternité, qu'elle se hâte de recouvrir les moindres traces de ses ruines, comme si elle craignait qu'on ne la soupçonnât aussi de mourir, ainsi que font les hommes, les palais et les temples. A cette puissance de reproduction, afin de mieux fasciner nos regards, elle joint une ruse qui semble un secret dérobé à Dieu lui-même. Au lieu où vous avez admiré une belle forêt de hêtres, et où l'impitoyable cognée les aura tous abattus, l'année suivante vous voyez de tous côtés surgir une tout autre végétation. Au bout d'un lustre à peine, un bois de bouleaux s'est élevé sur la coupe des hêtres, ainsi qu'une colonie étrangère s'asseoit au foyer des anciens maîtres du sol. Cependant, bientôt, sous les colonnades argentées, sous le mobile et pâle feuillage des usurpateurs, l'épais et riche tapis d'une autre verdure frappe vos yeux, et vous reconnaissez la jeune famille des vieux habitans tombés sous la hache du bûcheron. Après s'être cachée, comme la proscrite d'une guerre civile, elle est venue se replacer où étaient ses pères, et bientôt le bouleau tombe à son tour et le hêtre reparaît.

Ainsi renaîtra un jour le chêne du Valarricia. Mais en vain la nature voudra cacher sa tombe, en la voilant d'un bosquet de myrthes ou d'arbousiers fleuris; chaque soir, n'en doutez pas, les cultivateurs qui rentrent à Albano et à Larricia se reposeront, selon leur ancien usage, sur le tertre où était l'arbre de Virgile.

Tout près d'Albano, les débris d'un monument bizarre ont une légende bien plus antique. Sur une masse informe de briques et de ciment s'élèvent cinq petits cônes irréguliers, que l'on appelle communément, en dépit de l'archéologie, le tombeau des Horaces et des Curiaces. Quelques savans ont cru y reconnaître, on ne sait à quoi, les trophées de Pompée. C'est absolument comme si l'on voulait reconnaître à son squelette un de ses ancêtres, quand il n'existe aucune inscription, aucun témoignage qui l'indique. Quant à moi, je confesse que dans les cas douteux, tels que celui-ci, je me mets volontiers du côté du grand nombre, surtout quand sa croyance ne choque pas ma raison. Or, si le fait de ce triple duel, qui donna l'empire à Rome, est vrai, ainsi que l'attestent ses historiens, les six champions n'ont pas dû se battre loin du monument des cinq qui succombèrent.

D'ailleurs, l'importance du résultat de ce combat ne permet pas de douter, indépendamment de la piété de cet âge pour les morts, et de l'habitude monumentale consacrée par les mœurs antiques, que les Romains et les Albains ne se soient empressés d'élever des tombes à ces généreux rivaux, et probablement sur le lieu même du combat. Les dogmes religieux, communs aux vainqueurs et aux vaincus, leur prescrivaient d'apaiser les mânes errans autour des corps sans sépulture. A défaut de ces derniers honneurs, il y avait honte et péril pour leurs familles et pour leurs nations. Rome avait trop gagné, Albe avait trop perdu à ce combat héroïque, pour négliger la solennelle expiation, ou du triomphe, ou de la défaite. Ces vieilles lois des anciennes races ont quelque chose de sacré, d'inflexible, qui commande le respect.

ID ETAT ROMAIN.

N° 3.

Albano. — Villa de Domitien. — Villa Barberini. — Panfili. — Corsini. — Monte Cavo ou Monte Albano. — Alba-Longa. — Lac d'Albano. — Nymphées. — Émissaire. — Capucins d'Albano, de Palazzuola. — Charles IV. — Brigands chez les capucins. — Rocca di Papa. — Castel Gandolfo. — Marino. — Grotta Ferrata. — Frascati. — Tusculum. — La Ruffinella. — Villa Aldobrandini.

Albano, peuplée de 4,000 âmes, s'étend voluptueusement sur les pentes de la colline où Pompée, Clodius et Domitien avaient leurs maisons de plaisance. Celles-ci ont été remplacées par les villas Barberini, Doria, Corsini, dans la proportion où les Romains modernes remplacent les anciens. Qui ne connaît les grands jardins Barberini tracés dans une faible partie de ceux de Domitien, cette église bâtie dans un coin des Thermes, cette autre qui s'est logée dans un petit temple de Minerve! Qui ne connaît aussi cette caserne prétorienne avec ses murailles, ses piscines, ses citernes, cet amphithéâtre, ce musée toujours appelé *Pinacotheca*, et ces restes d'une galerie gigantesque à moitié souterraine, promenade de marbre dont les fenêtres s'ouvrent sur la campagne maritime? Ses murs, de douze pieds d'épaisseur, supportent une voûte de la plus grande richesse, et encadrent un pavé tout en mosaïque. Quelles traces superbes du passage de ces maîtres du monde! Mais aussi par quelle puissante rivalité la nature semble-t-elle leur disputer les hommages de la postérité! Qui planta les chênes verts de la villa Panfili? Est-ce Doria ou Domitien? Plusieurs de ces arbres, jadis consacrés à Jupiter, ont vingt pieds de circonférence! Nos yeux modernes sont long-temps à s'habituer à cette contemplation des merveilles antiques et à juger des proportions des simples usages domestiques du palais d'un César, hôte d'une foule d'étrangers, protecteur d'une multitude de cliens, servi par des centaines d'esclaves, gardé par des milliers de soldats, qui aussi en habitaient l'enceinte. Fatigués bientôt de cette admiration colossale, nos regards vont chercher leur repos sur les beautés de la nature, dont la grandeur infinie les étonne aussi, mais les charme toujours. C'est ainsi qu'ébloui, blessé, par les rayons du soleil, l'œil retrouve sa guérison et sa sérénité sur les pentes verdoyantes d'un coteau. Avec quel plaisir aussi, échappé des voûtes impériales de Domitien, se retrouve-t-on sous les ombrages des jardins Barberini, Doria et Corsini!

Mais au milieu et à l'entour de ces palais anciens et modernes, des maisons élégantes et commodes annoncent, ainsi que leurs frais bocages, des hôtes moins illustres et des asiles plus agréables. C'est de ces villas, où rien n'est antique, que la douceur et la pureté de l'air, ou bien quelque sarcophage métamorphosé en fontaine, que, vers le commencement de la soirée, des essaims de promeneurs se précipitent, les uns sous les avenues de Castel Gandolfo, modeste palais de campagne du souverain pontife, d'autres sur la route de Larricia, d'autres sur celles qui conduisent aux Capucins, à l'Émissaire, aux Nymphées, à la Voie Triomphale, au couvent enfin des Passionistes, que la cime du mont Albane (*Monte Cavo*) voit remplacer le temple de Jupiter Latial, ainsi que le couvent de Palazzuola s'est assis sur une ruine de la rivale de Rome, de la ville d'Ascagne, d'Alba-Longa, la métropole des Latins, la patrie des Curiaces! Car, telle est la carte si variée, si riche en souvenirs et en jouissances de la petite contrée d'Albano. Aussi, au coucher du soleil, vous voyez, par tous les chemins, par tous les sentiers, passer et repasser en *caratelles*, à cheval, à pied, sur des ânes, des troupes joyeuses de jeunes Romains, pèlerins assez insoucians de cette terre classique des trois âges de leur histoire. Réunis sous les Nymphées, baignés des eaux du lac, leurs chants improvisés, accompagnés des vibrantes guitares, rappellent les amours des nymphes, et troublent celles des serpens qui les habitent. Plusieurs grottes communiquant ensemble par des passages secrets, creusés sous la montagne, indiquent, par leurs formes et le luxe de leurs débris, l'origine au moins patricienne de ces bains voluptueux. La nature a suspendu aux pilastres qui règnent à l'entour, des draperies de lianes fleuries, tombant des corniches, des caissons, des entablemens ruinés, et jetant un voile capricieux sur la nudité des niches, où les nymphes ne sont plus.

Plus loin, des rires bruyans frappent les airs. La scène se passe au fameux *Emissario*. Ce sonterrain fut ouvert l'an de Rome 336, afin de maintenir les eaux du lac à la hauteur constante de 900 pieds au dessus de la mer. Depuis 2,300 ans, ce véritable monolithe, long de 1,000 toises, supporte, sans la moindre dégradation, le poids du coteau qui s'élève perpendiculairement de 350 pieds au-dessus du lac. Camille fut l'auteur de cette œuvre colossale; elle fut terminée en un an. Non moins grand ingénieur que grand capitaine, il obtint un succès aussi rapide, en faisant creuser sur la hauteur, de 30 mètres en 30 mètres, des puits qui servirent à l'extraction des déblais. Éclairé soudain par son propre ouvrage, Camille vola au siége de Veies, et y introduisit le soldat romain par une mine semblable creusée sous ses remparts. Un canal découvert, qui reçoit les eaux du lac, les porte sous un grand arc à plein cintre où commence le canal souterrain. Le lac a 800 arpens de superficie et déverse ainsi le trop plein de ses eaux, que le Tibre reçoit enfin à trois lieues au-dessous de Rome. Des massifs d'arbres énormes, implantés sur d'énormes massifs de pierres liées et disjointes à la fois par leur impérieuse végétation, s'élèvent comme un vaste portique à l'entrée de l'Émissaire. Ils entretiennent la fraîcheur des eaux, et servent encore d'asile et de rendez-vous aux promeneurs et aux curieux. Aussi, c'était sous leurs magnifiques ombrages que se trouvait l'une des sociétés rieuses, si communes à Rome, où le plaisir est la grande, l'unique affaire de la vie. On était occupé à équiper une flotte; tous les matériaux étaient préparés; on s'était pourvu de petites planchettes, sur lesquelles de petites bougies étaient collées. C'était le moment de l'illumination, quand je surpris les argonautes du souterrain. Tout à coup, les légers et brillans esquifs furent mis à l'eau et entraînés par le courant. Leurs mille fanaux éclairèrent dans leur fuite les parois de la route. Ils figuraient de loin, dans son obscurité toujours plus profonde, un vol de ces mouches phosphoriques, de ces transparentes *lucioles*, qui, la nuit, semant d'étincelles l'atmosphère et les buissons, semblent célébrer des jeux planétaires.

Dans toute l'Italie, quand vous voyez, sur un monticule dominant un beau paysage, s'élever au-dessus d'un bâtiment long et à deux petits étages tapissés d'une grande vigne, un clocher grêle et à jour, où pend une seule cloche, vous êtes certain que c'est un couvent de capucins. Les bons pères semblent vouloir inviter de loin le voyageur à donner ou à recevoir la charité. Le grand air aussi les repose de leurs courses, et supplée par son influence à la propreté, que l'humilité de cet ordre a toujours regardée comme un luxe profane. Aussi, sur la hauteur occidentale qui s'élève, par une pente de platanes, du rivage du lac, au-dessus de son vaste entonnoir, au bord de la route qui mène de Castel Gandolfo au Monte Cavo, est situé le monastère des capucins, dont ceux de Palazzuola semblent être les affranchis.

En 1812, à l'époque de la vente des biens du clergé, M. Martial Daru, intendant de la couronne, acheta le couvent des capucins d'Albano. C'était une rage alors, dont le roi Charles IV avait donné l'exemple en achetant, le jour même de la première adjudication, le monastère de Sainte-Praxède et le couvent contigu, situés à Rome, vis-à-vis du prieuré de Malte : de sorte qu'en voyant le roi très-catholique propriétaire de deux couvens, bien des scrupules s'évanouirent, même parmi les nationaux. Ceci me rappelle que, peu de jours après, le roi m'ayant demandé si les maîtres de musique que j'avais donnés à l'infant D. Francesco di Pola étaient contens de lui, je lui répondis que le jeune prince ne voulait chanter avec eux que de la musique d'église. « Cette « disposition, ajoutai-je, annonce peut-être une « vocation pour l'état ecclésiastique, et alors il y « aurait, en Italie comme en Espagne, un car-« dinal de Bourbon. — Un cardinal ! répondit le « roi avec humeur; un abbé de Bourbon, c'est « assez pour lui; je lui donnerai mes deux cou-« vens. »

D'après de tels exemples, le gouverneur-général Miollis m'engagea à acheter la petite capucinière de Palazzuola, dont l'aspect n'était pas moins riant, moins pittoresque que celui des capucins d'Albano. J'y consentis, à condition qu'il voudrait m'accorder une garnison, que l'on pourrait établir sur un des vieux remparts d'Alba-Longa, qui domine cet ermitage. Et en effet, comme je l'ai déjà dit de tous ceux qui vivent du bien d'autrui, il y avait une sorte d'alliance de nécessité entre les capucins et les brigands qui leur avaient octroyé le droit d'asile en leur faveur; de sorte que, quand ils étaient poursuivis du côté de Rocca di Papa, ils venaient passer la nuit, tantôt chez les passionistes du Monte Cavo, tantôt chez les capucins du lac. Il en était de même quand ils étaient ou malades ou blessés. Ils étaient sûrs de trouver chez ces moines au moins la charité du Samaritain. Ces habitudes ne me garantissant pas suffisamment les agrémens de la possession de Palazzuola, malgré ses beautés naturelles je crus devoir y renoncer, et je me contentai de le visiter souvent. Or il y était resté

trois hospitaliers. Ces pauvres moines, dans leur ruse de capucins, avaient imaginé, afin de se soustraire à la police française, de découper leur robe monastique en longue redingotte, avec un petit collet et de grands revers attachés par de gros boutons. Ils avaient aussi porté la réforme sur leurs barbes, qu'ils coupaient tous les mois, et croyaient bonnement ressembler à des cabaretiers paysans. Plusieurs fois j'y ai pris, comme on prend chez de pauvres mendians, quelques rafraîchissemens. Plusieurs fois aussi, j'ai trouvé sur la table les traces d'un repas plus matinal que le mien. Il y avait de temps en temps un ou deux volets de fermés aux cellules, ce qui annonçait un ou deux malades. Ils disaient alors que c'étaient de pauvres voyageurs; et en effet, les brigands sont toujours en voyage. Comme je payais toujours largement leur hospitalité, ces demi-capucins me voyaient revenir avec plaisir. La dernière fois que j'allai à Palazzuola, c'était à la fin de 1813; ils me prièrent en confidence de ne pas dire au directeur-général de la police, qu'ils étaient restés *déguisés* dans leur couvent. Un sourire me prit alors. « Eh! mon Dieu, révérends pè-
« res, leur dis-je, il y a près de trois ans qu'il le
« sait, et c'est lui qui vous prie encore d'accepter
« cette légère aumône; mais ne donnez plus à
« coucher ni à manger aux brigands. » Je les laissai confondus.

Pendant l'été, la chaleur est excessive à Rome, et l'hiver y est trop tempéré pour produire de la glace; mais il neige beaucoup sur les montagnes voisines, dont Monte Cavo est le plus grand promontoire. Les glacières, ou la neige se conserve pour la consommation de Rome, sont à *Rocca di Papa*, village d'environ 2,000 habitans, bâti sur un pic volcanique qui forme le second gradin du mont Albano, dont *Castel Gandolfo*, *Marino* et *Grotta Ferrata* occupent le premier. Cet immense approvisionnement de Rome, où l'on boit frais et à bon marché, est confié à un fermier que l'on nomme l'*appaltatore della neve*. Rocca di Papa est aussi renommée pour la beauté de ses châtaigniers, dont la sève est puissamment entretenue par la profondeur de la Pouzzolane, où plongent leurs racines; tandis que leur ombrage épais abrite invinciblement du soleil les puits creusés dans le roc, où la neige foulée et entassée prend bientôt la compacité et la transparence de la glace. A côté de ce village est un plateau qui a gardé le nom de *Campo di Annibale*. Certainement ce grand capitaine ne pouvait choisir une position plus favorable à l'exploration des environs de la ville qu'il voulait assiéger.

Placé sous la double influence de la chaleur et du froid, le paysan de Rocca di Papa doit à ces deux élémens contraires la constitution robuste qui le distingue. Endurcis par les travaux que nécessitent chaque hiver l'amoncellement de la neige sur la haute montagne et son transport aux glacières, indépendamment de ceux de l'agriculture, les paysans de cette région élevée sont un objet perpétuel de séduction de la part des brigands, jaloux de recruter des hommes à l'épreuve des fatigues et de l'intempérie des saisons. Aussi il était rare que Rocca di Papa ne fournît pas son contingent à la *montagne*, c'est-à-dire au brigandage. Les bandes étaient d'autant plus intéressées à cette association, que le site écarté du village, les rochers, les bois, les escarpemens, les ravins qui l'entourent, leur offraient une espèce de camp retranché, dont les couvens voisins étaient à la fois les magasins, les hôpitaux et la sauvegarde.

Les montagnards sortent rarement le soir sans être armés : le stylet passé dans la ceinture fait partie du costume. Il n'est pas prudent de faire une promenade philosophique au clair de la lune de Rocca di Papa; car ses habitans aiment aussi la promenade du soir, et de plus, c'est l'heure où ils reviennent des champs avec leurs pioches et leurs bêches. Cependant, parmi les promeneurs à qui vous souhaitez *la bona sera*, il s'en trouve qui vous répondent : *Grazia, ma è molto tardi*, merci, mais il est bien tard. En effet, dans la campagne, le vol est assez généralement justifié par l'occasion et par l'impunité. Voler un étranger qui passe, et qu'on ne doit jamais revoir, fait en quelque sorte partie du droit naturel du paysan... « Pourquoi passait-il par là?... Je ne le
« cherchais pas... Le diable m'a tenté... » C'est comme le nègre de nos colonies, surpris volant son maître.

Le crime ne commence réellement pour les paysans romains qu'à l'assassinat. Le sang une fois versé est l'engagement d'en verser toujours, et le village ne convient plus au meurtrier; il lui faut la *montagne*. Dans nos campagnes, les querelles se terminent ordinairement par des coups de poing : en Italie, elles commencent par des coups de couteau. En voici un terrible exemple arrivé dans un village voisin en 1812.

Un jeune paysan, nouvellement marié par

amour, comme c'est la coutume, prend querelle pour cinq *baïoques*, pour cinq sous, en jouant à la *moura* avec son meilleur ami, et lui plonge son couteau dans le cœur. Le voyant mort, il s'arrache les cheveux, se livre au plus violent désespoir, et se sauve sur la montagne. A peine a-t-il perdu de vue le clocher de son village, il songe à sa jeune femme qui l'attend, et qu'il a laissée exposée seule à un autre amour que le sien. Voulez-vous savoir ce que produisent sur cet amoureux de vingt ans la douleur et la jalousie de la séparation? Le voici : rentré furtivement la nuit comme un assassin dans son village, il rentre de même comme un amant dans sa maison : sa femme se jette dans ses bras, il la presse tendrement sur son cœur, et la tenant toujours embrassée, il la frappe du même couteau qui a tué son ami, et l'étend morte à ses pieds. « *Adesso sono libero*, à présent je suis libre, » s'écrie-t-il avec une joie infernale, et il court grossir la bande du fameux *Dieci-Nove*, Dix-Neuf, ainsi nommé du nombre de ses meurtres. Tel fut l'aveu de ce jeune meurtrier, surpris quelque temps après dans une embuscade par la gendarmerie. Il ne déguisa rien, tant il se crut justifié par le sang de sa femme et de son ami, d'avoir pris parti parmi les brigands.

Voilà ce qui a lieu sans doute encore aujourd'hui, sous ce gouvernement de prêtres, qui, également ignorans et passionnés, ne savent prendre aucun empire sur les passions de leurs paroissiens. La justice française avait merveilleusement commencé cette réformation ; elle avait débuté par réprimer ; elle avait fini par prévenir. Les crimes étaient devenus rares : la peur du code avait remplacé la peur du diable. « Il n'y a pas à « rire, disaient les gens du peuple, avec la jus- « tice des Français ; ils vous coupent la tête d'un « homme pour un pauvre petit coup de cou- « teau. » Toutefois, il faut rendre témoignage aux prêtres, quand ils assistent les condamnés ; ils n'ont pas su les faire bien vivre, mais ils savent les faire très-bien mourir, ce qui est beaucoup sans doute : mais il valait mieux s'y prendre plus tôt.

Avec quel charme, *échappé* au pittoresque âpre et terrible de Rocca di Papa, d'où Annibal menaça Rome, l'on se retrouve sous l'asile modeste et paisible de Castel Gandolfo, d'où le pape la bénit chaque jour de l'été. Là on est redescendu dans la zône des enchantemens, à la poésie riante, gracieuse, brillante, du double éclat de la nature et des arts. Elevé à 1,200 pieds au-dessus de la campagne romaine, sur un amphithéâtre de jardins, que couronnent des portiques de verdure gigantesques, dominant au loin les hautes ruines, les longs aqueducs, les tours, les murailles, les coupoles, les palais et les sept collines de la reine des cités, et les vastes plaines dont l'horizon se perd dans celui des flots, Castel Gandolfo semble de loin un immense autel, dont la nature entretient l'éternelle solennité par ses guirlandes vertes et fleuries, par ses parfums, par la majesté de ses ombrages, comme elle en accompagne la prière du murmure de ses eaux, des ses brises du soir et du matin, et du concert de ses oiseaux.

C'est la nuit surtout que se révèlent les délices secrètes du paysage : la nuit, où tout dort, excepté le parfum, la pensée, la prière ; la nuit, dont la fraîcheur féconde renouvelle silencieusement les trésors du jour ; la nuit, dont le front chargé d'étoiles semble en secouer la rosée sur la terre, alors que des myriades de *luciole* la déposent de leurs ailes de feu en perles d'opale sur l'acanthe des bois et la primevère des prairies. La déesse de Nemi, dans sa course inégale, préside à cette grande fête de la nuit, et fait scintiller ses rayons sur toutes ses clartés, ainsi que la cascade de la montagne disperse ses eaux aux ruisseaux des vallons. Soudain, au premier chant de l'alouette, le visage de la voyageuse nocturne a pâli ; au cri d'un faible oiseau, craintive d'être surprise dans ses jeux, la chaste reine des astres a fui, et dans sa fuite, elle laisse errer dans les cieux un léger voile encore empreint de sa lumière.

Déjà Albano se réveille sur son lit de fleurs, le front caché sous les ombrages Barberini, appuyant nonchalamment ses bras aux voûtes de Domitien, et ses pieds d'albâtre aux bocages Doria. La cime du mont Albano étincelle des feux du matin ; le lac les réfléchit dans son miroir. La coupole du Bernin se colore à son tour dans l'enceinte de Castel Gandolfo, et au loin, la croix d'or de Saint-Pierre, brillant télégraphe du jour, transmet à Rome et à la tour d'Astura le rayon qui lui vient de la villa Pontificale. Une nappe d'or jaillit tout à coup du tombeau d'Ascagne, et s'étend sur l'avenue des sépulcres sans nom de la voie Appia jusqu'au monument de Cecilia Metella, fille de Crassus. Bientôt un jet de lumière découvre le temple des Muses, la fontaine d'Égérie et sa vallée mystérieuse, qu'Anni-

bal ne put franchir, où Caracalla célébra ses jeux sanguinaires, où le jeune Sébastien tomba sous les flèches romaines. Le jour a paru dans toute sa splendeur : il a rendu l'immobilité aux visions colossales de *Roma Vecchia*, à ses ruines debout, à ses ruines couchées, à son théâtre, à sa fontaine sans naïades, à son temple sans dieu, à ces massifs informes et bizarrement dégradés de grandes briques rouges et noires, qui, dépouillés de leurs marbres, comme des morts de leurs linceuils, semblent mouvoir sous leurs manteaux de lierre leurs formes fantastiques aux clartés tremblantes de la lune, et redemander au successeur de Ganganelli ce peuple de statues qui consolait Roma Vecchia du veuvage de ses habitans. La nuit romaine tout entière s'est réfugiée, ainsi qu'en un sanctuaire, sous les voûtes des Catacombes, où dort confondue la poussière des volcans et des chrétiens, dédale de la vie et de la mort de tout un peuple de martyrs, dont saint Sébastien a nommé le funèbre hypogée.

La vallée qui, à l'est, descend de Castel Gandolfo, et qui conduit à *Marino*, à *Grotta Ferrata*, à *Frascati*, rappelle une antique mémoire sous ses jeunes ombrages. Ses pentes adoucies, ses riantes cultures, vous disent qu'elle ne fut ni un cirque, ni un amphithéâtre, comme celles de Larricia et d'Égérie; jamais ses échos rustiques ne retentirent des cris sauvages et déchirans des gladiateurs et des monstres de l'Afrique, ni des applaudissemens plus barbares, plus féroces encore des enfans d'Albe et de Rome. Ils ne redisaient jadis que les chants et les vœux communs des nations latines, que chaque année réunissait le culte de la déesse *Ferentina*; culte primitif et poétique, culte sublime et simple, qui offrait des fleurs en retour des moissons, et appelait la divinité de l'abondance en témoin des sermens de l'union des peuples. Quelle politique moderne peut se placer à côté d'un tel contrat, dont l'abondance, fruit du travail, dont l'union, fruit de la richesse, étaient la loi et la garantie! Quelles mœurs aussi que celles à qui une semblable politique pouvait suffire! Qui s'oppose au retour de ces mœurs? Les peuples sont encore là; la terre leur est toujours féconde, et le monde semble vouloir remonter à son origine. Les foudres du Vatican sont éteints; les volcans d'Albano, de Larricia, de Nemi, l'étaient bien avant qu'ils ne fussent allumés. Il ne reste plus aux papes que la prière qui les a institués. Rien ne les empêche de redevenir les pasteurs des peuples, comme les rois d'Homère, les rois du Latium et les prêtres de l'évangile. La vallée *Ferentina* a bien conservé sa virginité au milieu des convulsions humaines ; elle n'a cessé de verdir, de fleurir, malgré les pompes et au milieu des ruines romaines de tous les âges. Quel jour que celui où l'oracle du Capitole, frappant à la fois les cimes de l'Apennin, du Cimino, du Soracte, de l'Albane, de l'Arthémisien et du Janicule, ferait entendre cette voix : LE CHRIST ET LA CHARRUE! Qu'il serait grand ce catholicisme renaissant de la crèche de l'enfant de Bethléem, qui aurait pour témoins le Panthéon, le Colysée, le Capitole et le Vatican! Dieux profanes, Martyrs, Césars, Souverains pontifes, il resterait après vous ce qui était avant vous, Dieu et la Nature, et un autel champêtre réunirait de nouveau les nations latines dans la vallée Ferentina!

Au sortir du vallon s'élèvent et s'étendent au loin de riches vignobles, d'où l'on voit surgir les clochers de Marino, Marino si connu par ses vins et par cet immense sarcophage devenu fontaine, où ses lavandières pittoresques, vêtues d'un long corset rouge et d'un court jupon bleu, coiffées d'un mouchoir blanc carré, ont tant de fois exercé les pinceaux et les récits des voyageurs. Les plus jeunes filles du village, soutenant d'une main sur leur tête de grandes amphores de cuivre, vont et reviennent sans cesse y puiser de l'eau pour leurs ménages, et, par leur pose élégante et noble, par leur marche légère et assurée, et aussi par leurs beaux et doux regards, rappellent les ravissantes poésies de la Bible et de la Grèce. C'est dans ces réunions de femmes rustiques, que se retrouve le type de ces beautés ardentes, robustes, tendres et passionnées, qui se jetant tout à coup entre les armées sabine et romaine, présentant leur sein aux javelots de leurs frères et de leurs époux, désarmèrent par le courage de l'amour la fureur et la vengeance, et ne firent qu'une famille des deux peuples. Les nymphes de Marino ont des mœurs plus gaies : les chansons d'amour, les vives saillies, les rires bruyans, se mêlent, autour de l'antique sépulcre, au retentissement des battoirs, au son monotone de l'eau qui tombe, aux frémissemens du linge qui se tord sous leurs doigts, et composent une harmonie bizarre et railleuse, qui jette une piquante variété sur la route de Frascati.

Marino est assis entre deux vallées, dont l'aspect est bien différent : dans la première, coule négligemment un ruisseau champêtre; dans la seconde, un ruisseau industriel, captif dans ses écluses, donne le mouvement à quelques usines; au fond s'élève un coteau, couronné de tours et de hautes murailles crénelées. Tout à l'heure c'était le paysage naturel d'une petite ville de 5,000 habitans agricoles, au milieu des vignes, décoré d'une belle fontaine, dominant un vallon frais et presque solitaire; à présent c'est le moyen âge, représenté par une place forte de l'église; c'est la seigneurie abbatiale des moines de Saint-Basile, moines grecs, toujours fidèles à leur liturgie, fondée à *Grotta Ferrata*, en l'an 1000, par saint Nil et saint Barthélemy. Ceux-ci ont eu depuis pour historien le Dominiquin, dont les fresques admirables ont enibelli l'église des actes édifians ou miraculeux de ses fondateurs.

A chaque pas se multiplient les contrastes. En suivant la route à l'est, un monticule couvert de ruines oppose tout à coup à saint Basile Télégon, fils d'Ulysse et de Circé. Cette ville détruite, c'est *Tusculum*, fondée par ce prince mythologique; c'est la patrie de Caton le censeur. Les restes de sa grandeur s'exhument chaque jour, et chaque jour le temps dévore ce que la terre conserva pendant tant de siècles. Sur ce rocher à pic était sa citadelle. Voici encore son théâtre à sept rangées de gradins, ses murailles de pierres colossales, sa citerne, son aqueduc; tout autour se groupent les débris des villas des Romains les plus voluptueux, les plus riches, les plus illustres. Là ont vécu Lucullus, Pomponius, Atticus, Hortensius; là Cicéron écrivit ses Tusculanes, au lieu même où brille la *Ruffinella*, villa élégante et fleurie, élysée de ce Campo-Santo de l'antiquité. Elle appartient au prince de Canino, à Lucien Bonaparte, qui y ressuscitait Tusculum, pendant que son frère abattait les empires. Les Romains détruisirent en 1191 la cité audacieuse qui voulait lutter contre Rome pontificale, comme elle l'avait fait contre Rome consulaire; et de cette destruction totale est né le délicieux, le riant séjour de *Frascati*. Chassés de leur ville natale, les habitans furent réduits à abriter leur misère sous des cabanes de feuillages, qui s'appellent *frascha*, et le nom de Frascati, qui avait consacré le campement sauvage des malheureux Tusculans, est resté aux villas de marbre, aux jardins enchantés de la postérité de leurs vainqueurs.

Frascati partage avec Albano les honneurs de la grande *villegiatura* romaine. Dans la villa Aldobrandini, d'où j'ai vu extraire la célèbre fresque connue sous le nom de *Noce Aldobrandine*, achetée par le peintre Cammuccini, le luxe de l'architecture ne le dispute que trop au luxe de la nature. Des lits de marbre y reçoivent les cascades jaillissantes de la montagne, dont ils emprisonnent les chutes limpides. Les statues des éternels dieux des champs et des jardins habitent tristement cette solitude princière, si long-temps déserte et livrée aux ravages de l'air et du temps. Cependant il faut remercier l'air, le temps et le prince du silence, qui a remplacé les ridicules concerts hydrauliques de ces divinités champêtres, dont les flûtes, les hautbois et les chalumeaux apprenaient aux échos des harmonies si burlesques, pendant que des jets d'eau, merveilleusement cachés sous le gazon, inondaient inopinément les curieux. La nature n'a plus d'autres ennemis dans les jardins du prince Aldobrandini que les ciseaux de ses jardiniers; elle n'a pas complété sa révolution. Les familles Conti, Buoncompagni et Mondragone ont aussi à Frascati leurs palais d'été. Mais à Frascati, ainsi qu'à Albano, ce n'est pas dans ces somptueuses et imposantes demeures que l'on goûte les plaisirs de la *villegiatura*; la vie campagnarde, active, gaie, insouciante, rit dans ces petits casins, suspendus comme des nids de palombes aux flancs du coteau, de la vie symétrique des nobles villas: aussi va-t-elle sans cesse chercher d'autres ombrages plus frais et surtout plus sombres que les charmilles taillées en portiques, et des lits de gazon plus doux et moins froids que des bancs de marbre.

A Rome, comme en Espagne, on ne plante pas, on bâtit des jardins. S'ils sont de marbre à Rome, je les ai vus de porcelaine ou de faïence à Barcelone, non pas au sol de la rue, mais au niveau du premier étage de la maison. On enlève un carreau de faïence, et à sa place on met un oranger, qui y pousse admirablement. De toute façon, dans les deux pays, les jardiniers sont obligés d'être un peu architectes. On ne peut s'empêcher de remarquer cette inexplicable bizarrerie qui porte à multiplier les ombrages dans les jardins du nord de l'Europe, tandis qu'elle les exile de ceux du midi! La contradiction n'est pas moins frappante, de voir les Italiens et les Espagnols se couvrir de longs et épais manteaux contre les ardeurs du soleil. Pourquoi en sont-ils si ennemis pour leurs personnes, quand ils en sont si amis pour leurs jardins?

J. DE NORVINS.

ÉTAT ROMAIN.

N° 4.

Palestrine. — Villa Hadriana. — Tivoli. — Subiaco. — Sacro Speco. — Paliano. — Anagni. — Alatri. — Veroli. — Trisulti. — Grotte de Collepardo. — Isola di Sora. — Brigands napolitains. — Lac de Celano. — Émissaire de Claude. — Frosinone.

Partout où le sol est volcanique, les plantes et les arbres poussent spontanément et jettent sur les rivages et sur les montagnes ces grandes décorations qui encadrent si merveilleusement le paysage romain. De loin, les villes se découvrent sous des manteaux de verdure; elles suivent capricieusement les ondulations des coteaux, et semblent bercées par le feuillage mobile qui les entoure. Le sol rouge, les rochers bruns et violets, portent l'empreinte du feu souterrain qui jadis incendiait ces contrées, et qui les féconde aujourd'hui. Au-dessus, des forêts de chênes verts étalent leurs draperies noires, et le sombre et profond azur du ciel couvre de son énergique harmonie ces forêts et ces rochers, sur lesquels le soleil vient briser ses rayons.

Cette noble et puissante nature s'arrête tout-à-coup à la voie *Prænestina*, dont le pavé antique porte encore les traces des anciens chars romains. Cette route sépare deux œuvres de la création, comme une barrière entre deux États. Aux pentes douces et majestueuses des monts Albanes succèdent brusquement de rapides escarpemens, des ravins âpres et profonds, des roches grisâtres dont les amoncellemens sauvages et la triste nudité annoncent la première chaîne de l'Apennin. Au lieu des grands végétaux de la terre volcanique, rampent inégalement sur les roches d'humbles bruyères et des plantes aromatiques. Quelques oliviers seulement, faible et dernier effort de la végétation expirante, jetés çà et là sur les pentes moyennes, interrompent l'aspect monotone des montagnes, et, par leurs formes maladives, font ressortir davantage l'impuissance du sol. Au sein de ce rideau calcaire, et dans une région élevée, s'appuie à la montagne une enceinte pyramidale de fabriques modernes et de ruines antiques, encadrée par les blocs irréguliers d'épaisses murailles, qui descendent de la citadelle assise au sommet du triangle. C'est l'antique *Prœneste* et la moderne *Palestrine*, tant se confondent, dans le bizarre contour de ses murs, les âges et les monumens de ce vieux rempart de la ligue latine, antérieur de six siècles à la fondation de Rome. Ce fut de la citadelle que Pyrrhus, ainsi qu'Annibal des rochers de Rocca di Papa, voulut voir aussi cette Rome où ils ne devaient jamais entrer. Dans la guerre contre Marius, Sylla vainqueur prit cette ville, et en fit massacrer froidement 12,000 habitans! La barbarie du dictateur nous apprend quelle devait être la population de cette puissante cité. *Prœneste* prit dans le moyen âge le nom de *Palestrina*, et, condamnée encore à être la victime des dissensions civiles, elle servit successivement de forteresse aux Colonna et aux Barberini. Au centre de cette acropole était placé ce fameux temple de la Fortune, le plus vaste et le plus magnifique de l'antiquité. La ville moderne, peuplée d'environ 4,000 habitans, en occupe tout entière les fondations; son sanctuaire est remplacé par le château Barberini. C'est dans une de ses salles qu'est conservée la plus grande et la plus belle mosaïque connue, reste d'une partie du pavé du temple. De belles statues, telles que celle de l'Antinoüs, sont sorties des ruines de Prœneste, où Auguste avait un palais. La vue de Palestrine est une des plus pittoresques de l'État romain. Ses souvenirs et leurs débris donnent à eux seuls la vie à la nature ingrate au sein de laquelle elle est placée, comme un fanal éclaire la nuit une grève muette et inhabitée.

A trois lieues de Palestrine, une forêt d'antiques oliviers couronne les sommets et tapisse les flancs de la montagne; elle annonce de loin le retour d'une brillante végétation. Le mont verdoyant s'élève et s'étend comme l'avant-scène du grand spectacle à double théâtre que présentent la ville de Tivoli, dont les temples sont suspendus dans les airs, et la villa d'Hadrien, dont les ruines reposent à ses pieds. Il conduit à l'une par sa cime, à celle-ci par ses pentes qui se marient à ses bocages.

Ami éclairé et protecteur des arts, l'empereur Hadrien conçut et exécuta le magnifique dessein de rassembler dans ses jardins les monumens et les lieux mêmes qui l'avaient le plus vivement frappé pendant ses longs voyages, et de faire ainsi de sa maison de plaisance le microcosme de l'empire romain. Pensée digne d'un grand monarque, d'embellir sa retraite des plus nobles trophées de la gloire de son peuple et de faire du culte des sciences et des arts le repos de sa puissance!

Inspiré sans doute par la mémoire des hôtes poétiques de *Tibur*, César a tracé lui-même la vaste enceinte où la Grèce, l'Égypte et l'Italie réuniront leurs muses et leurs dieux autour de son palais. La nature s'est chargée des autres enchantemens; elle lui offre le tribut de ses parfums, de ses eaux, de ses sites, de ses ombrages. Soudain le vallon a reçu la forme et le doux nom de Tempé: c'est aussi le Pénée qui l'arrose. Athènes s'est transportée aux rives de l'Anio. L'Académie, le Lycée, le Prytanée, le Pœcile, la Bibliothèque, les Théâtres, les Temples, ont élevé leurs portiques et leurs galeries. Les héros, les sages, les dieux de la Grèce, ont une seconde patrie; ses peintres, ses sculpteurs, ses musiciens, ses architectes, ses poètes, les ont suivis dans l'asile d'Hadrien. Aussi l'enfer grec, avec son Tartare et son Élysée, a joint ses féeries religieuses aux beautés de ces monumens. Au loin et à l'écart, sous les masses caverneuses de noirs rochers, dont des ombrages gigantesques dérobent l'entrée à tous les regards, se cache le mystérieux sanctuaire de l'Égyptien Canope. En dehors de toutes ces merveilles commence l'intérieur du maître du monde. Là des thermes, des cirques, des naumachies; ici les casernes des prétoriens, l'amphithéâtre, les bâtimens des esclaves, des affranchis, des cliens, des étrangers, et enfin le palais d'Hadrien, avec son luxe impérial, domine ce musée de l'univers.

Le génie d'un autre âge et d'un autre climat inspira mille six cents ans plus tard la création de Versailles au superbe Louis XIV, à celui qui, pendant un demi-siècle, domina l'Europe par ses victoires, sa politique et ses grands hommes. Ainsi qu'Hadrien, Louis XIV entouré de ses généraux, de ses courtisans, de ses poètes, de ses artistes, de ses prétoriens aussi, et d'une foule d'esclaves, couronné également de lauriers, salué comme maître et presque comme dieu, ordonnait les fêtes, les jeux, les plaisirs, le luxe de sa magnifique résidence, après en avoir, comme cet empereur, créé lui-même les jardins et les palais. Le César français fit plus, il fonda l'une des plus belles villes de la France. Mais un siècle à peine s'est écoulé sur la basilique de Versailles, et le même silence, qui, après tant de bruit, règne depuis bien des siècles sur les ruines de la villa d'Hadrien, s'est étendu déjà sur les palais de celle de Louis XIV. Ce silence n'a été troublé récemment que par la consécration d'un culte domestique [1] à l'histoire de la France, dont la demeure du despote est devenue le temple. Apothéose du grand peuple et du grand roi, cette inauguration toute nationale garantit à l'œuvre de Louis XIV son immortalité. Et qui pourrait en douter, quand, par une inexplicable destinée, les temples et les palais ont survécu à une révolution qui avait proscrit Dieu et les rois?

Les nombreux récits de la cour et des fêtes de Versailles donnent sans doute à peu près l'idée de la cour et des fêtes de la villa Hadriana. Cependant, sauf peut-être la splendeur du palais, la création de l'empereur romain l'emporte de beaucoup sur celle du roi de France. Le despotisme est le même, mais le génie et le faste ne se ressemblent pas: l'un de ces princes adora les arts pour eux-mêmes et leur éleva des temples; l'autre ne les protégea que pour lui et ne leur ouvrit que son palais. Toutefois la destinée de la villa Hadriana fut moins heureuse que celle du séjour de Louis XIV. Les Goths de Totila et les chrétiens du moyen âge étaient d'autres révolutionnaires que les fédérés de 93. Quatre siècles après Hadrien, ce roi du nord campait à Tivoli. Attaqués par l'Europe barbare et par l'Europe chrétienne, le polythéisme et l'empire romain devaient succomber sur tous leurs autels, sur tous leurs tombeaux, sur les débris de tous leurs palais. Heureusement que le nombre, la solidité, la résistance de leurs monumens fatigua la violence des vainqueurs: aussi ce qui en est resté suffit à l'admiration du monde et sert de type à ses arts. Mais on doit croire que la villa d'Hadrien fut ravagée de fond en comble par les Goths, qui venaient de prendre Naples et qui allaient prendre Rome; surtout quand Totila, devenu maître de la capitale du monde, osa y décréter que son enceinte serait convertie en un pâturage! Bélisaire n'avait pu en défendre les murailles, mais il sauva ses temples et ses palais, que Totila accorda à sa prière, et Rome doit à ce grand homme d'être la ville éternelle.

Dans la villa d'Hadrien, l'on ne retrouve plus même de ruines, mais des débris de ruines de tous les bâtimens, qui à eux seuls occupaient l'espace de deux lieues de tour. Tandis que les clématites, les lierres, les lichens, les lianes fleu-

[1] Le musée historique de Versailles.

ries, suspendent capricieusement leurs guirlandes aux arcs mutilés, aux pilastres dépouillés de leurs marbres et de leurs chapiteaux, et couronnent, avec une sorte de dérision leurs fronts chauves et flétris, les ifs, les cyprès, les chênes verts, les figuiers, se plaisent à plonger leurs racines dans les voûtes, et à percer de leurs tiges les niches, les caissons, les rosaces encore dorées, et, en consommant l'œuvre de la ruine, l'embellissent par une insolente végétation : ainsi aux mêmes lieux les taureaux blancs comme le marbre de Paros tendaient au couteau sacré leurs fronts couverts de fleurs. De toutes parts les pas s'embarrassent dans des tronçons de colonnes, parmi des membres de statues à moitié enterrées, cachées sous des taillis d'herbes odorantes ou vénéneuses, et l'on entend à la fois siffler les serpens et roucouler les colombes. C'est le champ de bataille du temps, qui n'a détruit qu'après les hommes, et la victoire est restée à la nature. Quant aux jardins, divisés en fermes depuis des siècles, leur ancienne étendue reste ignorée. Les plantes potagères, les vignes, les céréales, envahissent lentement chaque jour les vides laissés par les déblais. Mais le sol est si profondément imprégné de l'antique destruction, que le sillon étincelle sous le soc de petits fragmens de mosaïques, de peintures, de marbres de toutes couleurs, poussière des arts de la Grèce, de l'Égypte et de l'Italie. La fièvre accroît encore la désolation de cette Thébaïde romaine, dont aucun solitaire n'ose habiter l'enceinte. Mais, en la quittant, le voyageur s'arrête sous une porte de marbre blanc, ornée d'un beau bas-relief, élevée sur le rivage de l'Anio. Cette noble entrée de l'élysée poétique d'Hadrien était gardée par l'Apollon Musagète et les neuf Muses, que l'on admire au Vatican.

Dans les temps antiques une rivière, un simple ruisseau, servaient de frontières aux nations. Ainsi que le Tibre séparait le territoire des Étrusques de celui des Latins et des Rutules, l'*Anio*, à présent *Teverone* (Gros Tibre), séparait les Èques des Sabins et des Marses, et coulait paisiblement, limite respectée de ces peuples ennemis. Il promenait son cours, comme aujourd'hui, dans une vallée, bientôt resserrée entre des roches calcaires, au travers desquelles a filtré une coulée de lave, produit mystérieux d'un volcan inconnu. En regard de ce secret de la nature est un mystère de l'histoire non moins curieux sans doute : c'est un débris qu'on appelle le Tombeau de Syphax. La tombe du volcan et celle du roi d'Afrique ont désespéré jusqu'à présent les naturalistes et les archéologues; mais les traditions de la nature sont les plus certaines. L'aridité et la sauvagerie de cette partie de la vallée contrastent avec les pentes boisées et riantes du mont poétique *Lucretile*, à présent *Gennaro*, dont la cime domine au nord à plus de quatre mille pieds la grande scène de Tivoli. Le rapprochement des monts Catyllus et Afflianus resserre tout-à-coup le vallon, qui jadis y recevait, comme un réservoir naturel, les eaux tributaires enlevées par les Romains aux montagnes lointaines. Les énormes fragmens, les arcades encore debout de quatre aqueducs, ont conservé les noms du Vieux Anio, du Nouvel Anio, de l'Acqua Marcia, de l'Acqua Claudia, que sur leurs canaux aériens ils portaient aux fontaines, aux palais, aux bains et aux naumachies de la ville des Césars.

A gauche de ces avenues d'aqueducs, l'Anio continue son cours au sein d'une vallée riante et fertile, jusqu'à l'endroit où le plateau qui la porte, se brisant tout-à-coup, l'oblige à franchir de cascades en cascades le précipice qui le sépare de la plaine. C'est sur l'extrême sommité de ce plateau, position inexpugnable de trois côtés, qu'était assise l'antique Tibur, fondée par les Sicules, colonisée par les Thébains, long-temps rivale de Rome, conquise enfin par elle, et depuis à jamais illustrée par Brutus, Cassius, Auguste, Mécène, Horace, Catulle, Vopiscus et Varus, qui y possédèrent des maisons de plaisance. En vous promenant au milieu des ruines qu'elles ont laissées, le cicerone ne manque jamais de s'écrier : *Varus, rends-moi mes légions*; et vous apprenez alors à quel maître appartenaient les débris sur lesquels vous êtes arrêté. A tant de souvenirs poétiques et historiques a succédé l'inévitable héritier de toute grandeur romaine, un évêché, comme à la maison d'Horace un ermitage de capucins! Dans la ville tortueuse, mal bâtie, escarpée, où se pressent environ cinq à six mille habitans, en grande partie artisans de quelques usines vulgaires, on peut remarquer une cathédrale, un château ruiné du moyen âge et les villas très-bourgeoises des familles Braschi et Santa Croce. On y voit aussi cette villa d'Este, si fameuse autrefois par la magnificence de son palais, celle de ses jardins, le luxe de ses eaux, la quantité de ses terrasses de marbre couvertes de statues, mais que son état de dégradation complète fait aujourd'hui reconnaître comme appartenant à la maison d'Autriche, à qui Totila semble avoir transmis son droit d'oppression et de destruction sur l'Italie !

Il n'y a donc à voir, à admirer à Tivoli, que les ouvrages de la nature et ceux des Romains. L'Anio est le génie éternel qui, destiné à survivre aux maîtres du monde païen ou chrétien, conserve la vie aux ruines antiques, comme aux bocages où s'abritèrent tant d'illustres Romains. Deux canaux de dérivation, consacrés aux besoins de la ville et au mouvement des fabriques, divisent son cours au-dessus de sa chute. L'énorme masse d'eau qui lui reste se précipite avec fracas, de quarante pieds de hauteur, dans un vallon étroit et profond, hérissé de roches brisées, déracinées, roulantes sous ses flots, blanchies de leur écume. Au-dessus du torrent, à une grande élévation, se groupent par étages inégaux les ruines, les usines, les habitations, les jardins. C'est la première cascade. Un mauvais pont de bois suspendu sur les deux rives, qui se rapprochent pour former un gouffre profond, annonce à peine la fuite tumultueuse et désordonnée de l'Anio, qui le franchit et soudain disparaît, avec un bruit effrayant, sous une immense voûte de rochers. Là son onde emprisonnée et torturée dans des abîmes inconnus, indique par ses mugissemens sourds et entrecoupés les chutes plus ou moins profondes auxquelles elle est condamnée dans cet Érèbe souterrain. Ce pont naturel a quelque chose d'infernal, de *dantesque*. Son arche béante et sans issue, d'où s'exhalent sans relâche les cris et comme les malédictions des flots, est joyeusement couronnée de pampres, de clématites, d'arbustes fleuris où nichent d'innombrables oiseaux, présentent ainsi dans un étroit et vivant tableau une scène pittoresque du Tartare et de l'Élysée.

Cependant, du sommet de cette arcade gigantesque, et à une grande distance, on s'étonne de revoir l'Anio libre enfin de la tourmente et de la nuit, l'Anio rendu pour toujours au repos et à la lumière, portant son cours gracieux au sein d'une éblouissante verdure vers la plaine romaine, où bientôt, après avoir passé sous le pont Lucano, il mêlera son onde limpide à l'onde jaunâtre du Tibre.

Mais insensiblement cette masse de rocs sous lesquels l'Anio s'est abîmé se termine au couchant par une coupure à pic de 200 pieds, tandis que son extrémité méridionale, s'élevant en muraille à plus de 600 pieds au-dessus du niveau de la mer, place soudain entre le ciel et la terre le petit temple rond de Vesta et le sanctuaire quadrangulaire de la sibylle Albunée. Celui-ci, converti en chapelle, est sans doute l'oratoire chrétien le plus ancien du monde : car ce petit édifice est réputé bien antérieur à celui de Vesta, dont la construction remonte aux fondateurs de Tibur, aux Thébains sans doute, qui lui donnèrent le galbe élégant de ses colonnes corinthiennes, et cette forme gracieuse et sacrée affectée souvent par les Grecs aux temples de leurs Dieux.

C'est au pied de ces monumens d'une religion douce et primitive, que viennent se réunir les deux branches dérivées du cours de l'Anio avant sa chute. L'une se précipite de la rive gauche du bassin au travers de la grotte de Neptune par une cascade souterraine de plus de 80 pieds, soit en poussière, soit en flocons d'écume, avec un bruit égal à celui de la foudre dont elle a la rapidité : l'autre s'élance perpendiculaire du bord le plus élevé de la rive droite ; bientôt entraînées l'une et l'autre sur une pente de 150 pieds, dont la verdure tapisse la base des rochers, après un moment de repos dans un bassin plane où leurs eaux se confondent, elles s'engouffrent ensemble dans la grotte des Sirènes. Dans ce nouvel abîme leurs eaux se séparent encore : une partie se perd sous la ville, et ressort sur les coteaux en rustique naïade, tantôt se divisant en filets argentés, tantôt bondissant en nappes écumeuses au sein des vignes, des gazons et des vergers ; l'autre, condamnée à de plus rudes travaux, fait mouvoir les marteaux de Vulcain dans le palais de Mécène, inonde ses portiques, s'élance de ses vastes arcades, se roulant, se précipitant en masses bouillonnantes sur les flancs rapides de la montagne, reflétant à la fois et le ciel et la terre, transformant en perles, en pierreries étincelantes, les rayons plongés dans ses flots, et rejoint enfin ainsi que sa sœur le lit paternel. Ces petites et ces grandes cascatelles complètent et terminent le grand œuvre hydraulique de Tivoli, l'un des miracles les plus enchanteurs et les plus étonnans de la nature, spectacle que la poésie et la peinture n'ont jamais pu décrire, dont l'œil ne saurait ni embrasser ni fixer les prodiges, dont la pensée enfin ne peut pas plus conserver l'image, que l'oreille garder la voix du tonnerre.

En remontant le cours de l'Anio pour gagner le pays des Èques et des Marses, le bourg de *Vicovaro*, autrefois *Valeria*, encore flanqué d'antiques murailles, se découvre sur son banc de rochers, au pied d'un vaste château féodal près duquel s'élève une vieille église. On y voit aussi une chapelle gothique octogone, monument d'un troisième âge dans les constructions de ce village ; elles annoncent celles de *Subiaco*, sa métropole. Non loin du village et de la ville, des souvenirs bien différens vous rappellent à la fois Horace, Néron et saint Benoît. On recherche en vain aux pentes du *Lucretile* les traces de la maison chérie du poète, sa vallée *Ustica*, sa fontaine *Blandusia*. Le chétif village de *Licenza*, jeté sur un sol aride, près d'un vallon desséché, ne rappelle pas mieux la villa d'Horace, que le mont *Porcaro* le mont *Præclarus*. Mais l'on retrouve et l'on suit encore la route ouverte par Néron pour arriver à son palais. Ses vastes jardins occupaient une immense étendue, au-dessus et au-dessous de ces petits lacs nommés par les Romains *Simbruina stagna*, d'où la ville de *Sublaqueum*, Subiaco, avait reçu son nom. L'aspect de cette ville est sans contredit l'un des plus pittoresques de toute l'Italie. Entourée de hautes et âpres montagnes, elle est assise sur leurs flancs escarpés, au-dessous d'une vaste forteresse, qui servait à garder les gorges profondes creusées par l'Anio. Sur les anfractuosités rapides de ses rocs sont groupées ses maisons. Au-dessus d'elles surplombent deux étages d'une double église, qu'entourent de grands bâtimens religieux ; au-dessous, à une sombre profondeur, gronde le cours impétueux de la rivière, grossie sans cesse des torrens des monts supérieurs. Aux mugissemens de ses flots, au bruit de sa cascade, se mêlent les retentissemens de ses usines, et les voix vibrantes qui s'échappent de ses nombreux clochers. Du haut de la forteresse se déroule, comme une apparition bizarre, la chaîne d'habitations rustiques qui couronnent au loin les pics les plus arides, les crêtes les plus inhospitalières, au lieu d'enceindre de leurs populations plus heureuses les deux rives de l'Anio, cultivées par elles : comme si les descendans des Èques craignaient encore d'abiter leur vallée, dont pendant vingt siècles, tant de peuples, tant d'ennemis, se disputèrent les passages. Ils y descendent, chaque matin pour la couvrir de moissons, et, chaque soir, comme les aigles, ils regagnent les cimes paternelles : ils consument ainsi le quart de leurs journées à quitter et à regagner leurs pénates, au lieu de les transporter sur le terrain de leur travail.

Rien ne reste du palais de Néron. Mais aux lieux mêmes où les infâmes orgies de cet empereur outragèrent à la fois le ciel et la terre, vivent, après mille deux cents ans, la mémoire, le culte et les monumens du solitaire saint Benoît. Un vaste édifice surmonté de hautes aiguilles couvre une masse énorme de rochers, dont les fentes, les brisures, les nombreux interstices, effraient le regard sous le poids monstrueux qu'ils ont l'air de ne pouvoir supporter davantage. Sur ces rochers cependant s'appuient encore de hautes et épaisses murailles, au-dessus desquelles de nombreuses terrasses, plantées en petits jardins, n'ont pour bases que des arceaux à jour, et le tout est suspendu sur les gouffres où l'Anio rugit et ébranle les quatre étages du monastère. L'aspect de ces constructions colossales épouvanterait à lui seul, quand elles ne reposeraient point sur des fondations, dont la destruction paraît imminente. *Ne craignez rien*, dit le moine qui accompagne les voyageurs, *la ceinture de saint Benoît entoure la base des rochers !*

Ces rochers furent long-temps la demeure du saint. Dans une de leurs cavités, qui a conservé le nom de *sacro speco*, caverne sacrée, cet homme de génie conçut la fondation de cet ordre à qui est due en grande partie la renaissance des lettres. De cet antre obscur il donnait des lois à des milliers de religieux militans sous sa bannière. La grotte sainte fut d'abord abritée d'une petite chapelle. Une église s'éleva plus tard à l'entour de cette chapelle et l'enveloppa de son manteau de marbre, comme celle de Saint-François, à Assisi. L'église enfin fut elle-même surmontée d'un grand monastère de l'ordre des bénédictins. La statue du saint, en marbre blanc et dans l'attitude de la prière, est placée dans la grotte, devenue l'oratoire favori des montagnards : aussi l'autel n'y est jamais solitaire. Des communications intérieures lient entre elles toutes les parties de ces édifices réunis en un seul ; des lampes nombreuses les éclairent nuit et jour, ainsi que la chapelle et les galeries de ce labyrinthe sacré, embelli de toutes les merveilles des arts de l'Italie, de ces arts à qui le christianisme a rendu l'éclat qu'ils avaient perdu. L'on aime à se rappeler aussi que dans ce même couvent les disciples de saint Benoît établirent la première imprimerie en Italie. Le territoire de Subiaco était devenu le patrimoine du pieux cénobite. Un bois de chênes verts, qui touche au monastère des bénédictins, conduit au magnifique couvent de religieuses du même ordre que saint Benoît fonda pour sainte Scolastique, sa mère, et dont il porte le nom.

A une égale distance de Palestrine et de Subiaco, au sud de cette dernière ville, s'élèvent sur une colline la ville et la forteresse de *Paliano*, où se réfugia la famille Colonna après la prise de Palestrine. Paliano est la clef de la vallée du *Sacco*, comme Subiaco de celle de l'Anio. Celui-ci prend sa source dans le Haut-Apennin, non loin du village pastoral de *Filettino;* celui-là sort de l'Apennin-Inférieur, et va se perdre dans le fleuve napolitain *Garigliano*, autrefois *Liris*, au-dessus de Ceprano. La forteresse de Paliano était encore garnie de quatre-vingts pièces de canon et de son arsenal d'armes de toute espèce, lors de la première invasion française. Défendu par une triple enceinte, ce monument imposant de l'ancienne féodalité ne pouvait être ménagé par nos phalanges républicaines, peu soucieuses de respecter dans le propriétaire le descendant d'un allié de Philippe le Bel contre le pape Boniface VIII, malgré l'analogie apparente des deux guerres.

Au-delà de Paliano commence le territoire si fertile des *Herniques*, qui défendirent pendant plusieurs siècles leur indépendance contre la république de Rome. Leur capitale, peuplée de cinq à six mille habitans, conserve son nom d'*Anagni*, l'*Anagnia* chantée par Virgile. Cette cité avait la prétention d'être l'une de celles que Saturne avait bâties. Dans le moyen âge, ses familles nobles renchérirent encore sur la vanité de leurs aïeux: douze d'entre elles, comme si elles étaient descendues du ciel avec les boucliers sacrés, s'érigèrent en constellation, et prirent le titre étrange des douze étoiles d'Anagni. Toutefois, cette ville est encore plus illustre que ses douze étoiles. A la fois épiscopale, noble, bourgeoise et rurale, elle a conservé, de l'antique souvenir de ses guerres, l'usage de renfermer dans ses murailles ses propriétaires et ses cultivateurs. Hors de leur enceinte aucune ferme, aucune habitation rustique, n'apparaissent dans la vaste et fertile plaine qu'elle domine et protège. Elle est demeurée depuis son origine l'asile du laboureur, de ses bestiaux et de ses récoltes. Le mauvais air et surtout le mauvais gouvernement transforment en solitudes les riches contrées d'Anagni, vouées à la grande culture.

Plus loin, du côté de l'est, une masse de rochers porte sur ses pentes abruptes la ville d'*Alatri*, vraiment saturnienne par ses murailles tant de fois décrites, et qui, debout par la seule pression des polyèdres énormes et irréguliers dont elles sont composées, n'offrent toutefois aucun caractère de vétusté. N'en déplaise aux savans, l'âge de ces murs est inconnu. N'ont-ils vu que les Herniques, ou avant eux, les Sicules et les Pélasges, premiers habitans de l'Ausonie? On l'ignore; mais l'on sait qu'*Alatrium* était une cité importante de la confédération étrusque. A l'angle de la citadelle, la muraille a quarante pieds d'élévation et douze d'épaisseur, dans laquelle s'ouvrent deux portes, dont l'une est fermée en haut par une pierre de dix pieds de long, et dont l'autre conduit à un souterrain construit des mêmes blocs. Ainsi que toutes les cités antiques gâtées par le moyen âge, Alatri est mal bâtie. Ses rues sont étroites et sinueuses; elles descendent brusquement d'une assez grande esplanade, entourée d'un mur cyclopéen, et du milieu de laquelle s'élancent au point culminant la cathédrale et le palais de l'évêque, placés entre le ciel et les habitans.

D'Alatri on court visiter *Veroli*, l'antique *Verulæ*, autre sœur saturnienne de la confédération Hernique. Mêmes murailles, mêmes souterrains creusés dans le roc vif, mêmes noblesse et incertitude d'origine qu'à Alatri et *Ferentino*, ville du même sang. Située à l'extrémité orientale de l'amphithéâtre des montagnes qui forment la vallée du Sacco, Veroli s'aperçoit de loin appuyée sur les bases indestructibles de roches immenses, que tapisse le lierre et que couronnent de beaux plants d'oliviers. Deux monumens, l'un élevé par les hommes, l'autre creusé par la nature, attirent au sein des effrayantes solitudes qui la dominent. Le premier est la chartreuse de *Trisulti*. C'est au milieu d'un des plus épouvantables désordres de la nature, qu'un sentier presque impraticable, suspendu sur d'affreux précipices au fond desquels gronde un torrent, conduit péniblement à une enceinte de rocs escarpés, d'où s'élèvent soudain aux regards de brillantes aiguilles, des flèches hardies, des clochers étincelans, au-dessous desquels s'étendent les longues galeries d'un cloître profond et silencieux, ainsi que les mâts et les vergues d'un noble vaisseau pavoisent et planent sur sa vaste charpente. Dans l'immense église du monastère, brillent de tous côtés, avec une profusion vraiment miraculeuse, les marbres les plus précieux de l'Orient, l'albâtre, le porphyre, le lapis lazzuli, l'onyx, l'agate et la pierre du labrador. Ce luxe extraordinaire, entassé à grands frais dans le site le plus sauvage de l'Apennin, contraste de la manière la plus pittoresque, comme la plus inattendue, avec la sinistre âpreté du paysage et

l'austérité des cénobites. Là, le prêtre est caché sous la bure, et Dieu seul est magnifique !

L'autre monument est la célèbre caverne de *Collepardo*. La nature seule fut l'architecte de cette immense basilique du désert, qui fut sans doute, au premier âge de l'Italie, la capitale d'une peuplade primitive de l'Apennin. Cette caverne s'ouvre par une entrée de quarante-cinq pieds de largeur sur vingt-un de hauteur. Après l'avoir franchie, on mesure au-dessus de sa tête une voûte de cent quatre-vingts pieds d'élévation, sur huit cents de circonférence. Cette énorme coupole est soutenue çà et là sur des piles de rochers, figurant tantôt des obélisques, tantôt des colonnes, soit isolées, soit accouplées, soit groupées en faisceaux. Leurs intervalles inégaux égarent la vue dans un labyrinthe de souterrains, qui plongent sous la montagne vers toutes les directions. La main des hommes semble se confondre grossièrement et audacieusement, dans cet ouvrage, avec celle de la nature. Cette immense habitation porte le type d'un génie que n'ont point égalé les âges suivans. Ses analoguesse sont rencontrés sur la surface du globe comme les signes de reconnaissance du monde primitif. Les profondeurs aujourd'hui inconnues de la grotte de Collepardo ne permettent point de calculer à combien de milliers d'individus, hommes et animaux, elle put jadis servir de retraite. Mais on se croit dans le vestibule des enfers, quand des torches de résine, agitées par les paysans, frappent tout-à-coup de clartés fantasmagoriques les galeries sombres et sans fond de ce palais de géans, dont la montagne est le toit, la muraille et la base, et où semblent s'être réfugiés les débris des premières ténèbres.

Je quittai Veroli pour me rendre dans l'Abruzze à l'Isola di Sora, où m'attendait le lieutenant-général Compère, chargé par le gouvernement de Naples de la répression du brigandage. Je laissai sur la gauche le couvent de trappistes de *Casamari*, Casa Maria, asile habituel des malfaiteurs des deux contrées. Le supérieur de ce monastère, sujet napolitain, par une étrange dérogation à l'abnégation des choses de la terre, avait pris le brigandage comme une guerre sacrée contre Napoléon, le dirigeait, l'alimentait du fond de sa cellule, et avait fait enfin de son couvent le quartier-général des bandits romains et napolitains ; mais, informé de mon arrivée, il avait la nuit même passé la frontière. Je continuai ma route sans m'arrêter à Casamari. Je remarquai seulement dans les champs quelques paysans qui observaient mon passage, comme faisaient les chouans à l'approche des *bleus*. Bientôt un rassemblement de troupes, dont les fusils brillaient au soleil, m'avertit du voisinage de la terre napolitaine. En effet, c'était le général Compère, accompagné de l'intendant de Sora, du sous-intendant et des autorités civiles de l'Isola, qui, à cheval à la tête de son état-major et d'un bataillon de quatre cents hommes, venait me surprendre sur ma frontière. Notre étonnement fut réciproque, le mien sur la force de son escorte, le sien sur la faiblesse de la mienne. Je n'avais avec moi que deux gendarmes, que je renvoyai, et le capitaine Filippi, dont j'ai parlé dans mon récit sur Viterbe. Mais quand le général m'apprit que ce bataillon avait été recruté au bagne, je dus reconnaître qu'il avait sur moi l'avantage de la confiance. Cependant la marche de ces galériens-soldats avait produit la nuit même l'arrestation des brigands napolitains qui, ainsi que le supérieur de Casamari, n'avaient pas jugé devoir m'attendre dans le monastère. Le soir ils avouèrent leurs crimes et leur complicité avec ceux des États romains. Il ne restait plus à interroger que celui qu'ils appelaient le BOURREAU ; mais quel fut notre étonnement quand on amena un jeune homme de dix-neuf ans, et d'une beauté si noble et si sereine, qu'il était impossible de ne pas croire à son innocence, ni de se méprendre sur l'antiquité de sa race. Il rappelait à la fois Endymion, Adonis, et Bacchus jeune. Ses traits grecs avaient, ainsi que ses regards et l'ensemble de toute sa personne, ce type divin dont la statuaire antique a transmis la beauté idéale. Dans ce pays si poétique, la vue de cet être parfait semblait une réalité mythologique. Refusé d'abord par les brigands à cause de sa jeunesse, il avait sollicité et obtenu l'horrible emploi d'égorger les voyageurs qui ne pourraient payer leur rançon. La déclaration des complices et des témoins fut unanime, et il entendit, avec une indifférence infernale, supputer le nombre des victimes qu'il avait immolées. Ce n'était pas, dirent-ils, la soif de l'or, c'était celle du sang qui le dominait. On était obligé de le surveiller, de l'éloigner, quand on faisait une capture. Il ne connaissait de rançon que la mort, pourvu qu'il la donnât. La férocité et la beauté surhumaines de cet adolescent étaient un horrible phénomène. Le lendemain, la justice napolitaine fit pendre l'Antinoüs-bourreau et ses complices.

L'Isola di Sora est célèbre par la belle cascade du Garigliano et le voisinage d'une des villas de Cicéron. J'en saluai les tristes ruines, en continuant avec *l'armée* napolitaine et son général ma route pour Sora, où devait se réunir à l'intendance le conseil provoqué par notre mission. L'aspect des habitans, aussi rude et aussi sauvage que les rochers de leur pays, justifia bientôt à mes yeux la forte escorte qui ne cessa de nous éclairer militairement. Dans l'Abbruzze les fusils sont longs, ils portent loin, et les assassins sont couchés dans les nids des vautours. A chaque pas je reconnaissais les tableaux de Salvator Rosa, qui, sans doute, avait parcouru seul avec son génie les sauvageries de cette épouvantable contrée, où le soleil semble être un étranger. Nous arrivâmes enfin à *Celano*, après avoir laissé sur notre gauche le Garigliano tourner tumultueusement la montagne qui domine la rive occidentale du lac de *Fucino*. Ce fut sur les bords de ce lac qu'eut lieu la fameuse scène entre Claude et les esclaves, en présence du jeune Néron. L'empereur avait fait creuser par eux dans cette montagne un émissaire, destiné à déverser dans le *Liris* (Garigliano) le trop plein du lac. Cet immense ouvrage étant terminé, il s'y rendit avec sa cour; il en parut satisfait, et les esclaves lui demandèrent la liberté. Claude les regarda avec le sourire du tigre et répondit : *Je l'accorde à ceux qui survivront au combat naval que vous allez livrer à l'instant.* Alors les esclaves défilèrent devant lui et dirent : *César, ceux qui vont mourir te saluent.* Je m'assis à l'endroit même où Claude donna cet ordre barbare! Les travaux de l'émissaire donnent à eux seuls une complète idée du pouvoir qui les ordonna, et de la férocité du salaire. La montagne présente trois étages de galeries taillées au ciseau dans le roc vif, sur plus d'un quart de lieue d'épaisseur, et descendant toutes trois au sol par des pentes plus ou moins prolongées. L'élévation des voûtes est telle que je pus rester à cheval à l'entrée de la voûte du second étage. Un tremblement de terre a depuis long-temps brisé, dans l'intérieur de la montagne, toute communication entre le lac et le fleuve. Le lac baignait autrefois les murs de Celano; il en est à présent à un quart de lieue. Au-dessus de cette petite ville sont encore les vastes débris, vestiges vénérables de l'antique *Alba*, capitale des Marses, où tant de rois étrangers et d'illustres Romains moururent dans l'exil. J'ai parlé, dans l'introduction, de cette cité, monument du premier âge de l'Ausonie. La plaine qui en descend est célèbre aussi dans l'histoire : ce fut là que Pyrrhus fit voir les éléphans aux Romains pour la première fois; là, bien des siècles après, le jeune Conradin perdit, par la victoire du duc d'Anjou, le trône de Naples, et plus tard la vie.

Après un jour passé à Sora, où j'eus pour garde d'honneur une compagnie de galériens-soldats, je repris avec le même cortége la route de l'Isola; j'y retrouvai ma modeste escorte de deux gendarmes français, et me dirigeai sur la petite ville de Frosinone, où j'étais annoncé. Il était déjà tard, et tout-à-coup, dans les défilés de cette route, nous fûmes assaillis par un ouragan épouvantable. Le ciel devint d'une telle obscurité qu'il fut impossible aux gendarmes eux-mêmes de reconnaître le chemin. Nous étions insensiblement descendus dans des fondrières profondes, dont quelques éclairs rares, sillonnant les torrens de pluie, dévoilaient la périlleuse horreur. De plus, les brigands qui nous avaient observés à notre sortie de Veroli, et dont les complices napolitains avaient été pendus, pouvaient être embusqués sur notre passage. Dans cette véritable perplexité, ne voyant ni ciel ni terre, nous nous abandonnâmes à l'intelligence de nos chevaux, tenant machinalement la main sur nos armes. Au moment où nous désespérions le plus de sortir de ce dédale de ravins où nous étions engagés, le capitaine de Filippi me dit tout bas : *Je viens de voir briller des armes. Un pas de plus, nous sommes perdus. Le danger sera plus grand*, répondis-je, *si le temps s'éclaircit. Risquons le tout pour le tout,* et je criai *qui vive? Evviva, evviva, eccellenza, siamo noi...*, et soudain nous fûmes entourés d'une vingtaine de paysans bien armés. *Nous sommes de Frosinone*, dirent-ils, *embusqués ici depuis vingt-quatre heures pour vous attendre. C'est,* dit l'un d'eux, *sous cet arbre,* que je ne voyais pas, *que mon fils a été égorgé la semaine dernière. Par le Christ, je vengerai son sang,* ajouta-t-il d'une voix terrible. Nos chevaux nous avaient bien conduits. Ces bons villageois les prirent par la bride, et nous nous remîmes en marche. Peu à peu le ciel s'éclaircit, et je vis d'autres paysans qui venaient au-devant de nous aussi armés, et à la recherche de leurs concitoyens. L'hospitalité des excellens habitans de Frosinone fut complète. La nuit s'acheva en réjouissances, aux cris de *vive Napoléon-le-Grand*.

J. DE NORVINS.

SABINE. — OMBRIE. — TERRITOIRES DE PERUGIA ET D'ORVIETO.

Rieti. — Pie di Lugo. — Cascade de Terni. — Papigno. — Terni. — Narni. — Spoleto. — Foligno. — Assisi. — Perugia. — Lac Trasimène. — Città della Pieve. — Orvieto.

Le nom de *Sabine* semble avoir été conservé par la tradition d'un ancien respect à cette faible partie du territoire sabin qui s'étendait jadis jusqu'à l'embouchure du Tibre. Ce nom rappelle la violence du peuple naissant de Rome, déjà adulte pour le crime et pour la tyrannie, peuple de proie, dont l'aigle fut le type et l'étendard, et le berceau l'aire du Capitole ; mais il rappelle aussi ces mœurs antiques, à la fois pastorales, religieuses et guerrières, que l'histoire sacrée et profane a transmises vainement à la postérité : ces mœurs, ces peuples même ne sont plus. Les descendans des Sabins, placés sous le niveau des siècles, ont des usages inconnus de leurs aïeux : ils ressemblent, ainsi que les populations modernes de la vieille Europe, à une race nouvelle qui n'occupe que leur place et ne réclame point leur héritage. La nature matérielle, végétante, seule invariable, héritière constante du ciel, du climat, du soleil, a conservé aux paysages de la Sabine et de l'Ombrie leur beauté primitive. Il lui importe peu que le sol italique soit foulé par Annibal, Pyrrhus ou le Triumvirat, par Charlemagne, Charles-Quint ou Napoléon ; qu'il soit béni par les pontifes de Jupiter ou du Christ, ravagé par les barbares de l'idolâtrie ou par ceux de la civilisation ; que ce soit un César, un Totila ou un moine qui siège à Rome. De riches et riantes vallées, notamment dans sa partie orientale, divisent toujours la Sabine du nord au sud, au travers des chaînes Apennines, au-dessus desquelles s'élèvent, aux deux extrémités de leur rayon, le *Denuecchio* et le *Terminillo*. Trois rivières napolitaines, le *Turano*, le *Salto* et le *Velino*, portent au sein de ces vallées la fraîcheur et le mouvement de leurs eaux. Le Velino reçoit la première au-dessus de *Rieti*, la seconde près de *Civita Ducale*, et se jette en avant de *Terni* dans la *Nera*, rivière étrusque, qui, courant au nord de la Sabine, va se perdre elle-même dans le père des fleuves, dans le Tibre, au-dessus de *Narni*.

La Sabine présente donc une véritable presqu'île, entre la Nera qui la ferme au Nord, le Velino et ses affluens à l'Est, le Tibre à l'Ouest, et le fleuve de Tivoli, l'Anio, au Sud. Et quel spectacle que la plaine riante, élyséenne, ainsi que la ville de Rieti, celle-là baignée par le Turano, celle-ci traversée par le Velino : riche et vaste jardin, qui se termine en amphithéâtre de culture sur l'Apennin, au-dessous de ses pics de neige et de ses roches ardues !

Reate (Rieti) vit naître Vespasien et mourir Titus : c'est bien assez pour son illustration. Ancienne conquête des Sabins sur les Ombriens, Rieti est devenue la capitale des vainqueurs. Elle est aussi l'une des villes les plus agréables de l'État romain, à cause de sa position, de ses édifices, et des ressources sociales que présente son excellente population. Le bassin d'où, riante et orgueilleuse, elle élève les pyramides sonores de ses églises, continue les délices de la Toscane et du Milanais par mille avenues et plantations de mûriers, d'ormeaux et d'érables, unis entre eux par des guirlandes de pampres, et voyant naître à leurs pieds, sous la protection de leurs ombrages, les produits variés du jardinage et de la grande culture. Ce bassin fut jadis un lac. Desséché, il devint une vallée, à qui le classique Cicéron donna le nom de *Tempé*, et que Virgile appela les Champs de roses du Velino. Le poète ne prévoyait pas, malgré son génie prophétique, qu'un jour, sous ces voûtes de vignes et de mûriers, au milieu de ces champs colorés de pastel, émaillés de tant de productions diverses, des rives du Turano à celles du Velino, et sous les aspects des *villas* les plus élégantes, il se formerait une scène de la plus sinistre désolation.

Un lac, riant sans doute du temps du poète, aujourd'hui s'étend triste, pesant et monotone au pied d'une montagne aride et pelée dont le sommet porte encore la ruine d'une antique citadelle, et la base, quelques chétives maisons : c'est le misérable village, c'était l'ancienne ville de Pie di Lugo, florissante au XIVme siècle, et dont le front chauve et sillonné garde encore quelques débris de sa couronne murale. Semblable à un spectre du moyen âge, elle domine la sombre profondeur d'un lac de mille à douze cents toises de circuit, miroir inflexible et terne, où, au lieu de champs de roses, se reflètent durement de vieilles tours, des fragmens de remparts, des masses énormes de rochers âpres et nus, comme ses habitans : tant l'homme, caméléon par nécessité plutôt que par instinct, revêt facilement la nature du lieu qu'il occupe sur la terre, instrument fatal, heureux ou malheureux, de cette grande loi qui régit les harmonies de la nature. Toutefois, comme par une compensation de la Providence, ce lac communique, ainsi qu'une chaîne d'autres plus petits qui en dérivent, à une branche navigable du Velino. Mais de grands marais, produits par leurs infiltrations et par les écoulemens de l'Apennin, entourent encore de leur stagnation méphitique cet oasis d'une nature vraiment infernale : ce sont eux qui ont réduit à trois cents habitans mendians et malades la population de cinq à six mille âmes de la cité seigneuriale de Pie di Lugo. Aussi s'empresse-t-on de fuir ce triste séjour, où souffrent héréditairement ces proscrits de la nature et de la société. Après avoir suivi les contours sinueux du lac, la route se resserre dans une gorge étroite, formée par le rapprochement brusque des montagnes, au point de réunion du lac et du Velino. Faiblement occupées en 1820, ces Thermopyles ridicules de la liberté napolitaine, qui ne sut pas les défendre, cédèrent bientôt à l'invasion autrichienne, gendarmerie prévôtale de la Sainte-Alliance, chargée par elle de réprimer, comme un brigandage européen, l'indépendance domestique des nations. Ce triste fait d'armes donna, pendant un seul jour, un mouvement convulsif, une sorte de commotion galvanique au froid et insensible paysage de Pie di Lugo, qui le lendemain rentra dans son silence, comme le théâtre fortuit d'un meurtre, cachant ses gouttes de sang sous les ombres de ses rochers, entre le brillant aspect de la contrée qui y conduit de Rieti, et le cours majestueux du Velino, annonçant les merveilles de Terni.

Partis de Rieti en société nombreuse, nous quittâmes les solitudes de Pie di Lugo, et ses tours mutilées, et son lac affaissé sous le poids des nénuphars, avec une joie d'autant plus vive, que l'appétit commençait à se faire sentir, et nous nous trouvâmes soudain, comme par l'un des enchantemens de l'Arioste ou du Tasse, transportés le long de ce beau canal, d'environ mille pieds de longueur, où coule le Velino, emprisonné, ainsi qu'un vieux roi, dans l'étiquette de son palais. Aussi promenait-il majestueusement son cours sous de hautes colonnes de verdure, dans le lit immense que la main de l'homme lui a tracé.

Mais bientôt le fracas de ses eaux, leur tumulte inégal, leurs bonds écumeux annoncent que, rendu à la liberté naturelle, le Velino roule sur un fond de roches par une pente rapide. Lancé aveuglément au travers des bois, le fleuve-roi ressemble alors à un prisonnier qui, brisant ses fers, met, au péril de ses jours, un abîme entre lui et son esclavage. Soudain, rompu par les rocs, il se divise en deux bras impétueux qui, jaloux de se rejoindre, se précipitent avec fracas parmi les grands végétaux dont la montagne est couverte. Sur leur passage, le sol tremble; on se sent presque entraîné dans leur fuite par l'immense colonne d'air que déplace cette lutte puissante. Cependant, malgré la terrible admiration causée par un tel spectacle et par un tel bruit, nos yeux au moins furent distraits de cette belle scène de la nature par les tourbillons d'une fumée odorante qui s'échappait à travers les ombrages. Ceux-ci, formant d'épais berceaux, cachaient merveilleusement à nos regards une agréable surprise de l'hospitalité de Rieti. Des feux allumés çà et là dans le creux des rochers les faisaient rougir sous les casseroles fumantes; suspendue entre deux troncs d'arbres, la broche chargée de volaille et de gibier tournait devant un brasier ardent sous la main diligente d'une nymphe aux yeux noirs, tandis que le vin, dispersé en nombreux flacons, se rafraîchissait dans l'un de ces mille ruisseaux, enfans de la montagne, qui précipitaient leurs murmurantes cascatelles dans l'abîme commun des grandes et petites eaux, dont la chute colossale se nomme *la Cascade des marbres*. Plus loin, au centre d'une véritable salle de verdure, s'étendait une vaste table ornée de tous ses couverts et parsemée de fleurs, à la mode d'Italie. Là, debout, le maître d'hôtel attendait, pour servir, le signal du chef de cuisine. Bientôt ce signal fut donné, et chacun prit sa place. Jamais repas en plein air ne fut meilleur, ni mieux goûté, pas même dans l'un de ces bivouacs de la gloire où les fanfares guerrières égaient si bien les festins. Ici c'était le tonnerre des flots, les mugissemens de la plus belle cataracte de l'Europe, qui accompagnaient les propos si joyeux, si spirituels de la table italienne, et les adieux de mes hôtes de Rieti.

Dans l'État de Rome, si toutes les âmes ne sont pas de feu, toutes les têtes sont poétiques. La verve semble être l'expression, la parole du climat, comme le plaisir en est la volonté. Aussi, inspiré, soit encore par les délices du festin, soit

par les merveilles qui se développaient à nos yeux, l'un des convives improvisait en strophes sonores et brillantes la séparation du Velino en deux branches rivales, leur réunion soudaine et leur métamorphose de deux naïades se disputant le prix de la course, en une seule Gorgone dévorante, monstre inconnu, fatal, type de beauté et de terreur, grande figure virgilienne, dantesque, annonçant Rome de loin au voyageur de l'Étrurie. Ainsi que pour l'Anio, à Tivoli, le plateau qui porte le Velino manque tout-à-coup sous sa course, et lui se soutient encore dans l'air en une seule voûte de cristal, tant son élan est impétueux; plus bas il se brise en cascades de rochers en rochers, et franchit ainsi la chute de quatre cents pieds qui le séparent du niveau de la Nera. Chaos épouvantable d'ondes furieuses et de roches brisées par elle, c'est de cet énorme promontoire que le Velino tombe tout entier, et couvre à la fois d'une immense vapeur les bois, les rocs, le plateau et le vaste horizon de la contrée inférieure. A travers cette vapeur, ce second ciel qu'elle produit tout éclatant de reflets solaires, l'œil se plait à voir serpenter, par un magique contraste, les eaux transparentes de la Nera sur ses prairies si vertes, ou derrière un bois d'orangers, ou parmi les cent villages de sa vallée. Rien ne peut peindre, ni plume, ni pinceau, le tableau que présentent ces deux rivières, dont l'une, avec le vol de l'aigle, s'élance continuellement sur l'autre, comme sur une proie, et donnerait l'idée d'une de ces peines fatales et éternelles des enfers, si la réunion de leurs eaux ne rappelait plutôt les amours mythologiques d'Alphée et d'Aréthuse. Ainsi, ou à peu près ainsi, chanta le poète de Rieti.

Au-dessous de la chute, dont le premier mouvement se nomme *la Fuga*, des rochers glissans conduisent, non sans terreur, à une pente de gazon toujours humide, qui mène au pavillon, au belvédère, appelé *la Specola*, construit par l'ordre de Pie VI, à l'extrême saillie d'un banc de roche suspendue sur l'abîme. Au-dessous, la rivière a creusé aussi ses belvédères. Ses dépôts ont produit deux grottes, remplies de stalactites brillantes et d'incrustations calcaires; elles ont aussi leurs ouvertures, leurs fenêtres naturelles sur la chute du Velino et sur le cours de la Nera. *Ce lieu*, disait Pline, *s'appelle les Marbres, parce que le marbre y croît*. Vue de la vallée de la Nera, non loin de Papigno, si célèbre par ses pêches, la cascade *delle Marmore* peut se nommer justement l'une des merveilles du monde.

C'est le saut du Niagara sur l'échelle de la péninsule italique.

Nos chevaux nous attendaient à Papigno, où j'échangeai avec mes amis, mes hôtes de Rieti et de la cascade, de bien tristes et tendres adieux : tristes, car peut-être ne dois-je plus les revoir; tendres, car je pense toujours, et ces lignes le prouvent, à leur aimable accueil, au charme de leur esprit, et à cette familière et sympathique affection que l'on éprouve de la part des Italiens, des Romains surtout, quand ils vous adoptent à la première vue, ce qui est rare.

Je m'acheminai vers Terni par une route étroite et délicieusement ombragée, seul point de sa riche vallée qui ne soit pas cultivé. Cette petite ville de cinq mille habitans est assise sur les fondations de l'antique ville ombrienne que les Romains, en raison de sa position entre les deux bras de la Nera, avaient nommée *Interamna*, en lui envoyant aussi ce qu'ils appelaient une colonie, 436 ans avant J.-C. Les futurs maîtres du monde procédaient ainsi pour s'assurer leur conquête. Ils détruisaient, dispersaient, ou vendaient une partie des habitans, et envoyaient d'autres vaincus pour garder et *nationaliser* ceux qu'ils y laissaient. C'était la manière de faire la traite des citoyens et la propagande de l'esclavage. Peut-être est-ce en mémoire de cet étrange mode de civilisation que les habitans de Terni dressent des pigeons domestiques, nommés *Mandarini*, à embaucher les pigeons sauvages. Au milieu d'importans fragmens d'antiquités et de curieuses inscriptions, on foule à *Terni* la fameuse route que le consul Flaminius ouvrit de Rome à Florence. Elle traverse la Nera. Nulle part on ne peut éviter, même dans les contrées où l'histoire semble n'avoir rien à faire en présence des beautés de la nature, la présence de cette puissance du Capitole qu'on voudrait en vain oublier. Il en est de même à présent de celle du Saint-Siége, avec son cachet épiscopal, qu'il imprime sur toutes les antiques cités qui, comme Terni, pourraient bien s'en passer. On refuse à présent à cette jolie ville d'avoir été le berceau du grand historien, de Tacite, et de l'empereur du même nom, plus fier sans doute de son origine que de son rang; mais elle conserve le mérite d'avoir eu jusqu'à nos jours cette honorable prétention. Elle avait toutefois un temple du Soleil, dont la divinité au moins lui est restée.

Je quittai l'excellente auberge de Terni pour aller faire une excursion à Narni, sa vieille sœur ombrienne; les noirs créneaux de ses tours, qui surmontent pesamment ses églises et ses maisons pyramidalement étagées le long du cône de sa montagne, la dessinent dans l'air comme une aire féodale abandonnée. Cependant plus de deux mille habitans circulent, dans le labyrinthe obscur de ses petites rues, et l'un d'eux, qui, sous le titre de *cicerone*, se chargeait d'exploiter le passé aux dépens de la bourse des voyageurs, me raconta ainsi les destinées de sa patrie : « Vous voyez en « moi, me dit-il, un descendant de ces Ombriens « qui, pendant la guerre de Troie, chassèrent « les Sicules des remparts de *Nequinum*, que « vous appelez Narni. Nous conquîmes après les « rives du Tibre et celles de l'Anio. Cependant « nos voisins les Étrusques ayant été défaits à « *Sutrium* par les Romains, nous nous unîmes « ensemble contre l'ennemi commun; mais, bat-« tus ensemble, et mis dans une déroute complète « près du lac Vadimon, à quelques milles d'ici, « notre ville tomba, l'an 452, sous la foudre « romaine. Désespérés alors, et ne voulant pas « subir l'esclavage comme les Étrusques, nous « nous tuâmes tous, après avoir égorgé nos « femmes et nos enfans et incendié nos maisons. « Rome pouvait nous vaincre, et non nous asser-« vir... » Au moment même, l'*Angelus* sonna, et le fier descendant du seul Néquinien qui pro-bablement ne s'était pas tué, interrompit subi-tement son discours, ôta son chapeau, se signa, et récita son *Pater*. « Ah! ah! lui dis-je, quand il « eut fini sa prière, vous disiez que Rome ne « pouvait asservir un Ombrien!—Je le dis encore, « répondit-il, je ne reconnais pour maître que « celui qui a asservi Rome. » L'Ombrien reçut alors avec dignité le *scudo*, qui portait les clefs de saint Pierre, et nous nous quittâmes également satisfaits l'un de l'autre. Il s'était bien gardé de me dire que sa patrie avait donné la naissance à l'empereur Nerva.

De retour à Terni, après quelques milles par-courus dans sa vallée, je dis adieu au départe-ment de Rome, et je fis mon entrée dans celui du Trasimène au hameau de *Statura*, qui donne son nom à la gorge de la montagne appelée *la Somma*. Disposés en relais, les descendans des taureaux sacrés du *Clitumne*, plus heureux et plus obscurs que leurs ancêtres, au lieu d'offrir en présence du peuple-roi le sacrifice de leur vie aux dieux immortels, font aux voyageurs mortels celui de leur liberté, en s'attelant sans gloire et presque sans témoins à leurs modestes voiturins.

Après avoir franchi cette haute montagne, on arrive au Clitumne par de petits bois de chênes verts, et au-delà de cette rivière, on monte à *Spoleto*, capitale de la ligue Ombrienne, où Au-guste apprit qu'il était le maître du monde. En pénétrant dans cette cité si historique de l'ancien et du moyen âge, une de ses portes, aujourd'hui enfermée dans son enceinte, a conservé le nom de *Porta Fuga*. L'inscription qui la décore im-mortalise la valeur des Spolétins. « Annibal, dit « le vieux monument, après avoir défait les Ro-« mains au lac du Trasimène, marchant sur Rome « avec sa redoutable armée, repoussé de Spolète « après une grande perte, donna son nom à cette « porte par sa fuite mémorable. » Sans doute c'est une belle manière d'écrire l'histoire; mais je préfère l'inscription laconique de l'ossuaire qui existait près de Morat, en Suisse : « Ici l'armée « de Charles, duc de Bourgogne, taillée en pièces « par les Helvétiens, a laissé d'elle ce monument. » Bien que plus moderne, l'inscription helvétique a un caractère plus ancien que l'inscription ro-maine. Aussi les archéologues, loin de reconnaître le monument de Spolète comme le contemporain de sa victoire, l'attribuent à la galanterie du grand Théodoric, qui y possédait un palais.

Ainsi que j'ai déjà eu lieu de le faire observer pour la plupart des vieilles cités de l'Italie, les monuments de l'ère chrétienne et de l'ère païenne se confondent à Spolète, et semblent y avoir fait seulement l'échange des autels. Le couvent de Saint-André renferme un temple de Jupiter; celui de Mars est devenu l'église de Saint-Julien, et le sanctuaire de celle dite du Crucifix est pratiqué dans le temple de Minerve. La cathé-drale, toute de marbre, est fameuse par une image de la Vierge, attribuée au pinceau de saint Luc, qui pourtant n'a pas fait école. L'église de Saint-Pierre a aussi sa célébrité : la légende dit que saint Brice y fut consacré le premier évêque de Spolète par le prince des apôtres. Quant à l'église de Saint-Grégoire, elle renferme, comme on sait, les corps de 10,000 martyrs. Un autre monument rappellerait encore la vieille grandeur romaine, si les arches n'étaient taillées en ogive : c'est l'aqueduc qui amène les eaux à Spolète. Ses conduits franchissent un pont de 200 pieds de long sur 300 d'élévation. Le pont joint les monts *Luco* et *Sant' Angelo*; il porte à juste titre l'horrible nom de *Ponte Sanguinaro*. Une foule de martyrs en furent précipités : ils font probablement partie de ceux qui reposent aujourd'hui dans les cata-combes de San-Gregorio.

A trois lieues de Spolète, près de la source du Clitumne, qui s'appelle la *Vena* sur les cartes pontificales, on voit un petit temple antique ; ses pilastres corinthiens, ses colonnes intérieures, ornées d'écailles de poissons, protégent à présent un autel gothique où l'on célèbre l'office divin. L'onde claire, rapide, lustrale sans doute encore, du Clitumne mêle son murmure jadis sacré à la sainte harmonie du chant grégorien. Demandez au paysan où il vient d'entendre la messe; il vous répondra : Dans le temple de Clitumne ! La nature se plaît toujours à embellir le paysage dont ce petit temple est la fabrique élégante. Les vignes s'élancent partout des mûriers et des sycomores ; les prairies sont émaillées de fleurs ; d'énormes taureaux, non plus blancs comme la neige, mais d'un beau gris cendré, y continuent leur noble race. Le Clitumne coule sous un autre nom officiel, comme le bétail s'y abreuve sous une autre livrée. L'on voit que l'antiquité a peu perdu chez les descendans des Ombriens, et par exemple encore, le Monte-Luco peut bien avoir sa tour de Saint-Julien et ses gracieux hermitages : il n'en a pas moins conservé son nom antique, *le mont du Bois sacré*, et dans sa vaste forêt de chênes verts, l'un d'entre eux, le géant des végétaux de l'Italie, s'élève à 200 pieds sur un tronc dont la circonférence est de cinquante ! Il faudrait réellement être bien incrédule pour ne pas croire que ce chêne colossal fut, dans sa jeunesse, consacré à Jupiter, dont le temple se cache à présent sous le toît de Saint-André, à Spolète. Mais ce qu'il y a de remarquable en faveur de l'empire des traditions en Italie, c'est que les anciennes lois municipales de cette contrée, qui y remplacèrent les lois sacrées, défendent toujours d'abattre un seul des chênes de cette belle forêt, antique objet d'un culte religieux. Les *Lucus* étaient de saints asiles forestiers que ne pouvait violer sans une profanation punie de mort la hache du bûcheron. Les prêtres seuls, à certains jours, avaient le droit d'en abattre eux-mêmes quelques rameaux, soit pour en former des couronnes placées sur le front des victimes ou suspendues aux autels, soit pour servir à la lustration du temple et à celle des assistans : l'eau bénite et la fête des Rameaux sont bien anciennes !

Presque toutes les villes d'Italie ont une auréole de famille qui les distingue entre elles ; il est rare que les arts y aient passé sans s'y arrêter et y laisser leur offrande. Je descendis de Spolète sur Foligno. Cette jolie ville de 12,000 âmes, agricole et commerçante, s'étend dans la plaine comme un vaste caravansérail. Elle n'a pas par conséquent le caractère pittoresque et historique que la montagneuse Spolète présente dans son enceinte et dans ses entours. Mais elle possédait son Raphaël, beau présent d'un secrétaire du pape au monastère des comtesses de Foligno, parmi lesquelles était sa nièce. Cet ouvrage est de la première manière de Raphaël, surtout pour la composition, un peu péruginesque. On y voit la vierge dans sa gloire, soutenue par un arc-en-ciel, portant l'enfant Jésus au milieu d'un chœur de chérubins. Toute la mythologie chrétienne, avec sa poésie, occupe le haut de ce tableau ; au bas, c'est l'histoire religieuse avec ses bizarres anachronismes, un saint Jean, un saint François, un saint Jérôme, plus un cardinal ! Ils témoignent tous leur étonnement, probablement celui de se trouver ensemble. Mais aujourd'hui l'étonnement du tableau doit être plus grand encore de se trouver au Vatican au lieu de la cathédrale de Foligno. Ce tableau, après avoir fait le voyage de Paris et y avoir séjourné par ordre de Napoléon, est revenu en Italie en 1815, et y a été installé à Rome par ordre du pape, devenu conquérant et spoliateur de son évêché de Foligno. Le Bramante jeta aussi, en passant dans cette ville, une coupole élégante sur le dôme de la cathédrale, et laissa à ses palais et à ses maisons le beau style d'architecture qui les distingue. Ni le pape, ni Napoléon ne pouvaient rien contre ces monumens. Mais une force supérieure au despotisme et à la conquête, ébranlant soudain, en 1831, cette belle partie du sol ombrien, a violemment mutilé les œuvres du génie du Bramante, ainsi que la ville de *Spello*, petit musée de tous les âges depuis Properce jusqu'au Pinturricchio, et enfin cette fameuse basilique de Vignole, consacrée à *Notre-Dame-des-Anges*, placée entre Spello et *Assisi*.

Là s'arrêta heureusement la furie de la tempête souterraine : là aussi commence jusqu'à Assisi inclusivement le domaine de saint François, comme on a vu à Subiaco celui de saint Benoît. Là aussi existe la pierre d'alliance évangélique entre deux ordres qui devaient si peu se ressembler, si ce n'est par le génie supérieur de leurs fondateurs ; car l'église de Notre-Dame-des-Anges s'appelle aussi *la Portioncule*, comme bâtie sur un terrain cédé à saint François par les Bénédictins. D'autres appellent de ce nom une hostie consacrée par le pape Honorius avec perpétuité d'indulgences ; d'autres enfin donnent avec une apparence de raison ce nom modeste à une petite maison rustique devenue chapelle à miracles, conservée sous les voûtes de la majestueuse basilique, asile misérable où saint François donna le précepte et l'exemple de sa règle, la pauvreté. Quoi qu'il en soit, par les accidens irréguliers et contraires de l'horrible commotion dont cette contrée fut le théâtre il y a cinq ans, la toiture du temple s'est ouverte subitement et subitement s'est refermée ; une lutte violente a eu lieu entre la tour et la coupole, et leur chute a brisé les colonnes de la nef, ainsi qu'à Foligno le clocher des Camaldules, soudain déraciné et lancé en l'air comme un projectile conique, a crevé en tombant les toits de l'église et écrasé son maître-autel.

La ville d'Assisi, située à mi-côte sur un mamelon fertile, occupe le milieu de la dernière vallée de l'Apennin, sur la plaine de Foligno, que le Tibre borne à l'est. Cette ville, jadis florissante, fut la patrie de Properce, de saint François et de Métastase. Mais d'historique qu'elle fut, à en juger par les ruines de la citadelle, de ses tours, de ses murailles et de ses temples, et de poétique par les chants qu'elle inspira à Properce et à Métastase, elle est restée toute monastique, toute franciscaine, n'ayant guère plus d'habitans que des frères quêteurs et leurs sœurs les Clarisses, filles mendiantes, qui ne sortent pas de leur cloître. Assisi est devenue une ville pénitentiaire, en mémoire du fondateur des Frères mineurs, des Récollets, des Capucins, des Picpus et de tous les pénitens et mendians portant robe de bure brune, ceinture de corde, bâton, besace, et marchant pieds nus. Le temple de Minerve, dont le portique superbe s'élève sur des colonnes cannelées, et dont on a fait l'église de *Santa Maria della Minerva*, par une association de noms profanes et sacrés si pittoresque, présente, au sein de cette solitude monacale, une disparate telle que serait une couronne de fleurs sur le chef tondu d'un enfant de saint François. Lui, au contraire, le saint, il a conservé sa divinité intacte. La maison où il naquit, en 1182, du riche marchand *Pietro Bernardoni* et de *Pica*, sa mère, a été convertie en une église qui s'appelle *Chiesa nuova*. On y voit la prison où son père, qui n'entendait pas s'enrichir au profit des fainéans, enferma et lia son fils, pour le punir de dissiper son bien en aumônes. L'écurie où sa mère alla accoucher, par une inspiration du Ciel, afin que son fils naquît comme le Christ dans une étable, est aussi devenue une chapelle ; il est vrai que le théâtre antique d'Assisi a été converti en écurie. L'ermitage de *Santa Maria delle Carceri* (des prisons), sur un des contre-forts de l'Apennin, renferme toujours les cellules où saint François allait s'exercer avec ses disciples aux rigueurs de la pénitence : on voit son lit, c'est-à-dire sa grotte de pierre, et son oratoire encore orné du crucifix qu'il portait dans ses voyages. Le *frate* qui montre toutes ces curiosités vous apprend que Sixte-Quint, sorti ainsi que Clément XIV de l'ordre des Frères mineurs, avait accordé ce crucifix à son neveu le cardinal Peretti, qui le plaça à Rome sur un autel magnifique, mais que la nuit suivante le crucifix retourna dans sa grotte, qu'il ne quittera plus désormais. Il montre ensuite un petit jardin couvert d'épines sur lesquelles se roulait saint François pour vaincre les aiguillons de la chair. Malheureusement, et c'est un grand miracle de moins, le *frate* ne peut montrer cette femme de neige formée par le saint et austère Pygmalion pour mortifier autrement l'irritation de ses sens. Qu'il dut en coûter à un homme de vingt-cinq ans, que la légende peint aussi passionné, de couper lui-même les cheveux à la belle, noble, jeune et riche sainte Claire, qui fut la première abbesse des Clarisses ou Capucines, et dont les cendres reposent dans le couvent de cet ordre ! Mais ce qu'elle ne dit pas assez, c'est à quel point dut devenir populaire un homme qui conçut seul et exécuta le dessein d'affranchir de la féodalité du XIIIe siècle une population nombreuse, en lui donnant la mendicité et la prière. Peu d'années après l'institution des Frères mineurs, saint François put compter cinq mille prêtres de son ordre au concile qui eut lieu à Assisi ! Saint Benoît, autre génie extraordinaire, lui avait légué ce grand exemple.

Le couvent s'élève sur un roc, comme une vaste citadelle. C'est dans ce couvent, berceau de la mendicité monastique, qu'on voit cette double église, que l'on peut appeler le berceau de la peinture. L'église supérieure, resplendissante des clartés du jour et du luxe du christianisme, est partout décorée des fresques de *Cimabuè*. Depuis quelques années elle possède encore dans un mausolée coquet et élégant le corps de saint François, retrouvé dans ses catacombes, et dont l'exhumation a été un véritable sacrilége pour les habitans ; car ils savaient tous que le saint était en extase dans son caveau, et qu'il n'en devait sortir qu'à la fin du monde. Quant à l'église in-

férieure, où ne peut entrer qu'une douteuse et faible émanation de la lumière du jour, elle a un caractère de silence religieux et d'obscurité primitive qui ne sont troublés que par les *frati*, dont les explications et les torches révèlent tout-à-coup les beautés de ce vaste souterrain. Cette église inférieure est le temple du *Giotto*, comme la supérieure est celui du Cimabuë. Quelques grands maîtres plus modernes, et un autre plus ancien, *Junto di Pisa*, contemporain de saint François, ont aussi embelli de leurs peintures cette vaste basilique et cette merveilleuse église inférieure, autour de laquelle on remarque de nobles sépultures, celle, entre autres, d'Hécube de Lusignan, reine de Chypre. Les deux cloîtres répondent par les beautés d'arts qu'ils renferment à la magnificence des deux églises. En contemplant la construction colossale de ce couvent, on se refuse à croire, dans ce siècle qui ne croit plus qu'en lui et qui veut s'appeler le siècle des miracles, qu'elle ait pu être élevée en deux années, en 1228 et 1230.

Honneur donc, honneur éternel à ce siècle barbare, nommé le xiiie, qui produisit Cimabuë, et le Giotto, ce petit pâtre qu'il surprit dessinant ses moutons sur une brique; le Giotto, devenu plus grand que son maître et l'ami des deux plus beaux génies de l'Italie, Dante et Pétrarque! Honneur aussi, honneur surtout au xve siècle, qui vit naître *Pierre Vanucci*, dit le *Pérugin*, dont le plus bel ouvrage fut *Raphaël*, le maître de la peinture. Ainsi que Cimabuë avait vu à Florence les ouvrages des peintres grecs et avait créé l'école florentine, Pierre Vanucci, en naissant dans une petite ville du territoire de Pérouse, nommée *Città della Pieve*, put admirer à loisir les grandes œuvres de Cimabuë et du Giotto, et s'écrier : « Et moi aussi, je suis peintre! »

Perugia est artistement placée, comme une station intermédiaire des arts, entre Florence et Rome, ces deux grands musées de l'Italie. Du sommet de la montagne au-dessus de laquelle s'élèvent la citadelle, ses fortifications et les clochers de cent trente-deux églises ou monastères, elle a l'air d'appeler les voyageurs à une douce hospitalité. Entièrement désarmée et malheureusement réduite à 14 ou 15,000 âmes, au lieu de 50,000, Pérouse vous reçoit dans ses fossés jadis redoutables de *San Gallo*, comblés aujourd'hui et métamorphosés en promenade publique. L'urbanité des habitans n'est pas non plus un médiocre avantage de l'existence actuelle de leur cité. Pérouse a gagné en civilisation ce qu'elle a perdu en puissance ; elle est devenue une patrie pour les sciences, les arts, les belles-lettres. Le respect avide et éclairé avec lequel elle ne cesse de recueillir les monumens de ses antiquités témoigne assez du respect religieux qu'elle porte à ses ancêtres. On lui demande toutefois, au nom de cette piété filiale, un tombeau pour les restes de son grand capitaine, de son héros moderne, de l'illustre *Braccio Fortebracci*, qui planta son *gonfalone* victorieux sur les murs de Rome, et dont un ignoble sacristain de Saint-François profane les ossemens en les livrant sans cesse à la curiosité des voyageurs.

Si le nombre de ses églises parle en faveur de la piété de Pérouse, leur aspect intérieur et extérieur proclame au moins aussi haut son amour et son goût pour les arts, ainsi que son palais public, la salle de la Bourse, les places Grimana et del Soprammuro, le Corso, l'académie des beaux-arts et plusieurs galeries particulières ; tandis que sa bibliothèque de 30,000 volumes, son archive, son université, placée par l'administration française dans l'inutile couvent des Olivétains, et son cabinet archéologique, et son jardin botanique riche de 2,000 espèces, et son médailler si bien choisi, et son collége Pio, et enfin son cabinet littéraire, où les feuilles et les revues étrangères bravent la censure pontificale, attestent également le goût de ses habitans pour les sciences et la littérature.

Perugia n'a point oublié son antique origine ; placée à la tête de la ligue étrusque, puissante, civilisée par elle-même et par les Grecs, quand la Rome de Romulus n'existait pas encore, elle offre le riche matériel d'une cité antique et d'une cité moderne. Voyez ses titres de famille au cabinet archéologique, où quatre-vingts inscriptions étrusques représentent ses plus vieux parchemins, tandis que son second âge est écrit en inscriptions romaines dans les corridors de son université. Son troisième est partout dans ses monumens religieux et civils : c'est le *Pérugin*, *Raphaël*, le *Guide*, *Carrache*, le *Barroccio*, *Vasori*, etc., qui l'ont gravé sur leurs toiles immortelles, ainsi que ses grands architectes, *Galéas Alessi* et *Vignole*, sur ses monumens grecs, latins ou gothiques, tels que l'église des Jésuites, *église-moustre*, dirait-on à présent, offrant cinq étages de constructions, l'église, les caveaux funéraires, sous lesquels est la congrégation des artisans ; au-dessous, celle des nobles, et plus bas, celle des paysans, qui supporte le poids de tout l'édifice jésuitique, comme s'il était l'emblème de l'édifice social.

J'allai de Perugia compléter mon cours d'histoire au lac Trasimène, et je descendis au hameau de *Passignano*, où, par une sorte de dérision de la nature sur la victoire d'Annibal et la défaite de Flaminius, l'arbre de la paix, l'olivier, s'asseoit à l'envi sur tous les coteaux, semble se plaire à masquer les bases des vieilles tours, dont le lierre voile les créneaux et paraît vouloir dérober à la postérité les lieux où Rome fut vaincue. Cette sanglante bataille revit toutefois sur les rives riantes de ce lac, dont la plage a trente-sept milles de circonférence, par les noms funèbres qu'elle y a laissés. Ainsi le ruisseau s'appelle encore le *Sanguineto*. Le *Campo Romano* est l'enceinte fortifiée que Flaminius quitta imprudemment pour occuper le terrain choisi par Annibal; à *Ossaïa* enfin, est l'ossuaire, où l'on recueille encore les restes des fugitifs immolés par les Carthaginois! Vingt-un siècles disparaissent tout à coup sur ce sol engraissé du sang de dix mille Romains, et l'on éprouve une sorte de cauchemar historique sur le lieu de cette scène qui devait faire passer le sceptre de Rome dans les mains de Carthage, si Annibal avait su profiter de sa victoire. Ainsi un jour le voyageur qui foulera le sol de Friedland pourra dire : « Ici fut donnée aussi, par un autre César, une bataille qui devait être pour l'empire du monde une seconde bataille d'Actium, si le vainqueur avait profité de sa victoire! »

Deux belles îles, presque symétriquement placées dans la plus grande largeur du lac, et à une distance égale de sa rive, l'une *l'isola Maggiore*, l'autre *l'isola Polvesa*, coupent élégamment par leurs plantations, leurs clochers et leurs villages, la monotonie de cette petite Méditerranée. En côtoyant ses bords, j'admirai le magnifique émissaire étrusque, restauré par Braccio Fortebracci, qui traverse la montagne *del Lago*, et, aux approches de Pérouse, la tour de *San Manno*, autre monument étrusque, aujourd'hui caveau, jadis probablement tombeau, portant une large inscription qui garde le secret de sa destination.

De Perugia j'allai saluer dans les montagnes le berceau du Pérugin, à Città della Pieve, où l'on ne peut arriver qu'à pied où à cheval. Vis-à-vis de sa maison natale était et est toujours une petite chapelle aussi nommée *Chiesarella*. Devenu peintre, il voulut embellir l'oratoire où il avait fait sa première prière, et il en décora la modeste muraille de l'admirable fresque de la *Nativité*. J'ai vu entière la maison de Pierre Vanucci; elle était sacrée pour les habitans, mais elle cessa de l'être pour un voisin riche qui l'acheta pour la démolir et augmenter la sienne. La vue du magnifique palais que Galéas Alessi bâtit pour le duc della Corgna ne console pas de l'absence du manoir de Vanucci.

De Città della Pieve, je repris la route de Rome par *Orvieto*. C'est peut-être sur le roc d'Orvieto que se trouve la plus étonnante basilique religieuse du monde, sa cathédrale, ouvrage des XIIIe et XIVe siècles, chef-d'œuvre de *Maitani* le Siennois, et du sculpteur *Nicolas de Pise* et de ses élèves. Sur la façade, ceux-ci ont osé sculpter les trois plus grands sujets chrétiens, *le Jugement dernier*, *l'Enfer* et *le Paradis*. Dante a pu les voir avant de les écrire : il aura pu être frappé de la verve si poétique qui anime ces productions colossales. L'intérieur de l'église est un vaste et bizarre musée où sans doute Michel-Ange lui-même, ainsi que Canova, ont puisé plusieurs de leurs plus belles créations. Le premier avait étudié la grande fresque sur bois, *le Jugement dernier*, de Signorelli, peinte 40 ans avant celui de la chapelle Sixtine, et son *Christ Foudroyant* est un souvenir du *Christ jugeant*. Canova aussi a su métamorphoser en groupe de *l'Amour et Psyché* celui de *deux jeunes ressuscités*. Ainsi ont fait Virgile, l'Arioste, le Tasse. Mais ce qui donne un caractère unique d'originalité à cette *chapelle de la Madone* où sont tant de chefs-d'œuvre de peinture chrétienne, c'est cette collection de portraits des poètes latins profanes, et des sujets de la mythologie souvent les plus lascifs, mêlés et confondus aux images et aux scènes les plus saintes de la religion, comme sous la loi d'un polythéisme reconnu, ou sous celles de la grande convocation de la vallée de Josaphat.

Par une antithèse si commune aux voyageurs d'Italie, on passe subitement des sommités aux souterrains, et à Orviéto du faîte de sa cathédrale aérienne aux profondeurs de son puits. Cet immense ouvrage, où l'un monte pendant que l'autre descend, homme ou animal, par de larges escaliers en spirale, fut creusé dans le roc vif par l'ingénieur *San Gallo* pour le service du pape Clément VII et de sa cour, réfugié à Orviéto après le sac de Rome par Charles-Quint ; ravage atroce, qui dura sept mois, et où l'empereur catholique surpassa les fureurs de ces chefs du Nord qu'avant lui l'on dut nommer rois des barbares.

LÉGATIONS DE L'ÉTAT PONTIFICAL.

FERRARE. — BOLOGNE.

Pour se rendre de Venise à Ferrare, on traverse d'abord les lagunes qui séparent la reine de l'Adriatique d'avec la terre ferme, et, arrivé à Fusina, on entre dans la Brenta qu'on remonte jusqu'à Padoue. Ce canal de la Brenta est trop vanté : quoique ses rives soient bordées de casins où s'étalait autrefois l'opulence patricienne, leur abandon actuel inspire la tristesse, et ces palais n'ont conservé dans leur délabrement que la trace du génie des Palladio, des Sansovino, des San-Micheli, architectes auxquels Venise doit une bonne part de sa renommée. A Dolo, jolie petite ville du canal, on se souvient encore de Byron, et si la mémoire du poète y est honorée, la réputation de l'homme, il faut le dire, n'est pas à l'abri du blâme. Retenu par une indisposition chez mon hôtesse de Venise, une Grecque, qui possédait une habitation sur la Brenta, je fus admis le soir à une *conversation* vénitienne, où l'on me raconta des anecdotes peu favorables à l'auteur de *Childe-Harold*. Une jolie Juive, d'imagination romanesque, grande admiratrice de Jean-Jacques et de la *Nouvelle Héloïse*, critiquait surtout avec vivacité la vie privée du lord-poète. Il y avait peut-être au fond de cela de l'exagération, ou quelque motif qui m'est resté inconnu. La postérité sera indulgente; les erreurs qui n'ont plus de témoins s'effacent en partie, et les écrits demeurent dans leur intégrité.

On ne quitte point Padoue sans avoir vu au moins les églises de Saint-Antoine et de Sainte-Justine, auxquelles leurs coupoles donnent un air de mosquées; on rencontre ensuite Rovigo, ville d'un mince intérêt; à Polesella, après avoir passé le Pô dans un bac, on met le pied sur les terres du Pape, et l'on se trouve bientôt à Ferrare.

Le voyage peut aussi se faire par eau : dans ce cas, on s'embarque à Venise sur le grand canal ; longeant le bourg de Malamocco, et le *Lido* de Palestrina, langue de terre interposée entre les lagunes et la pleine mer, on passe auprès de Chiozza, souvent citée dans l'histoire vénitienne; puis on parvient à Ferrare, après avoir navigué tour à tour sur l'Adige, le Pô et des canaux de communication. Cette voie est économique, mais elle prend du temps; le trajet serait fastidieux, s'il était rien d'ennuyeux en Italie.

Ferrare, grande ville, s'annonce avec un certain éclat au premier abord; mais elle promet plus qu'elle ne tient. Ses rues sont larges et bien alignées, particulièrement celle de Saint-Benoît, longue de mille toises, et aboutissant en droite ligne à deux portes : cette portion de la ville fut bâtie par Hercule d'Este, second duc de Ferrare, qui avait épousé une fille de Louis XII; la place *Neuve*, toujours appelée ainsi en dépit de son ancienneté, est régulière et formée de beaux édifices; le palais ducal, quoique d'un gothique lourd, a quelque chose d'imposant, et qui se prête à des effets pittoresques; mais tout cela est sombre et solitaire; l'herbe croît dans ces belles rues, au seuil des demeures désertes; le silence règne sous des arceaux dégradés : la dépopulation et l'abandon sont tels, qu'on occuperait un palais entier pour le loyer le plus minime, et nul ne voudrait d'un si triste séjour, environné de marais insalubres, et qui semble frappé de réprobation. Voilà donc cette Ferrare qui fut si brillante ! Que sont devenues les prédictions pompeuses de l'Arioste ?

> O città bene avventurosa, disse,
> Di cui Malagigi il mio cugino,
> Nei secoli futuri mi predisse,
> . . . .
> Ch' anco la gloria tua salirà tanto,
> Che avrai di tutta Italia il pregio e'l vanto !
> . . . .
> E che sarebbe tal per studio e cura
> Di chi al sapere ed al poter unita
> La voglia avendo, d'argini e di mura
> Avria sì ancor la sua città munita,
> Che contro tutto il mondo star sicura
> Potria, senza chiamar di fuori aita,
> E che d'Ercol figliuol, d'Ercol sarebbe
> Padre il signor che questo e quel far debbe[1].

« Heureuse cité, dit Renaud, ô toi, dont mon cousin Maugis me prédit que ta renommée s'élève-

---
[1] *Orlando Furioso*, canto XLIII, ottave 55 e 59.

rait si haut dans l'avenir, que tu concentrerais en toi l'honneur et la gloire de toute l'Italie!..... Il annonçait que Ferrare devrait cette grandeur aux soins habiles d'un prince qui, unissant le pouvoir à la volonté, saurait environner sa ville de remparts assez forts pour la rendre inexpugnable, sans avoir recours à aucun appui étranger, et que l'auteur de si vastes entreprises serait à la fois fils et père d'un Hercule. »

L'exagération fut toujours une faculté accordée aux poètes et aux peintres : ici l'Arioste usait largement de la permission, et l'on voit que les plus grands poètes n'ont pas le don de prophétiser avec justesse, malgré le nom de devins, *vates*, que les Latins leur donnaient. Quant aux flatteries poétiques de l'Arioste, elles ne lui tournaient pas à compte; ces princes de la maison d'Este, le cardinal Hippolyte et le duc Alphonse, l'en récompensaient assez mal : celui-ci l'admettait à sa cour, mais il ne faisait presque rien pour sa fortune, et le cardinal lui disait, pour tout tribut d'admiration décerné à son poëme : *Messer Lodovico, dove avete pigliato tante coglionerie ?* « Messire Louis, où avez-vous pris tant de *fadaises ?* ..... »

Ces princes d'Este n'étaient pas sans mérite : ils savaient l'art d'utiliser les hommes, et possédaient la courtoisie chevaleresque de leur époque; Ferrare leur dut son agrandissement et son lustre; mais avec ces qualités, ou plutôt ce savoirfaire, ils n'ont été grands que dans les vers de l'Arioste et du Tasse. S'ils aimaient les lettres, c'est que les lettres donnaient du relief à leur cour, en étendant et propageant sa réputation; s'ils protégeaient les poètes, les poètes à leur tour ont rendu à leur mémoire une protection efficace. Il est à croire que, sans cet appui de la Muse, l'histoire n'aurait pas eu grand'chose à dire de ces maîtres d'une petite principauté jetée dans un coin obscur de l'Europe.

Au milieu des distractions de la cour, tandis que les gentilshommes d'Alphonse jouaient en grand appareil les comédies de l'Arioste, *il Negromante, la Lena, la Cassaria, gli Suppositi*, tandis qu'on admirait ses *satires*, spirituels chefs-d'œuvre à l'aide desquels il se délassait d'un chef-d'œuvre plus vaste, le chantre de Roland sentait les dégoûts se mêler aux honneurs, et aspirait à recouvrer l'indépendance dans la retraite. Bien que sa fortune eût peu profité dans des faveurs plus brillantes que lucratives, il put cependant acquérir un terrain et s'y bâtir une maison. On voit encore à Ferrare, avec tout l'intérêt qui s'attache à la mémoire d'un grand homme, sa modeste demeure, où se lit cette inscription qu'il avait fait graver lui-même :

Parva, sed apta mihi, sed nulli obnoxia, sed non
Sordida, parta meo sed tamen ære domus.

Voici, pour ce distique, un essai de traduction :

« Humble maison, mais pour moi bonne,
Qui n'est ni trop mal ni trop bien,
Qui me plaît, sans nuire à personne;
Je la payai, je ne dois rien. »

Moins heureux que l'Arioste, le Tasse n'eut pas de maison à Ferrare : il y eut une prison. Si les princes d'Este firent peu pour l'Arioste, qui avait beaucoup fait pour eux, le duc Alphonse s'occupa davantage du Tasse, et ce fut pour le persécuter. Non loin de l'habitation simple, mais agréable, où vécut et mourut en paix l'auteur de l'*Orlando furioso*, est l'hôpital Sainte-Anne, où gémit l'auteur de la *Gierusalemme liberata*, où l'infortuné prépara sa démence et abrégea ses jours. Le Tasse fut-il ou non épris de la sœur d'Alphonse? Osa-t-il lui déclarer sa passion? Fut-il aimé d'Éléonore? Ce sont choses probables, sinon prouvées; mais un tel cœur devait être ménagé, en faveur d'un si beau génie; il fallait écouter l'indulgence plutôt qu'une aveugle colère, et la prudence eût plus fait que la rigueur.

Le poète avait dit :

Tu magnanimo Alfonso, il qual ritogli
Al furor di fortuna, e guidi in porto
Me peregrino errante, e fra gli scogli
E fra l'onde agitato, e quasi absorto,
Queste mie carte in lieta fronte accogli,
Che quasi in voto a te sacrate io porto.
Forse un dì fia, che la presaga penna
Osi scriver di te quel ch' or m'accenna[1].

« Magnanime Alphonse, toi qui sauves des persécutions de la fortune un pèlerin exilé, toi qui le conduis au port, à travers les écueils et les flots qui l'ont accablé et pour ainsi dire anéanti, daigne écouter avec bienveillance ces vers que je te voue comme un tribut consacré. Un jour viendra peut-être, où ma plume inspirée pourra dire à ton sujet toute ma pensée. »

Une captivité de sept ans fut le prix d'un tel éloge, et le *pèlerin*, coupable de génie et d'amour,

[1] *Gierusalemme Liberata*, canto I, ottava 4.

fut ensuite rejeté dans l'exil, pour cueillir enfin un laurier tardif au bord de sa fosse. Les princes furent et seront toujours d'*illustres ingrats*.

La ville de Ferrare est toute littéraire; il n'y faut guère chercher que des souvenirs de ce genre, et les noms de l'Arioste et du Tasse en font le principal charme. Dans cette cité mélancolique on va suivant à la trace les ombres de ces deux poètes que les Italiens ont ainsi caractérisés, quand ils voulurent établir entre eux un parallèle difficile :

Il divin Lodovico, il gran Torquato.

Les religieux du couvent de Saint-Benoît ont l'honneur de garder en dépôt une précieuse relique; c'est la dépouille mortelle de l'Arioste, renfermée dans leur église sous un monument de marbre, avec une épitaphe en prose latine un peu trop verbeuse. L'Arioste était né le 8 septembre 1474, à Reggio de Modène; il mourut à Ferrare, le 6 juin 1553, à l'âge de cinquante-neuf ans. Au vestibule du réfectoire des pères bénédictins, il y a une fresque de Garofalo, peinture représentant le Paradis, et qui n'aurait rien en soi qui méritât l'attention, bien qu'elle soit d'un habile maître, si l'on n'y voyait les traits de l'Arioste. Il était fort lié avec Garofalo, qui, à sa demande, le plaça dans son tableau, entre Sainte-Catherine et Saint-Sébastien, et l'on raconte, à ce sujet, que le poète disait, en plaisantant, au peintre : *Caro Benedetto, dipingetemi in questo vostro paradiso, perchè nell'altro non ci vo* (pour *vado*) : « Mon cher Benoît (nom patronymique de Garofalo), mettez-moi dans votre paradis, car il est douteux que j'aille dans l'autre. »

On voit aussi à la bibliothèque de Ferrare une espèce de sarcophage, érigé en l'honneur de l'Arioste; ces vers l'accompagnent :

Notus et Hesperiis jacet hic Areostus et Indis,
Cui Musa æternum nomen Hetrusca dedit ;
Seu satiram in vitia exacuit, seu comica lusit,
Seu cecinit grandi bella ducesque tubâ ;
Ter summus vates docti in vertice Pindi,
Tergemina licuit cingere fronde comas.

« Ici gît Arioste, et partout est sa gloire ;
De la muse toscane et l'honneur et l'amour,
Satirique, plaisant, sublime tour à tour,
Il chanta les héros que proclame l'histoire,
Sur la scène comique il rit de nos travers,
Et le vice odieux fut puni dans ses vers ;
Poète trois fois grand, que l'éclat environne,
Et dont le front est ceint d'une triple couronne. »

Que ces grands noms de l'Arioste et du Tasse, que ces souvenirs poétiques n'éclipsent pas absolument d'autres noms, moins éclatans sans doute, mais qui seront aussi répétés dans l'avenir. L'auteur du *Pastor Fido*, Guarini, ami du Tasse, émule de sa pastorale d'*Aminta*, et le docte cardinal Guy Bentivoglio, dont les *Lettres* ont contribué à épurer la langue italienne, étaient nés tous deux à Ferrare, où l'on montre les maisons qu'ils habitaient.

Trois personnages du nom de Bentivoglio, et de la même famille, laquelle tenait par la parenté à la maison d'Este, se firent remarquer, à peu près à la même époque, par d'éminentes qualités. Hercule Bentivoglio, neveu du duc Alphonse Ier, et l'un des cavaliers les plus accomplis de l'époque, fut chargé de missions importantes qu'il remplit avec honneur. Il avait composé des comédies, des satires, et des sonnets, qui ont été publiés, et qui attestent un esprit fin et délié. Un autre Bentivoglio, frère du cardinal, se distingua par sa traduction de la *Thébaïde de Stace*, donnée, on ne sait trop pourquoi, sous le nom de *Salvaggio Porpora*. Quant au cardinal, indépendamment de ses *Lettres* justement célèbres, on lui doit une *Histoire des guerres de Flandre* et des *Mémoires historiques* : ces deux ouvrages ont été traduits en français. Une telle réunion et contemporanéité de talens dans une même famille n'est pas indifférente, et Ginguené, dans son excellente *Histoire littéraire d'Italie*, a eu raison de la relever, en donnant l'analyse des productions des Bentivoglio. Le premier des trois, le prélat, fut non-seulement un écrivain disert et d'un goût sûr, il était aussi un homme de mœurs douces et d'une probité sévère : ses vertus allaient peut-être lui valoir la tiare, après la mort d'Urbain VIII, s'il n'eût lui-même terminé sa carrière en 1644, pendant la durée du conclave.

Ne poursuivons pas notre voyage vers Bologne et la Toscane, sans prendre note d'un fait qui n'a pas été assez remarqué : c'est que les quatre premiers poètes italiens, Dante, Arioste, Tasse et Pétrarque, ont eu, en quelque sorte, pour point de départ vers la postérité, le petit coin de l'Italie que nous allons quitter. Trois d'entre eux y ont leur tombeau : Dante a le sien à Ravenne, non loin de Ferrare; celui de Pétrarque est à Arqua, près de Padoue; celui de l'Arioste, à Ferrare même ; si le Tasse n'y a point sa tombe, il y eut un cachot.

De Ferrare à Bologne, le territoire intermédiaire est coupé par des ramifications du Pô, par le Reno et d'autres cours d'eau, qui, rencontrant des obstacles à leur écoulement, se débordent, séjournent dans les terres, les ravissent à la culture, et forment des étangs malsains. Ces eaux surabondantes désolent un espace considérable entre Bologne, Ravenne et Ferrare. Quant aux marais de Comacchio, irrévocablement répandus sur une très-grande surface du sol, ils sont au moins utilisés par des salines productives; mais les pêches que peuvent fournir les autres intervalles inondés ne sauraient remplacer les dommages causés à la culture et à la population. Les papes, qui ont possédé ce pays depuis 1598, époque où Clément VIII s'empara de Ferrare après la mort d'Alphonse II, ont tenté à plusieurs reprises des travaux de dessèchement; mais, ou ils ne firent pas suffisamment à la fois, ou bien les entreprises ne reçurent pas la direction convenable. En pareil cas, ce ne sont jamais les projets qui manquent; bien des gens apportent le leur, plus ou moins spécieux, et c'est rarement le meilleur qui prévaut, parce que celui qui l'a conçu, précisément parce qu'il est pourvu d'un mérite vrai, ne possède ordinairement pas cette habileté seconde, consistant à se faire jour à travers les rivalités : il faut dire aussi que les intérêts divergens des états circonvoisins opposèrent sans doute des difficultés à l'exécution de ces travaux. Quoi qu'il en soit, un terrain autrefois fertile, et apte à le redevenir, avec la ferme volonté de le garantir des inondations, s'obstrue et se dépeuple en beaucoup de ses parties. Il est à observer que, de quelque côté qu'on entre dans le Patrimoine de Saint-Pierre, excepté Ancône, on rencontre dès l'abord dénuement et solitude : à partir de la Toscane, ce sont les plus arides sommets de l'Apennin; aux côtes de la Méditerranée, un littoral presque abandonné; du côté de Naples, les marais Pontins; et dans le Ferrarais, des contrées inondées, autres marais Pontins du nord de l'Italie. Faut-il accuser de cette singularité la nature ou les hommes? Question grave dont la vue de Bologne vient à propos nous détourner.

Bologne est la seconde ville de l'État ecclésiastique: les Italiens l'ont nommée *Bologna la Grassa*, à cause de la fécondité de son territoire. Les sciences, les lettres et les arts y ont toujours été en honneur. Son université anciennement fameuse, son école de peinture justement célèbre, lui ont valu sa devise caractéristique, *Bononia docet*. L'université de Bologne fait remonter sa fondation jusqu'au Ve siècle. Elle possède une très-belle bibliothèque, un cabinet bien monté de physique, des collections d'histoire naturelle, une salle d'anatomie où sont rassemblés de curieux modèles, exécutés en cire, de toutes les parties constitutives du corps humain. Pour que rien ne manquât à la gloire de cette université, riche domaine de la science, Barthole, Accurse, Cassini, Aldrovande, Malpighi, Galvani, ont été au nombre de ses professeurs, et le dernier y a son tombeau. Ces hommes éminens ont eu de nos jours un digne représentant dans le bibliothécaire Mezzofante, célèbre par sa connaissance de quarante idiomes divers. On admire entre autres choses, à l'Institut de Bologne, un portrait en pied du pape Benoît XIV qui était Bolonais; c'est une mosaïque, surprenante imitation de la peinture; elle reproduit fidèlement, dit-on, les traits de ce Lambertini, qui fut homme érudit, mais pontife d'un esprit conciliant plutôt que d'un grand caractère, et dont ses contemporains disaient avec malice : *Magnus in folio, sed parvus in solio*.

Il est assez bizarre que le langage usité dans une ville qui a été l'une des plus doctes de l'Italie soit précisément le moins pur des dialectes pratiqués en ce pays. Le parler bolonais, pire encore que celui des Génois (et ce n'est pas peu dire), est un patois barbare, qui devient souvent un sujet de dérision pour les autres Italiens. Mais ce peuple, qui s'exprime mal, a un caractère plus marqué que ses voisins, une organisation morale plus vigoureuse. C'est à Bologne qu'a éclaté le mouvement de 1831, lequel devait remuer toute la péninsule, s'il n'eût été comprimé par la force étrangère. Les Bolonais voulaient reconquérir, après les avoir souvent redemandés en vain, les droits et immunités qu'ils s'étaient réservés dans leurs traités avec Rome (1278 et 1506), quand ils se donnèrent à cette métropole, stipulations dont le pouvoir pontifical a constamment éludé les effets. On sait que leur élan rencontra de la sympathie; mais il devait se briser contre l'intervention : l'histoire sera juge.

C'est essentiellement en ce qui se rapporte aux arts du dessin que s'est vérifié le dicton, *Bologne enseigne*. Le Bolonais a vu naître les trois Carrache (Louis, Augustin et Annibal), le Guide, le Guerchin, l'Albane, le Dominiquin, l'Algarde, ce Jean de Bologne qu'on s'est plu à surnommer Michel-Ange second, et d'autres vrais artistes dont la gloire est moins universellement répanduc. Tous ils ont rempli leur patrie de chefs-d'œuvre. Jean de Bologne, notamment, a laissé à sa ville natale une magnifique fontaine où un Neptune grandiose respire sous le bronze. Les tableaux qui enrichissent le Musée des beaux-arts, tous de choix, composent un assemblage peut-être unique; tels sont ceux qui saisissent le plus vivement l'attention : du Guide, un *Samson vainqueur des Philistins*, un *saint Sébastien*, admirable d'expression résignée ; un *Massacre des innocens*, composition célèbre ; plusieurs Guerchins d'un faire savant et facile ; des trois Carrache, quelques morceaux capitaux ; de Louis en particulier, son meilleur ouvrage, une *Communion de saint Jérôme*, comparable pour l'onction à celle du Dominiquin ; de ce maître, son *Martyre de sainte Agnès* ; et couronnant le tout, comme d'une auréole de gloire, la céleste *Sainte Cécile* du sublime Raphaël. Nous avons vu à Paris quelques-unes de ces merveilles de l'art, que la Fortune nous avait livrées et qu'elle nous a ravies dans son inconstance. Les *Ciceroni* ne manquent guère de dire aux étrangers que tel ou tel tableau avait été emporté par les Français, croyant, chose assez vaine, en rehausser ainsi le mérite. Je me rappelle, à ce sujet, qu'un *custode* me disait à Venise, en me montrant un Titien : *Codesto quadro, signore, ha avuto l'onore d'andare à Parigi*, « Ce tableau, monsieur, a eu l'honneur d'aller à Paris. »

Il s'en faut de beaucoup que les trésors pittoresques de l'école bolonaise soient concentrés au musée ; chaque église, chaque couvent (et ils sont très-nombreux), renferme des peintures dignes de l'examen des connaisseurs. Cochin, habile dessinateur du siècle dernier, et appréciateur rempli de discernement, les a énumérées dans son *Voyage d'Italie*, et c'est à ce livre tout spécial que devront recourir ceux qui recherchent des notions exactes sur les œuvres d'art.

Si l'incroyable quantité de tableaux que renferme Bologne lui a mérité le surnom d'*École des peintres*, cette ville peut être considérée aussi comme une école pour les architectes. L'architecture effectivement s'y distingue par un style noble, une certaine ampleur sans exagération, un dessin large presque toujours subordonné à la convenance. Les églises, et surtout les palais, sont empreints de ce goût sage qui sait concilier la grandeur avec la simplicité. Ce n'est ni l'architecture romaine, ni celle de Toscane, c'est une architecture locale ; car il y a cela de fort remarquable en Italie, que chaque cité a son caractère propre et déterminé, qui la différencie d'avec les autres ; et cette observation s'applique même aux villes les plus secondaires. Toutes à peu près se ressemblent en France, au moins les principales : Paris, Bordeaux, Lyon, Marseille, n'ont pas dans leur physionomie des traits fort variés ; le style est assez uniforme, et cela provient clairement de l'unité qui nous régit, système qui tend à égaliser, en même temps qu'il fait la force. Il n'en est pas ainsi en Italie, contrée divisée, dont les diverses parties ont leur centre, sans qu'il y ait de centralisation commune. Les villes d'Italie ont dans leur architecture un ton particulier, une manière distincte, où peuvent se lire la richesse ou la pauvreté, ainsi que la diversité des habitudes et des mœurs. Bologne, cité de soixante-dix à quatre-vingt mille habitans, a été riche et puissante, et cela se reconnaît, comme on voit qu'une femme fut belle, à son port, à son regard, à des traits distinctifs que l'âge mûr n'a pu lui ravir encore.

On sait que la dénomination de palais, *palazzo*, se donne en Italie aux habitations qui semblent ou plus étendues ou mieux ornées que les maisons ordinaires. C'est ce que nous appelons *hôtels*, avec cette différence pourtant que les palais italiens ont en général meilleure tournure que la plupart de nos hôtels. Une *casa nobile*, demeure d'un noble, est un palazzo, et ce titre ambitieux paraît aussi quelquefois plutôt usurpé par l'orgueil que justifié par l'apparence extérieure. Il n'en est pas ainsi des palais *Sampieri, Caprara, Zambeccari, Marescalchi, Locatelli, Monti, Riario, Pepoli, Tanaro, Albergati*, etc., tous plus ou moins remarquables par leur architecture et leurs collections de tableaux.

Parmi les palais de Bologne, puisque palais il y a, il en est un de construction très-récente, qui dans sa distribution montre l'heureuse alliance du goût italien et du *comfort* anglais ; à la façade est gravée cette inscription quelque peu antithétique :

Non dominus domo,
Sed domus domino.

Il a été bâti pour Rossini : le prince régnant de la musique moderne peut bien avoir un palais; il projète apparemment de se fixer un jour à Bologne, et un tel dessein peut être bien entendu, car nulle part ailleurs Rossini ne trouvera des prosélytes aussi fervens. Les Bolonais portent jusqu'à la manie leur passion pour la musique; ils sont vraiment fanatiques de cet art, *pazzi di musica*. Leur zèle éclate en de vifs transports à leur théâtre, pour peu qu'il s'y rencontre un sujet de quelque talent; ce sont alors des cris et des trépignemens incroyables, et le lendemain, un déluge de sonnets pleut dans les cafés, en l'honneur du *pregiatissimo cantante* ou de la *dilettissima cantatrice*. Au demeurant, la salle de spectacle de Bologne est l'une des plus belles qui se puissent voir; elle est grande, brillante et noble : le cardinal-légat, gouverneur, y a une loge en face de la scène : je ne dirai pas s'il profite de ce privilége, car pour moi je n'ai vu dans sa loge que des gens de sa maison. Il est d'usage à Rome, que le gouverneur assiste aux représentations d'ouverture, *prime recite*, et qu'il y fasse distribuer des rafraîchissemens aux dames : ainsi fait peut-être le légat de Bologne.

Les rues et les places publiques de cette belle ville sont, comme à Turin, ornées de portiques, les uns à piliers, les autres à colonnes, çà et là un peu trop bas, mais la plupart élevés, spacieux, aérés, et formant des galeries où l'on chemine commodément, en même temps que la vue est récréée par des arcades prolongées d'une agréable décoration. Le promeneur peut faire ainsi à l'abri le tour de la ville, qui en beaucoup d'endroits présente un coup-d'œil tout-à-fait monumental.

Quoique l'église de *Saint-Pétrone* ne soit pas la cathédrale de Bologne, elle est plus grande, plus belle et plus importante que cette dernière, et l'usage, sinon le fait, lui assigne la primauté; Saint Pétrone d'ailleurs est le patron des Bolonais, auxquels, pour cette raison, le Tassoni, dans son ingénieux poëme de la *Secchia rapita*, a donné la dénomination de *Petroni*. L'église, qui malheureusement n'a jamais été achevée, est une vaste nef gothique d'un bon effet : on y remarque, entre autres choses curieuses, la méridienne établie par Cassini, en 1655; son gnomon a quatre-vingt-trois pieds de hauteur.

La cathédrale est sous l'invocation de saint Pierre; elle a cela de particulier qu'elle fut bâtie par un religieux barnabite : le père Magenta fit voir qu'un moine pouvait être un habile architecte; l'édifice qu'il construisit dans les premières années du XVIIe siècle, est en effet d'une fort belle ordonnance, au moins à l'intérieur, car le portail est généralement blâmé.

Parlons un peu maintenant des deux célèbres tours penchées de l'église de *San Bartolomeo* : ce ne sera certes pas pour les citer comme des monumens de l'architecture que nous admirons à Bologne, mais comme quelque chose de fort singulier. L'une de ces tours, celle dite des *Asinelli* a plus de trois cents pieds d'élévation; elle est si svelte, qu'elle ressemble de loin à une haute colonne mince et disproportionnée; son inclinaison n'est guère que de trois pieds et demi; mais l'autre, qui a nom *de' Garisendi*, est effrayante à la vue, car elle penche de huit pieds hors de son aplomb; heureusement elle n'atteint guère que le tiers de la hauteur de l'autre. Ces tours, il est aisé de se le figurer, ne sont que d'un effet bizarre : elles n'ont pas même le mérite de la difficulté vaincue, puisqu'on doute si leur pente est due à un affaissement du terrain, ou si elle fut conçue par l'architecte. Cette double question a été l'objet de plus d'une controverse, au sujet de la tour inclinée de Pise dont nous parlons ci-après (V. Toscane, p. 27), les opinions se sont partagées; disons la nôtre en peu de mots. Et d'abord, ces édifices de structure dégingandée sont étranges à voir, pour ne pas dire choquans et ridicules. La tour de Pise, fort belle en soi, est évidemment déparée par son défaut d'aplomb, et il est bien difficile d'imaginer que des hommes de talent, comme le fut l'architecte pisan, auraient mis à exécution une pareille fantaisie, et cela seulement pour produire un effet insolite. Il semble donc plus raisonnable d'admettre l'hypothèse d'un accident fortuit, et ici des faits tournent cette supposition en certitude. A Pise, il n'y a pas que la tour de la cathédrale qui ait subi un déplacement; la petite église de *Santa Maria della Spina*, sur la rive gauche de l'Arno, s'est affaissée de plus de quinze pieds. En outre, j'ai remarqué à Venise un clocher visiblement incliné, dont aucun voyageur, que je sache, n'a fait mention : or, ce clocher de Venise est dans des lagunes; la tour de Pise et l'église en question posent, non loin de la mer, sur des terrains mouvans; les tours de Bologne s'élèvent à l'extrémité de la grande plaine rase de Lombardie, laquelle, de l'avis des géologues, dut être jadis sous-marine. Si nous ajoutons que l'Italie, terre toute volcanisée, a été sujette à de fréquentes commotions, nous regarderons comme indubitable que le dérangement de tous ces édifices doit s'attribuer à des mouvemens de terrains mal affermis, et non pas à des caprices d'architectes.

À l'égard de cette assertion que le pays aurait été occupé par la mer à des époques dont on n'a plus de tradition, elle semble résulter clairement de la constitution physique de la péninsule italienne. Il est fort présumable, en effet, que les contrées intermédiaires des Alpes et des Apennins, l'état Lombard-Vénitien et le Bolonais, dont la surface est plane, ont été tenus puis délaissés par les eaux. On en peut dire autant des Maremmes de Sienne, et surtout des marais Pontins, qui aboutissent brusquement à la chaîne des Abruzzes. D'après ces conjectures, l'Italie dut former autrefois une île ou un archipel.

Pour revenir à la grande tour de Bologne, l'intérêt le plus réel qu'elle présente, c'est la vue dont on jouit à son faîte : de ce haut belvédère on découvre toute la cité, figurant à peu près dans sa forme un vaisseau dont la tour des *Asinelli* serait le mât; au nord, l'immense étendue des plaines lombardes.terminées par les Alpes ; au midi, les premiers échelons des Apennins qui commencent au sortir de la ville : cette perspective est réellement superbe. On prétend que lorsque l'atmosphère est parfaitement sereine, on peut de la tour de Bologne apercevoir l'Adriatique et la Méditerranée; nous ne saurions garantir ce fait, n'ayant pas été à portée de le vérifier. En parcourant ce vaste panorama, l'œil rencontre, à quatre lieues dans la plaine, les murs blancs de *Cento* : il s'y pose avec complaisance. Cento est une humble ville, mais qui a aussi sa part de gloire, car elle donna le jour à un grand peintre, au Guerchin. Francesco Barbieri, surnommé *Guercino*, parce qu'il était borgne (*guercio*), naquit en 1590; il mourut en 1666 dans sa patrie, qu'il n'avait jamais voulu quitter, malgré les propositions les plus avantageuses. Sa fécondité fut extrême, car on porte ses tableaux à plusieurs centaines, et dans ce nombre, les chefs-d'œuvre ne sont pas en petite minorité. Ce maître ne paraît pas apprécié en France à toute sa valeur, parce que d'abord son génie s'est exercé dans les fresques et les coupoles, ensuite parce que ses meilleurs tableaux sur toile et sur bois sont demeurés en Italie; son expression est toujours ferme et franche, quoique le caractère de ses têtes manque souvent de noblesse; mais le moelleux de son pinceau, la vigueur de son coloris, le placent en première ligne, et sa *Sainte Pétronille* à Rome est un tableau prodigieux.

Du point culminant que nous occupons, nous tournant au midi, nos regards suivent, dans un prolongement de deux milles, une ligne d'arcades gravissant le premier escarpement de l'Apennin. Ainsi, à la naissance de cette chaîne, on débute par y monter à couvert. Bologne est vraiment la ville des portiques. Celui-ci conduit à la *Madonna di San Lucca* ou *della Guardia*, pèlerinage en renom. Tous les habitans, petits et grands, riches et pauvres, ont contribué à l'érection de ce monument unique en son genre, car la *Madonna del Monte* de Vicence ne saurait lui être comparée pour l'étendue. Suivant ses facultés, chaque famille a fait construire une ou plusieurs arcades. De distance en distance ont été pratiqués des repos, ou stations, avec des peintures qui sont généralement mauvaises. On parvient de la sorte, après une demi-heure d'ascension, au monastère de la madone. L'église, architecture moderne du Dotti, rappelle dans son élégante simplicité celle de la *Superga*, près de Turin. Au nombre des tableaux figure un portrait de la sainte Vierge, qu'on attribue à saint Luc. La madone n'est pas dans le goût du beau idéal; elle a un grand nez pendant et barbouillé. Saint Luc est le patron un peu apocryphe des peintres; bon nombre d'entr'eux préfèrent au patronage de ce saint celui du divin Raphaël Sanzio.

Non loin de la madone de Saint-Luc, est un champ funéraire qui rappelle notre cimetière parisien, dit du *Père Lachaise*. C'est le même faste de monumens, le même étalage d'inscriptions laudatives; c'est aussi du marbre, de l'or, du bronze, employés à sauver de l'oubli pour un peu de temps quelques cendres confondues dans la terre, ce grand tombeau de nous tous. Des sépulcres somptueux sont la demeure dernière de ceux qui de leur vivant habitèrent de riches palais ; encore du blason et de la flatterie sur des ossemens ; en un mot, l'aristocratie de la tombe ! Partout l'espèce humaine se ressemble par la vanité, passion qui voudrait vivre au-delà de la vie.

> Quand l'homme va franchir le seuil
> De la mort, ce funèbre écueil
> De son ambition profonde,
> Son dernier soupir est d'orgueil;
> Il veut encor par un cercueil
> Tenir aux vanités du monde.

Quoiqu'il en soit, le *Campo-Santo* de Bologne est un beau cimetière, si l'on peut qualifier de la sorte un lieu si lugubre. Toutes les conditions, d'ailleurs, y sont pêle-mêle, le philosophe à côté d'un grand, la noble dame auprès du plébéien, l'obscurité réunie à la célébrité éclipsée ; en dépit du marbre et des épitaphes, la mort a nivelé les rangs : là gît l'égalité.

Les Apennins, qui commencent brusquement à partir de Bologne, forment une barrière naturelle et tranchée entre les champs de Lombardie et la vallée de l'Arno. Pour se rendre à Florence il faut faire vingt lieues assez pénibles à travers des montagnes plus tristes que pittoresques, et où rien n'a été prévu pour le bien-être des passagers. Cette portion de la chaîne des Apennins, et les Apennins en général, sont loin d'avoir l'élévation, la fraîcheur et la richesse des Alpes. Les formes, sans être moins hardies, ont moins de majesté; la végétation est inégale, abondante parfois, souvent grêle, et beaucoup de sommets sont frappés d'une stérilité absolue. Cependant il résulte de cette variété même un curieux contraste de nature sauvage et de nature cultivée, mais dont l'intérêt s'efface devant le spectacle d'une population rare, misérable et mendiante. Cette contrée semble une géographie tracée tout exprès à l'usage des romanciers, pour ces aventures de bandits qu'on prête si libéralement à l'Italie. L'imagination heureusement en fait presque tous les frais, car nos romans, nos théâtres et nos tableaux nous montrent infiniment plus de brigands italiens que l'Italie n'en offre en réalité. Et pour le dire en passant, n'est-elle pas d'une grande iniquité, cette coutume établie de poser si constamment le masque de la fourberie sur le visage de tout Italien qu'on met à la scène ? Un auteur dramatique a-t-il besoin d'un personnage qui manie tour à tour l'astuce et le poignard, il ne manque guère de lui donner un nom en *i*. Tout ce qu'il y a de cœurs généreux dans la patrie de tant de grands hommes s'indigne chaudement d'un tel abus ; et au fait, il est choquant de voir ainsi personnifier une nation dans un caractère qui, chez elle comme partout, n'est pas un type, mais une exception. Qu'on excuse cette digression que les Apennins ont fait naître, et continuons à parcourir les monts qui nous séparent encore de Florence. Ce trajet, s'il porte à une sorte de tristesse inquiète, quand on tourne ses regards en arrière du côté du fertile pays qu'on vient de laisser, dispose convenablement à goûter les charmes de cette Toscane riante vers laquelle on s'achemine. C'est comme un revers dans la vie, qui fait mieux apprécier le passé, en donnant un enseignement pour profiter de l'avenir.

Parvenu à *Pietra Mala*, le voyageur ne manque pas d'aller observer de près *il monte di Fo* (par abréviation de *fuoco*), la montagne de feu. Une flamme bleuâtre, semblable à celle du punch, voltige incessamment à la surface d'un terrain rouge et caillouteux. Cette flamme est plus ou moins intense, en raison de l'activité que lui donne ou lui ôte la pluie ou le vent : on l'excite en remuant le sol, un vent violent paraît quelquefois l'éteindre ; mais ce gaz inflammable se rallume bientôt, de lui-même ou par l'approche d'un flambeau. Ce feu, dont l'odeur est légèrement bitumineuse, se trouve au reste concentré dans un espace qui a tout au plus vingt pieds de diamètre, et les terrains adjacens ont de la végétation, gramen et herbes ordinaires. Quant au sol qui l'exhale, sa nature et les pierres dont il est mêlé n'ont rien qui soit précisément volcanique, et la présence du feu justifie seule le nom de *volcanello* que les gens du pays donnent à ce phénomène. Un peu plus loin sont deux réservoirs d'une eau qui bouillonne, quoique froide : la vapeur qui s'en dégage s'enflamme au contact d'une lumière, et produit une odeur d'hépar plus prononcée que les émanations du volcanello. Si l'on reconnaît au surplus que ces gaz et ces feux, que ces pierres calcinées et ces matières sulfureuses ne proviennent pas d'un volcan à demi-éteint, ne peut-on les regarder comme les annonces d'un volcan futur, qui fera éruption, si le fer s'y trouve combiné en suffisante quantité avec le soufre?

Ce fut en ce lieu que j'entendis pour la première fois résonner à mon oreille, sur le territoire toscan, la langue toscane, *lingua gentile, pura e sonante*; c'était mon guide, un paysan, qui me parlait ainsi. Je le regardais en l'écoutant, comme pour m'assurer que ce fût un pauvre villageois qui s'exprimait si bien dans cet idiome, où reviennent tant de mots d'un pur latinisme. Je recevais un avant-goût de la Toscane ; mais, quelques lieues plus loin, au revers méridional de *monte Giogo*, je la reconnus mieux encore, en parcourant les bosquets de *Pratolino*, qui peut-être ont inspiré au Tasse sa description des jardins d'Armide. Je me détournai un peu sur la gauche, pour visiter cette *villa* du grand-duc ; j'y vis le colosse de l'Apennin, statue énorme taillée dans un rocher, et bientôt après j'aperçus Florence *la belle*, ses dômes et ses campaniles illuminés avec pompe des feux du soleil couchant.

H. LEMONNIER.

LE RUBICON. — RIMINI. — LA RÉPUBLIQUE DE SAN MARINO.

S'il est un nom qui fasse battre le cœur, quand on pénètre dans l'Italie centrale par Bologne et la marche d'Ancône, c'est celui d'un ruisseau aujourd'hui presque imperceptible, et qui, dans l'antiquité, séparait la Gaule Cisalpine de l'Ombrie, territoire relevant de la république romaine. Le Rubicon était la dernière limite des dépendances de la ville éternelle : là venaient finir et commencer deux routes célèbres, monumens des premiers siècles de Rome, la voie Émilienne et la voie Flaminienne qui amenait le char du triomphateur jusqu'au pied du Capitole.

Il faut le souvenir de César et de la destinée de Rome, pour que le regard du voyageur cherche de nos jours, à travers les broussailles qui le couvrent en partie, ce Rubicon que nul, au retour d'une expédition guerrière, ne pouvait franchir les armes à la main sans la permission du sénat romain, sous peine d'être voué aux Dieux infernaux. Mais le prestige des illusions s'attache fortement aux événemens de l'histoire, et l'imagination prête aux lieux, comme aux hommes, autant de majesté et de grandeur que les faits ont eu d'importance par leurs résultats.

Écolier, combien de fois n'avais-je point passé le Rubicon avec César ! Et, dans ma pensée, devant le fleuve (et le fleuve m'apparaissait dans des proportions gigantesques), debout comme dut s'arrêter le chef des légions victorieuses prêt à porter ses armes aux portes de Rome, je m'arrêtais sur les bords du Rubicon. Là, dans ce moment décisif, je frissonnais à l'idée d'une guerre civile et du sang qu'il fallait verser ; puis je m'écriais avec le héros : *Le sort en est jeté !* puis, dans ma pensée, toujours écho fidèle, la liberté de Rome était détruite. Et telle est encore l'influence des premières impressions, que je cherchais le fleuve, et César, et l'armée, quand enfin je me trouvai au milieu de ce pont qui séparait des provinces. J'aurais pu le franchir d'un bond. J'éprouvais la première des déceptions qui m'attendaient, de prime abord, sur la terre italique ; la nature extérieure jouait toujours pour moi le plus grand rôle.

Depuis ce temps, instruit par l'expérience, je me suis retrouvé aux mêmes lieux, sur ce même pont, devant le même ruisseau ; le nom de César et l'aspect du Rubicon ont également agité mon cœur, mais l'histoire reflétait ses grandes leçons sur la petitesse des objets. Le souvenir de l'homme qui avait renversé au profit de l'humanité l'entrave que la république romaine, avec son patriciat, mettait au développement et à la marche progressive de la société, ce souvenir venait tout changer à mes yeux, tout grandir de la puissance de la volonté humaine. Le ruisseau qui ouvrait et fermait le territoire de la république romaine ; la borne qui portait le décret du sénat, la même qu'on voit encore, la même qui dut suspendre un instant les résolutions de César, et la pente du terrain qui semblait l'inviter à marcher vers le but ; tout, en ces lieux, rendait à l'homme sa supériorité morale. Certes, un ruisseau comme barrière, quelques caractères informes comme défense, la croyance aux dieux comme punition, c'était une civilisation puissante que cela ! Mais le génie n'est arrêté par rien. Le génie a l'instinct des événemens qui naîtront sous son influence, et César, en passant le fleuve, avait peut-être senti une ère nouvelle ; peut-être avait-il prévu qu'un homme allait naître, et que cet homme serait un dieu.

Aujourd'hui le Rubicon n'est plus une limite ; la pierre offre son inscription morte, et le sénatus-consulte n'arrête pas plus le brigadier des carabiniers pontificaux qu'il n'arrêta, au moyen âge, la marche du Condottiere, et, de nos jours, celle de Bonaparte, général des armées de la république Française. Les soldats de l'Autriche rappellent maintenant l'idée d'une limite ; l'ordre du jour d'un Tudesque pose aussi sa borne ; on menace encore du châtiment céleste quiconque s'insurge contre la loi du patriciat : vienne un homme qui sente l'avenir comme César, qui comprenne comme lui l'unité de l'Italie et du monde, il ne dira plus : *Le sort en est jeté !* mais en criant : *Dieu le veut !* il franchira tous ces faibles obstacles, et la liberté renaîtra de ses cendres, la liberté sociale, celle qui convient aux nations.

La première ville que le voyageur aperçoit, en poursuivant sa route, c'est Rimini, avec ses hautes tours d'un brun sévère, avec son port que les eaux du golfe ont depuis long-temps abandonné. A mesure qu'on s'avance, l'horizon s'agrandit ; on devine le voisinage de la mer ; le paysage perd peu à peu l'aspect sombre qu'il offrait depuis Césène. On traverse un faubourg bien peuplé et la *Marecchia*, sur un beau pont; enfin on entre dans l'antique *Ariminium*.

De toutes les manières de visiter l'Italie, pour le voyageur peu pressé d'arriver, et curieux de bien connaître le pays, la plus avantageuse, c'est la marche tranquille et douce des *Vetturini*. Avec ces conducteurs de voitures, on peut tout voir, tout entendre; on s'arrête partout, et, par pitié pour les bêtes, les hommes ne sont pas trop mal traités.

On part avant le lever du soleil, pour arriver à l'étape quelques heures avant la nuit. Mais on n'a pas traversé de villages dont on n'ait visité l'église, dont on n'ait vu les moindres curiosités. On a pu, durant le trajet d'un bourg à l'autre, dessiner une ruine, un site, une roche, le pâtre et sa chèvre; tous les accidens de la route ont été appréciés et recueillis par la mémoire; les plus petits caprices de la nature ou du hasard sont devenus le sujet d'une remarque. Enfin les heures fixes d'une diligence publique et la rapidité d'un postillon ne vous ont pas ravi un plaisir, ne vous ont pas soustrait à une réflexion. On marche quand il plaît, on se repose après la fatigue, et c'est ainsi qu'on parcourt toute la péninsule, sans autre souci que de suivre l'usage établi pour l'expérience pour cette vie nomade qui doit durer quelques mois. Ne va-t-on pas toujours assez vite quand on n'est point impatient, et surtout quand les sens perçoivent à chaque heure quelques nouveaux objets, pour procurer à l'âme des impressions nouvelles?

Le voiturin auquel je m'étais confié traversa le faubourg Saint-Julien, le pont qui porte aujourd'hui le même nom et la grande rue de Rimini au milieu des habitans assemblés, car le soir, après les travaux, on respire le frais, on cause entre voisins. Cet usage est commun à l'Italie entière, et l'arrivée des étrangers attire toujours les curieux près des auberges où ils descendent : c'est pour ces indigènes le spectacle de tous les soirs, à peu près le même; c'est aussi celui des voyageurs, avec cette différence que, pour eux, la décoration change chaque jour. Celle qui s'offrait à mes regards, du haut du balcon de ma chambre, représentait d'un côté la rue assez large que nous avions traversée, et, de l'autre, une vaste place dont l'œil ne pouvait suivre les contours. Le ciel était d'une teinte cuivrée, quelques chanteurs ambulans faisaient entendre un chœur de Mayer, et la foule ondulait dans cette rue et sur cette place. C'était un dimanche; l'aspect d'une population oisive et parée me l'eût appris, si, depuis le matin, je ne l'eusse remarqué partout sur notre passage. La variété et la nouveauté des costumes, le caractère des physionomies, l'agitation d'une grande ville, ne me laissèrent pas long-temps enfermé ; j'eus hâte de me mêler à la foule, car c'est au contact de tous qu'on sent bien ce qui se passe en tous; c'est là seulement qu'on éprouve des émotions vives et vraies. A Rimini je compris intérieurement que j'avais fait un pas dans l'Italie centrale; un instinct secret venait me le dire, et tout ce qui frappait mes regards me le disait plus haut encore.

Publius Sempronius Sophus, qui était consul avec Appius Claudius, l'an du monde 3786, mena une colonie romaine à Rimini, après avoir défait les Picentins, environ 267 ans avant J.-C. Dèslors cette ville cessa d'être comprise dans la Gaule Cisalpine; et les Romains reculèrent au Rubicon la limite de cette province. Fortifiée pour s'opposer aux excursions des Gaulois, Rimini était regardée comme une place d'armes, et c'était là que les généraux s'assemblaient et où ils avaient coutume de recevoir les ordres du sénat. Ce souvenir ne renaissait pas seul dans ma mémoire : Rimini liait l'histoire de Rome antique à celle de Rome chrétienne. C'était aussi la ville des conciles, et saint Jérôme fut présent à l'un d'eux. C'était le lieu des doctes querelles; les évêques ariens et catholiques s'y étaient combattus. Je pouvais, dans un même regard, unir le piédestal du forum au clocher de l'église. Toutes les transitions séculaires se réunissaient dans une seule méditation, depuis le passage des troupes de Jules César jusqu'aux derniers mouvemens insurrectionnels en faveur de l'unité et de l'indépendance italienne. La ville des Malatesta, de ces Guelfes tout bardés de fer au moyen âge, qui prétendaient descendre de l'antique famille Cornélienne et des Scipions, reparaissait dans ma pensée avec les vers du Dante, et jusqu'au visage des habitans qui, par leur physionomie pleine de douceur et de finesse, me rappelaient les peintures du Pérugin et de Raphaël, chaque chose venait reproduire un reflet des siècles.

J'avais observé, en traversant le faubourg Saint-Julien, que les jeunes filles avaient leurs cheveux tressés, que des fleurs mises au-dessus de l'oreille les paraient d'une sorte de coquetterie, et que les jeunes hommes présentaient le carac-

tère de la candeur et de la bonhomie. Mais je ne conservais plus rien de l'observateur frivole, du voyageur par mode, quand je me vis sur la grande place, où se trouve l'antique piédestal sur lequel, si l'on en croit l'inscription et la tradition, César harangua ses troupes après avoir franchi le Rubicon. Quand je fus sur la *Piazza della Communità*, en face du *castello*, je contemplai ce vieux monument crénelé, surmonté de ces tours brunes que j'avais aperçues de si loin. Je n'étais pas encore accoutumé à ce passage brusque et rapide qui, sans transition, vous transporte à chaque pas, dans les États romains, des beaux temps de la république aux convulsions de l'indépendance du moyen âge, de la puissance impériale à l'autorité des successeurs de l'apôtre, du sénat au conclave, d'Auguste à Pie VII, de l'origine à la chute, du berceau à la tombe. J'allai donc, non sans une émotion involontaire, de la pierre foulée d'un pas impatient par le fondateur du grand empire, de cette pierre qui, peut-être, en présence de l'armée, reçut la commotion de sa parole victorieuse, j'allai du piédestal vide à la statue de Paul II. Ce pontife tient d'une main les clefs du ciel, et, de l'autre, donne la bénédiction papale aujourd'hui si dédaignée. Mais j'oubliai bien vite cet ouvrage de bronze, d'un travail médiocre et d'un goût mesquin. Là, me plaçant près d'une fontaine, je me trouvai vis-à-vis de la demeure féodale du baron détrôné où la bannière pontificale flotte aujourd'hui, non plus, selon la puissante conception de Grégoire VII, pour rappeler la protection du vicaire de Dieu, mais par l'effet d'une ostentation placée sous la bienveillance autrichienne, d'après l'accord conclu entre M. de Metternich et quelque légat inconnu.

Le vieux palais, aujourd'hui résidence du magistrat sans volonté qui signe les passeports des voyageurs, rappelle la vie guerrière et une partie de l'histoire des temps où il fut construit. Les degrés semi-circulaires sur lesquels il s'élève furent long-temps le piédestal des chefs d'armes du moyen âge, de ces Malatesta si redoutés dans la Romagne, si redoutables au parti Gibelin qu'ils combattaient, de ces Césars de seigneuries, qui, à la faveur du titre de citoyen, faisaient peser sur leurs villes le poids de leur épée et le caprice de leur volonté. Si l'on ne sent pas là, comme à Venise et à Gênes, la force de l'aristocratie jointe au commerce; comme à Florence et à Bologne, la démocratie jointe aux beaux-arts; on éprouve, comme à Sienne et à Pise, un regret pour ce temps où la liberté, cachée sous le bouclier de l'homme de guerre, espérait, dans chaque ville, le retour de son acception chrétienne, la force de l'unité.

Ce sentiment est toujours celui qu'on éprouve en présence de la vieille citadelle. Mais quand on visite le port antique, dont les marbres ont servi à la construction de l'église Saint-François et de quelques autres monumens, c'est une sorte de tristesse qui suisit l'âme à voir cette place vide, sans eaux, sans marine, d'où la mer semblait se retirer à mesure que la main des hommes arrachait à l'antique Forum ses dalles de marbre et ses constructions romaines. Et le petit fort, élevé par Clément XII pour protéger les barques de pêcheurs qui, seules, entrent aujourd'hui dans un port où les flottes du grand empire venaient s'abriter, est un signe de décadence ; il fait d'autant plus vivement comprendre la différence des temps, que, d'un autre côté, les ruines de l'amphithéâtre de Publius Sempronius servent encore à soutenir une partie des dépendances du couvent des capucins. Et deux monumens remarquables par leur conservation, un pont et un arc, tous deux élevés par l'empereur Auguste, signalent la force physique des maîtres du monde, alors que la voix du Christ n'avait pas dominé toutes les puissances terrestres.

Si la *Marecchia*, ou l'antique *Ariminia*, ne donne pas toujours l'idée de ce que nous entendons par un fleuve, on voit, à la largeur de ses rives, que cette rivière est souvent grossie dans la saison des pluies ou par la fonte des neiges. Le pont qui sert à la traverser a un beau caractère ; les assises de marbre qui le forment présentent à l'œil quelque chose d'indestructible et de monumental. Le style en est grand et simple ; on y voit, pour ornemens, des vases et des couronnes sculptés sur les clefs ; deux inscriptions y sont fort bien placées, et ses cinq arches, d'une égale largeur, avec la forme de leur cintre, produisent un effet majestueux. La corniche de ce pont est admirable par l'élégance de ses profils : aussi est-il gravé dans l'œuvre de Palladio. Les inscriptions nous apprennent qu'Auguste et Tibère ont fait travailler à cet ouvrage.

L'arc se trouve à l'autre extrémité de la ville, du côté d'Ancône. Le style de ce monument n'est pas le même partout ; il y a du bon et du singulier. La masse générale, à en juger par l'étendue de l'inscription, devait avoir beaucoup de majesté. La porte est extrêmement large ; les faces de l'architecture sont à rebours, un soubassement règne sous la porte et sous les colonnes ; elles n'ont pas de plinthes à leur base, ainsi que les anciens édifices grecs ; deux médaillons renferment les têtes de Jupiter et de Junon, et, sur la clef, on voit une tête de bœuf qui était l'attribut d'Auguste à qui cet arc fut érigé. Ainsi, on ne peut entrer ni sortir de la ville sans que le souvenir de cet empereur ne revienne à la pensée.

La cathédrale est une construction médiocre du dix-septième siècle. L'église de Saint-Julien ne mériterait pas d'être visitée sans un beau tableau de Paul Véronèse ; mais l'église de Saint-François, sauf sa façade moderne, d'une mauvaise architecture, est un édifice curieux et digne de remarque. Sigismond Pandolphe Malatesta le fit élever, dans la moitié du quinzième siècle, avec une grande magnificence, sous les soins du célèbre architecte Léandre Alberti. Ce qu'il y a de plus original, est la disposition de sept tombes antiques, placées sous des arcades, et qui ornent le côté droit du monument le long d'une belle rue. Cette composition semble vraiment admirable ; le soubassement, sur lequel posent les arcades et les tombes, présente un caractère sérieux qui donne à toute la masse quelque chose de sépulcral. C'est une des églises d'Italie qui inspire le plus le sentiment religieux et chevaleresque ; à la voir, on se croit encore au moyen âge.

En quittant Rimini, s'offre, sur la droite, le seul chemin qui conduise à la république de San Marino.

Après la victoire de juillet 1830, après la tentative d'indépendance qui, comme un éclair, fit briller la France dans la nuit des peuples, les Polonais et les Italiens, comptant sur la parole des hommes regardés long-temps comme les plus chauds amis de la liberté, brisèrent leurs chaines et défièrent la tyrannie. Partout la tyrannie eut la victoire, partout la corruption aiguisa la hache sous l'œil du despote. Les proscrits errèrent de nation en nation, les peuples ouvrirent leurs bras, mais les gouvernemens refusèrent à des soldats sans armes et sans pain un refuge contre la vengeance du vainqueur. L'hospitalité, quand on l'accorda, fut chèrement payée au prix d'une docilité à toute épreuve. L'homme de cœur se trouva donc placé entre le bourreau de sa nation et l'abnégation de sa dignité ! Cependant, quand la persécution chassait d'Allemagne et de France quelques patriotes polonais, un état fut assez courageux pour leur ouvrir publiquement un asyle,

sans conditions, comme le laboureur ouvre, pendant l'orage, sa porte au voyageur. Dans cet état, les gouvernans et les citoyens n'ont qu'un seul et même intérêt, qu'une seule et même volonté. C'est la doyenne des aggrégations sociales ; c'est une société libre dès son origine, libre dans sa longue existence. Elle n'a point de marine pour couvrir les mers, pas d'armées pour soutenir son droit, pas de représentans dans les congrès européens, pas de prétentions dans l'alliance des rois. Sa force, c'est son antique liberté ; sa liberté constante, c'est la pureté de ses mœurs ; sa richesse, c'est l'exiguité de son territoire ; sa forme politique, c'est la république telle que des chrétiens peuvent l'admettre ; son nom, c'est San Marino ; sa situation géographique, c'est là, au sommet de cette montagne, à droite de Rimini.

Vous tous qui avez lu dans nos journaux que, vers la fin de l'année 1834, un peuple existait indépendant, qui ouvrait ses frontières à l'infortune, sans crainte des puissans, suivez-moi, gravissons la roche escarpée, visitons le peuple libre, et, pour abréger les trois lieues que nous avons à faire, écoutez la légende d'un saint homme et l'histoire d'une république.

Les empereurs Dioclétien et Maximilien abreuvaient le cirque du sang des chrétiens lorsqu'un maçon, chargé de travailler aux réparations du port de Rimini, professait hautement la loi nouvelle. Marcel, évêque de Rome, successeur de l'apôtre saint Pierre, avait envoyé à cette contrée Gaudenzius pour soutenir les fidèles dans leur sainte croyance ; et Gaudenzius s'appuya de l'exemple de ce maçon, qui était natif d'Arbi en Dalmatie, qui se nommait Marinus, et qui, par sa piété, s'attirait une grande vénération parmi ses coreligionnaires et même parmi les idolâtres.

Mais il arriva qu'un adorateur du Christ parvint à l'empire. Depuis la conversion de Constantin, les chrétiens se trouvant à l'abri de la persécution se soumettaient aux opinions du monde. Dès que Constantin occupa le trône, les chrétiens changèrent de mœurs, et, pour plaire à l'empereur, au mépris de l'Évangile, ils violèrent leurs engagemens, ils commencèrent à s'abandonner aux délicatesses du luxe, ils habitèrent des demeures magnifiques, ils prirent les armes. Marinus, ce maçon qui travaillait au port de Rimini, qui était d'Arbi en Dalmatie, avait été soldat dans sa jeunesse, et un jour, tandis qu'on célébrait une fête pour la naissance de Galérius, ôtant son baudrier et son épée, en face des étendards, il s'était écrié d'une voix forte : Je suis devenu chrétien, je ne dois plus servir, j'ai horreur de vos dieux de bois et de pierre. Après quoi, s'éloignant, suivi de quelques autres soldats qui avaient imité sa conduite, il s'était retiré à Rimini, devenu un lieu de réunion pour ces guerriers satisfaits de partager la gloire du Christ, et de vivre du travail de leurs mains.

Or, Marinus, fidèle à la parole de Tertullien qui avait assisté aux prédications des successeurs d'Irénée, de Polycarpe et de Jean le bien-aimé de Dieu, Marinus s'efforçait de conserver chez ses frères les coutumes de leurs devanciers, les chrétiens des trois siècles précédens.

Rimini retentissait de la pieuse éloquence de Marinus : il combattait l'hérésie, car l'hérésie commençait à s'introduire; il citait les premiers pères, car les pères n'avaient fait qu'une chaîne avec les apôtres; il commentait leurs écrits et leurs actions; il lisait les épitres des disciples du Christ et de leurs disciples. Cependant il eut bientôt à combattre dans Marcianus un puissant antagoniste. Marcianus s'était déclaré pour l'empereur, et avait reçu des honneurs et des richesses. Marcianus parlait à la faiblesse humaine, aux sens; Marinus travaillait et distribuait aux pauvres le produit de son travail. Marcianus se faisait porter en triomphe; Marinus se dérobait aux éloges dus à sa vertu.

Il advint aussi que Gaudenzius, forcé d'obéir à l'empereur, abandonna son troupeau, laissa le pieux maçon braver l'orage et les ennemis secrets qu'on lui suscitait. Bientôt une femme venue de Dalmatie l'accusa, devant les chrétiens assemblés, de l'avoir séduite et délaissée. Mais quand on obligea cette femme à désigner celui qu'elle accusait, voyant un homme dont les traits avaient quelque rapport avec ceux des habitans de son pays, elle s'écria : Voilà celui qui m'a séduite et délaissée. Alors Marinus s'approcha d'elle et lui dit : Tu te trompes, c'est moi qui suis d'Arbi en Dalmatie.

Après avoir combattu l'imposture, Marinus annonça qu'il se retirait dans la solitude, afin de vivre, comme les pères du désert, dans le libre exercice de la loi divine; et s'éloignant de Rimini, ainsi qu'il avait quitté la légion Trajane, suivi de plusieurs chrétiens résolus à ne plus quitter un si digne serviteur de Dieu, il traça le chemin que nous gravissons en ce moment; il vint sur cette montagne en saluer la cime et la bénir comme l'asile de la religion et du travail.

Vous le voyez, au milieu de cette contrée qui fit partie de l'Étrurie, de l'Ombrie et de la Gaule Cisalpine, qui fut successivement appelée *Émilienne*, *Romagne* ou *Romagnole*, *Pentapoli Mediterranea* ou simplement *la Pentapole*, à quelques milles de la mer, au sud-ouest de Rimini, voilà le mont escarpé auquel on rendit d'abord les honneurs d'un culte. Mais, lorsque la mythologie eut propagé ses fables, il fut regardé comme un des points de l'escalade des Titans, et dès-lors il en porta le nom. Il ne fallait rien moins que l'aspect de cette montagne, isolée de la chaîne des Apennins, pour réveiller le souvenir de la témérité des Titans, pour l'entretenir dans l'imagination des peuples de l'Ombrie et de la Toscane. Dans sa partie orientale, le mont Titan, roche immense et perpendiculaire, semble, à quelque distance, présenter l'image d'une haute tour, au pied de laquelle on contemple çà et là d'antiques débris, des quartiers imposans de pierres brisées par une force supérieure. Tous les philologues s'accordent à dire que la mythologie est une transmission ingénieuse des catastrophes de la nature. Or, les souvenirs déifiés de l'entreprise des Titans se conservèrent long-temps partout où l'on observa les tristes effets des convulsions volcaniques, devenus des images vénérées : ces morceaux de roche, les uns comme suspendus, les autres offrant leurs flancs arides ou leurs pics aigus, attristent l'œil par leur affreuse nudité, et rappellent les monts entassés qui croulèrent à la voix toute-puissante de Jupiter. Les auteurs de l'antiquité, et particulièrement les poètes, placèrent les Titanies dans chaque lieu où se trouvent des eaux thermales, faisant résulter ainsi de la sépulture des Géans fulminés cette opération ignée du grand travail intérieur de la terre. Les eaux chaudes qui sont dans le voisinage du mont Titan, et connues aujourd'hui sous le nom des *eaux de San Marino*, contribuèrent sans doute, d'après l'opinion poétique, à sa dénomination.

Au troisième siècle de notre ère, le mont Titan, inculte et sauvage, appartenait en propre à une matrone idolâtre nommée Felicissima. Dès que Marinus s'y fut retiré, et comme il travaillait à se tailler dans le roc une demeure, ce côté de la montagne, le seul praticable pour arriver jusqu'au sommet, se couvrit de chrétiens empressés d'écouter ses pieuses exhortations. Felicissima même s'y rendit, et après s'être convertie avec ses fils et cinquante serviteurs, elle voulut procurer au cénobite la paix si nécessaire à la pratique de la vertu : elle lui fit le don libre et absolu du mont sur lequel il avait planté la croix.

Devenu maître d'un vaste domaine, Marinus put, à son tour, donner à chacun de ceux qui l'avaient suivi une égale portion de terrain ; et, présidant aux travaux comme à la prière, il vit bientôt des habitations s'élever autour de la sienne, et de nouveaux fidèles, attirés par l'exemple et par la renommée, venir réchauffer leur âme au sein de la sienne, entendre les préceptes de la morale du Christ d'une bouche pure. Ainsi, fuyant la corruption, ils recevaient, pour la transmettre, la parole sacrée que les pères avaient suivie et commentée. Accueillis sur le Titan avec cette charité qui est une des premières vertus chrétiennes, les visiteurs, de jour en jour plus nombreux, ne songeaient plus à quitter une roche froide. Ils restaient exposés à l'intempérie des saisons, occupés des travaux nécessaires à leur subsistance, mais soutenus par la vie de celui qui, refusant tout titre d'une supériorité vaniteuse, s'imposait des travaux et des devoirs au double de ses compagnons, qui, selon la maxime évangélique, se croyait assez grand d'être leur guide, leur défenseur, leur ami, leur frère, leur précepteur. Marinus voyant leur nombre s'accroître encore, pénétré de plus en plus de la sublimité de la religion, ne crut pas mieux garantir la durée d'une loi sociale qu'en la basant sur la loi divine : il dut lui en donner le caractère sacré. C'était un encouragement pour lui de penser que ces hommes de tous les pays, accourus pour former sa famille, perpétueraient, de génération en génération, la vertu des premiers adorateurs du Christ.

Tels furent les élémens et l'origine d'une société fondée sur la morale, et dont la seule politique était le travail.

Ce qu'un saint homme médita pieusement alors que Rome avait toujours un autre trône que la chaire de l'apôtre, les siècles l'ont respecté. L'histoire de l'aggrégation sociale commencée par Marinus, et que nous appelons aujourd'hui la république de San Marino, n'est qu'une paraphrase continue et successive du texte évangélique. A toute les époques, la morale et le travail furent la base constitutionnelle de cette république chrétienne, sans altération ni changement de principe. Pour elle tout fut inaltérable, de même que le roc où elle se maintient dans une région intermédiaire entre le ciel et la terre. A toutes les époques, la paix fut une pieuse nécessité, et pourtant les citoyens, exercés dès leurs premières années au maniement des armes, formant une population vigoureuse et bien unie par l'amour de l'indépendance, se montrèrent toujours prêts à descendre pour repousser toute agression, toute atteinte à leur liberté. A toutes les époques les évêques du Montefeltre et les seigneuries voisines tentèrent de planter leur bannière féodale à côté de la croix de Marinus, soit au nom du Saint-Siège, soit avec l'audace de la force. Mais le mont resta insoumis ; et des remparts, des forteresses crénelées, s'élevèrent au-dessus de la haute roche, pour assurer à la liberté chrétienne un asyle sur cette terre.

Le roi Pepin avait reconnu l'indépendance de San Marino ; il avait contraint Astolphe, roi des Lombards, à renvoyer au peuple du mont Titan les reliques du saint fondateur, que ce prince emportait sur les rives du Tésin comme le principal trophée de sa conquête de l'exarcat. Aussi le fils de Charlemagne, par une exception spéciale, n'ayant pas compris le mont et les habitans de San Marino dans sa libérale donation, on reconnut que l'Église n'avait aucun droit de juridiction temporelle à exercer sur eux. L'indépendance de la montagne était un fait si notoire et si respecté, qu'elle devenait comme un sanctuaire pour la contrée. Les seigneurs, en contractant entre eux, choisissaient ses habitans pour arbitres ; ils sollicitaient la permission d'y entretenir à leurs frais un juge assermenté, afin de tenir cour et de rendre justice à leurs sujets, mettant de la sorte le juge hors de toute influence intéressée, le protégeant par la loyauté d'un peuple libre. Et quand Frédéric II, au treizième siècle, vint soutenir son droit impérial contre le Saint-Siège, Philippe, archevêque de Ravenne (première dignité ecclésiastique après celle du pape), voulant profiter d'un moment de trêve pour calmer les passions, ce fut à San Marino qu'il crut devoir rassembler tous les seigneurs, Guelfes et Gibelins ; et là, sur la tombe de Marinus, un congrès dura vingt jours. En entrant dans la *pieve* (l'église principale), chacun de ces hommes d'armes pouvait lire l'inscription trouvée dans la maison de Marinus, car elle avait été placée au-dessus de la porte pour rappeler le passé et pour enseigner l'avenir ; aujourd'hui encore, on voit ce monument singulier et sans exemple parmi les inscriptions chrétiennes :

Divo Marino, patrono et libertatis avctori.
D. C. S. P.

Plus tard ce fut sur cette montagne libre que Messer Percitade de Percitadi, ministre de l'empereur, homme d'une haute capacité, se mit en sûreté contre les Malatesta ; et le comte Guido de Montefeltre, que le Dante a surnommé l'honneur de la Romagne, y vécut long-temps avant d'aller finir ses jours dans un couvent.

Malgré tous ces antécédens, la république dut soutenir différens procès contre la cour de Rome, pour faire valoir son droit d'indépendance et d'immunité ; mais elle sortit constamment triomphante de ces chicanes puériles. Et lorsque le pape Boniface VIII eut ordonné une enquête, la tradition et le témoignage des faits établirent enfin d'une manière légale la liberté de San Marino, liberté respectée encore de nos jours en dépit des tentatives faites, en 1739, par le cardinal Alberoni. Aujourd'hui les habitans peuvent répondre, si les étrangers les interrogent sur leur existence tranquille et prospère, ce qu'ils ont répondu à toutes les époques du passé : « Il n'y a parmi nous nul intérêt personnel ; tous les efforts particuliers aboutissent au bien-être général ; les volontés individuelles n'en forment plus qu'une, comme les lances réunies deviennent le faisceau qu'on ne peut rompre. L'injure faite à un citoyen blesse tous les citoyens, la loi tient lieu de prince ; nous ne sommes ni trop riches ni trop pauvres ; la vertu est en honneur et le vice est flétri ; les emplois ne sont donnés qu'aux gens de bien et jamais aux méchans, aux ambitieux et aux cupides ; les citoyens craignent le blâme plus encore que la loi, et la loi est plus écoutée que les orateurs ; enfin l'autorité est entre les mains d'un petit nombre d'hommes, mais ils sont vertueux. »

Bonaparte, enfant de la révolution française, secondé par l'ardeur de ses soldats, favorisé par le souvenir de l'antiquité qu'il évoquait partout sur la terre classique de la gloire, Bonaparte apparut en Romagne, passa le Rubicon, l'âme encore pure de tout intérêt personnel ; il se tourna vers le mont Titan ; il inclina son jeune front, ce front audacieux, devant ce sanctuaire de la paix et de la liberté. Il étendit son glaive pour protéger les institutions que les Français devaient rendre au monde entier, et, au nom de la république conquérante, il députa un citoyen de la grande nation au peuple paisible. Monge alla fraterniser sur la roche de Marinus ; Monge alla tenter les descendans des compagnons de Marinus : « Si quelques parties de vos frontières étaient « en litige, dit-il, ou même si quelque partie « des états voisins, non contestée, vous était ab« solument nécessaire, je suis chargé par le gé« néral en chef de lui en faire part. » Mais un pieux républicain lui répondit au nom de tous :

« Le jour de votre mission sur le Titan, Citoyen envoyé, deviendra pour nous une époque remarquable dans les fastes de la liberté. La république Française ne sait pas moins vaincre ses ennemis par la force de ses armes, que surprendre ses ennemis par sa générosité. Nous nous trouvons heureux d'être cités parmi les modèles qui méritent d'exciter votre émulation, mais plus heureux encore de voir que vous nous croyez dignes de l'honneur de votre amitié et d'en recevoir une illustre preuve. Nous ne pouvons penser sans enthousiasme que vous ramenez en Italie les jours d'or de la Grèce et de la république romaine. L'amour sincère que nous avons pour notre liberté nous fait sentir le prix des efforts et de la magnanimité d'une grande nation pour parvenir à ce noble but. Vous avez surpassé l'attente générale ; seuls, contre le reste de l'Europe, vous avez donné au monde un nouvel et illustre exemple de tout ce dont est capable l'énergie qu'inspire le sentiment de la liberté.

« Votre armée, et son jeune et preux conducteur qui réunit aux talens du génie les vertus du héros, marchent sur les traces d'Annibal et rappellent les antiques merveilles. Vous tournez vos regards sur un point de la terre où s'est réfugié un débris de la liberté primitive, et sur lequel revit la précision de Sparte plus que l'élégance d'Athènes.

« Vous le savez, Citoyen envoyé, la simplicité des mœurs et le sentiment sacré de la liberté sont l'unique héritage que nous ont laissé nos pères ; et nous nous glorifions de l'avoir conservé à travers tant de siècles, sans que les efforts de l'ambition, ni la haine des puissans, ni l'envie de nos ennemis, y vinssent impunément porter atteinte.

« Retournez auprès du héros qui vous envoie ; portez-lui le libre hommage de notre admiration et de notre gratitude ; dites-lui que la république de San Marino, contente de la circonscription de son territoire et de sa modeste existence, n'a garde d'accepter l'offre généreuse qui lui est faite, et de concevoir les vues ambitieuses d'un agrandissement qui pourrait, avec le temps, compromettre sa liberté ; mais que ses citoyens devront tout à la générosité de la république Française et de son invincible général, s'ils obtiennent d'assurer la félicité publique par l'extension des rapports de leur commerce auquel cette félicité est étroitement unie, et cela aux conventions les plus favorables à leur subsistance.

« C'est principalement à cet objet que se bornent tous nos vœux, et nous vous prions d'être notre organe auprès du général en chef. »

Voici toute l'histoire d'un peuple que quinze siècles ont soutenu dans une existence qu'il ne veut pas encore changer : deux magistrats élus tous les six mois par l'assemblée générale des citoyens, un conseil de soixante membres appelé *il principe* (le prince), forment le mécanisme gouvernemental de cette république : cette magistrature d'élection représente l'état *de majoribus*. Un médecin et un maître d'école y exercent aussi leur autorité bienfaisante. En tout et pour tout, cet ordre de chose suffit à tous. — Maintenant jetons un coup d'œil sur le territoire.

Parvenus au faîte de la montagne, contemplons l'ensemble du pays; comptons les sept collines qui le composent, car la république éternelle, *perpetuæ libertatis gloria clarum*, ainsi qu'on l'a écrit, possède, comme la ville éternelle, sept monts dans son enceinte. A Rome, les révolutions ont presque nivelé le terrain; ici, depuis le jour où Marinus institua le travail comme la base de la société civile, la culture a paré des rochers sans changer leurs formes pittoresques. Dans l'intérieur de la ville, pas d'édifices somptueux, pas de palais, pas de luxe; mais dans la demeure de chacun, le nécessaire, la santé, l'enjouement. Partout la trace et l'effet d'une existence laborieuse, nulle part les soucis qui rongent le corps et les craintes qui empoisonnent la pensée. Là, sans doute, pas d'arts, mais rien qui rappelle la boue des grandes cités, la corruption des petits sous l'immoralité des grands; là, l'égalité chrétienne, presque sainte, comme au temps de Marinus; là, rien de ce qui parle seulement au sens, mais tout ce qui procure à l'âme la force et la paix.

Quel imposant spectacle s'offre de tous côtés, du haut de cette cime! A l'orient, des angles aigus, des pics menaçants, des roches précipitées, et des nuages qui se maintiennent dans une région inférieure comme pour dérober aux regards des profondeurs immenses; à l'occident, une pente fertile et bien cultivée, ornée des festons d'un vignoble renommé, un ciel d'azur, une mer tranquille, et parfois les crêtes des monts de la Dalmatie dorées par le soleil couchant!... Oh! quelles impressions douces et graves on reçoit sur cette roche toujours en contact avec la liberté! Ravenne, Faenza, Forli, Bertinoro, Cervia, Césène, Rimini, San Leo, Pesaro, Urbin, Ancône, onze villes qu'on voit blanchir au loin, ont des accens de douleur à faire entendre, une ancienne splendeur, une indépendance précieuse à regretter. A Ravenne, la cendre du Dante rappelle le souvenir des agitations du moyen âge; à Ancône, l'arc élevé à Trajan; à Rimini, l'arc élevé à Auguste, et, plus haut, le Rubicon entretiennent dans la mémoire les vicissitudes des grands empires; mais San Marino n'a que des actions de grâces à porter au Ciel : pour cette république, le passé n'est qu'un encouragement, le présent une félicité sans trouble, et l'avenir une espérance. La ville domine quelques villages, et du haut de la tourelle du mont de la *Guaita* (de la guérite) une seule sentinelle peut garder le territoire et veiller à la sécurité de six mille citoyens. A San Marino quarante hommes composent une armée, et jamais le mont Titan n'a vu flotter sur ses fortins la bannière d'un conquérant; quatre canons forment son artillerie, présent du général Bonaparte, au nom de la république Française, et jamais ils n'ont retenti qu'en salves de joie. Soixante-dix mille francs de revenus annuels figurent au budget, et jamais personne ne vient demander compte des fonds secrets : là, pas de trahison organisée, pas de délateurs, mais pas de mécontents, pas d'ambitieux, pas d'aristocratie, pas d'esclavage. Personne ne dépasse trop la position commune; sans doute il s'y trouve, comme partout, quelques riches; mais on n'y voit pas, comme ailleurs, la misère : la bêche du laboureur, la serpe du vigneron, et la vie est heureuse! Zuccoli a publié un livre, *la Città felice*, pour offrir cette république en modèle à l'Italie; et Addison, dans l'*Examen des constitutions républicaines*, est fidèle à la vérité quand il dit de San Marino :

« Qui peut mieux prouver l'amour que tous les citoyens ressentent naturellement pour la liberté, et leur aversion pour toute espèce de pouvoir arbitraire, que de voir, d'un côté, une montagne aride et sauvage couverte d'habitants industrieux, et, d'un autre, la campagne de Rome déserte et veuve de son antique population! »

H. AUGER.

MARCHE D'ANCONE.

La Cattolica. — Pesaro. — Rossini. — Mme Catalani. — La princesse de Galles. — Fano. — Sinigaglia. — Ancône. — Osimo. — Lorette. Ses trésors. — Ravenne. — Faenza, Forli, Césène.

J'ai dit, en parlant de Rimini, que cette ville avait été le théâtre de doctes querelles, et que les évêques rassemblés en concile y avaient discuté la question de l'orthodoxie. Le catholicisme fut une grande révolution, car, en vertu d'une idée nouvelle, il établissait un ordre de choses parfaitement conforme à sa loi divine ; il reconstruisait par le dévouement une société que l'égoïsme avait énervée ; et, comme il se trouve toujours des gens intéressés à la conservation de l'erreur, les hommes des hautes classes, les riches et les rhéteurs avaient adopté la doctrine d'Arius. Dans le concile de Nicée, au IVe siècle, Arius soutenait qu'il n'y avait qu'une seule nature en Jésus-Christ, ou, en d'autres termes, qu'il était seulement un homme et non pas un dieu. Peu après, dans le concile de Rimini, les partisans de l'arianisme étaient en grand nombre ; peut-être avaient-ils la majorité. Ils s'opposaient aux hommes qui faisaient l'œuvre nouvelle, qui préféraient les intérêts de l'humanité à leurs propres intérêts. Peut-être l'hérésie aurait-elle triomphé pour un temps, car Dieu permet quelquefois de ces choses ; peut-être cette quasi-croyance, ce tolérantisme gouvernemental, refuge de tous les incrédules, aurait-il aveuglé la chrétienté pour quelques siècles, si les évêques restés fidèles à la saine logique de la foi n'eussent quitté courageusement l'enceinte profanée. Ils se retirèrent, ils fuirent, l'espace de cinq lieues, comme s'ils eussent craint d'entendre la voix du mensonge ; et, s'arrêtant sur une plage déserte mais délicieuse, ils y campèrent. Là fut le *Jeu de Paume* de la révolution chrétienne. L'unité de la vraie doctrine vint au secours de Rome papale ; elle servit de substruction à la chaire de l'apôtre, au trône futur d'Hildebrand.

Il ne se fait rien de grand et de généreux sur la terre, que la trace matérielle n'en reste comme un précieux document pour l'avenir : le camp des évêques forma un village, et le nom de *La Cat-tolica* lui fut donné sans qu'aucun baron féodal osât le joindre à son nom patronymique. Aujourd'hui ce village a toujours son riant aspect ; sa situation maritime et abritée serait favorable à la formation d'un port, et l'administration française avait le projet d'en créer un. Quand on quitte Rimini, La Cattolica semble comme un des ornemens de cette chaussée célèbre qui commence à cette ville et qui, en suivant le littoral de l'Adriatique, finit à Ancône.

Après trois heures de marche, c'est Pesaro, ville jolie, gracieuse et régulière, qu'on aperçoit avec ses fortifications souvent détruites, aussi souvent rebâties. Le roi des Goths, Totila, la ruina de fond en comble ; Bélisaire la fit relever au nom de l'empereur Justinien. Alors cette ville était appelée *Isaurum*, du fleuve *Isauro*, qui se jette dans l'Adriatique après avoir baigné ses murs. Isaurum était d'origine romaine. Les colonies envoyées par Rome sur ses bords y prospérèrent au contact continuel des citoyens de la métropole ; et s'il est vrai que le général des armées de Justinien fit servir les statues du Forum de cette ville à réparer les brèches des murailles dévastées, le nom de vandale, donné comme une flétrissure, est-il moins mérité par Bélisaire que par Totila ? Il est certain qu'on découvre, à différentes époques, des statues entières enfermées dans les murs de la ville antique, et deux entre autres, en 1770, dans une ruine qui appartenait à la porte de Ravenne : cette porte existait au commencement du XVIe siècle. Au reste, on ne doit être surpris de rien de la part de Bélisaire, quand on se rappelle qu'en défendant Rome, au tombeau d'Adrien, il employa contre les barbares non-seulement tous les chefs-d'œuvre de sculpture qui ornaient ce monument, mais encore les trésors qui s'y trouvaient renfermés. Dans cette lutte, le célèbre chandelier à sept branches, enlevé au temple de Jérusalem, fut lancé du haut de la tour et tomba dans le Tibre. C'est pour le retrouver, que, dans le dernier siècle, les Israélites proposèrent au pape une somme énorme, afin d'obtenir le droit de fouiller le fleuve à cette place. Pour réussir dans cette recherche, il ne s'agissait rien moins que de détourner le Tibre de son lit.

Dans les temps modernes, Pesaro s'est toujours distinguée par les talens qu'elle a produits. Il suffirait de dire qu'elle est la patrie de Rossini pour lui donner de l'importance. Cependant quelque admirateurs que nous soyons du génie de l'auteur des opéras de *Moïse* et de *Guillaume Tell*, nous évoquerons les souvenirs des siècles où les ducs d'Urbin regardaient cette ville comme une résidence de prédilection. A voir ses palais, ses larges rues, sa grande place, construite sur un plan régulier, on sent qu'une famille puissante, amie des arts, a régné là. L'ancien palais, avec son grand salon, révèle encore la magnificence presque royale de la famille de la Rovère, de ces princes qui, au XVIe siècle, avaient fait de Pesaro un de ces foyers littéraires et poétiques qui jetaient un éclat si vif sur l'Italie. Castiglione avait proposé la cour de Pesaro pour modèle aux autres cours, et il y avait placé la scène de son *Cortegiano*. L'Arioste l'avait célébrée comme l'asile des muses. Le Tasse y lut son *Aminta*, lorsqu'il y fut attiré par la princesse d'Urbin, Lucrèce d'Este.

Pour *Torquato Tasso*, pour l'auteur de la *Jérusalem délivrée*, Pesaro n'était pas une ville étrangère, un site nouveau : c'est là que s'était passée son enfance, c'est là qu'il mit au net le poème de son père. Bernardo Tasso serait célèbre s'il n'avait eu un fils. Le casino qui servit de demeure à ces deux hommes est aujourd'hui au milieu d'un potager. Le jardinier qui l'habite est loin de se douter que les vers de l'*Amadis*, copiés par la main d'un enfant, valurent un grand poète à son pays. De même les laboureurs qui, pour le cardinal Albani, cultivent les terres de l'*Imperiale*, ancienne villa des ducs d'Urbin, transformée en métairie, ne pensent guère que ce séjour était au père de Bernardo Tasso, un des plus beaux qu'un prince pût choisir. L'Imperiale est à deux milles de Pesaro, sur le penchant du mont S.-Bartolo. Victoire Gonzague la fit construire à l'insu de son mari, François-Marie Second, afin de la lui offrir comme une surprise à son retour de la guerre. Bembo, commensal de la famille, a fait dans la principale cour des vers latins pour rappeler ces faits. L'escalier de marbre de cette villa, le riche parquet, l'élégance des colonnes et des cheminées de la galerie, les armes de la Rovère, attestent une splendeur qu'on ne retrouve nulle part aujourd'hui dans les États romains sous une seule domination. Les hommes, en général, valent-ils plus et peuvent-ils moins? sont-ils sujets à moins d'exactions et plus libres des fruits de leur labeur? Les trésors des princes ne servent-ils qu'à d'obscures dépenses, qu'à de honteuses menées? On ne voit plus s'élever de magnifiques villas. Y a-t-il autant de bonheur au foyer domestique, sous le toit du citadin, sous le chaume du paysan? Que l'Italie réponde à ces questions, son avenir s'y trouve attaché.

Toutefois, il faut l'avouer, Pesaro doit à l'administration municipale, et particulièrement au comte Cassi, une prospérité qu'on ne trouve pas partout dans la péninsule. Par les soins de cet habile administrateur, la ville s'est embellie de la jolie promenade du Belvédère de St-Benoît, qui réunit le jardin botanique et le musée lapidaire. Le célèbre antiquaire Olivieri avait déjà légué à sa ville natale sa bibliothèque, composée de quinze mille volumes, et une somme annuelle pour l'augmenter. On y voit quelques manuscrits précieux; tels sont : des variantes sur les *Stanze* de Politien; les corrections et variantes écrites de la main du Tasse sur un exemplaire de ses *Rimes*; ses notes sur le *Convivio* du Dante, etc., etc. Le théâtre n'a rien de remarquable; mais, dans la saison, on y entend d'habiles chanteurs, et dans la ville où sont nés Rossini et madame Catalani, il est en quelque sorte de rigueur que la musique soit appréciée.

Les églises possèdent de bons tableaux, entre autres une *Cène*, chef-d'œuvre de Nicolas de Pesaro, et un bon ouvrage de Paul Véronèse. La statue du pape Urbain VIII, qui se trouve sur la place, est, comme tant de statues de papes, d'un travail médiocre, et la fontaine servant aussi d'embellissement à ce lieu, malgré l'infériorité de son exécution, ne laisse pas que de produire un assez bon effet. La princesse de Galles possédait auprès de Pesaro une villa où elle avait déposé tous les objets d'arts acquis par elle pendant ses voyages en Orient; cette propriété, achetée sous le nom du célèbre Bergami, est restée à ce favori après la mort de la reine d'Angleterre : Georges IV ne l'a point réclamée.

C'est à regret qu'on quitte Pesaro; mais, à une poste de distance, une autre ville s'offre encore aux voyageurs : c'est Fano, c'est le *Fa-*

nam *Fortunæ* de l'antiquité. L'empereur Auguste la déclara colonie romaine, et ses habitans, en reconnaissance, lui élevèrent l'arc de triomphe qu'on voit sur la grande route. Cet arc de marbre, ouvert par trois portes, est un des plus beaux de l'Italie et un des mieux conservés, bien qu'il ait été endommagé par le canon de Paul V, en 1458. On prétend que la partie supérieure est seule du temps d'Auguste, et que l'autre fut restaurée du temps de Constantin : elle porte, en effet, les traces de cette époque où commençait la décadence des arts. On voit dans la chapelle St-Michel, qui touche à cet édifice, une pierre sur laquelle il est gravé dans la forme primitive.

Fano est aujourd'hui une ville presque déserte, et l'on s'en demande la cause : sa situation n'est pas moins avantageuse que celle des autres villes de la Marche d'Ancône. Elle eut aussi, comme ses voisines, l'honneur d'être saccagée par Totila et réparée par Bélisaire ; ses églises ont également leurs richesses. La cathédrale possède un *sposalizio* du Guerchin, qui est digne de remarque; l'église St-Pierre, monument de bon goût, offre un *David*, du Guide, et un *Miracle de saint Isidore*, de Simon Canterini de Pesaro, émule habile mais vaniteux de Reni.

Fano a une nombreuse bibliothèque et un théâtre qui est le plus ancien des théâtres modernes et l'un des plus grands : le parterre a cent deux pieds de long ; il a cinq rangs de loges, et chacun en compte vingt-une. Cette salle de spectacle serait digne des plus grandes villes, si le vestibule était mieux décoré, et surtout si l'escalier était plus convenable.

Non loin de Fano, on passe le Métaure, fleuve à jamais célèbre par la victoire sanglante et décisive que les Romains remportèrent sur ses bords, dans la seconde guerre punique. Asdrubal y périt, avec une armée de cinquante-six mille hommes qui avaient passé les Alpes sous sa conduite : «Laissez-en vivre quelques-uns, s'écria le consul Lévius, lorsqu'il voulut mettre fin au carnage ; laissez-en vivre quelques-uns pour annoncer leur défaite et leur bravoure.» C'est, à dire de Tacite, à cause d'un temple de la Fortune que les Romains y avaient fait bâtir en mémoire de cette célèbre bataille, que Fano était appelée *Fanum Fortunæ*. En-deçà du fleuve s'élèvent les collines dont l'enceinte renfermait l'armée des Carthaginois. Ce fut là qu'elle fut entourée et renversée par les Romains, et que les éléphans, effarouchés et devenus rebelles à leurs conducteurs, au lieu de charger l'ennemi, tournèrent leur fureur contre leur propre armée et augmentèrent encore le trouble et la confusion. Ce fut là enfin que le généreux Asdrubal, pour ne pas survivre à son malheur, se précipita dans les rangs ennemis les armes à la main, digne de son père et de son frère. On ne peut faire un pas sur cette terre classique, sans que l'imagination ne se retrace les grandes actions dont les images semblent vous entourer de toutes parts.

En quittant le Métaure, on aperçoit de loin la cime du promontoire au pied duquel Ancône est situé, et qui s'élève pittoresquement à vos yeux du sein de la mer. Cependant, avant d'y arriver, c'est une autre ville qu'il faut visiter. Sinigaglia ou Senigallia, à deux postes de Fano et à pareille distance d'Ancône, semble un lieu de halte pour le piéton. «Fano et Sinigaglia, écrit Machiavel, pendant son ambassade auprès de César Borgia, sont deux villes de la Marche situées sur le bord de l'Adriatique ; elles sont peu éloignées l'une de l'autre. En allant à Sinigaglia, on a sur la droite des montagnes dont la base se trouve quelquefois si près de la mer, qu'il ne reste presque plus de chemin entre deux, et dans les parties où elles sont le plus éloignées, il n'y a pas une distance de plus de deux milles. La ville de Sinigaglia se trouve à une portée d'arc du pied des montagnes, et à environ un mille du bord de la mer. Près de la ville coule une petite rivière qui en baigne les murs du côté de Fano et en face du chemin qui vient de cette dernière ville, de sorte qu'en arrivant à Sinigaglia, on tourne sur la gauche et on côtoie cette rivière pendant quelque temps, puis on la passe sur un pont qui est en face de la porte par laquelle on entre dans la ville, non pas directement, mais un peu de côté. Devant cette porte se trouve un petit faubourg et une place bordée par le quai de la rivière qui y forme un coude.»

Sinigaglia, fondée par les Gaulois sénonais, ainsi que son nom le prouve, n'a rien de remarquable, quoiqu'elle soit bien bâtie. La vue de mer y est fort belle. Un canal pénètre dans l'intérieur de la ville : le portique qui borde ses rives a été construit pour la commodité des commerçans à l'époque de la foire, qui s'y tient au mois de juillet. Cette foire est une des plus remarquables de l'Europe. Durant un mois, cette ville, le reste de l'année si calme et si déserte, devient le rendez-vous d'une multitude innombrable de gens de toutes les nations. Rien n'est plus varié, plus bruyant, que cette réunion à laquelle les habitans des pays circonvoisins viennent concourir. C'est un temps de délire et de folies. Les femmes des environs font stipuler dans leurs contrats de mariage qu'elles auront le droit de venir à la foire de Sinigaglia : aussi les mœurs y sont-elles plus relâchées qu'ailleurs et de coutume.

Tout ce qu'on a écrit du carnaval de Rome n'est qu'un désordre factice, qu'un effet d'imagination, en comparaison de celui qui règne à Sinigaglia pendant la foire. Là, au milieu des intérêts du commerce, tout est réel et vrai : les costumes offrent leur bizarrerie, les dialectes leur différence, les habitudes leur contraste, sans qu'on soit surpris de tout ce qu'on voit, de tout ce qu'on entend, autrement que par la réflexion et long-temps après ; c'est que le naturel influe partout : dans le tumulte des affaires et des amusemens, au contact de ces députés du commerce du monde, on sent s'effacer peu à peu les préjugés nationaux qui retardent si long-temps les progrès de la civilisation. Ces grands congrès de particuliers ont cela de bon que du sein des intérêts pécuniaires, d'ordinaire si puissans à nous rendre égoïstes, il résulte, loin de la rive natale, quelque chose d'excentrique et de bienveillant, d'hospitalier et de réciproque, qui tourne toujours au profit de l'amélioration des hommes. Si l'on pense à ce que, sans Rome, serait devenue Carthage, on trouve peut-être, pour solution du problème, que l'humanité eût marché plus vite et qu'elle serait arrivée plus loin aujourd'hui.

Il se passa à Sinigaglia, au commencement du XVIe siècle, une de ces grandes scènes historiques qui méritent d'être rapportées partout où l'occasion s'en présente : c'est l'assassinat de plusieurs seigneurs appartenant aux plus puissantes familles, aux Ursins, aux Vitelli, par les ordres de César Borgia, duc de Valentinois. C'est encore à Machiavel, témoin du fait, qu'il faut emprunter ce récit : « Je vous ai écrit hier dans deux lettres (c'est au gouvernement de Florence que Machiavel écrit) ce qui s'était passé à Sinigaglia après l'arrivée du duc, et comment il avait arrêté Pagolo des Ursins, le duc de Gravina de la même famille, Vitellozzo et Oliverotto ; je vais vous retracer sommairement la chose. Le duc partit hier matin de Fano avec toute son armée pour se rendre à Sinigaglia, qui avait été occupée, à l'exception de la citadelle, par les Ursins et Oliverotto de Fermo. La veille, Vitellozzo y était arrivé de Castello ; ils allèrent les uns après les autres au-près du duc, entrèrent avec lui dans la ville et l'accompagnèrent jusque chez lui. Lorsqu'ils furent dans son appartement, le duc les fit arrêter, ordonna de désarmer leur infanterie, qui était dans les faubourgs, et envoya la moitié de ses troupes pour en faire autant à leurs hommes d'armes, qui se trouvaient dans quelques châteaux à six ou sept milles de Sinigaglia ; il me fit appeler ensuite, et me témoigna, de l'air le plus serein, la joie que lui causait le succès de cette entreprise. — Le duc a fait mourir cette nuit, vers la dixième heure, Vitellozzo et Oliverotto de Fermo ; les autres sont conservés en attendant que l'on sache si le pape a en son pouvoir, comme on le croit, le cardinal des Ursins et les autres qui étaient à Rome ; on prononcera alors sur le sort de tous en même temps. — Le duc n'a jamais eu d'autre pensée que celle de rendre la tranquillité à la Romagne et à la Toscane. Il croit y avoir enfin réussi par la prise et la mort de ceux qui étaient la cause des troubles, car il ne regarde les autres que comme une étincelle qu'une goutte d'eau peut éteindre. »

Le lecteur n'oubliera pas que c'est un des hommes les plus remarquables des temps modernes qui s'exprime ainsi sur les actions d'un prince que la postérité a flétri.

Pour ramener notre pensée sur de plus riants tableaux, hâtons-nous de porter nos regards vers Ancône. Strabon soutient que cette ville eut pour fondateurs les Syracusains, qui, pour éviter les cruautés de Denys le Tyran, se retirèrent sur cette côte. Elle tomba au pouvoir des Romains en l'an 485 de Rome ; les Goths s'en emparèrent, ensuite les Lombards. Ces derniers y établirent un marquis pour la gouverner : de là le nom de Marche qui fut donné à son territoire. En 1532, le général des armées de Clément VII, de concert avec l'évêque d'Ancône, décida les habitans à laisser bâtir sur la hauteur qui domine cette ville une citadelle, afin de réprimer la hardiesse des Turcs qui venaient souvent la rançonner ; mais dès que ces fortifications furent achevées, ils furent obligés de se soumettre au pape. La citadelle commande la ville et le port.

Ancône est la ville la plus vivante des états du pape. D'un bel aspect au dehors, il s'en faut de beaucoup que le dedans réponde à cet aspect. Elle doit ses avantages au commerce, source d'industrie et de population. Quand on y est arrivé, on sent s'effacer promptement les tristes impressions qui avaient affligé l'esprit dans le Ferrarais et le pays d'Urbin. Ce n'est pas seulement l'activité, mais le coloris de la santé, l'air de la satisfaction, qui distinguent les habitans d'Ancône de ceux des autres provinces. Il règne parmi eux une liberté de conscience inconnue ailleurs dans l'empire de l'orthodoxie. Ici le juif, le musulman, l'hérétique, habitent et vivent en paix avec les vrais enfans de l'Église. Cependant, comme à Rome, il y a un quartier, le Ghetto, spécialement consacré aux juifs. Mais l'intérêt du commerce a créé une sorte d'esprit public et établi une espèce de tolérance : la fréquentation des étrangers et le séjour des Français ont répandu les lumières, même parmi le peuple et le clergé. C'est à Ancône qu'on voyait autrefois le plus de conversions de juifs, parce que les convertis participaient à certains avantages commerciaux ; maintenant on se convertit en général beaucoup moins.

Pour l'étranger qui arrive à Ancône, le premier pas qu'il fait hors de son auberge est sans nul doute pour aller visiter le port. C'est un des meilleurs de l'Adriatique : sa forme est demi-circulaire, et deux môles le protégent contre les tempêtes. Les maîtres de Rome, depuis les empereurs jusqu'à ceux qui la régentent de nos jours, ont toujours travaillé à agrandir, à fortifier ce port, à l'orner de beaux édifices. Le monument en marbre blanc que le sénat y fit élever en l'honneur de Trajan est encore grand et magnifique dans ses ruines : c'est un arc de triomphe, dont il paraît que Vanvitelli a emprunté l'idée du monument consacré à Clément XII qui n'est pas éloigné de cet endroit. Les souverains modernes de l'antique Rome ont eu souvent l'attention très-politique d'associer ainsi leur gloire à celle de leurs illustres prédécesseurs, et c'est sans doute par une suite de cette politique que Clément XII se fit élever un arc de triomphe vis-à-vis de celui de Trajan. Au reste, c'est à ce pape que le port d'Ancône a dû, dans les temps modernes, les plus grandes améliorations ; et la ville reconnaissante a consacré la mémoire de son bienfaiteur par une statue de marbre qu'elle lui a fait ériger sur la place avec une simple inscription. Pie VI a voulu jouir du même honneur, et avant que les travaux qu'il avait ordonnés pour le port d'Ancône, et dont le plus important était l'élévation d'un phare, fussent achevés, il s'était érigé provisoirement une statue à lui-même pour en perpétuer le souvenir. Ce pontife, un peu maçon de sa nature, avait pris la truelle au moment où la révolution française allait mettre aux mains des démolisseurs la massue d'Hercule. Pie VII n'a pas de statues, sa mémoire est toujours vivante, et la France ne l'oublie pas plus que l'Italie.

Ancône est divisée en deux parties : la vieille ville, qui s'étend sur la hauteur, et la ville neuve, qui est au pied. C'est une cité gaie par l'activité qui y règne; le séjour d'une garnison française n'a pas peu contribué à la rendre animée. Plus de Français, moins de forçats ; et l'aspect intérieur de la ville y gagnerait. Le bagne vomit continuellement des misérables vêtus de jaune, qui, tout en nettoyant les rues, y font tache, sous un beau ciel bleu. La Bourse est, pour une ville commerçante, un édifice important. Celle d'Ancône a une façade gothique qui donne dans une rue assez étroite ; mais de l'autre côté on aperçoit la mer, et sur le balcon d'où les négocians voient arriver leurs navires, on oublie volontiers la magnificence exotique de la Bourse de Paris. La voûte est peinte d'une manière remarquable par Tibaldi, qui, dans cette circonstance, a prudemment et habilement imité Michel-Ange ; ces fresques sont très-certainement préférables aux grisailles de M. Abel de Pujol.

On compte à Ancône vingt-quatre mille habitans. Le *port franc* est particulièrement destiné aux juifs ; les mahométans y jouissent aussi d'une grande liberté. Le lazaret, construit sur les dessins de Vanvitelli, est un bâtiment vaste et commode. L'église de Saint-Dominique, entièrement refaite, possède quelques bons tableaux, entre autres un crucifix attribué au Titien. C'est là que l'illustre Florentin, Renaud des Albizzi, rival de Côme de Médicis, termina les seize dernières années de sa vie, après avoir vainement imploré l'étranger et fait un pèlerinage au Saint-Sépulcre ; il mourut en 1452. La cathédrale, dédiée à saint Cyriaque, est un ancien temple de Vénus. De belles colonnes antiques et deux lions ornent ce saint lieu ; il y faut remarquer des peintures de Felippo Lippi et de Piero della Francesca, ouvrages précieux par rapport à l'époque où ils furent faits. Mais ce qui est surtout admirable, c'est la vue dont on jouit du portique de cette église. L'imagination n'a pas de fête plus brillante que le souvenir des momens qu'on passe du haut de ce promontoire, au coucher ou surtout au lever du soleil. On y contemple le tableau le plus sublime qu'offre la nature, que les peintres et les poètes ont cent fois tenté de retracer, mais avec plus d'audace que de succès,

Le lever du soleil au sein des ondes, l'ineffable majesté de cette grande scène, défiera toujours les efforts de l'art, dont les faibles imitations servent à déceler l'impuissance. Dans l'éloignement les côtes montagneuses de la Dalmatie s'élèvent au-dessus de la surface des eaux; on les découvre dans les derniers momens du crépuscule qui précèdent l'apparition du soleil: l'atmosphère est un océan de feu; et le foyer étincelant d'une gloire qui se réfléchit dans la mer marque le point d'où l'astre du jour envoie bientôt ses premiers rayons en paraissant au-dessus des montagnes... Alors on entend tinter la cloche, cette voix qui réveille les chrétiens endormis, en leur rappelant Dieu qu'ils doivent prier. Alors l'église s'ouvre et des femmes viennent, un rosaire à la main, se prosterner à l'autel de Marie; elles viennent implorer la Vierge mère: c'est un père, un fils, un mari, un fiancé, qu'elles accompagnent ainsi de pieux souhaits durant l'absence; la mer est là, le matelot la brave loin du toit natal, et l'œil de la femme consulte l'élément avec crainte en venant à Dieu et en retournant à sa demeure!

Le voyageur qui se rend à Lorette trouve Osimo, jolie petite ville dont on verrait à la hâte la cathédrale, le palais et la situation, si l'on ne quittait pas Ancône et si l'on n'apercevait pas la ville sainte au sommet de la montagne, quelquefois couverte de pèlerins. On arrive à Lorette au milieu des lamentations des mendians et des chants entonnés en l'honneur de la Madone. Cette ville, dont les places et les rues semblent une foire perpétuelle et unique dans son espèce, a, dès l'abord, un aspect d'un caractère qu'on ne rencontre nulle autre part, car elle semble tout entière consacrée à l'église et dépendre du saint lieu. Cette église est, il est vrai, fort belle; elle égale en magnificence les plus somptueuses de Rome après la basilique de St-Pierre: les portes sont de bronze, et des passages historiques de l'Ancien et du Nouveau Testament y sont sculptés en demi-ronde bosse. Dans l'intérieur de l'église, au milieu de ce somptueux édifice, est placée la *Santa Casa*, c'est-à-dire la maison que l'on assure être celle que la Vierge habita à Nazareth, et que saint Louis, roi de France, avait été visiter après sa captivité, en 1252. On dit aussi que cette maison a été transportée miraculeusement de Nazareth en Dalmatie et de Dalmatie à Lorette. L'église qui lui sert d'abri est d'un beau dessin; elle est vaste et magnifiquement décorée: le dôme, que l'on dit être couvert de deux cent trente mille livres de plomb, s'élève au-dessus de la Santa-Casa. La petite chaumière a aussi son manteau, son vêtement: c'est un entourage de marbre blanc, dont les sculptures sont des chefs-d'œuvre; les dessins de ce monument sont du Bramante. Les murs de la Santa-Casa sont de treize à quatorze pieds de haut, leur épaisseur de plus d'un pied, leur longueur interne de trente pieds. Au-dessus de la cheminée, dans la niche qui est maintenant couverte d'un drap d'or, on voit la statue de la Vierge: elle est en bois de cèdre et d'une richesse éblouissante; elle attire tous les regards comme elle reçoit tous les vœux. Sur la tête de cette statue, on voit briller une tiare enrichie des plus beaux diamans, d'émeraudes et de perles magnifiques; sur son sein, est une croix de saphir, ornée de diamans. La tête de l'enfant Jésus est couverte d'une couronne d'or endiamantée; c'est le pape Pie VII qui en fit présent à l'église. L'enfant Jésus porte à l'un de ses doigts une bague éblouissante: c'est un diamant solitaire, d'une grosseur et d'un prix inestimables; il couvre presque la main. L'habillement, ou plutôt l'espèce de gaine où se trouve enchâssée la statue, est en or; la ciselure est d'un travail exquis. Au reste, le nombre des pierres précieuses est si grand, que, dans l'inventaire qui en fut fait par ordre du Directoire, les personnes qui étaient chargées de ce détail crurent plus court de s'en tirer ainsi: *Deux mille diamans de différentes grosseurs*. Des lampes en or, perpétuellement allumées, brûlent dans cette enceinte, où l'on fait le sacrifice divin sans interruption.

Le trésor de cette église contient de grandes richesses: on y remarque d'abord une lampe en argent, donnée par Catherine de Médicis, reine de France;

Un vase de saphir, donné par Henri III, roi de France;

Le portrait de Marie de Médicis, enrichi de diamans;

Deux anges en argent, offerts par le duc d'Épernon;

Une lampe et un navire en argent, donnés par la ville de Paris;

Un livre garni de pierres précieuses, donné par Henriette, reine d'Angleterre;

Deux couronnes en or, enrichies de diamans, données par la mère de Louis XIV;

Un enfant en or, représentant Louis XIV, porté par un ange en argent qui pèse sept cents marcs et l'enfant quarante-huit marcs;

Le château de Vincennes en argent, donné par le grand Condé, etc.

La maison de Napoléon a aussi offert ses dons, qui sont d'un grand prix.

Il faudrait un volume entier pour énumérer et faire apprécier tout ce que cette basilique renferme de remarquable en peintures, en sculptures de tous les maîtres, de tous les pays. La pharmacie même, qui est une dépendance de cette église, contient un grand nombre de vases *del Tacuza*, qu'on dit être peints par Raphaël et Jules Romain; ils sont en effet d'une si grande beauté, que Christine de Suède, en passant par Lorette, offrit de les échanger contre un pareil nombre de vases d'or. Mais ce que la main des hommes n'a pu créer, c'est la nature, c'est l'admirable coup d'œil dont on jouit en quittant la ville : du haut de la colline qui porte Lorette, on découvre une vallée délicieuse, une campagne bien cultivée; partout on aperçoit des quinconces d'ormes et de mûriers qui soutiennent les vignes et se déploient en festons de verdure; et au-delà de la montagne, l'œil plonge et se promène librement sur l'Adriatique couverte de vaisseaux.

Pour compléter ce qui a été dit plus haut sur la Marche d'Ancône, il nous reste à passer en revue les villes de la Romagne. La deuxième livraison des Légations pontificales a déjà décrit les sites et l'histoire de Rimini ; nous avons donc à vous entretenir de Ravenne, de Faenza, de Forli et de Césène.

Ravenne, ville triste et ruinée, est peut-être, comme souvenir historique, l'une des plus importantes cités de l'Italie. Elle a vu tomber l'une après l'autre toutes les gloires qui l'avaient illustrée, et de cette haute fortune où elle parvint, à peine lui est-il demeuré quelques lambeaux de monuments, irrécusables témoins de sa grandeur passée.

La mer s'est elle-même retirée d'elle, et son port, où Auguste faisait hiverner ses flottes de l'Adriatique, se trouve maintenant à sec et distant de trois lieues de la côte.

On retrouve dans les basiliques de Ravenne des vestiges byzantins laissés par les Exarques qui gouvernèrent le pays au nom des empereurs d'Orient pendant plus d'un siècle et demi. Honorius et Valentinien III, qui tinrent leur cour à Ravenne, y ont aussi imprimé la trace de leur passage. Théodoric, roi des Goths, vainqueur du roi des Hérules Odoacre, y conserve encore son palais et son tombeau ; la fameuse statue en mosaïque qui le représentait armé de pied en cap, la lance au poing et son bouclier passé au bras gauche, fut enlevée par Charlemagne, qui la fit transporter à Aix-la-Chapelle.

Les tombeaux vont bien à Ravenne. Outre le mausolée de Théodoric, elle a l'insigne honneur de posséder la sépulture du Dante. Elle-même, avec ses murs croulans, ses maisons lézardées, les immenses marais qui l'environnent, et la sombre forêt de pins qui la couvre, ressemble à ces vastes monuments funéraires des anciens où toute une famille trouvait place.

Théodoric fit bâtir lui-même son mausolée, qu'on a métamorphosé en une église appelée *Ste-Marie de la Rotonde*. C'est ainsi que le tombeau d'Adrien, à Rome, est devenu le château St-Ange.

Ce conquérant barbare de l'élégante Italie avait subi l'influence des arts cultivés par ses nouveaux sujets. Il se plaisait à les encourager dans leurs travaux ; et pour montrer l'amour qu'il portait aux sciences, il avait pris pour secrétaire d'état le célèbre Cassiodore. Ce fut lui qui reconstruisit les aqueducs de Trajan et qui releva les monumens endommagés par la guerre. Il est vrai que la férocité de l'homme du nord reparaissait quelquefois sous le manteau de pourpre du monarque italien : Boèce et Simmaque, les deux plus grands penseurs de leur temps, furent mis à mort, par ses ordres, sur de faux et futiles soupçons.

Le mausolée de Théodoric ne contient pas sa cendre. Cette poussière du maître de l'Italie fut proscrite comme celle d'un esclave. Lui qui avait foulé ce sol en souverain dominateur, une imputation d'arianisme l'exila de ce petit espace qu'il ne put conserver après sa mort.

Dante Alighieri, le grand poète de Florence, cet autre exilé, atteint de l'excommunication, faillit trouver une destinée semblable. Deux ans après sa mort, ses ennemis voulurent jeter au vent ses vénérables os ; mais c'eût été trop de malheurs pour un seul homme. Son tombeau lui fut conservé, et il y repose tranquillement ; un prince de l'Église, un compatriote florentin, le cardinal Corsi, légat du pape, embellit sa sépulture en 1692 ; et en 1780, son mausolée fut rebâti tel qu'on le voit de nos jours par le cardinal Valenti Gonzague. N'est-ce pas une chose bizarre que le tombeau de Dante l'excommunié, décoré et reconstruit, à un siècle de distance, par deux cardinaux de l'Église romaine ?

Devant cette pompeuse apothéose du prince de la poésie moderne, on demeure pensif et recueilli, et l'on ne s'arrête pas à critiquer le mauvais goût du monument de 1780. Bien d'autres souvenirs vous occupent, et l'on aime avant tout à plier les deux genoux là où Byron le sceptique s'est incliné tant de fois dans un religieux respect.

J'ai dit que Ravenne était la cité des tombeaux. On y rencontre dans un seul caveau ceux de l'empereur Honorius II, de sa sœur Gallia Placidia, et de Constance, général romain, second mari de cette fille de Théodose le Grand, veuve d'un roi goth qui l'avait prise et épousée au siége de Rome.

Hors de la ville, comme le mausolée de Théodoric, sur le bord du fleuve Ronco, une simple colonne de marbre blanc indique une autre sépulture plus intéressante pour nous que le caveau de Gallia Placidia. C'est là que reposent les Français morts à cette fameuse bataille de Ravenne livrée par les troupes de Louis XII aux armées du pape Jules II et lui roi d'Espagne.

Là périt Gaston de Foix, surnommé le *Foudre de l'Italie*. « Il y mourut donc, *dit Brantôme*, « mais par trop grande ardeur de courage, car « la bataille gagnée pour lui, là où il combattit « très-vaillamment, et étant tout couvert de sang et « de la cervelle d'un de ses gens d'armes tué près « de lui d'une canonnade ; M. de Bayard, le « voyant ainsi couvert de sang, vint à lui et lui de- « manda : *Monsieur, êtes-vous blessé ? — Non*, « dit-il, *mais j'en ai blessé bien d'autres*. C'est « bien la parole d'un jeune homme courageux et « bien aise d'avoir fait son coup comme les autres. « *Or, Dieu soit loué, Monsieur*, dit Monsieur « de Bayard, *vous avez gagné la bataille et « demeurez aujourd'hui le plus honoré prince « du monde ; mais ne tirez plus avant, et ras- « semblez vos gens d'armes en ce lieu.* »

Gaston ne tint compte malheureusement de l'avis de Bayard, et il se met de nouveau à charger l'ennemi. Son cheval eut les jarrets coupés. Lui-même il tomba par terre, « où il fut blessé de tant de coups, *ajoute Brantôme*, que depuis le menton jusqu'au front, il en avait quatorze, et puis laissé mort. »

Cette victoire mémorable de Ravenne fut bien glorieuse pour la France, mais elle lui coûta cher. Vingt mille hommes y furent tués, ce qui fit écrire à Bayard : «*Si le roi a gagné la bataille, les pauvres gentilshommes l'ont bien perdue.* »

Parmi les édifices remarquables que les âges moyens ont laissés dans Ravenne, je citerai en premier lieu la belle église octogone de San Vitali, véritable basilique grecque, faite sur le modèle de Sainte-Sophie de Constantinople, et dont les voûtes sont décorées de nombreux tableaux de mosaïque. La cathédrale, qui remonte aux premiers siècles de l'ère chrétienne, est à peine reconnaissable, tant elle a été restaurée, badigeonnée et enjolivée ; elle renferme quelques bas-reliefs curieux pour l'histoire de l'art et deux peintures du Guide, dont son *Moïse faisant tomber la manne du ciel dans le camp du peuple de Dieu*.

La ville de Faenza, patrie du célèbre mathématicien Torricelli, contient peu de monuments d'art. C'est une des plus jolies villes de la Romagne ; elle est située sur le Lamone, bâtie presque entièrement en briques, et divisée par quatre grandes rues aboutissant sur une place que décore une fontaine du style de la Renaissance. Faenza a son *Duomo*, son *Palazzo pubblico* et son théâtre, comme toutes les villes d'Italie. Sa renommée lui vient, comme on sait, de ses manufactures de faïence, qui furent les premières établies en Europe.

Monti, dans sa tragédie de *Galeotto Manfredi*, a retracé l'histoire terrible de ce seigneur de Faenza qui fut assassiné des propres mains de Francesca Bentivoglio, sa femme, laquelle avait caché quatre assassins sous son lit, pour l'aider dans son exécrable projet. Le palais de Galeotto est maintenant le Palais public.

Forli et Césène, malgré leur origine romaine, sont plutôt des lieux de commerce et d'étape que des villes qu'il importe aux curieux de visiter. Toutes deux ont de jolis environs et des promenades agréables ; toutes deux sont bâties au pied des montagnes, au milieu d'un air vif et pur.

A Forli, on voit dans l'église de St-Jérôme un magnifique tableau du Guide, *la Conception de la Vierge*. A Césène, l'église des Capucins en possède un autre du Guerchin. Ces deux compositions de maîtres fameux sont là, sans doute, pour qu'il ne soit pas dit qu'il existe sur le sol italien une ville assez pauvre ou assez indifférente pour se passer de tableaux.

Hors de la ville de Césène, on rencontre un couvent appelé la *Madonna del Monte*. C'est là que le pape Pie VII, né dans ce pays, fit son noviciat de bénédictin.

ROME.

I.

Rome religieuse et française. — Mœurs. — Saint-Pierre. — Le grand pénitencier. — Le Miserere. — Renouvellement du bail d'amour. — Protestans et catholiques à Saint-Pierre. — Signal aux Anglais. — Très-mauvais emplacement de cette basilique. — La bénédiction du pape. — Sanpietrini. — Illumination. — Girandola. — Calomnie d'un Anglais. — Entretien de la basilique de Saint Pierre.

Les voyageurs, les gens de lettres, les savans, les philosophes surtout, presque tous ceux enfin, sauf les artistes, qui font le pélerinage de Rome, ou qui parlent de Rome sans y avoir été, n'ont cessé jusqu'à présent, par je ne sais quelle humeur bizarre, les uns de s'affliger, les autres de s'indigner du joug religieux sous lequel cette grande ville est placée, ainsi que le territoire pontifical, depuis le triomphe du christianisme en Europe. Ils ont sans doute oublié que telle fut la condition première du premier gouvernement romain, et que, seule de toutes les villes historiques, Rome est demeurée fidèle à sa plus antique tradition. Ils n'ont pas remarqué, également, que sous ce rapport, elle n'avait pas cessé d'être la reine du monde, soit avant l'invasion du mahométisme, soit avant celle du protestantisme, et que, capitale de l'univers chrétien, elle continuait alors, sur l'Europe et sur une grande partie de l'Asie, de l'Afrique et de l'Amérique, cette autocratie jadis fondée par les dieux, par les exploits et par la politique du capitole.

Dès son origine et jusqu'à la chute complète du polythéisme, Rome fut régie par la puissance pontificale dont successivement furent investis ses rois, ses consuls, ses empereurs, et dont ses papes ont hérité. Et quand il est arrivé à ceux-ci de ceindre à la fois la thiare et l'épée, elle se rapprochait alors de sa vieille histoire plus qu'elle ne le fait aujourd'hui. Mais la puissance ultramontaine, retranchée qu'elle est à présent dans la politique désarmée de la domination religieuse, représente à peu près encore, dans l'enceinte des nobles murailles de Rome sacrée, ces rares et heureux intervalles, où la foudre romaine, dont le nom n'a point péri, s'endormait dans le sanctuaire, laissant respirer de sa gloire le peuple-roi, et le monde de sa servitude.

Seulement le Christ, et c'est beaucoup, y a totalement remplacé Jupiter, après une longue lutte que voulut renouveler le César Julien, génie singulier, peu disposé à croire alors, comme depuis fit Henri IV, que Rome valait bien une messe.

Ce fut le dernier effort du ciel antique contre le ciel nouveau. Celui-là, toutefois, parut se consoler du trône perdu sans retour, en laissant à son vainqueur ses mystérieuses cérémonies, ses théories, ses invocations, ses chants, ses fleurs, son encens, son eau lustrale, ses adeptes, ses prières pour les rois, les peuples, les vivans et les morts, ses bénédictions des drapeaux, des armées, des lieux consacrés au culte, des moissons, des vendanges, enfin toutes ces brillantes magnificences et ces pompes touchantes qui, ainsi que les chefs-d'œuvre des arts divinisés dans les temples, composent si admirablement la majesté de la religion catholique. Un jour, dit-on, le dernier pontife de Jupiter et le premier évêque de Rome s'y rencontrèrent face à face; mais ils se regardèrent sans rire : l'affaire était devenue trop sérieuse. Un autre jour aussi, celui qui, en sa qualité d'empereur, était souverain pontife de Jupiter, s'abaissa devant celui qui était souverain pontife du Christ; il lui laissa Rome et alla faire des cruautés, des processions et de la théologie à Bysance. De là la chute de l'empire romain comme puissance terrestre, et sa continuation comme pouvoir théocratique. En ce temps-là le maître de Rome devait par cela seul l'être du monde, habitué, depuis tant de siècles, à la regarder comme sa métropole. Il n'en eût pas été ainsi, si, au lieu du César converti, le pape fût allé trôner à Bysance. L'empire des lieux est immense parce qu'il s'appuie sur celui des coutumes, et les peuples ne se dépaysent pas comme les rois. Lorsque Napoléon conçut le projet d'établir le pape à l'archevêché de Paris ou même à Avignon, il savait bien qu'en lui ôtant Rome il lui ôtait toute sa puissance. Aussi lui, qui valait bien Louis XIV, n'eut jamais la pensée d'abandonner Paris pour Versailles, et notre souverain actuel vient de faire un musée national du palais du grand roi! Aussi enfin, en 1814, si Napoléon avait pu arriver vingt-quatre heures plus tôt devant Paris, et en 1815 s'il avait voulu le défendre malgré les gens de tribune, il n'eût pas été deux fois détrôné!

Il est donc résulté de cette occupation de Rome par le pape, une véritable pérennité du siége religieux du monde et du costume théocratique pour le souverain et pour son gouvernement. Et de là, comme jadis sous Numa, ou sous les Scipions, ou sous les Césars, aucune action de la vie politique du pape et du peuple romain n'a lieu sans l'intervention du ciel: la prière y sanctifie l'amour comme la vengeance. Aux pieds de la Madone, qu'elle a couronnée de fleurs, la jeune Albanaise la prie de rendre son amant fidèle ; au même autel, qu'il orne aussi de fleurs, un homme armé demande à la Vierge de faire passer devant lui son ennemi, afin qu'il le tue ! Cette perpétuelle intervention du ciel, qui compte déjà dans Rome deux mille cinq cent quatre-vingt-dix ans, se démontrera d'elle-même dans ces récits par des exemples qui prouvent journellement la filiation non interrompue des souvenirs et des usages religieux de la ville de Romulus. Vingt - six siècles de puissance théocratique ont donc établi celle de Rome telle qu'elle est aujourd'hui, avec les modifications que le temps impose à toutes les institutions divines et humaines ; j'ai dit aussi divines, parce que l'inquisition, les autodafés, la Saint-Barthélemy, les massacres des Cévennes, et, depuis, les persécutions et les missions de la restauration, qui furent toutes instituées, prêchées et exécutées au nom de Dieu, ne pourraient se renouveler à présent sans entraîner immédiatement la perte de ceux qui oseraient seulement les proposer ; mais je dis aussi, et en raison de cette même puissance des sentiments et des opinions populaires qui s'élèveraient contre cette tyrannie, qu'il faudrait bien se garder de vouloir supprimer par un décret, même appuyé par des baïonnettes, le miracle annuel de Saint-Janvier à Naples, celui de Saint-François à Notre-Dame des Anges, celui de la Madone à Frascati, etc. Au temps seul appartient de détruire les erreurs du temps.

Ne serait-ce pas ici l'occasion de rappeler un trait bien caractéristique de l'empire de la religion sur les peuples d'Italie? En 1527, le sac de Rome par Charles-Quint ayant fortement ébranlé le trône de Clément VII, les Florentins profitèrent de cette catastrophe pour se défaire des Médicis, et nommèrent J. C. roi de Florence ; il y eut assemblée du peuple : vingt votes furent contraires au fils de Dieu, et le titre du divin roi fut : *Jésus-Christ, élu roi des Florentins, par décret du sénat et du peuple !*

Dans l'Italie méridionale, le peuple est encore superstitieux, comme il l'était dans les âges antiques et dans l'âge moyen. Mais, sauf ses accès réguliers de fanatisme à certains jours, il est d'une complète indifférence en matière de religion. Les amans vont à confesse dans l'église des SS. Apôtres avec leurs maîtresses ; et dans la haute société de Rome comme dans la moyenne, des hommes sans préjugés se cachent pendant quelques heures du jour sous les bizarres dominos des confréries. Et quel est celui qui serait assez audacieux à Rome, pour oser éteindre une des lampes qui brûlent chaque soir devant les images de la Vierge ? Ainsi le veut et le voudra long-temps encore la terre de Saturne, n'en déplaise au despotisme de ceux qui disent avoir la mission d'affranchir la pensée humaine dans tout l'univers.

Aussi, je me garde bien de m'adresser à ces hardis réformateurs, à ces implacables Luthers de la vie des nations, à ces niveleurs impitoyables de la vieille Europe ; mais je demande aux artistes, aux poètes, aux historiens, aux philosophes de toutes les communions, à tous ceux qui trouvent également le feu sacré aux autels de Vesta ou à ceux de la Madone, s'ils pourraient concevoir Rome, cessant tout à coup d'être la métropole du christianisme, dépouillée de ses pompes religieuses, des fêtes de ses basiliques, livrée à la solitude et à l'abandon comme une autre Jérusalem, ainsi que ses monuments de tous les âges, les merveilles de ses beaux arts, ses palais, ses temples, ses ruines, ses galeries, ses bibliothèques, et tout le vaste et inappréciable héritage du nom romain profane et sacré. Totila lui-même recula devant cet anathème que, dans l'ivresse sauvage de la victoire, il avait osé porter contre la ville éternelle ! Car ce nom est bien celui de Rome, et sa destinée, gravée aux murs de son Capitole, est d'être à jamais le chef-lieu de l'univers artiste et chrétien, lors même que le pape ne serait plus que son évêque, et que sur un trône laïc elle donnerait des lois à l'Italie. Ainsi Napoléon l'avait dotée dans sa pensée, lorsqu'il mit sur sa tête la couronne de fer, et cette haute fortune était prochaine quand le nom de Rome devint le nom royal de son fils. J'ai parlé ailleurs, dans cet ouvrage, de la profonde impression que fit la confidence de ce brillant espoir sur les patriciens de Rome, même ceux de race pontificale, et sur toute la population de l'état de l'Église.

Mille ans séparaient Napoléon de Charlemagne, qui avait fondé la puissance temporelle des papes.

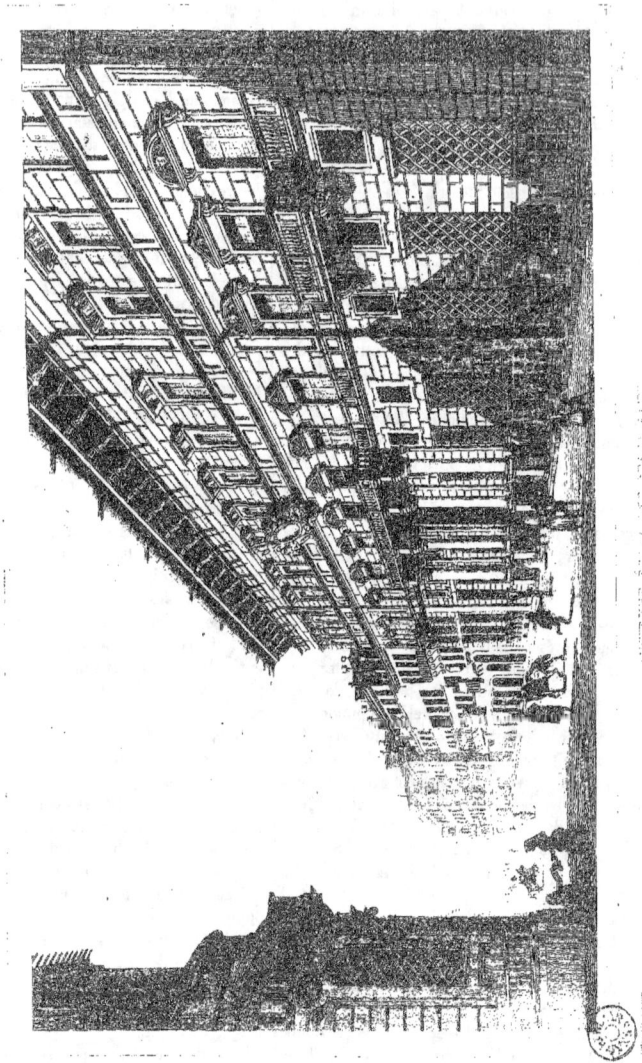

Il avait fallu cette course de dix siècles pour qu'un autre grand homme crût pouvoir ramener les papes à la puissance purement spirituelle, fondée par les apôtres, mais dont Rome devait conserver toute la splendeur! Elle ne perdit en effet, sous son règne, que celle de la thiare, réfugiée à Savone ou à Fontainebleau : rien ne fut changé aux habitudes ni aux somptuosités du culte. Le concours des habitans de la ville et de la campagne ne manqua jamais aux grandes solennités, même à celle de la saint Napoléon. Cet essai fut heureux ; il dépassa toutes les prévisions ; pendant plus de quatre années, l'état romain et la ville de Rome reçurent paisiblement et avec reconnaissance le bienfait de la loi française. Le Pape y fut complètement oublié, sauf de rares exceptions politiques.

Il est vrai que non-seulement les coutumes religieuses mais encore les coutumes civiles furent protégées par celui qui avait fait la célèbre proclamation à l'armée d'Égypte ; il n'y eut d'aboli que ce qui offensait la dignité de la législation et de la civilisation du siècle. Ainsi fut détruite la mendicité, profession hideuse et criminelle. Elle reçut un asile dans le palais de Saint Jean de Latran, jadis habité par les papes, et dans d'autres édifices. Une partie fut classée en ateliers de travail, un autre en ateliers de charité. Deux mille cinq cents individus de tout sexe et de tout âge furent ainsi enlevés à la fainéantise, à la misère, au crime, et Rome fut, après tant de siècles, délivrée soudain de la lèpre, jusqu'alors regardée comme incurable, qui, jour et nuit, infestait ses communications, au péril de la bourse et même de la vie de ses citoyens. Les étrangers furent vivement frappés, mais moins que les habitans, de la miraculeuse métamorphose du Romain mendiant en Romain travailleur ; pittoresque neuf, imprévu dans le tableau de la grande cité des moines! On aura peine à le croire ; mais la suppression des couvens avait laissé dans une oisiveté plus profonde encore que leur misère, une population de trente mille individus qui vivaient de leurs aumônes et de leurs distributions. Cependant, quand il fallut les enregistrer pour les secourir, soit à domicile, soit autrement, il ne s'en trouva plus que la moitié : l'orgueil ou plutôt la honte vint au secours de l'administration et de la charité publique, laquelle ne se démentit jamais. La suppression des moines entraîna ainsi celle des mendians, et Rome reçut avec reconnaissance le bienfait de ce double miracle.

Quant aux assassinats, qui, sous le gouvernement pontifical, montaient à deux par jour dans la seule ville de Rome, je puis certifier que, pendant les trois années de mon administration, trois meurtres seulement, et encore par jalousie d'amour, troublèrent la sécurité publique. A la vue de la loi française, les meurtriers de profession avaient fui la ville, et les meurtriers d'occasion, les mendiants, étaient tous au travail dans les dépôts, ou au Forum, au Colysée, aux jardins de César.

Tout ce qui appartenait aux mœurs de Rome proprement dites, à ses usages comme à ses plaisirs, fut constamment respecté. On ne réforma que ce qui blessait ouvertement l'exercice et la jouissance de ces usages et de ces plaisirs. Ainsi les fêtes du carnaval, la course des chevaux libres, la Girandole du fort Saint-Ange, l'illumination de Saint-Pierre, les focchetti, les feux de joie, la promenade aquatique de la place Navone, les combats du taureau, etc., eurent lieu comme sous les papes. Mais l'inauguration du carnaval n'était pas flétrie par l'exécution d'un criminel réservé, afin que son supplice devînt le signal des jeux ; l'horrible chevalet ne torturait pas les délinquans dans la rue du Corso pendant ce carnaval, et un certain village avait perdu l'atroce privilège de mutiler des enfans pour recruter des chanteurs à la chapelle pontificale! Comme jadis, les morts portés sur des lits de fleurs à visage découvert, étaient accompagnés processionnellement par le clergé et par les confréries de tous les costumes. Celles-ci célébraient également en public leurs jours fériés ; elles continuaient de visiter les hospices et les prisons, et l'une d'elles, vouée au culte de la mort, suivait et consolait le condamné depuis le jugement jusqu'au supplice.

Ainsi donc pendant le gouvernement impérial, s'il n'y avait plus dans Rome ni pape, ni cardinaux, ni moines, il n'y eut plus également ni inquisition, ni mendians, ni assassins. L'esprit, si intelligent, le tact si sûr des habitans de Rome, avaient promptement apprécié, après les avoir d'abord redoutés, les changemens opérés dans l'administration. S'ils furent aussi heureux de l'adoption de nos lois que de la conservation de leurs habitudes, ils ne virent pas avec moins de satisfaction les immenses travaux consacrés à la réparation ou à la décoration de leurs monumens, comme aux superbes jardins dont Rome jouit à présent. Ces grands ouvrages, ces importantes révélations et restitutions du sol romain, ainsi que les autres travaux Napoléoniens dans la péninsule, sont de nouveaux liens entre les deux nations, dont la langue latine a créé les idiômes fraternels, et j'ai vu le temps où les Italiens aimaient à se dire les Français d'Italie. Mais ce qui est et sera à jamais indestructible entre les deux peuples, c'est la mémoire de Napoléon, qui leur appartient également par la naissance, qui est leur héros, leur grand homme, leur génie commun, comme Charlemagne le fut de la France et de la Germanie.

Les quatre grands monumens des deux âges de Rome sont sans contredit le Colysée comme théâtre, le Panthéon comme temple, et Saint-Pierre le colosse des églises, et le Vatican le colosse des palais. Tout a été dit, si l'on peut jamais avoir tout dit sur ces immortels ouvrages des Romains anciens et modernes. Leur hisoire et leur description sont devenues choses populaires, presque triviales, et il en est de même des autres édifices, ainsi que des places, des cirques, des fontaines, des arcs de triomphe, des obélisques, des ponts, des portes et des murailles de la capitale des beaux arts. Ainsi je me bornerai à faire connaître ce que leur conservation a pu devoir à l'administration française, et quel est l'usage que les habitudes de la population font de ces monumens de son industrie passée. Quelques récits, quelques tableaux les présenteront, je crois, sous des rapports moins connus.

La semaine sainte est la semaine la plus religieuse de l'année, et Saint-Pierre, l'église où se célèbrent ses mystères avec le plus de pompe et de variété. Aussi la foule y accourt de toutes parts de la ville et des campagnes, par dévotion, par curiosité, ou tout autre intérêt mondain. C'est pendant les jours saints que l'on voit réunis à Rome tous ces costumes pittoresques des femmes de Tivoli, de Frascati, de la Sabine, de Sonnino, de Nettuno, qui viennent y rivaliser d'élégance, de beauté, de richesse, escortées les unes par les hommes de la montagne, les autres par les bergers vêtus de peau de mouton, celles-ci enfin par les pêcheurs et les bateliers des maremmes. Il faut voir le jeudi saint comme les rangs, les âges, les sexes se foulent, se confondent sous les voûtes du grand temple, comme l'on s'y presse avec une sorte de fanatisme, tant on est jaloux, paysanne ou duchesse, prince ou berger, d'être touché par la longue gaule du grand pénitencier, qui distribue ainsi les indulgences! Parmi les pénitens accourus, je remarquai un couple jeune et élégant des premières familles de Rome, perdu dans cette foule. Mais avant d'approcher du tribunal où siégeait le prêtre du pardon, la jeune dame se sépara brusquement de son cavalier pour se jeter à genoux au milieu d'un groupe de jeunes villageoises, belles comme elle, et lui de son côté alla aussi s'agenouiller au milieu d'une troupe de paysans et de bourgeois. Je suivais avec une vive curiosité cette tactique de dévotion, qui m'était si nouvelle, et je me sentis vivement ému de la félicité qui se répandit soudain sur leurs jeunes visages, aussitôt que la baguette magique du vieux prêtre eut imprimé légèrement sur leurs fronts le pardon de cent jours de faiblesses, non de faiblesses passées, mais de faiblesses à venir, tant ils paraissaient certains de le bien mériter. Ils se rejoignirent après et entrèrent dans la chapelle où j'allais entendre l'office des ténèbres.

Sous l'empire, l'affluence était plus grande à Saint-Pierre pendant la semaine sainte, parce que au lieu de la chapelle Sixtine du Vatican, fermée pendant l'absence du pape, le célèbre miserere d'Allegri était chanté dans une des chapelles latérales de cette basilique. Aux deux extrémités et immédiatement sous le plafond de cette chapelle, s'avancent deux grandes tribunes, d'où partaient, aussitôt que le dernier cierge s'éteignait sur le triangle avec la dernière lamentation du prophète Jérémie, deux chœurs de voix d'anges, sans instrumens, qui paraissaient descendre du ciel au sein de ces profondes ténèbres; ces voix alternaient mélodieusement les versets de cette lugubre et plaintive prière. J'avais eu le bonheur d'accompagner à ce miserere l'une des femmes de l'Europe la plus justement célèbre par sa beauté et sa grâce, par la fidélité et le choix de ses amitiés, par la délicieuse amabilité de son esprit et de son caractère, et aussi par un singulier désintéressement d'elle-même, qui avait su constamment dérouter les passions dont elle avait été l'objet. Aux premiers accens de cette harmonie sans nom, sans modèle, sans sexe, incréée, dont l'étrange magnétisme lui révéla tout à coup des émotions inconnues, elle fut saisie d'un tremblement involontaire. C'était une bonne fortune philosophique, que de surprendre au miserere le secret d'une âme aussi voilée qu'étrangère à tout repentir, et surtout de partager, avec une aussi mystérieuse personne, l'attendrissement dont quelques pleurs et quelques palpitations trahissaient l'empire. Mais c'eût été profaner la douceur de cette découverte, que d'oser en faire l'aveu. C'eût été également rompre le charme, qui, ainsi qu'un écho, retentissait encore en elle, même quand les chants eurent cessé. Nous avions probablement éprouvé une impression toute différente; le mieux était de la conserver sans nous en expliquer, et nous sortîmes silencieusement des ténèbres du miserere, pour entrer dans cette gloire de lumière, que l'immense édifice recevait de *la croix de feu*, suspendue au dessus du baldaquin d'airain du maître-autel, seul luminaire planant, comme l'astre de la foi au sein de la nuit, sur une multitude émerveillée. Cependant aux rayons de cette clarté surnaturelle, qui se brisant sur les arcs gigantesques des piliers, en laissait les profondeurs dans une épaisse obscurité, nous reconnûmes les jeunes amans, à qui le grand pénitencier avait imposé le don d'une commune indulgence. Mais à peine eurent-ils fait quelques pas, qu'ils furent abordés par plusieurs personnes de la haute société, qui les attendaient. Tous alors ils se perdirent sous les voûtes sombres, qui conduisent au tombeau de Rezzonico, si fameux par les lions de Canova. Nous les suivîmes instinctivement, comme une distraction venue au secours de ces émotions du miserere, dont nous ne savions plus que faire, et, protégés par la nuit, nous nous arrêtâmes avec cette société auprès du marbre de Clément XIII. Là, à notre grand étonnement, nous pûmes entendre ces amans prendre à témoin leurs amis, qu'ils renouvelaient pour une année encore à pareil jour, le bail de l'amour qu'ils s'étaient juré un an plus tôt. Ainsi ces deux nobles enfans de Rome la sainte avaient cru devoir, au 19ᵉ siècle, comme les adeptes d'un culte étranger, consacrer par les pratiques du catholicisme un engagement aussi profane, en un jour aussi sacré, sur la tombe d'un pape, et dans le temple le plus auguste de l'univers! Nous étions encore tout frappés de cette scène étrange, quand au sortir de l'église nous fûmes tout à coup arrêtés par une troupe d'ecclésiastiques en surplis, sans barbe, hideux, d'une étrange caducité, comme s'ils étaient venus vieux au monde, et cachant leurs fronts décolorés sous une ample perruque de chanvre. — Quels sont ces monstres? me dit tout bas ma belle compagne. — Ces monstres, lui répondis-je, sont les anges du miserere! — Ce fut pour elle une horrible fascination. — Grands Dieux, quelle horreur! s'écria-t-elle, comme si elle avait été trahie. Et en effet elle l'était, tant le charme de ces chants aériens, au sein d'une nuit profonde, parfumée par la prière, avait puissamment agi sur son âme, et lui avait révélé une sorte de vision du ciel et d'elle-même, qu'elle détesta soudain comme une invention de l'enfer et du crime.

En voyant défiler ce misérable troupeau des *moutons* de S. S., je ne pus m'empêcher de me rappeler ce beau verset de l'Évangile : *boni pastoris est tondere pecus, non deglubere. Il est d'un bon pasteur de tondre son troupeau, et non de l'écorcher.* L'application de ce verset était d'autant plus juste, qu'en langage populaire, le *soprano*, le *musico*, s'appelle aussi par analogie *montone*, mouton, comme mouton se nomme indifféremment *castrato*, nom de famille de ceux dans lesquels elle finit. Mais on ne peut quitter Saint-Pierre avec de telles anecdotes.

Lorsqu'on sort de Saint-Pierre, en plein jour, et qu'arrivé au pied de l'obélisque d'Héliopolis, de la Ville du soleil, l'on se retourne pour contempler les dehors du plus grand temple que la piété humaine ait élevé à celui dont la grandeur est infinie, on se sent révolté jusqu'à l'indignation, à l'aspect de l'ignoble façade dont l'architecte Maderno s'est plu à masquer l'œuvre du Bramante, de Raphaël et de Michel-Ange. Il semble que tout à coup un plat mensonge vous cache une vérité sublime, et vous croiriez n'être sorti que d'un palais, d'un théâtre, ou d'une académie, si vous n'étiez poursuivi par l'émotion profonde dont le chef-d'œuvre du génie de l'homme et la présence de la majesté de Dieu ne cessent de frapper votre esprit et votre âme. Mais on souffre de sentir, malgré soi, se rapetisser, se flétrir ses regards empreints encore de tant d'éclat, sur le portique mesquin et vulgaire que l'on vient de franchir; et quelle que soit la beauté de ces deux fontaines, qui accompagnent le monolithe égyptien, et l'étonnante décoration des deux triples galeries dont les colonnades enceignent la plus belle place de l'univers, on précipite ses pas jusqu'à son entrée, et alors, en reportant sa vue sur Saint-Pierre, on ne voit plus que cette audacieuse coupole, que Michel-Ange, âgé de 87 ans, osa suspendre, comme un belveder sur le ciel, à qui arriveraient plus tôt la prière et l'encens des hommes. L'on éprouve alors un beau sentiment d'orgueil de se trouver associé à la merveilleuse pensée de l'immortel Buonarotti, par l'admiration de la projection intérieure du dôme, et par celle de son ascension dans les airs.

De la place de *Rusticucci*, où, à la sortie de la

place ovale des portiques du *Bernin*, vous êtes resté immobile et comme enchanté, vous ne savez plus que onze cent cinquante pieds vous séparent de l'église, que ses portiques semi-circulaires en ont cinquante-cinq de hauteur sur cinquante-six de large, que l'obélisque est celui-là même qui fut placé par Caligula dans le cirque de Néron, 5o ans seulement après J. C., sauf le transport effectué par Sixte-Quint, en 1586, à la place qu'il occupe aujourd'hui sur le même terrain, ni que les fontaines jaillissantes à soixante pieds retombent dans des bassins d'un seul morceau de granit de cinquante de circonférence. Vous oubliez également que sur ce même cirque où Néron immola tant de victimes, Constantin le parricide éleva la première basilique de Saint-Pierre, et qu'elle resta debout pendant 1100 ans ; qu'en 1440 le pape Nicolas V jeta les fondemens du temple actuel, qui fut continué par Paul II, puis par Jules II et le Bramante, puis par Léon X et Raphaël, par Paul III et Michel-Ange, par Sixte-Quint, par Paul V Borghèse et l'architecte *Maderno*, enfin par Alexandre VI et le Bernin, et que le temps dépensa plus de deux siècles, et le pontificat huit papes et plus de deux cents millions à l'élévation de cette immense basilique.

Le temple et sa coupole présentent un ensemble si naturel, qu'on est presque tenté d'en exclure le merveilleux. L'intérieur de l'église également ne parait pas colossal, bien que sa longueur mesure 575 pieds, et sa largeur 517, tant l'échelle de ses proportions y est habilement établie. Mais il n'en est pas de même du dôme; son aspect intérieur et extérieur est si magique, que l'on se refuse à en circonscrire les dimensions même, dans son énormité, et à admettre qu'on puisse les calculer. En proie à la puissance de l'air, soit en dedans, soit en dehors, la coupole échappe aux yeux pour en être mesurée, et ne leur appartient que pour les étonner. On repousse toute démonstration à cet égard, bien que l'on sache que c'est la règle et le compas qui l'ont portée dans les cieux, et l'on prend en mépris l'impassible cicerone, qui vous dit tranquillement que la hauteur de St-Pierre est de 435 pieds depuis le pavé de l'église souterraine, où le Tibère de la thiare, Alexandre VI, a son tombeau, jusqu'au dernier ornement de la croix de 13 pieds, qui surmonte la lanterne du dôme. De même aussi du pied du maître-autel, vous n'avez jamais voulu croire, tant vous avez été fasciné par la perspective aérienne, que le baldaquin de colonnes torses coulées avec le bronze du Panthéon, est de 24 pieds plus haut que notre colonnade du Louvre, ni que les quatre piliers qui supportent le dôme aient chacun, comme la plupart de nos églises, 206 pieds de tour, ni enfin que la lanterne, presque imperceptible sur laquelle s'élève la croix de la coupole, soit haute de 57 pieds, comme beaucoup d'hôtels de Paris!

Je ne crois pas pouvoir mieux comparer l'état de l'esprit ébloui d'admiration par la vue intérieure et extérieure de Saint-Pierre, qu'à celui de l'âme, qui sent, qui adore l'immensité de Dieu, sans pouvoir ni la mesurer ni la comprendre; et qui sait si Michel-Ange, qui tenait plus du ciel que de la terre, n'a pas eu l'idée d'imposer la loi de cette comparaison, en rendant, par le gigantesque de son ouvrage, la maison de Dieu si grande, et l'homme si petit!

Ce que l'on voit le moins dans Saint-Pierre, c'est la pierre, n'en déplaise au calembourg sacré, *tu es petrus et super hanc petram ædificabo ecclesiam meam;* lequel est écrit en caractères de cinq pieds autour de l'entablement intérieur, où commence la coupole. Dans cet immense édifice tout est marbre, lapis, porphyre, stuc, bronze, airain, or, mosaïque, peinture, bois, cuivre, fer, ivoire, velours, tapisserie, etc.; la pierre n'y paraît que pour compléter la décoration de ce vaste théâtre catholique, dont la scène semble vide quand elle ne renferme que deux ou trois mille spectateurs, ainsi que la place ovale, où l'on ne ferait parader que quatre à cinq mille soldats. La cérémonie d'une grande solennité à Saint-Pierre a un éclat poétique, triomphal, surhumain, qui tient à la fois de l'Olympe et du ciel chrétien, et semble la révélation du mystérieux monogramme L'HOMME-DIEU, tant se confondent dans les nuages de l'encens, dans les clartés de mille flambeaux, dans les chants d'une musique céleste, dans le profond recueillement des fidèles, et la splendeur des vêtemens sacerdotaux, et la richesse des vases sacrés, la nature de Dieu et la nature de l'homme. L'église de Saint-Pierre est à la fois le chef-d'œuvre du catholicisme et celui de l'art; c'est un temple qui est un musée; c'est un sanctuaire, où Dieu s'y fait homme à vue, à chaque instant du jour.

Il ne faut pas être un observateur bien exercé pour distinguer, dans la foule qui s'y presse, les voyageurs protestans des voyageurs catholiques. Ceux-ci, quelle que soit en général leur indifférence religieuse, et bien qu'en arrivant à

St. Pierre.

Rome, ils se croient obligés de revêtir un costume philosophique, dont on se moquerait à présent à Paris, affectent soudain dans leurs traits et dans leurs regards, en mettant le pied sous les voûtes de Saint-Pierre, une sorte de morgue catholique, qui contraste singulièrement avec l'impassibilité méthodique des Anglicans. Ils sont saisis d'un véritable orgueil de voir leur culte si bien logé, et ils ont l'air de dire aux dissidens, nous, nous sommes de la maison. J'ai vu deux de mes compatriotes catholiques, qui, en France, n'entraient jamais dans une église, devenir d'ardens cicerone de Saint-Pierre, dont ils avaient les clefs, ainsi que l'apôtre celles du paradis, et en faire les honneurs aux nouveaux venus, comme s'ils étaient de la paroisse. Ils auraient été volontiers convertisseurs à Rome, eux qui à Paris ne croyaient à rien, tant la majesté du grand lieu saint avait pris d'empire sur leur sensibilité; leur organisation nerveuse s'était chargée de la dette de leur âme; aussi, à voir leur zèle très-intolérant en faveur de l'exclusive beauté de Saint-Pierre, ils semblaient interdire à Dieu lui-même toute autre habitation sur la terre. De fait ils parodiaient le fanatisme religieux par le fanatisme matériel: moyen qui n'est pas nouveau. Je me rappelle à ce sujet qu'un prince romain, détenu politique dans une forteresse, écrivait, à Rome, à sa femme, de lui envoyer le crucifix de son cabinet, parce qu'il ne pouvait prier devant celui de la prison!

Un jour que ces deux Français, que j'avais nommés les chambellans de Saint-Pierre, avaient accompagné jusque dans la boule à seize places, qui sert de base à la croix sur le pinacle du temple, le jeune Macirone, Romain né à Londres, célèbre depuis pour avoir voulu, dans l'île de Corse, détourner le malheureux roi Joachim de sa descente dans l'état de Naples, ils l'engagèrent à monter sur cette croix élevée de quatre cent cinquante pieds au-dessus du sol. Macirone ne se fit pas prier. Il fut bientôt à cheval sur la branche transversale de la croix, et en signe de victoire, jaloux d'apprendre à la ville et à l'horizon le succès de cette action audacieuse, il attacha son mouchoir blanc à la sommité du rayon perpendiculaire. Or, à cette époque d'une guerre acharnée de l'Angleterre, ses vaisseaux sillonnaient journellement la Méditerranée, dont la coupole de Saint-Pierre est le phare gigantesque. A Rome, où tout le monde regarde, parle et surveille, le mouchoir blanc fut bientôt aperçu, et les politiques des cafés et des rues y virent tout d'abord un signal d'intelligence avec les Anglais: « Il n'y
« avait, disaient-ils, que trois à quatre mille hom-
« mes dispersés dans tout l'état romain. La fa-
« mille de Charles IV était à Rome avec ce prince,
« Ferdinand était à Valençay, et la guerre fla-
« grante dans toute la Péninsule; donc le trans-
« port de la famille royale en Espagne sur un
« vaisseau anglais, serait un événement majeur
« contre la royauté assiégée de Joseph: donc le
« mouchoir avertissait le commodore britannique
« de l'opportunité de cette tentative. » Voilà ce que l'on disait, et toute la ville était dans la confidence de ce complot, excepté les trois jeunes gens, que tant de pieds cubes d'air séparaient des bavardages de la vieille cité; aussi furent-ils très-étonnés de trouver sous le péristyle de Saint-Pierre un commissaire de police en écharpe, qui les conduisit à la Direction générale, où ils furent retenus... à dîner.

J'ai dit que je ne tenterai pas une description de Saint-Pierre, et le lecteur bienveillant ou malveillant en comprendra la raison. Je laisserai également dormir dans leurs tombeaux de marbre ou de pierre, ou d'argile, et les malheureux Stuarts, et cette méchante Christine, reine de Suède, qui, des joyaux de sa couronne, ne conserva qu'un glaive pour tuer son amant; et cette belle et illustre amie de Grégoire VII, la comtesse Mathilde, qui sut rendre la thiare aussi aimable que puissante, et cette foule de papes, dont les sépulcres, sauf un petit nombre, décorent mieux les deux nefs de la basilique, et les grottes du Vatican qu'ils n'honorèrent de leur vivant le trône pontifical. Je laisserai aussi errer l'ombre du prince des apôtres autour des quatre-vingt-seize petites lampes, qui brûlent nuit et jour sur sa tombe, où jamais son corps ne fut placé. Je passerai également condamnation sur la croix latine, qui a allongé la croix grecque, dont le Bramante avait imposé la forme à Saint-Pierre, ainsi que sur la mesquinerie de l'orgue, et sur cette profusion de corniches éclatantes d'un luxe de palais, qui peuvent faire croire, qu'au lieu d'être chez le roi du ciel, on n'est que chez un roi de la terre. Je déclare seulement que je demeure inexorable aux architectes de Sixte-Quint, qui, au lieu d'un noble péristyle de colonnes panthéoniennes, ont déshonoré Saint-Pierre par une façade roturière, dont le lourd placage dérobe entièrement l'aspect de la coupole du pied de l'obélisque. Je reconnais aussi, malgré les habitudes de la foi des savans et des voyageurs, que la statue de bronze, dont les pieds sont usés par les baisers romains, ne fut point celle d'un Jupiter antique, mais qu'elle est l'image tant soit peu barbare du grand saint à qui Constantin dédia un temple, en expiation de ses crimes.

Et ce fut un malheur pour l'art à l'époque de sa décadence. On oublia le précepte à la fois artistique et religieux de l'Évangile, qui proscrit des sacrifices sur les lieux hauts, précepte dont les Grecs avaient transmis la tradition aux Romains. En effet, au lieu de ce terrain bas et alluvionaire, que l'on se figure la basilique de Saint-Pierre élevée par le Bramante, Raphaël, Michel-Ange, sur l'emplacement de la villa Médicis, et le peuple romain, à genoux depuis le sol de la place d'Espagne jusqu'aux marches du temple aérien, recevant la solennelle bénédiction du Souverain Pontife, ORBI ET URBI! Ces mots seuls indiquent le site d'où elle doit se répandre sur les hommes. Elle ne peut leur arriver que si elle les domine. Par le site actuel de Saint-Pierre, la haute poésie de ce grand acte est tout-à-fait perdue. Si l'essence de la prière est de monter, il est de la nature de la bénédiction de descendre. Or, voyez Saint-Pierre au niveau du Tibre, dominé par la ville, que le pape est réduit à bénir de bas en haut, et par le Vatican, où il tient l'hiver sa cour silencieuse, et où logea Charlemagne!

Je ne puis cependant quitter Saint-Pierre aussi brusquement. J'invite donc les voyageurs qui, après avoir soulevé la grande portière de cuir, suspendue comme un voile épais au parvis du temple, se trouvent soudain en présence de son incommensurable perspective, d'aller droit à ces enfans de cuivre doré, dont les faibles mains supportent des bénitiers de marbre; ils auront alors, à l'instant même, une assez juste vision de la capacité de l'édifice. Ces anges ont la beauté et la taille de Satan avant qu'il fût tombé. Ces enfans sont des géans de sept pieds, près desquels, sauf les tambours-majors du roi de Prusse, tout homme est un nain, et se reconnaît tel : ce qui n'est pas la même chose. Il faut aussi, malgré l'horreur que j'ai pour les jeux de mots, que je compare un moment le vaisseau de Saint-Pierre à un vaisseau de la marine, quand je pense à l'équipage aérien qui naît, vit et travaille entre les voûtes qui pèsent sur la terre, et celles qui, au-dessus d'elles, semblent descendre des cieux. Je veux reparler des *Sanpietrini*, peuplade féodale de l'auguste manoir, et dont l'habitation règne sur les combles autour de la base de la coupole. Incessamment suspendus à divers agrès de cordes ou de bois, entre les abîmes du dôme et ceux du temple, ils rivalisent, par leurs manœuvres, d'agilité et d'audace avec nos plus intrépides matelots, chargés qu'ils sont de nettoyer, de parer, de réparer l'œuvre de Michel-Ange, afin qu'il soit constamment digne de la divinité qui l'habite, et que, comme elle, il puisse braver les outrages du temps. Dès leur plus tendre enfance, les *Sanpietrini* (remarquez bien ce nom, qui est une véritable livrée) sont habitués et dressés à mesurer froidement les hauteurs et les profondeurs de Saint-Pierre. Leurs premiers pas sont sur la galerie découverte du pourtour extérieur, à cent soixante-trois pieds du pavé ; leurs premiers jeux dans ce petit escalier, qui, entre les deux calottes de la coupole, conduit obscurément à la boule; leurs premiers travaux sont sur la frise de son entablement intérieur. Ce sont eux qui la parcourent extérieurement et intérieurement à l'aide de leurs agrès, depuis sa base jusqu'au sommet de la lanterne, c'est-à-dire à deux cent dix pieds au-dessus des piliers ; ils veillent à l'entretien des seize immenses fenêtres, qui divisent en autant de compartimens étincelans de stucs dorés et de mosaïques, la voûte de la coupole. Ce sont eux aussi, qui, aux grandes solennités annuelles en l'honneur de saint Pierre et de saint Paul, suspendus par la ceinture à une chaîne de cordes, transportent et placent sur les corniches les plus élevées de lourdes tapisseries ; ce sont eux qui, à l'aide de ces poulies invisibles, nageant pour ainsi dire entre le ciel et la terre, disposent, sur la totalité de la grande coupole et sur les deux petites qui couronnent les deux nefs, et enfin sur la façade et les colonnades de la place ovale, la plus grande illumination qui puisse exister. A un signal, trois mille huit cent lanternes dessinent verticalement les lignes des coupoles. A un autre, six cent quatre-vingt-dix flambeaux coupent horizontalement ces lignes d'un éclat plus vif. La rapidité, la magie de ce changement de décoration à vue dépassent toute idée ; et de la distance d'où l'on peut jouir de ce spectacle, unique dans le monde, les *Sanpietrini* courant, voltigeant avec des mèches enflammées sur les surfaces des trois coupoles, retracent les proportions et les évolutions de ces mouches phosphoriques, si communes en Italie. Mais à un troisième signal, tandis que la maison de Dieu éclate d'une lumière vraiment surnaturelle, un volcan s'élance du mausolée d'un empereur, et, sous le nom de *Girandola*, remplissant les airs d'une effrayante détonation et de feux menaçans, semble opposer les joies de l'enfer aux clartés célestes du paradis. Tout à Rome porte l'empreinte religieuse, fêtes, plaisirs, travaux; vous avez vu la madone suspendue à toutes les murailles, aux timons des charrues, aux voûtes des cabarets, et peut-être l'avez-vous vue encore ailleurs.....

Un Anglais, j'en suis fâché à cause de l'alliance, un Anglais probablement l'un des vassaux littéraires de Castlereagh, Wellington, Londonderry, etc., de ceux enfin qui ne cessaient de calomnier le gouvernement de Napoléon, un Anglais, dis-je, nommé Eustace, a osé publier à grand nombre d'exemplaires un ouvrage, où il accuse l'administration française *d'avoir mis en vente les cuivres et les bronzes de Saint-Pierre*. Napoléon eût préféré sans doute en faire des canons. Cet homme a trompé sciemment le public; car, à Rome où il était, pour peu qu'il eût interrogé les habitans, il aurait su que 36,000 fr. avaient été employés pour mettre la basilique sous la protection de deux paratonnerres: que 60,000 avaient été consacrés à la reconstruction des quatre escaliers extérieurs qui conduisent aux combles: que d'autres sommes avaient aussi payé les frais de réédification de la toiture de la grande nef, d'une partie des terrasses qui couvrent celles du nord et du midi, et aussi ceux du rétablissement du pavé intérieur en marbre de couleurs: il aurait su de plus que, loin de profaner par une infâme dilapidation le monument sacré du monde civilisé et chrétien, l'entretien des Sanpietrini et les pensions de leurs veuves étaient portés, comme sous le régime pontifical, à une somme de 26,000 fr., et enfin que celle de 80,000 fr. figurait annuellement au budget de Rome, pour l'entretien de Saint-Pierre. Voici pour cette église. Quant aux grands ouvrages relatifs à la conservation des autres monumens ou aux immenses travaux dont Rome jouit à présent, ils ont coûté, de 1810 à 1814, cinq millions de francs, dont un tiers était à la charge du trésor, un autre à celle de la liste civile, et le troisième était payé par la ville. Enfin trois mille habitans environ, architectes, artistes, artisans, ouvriers employés pendant ces trois années, indépendamment des avantages qu'ils retirèrent de ces travaux pour leurs familles, prouvèrent que, sous une bonne administration, les Romains si avilis par le gouvernement des prêtres, si calomniés par les voyageurs, ne le cédaient à aucun peuple pour le travail et pour l'habileté. Témoin de ces faits, si faciles à vérifier de la part de tout homme qui n'a pas d'engagement pris avec la calomnie, j'ai le droit et je remplis le devoir de stigmatiser de cette accusation celle du voyageur Eustace.

II.

Le Vatican. — Sala Reale. — La Saint-Barthélemy. — Raphaël. — Atelier de mosaïque. — Bibliothèque. — Musées Pio Clementino et Chiaramonti, vus aux flambeaux. — Mausolées d'Adrien et d'Auguste. — Château Saint-Ange. — Pont Ælien. — Saint-Paul hors les murs. — Incendie de Saint-Paul. — Le Panthéon. — Noël. — Les Presepi. — La Befana. — L'Ara Celi. — Le Capitole. — Il Bambino. — Temple de Jupiter. — Citadelle. — Roche Tarpéienne. — Tabularium. — Palais du Sénateur. — Tour du Capitole. — Palais du Musée. — Des Conservateurs. — Académie des Arcades. — Le roi de Rome. — Napoléon.

Le Vatican tient à Saint-Pierre, comme le Louvre aux Tuileries, par une colonnade: c'est celle de droite de la place ovale. Dans le fond se trouve une porte, et on la croirait celle d'une sacristie, si elle n'était gardée par des hallebardiers suisses. Cette porte s'ouvre sur un sombre et magnifique escalier, nommé *Scala Regia*. Cet escalier n'est éclairé que pendant la semaine sainte, parce qu'il conduit à la chapelle *Sixtine*, où se chante le miserere en présence du pape et du sacré collège, et à la chapelle *Paolina*, où se célèbre la brillante *Funzione* des quarante heures. Au haut de cet escalier, on entre dans la Sala *Reale*, qui sert de vestibule à ces chapelles. Mais aux premiers pas que vous faites dans cette pièce qui précède des lieux si saints et l'habitation du représentant de Dieu, vos regards se glacent soudain d'horreur en se portant sur trois tableaux, peints par Vasari par ordre de Grégoire XIII. Le premier a pour inscription en latin: *l'amiral Gaspard de Coligny est rapporté blessé à sa maison*; le second: *massacre de Coligny et de ses compagnons;* l'inscription du troisième tableau est d'une effrontée naïveté: *le roi approuve la mort de Coligny*. C'est un pittoresque auquel on ne peut s'attendre en entrant au Vatican: l'on sait à l'instant même à quoi s'en tenir sur la Saint-Barthélemy! Mais, au dix-neuvième siècle, on ne peut comprendre que, parmi tant de papes qui ont succédé à Grégoire XIII, il ne s'en soit pas trouvé un seul qui, au moins par pudeur pour la tiare, n'ait pas fait anéantir ce triple témoignage de la complicité du Saint-Siége dans un des attentats les plus exécrables de l'histoire!... Que peut la cour de Rome contre cet *examen personnel*, qui est la foi de ce siècle, comme l'infaillibilité du pape était celle des précédens?

Le Louvre, qui, par son ensemble, ses galeries, ses colonnades, peut disputer en partie au Vatican la palme architecturale, lui cède la supériorité sur tout le reste. Si Saint-Pierre est le plus beau monument que l'homme ait élevé à Dieu, le Vatican est aussi le plus somptueux qu'il se soit élevé à lui-même. Ce palais renferme onze mille chambres, huit grands escaliers, deux cents petits, des portiques et des galeries où brillent les chefs-d'œuvre des arts de tous les âges, la plus précieuse des bibliothèques, de vastes cours, de vastes jardins. Dix siècles ont bâti le Vatican depuis le Bramante jusqu'à Raphaël Sterni, architecte contemporain. A l'époque de *Fontana*, l'un des architectes de Saint-Pierre et du Vatican, en 1694, l'église avait déjà coûté deux cent vingt millions de notre monnaie. Mais qui pourrait estimer ce qu'a coûté le Vatican jusqu'à Pie VII, qui l'a enrichi d'un *Braccio nuovo*, et surtout ce que valent les monumens qu'il renferme? Le Vatican donne l'idée du labyrinthe égyptien, construit également par des rois pontifes.

Malgré cette fondation de tant de papes, ce n'est point le Saint-Père qui règne au Vatican : c'est Raphaël! Là respirent en foule les gages d'immortalité de cet *Homme-Dieu* de la peinture. Les deux plus beaux tableaux connus, le Jugement dernier de Michel-Ange et la Transfiguration de Raphaël, sont au Vatican, l'un dans la chapelle Sixtine, l'autre dans le musée du pape, où cinquante tableaux seulement représentent le beau idéal de l'art. La Vierge au donataire, la dispute du Saint-Sacrement, l'école d'Athènes, etc., et les fresques sublimes des *Loges* formant un triple étage du portique qu'éclaire la cour de Saint-Damase, et les fresques des *Stanze* ou chambres du Vatican, et la salle des *Arazzi*, tapisseries exécutées à Arras sur les tableaux du grand maitre, sont à jamais la gloire de Raphaël et de l'Italie et les modèles de l'art. Ainsi une grande partie du palais pontifical est habitée par le génie de Raphaël seul, et en voyant ses innombrables compositions, celles entre autres connues sous le nom sacré de *Bible de Raphaël*, et qui représentent les grands faits de l'Écriture, tels que la création du monde, l'on ne s'étonne plus de ce cortége de cinquante peintres jaloux d'être ses élèves ou ses courtisans, à la tête desquels il marchait royalement au Vatican. Lui seul, sans doute, n'aurait pu peindre tant de fresques, ni tant de tableaux, eût-il vécu quatre-vingt-neuf ans comme Michel-Ange, ou quatre-vingt-dix-neuf comme le Titien. Mais le cortége qui le suivait recevait de lui ses palettes, et il terminait sous sa dictée ces pages sublimes que son crayon avait tracées : et après lui, comme après Alexandre, son empire fut partagé entre ses lieutenans.

Le Vatican renferme aussi les grands ateliers de mosaïque, véritable pétrification de la peinture, comme la statuaire est celle de la vie. Cet art conservateur a éternisé sous les voutes de Saint-Pierre, et incrusté dans ses marbres, la Transfiguration de Raphaël, la Communion de saint Jérôme du Dominiquin, l'Archange Michel du Guide, et la Sainte Pétronille du Guerchin. Ces chefs-d'œuvre vivront aussi long-temps que le temple, qui les offrira pendant la suite des siècles à la piété des artistes comme à celle des fidèles.

La bibliothèque du Vatican, œuvre de Fontana, fut construite, peinte et décorée en une seule année, sous le pontificat de Sixte-Quint, qui avait plutôt pris pour modèle les césars que les papes. Cette bibliothèque possède 80,000 volumes et 24,000 manuscrits, qui tous sont cachés dans des armoires; de sorte qu'en y entrant, vous demandez naturellement où est la bibliothèque. Une salle s'appelle aussi la salle de lecture, mais elle est constamment déserte : c'est une plaisanterie pontificale que personne ne prend au sérieux. Pour qu'on ne soit pas tenté de les lire, le Saint-Siége cache ses livres : c'est la lumière sous le boisseau. Une foule d'autographes uniques fait la richesse exclusive de la *Vaticane*, commencée à St-Jean-de-Latran par le pape Hilaire en 465, et fondée réellement, où elle est aujourd'hui, par Nicolas V, précurseur de Léon X. Parmi ces manuscrits si précieux et ces autographes, l'on distingue ceux de Pétrarque, du Dante, du Tasse, de nos poésies provençales, celui des lettres d'amour de Henri VIII d'Angleterre à Anne de Boulen, singulière propriété pour les papes, plus un traité des sept sacremens par le même prince, roi et théologien également féroce, qui ensanglanta trois fois

d'une manière si tragique celui du mariage. On admire aussi dans cette bibliothèque des miniatures de Virgile du quatrième siècle, d'autres de Térence du huitième, la magnifique bible du duc d'Urbin et le bréviaire de Mathias Corvin, roi de Hongrie, avec un luxe d'arabesques dont le moyen âge seul eut le talent et le secret.

Mais la plus belle division, sans contredit, du palais du Vatican, c'est le musée *Pio Clementino*, qui doit son nom aux papes Clément XIII et Clément XIV, et à Pie VI Braschi, ainsi que le musée *Chiaramonti*, connu sous le nom de *Braccio Nuovo*, construit par Pie VII. Ainsi le plus riche musée de l'univers ne date que d'un demi-siècle. Il sortit tout-à-coup, tout meublé de statues antiques, d'une cour et d'un jardin. Je renvoie pour sa description au grand ouvrage du célèbre Visconti. Mais ce que Visconti n'a pas vu et ce qu'il est sans doute impossible de peindre, c'est le musée Clémentin éclairé la nuit par des torches. Canova ne l'avait vu qu'une fois avec le pape Braschi, et quand je lui proposai d'en diriger la représentation pour une société d'étrangers et les principaux personnages de Rome, que je devais réunir chez moi, cet illustre artiste me remercia, comme d'un bienfait, de cette proposition, dont son habileté devait faire tout le succès. J'avais mis en conséquence à sa disposition le personnel et le matériel dont il pouvait avoir besoin ; et deux jours après (c'était pendant l'hiver de 1813 à 1814), précédé du thaumaturge Canova, nous partimes de ce palais qu'habite aujourd'hui la mère vénérable de Napoléon.

La nuit était très-sombre : elle régnait plus obscure encore sous les portiques du Vatican. A notre arrivée au pied de l'escalier, nous nous trouvâmes éclairés par un jour douteux. Canova avait métamorphosé le brillant palais des papes et des arts en sanctuaire mystérieux ; une seule lampe portée par un garçon d'atelier guidait nos pas à peu près incertains. Le grand artiste économisait ainsi la clarté, afin de ne pas étonner brusquement nos yeux par l'invasion d'une trop vive lumière, et aussi afin que, habitués graduellement à recevoir, comme un jour naturel, celle dont il allait faire jouer les reflets ou mouvoir les éclairs dans les salles des musées : ces salles étaient ouvertes. A notre approche commença la représentation de l'animation des marbres : les mouvements ordonnés aux porteurs de flambeaux, s'opérant successivement ou à la fois, se communiquaient soudain aux statues soit par la fuite, soit par le retour des ombres ; elles recevaient la vie de la lumière ; dieux et déesses, hommes et femmes, réalisaient ainsi à nos yeux le miracle de Prométhée, animant sa statue au feu dérobé du ciel. L'invisibilité des lampadophores, dissimulant leur marche derrière les statues, ajoutait encore un prestige véritable à cette brillante illusion de la nature et de l'art. En présence d'une telle réunion d'êtres surnaturels, qui semblaient avoir été choisis parmi les dieux et les hommes, et dont les diverses attitudes commandaient, sous la magie de cette fantasmagorie si poétique, une sorte d'admiration ou de terreur religieuse, nous paraissions être des adeptes de Cérès ou d'Isis, admis, après leurs épreuves, à contempler dans l'Olympe et dans l'Élysée les mystères d'une double immortalité. Le silence rigoureusement observé pendant cette scène étrange et merveilleuse empêchait par lui seul toute comparaison avec la vie humaine ; tandis que le jeu des lumières, subitement placées et déplacées, variait à l'infini les traits et pour ainsi dire les gestes de ces marbres, dont l'immobilité avait disparu. C'était la vie, sans bruit, surprise dans les habitudes de majesté, de dignité, de force, d'intelligence ou de grâce, attribuées aux divinités ou aux hommes du monde ancien.

Ainsi Euripide enfantait une tragédie, Posidippe une œuvre comique, Eschine un discours ; l'amazone Mastée faisait siffler son arc ; Aspasie se voilait à la vue d'Alcibiade, en présence de Socrate ; une Vénus sortait du bain, une autre y entrait ; Adrien semblait sourire à sa femme Sabine représentée en Vénus ; Ganymède jouait avec son aigle ; Apollon Cytharède écoutait les chants de Melpomène ; le vieux Auguste, portant au front le camée de Jules César, donnait des lois au monde ; Adonis souffrait et mourait de la blessure du sanglier ; Méléagre, plus heureux, montrait la dépouille de celui de Calydon ; Néron jeune avait encore toute la noblesse de l'innocence, tandis que la grande âme de Marc-Aurèle n'avait pu embellir ses traits ; Junon, Minerve, Diane, Bacchus, brillaient de tout l'éclat de leur divinité ; Ariane semblait gémir de son abandon ; plus loin vivait un centaure ; un lion dévorait la tête d'un taureau ; Hercule immolait Géryon. Assis sur un siège colossal, l'aigle à ses pieds, le sceptre et la foudre à la main, le maître des dieux paraissait commander le silence qui régnait dans ces vastes enceintes. Mais au milieu de cette vie artificielle des chefs-d'œuvre de l'antiquité, le torse d'Apollonius présentait le spectre hideux de la mutilation et de l'impassibilité, et le grand sarcophage des Scipions, dépouillé de leurs cendres, semblait recevoir de la lumière une nouvelle profanation.

Ainsi, par l'ingénieuse et puissante disposition de la lumière, Canova avait imposé à toutes les statues la pantomime qui leur était propre : en cela il avait fait preuve d'un talent singulier ; et ce fut vraiment une scène bien originale, que celle de cette résurrection du paganisme dans le palais des papes. Les Dieux et les Césars reprirent pendant cette nuit la possession fantastique de Rome, telle qu'était alors celle de Napoléon, dont le destin aussi était accompli !

Il est remarquable que cette magnifique partie de Rome, cette trinacrie de St-Pierre, du Vatican et du fort St-Ange, qui, à elle seule, résume si visiblement la puissance divine et temporelle du pape, par une église, un palais et une citadelle, soit placée hors de l'enceinte de la ville, à laquelle elle ne tient que par un pont antique ! Nous avons dit quels souverains pontifes élevèrent la basilique religieuse et la basilique royale. Le château St-Ange, ainsi que le pont Ælien, date de plus loin que les successeurs de St-Pierre. Ce fort était le mausolée et l'œuvre de ce grand architecte, le césar Adrien, dont nous avons décrit la villa près de Tivoli. Auguste avait bâti le mausolée qui porte encore son nom, pour recevoir à jamais les cendres impériales ; mais Adrien, craignant apparemment que la sienne ne s'y trouvât trop à l'étroit, ou plutôt jaloux d'élever tombeau contre tombeau, construisit le sien avec une magnificence qui en fit l'une des merveilles du monde : gigantesque monument élevé à sa propre immortalité, la base de l'édifice était son sépulcre, le faîte était son temple ! Plusieurs rangées de colonnes, entremêlées de statues, pyramidaient depuis le sol jusqu'au pinacle du temple, alors surmonté de cette énorme pomme de pin que l'on voit dans les jardins du Vatican. Les marbres les plus précieux, choisis par lui dans ses voyages, devaient, par leur impérissable union, consacrer à toujours le dernier qu'il eût fait sur la terre : mais Adrien n'avait prévu ni les barbares, ni Charles-Quint, ni les papes ; et de toutes les grandeurs de la puissance impériale et du génie des arts, il n'y a plus debout qu'une tour immense, dont l'effroyable nudité, gardée par un ange exterminateur, a pu donner à Milton l'idée de sa porte des enfers. Les modernes se sont tous merveilleusement entendus pour détruire ou pour gâter le monument laissé par l'antiquité. De ce tombeau d'Adrien ils ont fait une place forte et une prison ; les mânes de ce césar sont errans parmi les soldats et les galériens du pape. Du mausolée d'Auguste ils ont fait, après l'avoir également dépouillé, un cirque ignoble pour les courses de taureaux. Sur le beau pont Ælien le Bernin s'est avisé de bâtir des colosses d'anges, les ailes étendues, portant chacun un des instrumens de la passion, et livrant aux vents de vastes draperies de marbre flottantes ! Ce bel exemple a été suivi à Paris, où d'énormes grands hommes écrasent le pont de la Concorde ! Quant à Alexandre VI, Borgia, à qui l'on ne peut refuser le droit d'avoir pu trembler souvent pour lui-même, il eut l'idée très-saine de réunir par une galerie couverte de 1,260 pieds de long, et portée sur des arcades à jour, le palais à la citadelle, où il pouvait se réfugier sans être vu. Cette prévision le sauva lors de l'occupation de Rome par notre Charles VIII, qui, hors le pape et son château, emporta tout, même la couronne de l'empire d'Orient, mais ne rapporta pas même en France celle de Naples, qu'il était allé conquérir. Ceci se passait en 1494, où le fort Saint-Ange sauva Alexandre VI. Trois cent vingt ans après, en 1814, le même fort abrita le gouverneur-général des États romains, le général Miollis, de l'invasion contre raison et contre nature d'un autre roi de Naples : il s'y renferma avec un bataillon, des vivres et des provisions de guerre, et sut y conserver l'honneur du drapeau français, jusqu'au traité de Fontainebleau. J'allai prendre ses ordres dans le fort, le 20 janvier de la même année, et en conséquence je partis le lendemain pour Paris, chargé par le général Miollis de dire à l'Empereur, qu'il ne rendrait le château que quand l'ange exterminateur qui le surmonte aurait remis son glaive dans le fourreau. Miollis tint parole, malgré les pressantes instances et les menaces de ce malheureux Murat, qui cette fois perdit son beau-frère en livrant l'Italie à la coalition, comme il le perdit encore l'année suivante, en voulant la conquérir pour lui seul !

La *Mole Adriana* a 576 pieds de circonférence. Elle était le noyau de tout l'édifice : il est facile de juger, en y ajoutant les vastes chambres sépulcrales, converties en cachots souterrains, qui plongent au loin sous ses bastions, combien de soldats et de prisonniers de toutes les classes peuvent y être enfermés, et aussi quelle immense quantité de colonnes et de statues ornait jusqu'au faîte cette prodigieuse construction! Le grand catéchumène Constantin en fut le premier spoliateur. Il transporta hors des murs de Rome, au profit de la basilique qu'il éleva aussi à Saint-Paul, vingt-quatre colonnes corinthiennes, de marbre violet, d'un seul bloc, de 36 pieds de haut sur 11 de tour. Leur éclat merveilleux attirait les regards au milieu de cent trente-deux colonnes également antiques, enlevées également par cet empereur, ou par Valentinien, Théodose et Honorius à d'autres monumens du paganisme. L'incendie du 23 juillet 1823 a détruit cette église, unique dans l'univers, à qui, pendant quinze siècles, elle avait offert le type du premier rit chrétien. Les flammes, plus dévorantes que la canicule, le temps, les césars, les barbares et les papes, ont calciné et brisé en longs éclats ces colonnes superbes, et réduit en fusion une partie de la grande porte de bronze, en embrasant ces cèdres du Liban dont les poutres formaient à la fois et la toiture et le plafond de la basilique. Le réchaud d'un ouvrier occupé à ressouder la couverture en plomb mit le feu aux poutres séculaires qui la soutenaient, et le grand temple fut détruit : et il faut qu'il soit détruit à jamais, plus beau, plus vénérable, plus chrétien encore dans sa nudité, dans sa dévastation, dans sa ruine, que si il était flétri par une mesquine restauration. Voyez-le, comme le vieux anachorète du désert, livré sans toit, sans murailles à l'air méphitique qui ravage la contrée, n'ayant plus d'abri pour lui-même, ni pour ses lévites qu'un débris d'autel, sanctuaire désolé, hérissé, ainsi que les temples de Palmyre, de colonnes isolées, inégales, mutilées et noircies, martyr colossal et sacré devenu le spectre effrayant et immobile de l'horizon romain. Deux colonnes cependant de 42 pieds d'élévation, fendues par le feu dans toute leur longueur, supportent encore le grand arc de la tribune circulaire qui terminait l'édifice au-delà de l'autel, et laissent voir entre elles la mosaïque gigantesque où Jésus-Christ, saint Pierre, saint Paul, et les vingt-quatre vieillards de l'Apocalypse, semblent former un sénat auguste et mystérieux, qui repousse les profanations de l'art moderne et conserve à cette grande arène de l'incendie la majesté d'un Colysée chrétien.

Le Panthéon, plus heureux que Saint-Paul, avait bravé deux incendies, l'un sous Domitien, l'autre sous Trajan; aussi représente-t-il encore aujourd'hui, depuis 1861 ans la Rome des dieux et des césars. Ce n'est point, comme le Colysée, le spectre de la grandeur romaine; il en est resté l'image, tel à peu près qu'à la voix d'Agrippa il s'éleva, pour remercier le maître des dieux de la victoire d'Actium, qui rendit Auguste son beau-père le maître du monde. Rien ne manquait à cette consécration toute romaine. Au fond du temple était la statue de Jupiter vengeur, et à ses côtés celles de Mars et de Vénus, l'un fondateur, les autres protecteurs de Rome; Mars père de Romulus, Vénus mère d'Énée, dont la famille des Jules tirait son origine! Dans le vestibule qui sépare le temple du portique, s'élevaient les colosses d'Auguste et d'Agrippa. Les dieux, les grands hommes, le grand autel de la capitale du monde, ont été remplacés par huit petits autels chrétiens, par une statue de la *Madona del Sasso*, et par deux tombes mutilées du grand Raphaël et d'Annibal Carrache : car les bustes du dieu de la peinture et de son admirateur passionné ont été arrachés du temple chrétien, comme des idoles profanes, par la réaction ecclésiastique de 1814! Il est vrai que Jupiter vengeur venait de disparaître pour la seconde fois. Le pape de 1814 suivit l'exemple du pape de 608, de Boniface IV, à qui l'empereur Phocas donna le Panthéon. Boniface en fit naturellement une église, qui prit le nom de *Santa Maria ad Martyres*, à cause des ossemens des martyrs qu'il y fit transporter, et ainsi disparurent du Panthéon toutes les statues et tous les emblèmes du paganisme. D'autres papes vinrent après, qui complétèrent *la purification* du temple, en faisant arracher les ornemens de bronze et d'argent qui en décoraient la voûte; d'autres enfin substituèrent le plomb aux lames d'airain qui formaient la toiture. Mais le plus barbare de tous, sans contredit, fut Urbain VIII, qui déshonora par deux ignobles clochers la base antérieure de la coupole.

Aussi l'administration française avait arrêté le projet de l'enlèvement de ces deux campaniles, et celui du déblai général et de la forme régulière de la place du Panthéon, ainsi que de l'abaissement du sol jusqu'au premier degré de l'escalier du portique. On aurait pourvu par des travaux hydrostatiques au danger des inondations du Tibre, dont les dépôts, ainsi que les destructions successives de Rome, ont exhaussé de 15 pieds le terrain de la place. Isolé alors de toute construction moderne, le Panthéon n'eût été appuyé, comme jadis, qu'aux thermes légués par son fondateur au peuple romain, avec les superbes jardins qu'arrosait l'*Acqua Vergine*.

Le portique du Panthéon, formé de seize colonnes d'un seul bloc, sur huit de face, qui sont de granit oriental blanc et noir, et hautes d'environ quarante pieds, est large de quarante et un sur cent trois de longueur. Le temple est de forme parfaitement ronde et son diamètre a cent trente-trois pieds comme son élévation ; le pavé, le plus riche qui existe, est de granit et de porphyre. Le temple est sans fenêtres; le haut de sa voûte est percé d'une ouverture de vingt-sept pieds de rayon par laquelle descendait la lumière et montait, avec l'encens, la fumée des sacrifices : la porte de bronze, surmontée d'une grille de fer également antique, est celle qui s'ouvrait pour Agrippa, alors que ce grand homme, après avoir sacrifié aux dieux de Rome dans leur temple, y rendait la justice à ses citoyens. L'intérieur de cette majestueuse rotonde, dont la coupole fut suspendue dans les airs par Michel-Ange à la basilique de Saint-Pierre, est toujours ornée de ses quatorze colonnes corinthiennes de vingt-sept pieds de hauteur. Le Panthéon est le plus beau, le plus parfait, et le seul monument entier qui nous reste de ces grands architectes de Rome et de la Grèce. Il dut nécessairement sa conservation à sa consécration chrétienne, il y a 1227 ans. Aussi je forme le vœu qu'au lieu de cet éléphant portant un petit obélisque égyptien, qui décore si bizarrement la fontaine de la place du Panthéon, on lui substitue, en reconnaissance du bienfait de la donation de ce temple admirable au pape Boniface, la colonne dédiée à l'empereur Phocas, dont, en 1813, j'ai déterminé la fouille et l'exhumation dans le Campo Vaccino. L'inscription placée sur l'architrave du portique consacre la restauration du Panthéon par les césars Septime Sévère et Marc-Aurèle. La colonne consacrerait aussi la mémoire du tyran Phocas, qui une fois dans sa vie agit en bon César.

Au sortir du Panthéon, du sanctuaire de ces terribles dieux qui imposèrent à Rome la conquête du monde, on est naturellement entraîné à aller visiter le mont célèbre où commença cette puissance gigantesque, et l'on court au Capitole. On court, on voudrait courir; mais toutes les cloches de Rome ont appelé dans les églises, dans les rues, dans les palais, dans les boutiques, ses cent cinquante mille habitans. C'est la fête de Noël, la fête de l'enfant Jésus et de tous les enfans de la ville, la fête de la *Befana*, le jour de l'an romain, jour d'étrennes, de visites, de dévotions, de plaisirs, à la fois carnaval et solennité.

Dès le matin, les portiques des palais où ont été construits à grands frais des *presepi*, des crèches, sont ouverts à la curiosité commune. Il y a rivalité entre les maisons princières pour la scène de la Nativité à qui l'emportera du *presepio* Doria ou du *presepio* Colonna. Ces deux grandes familles ne se disputent plus à présent que l'honneur d'élever sous le portique de leurs palais la plus belle étable ! On y voit la brillante représentation de l'adoration des mages, de celle des bergers et de celle des anges, ainsi que la plus naïve expression de la joie du bon Joseph, du bœuf et de l'âne, tandis que la Vierge et l'Enfant se dessinent au milieu de tous ces groupes avec une divinité raphaélesque. Car les sculpteurs en bois qui ont fait les personnages, et les décorateurs qui ont établi la scène, se sont merveilleusement entendus pour représenter les tableaux de la Nativité des grands maîtres. Et voilà ce qu'il y a de vraiment beau, de vraiment original dans les fêtes romaines, c'est cette alliance innée de la religion, des arts et du plaisir. C'est ce qui fait qu'une fête à Rome ne ressemble aucunement à la même fête dans le reste de la chrétienté. Aussi voyez, en regard du *presepio* fastueux du prince romain, la boutique du confiseur du Corso; là est le trône de la *Befana*, du fantôme, de la vieille sorcière, voilée, masquée, et vêtue de noir. Assise ou debout, elle occupe le fond ou l'entrée du magasin, où sont étalés avec profusion des jouets d'enfans, et cette variété de sucreries et de pâtisseries dont Rome seule a le génie. La vieille est drapée d'une manière dramatique ; dans sa main gauche elle tient une lettre qu'elle a reçue des enfans pour avoir leurs étrennes, et dans la droite une gaule, ou même une poignée de verges : c'est le côté moral de la *Befana*, qui récompense ou qui châtie les enfans. Il y a à peu près une *Befana* par famille, et la scène s'y passe toujours dans la cheminée, où la sorcière est assise au milieu de petits paniers, de petits sacs, que les enfans y ont suspendus la veille, et que le lendemain ils trouvent pleins de jouets et de bonbons. La *Befana* forme la seconde rivalité des palais, dont le *Presepio* est la première. Ces deux objets, d'une égale ambition, dans les familles riches et pauvres, dominent exclusivement, pendant la dernière et la première semaine de l'année, toutes les conversations de la ville.

Cependant pour arriver au Capitole il a fallu traverser au milieu de la foule la place à laquelle la colonne Antonine a donné son nom, et cette haie

de palais du *Corso* parmi lesquels un Français distingue celui de l'académie de France, fondée par Louis XIV, ainsi que cette place occupée presque en entier par le palais fortifié de Venise, devenu celui de l'ambassade d'Autriche : et l'on arrive enfin au pied de cet immense escalier qui conduit au couvent d'*Ara Celi*, bâti sur les ruines et avec les matériaux et une partie des colonnes et des marbres du fameux temple de Jupiter-Capitolin, le premier de Rome, le plus beau, le plus sacré du monde romain, élevé par Tarquin le Superbe pour remplir le vœu de Tarquin l'Ancien. L'antique majesté de ce temple inquiéta encore pendant dix siècles celle de la religion du Christ, et elle reçut les respects de Charlemagne. Mais au onzième siècle il avait totalement disparu : les capucins de Saint-François s'établirent sur ses ruines et y remplacèrent singulièrement les pontifes et les triomphateurs. Au lieu de cette pompe religieuse et guerrière qui caractérisait le sacrifice d'actions de grâces où le vainqueur des ennemis de Rome, traînant à sa suite leurs rois enchaînés, immolait devant le triple portique du maître des Dieux cent taureaux blancs comme la neige, chaque année, à Noël, une poésie religieuse et champêtre appelle à l'*Ara Celi*, à l'autel du ciel, la population des campagnes ; là les franciscains, vêtus de leurs robes de bure, présentent à l'avide et périodique adoration du peuple une poupée de cire, qui représente l'enfant Jésus, *il Bambino*.

C'est le jour de l'Épiphanie qui termine la fête des *Presepi*. L'enfant Jésus vient d'être retiré de la crèche, où il a été exposé depuis Noël. Le grand *Presepio*, le *Presepio* populaire, est celui d'*Ara Celi*, dont l'église se convertit à Noël en un vaste théâtre, où la foule se précipite pour adorer *il sagratissimo Bambino*, et pour écouter les petits enfans des deux sexes dressés par les moines à sermoner le peuple. Le début de cette prédication enfantine est toujours celui-ci : *Sta notte, a mezza notte, tra l'asino e il bove, è nato un bel bambino, ben fresco e ben carino, il quale Cristo si chiama*. On peut juger du sermon par l'exorde. Quel qu'il soit, ce sermon est écouté avec dévotion par le peuple, qui croit ces enfans inspirés. De leur côté, les enfans se regardent, le jour de Noël, comme les frères aînés de l'Enfant divin qui vient de naître, et lui offrent les dragées et les joujoux qu'ils ont reçus de la *Befana*. Il y a aussi de l'orgueil attaché à tous ces enfantillages, afin de les rendre plus chers aux habitans ; car ces petits prédicateurs reçoivent le titre non moins bizarre d'*empereurs*, et ils figurent en cette qualité aux processions de la Fête-Dieu. Le Saint-Siège ne néglige rien. Le long escalier de cent trente-quatre marches de marbre, couvert de paysans qui le montent sur leurs genoux, est jonché de fleurs et de rameaux : ainsi que le sujet, la décoration est rustique et gracieuse. Cette scène pastorale, animée d'une superstition si naïve et retentissante des cris d'une population passionnée, rappelle involontairement qu'au même lieu, le peuple naissant et le peuple adulte de Rome adoraient les boucliers tombés du ciel, et frémissaient aux augures des pontifes sacrés. L'esprit religieux est resté le même à Rome : la forme seule a changé.

Le temple de Jupiter occupait le sommet oriental du mont Capitolin. Sur le sommet, vers le Tibre, était l'*arx*, la citadelle. Ses fondations en gros blocs de *peperin* attestent puissamment le génie robuste de Rome naissante. La colline qui les porte est le *monte Caprino*. Entre le temple et la citadelle est un intervalle nommé *Intermontium* par les Romains : ce petit espace fut ouvert comme un asyle par Romulus aux vagabonds, aux brigands dont il fit ses soldats ; de là sans doute l'origine des *condottieri*, dont Romulus fut le premier chef. Haute d'environ cinquante pieds, la roche tarpéienne termine le mont du Capitole ; on arrivait jadis à son sommet fatal par un escalier de cent degrés. Enfouie aux deux tiers et masquée par une foule de constructions, elle est, à présent, sans danger pour les ambitieux, toujours voisine du Capitole.

Du côté du *Forum* la pente du mont, qui n'est plus élevée que de cent trente-huit pieds au-dessus du niveau de la mer, était tellement surchargée d'amoncellemens de terre et de débris de toutes les époques, que la terrasse qui en était formée avait trente pieds au-dessus du sol antique, touchait presque aux chapiteaux des colonnes du temple de Jupiter tonnant, et couvrait tellement le soubassement du Capitole antique, connu sous le nom de *Tabularium*, qu'il était ignoré des habitans depuis une foule de siècles. Nos fouilles de 1811, 1812 et 1813 ont enfin rendu à la lumière cette majestueuse construction, que *Catulus* destina à renfermer les archives de Rome. Tel est, avec la prison *Mamertine*, tout ce qui reste de l'ancien Capitole.

Le Capitole actuel, *Campidoglio*, est tout moderne : il est en grande partie l'œuvre de Paul III Farnèse, et n'est malheureusement pas l'un des chefs-d'œuvre de Michel-Ange ; c'était cependant une belle occasion pour son génie. Un vaste escalier, orné à son entrée de deux grands lions égyptiens de granit noir, conduit au palais du sénateur, qui est en face, et à deux édifices latéraux, entre lesquels se dessine noblement l'admirable statue équestre de Marc-Aurèle. Michel-Ange ne songea pas assez à cet empereur, non plus qu'aux statues colossales de Castor et Pollux tenant leurs chevaux, ni à ces beaux trophées qu'on appelle ceux de Marius ; seulement il releva un peu le palais du sénateur par un double perron, au pied duquel sont couchés les colosses du Nil et du Tibre, et s'élève la statue de Rome triomphante ; tandis que sur la grande tour placée au centre de l'édifice est placée la statue de Rome chrétienne. De là s'étend le panorama le plus historique de l'univers : le mont *Aventin* représente la Rome des rois, le Capitolin celle de la république, le Palatin celle des empereurs, et le Vatican la Rome des papes. Cette tour renferme aussi un trophée tout pontifical : c'est la cloche de Viterbe, la fameuse *Patarina*, qui ne sonne que la mort du pape et l'ouverture du carnaval, deux fêtes également romaines.

Les deux palais latéraux sont celui du *Musée* et celui des Conservateurs : ils renferment les plus précieuses collections de statues et de tableaux ; mais, en y entrant, il faut oublier les salles majestueuses du Vatican. Le musée est divisé en plusieurs chambres, où l'historien remarque cent vingt-deux inscriptions des consuls et des empereurs, le fameux *plan de Rome* du temps de Septime-Sévère sur vingt-six planches de marbre, la célèbre *table iliaque*, qui retrace les principaux faits de la mythologie, vraie table biblique du grand peuple, et la collection précieuse des portraits des césars et des impératrices. Parmi les chefs-d'œuvre du ciseau grec brillent au premier rang la Minerve, la Diane, le Jupiter, Homère, Aspasie, Épicure, Sapho, Thucydide, Cicéron, le Faune, le Gladiateur, Junon, l'Amour et Psyché, Antinoüs, Flore, Vénus, Marcus Brutus.

Sous le portique du palais des Conservateurs on admire avec passion la belle statue de Jules César, le monument le plus précieux pour l'histoire par son authenticité et sa conservation, et par l'image qu'elle représente fidèlement ; c'est dans ce palais que le pape Pie VII a établi le Panthéon des grands hommes de l'Italie, connu sous le nom de *Promocoteca*. Huit salles renferment leurs bustes, parmi lesquels un Français remarque avec reconnaissance les adoptions faites par le sénat, du *Poussin*, de *Dagincourt* et de *Suvée*, ancien directeur de l'école de France : leurs travaux et leurs ouvrages leur ont mérité, après leur mort, l'honneur de cette naturalisation romaine. C'est au milieu de la salle décorée d'une frise par *Daniel de Volterra*, que l'on voit la fameuse louve de bronze qui fut frappée de la foudre au moment de la mort de César. Cet ouvrage étrusque a heureusement traversé les siècles pour nous conserver la médaille de Rome au berceau. Le buste de Michel-Ange, fait par lui-même, respire à la fois le génie de la nature et de l'art ; pourquoi notre musée n'en possède-t-il pas une copie ? Deux belles statues de Virgile et de Cicéron ornent aussi la dernière salle du palais. On voit de bons tableaux dans la chapelle ; mais les plus beaux, sans contredit, sont dans la galerie : il suffit de nommer le Triomphe de Flore du *Poussin*, la Femme adultère du *Titien*, le Saint Sébastien du *Guide*, l'enlèvement d'Europe de *Paul Véronèse*, la Sybille de Cumes du *Dominiquin*, et les deux plus grands ouvrages du *Guerchin*, la Sybille persique et la Sainte Pétronille.

C'est dans le palais des Conservateurs que se tient l'académie des *Arcades*, fondation toute littéraire, où dans les jours de grande solennité, sous l'Empire, tels que la Saint-Napoléon ou la naissance du roi de Rome, étaient récités des discours et des pièces de vers au sein de la plus brillante assemblée, en italien, en latin ou en français. La naissance du roi de Rome y fut célébrée, à l'envi, par tout ce que Rome renfermait de poètes et d'orateurs, et j'en sais quelque chose. Mais les pièces romaines, débitées avec l'accent le plus passionné, respiraient une chaleur, un enthousiasme, une gloire de l'avenir tellement électrique, que toute l'assemblée se soulevait comme une sédition contre le passé : ce fut le plus beau triomphe de Napoléon à Rome, qui l'attendait. Le palais *Quirinal* était préparé ; les marbres, les granits, les porphyres antiques, les tableaux, les statues des écoles de France et de Rome, et tout ce luxe des beaux-arts inné dans leur capitale, avaient embelli la demeure destinée au nouveau Charlemagne. Napoléon à Rome ! Quel tableau pour l'histoire ! A leur grandeur, le césar et la cité se seraient reconnus... ils ne devaient jamais se voir !

J. DE NORVINS.

ROME.

III.

Le Forum. — Campo Vaccino. — L'Ermite du Colisée. — Miracles. — M. Berthault. — Arcs de Septime Sévère de Janus, de Titus, de Constantin. — Temples de la Fortune, de la Concorde, de Jupiter Stator, de Jupiter Tonnant, d'Antonin et Faustine, de la Paix, de Vénus et Rome, de Romulus et Rémus, de Minerva Médica. — Colonne de Phocas. — Monts Palatin, Capitolin, Esquilin, Cælius, Viminal. — Palais des Césars. — Jardins Farnèse. — Villa Milla. — Colisée. — Tour de Néron. — Monastère de Saint-Paul. — Thermes de Titus, de Caracalla, de Dioclétien. — Grand Cirque. — Théâtre de Marcellus.

De quelle profonde humiliation historique n'est-on pas saisi, quand des fenêtres du palais du Sénateur, ébloui soudain par les monumens sublimes que renferme le *Forum*, ce musée gigantesque de l'empire du monde, on voit se réunir des troupeaux au même lieu que les anciens citoyens de Rome, et l'on entend mugir les bœufs de la Sabine à la place même où tonnait la voix de Cicéron ! Les bestiaux sont à l'encan dans l'enceinte où le furent les trônes de l'Asie ! La raison de ce changement incroyable, la voici :

Voyez ce capucin, cet ermite, élevant au-dessus de sa tête un crucifix de bois, et précédé d'un enfant qui agite une clochette. A ce bruit vulgaire, à la vue de ce signe grossier du christianisme, à cette apparition fortuite du mendiant qui le porte, malgré le tumulte et les scènes si vives du grand marché aux bœufs, du *Campo Vaccino*, la foule agitée, criarde, passionnée, pressée, impénétrable pour tout autre, se tait soudain, comme jadis pour entendre un décret du sénat ! Elle ouvre passage à l'enfant et elle suit l'homme silencieux dont le front est chauve, la barbe hérissée, le pied nu, et l'extérieur repoussant ! Où va-t-il cet homme avec ce cortège qui abandonne le marché ? il va prêcher au *Colisée*. Le peuple romain ne suivit pas à son palais avec plus d'ardeur le consul qui, après avoir ordonné la mort de Catilina et de ses complices, vint lui dire au même lieu : Ils ont vécu : *Vixerunt !* Monosyllabe qui sauva la patrie. Mais qu'a donc fait cet ermite, pour entraîner la multitude ? Il a fait un miracle qu'il va refaire encore. Il a sa place au premier étage du Colisée, dans une de ses travées la plus sombre et la plus ruineuse, où lui seul il ose pénétrer. De là il présente à la foule qui couvre le sol de l'enceinte, où s'élève un immense calvaire, ce crucifix noirci à la fumée, et dont le corps se confond avec la croix. Et bientôt aux accens de sa parole stridente et saccadée, de la violente énergie de ses poumons, et des cris menaçans par lesquels il appelle au repentir son auditoire tremblant, le crucifix étend les bras, les agite, lève et baisse la tête, s'anime enfin tout entier, et les cris de *miracle ! miracle !* entrecoupés de profonds gémissemens, remplissent l'amphithéâtre. Toute cette population d'hommes et de femmes de la campagne, parés pour le marché de Rome de leurs plus beaux costumes, s'est précipitée à genoux sur le sol des martyrs, frappant la tête contre la pierre, levant les bras au ciel, criant : « Grâce ! miséricorde ! » et tumultueusement confondue dans le paroxisme varié de la plus violente agitation. Malheur à ceux qui troubleraient ou voudraient apaiser cette scène de démence religieuse ! Le terrible monosyllabe de Cicéron retentirait bientôt au Colisée comme au Forum ! *Ils auraient vécu !* Cependant à quoi tient ce prodige ? à quelques ficelles attachées aux membres disloqués du christ et tirées adroitement par l'ermite. Le peuple connut plus tard la supercherie du mendiant ; mais il en regretta long-temps la découverte. Il s'était habitué au miracle du Colisée, le jour du marché.

Je me rappelle à ce propos un autre miracle encore sous notre administration, et c'était peu de temps après le plagiat du polichinelle par l'ermite. On vint m'avertir que dans une petite chapelle, à gauche dans la rue qui mène à Saint-Pierre, il y avait une espèce de sédition de fanatisme. A la muraille de cette chapelle était suspendue une tête de Madone, grossièrement dessinée aux deux crayons sur un grand papier encadré. Tout-à-coup une femme dit : *La Madone remue les yeux ! La Madone nous regarde !* — C'est bien vrai ! s'écrie-t-on autour d'elle, et le bruit s'en répand au dehors. Alors la foule se précipitant vers cette chapelle, qui ne pouvait la contenir, un grand tumulte avait lieu, quand la garde arriva du fort Saint-Ange et parvint à y pénétrer. Mais c'étaient de nos jeunes conscrits récemment sortis des villages, et les voilà qui s'écrient aussi : *La Madone remue les yeux!* Cette étrange fascination de la crédulité ainsi constatée, le curé de la paroisse fut requis d'aller prendre l'image qui la causait : il dut venir l'enlever avec une sorte de pompe, la transporta à sa maison, suivi de la foule, et le miracle fut oublié.

Dans le même temps où Napoléon se préparait malheureusement à aller punir sur les ruines de la ville sacrée des czars les trahisons et les provocations de la Russie, il songeait aussi à relever les ruines de la ville sacrée des papes. A la tête des descendans de Brennus et de Guiscard, quinze ans plus tôt, en réparation des violences de leurs ancêtres, il avait proclamé la résurrection de la patrie italienne. Rapprochant tout-à-coup dans sa vaste pensée la Rome des papes et la Rome des czars, les arts et la guerre, il envoyait ses généraux ouvrir en Pologne la route de la Russie, et l'architecte de ses jardins tracer à Rome ceux de César.

Berthault arriva, et le lendemain, au lever du jour, du haut du Capitole, je lui livrai l'aspect de la *Vallée des Monumens*. Dès ce moment, ce nom fut donné à cet espace qui, sur une longueur de 700 mètres et une largeur de 600, s'étend du pied du *Tabularium* au *Cirque de Vespasien*. Dès ce moment aussi fut conçu cet admirable projet de plantations larges et pittoresques qui devaient lier au *Colisée* les *arcs de Septime-Sévère*, *de Janus*, *de Titus* et *de Constantin*, en unissant par des faisceaux de verdure les temples d'*Antonin et Faustine*, de *Romulus et Rémus*, de la *Paix*, de *Vénus et Rome*, et plus loin les *Bains de Titus* et le *Temple de Minerve*, tandis qu'en regard de ces monumens, dont plusieurs bordent la voie Sacrée, *le monastère de Saint-Paul*, les débris du *palais de tant de Césars*, les *jardins Farnèse*, *la Tour de Néron*, le grand *Cirque*, les *temples de la Fortune*, *de la Concorde*, et ceux *de Jupiter* qui s'appuient au Capitole, auraient complété aussi par la magie de ces bois devenus sacrés le système d'un grand jardin de l'histoire, encadré dans les pentes du *Capitolin*, du *Palatin*, du *Cœlius*, du *Viminal* et de l'*Esquilin*. Ce jardin, placé, ainsi qu'un sanctuaire des aïeux, entre Rome antique et Rome moderne, eût obtenu les respects et l'admiration du monde! Que de travaux, dont le mérite est si bien reconnu aujourd'hui, préparèrent, pendant les cinq années du régime impérial, cette grande œuvre, qui eût attaché à tout jamais le nom de Napoléon, bienfaiteur de Rome, au nom de la ville éternelle!

Dès l'année 1810, l'administration française avait commencé largement cette vaste entreprise par la démolition de beaucoup de greniers et de constructions ignobles, qui obstruaient les abords de ces monumens, les dérobaient à la vue, et les détérioraient en s'y appuyant. De ce nombre étaient les écuries du Sénateur, implantées sur cette terrasse factice dont l'immense déblai, exécuté en 1811, rendit enfin à la lumière ce majestueux rez-de-chaussée du Capitole qui, sous le nom significatif de *Tabularium*, renfermait ces tables d'airain, archives de Rome et du monde. Indépendamment de cette belle découverte, ces travaux firent apercevoir enfoui sous tant de décombres un petit oratoire chrétien, grossièrement construit en terre, et dont l'autel était encore barbouillé de rouge et de bleu. L'enlèvement de ce monticule de débris, de cendres, d'immondices, haut de 30 pieds, et qui régnait jusqu'au premier étage du palais du Sénateur, dans toute sa longueur, et enterrait jusqu'à leur astragale les colonnes du temple de *Jupiter Tonnant*, nous rendit le sol antique, dont l'existence était suffisamment prouvée par le puits creusé par Pie VII autour et au dedans de l'arc de Septime-Sévère. Les colonnes du temple d'*Antonin et Faustine* et celles de *Jupiter Stator* étaient enterrées bien au-dessus de leurs bases, et l'énorme vasque de granit transportée depuis au pied de l'obélisque de *Monte Cavallo* était si profondément enfouie, que ses bords étaient dégradés par les charrettes qu'on y faisait entrer pour les laver! Les arcs des trois voûtes du *Temple de la Paix*, que l'on nomme à présent la *Basilique de Constantin*, et qui, fermés de murailles, servaient d'étables et de remises aux charrons, étaient engagés sous les débris presque jusqu'à leur naissance. D'informes masures, confusément placées entre l'*église de Santa Francesca Romana* et l'*arc de Titus*, isolaient entièrement le *Forum* de la grande scène du *Colisée*, défiguraient toute la vallée, ne laissant pas même entrevoir ces fameux *Bains de Titus*, dont la révélation seule suffirait pour illustrer notre administration. Le Colisée lui-même, malgré la sublime indépendance de sa construction Babélique, partageait aussi la captivité du *Forum*. Dix à douze pieds de dépôts entassés dans toute l'étendue de son aire, et le coteau abrupt d'une vigne, qui s'appuyait à la muraille extérieure, et enfin le bris incessant de ses voûtes superbes, causé par l'éruption d'une végétation

COLONNE ÉLEVÉE A L'EMPEREUR PHOCAS.

active, appelaient au secours de cet emblème si pittoresque de Rome antique un auxiliaire plus puissant encore que le hardi contre-fort opposé par Pie VII à sa ruine septentrionale.

L'affranchissement de ces monuments de l'Empire romain fut donc toute la pensée de l'administration de l'Empire français. Bientôt Rome étonnée put voir avec quelle magie, à la voix de Napoléon et des ministres de ses volontés, les colonnes et les bases de ces beaux édifices sortaient peu à peu chaque jour de l'immonde sépulcre où elles étaient ensevelies, se dépouillaient insensiblement de leur pesant linceul, en secouaient au loin la poussière, et, rendues enfin tout entières aux embrassemens de l'air et de la lumière, renaissaient à la vie comme après un long sommeil. Veuves cependant de leurs autels, de leurs statues, de leurs voûtes, de leurs portiques, de leurs dieux, ces colonnes isolées et éparses ressemblaient à ces pleureuses antiques qui restaient et veillaient encore sur les cendres refroidies des bûchers funèbres. Mais ces *mânes* des temples, qui avaient reçu les dépouilles et les adorations de l'univers, auraient eu leur Élysée, et sous des voûtes de chênes et de lauriers, arbres sacrés des dieux et des Romains, ils auraient cru assister encore aux destinées de la maîtresse du monde.

Le mont Palatin, qui cacha dans ses bois le berceau de Rome et éleva sur ses portiques le trône des Césars, était le point culminant du vaste jardin, dont le Colisée était la grande fabrique. Ses plantations anciennes et nouvelles, végétant au milieu des ruines de la basilique de tant de Césars et de celles de la *Villa Farnèse*, couvrant aussi de leur mystérieux ombrage les bains souterrains de *Livie*, qui donnent l'idée de la magnificence et de la recherche des maisons impériales, auraient renouvelé, au sein des airs, les jardins de Sémiramis, dominant ceux de la Babylone italienne, ses dômes, ses temples, ses places, ses palais. La *Vigna Palatina* de l'insulaire Mills n'aurait pas moins semé de gazons anglais sur le sommet de la colline, et ajouté par le charme de son élégance étrangère une parure toute nouvelle aux ruines et aux monuments qui dorment ou s'élèvent à ses pieds. Le contraste de la nature *fashionable* et de la délicatesse moderne de son Casin où l'on est reçu par Vénus et par Raphaël, aurait réjoui le voyageur attristé par les débris de tant de grandeurs et de tant de siècles, ainsi qu'on aime à voir les touffes de giroflée s'élancer embaumées des vieux murs de Bélisaire ou des arcs brisés du Colisée. En redescendant au Forum, il eût deviné sous la couche de 12 pieds de terre le sillon ouvert par Romulus au pied du Palatin pour tracer l'enceinte de sa ville. Mais, à ce sujet, il se serait indigné, comme on le fera long-temps à Rome, de ce qu'un vaudeville joué au palais Ruspoli sur le théâtre du millionnaire *Demidoff* ait privé cette cité quêteuse et mendiante de la générosité de cet ami des arts, qui avait offert au pape de faire enlever à ses frais le sol artificiel qui couvre le sol antique du Forum. Le nom de *Saint-Léon*, donné au jeune premier de ce vaudeville, irrita si violemment, comme un double sacrilége, Sa Sainteté Léon XII, que le Mécène moscovite dut aller transporter à Florence, sur une terre plus hospitalière, ses richesses, ses libéralités et ses tréteaux. Ceci s'est passé sous nos yeux. A une autre époque, une aussi stupide persécution eût causé une sédition très-légitime contre ce gouvernement qui enlevait à ses sujets une espèce de patrimoine ; mais on se contenta de dire à Rome qu'il y avait une bien grande distance de temps et de génie entre Léon XII et son homonyme Léon X ! Il aurait été curieux cependant de voir un homme du nord de l'Europe schismatique rendre à Rome catholique le sol des anciens Romains, qui n'avaient jamais entendu parler de la nation à laquelle il appartenait !

Entre le Palatin, le Capitole et la *Voie Sacrée*, s'élèvent, libres et rajeunies, les trois belles colonnes de *Jupiter Tonnant*, à qui Auguste, échappé au tonnerre pendant la guerre d'Espagne, avait fait vœu d'élever un temple, les huit colonnes de celui de la *Fortune*, les trois colonnes corinthiennes du temple de *Jupiter Stator*, transformé récemment par les antiquaires en une *Græcostasis*, où Rome reçut les ambassadeurs grecs de Pyrrhus, et enfin cette colonne de *Phocas*, dédiée à ce tyran par l'exarque Smaragdus. Auprès de ces nobles vestiges, on trouve les restes du temple de la *Concorde* et de cette *Curia Hostilia*, où le sénat s'assemblait, ouvrage du troisième roi de Rome, et la place où le figuier abrita la louve allaitant les fondateurs de Rome. Sans doute il ne pouvait y avoir dans l'univers, pour les citoyens de Rome, de lieu plus saint que le Forum, encadré avec de tels monuments et les monts Palatin et Capitolin, entre le sillon de Romulus et la voie Sacrée ! Celle-ci avait conservé son nom d'un grand fait et d'un grand souvenir, de l'alliance urée entre Romulus et Tatius, dans le chemin qui traversait la forêt.

Depuis ce premier traité, Rome sembla s'attacher à décorer de ses plus beaux monumens cette voie, consacrée à la paix et au triomphe, qui conduisait au Capitole. Le sénat la fit passer sous l'arc triomphal qu'il éleva à Septime-Sévère et à ses fils, vainqueurs des Parthes et de l'Orient. Cet arc était surmonté des statues de ces princes, placées sur un quadrige auprès duquel étaient quatre soldats, deux à pied et deux à cheval. Ainsi que je l'ai déjà dit, le pape Pie VII découvrit sous cet arc le sol de la *via Sacra*, pavée de blocs de lave basaltique, sillonnée par les chars des triomphateurs. Non loin de là, le sénat encore fit élever le beau temple d'*Antonin et Faustine*, consacré depuis à saint Laurent, qui le sauva du pillage du népotisme pontifical, ainsi que sainte Marie sauva le Panthéon. Le peuple romain déploya sa magnificence, et aussi sa galanterie, à l'érection du monument qui devait immortaliser et diviniser sa jeune souveraine, à qui seule il avait été primitivement consacré. Car ce ne fut qu'après la mort d'Antonin, l'un des meilleurs empereurs, que sa reconnaissance voulut y placer aussi le nom de l'époux de Faustine. Dix colonnes d'un seul bloc de *cipolin*, le plus précieux marbre de l'Égypte, où il est aujourd'hui inconnu, hautes de 43 pieds sur 14 de tour, forment le portique. La frise si admirée, qui règne sur les deux parties latérales de la *Cella* ou du sanctuaire, est composée de précieux ornemens de sculpture, tels que des griffons, des candelabres, etc. Vingt-un degrés conduisaient au seuil du portique, et seize pieds de débris et de terre existaient entre la voie Sacrée et les bases des colonnes, quand l'administration française découvrit aussi à la fois le soubassement du temple et le sol de la voie triomphale, où se promenait Horace, *selon sa coutume*. Mais de tous les temples élevés sur la voie Sacrée, le plus saint fut sans doute celui de *Romulus et Rémus*, qui sert aujourd'hui de vestibule à l'*église de Saint-Côme et Saint-Damien*, bâtie au niveau du sol actuel sur une partie de ses constructions. Ce fut dans ce temple si vénérable par sa consécration première, que l'on déterra, au quinzième siècle, ces tables de marbre sur lesquelles était gravé le plan de Rome, et qui sont incrustées dans la muraille de l'escalier du musée Capitolin. Les deux grandes colonnes de cipolin dont la double saillie protège et accompagne la porte de bronze arrachée au temple ont leurs bases sur la *Via Sacra*. Là elles attendent encore leur exhumation totale de la générosité d'un autre Demidoff, qui ne ferait pas jouer le vaudeville dans son palais. Nous aussi nous fûmes obligés de partir, et d'interrompre nos travaux, qui, sans nuire à saint Côme et à saint Damien, allaient rendre à Romulus et à Rémus la majesté de leur temple, le plus antique et le plus juste monument de la piété romaine.

Avec quel enthousiasme mêlé de reconnaissance Rome ne suivait-elle pas les progrès de ces travaux! Le déblai des trois immenses voûtes de briques du *temple de la Paix*, jadis, dit-on, palais de Maxence, et devenu, par sa mort, la *basilique de Constantin*, fut réellement une fête continuelle pour les habitans et pour les voyageurs. Les débris, les masures, les étables qui les encombraient, disparaissaient chaque jour; chaque jour faisait découvrir de nouveaux trésors de sculpture architecturale, chapiteaux, frises mutilées, fragmens énormes des autres voûtes, confondus aux restes d'une église chrétienne. On connut alors que la voûte de sa nef gigantesque était portée sur huit colonnes de 44 pieds sur 19; et enfin quand on fut arrivé au pavé, formé de l'assemblage des marbres les plus précieux, Rome se précipita avec une sorte d'ivresse sous ces arches redevenues si majestueuses, et dont elle n'avait jusqu'alors aperçu que les sommités. Il semblait qu'elle aussi était redevenue la Rome des Césars, tant elle foulait avec orgueil le pavé de ce monument, dont la tête était d'argile et les pieds de marbre! Deux siècles plus tôt, Paul V Borghèse en avait enlevé une colonne, encore restée debout, cannelée, de marbre de Paros, haute de 58 pieds, et l'avait transportée au milieu de la place de Sainte-Marie-Majeure, où plusieurs fois elle a été frappée de la foudre; c'est celle qu'on y admire aujourd'hui. Sur son chapiteau s'élève une statue de la Vierge et de l'enfant Jésus. A sa base coule une belle fontaine livrée aux usages domestiques de la population.

Entre le temple de la Paix et l'arc de Titus, régnaient des constructions considérables, qui constituaient l'unité de l'ancien Forum, mais qui détruisaient celle de la *Vallée des Monumens*, dont le Colisée, situé au-delà, était la superbe limite. En laissant subsister cette enceinte, qui n'offrait de digne de quelque respect que l'église de *Santa Francesca Romana*, il se trouvait que le temple de *Vénus et Rome*, les *thermes de Titus*, le *Colisée*, l'*arc de Constantin* et le monastère de *Saint-Paul*, restaient en dehors du grand musée de l'histoire romaine, et que l'*arc de Titus*, auquel étaient appuyés de vils greniers qui le dégradaient, n'était plus que la porte du Campo Vaccino. Ce monument avait bien le droit cependant de briller isolé, comme l'un des plus beaux ouvrages de l'architecture et de la sculpture antique, et de prétendre à reparaître noblement au jour au-dessus de la *Via Sacra*, ainsi que l'arc de Septime. Aussi nous ne balançâmes point à laisser à Rome un résultat digne d'elle et de Napoléon. Les greniers disparurent, ainsi que le monastère de Santa Francesca. L'église seule, par une exception réclamée plutôt par la religion que par les arts, resta debout au milieu de la démolition indispensable de ces bâtimens, dont l'aspect et l'étendue gâtaient et brisaient d'une manière barbare l'horizon des deux vallées. Bientôt le sol s'abaissa au soubassement du temple de Vénus et Rome. Cet édifice, presque totalement détruit, est formé de deux *cella* adossées : l'une, celle de Vénus, regardait le Colisée; l'autre, celle de Rome, regardait le Forum. Il étala enfin sur le double versant des vallées Capitoline et Esquiline le double aspect de sa ruineuse et élégante dégradation; car de ces deux Cella, il ne reste qu'un seul côté, où l'on distingue encore une suite de niches rondes et carrées, dont chacune, protégée par une voûte ornée de stucs dorés, était entourée d'une colonnade. Ce magnifique temple à double face avait nécessairement deux portiques; le sol est couvert des débris de leurs colonnes colossales, et aussi de précieux restes de la *Maison dorée de Néron*. Le temple de Vénus et Rome était l'œuvre chérie du césar architecte Adrien, qui n'a pas fait connaître sa pensée sur sa construction bizarre; aussi son architecte Apollodore lui trouva deux défauts, mais cette critique lui coûta la vie. Adrien se vengea en tyran, non en césar, et sa mémoire est restée souillée de cette barbarie.

L'arc de Titus, postérieur au Colisée, lui appartient par sa consécration; il fut élevé par Trajan à Titus, conquérant de Jérusalem, où ce bon prince fit égorger et vendre plus d'un million de Juifs. Cet arc si élégant n'a qu'une seule arcade. Il est riche par la beauté de ses bas-reliefs, dont un entre autres laisse aucun doute sur son objet; car vis-à-vis de celui où Titus est représenté sur un quadrige, entouré de ses licteurs et suivi de son armée, un autre représente la suite de sa marche triomphale, où sont portées les dépouilles du temple de Jérusalem, le candelabre d'or à sept branches, la table d'or, la caisse qui renfermait les livres sacrés, etc. Aussi les juifs de Rome, encore à présent, évitent de passer sous cet arc, qui leur présente le souvenir de la destruction de leur patrie et de leur temple, et d'une servitude dont ils ne furent affranchis réellement que sous Napoléon. En élevant cet arc de triomphe, Trajan compléta l'œuvre de Titus; car on ne peut arriver du Forum au Colisée par une porte qui y conduise plus naturellement, puisqu'elle annonce le théâtre qui, après la destruction de Jérusalem et de son temple, était le plus grand témoignage de la victoire de son prédécesseur. Mais la réaction de 1815 se fit sentir à Rome aussi contre les arts eux-mêmes, ainsi que déjà j'ai eu l'occasion de le dire. Ce bel arc de Titus, doublement isolé qu'il était depuis notre départ, fut impitoyablement abandonné à la discipline séculière d'un architecte romain, qui lui infligea le châtiment d'une restauration complète; ce mot restauration n'est pas heureux, même en matière d'arts. Inspiré sans doute par ceux qui s'appliquaient à refaire l'ancien temps, cet homme a osé refaire l'antique. Au lieu d'éperonner l'arc, ainsi que Pie VII l'avait fait pour le Colisée, le restaurateur a fait disparaître les vieux blocs mutilés et colorés par le temps et les a remplacés par des pierres toutes fraîches et proprement taillées. Celui qui voulait que l'on badigeonnât *cette vieille masure du Colisée*, et cet autre qui nous reprochait de ne pas le rebâtir en entier, étaient sans doute moins barbares que l'architecte de la réaction pontificale. Aussi l'arc existant n'est plus qu'une froide copie de l'ancien. Quant aux belles et grandes ruines de Saint-Paul hors les murs, si l'on persiste encore à vouloir y toucher, elles auront le sort de l'arc triomphal de Titus, qui extérieurement ressemble à une porte bourgeoise bien bâtie. Il y avait long-temps qu'il était dépouillé de son revêtement de marbre pentélique, quand l'architecte du pape s'avisa de lui enlever aussi le travertin qui était dessous, et le réduisit, pendant son opération, à l'état de squelette. Ce fut le supplice de Marsyas appliqué à un monument.

Entre le Palatin et le Colisée s'élève, du fond d'une petite cour de dix pieds de profondeur, l'*arc dit de Constantin* : celui-ci avait subi un bien plus cruel outrage que son voisin du Forum. Consacré à l'immortel Trajan, qui avait élevé celui de Titus, il fut mutilé et torturé dans plusieurs de ses parties, pour qu'elles pussent s'adapter à sa nouvelle consécration. C'est le crime de faux en matière de monumens, espèce de parricide que la loi romaine n'avait également pas prévu. L'inscription porte qu'il est dédié à Constantin, vainqueur de Maxence, tandis que ses grands bas-reliefs et ses médaillons, que caractérise une rare beauté d'exécution, représentent des actions, des guerres et des chasses de l'empereur Trajan; et en regard de ces chefs-d'œuvre de sculpture, d'autres bas-reliefs, consacrés aux victoires de Constantin, signalent et la décadence de l'art et celle de l'empire romain. Ainsi cet arc de triomphe présente la lutte de deux siècles et de deux Césars, dont l'un affermit par sa gloire et ses vertus la domination romaine, tandis que l'autre la déshonora par ses crimes, et qu'apostat de la grandeur de Rome, il eut la honte de lui préférer Byzance. Il ne faut pas être un grand archéologue pour reconnaître les parties de ce beau monument qui appartiennent au siècle de Trajan, et celles que l'usurpateur y ajouta, afin que sa bassesse fût à jamais constatée. Du nombre des premières sont les huit colonnes corinthiennes de jaune antique qui ornent les deux façades, et les huit statues des rois barbares prisonniers, en marbre violet, ainsi que les bas-reliefs de l'attique et leurs huit médaillons, qui surmontent les portes latérales. Sans doute l'action de Constantin venant s'enter sur Trajan est d'une audace à la fois impie et ridicule; mais greffer le passé sur l'avenir est un tour de force qui ne pouvait appartenir qu'à l'âge actuel. Qui jamais pourra expliquer la pensée de remplacer sur l'étoile de la Légion-d'Honneur l'image de Napoléon, son fondateur, par celle de Henri IV, dont la loyauté suffisait pour repousser une pareille usurpation? Napoléon, qui faisait beaucoup d'invalides, avait peut-être bien aussi le droit de placer son nom sur leur hôtel, à côté de celui de Louis XIV; mais le grand homme respecta l'œuvre du grand roi.

Sur le bord de la route de Rome à Naples, qui tourne autour de la partie septentrionale du Colisée, s'appuient les pentes douces de la colline qu'habitèrent Mécène, Horace, Juvénal, Virgile et Properce. Délicieux et salubre séjour qu'envahit cette fabuleuse *Maison dorée de Néron*, qui s'étendait de la cime du Palatin à celle de l'Esquilin, sur lequel Titus éleva depuis son palais et ses thermes. Rien dans l'Europe ancienne et moderne ne donne l'idée de ce qu'étaient les palais, les thermes, les jardins des césars ou des riches patriciens. Le gigantesque de telles constructions est suffisamment démontré pour les palais, par les ruines du Palatin et par cette Maison de Néron, dont l'emplacement du Colisée était une faible partie; pour les thermes, par ceux de Caracalla, qui étaient ornés de mille six cents sièges de marbre, et où, comme dans ceux de Dioclétien, pouvaient se baigner ensemble plus de trois mille personnes; pour les jardins enfin, par ceux d'Agrippa, de Néron et de l'historien Salluste. D'ailleurs les tombeaux d'Auguste, d'Adrien, de Cécilia Métella, de la famille Plautia, convertis par les modernes en forteresses, prouvent aussi, par les monumens à qui ces puissans Romains confiaient leurs cendres, quelles devaient être les proportions de leurs demeures. Réunis sur le mont Esquilin, le palais et les thermes de Titus occupent une grande place dans ces vastes établissemens. On sait que les thermes renfermaient des jardins, des galeries couvertes, des bibliothèques, des salles de réunion, des gymnastiques, indépendamment de leur destination spéciale, et qu'ils étaient ouverts à tous les exercices du corps et de l'esprit. Les Romains partageaient le superflu de leur temps entre les thermes et la causerie des portiques. La vie presque entière, comme chez les Grecs, se passait en commun; les mœurs et le climat le voulaient ainsi. Aussi les thermes et les portiques ont-ils laissé plus de traces, plus de vestiges dans Rome, que les palais et même les temples. Quant aux palais des Césars, le mont Palatin n'a conservé, avec les bains de Livie, que deux ou trois salles souterraines de celui d'Auguste. L'Esquilin en a conservé davantage du palais de Titus, découvertes par notre administration. Ce fut dans l'une d'elles, anciennement fouillée, que, sous Jules II, fut trouvé le chef-d'œuvre de la statuaire grecque, le groupe du Laocoon. La dimension de ces salles était vaste, leurs murs épais; une seule fenêtre les éclairait. Une partie, d'un usage probablement plus réservé, n'avait de jour que sur des galeries intérieures. Ces appartemens, peu éclairés, pouvaient défier les chaleurs de l'été. Les *sept salles* étaient un immense réservoir d'eau sans cesse renouvelée par les aqueducs qui couvrent encore une partie de la campagne de Rome, et par ses mille fontaines. Cet édifice, ainsi nommé à cause de sa destination, avait deux étages, dont le supérieur, exploré par nous, était divisé en neuf corridors d'une grande élévation

ROME

Dans ces galeries internes, dénuées de toute espèce de jour, et ne servant que de communication, furent pour la seconde fois rendues à la curiosité publique, qui les salua comme une découverte, ces fresques délicieuses de composition et de fraîcheur, ces stucs d'une dorure éclatante, ces arabesques gracieux et délicats que le grand Raphael avait vus. Ces peintures, conservées presque intactes sous la protection des décombres qui couvraient et remplissaient l'édifice, décoraient les murs et les voûtes de ces galeries ; et ce fut avec l'aide de plusieurs roseaux attachés les uns au bout des autres, et armés de bougies à leur extrémité, que l'on connut quels trésors de l'élégance romaine et de luxe impérial devaient avoir été réunis dans ce palais, puisque de telles peintures en décoraient les plus obscures communications. Raphael les avait imitées en homme de génie, comme Racine et Corneille, comme Horace et Virgile avaient imité les Grecs ; il leur avait donné une création nouvelle aux loges du Vatican. Mais Rome antique avait eu aussi son Raphael !

C'est du haut des thermes de Titus qu'il faut voir le Colisée, debout sur ses propres ruines, présentant intacts ses quatre étages d'architecture couronnant la triple voûte de ses galeries ; athlète géant, demeuré victorieux, quoique mutilé, de la lutte du temps, des hommes et des élémens, témoin immortel et sublime de Rome et du Christ. Du côté du nord qui regarde l'Esquilin, l'amphithéâtre de Vespasien a toute sa hauteur, 157 pieds ; sa circonférence extérieure est d'environ 1650 pieds ; celle intérieure, ou l'arène, est longue de 285 pieds sur 182 de large. Vespasien, vainqueur des Juifs, bâtit ce colosse avec douze mille Juifs captifs. Il fut réservé à Titus, qui extermina la nation, de le terminer ; il en fit la dédicace au peuple romain par des jeux solennels. Titus fit paraître dans l'amphithéâtre cinq mille lions, tigres et éléphans, à qui il livra trois mille gladiateurs, qui mêlèrent joyeusement leur sang à celui des monstres de l'Afrique, pour réjouir César et son peuple. Cette boucherie dura cent jours ! Dioclétien offrit également aux bêtes féroces d'autres gladiateurs, et le sang des chrétiens coula à grands flots dans le Colisée. Aussi, comme Titus, chaque jour de massacre, cet empereur y était applaudi par cent vingt mille spectateurs, parmi lesquels étaient les vestales ! Les jeux du cirque devaient être bien froids pour les maîtres du monde, après de tels spectacles ! Totila vint en 526 ; mais le barbare se contenta de détruire une partie de l'amphithéâtre : ce qui amusa beaucoup moins les Romains. Ses soldats arrachèrent les crampons de bronze qui attachaient entre eux les blocs de travertin. Depuis Totila, le Colisée devint une forteresse et une carrière. Les Frangipani et le Annibaldi s'en emparèrent tour à tour sous ces guerres d'extermination des grandes familles de Rome, où l'une se fortifiait dans le tombeau d'Auguste, l'autre dans celui d'Adrien ou de Cécilia Métella : époque d'une double barbarie, qui, en 1377, avait réduit les habitans à treize mille, et consommé la ruine et le pillage des plus beaux monumens ; vrai siècle de fer où il n'y eut de grand que la violence et le malheur ! Dans le seizième siècle, je crois, les Farnèse et les Barberini, neveux de papes, achevèrent, pour bâtir leurs palais, la destruction de la partie méridionale de l'édifice, qui, pendant mille ans, fut livré à la dévastation. Sixte-Quint, qui se ressouvenait parfois de son origine malgré son despotisme, avait conçu l'ignoble pensée et arrêté le projet de travestir le Colisée en bazar industriel. Combien ce pontife serait heureux de voir Paris en 1835 ! Il voulait placer des filatures dans les galeries et des boutiques sous les arcades ; ce pape avait, dans son génie fiscal, devancé notre âge boutiquier et spéculateur. Il mourut heureusement avant d'avoir pu accomplir cette étrange profanation. Enfin Clément X, et sa suite Benoît XIV, fondèrent autour du *podium* du Colisée quatorze petites chapelles ou stations de la Passion, au milieu desquelles, au centre de l'arène, s'élève un très-vilain calvaire ; plus, dans un coin de la ruine orientale, une chapelle où la messe se dit chaque jour. Ces mesquines fondations suffirent toutefois pour consacrer le Colisée et en protéger les ruines contre la cupidité des grands. C'est à côté de cette chapelle qu'une petite porte conduit à l'escalier qu'en l'honneur de Charles IV, *retiré* à Rome avec une partie de sa famille, nous fîmes construire, afin de procurer à ce prince, à cette ruine espagnole, le plaisir de parcourir les quatre étages de la ruine romaine.

Pie VII, à qui l'on doit le *braccio nuovo* du musée du Vatican, et les puits qui ont isolé et rendu à leurs proportions les arcs de Septime et de Constantin, a laissé un monument plus important de sa sollicitude éclairée pour les arts dans l'immense éperon en briques qui soutient, depuis la base jusqu'au faîte, l'arc septentrional du

Colisée. Sans cet énorme travail l'on peut croire que le reste si élevé et sans appui de l'amphithéâtre de Vespasien n'eût pas résisté au tremblement de terre de 1811, qui fit tomber plusieurs pierres de ses voûtes et qui fit coucher sur les places publiques toutes les princesses romaines. L'administration française se montra jalouse de continuer l'ouvrage du pape sur de plus larges proportions. On a vu les dimensions intérieures et extérieures du monument, sa triple galerie dans ses quatre étages, et l'on pourra concevoir par quelle suite et quel effort d'un travail constant on parvint à enlever toutes les terres qui du côté du nord pesaient sur l'étage inférieur, dont il couvrait totalement les soubassemens. Un mur fut élevé, qui à droite laissa l'édifice libre sur ses bases et soutint à gauche le poids de la route de Naples, plus élevée que ses fondations ; l'opération du déblai intérieur fut non moins merveilleuse que celle du temple de la Paix. Les dalles du pavé furent à découvert, et les portiques et les galeries grandirent tout-à-coup de tout ce qui, pour ainsi dire, en arrêtait la croissance. Ainsi, après quinze siècles peut-être, l'air rentra dans son antique domaine, et les pas et les voix des hommes retentirent sous ces voûtes, sur ces pavés, étonnés soudain de leurs échos après un silence de tant d'âges. Il résulta en outre, du déblai intérieur, la découverte des degrés de marbre blanc sur lesquels étaient placés les siéges des césars et de leur cour. On était alors arrivé au-dessous du sol sur lequel s'élèvent les petites chapelles de la Passion. Il fallait cependant donner à l'Europe et à l'Italie une satisfaction plus complète, en les rassurant sur l'inévitable danger qui eût menacé la famille et la cour impériales, si les combats des lions avec les gladiateurs avaient eu lieu sur un sol au niveau des places qu'elles occupaient autour du *podium*. Une autre difficulté plus forte encore venait des *Naumachies*, qui aussi se donnaient au Colisée. Dans le premier cas, la cour des Césars courait le risque d'être dévorée, et dans le second, d'être noyée ou constamment inondée, et il fallait de toute manière retrouver le bassin creusé pour les combats des animaux et pour ceux des galères. Le théâtre de ces deux spectacles si différens et si habituels était donc nécessairement enfoui sous le sol que je foulais avec MM. les architectes de Rome, à qui je soumettais ces observations. Leur embarras était extrême ; car, depuis notre arrivée, leur parti était pris de penser et de dire que sans doute nous n'étions pas venus à Rome pour leur faire connaître ses antiquités. Aussi je ne puis me rappeler sans en rire encore l'air de mépris concentré avec lequel ils accueillirent l'opinion où j'étais, que probablement il existait sous nos pieds des constructions scéniques, des conduits d'eau, des cabanons pour les victimes, des loges pour les bêtes féroces, à une profondeur qui pourrait équivaloir à la moitié de la hauteur des galeries élevées au-dessus de nos têtes. « Enfin, messieurs, ajoutai-je en les quittant, depuis tant de siècles et tant de papes, vos « devanciers et vous vous n'avez pas tenté, avec « le secours de deux manœuvres armés de pioches, « d'avoir raison de la colonne isolée du *Forum* ; « vous le saurez dans deux jours, et bientôt après « les tombereaux descendront attelés sous ce sol « mystérieux. » Deux jours après fut déterrée la colonne votée à l'empereur Phocas, et Rome la rieuse demandait aux savans ce qu'allaient devenir les temples et les palais à qui, selon eux, cette colonne avait dû appartenir. Enfin on creusa le sol de l'arène, sans toucher aux chapelles ni au calvaire, et des tombereaux y descendirent à une profondeur de cinquante pieds pour le transport des terres. L'on trouva tout d'abord des cloisons de maçonnerie en forme de coulisses, qui parurent destinées au jeu des décorations, des conduits pour les eaux et des espèces de geôles avec des anneaux de fer pour les animaux. Le temps manqua à la continuation de cette grande recherche archéologique ; mais il fut reconnu de plus que les constructions du monastère de Saint-Paul, placé sur le mont Cœlius, du côté méridional du Colisée, étaient bâties de la même pierre et du même style que celles de cet amphithéâtre, avec lequel communiquaient ses souterrains, qui servaient probablement de ménagerie, de prison et de lieu d'attente aux animaux, aux condamnés esclaves ou chrétiens, et à ces gladiateurs à qui le peuple de Rome ne permettait pas de mourir sans grâce et envoyait la mort en ployant le pouce de la main droite!

Au loin, au milieu des jardins, qui furent peut-être ceux de Licinius, et qui devaient continuer la perspective de *la Vallée des Monumens* au-delà du Colisée, apparait comme sa dernière fabrique, une belle ruine décagone, dont la voûte est tombée en 1828. Une riante et vigoureuse végétation s'élance de ses arceaux qu'elle a brisés, couronne le vide laissé par la chute de sa voûte et suspend à ses fenêtres inégales ses guirlandes fleuries. Sous Jules II, on y trouva les statues d'Esculape, de Vénus, d'Adonis, de Pomone, d'Antinoüs et d'Hercule. Ce monument singulier était, sans doute, l'un de ces Panthéons domestiques, où les familles honoraient leurs divinités favorites. Il a reçu récemment le nom de *temple de Minerva Medica*, de la belle statue de Minerve, avec un serpent, qui y fut trouvée par M. Lucien Bonaparte, et qui de son musée a passé dans celui du Vatican. La bizarre construction de cet édifice à dix angles contraste de la manière la plus pittoresque avec la majesté grandiose du Colisée, dont elle ferme l'horizon oriental.

Non loin de ce temple, la *Porte Majeure*, monument hydraulique du césar Claude, étale le luxe régulier de ses cinq arcades, sur lesquelles passaient comme en triomphe les eaux de deux aqueducs, dont l'un avait 45 milles de long et l'autre 60. Leurs vastes débris sillonnent encore la campagne de Rome.

Tout ce qui est dans l'aire du Colysée et du Forum est grand et monumental pour l'histoire de Rome. Entre le Palatin et l'Aventin s'étend cette vallée *Murcia*, si fameuse par l'enlèvement des Sabines. Tarquin voulut sans doute consacrer la mémoire de cette fête de Romulus, en bâtissant au même lieu le *Grand Cirque*, où, sous Trajan, 400,000 spectateurs assistaient aux jeux publics. Deux étages de portiques régnaient autour de l'arène parcourue par les chars, et au-dessous s'étendaient plusieurs rangées de gradins : de sorte que ces 400,000 spectateurs étaient tous assis et la moitié à l'abri des rayons du soleil ! Ces jeux étaient inoffensifs, sauf les accidens de la chute des chars et des cochers, en tournant autour des obélisques égyptiens placés sur la *Spina*. Mais ils allaient se reposer de l'innocence de ce spectacle, en courant soit au Colisée, soit à l'*amphithéâtre Castrense*, où les soldats se battaient contre les animaux féroces.

A l'extrémité de cette ligne du *Circus maximus* qui borne le *Forum boarium* (le marché aux bœufs) du côté du midi, paraît, comme l'une des portes de cette vaste enceinte, l'*arc de Janus Quadrifrons*, portique carré à quatre faces, élevé par Septime-Sévère pour les marchands du *Velabrum*, depuis converti aussi en citadelle, ainsi que le *théâtre de Marcellus*, qui l'avoisine, et dont l'énorme déblai, exécuté par nos soins, lui rendit son antique majesté. Cet arc était enterré à plus des deux tiers. Le théâtre de Marcellus, ancienne forteresse des Pierleoni et des Savelli, et qui sous les Romains contenait près de 30,000 spectateurs, réclamait aussi les regards de notre administration. Mais la famille Massimi avait élevé son palais sur ses ruines, dont la restauration était réservée au comte Orsini, son propriétaire actuel. Dix ans après la mort du divin Marcellus, à qui revenait le sceptre du monde, et qui était pour les Romains ce qu'a été pour nous le grand dauphin, Auguste, qui lui ressembla si peu, malgré la prophétie de Virgile, fit la dédicace de ce théâtre, en offrant à ses Romains le carnage de 600 bêtes féroces. C'était un singulier hommage à rendre aux vertus du jeune prince qu'ils pleuraient, mais c'en était un très-naturel à la barbarie innée des citoyens de Rome. Deux rangées d'arcades légères et élégantes dessinent circulairement la forme de ce bel édifice et servent de type à la science de nos architectes plutôt que de modèle à leurs ouvrages.

La tour de Néron, d'où il contempla avec joie l'incendie de Rome, allumé par ses ordres, plane encore comme une menace du passé sur la grande scène du Capitole, du Forum et du Colysée. Le monstre qui éclaira les orgies de ses jardins, en transformant en flambeaux humains des chrétiens enduits de poix résine, devait former et exécuter le vœu de détruire aussi par le feu la ville qui avait vu et avait souffert un tel spectacle.

IV.

Saint-Jean-de-Latran. — Obélisque. — Palais. — Baptistère de Constantin. — Scala Santa. — Santa-Croce in Gerusalemme. — Hôpital des femmes. — Porte Saint-Jean. — Sainte-Marie-Majeure. — Miracles. — Pyramide de Cestius. — Cimetière des protestans. — Testaccio. — Saltarello. — Place Navone. — Promenade aquatique. — Pasquino et Marforio.

En arrivant sur la place de la fameuse *basilique de Saint-Jean-de-Latran*, on y est reçu par le plus grand de tous les obélisques qui soit jamais sorti des carrières de l'Égypte. Ce monument prodigieux avait été élevé par ce Pharaon à la pensée colossale, qui avait creusé le lac Mœris devenu son homonyme. Le farouche Cambyse, espèce de Mahomet persan, n'avait respecté ni les rois ni les dieux de l'Égypte, et avait étendu la rage de sa proscription barbare sur les palais, sur les temples, et même aussi sur tous les obélisques; mais frappé de la beauté du grand monolithe de Thèbes aux cent portes, il fut désarmé, lui fit grâce, et le laissa seul debout régner sur les ruines de cette reine des cités. Constantin, autre prosélyte, qui n'avait pas détruit de fond en comble la ville de Thèbes, ne se crut pas obligé de lui laisser le seul monument qui lui restât : en conséquence, tout dédié que cet obélisque avait été par Moeris au Soleil de Thèbes, il le consacra au Soleil de Rome, et le fit placer merveilleusement au centre de ce *Circus maximus*, où quatre cent mille spectateurs étaient assis à l'ombre. Ammien Marcellin, qui l'avait vu, dit que la croix qui le surmontait était à 143 pieds de terre. Après Constantin, il vint à Rome des Barbares, dont la force et la rage surhumaines renversèrent l'obélisque géant et le brisèrent en trois morceaux. Ces restes demeurèrent profondément ensevelis dans la poussière du grand cirque détruit par eux, jusqu'à leur exhumation par Sixte-Quint. Ce souverain, plus pape encore cette fois que césar, au lieu de le relever sur la place même où il avait été abattu, le fit transporter et réédifier par Fontana devant la basilique de Constantin, qui l'avait enlevé à Thèbes. L'église de Saint-Jean avait été bâtie par cet empereur, en 324, dans son propre palais. Cet obélisque est de granit rouge et orné d'hiéroglyphes de la plus parfaite sculpture ; il renferme sans doute sur ses quatre côtés, dans leur hauteur démesurée, des révélations bien importantes sur l'histoire de la mystérieuse Égypte. Mais l'interprète des Pharaons n'est plus, et nous attendrons sans doute l'explication des hiéroglyphes de l'obélisque de Latran aussi long-temps que celle du papyrus de Sésostris, où le savant et à jamais regrettable Champollion avait reconnu, à son passage à Aix, en 1826, l'histoire des conquêtes de ce roi, qui par ce seul mot a cessé tout-à-coup d'être fabuleux.

Les trois grandes églises de Rome, Saint-Pierre, Saint-Jean-de-Latran et Sainte-Marie-Majeure, sont réellement des basiliques, des palais du roi des rois, plutôt que les sanctuaires du Christ. Autant le génie des beaux-arts a gagné à la profusion de richesses dont ces grands édifices sont les brillans musées, autant le génie de l'art religieux, qui imprime son caractère sur la moindre église de village, a été, dans ces chefs-d'œuvre de tant d'industries, entraîné hors de sa sphère et de sa mission surtout artistique. Voyez comment Raphaël, qui avait les confidences du ciel chrétien, représente Jésus, Marie, saint Jean et saint Pierre ; on les reconnaît à la première vue. Aussi l'on croit à ses tableaux comme aux vérités évangéliques, et l'on accepte comme des visions reçues du ciel ces gloires lumineuses et poétiques dont il enrichit ses ouvrages. Tandis que si, par un miracle assurément fort désirable, saint Pierre et saint Paul ressuscitaient tout à coup dans Rome, ni l'un ni l'autre de ces apôtres ne voudrait entrer dans ces superbes maisons de Dieu, qu'ils prendraient pour des palais des rois d'Assyrie. Et chaque jour, quel contraste entre les lambris dorés, les marbres, les somptuosités qu'elles étalent, et le costume du pâtre ou du franciscain qui ose s'y agenouiller ! Que devient aussi la prière de ces hommes pauvres et simples, dont les yeux sont fascinés par tant de beautés ? La dévotion dans ces basiliques est tout au plus une pieuse curiosité.

Aussi ces brillans théâtres du catholicisme ne trouvent leur harmonie avec les fidèles que dans ces solennités où les évêques parés des dalmatiques de l'Asie, ou les princes de la pourpre romaine, ou le souverain pontife, porté sur les épaules des esclaves de la mitre, et entouré d'une pompe orientale, viennent, parmi des flots d'encens et des chœurs de musique, ajouter leur éclat mobile à l'immobile splendeur de ces temples. Saint-Jean-de-Latran, par exemple, a toute sa beauté légitime le jour où le pape, en sa qualité d'évêque de Rome, vient y prendre le *possesso* de sa métropole. La religion gagnerait à ce que ces basiliques ne fussent ouvertes qu'à certains jours seulement. Ce n'est certainement pas la piété qui y amène une foule d'étrangers et d'artistes de toutes les parties de l'Europe. Elles sont belles, elles ne sont pas saintes tous les jours comme l'église de la paroisse, où l'on ne vient que pour prier, où l'on ne voit rien que le dieu invisible. Le polythéisme avait aussi commencé par des fêtes et des adorations champêtres, et sa crêche, comme la nôtre, a fini par un temple où son Jupiter était d'or massif, et nous savons très-bien, par les confessions des Grecs et des Romains, où ils en étaient de leur piété envers des dieux si bien logés, long-temps avant que le christianisme ne vint les détrôner. Leur dévotion était devenue, ainsi que la nôtre, bien plus aux fêtes éclatantes qu'au principe religieux qui les avait instituées simples et modestes comme lui : la religion théâtrale des anciens ne fut que le luxe de la décadence de leur religion primitive. Ces réflexions vous assiègent quand vous entrez dans ces royales

églises, où votre piété vous paraît tout d'abord trop mesquine, comme si l'on ne devait y prier que vêtu de robes de pourpre et d'or. Amenez un chrétien de l'Islande sur la place de Saint-Pierre le jour de la bénédiction du pape, au bruit de l'artillerie du fort Saint-Ange, s'il n'y tombe pas mort de saisissement, il se relèvera idolâtre.

Les papes résidèrent dans le palais de Latran pendant mille trente-six ans, depuis sa fondation par Constantin, qui leur abandonna cette basilique. Brûlée en 1368, elle fut successivement rétablie et embellie jusqu'en 1730, c'est-à-dire pendant plus de quatre siècles, par dix souverains pontifes, amis des arts, dont le dernier fut un Corsini, Clément XII, qui éleva l'imposante et majestueuse façade. La porte du milieu est antique; elle est de bronze, d'un travail admirable, et l'unique modèle de celles que les anciens nommaient *quadrifores*. Alexandre VI l'enleva à l'église Saint-Adrien, qui l'avait enlevée à la basilique Émilienne située près du Forum. C'est au-dessus de cette porte qu'est élevé le balcon d'où le pape donne sa bénédiction solennelle *Urbi et Orbi*, deux mots qui résument la puissance de la foi et de la charité chrétiennes. Le temple est divisé en cinq nefs, que séparent quatre files d'énormes pilastres cannelés, où sont encadrées, dans des niches ornées de colonnes de vert antique, les statues colossales et vulgaires des douze Apôtres. Jupiter Capitolin a fourni au bel autel du Sacrement, placé sous la croisée, quatre magnifiques colonnes de bronze doré et cannelées, qu'Auguste fit couler avec le bronze des proues égyptiennes. L'orgue est superbe et repose sur deux colonnes de jaune antique, les plus grandes connues. Au maître-autel, la décoration est d'un tout autre style : son tabernacle est gothique et renferme dans son riche reliquaire les chefs de saint Pierre et de saint Paul. Le pape Urbain, gentilhomme du Gévaudan, nommé de Grimoard de Grissac, crut les avoir retrouvés, en 1368, dans les ruines de l'ancienne église incendiée. L'invention de ces précieux restes du prince des Apôtres et du vrai fondateur du christianisme devint l'occasion d'une des plus grandes libéralités du Saint-Siége. Urbain donna à chaque Romain accouru au bruit de cette découverte miraculeuse cent années et cent quarantaines d'indulgences, qui devinrent des legs singuliers dans les testaments, vu l'impossibilité, pour les heureux titulaires, d'en parachever la consommation ! Au-dessus de la nef principale règne un plafond dont la splendeur grandiose domine merveilleusement la grande scène du temple. Clément XII, en sa qualité de restaurateur de la basilique, crut devoir ajouter sa propre consécration et celle de sa famille à toutes celles qui sanctifient l'église de Saint-Jean. Par son ordre, son architecte Galilei le Florentin, auteur de la façade actuelle, construisit à gauche en entrant la merveilleuse chapelle Corsini, le plus beau monument peut-être que la piété, l'orgueil et la puissance d'un pape aient pu élever à sa propre immortalité. Aussi la cendre de Clément XII y repose dans la belle urne de porphyre qui était abandonnée sous le portique du Panthéon, veuve sans doute d'une dépouille plus profane. Cette tombe est protégée par la mosaïque, d'après le Guide, qui représente saint André Corsini, et auprès est le tombeau du cardinal Neri, oncle de ce pape. Une coupole gracieuse, resplendissante de stucs dorés, comme aux bains de Livie, rivalise d'élégance et de recherche avec la variété et la beauté des marbres qui forment le pavé de ce boudoir sépulcral. Dans la grande nef, on voit le beau tombeau, tout en bronze, du fameux pape Colonne, Martin V, qui, ainsi que Clément XII, avait fait aussi la façade dans le quinzième siècle. En général, les statues et les tableaux de cette magnifique église sont peu dignes d'une telle hospitalité, et en sont plutôt les habitants que les ornements. Cependant parmi ceux-ci l'on remarque un portrait de Boniface VIII Caëtani, peint au treizième siècle par le Giotto; et parmi celles-là, dans le portique inférieur, la statue de Constantin trouvée sur le Quirinal dans les thermes de cet empereur, et enfin, sous le portique latéral, la statue en bronze du plus illustre bienfaiteur comme du plus singulier chanoine de Saint-Jean-de-Latran, notre roi Henri IV ! Ce prince eut le droit de transmettre à ses successeurs au trône de France cette bizarre dignité, qui toutefois, ne devant pas tomber en quenouille, ne paraît pas avoir été exercée par la République française, en dépit des plaisans de Rome, qui à ses titres de *une et indivisible* ajoutaient, *et chanoinesse de Saint-Jean!*

L'aspect du portail latéral de Saint-Jean est réellement d'un effet magnifique, quand on le contemple à travers l'optique des arcades de la grande *Osteria* de la place. Cette guinguette, très-fréquentée, mais trop voisine de la basilique, en troublait parfois l'atmosphère religieuse et la paix par ses joies intérieures, les chants des buveurs et les sons de la guitare. Le pape défendit alors la vente du vin dans ce cabaret; mais l'hôtelier se tira d'affaire en la transportant en plein air sur le terrain dominé par la façade de sa maison. L'affluence y fut plus grande, le scandale public, et le Saint-Père leva son interdit.

Par sa position excentrique de frontière de Rome sur la route de Naples, à une lieue de cet autre Oasis sacré qui se nomme le Vatican, la basilique de Saint-Jean-de-Latran, dont les loges de Raphael voient les onze statues qui la surmontent, présente dans le vaste périmètre de son territoire une sorte de principauté religieuse indépendante, remarquable surtout par la variété des monumens et celle de leur style et de leurs époques, depuis l'obélisque de Mœris, âge inconnu, jusqu'à la façade de Clément XII, en 1730. De ce point de départ égyptien jusqu'au siècle dernier, il n'y a presque pas de lacune dans le cours d'histoire profane et sacrée que l'on peut suivre sur ces monumens. Les colonnes antiques de la basilique, l'urne de porphyre du pape Corsini, la statue du césar Constantin, forment le premier chaînon de la Rome profane, et tout de suite après vient se placer celui de la Rome chrétienne, dans son monument le plus sacré et le plus complet. Sous le beau portique de Fontana, œuvre de Sixte-Quint, la foule monte à genoux vingt-huit marches de marbre blanc, revêtues de planches déjà usées comme elles. C'est l'escalier du palais de Pilate, que le Christ a monté et descendu plusieurs fois; c'est la *Scala santa!* La tradition de son transport à Rome est réelle; la date seule est inconnue. Au sommet de cet escalier est une plateforme; Sixte-Quint Peretti, paysan de *Grotta-a-Mare*, dans la Marche, qui en cinq années de règne fit tant de grandes choses, y transporta du palais de Latran la chapelle domestique des papes. On voit sur sa façade latérale une mosaïque du VIIIe siècle. La chapelle renferme l'image la plus antique et la plus vénérée de Jésus-Christ; elle est haute de six pieds. Cet oratoire n'est pas, ainsi que les églises de Rome, livré à la curiosité publique; il est le sanctuaire d'un lieu plus saint encore et plus mystérieux, pratiqué derrière, réduit muré, que personne n'a vu, redoutable sans doute à l'instar de ces cryptes secrets et impénétrables des vieilles religions, et qui pour cette raison, par une dénomination biblique, se nomme le Saint des saints, *Sancta sanctorum;* ce qui veut dire sans doute que ce tabernacle secret serait interdit aux saints eux-mêmes. L'horreur religieuse qu'inspire cet arcane est telle encore aujourd'hui, que l'on trouverait avec peine à Rome un antiquaire dont le fanatisme archéologique fût assez robuste pour oser y pénétrer, si une brèche en ouvrait la muraille.

A quelques pas de la basilique est un petit temple octogone, connu sous le nom de *Baptistère de Constantin*. Le pape Sylvestre n'a point laissé de témoignage du baptême de ce prince, qu'on ose lui attribuer. Il n'existe de documens sur ce grand acte, que les deux bas-reliefs du Baptistère, dont l'un représente le baptême du Christ, l'autre celui de Constantin : ce rapprochement est une impiété et un scandale. Le Saint-Siége, à peine établi, allait déjà trop loin, et l'on doit croire, en faveur de sa politique, que la donation de Rome par ce prince ne fut pas étrangère à cette audacieuse flatterie. Quoi qu'il en soit de l'origine de ce bas-relief, le baptistère existe, et il est noblement caractérisé par une grande urne de basalte, fonts baptismaux où l'on descend par trois degrés. Deux petites colonnades l'une sur l'autre semblent soutenir la voûte, où Sacchi a peint huit scènes de la vie de saint Jean. A côté du baptistère est la chapelle de l'apôtre, dont la statue est sur l'autel : cette chapelle était, dit-on, une chambre où Constantin aimait à se reposer, besoin heureusement ressenti par les plus grands criminels.

Derrière la basilique on arrive au quinzième siècle, sous les arceaux gothiques d'un beau cloître décoré des monumens les plus curieux du moyen âge. Ce moyen âge est notre antiquité de famille, aujourd'hui si apprécié après un si long oubli, grande époque sortie tout entière du génie chrétien sans mélange, héritière dédaigneuse et austère des magnificences de l'architecture profane, et créatrice sans modèle du style audacieux et inimitable de ses églises et de ses palais.

La basilique de *Sainte-Croix-en-Jérusalem*, fondée par sainte Hélène, mère de Constantin, a depuis long-temps purifié le sol où l'infâme Héliogabale avait ses jardins. Elle renferme de belles mosaïques de Peruzzi et une bibliothèque curieuse; car à Rome une bibliothèque peut l'être encore même après celle du Vatican, tant cette ville possède de trésors historiques et littéraires, épars, dispersés comme ses marbres. L'église Sainte-Croix est renommée pour ses indulgences et fréquentée par le petit peuple. Deux grands hôpitaux de femmes complètent la suzeraineté de la basilique de Saint-Jean-de-Latran, dont le palais reçut, sous notre administration, les mendians de Rome. Le climat et l'éducation première, en dépit de Léon XII, n'ont malheureusement pas permis dans ces hôpitaux la naturalisation de la chasteté et de la discipline de nos sœurs grises, dont Pie VII, mieux avisé, n'osa rapporter de Paris l'admirable institution. Les filles de Saint-Jean ne sont que des infirmières, que l'on appelle pourtant sœurs de charité; mais de quelle charité grand Dieu! Cependant, le jour de l'octave de la Fête-Dieu, un pittoresque qui n'appartient qu'à Rome métamorphose tout-à-coup l'asile des souffrances et lui donne l'aspect d'une fête. Ce jour, dans la longue et large salle du grand dortoir, tout est suspendu, la maladie, la douleur, la mort elle-même. Les lits se pavoisent des plus riantes draperies; les malades sont parés avec une coquetterie moqueuse, qui jette un voile sur leurs maux; les têtes des mourantes se cachent sous des masques de fleurs; l'ironie est complète. Les tambours, la musique, les chants mélodieux et sacrés, annoncent la solennelle procession de Saint-Jean, suivie des cardinaux qui précèdent le pape lui-même. Les mains débiles et décharnées des malades laissent tomber des roses sur leur passage, et la main caduque du Souverain Pontife les bénit: heureuses celles qui expirent sous la magie de ces chants, de ces fleurs, de cette bénédiction! Le rêve du ciel s'accomplit pour elles. Mais à peine la procession a-t-elle franchi le seuil de la grande salle, les gémissemens, trop long-temps contenus, répondent aux échos de la musique joyeuse; les fleurs se fanent sur les fronts brûlans; la maladie, la mort, ont repris leur empire; l'hôpital a gagné une douleur de plus, le souvenir d'une fête, et retombe désespéré sous le poids de sa monotonie disciplinaire.

La porte Saint-Jean, jadis *Asinaria*, est la limite de la souveraineté épiscopale du pape, dont la basilique de Saint-Jean, la première église du monde, est le siége; aussi porte-t-elle pour inscription, sur la façade de Sixte-Quint, cette inscription vraiment monumentale: Ecclesiarum urbis et orbis mater et caput. Mère et reine des églises de Rome et du monde!

Au bout de la longue et large voie qui conduit de la basilique de Saint-Jean-de-Latran au quartier de la *Trinità dei Monti*, s'élève une autre basilique, sa rivale en beauté, en sainteté et en richesse, fondée par le pape Libère, sous un autre Constantin: c'est *Sainte-Marie-Majeure*. Cette église, également patriarcale, a deux façades; elle doit à deux papes ses plus brillans embellissemens, et son origine à deux miracles. Pendant l'été de 352, dans la nuit du 4 au 5 août, une grande croix lumineuse apparut dans le ciel au pape Libère et à Jean Patricius, riche citoyen de Rome, ainsi qu'il arriva, 1574 ans après, à une foule de voyans du village de Migné, en Poitou. Le lendemain, 5 août, un autre miracle, que les esprits forts du quatrième siècle ne pouvaient attribuer à un météore dans cette ardente saison, fut visible pour toute la ville. Une neige très-épaisse y tomba en plein jour, mais ne couvrit que l'espace sur lequel le pape, pour éterniser la mémoire de ce prodige, décida qu'une église serait élevée. Ce fut sous l'invocation de sainte Marie, qui déjà, à cette époque lointaine du christianisme, était la puissance céleste la plus adorée des Romains. Cette église fut en conséquence nommée *Sainte-Marie de la Neige*, et ne pouvait l'être mieux. Ensuite, à cause du fondateur, elle reçut le surnom de *Libérienne*, et enfin, comme tout dégénère, même en matière de chose sainte, on lui donna le sobriquet de *Majeure*, parce qu'elle était plus grande que les vingt-six églises consacrées à Rome à la mère du Sauveur; et ce fut saint Sixte III, ami de saint Augustin, qui fut la cause innocente de ce changement de nom: car ce pape, trouvant trop petite l'église de son prédécesseur Libère, osa franchir la limite du miracle, agrandit la basilique, lui donna sa forme actuelle et l'embellit de grandes mosaïques représentant des sujets de l'Ancien Testament. Ceci avait lieu en 432, quatre vingts ans après la pensée de sa fondation. Le génie de l'art chrétien brilla de bonne heure sous la tiare, et, comme par une volonté divine, inspira le luxe de ses grandeurs à des hommes pauvres et austères, apôtres pontifes, qui, ainsi que Sixte III, se disaient simplement pasteurs de Rome, ne voulant rien pour eux de ce que donnaient les arts, et n'en concevant la puissance que comme un hommage à la puissance de Dieu. C'était le beau temps du christianisme, qui dévia de sa route et dégénéra de son principe du moment où les papes prirent aussi pour eux les grandeurs de la terre et partagèrent l'autel avec la Divinité, se croyant déjà moins les successeurs des apôtres que les successeurs des Césars. Aussi, quelques siècles après, la basilique de Sainte-Marie, ainsi que celles de Latran et de Saint-Pierre, vit s'élever, sous des voûtes consacrées à Dieu seul par son fondateur, les magnifiques chapelles sépulcrales de Sixte-Quint et de

Paul V Borghèse! Il est vrai que dans l'intervalle la tiare apostolique de Sixte III avait passé sur le front plus large de Grégoire VII, Martin V, Alexandre VI, Jules II et Léon X, qui portèrent si haut soit la puissance temporelle du Saint-Siége, soit le génie et l'amour des beaux-arts.

J'ai dit que la basilique de Sainte-Marie a deux façades : celle qui est au nord est du dix-septième siècle et fut l'ouvrage des papes Clément IX Rospigliosi et Clément X Altieri ; celle qui est au midi fut élevée dans le siècle dernier par Benoît XIV Lambertini, celui qui disait *en si bon italien* aux cardinaux du conclave : Si vous voulez un bon *garçon*, prenez-moi. Cette façade, construite sur les dessins de l'architecte Fuga, porte le caractère douteux de l'architecture de cette époque, qui n'était ni grecque, ni romaine, ni gothique, et affectait un certain décor grandiose, qui ne parvint pas à cacher l'absence de la pensée sous l'éclat de l'exécution : comme si la forme extérieure du christianisme avait dû suivre la décadence de sa discipline intérieure. Ainsi dans Sainte-Marie-Majeure et dans Saint-Jean-de-Latran, toutes deux d'une fondation si ancienne et d'une restauration si récente, si l'on remarque le bizarre accouplement et le mélange des différens ordres et la prodigalité des ornemens de toute nature, et la confusion des peintures, des métaux et des marbres, il faut remarquer aussi que, dans le domaine religieux du Saint-Siége, le bâton pastoral avait revêtu la forme du sceptre, et que les préceptes de l'Évangile, les oracles des livres saints, étaient confondus avec les décrétales, les décisions des conciles et les brefs des papes, tellement que le Christ semblait redevenir le Verbe, et le Verbe redevenir homme ! Dans cet étrange chaos, le spirituel et le matériel de la tiare, offrant la stérile alliance de deux natures, dont l'une oubliait l'apostolat, et l'autre, Michel-Ange, marchèrent de front, la première à la déconsidération religieuse, et la seconde, à la médiocrité artistique; et celle-ci s'attacha comme l'autre à couvrir sa nudité de voiles éclatans pour éblouir au moins le vulgaire.

Aussi le premier or expédié des Indes occidentales fut envoyé par Philippe IV à la basilique de Sainte-Marie. Ferdinand Fuga se hâta d'en former ces riches et innombrables caissons, ces rosaces étincelantes, dignes d'un temple du soleil, qui brillent dans toute l'étendue de l'immense plafond. Ce plafond est porté par trente-six colonnes ioniques de marbre blanc, tirées d'un temple de Junon ; elles partagent en trois parties cet immense vaisseau. Fuga dora aussi les palmes dont sont embrassées les quatre colonnes de porphyre qui soutiennent le splendide baldaquin du maître-autel, lequel est formé d'une cuve énorme de même marbre, où avait reposé la cendre de ce bon Jean Patricius qui avait vu la croix lumineuse avec le pape Libère. L'architecte Fuga fut poétiquement inspiré de consacrer d'une manière aussi solennelle le souvenir du premier miracle; celui du second, c'est-à-dire de la neige, était réservé à décorer aussi un autel sur un bas-relief de bronze doré ; cet autel est celui de la chapelle funèbre de Paul V, qui n'a de rivale à Rome que celle du pape Corsini dans la basilique de Latran.

La description de cette chapelle, si riche de statues, de peintures, de bas-reliefs, et des marbres les plus rares, serait aussi difficile que fastidieuse : il n'y a aucune basilique en Europe qui renferme autant d'objets d'art. Mais, parmi ceux-ci, l'objet le plus précieux sans doute, y compris même le superbe tombeau de Paul V, et celui que sa reconnaissance avait élevé à Clément VIII, qui l'avait fait cardinal, c'est, sur l'autel, l'image de la sainte Vierge, peinte par saint Luc lui-même! Cette image doublement sacrée repose sur un fonds de lapis-lazuli : elle est encadrée dans une bordure de pierres précieuses, et quatre beaux anges de bronze doré la soutiennent. Un pape seul pouvait découvrir un pareil trésor, la patrone de la basilique peinte par un saint! Toutefois des fresques de Guido Reni attirent aussi les regards, surtout en raison de la rareté actuelle et future de leurs modèles ; car ces fresques représentent les saints de la Grèce et les impératrices canonisées. Où trouver à présent de tels sujets pour la peinture et pour la canonisation? Ce n'est pas que les martyrs grecs aient manqué à notre âge, ni qu'il n'y ait encore sur un trône une impératrice catholique ; mais les Grecs ne sont saints que chez eux, et Rome n'appartient pas encore à la maison d'Autriche.

Quant à la chapelle de Sixte-Quint, au milieu de son luxe pontifical, la vue aime à se reposer sur la statue de ce pape, qui jusqu'à présent n'a eu que des successeurs. Une tombe de vert antique renferme la cendre de saint Pie V, dit l'Inquisiteur. Sur l'autel, quatre anges de bronze doré supportent un magnifique tabernacle, qui renferme une relique plus ancienne encore et non moins sacrée que la couronne d'épines et le saint suaire qui sont partout : c'est un fragment unique

du berceau de Jésus-Christ! A Rome il faut avoir la foi.

Les mosaïques du chœur de Sainte-Marie-Majeure, du frère *Jacques da Turrita*, peuvent passer pour les chefs-d'œuvre de ce treizième siècle qui fut si barbare. Le baptistère a été récemment enrichi par Léon XII d'une superbe urne de porphyre du plus beau travail, qui était placée au musée du Vatican. La basilique de Sainte-Marie-Majeure s'annonce au loin par deux monuments aériens, attachés chacun, comme des vedettes avancées, à l'une de ses façades. Sur la place de celle du nord, s'élève un obélisque de granit rouge sans hiéroglyphes, de soixante pieds de haut sur sa base, qui fut déterré par Sixte-Quint au pied du mausolée d'Auguste, avec celui de Monte Cavallo. Sur la place du midi, on ne se lasse pas d'admirer cette élégante colonne de marbre blanc qui était restée seule debout sur la ruine du temple de la Paix, comme le rejeton d'une famille superbe englouie par une tempête. Je m'abstiens de prononcer entre Saint-Jean et Sainte-Marie-Majeure; il suffit de dire que ces deux basiliques sont les plus grandes constructions chrétiennes après celle de Saint-Pierre, qui aussi sous ce rapport est la première de Rome et du monde, malgré le diplôme de l'église de Latran.

En regard de ces deux monuments de la piété et de la magnificence de Rome chrétienne, Rome païenne nous en a laissé deux, dont le voisinage, bien plus que la destination, présente également une sorte de rivalité: c'est le *Testaccio* et la pyramide de C. Cestius, près de la porte Saint-Paul. On sait que le *Testaccio* est une colline artificielle formée de débris des poteries de Rome; quant à la pyramide de Cestius, son origine est plus curieuse. Cet obscur Romain, devenu fameux par le monument égyptien qu'il se vota à lui-même dans son testament, était *Épulon*, c'est-à-dire ordonnateur des banquets des dieux, espèce de maître d'hôtel du grand-pontife, portant naturellement la soutane du temps, ainsi qu'on voit le majordome du pape. On conçoit mieux à présent la vanité de Cestius, en voyant au Père-Lachaise tant de tombeaux de marbre élevés sur des cendres encore plus vulgaires. Très-certainement cet homme fut, comme nos restaurateurs et nos tapissiers, bon époux, bon père, bon ami, bon citoyen, et comme eux aussi il voulut être immortalisé par sa mort, n'ayant pu l'être par sa vie. Les festins solennels auxquels il présidait se donnaient dans les temples; ils étaient offerts aux dieux, soit pour conjurer les grandes calamités, soit pour les remercier des victoires. Les dieux seuls étaient invités, et Jupiter seul, comme leur maître, avait les honneurs du lit, tandis que les autres immortels, même les déesses, étaient simplement assis sur des sièges; les dieux de promotion, tels que Hercule et Adonis, étaient debout. Ces festins étaient de la plus grande somptuosité, et comme les convives ne consommaient pas, il est probable que la desserte revenait de droit au préfet du palais olympien. Or, rien n'étant si commun dans l'ancienne Rome que la peur et la gloire, ces banquets étaient fréquens, et Cestius avait dû faire une grande fortune avec les profits de son service. De là il fut insensiblement amené à se faire un Pharaon au petit pied; il me semble écrire l'histoire de nos jours. Toutefois, l'on doit alors, comme on le fait aujourd'hui, savoir gré à Cestius d'avoir doté Rome, si riche en monumens égyptiens, du seul de son espèce dont elle n'avait pas même tenté l'imitation, faute d'avoir pu, ainsi que pour les obélisques, en enlever les modèles. Cet heureux bourgeois, ennobli par sa tombe, ne pouvait prévoir qu'un jour, au pied de sa pyramide, viendraient se rallier en foule les mânes des voyageurs, comme les cliens romains autour des tombes de leurs patrons. C'est là, en effet, qu'est placé le cimetière des protestans, hors du giron de l'Église romaine pendant leur vie, mais dans l'enceinte de Rome après leur mort. Les accroissemens successifs de ces champs de repos des dissidens prouvent que l'intolérance des papes s'arrête où commence l'intérêt de leurs sujets. Ces protestans, vivant à Rome, enrichissent ses aubergistes, et morts, ses marbriers.

La clientèle du *Testaccio* est heureusement plus nombreuse et surtout plus mobile que celle de la pyramide de Cestius. Ce singulier coteau, percé de caves si fraîches que le thermomètre y descend de vingt degrés, est entouré de ces *osterie*, de ces guinguettes en plein air si joyeuses, si pittoresques, que l'on ne voit qu'à Rome, où tout a un type particulier. Le *Testaccio* est aussi une espèce de pyramide tronquée, mais où ne s'enterre que la raison des vivans; il a cent trente pieds de haut et cent cinquante de large sur six cents de longueur; il est composé en entier de fragmens de vases, d'amphores et d'urnes cinéraires, et enfin de toutes les poteries qui, à défaut des verreries et des tonneaux, servaient à contenir tous les liquides à l'usage des

Romains. On peut s'étonner d'après cela que, dans une ville aussi populeuse, le *Testaccio* n'ait pas fini par former une très-haute montagne. Resté simple coteau, c'est au mois d'octobre surtout, les jeudis, dimanches et jours de fête, que s'y porte la foule populaire, les uns à pied, les autres groupés au nombre de dix ou douze des deux sexes sur des caratelles de louage, et tous parés des plus brillans costumes. A cette époque seule, les femmes et les filles qui se rendent au *Testaccio* portent le chapeau d'homme couvert de fleurs et de rubans; ce qui donne à leur physionomie déjà si passionnée un caractère encore plus énergique. Dans chaque caratelle il y a un tambour de basque et une guitare, celle-ci, vigoureusement pincée par un homme assis près du cocher, et celui-là touché et agité violemment par celui qui est placé presque debout au-dessus du second étage, occupé par les femmes sur le soufflet de la voiture; tous chantent en chœur de vives et gaillardes *canzonette* qu'accompagnent ces instrumens. Ceux qui sont ainsi voiturés, emportés de toute la vitesse des chevaux, sont les élégans, les fashionables du peuple; on les nomme *Minenti* par abréviation, à cause de leur supériorité en fait d'argent, de costumes et de gaîté. Nos calicots et nos grisettes ne brilleraient pas auprès de ces couples originaux, dont la seule Espagne pourrait aussi offrir des modèles. Sautés à bas de leurs calèches, les *Minenti* boivent et mangent aux tables fleuries du Testaccio, et comme ils ont leur orchestre avec eux, ils se réunissent avec d'autres pour danser le voluptueux *saltarello* en présence d'une foule de spectateurs; car le Romain aime à être vu, il a l'instinct théâtral. Aussi il faut voir, aussitôt que les guitares résonnent, avec quelle ardeur, quelle grâce, quelle souplesse, les couples de danseurs improvisent des pas, des gestes, des figures, dans le *saltarello* déjà si animé, luttant ensemble, aux applaudissemens de la multitude, d'audace, d'agilité et de *galanterie*, transportés à la fois de la double ivresse du plaisir et du succès! Le *saltarello* est un drame d'amour qui reçoit de sa pantomime son intrigue, sa déclaration, ses espérances, ses inquiétudes, et enfin son dénouement, lequel est toujours heureux.

La place Navone, ancien cirque d'Alexandre-Sévère, en conserve encore la forme et a reconquis quelque chose de son antique destination dans le dix-septième siècle, sous le pontificat d'Innocent X, Pamfili, celui qui excommunia les priseurs de tabac dans l'église de Saint-Pierre. Mais au lieu de la course des chars sur un sol poudreux, cette place, transformée au mois d'août, les samedis, dimanches et fêtes, en théâtre d'une naumachie pacifique, présente la course des voitures les plus élégantes dans un immense bassin de trois pieds d'eau et la lutte des cochers les plus habiles. Le bruit des fanfares accompagne joyeusement cette promenade animée, ainsi que les lazzi du peuple bordant la place sur le pavé resté à sec et les applaudissemens aristocratiques des balcons. Ce plaisir très-recherché, très-suivi par la meilleure compagnie qui a les voitures, l'est également par le peuple qui est à pied et caractérise l'originalité des mœurs et des usages de Rome chrétienne, parodie parfois un peu grotesque, mais toujours joyeuse, de Rome païenne. C'est ainsi que du nom d'un tailleur bouffon et caustique elle a baptisé, sur une petite place voisine, le beau torse grec, et l'homérique Ménélas, défendant le corps de Patrocle, est devenu *Pasquino* le satirique attaquant le Saint-Siége et la société. C'est lui et *Marforio*, son compère, qui représentent l'opposition à Rome, opposition facétieuse, guerre de bons mots, d'épigrammes, de quolibets, tolérée par les papes, qui, étant tous Italiens, entendent toujours la plaisanterie. La place Navone était singulièrement favorable à cette promenade aquatique, qui avait eu lieu auparavant sur les places *Farnèse* et *Ponte-Sixte*; elle possède quatre fontaines; on ferme les tuyaux qui reçoivent le trop-plein de la principale, et elle est inondée. La nuit, le lac disparaît, et le lendemain la place a repris toute sa nature terrestre et redevient le marché de Rome. Le grand obélisque de granit qui surgit sur sa plus grande fontaine du groupe colossal des statues du Nil, du Gange, du Rio de la Plata et du Danube; les palais Pamfili, Massimi et Braschi, fameux par son bel escalier, et la magnifique église de Sainte-Agnès, avec sa coupole, sa façade et ses deux clochers, font de la place Navone une place vraiment monumentale, à laquelle le jeu de ses eaux et l'aspect d'un marché romain donnent encore un pittoresque grandiose qui lui est particulier. Le soir, elle devient le théâtre des charlatans et des saltimbanques, si originaux à Rome, et le petit peuple y accourt en foule. Plus tard la bonne compagnie s'y réunit pour y manger des figues, *fichi gentili*, que les marchands de pastèques, *cocomeri*, étalent en pyramides avec la plus gracieuse élégance. J. NORVINS.

ROME.
V.

Le Carnaval. — Exécution. — Prière des quarante heures. — Course des chevaux barbes. — La Mossa. — La Ripresa. — Il Festino. — Moccoletti.

Il n'y a qu'une seule semaine, dans toute l'année, qui réunisse à Rome, dans l'égalité d'un délire commun, la noblesse, la bourgeoisie et le peuple, ainsi qu'une autre semaine dans l'exercice public de la dévotion : celle-ci est la semaine-sainte, celle-là est la semaine du carnaval. Et il faut bien se garder de croire que la semaine du carnaval n'ait pas aussi quelque chose de sacré pour le Saint-Siége lui-même; car, en 1818, il n'y avait qu'un jour de carnaval, et le pape y ajouta les sept qui manquaient pour compléter la semaine. Il est vrai de dire que ce gouvernement ne pêche pas par le calcul, que le carnaval attire à Rome autant d'étrangers que la semaine-sainte, et que Rome y gagne leur séjour pendant le carême, lequel est précédé de l'un et terminé par l'autre.

Aux approches du carnaval, une agitation générale, prélude de la tempête du plaisir, remplit toute la ville; les deux sexes, de tout âge, de toute condition, circulent pendant le jour dans les magasins, dans les boutiques, afin d'y retenir ou d'y commander divers déguisemens pour chacun des jours de cette semaine laborieuse. Au milieu des paquets d'emplettes de belles étoffes, de fleurs, de plumes, de rubans, qui se heurtent dans les rues, se heurtent aussi philosophiquement avec eux de vieux matelas, de vieux meubles, de vieilles hardes, que ceux qui vont à pied au Testaccio d'octobre mettent en gages pour louer des costumes. Plus d'un pauvre vend son lit pour acheter un masque! Les mendians, qui ne sont jamais pauvres, se déguisent en marquis. Le masque est de rigueur pour la canaille, parce qu'il la met sous la protection de la police, et d'ailleurs, à tout prix elle veut s'amuser. Le Corso s'est changé tout-à-coup en un vaste atelier, où les menuisiers et les tapissiers garnissent le devant des maisons et des palais de longues estrades à deux étages, couvertes de draperies rouges ou bleues garnies de clinquant; ce sont des places à louer pour voir la fête de Rome. Les balcons des palais se cachent également jusqu'au faîte sous de nobles tapisseries ou de brillantes tentures de velours à franges d'or ou d'argent, et les fameuses marches du palais *Ruspoli* sont réservées, par des loges plus élégantes, à recevoir la fleur de la haute société, en fait de beauté et d'intrigues. Enfin, le jour heureux de l'ouverture du carnaval est arrivé, et Rome tout entière est prête à se lancer dans la carrière pavoisée pour ses plaisirs. Mais la cloche de Viterbe, la Patarina, qui ne tinte que pour l'élection et la mort des papes, et pour ouvrir le carnaval, ne retentira qu'à midi, et il reste d'autres préparatifs à terminer. Aussi pendant que les décorateurs fourmillent encore dans ce théâtre d'une demi-lieue que les masques vont remplir, que doit parcourir à trois heures la course libre des chevaux *barbes*, un décorateur d'une autre espèce prépare aussi son spectacle. Un échafaud, non de folie, mais de drame, un échafaud de sang se dresse soit sur la place Saint-Charles, soit devant celle du Peuple; et bientôt l'on voit défiler lentement, à la suite des noires bannières de la confrérie de la Mort, ses pénitens masqués pour cette autre fête, puis des soldats, puis le criminel réservé pour l'ouverture du carnaval. Soudain au milieu du silence général la cloche sonne, la tête tombe et les arlequins sortent de dessous l'échafaud. J'ai déjà dit que sous l'administration française, pendant trois années consécutives, il n'y avait pas même un gendarme dans le Corso, et que pas un individu n'y troubla la joie publique. Il fut dès-lors bien prouvé que le peuple de Rome n'avait pas besoin de l'atroce mascarade d'un supplice pour jouir paisiblement de celle du carnaval.

A deux heures, le Corso est plein, les fenêtres de tous ses étages sont rayonnantes de costumes et de draperies, pendant que quatre longues files de piétons circulent en sens divers dans les intervalles que laissent, soit du côté des maisons, soit au milieu d'elles trois files de voitures, dont celle du milieu se compose des carrosses à six chevaux des princes romains, des chars de brillantes mascarades, d'autres de *matti*, de fous vêtus de longues chemises blanches, d'autres de *minenti* pittoresquement groupés, d'autres de musiciens jouant de tous les instrumens, et enfin de caractères mêlés, promenant joyeusement leurs pompes variées et originales, leurs beaux ou leurs bizarres costumes et répondant par des volcans de *confetti* aux nuées de dragées de plâtre qui pleuvent sur eux de tous côtés. Dans ces combats souvent très-vifs, il est de la galanterie romaine de ne pas épargner le beau sexe ; et j'ai vu dans leurs calèches, de belles dames, en grande parure, décolletées et le visage découvert, recevoir avec une grâce toute stoïque la piquante impression de ces *confetti* lancés par des mains trop amoureuses, véritables héroïnes du Tibre, pour qui la douleur devenait un plaisir. Là comme partout de nobles intrigues se cachent sous des masques vulgaires, et les amans contrariés pendant l'année prennent de délicieuses vacances. Là aussi éclatent de sombres et brûlantes jalousies, écloses d'un bouquet, d'un regard surpris sur leur route, et le masque cache aussi d'implacables vengeances. Les blanches *pagliacette*, femmes des pierrots, dont le costume est si favorable à la taille des dames, sont en faveur une année ; une autre, la vogue est aux *villanella*, aux paysannes ; une autre, ce sont les juives qui sont préférées. La société de Rome est une grande fédération de coteries, séparées toute l'année, mais qui se rapprochent et s'entendent au carnaval pour les grandes aventures. Les *scaletti*, échelles pliantes, sont un des moyens le plus en usage pour faire arriver à tous les étages des bouquets ou des billets parfois peu galans ; ces *scaletti* font partie des costumes des jardiniers et des jardinières. Tout-à-coup, au milieu du délire général, et au travers de cette immense voix du peuple qui chante, bourdonne, et crie dans toute la longueur, sur tous les balcons du Corso, l'on entend des chants religieux, et l'on voit arriver de hautes et éclatantes bannières, précédant une ou plusieurs confréries de pénitens de diverses couleurs, qui accompagnent à la grande église de *San Carlo* le corps d'un de leurs membres. Alors les voitures se rangent, s'arrêtent, les masques se taisent, s'agenouillent et prient, laissent passer le convoi et reprennent derrière leur joie interrompue. Il est curieux d'observer d'un balcon cette suite de silences à mesure que le convoi s'avance, et ces reprises de mouvemens à mesure qu'il s'éloigne. Le peuple de Rome est fait à ces contrastes, qui seraient si étranges pour tout autre : car en expiation de ce carnaval, et pendant toute sa durée, le Saint-Siége ordonne dans toutes les églises les *prières des quarante heures*, qui font la basse continue aux harmonies joyeuses du Corso.

Trois heures sonnent, autre changement de physionomie pour le Corso : deux boites éclatent sur la *place de Venise*, deux autres sur celle *du Peuple*, entre lesquelles s'étend la *Via del Corso*. Ceci n'est encore qu'un avertissement donné aux voitures ; une demi-heure après, ce double signal se répète, et tous les équipages masqués ou non masqués s'écoulent par toutes les issues. Il ne reste plus dans le Cours que les piétons et les soldats qui bordent la haie ; car, par une véritable ironie guerrière, on voit à Rome force soldats à toutes les fêtes, ainsi qu'à Paris des gendarmes. A cette dernière explosion des pétards officiels, des dragons, le sabre au poing, descendent au galop du palais de Venise à la place du Peuple, vérifient l'alignement de l'infanterie par la brutalité de leur course, vraie charge d'une charge de cavalerie, constituent ainsi le vide de la carrière et font place à leur tour aux nouveaux acteurs qui vont la parcourir. Aussitôt un gros câble est tendu à l'entrée de la rue, et derrière viennent s'aligner forcément douze ou quinze chevaux, élancés soudain des écuries voisines et traînant après eux leurs palefreniers. Sur leur tête sauvage flottent des plumes, des aigrettes de diverses couleurs ; sur leur dos, de longs serpenteaux de paillons d'or et d'argent : la croupe est garnie de balles de plomb et de piquans ; ils sont de plus stigmatisés par des brandons d'amadou allumée sur les parties les plus sensibles de leur corps. Ainsi tatoués, torturés, les pauvres animaux arrivent furieux, se frappant entre eux du pied et de la dent, et, frénétiques de jalousie, se dressent au-dessus de la barrière tendue devant eux ; car ils savent qu'ils vont courir, étant depuis deux ans au moins des martyrs éprouvés et des rivaux qui se haïssent. Mais la lutte la plus acharnée est entre eux et leurs palefreniers, qui, terrassés, mordus, frappés par eux, se relèvent avec courage, et, aux applaudissemens des spectateurs, jaloux de dompter ces animaux devenus indomptables par les éperons qui les piquent, par le feu qui les brûle, se suspendent, s'attachent à leur crinière, à leurs oreilles, à leurs naseaux enflammés. Ce terrible combat des hommes et des chevaux, souvenir grotesque des gladiateurs et des lions, combat où le sang coule, où mille fois la mort se présente pour les hommes, produit sur les Romains la violente émotion dont leurs ancêtres ne pouvaient se rassasier. Mais eux, heureusement dégénérés, ils ont bientôt besoin que la course mette fin à cette scène véritablement tragique, où se confondent et se mesurent les passions et la force des hommes et des animaux, et l'on entend crier sur les gradins qui dominent ce barbare spectacle : *la mossa ! la mossa !* (le départ.)

Enfin la trompette sonne, la corde s'abat et les coursiers sont partis, irrités bien plus alors par les aiguillons de fer et de feu, par ceux non moins cuisans de la rivalité et par les cris de cent mille spectateurs qui les excitent. Aussi ont-ils bientôt franchi la carrière, et ils se sont précipités tête baissée dans les plis d'une vaste toile qui ferme la rue entre le *palais Torlonia* et le *palais de Venise*. C'est d'un balcon de celui-ci que le juge de la course proclame le vainqueur. Rien ne peut peindre ni l'ivresse avec laquelle le cheval est accueilli par la foule, ni la vanité de son maître. Jamais triomphateur, vainqueur de Pyrrhus ou d'Annibal aux portes de Rome, ne reçut une ovation plus populaire que le cheval, ne fut plus fier et plus heureux que ce misérable maquignon. Celui-ci reçoit un drapeau et une pièce d'étoffe fournis par les Juifs. C'est au prix de ce tribut qu'ils se sont rachetés, je ne sais sous quel pape, de l'infâme obligation où ils étaient de courir eux-mêmes, soit dans des sacs, soit chargés de cailloux, pour amuser le bon peuple de Rome!

La course des *barberi* termine la soirée du carnaval. L'*Ave Maria* sonne; les masques se signent, les balcons se vident, et chacun rentre chez soi pour souper en attendant l'heure du *festino*. Les coteries les plus joviales vont prendre ce repas du soir, non chez des restaurateurs, mais chez des gargotiers plus ou moins fameux pour la friture à l'huile, dont les grandes dames sont très-friandes. Dieu sait quels parfums s'exhalent de ces antres enfumés, où l'odeur de l'huile que l'on mange se confond sympathiquement avec l'odeur de l'huile que l'on brûle, et où l'hôtelier sert lui-même en chemise, mêlant de plus à la conversation de la noble assemblée des propos, des lazzi aussi pittoresques que sa toilette.

Le *festino* est le bal masqué du théâtre *Aliberti*, qui est resplendissant de mille bougies suspendues à ses lustres et à tous les rangs de ses loges. D'élégans ou de riches costumes, avec ou sans masques, annoncent dans celles-ci la présence de la haute société. Dans ces réduits privilégiés règne une causerie animée, piquante, intime, toute italienne, intraduisible, où se récolte ordinairement ce qui a été capricieusement semé dans la journée. Le dernier jour du carnaval, entre la *course* et le *festino*, à la première tombée de la nuit, le Corso étincelle tout-à-coup de myriades de petites clartés, planètes volantes, fugitives, qui s'agitent, se choquent, paraissent et disparaissent, pour reparaître encore, non-seulement parmi les piétons, mais dans toutes les voitures, à toutes les fenêtres, sur tous les balcons. Ces clartés sont produites par des bougies (*moccoli*), dont chacun en tient une dans chaque main et que chacun cherche à éteindre dans celle de son voisin. L'attaque et la défense sont également vives et produisent les effets les plus imprévus. C'est le caprice, la folie de l'illumination, plaisir si soigné, si recherché à Rome. Rien vraiment de plus gracieux, de plus joyeux, que le coup d'œil de ces innombrables *pyromachies*, qui scintillent tout le long et à toutes les hauteurs des édifices de la rue du Cours. Cette rue paraît alors sans fin, en raison de l'optique des lueurs lointaines que multiplie à l'infini ce divertissement original, et partout l'on entend crier : *Ammazzato quello che non ha il moccoletto* (mort à qui n'a pas de bougie)! et puis après, avec des voix lugubres, *è morto il carnevale!* C'est ce jour surtout, le mardi-gras, qui se termine par des soupers dans les *osterie* célèbres. On s'y rend de bonne heure, afin d'avoir fini à minuit, heure fatale qui commence le mercredi des Cendres, et au-delà de laquelle vous ne trouveriez pas un verre d'eau dans aucun des palais, ni dans une seule des maisons où le carnaval aurait été le mieux employé et le plus fêté.

VI.

Basiliques. — Colonne Trajane. — Place des Saints-Apôtres. — Église. — Palais Colonna. — Fontaines. — Trevi. Michel-Ange. — Place d'Espagne. — Trinità dei Monti. — Place de Monte-Cavallo. — Palais du Quirinal. — Villas. — Thermes de Dioclétien. — Chartreuse. — Santa Maria degli Angeli. — San Stefano Rotondo. — Villa Mattei. — Saint-Grégoire. — Imperia.

La Rome d'aujourd'hui n'a pas dégénéré de la Rome d'autrefois sous le rapport des places publiques, si dignes de nos récits. Mais bien qu'elle ait conservé le soleil et le *far niente* antiques, elle a eu le tort de ne pas accepter l'héritage de ces nobles et somptueuses basiliques qui étaient le rendez-vous des oisifs et des plaideurs, des acheteurs et des politiques; car il y avait aussi dans ces *forum* un tribunal et des boutiques comme à notre palais-de-justice. Si nous, habitans de la froide zone de Paris, nous qui ne comptons pendant notre été que quelques jours d'une forte chaleur, nous jouissons cependant de la promenade à couvert dans nos passages, sous les arcades du Palais-Royal et sous cette longue file de portiques qui joignent la place Vendôme au jardin des Tuileries, à plus forte raison les Romains, qui ont huit mois d'été, auraient-ils besoin de ces vastes abris que leurs ancêtres opposaient aux ardeurs de la canicule. Les plus célèbres étaient les basiliques *Porcia*, *Æmilia*, près du *Forum*, le portique de marbre d'*Octavie*, qui abrite aujourd'hui les vendeurs de poisson, le *Forum Palladium*, celui de *Nerva*, dont les restes sont si beaux, et la basilique *Trajane*, entièrement découverte par notre administration. La colonne triomphale qui lui donne son nom s'élevait du fond d'un puits et était de tous côtés pressée et dérobée à la vue par deux églises, des couvens et de médiocres habitations ; il fallait à tout prix, comme dans nos fouilles du Colysée et du *Forum*, respecter les églises de *Notre-Dame de Lorette* et *del Nome di Maria*, qui nous gênaient beaucoup pour le plan de la place. On se contenta donc d'abattre les couvens et les maisons, et faute de n'avoir pu sacrifier les églises, on dut se réfugier dans le système de la place elliptique, telle qu'elle existe à présent. La colonne en fut naturellement l'un des foyers, au lieu d'en être le centre. Le niveau antique fut bientôt rencontré, et l'enlèvement des déblais révéla la magnifique disposition de la basilique. Un mur élevé à l'entour fut coupé de deux larges escaliers descendant à la partie inférieure du bassin et soutint les terres qui surplombent au-dessus du sol antique. On reconnut alors, à la grande quantité des vestiges précieux dont il était couvert, que quatre rangées de colonnes partageaient en cinq nefs cette salle immense, pavée de marbre jaune et violet, et que ses murs étaient revêtus de marbre blanc. Le lambris était de bronze doré. Trois portiques sous lesquels s'ouvraient trois grandes portes décoraient l'entrée du côté du sud. Un mur fermait la basilique du côté du nord et servait probablement d'appui au tribunal placé dans la basilique, ainsi que les *cella* ou sanctuaires au fond des temples. Le *Forum* de Trajan est l'ouvrage de l'architecte Apollodore. La colonne est placée sur le plus beau piédestal qui existe par la perfection et la noblesse des ornemens ; on compte deux mille cinq cents figures sur les admirables bas-reliefs d'airain qui la composent. Cette spirale de trophées montait ainsi du sol romain jusqu'à la statue de leur auteur, vainqueur des Germains et des Daces. Mais cette image de Trajan, depuis long-temps disparue, fut remplacée sous Sixte V par celle de l'apôtre saint Pierre, qui de là regarde son église. Le bronze a immortalisé aussi cette étrange consécration. Le même pape fit le même honneur à la colonne *Antonine*, veuve de Marc-Aurèle, comme sa sœur aînée l'était de Trajan, et remplaça ce césar par un autre grand homme, par saint Paul, le vrai fondateur du christianisme. Sixte-Quint fut doublement reconnaissant en élevant ces deux statues. Il fut aussi plus éclairé qu'Alexandre VII (Chigi), qui, cent ans après, fit démolir l'arc de triomphe de Marc-Aurèle, afin d'élargir la rue du Cours, entre laquelle et la place Antonine son palais partage sa vaste et noble étendue. Les basiliques formaient un carré long comme celle de la Madeleine, dont on ne pourra jamais faire raisonnablement ni artistement une véritable église chrétienne, faute de pouvoir, comme au Panthéon de Rome, déshonorer par deux clochers le frontispice de son portique. Réputé le plus bel édifice des temps modernes, la Madeleine restera ce qu'elle est, ce qu'on n'a pu changer, un Temple, témoignage sublime de la grandeur d'une nation et d'une capitale, monument dont la beauté parfaite suffit à sa consécration.

Non loin de la place Trajane est celle des Saints-Apôtres, remarquable par ses palais, dont le plus historique est sans contredit le palais *Colonna*, bâti par Martin V, résidence de la plus noble famille des États romains, dont le pontificat, la gloire des armes et la puissance firent plusieurs fois rechercher l'alliance par les rois de l'Europe. Ce palais se ressent encore de la grandeur de ses anciens maîtres et renferme une belle galerie de tableaux, mais bien inférieure à celle du palais Doria sur le Corso, qui ne compte que par chefs-d'œuvre. Dans ses jardins, qui montent jusqu'au haut du Quirinal, on admire deux énormes fragmens du frontispice d'un temple du Soleil, et un immense pin-parasol qui sert de signal de reconnaissance dans le vaste horizon de Rome. L'église des Saints-Apôtres est illustrée par plusieurs monumens de Canova, l'un consacré au praticien de Venise Falier, son premier bienfaiteur, l'autre au célèbre graveur Volpato, son ami ; le troisième est le mausolée de Ganganelli, à qui, tout mort qu'il était, Canova sacrifia la statue de l'autocrate Alexandre, demandée par le sénat de Corfou !

Dans le voisinage de ce beau quartier, habité par de nobles familles, est cette merveilleuse fontaine *Trevi*, qui à elle seule ferait la fortune de la plus belle ville de l'Europe : c'est le plus grand œuvre en marbre qui existe en fait de fontaine. Mais ses statues mythologiques élevées au-dessus du vaste bassin de marbre blanc où se précipitent les flots de l'*Acqua Vergine*, la meilleure de Rome, présentent un olympe fluvial du plus mauvais goût. Cette eau admirable, découverte par une jeune fille aux soldats d'Agrippa, arrive toujours de la Sabine à Rome par torrens, après une route de quatorze milles dans un aqueduc à moitié souterrain, ouvrage de cet illustre Romain qui éleva le Panthéon. La fontaine *Trevi* est la première de Rome pour la salubrité et la fraîcheur de ses eaux ; la plus abondante est la *Paolina*, d'où jaillit une rivière entière. La fontaine du *Triton* est la plus pauvre ; mais elle fait honneur au génie poétique du Bernin, qui bâtit le beau palais *Barberini*, si justement célèbre par sa bibliothèque, ses tableaux et ses statues, parmi lesquelles est le Faune antique qui en a pris son nom. La fontaine *de Termini*, due à Alexandre-Sévère, a reçu de Sixte-Quint le doux nom d'*Acqua-Felice*. Malheureusement le Moïse colossal qui devrait la décorer, en mémoire du miracle de la Bible, est aussi ridicule et ignoble par sa forme et par sa pose que le Moïse de Michel-Ange est majestueux, sublime et divin sur le mausolée de Jules II (*della Rovere*), dans l'église de *San Pietro in Vincoli* (Saint-Pierre-ès-Liens). Cette tombe inachevée est le plus grand ouvrage tumulaire du ciseau moderne : elle présente à la pensée la réunion de trois génies supérieurs, Moïse, Jules II et Michel-Ange. Les poètes d'Italie ont chanté ce chef-d'œuvre de Buonarotti, qui marche à la tête de l'art, suivi de Raphael, du Corrége et du Titien. Aussi Rome voulut garder la cendre de Michel-Ange et lui avait destiné un asile triomphal sous cette coupole qu'il venait de suspendre dans les airs. Ses funérailles furent célébrées dans l'église des Saints-Apôtres, où il devait attendre sa translation à Saint-Pierre ; mais Côme de Médicis fit enlever, la nuit, la dépouille du grand homme et la transporta à Florence, sa patrie, que Michel-Ange avait vaillamment défendue contre le pape du même nom, Clément VII, qui régnait alors.

La *place d'Espagne*, si connue des étrangers à cause de ses hôtels, n'a pas, à beaucoup près, la physionomie locale des autres places de Rome. Sans le magnifique escalier à deux rampes qui conduit à la *Trinité du Mont*, elle ne serait qu'une simple place d'une ville d'Europe, où il y aurait quelques auberges, des boutiques et des maisons bourgeoises bien bâties, sauf peut-être le palais d'Espagne, qui lui a donné son nom. Sa fontaine, nommée *la Barcaccia* à cause de sa forme nautique, bien que l'œuvre du Bernin, ajoute encore à sa stérilité architecturale ; mais cette fontaine donne aussi l'*Acqua Vergine*. L'un des trois grands rayons qui divergent de la *porte du Peuple* vers le centre de Rome conduit à la place d'Espagne ; le nom de cette longue rue adossée aux pentes du *Pincio* n'est pas héroïque : elle s'appelle la rue du Singe, *via del Babuino*. Il semble que la place d'Espagne soit un repos pour l'admiration et la curiosité, tant sa neutralité est frappante entre les richesses monumentales dont le Corso est le centre et celles qui la dominent dans les *villas Medici* et *Ludovisi* et sur le *Quirinal*. Cependant je ne puis quitter la place d'Espagne sans dire que son grand escalier, son unique monument, fut élevé par deux ambassadeurs de France, Étienne Gueffier, sous le pape Conti, Innocent XIII, et le cardinal de Polignac, sous Benoît XIII, Orsini. Aussi conduit-il à la Trinité du Mont, alors desservi par des Minimes de notre nation. Leur couvent devrait être encore désert, à défaut de Minimes français à y replacer, si S. S. Léon XII n'avait cru avoir le droit de remplacer nos moines supprimés et morts depuis la révolution, par treize dames du Sacré-Cœur de Jésus, qu'il fit venir de Paris sous Charles X pour l'éducation des filles nobles de ses États. Mais il ne paraît pas que cette institution ait pris racine dans Rome, où les mères ont l'habitude de se contenter pour leurs filles de l'éducation qu'elles ont reçues elles-mêmes.

Castor et Pollux debout à côté de leurs chevaux, colosses que Constantin fit transporter d'Alexandrie, ont donné au *Mont Quirinal*, au *palais pontifical* et à la belle place qui le précède, le nom de *Monte-Cavallo*. Ces chefs-d'œuvre du ciseau grec sont placés séparément chacun sur un piédestal, dont l'un porte le nom de *Phidias*, et l'autre celui de *Praxitèle* : on ne pouvait pas mieux choisir. *Opus*, dit l'inscription : *incertum*, ajoutent les savans ! mais ces groupes sont si beaux, que le nom *certain* de leurs auteurs ne ferait qu'ajouter à leur gloire personnelle et rien à l'admiration du spectateur. Au-devant de ces statues jaillit une de ces admirables fontaines qui, avec un luxe exclusivement romain, contribuent puissamment à rafraîchir et d'une manière très-sensible la température ardente de l'été sur les places, dans les rues, dans la cour des palais et même dans quelques églises. Cette fontaine fait face à l'entrée du palais pontifical, placée très-irrégulièrement à l'un de ses angles, et surmontée du balcon officiel d'où le pape donne sa bénédiction solennelle, quand il ne peut aller la donner sur le balcon de Saint-Pierre ou de Saint-Jean de Latran. Le Quirinal avait été grandement et habilement disposé pour recevoir le César français. Les marbres les plus précieux, les statues et les peintures des artistes contemporains étrangers, italiens et français, avaient, ainsi que d'autres élémens de décoration et d'embellissement, transformé merveilleusement le palais pontifical en palais impérial. Le Danois *Thorwaldsen* y avait modelé Alexandre à Babylone, l'Italien *Finelli* le triomphe de Trajan, et le Français *Ingres*, aujourd'hui directeur de l'académie de France, avait suspendu au plafond de la chambre à coucher de Napoléon le songe d'Ossian ! Hélas! tout cela fut le songe de Napoléon, à qui la Fortune avait imposé, comme une condition de ses autres faveurs, de ne jamais voir la ville des Césars. Ce fut également le songe de Rome tout entière, qui l'attendait avec une sorte de démence : car, elle aussi, elle avait rêvé qu'elle allait redevenir la capitale du monde!

Le palais Quirinal s'étend par ses vastes dépendances le long de la *strada Pia* jusqu'au *Casin des Quatre-Fontaines*, qui en fait partie, et de l'autre côté, sur la pente de la colline jusqu'au petit palais de *la Daterie*. Le jardin est grand, orné de belles fontaines, dont les dérivations cachées sous l'herbe surprennent assez grotesquement par d'imperceptibles jets d'eau la confiance des promeneurs. L'eau fait aussi mouvoir la désagréable harmonie d'un orgue hydraulique. De hautes charmilles, bonnes sans doute contre la chaleur, mais moins bonnes que des allées d'arbres touffus, complètent le mauvais goût de ce jardin, sur lequel donnent les appartemens de Sa Sainteté. Le palais est à peu près dépourvu d'objets d'arts antiques et modernes. Cette simplicité est digne d'éloges pour la tiare, qui fort heureusement s'en est dédommagée au palais du Vatican. A gauche en entrant sur la place est le corps-de-garde des Suisses; à droite, est le palais et le tribunal de la *Sagra Consulta;* des casernes de cavalerie et d'infanterie en sont voisines, et tout annonce, aux premiers pas que l'on fait sur la place de Monte-Cavallo, d'où la vue domine Rome entière, la résidence d'un petit souverain viager, qui a toute son armée autour de lui. Le pape n'est un grand souverain que quand il officie à Saint-Pierre : là seulement est la majesté du trône théocratique, puissante dans l'église, nulle dans le palais.

Le mont *Pincio*, qui donne son nom à la porte et à la rue *Pinciana*, est la plus délicieuse colline de Rome; aussi Lucullus et Salluste l'avaient couverte de leurs jardins. La destinée du *Pincio* s'est continuée, et, sauf certaines recherches de volupté particulières à l'ancienne Rome, les jardins modernes, tels que ceux de *César*, dessinés par l'architecte Berthault, et les villas *Medici* et *Ludovisi*, ont accepté l'héritage. La rue *Pinciana* sépare ces deux villas et présente un double but de promenade aussi agréable sous le rapport des jardins qu'instructive et attachante sous celui des arts. Car tel est le caractère de ces maisons de plaisance, tant de celles qui, ainsi que les villas *Pontificia Vaticana, Medici, Ludovisi, Mattei, Corsini, Pamfili*, et *Negroni*, sont dans l'enceinte de Rome, bien que quelques-unes aient plusieurs milles de circuit, que de celles qui, ainsi que la villa *Borghèse*, hors de la porte *Pinciana*, et la villa *Albani*, hors de la porte *Salara*, réunissent au plus haut degré la richesse des palais et des monumens avec la beauté des jardins. La villa *Medici* a été bien choisie pour être le siège de l'académie de France, au lieu de ce lourd et majestueux palais, bâti par Louis XIV dans la rue du Cours, qui, parcourant la partie la plus basse de la ville et la plus tourmentée par le contact social, convenait si peu à l'indépendante étude des arts, à qui il faut de l'air, de la lumière, de la solitude, et de l'inspiration venue d'en haut. La *villa Medici* est l'ouvrage de l'architecte *Annibal Lippi*, qui la construisit pour le cardinal *Alexandre Medici*, lequel s'appela *Léon XI* pendant vingt-sept jours seulement. Les jardins ont un mille et demi de tour, et dans le supérieur s'élève du sein d'un labyrinthe de cyprès, surnommé le Mausolée, un monticule sur lequel est placé une espèce d'observatoire, d'où la vue embrasse Rome, Saint-Pierre, le Vatican et la féerie de la villa Borghèse. Rien n'est comparable au spectacle de l'illumination de la coupole et de la girandole du fort Saint-Ange, vu de ce pavillon aérien, ou bien des bosquets sombres et silencieux de chênes verts qui bordent la grande terrasse. Tel est l'asile ouvert aux jeunes artistes de l'académie de France. Ils doivent y devenir poètes et rendre à l'Europe ce beau siècle des Médicis, dont ils habitent le palais. Les beautés de la nature et de l'art posent continuellement devant eux ; car la nuit aussi y ajoute ses révélations : le Colysée vu

au clair de lune et le musée du Vatican aux flambeaux doivent enrichir également la palette et la pensée de l'artiste.

La *villa Ludovisi* occupe une petite partie de ces fameux jardins de Salluste que Vespasien, Nerva et Aurélien préféraient à leurs palais. Il était difficile à Rome moderne de consacrer par une plus gracieuse demeure le souvenir de celle du grand historien; et il fallait bien que sur ce sol de merveilles il restât encore quelque chose de ce vieux génie romain, puisque le palais, les trois casins et les jardins de la villa Ludovisi, remplis de statues antiques et ornés des plus belles peintures modernes, furent élevés, distribués et disposés, tels qu'ils le sont à présent, dans l'espace de trente mois seulement sur les dessins du célèbre *Zampieri*, dit *le Dominiquin*. C'est encore un des miracles de ce népotisme, puissance aujourd'hui inconnue; mais le cardinal Ludovisi, neveu de Grégoire XV, en profita habilement. Parmi les chefs-d'œuvre de cette villa sont les plafonds du petit casin, nommé *del Monte*, à cause de sa position élevée. Sur l'un *le Guerchin* a représenté l'*aurore*: c'est un poëme tout entier, où toutes les figures sont admirables : sur l'autre, il a peint la *renommée*, et celle-ci est encore un plus grand chef-d'œuvre. Les plantations très-variées, ainsi que les fontaines, confondent leur architecture tant soit peu hétérogène pour continuer celle des fabriques. Car sous le rapport des jardins, rien n'a été changé dans Rome stationnaire : et les siècles doivent passer autour de ses colonnades de verdures, comme autour de ses portiques de marbre.

La porte *Pinciana* mène à cette *villa Borghèse* si populaire à Rome à cause de ses ravissantes promenades, de ses bosquets mystérieux, de son lac, de ses eaux jaillissantes, de son hippodrome, de son temple, de ses casins, et de l'immense réunion d'antiquités que la famille Borghèse n'a cessé d'y rassembler depuis son fondateur le cardinal Scipion, neveu de Paul V. Le népotisme, heureusement, a été éminemment monumental. La villa Borghèse est un de ses plus magnifiques témoignages; elle est située sur l'antique villa du grand Pompée, dont les anciens ont laissé de brillans récits. La moderne n'a pas démérité de l'antique, et sans entrer dans le détail du musée du Grand Casin, sans même en signaler les trop nombreux chefs-d'œuvre, je me contenterai de dire que les objets d'art du musée Borghèse cédés par feu le prince Camille au musée de Paris pour le prix de treize millions, ont été remplacés en moins de trois années, tant la terre italique est inépuisable. Malheureusement la *malaria* détruit le charme de ce séjour vraiment enchanté, où les jardiniers ne peuvent coucher pendant six mois de l'année. Aussi ne s'y promène-t-on jamais dans ces belles soirées d'été, où la fraîcheur de cet Éden romain serait si recherchée, et les bosquets de lauriers, les voûtes de chênes verts, ne voient sous leurs ombrages que des troupeaux de cerfs et de daims, dont les promeneurs, plus timides qu'eux, ne troublent plus la solitude.

L'on a l'idée des trésors de la *villa Albani*, créée par le cardinal Alexandre, neveu de Clément XI, au commencement du dix-huitième siècle, quand on entend dire à Rome qu'après le Vatican et le Capitole, le musée Albani est le premier. Cent quarante-quatre colonnes antiques de granit oriental, dont trente-six grandes, qui soutiennent les arcades du Casin, et quarante petites celles des galeries latérales, annoncent la prodigieuse richesse de cette villa en objets d'art. Les fondateurs des villas romaines ont assuré la gloire et le bien-être de leur patrie, et, Mécènes de la postérité, ils lui ont légué le triomphe des beaux-arts sur la barbarie.

Si la villa Albani est la plus riche en marbres et en statues, la *villa Pamfili Doria*, hors de la porte *San-Pancrazio*, est certainement la première pour la beauté du site, la variété et la disposition des jardins, l'abondance des eaux, la végétation, et aussi par l'étendue, puisqu'elle a six milles de circuit. Le Casin a quatre étages, dont toutes les chambres sont ornées de statues plus ou moins rares et de meubles précieux. Des fouilles récentes ont fait découvrir dans les jardins plusieurs monumens mortuaires d'une haute antiquité, connus sous le nom de *Colombarium*, à cause de leur forme. Ils ont été soigneusement recueillis et pittoresquement disposés, ainsi que les inscriptions funèbres, en cimetière antique sous un massif de bois, dont le silence et l'ombre le protégent également. Les pins-parasols de la *villa Pamfili* ont obtenu une célébrité européenne par leur élévation et forment une variété du plus grand effet au milieu des plantations de toute nature qui embellissent cette villa.

J'ai déjà parlé des Thermes de Dioclétien, à propos des bains de Titus, qu'ils surpassaient en étendue et en magnificence. On sait que cet empereur fut l'un des persécuteurs les plus sanguinaires des chrétiens, qu'ennuyé du pouvoir et de la cruauté il abdiqua l'un et l'autre, et passa le reste de sa vie à cultiver des légumes à Salone, sur la mer Adriatique. La destinée de ses Thermes n'est pas moins étrange, et ils sont aussi habités par des cultivateurs de laitues. Sur leur immense emplacement, il existe deux églises, *Santa Maria degli Angeli* et *San Bernardo*. L'origine de la première est ainsi relatée dans la Légende : En 1516, le curé de *Sant'Angelo* de Palerme, ayant découvert sur le mur de son église une fresque représentant *sept anges* en adoration de la Majesté divine, inspira facilement à ses ouailles cette dévotion nouvelle, et la prit lui-même tellement à cœur, qu'il forma le projet de l'importer à Rome. Il s'y rendit en effet en 1527, sans avoir pu réaliser son espérance. Mais quatorze mois après, comme il célébrait la messe le 7 septembre, il eut la vision du lieu où devait être placée l'église des Sept-Anges, le chercha, le reconnut dans la grande salle des Thermes de Dioclétien, et écrivit à l'encre rouge sur sept de ses colonnes le nom de chacun des sept anges. Pie IV, Médicis, qui régnait alors, chargea Michel-Ange, âgé de quatre-vingt-huit ans, de convertir cette salle en une église dédiée à *Sainte-Marie des Anges*. Les huit monstrueuses colonnes qui la soutenaient et dont sept avaient été marquées par le prêtre, soutiennent encore le beau monument du génie et de la vieillesse de Buonarotti. Cette église fut donnée aux Chartreux, ainsi que depuis celle de *Saint-Bernard*, bâtie sur d'autres ruines de ces Thermes. Michel-Ange éleva le vaste cloître de la Chartreuse, dont cent colonnes de travertin supportent les portiques. Une belle fontaine entourée de cyprès rafraîchit la cour intérieure. Notre sculpteur Houdon a placé à l'entrée de ce cloître une statue de saint Bruno, dont Clément XIV disait : *Elle parlerait, si la règle de son ordre ne lui prescrivait le silence.* Indépendamment de ces deux églises, les papes Grégoire XIII Buoncompagni, Urbain VIII Barberini et Clément XI Albani, élevèrent aussi sur ces Thermes d'immenses greniers publics, sous lesquels les Romains vont prendre le plaisir du jeu du ballon. Le reste du terrain est le *Campo Marzo* du pape et sert aux exercices militaires. La fontaine *de Termini*, qui donne l'*Acqua Felice* de Sixte-Quint, dont la villa était voisine, jaillit sur la partie septentrionale des bains de Dioclétien ; leurs énormes massifs recèlent les cellules des solitaires. L'on peut juger par ces grands établissemens, et par ce qui reste encore de ruines et de sol libre, quelle était l'étendue *delle Terme Diocleziane*.

Je reviens aussi au mont Cælius, sur lequel se groupent dans un horizon peu étendu tant de contrastes d'architecture monumentale. Et d'abord c'est un temple élevé à Claude, sur le lieu où finissait le grand aqueduc dont les vestiges conduisent encore de Rome à Marino. Ce temple fut transformé en l'église de *San Stefano Rotondo*, ainsi nommée à cause de sa forme circulaire. Un double rang de colonnes tourne à l'entour ; l'intérieur est revêtu des peintures atroces et saignantes du *Pomarancio* et de *Tempesta*, qui se sont barbarement étudiés à représenter tous les genres de tortures appliqués aux chrétiens : de sorte que l'on croit plutôt être dans le boudoir de Claude que dans l'église de Saint-Étienne, à qui, en sa qualité de *Protomartyr*, ces peintres ont cru devoir rendre cet horrible hommage de leur pinceau. Fort heureusement cette église n'est ouverte que dans la matinée du dimanche. A droite est un grand pilier de l'aqueduc de Claude, continué par Néron jusqu'au Palatin. En face est la délicieuse église de *Santa Maria in Dominica*, où l'on vient se reposer des tortures de *San-Stefano*, par les belles fresques de Jules Romain et de Pierin del Vaga, élèves de Raphaël le restaurateur de cette église ; elle s'appelle aussi la *Navicella*, d'un petit navire de marbre placé au-devant de son élégant portique, sur la place où s'ouvre la villa Mattei. L'église de Saint-Grégoire, également sur le Cælius, fut fondée par ce pape ; elle renferme de très-belles fresques dues à la rivalité du Dominiquin et du Guide. Le portrait du saint est d'Annibal Carrache, et sa statue, ébauchée par Michel-Ange, fut terminée par un Français, son élève, nommé *Lorain Cordier*. On voyait autrefois dans cette église la tombe et l'épitaphe tant soit peu profanes de la célèbre *Imperia*, l'Aspasie du siècle de Léon X, qui soutint merveilleusement par son esprit, sa beauté et la qualité de ses adorateurs, la dignité de la *courtisane romaine ;* l'épitaphe disait en latin : *Imperia, courtisane romaine, qui, digne d'un si grand nom, offrit le type d'une beauté rare parmi les hommes, vécut vingt-six ans et douze jours et mourut le 15 août 1511.* Sa fille, nommée *Lucrèce*, soutint héroïquement l'honneur de son nom, en s'empoisonnant pour se soustraire à la passion du cardinal Petrucci.

J. NORVINS.

ROME.

VII.

Ponte Molle. — Porte du Peuple. — Jardins de César. — Port de Ripetta. — Palais Borghèse. — Charles IV. — Pont Saint-Ange. — Palais Farnèse. — Église de la Mort. — Palais Falconieri. — La Farnésina. — Ponte Sisto. — Isola Tibertina. — Ponte Fabrizio et Cestio. — Ponte Rotto. — Temple de Vesta. — De la Fortune virile. — Palais de Pilate. — De Rienzi. — Mont Palatin. — Cloaca Massima. — Santa Maria in Cosmedin, Bocca della Verità. Ponte Sublicio. — Trastevere. — Ripa-Grande. — Hospice Saint-Michel. — Santa Maria in Trastevere. — Cimetière du Saint-Esprit. — Mont Aventin. — Églises. — Mont Janicule. — Palais Corsini. — Le Tasse.

Le pont d'Émilius Scaurus, si bien nommé *Emiliano*, et depuis par corruption *Milvio*, et ensuite *Molle*, on ne sait pourquoi, est le premier pont sur le Tibre aux approches de Rome. Il n'a conservé de son antiquité que ses piles, sur lesquelles posent les quatre arches refaites par le pape Nicolas V, vers 1450, et la haute tour carrée de Bélisaire. Son plus beau souvenir, sans doute, c'est d'avoir été le théâtre de l'épisode final de la victoire de Constantin sur Maxence, et d'avoir vu, après l'apparition de la croix dans le ciel, le tyran précipité de son parapet dans le Tibre, qui l'engloutit avec une partie de son armée. Son monument moderne, à l'entrée de la voie *Flaminia*, est la statue de saint Jean Népomucène, qui semble placée sur ce pont pour effrayer les chevaux et donner au saint l'occasion de nouveaux miracles. Grossi des quarante-six affluens qu'il a reçus depuis sa source, et dont les plus considérables sont la *Nera* et le *Teverone*, le Tibre cependant ne court pas; mais il se contente d'arriver lent et limoneux à la ville éternelle, ainsi qu'un vieux sénateur revenant poudreux de sa *vigna*. C'est à la *Porta del Popolo* que le *Tevere* prend son titre de citoyen romain, par ces noms de *Ripetta* et de *Ripa Grande*, petit et grand rivages, donnés aux deux parties de la longue rue riveraine qui, transformée en quai, devait commencer à cette porte et se perdre aux ruines enfumées de la basilique de Saint-Paul hors de la ville. On salue l'entrée du Tibre à Rome de toute l'étendue de cette belle place du Peuple, où viennent stationner chaque jour les interminables files des promeneurs indolens voiturés sur le *Corso*. Pendant cette station, qui, ainsi que les plaisirs en plein air, dure jusqu'à *l'Ave-Maria*, ont lieu auprès des voitures des causeries d'un vif et doux intérêt. De ce vaste forum de la conversation romaine, divergent vers le centre de la ville trois belles rues, *Ripetta* à droite, le *Babuino* à gauche et le *Corso* entre les deux. A présent on voit aussi le Tibre paternel, des hauteurs verdoyantes du *Pincio*, transformées en jardins de César par l'architecte de Napoléon, avec des rampes douces et croisées pour les voitures, des bosquets, des fontaines, des statues et des terrasses faisant suite à celles de la villa Médicis. C'est le premier jardin public qui ait été planté dans Rome depuis les papes. Du temps d'Auguste, un bois de peupliers s'étendait de son mausolée jusqu'au bout du Champ-de-Mars le long du Tibre, et couvrait toute cette place actuelle du Peuple, se mariant ainsi aux antiques plantations du mont *Pincius*. On parla long-temps d'Auguste sous ces arbres qu'il avait plantés; on parlera aussi long-temps de Napoléon sur les terrasses du *Pincio*. La construction si noble et si élégante de ses jardins, qui descendent jusqu'au sol de l'obélisque, donne à la place du peuple une beauté nouvelle, en opposant une masse de verdure riante et embaumée aux ondes jaunâtres du fleuve et à la sévère majesté des monumens. Le siècle est entré et a pris rang dans Rome pontificale sous la forme d'un jardin; et, grâce à Napoléon, les arbres proscrits depuis les Césars ont gagné leur procès.

Le Tibre a été de toute antiquité si aimé à Rome, que le nom de *Flumentana* avait pu être donné jadis à la porte près de laquelle il entrait dans la ville. Mais depuis, et avec plus de raison, elle prit le nom de *Flaminia*, de la route qui passe sous son immense arcade. Ensuite elle fut définitivement nommée *Porta del Popolo*, à cause de l'édification de la belle église de *Santa-Maria del Popolo* par le pape Pascal II. Cette porte est un véritable arc de triomphe, qui convient à l'entrée de l'ancienne maîtresse du monde. Le pape Pie IV, Médicis, la restaura telle qu'elle est aujourd'hui d'après le dessin de Michel-Ange, exécuté par Vignolle; chacun de ses côtés est orné de deux colonnes de marbre entre lesquelles sont placées, à droite la statue de saint Pierre, à gauche celle de saint Paul : Rome chrétienne ne pouvait être annoncée plus dignement. Mais aussitôt qu'on l'a franchie, on demeure comme enchanté par l'aspect majestueux de cette place véritablement monumentale. Au milieu, s'élève l'obélisque qu'Auguste rapporta dans sa patrie en témoignage de la réduction de l'Égypte en province romaine. Sixte-Quint eut la noble idée d'en décorer la place du Peuple et aussi d'y laisser, parmi les inscriptions qui consacrent la réédification de ce monument, celle par laquelle Auguste le dédiait au Soleil, en le plaçant dans le Champ-de-Mars. Une large et haute fontaine fait face en avant de l'obélisque à la *Via del Corso*, dont les portiques de deux autres églises, placées aussi sous l'invocation favorite de sainte Marie, dessinent merveilleusement l'entrée.

Ainsi en entrant dans Rome on connaît à l'instant, par ces trois églises consacrées à la Vierge, la religion dominante des habitans. Et en effet, il est remarquable que, tandis que quarante-cinq églises y sont consacrées à la Vierge, Dieu n'en ait que deux, celle du *Bambin Gesù*, et celle de *Gesù*, qui appartient aux jésuites ; et deux en commun avec sa mère, l'une sous l'invocation de *Gesù-e-Maria*, l'autre sous cette singulière appellation, *Domine, quò vadis?* Or voici ce que dit saint Ambroise à cette occasion. « Il y avait près de la porte Saint-Sébastien une petite chapelle dédiée *alla beatissima Virgine delle Palme*. La tradition rapporte que la Notre-Seigneur apparut à saint Pierre, qui fuyait de Rome. L'apôtre étonné dit au Christ : «Maître, où vas-tu? *Domine, quò vadis?* — Je vais à Rome, répondit Jésus, pour être crucifié une seconde fois. » Après ces mots, il disparut, laissant sur le sable la trace divine de ses pieds. Depuis lors la chapelle des *Palmes* reçut son nom de l'étrange question de saint Pierre à Notre-Seigneur.

Le port de *Ripetta* est le port champêtre de Rome, dont *Ripa grande* est le port marchand. Au premier, débarquent les vivres et les productions qui viennent de la Sabine, si riche en blé, en légumes, en fruits et en fourrages ; cette destination est antique, comme celle de *Ripa grande*, qui reçoit tous les produits de la mer. Aussi c'est un spectacle curieux que celui de ces deux ports, si vivans, si animés, en raison de la différence pittoresque de races, de langages, de vêtemens, de marchandises et de bâtimens des deux espèces de navigateurs qui les fréquentent : c'est comme le rendez-vous de deux peuplades étrangères, dont l'une habite la maremme et l'autre la montagne ; ceux-là pêcheurs et matelots, ceux-ci laboureurs et bateliers.

Les bateaux de la Sabine abordent à un port tout de marbre, dont l'une des deux rampes circulaires conduit par vingt degrés à l'église de *San Girolamo dei Schiavoni*, et l'autre à un magnifique portique de dégagement du *palais Borghèse*. L'église fut fondée par un ermite esclavon du nom de Jérôme, qui la dédia à son patron. C'était à l'époque où les Esclavons, chassés de leur patrie par Mahomet II, vinrent, avec trois de leurs évêques, demander un asile au souverain pontife, en 1453. Nicolas V leur concéda le terrain qui s'étend de la porte du Peuple à l'église actuelle, et ils s'y établirent sous des baraques. Peu après arrivèrent aussi à Rome la reine de Bosnie et Démétrius, prince de la Morée, également dépossédés par le Grand-Turc. Leur malheur, pareillement accueilli, servit puissamment la misère des premiers venus : l'église fut bâtie, ainsi qu'un hôpital ; des écoles furent établies pour les enfans esclavons de l'Illyrie et de la Dalmatie ; enfin la rue Ripetta fut ouverte et bâtie par ces fugitifs.

C'est entre cette rue, la *via Condotti* et la place qu'est assis le vaste palais Borghèse, à qui sa forme a fait donner le nom de *Cembalo*, clavecin. Le pape Paul V le donna à sa famille avec ce qu'il fallait pour le continuer. *Martin Longhi il Vecchio* en fut l'architecte. Malgré l'irrégularité vraiment choquante de sa forme extérieure, cet homme habile trouva le moyen d'y encadrer une grande cour carrée, qu'il entoura d'un double étage de portiques, soutenus par quatre-vingt-seize colonnes de granit égyptien, et qu'il orna de trois statues colossales d'impératrices romaines ; cette cour communique à un jardin décoré de vases, de statues et de fontaines. Le rez-de-chaussée renferme cette précieuse galerie où l'Europe vient admirer les œuvres des grands maîtres, et entre autres de celui qui, à l'âge de trente-sept ans, enlevé à la gloire, aux arts, et aussi à l'amour comme à l'idolâtrie de ses contemporains, avait produit trois cents ouvrages, et avait vu Michel-Ange jaloux de son génie ! Il suffit de nommer, pour Raphael, la *Déposition du Christ au tombeau*, chef-d'œuvre qu'il fit à l'âge de vingt-quatre ans ; pour le Garofolo, la *Descente de croix* ; pour le Dominiquin, la *Chasse de Diane* ; pour le Titien, l'*Enfant prodigue*, l'*Amour divin* et l'*Amour profane* ; la *Fornarina* de Jules Romain ; et la *Danaé* du Corrège. Des fontaines jaillissent dans une des salles et dans la galerie qui donne sur le port de Ripetta.

Les grands appartemens sont au premier étage, et ont leur entrée par ces portiques; ils sont également décorés de beaux tableaux et d'un très-riche mobilier : au-dessus est la bibliothèque. Le palais Borghèse est une demeure vraiment royale, ainsi que les palais Barberini, Colonna, Doria, Farnèse, Corsini, etc. Il fut le dernier asile de Charles IV et de sa famille, en 1812, moins Ferdinand et don Carlos, alors habitans de Valençay, où ils fêtèrent si bien le mariage de Napoléon. Dans cette année 1812, on se serait cru à peu près aux temps de l'ancienne Rome, tant il y avait alors, dans cette seconde capitale de l'Empire français, de souverains sans couronne, détrônés plus ou moins par les événemens. Pour suivre l'ordre des dates, je citerai d'abord l'ex-directeur Barras, le roi de Sardaigne ensuite, puis Charles IV, la reine d'Espagne, la reine d'Étrurie, et le roi son fils, aujourd'hui prince de Lucques. Mais n'ayant à parler que des hôtes du palais Borghèse, je me bornerai à deux anecdotes dont j'ai été le témoin.

L'on sait que, de tous les princes de l'Europe, ceux qui portent à Saturne le culte le plus dévoué, ce sont les Bourbons de la maison d'Espagne. Fidèle à cette bizarre religion de ses pères, Charles IV, à l'époque de son départ de Madrid, où il laissait, sans arrière-pensée, les couronnes des Espagnes et des Indes, surveilla lui-même l'emballage de ses montres et de ses pendules qui l'accompagnèrent dans ses différens séjours. Tout avait été tellement sacrifié aux intérêts de l'horlogerie royale, que, quand la reine dut aller dîner chez l'empereur, au château de Marrac, il fut impossible de trouver dans les bagages la caisse des bas de soie, et qu'on fut obligé de lui en envoyer. L'étage occupé par LL. MM., au palais Borghèse, était exactement rempli de montres et de pendules. Le roi, ainsi que la reine, c'était une affaire d'étiquette, avait dans sa chambre à coucher un grand cadre de velours noir sur lequel quelques douzaines de montres étaient placées, sans compter les pendules de différentes grandeurs. Le comte de Saint-Martin, Piémontais, réunissait en lui toutes les grandes dignités de la couronne, et Charles IV, dont il était très-aimé, lui avait donné la plus grande marque de confiance, en le chargeant de l'inspection de son horlogerie. Le pauvre comte avait affaire, et certes de tout le palais il était le plus occupé. L'estomac du roi sympathisait avec ses montres d'une manière tellement mathématique, que, quand la montre favorite marquait une heure, S. M. mourait de faim : c'était l'heure immuable du dîner.

Un jour que j'avais l'honneur de dîner chez le roi, je m'étais rendu au palais Borghèse quelques minutes avant une heure. On était déjà réuni chez S. M., dont l'accueil fut aussi bienveillant qu'il avait coutume de l'être. Il le fut même davantage à mon égard, parce que le roi m'avait de plus accordé la faveur très-rare d'assister au concert qui avait lieu une heure après son dîner. « *Vous entendrez, cavalier*, me dit-il, *un fameux quintetto de Boccherini*. — Je m'inclinai, mais en levant les yeux sur le visage de Charles IV, que je venais de voir si calme et même si gracieux, je fus frappé de la subite métamorphose qu'il éprouvait. L'agitation de sa physionomie se communiqua soudain à toute sa personne. Le roi allait, venait, murmurait en espagnol des mots entrecoupés, entrait dans sa chambre à coucher, rentrait au salon, tandis que sa famille, sa cour et la reine elle-même restaient silencieuses. Quant au comte de Saint-Martin, le chagrin l'avait réellement pétrifié. Ceci me frappait toutefois uniquement, c'était que Charles IV fût devenu l'être le plus agité de son palais. Il fallait qu'il y eût, à une révolution aussi complète dans le système nerveux du vieux roi, une cause bien grave, que j'étais fort impatient de découvrir; car tout le monde paraissait dans le secret : moi seul je ne comprenais ni l'agitation du prince, ni la morne tristesse de sa famille. Profitant donc d'une nouvelle absence de S. M., qui venait encore de retourner dans sa chambre, et de plus, prenant réellement en compassion l'état du comte de Saint-Martin, que j'aimais beaucoup, j'allai à lui et lui demandai tout bas ce que pouvait avoir éprouvé le roi. « Vous n'avez donc pas entendu sonner une heure à la pendule? me dit-il. — Non, vraiment, c'était sans doute pendant que le roi me parlait. — Eh bien! mon ami, l'heure du dîner a sonné, le préfet du palais n'est pas venu l'annoncer, et voilà ce qui met mon bon roi hors de lui. Il est allé pour la troisième fois consulter ses montres et ses pendules; elles vont à merveille, et mon excellent maître, qui a bien pu perdre ses trônes, ne peut attendre son dîner. Telle est l'unique cause de son agitation. » Pendant qu'il me parlait ainsi, *sotto voce*, ses paroles me parurent accompagnées d'une espèce de petite sonnerie très-régulière. « Eh mon Dieu! cher comte, lui dis-je, qu'est-ce que c'est que ce petit carillon que j'entends tout autour de vous. — Voici ce que c'est, répondit paisiblement le grand-maréchal : je porte sur moi une demi-douzaine de montres paresseuses, que le roi a daigné me confier, afin de leur faire reprendre le mouvement qui leur manque pour marcher avec les autres, dont, grâce à Dieu, il est fort content. Quant à celles-ci, le roi les a mises en punition sur ma personne; mais le jour où elles auront repris le pas des autres, elles rentreront en grâce, et le roi sera l'homme le plus heureux de la terre; mais je m'attends... » Saint-Martin ne put achever. Charles IV entra, alla droit à lui, et lui dit avec feu : « *Saint-Martin, voyons tes montres.* » Au même moment parut le préfet du palais. Le roi lui montra la pendule, partit comme un trait vers la salle à manger, et nous suivîmes Sa Majesté. Saint-Martin avait bien deviné ; mais heureusement il ne fut pas obligé de vérifier les montres qu'il portait. Le roi, à peine assis au haut de la table, le Bénédicité avait déjà chassé les nuages qui couvraient au-dessus du plus grand nez connu le plus grand front d'une tête royale : le roi avait tout oublié. En voyant l'appétit du monarque, je m'étonnai moins de son impatience. Mais comme rien n'est plus rare que de voir aux princes un appétit aussi ferme et aussi solide, je demandai à Saint-Martin, qui s'était un peu remis, si Charles IV mangeait autant quand il régnait. Sur sa réponse affirmative, je commençai à mon tour à en vouloir au préfet du palais, qui devait bien connaître l'estomac de son maître. Le roi n'avait jamais bu de vin, pas même, me dit-il, de vin de Malaga; peut-être était-ce pour cela qu'il regrettait moins sa couronne. Et en effet, pour un roi buveur d'eau, c'était une vraie fortune que d'être retiré à Rome, où elle est excellente : seulement on la frappait de glace et on la lui servait dans un grand verre de cristal qui tenait une demi-pinte, et qu'il avalait d'un trait entre chaque épais carré de viande désossée, qu'on lui apportait tout arrangé, sans qu'il eût besoin de rien demander. J'avoue qu'en voyant pour la première fois une de ces portions cubiques placées devant Charles IV, je crus qu'il allait au moins en servir à la reine et à ses enfans ; mais cette scène se passait en monologue. Le roi des Espagnes et des Indes n'aurait donc conservé de despotisme que pour la table, s'il ne s'était aussi réservé celui de la musique.

A deux heures et demie précises à la pendule de confiance, le roi disparut ; à trois heures, la reine se leva, ainsi que sa famille, et l'on suivit S. M. dans un salon qui précédait celui de musique, où quatre symphonistes attendaient le roi, debout devant leurs pupitres. Un moment après, S. M. Charles IV arriva avec son violon sous le bras, comme un ménétrier villageois, dont il avait pris le costume. On était dans l'été ; l'affaire devait être chaude, et en sa qualité de premier violon, le roi ne l'ignorait pas. S. M. parut donc vêtue d'un grand gilet de nankinet lie de vin, rond, à manches, tout ouvert à cause de la chaleur, et d'une culotte de nankin avec des bas chinés. Ses vastes souliers étaient attachés avec de petites boucles rondes en argent au-dessus du cou-de-pied. Il portait une chemise sans col, avec un petit jabot. Un grand mouchoir rouge à carreaux sortait de la poche du gilet. Nous étions assis en rond, faisant face à la porte du concert. *Vous allez entendre le roi*, me dit la reine. Lors j'augurai de l'accent que S. M. avait mis à ces simples paroles une partie du plaisir que j'allais éprouver. En effet, le roi attaqua vigoureusement, non pas en maître, mais en vrai despote, la partie du premier violon. Ses quatre symphonistes, et je leur rends cette justice encore à présent, faisaient tous leurs efforts pour suivre le roi; ils en étaient venus presque à leur honneur pour le premier morceau. Cependant il était résulté pour moi, de cette manière nouvelle de concerter en manœuvre à peu près indépendante, l'espérance qu'ils jouaient une œuvre posthume de Boccherini, qui m'était inconnue, et que je comptais retrouver ailleurs. Fort heureusement cette pensée imprudente resta renfermée où elle était venue, quand Charles IV, ruisselant de sueur, toujours son violon sous le bras, et essuyant son grand front avec le mouchoir rouge, vint dans l'entr'acte recevoir les bassesses de nos félicitations. Où étais-tu, Charlet? Jamais œuvre plus comique, plus digne de toi, ne serait sortie de ton crayon, si tu avais pu saisir la nature de cette scène originale ! Enfin vint le morceau final, et cette fois, jamais, j'ose le dire, jamais charivari de village donné à un veuf qui se marie pour la troisième fois n'offensa autant des oreilles humaines. Nous étions tous, dans cet état, entre la stupeur et le désespoir, qui résulte d'une grande catastrophe, telle qu'un tremblement de terre, quand le roi reparut comme le spectre du quintetto, avec le violon, le mouchoir, un singulier désordre de toilette, l'œil enflammé, hors de lui, pantelant, harassé, tandis que les autres allaient toujours, lui ayant fini ; et brandissant son archet, à nous crever les yeux, il s'écria : *Vous les entendez encore!... ils n'ont pas pu me suivre, ces Romains.. Ah! si j'avais ici mon violoncelle Duport!... Vous l'avez connu, cavalier?* s'adressant à moi.... *Celui-là il me suivait!... mais eux!... voyez, ils vont toujours !* En effet, les concertans romains, que j'avais choisis parmi les premiers musiciens des théâtres, achevaient à eux quatre le quintetto déserté par le monarque. Moins lestes ou moins courtisans que Duport, ils n'osaient pas, par respect pour Boccherini, sauter les mesures et les lignes entières, que S. M. passait involontairement et sans s'en apercevoir. C'était ce qui venait d'arriver ; ce qui avait lieu de temps immémorial, me confia la reine, en ajoutant : *Le roi est si vif !*

Le cours du Tibre multiplie et métamorphose, à chaque pas que l'on fait sur le rivage, les aspects de la grande cité romaine, qu'il faut si peu de jours pour admirer et tant de mois pour bien connaître! Il semble qu'elle se renouvelle, ou plutôt se transforme au regard et à la pensée. Tantôt elle pose de face, tantôt elle pose de profil, cachant ou laissant voir ce qu'on n'apercevait pas de ses traits les plus caractéristiques, des signes palpitans des quatre âges de son histoire ou de sa vie privée. La longue route que le fleuve s'est ouverte dans son sein, toute bordée de palais, d'hospices, de temples, de prisons, de jardins, de monumens, réflète encore alternativement les sommets et les fabriques du Palatin, de l'Aventin et du Janicule. Le palais Borghèse a commencé le luxe monumental de son cours. Plus loin, sur l'autre rive, celle du *Borgo*, le mausolée d'Hadrien, surmonté de son archange, projette sur ses eaux l'ombre de ses créneaux, et le pont Ælien celle de ses arches et de ses statues. Jadis il fut couvert d'un portique qui, joignant ceux de Saint-Pierre, abritait du soleil les pèlerins des quatre parties du monde ; mais la transformation de la *Mole Hadriana* en citadelle enfanta un système de défense qui proscrivit les portiques, et les pauvres pèlerins, se trouvant tout-à-coup sans abri, furent ainsi sacrifiés au génie militaire, généralement si peu ami des monumens. Il en vint un si grand nombre pour le jubilé de 1450, qu'une partie fut étouffée sur le pont et une autre périt dans le Tibre par la rupture des parapets. La place qui précède le pont, du côté de Rome,

sert à la fois de marché et de lieu d'exécution ; aussi on y voit la chapelle de *Saint-Jean le Décollé*, dont la généreuse confrérie se dévoue au service des condamnés.

Les palais *Farnèse* et *Falconieri* continuent la grande décoration du Tibre. L'église de la Mort les sépare et semble une tombe circulaire entre deux musées. L'invocation sous laquelle cette église est placée, est bien justifiée par une chapelle dont la décoration intérieure, de la plus riche et de la plus élégante architecture, est uniquement composée d'ossemens humains, qui en figurent les ornemens ; les têtes de morts en sont les pilastres, et les squelettes les statues. Une assez lourde imitation de cette chapelle sépulcrale existe dans les carrières sur lesquelles sont bâtis les faubourgs Saint-Jacques et Saint-Germain. Il valait mieux imiter le Panthéon. Le palais *Falconieri* est la résidence du cardinal Fesch, oncle de Napoléon, archevêque de Lyon et primat des Gaules, qu'il ne peut plus habiter. Il a enrichi cette noble demeure d'une admirable collection de tableaux, nouveau musée ouvert aux voyageurs avec une bienveillance journalière. Par sa beauté majestueuse et triste et sa construction puissante, le *palais Farnèse* est le type du palais romain. L'antique travertin du Colysée posa ses fondations, éleva ses galeries, forma ses murailles ; le *Bramante* le dessina, *San Gallo* le commença, *Michel-Ange* le termina : et pendant qu'il plaçait le grand portique sur douze colonnes de granit égyptien, qu'il renfermait la cour dans une double rangée de portiques, qu'il lui donnait à garder des colosses grecs et la cendre de Cecilia Metella, que le triple étage de cette royale demeure se remplissait des plus nobles et des plus austères monumens de l'antiquité, un grand artiste aussi, *Annibal Carrache*, ainsi qu'un poète qui jette des fleurs sur un mausolée, couvrait de ses fresques mythologiques si naïves, si gracieuses, si brillantes, les voûtes et les murailles de ces salons peuplés de dieux et de césars. Vis-à-vis du palais s'appuie au *ponte Sisto* la *Farnésina*, où Raphael fait oublier Carrache ; elle élève son casin délicieux au milieu de ses bosquets qui viennent fleurir sur le Tibre. Là, le bien-aimé de *la Fornarina* venait se délasser du sublime Mystère de la Transfiguration par celui des *Amours et des Noces de Psyché*, chefs-d'œuvre également immortels, dont l'un lui montrait le Paradis et l'autre l'Élysée.

Au-delà du *ponte Sisto* réédifié en 1473 par

Sixte IV, paraît au milieu du fleuve l'*Isola Tibertina*. Fille du Tibre et de Rome, elle élève dans les airs les clochers de *Saint-Grégoire* et de *Saint-Barthélemy*, et semble suspendue entre les ponts *Fabrizio* et *Cestio*, dont l'un vient de la ville et se nomme *Quattrocapi*, à cause des quatre hermès de Janus qui le décorent, et l'autre conduit au faubourg de *Trastevere*, où dort, dit-on, le vieux sang de la vieille Rome. Plus loin le fleuve se brise contre les ruines du *ponte Rotto*, jadis *Palatin*, le premier pont en pierre bâti à Rome; il rappelle les Scipions. Ce pont fut emporté trois fois par les crues du Tibre : la dernière fut sous Paul III, qui ne voulait pas suivre le plan de Michel-Ange, lequel prédit sa chute. A côté, sur le sol alluvionnaire du fleuve, se trouvent réunis quatre édifices qui datent chacun de l'un des quatre âges de Rome. Le plus antique est le temple élégant de la *Fortune virile*, orné d'un rang de colonnes ioniques, dédié par Servius Tullius à la Fortune, qui d'esclave l'avait fait roi ; c'est sans doute le monument le plus ancien de la reconnaissance humaine. Mais la *via Scelerata*, près de Sainte-Marie-Majeure, où l'impie Tullia fit passer son char sur le corps de son père, laisse aussi un souvenir sanglant de l'ingratitude de la déesse. A côté du temple est cette maison dite de *Pilate*, dite aussi du tribun *Rienzi*, irrégulièrement plaquée de fragments de marbre et d'inscriptions. Son architecture a un caractère d'étrangeté qui en fait remonter la construction bien avant l'invasion des Barbares. Vis-à-vis du temple de la *Fortune virile*, dont le carré long renferme depuis le neuvième siècle une église dédiée à la Madone, on voit, comme on le voit aussi du Tibre, ce temple grec si gracieux, si petit, si parfait, qui gardait le feu sacré de Vesta au sein d'une *cella* circulaire; il est soutenu par dix-neuf colonnes corinthiennes. Peut-être fut-ce par une sorte de commémoration du feu sacré qu'il fut depuis consacré à *Sainte-Marie du Soleil;* mais il n'y a aucun moyen d'excuser la grotesque dénomination de *Saint-Étienne aux Carrosses*, que lui donnent le bas clergé et le peuple de Rome ; à présent on l'a dédié à *Hercule vainqueur*. C'est un peu tard, il faut l'avouer, depuis la victoire d'Hercule sur les brigands de l'Aventin et la mort de *Cacus*, dont on voit toujours *la caverne* sur le bord du chemin. Le temple de Vesta est, pour l'architecture, ce que la Vénus de Médicis est pour la statuaire. Enfin près de ce temple s'élève le clocher à six étages de *Santa-Maria in Cosmedin*, mot grec qui veut dire parure ; on la nomme encore *Santa-Maria della Bocca della Verità*, à cause d'une tête de Jupiter Ammon qui est sous son portique et sur laquelle juraient les Égyptiens. On voit qu'il faut beaucoup de présence d'esprit à Rome pour ne pas confondre sans cesse le sacré avec le profane, quand l'Église elle-même en donne l'exemple par les étranges dénominations des lieux saints. Les fondations sur lesquelles repose cette riche et brillante église de Sainte-Marie, que plusieurs papes ont embellie avec une sorte de coquetterie jalouse, afin qu'elle ne démentît point de son surnom grec, étaient celles d'un temple dédié à *la Pudicité patricienne*, qui ne permettait point à la plébéienne d'y sacrifier. Ainsi telle serait l'origine des chapitres de nobles chanoinesses, qui ignorent sans doute l'antiquité de leur institution. Virginia, de sang patricien, épouse d'un plébéien, s'étant présentée au temple de la Pudicité patricienne, en fut repoussée à cause de sa mésalliance, et en consacra un à la *Pudicité plébéienne*. Il en fut de même pour le temple de *la Fortune virile* : celui de *la Fortune des femmes* ne tarda pas à s'élever ; ce fut un mémoire de la rencontre de Coriolan et de sa mère Véturie qui le désarma. Cette grande action, qui sauva Rome, méritait mieux l'apothéose que la royauté de Servius. Au-dessous du temple de Vesta est la *Cloaca Massima*, cet égout colossal construit par Tarquin l'Ancien, qui dessécha le marais où le berger Faustulus trouva les fondateurs de Rome.

Cette plage, berceau de Romulus, le fut également des traditions d'où est sortie cette grande histoire de Rome, qui avait bien droit, comme les cités de la Grèce, à une origine fabuleuse. Ainsi ce fut dans ce marais que les eaux du fleuve déposèrent les deux enfans de Mars et de Rhéa Sylvia ; de là le nom de *Velabrum*, *Velabro*, canton nautique, donné à cette partie de la ville, centre de la navigation du Tibre, et où des vestiges antiques, *Navalia*, indiquent qu'abordaient les bateaux nourriciers de la Sabine. Plutarque place sur cette plage la maison de Romulus. On y voyait aussi ce grand autel où Évandre sacrifiait quand Virgile y fait débarquer Énée. Là était un arc triomphal en l'honneur d'Horatius Coclès, qui, seul, avait défendu, contre l'armée de Porsenna, l'entrée du pont de la ville, du pont de bois, du *Sublicius*, pendant qu'on le coupait derrière lui. Là fut placée aussi la statue équestre de Clélie,

qui, otage de Rome au camp étrusque, se jeta dans le Tibre, et le passa à la nage. Ce pont, bien antérieur à la fondation de Rome, était dans une telle vénération, qu'il fut confié, comme un dieu domestique, à un collége de pontifes, chargés de le conserver intact, sans le secours du fer ni de l'airain, tel qu'il avait été construit primitivement, et restauré par Ancus Martius. C'était de ce pont que les Barbares de l'Aventin précipitaient, chaque année, pour apaiser Saturne, trente victimes humaines, qu'Hercule parvint à faire remplacer par trente manequins représentant des Grecs, ennemis de cette peuplade. Enfin ce pont sacré conserva l'usage de servir au supplice des criminels. Sous Tibère, Séjan en fut précipité, ainsi que plusieurs sénateurs qui s'étaient opposés à ce que Jésus-Christ prît place parmi les dieux de l'empire, comme le voulait Tibère. Ainsi l'on retrouve à chaque pas, dans l'enceinte de Rome, les témoignages matériels des récits de ses poètes et de ses historiens.

L'affluence des grandes barques qui remontent si péniblement le fleuve depuis *Fiumicino*, annonce le port de *Ripa grande*, ainsi que le vaste hospice de Saint-Michel, le faubourg de Trastevere. C'était dans ce port que débarquaient les obélisques de l'Égypte, les monstres de l'Afrique destinés aux chasses ou aux supplices des cirques, les monumens, les artistes et les philosophes de la Grèce, les trésors, les dieux et les trônes captifs de l'Asie, et que revinrent aussi en 1814 les anciens trophées de Rome, l'Apollon, le Laocoon, les chevaux de Corinthe, etc. *Ripa grande* n'est plus aujourd'hui que l'entrepôt du commerce pacifique des négocians romains avec ceux de France et de Naples ; commerce de cabotage, dont la littérature est exclue comme marchandise prohibée. L'État romain est si abondant en choses de première nécessité, que son mouvement commercial est à peine aperçu dans le port, où il y a cependant deux douanes. L'hospice de Saint-Michel est un des plus grands, des plus utiles et des mieux réglés de tous les établissemens de ce genre en Europe. Il renferme plus de sept cents individus des deux sexes, vieillards infirmes, enfans pauvres, à qui sont ouverts des ateliers pour tous les métiers, des écoles pour tous les arts, vraie pépinière d'artistes et d'artisans. Cet immense et splendide bâtiment déploie quatre étages sur le Tibre, percés chacun de quarante-huit fenêtres, et réunit dans son intérieur, sous les auspices d'une administration éclairée, une surveillance rigoureuse à une sollicitude vraiment paternelle. La charité est éminemment romaine : ses nombreuses fondations attestent l'inépuisable bienfaisance de ses habitans. Une des plus belles églises de Rome est certainement *Santa Maria in Trastevere*. Elle s'annonce sur sa façade extérieure par des mosaïques du douzième siècle, noble et simple décoration, qui correspond si bien à l'éternité du christianisme. Les colonnes de la nef sont ioniques, de granit et de consécration égyptienne ; car elles portent les images d'Isis, de Sérapis et du dieu Harpocrate. Le Dominiquin peignit dans cette église sa belle fresque de l'*Assomption*. Les paroissiens de Sainte-Marie, les Transtévérins, retracent sur leur physionomie ardente et prononcée le caractère des traits des anciens Romains, dont eux seuls, disent-ils, sont descendus, à dater probablement d'Ancus Martius, quatrième roi de Rome, qui réunit Trastévère à la ville. Leur fanatisme religieux serait peut-être égalé par leur fanatisme politique, si jamais ils ressaisissaient les armes de la liberté. Leur exaltation naturelle les porte aux excès de toute passion violente. La religion seule peut dompter et dompte en effet ces hommes nés orgueilleux, indociles, jaloux, vindicatifs, impétueux, mais passionnés pour les miracles et les plaisirs, et fidèles jusqu'à la mort à leurs affections. Aussi pour eux le carnaval est une longue saturnale, une orgie de huit jours; tandis que la semaine sainte est le temps de l'expiation et de la pénitence les plus rigoureuses. Les Transtévérins gardent pour eux les superstitions dont les Romains ne veulent plus : ils sont hommes et chrétiens comme au treizième siècle.

Le jour de l'octave des Morts est une des fêtes les plus populaires dans le quartier de Trastevere, où est situé le grand hôpital du Saint-Esprit, qui chaque jour entretient par des représentions funèbres, dont le caractère est local, l'ardeur de la dévotion sombre et dramatique des Transtévérins. Tous les soirs, les morts de la veille sont transportés au cimetière du bourg Saint-Esprit. Ces morts sont suivis d'un grand nombre d'habitans qui, bien que sans costume de pénitens, appartiennent tous à quelques confréries. La variété si originale de leurs vêtemens, toujours bizarrement ou artistement drapés, ajoute un nouveau pittoresque au lugubre convoi, dont les torches éclairent la marche, dont le chant monotone *Vive la croix!* marque le pas, comme un tambour sépulcral. La scène se développe bientôt dans la vaste cour du cimetière, où quatre-vingts fosses d'hommes et quatre d'enfans sont disposées, mais dont une est toujours ouverte, tant sont réguliers les envois de l'hôpital, A l'instant, parmi les assistans, retentit la prière des morts, dont les versets sont entrecoupés par les lentes litanies du moine gardien, et cette étrange mélodie, sillonnée d'accens puissans et passionnés, reçoit pour accompagnement le bruit strident des chaines auxquelles on suspend les cadavres nus, que l'on descend ainsi dans la fosse! les Transtévérins remplissent chaque jour tour à tour par confréries ce triste ministère envers des morts qui ne leur sont ni chers, ni même connus.

Mais le jour de l'octave des Morts, toutes les églises de Rome sont pavoisées de deuil : un grand nombre dressent de somptueux catafalques, et sous leurs portiques, des religieux assis devant une table, où ils ont placé le squelette d'un enfant enveloppé de langes d'or et d'argent, inscrivent les noms et les offrandes des fidèles, soit pour une messe, soit pour de simples prières. Ce jour-là, il n'est personne qui n'ait à recommander et à soulager une ou plusieurs âmes. Le tarif est connu, et d'ailleurs la piété, l'amour, l'amitié, ne marchandent point. C'est ce jour aussi que le cimetière du Saint-Esprit, où les rangs des morts sont si pressés, est visité par la foule, et d'ailleurs il y a spectacle. D'abord la statue de la *Madone du Rosaire* y est portée processionnellement, sur les épaules des pénitens, précédée, entourée et suivie des bannières des confréries. Pas un Transtévérin des deux sexes ne manquerait au cortége. Les mendians et les estropiés, qui sont plus hideux en Italie que partout ailleurs, se sont dès le matin emparés des deux côtés de la route escarpée qui conduit au cimetière, afin d'y solliciter la pitié publique. C'est entre cette horrible haie de spectres vivans que le peuple arrive, frénétique de dévotion, au théâtre élevé dans la grande cour, mais où les spectres du drame sont de vrais morts, drame muet, immobile comme la tombe, et qui livre à la barbare intelligence des spectateurs les paroles et les mouvemens qu'il n'a pas. En 1813, le sujet de la représentation était le jugement dernier, véritable pièce de circonstance. Au milieu de la scène, s'élevait un piédestal sur lequel des damnés, peints avec les couleurs des martyrs de Saint-Étienne le Rond, se débattaient, priaient, ou blasphémaient au milieu des flammes. Sur le piédestal était debout un ange embouchant la trompette du réveil des morts. Et afin de rendre l'action plus palpable aux yeux des spectateurs, plus palpitante de vérité, plus homérique à la manière du Dante, de vrais morts, ceux décédés la veille au grand hôpital, étaient placés sur le bord des fosses, comme s'ils en sortaient au son de la trompette, en attitude cadavérique de ressuscitans ! Aussi l'émotion fut complète et les baïoques pleuvaient pour racheter les âmes de ces cadavres dégradés par cette mise en scène vraiment satanique, dont Milton eût pu enrichir les représentations de son théâtre infernal et sublime.

Sur la rive gauche du Tibre l'Aventin s'élève couronné d'églises et de monastères, comme il l'était jadis de rochers et de forêts. D'abord c'est l'église de *Sainte-Sabine*, vierge et martyre ; vingt-six colonnes du temple de Diane la décorent. Après est *Saint-Alexis*, dont saint Dominique habita le couvent. Alexis était le fils du sénateur Euphémius et vécut pendant dix-sept ans sous un escalier, conservé dans son église. Ce furent ces deux monastères que Charles IV acheta lors de la vente des biens nationaux. Sainte-Marie Aventine est bâtie sur les fondations du temple de la bonne déesse dont les mystères n'étaient connus que des femmes, qui, à Rome, savaient garder un secret. Enfin est le beau *prieuré de Malte*, dont la vue embrasse le cours du Tibre et les scènes riantes du Janicule, où s'élèvent les casins *Lante* et *Corsini*. L'un est l'œuvre complète de Jules Romain comme peintre et comme architecte ; l'autre est la maison de plaisance du *palais Corsini*, au pied du Janicule, dont le casin occupe la pente rapide. Ce palais est l'un des premiers de Rome par sa grandeur, sa beauté, sa galerie et son immense bibliothèque, où l'on admire une riche collection d'estampes. L'église de *San Pietro in Montorio* et la fontaine *Paolina* sont les deux grands signaux du Janicule et de l'horizon de Rome. Ce mont sacré garde aussi deux illustres cendres, celle de *Numa* et celle du *Tasse*; mais heureusement le divin *Torquato* n'emporta pas, comme le divin Numa, ses œuvres dans sa tombe. La pierre sépulcrale du Tasse est dans l'église de *Sant'Onofrio*, et dans le jardin des moines est un vieux chêne sous lequel le poète, comme Virgile sous celui de *Laricia*, aimait à se reposer de sa gloire et de ses malheurs. La pierre tumulaire porte ces trois mots :

TORQUATI TASSI OSSA.

Modèle d'épitaphe funéraire pour les grands hommes !

J. DE NORVINS.

CAMPAGNE DE ROME.

Nettuno. — Porto-d'Anzio. — La Torre di San-Lorenzo. — Ardea.

On se souvient peut-être qu'à la fin du salon de 1831 arrivèrent deux paysages de M. Horace Vernet, représentant des chasseurs dans une forêt étrange, sauvage, sombre, et qui rappelait les forêts vierges de l'Amérique ; ces tableaux frappèrent par la singularité de couleur des arbres et par la rude majesté de l'aspect général. Cette forêt est la forêt de Nettuno. Arrivés à Rome, notre premier soin fut de nous informer auprès du directeur de l'Académie si l'on pouvait visiter les lieux qu'il avait reproduits ; il nous donna un itinéraire, nous dit que la forêt n'était située qu'à quelques lieues de Rome, et le 16 octobre, notre petite caravane, composée de trois Français et d'un domestique, partit sur ces indications. On va d'abord de Rome à Albano ; nous y arrivâmes à neuf heures du matin ; il fallut alors chercher des montures et un guide, mais Albano étant la maison de campagne des Romains pendant le mois d'octobre, les dames avaient loué tous les chevaux pour le temps de leur séjour, et ce ne fut qu'à midi que nous obtînmes, à grand'peine, quatre misérables ânes pour nous et notre domestique; le premier ânier du pays ne se trouvant pas libre nous amena une sorte de paysan en culottes courtes, chaussé d'énormes bas de laine, coiffé d'un bonnet de laine grise, et qu'il nous donna pour un *uomo capace*, un homme capable. Il fut convenu que nous donnerions trois *paoli* par jour pour chaque âne (trente sous environ), autant pour l'ânier ; que nous nourririons le tout, bêtes et gens. Nous achetâmes quinze livres de viande crue, parce qu'on nous avait prévenus que nous ne trouverions rien en route, et nous partîmes d'Albano au milieu du jour. — Combien d'heures de marche nous faut-il pour arriver à Nettuno, demandâmes-nous à l'ânier? — Sept heures, excellence.

Rien de plus solennel et de plus triste que la campagne romaine ; de longues plaines tout unies, rouges, brûlées, çà et là un débris d'aqueduc, ou un pin-parasol, et au bout, de délicieuses collines ; mais les environs d'Albano n'ont rien de cette sombre majesté ; ce sont des coteaux et des vignes. La chaleur n'était pas encore excessive ; nous nous retournions souvent pour admirer à tous les points de la perspective le village qui s'étageait derrière nous en amphithéâtre de verdure, et l'imagination excitée par la nouveauté de ce que nous allions voir, nous causions, nous chantions, nous riions, tout enchantés de nos montures à la Sancho Pança. Mais dès que nous eûmes quitté la grande route, et que nous entrâmes dans les machî, notre gaîté s'éteignit peu à peu et notre humeur changea avec le pays ; le mot *machî* vient de *macchia*, qui signifie broussailles en italien. Figurez-vous une étendue de pays immense, sablonneuse, mouvante, et parsemée, d'intervalle à intervalle, de petits buissons bas et rabougris ; pas une maison, pas une chaumière, pas une colline, pas un arbre, pas un pied de gazon ; le soleil dardait d'aplomb sur nos têtes ; nous marchions lentement, silencieux, séparés l'un de l'autre ; nos ânes, auxquels nous avions abandonné la bride, baissaient les oreilles ; le sable soulevé par leurs pieds nous entrait dans les yeux, s'attachait à notre gosier ; et, pour divertissement, nous n'avions que notre *uomo capace* qui avait mis toutes nos provisions et nos paquets dans des sacs, avait placé les sacs sur son âne, et s'étant hissé lui au-dessus de tout cela, trônait gravement là-haut, les jambes écartées, et marchant en avant comme un général d'armée.

Vers les cinq heures, nous arrivâmes à un endroit tellement sablonneux que nos ânes enfonçaient jusqu'au jarrets et ne pouvaient plus avancer ; il fallut mettre pied à terre et les tirer par la bride pendant un quart-d'heure ; heureusement il se trouva au bout une mare, où les malheureuses bêtes se désaltérèrent. A six heures du soir nous aperçûmes à gauche, sur un plan assez éloigné, un massif d'arbres considérable ; notre *uomo capace* nous dit que c'était la forêt de Nettuno, et que nous arriverions dans une heure ; les sentiers devinrent plus boisés et moins arides. L'heure se passa.

« — Quand arrivons-nous?
« — Dans une demi-heure. »
La demi-heure s'écoula, pas de village. Même demande.

« — Dans dix minutes nous serons arrivés, » répondit-il en hésitant un peu. La nuit venait; nous commencions à nous inquiéter; aucuns sentiers frayés; à peine quelques pas d'animaux pour nous guider; notre ânier prend un sentier à droite, puis à gauche, puis il retourne à droite, et enfin arrivant à une sorte de carrefour, il nous dit : « Je ne sais plus le chemin. » Nous avions entendu parler des coups de fusil des paysans romains, et cet homme, avec sa grosse mine impassible, et son air de curé, nous semblait un peu suspect; un de nous, plus violent, saute à bas de son âne, et s'élançant sur le guide en levant une énorme canne : — *Si tu non ritrovi la via, ti darò,... ti darò,...... une volée di colpi di bastone*. (Si tu ne retrouves pas ton chemin, je te donnerai une volée de coups de bâton.) Notre camarade n'était pas très fort sur les langues étrangères, et dans sa colère, ne trouvant pas le mot italien, il avait mis à la place le mot français *volée*. Nous ne pûmes retenir nos éclats de rire, malgré notre situation critique, et l'ânier, qui ne comprenait pas le français, mais qui avait parfaitement compris le geste de la canne, répondit tout tremblant qu'il allait chercher. Nous faisons la récapitulation de nos armes: deux paires de pistolets, deux cannes à épée ; nous pouvions nous défendre. L'ânier est placé entre deux de nous, et nous nous remettons en route, bien résolus à le tuer au premier signe. Après un quart-d'heure de marche, ne voyant aucun vestige d'habitation, nous décidons que si, dans cinq minutes, nous n'avons pas retrouvé notre route, nous nous arrêterons, que notre guide sera attaché à un arbre, et que nous passerons la nuit sous la feuillée; un de nous, grand chasseur, nous promet de nous faire une cabane de branchages... C'est cela, c'est cela! nous allumerons un grand feu, nous ferons rôtir notre viande, nous souperons comme des sauvages, avec notre prisonnier garrotté près de nous, puis nous nous envelopperons de nos manteaux; et nous bâtissions déjà des châteaux en Espagne à la Robinson Crusoé (tant on sait faire du plaisir avec tout, même avec les privations, quand on a vingt ans), lorsque par malheur notre chasseur s'écria: *Nous approchons, voilà des haies*. Après les haies vinrent les champs, puis les fermes, puis les troupeaux qui rentraient, puis les paysans, et enfin nous arrivâmes de front avec des espèces de charrettes dans un chemin creux et pierreux qui descendait jusqu'à Nettuno.

Il était nuit close. Nous entrâmes par une rue bordée de petites maisons basses et grossières : c'était le temps de la vendange. Il y avait dans le village une odeur insupportable de vin fermenté; devant les portes se voyaient des paysans raccommodant des cuves à la lumière d'une chandelle posée sur une borne ; nous apercevions aussi rentrer des hommes chargés de hottes, et enfin, au bruit de notre cavalcade d'ânes, les femmes et les enfans sortaient des maisons et nous regardaient avec de grands yeux.

« — Où voulez-vous aller, excellence?
« — A la meilleure auberge.
» — Je vais demander où elle est.
» — Comment! vous ne la savez pas?
« — Excellence, je ne suis jamais venu ici. »

Oh! pour le coup, nos excellences entrèrent dans une sainte fureur, et nous traitâmes l'*uomo capace* comme il le méritait. Heureusement, il n'y avait qu'une rue et qu'une place dans le village, et qu'une auberge sur cette place ; de façon qu'au bout de la rue nous trouvâmes nécessairement la place, et au bout de la place l'auberge. Je n'ai jamais mieux reconnu l'insuffisance et les lacunes des langues qu'en descendant dans ce bouge et en étant obligé de le nommer une auberge. Arrivés à un espace vide, voyant une porte tout ouverte, un grand feu au fond, nous pensâmes bien que c'était là l'hôtellerie ; nous mîmes pied à terre, et laissant nos ânes à l'ânier, leur digne guide, nous entrâmes dans cette salle. Ah! Lesage, où étais-tu?

Imaginez-vous une salle à peu près de cinquante pas et longue de soixante, située de plain-pied avec la rue et pavée comme la rue ; au fond, et en face de la porte, une énorme cheminée où brillait un grand feu ; à droite, une dizaine de petites tables auxquelles étaient attablés quelques trente paysans, pâles, maigres, hâves, avec les yeux brillans et creux, un chapeau pointu sur la tête, une ceinture rouge autour des reins, et sur l'épaule gauche une petite guenille trouée et rapiécée qu'ils drapent en manteau ; ils avaient pour lumière, sur chaque table, une petite lampe en cuivre, sans verre, fumante et infecte, et

buvaient, accoudés, un petit vin blanc enfermé dans des bouteilles de Montefiascone, ces bouteilles d'un vert clair, au goulot étroit, au ventre arrondi, et entortillées de paille ; à gauche, était une espèce de comptoir où une femme sale et laide comme une sorcière vendait du fromage, du saucisson, et coupait, pour les acheteurs, des tranches d'un énorme jambon cru, pendu au plancher ; derrière ce comptoir, se trouvait un petit fourneau, où la marchande, qui était en même temps cuisinière, faisait griller le jambon... Cette salle servait de cuisine, de cour, de basse-cour, de salle à manger, de comptoir, et à voir les dormeurs, on aurait pu dire aussi de dortoir ; comme il n'y avait pas d'autre porte pour aller à l'écurie, c'est par cette salle que passaient les chevaux, les ânes, les poules, les canards, et tout cela, bêtes et gens, braillait, hennissait, parlait, chantait et criait en même temps ! Notre costume n'était pas élégant : couverts de poussière, coiffés d'un énorme chapeau de paille, ayant des vestes rondes et des pantalons de peau, armés de nos grosses cannes, debout au milieu de cette étrange hôtellerie, nous regardions avec étonnement tous ces paysans qui nous regardaient avec insouciance, quand nous vîmes un grand homme, sec et maigre, qui vint se planter tout droit devant nous. Nous comprîmes que c'était le maître de ce Capharnaüm. Il avait sur la tête un chapeau pointu comme les autres paysans, et une veste brune à boutons noirs, et une culotte de velours qui avait été verte. Sa figure était grave et longue, ses lèvres minces, son nez fin et un peu pointu, ses yeux noirs, et sa prunelle, petite et cachée dans la paupière, laissait beaucoup de blanc dans le globe, ce qui lui donnait un air assez étrange. Il n'ôta pas son chapeau quand il nous aborda. Nous lui parlâmes comme on parle à un aubergiste de village, d'un ton impératif et sec, en lui demandant à coucher et à souper. Il mit ses deux mains dans ses poches, ne répondit pas et se mit à regarder la terre comme un homme qui réfléchit. Nouvelle demande de notre part, de ce même ton de grand seigneur. Il leva les yeux sur nous, toujours son chapeau sur sa tête et ses mains dans sa veste, nous regarda fixement comme un gendarme fait un contrebandier, et ne répondit pas davantage. Troublés involontairement par la taciturnité grave de cet hôte, qui ressemblait si peu aux hôtes de France, et qui ne paraissait pas du tout en désir de nous recevoir, nous lui réitérâmes notre question plus doucement. Il nous regarda encore, poussa un hum ! hum ! et puis tirant sa main de sa poche et la passant sous son menton, il nous dit :

« — Qu'est-ce que vous venez faire ici ? »

A cette question, nous restâmes confondus. Un aubergiste !

Enfin l'un de nous répondit :

« — Pour voir le pays apparemment.

« — Voir ! voir quoi ? En tout cas, si vous voulez que je vous loge, allez chercher une permission du gouverneur. »

Comme nous tombions de faim et de sommeil, nous lui expliquâmes très poliment que nous étions des peintres, des Français, que nous partirions le lendemain avant six heures du matin, et nous le suppliâmes de nous donner une chambre. Il nous écouta attentivement, et après un moment de silence et d'hésitation, il nous dit : « Eh bien ! je vous logerai ; attendez-moi, je vais chercher la clé. »

Sûrs de dormir, nous nous occupâmes à regarder tout ce qui se passait autour de nous, et je communiquais je ne sais quelle observation à mon compagnon, quand je sentis quelqu'un qui me prenait par le bras ; je me retournai : c'était mon âne qui allait à l'étable.

Notre hôte revint au bout de cinq minutes. Il avait une clé et était fort poli. Nous le suivîmes. Il nous fit traverser la place, une rue noire située à gauche, et alla frapper à une petite porte. Une vieille femme vint l'ouvrir et nous conduisit au second ; une des deux chambres donnait sur les bords de la mer, tout hérissés de rochers, et la lune jetait sur les flots mille étoiles d'argent ; nous ouvrîmes la fenêtre, le temps était doux et pur ; nous avançâmes notre table dans l'embrasure, et nous fîmes un délicieux repas, au bruit de l'eau, et à la clarté de la chandelle et de la lune.

Après le souper, l'hôte monta et nous dit que nous pouvions nous coucher en toute sécurité dans les draps ; car, ajouta-t-il, *il n'y a que cinq personnes qui y aient couché, et c'étaient des gens très propres*. Malgré cette assurance, chacun de nous se jeta sur un matelas, enveloppé dans son manteau, et notre domestique s'étendit par terre sur un sac de nuit.

Rien ne trouble tant le sommeil que les camarades de lit, et comme nous en avions à peu près cinq cents chacun (je n'ai pas besoin de nommer lesquels), nous étions levés avec le soleil. Nous vîmes entrer notre hôte, le sourire sur les lèvres. Il avait sa carte à la main, et tous les hôtes du monde se ressemblent à ce moment-là. Deux piastres pour le coucher et le souper (dix francs environ). Notre écot payé et nos montures prêtes, nous descendons et nous trouvons en bas notre *uomo capace* qui tenait fièrement nos coursiers et qui nous souhaite le *buon giorno* avec un air tout content de lui-même. Cela nous rappela qu'il ne savait pas la route; nous prîmes donc un guide pour notre guide, et nous voilà traversant la place de Nettuno sur nos ânes, avec grand fracas, au milieu des paysans de la veille qui nous regardèrent partir avec le même calme indifférent.

Voici quel était notre plan de route : Voir Porto-d'Anzio, traverser la forêt de Nettuno et aller coucher à Ardea; douze lieues environ.

De Nettuno à Porto-d'Anzio il y a une heure de marche; le chemin longe la mer. A la moitié de la route, on voit à gauche une admirable villa posée sur une colline et appartenant à la famille Borghèse. Porto-d'Anzio est une ville de forçats et de charbonniers. Les habitants vont dans la forêt de Nettuno; ils mettent le feu au pied d'un grand arbre, au risque d'enflammer toute la forêt; l'arbre tombe, brûle, et voilà du charbon.

Quant aux forçats, rien en eux ne nous parut extraordinaire; ils ont comme nos galériens le bonnet rouge, le pantalon de toile et l'amour du tabac. Les fous et les galériens ont cette même passion.

Nous restâmes quelque temps à les considérer; ils travaillaient à reconstruire une chaussée que la mer avait détruite. Avant d'avoir vu un bagne et une maison de jeu, on se représente toujours les forçats et les joueurs sous la figure d'Oreste déchiré par les furies; il n'est personne qui n'ait fait quelque amplification de rhétorique sur les ongles sanglans que les joueurs s'enfoncent dans la poitrine, ou sur le sourire infernal des galériens; mais quand on les voit de près, quelle différence!

Rien ne parle si bas et n'est si calme qu'un joueur, et le bagne ressemble à un atelier bien tenu. Tous ces hommes allaient, venaient, les uns portant la terre et le plâtre, les autres taillant les pierres, tous s'aidant mutuellement, tous polis, tranquilles, sereins, silencieux; les plaies de l'ame ne saignent pas sur la figure. On ne se fût pas douté que sous ces visages si calmes et si insoucians, sous ces corps si ardens au travail, se cachassent de grands crimes, de grandes vengeances, de grands remords! Avaient-ils même des remords? Je ne sais. Ils prennent si vite leur parti sur un forfait puni! En vérité on se désillusionne bien promptement sur le crime en le voyant de près.

Nous sommes dans un temps où l'on réhabilite partout le vice et le crime; il n'y a plus d'honnêtes femmes qu'au Lupanar; le bagne est un purificateur, et ces touchans criminels ont toujours de si bonnes raisons pour tuer et voler qu'en vérité on ne peut pas leur en vouloir. Quoique je ne croie pas beaucoup à ces vertus de bonnet vert, je vis cependant un galérien fort intéressant; c'était un homme d'une cinquantaine d'années, grêle, propre, et doux. Il était aux galères depuis quinze ans, et y avait été envoyé pour avoir fait des pièces de dix sous fausses. Au moment où il entra au bagne sa femme était grosse et il avait par conséquent une fille de quinze ans qu'il ne connaissait pas; car jamais il n'avait voulu la voir, lui étant au bagne. Elle lui écrivait quelquefois, et il nous montra une lettre d'elle fort simple où elle peignait en paroles vraiment touchantes la peine de ne pas connaître un père que l'on aime. Elle lui parlait surtout de la position de galérien avec une délicatesse triste et tendre qui nous surprit dans une fille d'une classe inférieure. Comme cette lettre aurait fort bien pu être une invention du forçat, nous nous informâmes de lui aux gardiens. C'était, à leur dire, un brave et excellent manœuvrier, et ils avaient déjà plusieurs fois demandé sa grace. Nous revînmes à cet homme; un de nous lui offrit de l'argent, mais il le refusa en disant qu'il était ouvrier et non mendiant, et nous lui prîmes, pour ne pas le blesser, quelques ouvrages de main qu'il travaillait fort habilement.

En sortant de Porto-d'Anzio nous entrâmes dans la forêt de Nettuno. Rien de plus beau, de plus poétique, de plus primitif, que cette forêt. Ce sont d'immenses chênes verts, des liéges à l'écorce grise et raboteuse; des myrtes sauvages dont la fleur est embaumée, des arbousiers dont les fruits rouges et ronds comme des fraises étincellent, ainsi que des gouttes de sang, à travers le feuillage vert et dentelé; quelques châtaigniers; des lianes minces et tortueuses qui pendent le long des pins et se jettent comme un pont aérien d'une branche à l'autre; pas de soleil, peu d'oiseaux, le silence et l'obscurité; puis, çà et là, des arbres fracassés par le tonnerre ou bien des rangées de châtaigniers renversés tout entiers par le vent de la mer, gisant avec leur branches desséchées; on s'approche, on veut s'asseoir sur les troncs, le bois est pourri, le tronc tombe en poussière; puis, encore, à quelques rares intervalles, un chêne élevé et tortueux, qui, tout enveloppé dans les mille bras des lianes et du lierre, rappelle Laocoon dans les replis du serpent; et enfin, au milieu de cette solitude, à travers les feuillages sombres, arrive sourde et gémissante la voix, la solennelle voix de la mer, qui se brise sur le rivage lointain.

Les herbages de cette forêt étant très nourrissans, des paysans de la Calabre y amènent des troupeaux de bœufs et de chèvres et passent là huit ou neuf mois. Ils sont ordinairement trois pasteurs ensemble, et toutes les six semaines l'un d'eux va savoir des nouvelles de leurs familles dans le pays. Au printemps, la forêt pullule de serpens et de vipères.

Nous nous trouvâmes, après une heure de marche, devant une mine de soufre, *solfatara*. La fleur de soufre est d'une délicieuse couleur : c'est le jaune le plus fin et le plus pur; mais dans la solfatara se réunissent toutes les nuances de cette couleur, depuis le jaune pâle de la paille jusqu'au jaune rouge et ardent; et puis le soleil dardant là-dessus à pleins rayons, nacrait toutes ces couches de soufre de mille teintes changeantes et capricieuses; on eût dit un arc-en-ciel tombé sur la terre.

Voulez-vous avoir trois bons compagnons de route, prenez un peintre, un poète et un savant. Le poète, qui sent et fait sentir l'idéal de la nature matérielle; le peintre, qui vous place au côté pittoresque; le savant, qui vous explique et vous analyse le monde physique: l'ame, les yeux, l'esprit. L'un de nous était un peu minéralogiste et nous donna quelques détails curieux sur la formation des mines de soufre. L'explication finie et l'enthousiasme épuisé, grand conciliabule entre les trois voyageurs. Il y a deux sentiers; prendrons-nous le bord de la mer? Suivrons-nous la route de la forêt? Le guide de notre guide nous déclara que le chemin qui longeait la mer était tellement limoneux que nos ânes n'en sortiraient pas, et déjà nous tournions bride vers la route du bois, quand notre *uomo rapace*, se mettant devant nous, s'écria qu'il y avait dans la forêt des bêtes terribles qui nous *dévoreraient*, et là-dessus récits pathétiques de voyageurs qui n'étaient pas revenus. Nous commençâmes par changer de route, et puis nous lui demandâmes le nom de ces bêtes; il les appelait *muffoli*. Muffoli? Notre savant se creusait la cervelle pour savoir ce qu'étaient ces animaux qui dévorent les gens et qui s'appellent *muffoli*, quand, à force de questions, nous parvînmes à comprendre que les muffoli étaient des buffles sauvages qui ne mangent personne, mais qui poursuivent en effet les voyageurs.

Malgré les terreurs de notre guide, nous prîmes la route de la forêt, quoique peu rassurés. Au bout de quelques minutes, nous rencontrâmes dans un petit sentier un soldat qui allait à la Torre di San-Lorenzo, vigie située entre Porto-d'Anzio et Ardea. Il nous salue; la conversation s'engage. Nous l'appelons *signor soldato, galant'uomo*. Nous lui proposons un verre de vin, une demi-place sur l'âne de notre domestique, et puis après quelques pas un de nous (je crois que c'était moi) lui demanda d'un air indifférent:

« — Eh bien! qu'y a-t-il de beau dans la forêt, signor soldato? Chassez-vous beaucoup?

« — Presque tous les jours.

« — Quel gibier?

« — Des bécasses, des palombes.

« — Ah! pas autre chose?

« — Des sangliers aussi, et nous appelons cette chasse *la cacciarella*, tandis que la chasse aux bécasses se nomme *la caccia*.

« — C'est singulier! Et dites-moi... il n'y a aucunes bêtes malfaisantes dans la forêt?

« — Aucunes.

« — Comme les buffoli sont de beaux animaux! Y en a-t-il beaucoup?

« — Beaucoup.

« — Ce sont des bêtes très inoffensives?

« — Mais quelquefois, quand il fait chaud, et qu'on les surprend, ils sont très dangereux. On en a vu se jeter sur des voyageurs, les terrasser et les écraser sous leurs pieds; puis ils se mettent à genoux, vont flairer sous le nez le malheureux pour voir s'il respire encore, et alors le frappent à grands coups de cornes... Mais permettez-moi de vous conduire, messieurs; et en ayant soin de rester sur vos ânes, il y a peu de risques à courir. »

Nous acceptâmes de grand cœur, et tout en

cheminant avec lui, il nous raconta que la forêt de Nettuno était peuplée de troupeaux de ces buffles sauvages; mais que les paysans parvenaient avec beaucoup de peine à les dompter, et les employaient au lieu de bœufs pour le labourage; ces paysans s'appellent *Piccadori*, et gardent ces troupeaux à cheval.

Quand nous eûmes fait route deux heures environ, il nous dit que nous approchions d'un endroit où se tenaient d'ordinaire les *buffoli*, pendant la chaleur, et nous invita à monter sur nos ânes. En effet, à quelques pas de là, nous aperçûmes sous des arbres épais et bas une sorte de mare pleine d'eau, et, dans cette mare, plongés jusqu'au cou, dix ou douze buffles qui étaient couchés là pour se défendre de la chaleur et des insectes; on ne voyait plus que leurs têtes, qui s'élevaient au-dessus de l'eau, toutes noircies, toutes ridées et surmontées de leurs cornes recourbées; le soldat nous fit signe de nous arrêter et s'avançant de trois ou quatre pas, jeta d'abord quelques pierres très petites dans les arbres pour avertir les buffles sans les effaroucher; ils tournèrent en effet la tête de notre côté, et, comme il nous fallait traverser leur mare pour continuer la route, le soldat s'avança plus encore et commença à lancer de grosses mottes de terre dans l'eau, en poussant des cris. Nous nous remîmes en marche; les buffles se dressèrent sur leurs genoux, nous regardant toujours; et quand nous fûmes plus près, ils se levèrent précipitamment et s'enfuirent. Au bout d'une demi-heure, nous étions à la Torre de San-Lorenzo. Nous voulûmes donner une pièce d'argent à notre soldat; mais il nous refusa obstinément.

La Torre de San-Lorenzo est une vigie placée sur les bords de la mer; c'est une sorte de tour, comme son nom l'indique, qui ressemble assez à un colombier, sauf une plate-forme sur laquelle est placé un canon. Il n'y a qu'un étage; l'escalier qui y conduit est en dehors et fait moitié en bois et moitié en pierre. La garnison se compose de trois soldats et un caporal. Ils restent là un an, seuls, et passant leurs journées à chasser. Ils vont chercher leurs provisions à Porto-d'Anzio, et pendant l'hiver, des pluies continuelles les y renferment quelquefois des semaines entières.

Comme il faisait une chaleur excessive, nous jetons nos habits sur le rivage, et nous voilà nous baignant dans les plus belles eaux de la Méditerranée; puis après le bain nous remontons dans la tour, et nous faisons attabler notre soldat avec nous. Il nous raconta mille histoires sur l'invasion française; à cette époque il y avait une garnison à Porto-d'Anzio, et que quand on voulait se défaire d'un Français, on l'attirait dans la forêt sous prétexte de lui donner de jolies paysannes; puis, un coup de couteau, et à la mer.

Le jour s'avançait; nous partîmes.

De la Torre à Ardea notre chemin n'offrit rien de curieux, et nous arrivâmes sur les cinq heures et demie du soir aux portes de la ville.

M. Horace Vernet nous avait dit d'aller nous loger chez un homme asthmatique, demeurant sur la place, et qui avait une fille admirable de beauté... « Recommandez-vous de moi, avait-il ajouté, et vous serez fort bien reçus. » Nous dépêchons donc notre domestique en avant avec notre guide, nos ânes et nos paquets, en lui disant de chercher notre homme, et nous nous amusons tous trois au pied d'une croix, qui est en face de la porte de la ville, à dessiner et à prendre quelques vues. Au bout d'un quart-d'heure le domestique revient nous avertir qu'il n'a pas pu trouver l'asthmatique, mais qu'il a mis nos effets chez un forgeron.

« — Allez-vous-en reprendre nos bagages chez le forgeron, et nous trouverons notre homme. »

Nous entrons en effet dans la ville; la place était presqu'à l'entrée. Je regarde autour de nous, et j'aperçois à gauche, au pied d'un escalier de bois pratiqué en dehors d'une petite maison, une fille debout qui tricotait; je m'approche; sa figure était ravissante. — Impossible, me dis-je, que dans une petite ville comme Ardea, il y ait deux filles belles comme celle-là... C'est ici l'asthmatique. Je m'avance donc davantage, et allant droit à elle, je lui dis en italien, après avoir ôté mon chapeau de paille:

« — Signorina, votre père tousse? »

La belle fille ouvrit deux grands yeux superbes et me regarda avec étonnement sans me répondre.

« — Votre père, il tousse, repris-je. »

Elle me regarda encore un instant comme on regarde un fou, puis se remettant un peu:

« — Oui, monsieur.

« — Alors, montez nos effets dans cette maison, » dis-je à notre domestique, qui était revenu de chez le forgeron et qui attendait à côté de nous. Cette fille ne pouvait revenir de sa surprise;

ses yeux étaient fixes et ses bras pendans ; notre domestique montait déjà l'escalier de bois et mes deux compagnons riaient, quand je m'approchai d'elle et fis cesser son étonnement.

« — Nous venons de la part du directeur de l'Académie de Rome, lui dis-je, et il nous a recommandé d'aller chez un asthmatique qui a une fille la plus belle du monde ; je vous ai vue devant cette maison et j'ai pensé que ce ne pouvait être qu'ici. »

A ces mots, que je prononçai très galamment, son beau visage se colora, et, se mettant à sourire, elle monta avec nous l'escalier.

Le logement se composait de trois pièces : la première, qui était la plus grande, leur servait de salle à manger ; c'était là que l'hiver ils se réunissaient au coin du feu pour filer et tricoter ; dans cette pièce il y avait deux portes, l'une à gauche qui donnait dans leur cuisine, l'autre en face conduisait à la chambre où ils couchaient.

Le vieux père était dans son lit, car il avait eu un accès quelques jours auparavant. C'était un petit homme d'une soixantaine d'années ; il avait la figure jaune, très tirée et respirait péniblement ; le pauvre homme semblait fort triste, quoiqu'il ne crût pas devoir mourir encore ; mais le médecin du village lui avait dit la veille qu'il n'y avait rien à faire : j'engageai alors notre compagnon le savant, qui avait un peu étudié la médecine, à lui dire qu'il était médecin et à le rassurer ; à ce mot de médecin, les yeux ternes et éteints du malade se ranimèrent ; la femme et la fille se pressèrent autour de nous, écoutant et regardant notre ami pendant qu'il parlait ; et lui, il dit de si douces paroles à ce vieillard, il entra si bien dans tous les détails de sa maladie, il lui conseilla quelques remèdes bien faciles si amicalement, lui parla tant de guérison, de printemps et d'espoir, que le vieux homme semblait moins oppressé ; mais l'embarras de ces pauvres gens était bien grand pour nous coucher ; ils n'avaient que trois lits ; si le père eût été bien portant, il nous aurait proposé de passer, lui, la nuit par terre sur une paillasse : malade, il lui fallait un lit. Nous voulions aller ailleurs ; mais cette pauvre famille nous suppliait de ne pas partir. Enfin, après bien des combinaisons, voici ce qui fut résolu : On mettrait le malade dans un plus petit lit, et on le transporterait dans la première pièce ; nous, nous aurions dans la pièce du fond le grand lit du ménage, qui servirait à deux de nous, et un lit à part pour le troisième ; la fille et la femme coucheraient où elles pourraient, notre guide avec les ânes et notre domestique avec le guide. Après cela, il fallut songer au souper : On nous offrit du beurre, des œufs, des bécasses, une salade, et la première pièce pour salle à manger. Bravo ! Et nous voilà partis pour aller voir la ville. Il était six heures ; nous demandâmes à souper pour huit.

Après quelques courses, un de nous laissa ses compagnons et revint au gîte attiré un peu sans doute par l'image de la belle Ardéenne. Il la trouva à la même place où nous l'avions d'abord aperçue et tricotant encore ; il s'approcha d'elle : elle était vraiment admirable, grande, un peu forte, la peau d'un brun doré, de beaux yeux, le nez long, la lèvre supérieure dédaigneusement avancée, le visage plein de calme et de sérénité, la physionomie grave.

« — Quel âge avez-vous ?
« — Dix-huit ans.
« — Et votre nom ?
« — Fortunata.
« — C'est celui que vous aimerez qui devrait avoir ce nom. »

Et s'approchant peu à peu, il commença à débiter d'un air cavalier quelques paroles de galanterie, lui prenant la main, lui disant qu'elle était bien belle ; et elle l'écoutait sans lui répondre, les yeux baissés, tricotant toujours et souriant parfois. Puis quand il eut défilé son chapelet, elle le regarda bien fixement et lui dit :

« — Je me marie à la fin du mois. »

Il fit cependant bonne contenance et sans changer de ton :

« — Eh ! comment s'appelle votre fiancé ?
« — Salvator.
« — Et est-il aussi beau que vous ?
« — *Mi piace* (Il me plaît), » répondit-elle avec une petite mine charmante.

Sa mère l'appela alors du haut de l'escalier pour préparer le souper, elle regarda notre compagnon en riant et monta rapidement ; lui, il resta à se promener autour de la maison, et à contempler le soleil couchant. Nous revînmes près de lui. Comme le crépuscule arrivait, nous vîmes devant nous, dans un petit ravin qui était à quelques pas peindre et surgir une espèce de pique, puis un chapeau, puis un homme, puis un cheval, puis cet homme se diriger vers nous, aller droit à la porte de l'écurie, planter sa pique en terre, et s'apprêter à descendre. Il était petit, assez robuste, jeune. Il avait un chapeau très pointu, une veste de velours noir à boutons ronds, une culotte de velours noir, de grandes guêtres de cuir bouclées, c'était un Piccador, un pâtre de Buffles, Notre compagnon de voyage nous dit :

« — Voici le *promesso sposo* de la Fortunata. »
En s'approchant de lui :
« — *Bona sera*, signor Salvator. »

Cet homme le regarda, ne comprenant pas comment l'on savait son nom.

« — Eh bien! signor Salvator, n'est-ce pas votre nom? » Il regardait toujours, quand nous entendîmes de grands éclats de rire au-dessus de notre tête. C'était la Fortunata qui écoutait à la fenêtre notre conversation avec son amant, et que cela amusait beaucoup; puis elle descendit vivement, se jeta au cou de Salvator, et lui expliqua tout.

Le souper étant prêt, nous remontâmes; ils avaient mis la table près de la fenêtre; une petite lampe en cuivre, luisante et brillante comme de l'or; du linge blanc, des couverts d'étain polis à s'y mirer; on nous donna des palombes et des œufs, que cette belle fille avait apprêtés ellemême, et ce fut elle aussi qui nous servit, faisant tout avec une grace et une intelligence charmante; au commencement du repas nous étions un peu attristés par la vue de ce vieux père qui était couché dans un coin de la chambre; mais peu à peu la gaité éclata, et la conversation ne tarit plus. Salvator alla se mettre au chevet du lit du malade et lui parla des troupeaux, de la moisson, de la vendange, pendant que la Fortunata nous racontait des histoires et nous chantait des canzonettes; le bel accent romain dans cette délicieuse bouche nous ravissait. Il fallut cependant aller nous coucher pour les laisser souper. Ils se mirent tous à table, la mère, la fille, l'amant, notre domestique et notre guide; nous les entendîmes long-temps encore de notre chambre, rire, causer et chanter; puis, quand ils eurent fini, ils enlevèrent la table, et étendirent par terre un matelas avec des draps pour la mère et la fille, et deux matelas sans draps pour les hommes. La charmante fille se déshabilla et se coucha sans honte devant son amant, et lui il s'endormit tranquillement à quelques pas de là. Chez ces gens simples, les sens n'ont que de la puissance; ils n'ont pas d'imagination; les fatigues du jour leur enlèvent les excitations de la nuit; cette fille, dans son innocence, ne crut pas qu'elle faisait mal; ce jeune homme savait qu'elle ne lui appartenait pas encore, et il se coucha à côté d'elle, comme un bon chien près d'un trésor qu'il garde. Le lendemain matin à quatre heures, notre ânier vint nous réveiller; la mère et la fille étaient déjà debout; après avoir dit quelques mots de consolation au malade et souhaité bonne chance à Salvator et à la Fortunata, nous donnâmes à ces braves gens quelques piastres afin qu'ils se souvinssent de nous, et nous partîmes pour Albano. La route d'Ardea à Albano est de cinq heures environ; le ciel était gris, les campagnes plates et incultes; l'air froid comme aux premiers jours d'automne; nous cheminâmes tous silencieusement loin l'un de l'autre, pensant à tout ce que nous avions vu de beau dans ces trois jours, et que nous ne verrions peut-être plus; la forêt de Nettuno, la mer, la Fortunata.

Cependant il faut le dire, à l'aspect de la féerie d'Albano, nous nous consolâmes bientôt du plaisir que nous avions eu dans cette course sauvage. La grande rue qui mène à Larriccia était remplie de cette foule romaine et villageoise qui, dans la *villegiature* des environs de Rome, se mêle chaque soir d'une manière si pittoresque et si familière. C'est là que sont en présence les deux élégances du beau sexe, et à voir l'empressement des fashionables, des jeunes seigneurs de la grande cité, il n'était pas douteux que leurs préférences ne fussent pour les Albanaises. Que de Fortunata nous y firent oublier l'unique de Nettuno! Les Salvator nous intéressaient moins, et il y en avait de deux espèces; car ceux de la montagne ne laissaient pas le champ trop libre près de leurs belles aux nobles romains, et celles-ci, puisqu'il faut le dire, tenaient entre eux une balance si adroite, qu'il était impossible de deviner de quel côté était leur penchant. Les amoureux agissaient dans le même sens: ce n'étaient pas des rivaux sans amour; mais ils étaient sans jalousie. J'appris le lendemain que le jour et la nuit avaient chacun leurs mystères, et je compris alors parfaitement ce qui la veille m'avait embarrassé. Ce n'était de ma part qu'une dispute de mots entre celui d'amour et celui de plaisir. A Albano, cette subtilité, grace à Dieu, était totalement inconnue.   E. Legouvé.

NAPLES.

Un premier jour à Naples. — La fête di piè di Grotta. — Les Studi. — L'ascension au Vésuve.

Le 3 septembre, à sept heures du soir, par le temps le plus frais et le plus pur, nous quittâmes la rade de Livourne, nous dirigeant vers Naples. Le 6, à trois heures de l'après-midi, nous fîmes une petite halte à Civita-Vecchia, et le 7, à dix heures du matin, nous entrions à pleine voile dans le golfe de Naples, ayant à notre droite l'île de Procida, et à notre gauche Nisida, qui sont posées là comme deux sentinelles sur leur amphithéâtre de jardins et de rochers. Depuis deux heures tous les passagers étaient sur le pont, l'œil fixé dans la direction où devait se trouver Naples, et attendant avec anxiété que cette ville de leurs rêves de jeune homme sortît des flots. Enfin nous vîmes éclore à l'horizon comme un point blanchâtre et lumineux. Naples! Naples! cria-t-on de toutes parts, voilà Naples!... A ce cri répété sur le pont, toutes les figures s'animèrent, on se précipita sur l'avant du bateau, et chacun de tirer sa lunette d'approche, de se pencher en avant pour mieux voir, et on se serrait la main, on se parlait, on s'aimait!... Cependant le bateau filait,... filait,... et ce point blanchâtre grossissait à chaque seconde; les coteaux, les collines se prononçaient plus nettement; les jardins, les toits, les fenêtres se dessinaient peu à peu, et enfin nous entrâmes dans le port à midi, après quarante heures de traversée; mais avant de débarquer, il nous fallut rester deux heures en rade pour que la douane fît ses perquisitions; et pendant ce temps, arrivèrent en foule autour de notre paquebot de petites embarcations pleines des parents, des amis de nos passagers, et ils s'envoyaient des saluts d'amitié, et même des baisers; et nous qui n'avions personne à attendre, cela nous rendait tristes. Enfin nous voilà à terre! J'avais une quarantaine de volumes dans mes malles, on m'en laissa cinq, le roi ayant décidé par ordonnance, que cinq volumes étaient bien suffisants pour la consommation d'un voyageur: nous nous fîmes conduire, mon compagnon et moi, à l'hôtel de la Grande-Bretagne, chez Magatti.

Sur les six heures du soir, nous fûmes surpris par un grand bruit de voitures et de chevaux. L'hôtel de la Grande-Bretagne est situé sur la Chiaja. La Chiaja est un quai qui longe la Villa-Reale (les Tuileries de Naples), et qui s'étend ensuite sur le bord de la mer jusqu'à Pausilippe; tous les soirs, sur les six ou sept heures, après le dîner, la Chiaja est le rendez-vous de la haute société de Naples, qui vient y respirer la brise de mer; les élégants montés sur de petits chevaux calabrais, noirs et à tous crins; des femmes dans de brillantes calèches découvertes, des militaires en grand uniforme, les ouvriers qui ont fini leur ouvrage, les lazzaroni qui mendient, les petits cabriolets à hautes roues, tout cela débouche avec grand bruit sur le quai, et pendant deux heures va et revient des Crocelles à Pausilippe, c'est-à-dire pendant l'espace d'une lieue environ; c'est le Long-Champ de Naples, si ce n'est que ce Long-Champ recommence tous les jours. Nous descendîmes; la foule était immense; nous nous mêlâmes à tous ces promeneurs, et après un quart d'heure de marche, nous étions au bout de la Villa-Reale, et nous nous trouvâmes tout-à-fait sur le bord de la mer. Je propose à mon compagnon une promenade, il accepte; un batelier arrive, nous nous jetons dans la barque. — Leurs Excellences veulent-elles aller à Portici pour voir l'éruption? — Quelle éruption? — Excellences, l'éruption du Vésuve. — Comment! il y a une éruption! une vraie éruption? Partons.

Le batelier prend la rame. A peine voguions-nous depuis quelques secondes, que nous voyons se dérouler devant nous le plus magnifique de tous les spectacles. Le crépuscule commençait à s'étendre sur les collines; devant nous, à trois lieues au plus, était le Vésuve, coiffé d'un turban de fumée noire, et laissant couler sur ses épaules une rivière de feu, couleur de sang; vis-à-vis, et comme pour lui servir de pendant, le soleil, ce Vésuve éternel, le soleil couchant, répandait ses dernières roses sur les coteaux de l'Occident. Au-dessus de nos têtes, se levait claire et argentée, la lune, la lune douce et calme, et qui semblait s'avancer comme un conciliateur entre ces deux géants de feu, dont l'un détruit, et l'autre féconde. Au-dessous, la mer toute moirée d'argent par les rayons vacillants de la lune, et si unie, si tranquille qu'elle n'avait pas de flots, et que ses rides légères ressemblaient aux plis gracieux qu'une pensée mélancolique imprime, en l'effleurant, sur un front de dix-huit ans.

Saisis au cœur par tant de beautés, nous nous assîmes, chacun à une extrémité de la barque, et regardant tour à tour le ciel, l'eau, l'air, nous restâmes long-temps immobiles et absorbés dans nos contemplations.

Ce qui me frappait surtout, c'était de penser qu'à quelques milles de cette mer si calme, de ce ciel si pur, à côté de cette nature si reposée, au milieu de cette atmosphère imprégnée de volupté et de mollesse, il y avait une montagne où tous les éléments bouillonnaient, fermentaient, brûlaient et se combattaient avec rage; et que dans les entrailles desséchées et sanglantes de la terre, il se faisait, à une demi-lieue de là, la plus terrible et la plus effroyable guerre.

Cependant la nuit commençait à éteindre toutes les splendeurs du ciel; les jardins étagés en amphithéâtre derrière la Chiaja, les têtes de palmiers de Pausilippe, les collines de verdure s'effaçaient dans l'ombre où flottaient leurs formes indécises; les petites maisons toutes blanches, arrondies en demi-cercle sur le bord de la mer, se perdaient dans la brume, comme une troupe de jeunes filles qui s'éloigne, et l'on voyait éclore une à une, à toutes les fenêtres, les lumières du soir, qui semblaient autant d'yeux ouverts pour admirer ce délicieux spectacle!...

Après avoir tourné le Château de l'Œuf, nous nous fîmes débarquer à Santa-Lucia, qui est le quartier le plus marchand de Naples.

Signori!... Monsignori!... Voici des huîtres, des ostrechini, des caranci, des ferali, tous les fruits de la mer! Sauvez-vous! sauvez-vous! car l'anchois est si frais qu'il va vous mordre!... Voilà ce que vous crient le soir à Santa-Lucia une foule innombrable de marchands, en plein air, et à moitié nus. Quarante boutiques de file, sur le bord de la mer! mais quelles boutiques? Pour auvent, un reste de voile déchirée! pour comptoir, quatre ais à peu près aussi solides que ceux de Baucis! une chandelle à chaque bout! Pour linge, une couche épaisse de ces plantes marines, vertes comme émeraude, luisante comme du vernis, et toutes ruisselantes d'eau, où sont étalés des milliers de coquillages et de petits poissons encore tout frétillants. Puis, à côté de ces boutiques, de vieilles femmes accroupies par terre, et faisant griller sur des braseros les épis jaunes du maïs; puis les vendeurs de pastèques, avec leurs couteaux minces et longs!... Puis les boutiques roulantes d'oranges et de cédrats, toutes chargées de fleurs et d'images de la Vierge! Et enfin, les longs rubans de macaroni!... Nous achetâmes quelque chose à toutes ces boutiques, parce que les voyageurs doivent voir tout et manger de tout.

Pendant que nous achevions notre repas à la napolitaine, nous aperçûmes un groupe de lazzaroni écoutant avec beaucoup d'attention un récit qu'on leur faisait, et mangeant des pastèques; or vous savez qu'une pastèque est un gros melon, dont l'écorce est verte et unie comme une coloquinte, et la chair rose, molle, juteuse; et à Naples, quand un lazzarone a un sou, il achète une pastèque, la coupe en deux, et puis fouillant là-dedans à plein museau, il y barbotte jusqu'à ce qu'il l'ait creusée comme une coupe; de là ce proverbe napolitain: *Per un soldo, si beve, si mangia, e si lava la figura;* pour un sou, on mange, on boit et on se lave la figure. Voici ce récit qu'ils écoutaient.

Dans une petite chapelle située sur la route de Pausilippe, il y avait une madone qui portait au cou une fort belle chaîne d'or, offrande de quelque pieux pèlerin. Une nuit, cette chaîne fut volée. Les soupçons se portèrent sur un lazzarone nommé Giacomo à qui on avait vu la chaîne; le juge le fit arrêter, et Giacomo arriva suivi d'une foule de ses compagnons.

On craignait à ce moment une émeute dans la populace de Naples, et le juge avait besoin de prudence. — Approche, Giacomo, approche... Hé bien! mon ami, c'est donc toi qui as volé la chaîne de la Sainte-Vierge? — Je ne l'ai pas volée. — Comment, tu ne l'as pas volée! on te l'a vue entre les mains. — C'est vrai, mais je ne l'ai pas volée. — Voyons, voyons, ne me force pas à me fâcher; hé bien! oui, tu ne l'as pas volée, mais tu l'as prise. — Je ne l'ai pas prise. — Comment l'aurais-tu? — Voici. Je deviens vieux, mon bon juge, et j'ai toujours été très dévot, faisant soir et matin prière

à la sainte madone. Or, vous saurez qu'avant-hier j'étais allé faire mes dévotions à la petite chapelle de Pausilippe, et je disais à la sainte madone que je ne pouvais plus travailler. Alors elle détacha sa chaîne, me la donna et me dit : Tiens, voilà de quoi avoir toute ta vie des macaroni et de l'acqua gelata (de l'eau fraîche). Et c'est comme cela que j'ai eu la chaîne. A ces mots les lazzaroni poussèrent des cris de joie. *Benedetta la madona! Bravo, Giacomo, bravo! la santa madona ha fatto un miracolo per lui! Bravo Giacomo! Benedetta madona!* Giacomo avait la figure pleine de bonhomie et de sang-froid. Le juge était un peu embarrassé. Cependant, les cris apaisés, il reprit : C'est très bien, Giacomo, et tu ne seras pas pendu ; je te crois, tu n'as pas volé la chaîne, et certainement la madone est bien assez bonne pour te l'avoir donnée ; mais toi, Giacomo, tu devais être assez délicat *pour ne pas l'accepter.* Les lazzaroni applaudissent, Giacomo fait un geste. — Car enfin cette pauvre madone, elle n'a plus rien ; elle est dépouillée, et c'est par toi, Giacomo, ce n'est pas bien, vois-tu, il faut lui remettre sa chaîne. Les lazzaroni applaudirent encore ; Giacomo prit sur sa tête un de ces animaux qui ne manquent jamais aux lazzaroni, l'écrasa d'un air distrait et dit : Hé bien! mon juge, la voilà la chaîne, je la rends à la madone, mais je suis sûr que cela lui fera de la peine. — Du tout, cela lui fera plaisir, et la preuve c'est qu'*elle ne te la rendra jamais.* Le juge appuie sur ce dernier mot, et Giacomo s'éloigne sans la chaîne.

Ce récit, accompagné de tous les gestes napolitains, car les Napolitains sont le peuple le plus gesticulateur du monde, nous parut fort caractéristique (tout est si beau pour un nouveau débarqué), et dans l'espoir de trouver encore quelques-unes de ces bonnes fortunes de coin de rue, nous nous lançâmes à l'aventure dans la ville, sans guide, sans dessein, nous arrêtant, revenant sur nos pas, courant, marchant, ouvrant les yeux à droite et à gauche, et nous livrant enfin à tous les caprices du hasard ; car souvent ce qu'on trouve vaut mieux que ce qu'on cherche. Que de cris! que de danses! que de joie! quel amusant spectacle que la place publique de Naples! C'est une population immense qui se rue, se coudoie, se pousse, frappe, crie, chante, vend, achète, et rit comme à une distribution des Champs-Elysées, et cela tous les jours! Tous les jours illuminations, fêtes, galas! C'est une foule de petites rues étroites et montueuses, toutes semées de marchands, et tout étoilées de lanternes. Naples, c'est un nid d'enfants mal élevés, gourmands, piailleurs, paresseux, querelleurs, aimant mieux voler que prendre, prendre que gagner, jouer que manger, et dormir que tout le reste.

Après plus de deux heures de promenade aventureuse, nous arrivâmes devant un édifice à colonnades, éclairé, et gardé par quelques soldats ; nous nous approchâmes, c'était le fameux théâtre de San-Carlo! Nous entrons... Ah!... la belle perruque pommadée, poudrée, étagée, parfumée, comme celle de Polichinelle!... C'est lui! c'est Lablache dans la *Prova!* c'est Campanone avec sa mine rubiconde et réjouie, sa voix forte comme un tonnerre, et douce comme le bruit de la mer de Baya, avec son habit de moire violette, et son épée au côté! C'est lui!... Quels éclats de rire! Ah! San-Carlo, le Saint-Pierre des théâtres, San-Carlo, avec ses quarante loges de file et ses six rangs de galerie, frémissait plus à la détonation de cette voix jupitérienne qu'à celle du Vésuve même! San-Carlo est plus grand que notre Opéra d'un tiers environ ; mais selon la coutume d'Italie, la salle était sombre et peu éclairée, les dorures ternies, bien des places vides ; mais mon Campanone me la redorait, me l'illuminait! Je ne pourrai jamais dire quel effet me fit ce souvenir de Paris jeté au milieu des enchantements de Naples! Car Lablache, pour moi, c'était Paris!... Et puis dans un coin de la salle, nous aperçûmes un profil de femme, délicat et frêle, se détachant sous un chapeau de deuil. Nous approchâmes, c'était la pâle fille de Garcia, notre ravissante Desdemona!... Quelle soirée! la Chiaja! la mer! le Vésuve! le ciel! Santa-Lucia! les lazzaroni! la musique! la nature et l'art! la populace et le génie! Toutes les merveilles de Paris, de Naples et d'une île déserte! Tout! tout! Ah! c'était pour rendre fou! Aussi quand nous rentrâmes, à une heure du matin, à notre hôtel, nous avions la tête perdue comme des hommes ivres, et nous nous endormîmes en disant : à demain le Vésuve.

Les voyageurs dorment vite : le lendemain à six heures nous étions debout ; nous ouvrons notre fenêtre, et nous sentons avec délices la brise de mer qui entrait par bouffées. Le ciel était d'un bleu pâle, la mer unie comme une glace, et l'air si transparent et si pur, qu'on apercevait très nettement, au bout de l'horizon, l'île de Capri qui se dessinait comme un énorme rocher d'azur sombre ; sur tout le golfe brillaient les voiles blanches d'une foule de petits bateaux, qui avaient pêché toute la nuit et qui rentraient en rade ; les pêcheurs qui étaient revenus plus tôt étendaient sur le rivage leurs filets bruns et embarrassés de belles lianes marines vertes, et les faisaient sécher aux premiers rayons du soleil levant ; c'était un spectacle dont le charme ne peut se rendre. Bientôt nous vîmes arriver de tous côtés des caratelles chargées de monde, et quoiqu'il fût à peine huit heures du matin, une foule immense et toute brillante de pourpre et d'or descendait de Pausilippe, accourait de Portici, et il y avait sur tous ces visages un air de fête qui m'étonnait. Je demandai à un pêcheur quel saint on célébrait, et il me répondit en se signant que c'était la fête de *la madona di piè di Grotta*. Bien heureux de voir une fête religieuse à Naples, nous remîmes au lendemain notre course au Vésuve.

La madone *di piè di Grotta* a une petite chapelle située sur la route de Pausilippe, et quand arrive le 8 septembre, jour de sa fête, toutes les filles d'Ischia, de Capri, de Procida, de Portici et même de Sorrento accourent dès le matin à Naples pour faire leur pèlerinage à la petite chapelle. Ce jour-là, le jardin de la Villa-Reale est ouvert à tout le monde : d'ordinaire, les gens à livrée, les hommes de la campagne et le peuple sont exclus de cette délicieuse promenade ; mais, grâces à la madone, le 8 septembre, plus de hallebardes. La Villa-Reale est un jardin enchanté : bordée d'un côté par la mer qui vient baigner le pied de ses terrasses, et de l'autre par la Chiaja ; peuplée de vases, de fontaines et de statues, toute plantée d'acacias et d'orangers, de myrtes et d'épais bosquets d'arbres épineux ; terminée par un temple circulaire en marbre blanc, c'est une solitude de fraîcheur et de parfums. Il y avait autrefois au milieu de la promenade, et dans le centre d'un vaste bassin, le fameux groupe du taureau Farnèse, qui depuis a été transporté aux Studi : je m'assis à l'ombre d'un oranger bien touffu, et j'attendis la foule qui arrivait. Sur les onze heures elle devint immense, et le coup d'œil ravissant. Il n'y a plus de costumes caractéristiques à Naples ; mais pour ce jour de fête, toutes les filles des environs accourent avec leurs vêtements nationaux. A Ischia, à Procida, à Capri, il y a dans chaque famille un costume complet et fidèle du temps passé, qui se lègue de génération en génération, et qui sert de dot à la fille aînée quand elle se marie ; elle ne revêt ce costume que dans les jours de grande solennité, et il n'y a pas de plus grand jour que le 8 septembre. On dit même que jadis les filles des îles environnantes stipulaient, en se mariant, comme une des clauses du contrat, que leurs époux les conduiraient chaque année à la fête *di piè di Grotta*. On ne peut se figurer comme, au milieu des marchands en bonnet rouge, et tout chargés de fruits réunis en guirlandes, étincelaient les ornements et la pourpre de tous ces vêtements : c'étaient les Grecques de Procida, avec un manteau de soie rouge, brodé en or, les cheveux retenus par de longues épingles d'argent, et les pieds chaussés de sandales ; c'étaient les filles d'Ischia, s'avançant gravement, pieds nus, avec leurs spencers verts, et leurs longues boucles d'oreilles à cinq pendants ; il y avait aussi des pèlerins tout couverts de coquilles. Nous remarquâmes une femme dont le corsage bleu clair était tout parsemé d'une multitude de petits boutons ronds et blancs, et qui portait une grosse jupe de laine écarlate (le thermomètre marquait vingt-six degrés de chaleur) ; nous nous lançâmes au milieu de cette foule, et étant arrivés jusqu'à la chapelle de la madone, nous nous dispersâmes dans l'église, chacun le crayon en main, pour dessiner quelques-uns des costumes. Je me plaçai dans un coin obscur, et je commençai le croquis d'une bonne paysanne qui avait une chaîne d'acier, à six rangs, autour du cou, quand un homme du peuple, qui priait à genoux à côté de moi, se leva, et m'adressa quelques mots napolitains ; je ne comprenais pas le napolitain, mais je compris parfaitement à ses regards qu'il m'appelait chien d'hérétique, et qu'il s'indignait de me voir dessiner ; et comme j'étais dans mon tort, et que ce chrétien-là me semblait un peu intolérant, je serrai aussitôt mon album et mon crayon, et je m'esquivai sans achever le cinquième tour de la chaîne d'acier de ma vieille femme.

Le roi avait ordonné une grande revue pour ce jour-là. Il était deux heures. En sortant de la chapelle de la madone, et au moment où je commençais à redescendre la Chiaja, j'aperçus à l'autre extrémité les troupes qui débouchaient, tambours en tête, sur la place de la Victoire, et se dirigeaient vers la chapelle où le roi allait faire son offrande ; toutes les fenêtres de la Chiaja étaient ouvertes et pleines de monde ; sur chaque balcon étaient étalées des tapisseries et des étoffes brillantes où s'appuyaient les femmes dans le costume le plus élégant ; le soleil dardait à plein sur ces mille baïonnettes étincelantes, et jetait des flots de lumière sur cette masse de peuple et de paysans qui poussaient de grands cris de joie, et sur ces soldats rouges qui marchaient lentement et silencieusement.

Le roi arriva bientôt après ses troupes ; il était à cheval, entouré d'un assez nombreux état-major : c'était un homme jeune, gros, gras, pâle, et qui semblait assez affable. Derrière lui s'avançaient plusieurs carrosses, et sur le siège ainsi que derrière la voiture se tenaient gravement, tête découverte, les cochers et les valets, affublés d'énormes perruques poudrées, comme celles de présidents à mortier, et qui donnaient au cortége un air pittoresque. Cependant tous les vaisseaux de tous les pays qui se trouvaient alors dans la rade de Naples s'étaient placés dans la partie de la baie qui longe la Chiaja, et, pavoisés de drapeaux, ils répondirent aux roulements du tambour par des coups de canon, pendant tout le temps que défila le cortège. Nous nous fîmes alors conduire en mer à quelques pas du rivage, nous nous mîmes en costumes de baigneurs, et nous voilà dans l'eau ! Quelles délices ! Cette fête guerrière, religieuse et populaire, ces maisons étincelantes de mille couleurs, ces beaux vaisseaux tout revêtus d'étendards flottants, ces bruits de canon, de rires, de pas militaires, qui nous arrivaient confondus comme une seule grande voix harmonieuse, ces femmes que nous voyions s'agiter aux balcons, et que nous rêvions si belles, ce peuple si étrange, si nouveau, si bariolé, et tout cela, le voir et l'entendre au milieu des fraîches eaux, en nageant dans les flots bleus et brillants de la Méditerranée, porté sur les vagues comme sur des bras de femme ! Oh ! les langues humaines n'ont pas de mots pour exprimer de telles sensations !

Pour clore la journée, le prince S... T... donnait le soir un grand bal où devaient assister le roi et la reine-mère ; nous y fûmes invités comme étrangers ; la soirée commença par un concert ; la salle du concert était ronde et soutenue par des colonnes toutes chargées de fleurs ; le plafond s'élevait en voûte, et de la voûte descendait un lustre en or incrusté de pierreries. Lablache, madame Toldi et madame Raimbault firent les honneurs du concert ; la reine-mère paraissait aimer singulièrement la musique, car après chaque morceau elle envoyait sa dame d'honneur complimenter l'artiste. Le concert fini, on ouvrit les salles du bal qui étincelaient de lumières et d'ornements, et aussi les portes du jardin ; le jardin était tout illuminé de verres de couleur ; il y avait des jets d'eau et de larges bassins également illuminés, et l'on y servait, sur de petites tables et sous des bosquets d'orangers, des fruits glacés, des cédrats confits, des figues confites et des sorbets de toutes sortes ; à une heure du matin commença un souper magnifique qui se prolongea jusqu'à trois heures, et le jour commençait à luire quand nous retournâmes à notre hôtel.

Le lendemain nous disposâmes ainsi notre journée : le matin, les Studi ; le soir, le Vésuve, car on ne peut pas aller contempler l'éruption en plein jour. Qu'est-ce qu'un feu d'artifice à midi ?

Les Studi sont certainement un des plus beaux musées du monde. Ils sont situés au haut de la rue de Tolède ; ils se composent d'une collection de statues et de vases antiques, d'une galerie de peinture et d'une bibliothèque.

Parmi les statues, on remarque les neuf statues de la famille Balbus, trouvées à Herculanum, et surtout l'Hercule et l'Aristide. L'Hercule, ouvrage du sculpteur athénien Glycon, avait d'abord été trouvé privé de ses jambes, dans les thermes de Caracalla ; Michel-Ange fut chargé par Paul III Farnèse de le remplacer ; mais à peine en eut-il achevé le modèle, qu'il le brisa à coups de marteau, disant que jamais il ne pourrait ni ne voudrait faire un doigt d'une telle statue. Guillaume de La Porta fut chargé du travail, et le remplit avec talent ; mais les véritables jambes ayant été retrouvées dans un puits à trois milles de la place où le corps avait été découvert, elles furent remises à la statue. La collection des bronzes est la plus curieuse partie des Studi, car elle est unique. Il y a partout des livres latins, des statues romaines, des monuments romains ; mais ce que l'on ne trouve qu'à Naples et aux Studi, ce sont les instruments de la vie intérieure et matérielle des Romains. Le Vésuve, aussi conservateur que destructeur, a gardé sains et saufs, sous ses couches de cendres, pendant plusieurs siècles, les habitations de Pompéi et tous les meubles de ces habitations. Le gouvernement napolitain a fait transporter aux Studi tous ces instruments, à mesure que les fouilles découvraient une nouvelle maison à Pompéi. Pompéi, ce sont les maisons antiques; les Studi, c'est la collection de tout ce qui ornait ces maisons; si bien qu'avec les Studi et Pompéi vous vous refaites la vie antique comme si elle était la vôtre; vous entrez dans les familles romaines, vous assistez à toutes leurs occupations journalières. Rien ne manque à cette collection, depuis les instruments des sacrifices jusqu'aux plus petits meubles de toilette, depuis la hache des sacrificateurs jusqu'aux bijoux des Aspasies; c'est une immense boutique romaine. On y voit les curules de bronze, placées près des trophées d'armes et de boucliers; les trépieds, les autels, les urnes, les coupes, les couteaux, les tables, on peut faire un cours complet des sacrifices. Ce sont des dés pipés, des fuseaux, des aiguilles, des dés à coudre, voire même du fard. Il n'y a pas jusqu'à un pâté antique que la lave du volcan n'ait conservé pour la postérité. Quant aux instruments de chirurgie et d'accouchement, aux fioles d'apothicaires, aux mortiers et aux pilons, ils prouvent que l'art n'a guère fait de progrès; et enfin on voit le fameux encrier à sept faces qui a fait faire deux volumes in-4° au bizarre Martorelli.

Après la collection des bronzes vient le cabinet des objets réservés; c'est un petit musée de statues ou de groupes licencieux; mais ce qu'il y a de remarquable dans ces statues, c'est la perfection et la grâce des formes. Les anciens ne faisaient pas de la licence par débauche. Idolâtres, comme tous les peuples méridionaux, de la beauté du corps, ils reproduisaient avec délices toutes les grâces que lui donne la volupté; et l'impudicité de leurs pinceaux ou de leurs ciseaux n'était que l'amour de l'art.

La galerie de tableaux est médiocre, sauf quelques beaux Salvator Rosa, deux spagnoletto, et surtout, dans la salle des chefs-d'œuvre, l'admirable portrait de Philippe II par le Titien. Ce n'est qu'en voyant ce portrait que l'on comprend la vie et le règne de Charles IX espagnol. La tête est pâle, le teint jaune, le front bas, la paupière épaisse et charnue, l'œil bleu clair, le regard vitreux et frappé de fixité; les lèvres avancées, grosses et sans couleur. On devine en voyant ce portrait que le prince était un de ces esprits étroits mais opiniâtres, qui ont la volonté qui exécute, sans avoir l'intelligence qui conçoit; aussi ce qu'on lui apprit, il le croit, et ce qu'il croit, il le fait; il le fait invinciblement, sans restriction, sans remords, sans doute. Il a, pour réaliser les idées des autres, la même énergie qu'un grand homme pour exécuter la pensée sortie de son cerveau: tout Philippe II est là; les prêtres lui ont soufflé sa vie jour par jour, et il l'a accomplie aussi puissamment que s'il eût été Bonaparte.

On cite encore dans les Studi la collection des verreries qui monte à douze cents, et qui prouve que les anciens savaient ciseler, colorier et travailler le verre; la collection des vases, qui s'élève à deux mille cinq cents; le riche médailler, où est la célèbre tasse de Sardoine, d'un pied de diamètre, commentée par les savants les plus illustres, et dont le groupe de sept figures représente, selon Visconti, le Nil, Orus, Isis et les nymphes du Nil; et enfin la bibliothèque royale, placée depuis 1804 dans le beau et grand salon du palais des Studi, construit par Fontana. Elle compte cent cinquante mille volumes, et environ trois mille manuscrits; les plus curieux monuments de cette bibliothèque sont une Bible du dixième siècle, un Nouveau-Testament du dixième siècle, un célèbre autographe de saint Thomas d'Aquin, et le manuscrit de trois dialogues du Tasse.

Les aveugles sont très nombreux à Naples; la lumière y est si éblouissante et si vive, et les maisons toutes blanches se répercutent avec tant de force, que tout voyageur prudent doit emporter une paire de lunettes bleues, arme beaucoup plus utile que les pistolets et poignards dont on fait provision contre les brigands qui n'existent presque que dans les tableaux. Il y a à la bibliothèque une salle destinée aux aveugles. Dans cette salle se trouve un homme qui lit tout haut, moyennant une faible rétribution; mais ces lecteurs n'étant pas fort habiles, les auditeurs aveugles les font souvent répéter pour comprendre le sens de la phrase. *e lo mento a guisa d'orbo in su levano*, comme dit Dante, ce qui fait le plus singulier spectacle. Il y a encore quatre autres bibliothèques

publiques à Naples, et l'on pourrait presque dire que l'on compte autant de bibliothèques que de librairies, car les livres y sont très difficilement admis, et sont soumis, avant d'entrer, à une censure très sévère. Un libraire me raconta à ce sujet qu'il avait fait venir pour le jour de l'an quelques almanachs de Paris; les almanachs arrivèrent au mois de décembre, mais comme ils durent subir un examen, on ne les rendit au malheureux libraire que vers la fin de juillet. Des almanachs au mois de juillet!

En descendant des Studi, nous allâmes prendre au Môle la voiture qui devait nous conduire au Vésuve.

La route de Naples à Portici, qui dure à peu près une heure, est un véritable enchantement. A Portici, on quitte les bords de la mer pour aller à Résina; là, on trouve une bonne hôtellerie, tenue par Salvator, et on y fait halte. L'estomac lesté d'une bouteille de vin de Lacryma-Christi, et d'une bonne volaille, car la course est rude, nous prîmes chacun un âne, un guide, un énorme bâton, nous fîmes mettre dans un panier, des pastèques et du vin d'Ischia, et nous commençâmes notre ascension. On monte environ pendant une heure et demie, n'ayant autour de soi qu'une terre extrêmement stérile, et toute couverte de cendres, et de mottes de lave refroidies; c'est une désolation affreuse, et rien ne peut rendre la tristesse que vous imprime la vue de la couleur grisâtre répandue sur toute cette terre; les sentiers sont rudes, étroits, et très raboteux; mais les ânes qui vous portent ont le pied si sûr, et ils ont fait si souvent la route, qu'ils vont droit tout en dormant. Nous arrivâmes enfin à un petit plateau où est la maison des deux ermites; ces deux ermites ne sont pas ermites le moins du monde, et leur hospitalité n'est nullement gratuite; on dit même qu'il y a quarante ans, un d'eux était un ancien valet de chambre de madame de Pompadour. Avoir servi les petits soupers de Louis XV, et préparer le repas frugal du voyageur! Le Trianon au pied du Vésuve! Quel contraste!

Après quelques minutes, nous remontâmes sur nos ânes, et ayant marché encore un quart d'heure, nous arrivâmes au pied de la montagne même. Là, il fallut descendre de nos montures; nous les abandonnâmes à un paysan; nos guides prirent des torches, nous nous armâmes de grands bâtons, et nous voilà grimpant. Il était huit heures du soir, et la nuit commençait à venir. Pendant le jour, l'éruption n'est pas visible, et l'on distingue seulement à la cime du mont un long panache de fumée grise qui s'étend à droite ou à gauche, selon la direction du vent, à la distance de plus d'une lieue; on dirait un nuage long et mince qui borde un côté de l'horizon. Mais le soleil couché, et le ciel s'assombrissant, nous voyions déjà avant d'arriver à la maison des ermites un long sillon rouge qui étincelait sur le penchant de la montagne. Arrivé à la base, et avant de monter, je résolus de ne pas regarder et de fermer les yeux, de peur d'affaiblir l'effet de cet immense spectacle par la gradation. Quand on monte l'œil toujours fixé sur cette merveille, chaque pas que l'on fait vous en révèle une nouvelle beauté; vous lisez ce grand livre ligne à ligne, vous contemplez ce grand tableau pied à pied, et quand vous arrivez en haut, il n'y a plus saisissement, enthousiasme, extase, parce que toutes vos émotions ont été amenées une à une, comme dans une scène bien filée. Ce qu'il faudrait, c'est être transporté tout d'un coup et les yeux bandés, au-dessus de la montagne; puis alors, voir!...

Quand on est au pied, et que de l'œil on mesure la distance qui vous sépare de la cime, on s'imagine qu'un quart d'heure de marche vous suffira pour l'atteindre; aussi, en partant, tous les voyageurs, les Français surtout, s'élancent-ils vivement en plantant leur bâton dans la cendre; ils montent en courant pendant les dix premiers pas; mais cette ardeur s'éteint bien vite; le sol de la montagne est une cendre très fine et très glissante, et où l'on enfonce jusqu'aux genoux; pour avancer d'un pas il faut en faire trois; nous fûmes bientôt essoufflés, notre haleine devint plus rapide et plus courte; nous ouvrîmes la bouche pour respirer plus librement, et cette cendre fine et sèche, s'attachant à notre gosier, nous épuisait la poitrine. De désespoir, nous nous assîmes dans la cendre, et, jetant notre bâton à côté de nous, nous nous accrochâmes, haletants, à une grosse pierre! *Andiam, Signori, corraggio*, nous disaient les guides; courage! et nous voilà relevés; nous repartons, mais comment?... Chacun des guides noua une grande ceinture rouge autour de ses reins, en ayant soin de laisser flotter les bouts par-derrière; nous prîmes chacun un de ces bouts, et ils se mirent à nous hisser comme un vaisseau traîne une chaloupe à la remorque. Comme nous étions à peu près aux trois quarts de la route, nous rencontrâmes un jeune homme que l'on portait à bras, et dont le front était tout ensanglanté. Il s'était approché trop près du volcan, et avait reçu une pierre à la tête. Au lieu de nous ralentir, cette vue excita notre amour-propre; nous quittâmes la ceinture de nos guides, et nous gravîmes courageusement; la sueur nous ruisselait sur le front, et c'était un spectacle curieux que de voir toute cette foule qui jurait, qui chantait, qui criait; des hommes, des femmes, des étrangers, des Italiens, les uns en chaise à porteurs, les autres à pied, pliés en deux comme des porte-faix! Et puis les chutes, les rires, et ceux qui descendaient encourageant ceux qui montaient! Est-ce bien beau? — Admirable! dans cinq minutes vous y serez, courage! — Merci. Enfin nous y voilà; nous sommes à la cime; j'ouvre les yeux. Oh! Dieu! que c'était grand!

D'abord je ne distinguai rien, tant mes yeux furent éblouis par ce spectacle de feu! j'entendais seulement le fracas de l'éruption, et je voyais une foule de fantômes noirs qui s'agitaient autour de moi, car il faisait pleine nuit, et il y avait là plus de cent voyageurs, éclairés seulement par les reflets du volcan. Après quelques minutes d'éblouissement, ma vue s'éclaircit peu à peu; les objets se dessinèrent plus nettement, et voici ce que je vis.

Nous étions sur le bord d'un plateau qui s'étendait devant nous à peu près l'espace d'un grand quart de lieue; au bout de ce plateau s'élève le sommet de la montagne, et au haut du sommet est le cratère du volcan: le phénomène s'accomplissait ainsi. D'abord je vis sortir du cratère, comme d'une énorme cheminée, une colonne de fumée noire et épaisse; puis cette fumée, s'élargissant et s'étendant à mesure qu'elle sortait, devint brune, puis violacée, puis rouge sombre, puis écarlate; alors il se fit une horrible détonation, et le volcan lança en l'air, à une énorme distance, une pluie de feu, mêlée de pierres; on distinguait les pierres parce qu'elles étaient d'un rouge plus noir : puis ces pierres retombèrent sur les épaules du volcan, imitant par le bruit de leur chute les feux de peloton. Tout cela dure à peu près une minute; alors il y a un moment de calme, et ensuite le même phénomène recommence : voilà ce que c'est que l'éruption. On croit communément que la lave sort du cratère, rien de plus faux; le volcan ne lance que des pierres, et je fus fort surpris de voir se former les ruisseaux de lave; ce plateau qui nous séparait du sommet était enflammé comme une forge; la terre en était ouverte par d'énormes crevasses toutes rouges, pleines de feu, et d'où sortait à flots une fumée épaisse et rousse : on eût dit un immense foyer de charbon de terre; ce sol se divisait par morceaux, par mottes, s'agitait, se liquéfiait, se mouvait, et arrivé sur le bord du plateau, coulait en ruisseaux compactes et brûlants, sur la pente, entraînant après eux pierres et rochers; on eût dit des fleuves d'or fondu, et cependant ils ne se précipitent pas comme des flots; ils descendent gravement, lentement, mais invinciblement : ils se déroulent comme de longs rubans, pendant un espace de près de deux lieues, s'amoindrissant ensuite, s'éteignant et se ralentissant toujours, jusqu'à ce qu'ils ne soient plus formés que de quelques pierres rouges jetées çà et là par intervalles.

Nous voulûmes plonger nos grands bâtons dans cette fournaise, mais ils ne purent pénétrer, car la lave, toute mouvante qu'elle soit, n'est pas un corps liquide; c'est du fer rouge qui marche. Comme nous avions le visage brûlé par le voisinage de la fournaise, et le dos glacé par le vent de la montagne, pour nous réchauffer, nous nous retournâmes, et nous vîmes au bas un spectacle fort étrange. Il était onze heures du soir, et c'est l'heure favorite pour les ascensions; aussi arrivait-il au pied du sommet des foules de voyageurs. Ces voyageurs montaient, tous armés d'une torche; et comme on ne pouvait voir que les torches, rien de plus curieux que ces clartés qui erraient, vacillaient, avançaient, descendaient, pâlissaient et étincelaient; on aurait dit tout un peuple de petites âmes sans corps.

Nous restâmes à admirer jusqu'à minuit; puis, pour opérer notre descente, nous nous lançâmes à corps perdu sur cette pente de cendres, et nous nous trouvâmes en bas dans l'espace de quatre minutes, sans avoir pu nous arrêter, et sans être tombés. Nous avions mis une heure entière à monter.

A trois heures du matin nous étions à Naples.

E. LEGOUVÉ.

ENVIRONS DE NAPLES.

COURSE A POMPÉI.

Le 8 août 18...., nous partîmes de Naples à une heure de l'après-midi pour aller visiter Herculanum et Pompéi. Nous étions arrivés à Résina à deux heures : Résina est bâti sur Herculanum, ce qui empêche d'y continuer les fouilles, car il faudrait détruire la ville nouvelle pour ressusciter l'ancienne; la visite d'Herculanum est cependant une des plus curieuses et des plus intéressantes. On nous adressa à un concierge qui est gardien de ces ruines; il prit une torche, et nous fit descendre à peu près soixante marches; nous nous trouvâmes alors dans un grand corridor très sombre, c'était le couloir du théâtre. On nous montra la scène, les coulisses, la partie destinée aux loges des acteurs, les vastes et spacieuses galeries, les places réservées aux magistrats, et toute cette masse architecturale étant enfouie sous terre à plus de cinquante pieds, et n'étant éclairée que par la lumière vacillante des porches qui dessinaient dans les anfractuosités du théâtre mille fantômes étranges, ressemblait à une apparition fantastique, et nous saisissait plus encore par ce que l'on ne voit pas que par ce que l'on voit. Herculanum n'a pas été englouti sous les cendres, il a été inondé d'une pluie de lave qui a coulé comme du plomb fondu dans tous les monumens, et, une fois refroidie, est devenue pierre comme eux. Aussi les excavations y sont-elles très difficiles, car c'est à coups de hache qu'il faut s'ouvrir un passage. En quittant la partie du bâtiment réservé aux comédiens, nous aperçûmes une chose assez étrange, c'est l'empreinte du masque d'un acteur incrustée dans la lave; le nez, la bouche, l'ouverture de l'œil, tout y est. Comment ce masque a-t-il pu ainsi être enchâssé dans cette lave? Que faisait celui qui le portait? qu'est-il devenu dans ce désastre? comment l'a-t-il jeté là? comment a-t-on retrouvé le masque et pas l'homme? tous problèmes insolubles et qui nous agitaient jusqu'aux larmes; car il y avait là de la douleur, de la passion, de la vie, de la mort, de l'homme enfin! Une impression de masque vivre tant de siècles de plus que l'homme même!

Nous partîmes pour Pompéi, et afin d'abréger la route, un de nos compagnons nous donna quelques renseignemens historiques.

La ville de Pompéi était située au fond du golfe appelé le Cratère, formé par le cap de Mysène et l'Athénéum; elle était assise au bord de la mer dont elle est aujourd'hui éloignée; mais, en fouillant, on a retrouvé dans plusieurs endroits des coquilles et le sable du rivage; d'ailleurs on ne peut douter, d'après ce que dit Strabon, qu'elle n'ait été un port comme Herculanum et Stabia. La ville était bâtie sur une élévation isolée formée par la lave, et qu'on peut même regarder comme une ancienne bouche du volcan. Le 16 février de l'an 63, il y eut à Pompéi un grand tremblement de terre qui renversa une partie de la ville et endommagea beaucoup Herculanum; un troupeau de six cents moutons fut étouffé, des statues se fendirent, et plusieurs personnes perdirent la raison; l'année suivante il en survint un autre pendant que Néron chantait sur le théâtre de Naples, qui s'écroula aussitôt que l'empereur sortit; enfin, le 23 août de l'an 79, se manifestèrent les premiers symptômes de l'éruption que Pline a si éloquemment décrite. Il était à Mysène où son oncle commandait la flotte. A une heure après midi, on avertit Pline l'ancien qu'il paraissait un nuage d'une grandeur et d'une figure extraordinaires; sa forme approchait de celle d'un pin; après s'être élevé très haut comme un tronc, il étendait une espèce de branchage, tantôt blanc, tantôt noirâtre, tantôt de diverses couleurs. Pline commande d'appareiller sa liburne (vaisseau léger) et part. A mesure qu'il approchait, la cendre tombait sur son vaisseau plus épaisse et plus chaude; des pierres calcinées et des cailloux tout noirs pleuvaient autour de lui; la mer semblait refluer, et le rivage devenait inaccessible par des morceaux entiers de montagnes dont il était couvert. Pline se dirige vers Stabia où était Pomponianus; mais la cour de la maison de Pomponianus se remplissant de cendres, ils se résolurent à aller dans la campagne; car les maisons étaient tellement ébranlées par les tremblements de terre, que l'on eût dit qu'elles étaient arrachées de leurs fondements, jetées tantôt d'un côté, tantôt de l'autre, puis remises à leur place. Ils sortent et se couvrent la tête d'oreillers attachés avec des mouchoirs. Ce fut toute la précaution qu'ils prirent contre ce qui tombait d'en haut. Le jour recommençait ailleurs, mais dans le lieu où ils étaient, continuait une nuit des plus sombres et des plus affreuses, et qui n'était que très peu dissipée par la lueur d'un grand nombre de flambeaux et d'autres lumières. On essaya de s'approcher du rivage et d'examiner ce que la mer permettait de tenter; mais on la trouva encore fort grosse et agitée d'un vent contraire; le rivage, devenu beaucoup plus spacieux, se trouvait rempli de poissons restés à sec sur le sable. Pline et ses amis étaient réduits à se lever pour secouer leurs habits tout couverts de cendre; car sans cela elle les eût accablés et engloutis; bientôt les flammes parurent plus grandes et précédées d'une odeur de soufre. Pline tomba mort.

Sur les neuf heures, le tremblement de terre et l'éruption s'apaisèrent, le jour se leva et même le soleil, mais jaunâtre, et tel qu'il a coutume de luire dans une éclipse. La ville de Pompéi ne fut pas détruite par la lave, sa position élevée la mit à l'abri d'un pareil événement; mais elle fut ensevelie sous une pluie de cendres et de poussière qui forma des couches alternatives à la hauteur de quinze et de dix-huit pieds. On a trouvé des indices qui portent à croire qu'après la destruction de la ville quelques particuliers revinrent fouiller dans leurs habitations pour en retirer des débris, mais sans pouvoir réussir. Pendant seize cent soixante-seize ans la ville de Pompéi resta ensevelie sous la cendre. On trouva les premières traces de ses ruines en 1689; mais l'on ne commença à y fouiller qu'en 1755. Il est cependant étonnant qu'elle n'ait pas été découverte plus tôt, car Dominique Fontana ayant été chargé, en 1592, de conduire les eaux du petit fleuve Sarno à Torre de l'Annunziata, fit passer un canal souterrain qui traverse la ville, et rencontra souvent les substructions de ses édifices.

Notre compagnon s'arrêta après avoir donné ces détails; nous étions à un mille et demi de la tour de l'Annonciation; nous rencontrâmes alors sur la route royale qui conduit de Naples à Salerne, un pilier sur lequel était écrit : *Via di Pompei*. Le cœur nous battit d'émotion. Nous quittâmes la route royale, et, nous dirigeant à gauche par un sentier, nous franchîmes une colline peu élevée, et nous nous trouvâmes devant une barrière en bois; c'était l'entrée de Pompéi. Deux gardiens vinrent vers nous; ils ressemblaient à des commis de l'octroi : nous pénétrâmes dans la ville. Pendant la dernière partie de notre route, aucun de nous n'avait presque ouvert la bouche, tout émus que nous étions à ce seul nom de Pompéi, et préoccupés de toutes les beautés que nous allions voir. Quand on est jeune, qu'on arrive à Naples et qu'on se dit : « Je vais aller à Pompéi, » on se figure d'avance les majestés les plus abruptes et les plus imposantes de la nature; l'idée du Vésuve, des éclairs, des flots de lave, des détonations se mêlant à la pensée de cette ville enfouie, jette sur elle une lueur infernale et mystérieuse; on s'attend à voir un de ces horribles bouleversements matériels qui anéantissent l'âme du spectateur : mais j'avoue que je n'ai jamais éprouvé de désillusionnement plus grand qu'en apercevant Pompéi. Je ne pouvais en croire mes yeux, j'étais muet de désappointement comme on l'est d'admiration; en me promenant au milieu de toutes ces rues, je voyais tomber un à un tous les beaux châteaux de mon imagination.

Rien d'élevé, de majestueux, rien qui saisisse au premier aspect : Pompéi n'est qu'une chose charmante : un soleil insultant, des rues éclairées et larges, une barrière en bois pour entrée, deux soldats pour gardiens, pas de mystère, pas de poésie; mais une fois que, renonçant aux chimères de son imagination, on est consolé de ce manque de beauté dans l'impression de l'ensemble, Pompéi devient l'étude la plus amusante et la plus curieuse par les détails. Ce sont les mémoires les plus circonstanciés sur les Romains, c'est la vie antique, la vie matérielle, intérieure, la vie de tous les instants, écrite en pierres, en marbre et en colonnes.

Avant d'arriver à la porte de la ville même, vous vous trouvez dans une espèce de faubourg appelé Augustus Felix; la voie qui traverse ce faubourg est la voie des Tombeaux. Ainsi semés sur les deux bords de la route et servant de bornes milliaires, les sépulcres anciens ont quelque chose d'étrange et de grandiose; ces peuples qui avaient toujours vécu sur la place publique ne voulaient pas d'une sépulture re-

tirée et solitaire; c'est le ciel, c'est l'air qu'il faut à leurs restes! Quelle belle idée de mêler ainsi les vivants aux morts! quelle impression de respect devait-on éprouver à aller ainsi de Rome à Naples entre deux rangées d'ombres illustres ou chères! Aussi la voie des Tombeaux nous remplit-elle tous d'une tristesse grave et sérieuse, et nous allions, épelant sur ces monuments renversés ou mutilés les inscriptions et les noms des familles éteintes. En déblayant cette voie, l'on a rencontré les ossements de plusieurs habitants qui, au moment du désastre, cherchant leur salut dans la fuite, trouvèrent la mort au milieu des tombeaux où reposaient peut-être leurs amis et leurs proches. Trois de ces squelettes étaient des femmes, elles s'étaient assises contre le pilier d'un portique et y avaient été étouffées par la pluie de cendres; on trouva aussi le cadavre d'une malheureuse mère qui avait sur les bras un enfant au berceau et deux autres moins petits auprès d'elle. Leurs os étaient réunis, confondus ensemble, ce qui prouve que cette famille infortunée se tint embrassée jusqu'au dernier soupir. Parmi leurs os on recueillit trois anneaux d'or et deux paires de boucles d'oreilles garnies de perles fines : l'un de ces anneaux avait la forme d'un serpent reployé sur lui-même; un autre, plus petit, avait pour chaton un grain de grenat sur lequel était sculptée une foudre. Les pendants d'oreilles étaient en forme de balance : enfin, l'on rencontra aussi les restes d'un vieillard qui serrait encore dans ses mains un faible trésor; il y attachait sans doute beaucoup de prix, car il l'avait enveloppé très soigneusement dans une étoffe de lin qui est demeurée intacte. Le nombre des monnaies trouvées dans ce linge était de quatre cent dix. Le plus beau tombeau de cette voie est celui de Nevoleja Tiche. Voici l'inscription :

Nevoleja Tiche a érigé ce monument pour elle et pour Caïus Munatius qui a mérité la décoration du Bisellium; elle l'a érigé aussi pour ses affranchis et affranchies.

Ce tombeau consiste en un grand bloc de marbre taillé en carré long. Dans les ornements supérieurs, on remarque le buste de Nevoleja; le côté du monument en marbre qui regarde le septentrion représente une barque avec deux mâts, l'un dressé, l'autre penché. Divers enfants carguent la voile; un d'eux grimpe au cordage qui assujettit le mât du côté de la proue; et quelques savants ont vu, dans cette représentation maritime, l'image des orages de la vie. Après la visite extérieure du tombeau, nous pénétrâmes dans l'intérieur par une porte fort basse; l'intérieur est d'environ six pieds carrés, avec deux rangs de niches. Dans la plus grande de ces niches, on a trouvé une grande amphore d'argile avec une quantité de cendres qu'on a amoncelées sur un entablement qui règne tout autour du caveau. Quatre autres urnes de Rosettes fort communes, ayant leurs couvercles, contenaient encore des restes funéraires. Auprès de chacune de ces urnes, était une lampe d'argile et aussi des monnaies de bronze destinées à payer Caron. Mais la découverte la plus singulière est celle de trois vases de verre à large ventre qui étaient renfermés dans autant de vases de plomb; ils étaient pleins d'eau et contenaient des ossements calcinés et une liqueur composée d'eau, de vin et d'huile : dans deux de ces urnes, la liqueur est roussâtre, et dans l'autre, jaune, onctueuse et transparente. En sortant de ce tombeau, nous vîmes la fameuse maison de campagne dont Cicéron parle si souvent à Atticus, puis un portique situé sur la route; quatre siéges en pierre qu'il contient et le toit qui le domine, font penser que c'était un lieu public de repos et de rendez-vous pour les oisifs de Pompéi qui aimaient à s'y entretenir, à débiter des nouvelles et à voir, assis et couverts, passer et repasser les allants et les venants. Enfin, pour terminer nos recherches dans le faubourg d'Augustus Felix, nous allâmes visiter la maison de campagne de Marcus Arius Diomedes. On y monte par quelques degrés revêtus de briques et embellis de deux petites colonnes latérales. On entre d'abord dans une cour située au centre de l'édifice et que les anciens appelaient *impluvium*; autour de cette cour règne une sorte de galerie ou petit portique, orné de quatorze colonnes de briques, revêtu de stuc, sous lequel on pouvait circuler des quatre côtés sans crainte de la pluie. C'est de là que partaient toutes les différentes distributions du logis, et c'est de cette cour que les appartements recevaient la lumière. Nous entrâmes dans un grand salon appelé *exedra*, où les anciens faisaient, en été, la méridienne; de là, dans une galerie appelée *basilica*, qui servait de pièce d'introduction, et au bout de laquelle est une terrasse découverte, embellie de marbre blanc et qui domine sur un jardin et sur la mer. Revenus dans la cour, nous entrâmes, à main droite, dans le *nymphœum* ou petite salle de bain, entourée de colonnes de stuc : cette pièce est peinte en jaune; le pavé, qui est très beau, est une mosaïque. On y voit encore la cuve qui servait à prendre les bains, appelée *baptisterium :* elle est construite en brique et revêtue de marbre. Au lieu de monter dans leurs baignoires, les anciens y descendaient par quelques marches, et nous aperçûmes dans le mur la place où étaient les tuyaux. Passant à la seconde chambre, nous y vîmes un long fourneau de singulière construction, et qui servait à chauffer l'eau au degré que l'on jugeait convenable. Nous remarquâmes aussi l'*ipocaustum* ou récipient du feu avec son *prefurnium* ou ouverture. Trois vases de cuivre, placés l'un sur l'autre, recevaient tous trois l'eau avec des degrés de chaleur différents; et selon que les baigneurs voulaient de l'eau chaude ou froide, ils ouvraient un des tuyaux qui communiquaient avec celui des vases dont ils désiraient se servir. A l'étage supérieur et précisément au-dessus de l'ipocaustum, est située une petite chambre avec une niche en forme conique; elle a vue sur le jardin par une fenêtre, et est remplie de peintures et de tableaux. Cette chambre est le *sudatorium* ou étuve, pour faire suer; afin de lui donner un degré de chaleur suffisant pour sa destination, on établissait dans le pavé des ouvertures pour laisser passage à la flamme et à la vapeur qui montaient par des conduits pratiqués le long des murailles dans la salle inférieure. La chaleur ainsi concentrée dans le *sudatorium* devait en faire une vraie fournaise, et c'est sans doute pour éteindre l'ardeur de cette température qu'on ouvrait la fenêtre dont nous avons parlé; car cette fenêtre était trop petite pour donner du jour, et on trouve dans le mur la place destinée à recevoir une lampe. Enfin en sortant du *sudatorium*, on entrait dans l'*unctuorium* ou salle de parfums; c'est là que, après le bain chaud, tiède et froid, on venait s'essuyer et se parfumer. Un domestique qui assistait au bain, y recevait le baigneur avec le frottoir (*strigilis*) et la petite fiole (*guttum*). Le frottoir servait à emporter l'humidité : il était composé de petites lames oblongues et recourbées, d'un pouce de large, en or, en argent, en cuivre, avec lesquelles on enlevait la sueur; ensuite on versait de la fiole quelques gouttes d'huile odorante. A la fenêtre de cette chambre, on a trouvé placées dans un châssis de bois, réduit en charbons, des vitres d'une palme de largeur. Ce qui a décidé la question de savoir si les anciens connaissaient l'art de faire le verre.

La partie de la maison destinée pour le sommeil est composée de trois chambres; l'usage était de placer le lit sur un gradin en marbre dans un encaissement de mur qui l'enfermait de trois côtés; devant il était clos par un rideau dont nous trouvâmes les anneaux de bronze.

A gauche de la galerie était l'entrée d'un autre appartement plus intérieur et plus secret; ce devait être le gynécéum ou l'habitation des femmes, le cœnaculum ou salle à manger, le dispendium ou salle de dépense, toutes pièces qu'on appelait *conclavi*, parce qu'on les fermait sous une seule clef. Nous descendîmes par deux escaliers au rez-de-chaussée; il consiste en huit chambres peintes en rouge et ayant des voûtes. Dans l'une d'elles coulait abondamment une fontaine dont l'eau était conduite dans la pécherie du jardin. Du rez-de-chaussée, nous allâmes dans un souterrain ou corridor tout rempli d'amphores de grès pour faire rafraichir le vin. On a trouvé dans cette cave dix-sept squelettes des infortunés habitants de cette maison. Un des squelettes est probablement la maîtresse de la maison, et on voit encore tracée dans le mur une forme de nez et de front, leur visage ayant été écrasé et empreint dans le ciment. De ce souterrain, nous montâmes au jardin; on trouva à la porte qui donne dans la campagne le cadavre du maître de la maison, ayant en main une clef et dans l'autre des chaînes d'or. Derrière lui venait un domestique qui portait des vases d'argent. Après avoir examiné le jardin, nous arrivâmes sur la voie consulaire, et de là à la porte de Pompéi.

Renvoyons nos guides, dis-je alors à mes compagnons, et parcourons au hasard cette ville morte; puis, ce soir, rendez-vous à Castel-a-Mare. Mon plan fut adopté : l'un tourne à droite, l'autre à gauche, et j'errai ainsi tout seul au milieu de ces décombres immenses. C'était pour moi comme un livre qu'on parcourt sans suite, allant du commencement à la fin sans achever les feuillets. Une chose qui me frappait vivement, c'était toutes ces rues étiquetées, nommées et numérotées comme les nôtres; c'était de voir *via del Corso*, *via dei Poveri*, là où il n'y avait plus même de morts. Autrefois les anciens ne désignaient pas les habitations par les numéros, mais par le nom, la qualité ou l'état de l'habitant. L'œil fixé sur le mur, je cherchais ces caractères rouges à moitié effacés et qui me disaient : Ici a vécu Numatius, Marius... Tous hommes qui avaient existé à dix-huit cents ans de moi, et qu'il me semblait connaître cependant, auxquels je m'intéressais dès que je voyais leurs noms. J'aperçus à côté de la porte de la ville, sur une muraille, des caractères rouges semblables aux premiers, mais avec des inscriptions différentes; l'une portait :

Pugna mala; V; *non. april. venatio.*

et plus loin :

Glad. par. XX. *pugna. non.*

Le sens de ces mots incomplets est : Combat et chasse pour le cinq des nones d'avril.

Vingt paires de gladiateurs combattront aux nones.

Des affiches de spectacle à Pompéi! Des affiches traversant dix-huit siècles qui ont englouti tant de grands hommes et tant de grandes choses! J'entrai dans toutes les maisons qui me présentaient quelque aspect curieux : c'était un cabaret, une boutique de charron, un temple; tantôt une cuisine avec des pots de grès, des cuillers; puis une école de chirurgie avec des instruments ; puis une chambre de bains; puis un venereum. Je vis une espèce de petit café avec cette inscription : *perennius nymphereus*. Dans le fond de l'établissement, il y a un fourneau, et sur le comptoir en marbre blanc, se trouve encore l'empreinte du dessous des tasses ; les liqueurs qu'elles contenaient étant composées avec du miel et des acides, ont pénétré dans la pierre et y ont laissé trace. Je trouvai encore des magasins de Phallus ou Priapes qui ont pour enseigne leur marchandise même : puis des boulangeries avec des fours et des moulins dont la forme ressemble à des moulins à café; des ânes tournaient ces meules, et Plaute et Térence furent condamnés à les tourner étant esclaves. Je remarquai une boutique de liqueurs dont l'enseigne représentait Ulysse repoussant les breuvages de Circé; puis des boucheries, puis des écriteaux où Julia Félix offre à bail pour cinq ans, des Thermes, un venereum, et neuf cents boutiques. Je descendais dans des caves; j'allais m'agenouiller à l'autel des dieux Lares : je recherchais dans les endroits les plus obscurs les traces de quelque habitude antique; je ramassais avec respect les débris les plus vils, espérant y trouver l'explication d'un usage, d'une coutume. J'admirai la maison de Sallustius : une boutique communiquait à son appartement. Ce qui prouve que les anciens patriciens vendaient eux-mêmes leurs denrées ; et encore aujourd'hui à Florence, il y a, à côté de la porte-cochère de chaque palais, un tour par où les nobles trafiquent de leur vin et de leur huile. En sortant du temple des Vestales, je me trouvai dans une maison de prostitution ! C'est avec une espèce de crainte, et en affaiblissant le bruit de mes pas, que je pénétrais dans tous ces sanctuaires; que j'errais lentement et silencieusement dans ces vastes salles solitaires qui ont le ciel pour voûte; apercevant quelquefois seulement dans un coin quelque peintre copiant les fresques : il se retournait à mon approche, et puis se remettait à son œuvre sans me parler, comme si nous eussions craint, lui et moi, de réveiller ces morts. Les fresques surtout me ravissaient ! Ce sont des peintures de grands jardins, d'appartements avec des jets d'eau au milieu, qui rappellent l'Allambrah, des groupes d'îles délicieuses, des combats de mer, des instruments de musique inconnus de nos jours ; des nymphes nues, dignes de l'Albane, et qui font oublier l'immodestie de leurs poses par leur ineffable volupté et la richesse de leur coloris; ce sont des jeux d'enfants les plus gracieux du monde, et tout cela représenté dans les plus petites habitations, sur les murs, seulement pour cacher la nudité de la pierre. En parcourant ces beaux lieux, et en songeant que Pompéi n'était qu'une ville du cinquième ordre, on reconnaît combien, avec toute notre civilisation et nos 1800 ans de perfectionnement, nous sommes loin encore de la délicatesse exquise des anciens, et comme ces hommes de place publique entendaient mieux que nous la vie intérieure qui n'était rien pour eux. Nous autres Français, nous sommes le peuple le moins artiste du monde; il nous a fallu des leçons des Anglais, même pour avoir le confortable qui ne fait pourtant pas la moitié de la science de la vie. S'il y avait un volcan à côté de Poitiers, que le volcan ensevelît Poitiers sous ses cendres, et que dans dix-huit cents ans on exhumât cette ville momie... Quels barbares! dirait-on. Quelle grossièreté maladroite et disgracieuse dans leurs usages! Comme ils savaient mal vivre! Quels édifices mesquins! Quelles habitations sans goût d'artistes! car nous rapetissons tout, maisons et temples. Les anciens ne vivaient qu'en plein air. Leur demeure était le forum, les basiliques, les cirques; tout cela majestueux, vaste, noble, et leurs habitations mêmes mystérieuses, fraîches, coquettes. Chez nous, plus de palais, plus d'édifices; des appartements et des chapelles. De Notre-Dame de Paris, nous sommes tombés à Notre-Dame de Lorette.

Poursuivant le cours de mes découvertes, j'arrivai à une petite maison dite la Maison d'Actéon, parce que l'infortune de ce chasseur est peinte sur la muraille. J'y admirai deux pièces fort curieuses, un triclinium et un venereum. Ce triclinium, ou salle de repas, est délicieusement situé. On y arrive en traversant un petit parterre (un xyste) tout planté de fleurs avec des murs décorés de fontaines peintes, d'oiseaux et de beaux arbres. Il se trouve sous une treille; au milieu, un bassin plein d'eau vive où l'on plaçait les flacons de vin dans la Neige; contre le portique, un fourneau destiné à recevoir de l'eau attiédie; au fond, un autel où se versaient les libations des dieux. Quant au venereum, c'était un appartement secret, consacré au plaisir et à l'amour; sa distribution et les peintures qui le décorent ne permettent pas d'en douter. Il y a deux portes d'entrée au venereum; la seconde, plus petite que la première, comme doit l'être celle d'un lieu mystérieux, et on ne l'ouvrait probablement qu'après avoir fermé l'autre. Cette porte, ainsi que toutes celles du venereum, devait clore parfaitement et ne pas avoir la moindre fente; aucun bâtiment voisin n'avait vue sur cet appartement, qui se composait d'un petit jardin semé de plantes stimulantes, et entouré d'un portique où aboutissaient plusieurs chambres secrètes; ces chambres, toutes ornées de fresques, avaient une fenêtre vitrée et donnaient sur le jardin.

Nous voici devant le temple d'Isis, il a 84 palmes de longueur et 64 de largeur. Tout l'édifice est construit en briques, enduites d'un mastic très dur; sur une élévation près du sanctuaire se trouvèrent les fragments de l'idole d'Isis. On ne peut pas s'y arrêter long-temps, parce que non loin de là se développe une vapeur malfaisante appelée par les paysans *mofette*, et qui donne des vertiges. C'est probablement cette vapeur qui faisait tomber les pythonisses dans les convulsions, hérissait leur chevelure et leur arrachait, avec effort et fureur, quelques paroles entrecoupées qu'on prenait pour l'inspiration d'un dieu. Sous le trône de l'idole il existe une petite chambre où l'on peut soupçonner que les prêtres se cachaient lorsqu'ils rendaient les oracles au nom de la déesse.

Je quittai le temple pour aller au théâtre; mais je fus frappé en entrant d'en trouver deux au lieu d'un; le premier, plus petit, plus élégant, était couvert; l'autre, plus grand et noblement décoré, était en plein air; le plus petit servait aux représentations comiques et satiriques. Ces théâtres de second ordre s'appelaient *Odeum*; on allait y entendre de la musique, voir jouer des pantomimes, assister aux luttes poétiques et à des disputes de philosophie, où un trépied était la récompense du vainqueur. Les anciens, ne sachant pas se servir de lustres et de lampions pour éclairer le théâtre, on laissait une ouverture entre chaque colonne qui soutenait le toit pour donner de la lumière aux spectateurs. Il y avait dans ce théâtre, comme dans le théâtre tragique, la place des magistrats, celle des instituteurs, des jeunes gens admis à porter la robe prétexte; et, pour éviter la confusion, les décemvirs distribuaient à chaque personne entrant la *tessera theatralis*, ou billet d'entrée, pour qu'il occupât la place qui lui convenait. Ces marques de théâtre étaient en os, d'une figure circulaire comme nos pièces de monnaie: elles contenaient l'indication du théâtre, l'indication de celui des cinq coins où l'on devait se placer, sur quel gradin on devait s'asseoir, et le nom de l'auteur de la pièce qu'on allait représenter. Mais c'est au grand théâtre seul que je compris

toute la beauté de ces édifices de l'antiquité. Je mesurai d'abord le diamètre de l'une à l'autre extrémité de l'hémicycle, il y avait 17 pas. Puis ce furent les gradins, d'une grande dimension, au nombre de 5 dans l'orchestre, tous recouverts de marbre; à la suite de ces gradins, un sixième, plus large et plus spacieux, qui sépare la première travée de la seconde. Au point du milieu de cette seconde travée, étaient fixées trois statues de marbre; vingt gradins, tous revêtus de marbre blanc et symétriquement placés les uns au-dessus des autres, formaient cette seconde enceinte; venait ensuite un large mur, qui faisait la séparation de la seconde à la troisième travée. Cette dernière, la plus élevée, était composée de quatre gradins où les femmes et le peuple étaient placés pêle-mêle. La foule arrivait dans la seconde enceinte par le moyen de six escaliers qui correspondaient à six vomitoires ou portes extérieures encadrées de marbre. Tous les gradins, même les plus élevés, sont découverts dans ce théâtre; la pluie, la neige et le soleil n'effrayaient pas les spectateurs; quand l'air était chargé de vapeurs froides, ils se revêtaient d'un manteau blanc appelé *lacerna*. Martial a fait là-dessus une épigramme assez curieuse; la voici : *Horace était assis au spectacle seul en manteau noir, tandis que le peuple et les magistrats étaient tous vêtus de blanc ; tout à coup tombe du ciel une neige abondante, et voilà Horace vêtu de blanc comme les autres.* Contre le soleil, ils portaient de larges chapeaux thessaliens que Caligula introduisit le premier à Rome. Les Campaniens trouvèrent un moyen plus sûr, c'étaient des voiles et des antennes qu'on fixait à certaines poutres à l'extrémité du mur où se terminait l'hémicycle, et qui servaient à le couvrir; j'aperçus encore les pierres forées et saillantes de mur où les poutres étaient fixées. Mais ces voiles n'étaient pas toujours tendues au théâtre, et les affiches annonçaient au peuple que tel jour, par extraordinaire, les voiles seraient déployées. C'est ainsi qu'aujourd'hui, dans les théâtres d'Italie, on prévient que pour telle représentation il y aura *illumination*, c'est-à-dire qu'on verra clair. A droite et à gauche de l'orchestre sont situées deux tribunes en pierres volcaniques; l'une était la loge du préteur ou décemvir, qui présidait aux jeux; on appelait cette loge *Podium*; l'autre était la tribune des vestales. Je remarquai différentes excavations qui devaient servir à cacher les fioles et les tubes d'où se répandait sur tout le théâtre une odeur de safran, ou bien encore ces tubes lançaient des eaux balsamiques comme Adrien en fit verser en l'honneur de Trajan. J'aperçus aussi, à droite et à gauche de la scène, deux grands espaces vides où se disposaient les décorations et les machines. La machine la plus ordinaire était celle qui servait à faire voler. Une pièce antique ne se passait guère sans quelque héros qui montât au ciel ou quelque dieu qui en descendît. Il y avait des machines pour transformer les héros en divinités à vue d'œil; les décorations de droite servaient à représenter tout ce qui se passait hors de la cité et qui pouvait appartenir aux alliés, aux villes municipales, aux colonies, aux champs; c'était par-là que s'introduisaient les hérauts et les voyageurs. Les machines de gauche figuraient tout ce qui se passait dans la ville et aussi les ports, les divinités des eaux, etc. Le fond de la scène est formé d'un frontispice à trois portes; la porte du milieu, la plus décorée de marbre, s'appelait porte royale, et c'est par cette porte que sortaient les héros. La porte à droite était destinée aux personnages de second ordre, tels que vieillards, matrones, généraux d'armée; enfin la porte gauche s'ouvrait pour les esclaves, affranchis et pédagogues. Le diamètre entre l'avant-scène et la scène était fermé par une toile appelée *aulœum* ou *siparium*. Destinée à cacher aux spectateurs les changements de décoration, elle ne s'enlevait pas comme les nôtres, par le moyen d'une poulie, mais elle était attachée à deux larges poutres, et, au moyen de cabestans, on la précipitait au-dessus du théâtre, ou on l'enlevait pour la cacher.

Ayant observé les deux théâtres et la place Marchande, je franchis la voie Consulaire, et après une courte traversée dans la campagne du côté de l'Orient.

C'est dans la Campanie que s'étaient formées les premières réunions de gladiateurs, désignées sous le nom de *familles*; et on voit, après des inscriptions, qu'il est fait mention de la famille de gladiateurs de Popidius Rufus, et de celle d'Ampliatus. Pour se venger des Samnites qui les avaient souvent vaincus et soumis, les Campaniens faisaient comparaître dans l'arène des gladiateurs armés à la manière des Samnites, c'est-à-dire, ayant un bouclier qui paraissait d'or, portant des guêtres et ayant en tête un casque surmonté d'une aigrette. Ils se figuraient voir tomber des Samnites dans la personne des gladiateurs, et ne les désignaient que sous ce nom. Tel était leur amour frénétique pour ces horribles combats, qu'il ne se donnait pas un repas solennel chez les particuliers riches, sans être accompagné d'un combat de gladiateurs.

Et c'était une coutume antique, dit Silius, d'égayer les festins par des scènes de carnage, et de mêler au repas le tragique spectacle de gladiateurs combattant à outrance, tombant quelquefois sur les tables et les coupes des convives et les inondant de sang.

Les esclaves et les prisonniers ne combattaient pas seuls dans l'arène; on y voyait aussi des personnes libres, des chevaliers, et même des sénateurs, appelés *auctorati*, et qui venaient faire montre de leur courage, et disputer le prix auctoramentum.

Dans cet amphithéâtre se représentaient, outre les combats des gladiateurs, le combat contre les bêtes féroces. Pour donner l'aspect d'une campagne à l'arène, on avait soin d'y planter des arbustes de différentes espèces qui figuraient un bosquet, ce qui faisait de l'amphithéâtre un site tout-à-fait semblable à celui d'une chasse. L'amphithéâtre présente la figure d'une ellipse; il est appuyé d'un côté à la colline, sur laquelle s'étendaient les murailles d'enceinte de Pompéi; de l'autre, il est terminé par des arcades et des pilastres de forte construction. On y pénètre par deux grandes entrées à forme de portique, et il y en a une troisième, du côté du couchant; elle est très petite, pratiquée dans le parapet, et conduit à une sortie secrète; cette porte était appelée *Libitinensis*; ce nom vient de Libitine, déesse de la mort, parce que c'est par cette issue qu'on faisait passer les cadavres des gladiateurs morts qu'on tirait avec un crochet jusqu'au *Spoliatium*, c'est-à-dire au lieu où on les dépouillait. Cette porte se nommait encore Sandapilaria.

On ne peut pas de l'arène monter dans l'enceinte réservée aux spectateurs, à cause d'un mur à parapet qui sert de rempart et de séparation entre les gradins inférieurs et l'arène. Ce mur a été édifié pour la sûreté des spectateurs, afin de les préserver des bêtes furieuses qu'on excite, et qui auraient pu, en grimpant dans l'amphithéâtre, porter la terreur et la mort. On voit encore sur les bords du parapet de ce mur les trous où étaient fichés autrefois les barreaux de fer qui ajoutaient à son élévation et à la sûreté des spectateurs sans gêner leur vue. Les grillages sont appelés par Pline du nom de *rets*, à cause de la forme de leur construction; et en parlant du luxe de Néron à l'occasion d'un combat de gladiateurs, il dit que l'ambre était prodigué au point que les barreaux élevés qui protégeaient la loge de l'empereur contre ces bêtes féroces, étaient soudés avec cette résine précieuse.

J'étais déjà depuis long-temps à parcourir cet amphithéâtre, en me recomposant les combats antiques à l'aide de mes souvenirs de Vitruve, de Juvénal et de Pline, quand je me sentis frapper sur l'épaule; c'était un des gardiens qui m'avertissait qu'il fallait partir, car on allait fermer la barrière. En effet, la nuit commençait à venir, et la lune se levait. Ce que je désirais avant tout, c'était de voir Pompéi au clair de lune; car il me semblait que cette lumière devait bien aller à la ville morte. Je suivis cependant le gardien; mais je trouvai un moyen pour gagner du temps, ce fut de laisser tomber ma bourse qui était pleine de monnaie. Nous voilà tous deux baissés pour ramasser les pièces éparses; comme il ne faisait plus très clair, la recherche était plus difficile; et pendant ce temps la lune montait toujours; puis, chaque fois que le gardien me rapportait deux pièces, je lui en donnais une, ce qui réveillait son ardeur. Quand la recherche fut finie, ma bourse était moins lourde; mais la lune donnait à plein sur la ville. A la clarté de ses rayons, toutes les habitations semblaient de marbre; la lumière tombait à terre et sur les murailles à larges tranchées, et pas un souffle, pas un bruit; on eût dit une veuve enveloppée d'un linceul noir et blanc. Les maisons étant toutes découvertes, les rayons de l'astre, en plongeant dans les anfractuosités des appartements, y projetaient mille accidents bizarres d'ombre et de lumière. Enseveli dans mille délicieuses rêveries, je sentais, sur la hauteur où je m'étais placé, venir des bords de la mer un vent frais et pur qui complétait mon ivresse. J'offris au gardien deux louis pour qu'il me laissât passer la nuit à errer dans la ville; mais la défense est formelle, et, m'arrachant à regret de ce beau spectacle, je trouvai, à la porte opposée, une voiture qui me conduisit à Castel-a-Mare.

NAPLES.

Convoi. — Sonnets. — Grotte de Pausilippe. — Pouzzoles. — Baia. — Misène. — Ischia. — Capri. — Grotte d'Azur. — Retour à Naples. — Môle.

Nous allions un soir à San-Carlo (je n'ai jamais pu m'expliquer pourquoi les Italiens font un nom de théâtre avec un nom de saint), quand nous aperçûmes, au détour de la rue de Tolède, quelques troupes qui arrivaient, fusils baissés et tambours couverts d'un crêpe: c'était le convoi d'un général. Le corps n'était pas enfermé, comme en France, dans une bière recouverte d'un drap noir; il était placé sur une sorte de lit de parade que l'on portait, le visage découvert, et son chapeau à ses pieds avec son épée; derrière lui marchaient lentement, en chantant des cantiques, des pénitents armés d'une grosse torche de résine; et, car il faisait déjà nuit, ils étaient couverts des pieds à la tête d'un vêtement de laine rouge, et on y avait fait des trous à la place des yeux et du nez: pour nous, étrangers, c'était vraiment quelque chose de très singulier que ces hommes rouges et ce visage mort, éclairés par les lueurs vacillantes et fumeuses des torches!

Le cortége passé, nous rendîmes au théâtre. Je m'étais assis au parterre, et le rideau venait de se baisser sur le second acte de l'opéra, quand je sentis tomber quelque chose sur ma tête, je me retourne, et je vois tourbillonnant dans la salle d'innombrables morceaux de papier blanc, pliés en deux et larges comme la main. Tous les hommes qui étaient au parterre levaient les mains pour en saisir un; je pensai qu'il devait y avoir quelque intérêt à ces papiers, j'ouvre : qu'est-ce que je trouve? un sonnet! oui, en vérité, un sonnet! C'était, ce jour-là, la représentation d'adieu de je ne sais quelle cantatrice, et les amis étaient montés aux quatrièmes loges, après son air de bravoure, et de là avaient répandu sur le public cette pluie de sonnets, qui n'était pas la manne, quoiqu'elle tombât du paradis. C'est la coutume. Ils ont en Italie une rage de sonnets qui va jusqu'au délire. Dès qu'il y a à Naples un chat, un chien, un homme ou une femme extraordinaire, voilà la fontaine aux sonnets qui s'ouvre, et Dieu sait combien il en coule. Madame Malibran aurait pu établir une boutique de libraire avec tous ceux qu'elle a reçus pendant six semaines; elle en avait pour mille livres pesant. Je me rappelle très bien que, passant à Bologne, la ville des empereurs et des saucissons, je m'arrêtai devant les murs de l'université, tous placardés d'affiches : c'étaient des sonnets!..... l'un en l'honneur d'un prêtre qui avait dit sa première messe : *il suo primo sacrificio*; l'autre, pour un étudiant qui avait passé sa thèse; enfin j'en vis un pour un apothicaire qui venait d'être reçu!..... En vérité, c'est être trop poète!... il y a mesure à tout.

Mais laissons là sonnets et théâtre, et reprenons nos courses hors de la ville.

Figurez-vous un géant assis qui ouvre en les arrondissant deux énormes bras; c'est Naples et son golfe. Naples est le corps; les deux bras sont, à gauche, les bords de Portici, de Pompéi, de Sorrento; à droite, le rivage de Pausilippe, le cap Misène. Nous avons déjà visité Portici et le Vésuve, aujourd'hui nous allons parcourir la gracieuse courbe que décrit la rive droite à l'opposite du volcan.

Après avoir dépassé la Villa-Reale, si vous longez le Chiaja pendant un quart d'heure, vous arrivez à un chemin taillé dans le roc : c'est la grotte de Pausilippe : elle a une demi-lieue de longueur, étroite comme une rue, obscure comme un cachot, même en plein midi ; on suspend à sa voûte, d'intervalles à intervalles, de pâles lanternes qui jettent juste assez de lumière pour faire voir l'obscurité. Des charrettes, des chevaux, des piétons passent et repassent sous cette voûte, se heurtant sans cesse et encombrant l'étroit passage; et je ne sais pas de spectacle plus étrange que d'arriver à l'entrée de la grotte, et les yeux encore tout éblouis par l'éclat du jour si étincelant à Naples, de plonger dans ce long et sombre corridor, d'entendre tous ces bruits confus et inégaux, de distinguer toutes ces masses sans forme qui se meuvent dans cette obscurité; et puis, tout au bout de la grotte, à l'autre extrémité, de voir briller comme une immense étoile le jour qui entre par l'ouverture. On se croirait aux catacombes. Je quittai la grotte, et reprenant la route qui longe la mer, j'admirai en passant ce palmier jeté sur une hauteur comme un échantillon de l'Orient; la villa Barbaja, maison de plaisance bâtie dans un rocher par le fameux Impresario, qui lui a donné son nom; le tombeau de Virgile, et son laurier qui est immortel, parce qu'on le replante quand il meurt; puis enfin, tournant à droite vers Pouzzoles, je quittai à regret cette rive délicieuse dont le nom même est un enchantement. *Pausilippe* vient de deux mots grecs; παυσις της λυπης, pause de tristesse. C'est là, sur une petite plage appelée la Mergellina, au milieu des pêcheurs simples et laborieux, que vécut long-temps Sannasar, poète assez remarquable quoiqu'il fît des vers latins. Ces beaux lieux lui inspirèrent des églogues maritimes, *Piscatoriæ*, pleines de grâce et de mélancolie; mais M. de Fontenelle les condamna, en disant que les bergers *étaient seuls en possession des églogues*. Cet arrêt n'est-il pas charmant? Voyez-vous ce *droit d'aînesse* des bergers sur les pêcheurs? Est-il un plus beau coup de lance en faveur de la légitimité poétique? et n'admirez-vous pas ce jugement solennel qui défend aux marins d'être poètes de par M. de Fontenelle!

J'arrivai à Pouzzoles au milieu du jour, et je trouvai à grand'peine un misérable âne pour aller visiter le temple de Sérapis et la Solfatara. C'est une admirable ruine que le temple de Sérapis. Par suite de l'affreux tremblement de terre de 1538, les eaux du lac Lucrin furent violemment jetées sous le temple, et tout le pavé en est encore inondé. Rien de plus majestueux que cette vue : de tous côtés, des socles renversés, des colonnes fendues, d'énormes morceaux de marbre tout baignés d'une eau stagnante, des autels incrustés de coquillages, verdoyants d'une mousse humide, enveloppés de lianes; pas de toit, le ciel pour voûte; et puis, au milieu, seules, debout, nues, trois grandes colonnes qui semblent sortir de la mer : ajoutez à cela un soleil éblouissant qui tombait d'aplomb sur cette masse immobile, et vous pourrez comprendre que l'on reste là des heures entières en contemplation. C'est si triste le grand soleil ! Je sortis du temple pour aller à la Solfatara. La Solfatara (quel beau nom!) est une montagne de souffre; c'était autrefois un volcan : maintenant elle offre à l'œil l'aspect d'une montagne qui s'est affaissée au milieu. Le cratère semble s'être creusé un trou, où l'on arrive par une pente douce; il est jaune, violacé, brun, rouge. On descend dans des espèces de petites grottes chaudes comme une salle de bain de vapeur, et dont les parois sont couvertes de cette admirable fleur de souffre, si légère à l'œil qu'on dirait de la neige teinte, si brillante qu'on la prendrait pour de la mousse cristallisée, et d'un jaune si fin et si moelleux qu'elle fait tort aux rayons du soleil. La Solfatara occupe un espace d'environ une demi-lieue de circonférence. Je me promenai long-temps sur ce terrain si étrange d'aspect et de couleur : çà et là on trouve encore de petits cratères qui bouillonnent, et jettent des pierres légères à un pouce de hauteur; mais dès qu'il y a éruption au Vésuve, la Solfatara se tait : quand le lion rugit, tous les animaux sont muets.

De la Solfatara à la grotte du Chien, la route n'est pas longue. Vous ne savez pas ce que c'est que la grotte du Chien? Imaginez-vous une petite caverne fort sombre et fort infecte, et qui a l'heureuse propriété de jeter ceux qui y demeureraient dans des convulsions nerveuses qui vont jusqu'à la mort. Le gouvernement a loué ce repaire à un paysan. Vous allez trouver ce paysan, vous lui donnez quatre paoli (deux francs), moyennant quoi il prend un petit chien noir, assez laid, et l'emmène avec vous à la grotte; vous entrez, on met l'animal dans un certain coin privilégié, et le voilà qui tourne l'œil, tombe sur le dos, remue les pates et s'évanouit. Aussitôt le maître le retire de peur qu'il ne meure; et puis allez-vous-en, la farce est jouée. Savez-vous un sort plus triste que celui de ce pauvre chien qui représente cette pièce depuis cinq ans? J'aimerais mieux être jeune premier tragique, au moins on ne meurt qu'une fois par soirée : mieux vaudrait être puce travailleuse ou hanneton maître-d'armes; et Munito lui-même, le martyr de la civilisation; Munito qui jouait aux dominos, n'était pas si malheureux que le chien de la grotte : c'est le pendant des gladiateurs.

Il me restait à visiter sur cette côte, Baia, Cumes, Bauli, Misène : les souvenirs historiques abondent dans ces lieux; c'est à Cumes qu'Agrippine aborda à la nage, après avoir échappé aux sicaires de Néron; c'est à Cumes qu'était la fameuse Sibylle qui brûla le livre des

oracles; c'est à Cumes que Pétrone se fit ouvrir les veines, et que Cicéron avait sa délicieuse villa; c'est de Misène que partit Pline l'ancien pour aller reconnaître l'éruption; c'est à Baïa que les anciens allaient prendre les eaux; Horace en parle comme du séjour le plus délicieux de l'univers, et lui donne la voluptueuse épithète de *Tepidæ* (tièdes); c'était le rendez-vous de tout ce qu'il y avait de brillant et de corrompu dans l'empire romain; mais tous ces souvenirs d'histoire et de poésie s'effacèrent bientôt pour moi devant la sauvage et solitaire dévastation de ces lieux. Jamais sol n'a étalé un cadavre plus horriblement mutilé, sous un ciel plus pur et au bord d'une mer plus belle. On ne marche que sur des volcans éteints; partout des laves et des montagnes de cendre; chaque fois que vous demandez à votre guide : —Qu'est-ce que ceci ?... Il vous répond : C'est un ancien cratère. Du feu, partout du feu. Ce sont des bouleversements effroyables. Vous voyez un lac, frais, ombragé, limpide; le lendemain vous revenez, plus de lac, l'eau a été consumée, ou lancée à plusieurs lieues; et à la place du lac, est sortie de dessous terre une montagne créée en une nuit. Et ce que je dis là n'est pas exagération de voyageur : le Monte-Nuovo s'est élevé en trois jours: Dieu remue cette terre comme il fait de la mer: ce sol a des tempêtes ainsi que l'Océan. Quelle dévastation! Le beau port de Misène s'appelle maintenant Mare-Morto. L'air jadis si pur et si vivifiant de Baïa est mortel et infecté; partout une population languissante et rachitique; des enfants maigres et hâves, les joues creuses, les yeux brillants, les cheveux rares, les lèvres pâles, et se traînant lentement au soleil; des hommes petits comme des enfants, et ayant le ventre gonflé comme des hydropiques; c'est sur cette plage, c'est après avoir visité les bains de Néron, qu'un de nos compagnons de voyage, Charles de Montalivet, saisi d'une fièvre ardente, mourut en six jours, à Naples, entre les bras d'un ami. Pauvre jeune homme! si beau! si animé! avec une vie si belle! Nous étions dix Français ensemble un mois auparavant; il semblait le plus vivace de nous tous! Et mourir à vingt-deux ans, loin de sa mère! loin de son pays!

J'arrivai bientôt à l'endroit où Virgile a placé son Achéron et ses Champs-Élysées. J'avais fait connaissance à Naples d'un chanoine nommé il Canonico Jorio, homme d'esprit et d'érudition, qui a écrit un petit livre fort curieux sur le voyage d'Énée : à force de patience et de recherches, il a retrouvé pas à pas le sentier à sentier toute la marche du héros troyen, depuis son débarquement sur la côte, au cinquième livre de l'Énéide, jusqu'à la descente aux enfers. Guidé par lui et un Virgile à la main, j'allai au temple d'Apollon, j'écoutai l'oracle de la Sibylle, je cueillis le rameau d'or dans la forêt sacrée, je jetai le gâteau à Cerbère, je traversai l'Achéron et les Champs-Élysées; le malheur c'est que l'Achéron est maintenant un marais où l'on élève des huîtres, et les Champs-Élysées sont un vignoble; mais le travail du chanoine est cependant fort intéressant, comme témoin de la fidélité scrupuleuse que Virgile a mise à décrire ces lieux.

Pour terminer mon pèlerinage, je me dirigeai vers le golfe de la Sibylle. Le général Lamarque m'avait parlé du guide comme d'un homme fort extraordinaire, qui lui avait passé par les mains. C'était un ancien brigand de la Calabre, qui avait été arrêté, convaincu d'avoir tué six personnes, condamné au gibet, pendu, et qui s'était sauvé par miracle. Je le trouvai seul, nous partîmes. Je l'examinais attentivement : c'était un petit homme, la bouche fendue comme un requin, un sourire singulièrement ironique, le nez long, un œil brun et un œil bleu, le regard éteint et voilé comme un oiseau immobile; son cou était légèrement penché; je cherchais sur sa figure et sur son crâne chauve les lignes et les bosses du meurtre; mais bosses et lignes, tout me faisait faute; enfin je me décidai à le questionner, et tout en allant à la grotte, je lui dis : — Hé bien! on m'a dit que vous l'aviez échappé belle, et que la mort et vous, avez déjà fait connaissance.

— Ah! on vous a dit cela, monsieur?

— Oui; et dites-moi, pourquoi aviez-vous été condamné?

— Pour avoir tué.

— Ce n'était pas vrai?

— Si, eccellenza.

— Comment donc?

— Oui, j'avais tué six hommes.

— Six! m'écriai-je.

— Oui, eccellenza, reprit-il avec calme, et vous en auriez fait autant à ma place.

— Ceci est un peu fort.

— Écoutez et jugez. J'avais quinze ans; pas bien robuste ni bien grand, comme vous le voyez ; j'allais avec mon vieux père aux champs cueillir du maïs; mon père avait pour grand ennemi un de nos voisins nommé Jacomo ; nous le rencontrons, il se jette sur mon père et le frappe d'une hache à la tête ; le sang coule; je cours à notre case, je prends un fusil, je reviens, et je tue Jacomo. N'en auriez-vous pas fait autant, eccellenza ?

— Sans doute.

— Jacomo tué, je m'enfuis, les soldats français me poursuivent et me cernent dans une chaumière où je m'étais réfugié ; je saute par la fenêtre, il y avait un Français au bas de la fenêtre, je le tue. N'en auriez-vous pas fait autant, eccellenza ?

— Sans doute.

— La nuit, je reviens au village pour emmener avec moi mon jeune frère, car notre mère était morte; j'entre, les parents de Jacomo l'avaient assassiné pour se venger : je cours dans la maison de Jacomo, et je tue son fils. N'en auriez-vous pas fait autant, eccellenza ?

— Mais... peut-être.

— Chassé de montagne en montagne, attaqué comme une bête féroce, et traînant avec moi une fille de Pouzzoles qui m'aimait, je la vois un jour tomber épuisée de faim dans mes bras ; je demande à manger à un paysan, il me refuse ; je lui donne un coup de poing dans la poitrine, je prends son pain, j'en fais manger à Gianetta, et puis.... ah ! bah ! il ne faut pas mentir, je lui ai donné un coup de hache... N'en auriez-vous pas fait autant, eccellenza ?

— Sans doute, lui dis-je, fort embarrassé, et ce diable d'homme, avec son, *n'en auriez-vous pas fait autant ?* m'allait faire avouer que ses six meurtres étaient les plus belles actions du monde, quand heureusement nous aperçûmes l'entrée de la grotte. Elle est encore plus longue que celle de Pausilippe ; on compte trois milles : c'est par-là que la Sibylle se rendait mystérieusement à Cumes où aboutissait l'autre entrée de la grotte, et dont aujourd'hui il ne reste plus qu'une porte. Le souterrain est noir et marécageux. Mon honnête criminel prit une torche, l'alluma et me la remit ; puis il me dit de monter sur son dos, et nous voilà tous deux cheminant, moi armé de ma mèche de résine, lui, jambes nues, courbé sous mon poids et dans l'eau jusqu'au genou. Nous arrivâmes ainsi à une chambre de bain, qui servait, me dit-il, pour la Sibylle; puis me faisant remarquer un trou pratiqué dans le mur, il ajouta, avec un aplomb imperturbable, que c'était par ce trou que Néron venait regarder la Sibylle dans le bain. Dès que nous fûmes sortis de ce souterrain, mon vertueux guide me déposa à terre et me dit avec un air narquois : *Signore, ne dimenticate il vostro cavallo* (Monsieur, n'oubliez pas votre cheval). Je le récompensai largement, ayant un peu peur que, s'il n'était pas content, il ne me donnât un coup de poing à sa manière, et qu'après il ne me dît : *Est-ce que vous n'en auriez pas fait autant ?*

Le soir approchait, je pris un batelier au cap Misène, et en une heure j'étais à Ischia.

Ischia, Procida et Capri, sont les plus délicieuses îles des environs de Naples. Ischia et Procida, situées en face du cap Misène, forment avec lui le col du golfe de Naples. C'est à Ischia que se réfugia d'abord Murat en quittant Naples; c'est à Ischia que vint chercher asile, Vittoria Colonna, marquise de Pescaire, veuve inconsolable du vainqueur de Pavie. Vittoria Colonna fut la Béatrix de Michel-Ange; il a fait pour elle des sonnets beaux comme ses statues et ses toiles, et c'est en parlant de Vittoria qu'il disait : *Le regard de cette femme est le rayon de lumière qui me conduit jusqu'à Dieu.*

Je voulais aller d'Ischia à Capri ; ayant trouvé quatre voyageurs qui avaient le même projet, nous louâmes, eux et moi, une forte barque, avec cinq bateliers, et nous partîmes le lendemain à trois heures du matin. Le trajet est ordinairement de quatre heures; mais la mer étant grosse et le vent contraire, nous restâmes douze heures en route, maugréant, jurant, et ne faisant pas que cela ; car nous étions tous, sauf un seul, comme le don Juan de Byron, et nous n'aurions pu faire une déclaration d'amour par bonnes raisons. On avait étendu des matelas au fond de la barque, et tous quatre couchés sur le dos, ayant au-dessus de nous le ciel éclatant et d'un bleu foncé, voyant les vagues qui montaient jusque sur le bord de la barque, nous relevions de temps en temps la tête pour crier aux bateliers: Arrivons-nous bientôt? Enfin à trois heures de l'après-midi, nous abordâmes à Capri.

L'île se compose de deux villages : Capri proprement dit, qui est situé sur le bourg de la mer, et Anacapri, superposé sur le bras inférieur à plusieurs centaines de pieds. Nous laissâmes Capri, et nous voilà gravissant bravement l'étroit et rude escalier de cinq cents marches, taillé dans le roc, en plein air, et qui conduit à Anacapri. Nous prîmes nos quartiers chez un hôte qui vous nourrit très bien, pourvu qu'on apporte tout, et nous commençâmes nos excursions. Le mont Solaro eut notre première visite; c'est la plus belle vue d'Italie. Figurez-vous une montagne à pic sur la mer : vous voilà suspendu sur le bord d'un rocher; au-dessous de vous, à quelques cents toises, la Méditerranée qui se brise avec fureur au pied de cette montagne de pierres; des rochers immenses, tout droits, luisants comme une armure brunie, deux quartiers de roc, taillés en pointes, qu'on appelle les Aiguilles de Capri, et qui s'élèvent comme des obélisques au milieu des flots; çà et là une verdure âpre, des arbres vigoureux, mais courts, et sombres comme des cyprès ; puis tous les feux rouges du soleil couchant, tombant enflammés sur la mer étincelante, et couvrant les rochers d'une poussière d'or; c'était vraiment magique. C'est à peu près de ce côté que l'immortel général Lamarque, escaladant Anacapri, chassa de cette position importante sir Hudson-Lowe, et assura la conquête de Naples. Après le mont Solaro, nous allâmes visiter le palais de Tibère, jeté sur une autre cime de l'île, comme un nid d'aigle; de là-haut il planait sur la Sicile, l'Italie et l'Égypte. Nous revînmes à notre hôtellerie ; le soleil était couché; nous montâmes sur la terrasse de la maison, et là, étendus, nous passâmes une partie de la nuit à respirer la fraîcheur du soir, et à admirer cette étrange ville : elle n'a rien des autres ville d'Italie; elle n'est sœur ni de la mauresque Venise, ni de Rome l'antique, ni de Florence la forteresse; avec ses toits en dômes, et ses dômes couverts en plomb, elle a quelque chose d'oriental; on dirait une mosquée; son aspect est d'un effet singulièrement bizarre qui saisit ; on voudrait vivre à Naples et mourir à Capri. Un Anglais vint à Capri pour y passer trois jours, il y resta trente-cinq ans.

Le lendemain nous redescendîmes à Capri pour aller visiter la grotte d'Azur. Cette grotte, si merveilleuse que les Mille et une Nuits n'ont pas de palais plus féerique, fut découverte de la façon la plus étrange. Deux Anglais nageaient près des côtes de Capri; un d'eux voyant une excavation dans un des rochers qui bordaient la rive, s'y dirigea, y entra avec la mer, et quand il en sortit, il était muet d'admiration; il avait découvert la grotte bleue !

Voici le récit de notre course. Nous prîmes tous les cinq un bateau qui nous conduisit à peu près à la distance d'une lieue le long de la côte de Capri ; le batelier nous prévint pendant la route, que la mer étant un peu grosse, nous ne pourrions peut-être pas pénétrer dans la grotte. Après une demi-heure de marche, il nous dit : Signori, nous voilà arrivés. Nous étions à deux cents pas de la rive. Nous regardons avec empressement; rien qu'un grand rocher noir; mais le batelier nous fit remarquer au pied du rocher une petite ouverture, où les flots se précipitaient avec fureur: *Ecco la grotta*, répéta-t-il, mais l'accès est difficile aujourd'hui; au reste, consolez-vous, je connais un voyageur qui est venu quinze fois de Naples à Capri pour voir la grotte bleue, et qui ne l'a jamais vue.

— Marchons, marchons! criâmes-nous tous les cinq.

— Comme il vous plaira, eccellenze, cela ne me regarde plus.

En effet, nous aperçûmes à quelques pas de nous un bateau plus plat et plus long que le nôtre; notre batelier lui fait signe d'avancer; nous passons dans cette nouvelle embarcation. Maintenant, nous dit notre nouveau pilote, étendez-vous de toute votre longueur au fond du bateau, pour que votre tête ne dépasse pas le bord et ne se heurte pas à l'ouverture de la grotte. Nous voilà tous couchés comme des harengs en caque. Le batelier rama du côté de la grotte; il faut arriver au moment où le flot s'avance vers l'excavation, et se faire porter par lui pour entrer. Notre pilote saisit bien cet instant, mais la vague était si forte qu'elle en remplit toute l'ouverture, et nous eût brisés contre la voûte. Nous nous retirons sur le côté. Nouvel essai, nouvel échec. Enfin, à une troisième fois, notre barque monte pour ainsi dire sur une vague qui semblait moins haute, nous sommes à l'ouverture....Ne levez pas la tête, s'écria le batelier; puis se courbant presque en deux, il appuie sa rame sur la paroi intérieure du rocher où l'eau nous jetait trop violemment, résiste, pousse, et enfin, au bout d'une seconde, jette un grand cri de victoire qui retentit sous la voûte... Nous étions dans la grotte bleue ! Quelle magie ! C'est un petit lac d'un quart de mille de circonférence, tranquille comme un lac de montagne; une eau huileuse et transparente ; tout y est bleu ; l'eau, les murs, le sable ; mais d'un bleu si doux et si reposé qu'on dirait que tout cela est tapissé en dessous d'une gaze d'argent pour rendre cet azur plus tendre et plus moelleux. L'eau a quinze pieds de profondeur, et vous vous penchez pour ramasser des coquillages au fond, comme si vous alliez y atteindre avec la main; aucun corps, ni barque, ni homme, ne projette d'ombre sur ces flots. La voûte, qui est fort élevée, est un rocher tout déchiré, et tout déchiqueté en stalactites : ce sont comme des pointes de cristal qui pendent sur votre tête. A l'endroit où s'arrête l'eau sur la paroi du rocher, brille et se déroule tout autour de la grotte, et comme pour lui servir de ceinture, un long chapelet de petits coraux étincelants. Saisis au cœur par ce palais de fée, nous étions tous silencieux, personne ne remuait; le batelier avait abandonné sa rame, et la barque coulait mollement et lentement sur cette eau presque immobile: pas de flots, pas de balancement, pas de brise, pas de sillage; un silence profond, solennel, comme dans une église; la mer elle-même, qui s'élance avec tant de fracas à l'entrée de la voûte, s'apaise en y pénétrant, et glisse sans bruit dans le lac, comme saisie, elle aussi, de respect et de crainte. Nous étions là depuis un quart d'heure en contemplation, et personne n'avait songé à dire: Que c'est beau! Enfin nous nous retournons l'un vers l'autre; un cri nous échappe en nous regardant: nous étions bleus, le batelier était bleu, la barque était bleue, nos visages, nos vêtements étaient bleus! Nous apercevons au fond de la grotte une sorte d'enfoncement fort obscur; nous nous y faisons conduire; la barque aborde: c'étaient des marches brisées, désunies par l'eau, et couvertes d'une mousse noire; nous les montons: elles conduisaient à une excavation sombre et humide, où il serait dangereux de pénétrer. On prétend qu'il y avait là un escalier communiquant avec le palais de Tibère, et qu'il faisait des noyades dans cette délicieuse grotte. Nous nous placions à peine dans cet enfoncement, pour examiner dans son ensemble ce palais enchanté, que tout à coup nous voyons s'obscurcir légèrement l'ouverture de la grotte.

— Voici une autre barque, nous dit le batelier. En effet, nous entendons le cri de victoire; un bateau se présente et pénètre. Deux personnes couchées au fond se lèvent : c'étaient deux hommes. Un de nous s'écria : Bériot! C'était lui, en effet, c'était le jeune rival de Paganini,

celui qui a su rendre le violon aussi touchant que la voix humaine. Notre barque nous conduisit à la sienne, et connaissance fut bientôt liée. Nous lui fîmes les honneurs de la grotte. Après les premières exclamations d'enthousiasme, un de nous dit tout bas, mais de manière à ce qu'il l'entendît : Ah! s'il avait son violon! Le voisin répéta la phrase un peu plus haut, et elle arriva enfin jusqu'à lui. Alors il se baissa, et nous vîmes sortir du fond de la barque une boîte en cuir noir, qui nous sembla plus belle que si elle eût été d'or. Il prend son archet. Quel silence! nous ne respirions pas. Il commença; ce ne fut pas, comme on le pense bien, un morceau brillant et à variations; il prit quelques chants les plus simples de *la Flûte enchantée*, et du Freyschutz, et ils se lièrent ensemble par le doux enchaînement des sensations qui les amenaient. Cela dura un quart d'heure; on vit bien des années avant de retrouver un semblable moment.

Il fallut partir cependant; nous reprîmes donc notre route vers Capri, et une heure après nous voguions vers Naples.

Il était quatre heures environ; le ciel était clair et pur, mais la brise fraîchissait, et la mer commençait à moutonner. La journée de la veille avait été féconde en inconvénients, et couchés au fond de la barque sur des matelas, nous attendions avec anxiété le moment fatal: rien ne lie comme le mal de mer; on se connaît plus quand on a *souffert* sur l'eau ensemble une demi-heure, qu'après des années de relations sur la terre ferme: nous étions donc, tous les cinq, les meilleurs amis du monde. Alors un de nous s'écria, sans lever la tête:

— Écoutez, je crois qu'il y a un moyen de ne pas souffrir.

— Lequel! lequel!

— C'est de chanter de Capri à Naples. (Il y a dix lieues environ.)

— Quelle plaisanterie!

— Du tout, je ne plaisante pas, j'en ai fait l'expérience.

— Allons donc!

— Essayez.

Cela dit, il entonne à haute voix je ne sais quel chant de Rossini; les autres suivent, et voilà que commence un concert à peu près aussi harmonieux que celui de Jean-Jacques: l'un chantait un air de Mozart, le second glapissait du Weber; celui-ci dans un ton, celui-

là dans l'autre; tous criant comme les sourds frappent. Dès qu'une voix s'arrêtait :

— Allons donc! courage! lui disait-on en chantant, car on chantait tout; on chantait *donnez-moi de l'eau*, sur l'air de *di tanti palpiti*, et *frottez-moi les tempes*, avec l'entrée de Chérubin. Il y en avait un parmi nous qui était valide et sain, et il allait de l'un à l'autre, secourant les faibles, désaltérant les secs et soutenant les défaillants; c'était un vacarme inconcevable, un mélange d'éclats de rire, d'éclats de voix et sons de poitrine très caractéristiques; les bateliers nous regardaient ébahis et nous prenaient pour des fous; enfin, après deux heures de traversée, et à force de vinaigre et de cavatines, nous arrivâmes presque sains et saufs à Naples; et croyant désormais à la lyre d'Amphion, qui n'avait fait après tout que bâtir des maisons. Les bateliers nous abordèrent au môle. Le môle, avancé en saillie du rivage dans le bassin du port, et exhaussé en pierre à quelques pieds de l'eau, est le lieu de promenade des curieux qui viennent y respirer le frais; c'est là qu'est élevé le phare; la situation en est belle : à droite, le Vésuve, en face, tout le golfe. Sept heures du soir venaient de sonner quand nous arrivâmes; c'était un samedi, et il y a foule chaque samedi sur le môle, car ce jour-là se réunissent les trois sortes de bateleurs : les polichinelles, les improvisateurs, et les prédicateurs en plein vent. Les polichinelles ressemblent beaucoup aux nôtres; c'est toujours l'imperturbable chat gris avec sa chaîne au cou, assis gravement dans le coin du théâtre, le commissaire et sa robe noire, polichinelle et son *couic*. Nous passâmes outre, et, entendant des éclats de rire très aigus à quelques pas de nous, nous allons grossir un cercle de curieux.

C'était un improvisateur. Autour de lui, assis par terre, en rond, jambes nues, têtes nues, et jouant avec le sable, des lazzaroni de tous les âges, depuis cinquante ans jusqu'à six, et qui écoutaient religieusement ce que racontait le beau parleur. C'était un grand jeune homme brun, les yeux vifs, d'une figure assez belle, et ne portant ni oripeaux, ni dorures, ni lambeaux de satin, comme nos saltimbanques. Il leur faisait des récits, à la manière de l'Arioste, de chevaliers et de princesses, de lances enchantées, de palais de diamants, le tout puisé dans de vieux poèmes nationaux; chaque soir il parlait pendant plusieurs heures de suite à ces misérables, qui ne perdaient pas une syllabe, et qui revenaient toujours, car souvent un récit prenait deux ou trois séances; ce jour-là il y avait une *histoire en train*.

Il s'agissait, je crois, de quelque Amazone qui fendait la tête à son amant qu'elle ne reconnaissait pas; l'improvisateur était debout parlant avec grands gestes de bras et grands roulements d'yeux; montrant le ciel, frappant du pied la terre, et faisant surtout l'air tendre et défaillant quand arrivait le mot *amor* ou *dolor*. Tout à coup, au moment le plus pathétique de son récit, il avisa notre groupe caché derrière tout le monde; il vit que nous avions des chemises; ce ne sont pas de mes pratiques ordinaires, se dit-il; et alors, sans s'inquiéter de la princesse, il saute légèrement par-dessus ses auditeurs assis par terre, et arrive droit à nous en tendant la main avec mille singeries suppliantes; mais ne croyez pas qu'il nous regardât; du tout, c'est à notre poche qu'il s'adressait, il la caressait de l'œil, il lui faisait des gestes, il lui parlait : la poche répondit. A peine eut-il levé son impôt, qu'il sauta de nouveau par-dessus les têtes des lazzaroni, qui ne bougèrent pas; et, reprenant son désespoir à l'endroit où il l'avait laissé, se mit à chanter l'Amazone comme s'il n'avait pas été interrompu, avec le même feu, avec la même passion. Nous partîmes en riant, charmés de la prestesse de ce chanteur, et surtout de la grave attention de ses auditeurs en guenilles. Allez donc dans un carrefour chanter des poèmes en vers aux gamins de Paris !

Il n'y avait guère que des hommes autour de ce sgricci ambulant, mais en nous retournant nous aperçûmes un groupe de vieilles femmes pressées avec beaucoup de peuple autour d'un homme en robe noire, criant et gesticulant avec bien plus de feu encore que le chanteur. C'était un prédicateur. Tous les samedis, il fait au peuple un sermon en plein air, qui porte fort bien son fruit. Dès qu'on craint quelque mouvement dans la populace, vite un grand sermon public, et ce discours leur calme le sang. Il paraît que ce jour-là il y avait danger, car le prédicateur criait très fort. Nous nous approchons. Heureusement il ne faisait qu'entrer en chaire, c'est-à-dire qu'il venait de monter sur sa table. Voici à peu près ce sermon, qui peint bien le caractère napolitain:

« Mes chers amis, leur dit-il, il faut que je

vous raconte un prodige : cette nuit, étant parfaitement éveillé comme vous l'êtes en m'écoutant, j'ai senti deux mains qui m'ont pris sous les bras, je me suis enlevé comme si j'avais eu des ailes, et au bout de quelques minutes, j'étais dans le ciel. Les deux mains étaient des anges. Je fus d'abord un peu effrayé, mais bientôt je me dis : *Per Bacco*, puisque je me trouve dans le paradis, il faut que j'aille saluer le grand saint, protecteur de notre grande ville, le glorieux saint Janvier. »

A ce nom, le peuple applaudit; le prédicateur reprend : « Je voulais demander le chemin à mes anges, mais ils étaient partis; me voilà donc tout seul à courir et à chercher dans le ciel. O mes amis! que ceux qui iront seront heureux! Figurez-vous des rivières d'acqua gelata, des montagnes de pastèques et des arbres de macaroni! »

Tous les lazzaroni remuaient les lèvres à cette description d'un paradis de Napolitain.

« Enfin, je rencontre un beau jeune homme à la chevelure rousse; je pensai que c'était le grand saint Georges, patron de l'Angleterre. — Grand saint, lui dis-je, je voudrais savoir où demeurent messieurs les saints. Il m'indique le lieu où je dois aller. J'arrive. — Je voudrais parler à l'illustre saint Janvier, patron de la grande ville de Naples. — Saint Janvier n'est pas ici; passez au conseil de Jésus-Christ.

« Je vais au conseil; pas de saint Janvier. — Il est peut-être, me dit-on, chez le Père éternel. Je vais chez le Père éternel; personne. — Je crois, me dit alors un petit ange, que je l'ai vu causant là-bas avec la santa Madona. J'y cours. Il n'y était pas non plus. Vous sentez, mes amis, que j'étais désespéré. Enfin, pour dernier espoir, je m'en vais trouver saint Pierre. Saint Pierre est le portier du paradis, me dis-je, il saura où est saint Janvier. J'entendis un bruit de clefs. Voilà saint Pierre.

— Grand saint Pierre, savez-vous où est le glorieux saint Janvier?

— Saint Janvier? il doit être dans le paradis, je ne l'ai pas vu sortir.

— Je l'ai cherché partout sans pouvoir le trouver.

— Attendez donc! attendez donc! voilà, en effet, long-temps que je ne l'ai aperçu. Il va souvent sur la terre, pour visiter son bon peuple de Napoli qu'il aime tant; et il est parti depuis trois semaines.

« Je remercie saint Pierre, et je sors du paradis, bien triste de n'avoir pas vu notre glorieux patron. Je n'avais pas fait deux cents pas, que j'aperçois par terre, à droite de la route, un homme courbé dans la poussière, les vêtements déchirés, le visage tout souillé, et le corps caché dans les buissons. Je m'approche : c'était saint Janvier. — O grand saint, m'écriai-je en me jetant à ses genoux, que faites-vous là, dans ce misérable état? Alors il me dit d'une voix sombre, et en pleurant : — Je ne puis plus rester dans le paradis, les crimes des Napolitains m'en chassent. Tous les jours j'apprends qu'ils volent, qu'ils tuent, qu'ils pillent. Les autres saints m'humilient. Saint Paul me dit : Tu es le patron des brigands; saint Marc me dit : Tu es le patron des impudiques; saint Georges : Tu es le patron des assassins. Ces affronts m'ont navré le cœur; je suis sorti du paradis, je me suis mis dans la poussière, sous ce buisson, et j'y resterai tant que les Napolitains ne se corrigeront pas.

« Ainsi, mes amis, s'écria le prédicateur qui pleurait, cet auguste, ce saint, cet illustre, ce puissant protecteur de notre ville est chassé du paradis!... par vous! par vous, qu'il aime tant, que saint Pierre lui-même me l'a dit. Voulez-vous qu'il reste toujours le visage dans la poussière? Cela ne vous touche-t-il pas de penser qu'il demeure ainsi courbé quand il pourrait manger du macaroni toute la journée! Ah! jurez! jurez de ne plus tuer, de ne plus voler, de ne plus piller... » etc., etc.

Les lazzaroni éclatèrent en bravos terribles; et pendant quelque temps ils laissèrent leurs couteaux dans leurs gaînes et leurs mains dans leurs poches. On criera peut-être au mensonge en lisant ce sermon; mais que l'on songe qu'il y a encore dans un petit village des environs de Naples, à Pouzzoles, je crois, une vieille femme à qui quelques misérables font une espèce de pension, parce qu'elle est *parente de saint Janvier*. Allez à Naples, allez au môle, examinez ces visages, si attentifs, si persuadés, si enthousiastes, et vous comprendrez que cela soit vrai. Le môle! c'est Naples tout entière; Naples mendiante, Naples poétique, Naples crédule, Naples insoucieuse! De l'eau et de la brise! un polichinelle! un chanteur! un prédicateur! et au fond, le Vésuve, étincelant, avec ses détonations pour accompagnement aux lazzis du paillasse, et aux métaphores du Bourdaloue en guenilles. E. LEGOUVÉ.

NAPLES.

Castellamare. — Sorrento. — Amalfi. — Pæstum. — La Cava.

Ouvrez les malles d'un Français jeune qui part pour l'Italie, vous n'y trouverez ni Dante, ni Guicciardini, ni même l'Arioste; mais force habits élégans, des bijoux, des provisions de gants, tout l'attirail d'un Lovelace en voyage. Les romans nous ont fait les Italiennes si passionnées et si impétueuses, que nous partons tous en rêvant duchesses et *marchesa*, comme on dit maintenant; nous allons en Italie comme à un rendez-vous. Une fois arrivés, pas une fenêtre mauresque derrière laquelle nous ne cherchions quelque Desdemona; pas un bal où nous ne voyions des Juliette; et il nous a été tant parlé des yeux noirs et des coups de poignard des Italiennes, qu'à chaque coin de rue on s'attend à être enlevé, et qu'on prendrait volontiers un second comme pour un duel. Tous les hommes se ressemblent, et j'avouerai que je me disais tout bas : Je serais bien malheureux si je ne trouvais pour ma part quelque pauvre princesse; je voulais même bien descendre jusqu'aux comtesses, à cause de la Guiccioli, mais j'étais fort décidé à ne pas me compromettre avec les baronnes. Je rencontrai à Naples un compatriote spirituel et fringant, et le soir nous cherchions les aventures. On ne fait pas un bas dans les rues de Naples sans rencontrer quelques misérables appelés ruffiani, qui, un petit œillet sur l'oreille, vous abordent avec cette phrase : *Signor, vi piace la moglie d'un capitano?* Si vous faites les dédaigneux, ils vous offrent la femme d'un colonel; si cela ne vous satisfait pas encore, ils vous proposent l'épouse d'un général; et je me rappelle qu'un de ces drôles eut l'effronterie de nous dire que, moyennant dix piastres, il nous présenterait à l'ambassadrice d'Espagne. Notre fatuité ou notre confiance dans les romans n'allait pas jusqu'à croire que toutes les marquises napolitaines étaient des Isabeau, et d'ailleurs nous voulions être pour quelque chose dans notre succès. Enfin un soir, à San-Carlo, comme nous nous promenions dans l'espace laissé libre autour du parterre,

nous distinguons une voix de femme partie du rez-de-chaussée, et qui dit assez haut en nous regardant.... *Due Francesi!* deux Français! Puis au bout d'un quart d'heure, étant dans notre loge, nous entendimes frapper un coup léger; et un Napolitain de nos amis entra, et nous prévint que la duchesse de *** l'avait prié de nous présenter à elle le lendemain. Une duchesse! c'était bien cela! quelle joie! Nous acceptâmes, comme on le pense bien; chacun de nous convaincu de son côté que c'était lui que la duchesse avait remarqué... et de là bien des châteaux en Espagne : l'amour-propre est un si habile architecte!

Le lendemain, deux heures avant le moment de la présentation, nous étions à notre toilette. Rien n'était assez beau; il n'y avait pas de parfums assez exquis, pas de vêtemens assez frais. Chacun de nous disait à l'autre : « C'est vous qu'elle a remarqué; » et par une affectation de modestie, c'était à qui de nous deux parerait son compagnon; j'avoue même que je poussai ce petit mensonge très-loin : je lui frisais sa moustache, je mettais le je ne sais quoi à l'économie de sa coiffure; je disposais le nœud de sa cravate. Je lui répétai si souvent que sûrement il serait le héros de cette aventure, je mis tant de soins à le faire beau, que je finis par m'en convaincre moi-même. Au moins, me disais-je, si je ne suis pas le favori d'une duchesse napolitaine, je serai l'ami de son favori, et c'est encore très-bien. Nous partons. En route, je lui répétais : « Surtout soyez bien aimable, bien brillant! J'amènerai la conversation sur la régence, et alors en avant les histoires de soupers, de roueries, etc. De l'esprit! de l'esprit! il faut qu'elle n'y voie que du feu. » Notre voiture s'arrête; encore un dernier coup de main, et nous entrons.

La duchesse nous attendait; elle touchait aux trente six ans, et avait le teint légèrement olivâtre; cela nous désenchanta un peu; mais, après tout, une duchesse est toujours belle; et au bout de cinq minutes nous lui trouvions une peau de lis. Elle nous fit elle-même les honneurs de son palais; c'était un séjour royal; il avait coûté 1200 mille francs; des statues de Canova, des planchers de marbre, des murs peints à fresque; un lit en moire bleue avec des rideaux de dentelle retenus par une couronne de duc; un petit boudoir tout tendu en satin rose, et au milieu une fontaine qui lançait des eaux de senteur exquises; nous étions dans le ciel. Cependant *la princesse*, car à chaque pas elle gagnait un titre dans notre imagination, nous avait à peine parlé durant cette promenade dans ce palais d'Armide, et elle avait conversé tout le temps avec notre ami napolitain; nous avions eu vain épié un regard révélateur : rien, absolument rien! C'est de la prudence, pensions nous; et nous reconnaissions bien là cette profonde dissimulation que les Italiennes joignent à la passion.

Enfin on passe dans la salle à manger. Elle nous place à sa droite et à sa gauche. Voilà le moment de briller. Je fis un signe à mon compagnon; c'était le coup d'archet du chef d'orchestre; puis je dis à notre illustre hôtesse : « Quelle ravissante salle à manger! on se croirait à Trianon!... n'est-il pas vrai, mon ami? » Mon ami sourit, la duchesse nous regarde, ne répond rien, et recommence la conversation avec les autres convives. Je fais une nouvelle tentative, même succès. Le temps s'écoule, le dîner se passe, puis la soirée; toujours le même silence. J'espérais encore, trouvant cependant qu'elle poussait un peu loin l'art de Machiavel, quand à la fin elle s'approche de mon compagnon, et lui dit : « Monsieur, pourriez-vous me dire si Derepas demeure toujours au Palais-Royal, je voudrais lui écrire pour une lorgnette. »

Après ce mot, je me levai et nous sortîmes. Une fois dans la rue, il me prit un fou rire inextinguible, en voyant ainsi tous nos châteaux par terre. Mon compagnon était un peu moins gai, parce qu'il avait eu plus d'espoir; et, en rentrant il me dit : « Ne trouvez-vous pas que Naples est une ville bien ennuyeuse? Allons à Castellamare.—Allons à Castellamare, répondis-je; » et nous partîmes le lendemain.

Savez-vous comment l'on va de Castellamare à Naples? En omnibus! Ce que je dis est vrai. on passe *en omnibus* par Portici, par Résina, près de Pompéi; et la route, qui a deux pieds de poussière, est semée de manchots, de ladres, de blessés, et ressemble à un hôpital en plein air. Il y a surtout beaucoup d'aveugles, et, ce qui est étrange, c'est que ces aveugles courent à toutes jambes après les voitures et les passans. Pour ce, voilà comment ils font. Ils ont avec eux un petit garçon; dès qu'il passe quelqu'un, l'aveugle met la main sur l'épaule de son guide; le guide prend le pas de course, et l'aveugle le suit, toujours appuyé sur son épaule, et criant *La carità!* à briser tous les tympans.

Castellamare est situé à quatre lieues de Naples; c'est le rendez-vous des familles opulentes, qui vont y prendre les bains de mer et y chercher un abri contre les chaleurs de la canicule. Placé sur le bord de la Méditerranée, au pied d'une montagne, ce petit bourg est défendu des ardeurs du soleil par une forêt de châtaigniers qui s'élèvent sur la pente de la montagne dont il est abrité. Rien de plus charmant que les promenades à cheval dans ces bois épais : l'ombrage est ce qui manque en Italie; souvent, au milieu des pins de la campagne de Rome, des lagunes de Venise, des montagnes bleuâtres et veloutées du royaume de Naples, je me suis pris à regretter nos riches feuillages, nos majestueux massifs sous lesquels l'air est si frais, et où les oiseaux chantent si doucement : j'étais las de soleil; mais trouver près de la baie de Naples les allées ombreuses de *Mortes-Fontaines*; voir la mer et le ciel italien à travers les branches d'une forêt du Nord, n'est-ce pas un vrai enchantement? Souvent je montais une lieue ou deux dans le bois pour apercevoir une plus grande étendue de mer. Il y avait surtout un petit sentier, à droite, à côté d'une fontaine, d'où le spectacle était magique; et je restais là des heures entières à admirer au-dessous de moi cette immense Méditerranée qui s'étendait à plusieurs milles, si étincelante, qu'on eût dit une mer de flammes; à gauche, Capri, qui se dessinait comme une masse plus sombre; et à droite Naples, semblable à une vapeur blanchâtre entre l'azur du ciel et celui de la mer.

On parle beaucoup du ciel de Naples; et, à entendre certaines gens, Dieu aurait fait pour ce ciel d'autres couleurs que pour le nôtre. J'ai cependant vu sur le quai Malaquais, entre la rue de Seine et le Pont-des-Arts, de plus riches couchers de soleil que dans toute l'Italie. Quand

le jour s'éteint au milieu de cet amoncellement de nuages qui se pressent à nos horizons d'occident, la lumière a des reflets bien autrement vigoureux, des contrastes bien plus magnifiques, que dans ces soirées méridionales où l'astre décline au milieu d'une atmosphère aussi éclatante que lui-même. Le noir et le brun manquent aux ciels d'Italie, comme les arbres à ses campagnes; mais ce qu'il y a d'inexprimable et de ravissant, c'est une transparence d'air qui rapproche les objets les plus lointains; c'est un éther si pur, si lumineux, si léger, si mobile, que la lumière est un plaisir, et qu'on est heureux de voir rien que pour voir. Après ces courses sur la montagne, je redescendais à mi-côte au casin du roi; les jardins en sont beaux et bien tenus, et on l'appelle *qui si sana* (ici on guérit). Les soirées se passaient à Castellamare ; on y jouait la comédie, et surtout le vaudeville : du Scribe, toujours du Scribe! Il n'y a pas une de ses pièces qui n'ait été traduite et représentée; car les théâtres italiens vivent de nos comédies, comme les nôtres vivent de leur musique. A Naples, aux Fiorentini, j'ai vu Dominique le possédé, et je me rappelle qu'à Milan une troupe d'amateurs jouait le vaudeville tous les samedis. J'y allai par curiosité; leur jeu étincelait de verve et de naturel; leur salle, grande comme celle d'un de nos petits théâtres, était encombrée de monde ; et, ce qui me frappa, c'est que, pendant toute la représentation, il n'y eut pas un quolibet de la part des spectateurs. Les Italiens, en même temps qu'ils pétillent de feu et de vivacité, sont des hommes graves et de bonne foi; ils prennent tout simplement, et il n'est pas de nation moins moqueuse.

Outre la comédie, il y a une autre manie à Castellamare et dans tout le royaume de Naples, c'est la *jettatura*.

Ils s'imaginent que certains individus ont le pouvoir ou le don de jeter des sorts sur tous ceux qu'ils rencontrent ou avec qui ils vivent; de là le mot *jettator*, du verbe *jettare*, jeter. Si un homme regarde d'une certaine façon, s'il a une physionomie étrange, si dans une promenade la femme qu'il accompagne tombe de cheval, c'est un *jettator*, et tout le monde de fuir. Mais comme le quinquina guérit de la fièvre, et que le paratonnerre garantit de la foudre, il y a un remède contre la *jettatura*; c'est une petite corne en ivoire ou en corail que les femmes suspendent à leur cou et les hommes à leur montre. Dès qu'un *jettator* vous regarde, tournez vers lui la pointe de votre corne, et le charme est rompu. Dans les appartemens on met, toujours pour le même objet, d'énormes cornes de bœuf qui peuvent avoir dix pieds; enfin, comme on n'est pas toujours chez soi, et que chez les autres on peut ne pas avoir de corne à tourner vers le *jettator*, il est encore un moyen de détruire le sort; c'est de rompre la colonne d'air entre le sorcier et vous. Ainsi, vous êtes à table, un *jettator* vous regarde ; lancez-lui votre tasse de café à la figure, et soyez sûr que vous ne courez plus aucun risque. Il est vrai qu'il pourra vous en demander raison, et vous tuer ; mais du moins ce n'est pas de la *jettatura* que vous mourrez. Nicolas Valletta a fait un livre sur la *jettatura*, intitulé *Cicala sul fascino, volgarmente detto la jettatura*. Dans ce petit traité il prétend que cette croyance remonte à la plus haute antiquité. On cite aussi de lui une jolie inscription en dialecte napolitain, qui était autrefois dans un cabaret de Pausilippe ; la voici :

Amici, alliegre magnanamo e bevimmo ;
Fin che n' ci stace uoglio a la lucerna :
Chi sa s' a l' autro munno n' ci vedimmo?
Chi sa s' a l' autro munno n' c' è taverna?

« Amis, buvons et mangeons joyeusement, tant qu'il y a de l'huile dans la lampe. Qui sait si dans l'autre monde nous nous reverrons? Qui sait si dans l'autre monde il y a une taverne?

De Castellamare à Sorrento, la distance est très-courte. Sorrento est la ville des orangers. Avec ses rues montueuses et pierreuses, elle offre un aspect plus pittoresque que Castellamare. On ne peut pas se dispenser, quand on est à Sorrento, d'aller visiter la maison du Tasse ; et je vis, dans un enclos d'orangers et de lauriers, l'emplacement de la *villa* où il était né. Mais j'avais entendu les Italiens parler du Tasse avec si peu d'admiration, que mon émotion fut très-médiocre. Chaque peuple a presque toujours deux phares, deux grands génies dont il fait alternativement son idole ; les Allemands vont de Gœthe à Schiller, et de Schiller à Gœthe ; l'Allemagne actuelle est pour Schiller ; le xvii° siècle élevait Racine aux nues, nous l'avons rabaissé au profit de Corneille ; les Italiens nomment le Tasse ou Dante : ces variations dépendent de la position intellectuelle et politique d'un pays : aujourd'hui, en Italie, ils renient *la Jérusalem*, et Dante est leur Dieu. Pendant que j'étais à Rome, il se forma parmi les jeunes gens des plus hautes familles romaines une société où se commentait le Dante. Ils voulurent bien m'y admettre. On se réunissait deux fois la semaine à midi. La société se composait de dix ou douze membres. Voici comment les séances étaient organisées. On convint qu'à chaque réunion on examinerait un chant, et que chaque membre à son tour serait chargé de préparer le travail. Tout les membres rassemblés, celui qui était professeur ce jour-là montait sur un siége un peu plus élevé que les autres, et commençait d'abord par lire le chant qu'il avait examiné, avec la prononciation la plus pure et la plus accentuée. On connaît le proverbe, *La lingua toscana in una bocca Romana*. Quand par hasard il se trompait dans sa manière de placer l'accent, un des assistans le reprenait. La lecture finie, commençait l'explication avec les commentaires : il y a eu des volumes de commentaires sur la *Divine comédie*. Le jeune homme qui parlait, analysait et examinait toutes ces scolies, les critiquait, les comparait entre elles ; et, les motifs de son opinion bien posés, établissait le sens qui lui semblait le meilleur. A côté de lui étaient deux membres qui avaient aussi préparé ce travail, et qui étaient ses contradicteurs. Dès qu'il avançait un sentiment erroné à leur sens, la discussion commençait ; on lui opposait d'autres textes, d'autres commentaires, et, peu à peu, les imaginations se montant, de chaque coin de la salle partaient des objections ; les réponses se croisaient en tout sens : le professeur, attaqué souvent de quatre ou cinq côtés à la fois avec une vivacité toute méridionale, répartait à tous sans s'émouvoir. On ne peut se figurer combien de mots spirituels, combien de saillies pétulantes et originales jaillissaient de ce conflit ; mais ce qu'il y a d'étrange, c'est qu'au milieu de ce feu de discussion, on n'entendait jamais ni un mot amer, ni une plaisanterie mordante ; c'était pour Dante, et non pour leur amour-propre, qu'ils bataillaient.

On trouvera peut-être un peu de futilité dans ce long travail sur des commentaires, et on accusera ma Société dantesque d'être pédantesque ; mais qu'on songe à ce que sont les Romains aujourd'hui. Les grandes familles romaines sont toutes pauvres. Pour les engager à bâtir ces admirables palais qui décorent Rome, les papes des siècles précédens leur ont prêté des sommes immenses hypothéquées sur leurs biens, avec des intérêts usuraires ; peu à peu ces intérêts se sont accumulés, et la tiare est devenue tutrice de toutes ces propriétés déposées entre ses mains comme gage. Le pape nomme pour les régir, avec de forts appointemens, un sous-tuteur, qui en charge un administrateur, qui paie un homme d'affaires ; et les plus riches fortunes succombent sous tant de protecteurs ; de là une position affreuse pour ces nobles jeunes gens : ils ont des palais royaux, des galeries de tableaux inestimables, et ils logent dans leur grenier, car rien de tout cela ne leur appartient. Il est tel descendant des Boniface ou des Grégoire qui n'a pas mille écus de revenu ; viennent ensuite les exigences de leur nom. Une noble dame romaine serait déshonorée si elle n'avait pas de carrosse ; elle a donc un carrosse, et sa famille vit comme une famille d'ouvriers ; leur demeure est un supplice pour les héritiers de ces hautes maisons. Ajoutez à cela une stagnation littéraire et politique désespérante ; pas de presse, pas de livres, la censure coupe tout ; que voulez-vous qu'ils fassent? il faut bien aimer quelque chose dans ce monde. Hé bien, ils aiment Dante ; ils se rejettent dans le passé et s'y accrochent. Et j'avoue que, pour moi, je me prenais singulièrement d'intérêt pour ces hommes si malheureux, et vivant de leur admiration pour un grand homme ; se passionnant pour cette poésie si grave, si austère et si italienne avant tout. Comme ils ont une intelligence fine et exquise du beau ! Je me rappelle qu'à une séance on s'occupa du chant de Francesca ; hé bien, quand le lecteur arrive à ce vers si simple et si touchant :

Quel giorno più non vi leggemmo avante,

la voix lui manqua, il devint pâle, et je vis couler des larmes des yeux de tous ceux qui l'écoutaient. Ces hommes avaient lu ces vers cent fois, ils les savaient depuis leur enfance, et cependant ils ne pouvaient pas les entendre sans pleurer. Quelle belle et poétique organisation ! et qu'on est heureux d'être poète quand vos vers s'adressent à de telles oreilles.

Nous voilà bien loin de Sorrento ; mais cette digression n'en est pas une, puisqu'elle sert à faire connaître le côté intellectuel de l'Italie

De Sorrento je me rendis, par la montagne, à Amalfi. La route est rude, semée de rochers, et il faut plus de sept heures de marche vigoureuse : j'arrivai le soir. Amalfi, jadis république puissante et guerrière, n'est plus aujourd'hui qu'un village admirable par sa position pittoresque, et fameux par son macaroni. La seule trace de sa grandeur est la cathédrale, où l'on retrouve de belles colonnes de granit, un vase antique de porphyre, et deux sarcophages antiques. Mais il y a encore, ce qui vaut mieux que tous les monumens et tous les temples du monde, la plus belle nature humaine et matérielle. Je partis le matin à cinq heures, et je longeai toute la côte dans une barque. C'est un enchantement ; toute cette côte est un paysage de Salvatore en pierre. Des rochers noirs, verts, bleus, gris, taillés à grands coups de hache, et semés de bouquets d'arbres rudes et âpres ; puis sur le bord, d'intervalle à intervalle, de petites anses calmes et enfoncées, avec un ou deux bateaux en rade. Je me fis arrêter à Atrani, bourg situé à une portée de fusil d'Amalfi ; je montai sur une hauteur : sur la grève, des vingtaines de lazzaroni tout nus, presque noirs, se jetant avec frénésie dans la mer, criant, chantant ; puis remontant par groupes sur des pointes de rochers avancées, ou bien revenant à bord, s'étendant nus et immobiles sur le sable ; puis d'autres se roulant humides sur la grève, et se relevant tout enveloppés d'un sable noir et luisant : il faut les voir pour comprendre ce que c'est que la mer. La mer, c'est leur vie, leur déesse, leur amour ! Une fois qu'ils ont gagné quelques sous, ils vont se jeter à la mer, et les y voilà pour huit heures, dix heures ! ils y dorment, ils y mangent. Je m'amusais à envelopper quelques pièces de monnaie d'une feuille de papier, et la leur montrant, je lançais dans la mer aussi loin que mon bras pouvait l'envoyer : à peine la pièce lancée, dix, vingt, trente d'entre eux se jetaient en plongeant ; et l'eau était si pure et si transparente, que je les apercevais long-temps encore nageant sous les flots ; puis l'un d'eux paraissait élevant en l'air la pièce d'argent, et alors grands cris de joie et de triomphe. Certes, il n'y a pas de plus beau morceau de poésie écrite que l'Invocation à l'Océan de *Child Harold;* hé bien, cette foule de corps jeunes et beaux, au milieu de cette mer écumeuse, me semblait mille fois plus poétique. C'est qu'ils ont des formes si belles et si nobles ! Quelle élégance dans leurs membres nus ! Des jambes si fines et si vigoureuses ! une peau si dorée et où le sang circule si vivement ! des muscles si accusés et cependant si arrondis ! Et, en les regardant, je pensais à ces longues bandes d'écoliers que nous rencontrons dans notre Paris, allant au collége, avec leurs figures hâves et maigres, leurs yeux brillans, leurs habits désordonnés, frissonnant sous notre ciel rigoureux ; et je me disais : Que je voudrais bien renaître à Amalfi, et ne jamais apprendre à lire !

Je me fis alors servir à déjeûner. Comme le soleil était très-ardent, on me mit sous une couverture de paille tapissée de toiles d'araignée, et l'on me donna, sur une table de bois, du jambon cru et des œufs. Bientôt, à l'odeur de mon repas, arrivèrent autour de moi une foule de petits enfans de quatre ou cinq ans, et trop jeunes encore pour nager. Il y en avait un dont la figure était charmante, je l'appelai ; son costume était curieux : une grande veste qui lui tombait jusqu'au bas des reins, un pantalon de toile, et au fond du pantalon, justement à un endroit que je ne puis nommer, une énorme déchirure par où pendait un morceau de sa chemise, en forme de bavette ; puis, sur le chef, un grand bonnet de coton : le peintre Bassano représente tous ses enfans ainsi. Il avait avec cela un air d'empereur romain, vraiment comique par sa gravité ; je lui donnai un œuf. Il parait que sa mère ne le nourrissait pas de cette façon, car son premier mouvement fut de mordre dedans. Voyant que la coque résistait, il le tourna dans tous les sens pour trouver une ouverture ; il avait l'air d'un singe qui tient une noix. Enfin, pour dernier moyen, il prit une pierre, et frappa si bien sur l'œuf, que toute la partie liquide lui jaillit à la figure ; son étonnement fut merveilleux. Mais un de ses petits frères, qui était plus civilisé apparemment, se jeta sur lui, et, en un clin d'œil, l'avait débarbouillé. Allez à Atrani apprendre à manger des œufs à la coque.

C'est à Atrani qu'est né Masaniello ; c'est sur ces roches que la boussole a été inventée, et qu'on a retrouvé *les Pandectes.* Le village offre encore un monument très-curieux ; ce sont les bas-reliefs en bronze de l'église de San-Salvatore, avec l'inscription de l'année 1087, époque de la grandeur de la république d'Amalfi. Les portes, commandées par Pantaléon, fils de Pantaléon Biaretta, pour le rachat de son âme, et consacrées à Saint-Sébastien, sont aujourd'hui les plus anciennes des nombreuses portes en bronze de l'Italie, depuis que l'incendie de Saint-Paul-hors-des-Murs, en 1823, a détruit les portes de cette basilique, fondues, en 1070, à Constantinople.

D'Amalfi je me fis conduire par mer jusqu'à Salerne. Salerne est à une distance de deux lieues environ. C'est, comme on le sait, une ville fort célèbre dans les fastes du moyen âge: Robert Guiscard en avait fait sa capitale, et il y avait une célèbre école de médecine et de droit. Son port, d'après l'inscription, fut commencé par le fameux conspirateur des vêpres siciliennes, Jean de Procida, noble et médecin de Palerme, ami et compagnon de Manfred, le poétique bâtard de l'empereur Frédéric II. A l'exception du Dôme, construit d'antiquités, et des six curieuses colonnes romaines cachées dans l'écurie de l'archevêque, l'aspect de la ville est aujourd'hui assez moderne.

Le Dôme, vaste édifice consacré à saint Mathieu, par Robert Guiscard, est presqu'un musée par la multitude de colonnes et de bas-reliefs enlevés aux temples de Præstum. Grégoire VII, mort fugitif à Salerne, y est enterré ; et quoique l'on y vénère le corps de saint Mathieu, la sainteté de la relique de l'apôtre parait presque effacée par le souvenir du pontife. Ce fougueux successeur de saint Pierre, dont toute la vie fut un combat, s'est fait une épitaphe bien étrange par sa gravité calme :

Dilexi justitiam, et odivi iniquitatem ; proptereà morior in exilio.

« J'ai chéri la justice, j'ai haï l'iniquité, et pour cela je meurs en exil. »

Non loin de la chapelle où sa statue est debout, se voit le tombeau du cardinal Caraffa, son admirateur, sur lequel on trouve un bas-relief antique et une inscription qui se termine par une sorte de jeu de mots assez étrange :

Hic mortuus jacere delegit ubi Gregorius VII, pontifex maximus, libertatis ecclesiasticæ, vigil assiduus, exsulabat adhuc, licet cubet.

« J'ai voulu reposer ici où Grégoire VII, très-haut et très-grand pontife, gardien assidu des libertés ecclésiastiques, est resté debout quoique couché. »

Après avoir visité la ville, je louai pour quelques paoli une sorte de petit cabriolet composé de trois planches, et je partis au point du jour pour Præstum. La route est de six heures environ. Nous arrivâmes avant midi; le thermomètre marquait trente-trois degrés de chaleur. Je ne voulus pas cependant perdre de temps, et mon guide me conduisit aux trois temples. Je ne sais rien au monde de plus triste, de plus imposant et de plus solennel. Imaginez-vous une plaine aride, plate, brûlée, à peine tapissée d'une herbe courte et jaunâtre; au-dessus un ciel d'airain ; à deux cents pas de là, la Méditerranée bleue et unie, et au milieu s'élevant, solitaires, trois temples assez distans l'un de l'autre pour que la vue ne les confonde pas, assez rapprochés pour que le regard puisse les embrasser à la fois, et restant là debout comme les derniers monumens de toute une civilisation expirée. Pas une maison, pas un palais, pas une ruine; rien que ces trois temples. Leurs toits et leurs murs ont été détruits par le temps, il ne reste que les colonnes; et on ne peut se figurer comme c'est un effet ravissant de voir la lumière jouer dans les intervalles de ces colonnes, et de saisir le ciel et la mer à travers leurs torses bruns et élégans. Souvent au-dessus d'elles planent des volées de corbeaux, comme pour s'abattre sur ces cadavres de pierre; et il y a une colonnette du temple de Neptune encore sillonnée, noircie et fendue d'un coup de tonnerre. Enfin, pour compléter la sombre impression de ces lieux, la *malaria* y règne toute l'année. Tout le monde a entendu parler des roses de Præstum; aujourd'hui plus de fleurs, et il me semble que cette parure irait mal aujourd'hui à ces ruines majestueuses; l'air empoisonné qui pèse sur elles s'harmonise bien mieux avec leur sombre beauté. Ni village, ni habitations; une grande métairie où habitent ceux qui montrent les temples. Leurs visages sont caves, leurs yeux creux, leurs voix faibles; il n'y a que leur misère qui soit plus affreuse que leur dépérissement; ils me préparèrent cependant un déjeûner passable. Après mon repas, je me sentis atteint d'une telle pesanteur de tête, que mes yeux se fermaient malgré moi; mais ces bonnes gens m'empêchèrent de dormir, en me disant que ce sommeil me donnerait la fièvre; ils m'engagèrent aussi à repartir à l'instant; et ce ne fut qu'au bout d'une demi-lieue que cette somnolence se dissipa. Com-

bien faut-il que des hommes soient misérables, pour passer leur vie dans cette atmosphère chargée de peste, à montrer ces ruines mortelles; et cela, non pas afin de se préparer une vieillesse douce et fortunée, mais pour recueillir quelques légères aumônes des voyageurs, et s'empêcher de mourir! Demandez-leur ce qu'ils gagnent, ils vous répondent, et leurs haillons auraient répondu avant eux, *Si campa*, on vit. Est-ce là vivre?

De Pæstum je me dirigeai vers la Cava. La Cava est une vallée suisse située un peu au-dessus de Salerne, avant Amalfi, et offre des oliviers, des chênes, des châtaigniers, des cascades, de sombres et fraîches grottes. C'est à la Cava que Filangieri a écrit la science de la législation; c'est à la Cava que Michalon a composé les paysages. Quand vous avez parcouru dans tous les sens cette délicieuse vallée, montez sur ses hauteurs, presqu'au sommet du mont Fenestra, et vous trouvez un couvent très-curieux appelé le monastère de la Trinité.

Les monastères jouent un grand rôle en Italie. L'Angleterre montre ses églises, l'Allemagne ses châteaux, l'Italie ses couvens. Les couvens ont été long-temps, dans une grande partie de l'Europe, les sanctuaires de la science, et les laboratoires de la civilisation. Le protestantisme et la révolution française les ont jetés bas dans le Nord; mais en Italie, où ils ont été si longtemps la pépinière des papes, ils conservent encore aujourd'hui leur majesté poétique. Ce sont des mines de marbre, de pierres précieuses, de chefs-d'œuvre en peinture presque inestimables; ce sont les dépositaires des trésors historiques et politiques. Pas une chartreuse qui n'ait son illustration ou comme beauté de site, ou comme richesses intellectuelles; et pas un bourg, pas un village, qui n'ait sa chartreuse. La chartreuse de Pavie est une merveille; l'abbaye de la Vallombreuse, près de Florence, est un enchantement. Mais un des plus curieux couvens que j'aie vus en Italie, est certes le couvent des Capucins.

Savez-vous quel est leur cimetière? Ce sont trois chapelles placées à la suite l'une de l'autre, et toutes meublées d'ossemens humains. Tout ce qui décore ces trois chapelles est fait avec des débris de corps; des amas de têtes ont servi à disposer les autels, les voûtes et les niches. Dans ces niches sont les cadavres des moines, encore habillés de bure; l'un est debout, l'autre assis, l'autre à genoux; il y en a dont on n'aperçoit que la tête à moitié couverte d'un capuchon, et les mains qui passent au bout des manches et tiennent un crucifix; on en voit qui ont la bouche fermée, et, à côté d'eux, d'autres ont la bouche ouverte, montrant deux rangées de dents blanches; ils imitent toutes les poses de la vie; et, chose étrange, ces têtes de morts n'ont pas toutes la même physionomie. Quand les squelettes tombent en ruines, et qu'ils ne peuvent plus rester entiers, les morceaux en sont bons, et, avec les débris, on fait des lampes, des flambeaux, des ornemens pour l'autel. Il y a sur le mur des membres attachés en sautoir; j'ai même vu un sonnet dont les lettres étaient des débris d'ossemens. Je demandai au moine qui nous servait de guide, pourquoi tous les squelettes n'étaient pas dans la même attitude; il me répondit: *Bisogna cambiare*, il faut bien *changer*; et c'est qu'en vérité il y a de la coquetterie dans tout cela, dans cette architecture à dentelles, comme les églises du moyen âge; dans ces combinaisons ingénieuses de croix, de dessins et d'arabesques; c'est le boudoir de la mort.

La Cava n'est pas un couvent de cette espèce; c'est une de ces retraites scientifiques où l'on fait le rêve de s'enfermer un an pour dévorer des manuscrits, quand on a vingt ans, et qu'on croit à la postérité.

La Cava est le monastère le plus riche en chartes et en institutions du moyen âge. On voit là comme les souverains de Bénévent, de Salerne et de Capoue, envoyaient toujours quelques actes de donation aux couvens après un crime commis. Le style et la teneur de ces chartes jettent un grand jour sur l'esprit et l'histoire de ces temps de barbarie. Parmi ces monumens, il en est un fort curieux comme preuve de la modération des habitans.

Alphonse Ier d'Aragon avait envoyé à la commune un blanc-seing, avec invitation d'y inscrire tous les priviléges qu'elle désirait; la commune remplit le vide, et renvoya la charte à Alphonse; mais on avait mis tant de discrétion dans l'usage de cette permission, que le prince lui renvoya le diplôme avec des concessions plus étendues que celles qui avaient été demandées.

La bibliothèque n'est pas fort nombreuse,

mais elle renferme de belles éditions des Aldes, des Juntes, des Grifi et des Étienne; une édition de saint Jean-Chrysostome, fort remarquable; une Bible du vIII° siècle, très-bien conservée, in-quarto, écrite avec de l'encre de plusieurs couleurs, et témoin curieux de la calligraphie à cette époque; une autre Bible du XIII° siècle, dont on ne peut trop admirer la netteté des caractères, la blancheur du vélin, la richesse éblouissante des enluminures et des images peintes en or, et en diverses nuances. On y trouve enfin le *Codex legum longobardorum*, de l'année 1004, un des exemplaires connus, et le plus précieux de ceux qui contiennent les lois des rois d'Italie jusqu'à Lothaire II.

Le moine qui nous servit de guide nous raconta un fait fort intéressant. Le monastère de la Cava renferme des titres généalogiques des maisons les plus anciennes d'Italie. Un jeune homme, descendant d'une haute famille, se vit disputer son nom et ses biens. Il était épris d'une jeune fille de noblesse, et le père de sa fiancée lui déclara qu'il ne l'épouserait qu'après avoir fait constater, d'une manière irrécusable, ses droits au titre qu'il prenait. Le jeune homme, sur des renseignemens donnés, part pour le monastère de la Cava, arrive, s'enferme dans la bibliothèque, et, après six mois de recherches perpétuelles, revient à Naples avec ses titres établis, et épouse celle qu'il aimait.

L'église du couvent, appelée église de la Trinité, offre une pierre sépulcrale avec une mitre renversée. On a fait là-dessus beaucoup de commentaires; mais la tradition du couvent est que cette pierre recouvre les restes de l'anti-pape Bourdin. Peu d'années auparavant, vers 1100, un autre anti-pape, nommé Théodoric, après avoir promené son vain titre pendant cent trois jours par les bourgs de la Campanie, mourut simple bénédictin dans ce monastère. Enfin, vers la fin du même siècle, Innocent III, troisième anti-pape, fut enfermé, par Alexandre III, à la Cava. La Cava était la maison pénitentiaire de la tiare.

Nous retournâmes le soir même à Naples; nous allâmes dîner à une *osteria* située à Santa-Lucia, sur le bord de la mer; c'est une des jolies positions de Naples. La salle à manger est une galerie élevée de quelques pieds au-dessus de l'eau, et vous voyez en bas une foule de petites barques qui se bercent au flot; vous pouvez même pêcher de la salle à manger dans la mer, si vous le voulez. Sur ces barquettes, que l'on appelle des lances, viennent se mettre des chanteurs ambulans qui vous chantent les plus jolies *canzonette* du monde; je m'en rappelle une, pleine de grâce et de gentillesse. La voici:

M' ardesto core comm' a na cannella,
Bella, quanno te sento annomenare.
Oje piglia la sperienza della neve:
La neve è fredda e se fa maniare;
E tu, comme si tant' aspra e crudele,
Muorto mme vedi e non mme vuò ajutare.

Vorria arreventare no picciuotto,
Co na laucella a ghi venenno acqua;
Pe mme nne i da chiste palazzuotte:
« Belle femmene meje a chi vo acqua?»
Se voca na ncnnella de là 'ucoppa:
« Chi è sto ninno che va venenno acqua? »
E io responno co parole accorte:
« So lagreme d' ammore e non è acqua. »

« Le cœur me brûle comme une chandelle, quand je t'entends nommer, ma belle. Prends aujourd'hui exemple de la neige: la neige est froide et se fait manier; et *toi*, tu es si âpre et si cruelle, que tu me vois mort et ne veux pas m'aider.

« Je veux devenir un petit garçon avec deux seaux pour vendre de l'eau, et j'irai disant: « Belles femmes, qui veut de l'eau? » Et si une jeune fille dit d'en haut: « Quel est le petit qui va vendant de l'eau? » je réponds avec des paroles accortes: « Ce sont des larmes d'amour et non de l'eau. »   E. LE GOUVÉ[1].

---

[1] De nombreuses fautes s'étant glissées dans mon dernier article sur *Nettuno*, les lecteurs sont priés de ne pas attribuer toutes les erreurs à l'auteur.

LES PETITS THÉATRES DE NAPLES.

Oui, mesdames, c'est un feuilleton en grand. La ville de Naples, qui n'a peut-être pas trois journaux (par ordre exprès de son gouvernement), me permettra bien, je l'espère, ce genre de satisfaction. Je veux vous mener en belles robes et en éventails de papier peint, d'abord, au théâtre *San-Carlo*, puis ensuite, si vous le permettez, au théâtre de *Polichinelle*. Vous n'y entendrez que des choses édifiantes. Il ne s'y passera rien de la force des drames modernes; les dandies ne parleront pas le chapeau sur la tête comme à la Porte-Saint-Martin font les colonels et les séducteurs, et il n'y aura pas de jeune fille qui assure avec un fauteuil la porte menacée de sa chambre d'auberge.

Naples, espagnole et italienne à la fois, raffole de spectacles. Depuis le Vésuve, théâtre éternel qui *ne donne que le soir et à heures fixes*, que de représentations, bon Dieu! Ici, d'abord, c'est une rue inouïe au monde, la rue de Tolède, la rue la plus criarde, la plus sale et la plus gaie, la rue de Naples où l'on *fait le mieux le mouchoir*. Prenez garde à vos poches, honnêtes *forestieri*[1]! Quand de pauvres vieilles dames à chapeau de paille, assez semblables à des revendeuses à la toilette, vous demanderont l'aumône dans cette rue; quand de belles grandes filles brunes comme une grappe d'Ischia vous porteront sous le nez de petits enfans tout nus, en vous disant : *Un grano per carita*[2]! défiez-vous bien de cette misère qui s'en va flairant vos habits et la générosité de vos manchettes! Je sais un de mes compagnons de voyage grand philanthrope auquel il en a coûté six foulards, pour avoir écrit dans cette rue des remarques sur son album. Tout cela parce qu'au milieu du bruit et devant *San-Carlo* même on bat la caisse, et qu'un petit homme trapu, assez pareil au *gracioso* du théâtre espagnol, cabriole sur quatre planches au milieu de franciscains qui font

la quête! Au mercredi des cendres et quand il s'est bien promené, suivant l'usage, habillé en femme enceinte, ce *gracioso* commence à se rouler sur cette même place avec force doléances et grimaces, disant qu'il souffre et qu'il veut un médecin. Arrive un opérateur qui veut lui faire subir la méthode *césarienne*. Gracioso y consent. L'opérateur, armé de tenailles, lui extrait alors du ventre trois paquets de corde, un fœtus, du vermicelle et un gâteau de macaroni. Et à ce spectacle, les lazzaroni battent des mains; ils pleurent de rire et de compassion en s'écriant : *Povera donna!* Ne voilà-t-il pas, Messieurs, le bon gros rire de Ragotin dans notre *Roman comique?*

Il est temps que je vous conduise à la façade de *San-Carlo*. San-Carlo ou Saint-Charles est un théâtre plus beau, à mon sens, que la *Scala* de Milan, malgré un assez mauvais goût de décoration intérieure qui fait ressembler ses dorures au papier de plomb qui recouvre les chocolats. Saint-Charles est vaste, aéré, brillant de reflets quand on veut bien se donner la peine d'allumer son lustre. Les jours de gala (et notamment le jour du bal donné en l'honneur de sir Walter Scott, 1832) la salle de Saint-Charles offrait un brillant coup d'œil. C'est en général la haute aristocratie qui en occupe les loges. Les officiers napolitains, brillans et agrafés dans leur uniforme, y font l'effet de ces enseignes qui manequins élégans qui bordent les boutiques de tailleurs anglais dans Piccadilly ou le Strand. Ils sont presque tous fort soigneux de leur personne, jolis hommes et bons ténors. *Donne-moi donc mon corset, maraud*, dit Juan à Leporello son valet. Les officiers napolitains en disent autant. Le théâtre Saint-Charles joue le chant, la danse, et les oratorios. Dominique Barbaja, entrepreneur de tous les théâtres d'Italie, était un pauvre cocher du temps de Napoléon; il paraît qu'il aime mieux avoir à cette heure un palais *via di Toledo*, et une villa au Pausilippe. Vive l'industrie!

Au théâtre Saint-Charles, le premier théâtre

(1) Voyageurs.
(2) Un sou par charité!

de Naples, qu'entendrez-vous, je vous le demande, que vous n'ayez pas entendu ? Madame Malibran y jouerait-elle la *Cenerentola*, Lablache, *Henri VIII*, et Tamburini *l'Agnese*; vous croyez encore toucher le velours d'une loge des Bouffes. Venez donc à deux pas de là, oui, rien qu'à deux pas, et vous n'aurez pas sujet de vous repentir.

A deux pas de *San-Carlo* est construit son diminutif, *San-Carlino*, théâtre des polichinelles. C'est bien le plus bouffon, le plus crasseux, le plus goguenard, le plus rusé, le plus napolitain de tous les théâtres de Naples! J'y avais une place marquée tous les soirs entre la clarinette et le second joueur de *timbalo*, un petit bonhomme de douze ans. Je me souviendrai ma vie entière de la première farce que j'y vis jouer en août 1832. La *Rocca di monte Corvo* était le titre de ce bon et gras mélodrame. Dans ce mélodrame il y avait douze brigands, un pauvre signor qui donnait sa bourse, et un souffleur que l'on agonisait d'injures dans la salle même parce qu'il était *allegro* et donnait mal la réplique. Dans cette pièce, le *Pulcinella* était comme dans toutes, le premier et le seul nœud de l'intrigue. C'est lui qui apprenait aux captifs de la caverne à jouer du flageolet et à s'esquiver; le souterrain de Gilblas perçait évidemment dans tout cela. Il y avait une vieille de soixante ans, en jupe rouge, espèce de Léonarde, qu'on voulait aussi marier avec ce même Polichinelle. Le premier jour je trouvai cela médiocrement bouffon, je comprenais très imparfaitement le dialecte. Le dialecte napolitain est plein de verve, caustique jusque dans son grasseyement et ses sons de gorge, ayant parfois dans ses éclairs un singulier rapport avec ce que les Anglais nomment *humour*, mot qui serait ici fort bien remplacé par celui de *brio*. Une fois familiarisé avec la langue, je fus surpris de saisir et d'applaudir moi-même involontairement à outrance la scène qui suit (C'est Polichinelle avec sa veste blanche à gros boutons comme nos pierrots, et son masque noir à nez de carton, qu'on amène devant les brigands *della Rocca*). On lui demande sa profession.

« — *Sono artista*, dit d'abord Polichinelle. »

Le brigand lui explique alors comment il se fait qu'il n'y a d'artistes utiles à la société que ceux qui tuent, pillent et dévalisent. Le même *bricone* fait paraître alors devant lui quelques autres hommes de la troupe qui continuent avec acharnement l'interrogatoire.

« — De quel pays êtes-vous? lui demandent-ils en chœur. »

Polichinelle, effrayé d'abord, se rassure et dit: *Romano*.

« — *Romano!* dit un voleur, attends donc. Je me souviens qu'une fois, à Rome, un contadino m'a frappé de son couteau dans un marché! Depuis ce temps j'ai fait vœu de boire le sang et de manger le cœur du premier Romain que je rencontrerais.

« — Signori, alors je suis *Toscano!*

« — *Toscano!* reprend un autre; j'ai reçu sur la tête un violent coup de marteau dans cette gracieuse cité de Florence, et depuis...

« — *Signori, signori, sono... Sinese!* »

Du moment que Pulcinella est *Sinese*, c'est-à-dire *Chinois*, on ne l'inquiète plus et chacun le laisse paisible. Il croise alors ses mains sur sa jaquette, fait tourner ses pouces et met un pâté dans la coiffe de son chapeau. Il mange ce pâté avec la grace de Pourceaugnac achevant sa côtelette dans Molière. Il crie, il chante, il fait rire les bandits, danser la vieille et trembler la caverne avec sa voix de *basso*. J'oubliais de vous dire que, dans cette pièce, l'homme volé (*Pigliato della Roba*), le pauvre diable enfin est hué et sifflé. On applaudit beaucoup les voleurs qui sont grands et forts comme des porteurs d'eau du Louvre. Avant tout, le Napolitain aime à se voir peut-être dans la glace; ces gens à rude barbe, à chapeau pointu, à phrases brèves, gens de grand chemin et de petites ruses, leur plaisent. Le Pulcinella les égaie et a tout le fruit de ces représentations.

Dautres fois Polichinelle est le plus patient filou de la terre; il raconte combien de temps il faut *avant de se faire la main*. Cette fois il est intendant du duc de Paligatiano, joli petit duc boiteux, aveugle, rachitique, que ce bon Polichinelle récrée et escroque comme un acteur ou un auteur en vogue à Paris.

Les pulcinella portent le costume suivant:

Une jaquette très ample à boyaux, un pantalon blanc comme la jaquette, des souliers à pompon blanc, un bonnet blanc, tout cela *fariné* comme la statue du commandeur à la lune; le nez seul est noir; ils nomment ce nez un nez de *papagallo*.

Quand c'est *Pasquale*, le meilleur et le plus vieux polichinelle de Naples, qui joue à ce petit

théâtre de San-Carlino, théâtre enfoui, Naples n'a pas assez de carrosses.

J'ai connu un pauvre diable qui jouait les *polichinelles* sans trop de succès et qui avait été marquis à Bergame, la patrie des arlequins. « C'est Arlequin qui m'aura porté malheur, Arlequin mon rival! soupirait-il mélancoliquement. » Ce pauvre marquis ruiné dépensait dix grains par soir, una *orgeata*, una *limonata*, et tout était dit.

Il avait cinquante-deux ans. Je l'emmenai dîner un soir en compagnie à Santa-Lucia. Il s'exprimait avec une aisance parfaite dans ma langue, savait Juvénal et les poètes de la décadence, mangeait fort peu de pastèques et jouait fort bien aux dominos. Il me raconta que Murat lui avait un jour cassé sa canne sur l'épaule. D'habitude, Scripandia (c'était son nom) était fort railleur; il jugea comique de porter un soir en scène les bottes jaunes, les éperons et les dentelles de Murat. Il avait un cheval blanc (en carton), et, comme il est à remarquer que les généraux ont presque toujours des chevaux blancs, Scripandia faisait le général et commandait douze galopins armés de bâtons. Cette farce amusa beaucoup parce qu'il imitait le prince admirablement. Au sortir du théâtre, un homme en manteau l'aborda sous une lanterne et lui remit une lettre. C'était un bon de 200 piastres sur la cassette de Murat. Le même manteau élevant alors ses deux manches, laissa choir un gourdin irrécusable de volume sur les épaules du pauvre acteur. « Et de cette manière, ajoutait Scripandia, je touchai deux capitaux, ce à quoi je fus très sensible... »

Le théâtre *San-Carlino*, qui est placé dans une cave, réunit souvent la meilleure société de Naples; communément c'est la bourgeoisie qui en occupe les gradins. Le *poeta* du théâtre, l'auteur des *imbroglios*, reçoit quarante piastres pour son livret quand ce livret est excellent. C'est ce que touche chez nous, par semaine, le plus mince auteur de vaudeville. Le *poeta* est souvent lui-même à la porte causant avec l'*aboyeur*; il loge d'ordinaire dans la partie haute et sale de la ville. Tout le monde n'est pas d'un coup Goldoni ou Giraud.

« *Bravo! bravo! il furbo e a crepare! viva! viva! miraviglioso!* »Voilà dans quels termes s'expriment les loges quand c'est un polichinelle en renom qui joue. Le commissaire assiste en habit brodé à ces représentations pour que tout s'y passe dans l'ordre *e senza parlar di politica*. Il a, comme tous les spectateurs un peu gentilshommes, un grand éventail de papier peint sur lequel est d'ordinaire saint Janvier, avec sa fiole de sang et des lunettes. Ce spectacle finit de dix à onze heures. Il est voisin du fameux théâtre *Fondo*.

Le théâtre *del Fondo* a les mêmes acteurs, la même administration et les mêmes opéras que Saint-Charles; il est de moyenne grandeur, misérable d'entrée et flanqué d'une *bottega* inférieure où des garçons en tablier blanc vous servent des oranges et des marasquins.

Je dois vous dire deux mots de la *Fenice*. La *Fenice*, qui n'a rien de celle de Venise, est encore un petit théâtre pareil à ceux de nos boulevards. On lit à sa porte des affiches dans le style français le plus obséquieux, sinon le plus pur. Témoin celle-ci, que je vais transcrire *littéralement*:

» Soirée du 28 juillet 1832,
» Pour le bénéfice de l'actrice IRÈNE SEVERINA,
» Avons l'honneur de vous *inviter* à notre théâtre, l'actrice incom-
« parable vous ayant choisi une des excellentes pièces du théâtre
» italien, ayant pour titre:

» *Le triomphal retour d'Ariolde*,
» *roi des Lombards, en sa ville*;

» Qui sera *suivie* d'un petit opéra en deux actes et mêlé de bons
« mots et de traits ridicules pris de l'histoire florentine, — savoir:
» *Le poète Tragoli (haricots)*
» *à la campagna de Pratolino*.

» Toute la décence possible, le zèle et les *salutations* de l'aimable
« troupe, sont les attributs qu'*elle* ose se flatter qui pourront mé-
« riter votre présence et vos bienfaits. »

En sortant de là suivez vers la gauche les grandes dalles du quai du Môle. Le Môle, ce boulevard de Naples, y contient sur ses quais presque autant de badauds que notre boulevard du Temple. Voilà des enfans en chemise, d'autres tout nus, se traînant deux à deux sur les parapets du Môle comme des fourmis au soleil. Survient un troisième, un quatrième, et les voilà qui cherchent à se hisser sur les grands rebords du quai, puis tout à coup ils retombent sur le sable, mêlés comme chaque fil d'un macaroni.

Mais chut! voici un monsieur en habit noir, habit râpé, habit de poète. Messieurs, respectons un peu son infortune. Son habit a vu jadis Ugolin, il a touché de près la manche du comte Roger, il a reçu des coups de plat de sabre des Sarrazins. N'est-ce pas vous dire que ce pauvre chrétien va vous expliquer le Tasse, qu'il est pour le lazzarone la seule providence des temps anciens, l'homme des poèmes, des *canzoni*, des nouvelles? Voyez! le voilà à peine monté sur ses tréteaux que le cercle d'auditeurs se forme attentif. Ils sont là tous en face de la mer d'Ischia et de Caprée; le château de l'OEuf les regarde pour voir s'ils ne conspirent pas. Le château de l'OEuf avec sa seule meurtrière ouverte comme un œil d'aigle, voit des conspirations partout depuis Masaniello. Allons, signor, voici le moment, le moment d'être grand et véritablement hardi; dites-leur bien haut ce que vous pensez de cette force d'inertie qui est la seule force italienne, de cette mollesse de langage qui a passé de la bouche au cœur, de cette paresse qui tue chez eux les plus beaux sentiments d'audace; parlez-leur du Tasse en prison et d'Alfieri, le Brutus en perruque; et si vous avez du sang au cœur, dites, dites bien haut comment il se fait que Pellico ne soit pas vert et pourri comme les murs de sa prison!

Mais l'improvisateur aime mieux parler d'Ugolin, Ugolin et le *mangia¹ di noi* du Dante; car, ne faites pas erreur, l'improvisateur n'est souvent rien moins qu'un pauvre homme de lettres ruiné, comme cela se voit chez nous, un brave homme d'auteur comme l'était *Camerana*, auteur fécond qui jouait à lui seul les pièces de son théâtre[2], donnant par jour deux représentations, une le matin, une le soir. L'improvisateur d'Italie a du reste un but et une consécration véritables; il popularise, chez le peuple, la poésie. Autant nos improvisateurs de salon et d'Athénée sont ridicules en avilissant chez nous la poésie jusqu'aux fades jeux de la rime et aux puérilités de la scolastique, autant ceux d'Italie, en demeurant dans les bornes de leur emploi, en commentant l'esprit et le génie de leurs poètes, plutôt qu'en y substituant le leur, sont-ils dignes d'attention et de justice. Le domestique de place qui me conduisait me fit remarquer un jour la maison d'un homme qui écossait quelques pois devant sa porte. « Voici Olivario, me dit-il, un gaillard solide pour l'improvisation, *bravo per canzoni;* on lui en commande de tous les côtés de Naples. Il fait aussi bien le couplet de table que l'épithalame, et mériterait d'avoir à Pompéi la casa du poète Sallustio. Seulement, il s'est fait une grave affaire. Vous savez peut-être ce que c'est que la *Grotte du Chien*, car je vous suppose trop indolent en fait de curiosité niaise pour y aller voir ce qui s'y passe. Or, il y avait dans Naples, il y a un mois, une vieille marchesa qui tenait beaucoup à son chien, un griffon nommé Zoppi. Zoppi avait bien le mufle le plus rosé et les oreilles les plus soyeuses du monde; il jappait surtout avec un rare talent, il jappait à ne pas laisser entendre un charlatan vendant son eau-de-vie et ses bouteilles d'élixir. Voilà que tout à coup il n'est question dans l'hôtel de la marchesa que de la disparition de Zoppi. Les voitures de la Chiaja avaient-elles écrasé l'intéressant griffon, ou bien la fontaine Santa-Lucia l'aurait-elle noyé? Quel lazzarone assez osé pour un tel crime? On affiche Zoppi dans toute la rue de Tolède. Zoppi figure en grosses lettres sur les petites affiches des *bottege* [1]. La marquise avait des crises de nerfs devant le portrait au pastel de son griffon. Olivario l'improvisateur était le seul qui sût à Naples le sort du pauvre Zoppi. Les aboiements répétés du chien avaient toujours paru fort déplaisans au patient Olivario qui déclamait avec assez de succès dans le salon du palais Coluccio, le palais de la marquise. Dans une circonstance toute récente, Olivario avec ses habits troués, son pauvre chapeau gris et ses manchettes sales, avait eu l'insigne honneur de réciter *una novella tragica* devant le roi de Naples lui-même qui était venu chez la marchesa prendre les sorbets. Au plus beau de son poème, Olivario avait été interrompu par Zoppi qui, non content d'aboyer frénétiquement sur la terrasse, était venu mordre aux jambes l'improvisateur, et déchirer son pantalon beaucoup trop mûr, lorsqu'Olivario disait ce vers :

La vendetta d'Apollo ha fatto Marte [3].

incident qui avait terminé la tragédie au milieu des rires les plus bouffons. Olivario s'était bien promis de s'en venger de concert avec le paysan qui garde la Grotte du Chien, en trafique et en garde la clef; il avait, dans une belle soirée de juin, volé Zoppi qui furetait dans la cour du côté des cuisines. Le griffon Zoppi était devenu le *sujet* intéressant des expériences carboniques de ce gardien. La vie de ce pauvre animal se passait

---

(1) Allusion à l'épisode d'Ugolin (*Inferno*).
(2) A San-Carlino.

(1) Cafés.
(3) Mars a tiré vengeance d'Apollon.

en évanouissemens réguliers et perpétuels; à la joie des curieux, des évanouissemens à faire envie aux petites maîtresses de Naples!

Or la marchesa n'avait jamais vu la *Grotte du Chien*. Curieuse de visiter cette grotte beaucoup moins digne d'intérêt que les étuves voisines de San-Germano, elle s'y fit conduire par son cavalier servant. Dans le pauvre chien qui se tordait convulsivement sous l'influence empoisonnée de la vapeur de la grotte, elle reconnut Zoppi. Ce fut un coup de foudre pour la vieille marchesa. Elle fit mander le paysan qui confessa tout et vendit Olivario. La marquise voulait qu'il fût emprisonné; mais comme c'était le jour de Pâques, et qu'elle avait coutume d'aller passer le reste des fêtes à Castellamare, le crime d'Olivario fut impuni.

Olivario est un bon père de famille; il cultive lui-même ce petit terrain que vous voyez, et mange son blé de Turquie aussi bien qu'un lazzarone. »

En voilà assez sur les théâtres. — Parlons maintenant comme contraste des représentations et fêtes religieuses. Naples, curieuse et vive comme l'est une jeune fille, se laisse prendre par les yeux plus qu'aucune ville d'Italie. C'est le pays de la forme que cette brune Italie, comme l'Allemagne est le pays de l'idée. Il faut à ce ciel d'un bleu dur et vif, d'un contour brillant et toujours net, des couleurs également tranchantes, une poésie palpable et découpée pour ainsi dire au ciseau; il faut que la religion elle-même s'y fasse toucher au doigt comme le côté du Christ qui accuse Thomas d'être incrédule. Et de là ces belles et saintes fêtes, ce viatique porté le soir aux flambeaux et ces fagots allumés devant la maison du malade; de là ce prêtre qui passe sous un dais au son des cloches, et comme s'il s'agissait du salut de toute une ville, comme s'il était Belzunce et que Marseille eût la peste! Tout cela pour un pauvre homme dans une mauvaise chambre, agonisant et entouré peut-être de trois amis. Il n'y a que Naples pour ces représentations aux crucifix miraculeux, aux bannières bénies, aux châsses saintes. Naples, avec son épicuréisme grossier, sa gloutonnerie flamande, incline le genou devant ces pieux lambeaux du catholicisme. — Je n'en veux pour témoin que la fête du sang de saint Janvier, *festa del sangue*, nom qui désigne le miracle annuel de Naples. C'est dans la chapelle du Trésor que se conservent le buste et le sang de saint Janvier, ce patron merveilleux de la ville. Cette chapelle, érigée après la peste de 1526, renferme des *lunettes* peintes par le Dominiquin, admirables restes du génie de ce grand maître, dont les rivaux redoutaient tellement la force, qu'ils cherchèrent à l'empoisonner jusqu'à deux fois en mêlant un arôme vénéneux au plâtre chaud dont il se servait pour ses fresques.

Le miracle du sang de saint Janvier a lieu dans cette chapelle. Le sang, contenu dans une fiole de verre, est montré aux curieux pour que l'infaillibilité du miracle ne soit pas douteuse. Il y a, dès le matin, de vieilles femmes à bâtons noueux qui s'approchent sans trop de façon de la balustrade, elles se prétendent de la famille, et demandent au saint de ne pas les faire languir. Quand le miracle n'a pas lieu assez vite (c'est d'ordinaire sur le midi), ces femmes mettent les poings sur les hanches, injurient le saint et lui prodiguent les noms les plus grossiers. L'illumination de la ville est admirable le soir, son obélisque entouré de girandoles : ce coup d'œil est éclatant, moins remarquable cependant que celui de la *girandola* à la fête de Saint-Pierre de Rome.

Cet appareil de représentations religieuses, toujours théâtral et solennel, se fait remarquer plus étrangement encore à la fête de la Madone de l'Arc. La *Madona del Arco*, solennité plus mystique que celle de *Piedigroto*, réunit autant de monde autour de sa chapelle. C'est pour un voyageur qui ne connaîtrait pas l'Italie, la chose du monde la plus incroyable et la moins suspecte.

Dès le matin cette chapelle, simple et sans ornemens autres qu'une châsse chargée de pardons, est ouverte aux populations environnantes. Résina et Portici y accourent en foule. Il y a à l'entour des danses et des tavernes en plein vent. Vous y verriez de beaux jeunes hommes en veste rouge à boutons à fraise, le bonnet pointu et la plume de coq penchée sur l'oreille, des petits enfans et des vieillards paralytiques qui s'y font porter en chaise. Au dehors c'est la vie et le tumulte; on achète des fruits, on mange des *salames*[1], on élève bien haut de grandes fourches chargées d'images de saints. Les paysans qui promènent ces fourches sont vêtus de casaques à rubans; ils dansent en chantant près du temple la plus animée des tarentelles.

(1) Saucissons.

Au dedans et comme contraste, c'est un peuple de mendians hâves et lépreux qui marche à genoux sur les dalles, prie à voix haute, et se traîne à deux mains depuis la première pierre de l'entrée jusqu'au maître-autel, *léchant le pavé*, il faut le dire, et se frappant la poitrine en s'écriant : *Madona!*

Les gens que leur confesseur ou leurs vœux amènent en cet endroit ne ressemblent que trop à ces malades désespérés que les médecins envoient aux eaux les plus maussades et les plus lointaines. Tout ce misérable troupeau d'hommes serrés, rongé d'ordure et de lèpre, hurlait à notre entrée comme les damnés du Dante; les paysans et les bourgeois se tenaient à l'écart prosternés devant la châsse. Nous vîmes un beau garçon des Abbruzes soulever alors le rideau en cuir de l'église; il entra et se mit à prier debout devant la Madone. Il priait avec ferveur et grande onction. Ces gens, qui l'entouraient, le regardaient tous comme un païen parce qu'il restait debout. Je me souviendrai toujours qu'il tenait sa main sous sa veste de velours bleu; il avait le regard fier, ombragé d'épais sourcils, de larges boucles d'oreilles en croissant et le sifflet du chevrier pendu à l'une de ses basques. Il paraissait immobile, je le supposais du moins, lorsqu'en m'approchant je crus voir une main crispée qui labourait sa poitrine, pendant que de l'autre il tenait son chapelet. Les regards de quelques *contadini* des montagnes demeuraient fixés sur lui, et on hésitait à se dire tout bas qu'il avait été vu dans les prisons d'Ancône il y avait bien trois ans. Quel qu'il fût, ce jeune homme avait sans doute à expier quelque crime; car la sueur lui ruisselait du front, et ses lèvres devenaient pâles et violettes par intervalles. Il y eut un instant où il s'écria : *Benedetta!* avec un tel accent de désespoir que ce mot, qui ne pouvait pourtant s'adresser qu'à la Vierge, fit détourner la tête aux aveugles de l'église del Arco.

Ces aveugles, pour ne pas perdre leur rang, se tenaient tous par une longue ceinture rouge à glands de soie verte, ayant bien soin d'avancer vers la châsse quand le cri du gardien ou le bruit des pas les avertissait de marcher. Il y avait encore là de tout petits enfans qui s'étonnaient naïvement de voir leur père baiser ainsi le pavé et se relever ensuite la tête meurtrie de coups violens, tandis que l'encens fumait et que l'orgue (un pauvre orgue à trois tuyaux) exhalait quelques hymnes saintes. Nous vîmes descendre aussi à la porte même un vieillard en grande robe assez semblable au *pastrano*; il descendait d'une chaise soutenue sur les bras de ses porteurs. Il fit une très courte prière devant la Vierge et sortit. Son médecin monté sur un petit cheval barbe, l'accompagnait. Quand nous sortîmes, la pluie était abondante, les tentes bariolées et les beaux habits des filles devinrent l'objet des plaisanteries de cette foule, et la procession, qui remontait elle-même en cavalcade, ne fut pas le sujet de conversation le moins piquant de cette journée.

Il arrive aussi que parfois, à Naples, quelques fêtes religieuses ont lieu sur le golfe. A bord, par exemple, chaque *phalange* ou barque est illuminée. La marine napolitaine envoie des salves de pétards à tous les clochers de Naples ; à défaut de canons, cette pauvre marine de pêcheurs se consume en fusées et en chandelles romaines. C'est un magique et curieux spectacle que ce golfe étincelant alors à la lune comme une émeraude, les petites embarcations le traversent ; les hymnes pieux accompagnent le mugissement de la grève. D'ordinaire c'est à la pointe même du Pausilippe que se tiennent les gros navires ; c'est aussi de là que Murat, en bottes jaunes et en manchettes, regardait un jour une escarmouche navale où il pensait à tort avoir le dessus. Quand il vit clairement sa défaite à l'aide de son télescope, il se contenta de demander le spectacle du jour et partit.

Pour peu que vous ayez foi aux revenans, n'allez pas le soir à Naples, près de *San-Giovani Majore*. De mon temps et sous le porche gothique de cette église, il y avait un concours de monde prodigieux. Sur les onze heures du soir un pauvre diable, appelé Barabini, apparaissait avec un paillasse et une lanterne magique. Le paillasse, qui avait nom Marotto, demandait alors à *la société* si elle ne serait pas aise de revoir ses ancêtres. *Suoi parenti vecchii e morti.* Quelques esprits forts, qui passaient sous le rideau, prétendaient avoir reconnu fort bien leur père et mère, que le paillasse *découpait* sur du papier noir d'après leur indication. Bonnes et candides frayeurs!

Il y a aussi des théâtres particuliers, des théâtres d'*amatori*. Souvent ils servent là-bas à tromper bien des jalousies conjugales, à mener bon train les affaires de cœur des jeunes filles ou des belles dames. Une femme ou une fille qui ne peut voir son *amorato*, et vit cependant dans la même

société que lui, convient de prendre dans la pièce que l'on doit jouer un rôle en rapport avec sa situation, et de la sorte les deux amans se comprennent et s'épanchent tout en récitant Giraud ou Goldoni. Les comédies de M. Scribe sont maintenant fort goûtées en Italie. La mode, cette folle déesse qui fait une loi de ses caprices, a mis à l'ordre du jour le répertoire de l'ancien théâtre Madame. Les abbés font répéter *Malvina* et les colonels apprennent *Philippe*. M. Scribe, vingt fois plus heureux qu'en France où les journalistes se vengent constamment sur lui de tout l'ennui que leur donne un feuilleton à écrire, M. Scribe reçoit sur les affiches italiennes le nom d'*illustrissimo e famoso autore*. Le roi de Naples, en 1832, voulut voir jouer une comédie à Castellamare. Là se trouvait réunie comme de coutume la bonne et brillante société de Naples. Les acteurs étaient M. le comte de la Ferronayes, mesdames de Marcellus, de Gr..., la comtesse Kisl,... et autres; société française comme vous l'indique le programme, charmante et douce société ! Je laissai un de mes amis, jeune Anglais fort distingué, apprendre le rôle de Frédérik Lemaistre dans l'*Auberge des Adrets*. Le roi de Naples vit-il la pièce, je ne sais, toujours est-il qu'elle fut mise à l'étude. C'est une merveilleuse chose que cette importation ou *imposition* du théâtre français en Italie. La paresse italienne trouve les pièces toutes faites, elle n'a que les frais de traduction et de mise en scène.

J'ai vu, me disait le comte de S..., j'ai vu il y a quinze ans des théâtres bien plus curieux à Naples. Les domestiques de bonne maison y jouaient; on les appelait *theatri domestici*. Une comtesse de Naples avait fini par s'enticher violemment de ces bouffonneries; elle y passait réellement la moitié de sa vie, donnant à Cassandre et à Pulcinella une tabatière en présent, une montre aujourd'hui, demain une épingle d'or. Un de ces comédiens subalternes, jouant un jour le rôle d'un Frontin, reçut d'elle un billet ainsi conçu : *Alla sera, domani palazzo Nola*. Cevalet, garçon fort intelligent, comprit bien vite qu'il ne fallait pas en cette affaire jouer le rôle commun et fastidieux d'un homme à bonnes fortunes. Il calcula prudemment la valeur des bijoux et du mobilier de la comtesse, il sut tout cela par son frère qui avait autrefois servi cette dame. Ayant alors reconnu que le total formait un fonds qui pouvait lui procurer une douce vie et une vieillesse agréable, il osa proposer sa main avant de rien accorder aux bizarres exigences de celle-ci. J'ignore s'il avait lu l'*Epoux par supercherie*, de Boissy, mais toujours est-il que le rusé coquin en vint à ce qu'il voulait. Il épousa la comtesse et *eut des gens*.

Les lois injustes, qui notent chez nous les comédiens d'infamie, existent moins à Naples que partout ailleurs; les plus grands seigneurs ne rougiraient point de faire leur ami d'un acteur honnête homme. Riccobini, renommé si justement à Paris, revit encore pour sa probité et ses bonnes manières dans quelques acteurs privilégiés tels que Lablache, Tamburini, Rubini. Ce que je dis là ne doit pas toutefois servir d'excuse à certains caprices féminins trop prononcés. Une autre belle comtesse bien connue promenait à Naples David dans sa voiture; elle s'est pour ce fait mis à dos certains salons. Cependant la comtesse O..., si distinguée par le charme et le piquant de son esprit, est la Christine des arts et la reine des progrès dans cette belle et séduisante Italie ! J'aime mieux cette aisance que la froide hospitalité des autres pays; ici l'artiste, quand il n'est pas contrefait, est à deux pas de devenir prince. Allons donc faire de la poésie et de la musique là-bas !

Lord Byron avance quelque part dans ses Mémoires une opinion au moins douteuse, c'est que l'Italie ne saurait avoir aucune prétention à un *théâtre comique*, ce pays ne représentant nulle société. C'est une grave aberration, à mon sens. La comédie politique de l'Italie est seulement là où le noble poète ne la voyait pas. Il faisait pis que de ne pas la voir, lui Byron, il l'oubliait. Ainsi il oubliait que c'était cette même société italienne, si molle, si facile, qui lui avait fourni les couleurs gaies de Beppo. Il oubliait encore que Don Juan est Italien plus qu'Anglais vers la partie admirable du IX° chant, évidemment empreint des souvenirs délicieux de Ravennes, de Pise, de Florence et de Vérone. La comédie italienne trouverait surtout d'abondans sujets de se produire dans cette ville de Naples. La comédie italienne, c'est l'inégalité perpétuellement heureuse et comique des conditions, c'est le polichinelle aux prises avec le marquis. Ne venez donc pas nous dire qu'il n'y a pas de comédie en Italie ! Elle vous coudoie dans la rue, dans le salon, elle est partout ! C'est elle qui a mis le grelot à Battachi, ce poète de *novelle* inconnu en France, jeune Napolitain plein d'avenir et d'esprit. C'est elle qui va souffler quelque jour à Manzoni une belle et admirable comédie politique; car Manzoni me le disait à moi-même en 1832 : *C'est la comédie de Beaumarchais qu'il nous faut ici!*

Naples est la ville des comédies comme Paris celle des satires, comme Londres l'enfumée celle du drame. Naples obtiendra cette couronne, je n'en doute pas. Quelque jour il surgira ce nouvel Arioste, quelque jour aux chansons du port succédera Aristophane dans la salle Saint-Charles.

M. de Montmorency-Laval, dans une lettre pleine de sens, parlait de l'enthousiasme qu'excitent dans Naples les moindres représentations. « Les bravos, dit-il, n'y sont pas achetés comme « chez nous; on rougirait là-bas de l'ignoble mé- « tier que l'on fait entreprendre aux malheureuses « bandes de nos théâtres. Le rire napolitain, plus « franc que pudique, est le bon rire de Molière. « On n'y hurle pas la tragédie, on la chante ; — « c'est un défaut qui vaut mieux. »

Byron, parlant de sa chère Ravenne, écrivait: « Ravenne aura, dit-on, cette année, quelque re- « flet des belles fêtes de Naples. Il doit y avoir « spectacle, foire, opéra en avril et un autre opéra « en juin. — C'est le seul peuple qui comprenne « la vie; *il va au spectacle pour parler, en compagnie* « *pour se taire.* »

Du temps de Byron, le *signore Inglese*, si traditionnellement célèbre à cette heure encore parmi les gondoliers de Venise, l'Italie avait encore en effet de magiques reflets de sa gaîté. L'Italie même, après l'invasion française, respirait pour ainsi dire et se remettait à vivre. Les Anglais n'avaient pas encore glacé le rire aux lèvres de la folle Italie. Ce sont eux, eux seuls qui l'ont faite anglaise et triste. L'Autriche, cent fois moins coupable, n'a rien retranché du moins de ces allures vives et de ces mœurs faciles qui formeront toujours le caractère de ce peuple. Les Anglais, par le luxe de leurs importations, le prosaïsme de leurs idées et leurs excursions fréquentes parmi ce peuple ne servent qu'à le dénaturer de jour en jour, ne fût-ce qu'en donnant le goût du commerce à son indolence. Un Anglais en Italie m'a toujours paru un contre-sens. — Aux yeux de Byron, chacun sait que c'était plus; c'était un outrage.

Ce peuple d'oubli vivra donc et périra dans l'oubli. C'est au milieu de Naples embaumée, de Naples radieuse, au bord de son golfe, que tout poitrinaire qui est poète veut mourir; c'est à Nice et sous les orangers que les imaginations les plus bourgeoises vont s'éteindre. Un Napolitain, homme d'esprit, me disait que son aïeul, musicien très fort sur *la viola di gamba*, s'était fait porter, avant de se suicider, à la pointe du Pausilippe, un tambour de basque sous les pieds, un citron en main et un cigare à la bouche; il chanta, fuma, joua du tambour un petit quart-d'heure, puis se jeta dans la mer. Ne voilà-t-il pas Naples bien représentée dans ce singulier musicien?

Et maintenant vous aurez peut-être une idée des représentations et des cérémonies religieuses ou profanes de Naples. Tout cela se passe au soleil ou aux flambeaux. Le théâtre et l'église unissent leurs pompes sous ce ciel favorisé; les cantatrices de chapelle y font d'excellentes chanteuses de théâtre. Dans cette grande ville de Naples, turbulente et folle cité, tout s'affiche, tout est théâtre. L'un de mes amis, avec lequel j'ai fait ce voyage, vous a raconté Picdigroto; eh bien ! la fête de Piedigroto existe chaque soir dans Naples, sauf le programme et l'ordre de cérémonie. Les femmes de Naples se font voir au balcon, ou montrent leur pied en ramenant leur voile sur le visage. Les lazzaroni étalent au soleil le spectacle de leur paresse en haillons; tout ce peuple de misère se pare comme le ferait un vieil acteur de province ; il a du blanc et du rouge. Les images qu'on lui montre, et les comparaisons qu'on lui fait toucher au doigt, sont les plus sûres comme impression et résultat.

C'est un peuple vieillard; c'est aussi un peuple enfant. Il ne lui faut ni profession, ni calcul, ni richesse, ni probité; il a trouvé moyen de se passer de cela. Ce qu'il lui faut c'est le *panem et circenses*; les spectacles font sa vie. La fertilité du pays et la multitude de ports maritimes disséminés sur sa côte entretiendront pour long-temps son apathie; il a du savon, du blé de Turquie et des acteurs. Il broie du jaune pour les peintres, produit de la soie pour ses maîtres, et monte des cordes de violon pour ses artistes. N'est-ce pas bien encore la ville de Boccace et de Fontanus?

E. ROGER de BEAUVOIR.

NAPLES.

Coup d'œil monumental et historique. — Capo di Monte. — Théâtres. — Palais. — Lombards. — Normands. — Suabes. — Angevins.

Ces livraisons ont été jusqu'ici étude d'anatomiste; l'un après l'autre, tous les membres du royaume de Naples ont été étendus sur la table de marbre, et analysés avec tout le jeu de leurs muscles et de leurs nerfs; passant de la tête aux bras, des bras aux jambes, des jambes au corps, on a été, sans autre ordre que la fantaisie de la pensée, à Amalfi, à Pestum, à Naples, à Sorrento. Aujourd'hui ramassons tous ces membres épars, et regardons ce grand corps tout entier couché entre trois mers sous un ciel de feu, et sur une terre féconde comme l'Égypte. Les Apennins le traversent dans toute sa longueur comme sa colonne vertébrale; il baigne son pied dans la mer d'Ausonie à Reggio, touche de la main la mer Ionienne par Otrante, fait épaule dans l'Adriatique par le mont Gargano, et repose sa tête au bord du golfe de Naples. Examinons cette tête, décrivons les monumens détruits ou debout, les temples, les églises qui sont comme les traits de son visage; puis, en voyant les rides profondes que le temps a inscrites sur sa noble figure, nous demanderons à l'histoire quelles passions l'ont agité, nous raconterons sa vie, ses amours, ses captivités, ses désespoirs, nous irons enfin cherchant sur son sein les blessures par où son sang a ruisselé pendant tant de siècles! Car le Vésuve n'est pas seulement un volcan situé dans le royaume de Naples, c'est Naples tout entière, c'est son sol, c'est son existence. Les maisons sont bâties de lave, la terre qui le nourrit est de la lave; les ornemens de ses femmes sont faits de laves, et son histoire n'est qu'une éruption perpétuelle : ce sont des nations étrangères qui surgissent sur le sol en une nuit comme le Monte-Nuovo; ce sont des populations autocthones qui sont écartelées en deux comme la Sicile fut arrachée de l'Apulie par une commotion volcanique; ce sont des trônes qui s'abiment à la lueur des éclairs et au bruit de la foudre, comme les villes dévorées par des cratères. Paris, depuis Charlemagne, a été pris quatre fois par les étrangers; Londres, depuis Guillaume, trois; Naples, plus de quarante! et je ne sais pas d'histoire aussi douloureuse et aussi complète que la liste seule de ses rois. On y trouve des noms de tous les pays, excepté des noms napolitains!

Cette livraison sera donc un coup d'œil sur les monumens de Naples et un résumé de son histoire.

Mettez deux arcs à côté l'un de l'autre, c'est la baie de Naples; le point où les deux bouts se touchent est le château de l'OEuf; derrière ces deux arcs s'élève en amphithéâtre la ville de Naples, et en haut de cet amphithéâtre, formant une pointe et pour ainsi dire une tête, se trouve le petit village de Capo di Monte. Capo di Monte est situé environ à une demi-lieue de la ville, et, quoiqu'il fût une résidence royale, il resta presque inaccessible jusqu'à ce que les Français eussent jeté un pont entre les deux collines. L'admirable vue du Père-Lachaise ne peut pas elle-même se comparer au spectacle magique de Capo di Monte. A vos pieds une demi-lieue de jardins d'orangers en fleurs et en fruits; au bout de ces jardins la ville de Naples tout entière avec ses blancs palais, et au bout de Naples, la mer, cadre éternel et sublime de toutes les beautés de ces contrées délicieuses. En 1726, Mathieu Ripa, missionnaire napolitain, à son retour de la Chine, y fonda un collège de Chinois. La dépense en est supportée moitié par l'établissement dont le revenu s'élève à 6000 ducats, moitié par la propagande de Rome. Les élèves sont envoyés de la Chine vers treize ou quatorze ans, et ils y retournent comme missionnaires dans leur maturité. Quarante ont déjà été instruits dans cette maison; on y voit leurs portraits avec des inscriptions indiquant leur nom, la date de leur naissance, leur province, l'année de leur arrivée à Naples, de leur départ pour la Chine et de leur mort, ainsi que les persécutions pour martyrs que plusieurs ont subis. Après le collège chinois il faut aller visiter Real Albergo; c'est à la fois une école, un atelier, un hospice, et aussi une institution de sourds-muets. L'abbé de l'Épée s'est trompé en naissant à Paris; c'est à Naples qu'il devait naître, et je ne sais pas pourquoi Dieu a donné une langue aux Napolitains; tant ils font de grimaces, et de grimaces éloquentes! ils ont tous l'air de sourds-muets guéris; la grimace chez eux est tout une langue. Un pauvre vous rencontre? Il ne vous demande pas l'aumône, il fait une grimace quêteuse à votre poche; les mendians ont un geste pour demander à boire, un geste pour demander à manger, un geste pour demander du macaroni. Un étranger se trouvant à Capo di Monte pria un Napolitain de lui indiquer un casin qui était situé dans la partie haute du village; le Napolitain, pour réponse, releva la lèvre inférieure; comprenez si vous pouvez, car il n'en dira pas plus; et le savant chanoine Jorio, dont j'ai déjà parlé, m'a montré le commencement d'un ouvrage qu'il va publier sur toutes les grimaces du peuple napolitain, avec explication de leur sens, commentaires et gravures coloriées. L'ouvrage est gros comme un dictionnaire, et le chanoine a eu l'idée d'établir une académie chargée de maintenir la grimace dans sa pureté, comme notre académie garde la langue française.

Redescendons à Naples. Il a été déjà parlé des studi, de la chiaja, de la villa reale. Passons aux théâtres. Naples et musique sont deux mots si naturellement liés ensemble qu'on s'attend d'avance à voir le nom de San-Carlo au bout de ma plume. San-Carlo est un grand colombier doré; plus vaste que notre grand Opéra, il offre un coup d'œil magique les jours de *gala* ou de *demi-gala*, par la richesse des illuminations qui se prolongent du rez-de-chaussée jusqu'aux septièmes loges. Il règne tout autour du parterre un espace vide et circulaire où la foule se promène dans les entr'actes. Par une coutume assez bizarre on ne paie pas de droit d'entrée à la porte, car on est censé aller dans une loge, et le théâtre ayant été bâti par les riches familles de la ville, chacune d'elles a conservé la propriété d'une loge; mais dès que vous vous présentez au parterre, il faut une rétribution; le jour de mon arrivée à Naples, on donnait l'*Italiana in Algieri*, je courus à San-Carlo, parce qu'on m'avait dit que dans les pièces où la mer jouait un rôle, le fond du théâtre s'ouvrait et laissait voir la Méditerranée avec les vaisseaux qui étaient en rade; le théâtre s'ouvrit en effet, mais pas de vraie Méditerranée; une mer de carton bleu, comme à notre Opéra, et cela, par une bien bonne raison, c'est que San-Carlo est au moins distant de la mer de dix minutes, et qu'il en est séparé par trois ou quatre cordons de rues. Après avoir visité San-Carlo, j'allai le lendemain au Conservatoire de musique; Zingarelli, l'auteur de *Romeo*, et Crescentini, qui chanta avec tant de puissance cette admirable cavatine d'*Umbra adorata*, sont tous deux réfugiés là comme aux invalides, avec leurs quatre-vingts ans, l'un faisant des *miserere*, et l'autre, de sa voix de soprano, chantant des *confiteor*, quoiqu'il ait bien peu de confessions à faire.

Le second théâtre musical de Naples est le théâtre *del Fondo*; on y chante et on y danse : c'est une succursale de San-Carlo. Viennent ensuite les *Fiorentini*, où l'on joue la comédie, et enfin le spectacle national, le spectacle populaire, le trône de Polichinelle, San-Carlino. San-Carlino est la madame Saqui napolitaine. L'affiche portait, le jour où j'y allai : *Agli amatori del genere brillante si offre pel giorno e la sera di... altra produzione giocosissima in tutte le sue scene, non ancora recitata dall' attuale compagnia, ricca di bizarri avvenimenti, ed intitolatu...con Polcinella*. Car Polichinelle est là roi absolu; il bat les bourgeois; il casse... Mais je laisse à un spirituel auteur de l'écolier de Cluny, M. Roger de Beauvoir, le soin de vous écrire, avec sa plume facile et brillante, la vie de Polichinelle. Polichinelle est un roi bien heureux d'avoir ainsi deux hommes d'esprit pour historiens; car Nodier s'est déjà fait son historiographe.

Si j'ai une aversion au monde, c'est pour le *Guide des Voyageurs*. Savez-vous qu'il y a des gens, les Anglais surtout, qui, en arrivant à Rome, achètent un *Vasi* (c'est l'historien des rues de Rome); puis ils divisent leur besogne en dix jours : tant d'églises par matinée, tant de tombeaux, tant de villas; c'est réglé comme une ration. Ils partent à l'heure dite, prennent bien la route que leur indique le guide, et les voilà, le nez en l'air et le livre en main, s'arrêtant devant l'arc de triomphe de Constantin ou le Panthéon. *A droite, il y a un bas-relief fort estimé*, dit le Livre ; bas-relief, répète l'Anglais, en regardant à droite : bien! Et il va ainsi de pierre en pierre, se tuant les yeux à trouver sur le monument tout ce qui est écrit dans le livre, regardant chaque chose deux minutes ni plus ni moins, car il doit tout voir, et il n'a que tant de temps pour cet édifice-là; puis enfin, son examen fini, il écrit au bas du chapitre : *vu!* et en voilà pour toute sa vie. Le lendemain on découvre dans ce monument un chef-d'œuvre de Michel-Ange... notre homme ne reviendra pas : *vu!* Qu'il y ait à dix pas de là un tableau de Raphaël, dont le livre ne parle pas, il n'ira pas : *vu!* Sa conscience

est satisfaite, son devoir est rempli. Connaissez-vous rien de plus monstrueux que ce *va!* Et n'avait-on pas raison d'appeler ces voyageurs des *Vasi!* Dans le commencement je faisais comme eux, mais bientôt j'eus une telle indigestion d'églises et de colonnes que je jetai le livre au feu, que j'envoyai au diable les guides vivans et imprimés, et que je me lançai dans la ville, seul, au hasard, cherchant, regardant, voyageant comme dans un nouveau monde, interrogeant les passans, demandant à la forme des édifices la date de leur naissance, causant avec les vendeurs assis à la porte des temples, d'où Jésus-Christ ne les chasse plus, tressaillant de joie à chaque découverte nouvelle, étudiant à la fois la ville antique et la ville moderne, les édifices et les figures, les costumes et les pierres; apprenant enfin ma Rome ou ma Florence comme on apprend l'âme d'un ami, lentement, sans ordre, par éclairs subits, et faisant de cette découverte une conquête à moi et un ravissement.

Ainsi, ne vous attendez pas que je vais vous prendre par la main et vous mener à Naples d'église en église, et de chapelle en chapelle, en vous disant : Voici une colonne de cipollin, un vase de basalte d'Égypte; non, nous allons entrer brusquement dans ces édifices, et passant quelquefois devant un Christ de marbre sans nous incliner, nous irons droit aux traits poétiques et saillans.

Et d'abord, venez à Sainte-Marie del Carmine; dirigeons-nous vers le maître-autel, et, passant par derrière, lisons, à la lueur d'une lampe, une inscription presque effacée. C'est là que repose le jeune et infortuné Conradin, dont plus tard nous raconterons et la vie et la mort. Ce mystère, cette obscurité, le souvenir d'un meurtre royal, fait tressaillir. Conradin sur l'échafaud n'avait fait entendre que ce cri : « Oh ! ma mère, quelle douleur va te causer la nouvelle qu'on te portera de moi ! » Cette mère, l'impératrice Marguerite, accourait du fond de l'Allemagne pour racheter sa vie; arrivée trop tard elle consacra le prix de la rançon à fonder le monastère del Carmine : on y voit sa statue, où elle est représentée une bourse à la main; une chapelle, sous l'invocation de la croix, fut élevée au lieu de l'exécution, à l'angle des maisons, du côté de l'église del Carmine, où se trouve maintenant un café.

En face, dans la nouvelle église Sainte-Croix al Mercato, se remarque la petite colonne de porphyre qui indiquait la place même du meurtre; elle est renversée et l'on y lit en caractères lombards :

Asturis ungue leo pullum rapiens aquilinum
Hic deplumavit acephalumque dedit.

« Ici le lion d'Astura saisissant le jeune aigle le
« pluma et le décapita. »

Le mot Asturis indique Juan Frangipani, qui prit et livra lâchement Conradin à Charles d'Anjou, et l'on sait que le lion était autrefois dans les armes de France. Quand le bourreau eut fait tomber la tête de Conradin, un homme qui se tenait derrière lui le frappa d'un coup de poignard; afin, dit Biancardi, *che vivo non rimanesse un vile ministro che aveva versato il sangue d'un re.*

« Afin que ne demeurât pas vivant un vil in-
« strument qui avait versé le sang d'un roi. »

Quand les Anglais, quatre siècles plus tard, firent périr leur monarque, ils mirent un masque noir sur la figure du bourreau; il n'y a que nous Français qui ayons eu l'horrible courage d'abattre la tête de notre roi à visage découvert et en criant victoire !

C'est encore à l'église del Carmine que chaque année, le lendemain de Noël, est exposé le miraculeux crucifix qui, lors du siége de 1439, plia la tête, afin d'esquiver un boulet de canon; ce crucifix est si vénéré du peuple napolitain que ce jour-là il court en foule l'adorer, et les magistrats vont en corps lui offrir leurs hommages.

Il ne faut pas oublier de se rendre à la sacristie de Saint-Dominique; les tombeaux des rois sont toute une histoire, et vous trouverez là les douze sépultures des princes Aragonais.

Au-dessus du tombeau de Pescaire est son portrait, sa bannière déchirée, et une courte et simple épée de fer qui, selon l'inscription, serait celle que François 1er lui a rendue. Le portrait du vaillant capitaine le représente vêtu en franciscain; ce singulier costume vient de la Grèce, comme une foule d'autres usages de l'Italie méridionale. Les Athéniens, dans l'intention d'expier les fautes de leur vie, se faisaient ensevelir en habit d'initiés ou d'hiérophantes. On retrouve dans les îles d'Ischia et de Procida les vêtemens grecs; la Tarentelle est, dit-on, un reste des bacchanales; et l'on voit dans les montagnes de la Calabre de vieilles Calabroises dont le métier est de pleurer et de gémir aux enterremens comme des pleureuses. C'est ainsi qu'à Sainte-Claire on trouve aussi l'image du roi Robert, en habit monacal. Non loin du roi Robert est le sépulcre d'une jeune fille, morte à peine âgée de seize ans; son épitaphe, écrite en vers latins, est un monument curieux de faux goût et de subtilité sentimentale ; en voici les deux premiers vers comme échantillon :

Nata eheu! miscrum, misero mihi nata parenti,
Unicus ut fieres, unica nata, dolor.

C'est son père qui est censé parler, et dans ce seul distique il y a trois jeux de mots sur le mot *nata*, un sur le mot *amica*, et un sur le mot *miserum*. Qu'il y a loin de cette poésie mignarde et abâtardie à l'éloquence brute et pittoresque du peuple! On montrait à un lazzarone l'archiduchesse Marie-Louise, en lui disant : *E la vedova di Napoleone.* — *La vedova?* reprit-il avec indignation, *è il suo sepolcro*. Sa veuve? Dites, son tombeau ! Passons à l'histoire.

Les Lestrigons dans les temps fabuleux, dans les temps historiques les colonies grecques, puis les Samnites, puis les Romains, tels sont les premiers habitans de ces délicieuses contrées, appelées tour à tour la grande Grèce, l'Apulie et le royaume de Naples. En 568 les Lombards arrachèrent une partie de l'empire d'occident à Justin II, et Autharis, troisième roi des Lombards depuis Ardoin, traversant toute l'Italie méridionale jusqu'à Reggio, poussa son cheval dans la mer, et frappant de sa lance une colonne élevée au milieu des flots, s'écria que c'était la seule limite qu'il reconnût à la monarchie des Lombards. C'est alors que fut fondé le duché de Bénévent. Situé au milieu du royaume actuel de Naples, il établissait au cœur de la république les ennemis qui devaient l'envahir, en poussant toujours du centre à la circonférence. Mais, à ce moment, ces villes relevaient encore de l'empire de Constantinople. L'empereur avait à Ravenne un exarque, et cet exarque nommait les maîtres des soldats de Naples et les gouverneurs de la Calabre et de la Lucanie. Le duché de Bénévent séparait, il est vrai, Ravenne des villes de la Campanie; mais elles avaient pour les défendre un esprit de liberté qui valait mieux que les troupes de l'empereur.

Il faut insister sur ce point, car c'est de là que découle toute l'histoire du royaume de Naples.

La république romaine avait formé les gouvernemens municipaux et ceux des colonies sur son propre modèle; chaque ville avait sa constitution. Dans Naples, par exemple, les magistrats étaient élus par les citoyens dans une assemblée annuelle, et le peuple pourvoyait par les taxes qu'il s'imposait lui-même aux dépenses qui le regardaient seul, tandis que le produit des impôts publics était transporté en entier à Constantinople. Il y avait une milice bourgeoise, les remparts étaient fortifiés, et l'éloignement des empereurs de Constantinople favorisant l'extension des principes de liberté, les villes devinrent bientôt de véritables républiques.

De 589 à 830 l'histoire de ces républiques de Naples n'est qu'une longue guerre sans résultat entre elles et les Lombards Bénéventains ; deux ou trois fois l'an les Lombards s'avançaient sous les murs de Gaète ou d'Amalfi; alors les barons se retiraient dans leurs châteaux, les bourgeois derrière leurs remparts, et comme, avant l'invention de l'artillerie, défendre une place était beaucoup plus difficile que de la réduire, les Bénéventains après quelques jours de pillage étaient forcés de rentrer sur leurs terres. Cependant, en 830 à peu près, Sicon, duc de Bénévent, vient mettre le siége devant Naples; après plusieurs tentatives les murailles s'ébranlent sous le bélier, une large brèche est ouverte; la nuit approche, et les Lombards frémissans se pressent avec fureur sous les murailles, pour le sac et le pillage. Alors le duc de Naples sort des remparts; il s'appelait Étienne et avait une femme et deux fils; il demande une entrevue à Sicon, il le supplie d'attendre encore une nuit pour entrer dans la ville qui se rendra alors d'elle-même; puis, pour gage de sa parole, il remet au Lombard sa femme et ses deux enfans. Sicon les accepte, Étienne rentre dans Naples; il assemble le peuple. Je ne suis plus maître des soldats, leur dit-il; j'ai perdu ce titre au moment où j'ai pu livrer Naples aux Bénéventains. Mais ma promesse ne vous lie pas; élisez un nouveau chef, profitez de la trève d'une nuit et relevez vos murailles. On élit un autre maître des soldats;

hommes, femmes et enfans se mettent à l'ouvrage, et quand Sicon se présenta le lendemain il n'y avait plus de brèche. Il crie à la trahison ; Etienne sort et se remet entre ses mains ; on le tue, mais Naples est sauvée.

Une seconde tentative des Lombards sur Sorrento n'eut pas plus de succès. Sicard, le duc de Bénévent, assiégeait Sorrento ; comme Naples, cette ville était réduite aux dernières extrémités ; mais une nuit, pendant que Sicard méditait dans sa tente, saint Antonin, jadis abbé de Sorrento, lui apparait. Le saint a en main un gros bâton. Avant de parler il en décharge cinq ou six coups sur les larges épaules du duc de Bénévent ; puis, d'une voix tonnante : Subis la juste punition des tourmens que tu causes à mon troupeau et soumets-toi au pouvoir du ciel et de ses saints. Ce disant, l'ombre lève encore son bâton, et elle allait recommencer ses raisonnemens ; mais Sicard convaincu se jette à ses pieds et lui promet de respecter ses fidèles. C'est alors que fut conclu le traité entre Sicard et le duché de Naples, où Naples fut appelée république.

De 836 à 1010 de nouveaux ennemis viennent fondre sur le royaume de Naples. Un Grec-Sicilien nommé Euphémius, ayant enlevé une religieuse dont il était épris, fut poursuivi par la patrice de Sicile. Il se réfugia en Afrique, fit connaître aux Sarrazins un moyen de s'emparer de sa patrie, et au commencement du neuvième siècle y revint avec une armée d'Arabes. Vainqueurs en Asie, en Égypte, en Afrique, en Espagne, les ardens Sarrazins eurent bientôt enlevé la Sicile aux Grecs énervés. C'est alors que le duché de Naples, sans cesse assiégé par les Bénéventains, appela les Sarrazins à son secours ; les Bénéventains les appelèrent aussi. Les barbares ne se firent pas attendre ; entrés comme alliés ils furent bientôt maîtres ; ils pillèrent les côtes, s'emparèrent des villes, asservirent Lombards et Napolitains, s'établirent à Cumes et Misène. Au lieu de se liguer toutes pour défendre le pays, les cités ne songèrent qu'à se défendre seules et à s'agrandir ; déjà indépendantes et pourvues d'institutions républicaines, elles profitèrent du trouble de ces invasions pour rompre tout vasselage. Le royaume alla se morcelant en mille unités débiles ; plus de lien, plus de nation. Amalfi se sépara de Naples ; des débris du duché de Bénévent se formèrent trois principautés. Pour se garantir des incursions des Sarrazins on avait bâti des châteaux sur des hauteurs inaccessibles[1] ; eh bien! les seigneurs de ces châteaux en firent des royaumes ; chaque ville devint une république, chaque roc une forteresse, chaque baron un souverain ; vingt peuples dans un peuple, mille individus puissans et une nation épuisée ! Vienne maintenant un flot de barbares et ces belles contrées sont à eux ; mais ils ne les auront pas long-temps ; les peuples paient bien des années leurs premières fautes ; ces mille Etats au milieu de l'Etat enfanteront révolution sur révolution ; souverains et peuples se succéderont sans cesse sur cette terre de délices, tout le monde conquerra Naples, et nul ne la gardera ; on verra dix fois peut-être un roi sortir par une porte et son rival entrer par l'autre ; Naples sera l'hôtellerie guerrière de toute l'Europe. C'est là que tous les fils ou frères de roi, qui n'auront pas de couronne, viendront savoir comment est fait un trône ; les seigneurs les appelleront, le charme du climat les attirera, l'emportement et l'inconstance des populations vésuviennes les enivreront d'acclamations ; mais que de larmes, que de sang couleront au milieu de ces *Te Deum* perpétuels !.... Pour les chefs, qu'importe !... Ils auront du moins trôné un jour, et en retournant dans leur patrie ils se retrouveront princes comme devant. Qu'importe aux bandes qui les suivront !.... elles auront du moins vécu quelques mois de cette vie enivrante de conquérant ; et si elles sont tuées, autant dormir à Naples qu'ailleurs ! Mais le malheureux peuple indigène.... ces misérables couches inférieures, sur lesquelles passeront et repasseront, au pas de course de leurs chevaux, tant de guerriers armés et vêtus de fer !.... Ah ! que de souffrances ! et combien de fois les mères maudiront la beauté de leurs filles !

(1) On va de Reggio à Tarente sans entrer dans aucune ville, si on ne se décide pas à y pénétrer ou plutôt à y gravir par l'âpre chemin qui y conduit. Ce chemin est toujours le lit du torrent ; il n'y en a point d'autres. Les pieds des chevaux y glissent sur les galets dont il est couvert. Ce lit a quelquefois un demi-mille de largeur. Les bords sont élevés ; il y fait chaud comme dans un four, et tous les galets sont véritablement brûlans. Après avoir fait ainsi à peu près quatre milles, on arrive au pied de la montagne où la ville est penchée comme le nid d'un aigle. On monte deux ou trois milles, et il faut toujours aller à pied tant le chemin est difficile et rapide. On est ensuite tout étonné de se trouver à cette hauteur dans une ville qui compte de trois à cinq cents habitans. (*Lettre de M.* Millin.)

DOMINATION NORMANDE.

Au temps des croisades chacun voulait aller en terre sainte. Les Normands furent les plus ardens de ces pélerins armés; mais au lieu de passer par la Méditerranée ils traversaient la France et l'Italie, se fiant à leur épée pour vivre. Au commencement du onzième siècle quarante Normands, revenus du saint pélerinage sur des vaisseaux d'Amalfi, se trouvèrent à Salerne au moment où une flotte des Sarrazins descendirent sur la côte pour piller la ville. Les Lombards, énervés comme les Grecs sous ce beau ciel, s'enfuirent; les quarante Normands demandent des armes à Guaimar, prince de Salerne, chargent les Sarrazins et les chassent. Guaimar comble ses libérateurs de présens et veut les retenir; ils partent; Guaimar les supplie du moins d'inviter de sa part des hommes de leur nation, des hommes aussi braves qu'eux, à venir le défendre contre les Sarrazins. En arrivant dans leur pays ils montrent à leurs compatriotes des dattes et des oranges; ces fruits savoureux excitent les désirs des hommes du Nord; on sait que c'est par cet attrait qu'on amenait les Varangiens du fond de la Scandinavie à Constantinople pour y former la garde de l'empereur.

Fidèles à l'invitation des princes de Salerne, des colonies de Normands se succédèrent rapidement jusqu'à ce que, sous les ordres de Guillaume Bras-de-Fer, les fils de Tancrède de Hauteville conquirent toute la Pouille; chacun des douze principaux chefs devint comte d'une ville, et il s'établit une république oligarchique et militaire. Effrayé de cette invasion, le pape Léon IX marcha lui-même contre les Normands, à la tête d'une armée d'Allemands et de Grecs; les deux empires s'étaient ligués; Léon est battu et s'enfuit à Civitella; mais les menaces des barbares forcèrent les habitans à le faire sortir de leurs murs et à le laisser sans défense hors des portes. Les Normands victorieux s'avancent alors vers lui; puis ils se jettent à genoux, se couvrent de poussière, implorent son pardon, sa bénédiction, et l'emmènent prisonnier dans leur camp, avec les marques du respect le plus profond. Quelques jours après ils lui demandèrent l'investiture, au nom de saint Pierre, de tout ce qu'ils avaient conquis et pourraient conquérir dans la Calabre et dans la Sicile, pour le tenir en fief de l'Eglise. Léon IX saisit avidement l'occasion de gagner un royaume à sa défaite et donna ce qui ne lui appartenait pas. Ainsi commença cet étrange mensonge de l'investiture qui dura tant de siècles; le premier ambitieux qui arrivait en Italie demandait ce droit au pape pour sanctifier ses conquêtes, et le pape le donnait pour l'acquérir.

Ceci se passait en 1054. Le fameux Robert Guiscard était un des chefs normands. En 1080 Robert avait conquis toute l'Apulie; quelques années avant, son frère Roger partit pour soumettre la Sicile avec quelques chevaliers. La ville de Traina, dans le val de Démone, lui ouvrit ses portes, et il s'y établit avec sa jeune épouse et trois cents guerriers. Les Sarrazins s'étant introduits dans la ville, les Normands se réfugièrent dans un seul quartier ouvert de tous côtés, y combattirent à chaque heure du jour, et ne purent plus en sortir pour se procurer des vivres. la famine les décimait. La comtesse et les deux femmes qui l'avaient suivie restaient seules pour apprêter le repas de Roger et de ses compagnons; la comtesse et le comte ne possédaient pour eux deux qu'un seul manteau qu'ils portaient alternativement, selon que l'un ou l'autre devait paraître en public. Dans l'un des combats Roger, ayant eu son cheval tué sous lui, et demeuré seul au milieu des ennemis, se fit place avec son épée, emporta la selle sur ses épaules pour qu'elle ne restât pas en trophée aux mains des Sarrazins, et revint lentement à pied au milieu des siens. Les Normands se maintinrent ainsi quatre mois dans la moitié d'une ville; au bout de ce temps l'hiver arriva, et avec l'hiver la neige. Les Sarrazins et les Grecs, énervés, ralentirent leurs attaques, et une nuit les Normands les chassèrent de Traina. La Sicile fut ensuite conquise tout entière, et enfin, soixante ans après, le pape Anaclet couronna Roger II roi des Deux-Siciles. Naples seule résista long-temps à ses armes et resta la dernière république; appuyée par l'empereur Lothaire, par les Pisans et par le pape Innocent II, elle soutint un long siège et toutes les horreurs de la famine pour conserver son indépendance; mais Roger ayant fait prisonnier Innocent II, le pape, selon la coutume papale, lui accorda l'investiture du duché de Naples pour obtenir sa délivrance, et Naples, abandonnée de ses alliés, fut forcée d'envoyer la couronne ducale à Roger. Ainsi

périt dans l'Italie méridionale la dernière république grecque. C'était en 1138. Cinquante-cinq ans après, en 1193, Tancrède, dernier roi de la race normande, mourut à Reggio, et le royaume de Naples passa à l'Allemagne.

SUABES.

Le règne des Suabes ne fut qu'une longue guerre contre la papauté. Maîtres du royaume des Deux-Siciles, ils n'avaient que faire de l'investiture et voulaient rompre à tout prix ce vasselage. Le fameux Frédéric II lança contre le pape une protestation en latin, où, rappelant tous ses abus de pouvoir temporel de la tiare, il déclare s'affranchir de l'hommage-lige et du tribut de six cents *schifatorum*. Le pape assemblait des conciles pour l'excommunier; Frédéric emprisonnait les conciles. Et c'est alors qu'à la face de toute la chrétienté et au milieu du silence de l'Europe entière qui écoutait, il jeta ces solennelles paroles : Que le roi de France, Louis IX, soit juge entre le pape et moi! Frédéric avait deux fils, Conrad et Mainfroi, et leur légua ses haines et ses guerres avec son royaume. Conrad combattit infatigablement et mourut, laissant un enfant au berceau, nommé Conradin; le marquis d'Osnabruck, Bartold, tuteur de Conradin, se rend vers le pape Innocent et lui remet la tutelle du jeune prince, à lui, Innocent, son plus mortel ennemi. Quelle grandeur! Mais le pape marche contre le royaume de Naples; vainqueur, vaincu, il laisse enfin la couronne aux mains de Mainfroi, oncle de Conradin. Mainfroi répand partout que Conradin est mort et se fait roi à sa place. Urbain IV lui ordonne de descendre du trône, et, sur son refus, donne à Charles d'Anjou, frère de saint Louis, l'investiture du royaume des Deux-Siciles. Le traité fut fait par Clément, son successeur, et il restera comme un monument de lâcheté et de honte de la part de Charles d'Anjou. Il se soumet à un tribut annuel de mille onces d'or et d'une haquenée blanche; il s'engage à entretenir trois cents chevaliers bien armés pour le secours des terres d'églises, et mille cavaliers ultramontains pour toute affaire qui intéresserait la foi; il déclare se soumettre à tout ce que voudra le pape pour les exilés de Sicile et les Bénéventains, et puis, après ses drapeaux bénis, il marche contre Mainfroi, le défait dans les plaines de Bénévent et monte sur le trône de Conradin.

Cependant le jeune Conradin grandissait sous les yeux de sa mère, à la cour de son aïeul, le duc de Bavière, et tout en lui annonçait le digne héritier des vertus de ses pères. C'était en 1268, et il avait seize ans. Déjà les Gibelins étaient venus lui offrir plusieurs fois de le mettre à la tête d'une armée, mais sa prudente mère, le voyant si jeune encore, disait : Attends. Cependant les compagnons de Mainfroi, les seigneurs exilés qui arrivaient tous les jours de Naples, lui parlaient sans cesse de la haine profonde que la rapacité des Français excitait dans le pays, et que la Sicile n'attendait que sa présence pour se révolter, et que les Sarrazins de Nocera pleuraient d'attendrissement au seul nom de son aïeul ou de son père. Tous lui offraient vie et fortune; les ambassadeurs de Pise et de Sienne lui promettaient l'appui de la moitié de la Toscane, et lui donnèrent cent mille florins pour faire les premières levées. Martino della Scala lui offrait Vérone, et le marquis Pela Vicino mettait à son service sa personne et ses soldats qui avaient vieilli à défendre la maison de Suabe.

Conradin ne peut résister; il part, sa mère le bénit; la première noblesse d'Allemagne se range sous ses étendards; Frédéric, duc d'Autriche, se joint à lui; le duc de Bavière, son oncle, et le comte de Tyrol, second mari de sa mère, arment leurs vaisseaux pour l'accompagner jusqu'à Vérone; mais avant il envoie à toute la chrétienté un manifeste en latin qui est un monument curieux d'éloquence, et comme représentation de l'esprit de cette époque.

« Mon cœur est plein, ma bouche parle, dit-il;
« la violence de l'injure m'ouvre les lèvres et je
« ne puis la supporter plus long-temps. Le ma-
« gnifique roi Conrad, mon père, de très sainte
« mémoire, me laissa, par un testament solennel,
« dans les mains de notre sainte mère l'Église,
« moi, tendre enfant, vagissant dans les langes,
« et non encore désallaité des mamelles de ma
« nourrice. Il espérait que l'Église me prendrait
« bénignement dans les bras de sa charité, et,
« m'ayant pris, me traiterait plus bénignement
« encore, et, m'ayant ainsi traité, m'élèverait fi-
« dèlement sur mon trône. Écoutez cependant ce
« que fit le Souverain Pontife, qui était alors In-
« nocent, *qui nuisit à l'innocent!* (*Innocentus qui
« nocuit innocenti*). »

Après avoir rappelé les tentatives du pape con-

tre le royaume de Naples, il ajoute : « Voilà com-
« ment il exerça l'humanité envers moi, voilà
« comment il a rempli les devoirs de sa tutelle. O
« douleur, ô crime, ô misérable condition du pu-
« pille qui recevait le plus d'offenses de là où il
« devait espérer la défense! Mon oncle Mainfroi
« lui-même, répandant faussement le bruit de
« ma mort, se fit pseudo-roi. O aveugle cupidité
« des biens de la terre qui pousse à l'injustice les
« suprêmes pontifes et les parens! »

Enfin après avoir parlé du pape Urbain, qui lui fut *peu urbain* (*inurbanus*), et du pape Clément qui lui fut *peu clément*, il finit par ces éloquentes paroles : « Ouvrez les yeux, peuples de
« la Chrétienté, et voyez comme ces hommes
« trompent le monde sous l'apparence de la
« vertu; voyez comme ils abusent fallacieusement
« de la croix du Christ pour la ruine des chré-
« tiens. Hélas! hélas! par combien d'injustices,
« combien de fraudes, combien de violences, no-
« tre héritage a-t-il passé à des possesseurs qui
« ne devaient pas l'être! Charles l'impie est roi
« de notre royaume, et nous, pendant ce temps,
« nous sommes caché au fond de l'empire, hum-
« ble, épouvanté, obscur, n'offensant personne
« ni en parole ni en action; pupille abandonné de
« tous et sans honneur, et pourtant le pontife
« nous poursuit encore comme un chasseur impi-
« toyable. Il veut écraser le poussin dans l'œuf,
« et craignant qu'un jour nous ne levions la tête,
« il lance contre nous, enfant innocent et sans
« force, la flèche de son carquois; il fulmine l'ex-
« communication, il semble que c'est une grave
« offense envers lui que nous vivions sur la terre.
« En quoi donc t'ai-je blessé, ô Pontife? que t'ai-
« je fait de mal, sainte mère Eglise, pour que tu
« me *marâtres* (*novercaris*), moi, confié à ta tu-
« telle? Mais puisque tous mes sujets m'appellent,
« j'arrive, je prends le glaive, j'arme la justice de
« ma cause du fer et du bouclier de la guerre, et
« notre race magnifique, qui commanda dans des
« temps si longs et si antiques, ne dégénérera
« point dans ma personne! »

Il part, il arrive à Pise, traverse en vainqueur Pise et Sienne, voit toutes les populations se lever pour lui, entre dans Rome, y est reçu comme un empereur, passe devant Viterbe où le pape était enfermé, déploie toutes ses forces guerrières, et débouche enfin par les Abruzzes dans la plaine de Saint-Valentin ou Tagliacozzo. Charles d'Anjou quitte Luceria et arrive aux mêmes lieux; Charles n'avait pas plus de trois mille chevaliers à opposer aux cinq mille que conduisait Conradin; mais une ruse d'un vieux capitaine français, nommé Alard, de Saint-Valery, lui donna la victoire. L'armée du jeune prince fut dispersée ; lui-même il prit la fuite, mais Jean Frangipani l'arrêta et le livra à Charles d'Anjou. Charles avait été effrayé de l'amour qui avait éclaté dans la population pour l'héritier légitime; il le tenait dans son pouvoir, sa mort fut résolue. Inquiet cependant, il écrivit au pape pour lui demander conseil. Le Saint Père lui répondit : *Vita Conradini mors Caroli; mors Conradini vita Caroli* : « La vie de Conradin est la mort de Charles ; la mort de Conradin est la vie de Charles. » Alors le duc, pour donner à sa vengeance l'apparence de la justice, assembla des syndics et députés de la Terre de Labour. Tous ces juges étaient vendus. Cependant l'un d'eux, Guido de Sucaria, jurisconsulte fameux, se leva et déclara que Conradin était sous la sauvegarde des lois de la guerre, que son droit au trône était assez plausible pour qu'il ait pu sans crime le faire valoir, que les désordres commis par ses troupes dans les villes ecclésiastiques ne pouvaient lui être attribués, et qu'enfin son âge était un titre d'indulgence. Un seul juge osa voter pour la mort, et Charles fit prononcer la sentence sur ce seul vote. Conradin jouait aux échecs quand on lui lut l'arrêt; le lendemain, 26 octobre 1268, il fut conduit avec tous ses amis sur la place du marché de Naples, le long du rivage de la mer. Charles était présent avec toute sa cour; une foule immense entourait le roi vainqueur et le roi condamné ; les assistans sanglotaient. Robert de Bari, protonotaire du royaume, lut la sentence portée contre Conradin, comme traître à la couronne et ennemi de l'Église. Il achevait à peine, quand Robert de Flandre, propre gendre de Charles, se lança sur ce protonotaire, et le frappant de son épée au milieu de la poitrine, s'écria : « Il ne t'appartient pas, misérable, de condamner un si noble et si gentil seigneur. » Le juge tomba mort, et Charles n'osa le venger. Conradin monta sur l'échafaud, détacha lui-même son manteau, et ayant jeté au milieu du peuple son gant comme gage de vengeance, il tendit sa tête au bourreau. Il avait dix-sept ans.

F. A.

NAPLES.

SUITE DU COUP D'OEIL HISTORIQUE.

Dynastie angevine. —Charles I*er*. — Charles II. — Robert. — Position du royaume sous Robert. — Sa fille Jeanne. — Ses quatre maris. — Mort d'Andréa. — Mort de la reine. — Charles Durazzo. — Ladislas. — Jeannelle. — Ses déportemens. — Son mari le comte de la Marche. — Sa mort. — Les Alphonses. — Les vice-rois. — Masaniello. — Le duc de Guise. — Philippe V. — Révolution de 1799. — République parthénopéenne. — Réactions. — Joseph Bonaparte. — Murat. — Restauration.

La mort de Conradin avait assuré la couronne des Deux-Siciles sur la tête de Charles. Les scandaleuses et impitoyables exactions de son vice-roi à Palerme, Guy de Montfort, amènent les Vêpres Siciliennes en 1282. Pierre d'Aragon est couronné; la Sicile est séparée du royaume de Naples. Le règne de Charles I*er* et de Charles II, son successeur, n'est qu'une longue guerre entre les rois de ces deux royaumes pour les adjoindre l'un à l'autre par la conquête. En 1309, Robert monte sur le trône; la nation napolitaine devient sous lui une des premières nations de l'Europe. Le pape avait fait Robert roi, Robert soutint le pape : ce fut le plus vigoureux appui du parti guelfe dans ce siècle. Quand l'empereur Henri VII descendit en Italie, Robert leva des troupes et arma des galères pour soutenir la tiare : Robert fut nommé vicaire du Saint-Siége; les Florentins l'élurent à la seigneurie de la ville de Florence; ils lui donnèrent la ville de Lucques pour la défendre; enfin médiateur dans toutes les guerres du nord de l'Italie, il fit plusieurs vigoureuses tentatives pour arracher la Sicile au successeur de Pierre d'Aragon. Son règne fut aussi celui des arts et des sciences; il aimait et cultivait la philosophie et même l'astrologie; Boccace fit à sa cour, et dit-on pour sa fille Marie, le Philocopo et le Fiametta; Pétrarque était son ami, et quand il partit de Naples pour aller se faire couronner au Capitole, le roi Robert se dépouilla de sa robe et l'en revêtit.

Robert n'avait qu'un fils, le duc de Calabre, mais ce prince mourut jeune. Costanzo rapporte sur lui un trait singulier, et qui fait regretter sa mort :

« Il tenait toujours une cour de justice avec ses conseillers dans un palais situé où est aujourd'hui l'église de l'Incoronata; et dans la crainte que les portiers ne fissent pas entrer les pauvres, il avait ordonné qu'on plaçât une cloche à la première porte du tribunal. Il arriva un jour que le cheval d'un cavalier napolitain, appelé Marco Capece, cheval que sa vieillesse avait rendu inutile, et que son maître avait chassé à cause de cela, vint se gratter contre le mur où pendait la corde de la cloche, et la fit sonner. Le duc ordonna aux portiers de faire entrer celui qui avait sonné, croyant que c'était un pauvre; les portiers revinrent et dirent que c'était le cheval de Marco Capece. Les conseillers se mirent à rire; mais lui il prétendit que la parfaite justice devait se rendre aussi aux bêtes. Marco Capece fut donc appelé au tribunal, et le duc lui demanda pourquoi il laissait ainsi son cheval libre. Marco répondit que le cheval avait été très-bon, qu'il lui avait beaucoup servi dans la guerre, mais qu'il était devenu si vieux qu'il ne voulait pas perdre son argent à le nourrir. Le duc se rappelant alors que Marco avait été largement récompensé des services qu'il avait rendus au roi, services auxquels le cheval avait contribué, lui reprocha son ingratitude envers ce noble animal, et ordonna que dorénavant il eût une place dans l'écurie de Marco comme les autres chevaux, sans quoi il le considérerait comme un homme méchant et indigne de ses faveurs. Cette action prouve que c'est avec raison que sur le tombeau de ce prince on l'a représenté les pieds appuyés sur une conque remplie d'eau, dans laquelle boivent pacifiquement un loup et un agneau. »

Les deux filles du duc de Calabre devenues les héritières présomptives de la couronne, Robert fiança l'aînée, Jeanne, à Andréa, fils du roi de Hongrie. Les deux époux avaient sept ans, et Andréa resta à la cour de Naples pour y être élevé dans les coutumes du pays où il devait régner. Robert croyait ainsi remédier à la mort de son fils; nous allons voir si sa prévoyance fut heureuse.

Robert mourut en 1343. Sa femme Sanche fut nommée régente; Andréa devait rester toute sa vie duc de Calabre, et Jeanne à vingt-cinq ans prenait l'administration de l'état. Ce règne, un des plus sanglans et des plus mouvementés de l'histoire du monde, commença par une tempête si horrible, qu'il n'y a pas de souvenir d'une pareille; étrange ouverture de cet étrange drame! Pétrarque, qui était à Naples à ce moment, envoyé par le Saint-Père, en fait ainsi la description dans une lettre écrite à un cardinal :

« Cette tempête avait été prédite quelque temps auparavant par l'évêque d'une petite île voisine. Il devait y avoir, disait-il, le 25 novembre, un tremblement de terre qui renverserait toute la ville de Naples. Le 24, toutes les femmes de la cité, les pieds nus et les cheveux épars, leurs enfans dans les bras, allaient dans les églises et demandaient miséricorde à Dieu. Je me retirai dans mon logement avant le coucher du soleil ; le ciel était extrêmement clair, et ouvrant ma fenêtre du côté de l'occident, je vis bientôt se lever la lune, la face toute couverte de nuages. M'étant ensuite mis au lit, je commençais à dormir, quand soudain mes fenêtres s'ouvrirent avec un grand bruit, et toute ma chambre trembla ; je descendis dans le cloître du monastère où j'habitais, et j'y trouvai tous les frères, les croix et les reliques des saints à la main, pleurant, priant, et tenant des torches allumées ; nous allâmes tous à l'église, et nous étant jetés le visage contre terre, nous implorions Dieu à haute voix, attendant de moment en moment que l'église tombât sur nous. Quels torrens d'eau! quel vent! quels coups de tonnerre! quel déchirement du ciel! quel tremblement de la terre! quel bouillonnement de la mer! quelles clameurs de peuple! Quand le jour se leva, nous entendîmes un bruit si épouvantable du côté du rivage, que je montai à cheval pour aller voir ce que c'était, ou mourir. Grand Dieu! quel spectacle! La mer avait envahi tous les bords, et on voyait flottans sur l'eau des milliers de malheureux qui, s'efforçant d'arriver à terre, étaient ballottés par les flots avec tant de violence, qu'on aurait dit autant d'œufs qui allaient se casser. On ne voyait que personnes noyées ou prêtes à se noyer, la tête fendue, les membres brisés, les entrailles hors du ventre. Il y avait là plus de mille cavaliers napolitains qui étaient venus comme pour assister aux obsèques de la patrie, et je me consolais de mourir en si nombreuse compagnie, quand tout-à-coup le bruit se répand que le terrain sur lequel nous étions commençait à se crevasser, la mer ayant creusé sous le sol; aussitôt toute cette foule s'enfuit pêle-mêle avec grands cris, pendant que des montagnes d'eau, non pas noires ni bleues comme dans les autres tempêtes, mais toutes blanches, accouraient impétueusement de l'île de Caprée à Naples. La jeune reine, suivie d'un nombre infini de femmes, parcourait toutes les églises dédiées à la Vierge. Il n'y eut pas un navire dans le port qui pût résister : trois galères venues de Chypre furent submergées avec tout leur équipage; plusieurs grands vaisseaux poussés par la violence des flots s'entre-choquèrent et se fracassèrent; un seul se sauva, un seul, où se trouvaient quatre cents malfaiteurs condamnés aux galères! Ces brigands firent tant et tant d'efforts qu'ils vainquirent la tempête, et quand ils furent au bout de leurs forces, la mer se calma et les sauva : pas un seul d'eux ne périt! Serait-ce qu'il y a un dieu pour les brigands? ou biens ont-ils plus en sécurité dans le danger parce qu'ils tiennent moins à la vie? Le Ciel le sait. Telle est l'histoire de la journée d'hier ; et je vous prie de ne plus m'ordonner d'aller sur mer, parce que ni à vous, ni au pape, ni à mon père s'il vivait, je ne pourrais obéir en ce point. Laissons l'air aux oiseaux, et la mer aux poissons ; mais quant à moi, animal terrestre, je veux aller par terre. Envoyez-moi en Mauritanie, en Sarmatie, dans l'Inde, oui ; mais sur l'eau, non. Vous me diriez : « Je te ferai avoir un bon vaisseau avec de bons marins, et tu pourras être rendu dans le port avant la nuit, et tu pourras côtoyer le bord; que je vous dirais que j'ai vu périr dans le port les plus beaux navires du monde, et je vous proteste que je me servirais de ma liberté. Donc, laissez-moi mourir sur la terre puisque je suis né sur la terre.»

Ce fléau ne fut que le prélude des malheurs et des crimes de cette époque. La reine Sanche était morte ; Jeanne, forte et ambitieuse, voulait régner seule ; Andréa, son mari, voulait aussi le titre et le pouvoir d'un roi. Andréa était grossier, stupide et faible, et il était conduit par une troupe de seigneurs hongrois qui étaient venus avec lui dans le royaume de Naples. Celui qui avait le plus d'empire sur son esprit était un moine, son ancien gouverneur, fra Roberto, qui ne cessait de lui dire qu'il était honteux pour lui de n'être qu'un duc de Calabre. Ce fra Roberto était un animal horrible, dit Pétrarque, avec les pieds nus, la tête découverte, court de sa personne, le corps gros, les habits usés, déchirés, et montrant une partie de sa chair; il avait des trésors immenses, et disposait de tous les emplois. La reine détestait fra Roberto et son mari ; les barons du royaume, irrités de voir les richesses et les honneurs passer tous entre les mains des

Hongrois, résolurent la mort d'Andréa. Au mois de septembre 1345, Andréa et Jeanne étant allés dans la ville d'Averse se logèrent dans le couvent de Saint-Pierre. Pendant la nuit, le roi étant dans la chambre de son épouse, un de ses valets de chambre vint lui dire, de la part de fra Roberto, qu'il était arrivé de Naples des nouvelles d'une grande importance, et qui demandaient une prompte délibération. Le roi sortit aussitôt de la chambre de la reine, qui était séparée, par une pièce, de l'appartement où se traitaient les affaires ; arrivé au milieu de cette pièce, on lui mit une corde autour du cou ; il fut étranglé et jeté par la fenêtre, car les Hongrois étaient, à cause de la nuit, plongés dans le vin et dans le sommeil. En apprenant cette mort, toute la ville fut consternée ; personne n'osait chercher à connaître les auteurs d'un tel homicide. La reine, qui n'avait que dix-huit ans, était épouvantée et ne savait que faire. Les Hongrois avaient perdu leur audace, et craignaient d'être mis en pièces s'ils persévéraient à vouloir gouverner. Le corps du roi mort resta dans l'église plusieurs jours sans sépulture ; mais Ursillo Minutolo, gentilhomme et moine napolitain, vint de Naples, et à ses frais le fit conduire et ensevelir dans l'archevêché.

La reine se rendit à Naples ; des clameurs d'indignation s'élevèrent contre elle, et on l'accusa hautement du meurtre de son mari. Réfugiée dans le Château-Neuf, pour apaiser le peuple, dont la fureur allait toujours croissant, elle chargea le comte Ugo del Balzo de poursuivre les auteurs de cette mort. Parmi les victimes de ces poursuites, fut la comtesse de Montorio ; et son histoire est assez étrange pour être rapportée ici.

Quand le roi Robert n'était que duc de Calabre, se trouvant avec sa première femme, la duchesse Violante, en Sicile, et la duchesse étant accouchée d'un fils, ils prirent pour nourrice une fille qui était blanchisseuse de la cour, et qu'on appelait Philippa la Catanaise. Cette fille, pleine d'esprit et d'adresse, prit bientôt à la cour les manières et le langage d'une personne de haut rang, et son mari, qui était pêcheur, étant mort, la duchesse Violante songea à la marier. Le duc Robert avait alors à son service un noir nommé Raimond, qui avait commencé par être cuisinier, et qui s'était montré si intelligent et si zélé, qu'après l'avoir fait baptiser, le duc l'avait élevé au rang de chevalier, et Raimond s'était distingué dans la chevalerie, comme jadis dans la cuisine ; la duchesse Violante maria Raimond à Philippa, et les deux époux éclipsèrent bientôt par leurs richesses les plus puissantes familles de la cour. Quand le duc Robert devint roi, sa seconde femme, Sanche, voulut que leur enfant fût allaité par Philippa ; et quand le jeune prince se maria, ce fut encore la vieille Philippa qu'il envoya chercher pour élever ses deux filles, Jeanne et Marie : Philippa était donc toute-puissante à la cour de Jeanne qu'elle avait nourrie. Cette faveur devint la cause de sa ruine. Après le meurtre d'Andréa, le comte Ugo del Balzo la fit arrêter elle et ses enfans comme complices, et on procéda à leur condamnation. Le comte fit construire une palissade sur la Marine de Naples, assez loin du rivage pour qu'on ne pût pas entendre les paroles, et il les mit à la torture sur le bord de la mer ; au bout de quelques jours, sans que l'on sût ce qu'ils avaient dit, quoique toute la ville eût assisté à leur supplice, il les fit tenailler, et la vieille Philippa mourut avant d'arriver au lieu où elle devait être décapitée.

En abandonnant ainsi lâchement cette fidèle et ancienne amie, Jeanne espérait se disculper du crime de complicité ; mais la voix publique l'en accusait toujours. Elle écrivit à son beau-frère, au roi de Hongrie, pour se concilier sa protection. Le roi lui répondit : « La foi conjugale violée, vos ambitieuses prétentions au pouvoir royal, la juste vengeance du meurtre négligée, et vos excuses tardives, tout prouve que vous saviez et que vous avez favorisé le meurtre de votre mari ; or, Dieu ou les hommes punissent toujours les meurtriers. »

La reine Jeanne, en même temps que cette lettre, reçut la nouvelle que le roi de Hongrie se préparait à descendre en Italie pour venger la mort d'Andréa. Jeanne n'avait ni troupes, ni argent, ni généraux ; elle se maria aussitôt au prince de Tarente, et, quittant avec lui le royaume de Naples, elle alla chercher asile en Provence. Le roi de Hongrie arriva bientôt, sombre, plein de ressentiment, avec des forces considérables, et faisant porter devant lui un étendard noir où était peint un prince étranglé. Arrivé à Averse, il se fit montrer la fenêtre par où son frère avait été précipité, et condamna au même supplice un baron qu'il soupçonnait être le meurtrier. Après quelques courses dans le royaume de Naples, le roi de Hongrie retourna dans ses états, laissant un lieutenant et des troupes dans la Pouille. À peine fut-il parti, que Jeanne revint avec son mari, le prince de Tarente ; et au bout de plusieurs années de combats, le roi de Hongrie consentit à signer, en 1351, une trêve avec Jeanne et le prince de Tarente, et ce prince fut couronné roi de Naples.

C'était vraiment une maîtresse-femme que cette reine Jeanne; belle, mais de la beauté d'un homme, grande, brave, faisant la guerre et même l'amour comme un chevalier, mais ne pouvant pas avoir d'enfans. Le prince de Tarente, son second mari, étant mort, elle en prit un troisième, le duc de Majorque, toujours dans l'intérêt de l'état. Celui-ci ayant péri aussi (on prétend qu'elle le fit étrangler, mais n'importe), elle en prit un quatrième, Othon de Brunswick. Mais pendant les intervalles d'un mariage à l'autre, elle porta virilement sa couronne, casque en tête et l'épée au poing; c'était elle qui était son premier ministre. Le comte de Minervino, un des barons les plus puissans du royaume, s'étant révolté, elle le battit et le fit pendre. Ambroise Visconti, seigneur très-illustre de la ville de Milan, vint jusque dans les Abruzzes pour envahir le royaume; Ambroise Visconti fut vaincu et chassé. Le duc d'Andri, rebelle, fut décrété d'accusation et privé de ses biens.

Cependant, parmi toutes ces faveurs du sort, la reine Jeanne avait au sein même de sa famille une cause de ruine. Sa sœur lui avait laissé une nièce, nommée Marguerite; et n'ayant pas, elle, d'enfans, elle la maria à Charles Durazzo, en leur promettant l'héritage de sa couronne. Charles Durazzo vit avec jalousie le quatrième mariage de Jeanne avec Othon de Brunswick, et craignant que l'époux de la reine ne voulût lui enlever l'héritage, il profita du premier prétexte pour prendre par force ce royaume qu'il attendait du testament de Jeanne. Étant donc à Rome, il se fit oindre et couronner roi par le pape Urbain, et marcha sur Naples à la tête d'une armée considérable. Malgré les efforts d'Othon de Brunswick, il entra dans la ville, et Jeanne se réfugia dans le Château-Neuf avec toutes les familles qui lui étaient fidèles et une partie de la noblesse napolitaine. Charles Durazzo y mit le siége; Othon, étant revenu de Gaête avec de nouvelles forces pour délivrer sa femme, combattit et fut fait prisonnier. Cependant la reine Jeanne, pleine d'ardeur et de courage, ayant écrit à ses états de Provence de lui envoyer des vaisseaux, fit ensuite partir vers le roi de France un messager, pour lui demander du secours, en promettant d'adopter pour son héritier le second fils du roi, Louis d'Anjou. Mais les vaisseaux n'arrivaient pas, le siége se poussait avec vigueur, les vivres commençaient à manquer, et toutes les femmes renfermées dans ce château demandaient, à grands cris, qu'on se rendît; Jeanne seule, toujours ferme et sereine, mangeait en riant la plus grossière nourriture, et combattait contre Charles. Enfin, après des efforts inouïs de résistance, il fallut ouvrir les portes de la citadelle; la reine se rendit. Le lendemain, les galères provençales parurent dans le port: Charles Durazzo fit venir les chefs à terre, et les conduisit à Jeanne pour qu'elle leur annonçât que lui, Charles, était son seul héritier, héritier des états de Provence comme du royaume de Naples; mais à peine ces capitaines furent-ils entrés qu'elle leur dit:

« D'après les services que vous aviez rendus mes ancêtres, d'après la foi que vous m'aviez jurée, je ne me serais pas attendue à ce que vous fussiez si lents à me secourir. J'ai supporté des malheurs pénibles, non-seulement pour une femme, mais pour les soldats les plus robustes. J'ai mangé la chair immonde des animaux les plus vils, et j'ai été forcée de me rendre à mon plus cruel ennemi. Mais si votre retard est l'effet de votre négligence et non de votre malice, s'il vous reste quelque affection pour moi, et quelque souvenir du serment que vous m'avez prêté, je vous conjure de ne jamais accepter pour maître ce brigand ingrat, qui de reine m'a faite esclave. Si jamais l'on vous montre un écrit par lequel je l'institue héritier, ne le croyez pas, ou dites-vous que cet écrit m'a été arraché de force et qu'il est contre ma pensée: car ma volonté est que vous ayez pour seigneur et maître Louis, duc d'Anjou, non-seulement dans le comté de Provence et dans mes autres états au-delà des monts, mais encore dans ce royaume, où déjà je l'ai institué mon champion afin qu'il venge la trahison et la violence qui m'ont été faites. Allez donc vers lui, obéissez à ses ordres, et que ceux qui auront souvenir de l'amour que j'ai toujours eu pour leur nation, et qui auront pitié de leur malheureuse reine, me vengent les armes à la main, ou prient Dieu pour mon âme, et cela, non-seulement je vous en prie, mais, comme vous êtes mes vassaux, je vous l'ordonne. »

Ayant connu ces paroles, Charles Durazzo envoya Jeanne dans un autre château, où il la fit tenir plus rigoureusement, et quelques jours après, une sédition s'étant émue en faveur de cette reine, Charles, pour ôter toute espérance a ses partisans, la fit étrangler ; puis il ordonna que le corps fût apporté dans Naples, et restât exposé huit jours dans l'église de Sainte-Claire ; enfin, sans pompe ni cérémonie, on le jeta dans une sépulture si ignoble qu'on n'a jamais pu retrouver ses restes.

Ainsi périt, en 1382, cette femme extraordinaire qu'on a appelée la Marie Stuart de Naples. Laissons parler Brantôme sur elle ; il est peu de pages aussi curieuses dans aucun historien.

« Quant à lui reprocher ses quatre maris, on ne pourrait, puisque le mariage est si bon et saint, étant ordonné par Dieu, qu'elle n'en pouvait trop prendre ; et aussi bien valait-il mieux qu'elle se mariât, que de se prostituer et de s'abandonner à l'un et à l'autre comme on en a vu de notre temps faire l'amour à outrance étant filles ou veuves. Si elle brûlait du chaud désir de la chair, elle le passait honnêtement avec ses maris.

« Quant à Andréa qu'elle fit mourir, on dit que c'était un hongre, ivrogne, très-dangereux et malicieux en faisant son simple et son niais, et qui voulait la faire mourir pour être seul roi ; mais elle gagna le devant, et gagna à la prime : car il vaut mieux prévenir que d'être prévenu en matière de la vie.

« Touchant son cousin, le prince de Tarente, qui mourut exténué d'amour pour elle, elle n'en peut mais, puisqu'on ne saurait empêcher aucun qu'il ne s'enivre de son propre vin ; et après, qu'en peut le vin s'il a donné la verve à son maitre on buvant? Je ne doute pas que la grande beauté de la reine, sa grâce, ses façons, ses doux attraits et embrassades ne fissent efforcer ce jeune homme à plus qu'il ne pouvait faire ; mais cet effort venait de lui et non d'elle, car en cela on ne peut forcer l'homme à coups de bâton. Eh! d'ailleurs comment pouvait-il mieux mourir qu'en servant sa reine et sa dame, lui montrant l'ardente affection qu'il lui portait, n'épargnant ni peines ni forces, et pour la contenter mourant dans le camp amoureux de son lit!

« Pour le regard de son troisième mari, qu'elle fit étrangler pour l'avoir surpris avec une autre femme, n'avait-elle pas raison de punir l'adultère? Quel est le juge, tant doux soit-il, qui n'eût condamné ce malheureux d'avoir violé sa foi à la plus belle reine et la plus grande princesse du monde, de lui avoir faussé compagnie, et s'être dérobé pour habiter avec une autre qui ne la valait pas en la moindre partie de son corps. Misérable qu'il était! C'était tout ainsi qu'un, qui, pour éteindre sa soif, délaisse la nette et claire fontaine pour aller boire dans un marais sale et boueux. Je dis donc que ce malheureux mourut justement, et que beaucoup de dames devraient prendre exemple sur Jeanne, quand elles élèvent de petits compagnons, leur font cet honneur de les prendre pour maris, et que ceux-ci leur font des faux bonds. »

Jeanne morte, Charles se fit reconnaitre et sacrer roi de Naples. Louis d'Anjou, appelé par le testament de Jeanne, arriva dans le royaume et parvint à s'emparer de quelques provinces ; mais la mort qui le surprit, délivra Charles de tout rival ; ayant alors appris que le trône de Hongrie était vacant, il partit pour le conquérir et fut assassiné.

Il laissait deux enfans, Ladislas et Jeanne. Trop jeune pour régner, Ladislas eut heureusement dans sa mère Marguerite une tutrice habile et énergique. Le fils de Louis d'Anjou, attiré par l'espoir de détrôner un enfant, débarqua à Naples en 1390 et y entra en roi ; mais, après plusieurs années de combats, l'activité de Marguerite rendit à Ladislas le trône de son père. Ladislas fut brave, ambitieux, cruel, passionné pour les femmes ; il songea à devenir maître de toute l'Italie, assiégea Rome, marcha contre la Toscane, s'empara de Sienne ; mais à Pérouse, après avoir passé la nuit avec la fille d'un médecin dont il était follement amoureux, il tomba malade, et revint mourir à Naples en 1414.

Sa sœur Jeanne, appelée par les historiens Jeannelle, lui succéda. Jeannelle avait quarante-quatre ans ; elle était d'un visage peu agréable, sans grâces dans l'esprit, mais amoureuse de l'amour aussi furieusement que possible. Dès sa première jeunesse, elle s'était livrée à ses écuyers et à ses gentilshommes ; le trône ne fut pour elle qu'une place plus commode pour choisir et récompenser ses amans. De tous ses favoris, le plus haut en faveur et le plus audacieux était un certain Pandolfe d'Alopo, qui d'abord avait été son échanson. Sforza, chef de condottieri, soldat brave, puissant, homme d'une beauté virile, aux épaules larges, à la figure martiale, s'étant présenté à la cour, Pandolfe d'Alopo, qui connaissait les goûts de la reine, eut peur d'être supplanté, et fit jeter Sforza en prison. La nouvelle de cette injustice souleva les barons, irrités déjà de l'insolence de Pandolfe d'Alopo ; et tous, ils se rendirent chez la reine, en lui disant qu'ils ne voulaient plus être gouvernés par un obscur écuyer, et qu'il fallait qu'elle prît un époux. Jeannelle choisit le comte de la Marche : il fut convenu qu'il ne prendrait jamais le titre de roi ; mais, malgré cette précaution, Pandolfe, craignant de voir tomber son crédit par l'arrivée de l'époux, fit sortir Sforza de prison, et tous deux se liguèrent contre l'étranger qui venait prendre leur place.

Cependant le comte de la Marche arriva à Naples, et bientôt il s'aperçut du rôle qu'on voulait lui faire jouer, que la reine ne l'avait épousé que de force, que c'était une bacchante et non une femme qu'il avait prise, et que s'il voulait régner réellement, il fallait prendre le pouvoir, et non l'attendre. Et d'abord, pour couper court aux adultères de sa femme, il fit arrêter Pandolfe, le fit jeter en prison et mettre à la torture ; puis, le 1ᵉʳ octobre, on le mena sur la place du Marché, on lui coupa la tête ; son corps fut traîné par toute la ville, et pendu enfin par les pieds. Sforza fut aussi mis dans les fers. Ce n'est pas tout : le comte de la Marche chassa de la cour tous les courtisans de la reine, et commença à la tenir si rigoureusement, que personne ne pouvait lui parler qu'en présence d'un vieux Français choisi pour son geôlier ; il ne la quittait ni jour ni nuit ; elle ne pouvait même pas être seule *per le necessità naturali*. Cependant, comme il n'y avait plus de fêtes à la cour, il régnait une grande tristesse dans la ville, et les jeunes gens qui avaient compté sur les bonnes grâces de la reine pour faire leur chemin, et les femmes qui participaient à ses plaisirs, faisaient tous de grandes clameurs contre le comte de la Marche. Enfin un jour (on n'avait pas vu la reine depuis trois mois), un grand nombre de cavaliers et de citoyens allèrent au château, en disant : « Qu'ils voulaient voir la reine leur maîtresse ; » le roi sortit, et avec un visage tout serein et tout bienveillant, leur dit que la reine n'était pas bien portante, et que s'ils venaient pour quelques grâces ils l'obtiendraient de lui aussi bien que d'elle, à quoi les autres répondirent : « Nous ne voulons pas d'autres grâces de votre majesté, que de bien traiter notre reine. » Le roi rentra fort inquiet et fort triste. Parmi les assistans il y avait un seigneur qui avait rendu de grands services au roi, et qui était fort irrité contre lui, parce que le roi ne l'avait pas assez largement récompensé ; en voyant cette scène, il pensa que le moment était favorable pour délivrer la reine, et prendre auprès d'elle, après l'avoir délivrée, le rôle de Pandolfe. Ce seigneur était Giulio Cesare.

Quelques jours après, il vint donc voir le roi et demanda à visiter Jeannelle. Tous les courtisans savaient à quel point le roi le considérait. Aussi, Gian Berlengiero, c'est ainsi que se nommait le gardien de la reine, non-seulement l'introduisit dans sa chambre, mais lui fournit toutes les facilités de l'entretenir comme il le désirerait : « Madame, je ne nierai pas, lui dit-il, d'avoir été en grande partie cause de la triste situation dans laquelle vous vous êtes trouvée ; vous m'aviez porté à en agir ainsi, en ne tenant nul compte de mes qualités, et du cas que faisait de moi votre très-honoré frère, feu le roi Ladislas. Les honneurs que j'ambitionnais ont été donnés à un valet d'armée, Sforza, et à un simple écuyer, Pandolfe. Mais si j'espérais, en délivrant votre majesté, et en lui rendant son premier état, chasser de sa mémoire mes offenses et recouvrer la faveur que toujours j'ai désirée, je m'efforcerais à lui rendre en peu de temps sa liberté et sa puissance royale ». La reine lui répondit qu'il ne devait pas douter qu'elle aurait plus de confiance en lui qu'en toute autre personne, et que la liberté et la seigneurie lui seraient d'autant plus douces et plus chères, qu'elle avait souffert de la servitude et de la misère ; mais qu'elle ne savait pas comment il pourrait agir, le roi s'étant emparé du royaume. Giulio lui répondit qu'il le tuerait. A ce moment, Gian Berlengiero entra dans l'appartement de la reine, et l'entretien fut remis à un autre jour.

La reine demeura l'âme agitée : d'une part, elle soupçonnait le roi d'avoir envoyé Giulio Cesare, à dessein, pour la tenter ; de l'autre, elle était poussée par la haine qu'elle portait à son époux ; elle n'avait pas l'espoir de sortir de cet état insupportable par une autre voie, et pourtant la réussite lui semblait impossible ; enfin la crainte l'emporta, et elle résolut de chercher à adoucir le roi, en lui faisant connaître Giulio, et de se venger ainsi de celui qui, par de fausses relations, avait causé sa ruine, et la mort de son cher Pandolfe, qu'elle pleurait encore avec des larmes amères. La nuit suivante, le roi vint coucher avec elle ; elle lui dit alors : « La justice de Dieu, qui toujours favorise les innocentes, m'a donné l'occasion de me montrer à votre majesté pour ce que je suis, et de vous faire apprécier votre bon et fidèle vassal Giulio Cesare di Capua, qui, par ses faux rapports, m'a jeté

dans votre disgrâce, et a causé la mort de ce pauvre Pandolfe, qui jamais ne fit rien qui méritait ce supplice, et qui ne fit des aveux que par la force des tortures. Hier il est venu me faire sa cour, et il m'a offert de vous tuer; prévoyant bien que vous ne pourriez croire à une telle trahison si vous ne l'entendiez de vos propres oreilles, j'ai feint de céder à sa demande, et il a différé jusqu'à sa prochaine entrevue avec moi, pour me faire connaître le moment de l'exécution de son projet; en sorte que votre majesté pourra entendre le traître. Le roi connaissait la conduite passée de la reine; il crut néanmoins qu'elle était de bonne foi et voulait s'amender: aussi il l'engagea à se tranquilliser, qu'il connaissait son amour pour lui, et la traiterait en épouse chérie. Deux ou trois jours se passèrent: le roi apprit que Giulio arrivait au palais; aussitôt il fait fermer la porte de sa chambre et ordonne de dire à tout le monde qu'il repose, puis il va secrètement se placer dans la chambre de sa femme, derrière un rideau de tapisserie, avec quelques personnes. Giulio arrive, on lui dit que le roi dormait; il se rend alors chez la reine, qui le reçut avec un visage plein de joie, et lui dit: « *Giulio mio*, ton âme et ta valeur sont grandes; mais je connais toute la difficulté qu'il y aura à réussir dans une pareille entreprise; le château est plein des confidens du roi, et si tu parviens à l'assassiner, ils t'extermineront aussitôt, et moi aussi peut-être. Je ne voudrais pas que nous fussions perdus tous deux. — Ne doutez pas, madame, dit Giulio, que tout ne s'accomplisse selon nos vœux; votre majesté aura l'honneur d'avoir aidé à faire périr cet ivrogne, et moi il me suffira de recouvrer la bonne grâce de votre majesté. J'enverrai demain, au commencement de la soirée, présenter à votre majesté beaucoup de choses. Mon secrétaire, auquel j'ai communiqué tous nos projets, viendra avec des hommes chargés : je serai parmi eux déguisé, et tandis que votre majesté congédiera les personnes qui seront dans la chambre, je me cacherai sous le lit, et la nuit, quand le roi sera endormi, je le tuerai, je lui couperai la tête, et je la jèterai dans la cour du château; les Français auront, pour grâce, leur vie et la permission de retourner dans leur patrie comme on dit que les Hongrois s'en allèrent à la mort du roi Andréa. Il parla ensuite de tout autre chose, prit congé avec un visage riant, et dit qu'il allait faire la cour au roi, qui devait être éveillé. Le roi avait entendu tout ceci, et fit dire aux gardes du château d'arrêter Giulio quand il sortirait; puis il rentra dans son appartement. Giulio, introduit auprès du roi, lui dit quelques paroles et se retira; mais arrivé sur le seuil de la porte, il fut arrêté, ainsi que son secrétaire, et conduit en prison, et deux jours après ils furent décapités.

Le roi, touché de la conduite de la reine, crut qu'elle était revenue à des sentimens plus honnêtes, et lui laissa plus de liberté. Un jour, il lui permit d'aller dîner dans un jardin appartenant à un marchand florentin, où est aujourd'hui l'église Santa-Maria della Scala. Elle était accompagnée d'un seigneur français qui avait été fait comte *camerlingo* et de beaucoup d'autres courtisans du roi. Le bruit s'étant répandu que la reine était sortie, un concours de nobles et de gens du peuple vinrent la voir, parce qu'il y avait bien des mois qu'on ne l'avait montrée, et telle qu'ils la virent, elle émut leur pitié: elle avait les larmes aux yeux, soupirait doucement et semblait par son silence attendrissant demander secours à tous. Parmi les assistans se trouvaient Ottino Caracciolo et Anichino Mormile, gentilhomme de Porta-Nova, qui avait grand empire sur le peuple; ils convinrent tous deux de délivrer la reine. Aussitôt ils allèrent exciter les nobles et le peuple à cette entreprise; puis, avec un grand nombre de gens armés, ils se rendirent là où la reine devait remonter en voiture, se firent place au milieu des courtisans, et ordonnèrent que la voiture fût conduite à l'archevêché. La reine s'écriait à haute voix: « Mes fidèles amis, pour l'amour de Dieu, ne m'abandonnez pas; je remets en votre pouvoir ma vie et le royaume. » Toute la multitude faisait entendre ces cris: « Vive la reine Jeanne! »

Les courtisans, épouvantés, allèrent dire au roi le tumulte qui s'était élevé: force fut bien à Jacques de capituler avec le peuple, et l'on conclut que la reine aurait sa liberté et sa cour. Le lendemain, Caracciolo était l'amant de Jeannelle, et quelques mois après, le roi, devenu prisonnier à son tour, était enfermé par sa femme, comme sa femme l'avait été par lui, des gardes à ses portes, sans pouvoir et sans argent. Il resta ainsi captif pendant trois ans; et enfin, ayant obtenu sa liberté, il se sauva en France, et, tout épouvanté des crimes qu'il avait vus, il se jeta dans un couvent et mourut moine.

Rien ne contraignait plus les passions effrénées de Jeannelle, et Caracciolo devint tout-puissant.

Il n'y a pas de rôle plus difficile que d'être l'amant d'une reine; Caracciolo le remplit vigoureusement. Ce n'était pas un homme ordinaire que ce favori: actif, brave, adroit, sans pitié; il avait tant à craindre! Les barons irrités d'obéir à un simple chevalier; le peuple, qui hait toujours les hommes sortis de lui et devenus grands; les courtisans qui l'enviaient; l'inconstance de la reine, qui le lendemain pouvait prendre un nouvel amant; il sut pourvoir à tout: Sforza, qui avait été emprisonné par le comte de la Marche, fut délivré par Caracciolo et devint son ami; il s'attacha les seigneurs napolitains en leur donnant les biens que le roi Jacques avait donnés aux Français; il écarta de la reine tout ce qui était beau et jeune, fit distribuer force victuaille au peuple, et sut être ensemble amant, ministre, diplomate et général.

Cependant Sforza devint si ambitieux et si avide, que Caracciolo, craignant de le voir trop puissant, lui refusa de l'argent pour ses troupes et des principautés pour lui. Sforza, pour réponse, rassembla toute sa troupe d'aventuriers, fit dire à Louis d'Anjou de venir dans le royaume de Naples et qu'il le ferait roi, et mit le siège devant la ville même.

Jeanne II, épouvantée, appela à son aide Alphonse, roi d'Aragon, en lui promettant de l'adopter pour son fils et son héritier, s'il pouvait la délivrer. Alphonse accourut, et, après de longs combats, demeura vainqueur; il fut nommé vicaire-général du royaume de Naples en attendant qu'il en fût le roi. Sforza se réconcilia avec la reine et avec Alphonse.

Mais Caracciolo voyait avec crainte le pouvoir d'Alphonse; il excita la reine contre lui. La reine voulut révoquer l'adoption qu'elle avait faite d'Alphonse. Une guerre intestine affreuse s'ensuivit. Sforza fut le général de Jeanne; Caracciolo déploya une activité et un courage extraordinaires; et au bout de plusieurs années de combats mêlées de chances diverses, le roi Alphonse avait quitté Naples, Sforza était mort, le jeune Louis d'Anjou était adopté par la reine, et Caracciolo, toujours debout, toujours puissant, était encore l'amant de Jeanne et le maître du royaume de Naples. Tout pouvoir a son terme: grand-sénéchal, premier ministre, prince, Caracciolo voulut encore obtenir le duché d'Amalfi et de Salerne. La reine était très-vieille et le paraissait plus encore à cause de ses dissolutions; le grand-sénéchal, qui aussi commençait à vieillir, avait rompu toutes ses relations secrètes avec elle; en sorte que l'amour qu'elle lui portait était non-seulement attiédi, mais entièrement refroidi: aussi elle refusa de lui donner et Salerne et Amalfi. Le grand-sénéchal alors commença à lui montrer par ses paroles et par ses actions le plus grand mépris et la plus grande haine.

A cette époque, Covelsa Ruffa, duchesse de Sessa, était en grande faveur auprès de la reine. Cette femme étant née d'une tante paternelle de la reine, héritière de beaucoup de terres, fière de son antique noblesse, ne pouvait souffrir l'insolence du grand-sénéchal; chaque jour, lorsqu'il était question de lui, elle sollicitait la reine de ne pas supporter l'ingratitude d'un homme qu'elle avait tiré de la pauvreté et élevé au pouvoir, ajoutant que, selon son caprice, il donnait et ôtait les principautés, pour enrichir les siens, et opprimait beaucoup de barons innocens, qu'il s'était acquis la plus grande puissance, et qu'il avait attiré sur sa majesté la haine universelle du royaume: la reine, par sa vieillesse, était devenue presque stupide; elle écoutait tout ce que lui disait la duchesse, mais ne répondait rien. Un jour, le grand-sénéchal, étant venu voir la reine, lui demanda de nouveau avec quelques paroles flatteuses la principauté de Salerne et d'Amalfi; la reine les lui refusa; il se mit alors en fureur et la traita comme la femme la plus vile, l'accabla d'injures, et elle se mit à pleurer. La duchesse, qui était derrière la porte de l'autre chambre, entendit la reine pleurer; elle entra avec les autres femmes après que le grand-sénéchal fut sorti, et profitant du moment où la reine était encore indignée de ces nouvelles injures, elle lui dit: « Reine sérénissime, pour l'amour de Dieu, pour l'honneur de votre couronne, pour votre propre salut et pour le nôtre, ne différez pas de punir cette insolente bête. » A ces paroles elle se mit à genoux et continua avec tant de véhémence et de passion, que la reine l'embrassa et lui dit qu'elle voulait faire comme elle lui disait. La duchesse, forte de cette approbation, organisa un complot, et il fut convenu que l'on tuerait Caracciolo après une fête donnée dans un château de la reine. Le jour fixé étant venu, on le passa en bals et en divertissemens; la nuit ce furent des festins somptueux. Lorsque tous les invités furent retournés chez eux, le grand-sénéchal se retira dans son appartement, et il commençait à s'endormir, quand Ottino, Francisco, Piétro Palagono, Urbano Cimino et un Calabrois vassal de la duchesse, prirent une des femmes de chambre de la reine, appelée Squadra et allemande de naissance; elle les conduisit à la porte du grand-sénéchal, et frappa en disant que la reine se trouvait malade et désirait le voir de suite. Le grand-sénéchal se leva, et commençant à s'habiller, ordonna qu'on fît entrer la femme de chambre afin d'entendre mieux ce qu'elle venait dire.

Les conjurés entrèrent alors et le tuèrent à coups de poignard et de hache.

Peu de temps après, Jeanne II mourut, laissant pour héritiers deux fils adoptifs qui devaient déchirer le royaume, René successeur de Louis d'Anjou, et Alphonse d'Aragon; ceci se passait en 1433.

Dynastie aragonaise.

Je ne m'étendrai pas sur cette dynastie. René d'Anjou, malgré de longs efforts, fut chassé du royaume; et Alphonse Ier ramena la paix et les arts à Naples.

Passons rapidement sur les cruautés de Ferdinand, sur l'abdication de son fils Alphonse; laissons le bon Comines raconter l'effroi que répandit dans toute l'Italie l'arrivée de Charles VIII, et arrivons au moment où Louis XII et Ferdinand le Catholique se partagèrent le royaume de Frédéric II.

Les armes avaient acquis à Ferdinand le Catholique une moitié du royaume de Naples; la fourbe lui donna l'autre moitié, et Louis XII, volé par lui de sa part de conquête, légitima ce vol en accordant pour femme à Ferdinand, sa sœur, Germaine de Foix, dont sa portion fut la dot. Voilà donc ce malheureux royaume sous la domination espagnole, qui deviendra bientôt la domination autrichienne, quand le roi d'Espagne sera empereur. Ainsi traîné à la remorque de deux autres nations, que sera le royaume de Naples? La vache à lait de l'Espagne. Montesquieu a dit que l'Espagne avait conservé l'Italie en l'enrichissant: jamais plus grande erreur ne fut écrite. De Ferdinand le Catholique à Philippe IV, c'est-à-dire de 1500 environ à 1648, Naples eut vingt-huit *vices-rois*, qui pillaient pour eux et pour le roi d'Espagne. Quand les mines du Nouveau-Monde étaient épuisées, on mettait un impôt sur le peuple de Naples; quand l'impôt était dépensé, on forçait Naples à offrir au roi un don *volontaire*, appelé *donativo*; et dans l'espace de cent trente ans, Naples envoya à la métropole 135 *millions d'écus*, seulement en *donativi*. Après avoir fait les collecteurs, les rois d'Espagne faisaient les faux monnayeurs; et les pièces d'or et d'argent étaient tellement rognées et altérées, qu'on ne voulait plus les recevoir dans le commerce: avec l'argent, les hommes: Charles-Quint fit tuer la jeunesse napolitaine en Allemagne, en Afrique, en France. Philippe II l'envoya au-devant des boulets des Provinces-Unies; Philippe IV la jeta dans la fournaise de l'insurrection catalane. Sous la seule vice-royauté du comte de Monterey, qui dura six ans, Naples donna à l'Espagne cinquante mille soldats qu'elle ne revit plus. En compensation de tant de maux, on élevait quelques fontaines publiques ou un musée; Charles-Quint venait montrer sa figure pendant un mois à son peuple de Naples, ou bien on accordait des priviléges à la cité, à condition qu'ils ne regarderaient ni les impôts, ni les réquisitions, ni la juridiction, ni les droits civils.

Cela durait depuis un siècle et demi, et le peuple napolitain avait tout supporté, tout excepté l'inquisition, qui n'avait jamais pu s'établir, lorsque le duc d'Arcos fut nommé vice-roi.

Il fallait de l'argent; le conseil de la ville vota extraordinairement le don d'un million d'or, et laissa au vice-roi le soin de l'imposer à son gré; mais l'habitude était alors d'emprunter le capital de chaque don de cette nature, et d'affermer au prêteur, pour son remboursement, une branche du revenu public; on avait trouvé le prêteur et le million, mais il n'y avait plus un impôt libre où l'hypothéquer. Enfin, André Naucler proposa d'augmenter d'un carlin l'impôt sur les fruits et les légumes, qui font presque la seule nourriture du peuple: son avis fut adopté, et le tarif affiché. Mais les murmures éclatèrent partout; des confesseurs vinrent avertir le cardinal Filomarino que plus d'un aveu révélait une sédition prochaine; le duc d'Arcos fut arrêté par la foule et presque insulté; la rigueur de toutes les perceptions redoubla: la femme d'un jeune pêcheur d'Amalfi avait caché dans un bas un peu de farine afin de la soustraire aux droits; on la traîna en prison, et son mari, pour payer l'amende, fut obligé de vendre tout ce qu'il possédait au monde. Ce pêcheur était Masaniello; tout le monde connaît son histoire, je ne la raconterai pas: en huit jours il fut pêcheur, révolté, généralissime, duc, roi, meurtrier, fou et tué. Il y avait déjà sept jours que le règne de Masaniello durait, les Espagnols occupaient encore une partie de la ville, et le vice-roi était réfugié au Château-Neuf; c'était l'anniversaire d'une des plus grandes solennités de la ville, la fête des Carmes; huit mille personnes se pressaient dans la seule église de Notre-Dame : le cardinal Filomarino, revêtu des ornemens pontificaux, entrait, prêt à célébrer les saints mystères; tout à coup Masaniello paraît, éperdu, haletant, couvert de ses vêtemens de velours et d'or, les cheveux épars et les yeux égarés. Il monte rapidement sur la tribune, arrache de l'autel même le Crucifix qu'il brandit comme une lance, donne la bénédiction aux assistans d'une voix tonnante et puis se met à prêcher; jamais il n'avait été si éloquent, son imagination puissante et bizarre se répandait en images vives, étranges, saisissantes; le peuple l'écoutait avec enthousiasme : mais tout à coup ses paroles s'entrecoupent, sa tête se trouble; il se met à se lamenter sur ses malheurs en termes ridicules ou inintelligibles; et enfin jetant le crucifix par terre, il détache les aiguillettes de son habillement, les laisse tomber, tourne son dos vers le peuple, se baisse, et se montrant aux assistans dans cette position, s'écrie : « Voyez, mon peuple, ce que je suis devenu! » Des cris d'indignation partirent de tous côtés, et l'on entraîna ce misérable dans le cloître. Il était là errant et pensif depuis deux heures, quand il s'entendit appeler à haute voix, Masaniello! Masaniello! Il parut : « Me voici, mon peuple, dit-il; que me voulez-vous?—Tiens, scélérat, s'écria Ardizzone, » et quatre coups d'arquebuse suivirent ces mots. Masaniello, percé de huit balles, chancela. « Traîtres! ingrats! » s'écria-t-il, et il était mort!

Les assassins étaient payés par le duc d'Arcos et excités par Gennaro-Annèse, compagnon de Masaniello, et qui l'avait vendu au vice-roi. Le duc d'Arcos croyait qu'avec Masaniello mourrait la révolte napolitaine; mais cette révolte devint une révolution, et cette révolution une guerre où intervint la France.

Masaniello tué, Gennaro Annèse avait été proclamé par le peuple généralissime, et la ville de Naples s'était déclarée république, sous le canon de la flotte et de l'armée espagnole. Gennaro Annèse était un armurier, vieux, fin, fourbe, très-orgueilleux et très-embarrassé d'être généralissime, qui ne demandait qu'à vendre sa république, pourvu qu'on la lui payât bien et qu'on lui assurât la vie sauve. Traiter avec le vice-roi était impossible, car les Napolitains ne criaient plus vive le roi! comme sous Masaniello; ils tuaient les Espagnols et la noblesse.

Mazarin ne pouvait pas laisser échapper une si belle occasion de dépouiller les plus mortels ennemis de la France, et les courriers se croisaient sans cesse de Paris à Rome et de Rome à Paris. Rome était, par sa position et par le nombre des envoyés français, le centre de toutes les intrigues dont le royaume de Naples était le but. La France y avait pour la représenter le marquis de Fontenay, ambassadeur en titre; l'abbé de Saint-Nicolas, envoyé extraordinaire, et l'archevêque d'Aix, frère de Mazarin et dépositaire des écrits diplomatiques. Alors se trouvait aussi dans cette ville un jeune homme d'une des plus hautes et des plus puissantes familles de France, un de ces princes près de qui les autres princes paraissaient peuple, Henri de Lorraine, duc de Guise, dernier rejeton de cette maison qui avait prétendu un moment à l'héritage de Charlemagne, beau, brave, spirituel, du plus grand air et des plus belles façons chevaleresques, aimant les femmes avec emportement et la gloire avec frénésie; il ne lui manquait que la ligue pour être roi des barricades. Au milieu d'une cour de plaisirs il rêvait toujours une couronne à conquérir. Il avait voulu faire une expédition sur l'île de Lipari, un armement contre les Turcs, une campagne contre les Espagnols; et puis se consolant de son inaction par l'éclat des aventures les plus étranges, il faisait du roman avec l'amour en attendant qu'il en fît avec l'histoire.

Il se trouvait à Rome en ce moment pour une cause singulière. Ayant épousé quelque temps auparavant la comtesse Le Bossu dans un accès de passion, il était depuis devenu éperdument amoureux de mademoiselle de Pons, et était parti pour la cour de Rome, afin d'obtenir du pape la cassation de son premier mariage et d'épouser celle qu'il aimait. En apprenant la révolution napolitaine, il se souvint qu'il était de la maison d'Anjou, et l'idée de mettre une couronne sur la tête de mademoiselle de Pons le décida à tout entreprendre. Voici comment lui vint la première idée de ce projet : Un soir, le baron de Modène, son ami, et qui était avec lui à Rome, se promenant sur les bords du Tibre, aperçut une barque chargée de très-beaux fruits qui approchait de terre. Ayant demandé d'où elle venait, il sut qu'elle était conduite par des mariniers de la petite île de Procida, près de Naples, qui venaient vendre à Rome les productions de leur pays. Il saisit cette occasion d'apprendre ce qui se passait à Naples. Leur récit l'intéressa; et voulant amuser de

ces nouvelles le duc de Guise, il recommanda à ces mariniers de venir porter leurs fruits à ce prince, qui certainement les achèterait. Ils vinrent. Lorsqu'ils virent le duc et qu'ils apprirent que c'était un descendant de leurs rois de la maison d'Anjou, ils se jetèrent à ses pieds, les baisèrent, en disant qu'aussitôt qu'ils seraient de retour dans leur patrie, ils apprendraient aux Napolitains qu'il y avait à Rome un rejeton de ces rois angevins, qui avaient été si chéris de leurs pères. Le duc, en les faisant relever, les embrassa l'un après l'autre, et les remercia avec sa grâce accoutumée de leurs sentimens pour lui. Il voulut aussi apprendre de leur bouche tous les effets du premier soulèvement : ils lui rendirent un compte exact, dans lequel pourtant ils exagérèrent l'intrépidité de Masaniello, des lazzaroni, et la consternation des Espagnols en cette occasion; et ils finirent en disant que si le peuple avait un prince comme lui à sa tête, le duc d'Arcos se verrait bientôt chassé de la ville et du royaume. A cela le duc leur répondit que, quelque risque qu'il y eût à courir, il serait ravi d'exposer son bien, ses armes et sa vie pour les aider à rompre les fers de leur horrible servitude; et qu'ils pouvaient transmettre de sa part ses sentimens au peuple napolitain. Les ayant ensuite congédiés, ses caresses furent suivies d'une ample collation, et de la remise d'une somme fort au-dessus de la valeur de leurs fruits; ce qui acheva de les lui acquérir si puissamment, que l'on peut dire avec vérité que les mariniers furent les premiers instrumens du passage du duc à Naples. (*Mémoire du baron de Modène*, t. II, page 4.)

Mais il y avait bien des obstacles à vaincre pour le duc de Guise avant de réussir dans son projet. D'abord une partie des forts de la ville de Naples était encore entre les mains du vice-roi ; une flotte considérable, sous les ordres de Don Juan d'Autriche, fils naturel de Philippe IV, croisait devant Sainte-Lucie ; M. de Guise n'avait ni troupes ni argent; Mazarin, à qui il écrivait lettres sur lettres pour lui demander l'un et l'autre, voulait bien arracher le royaume de Naples à l'Espagne, mais ne voulait pas le donner à Henri de Lorraine, et ordonnait au marquis de Fontenay de négocier de son côté, et au nom du roi de France, avec les chefs de la révolution, et de laisser partir M. de Guise, mais à ses risques et périls.

Une lettre du marquis de Fontenay à Mazarin expliquera plus nettement la position de la cour de France, de la ville de Naples et de Henri de Lorraine.

MONSIEUR DE FONTENAY AU CARDINAL MAZARIN.

Monseigneur,

« J'ai eu l'honneur de rendre compte à votre éminence, que depuis les révolutions survenues à Naples, un homme m'était venu trouver de la part, des chefs, pour me proposer que Naples se mît sous l'obéissance du roi ; des avis que j'ai reçus depuis son départ m'apprennent que la confusion augmente en cette ville de moment en moment. Les écoliers de l'université se sont révoltés, sous le prétexte que les droits établis pour le doctorat sont trop élevés, et demandent qu'on les rétablisse au taux actuel; les pauvres, à la porte des églises, réclament, le flambeau dans la main, les aumônes qu'ils soutiennent que la reine Jeanne a ordonné de leur distribuer chaque jour. L'argent a disparu partout, les banques sont scellées, le Mont-de-Piété même est fermé, et quelques railleurs de la multitude ont fait un placard où ils disent que c'est à cause que quatre des intéressés ont fait banqueroute, savoir : le Saint-Esprit, le Sauveur, le peuple, et saint Jacques des Espagnols. Le peuple est en des défiances telles qu'il ne peut quitter un moment les armes sans les reprendre aussitôt; mais il ne saura y demeurer long-temps, s'il ne chasse tout-à-fait les Espagnols de Naples, ce qui m'a obligé à tenter toutes sortes de voies pour leur faire comprendre qu'ils n'auront guère gagné en se faisant décharger des impositions, s'ils ne font ce qui est nécessaire pour se maintenir en cette liberté. Qu'ils resteront en un danger pressant tant qu'ils laisseront les Espagnols maîtres des châteaux ; enfin, qu'ils ne pouvaient attendre un autre remède que d'imiter les exemples des Catalans et des Portugais, en quoi ils seront appuyés de l'armée navale, et, s'il le faut, de toutes les forces de France. Le mercredi, vers les dix heures du soir, un Napolitain, appelé Lorenzo Touti, vint me faire visite; il me dit que les Napolitains, après avoir pris les armes sans aucun dessein de se départir de l'obéissance du roi d'Espagne, s'étaient enfin résolus de rompre tout-à-fait avec lui et de changer de maître; qu'un conseil de onze personnes, à qui l'on avait remis l'autorité depuis la mort de Masaniello, l'envoyait pour m'annoncer qu'ils étaient résolus de se donner au roi de France, sous trois conditions : que ledit seigneur roi voulût les maintenir dans leurs privilèges, envoyer une armée de terre et de mer qui pût les soutenir, et promettre, quand les Français seraient maîtres,

che non bacieranno les femmes, ce que je jugeai devoir entendre du premier baiser seulement.

«Je supplie votre éminence de me faire connaître promptement ses intentions. M. de Guise s'est mis dans la tête que les Napolitains le pourront choisir pour leur roi, et il m'est venu communiquer les avis qu'il a; il croit la chose faisable, parce qu'il la désire, qu'il ne considère rien et ne prend conseil de personne. Que dois-je faire?

Marquis de Fontenay. »

A quoi Mazarin répondit: « Que M. de Guise fasse ce qu'il voudra, mais ne l'aidez pas; peut-être un jour aura-t-il quelque peine à se tirer de la position où il va se mettre, mais à coup sûr la France ne pourra y trouver que des avantages.»

Certes tous ces préliminaires n'étaient pas engageans pour une telle entreprise; mais un homme comme M. de Guise ne pouvait pas reculer devant de tels obstacles; il jura de faire ce qu'il voulait faire, et il le fit; l'activité qu'il déploya pour vaincre toutes ces résistances est presque incroyable: cet homme de plaisirs et de cour, ce continuateur des raffinés devint négociateur et diplomate; il passait toutes les nuits à écrire; il entretenait une double correspondance avec la cour de France et avec la république de Naples; il assiégeait l'ambassadeur français; il recevait les envoyés napolitains; il envoyait émissaires sur émissaires; enfin, au bout de trois mois d'efforts incalculables, rien ne s'opposa plus à ses projets, Gennaro Annèse lui écrivit que *sa très-humble servante, la république de Naples*, l'attendait. Le marquis de Fontenay se fit sa caution pour une somme considérable; il reçut une lettre d'une femme inconnue, qui lui disait: « Je sais que vous avez cherché de l'argent pour la grande entreprise que vous alliez tenter, et que vous n'avez que quatre mille pistoles. Il ne faut pas qu'un peu d'argent arrête monsieur de Guise: voici de l'or et des bijoux pour dix mille écus, c'est tout ce que je possède; j'en chercherai d'autres si vous êtes malheureux, mais vous serez heureux, je l'espère.» Il obtint une lettre de l'ambassadeur pour la république de Naples, où il était désigné comme envoyé exprès du roi de France. Il rassembla un gros de gens de guerre, ses écuyers, sa maison; il écrivit à la duchesse de Guise, sa mère, pour lui demander sa bénédiction; et le 12 novembre tout était prêt pour le départ. Le 13 au matin, Lorenzo Touti, Falco, Mannara, tout ce qu'il y avait à Rome de Napolitains dans ses intérêts,

vinrent l'avertir que le temps était favorable et que le vent fraichissait; il se leva pour s'en assurer, puis se rendit chez l'ambassadeur de France, afin de lui adresser ses adieux; il revint ensuite dans son palais où les siens l'attendaient, parut au milieu en habit de voyage et de guerre, avec cette belle mine qu'il avait: « Messieurs, leur dit-il, c'est maintenant qu'il faut montrer de quel sang nous sommes! l'occasion est belle et la gloire sera grande. Les aumôniers arrivèrent, qui lui dirent la messe comme en un jour ordinaire. Au sortir de la chapelle, il appela Tilly, son secrétaire, et le dépêcha vers mademoiselle de Pons, pour qu'il pût lui raconter son départ: Tilly s'éloigna, le duc le suivit quelque temps des yeux, puis soudain: «Allons, à cheval! Trompette, sonne la marche de guerre et passons devant l'ambassadeur d'Espagne: quand un Guise va combattre, l'ennemi doit le savoir.»

Il partit, et le soir, ayant atteint le port de Fiumicino, où étaient mouillées les felouques de transport, il sauta dans la plus petite, seul avec le pilote; et cette armée, qui se composait de vingt-deux hommes; ce général, qui n'emportait que son épée, firent voile pour le royaume de Naples.

Après dix jours de traversée, battue par la tempête, démâtée, sans gouvernail, la felouque qui portait le duc de Guise arriva dans la baie de Naples, passa au milieu des bordées de canons de la flotte espagnole, et Henri de Lorraine se jeta à terre en criant: «Guise, Guise! Vive le peuple de Naples!» A peine arrivé, on lui présenta un cheval magnifique, sur lequel il traversa le pont de la Madeleine, pour aller à l'église des Carmes remercier saint Janvier et la vierge Marie. Ensuite, quelques officiers, députés par Gennaro Annèse, vinrent le supplier de se rendre au bastion des Carmes: c'était la résidence de l'armurier généralissime. Le duc s'y rendit. Annèse vint le recevoir dans toute sa magnificence, vêtu d'un collet de buffle avec des manches de velours cramoisi, d'un haut-de-chausses de soie rouge, avec une ceinture de velours écarlate, un bonnet de toile d'or sur la tête, un mousqueton à la main et six pistolets à la ceinture. Guise l'embrassa, Annèse lui ôta son chapeau de dessus la tête, et prétendit lui donner en place un bonnet de toile d'or comme le sien, puis on s'assit; Annèse demanda son dîner, et le jeune prince, tirant de sa poche les lettres du marquis de Fontenay, les remit au capitaine-général du peuple de Naples; mais le capitaine-général, ne savait pas lire : il regardait les lettres à l'envers, quittait son mousqueton, retournait le papier, reprenait son mousqueton, se faisait montrer la signature, et faisait des révérences sans trop oser expliquer son ignorance. Sur ces entrefaites, un autre homme entra dans la chambre avec un bruit épouvantable : celui-ci était vêtu de noir, le cou nu, la tête découverte, l'épée à la main, et deux gros chapelets au cou. Il se jeta tout de son long par terre, prit les jambes du duc de Guise, les baisa, se releva sur ses genoux et se mit à réciter ses deux chapelets en sens contraire, en répétant à chaque grain, alternativement : « Pour le roi, pour le roi, pour le peuple, pour le peuple. — Votre altesse sérénissime a sans doute une lettre pour lui, dit Annèse : — Et qui est cet homme? répondit M. de Guise. — C'est, reprit Annèse, Luigi del Ferro, premier conseiller du peuple. Le duc remit la lettre à Luigi del Ferro, qui recommença ses chapelets, en ajoutant entre le roi et le peuple : pour son altesse, pour son altesse, pour M. de Guise, pour M. de Guise.

Le dîner était prêt. Annèse n'avait qu'un seul cuisinier et domestique, c'était sa femme : elle avait disposé la vaisselle et préparé le dîner; elle l'apporta de ses mains en jetant à la dérobée des regards sur M. de Guise. Cette serviable personne était habillée d'une robe de brocard bleu en broderie d'argent, avec un garde-enfant orné de dentelles, une chaîne de pierreries, un collier de perles, et des pendans d'oreilles en diamant. Luigi del Ferro l'aidait à mettre sur la table et donnait à boire. Plus le duc de Guise le traitait avec égards, plus il s'humiliait. Le duc voulut le faire asseoir à table, il se mit à genoux.

Après le repas, le duc de Guise, sentant le besoin de réfléchir, demanda simplement à Gennaro Annèse de le faire conduire à son appartement. « Le voici, dit le capitaine-général en lui montrant sa cuisine, et mon lit sera le vôtre. — Mais vous? — Nous coucherons ensemble. — Mais votre femme? — S'étendra près du feu. — Je ne saurais. — Il y va de ma sûreté : si je n'étais près de vous, mes ennemis me poignarderaient. » Le petit-fils du grand Guise fut un peu surpris d'être venu servir de garde à l'armurier Annèse ; mais il n'y avait aucun moyen de s'y soustraire : il se soumit et passa dans cette cuisine. Un lit de brocard d'or y était tendu ; des armes, du gibier, des tableaux, du vin, des tas de vaisselle d'or et d'argent, des meubles à demi brisés, des coffres entr'ouverts d'où sortaient des chaînes de perles et des rivières de diamants, étaient jetés pêle-mêle de tous côtés; un petit esclave nègre dormait au pied du lit, et M. l'ambassadeur de France, Luigi del Ferro, y rangeait les restes du souper. Il déshabilla M. de Guise, Annèse se fit rendre le même service; tous deux se mirent au lit, et, pendant toute la nuit, Annèse se réveillant en sursaut à chaque instant, poussait des hurlemens affreux, criait qu'on voulait l'assassiner, et se jetait en pleurant dans les bras du duc de Guise [1].

Cette nuit dut être bien cruelle pour Henri de Lorraine, et le commencement de l'entreprise devait le faire frémir pour la fin ; aussi avait-il bien hâte que le jour arrivât, pour juger l'état réel des choses, et en se voyant presque roi de Naples, oublier qu'il avait Gennaro Annèse pour collègue. Le premier coup d'œil jeté sur sa position lui en montra tous les dangers. Au lieu d'une armée de 70,000 hommes qu'on lui promettait, il en avait à peine 4,000 ; ces 4,000 étaient sans armes et sans discipline. Fatigués d'une révolution de trois mois, les bourgeois ne voulaient plus faire le service; le peuple consentait encore à se battre, mais à la condition qu'on lui permettrait de piller et tuer. Gennaro Annèse n'avait fait aucun approvisionnement ni de poudre, ni de munitions, ni de vivres : la ville était assiégée par une flotte puissante, une partie des forts occupée par l'armée espagnole, la campagne saccagée par la noblesse; et c'est dans cette position que le duc de Guise, seul, étranger, sans aucun appui extérieur, devait faire vivre, battre et vaincre toute une population révolutionnée.

Son premier soin fut de se faire nommer solennellement, à l'église des Carmes, capitaine-général, par le cardinal Filomarino, et de recevoir de lui une épée bénie; puis il se souvint de cette maxime du cardinal de Retz : « Le grand secret, quand on commence une entreprise, est de saisir d'abord l'imagination des hommes par une action extraordinaire. » Et il résolut de s'emparer d'Averse, ville normande, au milieu de la plaine, à trois lieues de Naples, bien établie, bien gardée, et qui servait de quartier-général aux troupes ennemies. Le 12 décembre sa petite armée était prête et n'attendait plus que lui pour sortir de Naples; mais au moment de partir, Henri de Lorraine apprend que les Espagnols, profitant de son absence, vont attaquer la ville : il fait faire volte-face à ses troupes, bat les Espagnols près de la Douane, les bat à Visita-Povéri, disperse seul tout

[1] Mémoire du duc de Guise.

un corps d'infanterie; et après douze heures de combat, le soir, en se mettant au lit, il s'aperçoit que depuis le matin il a combattu sans armure.

Le calme rétabli dans Naples, il part pour Averse et arrive à Giugliano. Il allait se mettre à table, lorsqu'un officier lui annonça qu'un de ses mestres-de-camp avait commencé le combat dans les murs d'Averse : le duc de Guise saute à cheval, Modène et d'Orillac s'élancent sur le chemin d'Averse, à la tête de la cavalerie ; mais les troupes de d'Orillac étant tombées dans un gros d'Espagnols, prennent la fuite et culbutent l'escadron de volontaires que commandait M. de Guise. M. de Guise est jeté dans un fossé; ses cavaliers passent sur son corps ; tout s'enfuit. Henri se relève, court après ses troupes, rallie trente hommes et se retourne contre l'ennemi; de ces trente hommes, quatorze sont tués, le reste se sauve. M. de Guise, resté seul, contint toutes les troupes espagnoles jusqu'à ce que l'infanterie vint le délivrer: il avait les cheveux brûlés, l'habit percé, le chapeau déchiré de balles, et après avoir fait encore une dernière charge contre l'ennemi, il se retira lentement, vainqueur, la tête nue et l'épée à la main.

Cependant la nouvelle des succès du duc de Lorraine avait été réjouir et effrayer Mazarin, et il envoya une flotte sous les ordres du comte d'Estrade, non pas pour secourir le duc, mais pour l'empêcher de se faire roi. Ordre était donné au commandant de l'escadre de ne traiter qu'avec le généralissime de la république de Naples, Gennaro Annèse. Le duc de Guise fit casser Gennaro de son commandement, et écrivit à M. d'Estrade que, puisqu'il ne voulait traiter qu'avec le généralissime du royaume de Naples, c'était à lui, M. de Guise, qu'il devait avoir affaire. Pour réponse, M. d'Estrade partit avec sa flotte. Le duc resté seul ne s'en affligea pas : il s'empara d'Averse, d'Avellino, soumit la province de Salerne, et fit prisonnier plusieurs grands espagnols ; et abandonnant le bastion des Carmes, qui était une espèce de caserne fortifiée, il s'établit dans le palais de Ferrante Carracciolo. Le matin à son réveil, et tandis qu'il s'habillait, ses secrétaires lui apportaient les dépêches, lui rendaient compte de ce qui s'était passé pendant la nuit, et il signait pendant que ses valets de chambre étaient occupés à l'habiller; ensuite il revêtait un habit de gros de Naples vert, chargé de broderies en or, couvrait ses épaules d'un manteau de drap grossier, le seul qu'on eût trouvé dans Naples ; il prenait l'épée que le cardinal-archevêque lui avait remise entre les mains, et passait dans une salle où, assis sous un dais, il donnait publiquement audience. Après l'audience, M. de Guise allait entendre la messe solennellement ; puis venait la promenade à cheval dans la ville et dans les jardins publics, et le soir il s'occupait des approvisionnemens de la cité.

Au milieu de tous ces soins d'administration et de guerre, il n'oubliait pas mademoiselle de Pons, qui le trahissait pendant qu'il conquérait un royaume pour elle; et ayant appris que la reine avait forcé celle qu'il aimait d'entrer dans un couvent à cause de ses scandaleux amours, M. de Guise écrivit à Mazarin une lettre qui n'est pas un des monumens les moins curieux de cette étrange histoire.

LE DUC DE GUISE A M. LE CARDINAL MAZARIN.

Naples, 28 février 1648.

Monsieur,

« Si la passion que j'ai toujours eue, et que je conserve plus violente et plus fidèle que jamais, pour mademoiselle de Pons, n'était assez connue de votre éminence, elle pourrait s'étonner que, dans l'état où je me trouve, je me remisse, pour ce qu'elle pourra apprendre des affaires d'ici, sur M. le marquis de Fontenay, et que je ne l'entretinsse que de mes malheurs. C'est un effet du désespoir où je suis, que je ne puis avoir sentiment pour quoi que ce puisse être, lui faisant une confession très-véritable que ni l'ambition, ni le désir de m'immortaliser par des actions extraordinaires, ne m'a embarqué dans un dessein aussi périlleux que celui où je me trouve; mais la seule pensée, faisant quelque chose de glorieux, de mieux mériter les bonnes grâces de mademoiselle de Pons, et d'obtenir, pour l'importance de mes services, que la reine considérant davantage elle et moi, je puisse, après tant de périls et de peines, passer doucement avec elle le reste de mes jours. Mes espérances sont trompées, et je me plains avec raison de me voir abandonné de la protection de votre éminence dans le temps où, en ayant le plus besoin, je me tenais le plus assuré. J'ai hasardé ma vie dans le passage sur la mer ; j'ai réduit dans ce parti quasi toutes les provinces de ce royaume; j'ai maintenu la guerre quatre mois sans poudre et sans argent, et réduit dans l'obéissance un peuple affamé, sans avoir pu lui donner, en tout ce temps, que deux jours de paix ; j'ai cent fois évité la mort, et par le poison et par les révoltes;

tout le monde m'a trahi, mes domestiques même ont été les premiers à tâcher de me détruire; la flotte n'a paru que pour m'ôter la créance parmi les peuples, et, par conséquent, le moyen de servir; et, parmi tous ces embarras, ne subsistant que par mon courage et ma résolution, au lieu de m'en savoir gré et de me donner courage de continuer ce que j'ai si heureusement commencé, et où je puis dire sans vanité que tout autre que moi aurait échoué, l'on me persécute en ce que j'ai de plus cher et de plus sensible, l'on tire avec violence une personne que j'aime d'un couvent où je l'avais priée de se retirer; et, durant le temps que je hasarde ma vie, l'on m'ôte la seule récompense que je prétendais de tous mes travaux; on la renferme, on la maltraite, et l'on me donne le plus sensible témoignage de haine que l'on me pût donner. Ah monsieur! s'il reste à votre éminence quelques sentimens de l'amitié qu'elle m'a promise et du service que je lui ai voué, remédiez à ce déplaisir; faites-moi voir, en ce point seul, quelle est son amitié et son estime pour moi, et, en toute autre chose, je lui ferai voir que jamais homme ne lui fut si véritablement acquis. Sans cela, ni fortune, ni grandeur, ni même vie, ne me sont pas considérables; je me donne tout-à-fait au désespoir; et si je vois qu'il ne me reste plus d'espérance d'être heureux un jour, renonçant à tous les sentimens d'honneur et d'ambition, je n'aurai de pensées au monde que celle de périr et de ne pas survivre à une telle affliction qui me fait perdre et le repos et la raison. J'ose me permettre que ma conservation est assez chère à votre éminence pour ne pas voir la perte de la personne du monde qui, malgré les justes sujets qu'elle a de se plaindre, ne laisse pas d'être plus véritablement, monsieur, votre très-obéissant et très-affectionné serviteur,

« Le Duc de Guise[1]. »

On était en mars 1648 : il y avait près de cinq mois que le duc de Guise commandait à Naples, et malgré tout son courage il était encore au même point. Un coup de main avait suffi pour enlever Naples, mais il eût fallu pour la conserver la coopération franche et vigoureuse de la France : le génie de Henri de Lorraine s'était épuisé dans des combats sans résultats décisifs, et dans des détails d'administration presque domestique. En

[1] Nous avons emprunté cette lettre, ainsi que plusieurs autres passages, à l'intéressante histoire du duc de Guise à Naples.

révolution, ne pas avancer c'est reculer : les chefs subalternes qui servaient sous le duc de Guise se lassèrent d'un dévouement sans récompense; la populace se répandit en meurtres et en pillage; il fallut la punir, et le duc de Guise, devenu juste et sévère, devint odieux. Cependant Don Juan d'Autriche et le duc d'Ognate, successeurs du duc d'Arcos, travaillaient l'esprit des Napolitains par l'or et les promesses; ils en vinrent même jusqu'à négocier avec le duc de Guise, et à lui offrir, s'il voulait se retirer, l'île de Sardaigne pour apanage. Le duc répondit qu'en venant à Naples, son parti était pris de périr ou d'ôter cette couronne aux Espagnols. On eut recours à la trahison. Don Juan d'Autriche fit mine de vouloir fortifier la petite île de Nisida, située à quelque distance de Naples; le duc de Guise, voyant l'importance que l'ennemi attachait à cette place, résolut de s'en emparer : il partit donc de Naples le 5 avril 1648, et fit voile vers Nisida; mais pendant son absence, ses capitaines, vendus à l'Espagne, ouvrirent les portes de Naples à Don Juan. A cette nouvelle le duc de Guise revint en toute hâte. Quand il arriva au galop près du pont de la Madeleine, il aperçut l'étendard espagnol flottant sur tous les monumens publics, et il entendit le peuple crier : « Vive le roi d'Espagne, et meure le duc de Guise! » C'est par ce pont qu'il était entré à Naples cinq mois auparavant, plein d'enthousiasme, de joie, et croyant déjà voir une couronne sur la tête de mademoiselle de Pons. Il repartit à l'instant avec quelques cavaliers; mais assailli, près de Capoue, par les troupes espagnoles, après des prodiges de valeur, il fut obligé de se rendre à Don Ferdinand de Montalvo. Il fut conduit à Naples. Le comte d'Ognate opinait pour qu'on le mît à mort; Don Juan d'Autriche s'y opposa, et quelque temps après, au milieu du mois de mai, une galère transporta prisonnier en Espagne Henri de Lorraine, duc de Guise, petit-fils du Balafré.

Philippe IV étant mort quelques années après cette révolution, laissa sa couronne chancelante à son fils Charles II. Charles II, débile, expirant, sans héritiers, vit s'agiter autour de son lit de mort toutes les puissances européennes qui se partageaient déjà les lambeaux de son empire. Son testament mit fin à toutes les rivalités. Il nomma pour son successeur Philippe, petit-fils puîné de Louis XIV et de sa sœur. Tout le monde connaît la longue guerre de la succession d'Espagne. Le royaume de Naples fut pris par l'empereur d'Autriche, puis rendu à l'Espagne par le traité de Vienne ; et Philippe V, le détachant à jamais de sa couronne, le donna à son fils Don Carlos, qui régna sous le nom de Charles III. Délivré enfin de l'oppression des vice-rois, ce malheureux royaume respira après tant de siècles d'anarchie et de guerre. Charles III était éclairé, humain, ami des arts. Il avait amené de Toscane un jurisconsulte habile, nommé Tannuci, dont il fit son premier ministre. La justice se régularisa ; Naples s'embellit, les charges de l'état s'allégèrent, le commerce reprit son cours ; malheureusement Charles, au milieu de ses projets d'embellissemens, et voulant conserver la paix à tout prix, ne songea ni à réparer les places fortes, ni à établir une armée, et son fils Ferdinand IV paya chèrement son imprévoyance.

Philippe V mort, Charles III fut appelé à la couronne d'Espagne, et laissa son fils, âgé de huit ans, roi de Naples, avec un prince imbécile pour gouverneur, et Tannuci pour premier ministre et pour guide. Pendant toute la minorité, Charles III régna de fait dans le conseil du royaume de Naples (1783).

Arrivé à dix-huit ans, le jeune prince épousa Marie-Caroline d'Autriche, fille de Marie-Thérèse, sœur de Marie-Antoinette, belle, jeune, altière, croyant beaucoup honorer un roi de Naples en le prenant pour mari ; Caroline arriva résolue à régner seule. Ferdinand, sans instruction, sans caractère, n'aimait que la chasse, la pêche, et les disputes sur le môle avec les pêcheurs ; du reste, plein de saillies originales et étranges ; bouffon, railleur, sachant la langue du port mieux qu'aucun marinier de Pausilippe à Portici ; c'était *il Pulcinella* sur le trône. L'Autriche avait mis, comme convention dans le contrat, que la princesse, à la naissance d'un fils, aurait entrée dans le conseil. Elle y entra, chassa Tannuci, et fit venir de Toscane le chevalier Acton, Irlandais de naissance, aventurier, qui devint son amant et son esclave. Marie-Caroline n'avait que deux sentimens dans le cœur : haine et peur de la France, défiance du peuple de Naples. Toute sa conduite est là. Acton et elle voyaient partout des jacobins et des conspirations. Les jeunes gens avaient l'habitude d'aller le soir, à cheval, sur la belle promenade de Chiaja ; la reine prétendit qu'ils voulaient renouveler les courses olympiques, et les promenades furent défendues. Quelques jeunes gens enthousiastes, la tête pleine des événemens de la France, en parlaient à leurs maîtresses et à leurs perruquiers [1] ; on institua une junte d'état contre ceux qui parlaient. Guidobaldi, Castelcicala et Vanni furent mis à la tête de ce tribunal. On inonda la ville d'espions et de délateurs, et la reine déclara un jour qu'elle détruirait cet antique préjugé qui réputait infâme le métier d'espion. Vanni était un homme concentré en lui-même, le visage livide comme la cendre, le pas irrégulier et brusque comme le saut d'un tigre ; il n'avait jamais pu habiter plus d'une année dans une même maison ; et encore dans cette maison changeait-il toujours de chambre, comme le tyran d'Agrigente ; ambitieux, cruel, et outre cela enthousiaste, il croyait à tous les crimes qu'il inventait, et le meurtre était pour lui comme une religion.

En quatre ans, près de vingt mille individus furent jetés dans les prisons, et au bout de quatre ans on fut forcé de les relâcher tous, parce qu'on n'avait pu leur trouver aucun crime ; la clameur publique s'éleva alors avec tant de force contre Vanni, que la reine fut obligée de le déposer et de l'exiler de la capitale. La cour tenta d'adoucir en secret son exil, mais il ne le voulut pas ; cette âme, qui avait de la foi dans le crime comme on en a dans la vertu, tomba dans une sombre et misanthropique mélancolie. Craignant l'arrivée des Français dans le royaume de Naples, il demanda à la cour un asile en Sicile ; cet asile lui fut refusé ; le désespoir le prit, et il se tua. Avant de se tuer il écrivit un billet dans lequel il disait : « L'ingratitude d'une cour perfide, l'approche d'un ennemi terrible, le manque d'asile, m'ont déterminé à m'ôter une vie que je ne pouvais plus supporter ; qu'on n'accuse personne de ma mort. »

Nous avons dit que Caroline se défiait de son peuple, et qu'elle le haïssait croyant en être haïe ; aussi de tous côtés elle appela des étrangers pour remplir les places du royaume : dans l'armée les officiers étaient tous des Autrichiens, des Anglais, ou des Hollandais, et les Napolitains vieillissaient vingt ans dans les rangs subalternes. Acton avait été chargé de recréer une marine à Naples. La position de la ville, les incursions perpétuelles des corsaires barbaresques, demandaient une foule de petits vaisseaux lestes et légèrement armés : Acton fit construire d'énormes bâtimens qui n'étaient bons ni pour la guerre ni pour le commerce. Naples possédait sept banques qui contenaient des dépôts d'argent faits par les particuliers ; treize millions de ducats, ainsi dé-

[1] *Saggio sulla rivoluzione di Napoli.*

posés, et vingt-quatre millions fournis par le gouvernement formaient un fonds inaliénable sur lequel reposait la confiance publique; Acton et la reine forcèrent ces banques à des prêts qui les ruinèrent, et avec elles, le peuple. Le commerce des grains avec la France fut défendu ; on institua un impôt pour la croisade : des chevaliers de l'ordre de Constantin ayant imaginé je ne sais quelle parenté entre Ferdinand IV, grand-maître de l'ordre, et saint Antoine, la reine déclara, d'après leur avis, que tous les biens qui étaient sous l'invocation de ce saint appartenaient au roi, et l'on expulsa les propriétaires.

Jusqu'à ce moment, la cour de Naples, par peur, avait observé assez strictement la neutralité avec la France; mais Nelson, après la victoire navale d'Aboukir, étant revenu à Naples, la reine, ivre de joie, croyant déjà la France perdue, reçut Nelson comme un sauveur et un dieu, et n'attendant pas même la coopération de la Russie et de l'Autriche, elle résolut la guerre malgré presque tous ses ministres, et à l'insu du roi. On leva soixante-dix mille hommes. Mack, général autrichien, fut appelé pour les commander, et le jour du départ, Caroline, à cheval, en amazone, parcourant les rangs, radieuse, leur donna rendez-vous à Rome au bout de cinq jours. L'armée, divisée en sept colonnes, partit par sept chemins différens. Quelque temps auparavant, Ferdinand, rencontrant dans la ville de Naples les soldats qui s'exerçaient, leur demanda contre qui ils allaient marcher. — Contre les Français. — Eh bien ! mes enfans, vous allez être bien étrillés.

Mack, malgré la pluie, les routes rompues, le manque de vivres, courut comme un fou jusqu'à Rome, et y arriva en cinq jours. Championnet, qui n'avait que douze mille hommes sous ses ordres, abandonna la ville; mais quelques jours après il mit toute l'armée napolitaine en déroute, et Mack n'eut pas d'autre ressource que de courir en arrière comme il avait couru en avant. Ferdinand, qui l'avait accompagné à Rome, faillit être pris, se sauva comme lui, et fut sur le point de fuir jusqu'à son troisième royaume de Jérusalem, pour trouver un asile. Quant à Mack, sans s'arrêter à défendre ni le passage du Garigliano, ni Capoue, ni Gaète, il se rendit au camp de Championnet et lui remit son épée. — Général, lui répondit le Français, il m'est défendu de recevoir des présens de fabrique anglaise.

Quand cette armée, qui était partie quelques jours auparavant si brillante et si hautaine, rentra dans Naples, dispersée, battue, honteuse, la terreur s'empara de toute la cour. On appela la population aux armes; la reine fit afficher des proclamations où l'on rappelait aux Napolitains qu'ils descendaient des Samnites et des Romains. Le peuple se porta en foule au palais pour avoir des armes, et l'on profita des désordres de la populace pour engager le roi à quitter la ville. La fuite fut résolue. On embarque sur des vaisseaux anglais et portugais les meubles les plus précieux du palais de Caserte et de Naples, les raretés les plus recherchées des cabinets de Portici et de Capo di Monte, les joyaux de la couronne, vingt millions, beaucoup de pierres précieuses non enchâssées, et cette lâche cour se sauve à la faveur de la nuit, laissant l'ennemi aux portes de la capitale et le peuple en armes au dedans. Le comte Pignatelli était nommé gouverneur. Je ne peux mieux caractériser ce départ qu'en empruntant le récit du spirituel roman de M. Delatouche.

« Ferdinand se montra au balcon avec l'amiral Nelson.

— «Napolitains, je demeure au milieu de vous ; je veux partager vos périls, et vous me verrez mourir à votre tête avant qu'on puisse entrer dans cette sainte capitale !

— Bravo ! Vive à jamais notre souverain légitime !

— Amiral illustrissime, vous êtes certains que la retraite est assurée d'ici au vaisseau de mon cousin Georges III ?

— *Yes, gracious King.*

— Napolitains, j'ai nommé Pignatelli mon vicaire-général, mais je ne cesserai pas moi-même de veiller à votre conservation.

— Ainsi soit-il !

— Je crois qu'ils se moquent de moi : allons-nous-en, monsieur le duc.

— *What says your majesty ?*

— Que je vous fais duc de Bronte si nous nous retirons sains et saufs.

— *A little patience, and dignity !*

— Regardez cette canaille qui croit que je suis enchanté d'être l'objet de ses criailleries. Ne feriez-vous pas mieux, fainéans, d'aller essayer de dérouiller vos hallebardes et faire raccommoder vos chausses si vous en avez.

— Vive le roi ! le roi et sainte Marie du mont Carmel !

— Oui, oui ; mais vous crieriez plus fort si on me

menait pendre, où seulement si *monsiou* Championnet était ici à ma place. »

« Et sa majesté bouffonne se rapprocha alors des balustrades, et envoya autour d'elle des baisers au bout de ses doigts.

«— Je vous méprise comme une troupe de bassets qui a perdu la piste. » Enfin posant une de ses mains sur sa poitrine, tandis qu'il laissait doucement glisser l'autre le long de ses reins :

«— Je vous porte tous dans mon cœur, mes enfans ! »

Tout le monde comprit que la farce était jouée.

Le roi parti, la populace, qu'il avait fait lever en masse sous prétexte de défendre Naples, resta maîtresse de la ville. On dit que la reine, en s'éloignant, avait laissé à Pignatelli l'ordre d'exciter l'anarchie, de pousser le peuple à brûler Naples et de faire tuer toutes les personnes qui étaient au-dessus du rang de notaire. Ses ordres furent bientôt exécutés : nos massacres de septembre peuvent seuls donner l'idée de ces horribles journées : les lazzaroni incendièrent toutes les barques canonnières, les vaisseaux, les palais ; des hordes forcenées parcouraient la ville en criant : « Vive la foi sainte ! vive le peuple napolitain ! » Le comte Pignatelli s'enfuit comme le roi. Les républicains et les hommes paisibles s'efforçaient en vain de rétablir l'ordre ; le sang coulait à flots ; les Français étaient aux portes de la ville, et la moitié des citoyens voulaient la leur livrer ; mais les lazzaroni, aussi inflexibles au combat qu'au meurtre, défendaient leurs murailles avec acharnement. Enfin l'on introduisit Championnet dans le fort Saint-Elme, et Naples fut à nous. Notre rôle était difficile dans cette capitale : devions-nous la traiter en vainqueurs ou en libérateurs ? Nous ne sûmes être ni l'un ni l'autre : rien ne fut inepte, barbare et cruel comme la France ou plutôt le directoire, à Naples, car c'est lui qui ordonnait tout. Nous entrons en criant les grands mots de république et de liberté ! Nous voilà posés en affranchisseurs des nations ! Pour remplir cette mission à Naples, que fallait-il ? Se faire napolitain, s'appuyer sur le peuple, entrer dans ses besoins, dans ses coutumes, présider, l'arme au bras, comme des protecteurs, à son développement national, monter la garde à l'entrée de son Forum, pour en assurer les délibérations. Au lieu de cela qu'avons-nous fait ? Nous sommes entrés militairement dans ses assemblées, nous avons pris les premiers siéges, nous nous sommes faits présidens, nous avons implanté de force la France dans Naples : la France

était divisée en départemens, on divisa le royaume de Naples en départemens, sans consulter les coutumes, ni le langage, ni les produits, ni la position matérielle des lieux ; les populations de la Pouille appartinrent aux Abruzzes ; une terre qui était à trois ou quatre milles d'un chef-lieu de département dépendit d'un autre qui se trouvait à cent milles ; d'autrefois on choisit pour chef-lieu une montagne, une vallée presque déserte, ou bien encore un canton ayant un double nom appartenait à deux départements à la fois ; on établit des clubs, on envoya dans les provinces des démocratisateurs, comme le Comité de salut public envoyait des commissaires *pour faire l'esprit public* ; on abolit les fêtes religieuses qui sont la moitié de l'existence à Naples ; on força ces pauvres Napolitains à vivre le jour, en les empêchant de se promener et de chanter le soir sur le bord de la mer : barbares que nous étions de traiter ces ardens méridionaux comme Guillaume le Conquérant traitait les Bretons, et de transporter à Naples le couvre-feu de Londres la brumeuse, comme si la nuit n'était pas le paradis de Naples. Les biens du roi furent déclarés fruit de la conquête, quoique la moitié de ces biens eût été volée par le roi sur le peuple ; une taxe de deux millions et demi dut être levée en deux mois, et au lieu de la faire peser en proportion de la fortune, on *taxa l'opinion* : de sorte que tel habitant, avec vingt mille ducats de rente, payait moins que cet autre avec mille... Il est vrai qu'en compensation on faisait des déclarations des droits de l'homme, et des affiches en gros caractères, où il était écrit : « *Napolitains, vous êtes libres ! votre Claude s'est enfui,... Messaline tremble*,... etc., etc... Pauvre peuple ! il lui aurait fallu apprendre d'abord l'histoire romaine pour comprendre son bonheur !

Tant d'impéritie reçut bientôt son prix. Le gouvernement provisoire ne s'était pas plus occupé des provinces que si elles n'avaient pas existé ; la contre-révolution s'organisa dans les provinces.

Pendant que la cour, réfugiée en Sicile, vivait sous la tyrannie de l'Angleterre, tyrannie qui s'appelait une sauvegarde, un vieillard infirme, célèbre par ses connaissances en économie politique et par son amour des plantes rares, le cardinal Ruffo, se jeta en Calabre pour y établir un foyer de résistance à la république. Ruffo était né dans la Calabre, sa famille y était riche et puissante ; il recruta quelques volontaires parmi ses compatriotes ; puis, autour de son crucifix et

de son épée, vinrent se presser les restes de l'ancienne armée, les hommes d'armes des barons, les soldats des tribunaux, tous gens que la république avait repoussés ; puis encore les brigands, dont le métier était perdu, les forçats libérés, les hommes condamnés à mort, à qui il promettait le pardon et le pillage. Ruffo était brave, actif, et de plus prêtre, ce qui était un grand titre auprès de ces populations pleines de foi. Il s'empara de Catanzaro, de Cosenza, de Paola ; il parvint ensuite à lier ses opérations avec celles des insurgés de Salerne, de Castel-Forte, de Sora : c'était Mannonè Gaëtano qui était à la tête de cette dernière insurrection. Mannonè avait été d'abord meunier. On ne peut pas imaginer un monstre plus horrible. En deux mois de commandement, dans une petite étendue de pays, il fit fusiller trois cent cinquante malheureux, outre le double peut-être qui fut tué par ses satellites. Je ne parle pas des saccagemens, des violences, des incendies ; je ne parle pas des prisons horribles dans lesquelles gissaient les malheureux qui tombaient entre ses mains, ni des nouveaux genres de mort que sa cruauté inventait.

Sa soif du sang humain était telle qu'il buvait tout celui des infortunés qu'il faisait massacrer ; « Moi qui écris, dit Guoco, je lui ai vu boire son sang après s'être fait saigner, et chercher avec avidité celui des personnes qui se faisaient saigner avec lui ; il dînait ayant sur sa table une tête fraîchement coupée, et buvait dans un crâne... » C'est à ce monstre que Ferdinand de Sicile écrivait : *Mon général et mon ami.*

Pour arrêter tant de maux, pour sauver tant de populations, que fit le gouvernement républicain? Ce qu'il fit?... Rien. Menthonè, ministre de la Guerre, prétendit qu'il n'y avait aucun danger, et que les rebelles n'oseraient pas attaquer Naples. On envoya bien Hector Caraffa dans la Pouille, et Schipani dans la Calabre ; mais Hector Caraffa fut rappelé promptement, et Schipani était un héros de théâtre beaucoup plutôt qu'un général propre à cette guerre de partisans. Sciarpa, un des plus terribles contre-révolutionnaires, lui ayant proposé de réunir ses troupes aux troupes républicaines, si on voulait lui payer sa trahison, Schipani répondit comme un Godefroy : « Je fais la guerre et non le commerce ; » et cependant, tandis que ce gouvernement inerte, sans volonté, sans courage, laissait saccager, sans les secourir, toutes ces belles provinces, une foule de villes abandonnées à leurs seules forces défendaient héroïquement la république et la liberté. Il faut que ces deux mots soient bien grands et bien divins pour enfanter tant de grandes choses chez le peuple, à qui il font si peu de bien ! Les populations du Cilento, Avigliano, Muro, Picerno, firent des prodiges de valeur contre Sciarpa. Les habitans d'Alta-Mura démolirent leurs maisons pour se défendre, envoyèrent leur argent à l'ennemi en guise de mitraille, firent fondre les plombs de leurs toits pour faire des balles; et, n'ayant plus une arme pour se défendre, refusèrent de se rendre et aimèrent mieux faire détruire leur ville. Mais que pouvaient faire ces malheureuses cités, seules, sans secours, contre ces milliers de brigands qui grossissaient chaque jour? Elles tombaient l'une après l'autre, et Ruffo s'approchait de plus en plus de Naples. Une heureuse imposture était encore venue le servir.

Il se trouvait à Tarente sept émigrés corses, qui s'y étaient rendus afin de se procurer une embarcation pour la Sicile. Craignant d'être arrêtés et de tomber dans les mains des Français, ils partirent la nuit du 8 février 1799 et se dirigèrent vers Brindes. Après plusieurs milles de route à pied, ils s'arrêtèrent dans un village appelé Montéasi ; là ils allèrent loger chez une vieille femme, à laquelle ils dirent, pour être bien servis, qu'ils avaient parmi eux le prince héréditaire. La vieille femme courut aussitôt chez un de ses parens, nommé Bonafede Girunda, un des principaux du village, et Girunda, se hâtant d'arriver près des Corses, s'agenouilla devant le plus jeune et lui rendit tous les hommages d'obéissance et de vasselage. Les Corses restèrent interdits, puis craignant de plus grands malheurs, ils partirent immédiatement sans attendre le jour. Girunda, averti par la vieille du départ du prétendu prince héréditaire, monta aussitôt à cheval pour le rejoindre ; mais il prit une route opposée, et ne l'ayant pas rencontré, il demandait à tous ceux qu'il trouvait sur son passage s'ils n'avaient pas vu le prince héréditaire avec sa suite. Ce bruit, s'étant aussitôt répandu partout, suffit pour faire prendre les armes à tous les pays par où il passa, et faire courir les populations à sa rencontre. Le prince supposé s'enferma dans le fort de Brindes et commença à expédier des ordres. Ruffo sut habilement légitimer sa contre-révolution par la présence de ce prince improvisé.

Enfin, le rappel de Macdonald dans la Haute-Italie détermina le succès du cardinal. Macdonald partit laissant une garnison de sept cents hommes dans le château Saint-Elme; mais au bout de quelques jours, Ruffo, maître de tous les abords de Naples, força la population républicaine à se réfugier dans le château de l'OEuf et dans le château Neuf. La vigoureuse résistance de cette poignée de braves engagea le cardinal à leur accorder une capitulation, qui promettait la vie sauve à tous les Napolitains.

Cette capitulation fut signée par le cardinal Ruffo, comme représentant le roi; par Micheroux, général de l'armée royaliste; par le commodore Food, commandant de l'escadre anglaise; et enfin par Mégeant, officier français laissé par Macdonald dans le château Saint-Elme, et garant de l'exécution du traité auprès des républicains de Naples.

La reine Caroline était alors à Palerme, se livrant aux dissolutions les plus infâmes. A la nouvelle de ce traité, elle entre dans une horrible colère: « Un roi, dit-elle, ne doit pas traiter avec ses sujets rebelles, et j'aime mieux perdre mes deux couronnes que de m'avilir jusqu'à accepter cette capitulation. » Mais comment faire pour rompre un traité si régulier et revêtu de tant d'augustes signatures? Rien n'est cruel comme un être débauché, et Caroline, pour satisfaire sa soif de sang, employa un moyen aussi vil que le crime où il devait la conduire était horrible: elle se servit pour cela de lady Hamilton, femme de l'ambassadeur à Naples. Voici ce qu'était cette femme:

Fille d'un pauvre domestique, elle avait été, dès l'âge de seize ans, servante à Londres; elle devint, peu après, femme de chambre d'une dame chez qui elle lut beaucoup de romans, fréquenta les spectacles et prit l'habitude de peindre parfaitement, par ses gestes et par ses attitudes, les différentes passions de l'âme. Disgraciée par sa maîtresse, elle tombe dans la misère et prend le métier de fille publique. Sa beauté la fait distinguer par un charlatan, qui l'offre, pour de l'argent, comme modèle aux artistes. Un peintre célèbre en devient amoureux, la reproduit, dans ses portraits, sous toutes les formes. Elle parvient à séduire lord Grenville, neveu du chevalier Hamilton, et en a plusieurs enfans. En 1789, Grenville, ruiné, l'envoie à Naples pour solliciter des secours de son oncle. Le chevalier Hamilton, épris de ses charmes, la garde auprès de lui, perfectionne son éducation, et finit par l'épouser en 1791 (elle pouvait avoir à cette époque vingt-six ans, et le chevalier en avait soixante).

A peine eut-il fait sa femme de cette prostituée, qu'elle devint la maîtresse de lord Nelson. La reine de Naples, qui avait d'abord été son ennemie, et même, dit-on, sa rivale, en fit sa favorite, et plus encore, car cette reine renouvelait dans notre siècle les débauches de Sapho. Lady Hamilton était de tous les soupers de Caroline avec Acton, et elle couchait souvent dans la chambre de la reine.

Ce fut à cette femme que l'épouse de Ferdinand s'adressa pour faire rompre la capitulation; elle l'envoya à Nelson, en lui disant d'employer toutes les ressources de sa beauté et de son art dans le plaisir, pour arracher au vieil amiral une protestation solennelle contre cet acte de clémence. Lady Hamilton, qui avait été en butte au mépris d'un grand nombre de Napolitains, saisit avec avidité cette occasion de vengeance; elle alla trouver Nelson, et Nelson, flétrissant toute sa gloire militaire par cette lâche condescendance, osa déclarer que la capitulation était nulle, parce qu'elle n'avait pas été ratifiée par lui, et qu'il n'en souffrirait pas l'exécution.

Les arrestations commençaient dans Naples; le départ des républicains qui étaient déjà embarqués fut suspendu; le lâche et infâme Mégeant, au lieu de se battre pour l'exécution du traité jusqu'à sa dernière cartouche, rendit les ôtages qui lui avaient été confiés, et signa la plus honteuse de toutes les capitulations: il promit de livrer les républicains qui s'étaient réfugiés dans le château Saint-Elme, et il les livra; on le vit parcourir les rangs de ses soldats et en faire sortir les malheureux qui s'y étaient cachés sous l'habit de Français. Il n'y a pas de paroles pour caractériser une telle infamie.

A peine les Français partis, la réaction la plus sanglante s'établit régulièrement et solennellement dans Naples: on institua une junte d'état, et le seul choix des chefs caractérise ce tribunal; ce furent: Guido Baldi, Sambuti et Speziale. Guido Baldi commença par faire un arrangement avec le bourreau. Comme il voulait faire tuer une immense quantité de personnes, il lui sembla qu'il était exorbitant de payer six ducats pour chaque tête coupée, et il trouva moyen d'obtenir une diminution en faisant substituer à ce salaire une pension annuelle: « C'est une grande économie, disait-il, parce que le bourreau aura de l'occupation tous les jours pendant dix ou douze mois. » Ensuite on fit la liste de tous les coupables. Furent déclarés criminels de lèse-majesté, au premier chef, ceux qui avaient occupé un emploi dans la république, ceux qui avaient tiré sur les lazzaroni pendant qu'ils pillaient et incendiaient Naples, ceux qui s'étaient fait inscrire dans les clubs, enfin tous ceux qui, d'une façon quelconque, avaient montré leur attachement à la république : c'était condamner la moitié de Naples. L'application de la peine fut aussi régulière que la peine était juste. On n'admettait pour les accusés, ni témoins, ni défenseurs ; on condamnait des enfans de douze ans. Un ou deux exemples donneront une idée des juges.

Parmi les hommes destinés à la mort était Nicolas Fiani, à qui l'on n'avait pu arracher un aveu et que l'on ne pouvait convaincre ; Speziale se rappelle que Fiani a été autrefois son ami, il le fait venir du fond de la prison où il languissait ; on l'amène devant lui, désenchaîné, non dans le lieu où se tenait la junte, mais dans ses appartemens. En le voyant entrer, les larmes de Speziale coulent ; il l'embrasse. « Pauvre ami, à quel état je te vois réduit ! Je suis fatigué de faire le bourreau je veux te sauver. Mais pour te sauver, il convient que tu me dises ce que tu as fait. Tu connais les accusations portées contre toi. Devant la junte tu as bien fait de les nier, mais ce que tu me diras à moi, la junte ne le saura pas... » Fiani a foi en ces paroles d'amitié, et Fiani avoue... « — Il faudrait que tu l'écrivisses ; cela me servirait pour me souvenir. » Fiani écrit, et quand il a fini, il est renvoyé à sa prison, et deux jours après il marche à la mort.

Speziale se plaisait à aller presque tous les jours dans les prisons, tourmenter ou opprimer, par sa présence, ceux qu'il ne pouvait encore faire mourir. Un soldat tua un pauvre vieillard qui, pour un instant, s'était approché d'une fenêtre afin de respirer un air moins corrompu ; les autres membres de la junte voulaient demander compte de ce meurtre : « Que faites-vous, dit Speziale : cet homme n'a fait que nous ôter l'ennui de prononcer une sentence. » La femme de Buffa lui recommanda son mari : « Votre mari ne mourra pas, lui dit Speziale, soyez tranquille, il ne sera qu'exilé. — Mais quand ? — Le plus tôt possible. » Les jours s'écoulaient et l'on n'avait pas de nouvelles de l'affaire de Buffa : sa femme retourna près de Speziale, qui s'excusa de n'avoir pas encore eu le temps de s'occuper de l'affaire du mari, et il la congédiait en confirmant ses espérances. « — Mais pourquoi insulter au malheur de cette femme ? » lui dit alors une personne qui était présente à ce discours : car Buffa était déjà condamné à mort ; mais sa femme ignorait la sentence. Qui peut décrire le désespoir, les lamentations, les larmes, les reproches, de cette infortunée ? Speziale, avec un sourire froid, lui dit : « Quelle femme affectueuse ! elle ignorait jusqu'à présent le sort de son mari. C'est justement là l'effet que je voulais voir : j'ai vu, tu es belle, tu es jeune, va chercher un autre mari, adieu. »

Tout ce qu'il y avait de noble, de grand, d'industrieux dans Naples, fut condamné. Il y eut plus de quatre-vingt millions de confiscation. Le brave Hector Caraffa, Domenico, Francisco Conforti ; Vincenzio, publiciste distingué ; le chevaleresque Schipani, l'évêque Troisé, Granale, et une foule d'autres, furent exécutés. Il n'y eut pas une branche des arts, des sciences, du commerce, de la guerre, qui ne fût frappée dans ses plus jeunes et ses plus belles espérances. Ceux que l'on ne pouvait convaincre de crime étaient condamnés de par Ferdinand, et le nom du roi, qui fait grâce dans tous les pays du monde, tuait à Naples. Eh bien ! parmi tant de victimes, pas une seule dont le courage ou le patriotisme se soit démentie devant l'échafaud ; mais il en est quelques-unes dont la conduite et le langage eurent plus d'éclat (plus d'énergie était impossible), et nous choisissons au hasard entre mille traits sublimes.

Cirillo fut amené devant le juge. On lui demanda quelle profession il avait sous la monarchie ; il répondit : « Médecin... — Sous la république ? — Représentant du peuple... — Et devant moi, qu'es-tu ? » Speziale croyait l'humilier. — « Devant toi ? Un héros ! »

Quand on annonça à Vitagliani son arrêt de mort, il jouait de la guitare ; il continua à jouer et à chanter jusqu'au moment de son supplice. En sortant de la prison, il dit au geôlier : « Je te recommande mes compagnons ; ce sont des hommes, et tu pourrais un jour être malheureux comme eux. »

« Je t'enverrai à la mort, dit Speziale à Velasco... — Toi ? Je mourrai, mais ce n'est pas toi qui me feras mourir ! » Ainsi parlant, il mesure de l'œil la hauteur d'une fenêtre qui était dans la salle du tribunal, et se précipita sur le pavé, laissant Speziale interdit à la vue de tant de courage et désespéré d'avoir perdu sa victime.

Personne ne déploya plus de sang-froid que Grimaldi : quoique son arrêt fût prononcé, il fut tenu dans les fers plus d'un mois après sa condamnation. Enfin l'ordre fatal arriva : il était nuit ; une compagnie de Russes le transporte de la prison au lieu de l'exécution ; il a le courage d'échapper à ses gardes, se défend contre tous les soldats, se rend libre et se sauve. La troupe le suit en vain pendant près d'un mille, et elle ne l'aurait certainement pas rejoint si, au lieu de fuir, il n'eût cru plus prudent de se cacher dans une maison dont il trouva la porte ouverte. La nuit était obscure et orageuse ; une lampe le trahit, et il fut découvert par un soldat qui le suivait de loin. Quand on le rejoignit il désarma deux soldats, et l'on ne put le prendre que lorsqu'il tomba couvert de blessures et à demi-mort.

Caracciolo Francisco était, sans contredit, un des premiers génies militaires de l'Europe. Il avait commencé à donner une marine à Naples. La nation l'adorait, le roi l'aimait, mais Nelson le haïssait ; il fut condamné. Il était sur le quai, causant de la construction d'un vaisseau anglais qui était devant lui, on vint lui annoncer sa condamnation à mort ; il poursuivit tranquillement sa conversation. Un marinier avait reçu l'ordre de préparer le supplice, la pitié l'en empêchait ; il pleurait sur le sort de ce général, sous les ordres duquel il avait servi : « Courage, lui dit Caracciolo : est-ce qu'un marin pleure lorsque son maître meurt ? » Caracciolo fut pendu comme un infâme aux antennes de la frégate la *la Minerve*, et son cadavre jeté à la mer. Le roi était à Ischia et vint le jour suivant loger dans le vaisseau de l'amiral Nelson. Au bout de deux jours, le cadavre de Caracciolo apparut sur l'eau aux yeux du roi, qui recula d'épouvante en reconnaissant son ancien ami... Ses restes furent recueillis par les mariniers, qui l'avaient tant aimé, et les honneurs funèbres lui furent rendus dans l'église de Sainte-Lucie, qui était près de sa demeure. Cette cérémonie était d'autant plus belle, qu'elle n'avait aucune espèce de faste, et qu'elle eut lieu en dépit de ceux qui alors pouvaient tout conduire ; elle fut accompagnée des larmes sincères de tous les pauvres habitans de ce quartier, qui considéraient Caracciolo comme leur ami et leur père.

Enfin, les femmes voulurent avoir aussi leur part de martyre et de gloire dans cet holocauste de toutes les supériorités. Pimentel Eleonora Fancesa est la madame Roland de la révolution de Naples : belle, jeune, élève de Métastase, faisant des vers pleins de grâce et d'âme, elle s'enflamma d'enthousiasme pour la république dès que ce mot eut retenti dans l'air napolitain. Au moment de la première arrivée des Français, en 1799, elle se travestit en matelot ; et, mêlée à beaucoup de patriotes, s'introduisit dans le château Saint-Elme, qui fut livré par eux aux Français :

elle croyait alors que *France* et *liberté* étaient deux mots synonymes. Pendant la république, ce fut elle qui écrivit le *Moniteur napolitain*, journal plein du patriotisme le plus ardent et le plus élevé. Au retour de Ferdinand, ces écrits devinrent un crime, et on envoya Eleonora à l'échafaud. Avant d'y marcher, elle voulut boire du café, et dit : *Forsan hæc olim meminisse juvabit*.

Je m'arrête, non parce que les faits manquent, mais parce que les morts héroïques abondent trop dans cette sanglante année. C'est ainsi que Ferdinand et Caroline rentrèrent dans leur royaume. Et au bout de quelques jours, Acton aurait pu dire : *Le calme règne à Naples*.

C'était une époque terrible pour les rois qui n'aimaient pas les voyages, que la fin du xviiie siècle et le commencement du xixe ; les souverains étaient toujours sur la grande route, jetant leur couronne en se sauvant, comme l'amant d'Atalante ses pommes d'or, pour arrêter ceux qui les ramassaient. Ferdinand était à peine rétabli sur son trône, qu'une nouvelle trahison de sa femme, la reine Caroline, attira la colère de Napoléon sur le royaume de Naples. En quelques jours, une armée française traverse les États Romains, arrive aux portes de Naples. Ferdinand reprend le chemin de la Sicile, et Joseph Bonaparte, accompagné de Masséna, prend possession, comme général, de cette ville où il fut roi quelques jours après. Mais cette couronne n'était pour lui qu'une pierre d'attente ; et nommé bientôt roi d'Espagne, il écrivit de Bayonne à sa bonne ville de Naples, pour lui *faire part* que son cher beau-frère, Joachim Murat, était nommé par l'empereur pour le remplacer : on eût dit une circulaire. Murat, après s'être fait précéder d'une proclamation où il annonçait son arrivée au milieu de ses peuples, *avec son auguste épouse, le prince royal, Achille Napoléon, et sa petite famille, qu'il lui était doux de confier à leur amour et leur fidélité*, entra dans cette ville de soleil, tout brillant de broderies, d'or, de plumes, avec un immense état-major, faisant résonner le pavé sous les pieds de tous ces chevaux piaffans et caparaçonnés, et la ville le reçut avec des acclamations unanimes, comme depuis quinze cents ans elle recevait tous les souverains qui lui venaient de l'étranger. Cependant, à dire vrai, ce roi-Franconi convenait merveilleusement à Naples ; mais l'enthousiasme du peuple ne dura pas long-temps : nous étions toujours les mêmes vainqueurs, égoïstes et tyrans. En 1799, démocrates et républicains, nous avions

FEMME D'ISCHIA.

enfoncé de force, dans le sol napolitain, notre arbre de la liberté, et nous avions pendu ceux qui ne saluaient pas en passant devant. En 1805, impérialistes et conquérans, nous greffâmes violemment le gouvernement militaire sur cette Naples si joyeuse, si insouciante, si amoureuse de sa mer et de son carnaval. Le despotisme de la moustache devint intolérable dans cette malheureuse ville: pour qui ne traînait pas un grand sabre sur les pavés de la Chiaja, il n'y avait qu'humiliations et qu'injustices. Dans les provinces, les commandans militaires étaient de vrais despotes: pas d'autres lois que leurs caprices. Dans la cité, la garde particulière du roi se permettait toutes espèces de violences ; on vit des officiers de police assaillis à leur poste par des officiers de la garde, liés par eux, traînés à travers les rues les plus peuplées jusque sous les fenêtres du palais royal; et là, dépouillés de leurs vêtemens et fouettés, parce qu'ils avaient ordonné l'arrestation d'un des compagnons de ces officiers qui troublait une fête publique.

On ne peut nier, cependant, que Murat n'ait fait quelque bien dans le royaume de Naples. C'est lui qui détruisit les brigands de la Calabre: il enleva Capri à sir Hudson Lowe, et pendant les quelques années de son règne, il ordonna les fouilles immenses à Pompéi; mais son gouvernement péchait par la base, il ne tenait pas au sol: c'était comme une excroissance sur le royaume, qui ne s'incorporait pas à sa chair et à ses os; c'était toujours la France substituée à Naples. On sait qu'après la campagne de Russie, Murat abandonna l'empereur, et fit un traité avec l'Angleterre et l'Autriche contre la France; il adressa à son armée une proclamation où il expliquait ce changement de conduite; il faut lire dans le *Mémorial de Sainte-Hélène* les paroles amères avec lesquelles l'empereur parle de cette proclamation.

« Il est impossible, dit-il, de concevoir plus de turpitude que n'en contenait la proclamation de Murat en se séparant du vice-roi. Il est dit que le temps est venu de choisir entre deux bannières, celle du crime et celle de la vertu : c'était ma bannière qu'il appelait criminelle, et c'est Murat, mon ouvrage, le mari de ma sœur, celui qui me doit tout, qui n'eût rien été sans moi, qui n'est connu que par moi, qui écrivit cela. Il est difficile de se séparer du malheur avec plus de brutalité, et de courir, avec plus d'impudeur, au-devant d'une nouvelle fortune. »

Voici cependant une lettre que nous tirons de la *Revue rétrospective*, et qui présente la position de Murat sous un jour intéressant. C'est, du reste, un monument curieux de la faiblesse de caractère, de la versatilité d'idées, et en même temps de la bonté tendre de cet homme si gigantesque sur le champ de bataille.

« Ma chère sœur, je ne saurais vous exprimer le bonheur que m'a fait éprouver votre lettre du 9, de Nice, que la grande-duchesse de Toscane vient de m'adresser. Quand me sera-t-il permis de vous exprimer de vive voix tous les sentimens qui m'agitent en ce moment ? Comment vous peindre mes tourmens et l'horreur de ma situation ? Je laisse à votre âme sensible, à votre constante amitié pour moi, à l'apprécier. Elle ne la supposera jamais aussi affreuse qu'elle l'est en effet. L'empereur est aux prises avec les alliés, la France est malheureuse, et tout me fait un devoir de ne pas aller mourir pour les défendre, tout m'attache à ma nouvelle patrie : le sort de mes enfans, celui de mes sujets l'a emporté ; je suis resté pour eux, et, en apparence, contre l'homme que je révère, et que j'aime encore plus. Cependant, je ne suis pas encore ennemi, et j'espère que la paix viendra avant que le roi de Naples ait pu se décider à agir. Ah! ma sœur, plaignez-moi ! Vous m'aimez, et vous savez combien j'aime l'empereur ! Je lui ai proposé de sauver l'Italie en la rendant indépendante : on n'a jamais répondu, quand, d'un autre côté, les alliés me demandaient de m'expliquer, et me menaçaient du renversement du trône de Naples.

« J'avais rempli envers la France, envers l'empereur, les devoirs de la reconnaissance ; j'ai dû remplir ceux de roi, ceux de père ; j'ai dû sauver mes enfans, quand je me serais perdu sans résultat et pour eux et pour la France. Ah! ma chère sœur, plaignez-moi ; je suis le plus malheureux des hommes ! Que de larmes je verse !

« Si vous voulez venir à Naples, je vous enverrai prendre par une frégate, ou de la manière que vous le désirerez ; ordonnez. Combien, Caroline, combien mes enfans seraient heureux de vous embrasser ! Adieu, ma bonne et tendre sœur; rappelez-vous que vous avez et aurez toujours en moi un ami à toute épreuve, un ami qui vous aimera toute sa vie. Ne cessez pas d'être bonne pour moi; n'imitez pas Camille ; je lui ai écrit à Turin, il n'a pas daigné me répondre.

« Adieu, j'embrasse la plus belle, la meilleure des sœurs. »

Son repentir répara bientôt son ingratitude, et

sa mort l'efface ensuite. Napoléon étant parti de l'île d'Elbe, Murat rompit tout lien avec les alliés, se déclara pour l'empereur, et, à la tête d'une forte armée de Napolitains, s'avance dans la Haute-Italie pour la faire soulever en faveur de la France contre l'Autriche ; mais, battu par Bianchi à Tolentino, il s'enfuit de place en place, et, le 19 avril, rentra au milieu de la nuit, désespéré, honteux, avec quelques compagnies de sa garde qui le précédaient, et qui traversèrent silencieusement les rues en se rendant à leurs casernes. Le lendemain, il fit afficher dans toutes les rues une constitution en 188 articles (il y avait huit ans qu'il la promettait) ; puis, se travestissant en matelot, il se rendit secrètement dans l'île d'Ischia, et de là en France. La traversée fut fort pénible, et au milieu d'une bourrasque, il s'écria : « Il nous fallait bien aussi une petite tempête ! »

A peine eut-il abordé à Cannes qu'il lui fallut se cacher pour échapper à la fureur des réactionnaires du Midi. Il se retira dans les bois, où des amis sûrs lui apportaient de la nourriture et des vêtemens. Fatigué de cette vie de craintes, Murat se réfugia en Corse, où il trouva quelques-uns de ses anciens compagnons d'armes. Il crut qu'avec leurs secours, il pourrait reconquérir son royaume, et fréta cinq petits bâtimens sur lesquels il se proposa de passer en Calabre. Tel n'avait pas d'abord été son projet. M. Macirone avait été chargé par lui de demander un asile à l'Autriche. Ce négociateur était parvenu, non sans beaucoup de démarches et de soins, à obtenir du prince de Metternich un acte authentique par lequel l'empereur accordait à Murat un asile dans ses états, sous les conditions suivantes :

1° Qu'il prendrait un nom particulier ;

2° Qu'il fixerait son séjour dans une ville de la Bohême ou de la Haute-Autriche ;

3° Qu'il s'engagerait à ne pas quitter les états autrichiens sans le consentement de sa majesté. Il obtint de plus pour le roi détrôné des passeports signés des ministres des puissances alliées alors à Paris.

Lorsque M. Macirone put parvenir à lui remettre cette autorisation et ce passeport, Murat était sur le point de s'embarquer avec le petit nombre de braves qui devaient l'accompagner dans sa périlleuse expédition. Murat lui répondit qu'il était venu trop tard, que le sort en était jeté, qu'il exposerait à la vengeance du gouvernement français ses généreux compagnons d'armes. En vain M. Macirone fit de nouveaux efforts pour le déterminer à renoncer à sa téméraire entreprise. Voici un extrait de la lettre que lui envoya le vice-roi :

« J'apprécie la liberté au-dessus de tout autre bien... Quel traitement puis-je attendre de ces puissances qui m'ont laissé, pendant deux mois, sous les poignards des assassins de Marseille ?..... Errant dans les bois, caché dans les montagnes, je ne dois la vie qu'à la généreuse compassion que mes malheurs ont excitée dans l'âme de trois officiers français ; ils m'ont transporté en Corse, au plus grand péril de leurs jours.

« Je n'accepterai pas, M. Macirone, les conditions que vous êtes chargé de m'offrir.

« Lorsqu'on vous remettra cette lettre, j'aurai déjà fait bon chemin vers ma destination ; ou je réussirai, ou je terminerai mes malheurs avec ma vie. J'ai bravé mille et mille fois la mort sur le champ de bataille ; je puis bien la braver une fois pour moi-même ? Je frémis seulement pour le sort de ma famille. »

Nous ne raconterons pas la fin tragique de Murat ; le poétique auteur de *Rome souterraine* l'a mieux fait que nous ne pourrions le faire. Après Joachim, Ferdinand IV remonté sur son trône, fut aussi clément qu'il avait été cruel.

En parcourant les annales de ce malheureux pays, ce qui frappe le plus, c'est l'absence complète de tout *caractère national* ; plein d'originalité, de verve, d'imprévu, il n'a cependant aucune valeur comme nation ; *ce n'est pas un peuple* ; les populations de l'Europe sont venues tour-à-tour planter leurs tentes sur cette terre, et avec leurs tentes, leurs coutumes, leurs mœurs, leur sang, leurs lois. Les Normands y ont apporté la féodalité ; Charles-Quint l'inquisition, Murat la conscription. L'histoire napolitaine est un habit d'arlequin dont chaque pays de l'Europe a fourni une pièce. Aussi Naples a-t-elle vu mille émeutes, mille insurrections, mille saccagemens, et *pas une révolution* : car à peine l'autorité de la veille était-elle abattue, qu'il fallait recourir à une autre puissance, un fondement national n'étant pas là pour servir de base. Aujourd'hui, cette malheureuse contrée semble plus tranquille et appelée à de meilleurs destins. Les rois qui la gouvernent naissent sur son sol, vivent de sa vie, en comprennent les besoins. Le peuple napolitain n'a pas une grande soif de liberté ni de gloire ; ce qui lui faut, c'est qu'on ne l'écrase pas quand il dort sur les marches des palais, c'est la musique le soir dans les barques, les poissons frais et crus, une belle fête par mois, et polichinelle sur le môle.

F. A.

HISTOIRE

DU CONSERVATOIRE DE NAPLES.

Giovanni di Tappia, prêtre espagnol, demeurant à Naples, eut le premier l'idée de fonder un conservatoire : c'était dans la première moitié du xvie siècle. Tappia était passionnément épris de la musique, mais il n'avait pas un carlin[1] : que fait-il ? Il part de Naples, s'en va pendant neuf ans dans tous les pays de l'Europe, la besace sur le dos, un bâton à la main, bravant la faim, le froid, la fatigue, et, frère quêteur d'une nouvelle espèce, mendiant pour une reine qui n'avait pas encore de trône, pour une déesse qui n'avait point encore d'autel.... l'Harmonie. Il revient en 1537, les mains pleines d'aumônes de rois, d'aumônes de peuples, et, sans en avoir rien distrait pour lui qui manquait de tout, il les dépose tout entières aux pieds de sa souveraine ; avec ses richesses il lui bâtit un palais, il lui crée une nation, il lui peuple une cour..., ou, autrement dit, il fonda, l'an 1537, le premier conservatoire, nommé *di Santa Maria di Loreto*.

Le succès de ce premier établissement fut si grand, que, pour recevoir tous les élèves qui se présentaient, il fallut bientôt en fonder un second sous le nom de *di Sant'Onofrio di Capuana*, et enfin une association religieuse en créa un troisième appelé *della Pieta dei Turchini*: aussi les élèves étaient-ils habillés à la turque. C'est ce dernier qui, fondu avec celui de Sant'-Onofrio, est devenu le fameux conservatoire si célèbre dans toute l'Europe ; mais, à l'époque dont nous parlons, l'organisation de ces établissemens ne ressemblait guère à celle d'aujourd'hui ; et on lit dans des documens existant encore à leur bibliothèque, que dans le principe il ne s'enseignait au Conservatoire que trois choses : la lecture, la prière et la musique ; quant à l'écriture, il n'en est pas question. Le roi Charles y ajouta depuis l'arithmétique, la géométrie, l'astronomie et la philosophie.

Cependant le nombre des élèves allait toujours croissant, et par conséquent les fonds toujours diminuant, puisque les élèves étaient élevés sans payer. Les directeurs étaient fort embarrassés. Aller encore faire une quête dans toute l'Europe ? C'était chanceux, et puis tout le monde n'aime pas la musique comme Tappia. Donc, pour ne pas faire banqueroute à la reine de l'harmonie, on imagina un moyen bien simple : ce fut de tirer profit du talent des élèves. Les uns furent distribués dans les églises de Naples pour dire la messe ; les autres, et ceci est plus curieux, furent enrôlés dans le régiment des anges, c'est-à-dire que lorsqu'il mourait quelques petits enfans de parens riches, qui voulaient bien payer de riches funérailles, nos jeunes conservatoriens s'habillaient en anges, à peu près comme une danseuse de l'Opéra, avec des ailes sur les épaules, un maillot en soie couleur de chair, des plumes et des fleurs sur la tête, et ils *planaient* ou dansaient autour de l'enfant ; d'autres enfin, pris parmi les plus grands, avaient pour office de charger les corps sur leurs épaules, et de les conduire à leur dernière demeure. Quant aux chanteurs, ils étaient réservés pour faire de la musique dans les églises de Naples ou des pays voisins, dans les processions ; pour chanter le *Libera me, Domine*, autour des catafalques, et enfin pour servir de choristes dans les théâtres.

Je sais peu de choses plus curieuses et plus caractéristiques, que les mœurs des élèves de ces trois conservatoires : jeunes, nombreux, hautains, pleins de fougue et d'imagination, ardens à la fois comme des Napolitains, comme des artistes, et comme des hommes de vingt ans, ils formaient une véritable puissance dans Naples. C'était une cité au milieu de la cité, un peuple au milieu du peuple ; ils avaient leurs costumes et leurs privilèges ; c'était comme un atelier, comme un camp. Les élèves della Pieta dei Turchini avaient une sultane bleu-ciel, boutonnée jusqu'au milieu du corps, avec un collet bleu aussi ; un chapeau rond, et une grande robe turque de la même couleur ; puis, par-dessous, un stylet et un pistolet. Le second conservatoire était habillé tout en rouge ; ceux de Sant'Onofrio tout en blanc. Ja-

[1] Carlin, petite monnaie.

oux les uns des autres, envieux du talent, du nombre et des priviléges de leurs rivaux, ils épouvantaient Naples de leurs sanglantes discussions ; c'étaient les Capulets et les Montaigus de la musique. Quand arrivait un nouvel élève dans l'une des trois écoles, il lui fallait subir huit jours d'épreuves. D'abord on lui enlevait à table sa nourriture ; puis la nuit, au moyen de cordes arrangées en poulie, on élevait son lit à douze pieds au-dessus de terre, et on le laissait là plusieurs heures ; ensuite quand on le faisait descendre on éteignait les lumières, et on l'étrillait à coups de cordes et de bâtons, le tout pour savoir s'il était courageux et discret. S'il se plaignait, on le forçait de quitter l'école ; s'il ne disait rien, il était proclamé *dignus entrare*. Alors on lui faisait jurer haine aux autres conservatoires, guerre à tous ceux qui voudraient attenter aux priviléges de l'école ; et désormais purifié par le baptême de la bastonnade, on lui donnait le stylet et le pistolet.

Ne croyez pas que ce fussent seulement des armes de parade ; les jours de fête, tous les conservatoriens allaient dehors armés, et à la plus petite occasion le stylet sortait de sa gaine, et la guerre était dans la rue. Quelquefois même ils se donnaient rendez-vous pour tel jour, pour telle heure, dans tel lieu ; le nombre des combattans était fixé d'avance, et aussi celui des hommes qui devaient être blessés ou tués, et une fois convenu qu'il y aurait, par exemple, dix morts, aucune force humaine n'aurait pu les séparer avant que les dix morts ne fussent par terre.

Mais heureusement leur haine n'était pas toujours armée de pistolets et de poignards, et leur vengeance s'exerçait parfois sur un théâtre moins sanglant que le champ de bataille. Il y a là-dessus, dans les Mémoires du Conservatoire, quelques traits assez curieux et que je vais rapporter.

Pour entretenir l'émulation entre eux, on avait décidé que chaque conservatoire à son tour irait faire de la musique dans l'ancienne église *di San Francesco di Paolo* et à celle de *Sant'Emilio*. On prenait dans chaque collége l'élite des élèves, soit dans l'exécution, soit dans la composition ; l'un était chargé de faire la messe et les vêpres, et ses camarades les exécutaient. C'est de là que datent les progrès de la musique d'église, qui fut portée ensuite dans l'école romaine à un si haut degré de perfection. Naples, si amoureuse de représentations, de l'harmonie, et de tout ce qui ressemble à un tumulte, se portait en foule à ces luttes musicales : pour avoir des places il fallait souvent attendre depuis le lever du jour ; les gens riches donnaient jusqu'à la valeur de 20 fr. pour obtenir une chaise ; sans se souvenir qu'on était dans un lieu sacré, on applaudissait chaque beau passage avec fureur comme au théâtre, et si la musique n'était pas bonne, en guise de sifflets, on faisait crier les pieds des chaises en les frottant contre les dalles : il y avait des messes qui tombaient. On sent tout ce que la présence et l'animation de la multitude devaient ajouter encore au sentiment de jalousie qui divisait les trois écoles : elles en donnèrent d'étranges preuves.

Le jour de la fête de sainte Irène, le conservatoire dei Turchini devait se présenter à la lutte. La veille, les élèves des autres colléges s'introduisent chez les Turchini, séduisent les domestiques à force d'argent, et font plonger dans l'eau, pendant toute la nuit, les instrumens dont on devait se servir le lendemain : au point du jour, ces instrumens sont remis à leur place, et les musiciens les emportent à l'église : quelles furent leur surprise, leur rage, leur honte, quand ils voulurent se mettre d'accord ; le fameux concert de Jean-Jacques était de la musique céleste en comparaison de ce charivari ; toute l'église, qui était pleine d'auditeurs, éclata de rire : il leur fut impossible d'exécuter leur musique. Jugeant bien de qui partait ce tour infâme, ils jurèrent d'en tirer une vengeance éclatante.

Le jour de San Francesco, c'était aux élèves du collége de Sant'Onofrio à exécuter une messe dans une des premières églises de Naples ; or, à Naples, l'habitude est de faire dans les églises un orchestre avec de hautes tables liées ensemble sur lesquelles on établit un parquet. Que firent les Turchini ? La nuit, ils se glissèrent dans l'église et donnèrent un trait de scie à tous les pieds de table ; le lendemain, les élèves de Sant'Onofrio arrivent triomphant et montent sur leur estrade. D'abord tout alla assez bien, et l'édifice résista parce que les musiciens n'arrivaient qu'un à un et qu'ils ne faisaient pas grand mouvement ; mais au moment de commencer, quand chacun courut à sa place et que le chef d'orchestre donna le signal en frappant vivement du pied, tout à coup les tables s'ébranlent, se dérobent, le parquet manque, et voilà que tombent ensemble, pêle-mêle, l'un sur l'autre, hommes, chaises, contre-basses, violons, cors ; les cordes se brisent et sifflent, les blessés poussent des cris affreux ; l'un gémit écrasé sous une basse et un

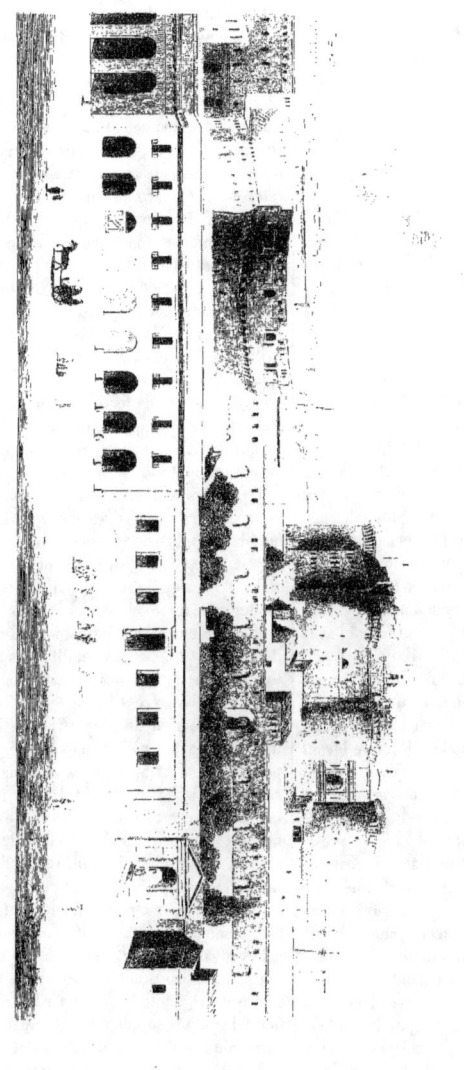

bassier, l'autre a l'archet du chef d'orchestre dans la bouche; boîtes d'instrumens cassés, côtes d'hommes enfoncées, chaises mises en morceaux, lamentations, rires de l'auditoire, cris de terreur, tout cela se mêle, se confond et fait la plus étrange musique qui jamais ait été entendue. Cependant, après le premier moment de surprise, tous les spectateurs coururent au secours de ces malheureux, mais on ne put pas retrouver le chef d'orchestre; enfin, après bien des recherches, on entendit dans un coin un gémissement comme celui de quelqu'un qui parle dans un chapeau, et l'on vit deux jambes qui s'agitaient frénétiquement en l'air : c'était le malheureux chef d'orchestre qui avait donné une tête dans la grosse caisse et s'y était enseveli tout entier.

C'étaient de véritables écoliers de Cluny que ces musiciens du Conservatoire, insolents et querelleurs dans la rue, hargneux sur leurs priviléges intérieurs, toujours prêts à l'émeute et à la révolte. S'ils n'étaient pas contens de leurs maîtres, ils s'en allaient se plaindre au roi ; et il arrivait souvent que le prince, étant à la chasse à plusieurs milles de la ville, se trouvait tout à coup entouré d'une trentaine des plus déterminés qui lui présentaient d'un ton menaçant leurs doléances. Un espion du gouvernement s'étant une fois glissé dans un des colléges, et ayant été reconnu, on le saisit, on le jeta dans la cave du directeur, et il y resta huit jours enfermé, sans autre nourriture que des melons d'eau.

Une autre fois, un élève du collége de Sant' Onofrio ayant battu un homme sur une place, fut arrêté et mis en prison. Cette nouvelle se répand dans le collége : aussitôt tous les élèves se lèvent et s'arment en masse ; les plus âgés marchent droit à la prison appelée della *Vicaria* pour en arracher leur compagnon. Repoussés par des forces imposantes, ils se portent chez le président du tribunal, le surprennent dans sa maison, le forcent à signer sans retard un ordre de mise en liberté pour leur camarade ; et, munis de ce papier, ils vont reprendre le prisonnier et le portent en triomphe au Conservatoire. Le lendemain, le président alla porter ses plaintes au roi : et telle était la terreur qu'inspiraient ces colléges, que l'on n'osa pas les attaquer et les punir en plein jour, de peur d'une révolution; mais, la nuit, un régiment de ligne cerna l'établissement; deux cents sbires, armés jusqu'aux dents, pénétrèrent dans les chambres, et chaque élève surpris dans son lit fut enchaîné et conduit en prison. On fut

forcé de les juger sur-le-champ, car les Lazzaroni commençaient à s'agiter en leur faveur. On les condamna à être attachés sur un âne, avec la sentence au cou, la robe déchirée dans les reins, précédés d'un étendard qui disait leur faute, et à parcourir ainsi les principales rues de Naples ; mais, à la prière de tous les nobles qui protégeaient et aimaient les conservatoires, le roi commua la peine, et ils furent seulement promenés par les rues, liés deux à deux, avec la tête rasée et la sentence au cou.

Le chef des révoltés, qui s'appelait Coglia, jeune homme d'une force terrible et d'une stature colossale, marchait en tête, portant l'étendard ; mais comme l'on craignait toujours une autre révolte, tous les autres conservatoires furent gardés par la cavalerie, et le triste cortége évita avec soin tous les lieux où il y avait des rassemblemens de Lazzaroni : grâce à ces mesures de prudence et de force, les prisonniers furent traînés dans presque toute la ville et ils arrivèrent jusqu'à la prison, où on les jeta pêle-mêle avec les criminels.

Il me semble que rien ne peut mieux exprimer la puissance de ces jeunes gens que de voir à quel horrible supplice on les condamnait ; mais au lieu de se laisser abattre par ce malheur ignominieux, sachant bien qu'ils ne méritaient pas d'être confondus avec les voleurs et les assassins, ils prirent leur peine en patience, c'est-à-dire en musique : ils obtinrent qu'on leur rendît leurs instrumens, se mirent à donner des concerts dans leurs cachots, et changèrent le bagne en conservatoire.

Je ne sais rien de plus caractéristique que ce trait : toute la nation napolitaine me sembla peinte là-dedans, fougueuse et ardente dans la révolte, se levant en armes dans la rue, se battant, renversant, vaincue, jetée dans les fers, et mettant un air d'opéra au bout de tout cela, comme nos vaudevillistes un vaudeville final à la fin de chaque pièce.

Ils firent même plus : quand vint la fête du roi, comme la prison était sous une partie du palais royal, au moment où le prince entrait dans son bain, ils lui firent une sérénade. Cette satire amère et narguante fut prise par le prince comme une félicitation suppliante ; et, charmé de leur harmonie, il ordonna qu'on les mît en liberté.

A cette heureuse nouvelle, tous les nobles de Naples résolurent d'aller eux-mêmes chercher les prisonniers en grande pompe. Le matin du jour de la délivrance, on eût pris la rue qui menait à la prison pour un de nos Longchamps : chevaux richement enharnachés, voitures dorées et armoriées, valets en magnifique équipage, grandes dames éblouissantes de parures et de pierreries, se pressaient en foule autour de la prison ; les portes sont ouvertes, on enlève les malheureux jeunes gens sur les bras, on les porte tout enivrés dans de splendides voitures, et on leur fait parcourir tous ces mêmes lieux où un mois auparavant ils étaient passés captifs au son de trompe et la sentence au cou.

Le soir, on leur donna un grand banquet, auquel ils répondirent par un concert, car c'était à la fois leur seul remerciement comme leur seule vengeance.

Cette punition, au lieu de les abattre, releva encore leur orgueil ; ils se sentaient appuyés, ils ne cessèrent pas de se tuer entre eux et de battre les bourgeois toutes les fois que l'occasion se présentait.

Si, pour être grand homme, il ne faut ressembler à personne, s'il faut être batailleur comme Benvenuto, volcanique comme Salvator Rosa, rude et hardi comme Michel-Ange, certes, ces trois conservatoires devaient être une pépinière de petits génies, et, en effet, les maitres les plus célèbres de l'école italienne en sont sortis : nous avons d'abord le fameux Alexandre Scarlati, dont M. Fétis, dans ses concerts historiques, nous a fait entendre quelques ravissans morceaux ;

— Nicolo Porpora,
— Leonardo,
— Leo,
— Pergolèse, dont le nom est aussi doux qu'un de ses chants ;
— Le divin auteur de *Nina*, Paesiello ;
— Piccini, Sacchini, Zingarelli, Taschi, Guglielmi ; et enfin, pour clorre la liste de tous ces grands noms, le maitre de Rossini dans la musique bouffe, l'auteur du *Mariage secret* et *des Horaces*, Domenico Cimarosa.

Bellini est aussi sorti de cette école.

En chanteurs elle a produit :

— Farinelli, Caffarelli, Aprile, et notre ami, le Jupiter des chanteurs, comme Rubini en est l'ange ; notre Geronimo, notre Campanone, notre Podesta, notre Mosè, Lablache enfin, Lablache ! et je vous vais raconter tout-à-l'heure son histoire à cette école.

Depuis cinquante ans les élèves du Conservatoire sont devenus beaucoup moins belliqueux, et l'organisation du Conservatoire va toujours s'améliorant. Autrefois on recevait des élèves à tous les âges, et il y avait des écoliers de quarante ans et de huit ; maintenant on n'admet personne qui ait passé l'âge de vingt-deux ans, et jusqu'à cet âge il n'est pas permis de quitter le Conservatoire.

C'est cette loi qui rendit Lablache si malheureux. Lablache, avec sa taille de Goliath, sa figure à la Vandick, était de toute l'école le plus spirituel, le plus gai, le plus insoucieux, le plus doué, et le plus paresseux ; on pourrait dire de lui ce qu'un célèbre professeur disait d'une ravissante cantatrice : Elle n'aime pas la musique, c'est la musique qui l'aime. Il savait toujours tout plus vite que tout le monde, et pourtant il n'apprenait jamais rien. Jamais esprit ne fut plus fertile en expédiens et en tours de collége. Il était l'âme du Conservatoire. Dès qu'il y avait parmi ses compagnons quelque pauvre jeune homme, bien pris d'amour pour quelque belle dame : Lablache, Lablache, disait-il, fais-moi une lettre ; et Lablache, secrétaire-général des Menus-Plaisirs, lui écrivait la supplique amoureuse la plus tendre et la plus ingénieuse. Pendant la messe, pendant les études, il gravait sur tous les bancs, sur toutes les murailles, son nom en lettres gigantesques comme lui, et on les retrouve encore aujourd'hui partout. Ce devrait être vraiment admirable, de voir, au milieu de toute cette population de jeunes gens, ce grand jeune homme, qui les dépassait de la tête, si beau, si puissant, et d'une puissance tellement sans effort, d'un visage si doux, si bon et pourtant si plein de caractère qu'il a l'air d'un portrait antique ; avec cette luxuriance de santé, de jeunesse et de force ; cette forêt de cheveux noirs comme Samson ; cette surabondance de verve et de gaîté intarissable, et cette voix, enfin, cette voix sans pareille, cette voix qui n'avait alors que vingt ans, et dont chaque son est à la fois puissant comme un roulement de tonnerre, et harmonieusement doux comme le bruit de la mer lointaine.

Un jour (il n'avait pas encore vingt-deux ans), un de ses amis lui offrit un engagement pour l'école de Palerme, en qualité de première contrebasse ; il devait jouer les symphonies dans l'intermède des comédies. Lablache enchanté accepte, et comme il était trop jeune encore pour qu'on lui permit de quitter l'école, il saute par-dessus les murs, et part. Le lendemain, grande rumeur dans le Conservatoire ; le directeur n'apercevant plus une tête qui dominait toutes les autres têtes, et n'entendant plus une voix qui écrasait toutes les autres voix, dit à l'instant : Où donc est Lablache? La fuite est reconnue, on envoie deux gendarmes pour courir après lui; on le rattrapa à Salerne, et il fut ramené au Conservatoire entre deux baïonnettes et deux sabres.

Peu de temps après, cependant, il entra au petit théâtre de San Carlino, comme contre-basse; et quittant bientôt l'orchestre pour monter sur la scène, il prit le masque et l'habit de polichinelle. On ne peut se figurer avec quelle verve il remplit ce personnage ; Salvator Rosa lui-même n'était pas plus spirituel et plus mordant dans le fameux signor Formica ; on se portait avec fureur à San Carlino. Il quitta bientôt ce théâtre de ses succès, pour tenter une scène plus élevée, et devint ce qu'il est aujourd'hui, la première basse chantante de l'Europe.

Quelques mots sur le Conservatoire actuel.

Les recteurs, les vice-recteurs, les maîtres de l'école, sont tous prêtres, et ces jeunes gens, dont les uns doivent être chanteurs, les autres exécutans dans l'orchestre, et quelques-uns compositeurs d'opéra, sont élevés comme des séminaristes; on les soumet aux pratiques les plus minutieuses de la religion catholique ; ils vont à confesse plusieurs fois par mois. Cependant ces exercices de piété ne nuisent pas à leur travail, et il se fait encore au Conservatoire de Naples toute la semaine sainte une espèce de miracle musical.

Voici ce que c'est :

Les mercredi, jeudi et vendredi saints on ouvre l'église du Conservatoire : elle est tendue en noir, et comme c'est la coutume des Napolitains de se vêtir toujours de deuil pendant cette sainte semaine, tous les auditeurs sont habillés de noir aussi; la foule est immense, et les étrangers paient souvent un louis leur place. Le roi et la famille royale ne manquent jamais d'y assister. Alors, quand le moment est venu, quatre-vingts élèves, c'est-à-dire vingt soprani, vingt castrats, vingt ténors et vingt basses, entonnent le sublime *Miserere* du vieux mais intrépide Zingarelli ; ils le chantent *alla Palestrina*, c'est-à-dire sans aucun accompagnement d'instrumens. Ce *Miserere* dure une demi-heure, et pendant cette demi-heure, ces quatre-vingts voix chantent sans être soutenues par aucun orchestre, et sans baisser même d'un quart de ton. On ne peut rendre l'effet produit par cette admirable musique, dans cette église sombre, et au milieu de cette foule si attentive et si pieuse.

Il se raconte là-dessus un trait assez étrange : Une jeune Anglaise, enceinte de huit mois, assistait à ce *Miserere* : aimant passionnément la musique , et plus impressionnable encore à cause de son état de grossesse, elle fut remuée jusqu'au fond de l'âme par ce solennel et religieux morceau; et lorsqu'on arriva à la fin, son émotion fut tellement forte, que les douleurs de l'enfantement la prirent, qu'elle devint mère au milieu de l'église, et pendant que les élèves achevaient les dernières mesures, tout à coup s'élevèrent et se mêlèrent à leurs chants les cris argentins d'un nouveau-né. Certes, si cet enfant-là a vécu, ce sera un vrai chrétien et un grand compositeur, né ainsi dans le giron de l'église, et aux sons d'un concert de Conservatoire.

Il y a dans le Conservatoire un beau théâtre dans lequel on joue l'opéra, mais seulement pendant le carnaval. Les élèves composent la musique, les élèves en exécutent l'orchestre, les élèves la chantent sur la scène. Les jeunes gens de dix à quatorze ans sont chargés des parties de femmes, et le théâtre est aussi suivi que l'église.

Tous les ans le Conservatoire doit fournir deux compositeurs au théâtre de *San Carlo*; c'est une des conditions du traité que le gouvernement a fait avec l'*impressario* (directeur d'opéra). Mais l'adresse et l'avarice du fameux Barbaja éludent cette clause du contrat, et les malheureux élèves sont réduits au petit théâtre *du Fondo*; du reste Barbaja n'est pas un directeur comme les nôtres, c'est le Rothschild des directeurs d'opéra : il y eut un temps où il avait l'administration de cinq théâtres en Italie, le San Carlo et le Fondo à Naples, la Scala à Milan, le théâtre royal à Palerme, et le Grand-Opéra de Venise ; aussi a-t-il fait tailler dans un rocher du Pausilippe une villa de grand seigneur, qui s'appelle la villa *Barbaja*; et cependant, s'il a fait sa fortune par la musique, c'est bien le plus ingrat des hommes, car il la traite comme s'il ne la connaissait pas.

Voici un trait de lui :

Un jour, une jeune fille se présente pour entrer dans les chœurs, et propose de chanter un air ou une leçon de solfége ; Barbaja, sans savoir ce qu'il disait, choisit le solfége ; puis au milieu il l'interrompt en lui disant : Tais-toi donc, tais-toi donc ; ils te siffleraient s'ils t'entendaient chanter do, re, mi, au théâtre.

Une autre fois, à une répétition, les musiciens de l'orchestre avant de commencer se mettaient d'accord : Laissez donc, laissez donc, leur dit-il; vous vous accorderez le jour de la représentation.

Outre l'impéritie et la mauvaise volonté de Barbaja, il est plusieurs autres causes à la décadence de la composition. Au Conservatoire, le gouvernement n'accorde pas d'encouragement aux jeunes gens ; on néglige l'étude fondamentale des premiers maîtres, et peut-être que dans quelques années ne sortira-t-il plus un seul homme de mérite de cette école célèbre qui fait donner à l'Italie le nom de Reine de l'Harmonie.

Les travaux des élèves qui se destinent à la partie instrumentale ne sont pas suivis avec plus de soin. Qui entrerait pour la première fois dans le Conservatoire croirait beaucoup plutôt pénétrer dans un Pandemonium que dans une école de musique. A voir la méthode d'enseignement et les instrumens dont se servent les élèves, on sent qu'il est impossible qu'il en sorte jamais ni un Listz ni un Baillot. Les seuls pianos sur lesquels ils jouent, et encore en ont-ils un très-petit nombre, sont des épinettes anciennes qui n'ont que quatre octaves, ou cinq au plus. Ils sont tous réunis dans la même salle; trente pianos mis à la file l'un de l'autre sont occupés par trente élèves d'âge et de force différente et qui jouent tous des morceaux divers ; c'est un bruit infernal à rendre malade tout homme un peu organisé, et à dégoûter de la musique pour toute la vie. Il faut s'habituer à ce tapage, comme les soldats au feu, pour saisir quelque chose dans cette effroyable bataille de notes qui se croisent et se heurtent toutes les unes contre les autres. Ce n'est pas tout : à côté des pianos se trouvent les violons, les trombonnes, les contre-basses, puis une trentaine d'élèves qui chantent à tue-tête leurs compositions, de sorte que la grosse caisse sert d'accompagnement à la cavatine de *Di tanti palpiti*, et que les chants de désespoir de donna Anna se rencontrent et se mêlent tout indignés avec l'air bouffon et grotesque de Campanone.

Et c'est là ce qu'on appelle un Conservatoire.

Le directeur est cependant un vieillard habile et plein de mérite, Zingarelli.

Zingarelli naquit à Naples en 1752; resté orphelin dès son bas âge, il fut reçu par charité dans le conservatoire de Santo Loreto; il était contemporain de Cimarosa, et Haydn en faisait grand cas. On a de lui un grand nombre d'opéras, dont les plus connus et les plus remarquables sont :

Iphigénie. — Pyrrhus. — Artaxercès. — Il Conte di Saldagna. — Ines di Castro. — La Secchia rapita. — Il Ritratto. — Romeo e Giulietta, où se trouve cet air sans pareil que l'on ne peut entendre sans verser de larmes, l'air de *Umbra adorata*, que Crescentini chantait si admirablement qu'il prétendait en être l'auteur.

On a encore de Zingarelli deux oratorios, la Destruction de Jérusalem et le Triomphe de David.

Les commencemens de sa vie furent comme ceux de tous les hommes supérieurs, durs et amers, et ce n'est qu'après de longs efforts et de brillans examens qu'il fut nommé maître de chapelle à Milan. A la mort de Guglielmi, il laissa cette place pour passer à la chapelle du Vatican à Rome, et il fut appelé comme directeur du Conservatoire de Naples beaucoup plus tard, après de longues traverses et un emprisonnement qui est un des actes les plus honorables de sa vie.

Napoléon était tout-puissant, et Naples était sa sujette comme Paris. Pour mettre le comble à sa prospérité, Dieu lui donna un fils, et, comme à tous les rois du monde, il lui fallut des actions de grâces publiques pour ce bonheur : ordre fut donc donné à Zingarelli d'écrire un *Te Deum ;* mais le pieux maître italien répondit que, comme, selon lui, l'empereur avait mal agi en répudiant sa première femme, il ne pouvait pas, lui, Zingarelli, prostituer son art à chanter un enfant, fruit d'une mauvaise action, et il ne fit pas le *Te Deum*. L'empereur, qui était le protecteur des arts, comme chacun le sait, le fit jeter en prison.

Tout octogénaire que soit Zingarelli, il a encore une facilité dans la pratique de son art qui tient du prodige ; en une semaine il fait une messe et des vêpres. Tous les jours il consacre quatre heures à donner des leçons de contre-point, où il est passé maître ; et aussi bon et charitable qu'il est consciencieux, il distribue tous ses appointemens aux pauvres. A le voir et à l'entendre on ne s'imaginerait jamais parler à un homme de quatre-vingts ans ; écrivant sans lunettes, et marchant sans bâton, comme on dit, il a conservé dans l'esprit et la conversation une verve et un feu de jeunesse qui ne se peuvent rendre. Jamais il ne s'est marié ; mais dès qu'il trouve un jeune homme sans fortune, et ayant des dispositions pour la musique, il le prend, l'élève et le dote. Rien de si simplement et si naturelle-

DIVERS FRAGMENTS, VASES ET BRONZES AU MUSÉE DES ÉTUDES.

ment modeste que la manière dont il parle de lui, et s'il voit quelqu'un trop gonflé de son mérite, il aime à rapporter ce mot de Cimarosa : Un peintre disait à Cimarosa qu'il le considérait comme l'égal de Mozart; à quoi Cimarosa répondit brusquement : « Monsieur, c'est comme si je voulais vous faire croire que vous êtes supérieur à Raphaël. »

Zingarelli est comme tous les vieillards spirituels qui ont vu et souffert ; il aime à raconter. Une de ses histoires favorites est celle que je vais vous dire sur Porpora.

Porpora passait par une abbaye d'Allemagne ; les moines le prièrent d'assister à un de leurs offices pour entendre l'organiste, dont ils exaltaient beaucoup le talent. Porpora se rend à leur désir, va à l'église, et écoute attentivement. L'office fini, le prieur lui demande comment il trouvait cet organiste; à quoi Porpora ne répondit qu'avec peine, et en balbutiant ; mais le prieur, qui ne se contentait pas d'un demi-éloge, l'interrompit, et, pour mieux le disposer à l'admiration, il ajouta que cet organiste était un homme de bien, plein de charité, et vraiment très-simple.

— Oh! répondit Porpora, quant à sa simplicité, je l'ai bien vue, car sa main droite ne s'aperçoit jamais de ce que fait sa main gauche.

L'homme le plus important dans l'établissement, après Zingarelli, est le fameux *musico* Crescentini. C'est lui qui est chargé de la direction du chant, et l'on ne pouvait pas donner un plus habile maître aux jeunes élèves de Naples. On sait que l'empereur le décora de l'ordre de la Couronne de fer, et l'admiration des dilettanti, qui fait pleuvoir les bouquets et les couronnes de fleurs sur la tête de Rubini et de Lablache, n'a rien imaginé d'aussi nouveau que le triomphe de Crescentini à Vienne. Un jour, après une représentation de Romeo e Giulietta, deux colombes descendirent des loges et lui apportèrent une couronne de laurier.

Cependant, malgré tout le mérite de Crescentini, nous devons peu de chanteurs de premier ordre au Conservatoire de Naples, et un Italien me disait un jour que cela tenait à la bouillante imagination de ces jeunes gens. Dès qu'ils sont libres, la passion les emporte, et on sait, pour parler une fois le langage mythologique, que Vénus est la plus grande ennemie d'Euterpe. Il y a par le monde une noble comtesse qui, dit-on, nous a volé dix belles années de la voix de David,

et l'on raconte un trait assez singulier d'un jeune ténor de vingt-deux ans.

Il était amoureux fou de la *prima donna*, et jaloux comme on l'est à Séville ou à Naples. Un jour, un débutant devait jouer un rôle avec cette cantatrice ; le ténor était au désespoir; l'idée qu'un autre que lui allait appeler sa belle *mio tesoro* le rendait le plus malheureux des êtres ; puis, craignant que le jeune homme ne profitât de sa situation pour jeter quelques paroles d'amour, il va se cacher dans le trou du souffleur afin de tout voir. La *prima donna* et le débutant entrent en scène et commencent un duo très-tendre ; le ténor était au supplice. Arrivé à l'andante, le débutant, entraîné par son rôle, saisit avec passion la main de la cantatrice ; à ce moment, hors de lui, notre pauvre amoureux sort de son trou, se hisse sur le théâtre, s'élance sur son rival, et le serre à la gorge à l'étrangler. Comment voulez-vous qu'on conserve sa voix avec une imagination semblable ?

Outre ce Conservatoire, il y a aussi un Conservatoire de femmes ; mais les mères ont si mauvaise opinion des chanteurs, que le Conservatoire est presque désert, et le peu de jeunes filles qui y restent s'adonnent plutôt aux travaux domestiques qu'à la musique.

A Venise il n'en est pas de même : on y compte quatre Conservatoires de femmes, soutenus par les plus riches propriétaires de la ville ; il s'y représente des messes et des opéras comme au Conservatoire de Naples. Ce sont les femmes qui jouent les rôles d'amoureux, de pères, de ténors et de basses. Bien plus, l'orchestre est tout entier composé de jeunes filles, et c'est vraiment un curieux spectacle que de voir ces jolis visages s'enfler comme un ballon en soufflant dans la clarinette, ou ces corps sveltes et gracieux se battant corps à corps avec une contre-basse.

Je ne veux pas terminer cet article sur le Conservatoire, sans dire quelques mots de trois des plus célèbres compositeurs qu'il ait produits, Tomelli, Pergolèse et Piccini : leurs trois noms sont inscrits sur la façade du grand théâtre de San Carlo à côté de ceux d'Alfieri, Metastasio et Goldoni. Ils naquirent tous trois à très-peu d'années l'un de l'autre, et tous trois presque dans le même pays.

Tomelli vit le jour dans un petit pays voisin de Naples, et c'est d'un village qu'il partit pour aller remplir l'Europe de ses chefs-d'œuvre pendant soixante ans.

Pergolèse, comme presque tous les grands hommes, est aussi un paysan ; il naquit dans un bourg voisin de Naples, et vint faire ses études musicales au conservatoire dei Poveri di Jesu Cristo. Faible, maladif, destiné à une mort prématurée par une affection pulmonaire qu'il avait reçue avec le sang maternel, Pergolèse est un génie de la même famille que Raphaël. Il est l'auteur de la Serva Padrona, et j'ai un petit air de lui, manuscrit, qui ne le cède en rien, en douce et touchante naïveté, à aucun des accents les plus suaves de Mozart ; mais Pergolèse abandonna promptement la musique profane pour la musique sacrée. Se sentant plus voisin de Dieu et de l'éternité que tout autre, puisqu'il avait à peine pour lui les années de la jeunesse, il alla chercher d'avance tous ses chants dans le ciel ; je dis d'avance, car il me semble que Dieu doit former ses chœurs d'anges avec tous ces rois terrestres de l'harmonie. Pergolèse, pieux et austère, qui remplissait son art comme un sacerdoce, se retira donc dans un petit village appelé la Torre del Greco, voisin du Vésuve, et il écrivit là son *Salve regina* et son fameux *Stabat mater* qui attirent à Rome, du fond de tous les pays de l'Europe, autant de voyageurs que l'église de Saint-Pierre. Il mourut à vingt-deux ans, écrivant encore les dernières mesures de ce chef-d'œuvre, et son âme s'exhala dans un chant. On a prétendu qu'il avait péri empoisonné ; mais tous les auteurs s'accordent à dire que c'est la consomption qui l'a enlevé.

Piccini naquit à Bari, dans le royaume de Naples. Esprit ardent et fougueux, il commença d'abord à composer sans règle ; il ne pouvait s'astreindre à aucune loi, n'ayant qu'une crainte au monde : c'était celle de faire ce que les autres avaient fait avant lui ; mais il sentit bientôt que la connaissance des principes n'est une servilité que pour les hommes médiocres et sans portée, et que l'art devient une puissance de plus dans les mains d'un esprit supérieur. Pressé par Durante, qui l'avait deviné, il entra au Conservatoire, et, comme tous les hommes forts, voulant savoir à fond ce qu'une fois il se mettait à apprendre, il y resta douze ans, et sortit de là n'ayant rien perdu de sa verve et de son ardeur novatrice, et riche de toutes les ressources les plus cachées de son art.

Après avoir écrit cent trente-trois opéras en Italie, sans parler de beaucoup de morceaux détachés, il arriva en France. Il s'était engagé à écrire un opéra français, et ne connaissait pas un seul mot de la langue : Marmontel se chargea de la lui enseigner ; mais ce n'était pas là le plus grand obstacle que devait trouver le compositeur italien. Les musiciens qui avaient la faveur du public français, jaloux de l'arrivée de l'illustre Napolitain, lui déclarèrent une guerre ouverte. Le jour de la première représentation arrivé (c'était son opéra de Roland), toute sa famille, en le voyant partir pour le théâtre, pleurait comme s'il allait à la mort. Lui seul était calme, et, se tournant vers ses amis, il leur dit : « Pensez donc que nous ne sommes pas au milieu de barbares, mais dans le pays le plus civilisé de l'Europe. S'ils ne veulent pas me reconnaître pour compositeur, ils me respecteront comme homme et comme étranger. Adieu, rassurez-vous, et ayez bon espoir ; je pars tranquille, et je reviendrai de même, quel que soit le sort de la pièce. » Le succès fut complet, et l'auteur reconduit en triomphe chez lui.

Piccini avait une horreur invincible pour la musique de ballet, et comme il fallait cependant que la danse eût sa part dans l'opéra de Roland, Piccini priait Vestris de venir chez lui, de danser devant ses yeux, et alors, tout en suivant les pas gracieux du danseur, son génie se mettait peu à peu en mouvement ainsi qu'une balançoire que l'on agite avec lenteur. Cette danse, qui passait et repassait, le berçait comme un enfant, la musique s'éveillait en lui, les chants arrivaient un à un, se liant onduleusement aux poses et aux passes du danseur, et au bout d'une demi-heure le ballet se trouvait fait sans que Piccini se fût aperçu de l'avoir écrit.

Il y avait, comme on sait, guerre ouverte entre Gluck et Piccini. Dans un repas qui leur fut donné par le directeur de l'Opéra, ils se réconcilièrent. A la fin du dîner, Gluck, échauffé par le vin, dit à Piccini : « Mio caro, les Français sont une brave gent, mais ils me font rire quand ils veulent qu'on leur fasse du chant ; ils ne savent pas chanter. Vous faites de la bonne musique, mais vous n'en êtes pas plus riche. Ici il faut travailler pour l'argent.—Moi, je veux travailler la fortune et la gloire, » répondit Piccini.

Après bien des années il retourna à Naples ; mais, ayant montré des sentiments révolutionnaires, il fut poursuivi, persécuté, et forcé de se cacher pendant quatre ans. Il obtint enfin la permission de revenir en France, où il mourut, paralysé, aigri, et pensionné, à l'âge de soixante-douze ans, dans le village de Passy, près de Paris.

CALABRE.

Augures sinistres. — Passage du Campo-Ténèse. — Têtes de morts. — Anecdote. — Vallée du Chratis. — Cosenza. — Journal des Modes. — Werther en Calabre. — Apennins. — Hospitalité montagnarde. — Chansons nationales. — Pécorée. — Nicastro. — Le golfe de Sainte-Euphémie. — Bénincasa. — Le Pizzo. — Exécution du roi Joachim. — Le gendarme d'Ardore et les fils de Murat.

On ne part pas de Naples pour la Calabre, comme on part de Paris pour la Basse-Normandie; bien qu'au fond la distance ne soit guère plus grande. *Calabre* est un mot néfaste qui terrifie même à Naples, c'est-à-dire qu'il terrifie à Naples plus qu'ailleurs. *Calabrais* y est, pour beaucoup de gens, synonyme de *brigand*.

Quand j'allai pour retirer mon passe-port chez mon ambassadeur, il me prit à part et m'adjura de renoncer à ce périlleux voyage. Il mit dans son exhortation une solennité singulière et me donna vingt-quatre heures pour faire mes réflexions; elles étaient faites depuis longtemps. Même cérémonie à la préfecture de police. Le préfet, voyant que je m'aventurais seul dans ces formidables contrées, m'exhorta à n'en rien faire : on ne voyageait pas ainsi dans ce pays; on prenait des serviteurs, des escortes, ou au moins des compagnons, et mon ignorance d'étranger me faisait courir à des dangers certains.

Toutefois je tins bon, et l'allocution du préfet n'eut pas plus de succès que celle du diplomate. Après eux vint le tour des banquiers, des amis, des indifférents; tout le monde voulait dire son mot; c'était une vraie conspiration contre mon voyage; je n'en tins compte, et, coupant court à tout, je partis.

Après dix jours de tours et d'aventures dans les montagnes du Cilento, toutes fumantes, toutes sanglantes alors d'une sédition vaincue, j'atteignis les frontières de la Calabre. J'étais seul, à pied, comme toujours, et mon passage excitait dans les hameaux et les bourgades de profonds étonnements et d'innombrables hypothèses. Ici j'étais arpenteur, là antiquaire, plus loin carbonaro, ailleurs espion; la dernière conjecture était flatteuse. Tour à tour prince et mendiant, on m'offrait tantôt l'aumône, tantôt le vin d'honneur. On me prit même une fois pour une altesse de la maison royale qui voyageait incognito au milieu de son peuple comme Haroun-Al-Raschid.

Je ne dissimule pas qu'en approchant de la Calabre les sinistres augures de Naples me revenaient en mémoire, et ne laissaient pas que de me tenir en alerte. Un pâtre en chapeau conique apparaissait-il au loin sur une pointe de rocher, un chasseur sifflait-il son chien, mon cœur battait plus vite, et j'avais des préoccupations inquiétantes.

Je ne rêvais déjà plus que stylets et bandits, lorsque, sortant d'un bois fort sombre et fort épais, je vis la route tachée de sang. La veille, un homme à cheval avait été assassiné là et volé. Le début n'était pas engageant; la nuit d'ailleurs approchait : le site est tragique, et si le cœur m'avait dû manquer, il m'aurait manqué là. Mais je me roidis contre mes sanglantes imaginations, et les combattant par de plus riantes, je me peignis toutes les merveilles, tous les enchantements gracieux ou terribles de cette Calabre qui avait tant occupé, tant agité mon enfance, et que dès six ans j'avais juré de voir. Je marchais, comme Israël, à la conquête d'une terre promise; arrivé au seuil, pouvais-je reculer?

Ce soir-là je couchai à Lauria, un des derniers villages de la Basilicate et le plus pittoresquement situé qui soit dans la contrée. Le lendemain j'entrai définitivement dans la Calabre. L'abord en est de ce côté vraiment formidable et conforme à tout ce que j'avais rêvé de plus agreste, de plus sévère. Un défilé étroit, escarpé, tortueux, serpente tristement entre à deux vastes montagnes, dont l'une appartient à la chaîne de Pietra-Sasso, l'autre à celle du Pollino, la plus haute, la plus alpestre, la plus primitive de toute la Calabre.

Je gravis cette gorge ardue par un temps couvert. De grandes nuées noires se traînaient lentement sur les hauteurs; la solitude était complète; le silence inflexible. Seulement de loin en loin la flûte sauvage de quelque pâtre invisible jetait sa voix grêle au milieu des nuages, un muletier descendait la montagne en sifflant; puis tout se taisait de nouveau, et le bruit de mes pas troublait seul le morne écho des rochers.

Après une montée longue et parfois rude, le défilé débouche tout à coup dans un vaste plateau nu, pierreux, désert, clos de tous les côtés par des crêtes d'une effrayante aridité. C'est là ce fameux passage du Campo-Ténèse, où le général Régnier battit, en 1806, l'armée du roi de Sicile. Les trompettes, les canons, les tambours, tous les bruits, tout le fracas d'une bataille au milieu de cette nature sauvage, cela devait être un spectacle infernal et digne du *Paradis perdu* de Milton, un vrai combat de démons.

Rien de plus désolé que ce champ de bataille où, à défaut des hommes, tous les éléments sont en guerre. Creusés par les eaux descendues des hauteurs, de profonds ravins sillonnent l'aride plaine; mugissant dans les crevasses des rochers et dans les étroites fissures qui, çà et là, déchirent l'opaque rideau des montagnes, les vents tourbillonnent en tous sens et fouettent les nuées dans l'espace. Quelques échappées d'un soleil blanc éclairaient alors ces tristes lieux; courbés sur leur bêche en demi-lune, quelques pauvres laboureurs sapaient péniblement le roc nu, disputant en vain cette terre ingrate à la stérilité, et lui demandant je ne sais quoi.

Ce vaste désert n'a qu'un seul toit, c'est une maison de refuge assiégée par les corbeaux et ouverte aux voyageurs surpris par la tourmente. Comme je passais devant, il en sortit un cavalier qui, plus timide, voyageait avec une escorte de gendarmes; nous nous croisâmes, et le sol rocailleux retentit long-temps sous le fer des chevaux.

Je ne fis pas d'autre rencontre.

Près de finir, le plateau s'élargit à gauche : jusque-là sans arbres, il se boise un peu, et les montagnes latérales s'éloignent par degré. La sortie comme l'entrée du plateau est gardée par des postes de gendarmerie, espèce de citadelles à pont-levis et à créneaux, fortifiées contre les bandits. La sortie en a deux, assises l'une et l'autre sur un roc déchiré, et palissadées de hauts piliers couronnés de têtes d'hommes. Ce sont les têtes des bandits tués aux environs. Placées là comme épouvantail et blanchies par le soleil, elles ricanent aux passants d'une effroyable manière. J'étais fait à ces exécrables trophées; le Cilento, dont je sortais alors, en était jonché. La sédition étouffée, on y avait exposé dans des cages de fer les têtes sanglantes des vaincus, tués sur les échafauds. Ici les décorations étaient dignes du théâtre, si ce n'est pourtant que les rossignols chantaient dans les bois voisins.

Détournant les yeux de ces abominations, j'avais fait à peine un mille dans la rude descente de Morano, le premier village de Calabre, lorsqu'un grand troupeau de bœufs gris et farouches me barra le chemin. Les bœufs s'étaient arrêtés d'eux-mêmes, et, ouvrant leurs museaux fumants, ils se mirent à meugler sur un ton si lamentable, que c'était effrayant à entendre. Les échos des montagnes en gémissaient au loin. — « Signor, me dit le « pâtre, en me montrant du doigt la terre, il « y a eu là du sang répandu; mon troupeau mu- « git. » — Et donnant violemment du cor, il prit la route du pâturage.

Telle est l'entrée et pour ainsi dire le vestibule de la Calabre. Il y a là certes de quoi effaroucher les imaginations les moins timorées; mais j'avais présent le sixième chant de l'Énéide, et je savais que l'on passe par le vestibule de l'Enfer pour pénétrer aux Champs-Élysées. La nature d'ailleurs s'adoucit peu à peu; la végétation s'empare de ces rochers stériles, et la main de l'homme les fertilise; des jardins fleurissent au fond des précipices; des ruisseaux frais les arrosent, et la vie partout renaît. Le temps même s'était élevé, et un magnifique arc-en-ciel couronnait les montagnes comme pour me dire que j'en avais fini avec l'Enfer et que l'Élysée allait commencer; comme Noé, je crus au signe de Dieu, et je poursuivis bravement mon pélerinage.

Un trait touchant, qui se passa dans ces parages repose l'esprit de toutes les horreurs de la nature et des hommes. Un soldat français, blessé dans une rencontre avec les chouans calabrais, se traîna dans un bois et y allait périr de douleur et de faim, lorsqu'une jeune fille qui y venait faire des fagots l'aperçut. Elle lui promit aide et protection; elle pansa ses blessures et, lui faisant un abri de feuilles et de branches, elle vint le soigner régulièrement tous les jours et lui apporter des aliments. Un détachement français vint à passer près de là; elle le vit, s'élança vers le commandant et conduisit les soldats vers leur camarade : — « Adieu,

« dit-elle au blessé, vous êtes sauvé. J'ai rempli « ma promesse et vous n'avez plus besoin de « moi. » — A ces mots, l'ange libératrice s'envola.

La première ville qu'on trouve après le Campo-Ténèse, est Castrovillari, qui n'a de ville que le nom, et n'est réellement qu'une méchante bourgade de campagnards. C'est, à bien peu d'exceptions près, le cas de toutes les villes du pays; Cosenza même, la capitale, n'est pas grand'chose : mais comme je n'allais point chercher en Calabre des monuments, je me consolais sans peine de n'en point trouver, et je n'avais pas de plus grand bonheur que de me réfugier des villes au sein de la nature.

De Castrovillari à Cosenza, la route offre toutefois bien peu de ces merveilles de la nature dont j'étais si avide et que j'avais tant rêvées. On traverse d'abord une vaste plaine tantôt livrée à la charrue, tantôt aux troupeaux. On n'y trouve pas un village, seulement çà et là quelques huttes de pasteurs. L'Apennin court à gauche, cachant ces belles marines de Maratea et de Diamante, où Métastase a passé les plus heureux jours de son enfance. Se douterait-on, à lire le doux poëte, qu'il a été élevé dans les durs rochers de la Calabre?

La route, quoique coupée de quelques bois, est assez plate et monotone; elle n'a qu'un beau point, mais il est magique. Arrivé sur les hauteurs de Spezzano, village albanais, on découvre tout d'un coup à ses pieds la plaine de Sybaris, et au bout le golfe de Tarente, qui se déroule le long des terres comme une ceinture bleue. La plaine est un désert; il ne reste rien de la cité voluptueuse; le site qu'elle occupait est aujourd'hui un bois marécageux peuplé de loups et de buffles. Le Chratis serpente silencieusement dans la solitude.

A peine avais-je quitté ce belvédère immense, que je fus ramené brusquement de la nature à l'homme, c'est-à-dire aux brigands. Je trouvai le village voisin de Tarsia tout en émoi. Les bandits venaient d'enlever le fils du syndic (maire), et demandaient, pour le lui rendre, une rançon considérable. J'ai su depuis qu'il ne l'avait pas payée, et que cette fois la gendarmerie avait délivré le prisonnier.

C'est sous Tarsia que commence la vallée du Chratis; elle s'étend jusqu'à Cosenza, dans un espace de trente milles. Sur toute cette longue ligne il n'y a ni villes, ni villages; quelques cabanes de roseaux, quelques tavernes sales et dénuées, servant de corps-de-garde aux gendarmes commis à la sûreté du chemin, voilà tout ce qu'on trouve. Le pays est d'ailleurs monotone et peu pittoresque; il ne devient riant et gracieux qu'aux approches de la ville, jusque là ce n'est qu'un val étroit, bordé de montagnes sans accidents, sans rochers. On n'a pas même la consolation de voir le Chratis; il est caché derrière un épais rideau de bois qui pouvaient être pleins de bandits, mais qui ne l'étaient alors que de rossignols.

Cette route, longue et uniforme, eût été insupportable si la mandore des pâtres, toujours invisibles au sein des bois, n'en eût abrégé pour moi la longueur, et égayé la tristesse. Mais le soir, quand les pâtres se turent, je rentrai dans le silence, et n'eus plus pour m'escorter que le chant lugubre du petit-duc. Préoccupé que j'étais toujours d'imaginations funestes, les troncs dépouillés me causaient parfois, dans les ténèbres, d'étranges illusions. Je ne me rappelle pas avoir rencontré sur cette interminable route un seul homme, et je dus même, pour coucher, recourir à l'hospitalité des gendarmes. J'étais encore loin de compte, et mon élysée n'arrivait pas.

Je ne m'attendais point à le trouver à Cosenza, et ne l'y trouvant point en effet, je n'en fus pas surpris. Cosenza pourtant a vingt églises et vingt-quatre familles nobles. Elle n'en doit pas moins son origine à des enclaves révoltés réfugiés dans les montagnes des Bruttiens. Son nom ancien est *Consentia*, du mot latin *consensus* (dit-on). On sait qu'Alaric fut enterré au pied, à la jonction du Chratis et du Busento. De là la tradition populaire qu'un trésor y est enfoui; de là les fouilles ardentes et clandestines des croyants. Le quartier qu'arrosent les fleuves est une espèce de faubourg habité par les Zingares.

Cosenza est la patrie de Telesius, le précurseur de Bacon, et le premier philosophe qui battit en brèche la philosophie scolastique. Je ne sais qui y fait naître aussi Ponce-Pilate.

Une chose me frappa, ce fut de voir les costumes du Journal des Modes de Paris affichées devant la boutique des tailleurs et des modistes. Ces frivoles insignes de la civilisation parisienne au milieu des âpres montagnes de la Calabre, forment un contraste assez piquant; mais le peuple passe et n'en a cure. Les femmes ne s'en couvrent pas moins la tête, comme des religieuses, du voile de drap noir indigène, et les hommes du chapeau en pain de sucre tout chargé de rubans et de fleurs.

La famille hospitalière à qui j'étais recommandé, et chez laquelle j'étais par conséquent logé, a conservé intact le trésor des mœurs antiques. Réduite au rôle patriarcal de ménagère, la femme ne parut point à table, les enfants non plus. Je mangeais tête à tête avec le père; le fils aîné seul était admis en tiers; mais il était condamné au silence. Ainsi le veut le *Galatée calabrais.*

Le soir je revins aux souvenirs d'Europe, car là-bas c'est presque l'Afrique; on me conduisit au théâtre. L'opéra était Charlotte et Werther, et j'eus la satisfaction de voir Werther converti en garçon perruquier sentimental, Charlotte en bonne bourgeoise napolitaine. Pour Albert, il avait l'air d'un gros marchand de bœufs. Mais ce qui m'a bien étonné, pour un pays dévot jusqu'au bigotisme, c'est que le pivot sur lequel roule la pièce est un abbé licencieux, caricature imitée du Tartufe. Serait-ce par hasard le Journal des Modes qui aurait à ce point corrompu les bonnes vieilles coutumes catholiques, et inoculé à ces braves Calabrais notre irrévérence philosophique? C'est 89 qui porte ses fruits.

Il faut traverser l'Apennin pour arriver à Cosenza, il faut le retraverser pour en sortir, car il cesse là de courir le long de la mer, et faisant un coude brusque à quelques milles au-dessous de la ville, il revient occuper le milieu du pays, et sépare la Calabre citérieure de la Calabre ultérieure. La montagne commence à Rogliano, grand village situé sur les bases de la Sila, vaste et haut plateau de presque cent milles, qui couronne l'Apennin.

D'abord en plaine, puis coupé de profonds ravins et de torrents impétueux, le chemin commence à monter et monte sans trêve l'espace au moins de dix milles. Tracé d'abord en limaçon, il passe au milieu des chênes et des châtaigniers, et il a des pas rudes et difficiles. Je gravissais en silence le mont Januario, l'un des bastions naturels qui flanquent à l'occident la Sila; le temps était sombre, le pays désert et la vue close de toutes parts. Un chant de femme lent et harmonieux, sorti d'un bois voisin, m'aida quelque temps à monter et me fit oublier la fatigue; mais il expira trop tôt, et m'abandonna seul, et déjà presque las, au milieu du vaste silence des montagnes. Je n'entendis plus rien que le roulement sourd des torrents invisibles dans les profondeurs des vallées, et de loin en loin le cri lugubre du coucou.

Plus je m'élevais, plus le dédale des bois devenait inextricable, et les précipices profonds, menaçants. Caché tout le jour, comme au Campo-Ténèse, le soleil refusait ses prestiges à cette grande nature, et la nature sans le soleil est morte. J'avais atteint la région des nuages, et je marchais au milieu de leur atmosphère humide et pénétrante. Tantôt ils tourbillonnaient sous mes pieds au fond des ravines, tantôt ils se dressaient en colonnes grisâtres, et retombaient. Ils couvraient tout, masquaient tout, et si quelque coup de vent venait parfois à les déchirer, je n'apercevais à travers la brusque fissure que des bois et des rochers. Rien ne saillait sur le gris du ciel, tout était confondu dans une teinte sombre, uniforme, et je voyais converties en régions ossianiques, les brûlantes montagnes de la Calabre. La métamorphose était complète, et si le vent m'apportait quelque note perdue de la mandore des pasteurs, elle était triste et mytérieuse comme la harpe aérienne des romantiques esprits de Morven.

La route fait souvent des coudes, et à chaque nouveau détour j'avais un désappointement, car je croyais toujours découvrir quelque horizon nouveau, et je ne découvrais jamais rien. Les nuées avaient crevé; il pleuvait; il plut bientôt par torrents. Je marchais dans l'eau, et je n'apercevais ni toit ni refuge. Je montais depuis quatre grandes heures, et je n'avais pas rencontré un seul visage humain; ma première rencontre fut un franciscain qui retournait à son couvent, et qui me dit que Nicastro où je comptais coucher était encore à vingt milles. Je repris donc courage et doublai le pas. Cependant la pluie tombait toujours; j'étais las, j'avais faim, et je ne voyais pas un pâtre qui pût partager avec moi son pain noir. Le désert continuait, et une orange que m'avait donnée le franciscain était un mets peu restaurant. Il fallait bien pourtant s'en contenter.

Tout à coup je crus distinguer une cabane blanche au milieu des nuages, un homme en sortit et s'élança vers moi, non pour me voler, comme je le crus d'abord, mais pour m'assister. Il fut pris à ma vue d'une grande commisération, et m'entoura de tous les soins de l'hospitalité. Il me fit asseoir à son foyer, m'enveloppa de son gros manteau de poil de chèvre pour faire sécher mes habits; et, pendant que je prenais, au coin du feu, le repas frugal mais cordial qu'il m'avait servi, il décrocha sa guitare de la muraille enfumée, et se mit à chanter des airs calabrais.

La mélodie en est lente, mélancolique, et les paroles sont presque toutes des plaintes amoureuses. Ce sont de petits poèmes anacréontiques de huit vers sur deux rimes croisées, qui ne manquent ni de délicatesse ni de fraîcheur; j'en ai recueilli plusieurs de la bouche de mon hôte. En voici un qui donnera une idée de cette poésie simple et montagnarde. A peu de calabraïsmes près, celui-là est en assez pur italien :

> Dimme che manca a te vaga donzella,
> Che la stessa beltà tu vinci ancora?
> Lo splendor d'occhj tuoi vince ogni stella,
> Il bianco petto tuo vince l'aurora,
> Il tuo volto, il tuo riso e la favella
> E quanto teni in te, tutto innamora;
> Una cosa ti manca e la più bella,
> Porgi l'amor a chi fedel t'adora.

En voici la traduction prosaïque, mais littérale : « Dis-moi ce qui te manque, gracieuse « jeune fille, toi qui l'emportes sur la beauté « même? La splendeur de tes yeux l'emporte « sur les étoiles; ton sein blanc l'emporte sur « l'aurore; ton visage, ton sourire, ta parole, « tout ce qui est en toi ravit d'amour. Une chose « te manque, et la plus belle : donne ton amour « à qui t'adore fidèlement. »

Voici une autre de ces odes calabraises dont mon hôte ne se rappelait pas la fin, mais dont le commencement, surtout le premier vers, me semble tout-à-fait dithyrambique :

> Bella ti puai chiamare e bella sei,
> 'Na bella come te non *biddi* mai;
> D'allor chè te guardarono occhj mei
> Non piglio *avento* e non riposo mai
> Da te s'innamorâr popoli e Dei
> Di si bel' occhj e di la grazia che hai.

....
....

« Belle tu peux t'appeler et belle tu es ! Une « belle comme toi, je ne la vis jamais ! Depuis « que mes yeux te regardèrent, je ne prends « point de relâche, et jamais je ne repose. Tes « yeux sont si beaux et ta grâce est telle, que « de toi s'éprirent peuples et dieux !..... »

Certes, les grossières chansons de nos paysans sont loin de cette grâce et de cette gentillesse.

On a pu remarquer dans le second chant un grand nombre d'idiotismes, un entre autres que la Calabre a en commun avec la Sicile : c'est *biddi* pour *vidi*. Ce redoublement du *d* et la métamorphose du *v* en *b* se représentent sans cesse dans l'un et l'autre dialecte. J'aurai l'occasion d'y revenir quand je parlerai de la Sicile ; je laisse pour aujourd'hui la philologie, et je reviens à mon hôte et à sa hutte hospitalière.

Je ne sais comment le bruit de mon arrivée s'était répandu au village voisin, mais je vis arriver à la file des montagnards des environs. Il venaient, malgré la pluie, rendre visite au voyageur. Ils étaient enveloppés tous dans leurs manteaux bruns et coiffés du chapeau conique. Rassemblés autour de moi, ils me pressaient de questions sur mon pays, sur mon voyage, sur tout ce qui en moi éveillait leur curiosité, mais la guitare de mon hôte agit bientôt sur eux, et ils se mirent à danser la *pécorée*.

Pécorée vient de *pecora*, qui veut dire *brebis*; c'est la danse des pâtres : elle est en Calabre ce que le *trescone* est en Lombardie, et la *tarantelle* à Tarante ; c'est une espèce de rigodon vif, rapide, un peu libre et fort gai. Les bras comme les jambes, la tête comme les bras, tout se meut, tout danse : on dirait un ballet de sauvages.

Je passai le reste du jour au milieu de ces baccanales champêtres ; et, spectateur reconnaissant, je payai de grand cœur le vin des danseurs. Quand la nuit vint, les montagnards regagnèrent leur village, et je restai seul avec mon hôte.

Il pleuvait toujours et le vent ébranlait la cabane ; c'était un site, une nuit à la Werner, c'est-à-dire une nuit d'assassinat, un site de brigands. Et puis n'étais-je pas là au cœur de la Calabre, à la merci d'un inconnu ? Il m'avait fait un lit dans une chambrette contiguë à la cuisine ; il m'y conduisit, et m'y laissant seul avec une lampe expirante, il me souhaita la *santa notte*. Tirant alors la clef de la serrure, je la lui remis : — « Prenez-la, lui dis-je ; je m'en « dors sur la foi de votre hospitalité. » — Pour toute réponse il posa sa main sur son cœur et serra la mienne. Je le compris, car j'avais pour ainsi dire deviné le caractère calabrais, et je savais bien que sous la garde de l'hospitalité nationale je pouvais dormir en paix.

Un Français blessé, et poursuivi par les bandits dans la dernière guerre, se jeta dans une chaumière en demandant merci. Le maître de la maison le fit coucher dans son lit. — « Si l'on « veut l'arracher d'ici, lui dit-il, je mourrai avec « toi. » — Les brigands entrèrent : — « Quel est « cet homme? demandent-ils au paysan. — C'est « mon frère, répond-il; il est mourant, retirez-« vous. » — Et les bandits allèrent chercher leur proie plus loin. Avant la fin de la nuit, le Calabrais alla demander au chef de la bande, et en obtint la permission de transporter son faux frère à Nicastro, où le soldat retrouva son bataillon. Ce trait, qui est le pendant de celui de la jeune fille du Campo-Ténèse, se passa non loin des lieux où je me trouvais; il me revint en mémoire au moment où je me mettais au lit, et je m'endormis avec une entière sécurité.

Le lendemain j'étais à Nicastro pour déjeuner.

Nicastro est assis au pied des Apennins, dans une situation excessivement pittoresque. Dominée des ruines de son vieux château, la ville est resserrée entre deux montagnes couronnées de châtaigniers, et se dresse en pain de sucre du fond d'un ravin. Un torrent mal digué la traverse et souvent la ravage. Le figuier d'Inde croît au milieu des rochers, quelques pins s'épanouissent en parasol, et un palmier, un seul, balance aux vents sa tête africaine. Le site est beau, mais la ville est atroce, sale, mal bâtie, tout encombrée d'énormes rochers roulés par le torrent du haut des monts. Arrivé du côté des hauteurs, je paraissais tombé là du ciel; la population m'entourait avec curiosité, et s'émerveillant de me voir ainsi seul : — « *Hai* « *un santo protettore!* ne cessait-elle de répéter avec admiration; tu as un saint patron! » —

A Nicastro commence le golfe de Sainte-Euphémie. Jusque-là sévère, terrible, montagneuse, la nature s'adoucit, et ce n'est plus que forêts d'oliviers, bois d'orangers, collines ombragées de figuiers et de vignes, plaines sillonnées d'eaux courantes. Au fond du golfe serpente l'Apennin, et, décrivant à l'entour une courbe élégante, la belle mer Méditerranée déroule au loin son liquide azur. Le cône ardent du Stromboli fume à l'horizon.

Enfin j'étais entré dans mon élysée, et j'y marchais avec enchantement, à la voix des rossignols qui remplissaient le bois, et de la mer qui murmurait à mes pieds. Les tourterelles mêlaient à ces douces voix leurs roucoulements plaintifs.

Un seul point du tableau est triste, inculte. C'est ce qu'on nomme le plan de Sainte-Euphémie; il est sous la ville de Maïda; il y a des marais, des étangs, et la mal'aria y règne tout l'été. C'est là encore un champ de bataille. Défait par Charles Stuart, quelques mois après l'affaire du Campo-Ténèse, Régnier expia là sa victoire.

On a beaucoup reproché à Régnier d'avoir accepté ou plutôt offert la bataille. Il était campé sur les hauteurs, dans une excellente position; il en descendit pour attaquer les Anglais, qui venaient de débarquer au nombre de huit mille. Les Français n'étaient pas cinq mille; il n'avaient qu'une seule batterie légère. Outre la supériorité du nombre, les Anglais avaient une artillerie formidable, et de plus ils étaient soutenus par le feu de leurs bâtiments légers, rapprochés de la côte jusqu'à portée de mitraille. D'ailleurs l'attaque manqua d'ensemble, et l'on avait imprudemment négligé de reconnaître la position de l'ennemi, qui était couvert de fossés et d'épaisses broussailles.

L'intrépidité française ne se démentit pas cependant; mais il aurait fallu un miracle pour vaincre, et le miracle ne se fit pas. On dut battre en retraite, après avoir laissé quinze cents hommes sur le champ de bataille. La légion polonaise fut presque détruite.

La victoire du Campo-Ténèse avait soumis la Calabre, la défaite de Sainte-Euphémie la souleva, et l'insurrection devint bientôt générale. Régnier dut se replier jusqu'à Cassano et attendre là Masséna : sa faute fut de quitter sa position; son inaction seule aurait vaincu. Campée au mois de juillet dans une plaine insalubre, l'armée anglaise aurait péri de maladie. Le fait est que, malgré sa victoire, elle se rembarqua. La fièvre la chassa en Sicile. On attribue la témérité de Régnier à une pique de guerre. Le général Stuart avait remporté sur lui quelques avantages dans la campagne d'Égypte; se retrouvant face à face avec son rival, Régnier voulut prendre sa revanche.

Un passant qui m'avait prêté son mulet pour franchir le fleuve Lamato me fit les honneurs du champ de bataille. Il avait été témoin du combat, et pouvait dire comme Sosie :

> Ici nos gens se campèrent
> Et l'espace que voilà
> Nos ennemis l'occupèrent.

Mon cicérone était un laboureur, et le fait

qui l'avait le plus frappé dans ce grand désastre, celui dont le souvenir lui faisait encore saigner le cœur, ce n'est ni la vue des morts, ni le cri des blessés, c'étaient les ravages faits aux champs par l'artillerie des Anglais. « Mais il est juste de dire, ajoutait-il avec gratitude, qu'ils payèrent tous les dégâts. »

La déroute des Français fut effroyable, et pour comble de désastre, les fuyards étaient égorgés dans les montagnes par les bandits soudoyés par les Anglais. Un fugitif arrêté dans le village d'Acri fut rôti sur la place publique et mangé par les cannibales. Le combat de Maïda est une véritable Thébaïde, car il y avait des Suisses dans les deux armées, et le sang fraternel ne fut pas épargné. Régnier lui-même était Suisse.

L'aménité des sites, la beauté de la mer, m'avaient distrait des horreurs sociales, mais je ne tardai pas à découvrir le Pizzo : ce n'était que passer d'une tragédie à une autre. C'est au Pizzo que Murat a été fusillé. Mais avant de mettre le pied sur ce théâtre de meurtre, et de nous replonger dans ces sanglants souvenirs, respirons encore un instant ce parfum des citronniers, écoutons le chant des tourterelles, jetons un dernier regard sur la courbe voluptueuse du golfe de Sainte-Euphémie.

Sainte-Euphémie, qui le baptise, en occupe l'extrémité septentrionale. Ce fut jadis une ville, ce n'est plus qu'un hameau chétif : les tremblements de terre l'ont réduite là. On prétend, mais sans preuves, que c'est l'antique Lamétia, l'une des premières cités des OEnotriens.

La forêt de Sainte-Euphémie est célèbre dans les fastes des brigands. Couvrant d'un impénétrable voile les larges flancs du mont Mitoio, elle servit long-temps de repaire à Benincasa, l'un des plus fameux bandits de la Calabre. La vie de cet homme fut atroce, sa mort héroïque. Poursuivi, lui cinquième, par un détachement français, il fut arrêté dans sa fuite par le fleuve Angitola, alors très enflé par les pluies. Les fugitifs essayèrent de le passer à la mode du pays, c'est-à-dire sur un char traîné par des bœufs ; mais les bœufs s'embourbèrent et le char fut cloué au milieu du courant. Sommé de se rendre, Benincasa riposta par une vigoureuse décharge. Réduits enfin à leur dernière cartouche, et criblés de coups, les cinq bandits se précipitèrent dans le fleuve et s'entr'aidèrent mutuellement, chacun selon les forces qui lui restaient, à s'y noyer. On ne retira des eaux que leurs cadavres : c'est ce qu'ils voulaient.

L'Angitola est un des neuf ou dix fleuves qui se jettent dans le golfe; c'est le plus grand après le Lamato. Ses bords étaient jadis couverts de cannes à sucre, qui prospéraient à merveille sous ce ciel clément. Ouvrage des princes de la dynastie aragonaise, ces plantations exotiques sont tombées en désuétude de siècle en siècle. Aujourd'hui elles sont tout-à-fait abandonnées.

Un peu avant l'Angitola, et à six milles environ du Pizzo, est un souvenir d'un autre ordre, d'un autre âge. Au débouché d'une vaste forêt de liéges est un petit lac ou plutôt un étang, au bord duquel est une mauvaise taverne décorée du nom d'hôtellerie de Cicéron. Ceci n'est point un baptême fait après coup. Poursuivi par Clodius, Cicéron s'était réfugié dans la ville voisine d'Hipponium; il avait habité, auprès, le *Fundus Sicæ*, d'où sont datées, plusieurs lettres à Atticus, et la classique taverne semble occuper le site même où elles furent écrites.

Enfin nous voici au Pizzo. C'est une petite ville de cabotage, escarpée, pittoresquement située, douée d'un port exigu et d'un grand château. Mais malgré ces faveurs de la nature et de l'art, elle serait peu connue sans la catastrophe de Murat. Fameuse désormais, sinon illustre, et marquée au front, comme Judas, d'une tache de sang, elle a pris rang dans l'histoire au même titre que l'apôtre homicide.

Débarqué de Corse au Pizzo, en 1815, avec quelques officiers, dans l'espoir fou de ressaisir la couronne des Deux-Siciles, Murat appela en vain la population aux armes, elle resta froide et muette; un seul paysan répéta le cri de *vive le roi Joachim!* Alors Murat prit courageusement la route de Montéléone, en ce temps-là capitale de la province, mais à peine était-il sorti du Pizzo, que les Pizzitans, excités par quelques-uns de ces hommes que les réactions altèrent de sang, se précipitèrent dans la campagne pour lui couper le chemin. Ils le mirent entre deux feux, et lui tirèrent dessus. Ils tuèrent même un de ses compagnons, le capitaine Moltedo.

Le coup était manqué, la situation désespérée. Murat s'élança vers la côte pour remonter dans ses embarcations, mais elles avaient gagné le large. Barbara, qui les commandait, l'avait trahi, non dans un but politique, mais pour le voler et s'enrichir de ses dépouilles. Ce Barbara, Maltais d'origine, avait été corsaire. C'est Murat qui l'avait élevé au grade et successivement nommé chevalier, baron et capitaine de frégate. Il avait profité de l'abandon de son bienfaiteur pour revenir à son premier métier.

Murat, trahi, voulut s'emparer d'un bateau de pêcheur qui était sur le sable, mais il fut prévenu et arrêté. Lui et sa petite troupe furent conduits au château à travers les outrages et les mauvais traitements de cette populace. Cela se passait le 8 octobre; c'était un dimanche.

Du 8 au 12 le temps se consuma en dépêches télégraphiques et en échanges d'estafettes. Enfin l'ordre arriva, de Naples, au général Nunziante de faire fusiller le prisonnier. Le 13, à dix heures du matin, la commission militaire se rassembla; à cinq heures la sentence de mort fut signifiée à Murat, et exécutée à l'instant même dans une salle du château. On sait qu'il commanda le feu, et qu'il dit aux soldats: *Sauvez le visage, visez au cœur.* Son corps fut enseveli sans pompe dans la cathédrale. Il est à remarquer que c'est lui qui l'avait fait rebâtir pendant son règne.

C'est ainsi que fut consommé le régicide du Pizzo, et que le Bourbon de Naples vengea, sur le beau-frère de Napoléon, la mort du duc d'Enghien. Le drame du Pizzo a effacé celui de Vincennes.

Les Pizzitans n'en ont pas retiré grand honneur, et l'on ne parle d'eux dans tout le royaume qu'avec mépris: Pizzitan y est presque une injure. On leur a accordé en revanche la grâce d'ériger sur leur place une statue du vieux Ferdinand. Je ne me rappelle pas si le roi-régicide a le dos ou les yeux tournés du côté de l'église où dort son collègue.

Voici la lettre d'adieux que Murat écrivit à sa famille du fond de sa prison. Elle m'a été communiquée, en Italie, par le général Colletta, ministre de la guerre à Naples, en 1820.

« Ma chère Caroline, ma dernière heure est « arrivée. Dans quelques instants j'aurai cessé « de vivre; dans quelques instants tu n'auras « plus d'époux. Ne m'oublie jamais, ne maudis « jamais ma mémoire: je meurs innocent. Ma « vie ne fut tachée d'aucune injustice. Adieu « mon Achille; adieu ma Létitia; adieu mon « Lucien; adieu ma Louise; montrez-vous au « monde dignes de moi. Je vous laisse sans « royaume et sans biens, au milieu de mes nom- « breux ennemis. Soyez constamment unis: « montrez-vous supérieurs à l'infortune; pen- « sez à ce que vous êtes et à ce que vous avez « été, et Dieu vous bénira. Ne maudissez point « ma mémoire. Sachez que ma plus grande « peine, dans les derniers moments de ma vie, « est de mourir loin de mes enfants. Recevez la « bénédiction paternelle; recevez mes embras- « sements et mes larmes. Ayez toujours présent « à votre mémoire votre malheureux père.

« Pizzo, 13 octobre 1815. »

Après avoir fini d'écrire, il coupa quelques boucles de ses cheveux; il les enveloppa dans sa lettre, et la remit sans être cachetée au capitaine Stratti, chargé de le garder en prison.

Je rapporterai, pour en finir, un trait curieux qui m'a été raconté dans le pays par un gendarme d'Ardore: — « Il y a quelques années, me dit-il, « que j'escortais au Pizzo deux jeunes gens qui « voyageaient avec des passe-ports anglais. Ils « demandèrent à voir l'église; quand ils y « furent, ils se firent ouvrir mystérieusement la « tombe du roi Joachim, et je les vis qui cou- « vraient ses restes de baisers et de larmes. Per- « sonne ne comprit rien à leur attendrissement: « pour moi, continua le gendarme en baissant « la voix et hochant la tête, je vis clair, et je com- « pris bien tout de suite que les deux étrangers « n'étaient autres que les fils de Murat; mais « vous sentez bien qu'on a des entrailles, et que « je respectai leur incognito. Ces chiens de Piz- « zitans en avaient assez d'un. » — Voilà, mot à mot, ce que m'a raconté le gendarme d'Ardore, et le brave homme avait les larmes aux yeux. Je livre son récit à la publicité sans commentaires; le lecteur les fera lui-même.

J'ai oublié de dire, et je finirai aujourd'hui par-là, que j'ai fait, en Italie et en Sicile, un voyage de près de quatre mille lieues, et que je n'ai été volé qu'une seule fois, ce fut ce jour-là, au Pizzo.

CHARLES DIDIER.

CALABRE.

Vibona et Bivona. — Sainte-Vénus. — Monteleone. — Presqu'île et ville de Tropée. — Le poëte carbonaro Iérocadès et *la Lyre Phocéenne*. — Campagnes de Mileto. — Bois de Rosarno. — Rencontres. — Golfe de Gioja. — Sobriété italienne. — Palmi. — Le mont Corona. — Coucher du soleil sur la Sicile et les îles Éoliennes. — Tremblement de terre de 1783. — Procès singulier. — Le bois de Solano. — Le Bisarro et la femme. — Bagnara. — Carybde et Scylla. — Demi-naufrage. — Le tailleur d'Aracello. — Intérieur calabrais. — Camp de Murat. — Reggio.

Le golfe de Sainte-Euphémie finit comme il commence, c'est-à-dire par des forêts d'oliviers coupés çà et là de chênes, de hêtres, et peuplés comme le reste de rossignols. Une chaîne de collines vertes, dernier contrefort de l'Apennin, serpente le long de la mer qui vient mourir au pied. Des sources fraîches tombent des rochers presque dans la mer, et gracieusement assises sur les hauteurs, de blanches maisons rustiques, ombragées de treilles, se cachent coquettement dans la verdure des bois.

C'est au milieu de ces sites charmans et sur l'extrême plage qu'était située la ville grecque d'Ilippo ou Hipponium, la Vibona Valentia des Romains. Son nom est resté au hameau actuel de Bivona. L'aménité de ses campagnes était célèbre déjà dans l'antiquité, et la tradition mythologique dit que Proserpine y vint tout exprès de Sicile pour y cueillir une fleur nouvelle. Je doute que l'amour de la botanique fasse jamais faire aujourd'hui aux dames siciliennes le voyage des Calabres. Quant à la ville grecque il ne reste d'elle aucun vestige. On dit, mais je ne l'ai point vérifié, qu'en été, lorsque la mer est basse et parfaitement calme, on découvre encore au fond des eaux quelques débris de constructions antiques que les sables n'ont point encore entièrement recouvertes.

A quelques milles de là, du côté du Pizzo, on trouve au bord de la mer un hameau nommé Sainte-Vénus, sainte, à vrai dire, un peu profane, quoique bien et canoniquement inscrite au calendrier romain. Mais Vénus n'est pas la seule divinité qui de l'Olympe païen se soit élevée au paradis chrétien; Jupiter, Bacchus et bien d'autres ont eu le même honneur. C'est ainsi que partout en Italie les civilisations mortes ont poussé des rejetons au sein des civilisations victorieuses, afin que la chaîne qui lie le passé au présent ne fût pas rompue et que l'humanité pût se reconnaître. De là l'immense intérêt historique et philosophique qui s'attache à l'Italie, terre riche, terre inépuisable que tant de civilisations superposées ont tour à tour fécondée.

Je reviens à la Calabre:

De Bivona à Monteleone, l'une des meilleures villes de la province, la route traverse toujours les mêmes enchantemens, les mêmes richesses; mais vu d'en-bas le site de la ville est triste et sévère. Bâtie au pied et presqu'au flanc de l'Apennin, elle est enveloppée à l'orient par de vastes montagnes et défendue par des ravins profonds. Quelques massifs d'une verdure sombre entrecoupent la blancheur des édifices, et un vieux château féodal, converti en caserne, domine, écrase toute la ville.

J'y entrai par une rue longue, escarpée, bordée à droite et à gauche de maisons basses et à demi ruinées par les tremblemens de terre. Des essaims d'enfans, hâlés du soleil, jouaient tout nus dans la poussière; les timides fuyaient devant moi, les audacieux me grimpaient dans les jambes. Avec leurs grands yeux noirs et leurs dents blanches, ils avaient l'air de petits sauvages. Leurs mères et grand'mères filaient sur leurs portes en fredonnant des refrains lents et monotones; leur tête ridée et basanée marquait la mesure en cadence. Entouré de cette population semi-africaine, je me croyais bien plutôt dans un faubourg de Tombouctou que dans une cité d'Italie. Mais la ville s'européanise peu à peu et finit par faire assez bonne figure, du moins pour la Calabre qui ne brille, comme on l'a déjà pu voir, ni par ses villes ni par ses monumens.

Monteleone occupe la partie supérieure d'un grand plateau granitique qui s'avance comme un éperon dans la mer Tyrrhénienne et qui sépare ce beau golfe de Sainte-Euphémie que nous venons de quitter du golfe de Gioja où nous allons entrer. Ce plateau presque circulaire forme une presqu'île et se termine en pointe aux deux caps Vatican et Zambrone; d'un promontoire à l'autre la côte est taillée en terrasses échelonnées les unes sur les autres comme les gradins d'un amphithéâtre.

Il est vraisemblable que le granit calabrais a été exploité à des époques antérieures, et il existe encore au bord de la mer, au-dessous du village de Parghelia, une ancienne carrière où l'on voit plusieurs grandes et belles colonnes toutes taillées; quelques-unes commencées, comme à Sélinonte en Sicile, et les fragmens de beaucoup d'autres, rompues sans doute pendant le travail. Dolomieu, qui, le premier, par parenthèse, a parlé de cette carrière abandonnée, se trompe, je crois, en affirmant qu'il ne se trouve dans cette partie de la Calabre aucun vestige de feux souterrains; il y a au contraire du charbon fossile à Briatico, bourg peu distant de Bivona. N'est-ce pas là un irrécusable monument de combustions internes?

La meilleure ville de la presqu'île est Tropée. Les antiquaires municipaux font dériver son nom de *trophæum*, *trophée*, et prétendent qu'elle fut ainsi nommée alors que Scipion, revenant de la conquête de Carthage, y reçut les honneurs du triomphe. Le vainqueur de l'Afrique triompher dans une humble bourgade de la Calabre ! La prétention est pour le moins facétieuse et *se non è vero è ben trovato*. Le provincial italien est impitoyable sur le chapitre des étymologies; il vous affirme les plus incroyables avec un imperturbable aplomb, une foi sans bornes, et nous aurons plus d'une fois, chemin faisant, l'occasion d'admirer les hardis tours de force et les sauts périlleux de l'imagination archéologique des Italiens.

Elle est la patrie d'un poëte dont le nom n'a guère franchi, que je sache, les limites du royaume; issu probablement, comme son nom l'indique, d'une famille grecque, il se nomme Ierocadès. Il était helléniste et a traduit du grec en italien les fables d'Ésope et d'autres ouvrages encore. Comme poëte original il a publié, sous le nom de *Lyre Phocéenne*, un recueil d'hymnes dont quelques-unes ne manquent ni de poésie ni d'enthousiasme; mais destinées exclusivement aux francs-maçons et aux carbonari qui ne sont qu'une branche du vieux tronc maçonnique, elles sont livre clos pour quiconque n'a pas la clé des allégories mystico-politiques de l'ordre. De là vient qu'inintelligible pour le grand nombre, la *Lyre Phocéenne* fait les délices des initiés.

A ce titre elle est à l'index; l'auteur lui-même fut cruellement persécuté. Relégué dans sa ville natale en 1815, il eut pour prison un couvent dont les moines, race fanatique, le tenant pour athée et jacobin, se firent les ministres complaisans des vengeances réactionnaires des Bourbons de Naples. Investis de ce ministère peu chrétien, ils l'exercèrent avec une barbarie minutieuse et vraiment monacale. Il n'est pas de tortures qu'ils n'infligeassent au carbonaro poëte. C'était une nouvelle espèce de *carcere duro* et j'ai lu en Calabre un sonnet manuscrit composé par le patient durant son supplice et sous l'inspiration douloureuse de la captivité. C'est une plainte du poëte au roi et une antithèse touchante et vraie entre les prospérités de l'un et l'adversité de l'autre; il se compare, pauvre captif couché sur la paille, vivant de pain et d'eau, au monarque assis à la table des festins, enivré des voluptés de la vie, et il demande s'il n'y aura donc pour lui ni pitié ni justice.

Puisqu'il est permis de par Boileau de comparer un sonnet à un long poème et à plus forte raison à un livre de prose, je dirai que le sentiment d'Ierocadès est le même que celui de Silvio Pellico dans ses Mémoires; c'est-à-dire que le poëte de Calabre, comme le poëte de Saluces, semble avoir été brisé par l'infortune et qu'il y a dans son âme plus de résignation que de révolte. Je préfère, moi, le baron de Trenck, s'usant les doigts à creuser la terre pour sortir de son cachot, je sympathise plus à ces énergies vivaces, inflexibles; mais enfin l'espèce humaine, comme toutes les autres, a ses variétés, et il y a plus d'âmes faibles et brisées que d'âmes fortes et révoltées, plus de Pellico que de Capanée. Il faut bien accepter les différences, et en tenir compte pour juger l'ensemble; sans cela on ne voit qu'une face et on fait de l'exclusion, c'est-à-dire de l'erreur. Il en est du cœur humain comme de l'histoire naturelle.

Mais pour en revenir à Ierocadès, le pauvre captif mourut bientôt, et celui qui s'écriait naguère dans un transport de bénédiction :

Vita, dono del ciel, sei bella, ti amo
Perché ti so [1]....

il vit ses jours s'éteindre dans la captivité obscure, silencieuse d'un cloître fanatique et persécuteur. La dépouille du martyr repose à Tropée en attendant le Panthéon réparateur qui réunira sur un même autel tous les martyrs dispersés de la liberté italienne. La terre leur soit légère jusqu'au jour prochain des réhabilitations !

[1] Vie, don du ciel, tu es belle; je t'aime, parce que je te sais.

Lyre Phocéenne, *La Vie.*

Distrait par le souvenir douloureux du poète carbonaro des merveilles de la nature, j'y revins avec un sentiment de tristesse et d'amertume. Des hauteurs de Monteleone où j'étais retourné et d'où la vue est plus variée, sinon plus vaste, je laissai tomber mes yeux au hasard sur la presqu'île et la mer. Le soleil couchant dorait les flots et les montagnes, la brise marine m'apportait les parfums des orangers et des jasmins; les rossignols chantaient dans les bois, et le Stromboli que j'avais face à face fumait au milieu des flots. Son panache blanc ondoyait au gré du vent sur l'azur de plus en plus foncé du soir. Son cône bleuâtre se confondit bientôt dans les teintes vaporeuses du couchant, et le crépuscule couvrit par degrés et décolora toutes choses. L'atmosphère était molle et limpide; tout enivré d'air et de parfums je redescendis dans la ville par un brillant clair de lune.

Le soleil du lendemain me trouva sur la route de Reggio.

La grande route des Calabres est mal tenue; l'herbe en certains endroits y croît comme dans une prairie; les mulets et les ânes la broutent en passant et les habitans ne se font pas scrupule d'étendre la lessive au beau milieu. On sent partout l'excessive rareté des voyageurs, et comme en définitive ce sont les voyageurs qui font les routes, la seule que possède la Calabre va se ruinant tous les jours. Je perdis trop tôt la mer de vue, et je fus condamné à traverser une vaste plaine de lin dont la teinte bleuâtre figurait de loin des étangs; l'alouette chantait dans la nue, mais la campagne était muette et n'est point pittoresque. La route sans ombre est chargée de mica qui étincelait comme de l'argent et me fatiguait les yeux autant qu'aurait pu faire la neige des glaciers.

Las de tant d'aridité, je me jetai au hasard dans un petit sentier de traverse enfoncé d'abord entre deux haies de lentisques, puis ombragé de chênes et d'oliviers d'une délicieuse fraîcheur. Je me livrai si ardemment au charme de cette nature suisse plus que méridionale que je m'égarai. Le son lointain d'une cloche me servit de guide et me remit dans la bonne voie.

Mais j'eus bientôt lieu de regretter les bois où je m'étais perdu; car après avoir franchi quelques ravins secs et sans autre verdure que de chétifs oliviers sans ombrage, j'eus à gravir en plein midi une côte raide, chaude et sablonneuse, où je crus rester tant le soleil y dardait à-plomb. J'atteignis enfin la crête et bientôt après j'entrai dans Mileto. Je m'attendais à trouver une ville et ne trouvai qu'un village dépeuplé et à demi détruit par le tremblement de terre de 1783. Le clocher même n'a pas été relevé et il est beaucoup plus bas que l'église. Si déchue que soit aujourd'hui la ville, elle a joué un rôle au moyen-âge, lors surtout de la conquête des Normands. Le comte Roger y mourut et y est enterré.

Le nom de Mileto a pris place dans l'histoire contemporaine par la victoire de Régnier qui répara là, le 28 mai 1807, son échec de Sainte-Euphémie. Le valeureux défenseur de Gaëte, le prince de Hesse-Philipstadt, commandait l'armée sicilienne forte de 6,000 hommes. Quoique bien inférieur en forces, Régnier le mit en pleine déroute. Près de tomber aux mains de deux voltigeurs du 9e régiment, le prince ne dut son salut qu'à la vitesse de son cheval. Il regagna la Sicile et la Calabre fut de nouveau soumise.

Mileto occupe le milieu d'un plateau d'argile blanche du plus aride aspect. Le fond de montagnes est fort richement boisé, mais le plateau ne l'est pas du tout, et son seul mérite est d'être sain et bien aéré. Je me hâtai de quitter ces tristes plaines, et, jetant par une courte échappée un premier regard sur les monts de Sicile qui bleuissaient à l'horizon, je descendis dans une gorge étoite et fraîche et vins enfin me réfugier dans le bois de Rosarno.

Rosarno qui le baptise n'est qu'un mauvais village décimé par la fièvre, car tout le pays est humide et l'air infect. La campagne d'alentour est triste, monotone, semée çà et là de quelques maigres aloès et de troupeaux plus maigres encore. Quant au bois c'est le plus mal famé du pays, quoique en plaine et sans communication avec les montagnes. J'avoue qu'ébranlé par les recommandations et les épouvantes des habitans je ne m'engageai pas sans émotion dans ces lieux sinistres, et pour la seconde fois les funestes augures de Naples me revinrent en mémoire. La solitude était profonde et redoublée encore par la fête. Je n'avais donc pas l'espoir de pouvoir me joindre au besoin à quelque caravane, et je m'enfonçai tout seul dans la forêt maudite. Impossible d'y presser le pas tant la route qui la traverse est sablonneuse. J'y marchais d'un pied lent, pénible, l'œil alerte, l'oreille tendue, épiant les moindres accidens de ce désert touffu.

Le premier épisode qui me frappa fut une paire de cavaliers qui traversaient le bois au grand galop, et, semblables aux deux dragons de la Barbe-Bleue, soulevaient des nuages de poussière. Les cavaliers passés, je restai seul de nouveau, et, comme la sœur Anne au haut de la tour, je ne vis plus que le chemin qui poudroyait et les bois qui verdoyaient.

La forêt retentissait parfois du cri des pâtres et j'entrevoyais de loin en loin, à travers les épais fourrés, tantôt une chèvre indépendante, tantôt un vieux taureau rebelle qui quittait les profondeurs du bois pour venir à la découverte ; quelquefois aussi les arbres s'écartaient et je faisais une brusque percée sur l'Apennin ; mais le rideau tombait bientôt, et je restais perdu comme devant dans un océan de verdure. L'arbre qui règne à peu près sans rival dans ces parages, c'est le chêne. Il est bien coupé çà et là de quelques liéges ; mais le chêne est la règle, le liége l'exception. Enflammés par les pâtres ou par la foudre, des troncs de haute futaie dressaient de temps en temps devant moi leur squelette noir et immobile. Vues au crépuscule, ces apparitions innocentes ont quelque chose d'inquiétant ; et don Quichotte, qui prenait des moulins à vent pour des chevaliers, les eût certainement prises pour des géans et il y eût rompu sa lance. Quant à moi, j'envisageais l'ennemi de trop près pour m'alarmer de sa présence, et le soleil n'était pas assez bas pour me créer de ces illusions-là.

Tout à coup, comme je cheminais, revenu de mes premières alarmes, avec une entière sécurité, une apparition moins rassurante se leva devant moi du milieu des larges fougères qui bordent la lisière du bois et articula quelques sons confus que je ne compris pas d'abord. C'était un gueux de mauvaise mine qui me demandait l'aumône. Théâtralement drapé d'une guenille en guise de manteau, il n'avait pas mal l'air d'un brigand de mélodrame, et un gros bâton qu'il tenait en main rendait quelque peu suspecte son humble supplique. Le tête-à-tête n'était pas égal ; l'inconnu avait un bâton, je n'en avais point ; comme en cas d'attaque j'eusse été sans armes, je proposai au pèlerin de me céder son bourdon pour la somme énorme de cinq grains (20 centimes). Ébloui de ma magnificence, il tomba dans le piége tête baissée,
et me voilà possesseur de la formidable massue. La balance avait évidemment penché de mon côté. Je repris tranquillement ma route escorté des bénédictions de l'armée ennemie, qui se recoucha dans le fossé en me souhaitant bon voyage et me promettant de prier pour moi la madone soir et matin.

Ce fut là le second et dernier épisode de la traversée. Je franchis le bois sans autre rencontre. Ces bois si redoutés ne sont donc pas si redoutables, et il en est de ces fameux brigands de la Calabre comme des bâtons flottans de La Fontaine :

De loin c'est quelque chose, et de près ce n'est rien.

Mais la terreur que le Calabrais voit qu'il inspire doit le rendre mauvais ; car il n'y a pas de plus grand démoralisateur des peuples comme des individus que le mépris ou la haine publique ; or, il y a de l'un et de l'autre dans l'effroi de tous les voyageurs en Calabre, surtout des Anglais ; mais ceux-là méprisent tout le monde.

Le bois de Rosarno débouche dans une plaine ouverte, marécageuse, dépeuplée par la *mal' aria*; Gioja, qui la domine, n'est qu'un village sale et pas trop sain, quoique perché sur une colline de lentisques. Si chétif qu'il soit, il n'en a pas moins l'honneur de donner son nom au nouveau golfe que la Méditerranée creuse en cet endroit. J'ai caladai Gioja au son de la musique et des salves champêtres. La population célébrait ce jour-là la fête de son patron, saint Pacifique. C'était une confusion, un brouhaha à perdre la tête ; mais j'eus là une nouvelle occasion d'admirer la sobriété du peuple italien ; dans le désordre de cette fête toute populaire, toute rustique, je ne vis pas un seul homme ivre, et partant pas une rixe. On ne pourrait certes appliquer le même éloge aux fêtes du peuple en Angleterre, ni même en Suisse, où il est bien rare que le sang ne coule pas après le vin. C'est une supériorité incontestable des races méridionales ; mais hélas ! que de taches ternissent encore tes vertus frugales, ô poétique et sobre Italie !

Le Métauro, fleuve capricieux et dévastateur descendu des hauteurs de l'Aspromont, arrose et souvent inonde la plaine de Gioja et la sépare de la ville de Palmi, la plus jolie, la plus propre sans contredit des trois Calabres. Ruinée de fond en comble par l'épouvantable catastrophe de 1783, elle a été rebâtie sur un plan régulier. Elle a des rues larges, de belles maisons, une place spacieuse et bien aérée avec une opulente fontaine au milieu. On y arrive par une chaussée pavée, percée au milieu des plus gros oliviers que j'eusse encore vus; on dirait des bois de haute futaie. De riches bosquets d'orangers coupent le gris monotone de l'olivier. La population de la ville est de douze à quinze mille habitants. Mais il ne faut pas juger des villes de Calabre par les nôtres. Celles-là sont peuplées en grande partie de campagnards; on n'y trouve ni aise ni élégance, et une ville de deux mille ames chez nous a plus d'aises qu'une de quinze mille là-bas. En Toscane et en Lombardie, c'est autre chose.

Bâtie pittoresquement non loin de la mer, Palmi est abritée du côté opposé par le mont Corona, le plus magnifique belvédère de toute la côte et peut-être de toute la Calabre; ceint d'oliviers d'abord, puis de châtaigniers séculaires, le mont Corona ou de Saint-Élie, car il porte les deux noms, est couronné d'une église et de trois croix qui, de loin, lui donnent assez l'air du calvaire de Golgotha. Arrivé au faîte, c'est à s'agenouiller, non au pied de la croix; on ne s'y agenouille plus guère au siècle dix-neuvième, mais devant la nature. Nulle part elle n'est plus ravissante, nulle part plus adorable.

J'étais là, au coucher du soleil, bien supérieur, à mon sens, au lever. Le lever, sans doute, est plus gai, plus éclatant; mais il manque par cela même de cette ineffable langueur du soir si douce et si tendre; il manque de tous ces prestiges grandioses du jour qui s'en va, de la nuit qui s'avance, et de cette austère mélancolie qui sied aux âmes travaillées et chargées.

J'avais à mes pieds le golfe de Gioja et l'entrée du Phare tout étincelant alors de voiles de pêcheurs. Le classique archipel d'Éole, Vulcano, Lipari, Panarie, et enfin le Stromboli, étaient si distincts, grace à la limpidité de l'air, que j'en découvrais sans effort les habitations et presque les habitants. Le Stromboli surtout était sublime; il était pourpre, et, enflammée par les rayons du soir, la colonne de fumée montait au ciel comme une colonne de feu. De l'autre côté se déroulait la Sicile, le cap Pélore, la tour du Phare, la blanche et orientale Messine, les grandes montagnes qui l'ombragent, l'Etna qui les écrase. Comme le panache du Stromboli, le panache du géant sicilien était embrasé. Nul mot de la langue humaine ne peindra jamais la magnificence de ce paysage de terre et de mer encadré entre deux volcans.

Mais le soleil déjà bas atteignit les hauteurs de Panarie; il sembla s'y poser comme un météore de feu, puis, s'abaissant lentement derrière l'île, il disparut, sillonnant au loin la Méditerranée des teintes les plus riches, les plus ardentes.

Abîmé dans la contemplation de cette nature merveilleuse, je restai jusqu'à la nuit couché seul sur la montagne, et je ne me rappelle pas de soirée plus ravissante. On faisait de la musique sous moi, dans la ville, et le silence était si profond, si universel, que la brise marine m'apportait, mêlés aux parfums des citronniers, les sons vagues et harmonieux du cor. Je vis la lune sortir des flots où le soleil s'était plongé et ses rayons froids et blafards blanchir ce qu'il dorait naguère. L'Etna, le Stromboli n'apparaissaient plus que comme de vaporeux fantômes, et, à peine encore distinct à travers les brumes nocturnes, l'archipel éolien me rappelait involontairement ce grand navire fantastique de la mort dans la ballade étrange de Coleridge.

Le lendemain, au point du jour, je déjeûnai frugalement avec du laitage dans une *mandria*, sorte de bergerie en plein air, défendue de la pluie par un simple toit de feuillage. Le tambour de basque national et la pastorale cornemuse étaient suspendus à un olivier, et un grand troupeau de chèvres mutines paissait à l'entour. Comme j'étais là, deux gardes-côtes vinrent à passer, revenant de je ne sais quelle expédition nocturne; ils s'étonnèrent fort de ma solitude; ils blâmèrent mon imprudence et me prédirent que je serais infailliblement assassiné dans la montagne, non cette fois par les bandits, mais par les bergers, ceux-ci étant toujours, en dépit de la loi, armés de fusils qu'ils cachent dans les broussailles. Mais l'oracle venait trop tard: j'y étais fait. Quelle que fût l'assurance de mes deux prophètes de malheur, les prophéties de ce genre ne m'ébranlaient plus: cette dernière pas plus que les autres. Je n'en tins compte et fis bien. J'atteignis de là sans rencontre le plateau de Seminara.

J'étais sur la terre classique du tremblement de terre de 1783, dont le souvenir plane encore aujourd'hui, après cinquante ans, sur ces malheureuses contrées. Le souvenir d'ailleurs s'en perdrait, qu'on y serait rappelé malgré soi par les fissures profondes et les mouvemens désordonnés du sol. On voit, à chaque pas, qu'une force occulte, irrésistible, a remué dans leurs profondeurs ces terres violentées. Ce fut ici le centre du mouvement, et probablement le foyer du feu souterrain qui paraît l'avoir produit. Les villes qui ont le plus souffert, Palistène, Oppido, Sinopoli, Scilia, forment un vaste demi-cercle autour de ce point central. La plupart de ces villes furent ruinées de fond en comble, et j'ai vu porter à cinquante mille le nombre des morts.

Les détails de la catastrophe sont incroyables, et la nature sembla se plaire alors aux jeux les plus bizarres. Tandis que des milliers de victimes expiraient sous les décombres, un paysan d'Oppido qui labourait tranquillement son champ avec une paire de bœufs, fut enlevé, lui, sa charrue et son champ, à la distance d'un mille à travers un large et profond ravin, sans que lui ni ses bœufs eussent été blessés.

Ces énormes déplacemens de terrains furent alors fréquens et donnèrent lieu à un procès singulier. A Seminara même, une vaste plantation d'oliviers fut entraînée sans se désunir au bas de la montagne et déposée intacte sur le champ du voisin; le propriétaire des oliviers revendiquait son bien; le propriétaire du champ réclamait le sien. La cause fut portée à Naples, et l'on maintint la propriété du premier, mais à condition qu'il replacerait son *oliveto* en son lieu primitif, attendu que le fonds du terrain couvert n'avait pu cesser d'appartenir à sa partie adverse, laquelle ainsi gagna son procès. Quant aux détails du tremblement de terre, on peut les lire dans les deux relations contemporaines du chevalier Hamilton et du commandeur Dolomieu. Elles furent écrites sur les lieux quelques jours après la catastrophe, et sont l'une et l'autre du plus grand intérêt. Elles sont insérées dans le *Voyage pittoresque* de Saint-Non.

Mon projet était de m'embarquer pour la Sicile, à Bagnara; mais je ne voulus pas quitter les hauteurs sans faire une trouée dans le terrible bois de Solano qui couvre presque tout l'espace entre Bagnara et Scilla. Dans le temps où Benincasa exerçait dans la forêt de Sainte-Euphémie sa sanglante dictature, un bandit non moins formidable, nommé le Bizarro, exerçait la sienne dans celle-ci. Traqué et poussé aux extrémités par le général Manhès, il fut obligé de disperser sa bande et se cacha seul avec sa femme. Les deux fugitifs furent bientôt réduits à vivre d'herbes et de racines. Dans cette détresse, sa femme accoucha. Craignant que les cris du nouveau-né ne découvrissent leur retraite, le Bizarro le saisit par les pieds et lui écrasa la tête contre un arbre. Le désespoir de la mère fut muet; mais elle était Calabraise, elle se taisait pour mieux se venger. A quelques jours de là, le bandit, étourdi par un peu de vin qu'il avait réussi à se procurer, tomba dans un sommeil profond. Sa femme profita de son assoupissement pour s'emparer de ses armes et lui fracassa la tête. Mais cette tête était mise à prix; la veuve sanglante alla déclarer son crime et en réclamer la récompense.

Préoccupé de cette épouvantable tragédie, je ne pus me défendre du frisson en mettant le pied dans le bois qui en fut le théâtre; il est si noir, si touffu, et parfois si lugubre, que la scène est en vérité bien digne du drame.

Bagnara qui est au pied, n'est qu'un mauvais village de pêcheurs; mais il est pittoresque, situé au fond d'une petite anse, et ombragé de hautes collines plantées de vignes et de figuiers d'Inde. Je pris là une barque à deux rameurs et m'embarquai sur-le-champ pour la Sicile, quoique la mer fût grosse et le ciel menaçant. Nous longeâmes la côte tantôt aride, tantôt riante, mais toujours solitaire et dominée de grandes montagnes qui, en quelques endroits, sont coupées à pic. Quoique le temps ne fût pas trop propice, je vis pêcher l'espadon: cette pêche, ou plutôt cette chasse, car elle se fait à la lance, est fort singulière; mais, pressé par l'espace, je remets à en parler plus tard aux articles *Sicile*.

Arrivé à Scilla, mes rameurs déclarèrent que le vent était trop fort et qu'ils ne pouvaient pas aller plus loin; comme j'avais mis dans ma tête de souper le soir à Messine, je frétai une barque à quatre rameurs, plus solide que la première, et je ne fis que passer de l'une dans l'autre.

Scilla est une bourgade escarpée et bâtie en escalier dans une fissure du rocher, ou plutôt de l'écueil qui lui sert d'appui et qui s'avance en promontoire aigu, au milieu d'une anse formée par les montagnes. Scilla eut terriblement à souffrir du tremblement de terre. Le château tomba sur la ville, la ville tomba dans la mer, et les habitans qu'elle n'écrasa pas se réfugièrent sur la plage, d'autres dans des embarcations. La mer

était calme, le ciel serein, et rien n'annonçait un nouveau désastre, lorsqu'à minuit le promontoire de Campalla s'écroula tout d'un coup et tout entier dans la mer. Cette énorme masse fit refluer les eaux sur les deux bords ; elles engloutirent un grand nombre de Siciliens sur la rive opposée et tous les Calabrais qui avaient cherché un refuge sur la plage. Toutes les embarcations furent submergées, et le lendemain les cadavres flottaient par milliers. Le château fut rebâti, et vingt-cinq ans plus tard, ces Dardanelles du Phare jouèrent un rôle important dans la guerre des Anglais. Aujourd'hui il est détruit.

Cependant la mer ne s'était pas calmée ; elle était de plus en plus mauvaise, et le sciroc, c'est-à-dire le vent contraire, soufflait violemment. Mais mes quatre rameurs étaient vigoureux et la barque tenait bien l'eau. Le promontoire doublé, nous rasâmes ces formidables écueils de Scilla, si célèbres dans la fable. Grace au gros temps, je pénétrai sur-le-champ le sens de l'allégorie, car je me crus un instant, non plus au milieu des eaux, mais au milieu d'une meute. L'illusion est complète et la cause en est toute simple.

La côte, toute hérissée d'écueils, est un roc vif, coupé à pic ; à force de le battre et de le ronger, la mer y a creusé d'innombrables petites cavernes où la vague s'engouffre avec un bruit qui imite, à s'y méprendre, les aboiements du chien. Il n'en fallait pas plus à ces imaginations poétiques de la Grèce qui personnifiaient tout et donnaient à tout un corps, une ame.

Il en est de même des fameux gouffres de Carybde qui sont en face ; ce n'est encore là que l'idéalisation d'un fait naturel. Il faut savoir que le Phare est soumis à un mouvement régulier de va et vient, du nord au sud et du sud au nord : or, au lieu d'être droites et de laisser passer librement le courant, les côtes, surtout celles de la Sicile, sont courbes, fort sinueuses et disposées de manière à résister au flot. La mer, ainsi refoulée, obligée à refluer sur elle-même et produit ces gouffres ou tourbillons personnifiés dans Carybde. C'est ainsi que les fables, en apparence les plus folles, de la mythologie antique, cachent un sens profond, bien rarement faux ; ce n'est pas la dernière fois que nous aurons l'occasion d'admirer la sagesse enveloppée dans ces gazes diaphanes.

A mesure que nous avancions le vent devenait plus violent, il fut bientôt furieux ; malgré l'habileté des rameurs à saisir la vague le péril était réel ; s'ils eussent lâché prise une seconde, nous nous brisions contre les écueils. Ainsi tiraillée et disputée par l'aviron à la double puissance de la vague et du vent, la frêle barque avait des angoisses fiévreuses qui me secouaient cruellement ; cependant je me tenais ferme contre le mal de mer, et assis à la proue je me distraisais en suivant de l'œil ces grandes masses mouvantes, écumeuses, qu'une force irrésistible soulevait contre moi et qui en passant m'inondaient.

La mer était magnifique. Très profonde en ces parages, elle était d'un bleu ravissant à voir, et se brisait en flocons d'argent sur les menaçans écueils que nous rasions ; nous les rasions de si près que l'écume rejaillissait dans la barque et nous aveuglait. Je ne sais point une exagération de voyageur en affirmant que le danger était imminent ; les marins qui, même sur de grands vaisseaux, ont passé le Phare par les mauvais temps, savent ce qui en est. Le détroit de Messine est, avec l'Archipel grec, le passage le plus difficile de toute la Méditerranée, et plus d'un capitaine étranger s'est repenti de ne s'y être pas fait assister, comme c'est l'usage, par un pilote indigène.

Ce fut surtout après avoir doublé le cap Cenide que le danger devint pressant ; jusque là le promontoire nous avait un peu couverts, nous étions maintenant sans abri, en plein vent, et, soulevés par la rafale, les flots bouillonnaient dans le canal avec une rage toujours croissante. Notre position était d'autant plus critique que les écueils dont la côte est hérissée rendaient l'abordage impossible et que, bon gré mal gré, il fallait tenir la mer. Enfin, par un tour de force que j'admire encore, les mariniers se jetèrent dans une anse fort étroite, fermée de tous côtés par les rochers et dont l'entrée n'avait pas six pieds de largeur. La barque fila comme la foudre entre deux écueils et franchit sans malheur le périlleux défilé. Là nous étions en sûreté.

Les rameurs, qui jusqu'ici avaient mis de l'amour-propre à passer malgré la tourmente, baissèrent enfin pavillon et me déclarèrent que la traversée était impossible. Mouillé jusqu'aux os, il me fallut reprendre terre une seconde fois ; encore eus-je bien de la peine à débarquer sans m'achever par un bain complet. Il semblait qu'une opiniâtre fatalité me repoussât des côtes de Sicile. Je continuai ma route à pied sur la plage.

Malgré la contrariété et l'ennui d'un projet manqué, je n'étais pas fâché au fond du cœur d'avoir essuyé un demi-naufrage entre Carybde et Scilla. Poursuivant solitairement mon odyssée pédestre, je me comparai modestement à Ulysse, sans songer alors que j'étais destiné à devenir plus tard mon propre Homère.

J'en étais là de mes congratulations intimes, lorsque je fus accosté par un petit homme accort, bavard, qui m'invita, la nuit approchant, à venir la passer chez lui. J'acceptai, et traversant fièrement Villa San-Giovanni, il me conduisit à travers une forêt d'aloès et de grenadiers au hameau voisin d'Aracello. C'est là que mon hôte, tailleur de son métier, avait sa maison, ou plutôt son bouge.

J'avais pensé trouver chez lui quelque aisance; je m'y vis entouré de misère, bien reçu, du reste, par la famille, composée de la ménagère qui était Sicilienne, d'un nourrisson qu'elle allaitait, de deux jolies petites filles de neuf à dix ans, et d'un garçon de sept, tout cela entassé dans un taudis de quarante pieds carrés qui servait tout à la fois de chambre à coucher, de cuisine et de poulailler. *Nota benè*, que la fumée n'a pas d'autre issue que la porte. Un chat, un chien et un bouvreuil complétaient cette arche de Noé; il n'est pas jusqu'au porc qui n'y fît de fréquentes incursions.

Je me berçais encore de l'espoir qu'il y aurait au moins pour moi quelque petite chambrette; mais mon espoir s'évanouit qand je vis placer un matelas sur un bahut; c'était mon lit. Pour me faire honneur on étendit dessus une magnifique couverture de taffetas jaune qui contrastait étrangement avec le lieu. C'était la couverture de noce; on ne la déployait que dans les grandes circonstances, et les voisins se pressaient à la porte pour l'admirer. J'étais évidemment tombé dans un guet-apens; je me résignai. La chère fut conforme au reste; mais mon hôte m'avait promis *una biancheria stupendissima*; les draps en effet étaient d'une étincelante blancheur; c'était l'essentiel, et la résignation me coûta moins.

La topographie nocturne du lieu était curieuse. Moi, d'un côté, sur mon bahut, de l'autre, le mari et sa femme dans leur lit, les trois enfans, mâles et femelles, couchés pêle-mêle au pied sur une paillasse, et le berceau du nourrisson suspendu au plafond, c'est-à-dire au toit, à côté de la cage du bouvreuil. Les poules et les deux quadrupèdes occupaient le devant de la scène; et comme si la ménagerie n'eût pas été assez bien garnie, le frère de mon hôtesse, débarqué la nuit de Sicile, vint prendre place avec un autre marinier sur un coffre vide, à côté du mien. Ainsi nous étions bien neuf dans ce chenil, sans compter les bêtes. Ceci me rappelle un tavernier d'Ischia, qui se fâcha tout rouge parce que je refusais de coucher dans un lit où il y avait déjà huit individus, et où, disait-il, on pouvait tenir commodément dix.

Ces détails d'intérieur donneront à connaître le degré de misère où en est la Calabre. Il n'y a pas de grossier paysan chez nous qui acceptât une pareille vie; encore faut-il ajouter qu'on y fait provision de pain (et quel pain!) pour un mois, et qu'on y mange de l'huile rance, nécessité bien dure, en vérité, quand on a traversé tout le jour tant de bois d'oliviers, tant de champs de blé. Ce nonobstant, la population est hospitalière et pleine de cœur.

Le hameau d'Aracello est juste au-dessous de la colline où campa Murat lors de la fameuse expédition de Sicile, le *fiasco* le plus solennel des annales militaires, et tous ces lieux sont pleins des souvenirs de la campagne avortée de 1810.

Reggio, la capitale de la province, n'est qu'à dix milles. Je comptais introduire dès aujourd'hui le lecteur dans ce paradis terrestre de la Calabre, de l'Italie, mais l'espace me manque, et force m'est d'ajourner le voyage. Aussi bien n'y suis-je entré moi-même que six mois plus tard, ayant séjourné ces six mois en Sicile et n'ayant vu Reggio qu'au retour.

Faisant mes adieux le lendemain matin à la ménagerie hospitalière, mais non tout-à-fait désintéressée d'Aracello, je m'embarquai une troisième fois, malgré le mauvais temps qui persistait, et, plus heureux cette fois que les autres, je franchis enfin le détroit sans accident, sinon sans péril.

Reggio, qui devait fermer cette livraison, ouvrira donc la prochaine.

CHARLES DIDIER.

CALABRE.

Phare de Messine. — Reggio. — Charondas. — Fée Morgane. — L'Aspromont. — Échelle végétale. — Architecture rustique. — Scènes de montagnes. — La Sicile. — L'Etna. — Le mont Basilico. — Profondes vallées. — Forêts. — Solitude. — Scie à eau. — Bandits. — Ermitage et ermite des Polsi. — Arcadie de Sannazar. — Locres. — Zaleucus. — Geraci. — Le fleuve Alaro. — Marines. — Mal'aria. — Tours. — Bivouac de Bohémiens. — Nuit blanche. — Stilo et le moine Thomas Campanella. — Pali-Porto. — Campagne de Squillace. — L'ancienne Scyllacée. — Cassiodore. — L'église ruinée de la Roccella. — Costume calabrais. — Catanzaro. — Le peintre Mattia Preti.

Le Phare de Messine est le Bosphore d'Italie; l'Italie n'a rien qui le surpasse en beauté : le golfe de Gênes est peu de chose auprès; et si Naples a son Vésuve, Caprée, Sorrente, le Phare a Reggio, la Sicile, l'Etna.

Reggio est le paradis de la Calabre. Abritée d'un ciel limpide et bleu, baignée d'une mer plus limpide encore et plus bleue, la ville est assise mollement, ou plutôt couchée au pied des hautes crêtes boisées de l'Aspromont; défendue par elles des vents âpres, elle repose au milieu de ses grenadiers, de ses aloès en fleurs, et, la tête ombragée de treilles et de palmiers, elle s'enivre de l'éternel parfum des orangers et des limons. Plus vaste qu'elle et plus riche, mais non pas plus illustre et surtout pas plus riante, Messine, sa sœur, semble lui tendre du bord opposé une main fraternelle et lui faire des signaux amis.

Ce n'est pas que Reggio soit une belle ville : travaillée par les tremblemens de terre, presque abîmée par celui de 1783, elle n'a pas un édifice; la moitié des maisons est encore en ruine et presque toutes sont lézardées. Quant aux rues, à peine sont-elles pavées; le Cours lui-même ne l'est point; et la seule rue qui mérite vraiment ce nom, est la Marine, parce qu'elle est postérieure aux tremblemens de terre.

Reggio est une ville très-ancienne : son nom se retrouve dans les premières chroniques de la Grande-Grèce. Elle eut pour législateur Charondas de Catane, l'un des premiers qui humilièrent la force devant l'esprit en défendant aux citoyens, sous peine de mort, de paraître armés aux assemblées publiques. On sait qu'il fut sa propre victime. Apprenant, un jour, un tumulte populaire, il se rendit à l'assemblée en si grande hâte qu'il oublia de quitter son épée. Quelqu'un lui fit remarquer cette infraction à ses propres lois. « Je prétends, dit Charondas, les confirmer au prix même de mon sang. » Cela dit, il se tua d'un coup d'épée.

Combien connaissez-vous de nos modernes législateurs qui soient disposés à sceller leur vote de leur sang?

C'est à Reggio que le tyran Denis planta le premier platane.

Sous les Romains, Reggio perdit de son illustration sans cesser pour cela d'être une ville importante. Julie, fille d'Auguste, y fut exilée en punition de l'amour du poète Ovide, et elle y mourut d'inanition dans les bras de sa mère répudiée, Scribonia. La ville a souffert tant de destructions qu'elle n'a pas conservé un seul monument de sa grandeur passée. Tout ce que j'ai trouvé est un morceau de muraille antique, encore est-il profondément enseveli, et deux assez belles colonnes de granit à la porte de la cathédrale.

Mais la beauté du site rachète amplement et la laideur de la ville moderne, et son insignifiance actuelle, et les mécomptes archéologiques. Le jour où je débarquai de Sicile, le temps était splendide : la clarté de l'atmosphère rapprochait jusqu'à les faire presque toucher du doigt les côtes de la Sicile; le soleil faisait briller les toits blancs de l'orientale Messine, et ses innombrables casins dispersés au pied et aux flancs des montagnes; du milieu du Phare on découvrait toute la côte de Calabre jusqu'au golfe divin de Policastro, dans un développement de plus de cent cinquante milles. Réjouis par le beau temps au fond de leurs abîmes, les dauphins, dont ces mers sont la classique patrie, sautaient bruyamment et se jouaient à la surface des eaux. Le son des cloches, qui carillonnaient en l'honneur de je ne sais plus quel saint, ne les effrayait pas.

Tout en jouissant de cette nature divine et de ce temps divin comme elle, je regrettais que la pureté du ciel me privât des apparitions de la Fée Morgane. La Fée Morgane, *Fata Morgana*, est un phénomène d'optique qui reproduit dans l'air, alors qu'il est humide et opaque, tous les objets du rivage comme dans un miroir. On voit alors suspendus dans le ciel des jardins, des palais, des églises, créations fantastiques, évoquées, dit le

XIX. ITALIE PITT.   (CALABRE. — 3ᵉ LIV.)

peuple, par la baguette des Fées. C'est un mirage semblable qui fit un jour apparaître un ange à Milan. La population de crier au miracle, les cloches de sonner en chœur; c'était tout simplement l'image d'un ange de bronze doré, dont l'original brillait sur un clocher de la ville.

Privé des merveilleux prestiges du paysage aérien, je me rejetais sur celui de la terre ferme et suivais avec charme les mouvemens gracieux d'un palmier qui se balançait au gré du vent sur cette extrême plage de l'Italie. Autrefois toute la côte en était couverte; c'est le fanatisme chrétien qui les a détruits en haine des Sarrazins dont le palmier était l'arbre chéri. En cela, j'avoue, je suis Sarrazin.

Le temps était orageux sur Taormina, et les grandes nuées noires qui se traînaient sur le mont d'Or et sur l'Etna, contrastaient fortement avec l'éclat du ciel calabrais.

J'ai oublié de dire que le nom ancien de Reggio vient d'un mot grec (ῥήγνυμι) qui veut dire *rompre*, et l'on fait remonter l'étymologie de ce nom à la rupture violente qui doit avoir, en des siècles bien antérieurs, séparé la Sicile de la Calabre. Les premières éruptions de l'Etna furent probablement précédées de secousses telles qu'elles occasionèrent la scission. C'était l'opinion de l'antiquité, c'était celle aussi de Buffon.

Les médailles de Reggio portent les unes le trépied, les autres le lion.

La suite de mon voyage m'appelait à Tarente par la Basilicate. Il me restait donc à remonter toute la côte orientale de la Calabre, depuis l'Aspromont jusqu'au Pollino. C'est un voyage de plus de cent lieues, pénible à cause des mauvais chemins; car il n'y a d'autre route sur toute cette longue ligne que d'étroits sentiers de pierre ou d'argile. Il importe de ne pas se laisser gagner par la saison des pluies, vu qu'alors ils sont impraticables. Je partis donc de Reggio pour Locres, qui est sur la rive opposée. Les deux anciennes républiques n'étaient séparées que par la chaîne de l'Aspromont, point final de l'Apennin calabrais.

Je cheminai plusieurs heures à l'ombre des treilles et des citronniers avant de m'engager dans les montagnes; enfin j'y pénétrai par le Gallico, torrent impétueux et souvent dévastateur, qui va tomber dans le Phare. Les eaux alors étaient basses, et ce fut certes un grand bonheur pour moi, car le chemin est le lit même du torrent; quand il est enflé, les communications sont rompues.

Très-large à l'entrée, le lit se resserre entre deux hautes montagnes escarpées, dont le pied est planté d'orangers; mais ce sont les derniers. A mesure qu'on s'élève, ils s'éclaircissent; ils disparaissent bientôt tout-à-fait. L'olivier, la vigne, le figuier, persistent plus long-temps; mais ils cèdent aussi pour faire place au châtaignier, qui, à son tour, abandonne le terrain au chêne, au hêtre, auxquels enfin succèdent, et c'est la dernière zone végétale, les pins et les grands sapins. Les crêtes culminantes ont de la neige six mois de l'année. Ainsi, depuis les orangers d'Afrique jusqu'aux glaces de Laponie, on passe là en quelques heures, et comme par enchantement, par toutes les latitudes du globe.

J'eus bientôt franchi les deux premiers degrés de l'échelle embaumée, et atteint le troisième, qui est la région des châtaigniers. La nature prend une attitude de plus en plus austère, et par momens formidable. Ici les parois latérales tombent dans le torrent roides, nues, décharnées; là elles se crevassent de gorges profondes, de vallées ténébreuses; tantôt une herbe courte et rare végète aux flancs des rochers, tantôt les châtaigniers se pressent en forêts touffues et sombres; d'abord groupés en hameaux, puis clair-semées, les habitations cessent, et le désert s'empare de ces sites muets et ravagés. Quelques moulins coupent seuls encore de loin en loin la solitude et le silence.

Ne remplissant pas son lit, le Gallico serpentait et vaguait en tous sens. Libre, irrégulier, il coulait en zig-zag, décrivant des sinuosités infinies, se divisant en mille bras, et formant tout à tour des îles, des golfes, des promontoires. Suivant que la pente était douce ou rapide, il s'épanchait en nappes silencieuses ou se brisait en cascatelles. Parfois un coude de la montagne l'arrêtait brusquement, et, le forçant à changer de route, le faisait gronder et mugir.

Le soleil se couche vite pour ces humides profondeurs, et la nuit y est précoce. Déjà si mélancolique au grand jour, cette agreste nature le devient bien davantage au crépuscule. Le bruit de l'eau et le tic-tac monotone de quelque moulin invisible derrière les rochers ajoutaient à la tristesse de l'heure et du lieu. Regagnant son aire à travers le ciel, un oiseau de proie jetait de loin en loin dans l'espace un cri farouche.

La nuit approchait, le son d'une cloche qui sonnait l'*Angelus* me frappa tout à coup; je levai la tête, et j'aperçus un village juché sur une pointe: c'était Podargoni; j'y montai. Adieu les treilles de Reggio! adieu les terrasses plantées de fleurs! Les villages de Calabre, et même les villes, sont hi-

deux : point d'ordre, nul plan, pas l'ombre d'architecture ; les maisons, vrais bouges informes, sont jetées les unes sur les autres, et entassées au hasard comme des rochers précipités des montagnes par un tremblement de terre, et l'on décore du nom pompeux de rues d'affreux casse-cous, escarpés, enfoncés, point pavés, tout sillonnés d'ornières profondes, pleins de cailloux, pleins de boue, et dont la triple destination est de servir de communications et de forum aux habitans, d'égouts aux immondices et d'anges aux pourceaux. Quand il pleut, ces cloaques fétides se transforment en cataractes, où périssent maints enfans, et parfois même des hommes. Telle est l'architecture rustique de la Calabre, et tout cela sur le site des villes superbes de la Grande-Grèce, en face des temples encore debout de Pœstum, de Métaponte, sous le plus beau soleil d'Europe, et peut-être du monde.

Podargoni est un hameau de ce genre, perché sur le premier gradin du mont Basilico, qui clôt la vallée. J'y passai la nuit chez un vieux forestier qui me céda son lit montagnard, composé de peaux étendues par-dessus de bruyantes feuilles de maïs. Au point du jour j'étais sur pied. Le fusil sur l'épaule, mon hôte voulut m'escorter jusqu'à la Madone des Polsi, ermitage alpestre, où je devais coucher. Le syndic (maire) ajouta à mon escorte, car alors l'Aspromont était plein de bandits, un garde civique, espèce de vagabond retors, qui avait été successivement frère convers, brigand, soldat, cordonnier, et que le maire m'avait recommandé comme ayant tous les vices : ma, ajouta-t-il, non è ladro.

Flanqué de mon escorte, j'attaquai, en sortant du village, une côte rude et ardue, du haut de laquelle on domine dans toute sa longueur l'étroite vallée du Gallico. Au sommet expire le châtaignier, et s'ouvre un vaste plateau inculte, désert, couvert de bruyères à perte de vue. Mais si le lieu est morne, la vue est ravissante : c'est un belvédère magique sur les côtes et la mer de Sicile ; l'Apennin n'en a pas de plus beau.

Vu de ce haut point, le Phare ressemble à un fleuve majestueux qui se serait ouvert un passage entre deux montagnes. Émaillé de voiles argentées qui brillaient au soleil, et se détachaient sur le bleu foncé des vagues comme des étoiles sur le bleu du firmament, il réfléchissait toute la côte et Messine. Messine avec son port en faucille, ses casins blancs, ses palais jaunes, ses clochers bigarrés, ses innombrables villages, les uns assis au bord des flots, les autres suspendus aux flancs des collines, tous ombragés et cachés à demi par les orangers.

Par-dessus tout cela s'élève à des hauteurs infinies l'Etna. Ange exterminateur à la fois et fécondateur de la Sicile, il couvre l'île entière de son ombre comme d'une aile immense ; dieu de cette nature toujours en alarmes et toujours si belle que le monde antique la donna pour berceau à ses divinités les plus gracieuses et les plus chères, il n'a point de rivaux, point d'égal, il règne. Qu'il menace ou sourie, on adore ; qu'il dispense la mort ou la vie, on accepte, on rampe en esclave à ses pieds.

Blanchi alors par la neige, son front se dressait au ciel dans toute la majesté, dans toute la tristesse de son isolement ; grandeur triste en effet, grandeur solitaire, qui semble être seule au milieu du monde, et n'avoir de confident que les astres. Calme à cette heure, le géant nageait dans l'azur et ne jetait pas de flamme ; la colonne de fumée qui s'échappait de sa bouche béante couronnait sa tête d'un panache blanc ; les vents du matin le balançaient dans l'air avec grâce et mollesse.

Chaque pas que je faisais dans la lande m'éloignait de ce grand spectacle, et m'en dérobait quelque chose. L'Etna lui-même baissait ; je ne l'apercevais que par échappées à travers les quelques arbres semés çà et là dans la plaine ; bientôt je ne le vis plus du tout.

Restés tête à tête avec le mont Basilico qui fermait devant nous l'horizon, nous atteignîmes le bout de la bruyère, et de là descendîmes dans un petit vallon frais et charmant. C'est là que naît au milieu d'une prairie de la plus belle verdure le fleuve Gallico. Arrivés là, mon escorte et moi nous nous arrêtâmes, et nous assîmes au bord de la source limpide et murmurante. Le vieux forestier de Podargoni tira de sa carnassière le pain bis du village et le classique oignon du midi ; il les étala sur le gazon, m'invitant à partager avec lui le dernier repas de l'hospitalité. L'eau savoureuse de la fontaine et l'air vif des hautes cimes assaisonnèrent ce déjeuner frugal.

Je désirais continuer seul mon voyage, afin de jouir à mon aise et plus en liberté du grand spectacle des montagnes. Je craignais peu les bandits ; renvoyant donc mon escorte, après avoir pris d'elle toutes les directions nécessaires, je continuai ma route, plus libre et plus léger. J'avais atteint la haute région des hêtres, déjà coupés de quelques sapins séculaires tout couverts de lichen, tout blanchis par l'âge, et dont les troncs mousseux et tortueux semblent avoir été tourmentés et tordus par les tempêtes. J'étais là en pleine montagne, et je commençai dès-lors à trouver de la neige ; elle augmenta peu à peu jusqu'à la hauteur d'un pied, et envahit bientôt le sentier. Je ne m'en plongeais ni avec moins d'ivresse, ni avec moins d'enchantement au sein de ces bois vivaces que blanchissaient bien les frimas, mais dont les vents d'hiver n'avaient pas arraché une feuille.

J'avais tourné le mont Basilico ; c'est un cône gigantesque bardé de forêts jusqu'au faîte, et ceint de vallées d'une énorme profondeur. J'atteignis le point dit Nardello, d'où apparaît dans toute sa gloire le Mont-Alto, la plus haute cime de la chaîne d'Aspromont et la seconde de toute la Calabre. C'est une masse de granit de près de six mille palmes. Du sommet on domine d'un côté la mer d'Ionie, de l'autre la mer Tyrrhénienne et ses îles.

Là commence une longue arête bordée à gauche et à droite de précipices tendus comme le reste d'impénétrables forêts. On s'étonne à chaque pas en Calabre de trouver dans un espace si restreint de si hautes cimes, de si profondes vallées, des mouvemens de terrain si démesurés. Il faut que des révolutions bien terribles aient bien violemment secoué ces terres finales de l'Europe, pour leur avoir imprimé un caractère si altier, si sauvage.

Je marchais avec ravissement au sein de ces solitudes muettes et grandioses. Tout à coup je m'arrêtai ; l'admiration m'avait aveuglé, et l'impétuosité de mes enchantemens jeté hors du sentier. Je m'en aperçus trop tard pour y rentrer. Je ne le retrouvai point, caché qu'il était sous la neige. Je revins sur mes pas ; j'errai long-temps en tous sens, prenant et quittant successivement tous les sentiers qui s'offraient à moi ; je m'égarai tout-à-fait. J'appelle ; ma voix va mourir en d'invisibles profondeurs ; et le silence, un silence inflexible reprend possession du désert. J'entends un bruit, j'écoute ; le bruit redouble ; je crois que c'est un pâtre qui fuit ; je m'élance à sa poursuite, c'était un sanglier.

L'idée d'être arrêté par les bandits dans ces formidables solitudes, leur séjour et leur empire, me faisait battre le cœur, non de peur, mais d'espérance, car je n'avais rien à perdre, et les bandits du moins m'eussent indiqué la route du sanctuaire des Polsi. Vain espoir ! mon étoile n'en jeta point sur mon chemin. Ainsi perdu, seul, abandonné des dieux, des hommes et même des bandits, j'étais tellement désorienté, qu'apercevant au loin, à travers les sapins, une échappée de mer, je fus long-temps à reconnaître si c'était le Phare, la mer Ionienne, ou les extrêmes parages du cap Spartivento. Mais enfin découvrant du milieu d'une clairière la mer des deux côtés, je parvins à m'orienter.

Mon œil plongeait de tous côtés en d'incommensurables vallées, précipices silencieux, solitaires, tapissés tous de bois, et j'avais devant moi un immense horizon de montagnes entassées en amphithéâtre, et dont la couleur sombre se graduait suivant la distance et s'éclaircissait jusqu'à l'azur pâle et vaporeux des lointains d'Italie.

Mais l'horizon se referma bientôt ; et je me retrouvai comme avant au sein ténébreux des forêts, et toujours dans la neige jusqu'à la cheville. Après quelques centaines de pas je commençai à descendre, et descendis dès-lors avec une rapidité toujours croissante. Les pins se mêlaient aux sapins, la neige diminuait à mesure que je m'éloignais des hautes cimes ; mais le sentier plus sec et plus guéable s'encombrait de troncs abattus par la foudre ou la coignée.

Je descendais, descendais toujours sans savoir où j'irais tomber : enfin j'arrivai dans une vallée étroite, peu boisée, sans neige, et au fond de laquelle coulait sur un lit de mousse un ruisseau d'une délicieuse fraîcheur ; tout le long serpentait sur la pelouse un sentier battu : je le suivis, et il me conduisit à une de ces scies à eau destinées à élaborer les grands arbres de l'Apennin.

Celle-là était gardée par deux jeunes garçons de quinze à dix-huit ans, qui ne surent pas m'enseigner ce chemin, et ne purent que m'offrir, pour la nuit qui approchait, l'hospitalité de leur cabane. Je l'acceptai avec résignation, avec reconnaissance, trop heureux d'avoir trouvé un gîte et un refuge contre le froid des montagnes. Nous traînâmes à nous trois un vaste tronc dans l'âtre, et entretînmes toute la nuit un feu dévorant. Mes hôtes me confirmèrent ce qui m'avait été dit à Reggio, qu'une bande exploitait l'Aspromont. La veille même elle avait fait une descente dans la pauvre cabane, et l'avait pillée de fond en comble ; elle venait d'enlever aussi un riche propriétaire d'un pays voisin, et le tenait prisonnier pour lui faire payer rançon. Nous étions là tout-à-fait à la merci des bandits, car la hutte était à six lieues de tout village ; et le seul habitant du désert était un pâtre campé à deux lieues de là sur la montagne. La nuit toutefois s'écoula sans sinistre, éclairée d'un ravissant clair de lune; je la passai paisiblement devant ma fournaise.

Au soleil levant je me remis en campagne, m'orientant comme je pus, et prenant presque au hasard et d'instinct le premier sentier qui se présenta. Le ciel voulut que ce fût le bon; et, après cinq ou six heures d'une marche rude et opiniâtre, au sein toujours d'une profonde solitude, j'eus le bonheur de m'aller abattre comme par miracle sur l'ermitage si long-temps cherché.

J'y reçus l'accueil le plus touchant, et y demeurai la fin du jour à me refaire de mes fatigues. Le brave homme d'ermite, qui était quasi lettré, m'initia dans toutes les légendes du lieu; il s'étendit avec complaisance sur les mérites de la miraculeuse Madone dont il desservait l'autel; et, vaincu par la lassitude, j'étais déjà couché sur mon lit de cuir qu'il vint me lire toute la soirée les églogues de Sannazar. J'étais là en vérité dans une singulière Arcadie; mais le contraste était piquant.

Un torrent, le Buonamico, baigne le sanctuaire, et descend à la mer à travers les lauriers-roses. J'y descendis avec lui, et le lendemain sans autre aventure je me trouvais à dix milles plus haut sur le territoire de Locres, c'est-à-dire dans la vaste plaine déserte que couvrait jadis de ses palais et de ses temples la cité de Zaleucus, le plus illustre des disciples de Pythagore et le Lycurgue de la Grande-Grèce. C'est Zaleucus qui avait défendu au sexe l'usage du vin, et autorisé le mari à tuer sa femme s'il trouvait seulement sur elle les clefs du cellier. C'est lui aussi qui avait ordonné que tout citoyen qui avait à proposer quelque changement à la constitution, se présentât à l'assemblée la corde au cou, afin d'être étranglé sur place si la proposition était rejetée. On procède aujourd'hui par réquisitoires; le mode seul est changé.

Quant à la plaine de Locres, des monceaux de briques à demi réduits en poussière, des débris informes, sans noms, méconnaissables, y sont dispersés au hasard; quelques lambeaux du mur d'enceinte sont encore visibles, et j'ai cru reconnaître les vestiges d'une porte tombée.

Mais je ne sus pas trouver ce que d'intrépides antiquaires ont bravement décoré du nom de temple de Jupiter; non plus que les restes présumés de ce fameux temple de Proserpine qui s'élevait hors de la ville, et n'était qu'un autel en plein air suivant la construction la plus ancienne des sanctuaires païens. Un souterrain qui conduisait, dit-on, des hauteurs à la mer existe encore sous le nom de Caverne de l'Empereur; c'est un réceptacle aujourd'hui de serpens et de Bohémiens.

Arrachées des ruines et transportées dans la ville voisine de Geraci, palladium des antiquités locriennes, une douzaine de colonnes élégantes, les unes de marbre, les autres de vert antique, ont passé des temples de Jupiter et de Proserpine dans l'église épiscopale, dont elles font le plus bel ornement. Rappelons en passant que Geraci fut la patrie de Balaam, ce singulier évêque qui fut accusé de judaïsme, et qui enseigna le grec à Pétrarque.

Voilà tout ce qui reste de Locres, de cette république altière dont les lois passèrent dans les Douze Tables, ce décalogue du peuple-roi, et qui disait orgueilleusement d'elle : Amie de Rome, soumise à Dieu seul. Cette formule indépendante et fière se lit dans une inscription ancienne conservée à Geraci.

Si la plaine est mélancolique, rien de plus gracieux, de plus riant que les collines qui la ceignent. Sur le premier plan, les orangers marient leur verdure éclatante et leurs pommes d'or au feuillage terne, au fruit noirâtre des oliviers, et les figuiers noueux épanouissent au soleil ardent de la canicule leurs larges feuilles échancrées. C'est sur toute cette côte, d'Ardore à Siderno, que croît le doux vin grec, le plus exquis peut-être de toute l'Italie.

Les montagnes du fond décrivent dans l'air des lignes tour à tour molles et hardies; en s'approchant du rivage, elles s'abaissent graduellement jusqu'au rang de simples collines; cultivées jusqu'en haut et semées de casins, elles s'ouvrent de temps en temps pour donner passage à un torrent qui serpente au milieu des figuiers d'Inde et des lauriers-roses. Ces percées sur le haut pays sont toujours imprévues, pittoresques; et c'est dans une de ces gorges qu'est bâtie en amphithéâtre, sur un rocher nu et flanqué de précipices, cette bourgade de Geraci, l'indigne héritière de Locres. Le mont Asopus, qui n'est qu'un pic isolé de la chaîne extrême de l'Aspromont, la protége à la fois et la menace à l'occident.

La tour ronde et crénelée de Pagliapoli, l'une de celles élevées par le roi D. Carlos contre les corsaires d'Afrique, termine la plaine du côté de la mer; abandonnée aux corneilles, et déjà à demi ruinée, elle est d'un bel effet dans le paysage : venue de la Grèce, la vague d'Ionie se brise au pied; et, sans respect pour les mânes des demi-dieux couchés sous cette terre dont ils ignorent les grandeurs, les pâtres remplissent l'air, comme les

Tritons, du cri de leur trompe marine, et se plaisent à faire parler le célèbre écho voisin de Condojani.

Tantôt suivant la côte, tantôt gagnant les hauteurs, j'atteignis le fleuve Alaro, qui arrive à la mer tout parfumé des orangers de ses rives. L'Alaro est l'ancien Sagra, ce fleuve classique où dix mille Locriens battirent, dit l'histoire, cent trente mille Crotoniates, mais avec le secours bien entendu des Dioscures, qui avaient un temple fameux sur cette plage, et qui eurent l'obligeance d'aller, le jour même, porter aux jeux olympiques le bulletin de cette grande victoire. Le champ de bataille est converti aujourd'hui en un champ de coton; et sans se douter le moins du monde du sacrilége, les honnêtes riverains font des terrines et des pipes avec la poussière sanglante de leurs ancêtres.

Deux colonnes de granit, reste probable du temple des Dioscures, sont couchées sur le rivage.

C'est là que florissait jadis la petite république de Caulonia.

Cette longue marine, comme du reste toutes les marines orientales de la Calabre, est frappée de *mal'aria* et manque d'eaux vives. Les torrens descendus de l'Apennin charrient des rochers et du limon au temps des crues hivernales; elles croupissent l'été, et cette circonstance jointe à la dépopulation ne fait que redoubler l'intensité du fléau, si même elle ne le produit pas. Il n'y a pas un village sur toute la plage, mais les collines à cinq ou six milles de la mer en sont toutes peuplées. La terreur des corsaires, dont ces côtes furent long-temps infestées, a forcé les habitans à se réfugier sur les hauteurs; les inutiles forteresses de D. Carlos sont en ruine comme à Locres, et ne servent plus qu'à l'effet pittoresque.

La côte est sèche, déserte, sans même un coquillage: çà et là d'abord verdissent bien quelques oasis; tantôt c'est une olivette, tantôt une figuerie, ailleurs des mûriers; mais les arbres bientôt disparaissent. De vastes et bruyantes plantations de maïs coupées de quelques champs de coton les remplacent pour faire place à leur tour à des dunes de sable arides, clair-semées de maigres touffes de lentisques; mais les montagnes du fond sont hardiment découpées et richement boisées. La Mongiana, la plus célèbre de toutes, a des mines de fer en pleine activité; et c'est non loin, près du village aérien de Santo-Stefano, qu'est la fameuse Chartreuse du Bois où vint mourir saint Bruno.

J'étais destiné par les vicissitudes du voyage à passer encore une nuit à la belle étoile. Hôte, la veille, d'un baron du pays, j'avais couché dans un bon et splendide lit de soie; le lendemain je couchai sur le sable. Surpris par la nuit sur les marines de Stilo, je vis de loin briller un feu. Je m'en approchai et trouvai là sous une tour en ruines une bande de Bohémiens qui bivouaquait et mangeait du maïs rôti. Aucun d'eux ne voulut me servir de guide jusqu'au village voisin; mais ils m'annoncèrent une taverne à un mille plus loin.

La scène était si pittoresque, si conforme aux vigoureux tableaux de Salvator Rosa, que je me serais décidé bien volontiers à y prendre un rôle et à partager le souper de maïs des Zingares et leur lit de feuilles; mais leurs habitudes connues m'en dissuadèrent. Deux drôles déjà mesuraient mes habits d'un œil de convoitise, et il n'est pas douteux qu'ils n'eussent profité de mon sommeil pour m'en dépouiller charitablement. Je me contentai donc du plaisir artiste de la rencontre, et quoique la nuit fût noire, je résolus de continuer mon chemin et de gagner tant bien que mal la taverne annoncée.

Je ne le fis pas cependant sans me retourner plusieurs fois, moins pour voir si j'étais suivi, que pour jouir du piquant spectacle de ce bivouac shakspearien; je dis shakspearien, car il y avait là des physionomies qui n'auraient pas mal figuré dans les fantastiques bruyères de Macbeth. La scène s'effaça peu à peu dans l'éloignement, et je me retrouvai seul dans les ténèbres.

Mes Zingares ne m'avaient pas trompé; je trouvai bien la taverne, mais elle était vide. La côte n'était pas encore assez purgée du mauvais air (c'était au mois d'octobre) pour permettre aux habitans de descendre des hauteurs. Me voilà donc seul sur la grève abandonnée, par une nuit froide, sombre et venteuse. Si paisible et si lipide le matin, la mer était noire et orageuse; le vent du nord soulevait la vague et m'en fouettait au visage les éclats humides; le mugissement sourd et continu des flots emplissait les ténèbres, et me causait parfois un frisson involontaire et tout physique.

Au lieu de rester là exposé sans défense au double outrage de la mer et du vent, j'aurais bien poursuivi ma route; je l'essayai même, mais au vingtième pas je sentis le sable s'affaisser, je mis le pied dans l'argile et presque dans un fleuve qui entrait là silencieusement dans la mer, et que l'obscurité m'avait caché. Effrayé du péril, je me

CALABRE.

rejetai en arrière et revins sur mes pas chercher un refuge dans la taverne. En vain tentai-je d'en faire sauter la porte, je n'y réussis pas ; mais en tâtonnant dans l'ombre, je trouvai à l'un des angles du bâtiment une petite chapelle ouverte, dont je fis ma chambre à coucher.

J'étais juste sous le bourg de Stilo, ancien château féodal, situé à quelques milles sur la montagne : je ne le voyais point, mais je le savais là ; et ne pouvant dormir, tant le vent qui s'engouffrait dans la chapelle était assourdissant, je me mis à songer, pour tuer le temps, à Thomas Campanella, cet illustre dominicain dont Stilo fut la patrie et la prison.

Hérétique à Rome, prophète dans ses montagnes, politique et rêveur, astrologue et philosophe, le moine calabrais nourrissait dans son âme une haine inextinguible contre les Espagnols, maîtres alors et tyrans des Deux-Siciles, et il ourdit contre eux, du fond de son cloître obscur, une de ces conspirations gigantesques que le génie ardent et poétique des Italiens est seul capable d'enfanter. Tous les moines de son couvent y entrèrent, et après eux beaucoup d'autres. Frère Denis Ponzio, son ami, la prêcha dans la ville de Catanzaro avec un succès immense. La Calabre tout entière s'y précipita d'enthousiasme ; un pacha d'Épire devait l'assister ; deux faux frères la vendirent, et le vice-roi, Lemos, la noya dans le sang des martyrs.

Tous périrent dans les supplices.

Campanella, fugitif, erra long-temps travesti sur ces plages désertes, épiant de loin la voile ottomane qui devait le sauver ; elle arriva, mais trop tard. Pris et découvert par l'armée espagnole, il n'échappa au gibet qu'en feignant la démence, comme le premier Brutus : il fut condamné à la prison perpétuelle. Après vingt-sept ans de captivité, il s'enfuit et vint en France. Accueilli, pensionné par Richelieu, il mourut à Paris dans le cloître Saint-Honoré, l'année même où, plus heureux que le Napolitain, le Portugais Pinto brisait la chaîne espagnole.

Préoccupé de cette grande tragédie politique, si étrangement défigurée par l'historien Botta, j'attendis le jour moins impatiemment. Sur le matin, la lune se leva. Les jeux d'ombre et de lumière devinrent pour mon insomnie une distraction nouvelle ; et, quittant mon gîte, où la bise m'avait saisi, je me mis à vaguer aux alentours. Le paysage n'était pas plus beau au clair de lune qu'à la clarté du soleil. Les dunes étaient aussi maigres et nues ; et la mer, toujours noire et terrible, n'avait pas cessé de bruire et de bouillonner.

À l'aube, je partis déjà presque las. Je passai à gué le fleuve perfide et bien d'autres encore, parmi lesquels l'Ancinale est le plus considérable et le plus traître. Je côtoyai tout le jour les insignifiantes marines de Guardavalle, Sainte-Catherine, Vadolato, contrée déserte, pauvre et dénuée de tout, même de pain, même d'eau ; je ne trouvai l'un et l'autre qu'après une diète rigoureuse de trente heures, et une traite de trente milles, à Pali-Porto, petit fort maritime sous lequel on voit encore des vestiges de murs réticulaires.

Quittant là les dunes et les grandes plantations de maïs battues du vent, j'entrai dans un pays plus riant, plus gracieux. J'escaladai les fraîches montagnes de Gasparina et de Metauro, et m'acheminai vers Squillace à travers les bois et les vignes, par une suite de sentiers délicieux. Rien sur toute la côte n'égale l'aménité de ces montagnes. Couvertes de verdure jusqu'au sommet, elles sont couronnées par un plateau champêtre, arrosées de belles eaux courantes, coupées de ravins, et encadrées de tous côtés par un second étage de montagnes vertes. Au nord s'élève le mont de Tiriolo, riche en métaux : au couchant règne le grand mont Palladin, belvédère immense qui plane sur les deux mers. Les plus beaux marbres de la Calabre se trouvent non loin de là, à Gimigliano.

Ce point est le plus étroit de toute la Péninsule : échancré d'un côté par le golfe que Squillace baptise, de l'autre par le golfe de Sainte-Euphémie, le pied de la botte se resserre là plus que nulle part ailleurs, et forme une espèce d'isthme qui, à vol d'oiseau, n'a pas dix milles. Les deux golfes ne sont guère séparés que par la chaîne de l'Apennin, qui même s'adoucit. L'Apennin est là beaucoup moins formidable qu'il ne l'est plus haut et plus bas.

Toutes ces campagnes sont ravissantes : autant les marines sont mornes, sèches, décharnées, autant les hauteurs sont fraîches, riantes, boisées ; la vigne s'y balance de chêne en chêne, et les figuiers s'y chargent de fruits deux fois l'année. Le fleuve Gatarello tombe en cascade dans des prairies ; les casins et les métairies se cachent à demi dans les oliviers, et, dominée de son vieux château normand tout couvert de lierre, la ville de Squillace pend au rocher comme une grappe au cep.

Squillace est l'ancienne Scyllacée : elle fut bâtie par Ulysse, et sa médaille unique porte une tête de Mercure d'un côté, de l'autre une galère. Squillace est la patrie de Cassiodore, l'ami de Boèce, et, comme lui, ministre du grand roi d'Italie, Théodoric. A la chute de la monarchie des Goths, Cassiodore abandonna les affaires, et se retira dans sa ville natale. Il y fonda le couvent de San-Benedetto, et changea la robe de ministre contre la robe de moine : il avait alors soixante-dix ans; il en vécut encore vingt-cinq en religion, et mourut en 565. Ce fut sans contredit un des plus grands hommes de son temps. Il ne reste de lui aucun monument dans sa patrie ; le site même du monastère fondé par lui est controversé.

De Squillace à Catanzaro, chef-lieu de la province, se déroule au bord de la mer une plaine assez insignifiante, mais enrichie d'une ruine du plus haut style, reste de la ville problématique de Paléopolis, détruite, par hypothèse, au neuvième siècle, par les Sarrazins. Quoi qu'il en soit, la Roccella, c'est son nom, est une église chrétienne, vaste, austère, grandiose, et qui, pour être bâtie en simples briques rouges, n'en est pas pour le paysagiste d'une couleur moins chaude ni d'un effet moins pittoresque. Quelques autres décombres sont dispersés à l'entour ; les corneilles ont envahi les autels de la Madone et les niches des saints; elles planent par grandes nuées sur le désert ; et, comme les sanctuaires païens de Locres, le sanctuaire chrétien de la Roccella n'entend plus d'autres hymnes, plus d'autres cantiques que les croassemens sauvages de l'oiseau prophétique, mêlés au murmure des vagues.

Qui dit corneille dit olives, car elles en sont très-friandes. Les oliviers en effet ne tardent pas à renaître, et à en vêtir la plaine. On en faisait alors la récolte, et la campagne était jonchée de femmes qui faisaient l'ouvrage en chantant. Quelques-unes étaient assez jolies, mais toutes étaient cruellement brûlées du soleil, et la plupart vieillies avant l'âge. Leur costume est piquant : leur longue taille est complaisamment ceinte du corset vert ou noir et du jupon rouge, et elles mettent par-dessus tout une ample robe noire, qu'elles nouent par derrière ou ramènent par-dessus la tête en forme de capuchon, comme dans Paul et Virginie. D'autres portent une espèce de voile blanc rejeté en arrière. Quant aux hommes, leurs chapeaux coniques ornés de fleurs, de rubans, et leurs grands manteaux bruns, drapés à l'espagnole, leur donnent une physionomie assez originale.

La ville de Catanzaro, distante de la mer de quatre ou cinq milles, est bâtie en diadème sur trois collines au fond d'une gorge profonde et spacieuse. Capitale de la seconde Calabre Ultérieure, comme Reggio l'est de la première, elle est moins fière de son titre que de son air pur et de ses belles femmes. Elle s'annonce de loin par d'assez jolis casins, où les habitans viennent faire la *villeggiatura* d'automne. On y arrive par une large chaussée en zig-zag; mais c'est une ville insignifiante, sans architecture et sans hospitalité. L'accent du peuple, surtout chez les femmes, est empreint d'une aspiration rude et désagréable.

Catanzaro prétend avoir été fondée au neuvième siècle par deux guerriers, Cattaro et Zaro : de là son nom. C'était un mélange de Latins et de Grecs constitués en république. Le normand Robert Guiscard s'en empara et en fit un comté. Il y introduisit en 1072 la culture de la soie : les juifs, ces grands missionnaires de l'industrie européenne au moyen âge, y furent appelés à cette époque. La ville était franche d'impôts, et parmi ses priviléges, elle citait avec orgueil une espèce d'*habeas corpus* en vertu duquel un citoyen ne pouvait être emprisonné avant la publication de sa cause. Cette prérogative lui avait été accordée en 1497 par le roi Frédéric. Dès-lors elle suivit les destinées générales du royaume de Naples.

Le premier couvent de capucins y date de 1529; ce que ne manqua pas de me dire, en me présentant le café, le père gardien du couvent actuel; et il en tirait pour lui-même une gloire que je ne troublai point, car, contre l'usage, son café était excellent.

A douze milles de Catanzaro, du côté de Cosenza, est la petite ville montagnarde de Taverna, patrie du peintre Mattia Preti, dit le Calabrais. Né à une époque de décadence, il fut fidèle à la tradition des maîtres, et continua le Guerchin avec une supériorité qui a fait plus d'une fois confondre leurs ouvrages. Preti est le premier peintre napolitain, au moins quant au dessin; sa teinte est un peu grise et mélancolique comme celle d'André del Sarto.

Quant à sa vie, elle fut aventureuse et pleine d'orages. Il voyagea beaucoup, tua en duel je ne sais combien d'hommes, ce qui ne l'empêcha pas d'être nommé chevalier de Malte et commandeur de Syracuse. Il mourut fort dévotement à Malte dans la dernière année du xviie siècle : il avait près de quatre-vingt-dix ans.

CHARLES DIDIER.

CALABRE.

Le Marquisat d'Isola.—Tour d'Annibal.—Cotrone.—Temple de Junon.—Colonne de Pythagore.—Mélissa.—Forteresse champêtre.—Campana.—La Sila.—Rossano.—Corigliano.—Sybaris.—Passage du Pollino.—Tourmente.—Hospitalité.—Sortie de Calabre.

La route de Catanzaro à Cotrone n'est ni belle ni variée. Elle suit une plage insalubre, et coupe une suite de vallées étroites, parallèles, s'ouvrant toutes sur la mer, et toutes traversées par quelque torrent descendu de la Sila. Les grandes montagnes surgissent dans le lointain.

Aux vallées succède une plaine d'abord unie, puis raboteuse et sans intérêt ; les basses collines ont quelques habitations ; la côte est déserte, à peine trouve-t-on de loin en loin quelques tavernes : l'une d'elles s'appelle Broda, et on y a découvert une maison souterraine remplie de dépouilles précieuses, du temps probablement des Sarrasins. Au-dessus et assez avant dans les montagnes, est située la ville de Belcastro, berceau de saint Thomas d'Aquin. Plus haut encore est un hameau qui a conservé le nom tout païen de Mont-de-Jupiter.

A la Tacina, torrent large et indépendant venu de l'Apennin, commence la presqu'île d'Isola. Flanquée au nord par le mont Corvaro, au sud par le mont de la Sibylle, elle s'épanouit dans la mer Ionienne, en queue de dauphin : on l'appelle le Marquisat, du titre sans doute de son ancien seigneur.

Le Marquisat est tout craie. C'est une plaine ondulée, semée de collines d'argile que les pluies d'hiver détrempent au point de faire du pays une immense fondrière à engloutir chevaux et cavaliers. C'est une nature inanimée, une nature morte : pas une pierre, pas un arbre ; seulement quelques maigres plants d'oliviers, autour de deux ou trois maigres villages, jetés comme par hasard au centre de la presqu'île. Isola, qui la baptise, est le moins chétif et le plus apparent.

La côte continue à être déserte, et le désert s'avance bien avant dans les terres : on y marche des journées entières sans voir d'autres signes de vie que de longs serpens noirs qui rampent sur l'argile blanche et desséchée, et quelques troupeaux gris qui broutent en silence une herbe courte et jaune ; et si l'on rencontre de loin en loin quelque figure humaine, c'est le visage sombre et basané d'un pâtre, à demi bandit, qui joue de la guitare, sa hache à la ceinture et son chien blanc endormi à ses pieds. Ce paysage grisâtre et calciné contraste fortement avec les hauts et frais Apennins de Sainte-Sévérine, qui enveloppent au couchant la presqu'île aride d'une ceinture verte et boisée.

Quelques hameaux sont juchés comme des nids d'aigle sur les premières crêtes, et quelques tours de garde, dont la plupart tombent en ruines, se dressent çà et là sur les marines. La première, après la Tacina, s'appelle Tour d'Annibal : c'est là, dit une tradition locale, que s'embarqua le grand capitaine, alors que pour prix de son génie et de ses victoires, il dut quitter l'Italie pour l'exil.

A l'autre extrémité de la presqu'île est Cotrone, autrefois Crotone, la cité de Pythagore, la cité de Milon. Plus heureuse, moins peut-être que Locres, elle a gardé son nom à peu près et sa place au soleil. Mais qu'elle est déchue ! Il est triste pour une ville de n'être pas morte à propos, et d'être condamnée à l'opprobre de traîner dans la postérité, après une si belle jeunesse, une vieillesse infirme et honteuse.

C'est le cas de Cotrone : si salubre autrefois, que l'antiquité avait fait honneur à l'oracle d'Apollon du choix d'un si bon site, elle est aujourd'hui malsaine et si fiévreuse qu'elle est à peine habitable l'été. Pour rassainir l'air, on entasse encore pêle-mêle dans les églises les morts au milieu des vivans. Son port va se comblant tous les jours ; plus de galères républicaines, plus de trirèmes triomphales ; il n'est plus accessible qu'aux felouques des caboteurs qui viennent acheter à Cotrone son blé et ses fromages, car à cela se borne la moderne industrie cotronaise. Quelques années encore, le port ne sera plus qu'un marais.

De monumens, pas un ; de Pythagore, bien moins encore. En vain même y chercherait-on, je ne dis plus une âme comme le sage, mais un corps comme l'athlète. Les loups ne risquent rien à descendre maintenant dans les montagnes. Milon avait les bras garrottés par le chêne homicide, ses enfans les ont, eux, par la fièvre, par la misère, par la servitude qui énerve et rend lâche.

Mais à défaut des loups, les bandits descendent et s'abattent impunément par nuées sanglantes sur une proie si facile. Les anciens Crotoniates conquéraient et ruinaient les cités d'autrui ; les modernes Cotronais n'ont jamais su défendre la leur : elle est à qui la veut. Fortifiée pourtant, et réputée forte, sa réputation ne lui a servi qu'à être prise et reprise par tout le monde. Elle a passé par toutes les mains, même par les mains des brigands, qui ne se sont pas fait faute de la piller en masse, et qui la pillent tous les jours en détail.

On n'a pas l'idée de leur audace : ils enlèvent les habitants riches dans leurs maisons de campagne et jusque dans la ville, et ne les relâchent qu'après leur avoir extorqué, par le stylet, d'énormes rançons. Un de mes amis fut arraché de son lit et emporté dans la Sila ; sa liberté lui coûta plus de trois mille ducats. Un autre, c'était le fils d'un baron du pays, fut surpris à la porte même de la ville, et traîné aussi dans la Sila ; il vécut vingt-sept jours avec ses ravisseurs dans les bois formidables de Cariglione et de Lumparella. Pendant ce temps il se faisait, entre les bandits et le baron, un échange régulier de messagers ; et il en coûta au père, pour ravoir son fils, la somme exorbitante de 18,000 ducats (72,000 fr.). La chose m'a été racontée par le baron lui-même, étant son hôte à Cotrone. La santé de son fils était ruinée, sa nature avait été comme forcée par ces vingt-sept jours de rude captivité.

Les bandits sont au fait des fortunes privées, et en tiennent un registre exact ; ils taxent chacun suivant ses ressources, et ne demandent que ce qu'ils savent pouvoir obtenir. Malheur aux récalcitrans ! Un gentilâtre avare ayant refusé la rançon de son fils, son fils fut massacré dans la montagne. Outre l'argent comptant, les bandits exigent des habits et des armes. C'est ainsi qu'ils se firent donner par le baron cotronais je ne sais combien de pièces de velours et d'écarlate.

Ce n'est pas là le moindre fléau du pays ; et le gouvernement ne sait rien faire pour l'en purger.

Certes Sybaris, cette antique victime de Crotone, Sybaris est bien vengée : et mieux vaut en effet avoir perdu son nom, comme elle et comme Locres, que de l'avoir conservé comme Cotrone, pour le porter si mal. N'y aurait-il pas, à voir cette honteuse décrépitude des républiques les plus florissantes de la Grande-Grèce, n'y aurait-il pas de quoi douter du progrès, de ce progrès qu'on espère et qu'on aime ; de quoi désespérer de l'homme et de l'humanité ? Si, des détails réfugié dans l'ensemble, on parvient à se sauver de ces effrois partiels par les contemplations générales, il n'en reste pas moins, hélas ! tris-

tement vrai que les peuples font d'horribles chutes, et que, pour sortir des abîmes où ils tombent, ils passent par des routes bien obscures, bien longues, bien fangeuses!

La côte de Cotrone est triste et laide comme la ville ; elle est plate, nue, déserte ; un grand marais l'infecte au nord ; un fleuve bourbeux, le Nieto, la traverse un peu plus loin, et vient salir de son limon la mer Ionienne. Monotonement semée de blé jusqu'au fleuve, elle devient après inculte, sans en devenir plus pittoresque. Sèche et pierreuse, elle a pour toute parure quelques buissons de lentisques, et çà et là quelques chênes rabougris, tout déformés par les vents. Las de tant de laideur, l'œil ne trouve à se reposer que sur un palmier solitaire planté à la porte de la ville. Mais si gracieuses que soient ses poses, il y a de la tristesse dans son isolement. Arraché, peut-être, de la presqu'île opposée d'Otrante, et déposé en Calabre par un orage, il semble expatrié loin des siens, et là, tout seul de sa race, attendre que les brises lui apportent à travers les flots l'amour et la fécondité. C'est l'image de Crotone, de l'Italie.

La côte du midi n'est pas plus riante que celle du nord ; elle est plus triste encore, toute bordée qu'elle est de collines d'argile, sans grâce, sans bois, sans herbe. Mais du moins les ruines du temple de Junon Lacinie donnent à cette grève aride un prestige dont l'autre est privée, et la dédommagent amplement des rigueurs de cette nature marâtre.

C'est un des sites les plus sévères, et les plus poétiques de toute la Calabre. Après avoir franchi une colline de craie qui surpasse toutes les autres en laideur et en stérilité, on découvre tout d'un coup un vaste plateau solitaire, mélancolique, nu comme tout le reste, mais d'autant plus frappant qu'il est plus inattendu. Découpé en forme de triangle incliné, il appuie sa base au mont Corvaro, et s'avance à angle aigu dans la mer. Une colonne s'élève au bout du promontoire et le baptise. Cette colonne est la dernière du temple de Junon Lacinie.

Ce surnom de Lacinie, donné par l'antiquité à l'épouse de Jupiter, prouve que le brigandage n'est pas nouveau dans ces contrées. Au temps où Hercule, ce Don Quichotte déifié des premiers jours, ce père de la chevalerie errante, faisait son pèlerinage d'Europe en coureur d'aventures, un fameux brigand, un géant sans doute, infestait ces plages. Il se nommait Lacinius. Conduit par son humeur vagabonde, le paladin nomade

vint à passer par la Calabre, traînant à sa suite, non point comme Médor une Angélique, ou comme Roland une jument morte, mais, comme un armailli suisse allant aux montagnes, un bel et bon troupeau de bœufs capturé sur un autre géant fameux, Géryon d'Espagne.

Or les bœufs d'Hercule tentèrent Lacinius qui les lui vola : mais le voleur s'y prit si mal qu'il fut découvert ; la terrible massue lui fit expier son larcin, et le pays fut purgé de son brigandage. Aujourd'hui les Lacinius sont ressuscités; seulement, plus audacieux, ils ne se contentent plus des troupeaux, ils enlèvent les hommes, nous l'avons vu, jusque dans leur lit. La massue vengeresse n'est plus là pour protéger la contrée.

Lacinius mort, son pieux vainqueur bâtit sur le lieu du combat une chapelle à la reine des dieux, sa patronne, sous le nom de Lacinie; comme, après lui, les chevaliers du moyen âge en bâtirent tant à leur patronne la reine des anges, sous tous les noms. Voilà la tradition ; voilà comment le larron fut le parrain d'une déesse, qui, à son tour, imposa son surnom au promontoire. Le cap des Colonnes s'appelait dans l'antiquité cap Lacinien.

Enrichie par la terreur ou l'amour, la chapelle primitive avait été bientôt remplacée par un temple auguste et somptueux. Le paganisme est plein de ses miracles, plein de ses richesses. Du seul produit des troupeaux sacrés, les prêtres du lieu avaient érigé une colonne d'or massif qu'Annibal n'osa pas prendre, intimidé par un songe, où la déesse indignée le menaça, s'il le faisait, de le rendre aveugle, de borgne qu'il était déjà.

Entre autres prodiges, on parle d'un autel placé dans le saint vestibule, dont jamais aucun vent ne pouvait emporter la cendre; et si un homme gravait son nom sur les tuiles de marbre qui recouvraient le temple, son nom s'effaçait de lui-même quand il mourait. Un censeur, ayant fait transporter à Rome ces tuiles merveilleuses pour en couvrir un temple de la Fortune, il périt bientôt si misérablement, que sa mort fut regardée comme la juste vengeance du sacrilége, et le sénat ordonna, sans rire, de reporter en place le toit miraculeux. C'est par ces graves puérilités que le clergé païen faisait affluer le peuple dans ses temples et l'or dans ses coffres, habile en cela, comme bien d'autres, à exploiter au profit du ciel et du prêtre l'amour crédule et naïf du merveilleux.

C'est dans ce sanctuaire, égal à tout ce que le culte ancien eut jamais de plus magnifique, que le peintre Zeuxis d'Héraclée avait exposé à l'admiration des hommes son inimitable Junon.

De tant de merveilles, de tant de prodiges, il ne reste debout qu'une colonne : elle est dorique pur et du plus beau style. Composé de huit assises canelées, le fût a vingt pieds de haut ; le chapiteau est à demi brisé. Quelques lambeaux de murs réticulaires, c'est-à-dire postérieurs et tout romains, sont dispersés à l'entour et marquent l'enceinte du temple. Le reste est renversé dans la mer et semé sur les écueils : la vague la blanchit d'écume et se brise aux pieds de la colonne.

Quoiqu'il n'en ait plus qu'une, et ce n'est pas celle d'or massif, le cap ne s'en appelle pas moins toujours cap des Colonnes, comme pour attester qu'il y en eut beaucoup d'autres. Des vieillards de Cotrone prétendent en avoir vu deux.

Ainsi il a été dans les destinées du temple Herculéen de baptiser deux fois ce promontoire : une fois dans sa gloire, l'autre dans sa ruine.

Mais si la forme antique est brisée, l'esprit qui l'animait n'est pas mort. Bâtie avec les décombres du vieux temple païen et à ses côtés, une église chrétienne a recueilli, sous le nom de je ne sais plus quelle madone, la divinité errante de ces parages, et l'offre sous une forme nouvelle à l'adoration des matelots. Pas un marin jadis n'eût doublé le cap Lacinien, sans se recommander, comme le fit Énée, à la patronne du lieu ; pas un marin aujourd'hui ne double le cap des Colonnes sans faire des signes de croix et dire des *Ave*. Sainte Marie, sainte Junon, c'est tout un pour ces peuples superstitieux, les noms seuls changent de siècle en siècle, et les enfans prient où priaient leurs pères.

Quant à la plaine d'alentour, elle est inhabitée : quelques tours en ruine, quelques casins délabrés la peuplent seuls. Ancien bois sacré de la déesse, elle n'a plus d'arbres. Les génisses sacrées y paissaient sans berger, et rentraient d'elles-mêmes à l'étable, sans jamais, disait-on, être tombées dans les embûches des larrons, ni des loups. Aujourd'hui le pâtre velu et farouche descendu de l'Apennin défend à peine de leurs attaques son maigre troupeau. Son chien féroce et vigilant fait pourtant bonne garde : il remplit le pâturage de ses abois sourds et menaçans.

Voilà ce qu'est devenu, sous la main du temps, le sanctuaire et son bois sacré. Le site ne pouvait être ni plus désert ni plus agreste au temps d'Hercule. Ainsi la nature, comme l'homme, peut retourner à la barbarie.

Le vulgaire appelle abusivement la colonne,

colonne de Pythagore, et je ne sais quelle tradition veut que l'école du sage ait été là. Cette erreur, si c'en est une, est heureuse et poétique : elle sourit à la pensée humaine, elle l'ennoblit, elle la déifie ; car au souvenir des dieux, elle associe le souvenir des grands hommes, et des deux cultes n'en fait qu'un. Oui, le peuple a raison, et son erreur n'en est pas une. J'ai vu Pythagore errer, dans sa robe blanche, autour des ruines ; je l'ai vu prendre les augures au mont Corvaro ; je l'ai vu la nuit s'asseoir au bord du promontoire, et, l'œil au ciel, s'enivrer de l'harmonie des astres. J'ai vu ses disciples l'entourer avec une religieuse vénération et l'écouter en silence : du nombre était Milon l'athlète, Milon qui venait, le front couronné de la palme olympique, humilier la force devant la pensée, la matière devant l'esprit.

Et le maître leur parlait des dieux ; il leur disait que l'homme est sur terre pour les servir, que les servir c'est s'approcher d'eux, et que si le doute énerve, le blasphème égare et jette en démence ; il leur disait que le travail est une conquête de l'homme sur la nature, et que penser est s'enrichir ; il leur racontait ses voyages chez les prêtres de l'Égypte, chez les brachmanes de l'Inde ; ses longues veilles sous les pasteurs sous les tentes de la Chaldée. Mais ce qu'il leur recommandait surtout et avant tout, c'était d'aimer leurs frères, de pratiquer les vertus civiles, de vivre et mourir pour la république, car sans liberté point de vertu, sans vertu point d'amour.

Électrisés puissamment par ces paroles saintes, enflammés par elles de la céleste ardeur des grandes choses, les disciples tombaient tout palpitans aux pieds du maître, ils l'adoraient comme un Dieu ; et moi, faisant un triste retour de la Crotone illustre à la Cotrone déchue, je me demandai avec amertume : A quoi donc servent les grands hommes, puisque leur parole est si stérile, leurs leçons si peu suivies ; puisque leurs descendans recueillent le vice et l'ignorance où ils avaient semé la science et la vertu ; puisque l'auguste patrimoine de l'intelligence et de l'amour se convertit sur leurs tombeaux en héritage de haine et d'opprobre.

Préoccupé de ces tristes doutes, je secouai la poussière de Cotrone, et ne rêvant plus que Pythagore et républiques déchues, je poursuivis mon voyage à travers la stérile plaine du Niéto. Descendu des plus hautes cimes de l'Apennin, le fleuve alors était très-enflé par les pluies. Je le passai — c'est le pont du pays — sur un chariot rustique tiré par des bœufs. Les bœufs s'ensa-blèrent au milieu du courant, et il y eut un moment d'inquiétude et de péril. Débarqué enfin heureusement à l'autre bord, j'y fus accueilli par un assez gros temps, et dus me réfugier quelques milles plus loin dans la tour de Mélissa.

Ancienne propriété des princes de Strongoli, cette tour est censée une maison de plaisance, mais c'est une véritable forteresse avec fossés et pont-levis. Telles sont les mœurs de cette âpre Calabre, que toute villa y est une citadelle, la terreur des bandits faisant rentrer chacun dans le droit naturel et barbare de défense individuelle. Ces mœurs sont si invétérées, qu'elles ont passé dans la langue, et on nomme les casins *difese*, défenses.

Pour être en dehors du droit social, ces *défenses* n'en sont pas moins poétiques à voir, et leur effet, dans le paysage, est frappant. La tour de Mélissa, en particulier, est d'un aspect austère, imposant : bâtie au bord de la mer, dans un site sauvage, elle se dresse là menaçante comme un château féodal. Au-dessus, et sur les moyennes bases du mont Macalla, s'élève la ville de Strongoli, la Pétilie de la Grande-Grèce.

Le temps remis, je passai outre et suivis la côte jusqu'au cap Alice, l'ancien promontoire de Crimise. Comme le promontoire Lacinien avait son temple de Junon, celui-ci avait son temple d'Apollon, converti aujourd'hui, comme l'autre, en église.

Montant de là, à travers les oliviers, à la haute bourgade de Ciro, patrie de Louis Lilio, l'un des réformateurs du calendrier, je m'enfonçai dans les montagnes, car j'étais un peu las de la monotonie des marines. Je gagnai tout d'abord, à travers les bois et les précipices d'Umbriatico, le village alpestre de Campana. Il paraît que cette partie de l'Apennin fut un lieu de refuge des OEnotriens. On y déterre chaque jour quelque dépouille antique. Tantôt c'est une urne, tantôt des fragmens de briques ; un jour ce fut un trépied, le lendemain une idole de Jupiter-Tonnant. On voit encore, à quelques milles, non loin du village de Pietra-Paula, un mur dit Cyclopéen attribué à Philoctète.

Bocchegliero, que je gagnai ensuite, est à quelques lieues plus avant dans les montagnes ; c'est un de ces hameaux désolés dont la Calabre est peuplée. Je n'y trouvai que le cadavre du propriétaire à qui j'étais recommandé, il était mort le matin même. Un autre me recueillit dans sa maison ; c'était le syndic. Il me fit les honneurs du lieu avec une hospitalité toute primitive. Mais ce que je vis là de plus pittoresque c'est le tableau mouvant des femmes allant et venant à la fontaine : elles puisent l'eau dans de petits barils de bois qu'elles portent en équilibre sur la tête. Leur costume montagnard leur sied à merveille. Elles tressent leurs cheveux en natte et portent la robe orange et le corset vert. Leur chemise est serrée au cou comme celle des hommes ; et leurs bas rouges, comme ceux des cardinaux, font un contraste singulier avec la fange noire des cloaques appelés rues.

Ces figures champêtres descendaient et remontaient le village d'un pas lent, mesuré et un peu théâtral. Les oisifs, car il y en a partout, même dans les montagnes de la Calabre, les regardaient passer et repasser sans leur alléger la peine. Drapés dans leurs manteaux en guenilles, et leur figure sinistre ombragée du chapeau conique, ils devisaient et fumaient sur l'angle informe et raboteux du village, qu'ils appellent place.

Le soir on se réunit chez mon hôte : il avait sept filles toutes jolies et quatre garçons tous forts et bien portans. Rassemblée autour du chêne embrasé qui brûlait dans l'âtre, toute cette splendide famille faisait fête à l'étranger. Une torche de résine, luminaire classique du pays, éclairait de sa flamme blanche et aromatique cette scène digne de la tente des patriarches.

Le lendemain je me joignis à une compagnie de frères Mineurs qui escortaient leur père provincial en tournée ; je traversai avec eux les régions septentrionales de la Sila. La Sila est un grand plateau qui se développe sur les crêtes de l'Apennin dans une étendue de près de huit cents milles carrés. La région que les anciens, et notamment Strabon, appelaient Sila, était plus vaste du double. Elle était couverte de forêts impénétrables au sein desquelles végétaient, dans leur état de barbarie, les anciens Brutiens.

La Sila moderne est couverte aujourd'hui de ces casins fortifiés, citadelles rustiques dont nous avons vu le modèle à Mélissa. Quand l'étouffante canicule darde sur les marines et y verse la fièvre, les habitans riches se réfugient dans l'atmosphère pure et toujours fraîche de ces montagnes.

L'hiver y est terrible ; la neige l'envahit dès le mois d'octobre et s'y maintient jusqu'à la fin de mai. Les troupeaux montent en juin et descendent en novembre.

Ces vastes pelouses alpestres sont de tous côtés gardées par une ceinture de pics escarpés : c'est un monde à part ; et les rares habitans de ces solitudes, pasteurs vêtus de peaux comme ceux de la Sabine, ont conservé presque intacte la tradition des ancêtres. De Strabon jusqu'à nous, les mœurs y ont peu changé : la chèvre et le pâtre y vivent dans la même intimité qu'au temps d'Horace.

Les sommets de la Sila sont en général découverts, les flancs seuls et les bases sont tendus de châtaigniers, de chênes et de pins. Le sapin végète plus haut, à la lisière des derniers frimas. La saison était trop avancée pour me permettre d'explorer cette fois, à mon gré, ces hautes demeures. La neige les rendait déjà impraticables, et je dus me contenter des parties qu'elle laissait découvertes.

On montait depuis plusieurs heures ; on avait quitté déjà la région des châtaigniers et des chênes ; avant de pénétrer dans celle des pins je m'arrêtai pour regarder en arrière, et je découvris sous mes pieds une immense perspective de montagnes qui, de gradin en gradin, s'abaissaient et s'échelonnaient jusqu'au golfe de Tarante. Je dominais toutes les cimes, et mes regards se perdaient au loin dans l'immensité de la mer Ionienne. Il s'exhalait des bois et des pâturages mille parfums agrestes qui me rappelaient ceux des Alpes.

La caravane était nombreuse et piquante : je me plaisais à la voir défiler à travers les arbres ; j'aimais à voir flotter au vent des montagnes la robe brune des Franciscains. On marchait en silence, et quand le chant des muletiers n'éveillait pas les échos, les bois, les cieux et les pâturages, tout se taisait dans la Sila.

L'air était froid, et nous avions à passer de loin en loin quelques champs de neige.

Arrivés au fond d'un vallon très-étroit et très-ombragé, on s'arrêta au bord d'un ruisseau, et l'on fit sur la mousse un repas champêtre. Tout à coup des cris et des coups de fusils retentirent dans la montagne. Nous crûmes à une surprise de bandits : c'était une garde de milice urbaine qu'on envoyait de Longobuco au-devant de père provincial.

J'étais à chaque pas frappé de ces grands mouvemens de terrain qui déjà m'avaient tant frappé au Campo-Ténèse et dans l'Aspromont. C'étaient partout des précipices à lasser la vue, des montagnes déchirées par les eaux, des rochers entassés les uns sur les autres, comme par la main des géans ; puis une végétation forte et robuste s'emparait de tous ces précipices, de toutes ces ruines, comme si la nature voulait faire oublier ses propres ravages par la splendide richesse de ses forêts vierges.

Nous vîmes en passant des mines d'argent et de plomb assez mal exploitées et d'un rapport assez chétif. Ce qui m'intéressa plus que les mines elles-mêmes, ce fut un Anglais qui en est le directeur, et qui vit là dans une solitude profonde, et d'autant plus profonde qu'il ne sait pas un mot d'italien. C'est une grande figure froide et impassible de six pieds au moins, et nous le trouvâmes occupé, comme Achille, à rôtir un chevreau. Il tournait la broche avec une infatigable constance; et, quoique hérétique, il reçut, d'un front placide et imperturbable, le baiser de paix du révérend père provincial. Il fit par gestes, à la caravane, les honneurs de sa mine avec un aplomb tout britannique, et revint à son chevreau quand nous partîmes.

De là à Longobuco la descente est de plus d'une heure, c'est un précipice plus qu'un sentier. Longobuco est un mauvais bourg jeté là comme au fond d'un puits. Commandé par de hautes cimes, il ne voit le soleil que cinq ou six heures, le reste du jour il est plongé dans un humide et froid crépuscule. L'eau dégouttée de tous les rochers d'alentour, et un torrent boueux, le Macrosciolo, roule au milieu de la vallée, et souvent la submerge.

Nous reçûmes du bourg un accueil royal: toutes les cloches sonnaient, et des salves d'allégresse faisaient retentir les échos. Les gros bonnets de l'endroit vinrent au-devant de nous, et l'objet de tous les honneurs, le révérend provincial, les recevait avec une vanité modeste et une orgueilleuse componction. La caravane alla droit à l'église; on chanta le *Te Deum*, on rendit grâce à Dieu de l'heureuse arrivée; et moi, fatigué de toutes ces tumultueuses ferveurs, je me réfugiai et me tins clos dans une cellule du couvent.

Après plusieurs jours passés dans ces montagnes, je redescendis aux marines par le large lit du Trionto, et débarquai à Rossano dans une sale taverne qui avait hébergé l'année d'avant l'ex-roi de Suède. Rossano est une ville insignifiante; mais un fait historique remarquable, c'est qu'on y parla grec jusqu'au XVIe siècle.

Il y a près de Reggio une autre ville où on le parle encore aujourd'hui: c'est Bova, petite ville située aux extrêmes plages du cap Spartivento. On veut que ce soient des restes de la langue primitive de ces contrées tout helléniques.

La marine de Rossano est couverte d'une forêt d'oliviers, entrecoupée de blancs casins d'un effet charmant. Mais rien n'égale la beauté des marines de Corigliano: ce sont les plus riantes, sans contredit, de la Calabre orientale, c'est la terre des Hespérides: les citronniers et les orangers y végètent en si grande abondance, ils exhalent des parfums si suaves, et le ciel d'ailleurs est si doux, l'air si tiède, la mer d'un si beau bleu, qu'on se croit là dans un de ces jardins moresques dont les poètes espagnols nous ont tant parlé. La ville même ajoute au pittoresque; elle est bâtie sur les hauteurs, avec une irrégularité tout-à-fait artiste, et enrichie d'un acqueduc à deux rangs d'arches, qui joint deux montagnes, et dont la teinte rougeâtre contraste avec le gris des oliviers et le vert luisant des orangers.

Après une nouvelle percée dans l'Apennin et une excursion chez les Albanais de San-Démétrio et de Sainte-Sophie, dont le récit est ailleurs[1], je redescendis une troisième fois au bord de la mer, et me retrouvai dans la plaine humide et marécageuse où fut Sybaris. Ruinée de fond en comble par Crotone, la voluptueuse cité, nous l'avons déjà vu, n'a pas laissé d'elle une pierre, pas même un nom; le Cratis a balayé ses ruines, et le sol qu'elle chargeait de ses bosquets et de ses boudoirs est converti en un grand bois malsain, abandonné aux renards, aux buffles et aux loups. Un casin de la plaine porte le nom de Polinara: il n'en faut pas davantage aux antiquaires municipaux pour voir là les traces d'un temple d'Apollon. C'est le seul vestige, et quel vestige! de l'antiquité sybarite.

Une colonne debout encore, à une lieue de là, sur une colline, marque le site où fut Thurium, colonie athénienne qui remplaça Sybaris, et qu'immortalisa la présence d'Hérodote.

Je montai de Sybaris à Cassano, petite ville bâtie sur un sol caverneux et percé de grottes.

Les femmes de Cassano passent pour être fécondes; elles ont jusqu'à vingt, vingt-deux enfans. Quand j'étais là on parlait d'une couche triple; les trois jumeaux avaient reçu le baptême, mais ils avaient peu survécu.

Le costume des femmes du pays, quoiqu'en général conforme à celui des autres Calabraises, a un détail qui lui est propre: ce sont de larges manches de velours brodées en or et attachées par derrière un corset. Les femmes mariées se distinguent des autres en entrelaçant leurs cheveux de rubans rouges et les tressant tout autour de la tête.

Le moment était venu pour moi de quitter la

[1] *Revue des Deux-Mondes*, juillet 1831.

Calabre ; deux routes s'offraient : celle de la côte, par Roseto et Rocca Impériale, premier village de la Basilicate ; l'autre à travers le mont Pollino : je choisis la dernière.

Une suite de petits sentiers charmans me conduisit de Cassano au village de Cività. C'est une colonie albanaise : elle suit encore le rite grec, et, sur dix prêtres, trois sont mariés. J'ai trouvé chez eux beaucoup d'hospitalité et beaucoup d'ignorance : ils ne doutent pas, par exemple, que ce ne soit Rousseau qui ait fondé le protestantisme à Genève ; car les noms de Genève et de Jean-Jacques ont pénétré jusque dans ces lointaines montagnes. C'était un dimanche ; la population, en habit de fête, était réunie devant l'église. Les femmes ont conservé beaucoup de choses du costume primitif, et elles mettent un certain luxe de coquetterie villageoise dans leurs robes plissées et leur voile rouge ardent.

L'aspect du pays est sévère : une longue crête de rochers sans verdure, et déchirée par les torrens, menace éternellement de leurs ruines le village assis au bas. La Piétra-di-Demanio, qui est en face, n'est qu'un roc vif, gigantesque, taillé presque à pic ; le torrent Raganello se fraie péniblement et bruyamment au pied un étroit passage. Les feux du pâtre, suspendus, la nuit, à ses flancs, font un étrange effet dans les ténèbres.

C'était une froide matinée de novembre ; j'attaquai, par un temps brumeux, les premières hauteurs du Pollino. Le Pollino est le boulevard et le mont le plus élevé de la Calabre : il atteint onze cents toises. Les régions supérieures sont occupées par de vastes plaines, sorte de sila, riche en excellens pâturages et en plantes rares. L'été, elles sont couvertes de troupeaux ; mais ils redescendent aux marines dès le mois d'octobre ; et ces lieux si frais, si recherchés aux temps des chaleurs, sont abandonnés six mois de l'année à la solitude, aux frimas, aux tourmentes.

De grands nuages noirs m'enveloppaient, et, comme les dieux d'Homère, je marchais dans les nuées. Si quelque coup de vent les déchirait, je ne découvrais que le formidable précipice de Raganello sous mes pieds, et, sur ma tête, les sombres escarpemens de la Rasa. Du point le plus élevé du sentier, je plongeai tout à coup sur le plan de Férolito, vaste plateau découvert, inégal, creusé en tous sens de ravines profondes, et bordé, d'un côté, par une chaîne de rochers nus, de l'autre, par les flancs boisés du Pollino.

Un pâle soleil d'automne semait de taches blanches et livides cet espace inculte et décoloré : ces teintes blafardes même s'effacèrent ; le soleil se voila tout-à-fait, et un vent âpre se leva : il balayait les montagnes, et les nuages passaient en sifflant sur ma tête ; les noirs sapins qui couvrent comme un voile de deuil les escarpemens du Pollino, étaient à demi couverts de neige ; battus par la tourmente, ils remplissaient l'air d'une harmonie lugubre, comme celle des vagues d'une mer orageuse, et les torrens d'hiver, enflés par les pluies, tombaient en mugissant au fond des ravines.

Le ciel devenait de plus en plus menaçant ; tout présageait un déluge d'eau, et, dans cette vaste et morne étendue, je ne découvrais pas un toit où m'abriter, pas une pauvre hutte de pâtre, pas un signe d'homme. Le sentier même me manqua : j'en pris un autre au hasard, et je perdis ma route. Une nouvelle vallée s'ouvrit sous mes pieds, mais l'épais brouillard m'ôtait toute possibilité de m'orienter. Il pouvait être midi, et il faisait presque nuit.

Quelques troncs fracassés entravaient l'abominable précipice où je m'étais lancé. Je descendais avec une effrayante rapidité, m'efforçant de gagner l'orage en vitesse. Tout à coup je crus entendre au-dessous de moi, et bien loin au fond de la vallée, les cris de chasseurs invisibles ; j'écoutai, les cris se perdirent dans les abîmes.

Le tonnerre grondait et s'approchait, répété d'échos en échos. Seul au sein de cette nature formidable, je ne voyais rien autour de moi que des pierres détachées des montagnes, et des troncs dépouillés ou foudroyés ; tout le reste était couvert par le brouillard. Enfin je rencontrai un petit pâtre qui m'annonça un village à deux lieues plus loin ; je le découvris bientôt moi-même : c'était San-Lorenzo Belizia, hameau chétif bâti sur le revers de la montagne opposée ; mais, long-temps suspendu, l'orage éclata avec rage avant que j'eusse atteint le gîte ; et j'arrivai dans ce misérable refuge, inondé, sans chaussure et assourdi par les éclats incessans de la foudre.

Épuisé par une marche continue de dix heures, j'allai droit chez le syndic afin d'en obtenir un logement. Je lui présentai mon passe-port, mais il ne savait pas lire ; il fallut recourir à un tiers. Cela fait, le syndic, qui n'était qu'un paysan, m'envoya loger chez un fermier (*massaro*), où je passai la soirée à me sécher au coin du feu. Je n'y trouvai pour souper que du gros pain noir et une sale paillasse pour lit : la fatigue de la journée méritait mieux.

Réveillé par l'orage et la pluie qui tombait à verse, je me retranchai, comme la veille, au coin du feu, objet de la curiosité importune de toute la famille. La vue de tout ce qui m'entourait m'inspirait le dégoût. Le mot de fermier entraine chez nous l'idée d'aisance et de bien-être champêtre; il n'en est pas ainsi en Calabre, où le fermier vit dans une sale misère, dénué des choses même de première nécessité : un manœuvre, chez nous, mène une meilleure vie.

Il pleuvait par torrens, le vent ébranlait le toit, sifflant et gémissant à travers les fenêtres et les portes mal jointes; silencieusement assis au coin de l'âtre rustique, je tombai dans la tristesse et fus pris d'un de ces accès d'ennui profond, de découragement mélancolique dont le voyage n'est pas exempt, surtout un voyage solitaire.

Perdu si loin des miens dans ces rudes contrées, au sein de ces populations incultes et farouches, je tremblais d'y être retenu des siècles par la saison des pluies. M'envolant par la pensée vers les amis que j'avais quittés, et songeant aux charmes de ces intimités dont je m'étais privé moi-même, je regrettais amèrement les douceurs et les affectueuses habitudes de la vie sociale; je me reprochais d'avoir brisé tout cela et d'avoir cédé à ces instincts nomades qui, depuis trois longues années, me promenaient de privations en privations, de périls en périls.

L'homme est ainsi fait, que ses résolutions les plus fermes lui pèsent, et qu'il se repent de la persévérance. Mais ces momens étaient rares; un beau soleil, un beau site, la découverte d'une vertu ignorée, la conquête d'une idée nouvelle, suffisaient toujours pour me ranimer, et me rendaient tout entier aux joies variées et toujours nouvelles du voyage.

J'étais livré à ces tristes récriminations lorsqu'un prêtre entra. Revenu de sa première surprise, il s'indigna du gîte immonde où l'on m'avait relégué, et il m'emmena chez lui. Cet homme n'avait qu'un lit, et il s'obstina, tant que la pluie me retint dans sa maison, à coucher sur une planche nue, afin de me le céder tout entier, à moi, voyageur inconnu, presque suspect, tombé chez lui du ciel, et que le hasard seul avait offert à son hospitalité. Quel est l'homme parmi nous qui en eût fait autant?

A peine le bruit de mon arrivée s'était-il répandu dans le village, que chacun voulut me voir. Quelle nouveauté! quelle carrière immense ouverte aux conjectures! Enveloppés de leurs pesans manteaux de poil de chèvre, les habitans arrivaient à la file, à travers des torrens d'eau, dans un pied de boue, et ils faisaient cercle autour de moi. L'un, qui avait été soldat, me racontait ses aventures; un autre m'apportait, pour me distraire, quelque poudreux bouquin de la bibliothèque de son bisaïeul. Les filles même cédaient à la tentation générale; elles se glissaient timidement sous le toit du prêtre et fixaient sur moi leurs grands yeux noirs pleins d'étonnement. Leurs haillons cachaient souvent des formes qui n'étaient ni sans grâce ni sans élégance.

Le suppléant du juge me fit aussi sa visite. Il commença par les questions du magistrat et finit par des offres plus dignes de Mercure que de Thémis. Mais le visiteur le plus assidu était le maître d'école, personnage influent du lieu et type des magisters de village : et la journée se passait à deviser, à jouer à la mourre, à tourner sur les braises, comme l'Anglais de Longobuco, la vieille épée rouillée qui servait de broche.

Le mauvais temps prolongea cette vie patriarcale plus que je n'aurais voulu, car j'avais hâte de sortir au plus tôt de ces âpres montagnes, avant que la neige m'y enfermât tout-à-fait.

L'hospitalité de mon prêtre ne se démentait pas; et, la longueur de ma réclusion sollicitant sa confiance, il passa de propos oiseux aux confidences de l'intimité.

Il est naturel de penser qu'on laisse les pauvres habitans de ces montagnes lutter en paix contre une nature si ingrate, et qu'ils sont oubliés de la police; il n'en est rien cependant : les cent yeux du malfaisant Argus sont ouverts sur les retraites les plus sauvages, les plus ignorées; et le hideux fantôme s'assied au seuil des plus humbles chaumières pour y scruter les consciences; il n'est pas jusqu'à mon hôte, nature toute candide, toute dévouée, qui n'eût souffert des persécutions. Il était soupçonné de carbonarisme, et la police veillait sur lui. Or, cette circonstance donnait un nouveau prix à son hospitalité, puisqu'il ne l'exerçait pas sans péril.

Enfin la pluie cessa, le soleil fit une percée: j'en profitai; faisant un adieu cordial et reconnaissant à ces dernières chaumières calabraises et à ces braves montagnards, les derniers dont je dusse éprouver l'hospitalité, je partis.

Quelques heures plus tard j'avais cessé de fouler le sol de la Calabre et franchi le torrent qui la sépare de la Basilicate.

Charles Didier.

BASILICATA.

Situation. — Panique. — Noya. — Chaîne de Carbonari. — Aspect général des Marines. — Bois sacré d'Héraclée. — Policoro. — Tables d'Héraclée. — Tables de Pythagore. — Anglona. — Intérieur. — Architecture. — Costume. — Antiquités. — Vases d'Anzi. — Potenza. — Avigliano. — Château de Lagopesale. — Légende. — Rionero. — Inhospitalité. — Mont Vulture. — Melfi. — Vénose. — Statue d'Horace. — Matéra. — Montescaglioso. — Concubines ecclésiastiques. — Torre di Mare. — Chasse nocturne. — Tables Paladines. — Métaponte. — Passage du Bradano.

La Basilicata est l'ancienne Lucanie : elle est située entre les Pouilles, les Calabres et les deux Principautés Ultérieure et Citérieure ; à l'orient, elle a pour borne le golfe de Tarente. A l'exception de cette ligne de côtes, qui n'a pas vingt milles et qui est en plaine, c'est un pays montagneux et boisé. Naples n'a pas de province plus sauvage ; privée de routes, elle est habitée par une population inculte, farouche, et presque sans communications avec ses voisins. Ses voisins, d'ailleurs, en parlent fort mal, et ne manquent jamais de jouer sur le mot de Basilisque, *Basilisco*, qui signifie en italien un habitant de la Basilicata et un basilic. Les voyageurs évitent cette terre inhospitalière ; le gouvernement lui-même semble l'oublier : aussi est-elle presque inconnue de l'Europe et même de l'Italie. Elle s'en venge bien, et elle ignore aussi profondément l'une et l'autre qu'elle en est elle-même ignorée.

La présence d'un voyageur dans la Basilicata est une chose si inouïe, que sa vue met en fuite les populations : c'est ce qui m'arriva. Lorsque j'y entrai de Calabre, après avoir quitté mon prêtre hospitalier de San Lorenzo-Belizia, je tombai dans un sale petit hameau, nommé Terra Nova. Je doutais du chemin : je le demandai à un vieux paysan, qui, pour toute réponse, s'enfuit épouvanté ; il se précipita dans son bouge comme un loup dans son antre, et je l'entendis qui s'y barricadait. Je m'adressai alors à une troupe d'enfans de dix à douze ans, qui jouaient ou plutôt pataugeaient dans la boue. Ce fut bien autre chose ! La bande se dispersa en un clin d'œil avec un effroi comique, et un des fuyards que je retins de force, pour me servir de guide, par un lambeau de chemise qui le couvrait, ou plutôt ne le couvrait pas, poussa des cris si affreux qu'il me fallut le lâcher.

Je restai donc seul au milieu du village, sans pouvoir obtenir aucun renseignement. Portes et fenêtres se fermaient à mon approche ; je créais le désert autour de moi comme une bête malfaisante. Pourtant je n'étais pas bien formidable, car j'étais seul, et je n'avais pas même à la main un bâton de voyage. Mais l'imagination de ces campagnards était frappée ; j'étais pour eux un esprit malin, un sorcier... qui sait même si ma botte ne cachait pas le pied noir et fourchu de Belzébuth !

C'est ainsi que je fis mon entrée en Basilicata. Elle n'est pas brillante ; mais, hélas ! j'étais destiné à en essuyer bien d'autres, pendant les six longues semaines passées dans ce rude pays.

De Terra Nova je m'acheminai donc au hasard, puisque personne n'avait voulu m'indiquer la route, vers les colonies albanaises de San Costantino et de Casal Nuovo, l'une et l'autre juchées comme des nids d'autours au sommet des montagnes. J'ai parlé ailleurs (1) de ces colonies ; je n'ai pas à y revenir ici.

C'était au mois de novembre : il neigeait et il faisait un froid vraiment alpestre. Un infernal sentier, ou plutôt une ravine, me conduisit des villages albanais à Noya, bourg autrefois assez considérable, réduit aujourd'hui à la plus sale, à la plus misérable bicoque que j'eusse vue de long-temps, et pourtant j'en ai vu beaucoup du genre. Le goitre difforme y défigure les femmes, et drapés dans leurs manteaux bleus tout rapés les hommes ont l'air de vrais bandits.

Tout cela est niché sur des hauteurs d'argile coupées à angle droit et percées de cavernes habitées. Ces cavernes, du reste, ne sont pas les pires habitations du lieu : les maisons de la ville ne sont guère plus splendides. Quatre murs crevassés, percés de trous pour fenêtres, en font les frais ; le dedans répond au dehors. Indépendamment de tous les autres inconvéniens que je tais et qu'on devine, on y est aveuglé par la fumée ; la cheminée est un meuble trop civilisé pour être

(1) *Revue des Deux Mondes*, juillet 1834.

connue là. La plupart des maisons de la province sont taillées sur ce patron délicat.

De Noya je pris la route des Marines, continuant à mettre tout le monde en fuite sur mon passage. Attila du village, j'exerçais, hélas ! bien innocemment, une véritable terreur. Mais la roue tourna, et les rôles changèrent. Las de la terre glaise où j'enfonçais jusqu'à la cheville, j'étais entré avec bonheur dans un beau bois de chênes, *Bosco Finocchio*, et j'y marchais dans une profonde solitude depuis une heure environ, lorsqu'un bruit de chaînes et de voix me vint frapper l'oreille à travers les arbres. C'était une bande de prisonniers politiques conduits, je ne sais dans quel cachot, par une escouade de gendarmerie.

Je donnai en passant quelques paroles de consolation et quelque aumône aux carbonari : quel crime abominable ! Les gendarmes, pour s'en venger, me demandèrent mon passeport. Le coup portait juste, car j'avais négligé de le faire viser par je ne sais quelle microscopique autorité campagnarde, et il n'en fallait pas davantage pour me donner place à la chaîne, ou du moins me faire rebrousser chemin. Par bonheur le maréchal-des-logis ne savait pas lire. Il prit mon passeport à rebours, et le parcourut long-temps des yeux d'un air important ; puis il le replia avec la même solennité, et me le rendit en disant : *È in regola*.

Mais il se ravisa. Ma solitude lui parut par trop suspecte ; à moins d'être un émissaire politique, vient-on dans ces montagnes ? Il me rappela, et, cette fois-ci, un *tari* que je lui glissai dans la main lui ferma les yeux. Nous nous séparâmes. Je continuai ma route vers les Marines ; et traînant leurs chaînes sur les rochers et les feuilles mortes dont le bois était jonché, les martyrs, pressentant bien que j'étais un des leurs, me saluèrent long-temps de la voix et du geste. Bientôt ils se perdirent dans l'éloignement ; je ne vis, je n'entendis plus rien ; je restai seul.

Le vent d'automne secouait les arbres et achevait de les dépouiller de leur chevelure jaunie. Long-temps fermé, l'horizon s'ouvrit. Au sortir du bois, ma vue plongea sur les vastes plaines solitaires qui bordent la côte et sur les flots bleus et agités du golfe de Tarente. Quelques voiles étincelaient bien loin au soleil couchant. Le coup d'œil est magique ; et je n'ai vu nulle part en Italie, pas même en Sicile, des marines aussi belles, aussi gracieuses. Déployées comme un large ruban vert entre la mer et les dernières hauteurs de l'Apennin, elles sont coupées de cinq fleuves descendus des montagnes à travers d'étroites vallées. C'est dans ces plaines que florissaient jadis deux des plus illustres cités de la Grande Grèce, Héraclée, berceau de Zeuxis, et Métaponte, tombeau de Pythagore. Les deux cités ont disparu ; quelques tours, quelques fermes isolées, animent seuls aujourd'hui ces mélancoliques solitudes.

Le premier fleuve qui me barra le passage fut le Sinno, l'ancien Syris ; je le passai sur un chariot attelé de buffles, ce sont les ponts du pays : et, le fleuve franchi, je me trouvai comme par enchantement au milieu d'une forêt déjà célèbre dans l'antiquité et consacrée aux dieux. Il y règne encore aujourd'hui un silence, un mystère qui invite au recueillement et jette l'âme en de saintes rêveries. Ce bois vraiment sacré a conservé je ne sais quoi de primitif qui reporte involontairement la pensée aux jours antérieurs de l'humanité. Des chênes séculaires, j'ai presque dit druidiques, s'élancent comme des géans du milieu des lentisques et des fougères, et s'arrondissent en dômes, en coupoles dignes par leur hardiesse des plus hautes cathédrales du moyen âge. Le lierre, la vigne, des lianes légères, se suspendent aux bras vigoureux de ces rois des forêts ; ils serpentent de l'un à l'autre, et, agités par le vent, ils forment des festons aériens pleins de grâce et d'élégance. Le grenadier et des arbres fruitiers, derniers vestiges des jardins d'Héraclée, revenus à l'état sauvage, décorent à l'envi ce sanctuaire abandonné aux sangliers, aux daims et au timide écureuil. Je marchai à pas lents, de peur de le quitter trop tôt, au sein de cet élysée que l'automne embellissait encore de ses teintes chaudes et riches. Le bruit de mes pas dans les feuilles mortes en troublait seul le silence, et en chassait devant moi les hôtes paisibles. Nulle habitation, pas une trace d'homme.

Tout-à-coup je vis poindre au milieu d'une clairière un bâtiment de bois bas et grossier : c'était une étable de buffles, une *Buffaleria*. J'y entrai, malgré les menaces retentissantes des molosses qui en avaient la garde et m'en disputaient l'entrée. Je trouvai là une dizaine de pâtres sauvages, vêtus de peaux comme les Lestrigons et aussi farouches qu'eux ; ils étaient accroupis ou couchés en rond autour d'un feu de paille qui flamboyait au milieu de l'étable. Ils ne se dérangèrent point à mon approche : ils ne m'adressèrent pas une parole ; ils jetaient sur moi des regards étonnés et méfians. Cependant on me fit place au coin de l'âtre et l'un d'eux, moins inhospitalier que les autres, parce qu'il était Abruzzais et pas Basilisque, m'apporta dans une écuelle de bois du laitage de buffalesse, *buffalessa*: pour du pain, il n'y en avait pas. Tout cela se fit en silence, sans que j'eusse rien demandé, et avec une gravité singulière. Quand je fus réchauffé, je partis comme j'étais arrivé, sans que la conversation se fût engagée.

Plus de deux cents buffles erraient autour de l'étable, cherchant les mares pour s'y vautrer. Ma présence ne les troublait pas plus qu'elle n'avait troublé leurs gardiens: ils me regardaient passer avec des yeux qui n'étaient guère moins civilisés que les leurs.

Le bois passé, j'entrai dans la campagne et bientôt dans le palais de Policoro: on donne ce nom fastueux à une grande ferme bâtie dans le désert à peu de distance du site où fut Héraclée. C'est une ancienne propriété des jésuites, qui appartient aujourd'hui à un prince napolitain. Elle est à quatre milles de la mer, entourée d'oliviers et d'une multitude de huttes de paille qui servent d'habitations aux travailleurs. L'air en été n'y est pas trop sain. Quant au palais, *palazzo*, il est habité par le facteur du prince, sorte d'intendant rustique, chargé de l'exploitation de ses domaines. Je passai là deux jours à la recherche de l'ancienne Héraclée, sans en découvrir aucun vestige. A peine exhume-t-on çà et là quelques médailles et aussi quelques sépultures, au flanc des collines d'alentour. C'est là que furent trouvées ces fameuses Tables d'Héraclée si savamment commentées par Mazzocchi.

Les Tables de Pythagore furent déterrées cinq ou six milles plus haut, sur les hauteurs d'Anglona. Je m'y rendis de Policoro. Là jadis était la Pandosia du roi Pyrrhus (1). Il n'en reste rien; la ville grecque est remplacée par une petite église entourée de quelques masures villageoises. Elle est réputée cathédrale de Tursi, et c'est là que l'évêque vient prendre possession. C'est un édifice insignifiant, construit de briques, et qui n'a d'intéressant que sa haute antiquité. Il porte au frontispice quelques grossières sculptures d'animaux qui sentent furieusement le Bas-Empire et que l'ignorance du pays décore du nom d'inscriptions grecques. Un mauvais clocher carré s'élève au flanc de l'église.

(1) Les médailles de Pandosia sont recherchées; elles portent pour insignes, d'un côté, un taureau qui tourne la tête, de l'autre un trépied, avec les lettres ΠΑΝ-ΘΑ. (V. Mionnet, n° 117, tome Ier.)

Mais le site est ravissant; c'est un belvédère naturel d'où l'on domine toutes les marines de la Basilicata jusqu'à la Pouille, tout le golfe de Tarente, et Tarente elle-même, qui brille au loin, nouvelle Venise, comme un nénuphar éclos du sein de l'onde. A droite, coule le Sinno; à gauche, le fleuve Agri; plus loin, la Salandrelle; derrière, la ville de Tursi, assise au flanc de riantes collines, se cache à demi au milieu des oliviers; et plus haut l'Apennin élève jusqu'à la nue son gigantesque amphithéâtre de rochers et de bois. Je jetai de là un dernier regard sur ces délicieuses marines; je leur fis un triste et bien long adieu, et poussé devant moi par le démon des voyages, je redescendis la colline et pris ma route vers les montagnes.

L'espace me manque pour décrire tous les lieux, pour nommer tous les villages où j'ai passé. Aussi bien, cela deviendrait-il monotone: ce sont partout les mêmes dédales de montagnes agrestes, les mêmes vallées étroites et bouleversées par les eaux. Les lieux bas sont dépeuplés; tous les villages occupent les hauteurs: chaque cime a le sien; tous se ressemblent et ressemblent aussi à ce bourg de Noya que nous avons traversé au seuil de la province. Ce sont toujours et partout les mêmes rues escarpées et pleines de boue, les mêmes masures délabrées et enfumées; et si quelques maisons neuves bâties par la vanité moderne font exception, tout ce luxe hors de place n'est qu'extérieur, ostentation pure: l'intérieur n'y répond pas.

Je me souviens, entre autres d'un de ces palais villageois, dont le propriétaire, homme riche, n'avait pas d'autre salon que la cuisine: il y recevait ses visites, et c'est là qu'il me reçut moi-même, au milieu des marmites, des dindes, des poules et des servantes; et il n'est pas jusqu'au porc qui n'y fit de fréquentes incursions. Mais il y avait là, je m'en souviens encore, car c'était une fleur au milieu d'un bourbier, il y avait la plus jolie nourrice qui ait jamais allaité marmot basilisque. Elle était vêtue avec tout le luxe du costume national. Sa tête était couverte d'un voile bleu brodé (*panno*). Un corset rouge bordé en argent emprisonnait sa fine taille; et sa robe de laine brune, plissée de mille petits plis et relevée aux hanches par de légers paniers, tombait modestement sur la boucle d'un soulier trois fois trop grand pour le petit pied qu'il chaussait. Les longs cheveux noirs de cette belle fille de la montagne étaient entrelacés de rubans et tressés autour de la tête en forme de couronne. Sa propreté presque recherchée contrastait avec la saleté universelle, et surtout avec la dame de la maison, qu'on eût bien plutôt prise pour la servante que pour la maîtresse.

Cette charmante apparition, épisode gracieux du voyage, me fit oublier les rudes fatigues de la journée et abrégea les heures d'une longue et trop courte veillée, passée en famille au coin du feu. L'amphytrion me parlait de ses terres; il se plaignait du bas prix des huiles, des blés, des laines : mais le bonhomme prêchait au désert; je ne l'écoutais pas. Adorateur muet de la reine de beauté, comme disaient nos naïfs et poétiques ancêtres, mon esprit vaguait, charmé, en de plus douces pensées.

Quant aux chemins de la Basilicata, ils rappellent ceux de Calabre; mais ils sont pires. Des sentiers escarpés, fangeux en hiver, poudreux en été, rocailleux en tout temps, serpentent péniblement de montagne en montagne, coupés de torrens où l'on court risque de se noyer vingt fois par jour; à défaut de ponts et des chariots qui les remplacent dans la plaine, on en est réduit, pour les passer, à l'âne du moulin voisin ou aux épaules de louage du manant posté là en guise de bac : c'est l'usage du pays.

On ne voit souvent, de tout le jour, que des meutes de chiens agressifs qui vous disputent le passage pouce à pouce; et si l'on rencontre par miracle quelque figure humaine, c'est un paysan qui fume accroupi au seuil de sa hutte de roseaux, ou quelque fileuse de coton affublée d'un tablier de cuir comme les laboureurs maures, et d'une coiffe écarlate assez semblable à la toque des soldats écossais. Les fermes isolées sont d'une extrême rareté, et de loin en loin quelque vieux château féodal, enté sur le rocher à pic dont il semble faire partie, écrase la vallée de sa masse noire et achève d'attrister le paysage. Cependant ces gothiques gentilhommières sont singulièrement humanisées, et la lourde porte de maintes baronnies, devenues hospitalières, roula pour m'héberger sur ses gonds rouillés.

Tout cela forme un ensemble sauvage qui ne manque pas d'originalité, mais tout cela est plus agreste que pittoresque. Les montagnes, en général boisées, sont d'un accès difficile; et quand on a grimpé péniblement tout le jour, arrivé au faîte, on est bien rarement récompensé de sa peine, car les horizons sont bornés et les vallées monotones à force de se ressembler toutes.

Telle est cette âpre Lucanie, restée presque ce qu'elle était au temps des Romains; car elle ne pouvait être alors ni plus sauvage ni plus inculte. Je me trompe : on y déterre des monumens antiques et des objets d'art d'un travail si parfait, qu'il serait impossible de leur trouver des émules dans la province moderne. C'est au chétif village d'Armento, l'ancienne Grumentum, que fut trouvée, au commencement du siècle, cette couronne d'or qui fit l'admiration des artistes et qui est aujourd'hui, si je ne me trompe, dans l'écrin de madame Murat. On déterre tous les jours au même lieu des médailles, des sépulcres et des vases italo-grecs. Un particulier d'Anzi, autre misérable village situé non loin d'Armento, possède une centaine de ces vases, dont quelques-uns sont d'une perfection rare.

J'ai remarqué surtout un *balsamatorio*, dont le dessin rappelle les plus beaux jours de la peinture grecque. Un génie ailé, armé d'une baguette comme les enchanteurs du moyen âge, semble initier à quelque mystère inconnu un jeune homme qui l'écoute appuyé sur un bâton pastoral et dont la physionomie exprime un pieux étonnement. Une jeune et belle femme assise, les mains croisées sur les genoux, suit de l'œil la scène qui se joue devant elle. Les attitudes sont d'une vérité frappante, les profils d'une exquise beauté. Quant au vase en lui-même, il est d'une pâte très-fine, très-légère, enduite d'un vernis noir parfaitement lisse. Les figures sont d'un jaune brique.

Presque tous ces vases sont indigènes.

Il est à remarquer que ceux de Locres sont plus généralement blancs avec les figures noires.

Que de richesses semblables n'exhumerait-on pas des entrailles de cette terre féconde, si l'on se donnait la peine de les fouiller! Mais le gouvernement napolitain ressemble aux eunuques du harem : il ne fait rien et ne veut rien qu'on fasse. Toute fouille est prohibée sous peine de confiscation et d'amende. Un moine de mes amis, qui bravait clandestinement la défense, a trouvé des choses précieuses, entre autres un trépied de bronze intact, orné dans toutes ses parties de sculptures admirables. Inquiété, menacé par les autorités, il fut obligé de vendre ce trésor et de le vendre pour rien à un voyageur français.

Potenza, capitale de la Basilicata, est une ville sans intérêt et sans hospitalité : c'est la Sibérie du royaume. Les employés qui y sont relégués se regardent là comme en disgrâce. Déjà du temps des Romains, c'était un lieu d'exil pour les esclaves. On lisait sur la porte de la ville ancienne cette inscription : *Potentia Romanorum hic nos relegavit.* De là, dit-on, le nom latin de Potentia, d'où le nom moderne Potenza. Révolté contre une telle origine, l'amour-propre national nie cette insolente étymologie.

Je n'emportai de Potenza que le souvenir d'un cruel ennui et des vexations d'une police bête plus encore qu'atroce. J'étais pourtant recommandé à l'Intendant (préfet); mais il me reçut en brutal, et me traita comme un vagabond. Pour achever de m'égayer l'imagination, je me rappelai que c'est dans le château voisin de Muro que fut étranglée la reine Jeanne. Le théâtre et le drame sont bien dignes l'un de l'autre.

La journée suivante est une des plus rudes de tous mes voyages; elle comble la mesure de l'inhospitalité basilisque. Cette farouche contrée est une terre d'épreuve pour le pauvre voyageur qui s'y hasarde : on va voir si je l'ai calomniée.

C'était une froide matinée de décembre : un brouillard épais et pénétrant couvrait les montagnes; quelques cimes seules étaient découvertes : on eût dit des îles au milieu de la mer. Le soleil était voilé, et s'il faisait parfois une rapide percée, si le brouillard se déchirait, c'était pour laisser voir à mes pieds de larges et tristes vallées, dont le fond même était caché sous la brume. Les cloches de Potenza sonnaient, et comme la ville était invisible, le son paraissait sortir de la nue.

Je gravissais lentement le mont Acuto couronné de sapins. J'atteignis ainsi le bourg d'Avigliano; j'y entrai par des rues désastreuses, vrais cloaques, pleins de fange et d'immondices. Bientôt je fus entouré de la population; mais cette fois elle était en force, et au lieu de fuir devant moi, comme à Terra Nova et ailleurs, c'est moi qu'elle voulut mettre en fuite. Je fus insulté, poursuivi, presque lapidé par cette insolente canaille; mais je n'en étais encore qu'à l'exorde.

Encore tout frémissant de ces bas outrages, j'avais laissé l'ignoble bourg bien loin derrière moi, et retrouvé ma paisible solitude, lorsque tout-à-coup des voix sortirent du brouillard, et je vis au-dessus de moi une troupe d'hommes armés qui me menaçaient de leurs fusils, en me criant de m'arrêter. Je crus que c'étaient des voleurs; c'étaient des messieurs du bourg qui étaient à la chasse, et qui avaient trouvé plaisant d'épouvanter un voyageur désarmé. Ils étaient six, et j'étais seul. J'allai droit à eux, je leur reprochai leur lâche ineptie; ils me répondirent par des injures et des coups de fusil tirés par dessus ma tête. C'était la seconde épreuve de la journée; mais je n'étais pas au bout : la plus rude m'attendait.

Le brouillard s'était élevé; le mont Vulture se dressait devant moi; je marchais droit à lui. Les cantonniers de la route chantaient, la sampogne d'un berger les accompagnait de loin ; à ma droite, et bien haut vers le ciel, se dressait menaçant sur sa colline aiguë le château de Lagopesalo. Il est fameux dans la contrée; on le dit bâti par un roi de Pursia (cherchez ce royaume si vous voulez), qui avait des oreilles de chat. Chose bizarre, j'ai retrouvé là l'antique tradition de Midas, avec cette seule différence qu'ici ce ne sont pas les roseaux agités du vent qui proclamaient le fatal secret des oreilles royales, mais bien la cornemuse qui en était faite. Sur ce point du moins la légende basilisque est, à mon gré, plus plaisante que la légende grecque. Quant au château, on prétend qu'il avait des souterrains longs de quinze milles, et que, durant un blocus, les assiégés se procuraient par-là des vivres frais, que, par bravade, ils jetaient dans le camp ennemi.

Or, la route, qui jusqu'alors n'avait pas été trop bonne, cessa tout-à-fait. Laissant à gauche la ville antique d'Atella, je me trouvai sur un plateau irrégulier, semé de bergeries assez pittoresquement disposées. Des troupeaux de vaches étaient dispersés au loin : les unes paissaient, les autres étaient couchées sur l'herbe, d'autres descendaient seules et d'instinct à la pittoresque fontaine des Imbricci. C'était un paysage de Paul Potter. Cependant la nuit approchait, je pressai le pas, et j'arrivai à l'*Ave Maria* à Rionero.

Ce nom, qui veut dire *Fleuve Noir*, peint le lieu fidèlement, car Rionero n'est qu'un fleuve de boue noire et épaisse, bordé de maisons sales et dégradées. Douze mille habitans végètent dans cet immonde égout. J'y entrai de nuit, sans lettres, sans recommandation, abandonné à l'hospitalité publique. Pour une auberge, il n'y faut pas penser; hors la mauvaise ostérie du chef-lieu, il n'y a pas une seule auberge dans toute la province. Je courus toutes les tavernes ; pas une ne voulut me recevoir pour mon argent. Cependant il faisait nuit close, il pleuvait, et j'étais dans la boue jusqu'à la cheville. Dans cette extrémité j'allai chez le syndic (maire), et je lui exposai mon embarras. Au lieu de me donner un lit, ce qui était le plus simple, et ce qu'eût fait un Calabrais, le syndic m'envoya à l'autre bout de la ville chez le député des logemens ; le député ne fut pas plus hospitalier que le syndic ; il se contenta de me donner un billet de logement, comme on en donne aux soldats. Le malheur voulut que le maître de la maison où il m'adressait fût absent ; sa femme était seule ; elle ne voulut pas me recevoir. Nouvelle course chez le député : nouveau billet de logement. Cette fois-ci le maître de la maison était bien chez lui, mais il refusa de m'ouvrir ; il se nommait Faraon : le nom m'a frappé. Il objecta l'heure indue, il était en effet trois heures de nuit ; il dit qu'il était couché, puis il ne dit plus rien du tout, et il me laissa charitablement morfondre à sa porte.

Indigné de tant d'inhospitalité, je portai plainte au juge. Sa seigneurie ne daigna pas non plus m'ouvrir. Il vint en chemise à une petite lucarne, car lui aussi était au lit ; il me reprocha ainsi que l'autre l'heure indue ; comme si c'était ma faute, me dit qu'il n'y pouvait rien, que j'étais dans mon droit, et que si le Faraon ne voulait pas ouvrir, je n'avais qu'à faire enfoncer sa porte par les gendarmes. Là-dessus il me montra le corps-de-garde, me souhaita une bonne nuit, referma sa lucarne, et tout se tut.

Ce soir-là un mauvais génie s'acharnait sur moi. Le corps-de-garde était vide ; tous les gendarmes étaient en campagne.

J'ai oublié de dire que le fils du député, qui m'avait servi de guide jusqu'à la maison du juge, m'avait bravement planté là et s'était esquivé, en disant qu'il ne voulait pas s'enrhumer. Cela en effet n'était pas difficile, car il pleuvait toujours, une pluie de décembre, froide, acérée, qui transperçait jusqu'aux os.

Ainsi me voilà seul au milieu de la nuit, dans une ville inconnue, une ville d'assassins, car là-dessus la réputation de Rionero est faite, accablé d'une journée de près de quarante milles, exténué par une diète de quinze heures ; je n'avais pas même la ressource de me coucher par terre, car il y avait un demi-pied de boue dans toutes les rues. J'aurais continué ma route, si je l'avais sue ; c'était le meilleur parti à prendre, mais j'ignorais le chemin, et à qui le demander ? On voit que si le voyage a de beaux jours, il en a aussi de rudes.

J'étais là, songeant, pour la regretter amèrement, à cette belle loi des Lucaniens qui prescrivait l'hospitalité comme un devoir civil aux ancêtres de ces barbares, leur ordonnant de recevoir le voyageur qui arrivait après le coucher du soleil (1). Tout-à-coup je crus entendre une voix : elle partait d'une boutique close ; je heurte à la porte, cette fois la porte s'ouvre. Le patron, Giacomo Petrello, était un pauvre fabricant de macaroni : ses entrailles s'émurent ; il me reçut comme un frère, partagea avec moi son maigre souper, sa petite chambrette, et me céda son lit. C'est que Giacomo Petrello n'était pas Basilisque, il était Calabrais.

« Si une ville refuse de vous recevoir, disait « le Christ à ses apôtres, secouez la poussière « de cette ville et quittez-la. » C'est ce que je fis, et cela le plus tôt que je pus. Dès le lendemain matin, je secouai la poussière, c'est-à-dire la boue de la ville inhospitalière ; je serrai la main de mon Calabrais et je partis pour Melfi.

Cette route est la plus intéressante de toute la province ; elle côtoie les bases du mont Vulture, volcan éteint, le seul entre l'Apennin et l'Adriatique, et si riche en merveilles géologiques que le naturaliste Brocchi, qui n'était là qu'en passant, resta plus de vingt jours à l'étudier. Tous les pays volcaniques sont pittoresques ; celui-ci justifie l'axiome. Il est peuplé d'anciennes colonies albanaises, qui ont depuis long-temps perdu leur culte et leur costume.

Melfi joua un grand rôle dans le moyen âge ; son château et son nom rappellent les exploits des Normands. Il fut surpris par les fils de Tancrède de Hauteville en 1041 ; ils y tinrent en 1043 une diète générale où ils se partagèrent le duché de Pouille. Melfi resta dès-lors ville libre et lieu d'assemblée. C'est à Melfi que le pape Nicolas II donna à Robert Guiscard l'investiture des Deux-Siciles. La formule en est bizarre : *Robertus, Dei gratiâ et S. Pietri, dux Apuliæ, Calabriæ et futurus Siciliæ*. Le pape venait de célébrer à Melfi un concile pour réformer l'excessive corruption du clergé. C'était en 1059. L'archevêque de Tarente, monseigneur Capece-Latro soutient, dans son *Discours historico - politique* sur le royaume de Naples, que jusqu'alors les prêtres de Pouilles étaient mariés, et que ce fut Nicolas II qui le premier leur imposa le célibat : alors commença l'usage du concubinage, dont nous aurons l'occasion de parler plus bas. C'est encore à Melfi que, deux siècles plus tard, l'empereur Frédéric II

(1) *Si sub occasum solis venerit peregrinus, volucrisque sub tectum alicujus divertere, et is hominem non susceperit, mulctetur, et pœnas luat inhospitalitatis.* Ælien. *Variæ Histor.*

promulgua les constitutions du royaume (1). Il ne reste à Melfi que son nom, son site, son vieux château en ruine et ses femmes ; elles passent pour belles, et je n'en ai pas vu une laide.

Tous ces lieux sont pleins de souvenirs, pleins de prestiges ; cette nature est grande, imposante, originale. Nul point de la Basilicata ne peut donner l'idée de ces déchiremens volcaniques du Vulture ni de la puissance végétale de ses cendres fécondes. Je voudrais m'arrêter ici, je voudrais tout dire, mais il faudrait plus d'espace ; le temps presse : force est de passer au vol sur tous ces lieux ; force est de laisser derrière nous Vénose, la patrie d'Horace, Vénose qui montre la statue de son poète dans un mauvais moine de pierre juché sur une colonne qui a servi de carcan. Saluons en passant Spinazzola, patrie de ce pape Innocent XII (Pignatelli) qui bannit le népotisme de Rome et consacra les libertés gallicanes, et traversant à tire d'aile les vastes plaines baroises de Gravina et d'Altamura, abattons-nous un instant sur Matéra.

Matéra est l'ancienne capitale de la province; c'en est la ville la plus étrange ; comme Gravina, ou comme la ville sicilienne de Modica, à laquelle elle ressemble beaucoup, elle est bâtie ou plutôt jetée confusément au milieu des précipices, et l'on dit d'elle que les morts sont sur les vivans, parce que les morts sont enterrés dans les églises, et que les églises dominent la ville et la ceignent d'une couronne de clochers. Une de ces églises est creusée dans le roc.

Montescaglioso, qui n'est qu'à neuf milles de Matéra, fut célèbre dans le moyen âge par un couvent de Bénédictins dont le luxe et les mœurs étaient peu dignes de l'austérité du fondateur. Bravant fièrement l'opinion publique, ils se promenaient publiquement avec leurs concubines. Ces concubines ecclésiastiques formaient une classe à part ; elles refusaient de reconnaître l'autorité civile, et prétendaient être de moitié dans les priviléges de leurs amans. Au reste, le concubinage ecclésiastique, ou, comme on disait alors, le demi-mariage, *semi-matrimonium*, était

(1) Voici le texte de la péroraison ; elle est curieuse et digne d'être conservée : *Accipite gratanter*, o *Populi! constitutiones istas tam in judiciis quam extra judicia polituri. Quas per magistrum Petrum de Vineis* (Pierre des Vignes), *capunum Magnæ Curiæ nostræ judicem et fidelem nostrum, mandavimus compilari*, etc., etc. *Actum in solemni consistorio Melfiensi, anno Dominicæ Incarnationis M. CC. XXI, mense Augusti, indictionis quartæ.* (Titulus ultim. L. 3 Const.)

chose légale. Grégoire VII fut le premier qui entreprit de l'abolir ; il paraît qu'il n'y réussit pas, puisqu'un édit du roi Alphonse, du quinzième siècle, en sanctionne pour ainsi dire l'existence, en soumettant à la taxe annuelle d'un ducat toutes les concubines du royaume, même celles des ecclésiastiques, *quorumcunque sacerdotum seu clericalium personarum*, et c'étaient les évêques eux-mêmes qui devaient veiller au paiement du tribut (1).

Les maîtresses ou demi-femmes des moines de Montescaglioso furent probablement les dernières à l'acquitter, car un édit fut dirigé, contre elles l'année suivante, 1447. On voit, parmi celles qui n'avaient pas encore payé la taxe, une Flora, concubine de l'archiprêtre ; une Antonia, concubine de l'archidiacre ; une Margarita, concubine du chantre : puis viennent celles du frère Pascal, du frère Julien, du frère Étienne. Celle du prieur, *concubina prioris de Trinitate*, marche en tête.

Quant au monastère, il est abandonné depuis long-temps ; quoique presque en ruine, il conserve quelque chose de grandiose dans son délabrement. L'architecture des portiques est élégante, celle du clocher est pittoresque ; mais ce qu'il y a de plus beau, c'est la vue. Montescaglioso est à ce côté de la Basilicata ce qu'Anglona est à l'autre ; c'est un belvédère immense sur les montagnes, les marines, le golfe de Tarente, Tarente elle-même ; et comme Anglona a derrière soi Tursi, Montescaglioso a Genosa, dont les bois sont peuplés de sangliers.

Une grande plaine inégale et solitaire sépare Montescaglioso de Bernalda, autre petite ville fort bien située ; au pied coule le Basento, fleuve profond et traître comme le sont tous ceux de ces marines. Le couchant rougissait ses eaux ternes et paresseuses ; le crépuscule et bientôt la nuit me surprirent dans la plaine inculte qu'il sillonne sans la fertiliser. J'y errai quelque temps tout-à-fait au hasard, car il n'y a ni route ni sentier. Marchant à l'aventure et tout droit devant moi comme un fakir indien, j'allais donner du pied contre un nid contre de grands oiseaux noirs nichés dans les broussailles et qui s'envolaient en poussant des cris farouches. J'étais complètement perdu ; pas un toit, pas une clarté ne s'offrait à moi dans l'immense étendue ; je n'entendais que le roulement lointain des vagues, et embarrassé

(1) Donné à Castro, le 2 février 1446. (*Archives de la Camera della Sommaria*.) Le décret de l'année suivante a été tiré du couvent des Bénédictins, par le marquis de Sarno, et publié par lui.

dans ma marche par les ronces et la vase, je craignais d'aller tomber dans quelque bas-fond et de m'y embourber.

Enfin, à la lueur des étoiles, j'aperçus quelques huttes de paille que je soupçonnai habitées par des bergers; je m'y dirigeai malgré les aboiements des chiens, gardiens formidables de ces déserts. Un berger m'entendit; il vint à moi et consentit à me servir de guide moyennant, bien entendu, un large salaire qu'il eut soin de fixer lui-même et de se faire payer d'avance : n'oubliez pas qu'il était Basilisque.

Une heure après j'étais à Torre di Mare, fief isolé du genre et à quelques lieues seulement de Policoro. Il n'est qu'à un mille de la mer. Ainsi je me retrouvais au bord du golfe de Tarente, presqu'au point d'où j'étais parti un mois auparavant; je venais de décrire un cercle complet. J'étais adressé au chapelain de la maison, qui vit là seul dans sa tour comme un anachorète. La présence d'un étranger faisait diversion à sa solitude, et, quoique Basilisque, il ne me ferma pas la porte au nez. Échappé au danger de passer à la belle étoile et sans manteau une froide nuit de décembre, je sentis le prix de son hospitalité.

A peine étais-je retiré dans ma petite cellule, que je vis de ma fenêtre la plaine illuminée d'une multitude de clartés mouvantes comme des feux follets, et j'entendis le tintement lointain de mille sonnettes. C'était une chasse aux flambeaux. Tous les paysans de trois lieues à la ronde s'y étaient donné rendez-vous. Les pauvres oiseaux, endormis sous l'herbe et dans les guérets, sont réveillés en sursaut par le bruit des sonnettes et éblouis de l'éclat des torches; ils tombent par nuées aux mains des chasseurs.

A deux milles de Torre di Mare, au milieu d'une plaine en friche battue par la mer et au sommet d'un petit plateau qui les domine l'une et l'autre, s'élèvent dans la solitude quinze colonnes doriques, quelques-unes rongées par les siècles, mais toutes debout, surmontées d'un entablement presque intact ; elles sont cannelées et composées, comme celles de Pestum, d'assises inégales : c'est là tout ce qui reste de Métaponte.

Tite-Live, qui parlait déjà par conjectures il y a deux mille ans, en fait les restes d'un temple de Minerve ou de Cérès; d'autres prétendent que c'était là ce fameux temple de Junon élevé par Pythagore aux frais des femmes de Métaponte. L'austère apôtre de Samos, digne précurseur de saint Paul, leur avait si éloquemment prêché la modestie et le mépris des vanités mondaines, qu'elles s'étaient toutes à l'envi dépouillées de leurs bijoux et les avaient fondus pour élever le sanctuaire de la reine du ciel.

Jaloux sans doute de consacrer le souvenir du grand philosophe qui vint chercher à Métaponte un tombeau, on a nommé ces ruines vénérables *École de Pythagore*. Le peuple, lui, qui n'est pas savant les appelle Tables Paladines, *Tavole Paladine*, nom poétique comme tous ceux que le peuple invente et qui indique un ouvrage des paladins, hommes d'autrefois, hommes forts.

Les médailles de Métaponte portent un épi : d'où l'on peut conclure que l'agriculture était en honneur dans la république et y florissait. On sait, du reste, que ce désert aujourd'hui si triste, si inculte, était une campagne heureuse, renommée pour sa fécondité. Métaponte subit le sort de Sybaris, sa fondatrice, et des autres républiques de la Grande Grèce. Plus heureuse pourtant que ses rivales disparues, elle a laissé d'elle plus qu'un souvenir. Son nom est resté écrit sur la pierre mutilée du temple; elle a gardé l'empire du désert, et nul ne peut passer sans dire : Là fut Métaponte !

On prétend bien voir dans un atterrissement voisin les vestiges d'un amphithéâtre; mais il faut pour les reconnaître une foi d'antiquaire plus robuste que la mienne. D'ailleurs, qu'importe un insignifiant débris? C'est le site qui est poétique; c'est ce désert inculte, ces champs de sable, cette mer qui les blanchit d'écume; c'est le souvenir des anciens jours; c'est le grand nom de Pythagore : voilà ce qui anime ces solitudes, voilà ce qui les consacre.

A cent pas des ruines coule le fleuve Bradano, le plus grand de la province ; il glisse silencieux dans un lit de sable, il ronge incessamment sa rive, il l'emporte dans l'Océan ; image frappante de ce fleuve des siècles qui ronge ainsi les œuvres de l'homme, qui emporte ainsi les générations humaines dans l'éternité.

C'est le Bradano qui forme la limite entre la Basilicata et la Terre d'Otrante. Il n'est pas besoin de dire que le Bradano n'a point de pont. Ne trouvant sous ma main ni chariot, ni cheval pour le passer, je dus recourir aux épaules d'un paysan, qui, pour compléter la somme de mes mésaventures, eut l'heureuse idée de se laisser choir au beau milieu du fleuve et moi avec lui. C'est dans cet état glorieux que je sortis de la Basilicata. La sortie était digne de l'entrée.

Charles Didier.

TERRE D'OTRANTE. — CAP DE LEUCA. — TARENTE.

Salente du Télémaque. — Transmigration des Calabrais. — *Puglia Pietrosa*. — Architecture rustique. — Sainte-Marie de Leuca. — Caverne du géant. — Italie, Grèce et Phénicie. — *Fécondité de l'hypothèse*. — Leccé. — Otrante et les Turcs. — Gallipoli. — Brindes. — *Les deux colonnes du port*. — Tarente déchue. — Tarentule. — Tarentisme. — Tarentelle. — Manduria *et ses pastorales*.

La terre d'Otrante est la région la plus orientale du royaume de Naples, et forme le talon de la botte italique. C'est une Italie en miniature.

Battue d'un côté par l'Adriatique, de l'autre par la mer Ionienne, elle est taillée aussi en presqu'île, et toutes les merveilles, tous les trésors de la grande Péninsule se retrouvent en abrégé dans la petite. D'abord la terre y recèle en son sein d'éloquents témoignages de ses primitives révolutions : ici des charbons fossiles attestent les incendies souterrains qui ont dévoré ses entrailles; là des tufs tout incrustés de coquilles racontent au géologue les voyages de l'Océan.

Mais si des profondeurs on remonte aux surfaces, quelles richesses! quelle variété! que de fleurs la nature a jetées sur les ruines du globe antique! Avec quel soin touchant, quelle sollicitude empressée cette tendre mère a réparé ses premières rigueurs et les a fait oublier!

Les hautes collines qui là prennent le nom de montagnes et qui constituent le squelette du pays, sont abandonnées au pâturage, et comme les Apennins de l'Abruzze et des Calabres, se peuplent de troupeaux nomades. Les bas coteaux appartiennent à la culture; la vigne tortueuse s'y balance aux bras des ormes et des mûriers : et plus bas encore de vastes forêts d'oliviers ombragent les moissons de la plaine. Les marines du cap de Leuca sont toutes dorées de limons et d'oranges. Le tabac du nouveau monde y épanouit sa large feuille aromatique, l'aloès son candélabre immobile; et balancés par les brises de mer avec une grâce, une mollesse, école éternelle du statuaire et du peintre, quelques palmiers bercent de loin en loin dans la nue leur tête africaine. On sent à la vue de ces Élysées champêtres comment l'auteur de Télémaque plaça là sa fabuleuse Salente.

Mais la presqu'île enchantée n'est pas toute également riante et fertile. Comme aux plages romaines, la mer baigne de longues maremmes insalubres, que l'absence de l'homme a livrées peu à peu à la fièvre et à la stérilité. Celles de Brindes et de Tarente sont les plus meurtrières, les plus perfides. Ainsi, Brindes et Tarente règnent toutes les deux comme Rome, sur le désert et sur la mort.

Qu'elles-mêmes sont déchues! reine superbe jadis de la grande Grèce, la patrie d'Archytas n'est plus qu'une méchante ville de pêche et de cabotage; et Brindes, cette clé brillante du monde oriental, Brindes n'existe plus que de nom. Son port, le plus vaste de l'Adriatique, est comblé par les algues marines; la clandestine péote du contrebandier Dalmate y remplace les trirèmes triomphants de la république.

Ouvertes de toutes parts et baignées par trois mers, ces terres extrêmes de l'Italie durent être de bonne heure peuplées de colons étrangers. Une tradition parle d'Athéniens : une autre de Crétois jetés là par les tempêtes aux temps du vieux Minos. Quoiqu'il en soit, ce pays faisait partie de la grande Grèce, et fut de tout temps plus grec qu'italien. Au moyen âge, la petite ville de Nardo avait encore des écoles grecques.

La terre d'Otrante porta divers noms dans l'antiquité, ou plutôt des peuples divers lui imposèrent le leur. Tantôt c'est le pays des Salentins; tantôt celui des Messapiens. Sa dénomination générique est Iapygie, d'Iapyx, fils errant de l'antique Dédale. Mais celui de tous les noms anciens qui survécut le plus longtemps, c'est le nom de Calabre.

Il triompha jusqu'aux jours calamiteux de l'empire de Constantinople. Chassés alors de leur pays par une des dernières inondations des peuples du Nord, les Calabrais primitifs paraissent avoir émigré en masse, et porté leurs pénates dans cette lointaine partie de la Lucanie habitée par les Brutiens, laquelle prit des bannis Iapyges ce vieux nom de Calabre qu'elle a gardé. L'histoire ne fixe pas la date précise de cette transmigration singulière; mais on peut la placer entre les sixième et huitième siècles, époque de la domination Lombarde en Italie.

Un fait curieux et qui trouve ici sa place, c'est que la langue grecque se maintint dans la moderne Calabre jusqu'au 14.e siècle, qu'on la parlait à Rossano il n'y a pas 300 ans, et qu'on la parle encore aujourd'hui à Bova, petite ville assise au cap Spartivento, en face de la Sicile. Bova a conservé le rite grec jusqu'à la mort de Grégoire XIII en 1585.

Le caractère général de la presqu'île d'Otrante est la grâce et la mollesse. C'est un pays ouvert. Les accidents y sont rares, et les inégalités du sol n'y méritent nulle part le nom de montagnes. Les plages sont en général désertes et monotones, mais l'intérieur rachète amplement ces infirmités des côtes. D'immenses bois d'oliviers revêtent les plaines; d'innombrables métairies blanches animent le paysage, et l'architecture svelte et un peu moresque des campaniles rustiques lui impriment une physionomie originale.

La terre d'Otrante a dans sa forme et dans sa culture quelque chose de la terre de Labour. Elle est moins riche, mais aussi brillante, aussi aérée. La vie est facile. On y respire à l'aise. Les villes et les villages sont élégants et propres; et comme celle des clochers, l'architecture des plus simples maisons est légère et gracieuse. D'abord elles sont sans toit, couronnées par des terrasses garnies de fleurs, et elles ont cela de commun avec les maisons romaines de Pompeï; qu'elles ont toutes une cour intérieure qui donne entrée aux appartements. Carrées et pavées de dalles de pierre, ces cours domestiques sont ombragées d'une treille où les femmes se rassemblent le jour pour filer. Le soir on prend le frais sur les terrasses.

Quoique l'olivier soit le roi du pays, il ne règne pas toujours seul. De temps en temps, et surtout sur la côte méridionale, le riche et noir caroubier en coupe la pâle uniformité et lui dispute l'empire. Les chênes verts n'y sont pas rares, le pin y est commun; et épanouissant toujours çà et là son mouvant éventail, le palmier domine ses rivaux de toute la tête, et marque ces extrêmes plages de la grande Grèce d'un cachet oriental.

La partie de la presqu'île la plus pittoresque est tout le pays entre Gallipoli et le cap de Leuca. Tantôt c'est une lande solitaire couverte de bruyères et peuplée de troupeaux, tantôt c'est un bois où le chêne se marie à l'olivier sauvage, et le sentier n'est alors qu'une allée de verdure sombre, fraîche, touffue, impénétrable au soleil le plus ardent. Ici c'est une métairie pittoresquement bâtie en forme de tour, comme les *difese* de Calabre; là c'est une chapelle rustique qui fait fabrique dans le paysage et blanchit au loin à travers les oliviers; plus loin un hameau dont le clocher blanc brille au soleil. Ces sites ont quelque chose des environs de Florence.

Aux approches du cap, les villages se multiplient. Bâtis de mille en mille, plus près encore, ils sont propres, spacieux, élégants, bien aérés, bien peuplés. L'architecture y est uniforme et toujours gracieuse. Ce sont partout ces mêmes jolies maisons sans toit, couronnées de fleurs; ces cours fraîches et ombragées de treilles, ces clochers découpés en minarets.

Le caractère saillant du cap, c'est la sécheresse. Le sol n'y est plus pavé comme en d'autres points de ces grandes dalles de tufs que l'on prendrait pour des restes de voies romaines, mais il est inondé d'une énorme quantité de pierres calcaires d'une aridité toute africaine. C'est ce qui a fait donner à cette partie extrême de la Pouille l'épithète de pierreuse. *Puglia Pietrosa*, pour la distinguer de la haute Pouille de Lucérie et de Barlette que sa surface plate et unie a fait baptiser Pouille-Plane, *Puglia Plana*.

Mais si stériles que soient les cailloux du Cap, ils contribuent au pittoresque du pays : voici comment. On s'en sert à construire de petites huttes basses, arrondies par le haut en forme de ruches, comme les kraals des Hottentots, ou les nuragues de Sardaigne. On monte au faîte par un escalier en spirale pratiqué à l'extérieur; et c'est de ce point élevé que chacun garde son champ au temps des récoltes. L'intérieur est une petite chambre obscure où l'on dépose des instruments aratoires; quoique sans chaux, les pierres sont jointes à la romaine avec beaucoup d'art. Les habitants appellent cela des *paillères*.

Ces huttes grisâtres, vraies nuragues en miniature, sont répandues en nombre prodigieux dans toute la contrée, et lui donnent je ne sais quel air bizarre, étrange, qui n'est pas d'Europe. Quelques-unes sont bâties avec plus de prétentions, et rappellent, quoique des dimen-

sions plus humbles, la tour de Babel, telle qu'elle est figurée dans les estampes des vieilles Bibles protestantes.

Mais ici la stérilité n'est qu'apparente. Ces champs si rocailleux sont d'une fertilité merveilleuse. On trouve bien çà et là quelques terres en friches; mais le Cap n'en est pas moins l'un des points les mieux cultivés du royaume. Le vin y est parfait; l'olive non moins supérieure, et le tabac si estimé des amateurs, qu'ils le paient au poids de l'or; il a été jusqu'à 7 ducats la livre: il est vrai qu'on le cultive en cachette et qu'on le débite en contrebande.

Le Cap ne ressemble à rien en Italie: il a une physionomie à lui; et s'il ressemblait à quelque chose, ce serait à la comté de Modica en Sicile; moins toutefois la dépopulation, car le Cap est fort peuplé, la comté fort peu. C'est la même sécheresse, les mêmes champs pierreux, les mêmes sentiers scabreux et bordés de petits murs trop bas pour gêner la vue du passant, assez haut pour défendre les clos contre les agressions des troupeaux. La mer, les pins-parasols et les palmiers, quoique rares, ajoutent à la ressemblance; et pour plus de conformité, le langage des habitants a quelque chose du dialecte sicilien; ils entendent fort bien les idées insulaires de l'abbé Méli.

Le promontoire est terminé par un sanctuaire célèbre dans le pays. Bâti à l'extrémité du Cap sur les ruines, ou du moins le sol d'une ville antique dont il a gardé le nom, le sanctuaire de Sainte-Marie de Leuca occupe le bout du talon, c'est-à-dire le point le plus oriental de l'Italie. C'est un site unique, un site frappant. Tout en participant de la sécheresse commune, il est plus agreste, plus grandiose, hardi dans ses découpures, pittoresque dans sa nudité, et empreint d'un caractère de rudesse et d'âpreté qui n'appartient qu'à lui.

Près de finir, la côte se redresse assez brusquement, et tombant à pic à peu près dans la mer Ionienne, elle oppose une muraille de rochers à l'esprit conquérant des vagues. Jetée en avant-garde dans la mer, une longue ceinture d'écueils en reçoit les premiers assauts, formant de ce côté là le boulevard, et comme le bouclier de l'Italie. Derrière le sanctuaire, c'est-à-dire au nord, le sol monte comme pour protéger la maison de la madone de l'âpre tramontane. Au sud, au contraire, il s'abaisse, et de ce côté il descend à la mer en pente douce.

Veuve de la cité morte de Veretum, cette plaine inclinée est couverte aujourd'hui de casins, où les oisifs du pays viennent au temps de la canicule, non prier et se confesser, mais respirer la brise marine et manger du poisson frais.

Quant au sanctuaire lui-même, c'est un bâtiment spacieux et commode; mais il tombe en ruine; les beaux jours du calvaire sont passés, même au cap de Leuca. Les offrandes manquent pour remettre l'édifice en bon pied, et les pèlerins qu'il était destiné à héberger et à sanctifier, sont plus rares d'année en année. L'église fort simple d'ailleurs et fort nue, renferme une madone miraculeuse *assai*, laquelle a pour gardien et pour desservant un prêtre ignare, sorte de manant converti en casuiste, et dont la société intime et quotidienne se compose d'une vivandière et de trois canonniers.

Le saint ermite doit ce voisinage profane à une tour de garde bâtie à cent pas de son ermitage, et armée de quatre canons, dont la voix pacifique ne trouble que bien rarement le silence de cette Thébaïde humanisée.

Le promontoire de Leuca est l'ancien cap Iapyx, plage historique, où le roi Pyrrhus fit naufrage, et où les géans campaniens trouvèrent leur tombeau. Cette race mystérieuse qui joue un si grand rôle dans les traditions populaires de la primitive Ausonie, cette race muette, altière, qui semble n'être que le poétique symbole de l'individualité aux prises avec la société, cette race d'hommes forts vint mourir là. Refoulés insensiblement des riches plaines de Campanie sur cette aride plage, ils se trouvèrent là tête à tête avec l'Océan. Ils n'allèrent pas plus loin, la terre manqua sous leurs pieds, elle s'entrouvrit pour les engloutir.

Telle est l'antique tradition, et une grotte du rivage se nomme encore aujourd'hui la Caverne du Géant.

Cette fable, toute italienne, est sœur de la fable grecque des Titans. Aussi bien l'Italie et la Grèce ne sont-elles pas sœurs? Un bras de mer étroit les sépare à peine; peut-être même firent-elles un jour partie du même continent, et comme deux membres d'un même corps furent-elles arrachées violemment l'une à l'autre par la catastrophe inconnue qui divisa la Sicile de la Calabre, l'Espagne de l'Afrique? Les écueils innombrables dont la côte italienne est bordée, semblent témoigner de la rupture, et témoins éloquents n'être que les débris de terres anciennement submergées.

Un fait certain et consigné déjà par l'antiquité, c'est que ces écueils se prolongent fort avant sous les eaux; des marins les ont reconnus à près de douze milles en mer, comme aussi le fameux gouffre historique où s'abîma la flotte du roi d'Epire.

En temps clair on voit du haut du promontoire de Leuca bleuir à l'autre bord du détroit les montagnes de Thessalie. Ainsi debout sur la plage comme deux sœurs captives, la Grèce et l'Italie peuvent se saluer de loin et se faire des signaux d'amour et d'espérance.

Un voisinage si rapproché dut établir de bonne heure des rapports entre les deux peuples. Mais la Grèce instruisit-elle l'Italie, ou l'Italie la Grèce? La question n'est point résolue, et le procès est encore pendant au tribunal de l'histoire. Peut-être la gloire n'appartient-elle ni à l'une ni à l'autre, et n'ont-elles fait qu'échanger plus tard des lumières parties d'un foyer commun à des époques antérieures?

Quoiqu'il en soit de ces ténèbres, un savant Napolitain, qui n'a pas son égal en érudition, Mazzocchi, fait dériver de la langue phénicienne le nom ancien de Iapygie, et assigne aux Iapyges une origine chananéenne. Parmi les cavernes creusées le long de la mer, il en est une qui offre de curieux phénomènes. On y a trouvé des inscriptions dont les caractères sont inconnus, et la grotte elle-même a la forme d'un temple. Son nom vulgaire est Caverne du Dragon ou de Dagon. Or Dagon paraît n'être que Triptolème des Phéniciens ou Philistins, comme les appellent les saints livres, le dieu des moissons, l'inventeur de la charrue, le père de l'agriculture, le bon génie qui enseigna aux hommes l'art de faire le pain.

Serait-il donc impossible que les Phéniciens, ces hardis explorateurs des mers, qui devaient avoir beaucoup d'idées, parce qu'ils avaient vu beaucoup de choses, et qui, sans nul doute, jouèrent un grand rôle sur les côtes d'Italie, serait-il si impossible qu'ils eussent touché le Cap? Que, reconnaissant l'importance de ce point maritime, ils y eussent fondé des comptoirs pour protéger leur navigation dans les trois mers adjacentes, et qu'ils y eussent ainsi laissé quelques débris de leur culte et de leurs arts?

Que l'incrédulité, à l'œil torve, rejette la science les peut-être au rang des sciences occultes, il n'y en a pas moins pour l'homme un charme ineffable à rechercher ses origines. Qui ne serait jaloux de connaître son père et son berceau? Un amour vague, une tendresse instinctive lie l'homme à l'homme à travers les âges. Une chaîne invisible, et pourtant sentie, unit l'une à l'autre les générations; c'est la chaîne d'or homérique qui d'un bout touche à la terre, et dont l'autre plonge au ciel. Notre tâche à nous, et la tâche n'est pas facile, est d'en découvrir les anneaux; et une fois découverts, de les remonter patiemment un à un jusqu'au premier, sans en omettre un seul, sous peine de perdre à l'instant le fil et de nous égarer. Or, pour découvrir il faut chercher; cherchons donc par toutes les voies, cherchons par tous les sentiers; langue, art, science, instincts, appelons tout à notre aide; semons l'hypothèse à pleines mains, nos enfants moissonneront la vérité.

Et puis, garrotté en ces jours difficiles, dans un état social si faux, si guindé, si oppressif, l'âme aspire à la liberté; comme l'aigle en cage, elle sent en elle un invincible besoin d'air, d'espace, et brisant ses dures entraves, elle s'échappe et s'envole pour respirer plus à l'aise, vers les époques primitives de l'humanité. Ces siècles simples, naïfs, nous apparaissent du sein brûlant de nos déserts tumultueux comme autant d'oasis fraîches, calmes, ombragées, où la pensée s'abrite, se recueille, où le cœur las et blessé se repose et se cicatrise. C'est l'âge d'or des poètes, le lieu d'asile de tous les opprimés du monde; chassé de son héritage par la brutalité des légions romaines, le tendre Virgile se réfugia chez les poétiques pasteurs d'Arcadie, et dans les vieilles épopées du Latium.

Nulle part ces regards en arrière, ces aspirations du passé ne sont plus énergiques, plus légitimes que sur ces terres historiques, où à chaque pas, un nom, un monument, un souvenir donne l'éveil. A la vue de ces cieux interrogés par les Argonautes, de ces mers sillonnées par les flottes de Tyr et d'Agamemnon, de ces campagnes où voyagea Pythagore, et où dorment les géants fabuleux, l'imagination s'empare avec ardeur de tout ce monde antique, et le repeuple avec joie de tous ses grands hommes, de tous ses dieux. Le faible seul s'énerve et s'oublie à ces pélerinages du passé; l'homme fort en revient plus robuste et mieux trempé, car s'il puise, à ces sources primitives, des consolations et du calme, il y puise aussi pour l'avenir des leçons salutaires et de magnifiques espérances.

Monté sur la plate-forme de la tour de Leuca, et assis sur un canon, j'embrassais la mer Ionienne dans toute sa beauté : elle était d'un bleu ravissant; le vent la soulevait avec lenteur et majesté, et brisée par les écueils du rivage, elle les couvrait d'écume. La Grèce était là : la vague en venait; cette idée me faisait battre le cœur. L'œil tendu sur les flots, j'épiais à l'horizon les monts Corfiotes. Mais quoique le temps fût splendide, une légère brume de mer élevait son rideau jaloux entre la Grèce et moi.

Enfin, il me fallut trop tôt regagner les terres et revenir en arrière.

Si jusqu'ici j'ai parlé des champs plus que des villes, c'est que les champs ont un cachet qui leur est propre, et que les villes sont sans intérêt. Leccé, capitale de la province, passe pour la plus belle ville du royaume après Naples. Elle a beaucoup d'églises, quelques palais, des maisons spacieuses, mais pas un monument pur. Tout cela est d'une architecture chargée, et du genre dit rococo en argot d'atelier. L'édifice le moins incorrect est l'ancien couvent des Bénédictins, aujourd'hui affecté aux tribunaux.

Les couvents, du reste, ne manquaient pas : on en comptait plus de trente-six des deux sexes; la plupart sont supprimés. Mais la disproportion entre ces vieux cloîtres et leur nouvel emploi, donne à la ville un air de tristesse et d'abandon. Ajoutez à cela sa dépopulation : capable de quarante ou cinquante mille habitants, elle n'en a que quinze ou seize mille tout au plus. Les rues sont larges, mais l'herbe y pousse; et je ne sache pas un lieu d'Italie où l'ennui gagne plus vite. Leccé n'en passe pas moins pour la Toscane du royaume de Naples. Elle a de grandes prétentions à la pureté de la langue, à l'urbanité des mœurs; et pour preuve de ses penchants sociaux, elle se vante de posséder cinquante cafés.

C'est d'ailleurs une ville toute moderne, c'est-à-dire du moyen âge. Une comtesse de Leccé, aimée du roi Roger, donna le jour à Tancrède, noble et valeureux bâtard qui fut roi de Sicile.

C'est dans une plaine voisine qu'était l'antique ville de Rudiæ, patrie du vieux poète Ennius.

Ce que je préfère de beaucoup à la ville, ce sont les villages qui l'environnent. Ils sont tous d'une propreté et d'une élégance que je ne me lassais pas d'admirer. La plupart des clochers sont taillés en forme de mosquée, et les voyant briller au couchant, sur un ciel limpide et bleu, il m'arrivait maintes fois de me croire bien loin de l'Europe, dans les campagnes de Bagdad ou d'Ispahan.

Aussi bien cette province finale a-t-elle de tout temps irrité la convoitise des Turcs. Otrante, cette sentinelle avancée de l'Italie, fut possédée par eux toute une longue année du 15e siècle. Mahomet II faisait valoir les droits de l'empereur d'Orient sur l'Italie, et il était soutenu par les barons rebelles. Frappé à mort par le cimeterre ottoman, Otrante ne se relevera jamais. Ce n'est plus qu'une bourgade maladive, agonisante, et ce que les Italiens appellent un *paesaccio*.

Le maximum de la population ne dépasse pas 1,500 habitants, y compris la garnison et les gendarmes.

Otrante n'a pas un édifice digne d'être cité. La cathédrale a un caractère sombre qui la distingue de toutes les autres églises du pays, toutes brillantes et inondées de lumière. Les Napolitains craignent toujours de n'en pas donner assez à leurs temples, et cette profusion de clarté nuit au recueillement. La cathédrale d'Otrante est parée de mosaïques, dont les figures confuses et difformes ne sont guère intéressantes que pour l'histoire de l'art : c'est probablement un monument bizantin.

Mais l'extérieur de la ville rachète la laideur et la saleté de l'intérieur. La mer la protège d'un côté, de l'autre elle est défendue par une ceinture de rochers d'une teinte ardente, dont le lierre et les arbustes de toute couleur déguisent la nudité. Ils sont creusés de cavernes, mais des bois d'orangers en masquent la ténébreuse entrée. C'est trop de luxe pour tant de misère.

Des hauteurs qui dominent la ville, on découvre l'Albanie et les côtes de la Grèce, bien mieux encore que du cap de Leuca. La distance est de cinquante milles; et l'importance de ce point maritime, véritable clé de l'Adriatique, avait, dit-on, fait naître au roi Pyrrhus, l'idée étrange, mais grandiose, d'unir en cet endroit l'Italie à la Grèce, par un pont de bateaux.

Grâce à l'incurie administrative, le port d'Otrante est à peu près inaccessible aujourd'hui : les vaisseaux sont obligés de se tenir en dehors; et le commerce de la province a passé sur la rive opposée, à Gallipoli. Gallipoli est l'ancienne Callipolis. Ce n'est ni une belle, ni une grande ville, mais les abords en sont pittoresques. Elle est bâtie sur une île de rochers. Un pont la joint à la terre-ferme. C'est un petit Livourne, et l'entrepôt de toute l'huile du pays. Soit paresse des indigènes, soit pénurie de capitaux, presque tout le commerce est aux mains des étrangers. Ils s'entendent et font la loi : de là, un monopole ruineux.

Gallipoli s'est long-temps vantée d'avoir donné le jour à l'Espagnolet. Mais il paraît aujourd'hui prouvé qu'il est né à Valence, en Espagne.

Une tradition locale dit que la ville était autrefois bâtie plus au midi; et, en effet, à quelques milles dans les terres, on voit encore divers vestiges des murailles d'une grande ville détruite. Des tombeaux, des vases, et surtout des médailles d'or, d'argent et de cuivre, attestent que ce fut une ville grecque. Le lieu se nomme Endgi, et des antiquaires veulent que là ait été autrefois cette fameuse Salente aujourd'hui perdue, et que chacun place dans la Iapygie, au gré de son caprice. Et les antiquaires ont beau jeu, car la mystérieuse ville de Salente était déjà détruite au temps de Strabon, de Pline et de Ptolomée; aucun des trois n'en fait mention.

La plaine de Gallipoli est commandée par le mont Hidro. Situé entre les deux mers, c'est le belvédère naturel de la presqu'île Salentine. Du faîte, on domine du côté de Gallipoli tout le golfe de Tarente, borné au midi par les montagnes de la Calabre; du côté d'Otrante, c'est la mer Adriatique et les monts d'Albanie.

Gallipoli est la patrie de Philippe Briganti, jurisconsulte et économiste, dont le commentaire sur Florus a éclairci plusieurs points d'histoire romaine. Briganti est mort au commencement du siècle.

J'ai oublié de dire que Lecce avait donné le jour au marquis Palmieri, l'un des premiers Napolitains qui aient écrit sur l'économie publique des Deux-Siciles. Quoique ces deux noms n'aient guère passé le seuil de leur pays natal, Gallipoli et Lecce n'en sont pas moins très fières. C'est, du reste, un sentiment commun aux villes d'Italie; toutes, et surtout celles du royaume de Naples, sont fort jalouses de leurs grands hommes. Ce sentiment d'affection, et l'orgueilleuse admiration, va s'affaiblissant à mesure que les lumières se répandent. La gloire naît des contrastes.

Passée à Otrante, puis à Gallipoli, la vie maritime était toute concentrée jadis dans la ville de Brindes. C'est à Brindes que s'appareillaient ces flottes formidables destinées par les Romains à la conquête de l'Orient. Son port, en effet, est un miracle de la nature, dans un pays si uni et si découvert : c'est une grande rade formée par deux jetées naturelles dont un château défend l'abord. Au fond du port est un canal, lequel communique à un bassin circulaire qui se développe autour de la ville, et qui devait être d'un admirable effet alors que les flottes romaines s'y balançaient fastueusement.

On distingue encore les pilotis que César avait fait planter à l'entrée du port pour y enfermer Pompée. De là date sa décadence. Ces pilotis retinrent des amas de sable qui s'accumulèrent. Les Vénitiens achevèrent la ruine du port en y faisant couler à fond des bâtiments pleins de pierres. Toutes ces entraves n'avaient laissé qu'un passage très étroit, et si peu profond que les petites barques seules pouvaient arriver au bassin. L'eau ne s'y renouvelant plus, il devint un marais pestilentiel. On a fait depuis quelques travaux pour élargir le canal : mais ils sont insuffisants, et le port n'en est pas moins à demi comblé.

Il ne reste plus rien du faste de Brindes, pas même des ruines. Il y a deux ou trois siècles qu'on voyait encore un théâtre, des thermes, un temple du soleil et de la lune; tout cela a été détruit pour construire le fort de mer et le séminaire. Il ne reste plus qu'un fragment de murailles réticulaires à la porte de Naples, et un puits dont la construction intérieure rappelle la grandeur romaine.

Des deux colonnes qui s'élevaient sur le port l'une s'est conservée entière par miracle; il n'y a plus de l'autre que le piédestal et un morceau du fût renversé, couché en travers sans doute par un tremblement de terre. Ces deux colonnes étaient de marbre blanc; elles avaient cinquante-deux pieds de haut; mais elles manquaient de proportion, l'élévation du fût étant beaucoup trop grande pour le diamètre. On a beaucoup disserté sur leur destination. Comme elles faisaient face à l'entrée du port, on a prétendu qu'elles soutenaient un fanal; mais

cela est peu croyable. Il est plus probable qu'elles ne furent érigées là que pour marquer le terme de la voie Appia.

Décimée par le mauvais air, la population de Brindes est descendue, de cent mille habitants, à six mille. Elle passe pour fort peu civilisée et peu industrieuse. Les campagnes d'alentour sont de vraies steppes désertes et souvent marécageuses, où l'on peut marcher tout un jour sans rencontrer un visage humain et sans trouver un arbre où s'abriter du soleil.

Brindes est la patrie du poète tragique Pacuvius, le neveu d'Ennius; et l'on sait que Virgile y mourut.

C'est à Brindes que la veuve de Germanicus débarqua les cendres de son époux, empoisonné dans l'Orient. Cette scène pathétique rappelle un des plus beaux morceaux, le plus beau peut-être des annales de Tacite (1), et rien, je l'avoue, pas même Pompée, pas même Horace, rien, à la vue de ces lieux déchus et mornes, ne me préoccupa davantage.

Au moyen âge, Brindes fut le théâtre de plusieurs solennités nuptiales. C'est à Brindes que furent célébrées les noces de Roger, fils aîné de Tancrède avec Irène, fille d'Isaac, empereur grec. Plus tard y furent célébrées celles de Frédéric II avec Iole, fille de Jean de Brienne, qui avait obtenu le titre de roi de Jérusalem par sa femme, la reine Marie. Frédéric reçut ce titre en dot, lequel fut ensuite confirmé à Charles d'Anjou, d'où il est resté au roi de Naples. C'est à Brindes même, et en se mariant, que Frédéric avait été couronné roi de Jérusalem.

On fait remonter l'origine de Brindes à Diomède, même à Thésée, dont les compagnons, dit-on, la fondèrent au retour de l'expédition de la Toison-d'Or.

Quant à Tarente, sa ruine n'est pas moins profonde. Antique rivale de Rome et sa maîtresse en arts et en philosophie, elle n'est plus, comme Cotrone, qu'une méchante bourgade insignifiante. La ville moderne n'occupe même plus le site de l'ancienne : celle-ci se déployait sur la terre ferme; celle-là est toute bâtie sur un îlot amarré au continent par deux ponts, et où s'élevait jadis un château fort.

« Cet angle de terre, écrivait Horace à son » ami Septimius, me sourit plus que tout autre,

(1) Annal. III, 1.

» le miel y égale celui de l'Hymète; l'olive y » lutte avec celle de la verte Vénafre : ici le » printemps est long, et Jupiter y dispense des » hivers tièdes. Aimé de Bacchus, le fertile co- » teau d'Aulone n'a pas à envier les raisins de » Falerne. Ce lieu de délices, ces bienheu- » reuses collines te réclament avec moi : c'est » là que tu répandras les larmes d'adieu sur la » cendre brûlante du poète ton ami. »

Le ciel Tarentin est bien aussi clément qu'au temps d'Horace : les printemps y sont aussi longs, les hivers aussi tièdes ; mais, livrées à elles-mêmes, les collines n'ont plus ces vins exquis, les vallées n'ont plus de miel; l'olivier règne encore et règne seul, il a tout détrôné; ses teintes grises et monotones ont envahi la campagne. Le fleuve Galèse n'est plus qu'une rigole, et, quand on l'a vu, il faut l'oublier pour prendre de nouveau plaisir aux idylles d'Horace et de Gessner. Ainsi, ce n'est pas seulement la ville et ses habitants qui ont changé, c'est la nature elle-même.

Le temps a balayé jusqu'aux ruines. Pas un monument de l'ancienne république n'est, je ne dis pas debout, mais reconnaissable. Quelques belles colonnes transportées dans la cathédrale, sont tout ce que j'ai trouvé. Les unes sont de marbre rouge, les autres de vert antique. Mais, le plaisir de contempler ces antiques dépouilles, fut chèrement payé par la nécessité où je fus d'avaler le trésor et les reliques de saint Cataldo, patron de la ville. Je vis aussi quelques vases grecs dits étrusques, mais de peu d'intérêt, et beaucoup de médailles de la république. Elles portent, pour la plupart, une tête de femme, et au revers un homme à cheval sur un poisson, symbole de la ville ancienne.

La population moderne est composée de gentillâtres ruinés et de pêcheurs. Les hommes sont en général bien faits, et les femmes se distinguent souvent par une régularité de traits tout-à-fait grecque. Les habitants ont d'ailleurs conservé les goûts calmes et les molles habitudes de leurs ancêtres. Une industrie tarentine, industrie vraiment monacale, consiste à fabriquer des tableaux et des vases avec des coquilles de toutes couleurs et de toutes formes. Et en cela les amateurs sont bien servis, car ce que la mer jette de crustacés dans ces parages est prodigieux. Le poisson n'y est pas moins abondant.

On y pêche, entr'autres, le murex, ce coquillage merveilleux avec lequel les anciens faisaient la couleur pourpre; le secret en est perdu. Il avait été apporté à Tarente par les Tyrriens, les seuls qui le possédassent. Ce fait semble confirmer l'opinion des historiens qui font de Tarente une colonie phénicienne remplacée ensuite, mais beaucoup plus tard, par les Lacédémoniens sous la conduite de Phalante.

Tarente a baptisé un insecte devenu célèbre sous le nom de Tarentule, et une danse indigène qui ne l'est pas moins en Europe sous le nom de Tarentelle.

La Tarentule, sur laquelle on a fait tant d'histoires, est une espèce d'araignée dont la piqûre produit réellement une irritation nerveuse que la musique soulage. Quand elle trouve un corps sain, la blessure n'est pas dangereuse; mais, si elle rencontre un germe vicié, l'irritation devient chronique et ne se guérit guère. Un médecin du pays m'a donné là-dessus des renseignements précieux; lui-même s'est fait piquer au bras; il éprouva les symptômes nerveux que je viens de dire, et de plus un grand malaise d'estomac; mais il guérit après quelques jours. Les savants considèrent en général comme des fables tout ce qu'on a débité sur la piqûre de la Tarentule, comme produisant le tarentisme, ou besoin immodéré de la danse qui va jusqu'à l'épuisement. Peut-être ne faut-il voir là qu'une de ces associations d'idées si communes chez les peuples à imagination ardente. On aura associé, par un lien de cause à effet, deux phénomènes distincts, qui n'ont d'autre rapport que d'apparaître aux mêmes lieux : à l'existence de la Tarentule on aura appuyé l'existence de la Tarentelle.

La Tarentelle! tout le monde la connaît; c'est une danse volcanique comme les émotions qu'elle exprime; c'est l'histoire d'une passion méridionale à tous ses âges, dans toutes ses phases. Tout geste est une idée, toute pose un sentiment. La danse est d'abord contrainte, pudique, irrésolue, ravissant emblème des combats intimes d'un amour silencieux; puis, quand la passion déborde et triomphe, la danse s'anime, s'emporte et passe de la timidité à l'audace. On résiste, elle attaque; on recule, elle poursuit, elle entraîne, et bacchante enivrée, bacchante en délire, elle se précipite en aveugle à la volupté. Pour apprécier ce poëme, dont l'amour est le héros, et où on le voit naître, grandir, lutter et vaincre, il faut le voir danser sous les cieux qui l'ont inspiré et par le peuple qui l'a composé. Il faut voir les belles Tarentines voltiger sur la pelouse, la castagnette en main, au son de la guitarre et du tambour basque indigène; autrement on ne peut ni goûter ni comprendre la Tarentelle.

Je parcourais ces lieux en hiver; l'hiver est la saison du pays, l'été y est trop chaud; la campagne était émaillée de femmes occupées à recueillir les olives; ce n'était partout que chants et danses; le voyage était un enchantement continuel; et je me souvenais, à chaque pas, que le grand musicien Paesiello est né à Tarente. C'est là en effet qu'il devait naître, car c'est vraiment un pays d'harmonie. Il y a de la musique dans l'atmosphère, et l'on trouverait, sans nul doute, dans les airs villageois, plus d'un motif fécondé et illustré plus tard par le grand maître.

Nul point de ce riant paysage ne m'est resté plus profondément gravé dans la mémoire que Manduria, petite ville antique entre Tarente et Leccé. Ce fut primitivement une colonie Tyrienne qui plus tard devint grecque. On y voit encore des sépultures et des murailles antiques. Mais j'étais moins occupé de ces insignifiants vestiges que de l'aménité des campagnes. Quoiqu'elles soient plantées d'oliviers, les métairies y sont si artistement disposées et d'une architecture si élégante et si légère, qu'elles triomphent de la monotonie qui d'ordinaire s'attache aux olivets.

Toutes les femmes de Manduria étaient dans les champs, portant aux bras de petits paniers de jonc qu'elles remplissaient d'olives en chantant. Toutes ces voix étaient fraîches et argentines. Les groupes répondaient aux groupes comme s'ils se fussent entendus pour chanter en partie.

Quand venait le soir, on se réunissait de toutes parts autour d'une fontaine ou sous un chêne, les garçons avec leurs guitares, les filles avec leurs castagnettes et leurs tambours de basque; on allumait un feu, on prenait en commun un repas champêtre, le fiasco rustique circulait de main en main, puis l'on dansait jusqu'à ce que la nuit chassât dans les chaumières les joyeux acteurs de ces pastorales improvisées. Ce sont en effet là autant d'idylles toutes faites, qui n'attendent, pour passer à la postérité, que la muse de Théocrite ou d'André Chénier.

Charles Didier.

POUILLES.

TERRE DE BARI. — Bari. — Marines. — Villes de l'intérieur. — Barlette. — Champ de bataille de Cannes. — Canose. — CAPITANATA. — Tavolier de Pouille. — Manfredonia. — Pèlerinage au Mont-Gargano. — Lucérie. — Val de Bovino. — Sortie des Pouilles.

C'était le 5 Janvier. La lune brillait, les étoiles scintillaient dans les eaux de l'Adriatique, l'air était presque froid. Fatigué d'une longue journée pédestre, et surpris par la nuit en pleine campagne, je vis tout-à-coup resplendir au loin les clartés multipliées et vivantes d'une ville. C'était Bari, capitale de la province nommée de son nom *Terre de Bari.*

Il était grand temps d'arriver, car il se faisait tard et j'étais las. Je venais de Brindes. Seul toujours, et quoiqu'à pied, j'avais fait en deux jours, et deux jours d'hiver, les quarante milles et plus qui séparent les deux villes. Plus de la moitié se fait dans le désert. Jusqu'à Ostuni, dernière ville de la *Terre d'Otrante,* on ne trouve pas un village, pas une maison. C'est une vaste plaine toute couverte de bruyères stériles, et souvent pavée de grands bancs de tuf incrustés de coquillages pétrifiés. Cette plaine solitaire s'en va mélancoliquement mourir à la mer avec laquelle elle se confond. De loin en loin, s'élève quelque bouquet de bois, quelque maigre plantation d'oliviers, puis les arbres disparaissent, cédant la place aux landes. La *Via appia* passait par là; par là passèrent Virgile qui allait mourir à Brindes; Horace qui s'y allait divertir; Pompée fugitif; César, son vainqueur, tant de grands hommes de guerre, tant de grands hommes de paix, que le nombre en est incalculable. Le prestige de tant de noms illustres peuple de souvenir ces austères solitudes.

On distingue encore çà et là quelques dalles intactes de la voie antique, et je découvris moi-même au milieu de la plaine un vaste fragment de construction réticulaire. Etait-ce un temple? une villa? un tombeau? C'est ce que je ne saurais dire. Tout ce que je puis affirmer, c'est que c'est un débris romain. La solitude de ces parages est si profonde que de tout le jour je ne rencontrai qu'une seule figure humaine : c'était un pauvre soldat fatigué qui se rendait à Brindes.

La plaine franchie, on passe sous les vertes collines d'Ostuni; la ville, l'un des plus beaux points de vue de la province, s'élève beaucoup plus haut, coquettement cachée dans les oliviers. Ces collines finissent par devenir assez pittoresques; elles ressemblent aux coteaux hybléens de Sicile. C'est là que finit la Terre d'Otrante, et que la Terre de Bari commence; mais tout ce pays, et bien haut encore jusqu'au fleuve Fortore, qui forme la limite du Samnium, tout le pays est connu sous le nom générique de Pouille. C'est l'ancienne Apulie.

A Ostuni, la nature se peuple et s'égaie; le sol devient inégal et accidenté. Le noir caroubier se mêle au pâle olivier. De grandes et opulentes métairies sont semées dans la campagne jusque là déserte; ailleurs, c'est quelque chapelle isolée, champêtre monument de la dévotion villageoise; puis redescendant à la côte, dont la route s'est éloignée de quelques milles, on arrive à Monopoli, le premier anneau de cette longue chaîne de villes qui se déroule avec grâce le long de la côte baroise jusqu'à l'Ofanto. On n'en compte pas moins de trois avant d'arriver à Bari de ce côté-ci, et cinq au nord; ce qui fait, y compris Bari, la capitale, neuf villes, sur une ligne de côte de dix-huit lieues.

Monopoli, la première, est une charmante petite cité gaie, bien aérée, bien peuplée, qui a une belle cathédrale et des environs charmants. La mer forme à l'entour des anses gracieuses; la vague ne vient plus comme aux maremmes de Brindes, expirer silencieusement sur une grève sablonneuse et muette; elle se brise ici contre les rochers, dont le rivage est bordé, et volant en mille éclats, sa bruyante écume, étincelle au soleil comme une pluie de diamans. Toute cette côte est pittoresque. Tantôt c'est une ancienne carrière abandonnée, pleine de ronces et d'arbustes vivaces; tantôt c'est une large citerne qu'ombrage la large feuille du figuier, et où le troupeau vient s'abreuver le soir en bêlant.

Après Monopoli, vient Polignano, petite ville du même genre, quoique moins élégante et moins populeuse. Mais ces maisons méridionales, sans toiture, font toujours effet; il semble qu'on traverse Pompéi. Nous n'avons, nous autres septentrionaux dont les maisons sont tout en toit, nous n'avons pas l'idée de la grâce que le toit enlève aux édifices. Il les écrase. Polignano est bâtie en partie sur les rochers; sous l'un de ces rochers à pic, et sous la ville même, s'ouvre une vaste grotte de près de cent pieds de hauteur, sur deux à trois cents de profondeur. La mer la remplit tout entière, et l'on n'y peut pénétrer qu'en bateau, comme dans les fameuses grottes de l'île de Caprée. La limpidité de l'eau y est merveilleuse, et la lumière produit dans les demi-ténèbres de la caverne des reflets mystérieux et poétiques. On l'appelle dans le pays *Grotta di Palazzo*, sans doute parce qu'autrefois quelque palais dont on distingue encore aujourd'hui plus d'un vestige, couronnait le rocher qui lui sert de ciel. Des figuiers d'Inde et un palmier, un seul, forment la décoration du paysage.

Un peu plus loin est un grand édifice blanc assis à la pointe d'un promontoire. C'est l'ancienne abbaye de San-Vito; elle a plus l'air d'un palais que d'un monastère. La légende est que le fils d'un prince de Lucanie, San-Vito, fit don de ce territoire à des Cordeliers qui, en revanche, lui donnèrent à lui et aux siens la vertu d'empêcher les chiens de devenir enragés. Il n'y a plus de moines aujourd'hui, et si la philosophie s'en félicite, le voyageur a lieu de s'en plaindre, car il en est réduit maintenant à acheter à prix d'or, dans la sale taverne qui s'est nichée là, une hospitalité que le cloître lui prodiguait jadis magnifiquement. Il est vrai que sa révérence le Père Prieur palpait cinquante mille livres de rente. Une muraille d'enceinte le préservait de la visite importune et coûteuse des barbaresques. La situation du monastère est délicieuse, et l'architecture en est élégante quoique irrégulière. L'escalier surtout est hardi et mène sur une terrasse à portiques, qui a vue sur la plus belle mer du monde. Au-dessous est un petit port où abordent les bateaux de pêcheurs.

Plus haut, dans les terres, est la ville de Conversano, fief de ce fameux comte de Conversano qui fit une guerre si acharnée aux brigands de l'Abruzze. C'était au seizième siècle: Don Juan de Zunica, comte de Miranda, était alors vice-roi d'Espagne, à Naples[1].

Sorti du couvent, on entre dans une forêt d'oliviers à laquelle succède un bois de myrtes tout à fait digne des mythologiques bosquets de Gnide et de Paphos. Puis vient Mola, sœur de Polignano et de Monopoli; même site, même architecture; rien ne la distingue d'elles, rien, pas même le perfide et assassin télégraphe, hissé

[1] Voir Giannone, xxxiv. 5.

comme un géant funeste sur la plus haute tour. Mola est le dernier lieu habité que l'on trouve avant Bari d'où nous sommes partis tout à l'heure, et où nous voici revenus de notre excursion rétrograde.

Ce soir là donc, j'étais las, et la méchante auberge de l'endroit me parut un lieu de délices. Le lendemain, je fus désappointé : je m'attendais à trouver dans Bari quelque chose d'original; je supposais à une ville si célèbre aux jours du Bas-Empire, une physionomie toute bizantine; je me trompais, il n'en est rien. Bari n'a rien de grec que son histoire. Ses monuments ne le sont pas, ou pour parler avec plus d'exactitude, Bari n'a point de monumens. Sa cathédrale est de mauvais goût. L'église de Saint-Nicolas — le saint Nicolas de Bari est célèbre en Italie — me plairait davantage si l'intérieur, qui menaçait ruine, n'avait été défiguré par des arcs-boutants massifs. Le plafond est doré et orné de peintures dont quelques-unes ne sont pas sans mérite. La ville vieille est sale, tortueuse, mal bâtie, et malgré cela sans caractère. Le faubourg est plus fringant, plus riche, plus moderne, et par cela même il a moins de caractère encore. Je me consolai de mon mécompte par la contemplation de la mer Adriatique, bleue et limpide comme un lac suisse.

Une autre consolation, c'était la vue des femmes dont l'essaim gracieux emplissait les églises. Elles étaient toutes en habits de fête pour célébrer l'Epiphanie (les Rois), et toutes me paraissaient belles.

Après bien des vicissitudes politiques, le duché de Bari fit quelque tems partie du duché de Milan, et il ne fut définitivement incorporé au royaume de Naples que vers 1557. Je ne veux pas omettre de dire que Bari fut la patrie de Maïou. Fils d'un marchand d'huile, Maïon s'éleva de cette condition obscure à celle de grand-amiral, chancelier et premier ministre de la monarchie sicilienne, alors l'une des premières de l'Europe. C'était au douzième siècle, sous le règne de Guillaume le *Grand*, dit ensuite le *Mauvais*. Arrivé là, le fils du marchand d'huile eut le sort de beaucoup de ses pareils, la tête lui tourna; il conspira la ruine du souverain pour se mettre à sa place; il s'allia dans ce dessein avec l'archevêque de Palerme, et finit par tomber sous le poignard d'un autre factieux, mais d'un factieux féodal, Matthieu Bonnella, seigneur de Mistretta.

Il paraît qu'au moyen-âge, l'air de Bari soufflait la révolte comme il souffle aujourd'hui la résignation. Déjà un siècle avant Masion, Bari avait donné le jour à un autre factieux, le riche et turbulent Mello. Exilé par les Grecs au Mont-Gargano, c'est lui qui proposa aux pélerins normands la conquête de la Pouille.

Toute déchue qu'est Bari, et quoique le commerce y soit aujourd'hui réduit à un misérable cabotage, le marin barois a conservé une réputation d'intrépidité ; montés sur de frêles parancelles non pontées, les pêcheurs s'en vont affronter, des saisons entières, tous les accidens, tous les caprices de l'Océan.

Passé Bari, la chaîne de villes continue : vient d'abord Giovenazzo, puis Molfetta, puis Bisceglia, trois villes sans aucun intérêt, ni d'architecture, ni d'art, et tout-à-fait semblables aux villes déjà traversées. Trani, que l'on trouve ensuite, est plus considérable, et a quelque chose d'une capitale. Elle a des maisons qui méritent presque le nom de palais, bâties en belle pierre taillée en diamant. La cathédrale non terminée est un beau monument de l'architecture normande. L'intérieur est noble et grandiose. Le port fut jadis comblé dans l'intérêt du négoce vénitien, par la république aristocratico-mercantile de Saint-Marc. Trani est le siège des tribunaux de la province, et l'on venait d'y fusiller quatre habitans, gens comme il faut, *galantuomini*, de la petite ville voisine de Corato, qui avaient arrêté et volé le *proveditore* d'Altamura. Un cinquième s'était empoisonné avec un vésicatoire. Neuf autres, tous complices du même crime, avaient été condamnés à différentes peines.

La campagne autour de Trani est déserte, mais couverte d'une multitude de ces petites huttes de pierre, bâties sans chaux, dont nous avons vu les classiques modèles au cap de Leuca.

La dernière ville maritime de la Terre de Bari, et comme le dernier anneau de la chaîne, c'est Barlette, cité illustre à plus d'un titre ; mais avant d'y entrer, quittons quelque temps les marines, et faisons, pour varier, une percée dans les terres. La physionomie de l'intérieur est uniforme : c'est une plaine sans bornes, surface plate et si unie qu'on y découvre un cavalier à trois milles, et qu'un chardon paraît un homme. C'est là que commence la Pouille plane, *Puglia Piana*, qui certes a bien mérité son nom. C'est un sol pauvre d'arbres, riche en avoine et en blé ; zône torride en été ; en hiver, tiède et verte prairie. Les accidents naturels y sont très-rares, y sont nuls : ce sont toujours les mêmes horizons, partout les mêmes spectacles. Les marines, nous l'avons vu, sont plus pittoresques. Cependant ces vastes plaines ont un charme ; si elles manquent de variété, leur grandeur même crée de majestueux horizons et d'immenses perspectives. C'est une nature propre à la rêverie et dont le calme, le silence, apaise et inspire je ne sais quelle sérénité intérieure que les montagnes ne donnent point.

Les terres sont presqu'aussi peuplées que les côtes. Une seconde chaîne de villes se déroule parallèlement à l'autre. Il serait trop long et fastidieux de les citer toutes. Les principales sont : Bitonto, célèbre par la bataille qui arracha le royaume de Naples à la domination autrichienne et mit sur le trône l'infant don Carlos ; Terlizzi qui possède un beau médailler grec ; Ruvo, ancienne ville grecque, par où passait la voie Appia, et dont parle Horace, dans son voyage à Brindes ; on découvre à l'entour et au milieu des villas, quantité de sépulcres, et de ces vases italo-grecs dits étrusques. Ruvo occupe presque le centre de la province, et bâtie sur une éminence, elle la domine tout entière. Non loin, et au pied d'une chaîne de collines basses, dites *les Murgie*, s'élève, dans la solitude, un autre belvédère non moins imposant, et qu'on voit de partout : c'est le château du Mont, vieille et somptueuse forteresse bâtie par l'empereur Frédéric II, aujourd'hui abandonnée aux choucas.

Beaucoup plus avant dans les terres, et sur les extrêmes confins de la province, du côté de la Basilicata, il y a deux villes qu'on ne peut passer sous silence : la plus méridionale est Altamura, cité infortunée qui paya cher, en 1799, son dévouement à la liberté, et dont le siège acharné marque dans les saturnales sanglantes de la monarchie. C'est une des plus affreuses tragédies des temps modernes. Les abominations qu'on en raconte ne seraient pas croyables si elles n'étaient attestées par des témoins oculaires des deux partis. Le cardinal Ruffo commandait le siège en personne, et la place était défendue par les habitants, au nom de la

---

[1] La Pouille est le pays le plus sec de toute l'Italie. Sur la ligne de l'Adriatique la quantité moyenne de pluie ne s'élève pas, en dix ans, au-dessus de 59 pouces ; sur la ligne de la Méditerranée, elle s'élève à 27.

république parthénopéenne. Leur résistance fut héroïque, mais inutile ; la ville fut prise d'assaut. Tous ceux qui ne purent pas fuir furent massacrés ; les moines qui avaient embrassé le parti républicain, eurent le même sort ; puis l'*armée chrétienne*, c'est le nom que Ruffo donnait à ses infâmes bandes royalistes, se rua sur les femmes comme une troupe de bêtes féroces, et c'est alors que furent commises les plus révoltantes atrocités, digne prologue de la tragédie jouée bientôt après dans la capitale.

La forteresse d'Altamura avait servi de prison quatre siècles plus tôt à Othon de Brunswick, dernier époux de la reine Jeanne Ire. La cathédrale est sombre et austère.

Plus près encore de la Basilicata et à quelques milles seulement d'Altamura, est Gravina, l'une des villes les plus pittoresques qui soient dans le royaume de Naples. Tirées des vastes rochers de tuf, dont le sol est jonché, et se confondant souvent avec eux, les maisons sont jetées pêle-mêle au bord du précipice, sur les flancs de deux montagnes, unies par un pont à deux rangs d'arches qui rappelle celui de Corigliano en Calabre. On entre dans la ville par un chemin périlleux taillé dans le roc. La verdure se mêle aux édifices, et quoique sottement modernisée, la cathédrale, l'une des plus belles du royaume, couronne l'œuvre de ses arceaux gothiques. Elle est d'ailleurs merveilleusement située. Sous la ville, dedans, autour, partout s'ouvrent d'innombrables cavernes de toute grandeur, de toute forme, qui servent aujourd'hui de retraites aux troupeaux. Elles en servirent, dit-on, jadis aux hommes, aux dieux, et l'on y retrouve des traces d'habitations et même de temples. Le dehors est digne du dedans. C'est une plaine mélancolique, muette, sans limites. Il n'y a d'arbres que deux cyprès immobiles devant un couvent isolé ; de bâtiments que le couvent lui-même ; et à quelque distance, dans le désert, la chapelle délaissée de Sainte-Marie-des-Grâces.

Mais je reviens à Barlette.

Ce ne sera pas pour long-temps, car un lieu voisin, lieu classique s'il en est un dans l'histoire, la plaine de Cannes, nous réclame et nous fait presser le pas. Hâtons-nous donc d'escalader le haut clocher de la cathédrale, belvédère aérien, d'où tous les lieux vus et à voir vont se dérouler sous nos pieds comme une carte. D'un côté, la mer sans bornes ; de l'autre, la plaine sans bornes aussi. Que d'air ! Que d'espace ! Une nappe de verdure à perte de vue s'étend du golfe de Manfredonia au golfe de Tarente, toute tachetée de villes et de villages. En face et par delà les limites de la province, s'élève en pleine Basilicata le Mont-Vulture, volcan éteint et isolé, découpé en triple diadème, comme le Mont-Blanc. Au nord, le Mont-Gargano ferme l'horizon ; au midi, le château du Mont se dresse comme un géant dans la solitude, et plus près de la mer, les clochers aigus d'Andria percent la nue.

Barlette est du reste une jolie ville, avec un château souabe, une cathédrale gothique, des rues larges et propres, des maisons bien bâties, et un air de vie et gaîté. Elle ne possède en fait d'art qu'une statue de bronze, colossale, représentant, les uns disent Andronicus, d'autres Heraclius, d'autres encore, Rachisio, duc de Bénévent. Ce qu'il y a de certain, c'est qu'elle est du Bas-Empire, lourde et de mauvais goût. Les jambes sont modernes et détestables.

Mais je sortis de la ville de Barlette moins occupé de tout cela que des souvenirs du roi Manfred, prince-chevaleresque qui aimait ces contrées, et y tenait une joyeuse cour, chevauchant et courant les aventures [1].

A peine hors des murs, je me jetai en pleine campagne, au sein d'un vaste pâturage semé de troupeaux sans autres pasteurs que des chiens hostiles et bruyants. La plaine est parfaitement unie, presque partout inculte. Çà et là, quelques bergeries. D'abord élevé, le sol s'abaisse tout d'un coup, et l'on arrive sur le champ de bataille de Cannes. Une chaîne de collines basses, appelées par Polybe Monts de Cannes, court à l'Orient ; à l'Occident coule l'Ofanto, l'ancien Aufidus. A l'autre bord du fleuve est une métairie nommée Papaletto, près de laquelle est le champ dit *Pezza di Sangue*. On a cru et on a publié que ce nom terrible était un monument de la grande défaite ; c'est une erreur, ce nom est bien plus moderne, et ne rappelle qu'une escarmouche du moyen-âge. D'ailleurs la *Pezza di Sangue* est à la rive gauche de l'Ofanto, et la bataille se donna sur la rive droite.

---

[1] « Lo Re spisso la notte esceva per Barletta, cantan-
» do Strambuotti e Canzuni, e con esso ivano dui
» musici Siciliani che erano gran romanzaturi.... Nelle
» feste di Natale se ne fece gran triunfo perchè ogni
» jorno se ne fecero balli, dove erano donne bellissime
» d'onne sorte e lo Re presentava equalmente a tutte
» e non se sapea quale chiù li piacea. » (Chronique sicilienne contemporaine.)

Quelqu'intérêt qui s'attache aux événements sur les lieux qui en furent le théâtre et qui sont consacrés pour eux, ce n'est pas ici le cas d'entrer dans les détails stratégiques de cette grande tragédie militaire, la plus mémorable de l'antiquité, sinon par les résultats, du moins par le nombre des victimes. Il ne périt pas moins de soixante mille Romains. Les deux proconsuls, vingt-neuf tribuns militaires, plus de quatre-vingts sénateurs et le consul Paul-Emile restèrent sur le champ de carnage. Annibal fit dix mille prisonniers. Polybe affirme qu'il dut, en grande partie, la victoire aux auxiliaires Gaulois qui servaient sous ses drapeaux. Le puits au bord duquel vint expirer Paul-Emile, *Pozzo di Emilio*, est encore intact. C'est une source couverte d'une voûte; elle est là au pied même de la colline, et non, comme l'ont prétendu des antiquaires, à Egnatia, ancienne cité peucétienne, située à quatre-vingt milles de Cannes, entre Brindres et Bari.

Les vertus romaines ne sont guère de mode aujourd'hui, et le goût du jour trouve cela bien suranné; tant pis pour le goût du jour, car je ne sais rien de plus héroïquement simple que la mort de Paul-Emile. On sait qu'il n'avait pas voulu le combat; mais obligé de céder à son médiocre et présomptueux rival [1], il n'avait pas boudé pour cela, et n'en avait pas moins payé de sa personne, jusqu'à se faire tuer dans la mêlée. Blessé à mort, il rendait le dernier soupir assis, sanglant, sur une pierre. Le tribun Lentulus passa devant lui. — « Emile, lui dit-il, prends
» mon cheval, mets-toi en sûreté; n'ajoute pas ta
» mort au désastre de la journée. » — « Lentu-
» lus, répondit tranquillement le consul, va,
» ne perds pas à vouloir sauver un mourant le
» temps de te sauver toi-même; va dire au sé-
» nat de fortifier Rome et de pourvoir à la dé-
» fense de la république avant l'arrivée de
» l'ennemi. » — Voilà comme on meurt dans les républiques; la dernière pensée est pour l'Etat. Aujourd'hui, un général au lit de mort appelle son valet-de-chambre : — « La Fleur, lui
» dit-il, prends ce porte-feuille et va encaisser
» mes lettres de change. » — Autres temps, autres mœurs.

Préoccupé, et je l'avoue sans rougir, attendri par ces nobles souvenirs des antiques vertus républicaines, je faisais de bien tristes retours sur nos jours d'égoïsme, de peur et d'avarice. Appuyé contre une colonne miliaire de la voie Appia oubliée là par le temps au bord d'une fontaine, je contemplais, avec une émotion muette, ce champ de mort où tombèrent en un seul jour tant de braves, et où le barde de Morven aurait vu tant d'ombres errer sur les nuages. L'Ofanto glissait sans bruit dans son lit de sable; la plaine se déroulait silencieuse et déserte; quelques vestiges de tombeaux antiques étaient dispersés autour de moi; une paisible bergerie, qui a conservé ce nom terrible de Cannes, était là à mes pieds avec ses troupeaux bêlans; chassés, par les neiges, de leurs montagnes natales, quelques pâtres abruzzais, hommes simples et hospitaliers, m'entouraient avec étonnement : l'un s'occupait à traire une chèvre rétive pour m'en offrir le lait écumant dans la tasse de bois, un autre remuait la poussière avec sa houlette ferrée en forme de bâton augural afin d'exhumer pour moi quelque corniole antique ou quelques-uns de ces débris d'armes et de cuirasses dont cette terre est si féconde; un troisième, me prenant pour magicien et chercheur de trésors, car un trésor est enfoui dans toutes les ruines, se glissait furtivement à mon oreille, et me demandait, à voix basse, les numéros sortants de la loterie. Cette bucolique en action formait un contraste étrange avec le lieu qui en était le théâtre, et dans la naïveté de leur grosse et bonne ignorance, ces enfans de la montagne ne comprenaient rien à ma tristesse rêveuse et investigatrice.

Tout-à-coup le vent m'apporta les sons lointains d'une harpe. Etait-ce quelqu'un de ces bardes mystérieux, de ces génies aériens des mythologies calédoniennes? C'étaient deux joueurs de harpe ambulants qui s'en allaient vers Barlette, en fredonnant : *Tu vedrai la sventurata* et *Nel furor della tempesta*, airs alors nouveaux de Bellini; car en ce temps-là le jeune cygne ne faisait encore que d'essayer sa voix mélodieuse; et voilà que le jeune cygne s'est déjà tû. Où s'est-il donc envolé? Cependant les deux troubadours ambulants se perdirent dans la vaste plaine, la plaine où dort Paul-Emile, et les sons mélodieux s'évanouirent dans l'espace.

M'arrachant à la sincère hospitalité des pâtres qui voulaient me retenir pour la nuit dans la

---

[1] Comme Legendre, Térentius Varro avait commencé sa carrière politique par être boucher.

[1] La LXXIXe.

Posta, c'est le nom consacré au manoir pastoral, j'allai coucher à Canose, ville semi-grecque, semi-latine, où l'on parlait les deux langues, d'où l'épithète de *Bilingues* donnée à ses habitants. Elle s'élève pyramidalement sur une colline, et de loin fait un bel effet, mais de près ce n'est qu'un amas sale et confus de mauvaises maisons et de mauvaises rues. L'église cathédrale, *Chiesa Madre*, est riche de colonnes antiques enlevées çà et là aux temples païens. Boémond, fils de Robert Guiscard, y est enseveli. On voit encore à Canose beaucoup de restes de tombeaux anciens. Un assez beau, découvert en 1817, passe pour celui de Busa, cette femme opulente et magnifique qui traita si bien les Romains après la défaite de Cannes; mais c'est une supposition sans preuves, sans probabilité, un baptême tout-à-fait gratuit.

A quelques milles plus en avant dans les terres, est la petite ville de Minervino dont le nom n'a pas besoin de commentaire. Une grotte aujourd'hui consacrée à l'archange Michel, l'était jadis à Minerve; une statue mutilée trouvée là passe pour celle de la déesse.

A une demi-lieue de Canose, en descendant à l'Ofanto, on trouve un assez médiocre arc de triomphe en briques, puis on passe le fleuve sur un pont, et l'on entre dans la Capitanata, troisième et dernière province des Pouilles. A peine y a-t-on fait quelques milles, qu'on traverse un nouveau champ de bataille dont la gloire toute moderne n'atteint pas à la gloire de Cannes, mais marque pourtant dans les annales du seizième siècle; c'est Cerignola, ville chétive et insignifiante, où le duc de Nemours fut défait (1503) par Gonzalve de Cordoue, malgré l'intrépidité chevaleresque de Bayard. Cette défaite coûta à la France le royaume de Naples, qui passa alors tout entier dans le sceptre de ce Ferdinand, dit le Catholique, qui serait beaucoup mieux baptisé le Punique.

La Capitanata rappelle par son nom le Bas-Empire et le règne des Capitans. La nature y ressemble à celle que nous quittons : même sécheresse, même nudité, mêmes plaines sans limites. De grands troupeaux de chevaux errent en liberté au sein des pâturages. La Capitanata est le centre du *Tavolier de Pouille*. Voulant soulager et assister les Abruzzais qui sont fort pauvres, et qui manquent de terre, le roi Alphonse d'Arragon fit venir d'Espagne des moutons qu'il leur distribua, avec le droit de les faire pâturer entre le fleuve Fortore qui borne la Pouille au nord et l'Ofanto. C'est là ce qu'on appelle le *Tavolier*. Par des décrets subséquents, ces pâturages furent affermés, et le sont encore aujourd'hui. C'est un peu comme la *Mesta* d'Espagne.

Foggia, qui est le centre du Tavolier, est aussi la capitale de la province. C'est une ville insignifiante. Charles d'Anjou y mourut de rage au moment où il complotait la vengeance des Vêpres Siciliennes. L'empereur Frédérich II était mort dans un hameau voisin. Il y a à Foggia d'énormes dépôts de blé, on le conserve dans des fosses, comme au Maroc, et le peuple meurt de faim sur la pierre qui les scelle. O miracle de l'économie politique!

A quelques milles de Foggia on voit, au milieu d'un champ triste et nu, je ne dirai pas les ruines, car il n'y en a aucune, mais le site de la ville d'Arpi, l'une des plus anciennes cités grecques de l'Italie. Fondée par Diomède à son retour de la guerre de Troie, elle fut regardée comme la capitale de l'ancienne Apulie; et son histoire, ou du moins le peu qu'on en sait, se rattache aux traditions primitives de la république européenne. Il ne reste rien d'elle que quelques médailles exhumées par la charrue, mais son nom n'est pas mort, et le lieu s'appelle *Campo d'Arpi*.

Une idée fixe de voyageur me poussait par une force irrésistible à Manfredonia; peut-être parce que ce nom se trouve dans un roman d'Anne Radcliffe, qui à douze ans faisait mes délices. Je fus trompé dans mon attente : le golfe de Manfredonia n'est ni pittoresque, ni riant, bordé qu'il est de prosaïques salines et de marais pleins de buffles. C'est un site triste et monotone; et quant à la ville, ce n'est qu'une bourgade sans caractère, dominée, ou plutôt écrasée d'un lourd château. Elle n'a pour elle que d'avoir été fondée par le roi Manfred, qui lui a donné son nom. L'ancienne cité de Sipontum a laissé le sien à une petite chapelle gothique dédiée à sainte Marie de Siponto. Elle s'élève solitairement à un mille de la ville, et elle est assez riche en tombeaux et en débris antiques.

Manfredonia est au pied du Mont-Gargano, qui s'avance en promontoire dans la mer, et forme l'éperon de la botte italique. Cette montagne, isolée au bout des plaines apuliennes, comme le mont de Circé à l'extrémité des Maremmes romaines, est calcaire comme lui, et

comme lui dut former une île aux époques antérieures du globe.

Le Mont-Gargano a un pélerinage célèbre depuis dix siècles; c'est celui de l'archange Michel, dans la ville nommée de son nom : Mont-Saint-Ange. C'est de là que les quarante pélerins normands du onzième siècle s'élancèrent à la conquête des Deux-Siciles [1].

Le classique sanctuaire occupe le haut de la montagne. L'époque du grand pélerinage est au mois de mai. Je le fis au mois de janvier, et par un pied de neige, ce qui m'attira une considération marquée, et me mit presque en odeur de sainteté. Venir de si loin et dans une pareille saison pour baiser les pieds du divin archange, quelle foi ardente, courageuse! Etait-ce dévotion spontanée? était-ce pénitence ou repentir? venais-je expier un crime ou faire un simple acte d'adoration volontaire? Voilà les questions que s'adressaient les gens du lieu, et certes ils étaient loin du vrai; pélerin de la nature, et non de leurs idoles, j'étais peu digne de la canonisation qu'ils me prodiguaient. Je n'en eus pas moins, malgré moi, tous les honneurs. A peine eus-je mis le pied dans la ville, que la population m'entoura, surtout les femmes. Enveloppé dans mon manteau, et tout hérissé de frimas comme le vieillard mythologique, je traversai la foule au milieu des *Pater* et des *Ave*. *Le Seigneur t'accompagne!* répétaient mille voix, et l'on se signait sur mon passage. Quelques-uns même s'agenouillaient comme pour implorer ma bénédiction. Plus d'une femme baisa furtivement le pan de mon manteau. Une, plus ardente que les autres, me saisit la main et la porta à ses lèvres. Elle était jeune et jolie.

Une autre, mais celle-là n'était malheureusement ni l'un ni l'autre, s'empara de moi et me conduisit dans sa maison, au grand désappointement de l'apothicaire, qui avait évidemment des vues sur le pélerin, et qui aspirait à l'honneur d'être son hôte; mais la matrone

[1] Un poëte latin du onzième siècle, Guillaume de Pouille, chanta en vers, sur la demande du pape Urbain II, les aventures des Normands et leurs conquêtes. Le pélerinage au Gargano n'est pas oublié :

Horum nonnulli Gargani culmina montis
Conscendere, tibi Michael Archangele voti
Debita solventes. Ibi quemdam conspicientes
More virum græco vestitum nomine Mellum, etc.

Ce Mello est celui dont nous avons parlé à Bari. (Voir aussi la Chronique de saint Bartholomée de Carpineto et Arnolfo, *Storia di Milano*.)

prit les devans. Elle m'ébergea chez elle, me débarrassa de mon manteau blanc de neige, et se mit en devoir de me laver les pieds comme la Madeleine lavait les pieds du Sauveur. Il fallut bien se laisser faire; je dus même, pour soutenir mon rôle, suivre mon hôtesse dans l'église de l'Archange. Heureusement qu'elle m'y laissa seul, ne voulant pas troubler ma prière.

La solitude me soulagea; pour moi comme pour un roi c'était la liberté. A peine honorai-je d'un regard la statue tant révérée, attribuée, par un blasphème impie, au ciseau de Michel-Ange, et qui n'est qu'un méchant ouvrage : l'archange vainqueur a la mine d'un fat, et Satan qu'il terrasse fait la grimace comme une vieille femme en colère. Le temple est une caverne naturelle, d'une obscurité sévère et mélancolique, comme celle de Sainte-Rosalie, au mont Pellegrino. On voit dans la grotte l'empreinte du pied de l'Archange, et l'on y conserve un morceau de la vraie croix donné par l'empereur Frédéric II, tout suspect qu'il fut alors d'avoir écrit le fameux livre apocryphe des *Trois Imposteurs*, et tout plongé qu'il est par Dante dans l'enfer des hérétiques.

Mais tout cela m'intéressait peu. Je profitai de ma liberté pour reprendre mon caractère naturel, et en glissant furtivement hors du sanctuaire par une porte de derrière, comme si je venais de voler le tronc, je me mis, malgré la neige, à la chasse des sites. Excepté du côté de l'Adriatique ils sont bornés. La mer lourde et immobile comme une glace ternie, réfléchissait un ciel rouge et neigeux. La neige couvrait tous les sommets, toutes les vallées, et ces scènes d'hiver étaient plus dignes de la Suisse que de l'Italie. Ce n'est pas ce qu'on va chercher au delà des Alpes.

Quand je rentrai chez mon hôtesse, elle ne douta pas, la bonne femme, que je ne revinsse directement de l'église, et que je n'eusse pris heure avec le confesseur. Je laissai croire tout ce qu'on voulut, mais le lendemain matin le faux pélerin s'échappa de la ville sans être aperçu.

Le vent, un vrai vent des Alpes, soulevait et me fouettait au visage des tourbillons de neige qui m'aveuglaient; mais après quelques heures d'une descente rapide, je retrouvai la plaine et passai comme par enchantement du climat de la Sibérie au printemps éternel des îles de la mer du Sud.

Je me retrouvais donc dans les plaines

d'Apulie. Le Candelaro, le plus grand fleuve de la contrée, était débordé. Il m'arriva même là une aventure assez piquante. La crue du fleuve avait mis tous les ponts sous deux pieds d'eau. Impossible de passer ce soir-là : mais où coucher? Il n'y a de ce côté du fleuve ni villes, ni villages; San-Severo est de l'autre côté. Je me résignai donc à aller comme un véritable pèlerin demander l'hospitalité de métairie en métairie. La première était vide. La seconde était habitée par le propriétaire, vieux marquis de l'endroit, qui avait été intendant de la province, c'est-à-dire préfet, et qui, tombé en disgrace, était alors retenu au lit par la goutte. Je ne pus le voir. Je lui exposai mon cas par écrit; il me répondit de même et pas trop poliment, que dans sa position il ne pouvait recevoir un inconnu, dont la police pourrait lui demander compte. En me présentant le papier d'une main, le facteur du marquis m'exhiba de l'autre deux rouleaux d'argent. C'était la seconde fois que j'avais l'avantage d'être pris pour mendiant. Je l'avais déjà été en Calabre; mais cette fois-ci l'aumône était splendide. Je ris de la méprise. — « Allez dire à » votre maître, répondis-je au facteur, qu'il se » trompe; je demandais de lui non l'aumône » mais l'hospitalité. » — Le pauvre facteur en fut tout confus. Il se fit en lui une complète révolution. Nul doute maintenant que je ne fusse un prince déguisé. Il prit son fusil et voulut absolument m'escorter jusqu'à une porte moins inhospitalière. Le prince déguisé s'en alla donc frapper à une troisième métairie, dont le maître, moins timoré, m'offrit tout ce qu'il avait, de la paille pour lit et un souper de laitage. Jamais je n'avais dormi mieux ni plus long-temps.

Le lendemain le fleuve avait décru; le remontant jusque sous les hauteurs d'Apricène, je le passai sur le pont, ou plutôt sur le parapet du pont de Branci, car l'eau n'avait pas tellement baissé que le pont fut découvert tout entier. Je traversai à grand'peine les prairies inondées de San-Severo, ville agricole, sans intérêt, et de là j'atteignis, à travers des boues inextricables, les hauteurs sèches de Lucérie, *Lucera.*

Lucérie est la ville la plus illustre de la Capitanata : son nom fut mêlé pendant deux mille ans aux plus grands événements de l'histoire italienne. C'est là que le consul Papirius vengea l'affront des Fourches-Caudines. Plus tard, au temps de la dynastie Souabe, Frédéric II y transplanta de Sicile une colonie de Sarrazins qui restèrent fidèles à son successeur jusqu'au dernier moment, et quand ses sujets chrétiens étaient tous félons.

Cette colonie d'Infidèles fut un des griefs dont s'arma le pape pour légitimer l'acharnement des persécutions dont il frappa la noble et infortunée dynastie Souabe. Entrant dans des passions qui étaient du temps et qui de plus servaient ses plans d'ambition, Charles d'Anjou, l'usurpateur, avait baptisé Manfred le *Soudan de Lucérie.*

Les modernes habitants de Lucérie, race incivilisée et mal dressée, n'ont certes pas hérité de leurs ancêtres Maures l'hospitalité. La cathédrale est la plus belle église de la province; elle est enrichie comme celles de Canose et de Siponte des dépouilles de marbre du paganisme. Elle est du temps des Angevins. Le château Souabe anime le paysage de ses vastes ruines.

Je passai ensuite à Troïa, petite ville antique, bâtie en amphithéâtre presqu'au pied d'une énorme montagne, dite de Sidon, qui sert de limite à trois provinces : le Samnium, la Principauté ultérieure, et la Capitanata. Troïa est encore un champ de bataille. Le duc d'Anjou Jean y fut battu par le roi Ferdinand Ier, en 1463, et cette défaite consomma sans retour la ruine du parti angevin, dans les Deux-Siciles. Un fait remarquable c'est la part qu'eut dans la victoire le fameux Scanderberg : il avait amené en personne ses auxiliaires albanais au roi Ferdinand, et reçut en récompense plusieurs places de Pouille : Trani entr'autres et les villes du Mont-Gargano.

De Troïa, où il n'y a rien à voir, j'allai chercher la grande route, et sans autre rencontre que celle d'un vieux loup qui chassait un mouton sur les flancs du mont Calvello, je m'enfonçai dans le val de Bovino qui forme la limite des Pouilles, et qui est la clé de Naples de ce côté, comme les défilés d'Itri le sont du côté du nord.

Charles Didier.

ABRUZZES.

Piano di Cinque Miglia.—Vallée de Sulmone.—Ovide.—Gorge Tremblante.—Maïelle.—Vallée de l'Enfer.—Marines.—Vasto.—Atri.—Singulier privilége de l'évêque de Teramo.—Cecco d'Ascoli, architecte et astrologue.—Le Grand-Rocher d'Italie.—Pietra-Camela.—Aborigènes.—Ascension du Grand-Rocher.—Aquila.—Défaite de Braccio.—Couronnement de l'ermite Pierre de Morrone.—Beaux-arts.—Archives de la famille Torres.—Deux lettres du Tasse.—Monumens funèbres.—Origines italiques.—Panthéon des Abruzzes.

L'Abruzze termine le royaume de Naples au nord comme la Calabre le termine au midi ; de même qu'il y a trois Calabres, il y a trois Abruzzes : l'Abruzze citérieure et les deux Abruzzes ultérieures ; on voit que les dénominations mêmes sont identiques. L'Abruzze est un pays de montagnes comme la Calabre, mais moins boisé, moins fertile, ce qui en rend les habitans plus industrieux, plus laborieux, plus tenaces. Peut-être l'Abruzzais est-il doué d'un coup d'œil moins prompt, d'un tempérament moins vif que le Calabrais ; mais il a plus de constance et un génie naturel incontestable. Le sentiment moral est chez lui plus fort, et il est hospitalier jusqu'au dévouement, jusqu'au sacrifice.

L'entrée de l'Abruzze, en venant de Naples, a une singulière ressemblance avec l'entrée de la Calabre. Le plateau dit de Cinq Milles, *Piano di Cinque Miglia*, quoique moins sauvage, moins terrible, n'en rappelle pas moins d'une manière frappante le Campo-Tanèse : même stérilité, même solitude, même silence, même entassement de montagnes. Comme le Campo-Tanèse donne accès à la vallée du Cratis, ainsi le plateau de Cinq Milles donne accès à la vallée de Sulmone ; c'est la même disposition physique : mais quelle différence entre les deux vallées ! Autant le vallon du Cratis est monotone, triste, désert ; autant celui de Sulmone est varié, riant, peuplé. Avec quel charme l'œil fatigué de l'aridité des montagnes se repose sur la verdure tendre et fraîche des peupliers qui ombragent la plaine et des prairies qui la tapissent !

L'austère nudité du vestibule ne promettait pas un temple si délicieusement décoré.

Un ruisseau, le Gizio d'Ovide, traverse la vallée de Sulmone tout entière. Elle est fermée du côté de l'Adriatique par la Maïelle, la plus haute montagne de l'Apennin après le Grand-Rocher d'Italie, *Gran Sasso d'Italia*, et le Grand-Rocher lui même la clôt au nord. Comme je descendais les hauteurs de Pettorano, vieux château ruiné, tout verdoyant de lierre, les rossignols chantaient dans les peupliers ; tantôt brisés en cascades d'écume, tantôt invisibles sous les massifs de chèvre-feuille et d'églantiers en fleur, les mille fontaines dont le Gizio s'alimente répandaient dans l'air une fraîcheur déjà précieuse. C'était au mois de mai ; le soleil couchant frappait des plus riches teintes les âpres flancs de la Maïelle, et le Grand-Rocher nageait dans une mer d'or.

La ville de Sulmone, où je ne me pressai pas d'entrer, tant la campagne était alors séduisante, est la patrie d'Ovide. C'est bien là que devait naître le poète de l'amour et de la nature : il existe entre les grands hommes et leur berceau je ne sais quel accord préétabli, quelle harmonie mystérieuse qui les rend pour ainsi dire inséparables. Le lieu explique l'homme, l'homme à son tour explique le lieu, et l'on comprend mieux l'un par l'autre. C'est ainsi qu'à la vue du lac de Genève, on sent que Rousseau devait naître là ; oui, Rousseau devait naître à Genève, Dante à Florence, Tasse à Sorrente, Ovide à Sulmone.

Sauf le souvenir de son poète, Sulmone a peu d'intérêt. Un aqueduc du temps de la reine Jeanne, aujourd'hui hors d'emploi et tout chargé de ronces pendantes, traverse la ville et en est l'ornement le plus pittoresque. A deux milles et dans un site mélancolique, de toutes parts fermé par les montagnes, est la première abbaye des Célestins : elle fut fondée par ce Pierre de Morrone, dont on voit l'ermitage plus haut au flanc de la montagne qui lui a donné son nom, et qui, tiré de sa grotte d'anachorète pour être mis au trône de saint Pierre,

.....Fece per viltate il gran rifiuto.

La vaste et riche abbaye est convertie en une pauvre maison de charité. Tout près, est un fragment de mur réticulaire baptisé du nom de *Poderi di Ovidio* ; et non loin coule une fontaine, *Fonte d'Amore*, où le poète enfant vint peut-être chanter ses premiers soupirs.

A Vénose nous avons vu la statue d'un bénédictin érigée en statue d'Horace ; à Sulmone, Ovide est un recollet. Une remarque à faire sur ces singulières métamorphoses, c'est que le moyen âge avait une telle foi dans l'éternité de ses institutions, de ses coutumes, de ses moindres usages, qu'il ne pouvait concevoir qu'ils n'eussent pas toujours régné, et que le monde eût été une fois autre qu'il ne le voyait. C'est ce sentiment qui leur faisait donner aux anciens les costumes modernes. J'ai vu un manuscrit de Salluste (1) où le sénat de Rome et Cicéron lui-même sont représentés comme autant de moines réunis au chapitre. J'en ai vu un autre (2) où le sublime meurtrier Virginius est équipé en chevalier et la victime en châtelaine. Après cela peut-on s'étonner qu'Horace et qu'Ovide, qui, certes, étaient de grands clercs, aient été affublés par le moyen âge de la robe monacale?

Le patriotisme des Sulmonais ne s'est pas borné là ; il montre sinon la maison d'Ovide, du moins le site qu'elle occupait, et j'eus l'honneur de loger sous le toit qui a remplacé le toit du poëte.

A quelque distance de Sulmone et plus haut dans la vallée, est le village de Pentina, l'ancienne Corfinium, qui fut le centre de la guerre sociale, et qui, par cette raison, avait reçu des alliés le nom d'Italique : avec ses préteurs, son sénat, ses consuls, c'était une véritable doublure de Rome, une Rome en miniature. On la croit la patrie d'un autre poète, Silius Italicus (3).

Plus haut, le fleuve Aterno, vulgairement dit Pescara, torrent rapide et turbulent, a creusé une gorge étroite que ses flots tourmentés remplissent de bruit et d'écume. Le lieu est si sauvage, que le peuple, toujours poète dans ses baptêmes, l'a nommé la Gorge Tremblante, *Gola Tremante*.

Ceux qui aiment la nature dans ses horreurs plus que dans ses aménités n'ont qu'à gravir la Maïella : c'est là qu'elle est formidable ; c'est là qu'elle porte à l'homme le défi de la dompter. Des vallées que l'œil s'effraie à sonder, d'incommensurables précipices, tels que la Calabre et le Pollino lui-même n'en ont pas de pareils, y rappellent ces époques inconnues mais visibles, où les eaux du ciel, reines du globe, le crevassaient, le déchiraient en tous sens, y creusaient en passant de gigantesques sillons avec la même aisance que la charrue trace un guéret. Ces insondables abîmes, dont l'un même s'appelle Val sans fond, *Vallone sfondo*, sont parfois tapissés de forêts, magnifiques draperies jetées par la nature sur ses propres ruines. D'autres fois le rocher tombe à pic dans une nudité primitive, et le spectacle est alors plus sombre, plus sauvage.

L'une de ces vallées est terrible entre toutes les autres ; c'est la Vallée de l'Enfer, *Vallone dell' Inferno* : le nom seul indique assez les émotions dont sa vue agite le pâtre. Il n'en parle que comme d'un lieu funeste : son imagination frappée du peuple d'êtres surnaturels, en fait le théâtre de scènes sataniques. Celui à qui je m'adressai pour m'y conduire refusa ; ma demande même éveilla en lui des soupçons que justifiait du reste mon isolement au milieu de ces solitudes. S'aventure-t-on ainsi seul sur ces hautes cimes? Si l'on est un chercheur de trésors, qu'on aille seul à la découverte : si l'on est un hanteur du sabbat, qu'on s'adresse à Satan. Voilà bien certainement les pensées qui avaient ému le pâtre en me voyant poindre à l'horizon comme une apparition de mauvais augure. Et quant à la Vallée de l'Enfer, elle était, disait-il, par-delà la neige et les nuages, par-delà vingt cimes inaccessibles : disant cela, il me montrait du doigt la montagne, et son œil moitié effrayé, moitié railleur, semblait me dire : Essaie, et tu verras. Je n'essayai point ; ce refus obstiné m'exposait à aller mourir de faim ou de froid dans la neige et dans les rochers ; je ne tentai pas l'aventure. Quant au pâtre, il rajusta à sa ceinture de cuir sa hache qu'il en avait tirée par précaution, il secoua son habit de peau, et s'asseyant sous un hêtre au milieu de ses chèvres, il se mit à jouer de la flûte, comme s'il eût voulu conjurer par la musique les images superstitieuses que le malencontreux voyageur avait évoquées devant lui.

Du Mont-Amer, *Monte-Amaro*, point culminant de la Maïella, la vue est immense. On a sous ses pieds, d'un côté les crêtes sombres et boisées du Morrone, un dédale infini de vallées, de montagnes, de précipices ; de l'autre, les marines avec leurs bois d'oliviers, leurs villages blancs, la mer Adriatique tout entière, et par-delà les côtes bleuâtres de la Dalmatie. Vu de ce point, le mont Gargano paraît une colline, presque une plaine. Le Rocher d'Italie cachait sa tête sous une couronne de nuages.

Après une journée entière passée sur ces sommets aériens, je descendis aux marines. Du Vasto aux limites de l'État romain je les parcourus dans toute leur étendue ; elles forment une ligne de soixante à quatre-vingts milles, dont le centre lieu est occupé par l'ancienne forteresse de Pes-

---

(1) Dans la bibliothèque de Genève.
(2) Dans le couvent de S. Miguel de los Reyes, à Valence.
(3) Je sais qu'on le fait naître généralement en Espagne dans la ville andalouse d'Italica ; mais s'il était né là, son surnom ne serait pas *Italicus*, mais *Italicensis*, comme le prouvent toutes les inscriptions d'Italica rassemblées dans l'Alcazar de Séville.

ABRUZZES.

cara, élevée presque à l'embouchure de la rivière de son nom. Elle joua dans les guerres d'Italie un rôle important : c'est un lieu déchu ; ce n'est plus qu'une caserne. Les quatre ou cinq mille soldats qui y sont cantonnés semblent là pour garder la solitude de ces longues rues désertes où l'herbe croît, de ces lagunes fiévreuses qui attristent la campagne et infectent l'air. Toutefois c'est un lieu romanesque, et l'on aime à faire retentir du bruit de ses pas le silence des places vides, l'écho des maisons vides comme les places.

Francavilla et Ortona sont deux petites villes voisines séparées par le fleuve Fore : l'une, Ortona, est vive et riante comme une ville de Pouille ; l'autre, Francavilla, est noire, triste, mais admirablement située pour le paysage.

Le Vasto, qui est beaucoup plus au midi, est tout-à-fait une ville pouillaise ; c'est la même architecture, les mêmes maisons blanches, les mêmes rues aérées. Le Vasto est la plus grande ville maritime de l'Abruzze : c'est l'ancienne Histonium, la patrie du poète lauréat M. Bæbius. On y a déterré beaucoup de médailles, de vases, et, entre autres choses précieuses, un vaste drap d'amiante qui servit long-temps à nettoyer un four. Le site du Vasto est délicieux, ses campagnes d'une aménité ravissante. Quoique l'olivier y domine, quelques pins, quelques cyprès, et il n'en faut pas beaucoup pour animer le paysage, semblent jetés artistement çà et là tout exprès pour couper la monotonie des oliviers ; des casins gracieux couvrent le flanc des collines ; de petits ravins plantés de cerisiers reçoivent les eaux des montagnes, et l'Adriatique embellit tout cela de ses flots bleus et limpides. C'est le marquis del Vasto, appelé par les historiens français le marquis du Guast, qui eut l'honneur de faire François Ier prisonnier à la bataille de Pavie, et l'on montre encore la selle qu'il montait.

Lanciano est une autre ville des marines, un peu plus avant dans les terres ; je n'y ai rien remarqué qu'un site pittoresque, et une somptueuse église bâtie sur un triple pont romain : singulier piédestal pour un temple chrétien ! Ce pont, du temps de Dioclétien, est jeté sur une ravine étroite, et l'église est bâtie en l'honneur d'une madone dont l'image se trouva là. L'ensemble est grandiose et d'un effet singulier ; le pont est de brique et percé dans toute sa longueur, comme celui de Bordeaux, d'une galerie intérieure. A propos de la madone, il ne faut pas négliger de citer une autre église bâtie à quelques milles de

la ville, et dont le nom bizarre, *San-Giovanni-a-Venere*, Saint-Jean-à-Vénus, rappelle un peu profanement la divinité mondaine que le saint du désert a détrônée : c'était un temple de Vénus Conciliatrice.

Quant à Chieti, capitale de la province de l'Abruzze citérieure, c'est une ville sans aucun intérêt ; une fois qu'on est dedans, on n'a rien de mieux à faire qu'à en sortir ; c'est ce que je fis dans le plus court délai.

La Pascara passée, et on se rappelle que c'est en la passant que périt le fameux condottier Sforza, on entre dans la première Abruzze ultérieure : c'est la moins intéressante des trois. Sol ingrat, monotones vallées, collines d'argile, torrens sans eau ; l'intérieur vers les montagnes n'est presque qu'un grand pâturage ; les marines sont marécageuses et dénuées, excepté du côté du Tronto, où les oliviers abondent.

De Chieti à Teramo, il n'y a pas un lieu à citer, ni Civita di Penne, l'ancienne capitale des Vestini, ni le fort Loreto, pris d'assaut et rançonné par Piccinino. Cependant il ne faut pas omettre l'antique Atri, Hatria, patrie ou lieu d'origine de l'empereur Adrien ; c'est une des villes primitives de l'Italie, et c'est elle qui a baptisé le golfe Adriatique. Elle est juchée sur la crête d'une colline sèche, aride, à quelques milles de la côte ; elle n'a rien conservé de son ancien lustre. C'est une bourgade campagnarde comme ses voisines ; mais on y déterre parfois des choses précieuses. Ses as sont classés au rang des monnaies les plus rares et les plus instructives de l'ancienne Italie ; ils sont gros, massifs, grossièrement fondus, et portent pour effigie Vénus sortant d'une coquille, et pour légende les trois lettres HAT, abréviation d'Hatria (1).

Un autre détail curieux du pays est la petite colonie albanaise de Villabadessa, qui a conservé le rite grec ; elle est près de Civita di Penne.

Je n'ai rien eu à dire de Chieti ; je n'ai rien à dire non plus de Teramo (*Interamnia*), sinon que c'est le chef-lieu de la province, comme elle le fut anciennement des Precutini, et que son évêque a le droit de célébrer la messe le casque en tête et l'épée au poing. Ce privilége, qui remonte aux croisades, d'autres disent aux Normands, est soigneusement consacré dans une mauvaise croûte de la sacristie.

(1) Une colonie de Siciliens s'établit à Atri sous le vieux Denys, et Philistos s'y retira et y composa une partie de son histoire, comme Hérodote à Thurium.

Teramo est la patrie d'un fameux architecte du moyen âge, brûlé à Florence comme astrologue, Francesco Stabili, connu sous le nom de Cecco Aprutino, et plus communément Cecco d'Ascoli, parce qu'il vécut long-temps dans cette dernière ville; il y a même laissé un monument de son génie d'artiste : c'est un pont hardi sur le fleuve Castellano. Le peuple l'appelle le Pont du Diable, *Ponte del Diavolo*. Voici ce que je trouve dans un manuscrit italien du quatorzième siècle, sur l'auteur de ce chef-d'œuvre d'architecture : « Mastro Cecco d'Ascoli, isperto nella « detta arte dell' astrologia in parte volle en-« trare tanto adentro, che infine dallo inquisi-« tore di Toscana in Firenze sotto la signoria del « duca di Calavria figliuolo, che fu del re « Uberto di Puglia, fu arso il corpo e le scrit-« ture sue, e ciò fu nel 1328. »

Pauvre humanité! toujours aveugle et féroce par ignorance!

Rien ne nous captivant dans ces tristes villages, que la vanité décore du nom de villes, hâtons-nous d'en sortir, regagnons les hautes cimes; on y respire plus à l'aise; l'air ni la lumière n'y sont mesurés par la cupidité; le spectacle des plaies humaines n'y afflige pas la vue ; on échappe là, du moins pour un temps, à la tyrannie des lois sociales; on rentre en possession de tout son être, on y vit d'une vie libre, on s'y retrempe dans le commerce intime et direct de l'auteur des choses ; et sorti de ces sources éthérées, on redescend parmi les hommes plus fort et meilleur. Quand Moïse voulait se recueillir et se fortifier, il n'allait pas errer parmi les tentes d'Israel, il gravissait seul le mont Sinaï.

Nous, qui ne sommes pas des Moïses, et qui ne sommes pas en Judée, nous allons gravir le Grand-Rocher d'Italie.

Le Grand-Rocher se nomme aussi *Monte-Corno*, Mont-Corne, peut-être parce qu'il s'élance au ciel comme une corne droite et aiguë. La similitude n'est pas très-noble, mais elle est appropriée à la terre classique des pasteurs et des troupeaux. A quoi voulez-vous qu'un pâtre compare les accidents de la nature, sinon aux objets qu'il a tout le jour sous les yeux? Le Grand-Rocher, ou le Mont-Corne, comme on voudra l'appeler, est un immense bloc de pierre sans végétation et d'une désespérante nudité. Sa forme est celle d'une pyramide tronquée; il ressemble un peu à l'aiguille du Dru qui domine la mer de glace de Chamouni; seulement il est moins effilé. Sa hauteur au-dessus de la mer est de près de douze mille palmes napolitains : on voit qu'il atteint presque les hautes crêtes des Alpes; mais il est calcaire comme toute la chaîne. Brocchi a bien cru remarquer quelques portions dites primitives, et Orsini des bancs de gneiss; mais ce sont là des exceptions, et la physionomie générale n'en est pas moins celle des montagnes secondaires.

Si, vu de loin, le Grand-Rocher est aride, nu, décharné, son abord du côté de Teramo est loin d'être aussi formidable. C'est de ce côté-là une profusion de verdure, une splendeur de végétation qui surpasse de beaucoup la vallée de Sulmone. Le fleuve Mavone serpente en gracieux méandres à travers les prairies ; des bosquets de chênes et de peupliers penchent sur l'eau courante et limpide leur chevelure ondoyante; le genêt parfume l'air, et mêlée au cliquetis argentin des cascatelles, la flûte des pasteurs rivalise avec les rossignols et les loriots. C'est au sein de ce champêtre élysée et au pied même du Grand-Rocher qu'est situé le charmant village d'Isola.

Tombé en cascade des flancs de la montagne, le Ruzzo le traverse en bondissant et va se perdre à travers le jasmin, le chèvre-feuille et les noyers. Au-dessus du village et à l'extrême pointe d'une colline en pain de sucre, est le hameau ruiné de Paléarea, qui, durant sa vie, jouissait d'immunités considérables, pour avoir donné naissance au patron de Teramo san Berardo, des comtes de Paléarea. Plus haut encore, au-dessus de la source de Ruzzo, est l'église de Sainte-Colombe, perdue au sein des bois : c'est l'humble sanctuaire des bûcherons.

Comme la Maïelle, le Grand-Rocher a son Val d'Enfer, *Scesa dell' Inferno ;* le nom seul vaut une description. Il est inutile de dire qu'ici, comme à la Maïelle, des histoires de trésors et de sorciers enflamment l'imagination oisive des pasteurs. C'est une race d'hommes superstitieuse; elle l'est partout : journalier témoin des grandes scènes de la nature, l'homme des montagnes s'exalte dans la solitude; son ignorance cherche la loi des choses ; elle se crée un monde à part, et frappée elle aussi des merveilles qu'elle ne comprend pas, elle déchiffre à sa manière le mot de la grande énigme de la création. Tel est le pâtre de l'Abruzze. S'il erre souvent et se perd dans les chimères, que les savans d'académie ne dédaignent pas trop ses rêves et ses hypothèses ; car c'est à ces hypothèses, à ces rêveries mystiques des antiques pasteurs de la Chaldée que le monde doit la science des astres. Qui sait si, instrument providentiel, le berger des Abruzzes n'est pas lui aussi, sans le savoir, à la recherche de quelque science nouvelle? Quand la pensée divine médite l'accomplissement de quelque grande œuvre, elle use de petits moyens ; car le labeur et l'effort ne conviennent qu'à la faiblesse humaine. Ce n'est pas sur les trônes, ce n'est pas dans les académies que Dieu prend ses révélateurs : c'est dans une crèche, c'est dans une étable, et ce sont des pâtres qu'il charge du soin glorieux d'annoncer les premiers au monde sa pensée et son œuvre.

Le dernier lieu habité, en quittant l'Isola, est Fano-a-Corno, affreux hameau, dont toutes les femmes ont le goître. Il doit son nom à un ancien temple des dieux Faunes, dont le christianisme avait fait un couvent d'ermites camaldules. Le cours des temps a supprimé le cloître chrétien comme le temple païen. Mais ce n'est pas de ce côté-là que le Gran-Sasso est directement accessible ; il faut le tourner et aller passer à Pietra-Cimmeria, dont on a fait Pietra-Camela. C'est par-là seulement qu'il est abordable, et que l'ascension en est possible.

Pietra-Cimmeria, dont le nom rappelle les Cimmériens, premiers habitans de ces terribles contrées, est un hameau plus affreux encore que Fano-a-Corno. C'est le lieu habité le plus élevé, non-seulement de la province et du royaume, mais de l'Italie tout entière. Plus horrible encore est Roseto, dont les habitans, inexorablement chassés de chez eux par l'hiver, descendent dans la Campagne de Rome pour y chercher leur pain. Fano-Adriano est un autre village, mais moins maltraité par la nature ; il est assis au milieu d'une petite plaine presque riante et bien inattendue au milieu de ces précipices et de ces vallées de pierre.

Tous ces lieux servirent autrefois de retraite aux aborigènes. Rebelles à la civilisation guerrière et quelque peu brutale des Romains, comme les Siciniens de Sicile le furent à la civilisation grecque, les aborigènes fuyaient dans les forêts et cédaient le sol pouce à pouce aux conquérans. Chassés de cime en cime, ils arrivèrent, luttant toujours, jamais vaincus, sur ces derniers confins du globe. Là la terre leur manquant, ils disputèrent aux chamois et aux ours leurs retraites jusqu'alors respectées, et s'établirent sur ces inaccessibles sommets. Les Romains ne paraissent pas les avoir poursuivis dans ce dernier asile : ils firent mieux, ils laissèrent cette race indomptable aux prises avec une nature plus puissante qu'eux pour la dompter ; ils se contentèrent d'élever, pour les tenir en bride, un fort dont les ruines sont encore visibles près du fleuve Vomano, sur le plateau de Saint-Martin, *Piano di San-Martino* (1).

Il y aurait bien d'autres lieux à citer, si l'on voulait les nommer tous : il y aurait la république microscopique de Senarica ; il y aurait surtout le château voisin de Montorio, place d'armes des bandits abruzzais dans les quatorzième et seizième siècles ; protégés par le duc d'Atri et les deux marquis della Valle et del Vasto, ces bandits, qui n'étaient peut-être que des partisans, jouent un singulier rôle dans les annales napolitaines. L'avocat Giannone, qui a écrit l'histoire de sa patrie plus en jurisconsulte qu'en politique, a négligé de nous donner sur ces étranges milices des renseignemens qu'il n'a pas même recherchés ; il ne parle d'elles qu'à la volée ; il nous dit en passant que celles du seizième siècle donnèrent assez d'inquiétudes et prirent assez d'importance pour que le marquis del Carpio, alors vice-roi d'Espagne à Naples, envoyât contre eux une armée en règle, sous les ordres de son propre fils. Les factieux furent défaits ; mais le vice-roi paya cher sa victoire : son fils fut tué dans le combat. Montorio a de plus donné à l'Église un pape qui porta les passions sanglantes de l'inquisition sur le trône évangélique de saint Pierre : ce pape est Paul IV ; il était dominicain, et avait été grand-inquisiteur de la chrétienté ; c'est lui qui fulmina la fameuse bulle *In cœnâ Domini*, et c'est la dureté intempestive de ce moine qui acheva de détacher l'Angleterre du saint-siége.

Mais il est temps de revenir à la montagne dont toutes ces excursions nous éloignent. L'ascension en est rude et longue : d'abord on traverse un grand bois de hêtres, qui la ceint jusqu'à mi-côte d'une écharpe de verdure. Le bois passé, on découvre encore çà et là quelques maigres arbustes tourmentés par les orages, puis quelques herbes plus maigres encore ; puis la végétation cesse tout-à-fait, et l'on ne trouve plus que le lichen d'Islande, qui végète sur la pierre nue et se complaît sur les plus froides cimes. Le pic final, celui qui forme comme le couronnement de la chaîne, est flanqué de vallées d'une désolante aridité. Abritées des vents, elles ont de la neige à peu près toute l'année ; l'une même, où la neige est plus abondante et plus persistante, se nomme

(1) Voir l'ouvrage de Brunetti sur les monumens de l'Abruzze.

le Glacier des Pasteurs, *Ghiacciajo dei Pecorai*. Ces enfoncemens font paraître plus raide et plus hardie l'aiguille culminante, ou, comme disent les bergers, la Corne du Grand-Rocher.

Jusqu'ici nous n'avons pas quitté ce que l'on pourrait appeler le piédestal de la colonne : c'est la colonne maintenant qu'il s'agit de gravir, et l'entreprise n'est pas facile, car la montée est presque à pic ; à mesure qu'on s'élève, elle devient plus escarpée et plus rude. On marche sur le roc vif, et des cailloux roulés, brisés par les eaux, embarrassent la marche et font broncher à chaque pas : mais une fois au faîte, on est payé de ses fatigues ; l'horizon est sans bornes, et l'on saisit d'un regard les trois Abruzzes, depuis les montagnes de Rome jusqu'à la mer Adriatique, qu'on embrasse elle-même tout entière. Je ne parle pas des villes, des villages, des rivières qu'on voit blanchir à ses pieds : on domine de si haut tous ces objets terrestres, qu'on ne les distingue que confusément. Une ville, c'est un point blanc ; une rivière, un fil d'argent ; et quant aux vallées, quant aux collines, on ne les discerne pas les unes des autres, elles sont confondues dans l'apparence d'une plaine parfaite. Ce ne sont donc pas les détails qui frappent dans ce panorama gigantesque : c'est la grandeur de l'ensemble. L'œil ni l'esprit ne se posent sur aucun point de l'espace en particulier ; ils les effleurent tous, et vaguent à l'aventure de la terre au ciel et du ciel à la terre. De là ce sentiment presque instinctif de l'infini qu'éveillent toujours en nous les grandes vues de montagnes ; de là cette tristesse sourde qui nous surprend là malgré nous : c'est trop d'espace pour une vue bornée ; c'est trop de sensations pour une nature finie. L'homme sent trop ses limites ; l'équilibre est rompu entre lui et le monde extérieur, ou, comme dirait la métaphysique allemande, le sujet est dominé, écrasé par l'objet. C'est là, si je ne me trompe, la cause de cette mélancolie involontaire que tout le monde éprouve sur les montagnes, et dont les montagnards eux-mêmes ne se défont jamais.

Un sentiment d'un autre ordre s'empare de vous sur le Grand-Rocher: c'est l'orgueil. On aime à se sentir si haut ; on se dit avec une satisfaction un peu puérile, je l'avoue, mais presque involontaire : En ce moment je suis l'homme le plus élevé qu'il y ait en Italie ! Et cette lutte avec l'aigle, roi du ciel, flatte le terrestre habitant des plaines. Le Grand-Rocher est en effet la cime culminante de l'Apennin : il en est de plus comme le noyau ; il occupe le point central de la chaîne ; également éloigné du phare de Messine où est le pied de l'Apennin, et du golfe de Gênes où en est la tête, le Grand-Rocher est à l'Italie ce que Delphes est à la Grèce ; et le petit lac de Cutilio, qui bleuit au pied, est regardé comme l'ombilic de la Péninsule.

Si, au lieu d'être accueilli par un ciel calme et serein sur le Grand-Rocher, vous y trouvez l'ouragan, malheur à vous ! Les tourmentes de ces parages sont effroyables. Le vent, engouffré dans les fissures du roc et dans les grottes dont il est percé, s'en échappe en hurlemens féroces ; et telle est sa violence qu'il ne faut rien moins que la masse indestructible du géant pour résister à sa furie. La pluie se précipite en cataractes mugissantes, comme les eaux du déluge dans le tableau du Poussin ; creusant la pierre, elle entraîne dans les vallées jusqu'au dernier brin d'herbe, jusqu'à la dernière trace de terre végétale. C'est là ce qui explique la désespérante nudité des régions supérieures du Mont-Corne. La nature se refuse là à toute végétation ; elle repousse obstinément l'homme de cet empire des orages et de l'éternelle stérilité ; elle veut régner là solitaire. Les tempêtes sont ses jeux, le désordre des élémens ses plus belles fêtes. Laissons donc sur son trône de pierre cette reine jalouse du désert ; et abreuvés d'air, de lumière et de vie, redescendons dans la plaine.

Le Grand-Rocher franchi, nous entrons dans la seconde Abruzze ultérieure, dans la province de l'Aquila. Au pied de l'aiguille pyramidale commence une longue suite de pâturages dont l'herbe touffue repose et cède mollement à la pression du pied. Mais adieu les grands horizons ! de tous côtés la vue est bornée par les monts nus et hérissés de rochers comme la cime principale. La vue de ces longs pâturages encaissés est triste et monotone. Quelques troupeaux de jumens et de poulains y paissent sans autre gardiens que les chiens : pas un arbre, pas un toit ; de temps en temps seulement un étang d'eau stagnante, plein de grenouilles et de sangsues. A peine a-t-on de loin en loin quelques échappées derrière soi sur la Maïelle, devant soi sur la vallée de l'Aquila. Puis le rideau tombe bientôt, et l'on ne voit plus rien, rien que les rochers nus, déchirés par les eaux ; le sentier devient même très-inégal. Enfin, après je ne sais combien d'heures de solitude et de stérilité, un maigre champ de blé annonce un village. Une fontaine, quelques chênes ;

grands et beaux noyers reposent la vue et offrent au voyageur la fraîcheur, ceux-ci de leur ombre, celle-là de ses eaux.

Fileto, le premier hameau qu'on rencontre, rappelle, par sa misère et son abandon, les villages du revers opposé. Paganico, qui vient ensuite, est plus riant ; c'est un riche et assez beau village, situé au débouché d'une étroite gorge qui s'enfonce dans l'Apennin. On y recueille le safran, et il y a des forêts d'amandiers. Une allée presque continuelle de peupliers, de saules et d'acacias conduit de là à la cité d'Aquila.

Aquila est la plus belle ville d'Abruzze, et la seule du royaume où l'on remarque quelque mouvement d'art. Aussi bien appartient-elle plus à la civilisation romaine qu'à la civilisation napolitaine ; on l'appelle même la petite Rome, et l'on y parle un italien beaucoup plus pur qu'en aucun lieu des Deux-Siciles. Ce n'est pas une ville antique ; elle ne remonte qu'au treizième siècle. C'est l'empereur Frédéric II qui en est le fondateur ; elle porte pour armoirie un aigle, et pour devise *Libertas Aquilensis ;* elle joua un rôle dans tous les débats du moyen âge. Un de ses bourgeois, messire Lallo, s'en était emparé en 1355, et la gouverna quelque temps en prince absolu. Louis de Tarente ne trouva pas d'autre moyen de se débarrasser de lui qu'en le faisant assassiner par son frère, l'empereur titulaire de Constantinople.

C'est sous les murs d'Aquila que fut défait (1424) le fameux condottier Braccio di Montone, par son rival le condottier Caldora d'Isernia. Les deux autres grands capitaines du quinzième siècle, François Sforza et Jacques Piccinino, assistaient à cette mémorable bataille. C'était le premier affront qu'essuyait Braccio l'invincible. On dit que ce hardi partisan, qui avait élevé les yeux jusqu'au trône de Jeanne, fut si profondément indigné de cette infidélité de la fortune, que pris et blessé dans le combat, il se renferma dans un silence de fer, et qu'il ne prononça pas une seule parole jusqu'à sa mort : il mourut à Aquila des suites de ses blessures.

C'est à Aquila encore que fut couronné pape ce fameux Célestin dont nous avons vu l'ermitage au flanc de Morrone. Ce fut un des plus grands événemens du siècle ; le roi de Naples, le roi de Hongrie et deux cent mille étrangers accourus de tous les points de l'Italie, assistèrent à la cérémonie. Arraché malgré lui de sa grotte obscure, pour être livré en proie à toutes ces splendeurs mondaines, le pauvre anachorète fit son entrée triomphale sur un âne. L'événement est retracé dans un tableau du peintre flamand Ruthen, que l'on conserve dans l'église de San-Pietro.

Aquila est la patrie du fameux chroniqueur Léon d'Ostie ; son vrai nom était Maricano.

Toute déchue qu'elle est, puisque, capable de soixante à soixante-dix mille habitans, elle en est réduite à huit à neuf mille tout au plus, la cité de Frédéric a conservé quelque chose d'une capitale. Sans parler de son grand château entrepris par Charles V et non terminé, elle a de belles rues, de beaux palais, un air d'aisance et les apparences d'une civilisation qu'on ne s'attendrait pas à trouver dans ces montagnes. Toutefois ces dehors sont menteurs ; Aquila n'est qu'une ville ruinée, sans commerce, sans industrie d'aucun genre ; le mouvement intellectuel y est tout-à-fait enrayé, excepté, chose bizarre ! chez les capucins. Les bons pères se tiennent au courant de la science, surtout de la philosophie, et se procurent à grands frais, et non sans péril, les ouvrages les plus modernes.

Aquila possède quelques morceaux d'art et quelques collections précieuses ; je ne citerai qu'un fort beau portrait de l'Arioste peint par Titien, qui appartient à M. le marquis Dragonetti, et les archives de la famille Torres, lesquelles renferment des lettres de Charles-Quint, Philippe II, Bentivoglio, le cardinal de Richelieu, le Tasse (1), etc.

Aquila possède aussi quelques bons monumens de la renaissance. Le meilleur à mon gré est le tombeau de San-Bernardino, ouvrage d'un ar-

(1) Deux des lettres du Tasse m'ont paru si touchantes, que je ne résiste pas à la tentation de les citer ; elles sont autographes et inédites en France. La première est adressée à l'archevêque de Montréal, Ludovic de Torres, depuis cardinal. Je les ai copiées toutes deux sur l'original, et je respecte scrupuleusement l'orthographe et les abréviations du poète.

M.to Ill.tre e Rsmo Monsig.re

Se le mie lettere potessero esser a V. S. Rsma men noiose della mia presentia o de le visite non mi sarebbe troppo grave l'occupat.ne di lo scrivere. Bench'io sia tanto nemico de la fatica quanto debole a sostenerla : ma temo d'apportarle noia nel' uno, e nel' altro modo. Però sarò breve. Raccomando a V. S. l'inchiusa, ch'io scrivo al Costantino il quale poterebe esser il suo secretario, non dee portar invidia a la fortuna di coloro che sanno i secreti de' Re e degli imperatori tanto è il merito di V. S. tanta la prudenza nel tacere e nel parlare, tanta è la gratia di lasciare sodisfatti quelli anchora che sono esclusi de la sua dimestichezza. Ma io non so in qual numero mi sia. Sono nondimeno in quel de' suoi affettionati, che desidero la sua esalt.ne e l'accrescim.to de la dignità e de la fortuna : perch'a la virtù non si può accrescere. Ho dato commis.ne al mio servitore che dica a

tiste indigène, Silvestro di Ariscola : les bas-reliefs en sont d'une délicatesse exquise et d'un goût parfait; ce sépulcre, du reste, est connu et fort loué par le comte Cicognara. On voit dans une autre chapelle le tombeau de Jean-Baptiste d'Aquila, qui fut l'un des plus chauds protecteurs de Raphael. Cette chapelle possédait un ouvrage du client fait en l'honneur de son patron : c'était une Visitation, qui fut enlevée par le roi d'Espagne pour enrichir l'Escurial, où elle n'est même plus; car Ferdinand VII en a fait cadeau au duc de Wellington en 1814. Un troisième monument funèbre, et je ne cite plus que celui-là, est la tombe de ce Bassano qui apaisa le grand schisme d'occident en persuadant à l'antipape Amédée de préférer Ripaille à la papauté.

Je m'arrête : il faudrait tout un volume pour énumérer les richesses de la ville, et surtout pour raconter les gloires de la province. C'est la terre la plus classique et la plus anciennement illustre de toute l'Italie. Elle est le berceau des premières races dont l'histoire italienne a consacré le souvenir : les Marses, les Sicules, les Sabins, les Èques. C'est

V. S. R^{sma} in mio nome qualch'io non ardisco di scriverle e le bacio la mano.
Di Vaticano il 6 di feb.^{ro} del 1593.
Di V. S. R^{sma}
Devotiss^{mo} serv^{re}. Torquato Tasso.

Voici maintenant la lettre qui était, à ce qu'il paraît, incluse dans la précédente, et que le Tasse recommandait à l'archevêque.

« R^{smo} Monsig^{re}

« Torq^{to} Tasso devotissimo servitore di sua M.^{ta} e di V. S. R^{sma} desidera che gli sia fatta g^{za} di tornar a *Napoli* a medicarsi per goder se così vorrà sua fortuna de l'amicitia dele principesse espagnuole e napolitane senza magg^{re} picolo dela sua sanità et senza magg^{re} bisogno di fisico. Perchè la sua meninconia e l'altre infermità di molti anni il dovrebbono fare esente d'ogni servitù e privileggiarlo d'ogni honore e d'ogni commodità che possa esser conceduta dela grattia d'un grandiss.^{mo} Re : ma se S. M.th havesse costam^{to} deliberato ch'il povero supp^{te} no possa vivere in q.^{ta} o in altra parte senza la servitù di dama, supplica S. M.^{ta} che non l'abbandoni con la sua liberalità e con la cortesia del Sig.^r Duca di Sessa e di V. S. B^{ma} e prelati spagnuoli acciocch'il povero Gentiluomo possa mettersi in ordine per andare a servire l'Infante sua figliuola. Non permettendo la divot^{ne} e la fede con la quale adora quasi sua M^{tà} ch'egli pensi al servitio di molte e d' alcun altra in Italia e gli devrebbe giovare alm.^{no} l'autorità de' poeti spagnuoli, che descrissero l'alt.ⁿⁱ de' Cav.^{ri} erranti. Bench'il povero supp^{te} si raccommanda a V. S. R^{sma} piuttosto come poeta stracco che come Caval^{ro} pronto a la servitù di si alta sig.^a »

(Folio 100-165 des Archives citées.)

de là que partirent ces premiers Quirites (*prisci Quirites*) qui passèrent les montagnes pour aller fonder Cures, tandis que les Samnites partaient d'Amiterne, ville fameuse dès les temps héroïques par un siége mémorable, et plus tard pour avoir donné le jour à Salluste, comme plus tard encore Falacrina le donna aux empereurs Tite et Vespasien.

Je termine ici par une dernière remarque. J'ai dit en commençant que l'Abruzzais était doué d'un génie naturel incontestable; les grands hommes que sa terre a donnés à l'antiquité et au moyen âge le prouvent sans réplique. Sans parler des illustrations secondaires, et nous en trouverions bon nombre, comptons seulement les grands hommes que nous avons trouvés sur notre route ; l'énumération en est longue et glorieuse. Deux poètes, Ovide et Silius; trois empereurs, Adrien, Tite et Vespasien; un historien, Salluste : et si nous ajoutons, d'un côté, la ville de Norcia, de l'autre, Arpino et Aquino, qui, toutes trois détachées de l'Abruzze par une division politique arbitraire, lui appartiennent intimement par leur position, leurs traditions, leurs mœurs, nous avons à ajouter sept noms qui, certes, ne sont pas les moins illustres du Panthéon des Abruzzes; à savoir : Sertorius et saint Benoît, Marius et Cicéron, Juvénal, le cavalier d'Arpin et le roi de la théologie chrétienne, saint Thomas d'Aquin. Voilà, j'imagine, d'assez nobles titres ; et ma mémoire, sans doute, en omet bien d'autres. Quel angle de terre peut se glorifier d'avoir mieux mérité de l'humanité ? Certes, les Pouilles et les Calabres sont loin d'une telle richesse.

Le génie est si naturel en ces montagnes, que de simples pâtres en ont reçu l'étincelle. L'un, doué du don de l'improvisation, arrive à Rome en mendiant son pain ; le cardinal de Médicis l'entend, le recueille, et le pâtre devient le cardinal Sylvius Antoniano ; il était de Castelli, l'un de ces hameaux désolés qui végètent aux flancs du Grand-Rocher. Un autre, venu du même village, prend place parmi les poètes latins du seizième siècle. Un troisième, Benedetto Virgilio, est attiré à Rome par les jésuites, qui avaient deviné son génie poétique, et s'illustre par ses poésies sacrées.

J'allais clorre cette longue nomenclature biographique, et j'oubliais un nom qu'on ne s'attend pas à la vérité à rencontrer ici, mais dont par cela même la rencontre n'est que plus piquante. C'est près d'ici, à Pescina, pauvre village au bord du lac de Celano, qu'est né Mazarin.

Charles Didier.

www.ingramcontent.com/pod-product-compliance
Lightning Source LLC
Chambersburg PA
CBHW051321230426
43668CB00010B/1108